KB041116

제3판

민사법 실무

김차동 저

民
事
法
—
實
務

박영사

제 3 판 머 리 말

　　2020. 9.경 2판을 발간한 후에도 강의와 연구가 모여 추가로 묶어 편집해 둘 꺼리가 생겼다. 특히 3년간의 변호사 시험기록과 법학전문대학원 협의회 연도별 모의고사 기록들이 축적되어 그 출제경향을 반영하고 출제경향의 변화에 대응할 필요가 있었다. 그래서 박영사의 도움을 받아 3판을 발간하기로 하면서 민사법실무 Ⅰ은 『민사법실무 제3판』으로 하여 종이책의 형태로 출간하고, 민사법실무 Ⅱ는 『민사법실무 연습』으로 하여 인터넷판으로만 출간하기로 하였다. 원고를 완성하면서 초판과 2판의 머리말을 찬찬히 읽어 보았다. 2번의 머리말에서 필자는 독자들에게 민사소송은 이행청구소송이 중심인데 그 이행청구소송은 청구권을 실현하는 소송으로 민사법 실무 학습의 중심이 된다고 설명하였다. 청구권은 물권 침해와 약정 불이행에 대한 구제수단으로써 인정되었다. 물권이 침해되면 피해자(victim)인 물권자는 침해자(injurer)를 상대로 물권적 청구권, 불법행위로 인한 손해배상청구권, 침해부당이득반환청구권을 갖게 되고, 약정이 불이행되면 '약정의 상대방(promisee)'은 약정자(promisor)를 상대로 약정강제이행청구권, 채무불이행으로 인한 손해배상청구권을 갖게 되며, 약정 및 그 이행과정에서 급부가 있었다가 그 약정이 원인무효가 되면 급부부당이득반환청구권이 생긴다. 부족자원(특히 재화, 유체물 기타 관리가능한 자연력)에 대한 인간의 이해관계(interest)를 법적으로 보호하게 되면 물권이 되고, 그 물권의 원시취득자가 결정된다. 나아가 원시취득제도가 비효율적이거나, 사정변경으로 인해 효율성을 상실하게 된 상태에서는 물권의 이전이나 사용·수익권의 대차가 필요하게 되는데, 신분에 따른 물권의 이전제도를 극복하기 위해 근대법은 "자유로운 사인(私人)의 합리적인 의사결정"을 중심으로 약정에 의한 물권의 이전과 사용·수익권의 대차제도를 도입하였다. 그 결과가 약정의 불이행에 대해 일정한 법적 구제제도를 두게 되었다. 그래서 의뢰인을 원고로 삼은 상태에서 침해자(injurer), 약정자(promisor)를 찾아 이들을 피고로 삼아 소장을 작성할 때 물권적 청구권과 매매계약, 소비대차계약, 임대차계약 및 기타 주요계약(도급, 위임, 조합, 예금, 약속어음 등)을 중심으로 한 청구원인사실, 항변사실, 재항변사실로 구분하여 중점적으로 학습할 필요가 있고, 필자는 이들을 "α문제"라 하여 이행청구소송의 청구원인, 항변, 재항변의 출발점이 된다고 설명했다. 나아가 만약 우리 의뢰인이 이에 상응하는 침해당한 물권자(피해자, victim)가 아니거나 '약정의 상대방(promisee)'가 아니라면 그 간격을 메울 법리인 '연결고리'를 찾아 "α문제"로부터 기인한 청구원인을 보충하여 완성하고, 이에 따라 일정한 시점까지 발생(예를 들면 '연결고리'가 채권양도라면 양도인으로부터 채권양도의 통지를 수령하기 전에 발생)한 항변사실, 재항변사실만으로 항변, 재항변으로 삼아 재조정할 필요성이 있고, 나아가 "패소하는 부분이 없도록 하라"는 법

문서 작성요령에 따라 받아들이는 (이론상의) 항변사실도 청구원인사실에 포함시키는 등으로 구체적으로 청구원인사실을 조정하여 확정('조정된 청구원인사실')할 수 있어야 한다. 이러한 과정에서 특히 초판 머리말에서 언급하였듯이 개념법학적 학습태도에서 벗어나 채권개념은 과감히 포기하고 청구권을 중심으로 민사법을 이해하도록 노력하고, 법률행위라는 개념보다는 실생활상의 용어인 '약정'으로 고쳐 사용하되 권리 침해에 대한 구제수단인 물권적 청구권, 불법행위로 인한 손해배상청구권, 침해부당이득반환청구권과 약정 불이행에 대한 강제이행청구권, 채무불이행으로 인한 손해배상청구권, 급부부당이득반환청구권 중 물권적 청구권, 강제이행청구권(보통법계 국가에서는 이들 2가지 청구권을 금지청구권, injunctive relief＝equitable remedy라고 한다.)을 제외한 나머지 불법행위로 인한 손해배상청구권, 침해·급부 부당이득반환청구권을 사무관리로 인한 비용상황청구권(사무관리도 본질적으로는 quasi contract과 같이 약정에서 비롯된 비용상환청구권, 보수지급청구권이라고 이해하면 결국 모든 청구권을 물권 침해 또는 약정 불이행 상황에 대한 구제수단으로 이해할 수 있다.)과 더불어 법정채권이라고 한다는 것을 이해하면서 물권 침해, 약정 불이행에 대한 구제수단으로서의 청구권과 이행청구소송을 이해하여야 한다. 나아가 약정은 명시적 약정은 물론 묵시적 약정도 있지만 채권 각론, 상법 총칙 등에 광범위하게 퍼져 있는 '표준적 약정(default rule)'내용도 명심하여 표준적 약정내용에 따라 약정강제이행청구 또는 채무불이행으로 인한 손해배상청구를 할 수 있어야 한다고 설명하였다. 나아가 2판 머리말에서는 로마법의 위대한 발명품인 청구권을 실현하는 민사적 법집행방법이 종교개혁, 계몽주의, 산업혁명을 거치면서 "자유로운 사인의 합리적 의사결정"을 중심으로 법률관계를 형성하는데 크게 기여하였다는 사실을 설명하였다. 또 "연결고리"로 역할을 하는 현행 민사법 제도로서 "채권양도·채무인수/전부명령·추심명령/채권지대위·채권자취소"가 있고, 가끔 상호속용한 영업양도, 대항력 있는 임차목적물의 제3취득자, 부담을 인수하는 경락인 등이 활용되고 있다고도 설명하였다.

　　제3판을 출간하면서 초판과 제2판에서 제시하였던 권리분석의 기본틀은 그대로 유지하였다. 이에 더하여 부존재·무효·취소·해제/해지·무권대리(대리권남용)·대표권제한위반에 대한 구체적인 법리에 관하여 충분한 설명을 수록하였다. 종래의 민법설명서에서는 무효·취소(하자있는 의사표시 부분), 해제/해지(계약총론), 무권대리(대리권남용)(대리부분), 대표권제한 위반(법인이론, 상법 중 회사편)을 분리하여 별개로 설명하고 있었다. 하지만 이들은 인정되기만 하면 약정이 원인무효되는 사유들로 청구권자의 자격에 따라 청구원인사실이나 항변사실이 될 수 있는 법리들이다. 그래서 성립요건을 충족한 약정이 이들 사유들 때문에 원인무효되기에 통합적으로 고찰하면서 일정한 차이점을 깊이 이해할 필요가 있다. 수많은 취소사유들은 '유동적 유효(流動的 有效)'사유들로서 취소권자가 취소권을 행사하기 전까지는 약정이 유효하게 존속하고 있고, 무권대리는 '유동적 무효(流動的 無效)'사유로서 본인이 상대방에게 무효임을 주장하면 상대방이 유권대리 성립을 증명하여야 하는 차이점이 있다. 더구나 제3자(수익자, 전득자)를 상대로 이들 원인무효사유들을 주장하기 위해서는 등기부취득시효가 완성되기 전까지 모든 제3자에게 주장할 수 있는 사유들과 악의의 제3자에게만 주장할 수 있는 사유들 및 어떤 제3자에게도 주장할 수 없는 사유들도 있다. 특히 부존재·무효·취소·해제/해지사유들에 관해서는 위와 같은 법리가 일찍부터 명확하게 잘 정리되어 있었으나 무권대리(대리권남용)와 대표권제한 위반의 경우에는 판례를 통하여 현재 정리되면서 확인되고 있는 와중에 있다. 그래서 이에 관한 지금까지 확립된 법리의 정리가 필요하였다. 변제·대물변제·공탁///경(개)·상(계)·면(제)·혼(동)·소(멸시효완성)으로 이루어진 청구권의 이행 또는 소멸사유들은 변제·상계·소멸시효완성을 중심으로 항변·재항변·재재항변으로 이어지는 복층적 구조를 가진 법리의 체계적인 파악이 필요하였다. 나아가 변제·공탁·경개(novation)·상계·면제·혼동은 청구권의 소멸사유로 규정되어 있는 반면 대물변제, 준소비대차, 화해는 전형계약부분에서 법률규정화되어 있다. 보통법계 국가에서는 Accord & Satisfaction 범주에 포함시켜 일괄적으로 파악하고 있을 뿐인데, 시민법계 국가에서는 소멸사유로 보거나 전형계약의 일종으로 봄으로써 이 사유들 사이에 일정한 법률효과의 차이점을 드러내고 있다.

이처럼 청구권을 중심으로 민사법을 파악하면 물권, 침해, 약정, 불이행, 원인무효, 이행 및 소멸이 이합집산하여 청구원인사실을 이루고, 항변 및 재항변사유들로 정리되어 민사법의 체계적인 이해가 가능하고, 권리분석의 틀이 완성되게 된다. 본서가 이렇게 편집되어 있다.

본서를 준비하면서 여러 사람의 도움을 받았지만 특히 전선민 학생의 꼼꼼한 교정과 조언이 큰 도움이 되었다. 또 박영사의 조성호 이사님, 한두희 과장님, 최동인 대리님의 격려와 조언이 큰 힘이 되었다. 하지만 불완전한 내용과 결함은 전적으로 저자인 본인의 책임임을 밝히면서 졸저이나마 감히 출간을 결행하기로 하였음을 부끄럽게 밝힌다.

제 2 판 머리말

로마법의 가장 위대한 발명품인 "청구권(당시 訴權, actio)"은 민사법 중에서도 법학전문대학원에서 가리키는 교과목의 하나인 민사법실무에서 법제도적으로 잘 구현되어 있다. 필자는 십수년 민사법실무를 교수하면서 이 청구권이 작동하는 원리에 관해 연구한 결과 이 청구권이 근대법의 이념인 "자유로운 사인(私人)의 합리적인 의사결정"을 실현하는 도구로서 매우 유용하다는 사실을 알게 되었다. 국왕이나 일부 귀족(조선의 경우는 양반)에게만 의사결정권이 부여되어 스스로의 법률관계를 형성할 수 있게 하였던 고대와 중세를 극복하고 모든 인간에게 의사결정권을 나누어 주어 스스로 법률관계를 형성(합법영역의 설계)해 가거나 사회적으로 위해한 의사에 바탕둔 행위에 대해 위법화하여 금지하거나 억지(위법화)하고자 한 민사법을 통해 근대의 이념이 완성되었다고 해도 과언이 아니다.

청구권은 이행청구소송을 통해 구체적으로 실현되고, 집행되고 있으며, 물권 침해와 약정 불이행을 원인으로 발생한다. 물론 점유취득시효완성을 원인으로 한 소유권이전등기청구권과 같은 기타 청구권 발생원인이 있기는 하나, 매우 제한적이다. 법제도를 설계하면서 생기는 자투리라 아니할 수 없다. 민사법실무는 그 외에도 18세기에 이르러 제도적으로 받아들이기 시작한 보충적 형태의 확인의 소와 20세기 발명품인 형성권 중 특히 재판상 행사해야 할 형성권을 실현하는 형성의 소가 있기는 하나 따로 학습함에 큰 어려움이 없으며, 그 때문에 이행청구소송의 중요성을 배제하기도 쉽지 않다.

본서에서 이행청구소송을 설명하면서 "연결고리"나 "α문제"라는 등 매우 생경한 용어들을 사용하여 설명하고 있다. 물론 이는 필자가 독자들의 이해편의와 체계적 접근을 강조하기 위해 고안한 용어들로 답안지 등에서 실제 사용하기 어려운 용어들이니 주의를 요한다. 실무에서 변호사는 찾아온 의뢰인을 위해 소를 제기해야 한다면 그 의뢰인을 원고로 삼아 소장을 작성해야 한다. 이때 청구권이 물권 침해와 약정 불이행으로 발생한다면 피고는 당연히 침해자이거나 약정자(promisor)여야 한다. 여기까지 이해한 독자라면 피고는 침해자이고 약정자인데 의뢰인이 그 물권자이거나 '약정의 상대방(promisee)'이 아니라면 의뢰인을 원고로 삼은 마당에 당연히 그 간극을 메우는 법률관계를 찾아보아야 한다. 필자는 원래 분쟁의 중심을 이루고 있는 물권 침해와 약정 불이행을 "α문제"라 하고, 간극을 메워야 하는데 동원되는 법리를 "연결고리"라고 표현한 것이다. 현행 민사법 제도하에서 "연결고리"로 역할을 하는 법제도로서 "채권양도 · 채무인수/전부명령 · 추심명령/채권지대위 · 채권자취소"가 있고, 가끔 상호속용한 영업양도, 대항력 있는 임차목적물의 제3취득자, 부담을 인수하는 경락인 등이 있다. 연결고리에 고유한 요건사실이 충족되면 사실 별다른 항변 등이 거의 존재하지 않지만, 항변, 재항변 등의 공방은 "α문제"를 중심으로 집중된다는 것이다. 따라서 "α문제"의 키워드인 물권 침해로 인한 물권적 청구권, 매매계약, 소비대차계약, 임대차계약, 도급계약을 중심으로 한 청구원인 사실과 주요 항변사유들을 잘 학습해 두어야 한다. 특히 물권적 청구권은 다시 소유물반환청구, 방해배제청구, 방해예방청구로 분화되다가 민사법실무적 차원에서는 특정물 인도, 퇴거 청구, 건물철거 청구, 등기말소청구로 더욱 구체화된다. 그 과정에서 점유할 정당한 권원, 권리남용, 무효등기의 유용, 실체관계에 부합하는 등기와 같은 고유한 항변도 중요하지만 피해자(물권자)의 물권취득과정에서의 부존재·무효·취소·해제/해지·무권대리·대표권제한위반과 같은 원인무효사유의 존재도 일반적으로 항변사유가 된다는 점에 주의하여야 한다. 나아가 매매계약은 다시 부동산매매와 동산매매(물품대금)로 구분하여 실무적으로 요건이 달라지며, 결합되는 항변의 특질도 달라진다는 점에 주의해야 하며, 명의신탁, 해제 후의 권리관계를 중심으로 잘 학습해야 한다. 소비대차의 경우는 이자는 opt-in으로 설계되어 있다면, 지연손해금은 opt-out방식으로 설계되어 있다는 의미를 충분히 인지하고 적용해야 하며, 통상 제공되는 담보로서 연대보증, 연대채무가 절대적 효력, 상대적 효력과 결합하면 매우 복잡해진다는 것을 인식하고 준비해야 할 것이다. 물적 담보인 근저당권설정등기, 가등기담보, 양도담보에 기초한 말소등기청구가 때로는 물권적 청구권으로, 때로는 채권적 청구권으로 행사된다는 차이점을 명확히 인식해야 한다. 임대차계약의 경우 명시적 약정이외에도 풍부한 표준적 약정(default rule)의 존재로 말미암아 최단, 최장 존속기간, 갱신청구권, 갱신요구권, 묵시의 갱신, 원상회복, 필요비·유익비상환청구, 지상물매수청구권, 부속물매수청구권 등의 법리가 복잡하여 이를 잘 구분할 수 있어야 한다. 도급계약은 때때로 공사대금 청구를 중심으로 출제되고 있으며 향후 예금계약의 출제가능성도 높다. 마지막으로 강조할 것은 "α문제"의 근거인 민법 채권각론상의 규정이외에도 부존재·무효·취소·해제/해지·무권대리(대리권남용)·대표권제한위반과 같은 원인무효사유들을 철저하게 학습해 두어야 하고, 변제·대물변제·공탁//경(개)·상(계)·면(제)·혼(동)·소(멸시효완성)과 같은 소멸사유들을 충분히 학습해 두어야 한다. 특히 변제, 상계, 소멸시효완성은 항변, 재항변, 재재항변의 설계가 가능함으로써 매우 자주 출제되는 쟁점이니 각별히 챙겨 틀림이 없어야 할 것이다.

　　본서 말미에 본인이 수업시간 중에 사용하던 요건사실 요약본과 지금까지 출제된 44건의 기록에 대한 권리분석표를 첨부하여 두었다. 특히 권리분석표를 일별하면 앞서 설명한 구조가 한눈에 들어올 것이다. 사실 문제를 읽고 그 정도 권리분석표를 작성해 낼 수 있으면, 그 요건사실로서 청구원인의 제목으로 삼아 그에 해당하는 구체적인 역사적·자연적 사실을 주일상목행(主日相目行)의 순서로 기술하기만 하면 고득점을 받을 수 있을 것이다.

　　마지막으로 "자유로운 사인의 합리적 의사결정"을 구현하기 위해 설계된 근대 민사법체계는 본서의 독자들이 살아나갈 한계비용 제로 사회, 범용 AI가 완성되는 2045년쯤에는 거대한 변화의 물결에 휩쓸릴 수 있을 것이다. 한계비용이 제로인 상태에서는 물권제도가 더 이상 존속하기 어려울 것이고, 범용 AI가 인간의 판단력보다 더 효율적이라면 어떠한 인간의 저항에도 사인의 의사결정에 기반한 법률행위, 채권편 등이 더 이상 존속할 수 없을 것이다. 필자는 채권, 법률행위 등은 임계점을 넘는 순간 불현 듯 사라질 것이나, 물권은 인간 창의적 노동력에 바탕 둔 일부 발명품, 기술 등에서 명맥을 유지하면서 서서히 사라지는 법제도가 될 것이라고 생각한다. 독자들은 그러한 변화의 세기에도 법조인으로써 살아남으려면 지금부터 그 준비를 해야 할 것임을 강조해 둔다.

　　본서가 출간되기까지 노력을 아끼지 않았던 한두희님, 조성호 이사님에 특별히 감사의 념을 표하면서 본서의 소소한 잘못은 본인의 능력에 큰 결함이 있음에서 비롯된 것임을 고백하면서 이글을 마친다.

초 판 머 리 말

실무계에서 학계로 옮겨 민사법을 강의한지 어언 7년이 되었다. 돌이켜 보면 제대로 알고 강단에 섰는지 부끄러울 때가 많았다. 그럴 때마다 부족한 강의내용인데도 경청해 준 수강생들에게 고맙다고 생각하였다. 그러한 소리 없는 응원에 힘입어 더욱 배전의 노력을 다하기로 다짐하기도 하였다. 그간 강의한 내용을 묶어 금번에 민사법실무라는 책자로 출간해 본다. 강의안 정도로만 소장하려 했지만 본인이 법학을 배웠던 시절로 되돌아가 생각해 보니 제대로 된 안내서가 필요하다고 판단되었다. 사실 3년간 각종 법률과목을 수강하고도 막상 변호사 시험 문제를 받아보면 어디서부터 해결의 실마리를 풀어야 할 것인지 엄두가 나지 않고, 게다가 변호사로서 의뢰인으로부터 사건을 의뢰받아 처리하게 될 때 난감해지기 마련이다. 이런 난처함은 개인적 노력의 부족으로 자책할 문제가 아니라 개념법학이 잉태하고 있는 본질적 한계에서 비롯된 것이 아닐까도 생각해 보아야 한다. 그래서 나무를 보기 이전에 숲을 조망해 볼 수 있도록 하는 근본적으로 다른 법학 학습방법이 필요하다고 생각한다. 그래서 본인이 그동안 준비해 둔 강의안을 책자형식으로 묶어 출간해 보기로 결심하였다.

법은 상식이라고 했다. 하지만 민사법을 학습하는 내내 상식에서 추론하여 결론에 이르는 논증을 해본 적이 없었다. 그 대신 개념에서 출발하여 요건과 효과로 분석하고, 또 다시 다른 개념을 들어 그 요건 및 효과를 학습하는 등 모든 법적 개념들을 분절하여 학습하였을 뿐이다. 개념법학은 분명 출발점이 명확하고 논증의 범위도 한정되어 있어 법적 논리전개의 과정이 단순하고 간단하다. 이는 법적 논증의 비용을 크게 절감할 수 있어 숙련될 경우 매우 유용할 수 있는 법학방법론이다. 하지만 개념법학은 그 어디에서도 상식에서 출발하여 개념과 개념을 연결하여 설명하는 부분이 없어 법적 논증의 시작과 끝을 전체적으로 조망해 볼 수가 없었다. 이렇게 학습은 개념법학적 방식으로 하였음에도 불구하고, 시험문제는 민사법 전체의 체계적인 이해없이는 풀 수 없는 제시문으로 마련되어 응시생들에게 답하기를 요구한다. 변호사 실무도 물론 통합적 지식을 바탕으로 창조적 발상을 하여 문제를 해결해 줄 것을 요구하고 있다. 그래서 개념법학적 학습 방식은 필요할 수는 있으나 충분하지 않다.

본서는 가급적 상식에서 출발하여 개념, 요건, 효과에 머물지 않는 체계적인 법적논증을 하는 방식으로 구성되어 있다. 원래 변호사 능력은 핵심쟁점의 파악능력 및 그 쟁점을 설득력 있게 주장·입증할 수 있는 사실의 발굴과 그 증명능력에 달려 있다. 하지만 최근 변호사시험 기록형 문제 출제경향에 따르면 사실의 발굴 능력 평가는 포기하고 잘 주어진 사실관계에 기해 권리분석하여 법문서 작성 일반원칙을 준수하여 요청된 법문서의 작성능력만을 집중적으로 평가하고 있을 뿐이다. 이러한 출제경향의 시비를 가리는 것은 본서의 기획의도를 벗어난 것이라 접어 두고 본서에서는 권리분석 및 법문서 작성방법의 소개에 초점을 맞추어 편집하고, 관련 내용을 수록하였다. 그래도 본서는 기존의 개념법학에 익숙한 학습자들에게는 획기적이라 할 내용을 다수 포함하고 있다.

첫째 권리분석 방법으로 7단계(8단계) 방식을 채택하고 있다. 먼저 분쟁이 물권 침해상황인지? 아니면 약정 불이행 상황인지? 파악해 볼 것을 권유하였다.(①,②) 나아가 구제수단이라는 새로운 개념을 도입하여 물권 침해로 인한 분쟁상황에서는 물권적 청구권, 불법행위로 인한 손해배상청구권, 침해 부당이득반환청구권 중, 약정 불이행으로 인한 분쟁상황에서는 강제이행청구권, 채무불이행으로 인한 손해배상청구권, 급부 부당이득반환청구권 중 의뢰인의 분쟁해결 희망을 반영한 적절한 구제수단을 선택해 보라고 권유하였다.(③) 구제수단이 선택되면 그 구제수단에 상응한 소송형태를 결정할 수 있게 된다.(④) 소송형태를 선택한 경우 자연스럽게 청구원인의 요건사실이 분석되고, 그에 상응하는 청구취지와 청구원인을 어렵지 않게 구상할 수 있게 된다.(⑤) 최근 변호사 시험 기록형의 출제경향에 따르면 상대방의 제기 예상 가능한 주장에 대한 반박도 해 보라고 하고 있으니 청구원인 사실에 대한 상대방의 답변 및 따로 제기할 수 있는 항변을 예상해 보아야 하고, 그에 대한 반박으로서의 답변을 구상해 보아야 한다.(⑥) 이와 같은 권리분석이 끝나도 반드시 상식이라는 잣대를 사용하여 결론이 상식이 맞는지 재검토해 보아야 한다.(⑦) 이와 같은 권리분석 방식은 종래 개념법학적 사고방식과 다르다. 즉 종래 개념법학에서는 해당 분쟁이 민법 몇 조에 관련 있는 것인지 확인하여 분쟁상의 사실이 해당 조문상의 요건에 해당되는지를 확인하여야 하였다. 만약 해당되는 경우 그 조문상의 법률효과로서 청구를 도출하는 방식으로 청구취지와 청구원인을 분석할 것을 제안하고 있었던 것이다. 그 과정에서 주요 구제수단은 법정채권으로 독자의 요건과 그에 따른 법률효과를 따로 학습해야 할 뿐 법정채권과 물권 및 채권과의 체계적인 관련성에는 관심이 없었다.

둘째 채권에 관한 설명을 전혀 달리 하고 있다. 채권은 권리로 이해할 것이 아니라 '청구'라는 권능으로 이해할 것을 요청하고 있다. 채권은 가장 중요한 권리인 물권과 전혀 다른 성질을 가진 법적 개념임을 제대로 인식해야 한다는 것이다. 채권을 아무리 상대권이라고 설명하여도 권리라고 하는 한 권리 개념이 갖는 배타지배성이란 특성을 잘라 배제하기 어렵다. 그래서 차제에 용어자체를 바꾸어야 한다.

셋째 법률행위라는 개념을 따로 설정할 필요 없이 일상생활상의 용어인 약정을 그대로 법률용어로 사용하자는 것이다. 학부에서 비법학을 공부한 채 진학한 많은 학생들은 일상 생활과 유리된 '법률행위'라는 새로운 법률용어의 이해에 직면해서 좌절할 수 있다. 변호사 시험 기록형 문제에서 법률행위라는 용어로 사실관계가 제시된 적은 필자가 아는 한 없다. 힘겹게 겨우 이해한 법률행위가 정작 법조인으로서 실무에 종사할 때는 전혀 사용되지 않으니 넌센스다.

넷째 법정채권을 따로 떼어 학습할 필요가 없고 이를 구제수단의 하나로 이해해야 한다. 그래야 개별조문에 산발적으로 존재하는 물권적 청구권, 강제이행 청구권, 채무불이행에 의한 손해배상 청구권과 함께 구제수단이라는 관점으로 법적분석의 체계적 완성도를 높일 수 있게 된다. 물권 침해, 약정 불이행에 대한 구제수단이라는 접근법을 채택하면 민사법 전체의 체계적인 이해가 가능하게 된다.

다섯째 표준약정(default rule)이란 개념을 정확하게 이해할 필요가 있다. 채권 각론의 수많은 규정들이 대체로 표준약정적 성격을 갖고 있다. 그래서 명시적 약정 없이도 상대방에게 표준약정 내용대로 그 이행을 청구할 수 있게 되는 것이다. 우리 민법이 소개하고 있는 임의규정이라는 개념만으로는 표준약정의 이러한 중요한 기능을 생각해 낼 수 없다.

필자의 이러한 원대한 기획의도가 필자의 지려천박과 성의 부족으로 제대로 실현되었는지 의문이다. 특히 민사법실무 연습에 제시된 많은 강평안은 충분히 정리되지 않은 부분이 많다. 하지만 그래도 어느 정도 형식을 갖출 수 있었던 것은 전적으로 그 동안 응원해 준 스쳐지나간 수많은 수강생들 덕분이었다. 나아가 부족한 원고를 엄밀하게 검토하여 옥동자로 탄생케 해 준 박영사 조성호 이사님, 송병민 대리님, 한두희 사원님의 노고에 감사를 드린다.

목　차

제 1 장　민사변호사 실무

제 2 장　소장

제 3 장 답 변 서

제 4 장 준비서면

제 5 장 변론 및 증거조사

제 6 장　반소 및 소의 변경

제 7 장　항소 및 상고

별지 1장　요건사실 총정리

별지 2장　제1회, 제8회 변호사 시험 민사기록형

제 1 장

민사변호사 실무

제 1 절 변호사(민사)

1. 변호사업무

변호사(counsel, attorney-at-law)는 의뢰인(client)으로부터 사건처리를 위임받아 법률전문가로서 의뢰인에게 조력하는 업무를 수행한다. 의뢰인 본인이 항상 분쟁해결의 최종적인 의사결정을 해야 한다. 변호사는 이를 도울 뿐이다.

변호사법 제3조에서는 변호사는 첫째 소송에 관한 행위, 둘째 행정처분의 청구에 관한 대리행위, 셋째 일반 법률사무를 행한다고 규정되어 있다. 위 세 가지 사무 모두를 통괄하여 '일반 법률사무'라고 한다. 일반 법률사무에는 소송에 관한 행위는 물론 모든 법률문제에 관한 사무 일체가 포함된다. ① 법률상담, ② 의견서 작성, ③ 자문, ④ 화해, ⑤ 중재, ⑥ 대리, ⑦ 법률문서작성[1] 등이 포함된다. 이러한 일반 법률사무 중에는 민사법의 적용을 받는 업무는 물론 각종 행정법이나 형사법의 적용을 받는 업무도 광범위하게 포함되어 있다. 변호사법 제109조에 의하면, 변호사가 아닌 자가 대가를 받고 변호사 업무를 행하면 처벌(7년 이하 징역 또는 5천만원 이하 벌금)된다고 규정하고 있다. 양 규정을 종합해 보면, 변호사가 아닌 자가 대가를 받고 '일반 법률사무'를 처리할 경우에 처벌된다는 것을 알 수 있다. 이때 '일반 법률사무'란 규정이 매우 추상적이고 포괄적이어서 거의 모든 사회적 분쟁해결 활동이 '일반 법률사무'란 개념에 포함될 수 있다. 그래서 각 계로부터 변호사업무가 지나치게 광범위하여 다른 직역의 원활한 활동을 방해한다는 비난을 받고 있는 실정이다.

---

1) 대법원 2022. 1. 13. 선고 2015도6326 변호사법위반 사건에서 대법원은 공인노무사와 노무법인이 수사기관 또는 조사기관에 건설현장 산업재해, 근로자사망, 임금체불 등 사건에 관한 '참고인 진술조서 예상문답', '산업안전보건법 형사사건처리절차', '피의자별 적용법령' 등의 문서를 기초로 법률상담을 하거나 법률관계 문서인 산업안전보건법 의견서를 작성한 행위가 변호사법 위반행위로 판시하여 이 행위의 무죄를 선고한 원심을 파기환송하였다. 공인노무사법 제2조 제1항 제2호, 제3호에 의하면 공인노무사는 노동관계 법령에 따른 법률상담 또는 법률관계 문서를 작성할 수 있다. 하지만 근로기준법, 산업안전보건법, 노동조합 및 노동관계조정법 등 노동 관계 법령을 넘어서 형사소송법 등에 관한 내용까지 상담을 하는 경우 공인노무사법에서 정한 직무 범위를 벗어난 법률상담, 법률문서 작성으로 변호사법 위반이 된다고 판단하였다. 요컨대 특별법에 의해 법률상담, 법률문서 작성 등의 권한이 있다 하더라도 이를 매우 엄격하게 해석·적용하여 그 범위를 벗어난 내용이 포함된 법률상담, 법률문서를 작성하였다면 변호사법위반이 된다는 취지의 판시라 할 것이다.

　　현재 세무사, 변리사, 법무사 단체 등에서 적극적으로는 그 취급업무와 관련된 사건의 소송대리권을 부여해 달라는 입법청원을 반복하여 제출하고 있고, 소극적으로는 변호사의 자기들 소관 업무 겸직허용을 폐지해 달라고 입법청원을 하고 있는 상태이다. 이러한 청원에 대한 국회의 태도 여하에 따라 향후 변호사가 취급할 수 있는 위 '일반 법률사무'의 범위가 달라질 수 있으니 향후 입법 추이를 주의깊게 지켜볼 필요가 있다.

2. 민사 변호사실무

　　근대법은 계몽주의, 자유주의, 자본주의, 시민계급혁명 등을 거치면서 모든 사람에게 권리능력을 부여한 다음 "자유로운 사인(私人)의 합리적 의사결정"을 중심으로 한 법체계를 건설하면서 성립되었다. 그 법체계는 (부족)재화 등에 관한 이해관계(interest)를 권리로 고양시킨 다음 권리자로 하여금 그 이해관계를 주관하게 하고, 특정 개인이나 집단사이에서 그 이해관계를 "자유로운 개인이 합리적으로 한 의사결정"에 따라 주관하거나 거래하도록 하는 합법적 영역도 포함되어 있지만 부득이 발생하는 권익 침해나 약정 불이행과 같은 위법영역도 최소 비용으로 최고의 효율로 관리(억지)하도록 설계되어 있었다. 자문변호사(corporate lawyers)들은 의뢰인이 그 목적을 달성하도록 주로 합법적 영역에서 활동하고 있지만, 송무변호사(litigation lawyers; litigators)들은 '침해당한 자(피해자)'나 '약정의 상대방(promisee)'측으로부터 의뢰받아 가해자나 약정자(promissor)측을 상대로 하거나 그 반대로 원고측의 소제기에 대해 가해자나 약정자인 피고측 의뢰인의 정당한 이익을 보호하기 위해, 즉 위법영역에서 활동한다. 특히 근대법에서는 위법영역에서 행정적 제재나 형사처벌과 같은 공적 법집행수단들(이를 '공적법집행'이라고 함)과 함께 청구권을 중심으로 하는 민사적 법집행(이를 '사적법집행'이라고 함)이 적극적으로 활용되고 있다. 특히 사적법집행수단인 청구권은 로마 후기에 소권(actio)이라는 매우 탁월한 법집행수단이 개발된 이래 중세 영국의 보통법원·형평법원을 거치면서 '청구(claim)'로 변형되어 활발히 활용되었었고, 프랑스 대혁명 후 성립된 나폴레옹 민법전을 통해 이러한 '청구'개념을 중심으로 한 민사적 분쟁 해결의 방식이 정착되면서 근대법의 특유하고 보편적인 법집행수단이 되었다. 청구권을 중심으로 한 민사적 법집행 방법은 '자유로운 사인(私人)의 합리적 의사결정'을 최대한 존중하면서도 '사인(私人)의 비합리적 의사결정'을 제한하는 매우 효율적인 법집행 수단으로 자본주의 시장경제체제와 부합하여 널리 받아들여져 왔다. 대한민국의 경우도 구한말 이러한 방향으로 법제도 개혁에 동참한 이래 일제를 거쳐 1948년 대한민국 정부의 수립 후 법제도를 완비하면서 서구에서 형성된 청구 중심의 분쟁해결방식을 제도화하였다.

　　첨언하자면 청구란 '특정인이 상대방에게 작위·부작위를 요구하는 것'을 지칭한다. 이런 청구를 법적인 강제력을 동원하여 보호하면 청구권이라고 한다. 이렇게 청구란 개념을 설정하고 일정한 요건하에 청구권을 부여하여 그 법적 집행력을 바탕으로 분쟁을 해결하는 법체계를 민사법이라 한다. 요컨대 민사법은 청구권의 발생·소멸·장애근거를 정한 민법, 상법 등 민사실체법과 청구권을 실현하는 절차를 규정한 민사소송법 등 민사절차법으로 구성되어 있고, 이와 관련된 변호사 업무를 민사 (송무)변호사실무라 한다. 따라서 민사법을 체계적으로 이해하려면 법률행위, 물권, 채권, 법정채권과 같은 개념 위주의 산발적 학습보다는 청구권 중심으로 청구권의 발생원인으로서 권리(물권) 침해와 약정 불이행을 잘 이해하고, 발생된 청구권이 소멸(변제·대물변제·공탁/////경·상·면·혼·소)되거나 발생장애{부존재·무효·취소·해제/해지·무권대리(대리권남용)·대표권제한위반} 및 행사저지사유(조건·기한, 동시이행항변권, 최고·검색항변권) 등의 사례를 잘 이해하고, 그러한 권리 침해나 약정 불이행이 발생하였을 때 민사적 구제수단으로서의 각종 청구권을 학습해 두어야 한다. 요약하자면 ①권리(물권)가 침해된 경우에는 ⓐ물권적 청구권, ⓑ불법행위에 의한 손해배상청구권, ⓒ침해 부당이득반환청구권이 발생하고, ②약정이 불이행된 경우에는 ⓐ강제이행청구권, ⓑ채무불이행으로 인한 손해배상청구권, ⓒ급부 부당이득반환청구권이 발생한다. 다만 청구권은 위와 같은 ①권리 침해, ②약정 불이행이외에도 예외적으로 ③ⓐ점유취득시효 완성으로 인한 이전등기청구권, ⓑ사무관리로 인한 비용(필요비·유익비)상환청구권, ⓒ무효인 행정처분으로 인한 부당이득반환청구권 등이 조금 더 있을 뿐이다. 이런 청구권의 발생원인들을 정리하면 다음 표와 같다.

[청구권의 발생원인 요약]

권리 침해 또는 약정 불이행			청구권(구제수단)	
			대분류상의 청구권	구체적인 청구권
권익 (entitlement) (권리＋이익)	물권	침해	①물권적 청구권	ⓐ소유물반환청구권
	준물권			ⓑ방해배제(예방)청구권
	인격권·영업권 등		②손해배상청구권	불법행위로 인한 손해배상청구권
	지식재산권		③부당이득반환청구권 (침해 부당이득)	(침해) 부당이득반환청구권
	이익			
약정 (법률행위)	❶매매 (매매,교환,증여)	불이행	①강제이행청구권	❶①매매대금청구권, ②소유권이전등기청구권 등
	❷소비대차			❷①대여금반환청구권
	❸임대차 (사용대차)			❸①임차목적물반환청구권 ②임차보증금반환청구권
				❹①보수지급청구권
	❹도급 (도급,위임,고용)		②손해배상청구권	채무불이행에 의한 손해배상청구권
			③부당이득반환청구권 (급부 부당이득)	(급부) 부당이득반환청구권
기타	점유취득시효 완성		이전등기청구권	소유권이전등기청구권 등
	사무관리		비용(필요비·유익비)상환청구권	비용(필요비·유익비)상환청구권
	무효인 행정처분		부당이득반환청구권	부당이득반환청구권

3. 민사 사안에 관한 상담과 사건처리 과정 일반

변호사는 고객의 방문에 응하여 상담을 하게 된다. 상담한 사건 중 일부를 수임하여 처리하게 된다. 다음은 필자의 경험에 바탕 두어 이런 과정을 도식화해 보면 아래와 같은 5단계로 구분할 수 있다.

가. 제1단계 : 목표 및 추상적인 수준의 사건처리방향 결정

변호사는 의뢰인의 방문을 받고 면담하여 상담하게 된다. 이때 의뢰인이 설명하는 사실관계를 청취하면서 **의뢰인이 억울하게 생각하는 부분**과 어떤 보호를 희망하는지에 관해 정리하게 된다. 그 결과 법률전문가로서 해당 사실관계에 적합한 목표를 생각해 보고, 초보적인 수준이지만 의뢰인의 희망을 반영한 사건 처리방향을 궁리한다. 이어 의뢰인에게 개략적인 해결책을 제시하면서 수임을 진행한다. 다행히 사건을 수임하게 되면 변호사는 더 구체적인 쟁점파악에 들어가게 된다. 이 과정에서 변호사는 의뢰인의 바람을 무시하는 듯한 태도나 언행은 삼가야 하고,[2] 가급적 의뢰인의 입장에서 의뢰인이 세운 목표를 달성할 수 있도록 실현가능한 사건처리방향을 찾아 제시하는 노력을 아끼지 말아야 한다.

나. 제2단계 : 사실의 발굴 및 그 증명방법의 확보

변호사는 사건을 수임한 다음 보다 구체적인 사실관계 파악에 들어가게 된다. 이때 편견 없이[3] 사실을 발굴하고 그 발굴된 사실이 충분히 증거에 의해 뒷받침 되는지를 파악해 보아야 한다. 논리칙·경험칙에 의하여 사실을 추구해 보고 자신이 파악한 사실이 상식에 의해 제대로 설명될 수 있는지를 생각해 보아야 한다.[4]

의뢰인은 법률적 지식이 거의 없기 때문에 사건을 설명하는 과정에서 종종 중요한 사실을 누락하거나 지나가는 듯 설명하는 경우가 있다. 따라서 변호사로서는 적극적으로 사실관계를 확인하려는 습관이 몸에 배어 있어야 한다. 사실은 요건사실에 대한 직접사실일 수도 있고, 간접사실일 수도 있다. 사실의 입증에 필요한 증거를 충분히 수집해야 하고, 증거와 의뢰인의 사실설명에 모순이 있

---

2) 판사 출신 변호사 중 일부는 과거 판사직을 수행할 때 배인 습관으로 말미암아 상담단계에서부터 의뢰인으로부터 사건설명을 듣고 속단한 나머지 소송의 승패에 관하여 가볍게 의견진술을 하여 의뢰인의 심사를 혼란스럽게 하는 경우가 종종 있었다. 의뢰인이 억울하다고 생각하고 상대방의 태도에 불만을 느낄 때 사실관계를 잘 살펴보면 정말 의뢰인이 억울한 점이 있는 경우가 많다. 최초 상담시 하는 의뢰인의 피상적인 사실설명에 의존할 것이 아니라 향후 의뢰인의 구체적인 설명을 찬찬히 듣고 그에 부합하는 증거들을 면밀히 검토하여 의뢰인의 억울한 부분이라면 조그만한 것이라도 바로잡아 줄 수 있는 성실한 태도를 갖는 것이 변호사의 바람직한 자세라 할 것이다.

3) 필자가 "편견 없이"란 표현을 사용한 이유는 본인이 가진 얄팍한 법리와 판례 지식에 따라 사안을 끼워서 맞추듯 재구성하려 하여서는 안되고, 의뢰인이 설명하는 흐름대로 사실관계를 파악해 보고 그 사실관계에 바탕둔 권리관계를 분석해 보는 습관을 길러야 한다는 점을 강조하기 위해 사용한 것이다.

4) 흔히 법은 상식이라고 설명한다. 소위 3단논법에 따라 사실을 분석하고 법리를 적용하여 결론을 내렸다 하더라도 다시 그 결론이 제반사정에 비추어 볼 때 상식적으로 말이 되는지를 따져 보아야 한다. 필자는 이를 "논증에 의해 내린 결론을 상식에 의하여 재검토해 보아야 한다."라고 설명한다.

을 때는 의뢰인에게 문의하여 이를 분명히 밝혀 둘 필요가 있다.

다. 제3단계 : 권리분석 및 주장의 정리

대체로 각종 사실관계가 확정되면 이를 기초로 권리분석을 실시해야 한다. 본서에서 권장하는 7단계(원고의 입장) 또는 8단계(피고의 입장) 권리분석방법에 따라 권리분석을 해 보는 것이 좋다. 분석결과를 정리해 보면 청구권이 확정된다. 그 청구권에 해당되는 청구원인 사실을 정리하고, 상대방의 예상가능한 청구원인에 대한 답변 및 항변, 이러한 항변에 대한 답변 및 재항변 등 주장을 배치해 볼 수 있게 된다. 이때 그동안 배운 요건사실에 관한 지식의 활용이 필요하다. 그러므로 요건사실론을 철저하게 학습해 둘 필요가 있다. 또 요건사실은 직접사실을 통하여 입증될 수 있지만 실무상으로 직접증거가 다 갖추어진 양질의 사건은 본인소송으로 진행되는 경향이 높고, 변호사로서는 간접사실을 주장·증명함으로써 논리칙·경험칙을 동원하여 비로소 직접사실을 증명할 수밖에 없는 사안을 주로 다루게 된다. 직접사실을 증명할 수 있는 간접사실을 발굴하고, 그 증명에 성공하는 과정은 소위 "논리칙 또는 경험칙"이라는 건전한 상식에 기초하여 타인을 설득하는 과정이다. 이런 능력은 변론활동의 질을 결정하는 핵심적인 능력으로 능력있는 변호사로 인정받을 수 있는 측도가 된다.

라. 제4단계 : 쟁점파악, 승소가능성의 평가

사실관계를 확정하고, 권리분석을 해 보고 주장도 정리하여 배치해 보면 해당 사안에서 승패를 가를 핵심쟁점(key point)이 무엇인지를 파악해 낼 수 있다. 보통 분쟁해결의 방향을 결정할 핵심쟁점은 사건당 1~2개[5]에 불과하다. 변론활동은 이 핵심쟁점을 빠짐없이 주장하고 '고도의 개연성'있게 증명하는 데 초점을 맞추게 된다. 물론 사안을 파악하는 초기에는 핵심쟁점을 파악해 낼 수 없는 경우도 많다. 때로는 핵심쟁점을 해결할 수 있는 사실들을 추가적으로 발굴해야 하거나 추가적으로 증거를 확보해야 할 필요가 있다. 이렇게 반복하다가 보면 초기 권리분석이 잘못되었다는 것을 확인하고 수정하기도 한다. 가끔 변호사들은 1심판결을 받아본 후에야 비로소 핵심쟁점을 알아채기도 하나 유능한 변호사가 되려면 1심 소송의 과정에서 가급적 빨리 핵심쟁점을 완전히 파악할 수 있어야 한다. 이렇게 분석-수정-분석으로 이어지는 반복작업을 통하여 결론적으로 핵심쟁점에 근접하게 되는데 가급적 성의를 다하여 초기에 핵심쟁점을 파악해 내 처음부터 그 핵심쟁점을 중심으로 변론활동을 하는 것이 승소율을 높이는 비밀이다.

이렇게 핵심 쟁점을 파악해 보면 의뢰인이 취하고 있는 입장의 진실함을 충분히 파악할 수 있고, 또 소를 제기하게 되더라도 그 승소가능성이 얼마나 될 지도 어느 정도 가늠해 볼 수 있게 된다.

마. 제5단계 : 구체적인 처리방향의 최종적 결정

그런 다음 변호사는 구체적인 사건 처리방향을 최종적으로 정할 수 있게 된다. 이때 의뢰인에

---

5) 현재 실시되고 있는 변호사 시험 기록형 문제의 경우 핵심쟁점이 거의 10여개이상 된다. 변호사 실무에서 이렇게 복잡한 사건은 거의 없다 해도 과언이 아니다.

게 구체적인 사건 처리방향을 설명한 다음 그 승인을 받아 사건을 최종적으로 처리해야 한다. 소송은 집행권원을 획득하는 절차로서 강제집행을 가능하게 한다. 하지만 분쟁해결방법은 꼭 소의 제기와 승소판결의 확보에만 있는 것은 아니다. 법정외 화해, 재판상 화해, 조정, 중재 등을 통해서도 원만하게 분쟁을 해결할 수 있으므로 사건을 수임한 변호사로서는 고객의 이익을 극대화하기 위해 다양한 분쟁해결방법을 염두에 두고 의뢰인의 반응을 보아가며 그 중 적절한 분쟁해결방법을 찾아 결국 의뢰인의 이익을 최대한 보호하는 것이 매우 중요하다.

만약 소를 제기하기로 했다면 부수적으로 취하여야 할 실체법 또는 절차법상의 보전조치를 꼭 취해 두어야 한다. 따라서 가압류 또는 가처분 등의 보전처분신청, 집행정지 신청, 증거보전신청 등의 부수적인 조치를 취할 필요가 있는지 반드시 검토하여 만약 필요하다고 판단되면 이를 완료해 두어야 한다.

참고로 이와 같은 과정에서 변호사는 건전한 상식에 기하여 자신이 내린 결론이 타당한 지 여부를 재검토해 보는 겸손한 자세를 견지할 필요가 있다. 법은 상식의 결과물이다. 그렇기 때문에 전문법률지식을 동원하여 사실관계를 정리하고 이에 법리를 적용하여 결론에 이르렀다고 하더라도 그 결론이 건전한 상식에 반하면 사실확정이나 논리전개 과정에서 비약이 있는 등 허점이 있다는 것을 의미한다. 따라서 변호사는 겸허하게 자신의 결론을 상식에 기초하여 재검토하여 보다 나은 사건처리방향이 있는지 끊임없이 궁리해 보아야 한다.

4. 민사 변호사실무 능력의 핵심

민사사안에 국한해 생각해 볼 때 변호사실무 능력의 핵심은 ① **사안의 핵심 쟁점**(key-point)**을 가급적 빨리 파악**하고, 이에 관한 ② **사실의 발굴과 그 발굴된 사실을 설득력 있게 주장하는 능력**에 있다. 이러한 능력이 legal mind의 핵심이다. 그런 측면에서 <u>변호사 업무는 법조 3직역(판사·검사·변호사) 중에서 가장 창조적인 사고(思考)가 요구되는 직역</u>이다. 변호사는 수집된 사실관계에 기해 권리(청구권)분석[6]을 하게 된다. 사실 수집된 사실관계라 해도 증거와 맞추어 보면 신빙성이 부족한 경우도 있고, 또 수집된 사실관계만으로는 특정 청구권 관련 문제를 해결하기에 부족하여 추가적으로 발굴해야 할 사실이 남아 있는 등으로 권리분석이 완결되지 못한 경우가 많다. 이렇게 부족한 부분이 결국 핵심쟁점이 된다. 통상 사안의 핵심쟁점은 대체로 1~2가지 정도에 불과하다. 변호사는 그 핵심 쟁점 해결을 위해 사실을 추가로 발굴하여 신빙성 있게 증명하면서 법원(판단자, fact-finder)을 설득하여 자신의 주장을 관철시켜야 한다. 이런 능력이 legal mind이고 민사 변호사실무 능력의 요체다.

아쉽게도 현행 변호사 시험 기록형 문제(사례형 문제 포함)의 연습만으로는 이와 같은 능력이

---

6) 본서에서 사용하는 '권리분석'이란 용어는 사안을 분석하여 "의뢰인이 어떤 청구를 할 수 있는가?"를 분석해 내는 과정을 지칭한다. 이런 견해는 '권리'분석에서 권리를 청구권이라고 치환하여 생각하면 아주 잘 이해할 수 있다. 즉 청구권분석을 하는 것이다. 따라서 독자들은 본서에서 권리분석이란 용어를 사용하더라도 "'청구권'분석을 하는 구나"고 생각해 주기 바란다.

완전히 배양되지는 않는다. 왜냐하면 현행 변호사 시험 기록형 문제는 지나치게 복잡한 청구권을 구성해 두고 있을 뿐 핵심쟁점을 장악하고 관련된 사실을 발굴하여 설득력 있게 주장하는 능력에 관해 초점을 맞추어 측정하도록 출제되지 않고 있다. 법학전문대학원의 교육에 지대한 영향을 미치는 변호사 시험문제들이 이렇게 제대로 된 민사 변호사 자질 교육의 향도로서의 기능을 수행 못하고 있어 아쉽다.

5. 메모요령

법조인으로서 생활하는 동안 기록을 읽고 파악하기 위해 메모를 하게 될 것이다. 메모란 법조인이 기록을 읽고 권리분석, 주장분석을 하기 위해 사실관계를 정리해 둔 기록을 통칭하는 용어다. 판사도 메모하고, 변호사도 메모한다. 다만 개성에 따라 메모를 하는 정도가 다를 뿐이다. 간단히 메모하기도 하고 깨알같이 기록하기도 한다. 메모하는데 상당한 시간이 걸린다. 하지만 복잡한 사건의 경우 법리검토나 정리할 쟁점도 많고, 사실 및 쟁점에 대한 검토결과와 파악한 법리를 충실하게 보존하여 소송과정에서 기억상실을 막고 충실히 활용하기 위해 메모할 필요성이 강하게 대두된다. 변호사시험 기록형에 첨부된 「상담일지」도 메모의 일종일 수 있다.

그런데 위 메모는 실무상 로펌 등에서 관행상 작성되는 소위 Memorandum과는 다르다. Memorandum은 로펌 등에서 동료들끼리 돌려보거나 선배 변호사(senior)에게 보고하기 위하여 정식으로 작성한 검토보고서이다. 대법원 재판연구관 등이 작성하는 검토보고서[7]에 더 가깝다고 해야 할 것이다. 이러한 Memorandum은 법학전문대학원 3학년 1학기에 개설되어 있는 민사재판실무 등에서 교육받기도 한다.

그렇다면 메모를 어느 정도로 상세하게 할 것인가? 그 변호사의 개인적 특성에 따라 다를 수 있다. 평소 메모하기를 좋아하고, 메모에 드는 시간을 낭비적으로 생각하지 않는 법조인이라면 메모를 매우 충실하게 할 것이다. 메모에 소요되는 시간이 아깝다고 생각하면서 기록을 읽으면서 느끼는 생생한 감각을 중시하는 법조인이라면 메모를 간단하게 하고 오히려 문제될 때마다 기록을 들추어 검토할 것이다. 그러나 성공적인 법조인 중에 메모를 충실히 한 성향의 사람들이 많았다는 사실에 주목해 볼 필요가 있다.

---

7) 법학전문대학원 과정에서도 민사재판실무, 형사재판실무 등에서 재판연구관들이 작성하는 검토보고서 수준의 법문서를 작성하는 교육을 하기도 한다. 아무튼 민사법실무에서 교육하는 법문서 작성은 변호사라면 누구나 함양하고 있어야 할 필수 능력이나 민사재판실무 등에서 교육하는 검토보고서 등은 재판연구관 등이 되지 않는 한 법조 인생을 통해 작성해 볼 기회가 거의 없는 형식의 법문서 작성방법인 것이다.

제 2 절 민사법실무와 변호사시험 중 민사기록형 시험

1. 민사 기록형 시험의 도입

법학전문대학원 도입 후 실시되고 있는 변호사시험에서는 사례형 문제 외 별도로 종전 사법시험에는 없었던 기록형 문제도 출제되어 실시되고 있다. 사례형 문제는 종전 사법시험 2차 case문제와 동일한 유형이다. 물론 변호사 시험의 출제경향을 분석해 보면 종전 사법시험 case문제보다는 훨씬 복잡하게 구성된 사안으로 출제되고 있음을 알 수 있다. 하지만 양자 사이에 근본적인 차이는 없다. 즉 사례형 문제의 경우 제3자적 입장에서 사안을 분석하여 권리관계를 밝히는 것이 주된 과제이다.

만약 민사 변호사의 실무능력이 권리분석능력의 유무에 의해 좌우되고 추가적인 능력은 필요 없거나 부수적이라면 변호사시험에서 사례형 시험이외에 굳이 기록형 시험까지 둘 필요가 없을 것이다.

2. 민사기록형 시험의 필요성

그런데 실제 변호사 생활을 해보면 변호사실무 능력은 위와 같은 권리분석능력에 있지 않다. 오히려 사례형의 사안처럼 복잡한 권리분석이 요구되는 사건은 실무상 거의 없다고 해도 과언이 아니다.

실무가라면 잘 알고 있듯이 분쟁은 사실관계에 있다. 권리분석을 할 수 있을 정도로 사실관계가 잘 확정되어 있다면 간단한 권리분석을 통해 당사자들의 권리의무관계를 쉽게 도출해 낼 수 있다. 따라서 당사자들은 그 확정된 사실관계에 기한 권리분석결과를 수용하여 (재판외·재판상) 화해해 분쟁을 종결시켜 버렸을 것이다. 그런데 분쟁으로까지 발전하는 이유는 관련 당사자들이 파악하여 믿고 있는 사실이 서로 다르기 때문이다. 그래서 핵심쟁점을 파악하여 관련 사실관계를 발굴하고 확정해 나가는 민사 변호사의 능력은 매우 중요한 것이다. 민사 변호사는 그런 과정에서 자신의 설명과 주장이 보편성을 얻고 설득력 높은 것이 될 수 있도록 노력해야 한다. 이와 같은 능력은 사례형 시험을 통한 권리분석 능력의 측정만으로 배양될 수 없다. 그래서 법학전문대학원에서는 그 교육목표를 사법연수원 1년차 수료자의 수준에 두고 기록형 교육을 따로 실시하고, 수료 후에는 변호사시험 기록형 문제를 통해 그 능력을 따로 평가하고 있는 것이다. 그렇다면 과연 현재 치러지고 있는 기록형 시험이 권리분석 이상의 교육목적을 충분히 달성하고 있는지 검토해 볼 필요가 있다. 먼저 변호사시험 기록형의 필요성에 관해 어느 학자의 의견제시를 살펴보고, 또 실제 실시되고 있는 변호사 기록형 시험 및 각종 모의시험들이 이러한 목적에 부합하고 있는지를 검토해 본다.

3. 법학전문대학원협의회 발간 『변호사시험 모의시험 평가보고서(2011-01)』의 요약

한 평가보고서에서는 변호사시험 민사 기록형의 출제경향을 사법연수원 교육과정 상의 전반적인 교육과 대비하여 다음과 같은 차이가 있다고 정리하고 있다.

[변호사 시험과 사법연수원 교육 목표 비교]

비교항목	변호사 시험	사법연수원 교육
시험실시 목적	변호사 양성	판사 양성
범위	민법 중 재산법, 상속법 일부, 민사소송법, 상법 총칙	
특징		기술적인 청구취지 지양 청구원인-항변-재항변의 구조를 강조하다가 보면 지나치게 판결문 같음
테스트하여야 할 쟁점 수	실체법상 쟁점을 5~6개로 한정해 출제하고자 함	
중점 평가사항	쟁점별로 당사자 측에 유리한 요소를 충분히 제시하고 있는지? 당사자 측에 불리한 상대방의 주장을 감지하고 이에 대한 적절한 대응논리를 펴고 있는지? 전체적인 논지가 어느 정도 설득력이 있는지? 등을 평가하는 것이 우선	청구원인, 항변, 재항변의 구분에 따른 논리적 배치에 지나치게 의존
실무와의 관련성	일부청구를 하는 등의 기술적인 문제는 변호사 실무에서 전혀 문제가 되지 않는데도 기록형 시험에서는 강조되고 있는 등 개선의 여지가 많다.	대다수 변호사로 진출함에도 불구하고 판사양성에 초점이 맞추어져 있는 등 문제가 많다.

4. 현행 변호사시험 기록형 등의 출제경향과 유통되는 모범답안의 문제점

그렇다면 지금까지 출제되어 온 변호사시험 기록형 문제가 위와 같은 기록형 시험제도의 도입 목적에 적합하도록 출제되고 있는가? 필자는 그렇지 않다고 생각한다. 그 이유를 알아보기 위하여 우선 각종 모의기록에 나타난 작성요령을 정리해 보면 다음과 같다.(모의기록 6은 법학전문대학원협의회에서 마련하여 공표한 11개 민사모의기록 중 여섯 번째 모의기록을 지칭한다.) 그 이후로도 그 출제경향이 크게 달라지지 않았다.

[각종 시험들에서 제시된 작성요령 요약]

	제1회 변시	제2회 변시	제3회 변시	모의기록 6
요청서면	소장	소장	소장, 아주 간단한 답변서	소장
Ⓐ의뢰인의 의사에 반하여 작성하지 말 것	O	O	O	
①각하, 기각부분 없게 작성	O	O	O	O
②예상되는 주장에 대한 반박 포함	O	O	O	O
❶공동소송 요건 충족		충족한 것으로 전제	충족한 것으로 전제	충족한 것으로 전제
ⓐ예비적·선택적 청구를 하지 말 것	O	O	O	
ⓑ이자 또는 지연손해금청구방법에 관한 지시	정산 말고 초일·말일의 형태로 청구하면서 지연손해금 지급청구는 말 것			
Ⓑ당사자 표시	원고 1, 원고 2 또는 피고 1, 피고 2와 같이 기재말 것	원고 1, 원고 2 또는 피고 1, 피고 2와 같이 기재말 것	원고 1, 원고 2 또는 피고 1, 피고 2와 같이 기재 말 것	
ⓒ별지 활용		금지	금지	
③기록외 사실관계, 첨부자료	참작 말 것, 기록 내 사실 모두 진실한 것으로 믿을 것, 첨부서류 모두 적법하게 작성된 것으로 볼 것	좌와 동일	좌와 동일	좌와 거의 비슷
ⓓ채권자 대위권 행사	채권자 대위 형태로 청구하지 말 것			
ⓒ피고 별 청구원인	청구원인 피고별로 기재	청구원인 피고별로 나누어 기재	청구원인 피고별로 나누어 기재	
ⓓ기간 계산		0월은 0/12로 계산		
ⓔ소장양식, 각급 법원의 설치와 관할구역에 관한 법률	소장양식, 관할법 모두 제시	소장양식은 제시 없고, 관할법과 이자제한법은 제시	소장양식은 제시 없고, 관할법만 제시	소장양식, 관할법의 제시 없이 대법원 예규, 규칙 및 실무관행에 따를 것이라고만 언급
증명방법, 첨부서류	기재 생략	기재 생략	기재 생략	
Ⓔ법리문제	현행 법률과 판례에 따를 것			현행 법령과 판례에 배치되는 주장은 말 것
기타 가정				Ⓕ특별수권이 있다고 보아 의뢰인의 실체법상 권리를 소송상 행사할 수 있다고 가정할 것

변호사시험이 이제 12회나 치러졌다. 그래도 기록형 문제 출제기술이 완성되었다고 보기는 어렵다. 출제기술은 아직도 계속 진화 중에 있다고 보아야 한다. 그러므로 향후 어떻게 변화되고 개선될지 계속 지켜볼 필요가 있다. 다만 가급적 변호사 실무상 꼭 필요한 능력을 배양할 수 있도록 시험문제를 출제하고 평가하는 것이 좋다. 변호사시험 합격 후 6개월간 간단히 기초 실무교육만 받은 다음 바로 변호사 실무에 투입되는 현행 법조인 양성 시스템하에서는 법학전문대학원의 교육에 지대한 영향을 미칠 변호사 시험의 출제방향이 가급적 실무와 일치할 수 있도록 주의를 기울이지 않으면 안 된다.

ⒶⒷⒸⒹⒺⒻ 요청은 법문서 작성의 방법과 일치하는 너무 당연한 요청이다. 그래서 주의를 환기시키는 효과만 있을 뿐이다. 그런데 ①②③ 및 ⓐⓑⓒⓓⓔ의 요청은 실무와 매우 동떨어진 것임에도 불구하고 시험 출제 및 채점의 편의를 위하여 반복적으로 요청하고 있다. 이러한 작성요령은 변호사가 되어 실제 법문서를 작성할 때는 반드시 버려야 할 법문서 작성방법이다. 시험대비 목적으로 이와 같은 작성방법을 몸에 익혀 실무에 나간 신입법조인들은 혼란을 겪을 것이다. 따라서 위와 같은 작성요령 중 불필요한 부분은 과감하게 버리고 실무와 유사한 글쓰기가 될 수 있도록 출제기술을 향상시켜야 할 것이다. 특히 ①, ②의 요청 때문에 변호사가 소장, 답변서, 준비서면 등을 작성할 때도 마치 판결문 작성하듯이 글쓰기 하는 나쁜 습관이 배게 된다. 그러나 실무에서는 변호사는 의뢰인의 입장에서 의뢰인의 승소를 위하여 글쓰기 한다. 필요하다면 일부 패소의 가능성이 있더라도 (상환이행청구 형태가 아니라) 단순청구의 형태로 소제기를 하고 있으며, 특히 사전에 상대방이 주장할 내용을 미리 포함시켜 소장 등 서면을 작성하여 상대방에게 송달시키지는 않는다. 왜냐하면 첫째 소장에 상대방의 주장에 대한 반박을 포함시키면 오히려 상대방에게 주장할 수 있는 사유에 관한 힌트를 줄 뿐만 아니라 둘째 더 최악은 원고가 작성한 반박이유의 강도에 따라 의뢰인 측이 보유하고 있는 관련 증거자료의 깊이를 드러내는 우를 범할 수 있다. 소송전략면에서 좋을 게 하나도 없다. 그래서 변호사는 절대로 먼저 상대방의 주장에 대한 반박을 하지 않는 것이다. 패소하는 부분이 없도록 소장을 작성해 제출함으로써 의뢰인에게 도움되는 것은 인지대 절약 및 소송비용의 분담 경감정도이다. 그런데도 청구취지를 복잡하게 구성하여 청구해야 할 부담을 지고 나아가 잘못된 청구 감축으로 과소청구를 하게 될 위험조차 감수하면서 그렇게 청구할 필요가 없는 것이다. 실무상으로는 절대 감축하지 않고 전체를 청구하고 있다. ③ 요청은 원래 변호사의 판단에 맡겨 두어야 할 사항이다. 증명방법을 강구하고, 증거가치를 평가하는 것은 변호사 능력의 주요부분이다.

ⓐⓑⓒⓓⓔ는 오로지 시험상 편의를 위하여 억지로 요청한 작성요청이므로 시험목적으로는 이에 따라야 하나 실제 변호사 업무는 이와 전혀 다르다는 점을 명심하여야 한다.

❶ 요청도 변호사가 실제로 독자적으로 판단할 문제인데, 평가목적상 부득이 포함시킨 것에 불과하다.

변호사실무에서 가장 필요한 능력은 리걸마인드(legal mind)를 바탕으로 한 사실의 발굴과 이를 증명하여 주장의 설득력을 높이는 것이라고 했다. 이런 능력은 상당성, 과실, 중대한 과실 등과 같은 불확정개념을 간접사실을 통하여 주장·증명하고자 할 때 가장 잘 발휘된다. 그런데 일부 모의기록에서는 "중대한 과실"을 전제하여 답안을 작성하라고 지시하는 등 리걸마인드를 평가할 수 있는 몇 안 되는 기회조차도 제대로 활용하지 못하고 있으니 심히 개탄할 일이다. 게다가 기록형 사례를 구성할 때 비현실적이거나 비합리적인 사실관계를 가정하여 사안을 구성한 다음 답안을 작성해 달라고 요청할 때도 있다. 이처럼 현행 변호사 시험문제가 변호사로서 합리적인 사실을 발굴하고 설득력 높게 이를 증명하는 능력을 배양하는 유인을 차단해 버리고 있어 안타깝다. 특히 '상담일지'와 같은 실무상 거의 활용하지 않는 해괴한 문서까지 만들어 제시하면서 사실을 깔끔히 정리해 제시해 주고 있을 뿐만 아니라 최근에는 상담일지부분에 【 사건관계인의 주장 】 란까지 마련하여 소위 상대방의 주장 중 반박할 사유까지 정리해 두고 있으니 개탄을 금할 수 없다. 나아가 권리분석도 너무 복잡하고 쟁점도 너무 많아 결국 권리분석능력 측정 위주로 평가하고 있어 본래 핵심쟁점을 파악하고 그 쟁점을 유리한 방향으로 이끌기 위한 사실의 발굴과 설득력 높은 주장을 할 수 있는 능력 측정이란 기록형 시험의 본래 목적을 수행하지 못하고, 또 다른 유형의 사례형 문제의 출제가 되었다는 비판을 피하기 어렵게 기록형 문제를 출제하고 있다.

나아가 일부 유통되는 모범답안들도 ① 청구취지를 이유 있게 할 내용으로 청구원인을 구성해야 함에도 불구하고 인위적으로 청구원인 – 항변[8]으로 억지로 구분된 형식논리 위주로 청구원인을 기술하고 있으며, ② 청구취지를 이유 있게 할 사실의 기술과는 아무 관련이 없는 사전 검토수준에 불과한 법리에 관한 장황한 설명을 포함시켜 모범답안으로 제시하고 있을 뿐만 아니라 ③ 그래서 법리 및 판례의 내용 설시만 충만하고 오히려 주일상목행에 의한 중요한 사실의 구체적 진술에는 부족한 경우도 많다. 유통되는 모범답안도 큰 차이 없이 문제가 있음은 부인하기 어렵다. 그래서 이러한 모범답안을 중심으로 학습한 예비법조인들이 실무능력을 제대로 배양할 수 있을지 큰 의문을 갖게 한다.

5. 변호사시험 기록형 출제방식의 개선점

위와 같은 현행 변호사 시험 기록형 출제경향의 문제점은 필자의 경험에 비추어 볼 때 주로 출제와 채점을 담당하고 있는 출제위원들의 출제와 채점상의 편의를 도모하기 위한 편의주의 때문에 초래된 잘못으로 보인다. 사실, 쟁점을 단순화해서 핵심쟁점 중심으로 사실 주장능력을 평가하도록

---

8) 예를 들면, 매수인이 매매계약에 기해 소유권이전등기 청구를 하는 사안에서 제시된 작성요령인 "패소하는 부분이 없도록 하라."는 지시에 따라 매수인인 원고가 소장을 작성하면서 그 청구원인사실로서 ①매매계약의 체결사실을 주장하는 이외에 매도인인 피고측에서 ②ⓐ계약금, 중도금의 변제사실을 들어 일부 변제의 항변을 할 것이 예상된다거나, ⓑ잔금지급과 동시이행항변을 할 것이 예상된다며 이들 항변들이 다 이유가 있다고 설명하면서 결론적으로 잔금지급과 동시이행으로 청구취지를 작성해야 한다. 원고가 소장을 작성하면서 상대방의 예상가능한 항변을 들고 그것이 이유가 있다라고 구성하는 것은 정말 판결문과 유사한 글쓰기가 된다. 필자는 누누이 강조하지만 만약 항변이 이유있다고 판단하여 그만큼 감축하여 청구취지를 작성하였다면 청구원인의 정의(定義)상 "청구취지를 이유 있게 하는 모든 사실"이기 때문에 매매계약사실은 물론 계약금·중도금의 수령사실, 동시이행관계사실 등도 모두 청구원인사실이 되어야 한다. 그래서 이를 반영한 청구원인사실을 특히 '조정된 청구원인사실'이라고 할 수 있다.

문제를 구성한다는 것은 정성평가적 요소가 많아 채점자의 주관에 따라 큰 영향을 받을 우려가 크고, 이런 채점상의 논란을 차치하더라도 채점이 매우 어렵고 시간이 많이 걸릴 수 있다. 법학전문대학원 협의회 주관으로 실시된 2011년도 모의시험이나 2012년도 모의시험 등을 살펴보면 쟁점구성이 밋밋하였기 때문에 평가시 우열을 가리기 어려웠다는 주장도 있었다. 그렇다고 해도 출제방식의 대폭적인 개선은 꼭 필요한 실정이다. 가령 기록형 문제를 출제할 때 가급적 상담일지를 없애 1차적 자료만을 제시하여 수험생으로 하여금 해당 기록에서 첨부되어 있는 각종 증거서류들을 통해 의미 있는 사실들을 스스로 찾아 낼 수 있도록 하게 하고, 나아가 가능하다면 간접사실들을 통해 직접사실을 설득력 있게 주장할 수 있도록 하는 쟁점도 발굴하여 출제하는 등 출제방식을 대폭 개선할 필요가 있다.

또 비록 공개되지 않을 채점기준표이지만 알게 모르게 엿볼 수 있는 예비법조인들의 교육을 위해서도 실무상 통용될 수 있을 수준으로 모범답안을 제대로 마련하여 제시할 필요도 있다.

제 3 절 본서의 방법론과 주요내용

1. 법해석론에 기초한 개념법학(종래의 법학방법론)의 극복

가. 종래 법학방법론과 그 문제점

본서를 읽게 되는 사람들은 대부분 기존의 법해석론 위주의 개념법학적 방법론으로 민사법을 1년이라도 공부해 온 사람들일 것이다. 법구조는 대개 가언명제(假言命題, 또는 조건명제) 형태를 취하고 있다. 때문에 법해석론 위주로 학습하게 되면 위와 같은 가언명제로 된 법조문에 기해 그 법률요건을 충족하면 일정한 법률효과가 발생한다는 방식으로 해석하여 학습하게 된다. 개념법학은 "법문의 자구(字句)의 개념을 정밀히 분석·확정하여 실제의 사건에 적용하려는데 전념하는 법학방법론"9)을 일컫는다. 언어는 역사성과 사회성을 갖기 때문에 법령에서 사용되고 있는 각종 법률용어의 일의적 해석을 할 수 있도록 먼저 그 개념을 미리 확정해 둘 필요가 있다. 그래서 이 양자를 결합한 법해석론 위주의 개념법학은 법령상의 법률요건을 찾아내어 그 법률요건상의 용어를 개념정의한 다음 문제된 구체적인 사실들이 그 요건에 해당되면 일정한 법률적 효과를 발생시키는 것으로 분석하게 된다. 즉 법해석론 위주의 개념법학은 개념-요건-효과로 이어지는 법적논증의 구조를 갖고 있다. 이렇듯 법해석론 위주의 개념법학은 법적추론의 주요한 단계에서 필요한 중요 개념들을 사전에 정의해 두고 그 개념을 중심으로 요건-효과를 논증하여 그 효과에 따른 권리행사를 할 수 있다는 완결적 구조를 갖고 있다. 그래서 매번 근본적 원리부터 법적 추론을 시작할 필요가 없어 사고비용(思考費用)을 절약할 수 있는 장점이 있다. 숙련된 경우 매우 용이하다. 하지만 개념마다 분절하여 학습하기 때문에 각 개념들간의 체계적 연관관계를 파악할 수 없게 되어 법구조의 체계적인 이해가 결여된다. 이러한 문제점은 시민법계 국가에서 오랫동안 잘 훈련된 법학자는 물론 능력 있는 법조인들에서도 발견되는 결함이기도 하다. 이렇듯 법해석론 위주의 개념법학적 학습으로 양성된 법조인들이었음에도 불구하고 그동안 별 탈 없이 복잡한 사건을 처리할 수 있었던 것은 과거 사법연수원에서 2년간 더 수련한 후 또 실무에 나아가 추가로 도제식 학습도 받아서 비로소 법의 체계적 분석법을 스스로 체득하고 숙련한 다음 실무에 투입되었기에 이러한 개념법학적 학습의 단점을 극복할 수 있었던 것이다. 문제는 법학전문대학원 체제하에서의 예비법조인들은 종전과 같이 개념들만을 분절하여 학습했을 뿐인데도 바로 구체적인 사례로 구성된 변호사 시험 기록형 문제를 접하고 그 답안을 작성해 달라는 출제를 했을 때 바로 답안을 정확하게 작성할 수 있는가?라는 의문에 있다. 게다가 운 좋게 변호사 시험을 통과했다고 하더라도 그 후 6개월 동안의 겉치레 실무수습을 받은 후 바로 실무에 나아가 구체적인 사건을 맡아 체계적인 분석을 전제로 실제 사건을 처리하게 될 때 매우 난감해 하는 실정임을 안다면 위와 같은 방식의 교육은 큰 문제라는 점을 알 수 있다.

---

9) 『법률용어사전』, 현암사, 2008, 16면. 법학방법론은 그 외에도 자연법사상에서 비롯되어 역사법학, 목적법학, 자유법론, 순수법학, 이익법학 등을 거쳤다. 최근에는 비교법학이 활발하다.

마치 압구정동, 혜화동, 홍대입구 등 각 지역을 분절하여 평소 그 통행로를 잘 학습하고 있었다고 하더라도 야간에 지하도를 한번 건너고 나면 동서남북이 구분되지 않아 혼란에 빠져 있는 상태에서 동(洞)과 동(洞)을 연결하여 어느 목적지로 나가라는 요청을 받았을 때 난감해 하면서 목적수행을 못하듯이, 특정 법개념과 요건이나 효과까지는 배웠다고 하더라도 법전체의 체계적 이해에 바탕두어 체계적인 법적논증을 한 적이 없다면 실제 사건을 처리할 때 방향감을 상실하게 되고 말 것이다. 이것은 대한민국 법학교육은 물론 독일, 일본에서의 법학교육의 일반적인 문제일 수밖에 없다. 실로 2,000페이지에 달하는 두꺼운 민법책을 다 읽고, (선택형 문제 풀이를 위해) 엄청난 양의 판례취지를 달달 외웠다고 하더라도 아주 간단한 사례형, 기록형 지문을 읽고 차근히 법적논증의 단초를 열어 나가지 못하고 허덕이는 모습을 볼 때 법학교육의 새로운 방법을 모색해야 한다는 것을 강하게 느끼게 된다.

나. 전통적인 민법 교육 체계의 문제점

게다가 그 동안 민법교육은 민법총칙 – 물권법 – 채권총칙 – 채권각론 – 법정채권론(친족·상속은 논외로 함)으로 분절하여 학기별로 별도로 교육하고 있었다. 물권과 채권은 모두 권리이고 병렬적 관계에 있으며 이 둘을 합쳐 재산권을 구성한다고 설명하고 있다. 민법총칙은 법률행위라는 개념을 중심으로 물권법상의 물권행위와 채권법상의 채권행위에 의해 발생하는 각종 계약과 이와 별도 요건에 의해 발생하는 법정채권으로 구분하여 설명하고 있었다. 논리적으로 흠결이 없는 완벽한 모습을 갖추고 있는 것처럼 보이고 민법학자들도 이와 같은 체계를 판덱텐 시스템이라고 하면서 보통법계 국가의 법체계에 비해 체계적이라며 자랑스러워하고 있다.

문제는 위와 같은 민법교육으로 변호사 시험 사례형, 기록형 시험에 충분히 대비시켜 줄 수 없을 뿐만 아니라 실무가로서 효율적으로 민사분쟁해결을 못해 준다는 데 있다. 과거 치른 사법시험에서 한동안 "법률행위의 무효·취소를 논하시오." "지상물매수청구권에 관해 논하시오."라는 문제들이 출제된 적이 있었다. 현재의 민법교육방식으로도 이와 같은 형식의 문제에 대한 답안은 충분히 작성할 수 있다. 하지만 사법시험의 출제경향이 case 문제방식으로 바뀌었을 뿐만 아니라 변호사시험 시대에 접어들어서는 보다 복잡한 사안으로 구성된 사례형 문제가 출제될 뿐만 아니라 이와는 차원이 다른 기록형 시험으로 출제형식이 더 심화되어 왔다. 사례형 사안이나 기록형 사안에서 "법률행위"라는 표현은 전혀 등장하지 않고 그저 "약정했다"거나 "계약을 체결하였다."는 식으로 사실이 제시되고 있다. 더 나아가 "甲과 乙의 법률관계를 기술하라."거나 "甲이 乙에게 어떤 청구를 할 수 있는가?"라는 사례형 질문에 답하기 위해서나 권리분석을 한 다음 청구취지를 구상하여 그 청구원인사실까지 포함한 소장을 작성해야 할 기록형 시험준비를 위해서는 물권과 채권이 평면적이고 병렬적인 관계에 있다거나 계약에 의한 채권과 법률요건을 충족한 법정채권을 평면적으로 이해하면 제시된 당사자간의 법률관계, 권리의무 부담관계를 풀어낼 수 없고, 나아가 이를 청구취지로 발전시킬 수 없다. 그래서 다음과 같은 방식으로 민법 체계를 고쳐 이해한 다음 권리분석할 것을 권한다.

2. 본서의 법학방법론으로서의 원리법학

가. 민사 실체법을 체계적으로 이해할 필요성

잘 알다시피 대한민국 사법(私法)체계는 시민법계(civil law jurisdiction)[10]에 속한다. 흔히 시민법은 논리의 산물이고, 보통법(common law)은 경험의 산물이라고 분류하기도 한다. 대한민국의 민법전도 이러한 논리적 추론과 추상적 사유를 통하여 법학자들이 연구하여 제안된 안으로 입법되어 성립되었다. 그래서 불필요하게 추상화의 정도가 높거나 낮아 실생활을 제대로 반영하지 못한 개념들 위주로 구성되어 있다. 한번도 법학과목 수강도 못한 채 법학전문대학원에 들어온 신입생들이 처음 민법전과 마주앉아 학습하려다 보면 실생활과 유리된 추상적 개념과 논리로 가득한 학습내용과 마주 앉게 되어 생소한 감정에 많은 어려움을 겪게 될 것이다. 게다가 현행 이론수업은 민법 전 체계의 구조적 파악을 가르치지 않고 바로 처음부터 구체적인 법해석론 위주의 개념법학적 학습에 치중하다 보니 세부(detail)에는 강하나 큰 그림(system as a whole)에서는 취약한 경향을 보이게 된다. 법학전문대학원 졸업생 전원을 상대로 민사 기록형문제를 출제하고 채점해 본 경험이 있는 필자로서는 3년간의 학습 후 치른 시험에서도 세부쟁점들은 정답을 맞히면서도 큰 그림에서는 엉뚱한 분석을 바탕으로 답안을 작성하는데 적잖게 놀라게 된다. 그래서 민법 체계의 이해를 좀 더 실용적이고 간단하게 파악하여 학습할 것을 권하게 되었다.

나. 원리법학

법은 상식이다. 결국 법적 논증도 이런 상식에서 출발하여 구체적인 사례에 적용될 법원리를 발견하고 이를 구현한 법령들을 체계적으로 배치한 다음 그 종합적인 법령을 적용하여 결론을 내리는 방식으로 해야 한다. 즉 개념법학의 분절된 학습법을 지양하고 상식에 바탕 둔 각 개념들 사이의 체계적인 관계를 먼저 이해한 다음 해당 개념들의 의미를 밝히고 이를 서로 묶을 수 있는 능력이 있어야 한다. 그래서 민사법을 학습하기 이전에 고대에는 합체되어 있었던 민사법, 형사법, 행정법이 분화된 원리가 무엇인가? '타인의 권익을 침해해서는 안 된다.'거나 '약속은 지켜야 한다.'는 상식에서 출발하여 청구권의 발생원인을 정확히 이해하고, 그렇다면 민법 중 민법총칙, 물권법, 채권법, 법정채권 중 어느 것을 먼저 배우고, 어느 것을 제일 마지막에 배워야 할까? 등의 근본적인 의문도 갖고 이에 대한 답변을 찾으면서 민사법 전체를 학습해 볼 필요가 있다. 이와 같은 근본적인 문제제기는 민사법의 체계적인 이해를 가능케 하고 결과적으로 구체적인 사례해결에 있어 법적 논증의 전개를 체계적으로 가능케 할 것이다. 이런 과정에선 최근 떠오르고 있는 법경제학(Law &

---

10) 잘 알다시피 법계는 시민법계(civil law jurisdiction)과 보통법계(common law jurisdiction)로 나눌 수 있다. 때로는 시민법계를 대륙법계라거나 성문법계라고도 하고, 보통법계를 영미법계라거나 불문법계라고도 한다. 후자의 2가지 분류방법은 시민법계 국가 중 독일이 보통법계의 국가를 다소 비하하기 위해 조어한 것으로 가급적 사용을 피하는 것이 좋다. 그래서 본서에서는 특별한 사정이 없는 한 시민법계와 보통법계라는 용어만 사용하기로 한다.

Economics), 인지심리학의 영향을 받은 행동주의적 경제학(behavioral economics), 뇌과학의 연구성과의 도움을 받는 것도 좋다.

그래서 본서에서는 모든 자연인에게 권리능력을 인정한 다음 '자유로운 사인(私人)의 합리적인 의사결정'의 실현을 도모하거나 '자유로운 사인(私人)의 비합리적인 의사결정'에 의한 타인의 권익 침해와 약정의 불이행에 대해 "청구권"이란 민사적 법집행 수단을 중심으로 침해와 불이행을 억지하고자 한다는 민사법의 체계적인 이해를 바탕으로 청구권의 발생원인으로서 물권과 그 침해, 약정과 불이행이란 큰 축을 이해하고, 청구권 발생장애사유로서 '부존재·무효·취소·해제/해지·무권대리(대리권남용)·대표권제한위반'등을, 청구권 소멸사유로서 '변제·대물변제·공탁/////경·상·면·혼·소' 등을, 청구권 행사저지사유로서 '조건·기한, 동시이행항변권, 최고·검색항변권 등을 중심으로 학습하기로 한다. 나아가 몇 가지 구체적인 시각 교정의 관점을 추가적으로 더 제안하고 이를 바탕으로 전체적이고 체계적인 설명을 진행하겠다.

3. 정확하고도 쉽게 권리분석 하기 위한 새로운 민사법체계 이해방법

가. 민사법의 체계적인 이해(본서를 관통하는 민사법의 체계적인 이해의 요약)

민사법을 체계적으로 이해하기 위해서는 우선 우리는 근대법체계를 학습한다는 사실을 알아야 한다. 근대법은 종교개혁, 계몽주의와 시장경제가 결합하여 모든 자연인에게 인권을 부여하여 권리능력을 인정하고, "자유로운 사인(私人)의 합리적 의사결정"을 중심으로 그 의사결정을 실현하는 약정제도 등의 합법적 영역을 밝히고, 또 비합리적인 의사결정을 제한하는 위법영역을 설정하여 타인의 권익 침해, 약정의 불이행 등을 법적 강제력을 동원하여 억지하려고 한다는 점을 이해해야 한다.

나아가 근대법에서는 위법영역에서 법적 강제력을 동원하여 비합리적인 의사결정을 억지하는 역할이 독립된 사법기관인 법원을 중심으로 한 소송을 통해 수행되고 있다. 지구상에 존재하는 모든 소송유형을 3가지로 분류하면 이행(청구)소송, 확인소송, 형성소송으로 나눌 수 있다. 특히 민사적 법집행은 청구권을 중심으로 한 이행소송이 주를 이루고 보충적으로 확인소송이 가능하고, 20세기 비로소 법적 개념으로 편입된 형성권 중 "재판상 행사할 수 있는 형성권"을 실현하는 민사법영역에서의 형성소송이 아주 예외적으로 인정되고 있다.

청구권은 물권(권익[11]) 침해 또는 약정(의 불이행[12]) 상황하에서 발생한다. 물론 점유취득시효

---

11) 타인의 권리를 침해해서는 안 된다는 것은 상식이다. 권익 침해는 이러한 상식에 기반한 것이다. 본서에서 권리 또는 권익보다는 물권침해라는 표현을 더 많이 사용할 것이다. 그 이유는 권리 침해라고 하면 물권은 물론 채권도 포함하여 채권 침해도 있다고 오해할 가능성이 있기 때문이다. 채권은 독일에서 청구권 중 물권적 청구권을 제외한 나머지 청구권을 묶어 채권이라고 했을 뿐이다. 청구권은 이행 또는 불이행의 문제가 있을 뿐 원칙적으로 채권 침해는 문제가 되지 않는다. 물론 많은 대한민국 민법 교과서에서 마치 채권 침해로 손해배상청구권이 발생하는 듯 해설한 부분이 있다. 하지만 이는 매우 예외적인 현상이며 그 구체적인 사안을 채권 침해적 상황이라고 이해할 지도 이론이 많다. 때로는 물권적 청구권의 보호는 받지 못하지만 불법행위로 인한 손해배상청구권적 보호를 받는 이익도 있는데 채권을 꼭 권리라고 하지 않더라도 법률상 보호받는 이익으로 파악하는 것도 가능하다. 그러므로 권리 침해라고 했을 때 권리는 물권을 기본으로 하고, 준물권, 지식재산권, 인격권, 영업권 등 배타지배력을 가진

완성을 원인으로 한 소유권이전등기청구권과 같은 매우 예외적인 청구권 발생원인이 더 있기는 하다. 그래서 청구권을 행사하는 이행소송의 원고는 물권자(＝피해자)이거나 '약정의 상대방(promisee)'이고, 피고는 침해자 또는 약정자(promisor)가 된다. 소제기 후 변론과정에서 물권 침해나 약정의 불이행은 구체적인 자연적·역사적 사실로서 설명해 주어야 한다. 일반인들은 육하원칙에 기해 글쓰기를 하지만 법률가들은 주일상목행(主日相目行)으로 구체적인 자연적·역사적 사실을 기술해야 한다. 이러한 글쓰기 방법은 익히기 어렵기 때문에 부단한 연습을 통해 체화해 가야 한다.

변호사는 의뢰인을 원고로 하여 소를 제기할 때 침해자 또는 약정자를 지목하여 피고로 삼았다고 하더라도 의뢰인이 침해대상인 물권의 권리보유자가 아니거나 그 약정의 상대방이 아닌 경우에는 그 간극을 메우기 위한 '연결고리'를 찾아내어 청구원인에 보충해 넣어야 한다. 그러한 연결고리로는 물권의 대세효, 채권자 대위권·채권자 취소권, 채권양도·채무인수, 전부명령·추심명령, 제3자를 위한 계약, 상호속용하는 영업양도인 등을 들 수 있다. '연결고리'로 역할을 하는 법리를 꾸준히 학습해 둘 필요가 있고, 필요한 경우에는 반드시 그 법리를 적용하여 청구원인으로 삼아야 한다.

부족자원에 관한 이해관계를 권리로 인정하여 그 권리자가 '자유로운 사인(私人)의 합리적 의사결정'에 기초하여 사용·수익·처분할 수 있게 하였고, 나아가 "자유로운 사인의 합리적 의사결정"으로 그 권리를 승계하게 하는 등으로 특정승계 취득사유인 약정관련 법제도를 설계해 두었다. 때로는 구체적이고 현실적인 인간은 감정에 강한 영향을 받은 채 편견에 사로잡혀 비이성적인 의사결정을 하게 된다. 따라서 이런 현실을 반영하여 조정하는 원리로서 각종 원인무효사유(권리발생장애사유)들을 규정해 두고 있다. 부존재·무효·취소·해제/해지·무권대리(대리권남용)·대표권제한 위반 등이 원인무효사유들이다. 나아가 청구권은 이행됨으로써 소멸하게 된다. 그래서 이행과 소멸에 관한 사유들인 변제·대물변제·공탁/////경(개)·상(계)·면(제)·혼(동)·소(멸시효완성) 등을 잘 정리해 알고 있어야 한다. 그 외에도 청구권 행사저지사유인 '조건·기한, 동시이행항변권, 최고·검색항변권' 등이 있고, 특히 분쟁해결수단인 소송을 적정·효율·신속·공평하게 운영하기 위한 민사소송법상의 각종 소송요건들도 상당한 정도로 이해하고 있어야 한다. 수소법원은 소송요건이 결여

권리를 지칭하는 것으로 이해할 필요가 있다. 앞서 설명한 바와 같이 법률상 보호하는 이익을 권리와 합해 권익(entitlement)이라고 하기도 한다. 권리침해를 가장 넓게 이해하면 권익침해로 이해할 수 있다. 뒤에서 자세하게 상론하기로 한다.

12) 정확하게 설명하면, 이론적으로는 약정하면 이행기가 도래하자마자 바로 (약정)강제이행청구(민법 제389조)를 할수 있고, 따라서 불이행(주로 이행기 다음날)을 기다리지 않고서도 (약정)강제이행청구권이 발생한다고 설명할 수 있다. 또 이행기가 도래하기 전이라도 '미리 청구할 필요'를 추가적으로 주장·증명할 수 있다면 '장래이행의 소(민사소송법 제251조)'를 제기할 수 있다. 그러나 장래이행의 소는 아주 제한적인 경우에만 허용되고, 또 실무상으로는 이행기 도래한 날 바로 (약정)강제이행청구의 소를 제기하는 경우가 거의 없고, 이행기가 도과하여 불이행 상태에 빠진 다음 ❶계약을 해제·해지하기 전에 ①(약정)강제이행청구＋채무불이행으로 인한 손해배상청구(이 경우 주로 지연배상청구) 또는 ②(주로 하는 채무의) 채무불이행으로 인한 손해배상청구(이 경우는 전보배상청구)를 하거나, ❷계약을 해제·해지한 다음 ①원상회복청구(민법 제548조)＋채무불이행으로 인한 손해배상청구(이 경우 주로 지연배상청구) 또는 ②채무불이행으로 인한 손해배상청구(이 경우는 전보배상청구)를 하는 것이 통상의 경우이다. 그래서 어느 경우나 채무불이행으로 인한 손해배상청구(민법 제390조)가 결합되어 있기 때문에 늘 채무불이행으로 인한 손해배상청구라고 말하나 구체적인 소송의 결합형태는 위와 같이 다르다는 점에 주의할 필요가 있다.

된 경우에는 소를 각하하기 때문이다.

　　원인무효사유 및 이행 및 소멸사유, 행사저지사유들은 주로 항변사유로 기능을 하고 있지만 청구취지에 반영되어 소를 제기하는 경우에는 청구원인의 "청구취지를 이유있게 하는 모든 사실"들을 의미한다는 정의상 그 사유들도 청구원인사실에 포함되어야 한다. 그래서 구체적인 청구취지에 따라 청구원인은 조정된다는 사실을 잘 알아야 한다.

　　이상과 같은 사정을 잘 요약해 보면 다음 표와 같다.

[민사법의 체계적인 이해]

항목		체계적인 내용		
법규범의 규율대상		부족자원(상품과 용역)의 효율적인 활용		부(否)의 외부효과의 최적 관리
법규범의 지도원리		배분적 효율성(allocative efficiency)		
근대법상의 인간상		자유로운 사인(私人)의 합리적인 의사결정		
		합법영역(자문변호사, corporate lawyer)		위법영역(송무변호사, litigation lawyer)
		집단을 이루어 하는 '의사결정'		개체적 차원에서의 '의사결정'
		사단법인·재단법인, 각종 회사 등		자연인(individual)
위법 영역	타인의 권익(entitlement)을 침해해서는 안 된다.	민사법	금지	❶ 물권적 청구권(금지청구권, 유지청구권)
			제재	❷ 불법행위로 인한 손해배상청구권 ❸ 침해 부당이득반환청구권
	약속(promise)은 지켜야 한다.		금지	❶ (약속) 강제이행청구권
			제재	❷ 채무불이행으로 인한 손해배상청구권 ❸ (급부) 부당이득반환청구권
소송의 종류		이행(청구)소송, 확인소송, 형성소송		
청구의 다른 이름		청구(claim)·청구권(claim right)/최고(催告)/소 제기·신청		
청구권 발생원인		①물권(or 권리 or 권익) 침해		
		②약정 (불이행)		
		③기타 청구권 발생원인 ①점유취득시효 완성을 원인으로 한 소유권이전등기청구권 ②사무관리로 인한 비용(필요비·유익비)상환청구권(때로는 보수지급 청구권) ③비용부당이득반환청구권 ④무효인 행정처분으로 인한 부당이득반환청구권		
법학적 글쓰기		청구취지는 주상목행(主相目行), 청구원인은 주일상목행(主日相目行) ※일반인은 육하원칙(5W1H)		
원고 및 피고		원고 : 물권자 or 약정의 상대방(promisee)		
		피고 : 침해자 or 약정자(promisor)		
		연결고리 : 의뢰인 원고가 침해자가 한 침해대상인 물권의 보유자가 아니거나 약정의 상대방이 아닌 경우에는 그 간극을 채워야 한다. (물권의 대세효, 채권자 대위권·채권자 취소권, 채권양도·채무인수, 전부명령·추심명령, 제3자를 위한 계약, 상호속용하는 영업양수인 등)		
소송요건 (소각하 사유)[13]		관할위반, 당사자적격 결여, **기판력 저촉**, 중복제소, 재소금지 위반, 부제소 합의, 중재합의 위반, 확인의 이익 결여, 미리 청구할 필요 결여, 제척기간의 준수 등		

원인무효사유	부존재·무효·취소·해제/해지·무권대리(대리권 남용)·대표권 제한 위반
이행 및 소멸사유	변제·대물변제·공탁//경(개)·상(계)·면(제)·혼(동)·소(멸시효완성)
소장 작성시 원인무효사유 및 이행과 소멸사유의 취급	[이유 있어 청구취지에 반영될 경우] ※조정된 청구원인사실 ⓐ청구원인 사실 + 이유 있는 항변사실 ⓑ청구원인 사실 + 이유 있는 재재항변사실을 반영한 항변사실 [이유 없어 배척하는 경우] ⓐ항변 요건사실에 대해 답변(부인, 부지 등)하여 배척 ⓑ항변에 대해 재항변사실로서 배척 ⓒ심지어는 항변이 아닌 이유 없는 법률상 주장으로서의 배척

나. 근대법제의 성립과 "자유로운 사인(私人)의 합리적 의사결정"의 존중 및 합법영역과 위법영역

법은 인간의 의사결정을 (바람직하다고 판단되면 유인을 제공하여) 조장하면서도 (비합리적이라면 제재하여 억지하는 등으로) 통제하려는 (강제력을 수반한) 사회적 제도이다. 고대 및 중세와 달리 근대법제는 자유롭고 합리적인 사인(私人)을 중심으로 하여 설계되었다. 종교개혁, 계몽주의, 자유주의의 사상적 후원을 받고서 사인 모두에게 인권을 보장하여 권리능력을 인정함으로써 자본주의 시장경제체제가 효율적으로 작동하게 하는 법제도로서 정착하면서 세계화되었다. 그 과정에서 개인주의·자본주의에 대항하는 사회주의·공산주의의 도전을 받기는 하였으나 재화와 용역의 생산과 유통에 관한 의사결정이 사회전체의 배분적 효율성을 증가시키면서 체제경쟁에서 우위를 점하여 중앙가격기구를 통한 분배에 의존하였던 공산주의 체제를 극복하고 현재까지 번성해 왔다.

의사결정은 원칙적으로 '의사표시'되어야 법적 의미가 있고, 표시된 의사대로 법률관계를 실현해 주도록 보장해 주는 합법영역도 법제도의 한 부분이 된다. 사실 법적 주체는 자연인(individual)과 법인(corporate entity)으로 나뉘는데 자연인의 경우에는 의사결정은 양심의 자유영역(헌법 제19조)으로 둔 채 법적관여를 하지 않는 반면 법인의 경우에는 의사결정기관(정관, 사원총회, 주주총회 등)을 별도로 두어 의사결정의 원리를 천명하고, 대표기관(이사, 대표이사 등)을 통해 그 의사를 표시하도록 제도화하고 있다. 그 결과 민법을 학습할 때 공통되는 의사표시(민법 제107조 이하)부터 학습하는 것이다. 한편 인간의 의식적인 행위가 때로는 타인의 권익을 침해할 수도 있다. 더 나아가 약속(의사표시)을 하고도 의식적으로 이행하지 아니하기도 한다. 이러한 인간의 의식적 행위에 대하여 억지할 필요성이 있어 이를 위법화하고 있다.(위법영역) 위법하다고 하더라도 그 억지를 위해 동원되는 법적수단에 차이가 있다. 고대·중세·근대를 불문하고 모든 나라들에서 형사처벌을 통한 위협으로 억지하고자 하는 형사적 법집행방법은 널리 채택되어 활용되어 왔다. 나아가 이후 국가체제가 완비됨에 따라 전문적인 직업관료들로 구성된 행정기관에 의해 체계적이고 지속적으로 관련정보를 수집한 다음 사회전체의 입장(공익)에서 과징금·과태료부과처분, 장소폐쇄 등 행정적 강제수단

---

13) 소송요건(소 각하사유)인 관할위반은 본서 제6절 부수적 기재사항 부분과 제3장 답변서 중 소송의 이송신청부분에서 다루고 있고, 기판력 저촉부분은 제4관 약정의 강제이행 총론 부분에서 다루고 있으며, 나머지 사유들은 제3장 답변서 중 소각하의 답변 부분에서 상세하게 다루고 있다.

을 동원하여 억지하고자 하는 행정적 법집행방법도 채택되어 실시되고 있다. 하지만 오직 고대 로마에서 태동하여 중세 영국의 보통법원·형평법원을 거쳐 프랑스 대혁명 후의 나폴레옹 민법전 등을 통해 일반화된 "청구권"이란 수단을 통한 민사적 법집행방법은 "자유로운 사인(私人)의 합리적 의사결정"에 의한 법률관계의 형성에 가장 잘 어울리는 법집행방법으로 근대법제의 최고 발명품으로 자리 잡았다.

	의사결정	의사표시	합치	이행(합법)	불이행(위법)
자연인 (individual)	번민(양심) 결정	의사표시	계약 (청약·승낙)	변제 대물변제 공탁 경상면혼소	1.강제이행청구권 2.채무불이행에 의한 손해배상 청구권 3.급부부당이득반환청구권
법인 (corporate entity)	토론 의결(의결기관)	의사표시 (대표기관)			

다. 이행(청구)소송 · 확인소송 · 형성소송

인간의 일정한 의식적 행동을 위법화하여 억지하기 위해 형사적·행정적·민사적 법집행 수단이 다 동원되고 있다고 설명했다. 이에 관한 자세한 설명은 법의 최적집행(optimal law enforcement)에 관한 논의로 본서의 집필범위를 벗어난 것이어서 그 구체적인 언급을 생략한다. 다만 대한민국의 경우 1개의 위법행위에 대하여 대체로 형사처벌·행정제재가 중첩적으로 허용될 뿐만 아니라 민사상 청구권까지 부여되는 등 모든 법집행수단을 총동원하여 억지하고자 하는 사례가 매우 많다. 이러한 법집행수단의 조합은 헌법상 원칙인 과잉처벌금지란 관점에서 심사된다. 그래서 독자들은 과잉금지의 원칙에 어긋나지 않는 한 침해자가 형사처벌·행정상 제재를 받았다고 하더라도 2중처벌금지원칙의 적용없이 피해자는 민사상 허용되는 청구를 할 수 있다고 거칠게 이해해도 된다. 이와 같은 태도는 '청구권'과 같은 민사적 법집행수단을 형사적 제재나 행정적 법집행수단에 대해 보완재(complementary methods)로 인식하고 있는 태도 때문이라 할 수 있다. 다만 채무(약정) 불이행의 경우는 효율적인 채무불이행(efficient breach)[14]이 인정될 필요성 때문에 원칙적으로 민사상 청구권

---

14) 효율적인 채무불이행(efficient breach)이 허용되어야 하는 이유는 다음과 같다. 예를 들면 甲이 A물건을 소유하고 있는데, 그는 A물건에 관해 100의 가치(효용)를 갖고 있다. 한편 乙은 A물건에 관해 140의 가치를 갖고 있고, 丙은 A물건에 관해 180의 가치를 갖고 있고, 그 사회에는 A물건에 관해 丙보다 더 높은 가치를 가지고 있는 자는 없다고 가정하자. 사회전체의 입장에서 보면 丙이 A물건을 소비하는 것이 사회적 총효용을 극대화하는 재화의 배분방법이 될 것이다. 그래서 재화의 이전이 필요한 것이다. 법률적으로는 승계취득이란 제도를 통해 실현할 수 있다. 근대법제는 자유로운 사인(私人)의 합리적 의사결정에 기반하여 재화의 이전을 매개하고자 한다. 다행히도 丙이 甲이 A물건을 소유하고 있고, 자신보다 낮은 가치를 갖고 있어 그 가치보다 높은 가격을 제안하면 거래에 응할 것이란 정보를 모두 갖고 있다면 丙이 甲에게 접근하여 乙보다 높은 가격을 제시하면서 거래를 성사시켜 결국 丙이 A물건을 소비하게 될 것이다. 그런데 시장에서 이러한 정보는 물리적으로나 경제적으로나 획득하기 어려운 경우가 많다. 그 결과 乙이 먼저 甲이 A물건을 소유하고 있고, 그가 평가한 가치의 수준도 알게 되었다고 가정하자. 乙은 甲을 설득하여 A물건을 팔라고 협상할 것이다. A물건에 대한 甲과 乙의 평가차액인 40을 양측이 균분한다는 전제 하에 乙은 甲에게 120 가격을 제시하면 甲은 A물건에 관한 자신의 평가가치보다 높기 때문에 협상에 응하여 매매계약을 체결하게 될 것이다. 그 후 바로 丙이 이 사실을 알고 甲에게 그 매매가액보다 높은 140을 제시하면 甲은 乙에게 이행이익에 해당하는 20을 손해배상해 줄 수도 있다는 생각으로 甲이 丙과 매매계약을 체결하고 丙에게 그

만 허용될 뿐 형사처벌이나 행정상 제재의 대상이 되지 않는다. 이런 태도는 청구권을 형사처벌이나 행정상 제재에 대해 대체재(substitutionary methods)적 인식을 하고 있다고 설명할 수도 있다.

청구권을 중심으로 한 민사상 법집행방법은 피해자(물권 보유자) 및 약정의 상대방(promisee)에게 청구권을 부여하고, 침해자 또는 약정자를 상대로 이행(청구)소송을 제기하여 원고와 피고의 변론과 증명을 거쳐 수소법원은 심판자(referee)적 입장에서 승패의 판결을 선고하는 형식을 취하고 있다. 이 과정에서 원고와 피고의 주도권을 인정하여 주장 및 증명책임 법리에 따라 변론과 증명활동을 하도록 한다. 그래서 민사소송은 원칙적으로 이행(청구)소송의 형태를 띠고 있다. 다만 보충적으로 법률관계의 안정화를 위해 확인소송이 허용되고 있고, 나아가 20세기 초경 형성권이 권리의 한 종류로 인정되면서 형성권 중 재판상 행사해야 할 형성권을 실현하는 형성소송이 추가된 것이다.

라. 청구 · 청구권/최고(催告)/소 제기와 신청

청구란 "특정인이 특정인을 상대로 작위 · 부작위를 요구하는 것"을 지칭한다. 청구에 법적보호를 부여하면 청구권이 된다. 민사실체법은 "청구"의 발생근거, 원인무효, 이행과 소멸 등을 밝히는 법이고, 민사절차법은 "청구"를 실현하는 절차를 정한 법이다. 청구를 해도 상대방이 응하지 않으면 민사상 자력구제가 허용되지 않기 때문에 이행청구의 소를 제기하는 수밖에 없다. 그래도 그 청구행위를 최고(催告)라 하면서 ①변제기의 정함이 없는 경우에 변제기가 도래(민법 제387조 제2항)하거나, ②시효중단 사유(민법 제168조 제1호, 제174조)가 되는 등의 부수적 법률효과를 부여하고 있다. 필요적 변론을 통한 판결절차에 의해 판결을 신청하는 행위를 소 제기라고 하고, 필요적 변론 이외의 심리절차(임의적 변론절차 포함)를 거쳐 결정 · 명령을 요구하는 행위를 신청이라고 한다. 판결 및 신청절차와 그 집행을 정해 둔 것을 민사절차법이라고 하고, 민사소송법, 민사집행법 등이 있다.

마. 청구권의 2가지 주요 발생원인 및 기타 발생원인

1) 청구권의 두 가지 주요 발생원인은 권익(or 권리 or 물권) 침해와 약정 불이행이다. 그 외 점유취득시효 완성을 원인으로 한 이전등기청구권과 같은 극히 일부 예외적 상황이 있으나 이 부분은 별도로 잘 학습해 두면 된다. ①권리 침해가 있을 때는 ⓐ물권적 청구권, ⓑ불법행위에 의한 손해배상청구권, ⓒ침해 부당이득반환 청구권이 발생하고, ②약정 불이행이 있을 때는 ⓐ강제이행청구권, ⓑ채무불이행에 의한 손해배상청구권, ⓒ급부 부당이득 반환청구권이 발생한다. 이런 청구권을 발생근거들인 권리, 침해, 약정, 불이행 등의 체계를 학습하는 것이 민사실체법이라 할 수 있다. 이러한 청구권들을 실현하고자 제기하는 소를 이행(청구)소송이라 한다. 분명 이행청구의 소가 소

소유권을 이전해 주는 행위를 할 수 있다. 이는 丙이 최고가치평가자이어서 사회적 관점에서 보면 효율적이다. 그래서 효율적인 채무불이행이 된다. 그래서 이런 효율적인 채무불이행을 허용해야 할 것인가?라는 명제가 성립한다. 사회전체의 입장에서 丙이 A물건을 소비하는 것이 사회적 총효용 극대화의 목적에도 부합하고, 乙에서 다시 丙에게로 매매계약을 체결하고 그 이행을 강제하는 거래비용을 절약하는 측면에서 효율적인 채무불이행은 허용되어야 한다고 설명한다. 물론 甲은 채무불이행으로 인한 이행이익의 손해배상의무는 발생한다. 허용한다는 의미는 이러한 손해배상의무를 부담하는 외 다른 형사처벌이나 행정상 제재 등을 추가적으로 부담하지 않는다는 것을 의미한다.

송의 대부분을 차지하고 있음은 분명하다. 다만 권리가 존재함에도 또는 부존재함에도 분쟁이 있는 경우가 있다. 그런 경우 권리존재(또는 부존재)확인의 소를 제기할 수 있다. 약정이 있음에도 또는 부존재하거나 이행되었음에도 불구하고 분쟁이 있는 경우가 있다. 이 경우에는 채권존재(또는 채무부존재)확인의 소를 제기할 수 있다. 이와 같은 확인의 소는 이행청구소송이 해결하지 못하는 일부 분쟁을 해결하기 위하여 "확인의 이익"이 있는 경우 인정되는 소송형태이다. 나아가 20세기 초경 "형성권"이라는 새로운 형태의 권능이 있는 것으로 확인되었고 민사법체계에 도입되어 입법화되었다.[15] "재판상 행사해야 하는 형성권"을 실현하기 위한 형성소송이 있다. 형성소송대상은 매우 제한되어 있고 입법적으로 잘 정비되어 있어 쉽게 이해할 수 있다. 이처럼 이행청구소송, 확인소송, 형성소송을 진행하는 절차에 관련된 법들을 민사절차법이라고 한다.

2) 법정채권은 물권 침해 또는 약정 불이행에 대한 구제수단이다.

물권적 청구권은 소유권 등 침해대상 권리의 근거규정에서 개별적으로 규정해 두고, 다른 유형의 권리 등에서 준용하는 등으로 개별규정형식을 취하고 있고, 강제이행청구권은 민법 제389조에서 일반적으로 규정해 둔 다음 실무상 중요한 구체적인 청구권 유형(예를 들면 매매계약의 경우 소유권이전등기청구권, 매매대금청구권, 소비대차계약의 경우 대여금·이자·지연손해금반환청구권, 임대차계약의 경우 임차목적물반환청구권, 임차보증금반환청구권 등)은 채권각론상의 개별 전형계약 근거규정에서 별도로 규정하는 개별규정형식을 취하여 구체화하고 있다. 반면 부당이득반환청구권(민법 제741조), 손해배상청구권(민법 제750조), 사무관리(민법 제734조)에 기한 비용 및 보수청구권 등에서 일반적으로 규정해 두고, 모든 권익 침해 또는 약정 불이행 상황에 두루 적용하는 일반규정형식을 취하고 있다.[16] 특히 권익 침해에 대해서는 불법행위로 인한 손해배상청구권(민법 제750조)과 채무불이행에 대해서는 채무불이행으로 인한 손해배상청구권(민법 제390조)으로 근거규정을 달리하고 있으나 권익 침해에 대한 침해 부당이득반환청구권과 약정의 부존재, 무효 등으로 인한 급부 부당이득반환청구권은 모두 민법 제741조에 통합하여 규정함으로써 구체적인 사안에서 권익 침해 상황에 대한 부당이득반환청구권인지 약정 관련 급부 부당이득반환청구권인지 불분명하여 법리상의 혼란의 한 원인이 되기도 한다.[17]

---

15) 최근 주택임대차보호법상 과거 '갱신청구권'이 개정되어 '갱신요구권'으로 도입되었다. 주택임대차보호법상의 갱신요구권은 제한적 형성권적 성격을 띠고 있다. 이처럼 입법정책의 변경으로 인하여 새로운 유형의 형성권이 도입되는 경우가 빈번하다.

16) 권영준, 「2013년 민법 개정시안 해설(채권편) – 2013년도 법무부 연구용역 과제보고서」, 373면 이하 참조(해당 개정시안에서는 민법 제766조의 2를 신설하여 물권적 청구권의 상위개념인 금지청구권의 근거규정을 신설하여 권리 침해에 대한 금지청구권의 일반적인 도입을 추진하였다. 해당 입법시도는 2004년도에도 시도된 적이 있었다. 하지만 물권 침해에 대한 구제수단 중 물권적 청구권과 병렬적 관계에 있는 불법행위로 인한 손해배상청구권의 법률효과로서 다시 금지청구권을 도입한다는 것은 구제수단의 구조와 체계에 대한 혼동에서 비롯된 것으로 재고를 요하는 입법추진이라고 할 수 있다. 이처럼 민법학계는 아직 물권적 청구권(금지청구권, 유지청구권)과 불법행위로 인한 손해배상청구권과의 관계를 제대로 파악하지 못하고 있다.)

17) 구체적으로는 임대차계약이 종료되고 난 후 무단점유하는 임차인에 대한 임료 상당 부당이득반환청구를 할 때 그 혼란이 극대화된다. 최근 대법원은 소유권이 없는 임차목적물(국가 소유)을 임대한 임대인이 임차인을 상대로 제기

	구제수단의 종류		근거규정
권익 침해	(a)물권적 청구권 or (b)금지청구권 or (c)유지청구권		뒤에 보는 표와 같이 침해되는 권리마다 개별적으로 근거규정이 입법화되어 있음
	불법행위로 인한 손해배상청구권		민법 제750조 (모든 권익 침해에 적용됨)
	침해 부당이득반환청구권		민법 제741조 (모든 권익 침해에 적용됨) (뒤에서의 급부 부당이득반환청구와 근거규정을 같이 함)
약정 불이행	강제이행청구권		민법 제389조와 전형계약별 근거규정과 서로 결합하여 인정되고 있음[민법 제389조 + 전형계약별 근거규정]
	채무불이행에 의한 손해배상청구권		민법 제390조
	급부부당이득반환청구권		민법 제741조 (모든 약정과 관련된 부당이득반환청구권의 근거규정이 됨) (앞에서의 침해 부당이득반환청구와 근거규정을 같이 함)
기타 청구권 발생원인	점유취득시효 완성을 원인으로 한 소유 권이전등기청구권		민법 제245조 제1항
	사무관리로 인한 비용상환청구권		민법 제739조
	비용부당이득반환청구권		민법 제741조
	무효인 행정처분으로 인한 부당이득반환 청구권		

침해된 권리의 종류		물권적 청구권 근거규정
물권 (민법)	소유권	민법 제213조(소유물반환청구권) 제214조(소유물방해제거·방해예방청구권)

	점유권	민법 제204조(점유의 회수)
		     제205조(점유의 보유)
		     제206조(점유의 보전)

	지상권	민법 제290조(213조·214조 준용)
	지역권	민법 제301조(214조 준용)
	전세권	민법 제319조(213조·214조 준용)
	유치권	민법 제192조 제2항 단서, 제328조
	질권	점유권에 관한 민법 제204·205·206조 & 다수설은 민법 제213·214조 적용을 인정
	저당권	민법 제370조(214조 준용)
준물권	14개 준물권	광업법 제10조(광업권의 성질)과 같이 12개 근거법령에서 14개의 권리에 관하여 민법 물권이 준용된다고 규정되어 있음

한 무단점유로 인한 임료상당 부당이득반환청구를 인용하기도 하고, 또 임대차계약 종료 후 시건한 채 임차목적물을 사용하지 않는 임차인을 상대로 한 임료 상당 부당이득반환청구에 대해서 '실질적 이득'을 취한 바가 없다며 임대인의 청구를 기각한 판례가 양산되고 있다. 전자의 판결은 대법원 판례의 태도가 무단점유로 인한 부당이득반환청구를 급부 부당이득반환청구로 보고 있는 셈인데 후자의 판례 태도는 무단점유하는 임차인은 약정상의 급부에 수반하여 임대차기간동안은 물론 종료후에도 반환하기 전까지 임차목적물을 점유함으로써 인한 급부 등을 누리고 있으므로 실질적 이득이 없다며 이를 부인하는 태도는 이러한 급부 부당이득반환청구적 이해에 반하는 듯한 태도이다. 때문에 그 조화로운 법이론의 구성이 필요하게 된다. 더 구체적인 해설을 관련된 부분에서 상론하기로 한다.

주주권	①공익권 ②자익권	①상법 제402조(**유지청구권**) ②상법 제424조(**신주발행유지청구권**)
지식재산권	특허권	특허법 제126조(특허권자·전용실시권자에 대한 **금지청구권** 인정)
	실용신안권	실용신안법 제30조(특허법 제126조 준용)
	저작권	저작권법 제123조 등
	상표권	상표법 제107조
인격권	성명·신용· 명예 등	대법원 1988.6.14. 선고 87다카1450 판결, 대법원 1996.4.12. 선고 93다40614·40621 판결 등 다수
영업권	광고영업권	대법원 2010.8.25.자 2008마1541 결정; 대법원 2014.5.29. 선고 2011다31225 판결
환경권	(a)일조권 (b)조망권 (c)환경권	대법원은 일조권·조망권은 독립된 권리로 보지 않고, 상린관계에 근거한 권리로 보고 있다.(대법원 1995.9.15. 선고 95다23378 판결) 환경권은 독자적인 권리로 보지 않음

약정 불이행	(약정)강제이행청구권	
	약정자의 지위	근거규정
매매계약	매도인	매매대금지급청구권(민법 제568조)
	매수인	①소유권이전등기청구권(민법 제568조) ②인도청구권, ③완전한 소유권이전청구권 (②③은 판례상 인정)
소비대차	대주	원본·이자·지연손해금반환청구권(민법 제598조)
임대차	임대인	①임차목적물반환청구권 ②차임지급청구권(민법 제618조)
	임차인	임차보증금반환청구권
도급	도급인	완성물인도청구권(민법 제664·665조) 담보책임상의 청구권(667조)
	수급인	보수(공사대금·수리비·공임)지급청구권(민법 제664·665조)

　　그런데 물권적 청구권(금지청구권·유지청구권 포함), 강제이행청구권, 채무불이행에 의한 손해배상청구권과 더불어 법정채권을 기능적으로 물권 침해나 약정 불이행에 대한 피해자 또는 '약속의 상대방(promisee)'에 대한 구제수단일 뿐이라고 이해하기만 하면 민사법의 체계적인 접근이 가능하게 된다. 그래서 제시된 사실관계를 읽고 의뢰인의 희망사항(기록형)이나 해결과제(사례형)에 대하여 물권 침해 상황인지 아니면 약정 불이행 상황인지를 구분하여 그 상황에 즉응한 구제수단을 찾아낸 다음 그중에서 요청된 분쟁해결을 위한 적정한 구제수단을 선택하여 답안을 구성하면 된다. ①물권 침해에 대한 구제수단은 ⓐ 물권적 청구권은 물론 ⓑ 불법행위에 의한 손해배상청구권, ⓒ 침해 부당이득반환청구권이 있고, ②약정 불이행에 대한 구제수단은 ⓐ 강제이행청구권, ⓑ 채무불이행에 의한 손해배상청구권, ⓒ 급부 부당이득반환청구권이 있다. 각 상황에 즉응하여 그중 하나 또는 복수의 구제수단을 골라('청구권 경합'관계에 있기 때문이다.) 이를 실현할 수 있는 소송유형을 강구하면 된다.

3) 물권 침해

가) 권리 침해의 중심에는 물권이 있다.

권리 침해라고 할 때 권리는 주로 물권을 의미하고 원칙적으로 채권은 포함되지 않는다. 앞서 설명한 바와 같이 권리 침해로부터 3종의 청구권(물권적 청구권·불법행위로 인한 손해배상청구권·침해부당이득반환청구권)이 발생하고, 약정으로부터 3종의 청구권(강제이행청구권·채무불이행으로 인한 손해배상청구권·급부부당이득반환청구권)이 발생하고, 기타 점유취득시효 완성을 원인으로 한 소유권이전등기청구권, 사무관리로 인한 비용상환청구권, 비용부당이득반환청구권, 무효인 행정처분으로 인한 부당이득반환청구권과 같은 아주 제한적인 예외적 청구권 발생원인이 더 있다. 독일 민법전에서 시작하여 이를 계수한 일본 민법전과 대한민국 민법전[18]에서는 위와 같은 각종 청구권 중 물권적 청구권만을 제외한 나머지 청구권을 채권이라고 하여 물권과 함께 재산권을 이룬다고 설명한다. 그런 설명을 곡해하면 채권도 권리이기 때문에 그 침해에 대해서도 광범위하게 물권적 청구권, 불법행위에 의한 손해배상청구권, 침해부당이득반환청구권을 행사할 수 있는 것처럼 착각하게 된다. 채권의 정의상 다시 채권 침해를 인정하여 물권적 청구권, 불법행위로 인한 손해배상청구권,[19] 침해부당이득반환청구권이 발생한다고 설명하는 것은 순환논법이 된다. 그러나 청구권 의무자(채무자)는 이행해야 하고, 그 불이행이 일종의 침해라 할 수 있어 이를 채무불이행이라 하고 강제이행청구권, 채무불이행에 의한 손해배상청구권이란 구제수단을 완비하여 두고 있다. 즉 채무자 이외의 제3자에 의한 채권침해는 원칙적으로 인정되지 않는다. 그러므로 권리 침해라고 할 때 권리는 우선 물권 위주로 한정하여 생각해야 한다.

물권에 대한 침해의 경우 ①현재와 장래의 침해에 대한 구제수단으로 물권적 청구권이 있고, ②과거의 침해에 대한 구제수단으로 불법행위에 의한 손해배상청구권이 인정되고 있으며 ③가장 기저 구제수단으로서 침해부당이득반환청구권[20]이 인정되고 있다. 민법전은 ①의 경우에는 개별 권리마다 그 근거규정을 두는 개별규정방식을 취하고 있는 반면, ②, ③의 경우에는 민법 제750조(불법행위의 내용) 및 제741조(부당이득의 내용)에서 규정해 둔 다음 모든 권익 침해에 적용되는 일반적 규정방식을 취하고 있다. 특히 ①물권적 청구권과 ②불법행위로 인한 손해배상청구권 사이에

---

18) 같은 시민법계 국가에 속해도 프랑스 민법전이나 스위스 민법전 등에서는 독일 민법전이 사용하는 그러한 채권개념은 사용되지 않는다.

19) 최근에는 일부 대법원 판례를 해석하면서 채권 침해에 대한 손해배상청구권이 인정된다는 견해가 민법계에 만연하고 있다.{송덕수, 『신민법강의(16판)』, 2023, 박영사, 744면 참조} 채권을 독자적인 권리로 인정한 당연한 결과이다. 해당 판례들을 잘 분석해 보면 권리로까지는 고양되지 못한 이익에 대한 침해로 보아야 더 잘 이해할 수 있는 사안들이 대부분이다. 소개된 판례들을 민법학자들이 주장하는 바와 같이 제3자에 의한 채권 침해가 가능하다는 근거가 되는 판례들이라고 할 수 있을지 의문이 있다. 어쨌든 민법학자들도 제3자에 의한 채권침해는 매우 드문 현상으로서 가볍게 언급을 하고 있을 뿐이다. 이처럼 권리 침해라고 했을 때 권리에서 채권은 제외하고 물권, 준물권(12개 법률에 14개의 권리들로서 모두 근거 법령에서 그 권리에는 민법상 물권을 준용한다고 규정되어 있다.), 지식재산권(특허권·실용신안권·저작권·상표권 등)뿐만 아니라 판례가 인정하는 인격권, 영업권을 포함하여야 한다.

20) 침해부당이득반환청구권이 물권 침해의 가장 기저 구제수단인 점은 법학전문대학원협의회 제공 1번 모의기록의 사례를 살펴보면 잘 이해할 수 있다. 궁금한 경우에는 해당 모의기록을 풀이해 볼 것을 권한다.

"청구권 경합관계"를 인정하여 양측 청구권의 요건이 충족되는 경우 배상의 중복이 없는 한 양 청구권을 동시에 행사할 수 있도록 하는 내용의 "청구권 경합"원칙을 채택하고 있다. 잘 생각해 보면 ②불법행위로 인한 손해배상청구권은 시장가격으로 손해배상하게 함으로써 추가적으로 형사처벌이나 행정상 제재가 뒤따르지 않는 이상 비자발적 거래(involuntary transaction)를 허용하는 결과가 됨을 알 수 있다. 그래서 권리 침해는 ①물권적 청구권으로 엄격하게 방어하여야 할 듯하다. 하지만 침해자에게 요구할 작위·부작위가 물리적으로 불가능하거나 경제적으로도 비효율적인 경우21)가 많아 부득이 침해의 태양이 유형화되어 한정된 범위내에서 물권적 청구권이 인정되고 있다. 그래서 물권에 대한 현재와 장래의 침해로서 "점유", "등기명의", "타인 소유 대지위에 건물 등 지상물의 소유" 등 구체적인 태양만이 인정되고 있다. 해당 침해 유형별로 소유물반환청구권, 방해배제청구권, 방해예방청구권으로 세분되어 있고, 실무상으로는 대지인도, 건물인도, 등기말소, 건물철거 등으로 더욱 세분화되어 유형화되어 있다. 물권적 청구권의 발생원인인 '침해'는 이처럼 매우 정형화되어 있어 특별히 침해자의 주관적 요소를 문제 삼지 않는다. 즉 침해라는 객관적인 상태에 대해서 가해자의 주관적인 책임요소의 존부를 묻지 않고 청구권을 인정해 주는 태도를 취하고 있는 것이다.

하지만 불법행위의 대상이 되는 '침해'개념은 매우 다의적이고 비전형적이기 때문에 사람들이 불필요한 위험에 심하게 노출되어 행동의 자유를 지나치게 제약될 수 있다. 그래서 고의·과실과 같이 그 책임으로 돌릴 수 있는 요건들을 추가하여 불법행위가 인정되는 범위를 제한하고 나머지 위험(risk)은 그 위험이 발생한 곳에서 부담하게 하는 위험부담의 문제로 치부하는 과실책임의 원칙이 발달하였다. 위험은 발생한 곳에 부담시키자는 법원칙은 채무자위험부담의 원칙(민법 제537조)으로 구체화되어 있다. 그래서 불법행위에 의한 손해배상청구권의 발생요건은 물권(실제로는 ①손해라는 개념으로 변형되어 사용22)되고 있음) 침해(②위법성으로 변형되어 사용되고 있음)와 ③고의·과실, ④인과관계로 이루어져 있다. 이때 주의할 것은 아직 권리로까지 인정되지는 않았으나 일정한 이익(interest)23)도 침해되면 불법행위로 인한 손해배상청구권이란 법적보호를 제공하는 경우가 있다는

---

21) 물권적 청구권은 물론 강제이행청구권의 경우도 모두 작위·부작위의 요청이 물리적으로 불가능하거나 경제적으로 비효율적이어서 허용되지 않는 경우가 있다. 그래서 "주는 채무" v. "하는 채무"로 구분하여 전자에 관해서는 물권적 청구권, 강제이행청구권이 인정되나 후자에 대해서는 인정되지 않고 다만 손해배상청구권만 인정되고 있을 뿐이다.

22) 불법행위로 인한 손해배상청구권이 가해자의 불법행위의 억지측면에서만 보면 가해자가 얻었을 "이득"을 반환시키는 방식으로 구성해야 했을 것이다. 가해자의 이득을 박탈하면 가해자가 불법행위로 나아갈 유인이 제거되기 때문이다. 그런데도 불구하고 가해자가 얻었을 이익이 아니라 피해자의 손해를 중심으로 손해배상청구권을 인정하는 이유는 첫째 불법행위의 경우 통상 피해자의 손해가 가해자의 이득보다 큰 경우가(피해자의 손해 > 가해자의 이득) 대부분이고, 둘째 가해자의 불법행위의 억지뿐만 아니라 추가적으로 피해자에 대한 피해구제 목적을 달성하기 위해 피해자의 손해를 중심으로 손해배상청구권을 설계해 두고 있는 것이다. 따라서 가해자의 이득 > 피해자의 손해인 경우라 하더라도 원칙적으로 가해자는 피해자의 손해만 배상하면 된다. 다만 근로의 유인제공이 강조되는 아주 예외적인 경우에는 가해자의 이득 > 피해자의 손해인 경우일 때 이득반환을 인정하고 있다. 즉 지적재산권법 등에서 토설책임(disgorgement)을 인정하여 피해자의 손해를 넘어선 가해자의 이득으로 산정한 손해배상책임을 인정하기도 한다. 만약 이처럼 토설책임을 추구하려면 특별규정이 있어야 한다.

23) 독일법이 일본을 통하여 계수되는 과정에서 interest에 관한 번역이 이익으로 되었다. 이익은 자칫 benefits에 대응하는 개념으로 이해하는 우를 범하게 한다. interest에 관한 정확한 번역은 "이해관계"일 것이다. 그 결과 민법학자

점이다. 물론 이때도 물권적 청구권이란 법적보호가 인정되어 있지 않다. 만약 불법행위로 인한 손해배상청구권이외에 물권적 청구권이란 법적 보호까지 부여하게 되면 이를 권리라고 해야 한다. 그래서 권리는, 물론 권리성까지는 인정되지 않았으나 불법행위로 인한 손해배상청구권이란 법적보호를 받은 이익[24]을 포함하여 권익(권리 + 이익; entitlement)라는 법적용어가 따로 있다. 그런 의미에서 물권 침해를 가장 광의의 용어로 대체하면 권익 침해가 될 것이다.

나) 물권의 대세적 효력과 물권적 청구권

물권은 물건(민법 제98조)을 직접 지배하여 사용·수익·처분함으로써 그 이익을 향유할 수 있는 배타적 권리(배타지배력)이다(민법 제211조). 한편 물권이 침해된 후 제3자에 의해 (포괄적 또는 특정) 승계취득되더라도 물권자는 물권적 청구권을 행사하여 되찾아 올 수 있다. 이런 내용을 기존 민법학자들은 '물권의 대세적 효력'이라고 하면서 '권리불가침적 효력'이라고 설명하고 있다. 물권의 이러한 효력을 물권적 청구권이 있다고 설명하는 경향이 있다. 예를 들면 甲은 A 부동산을 소유하고 있던 중 乙이 관련 서류들을 위조하여 A 부동산에 관하여 자기 명의로 소유권이전등기를 경료하고, 이어 丙은 부동산중개사무소를 방문하여 수소문한 끝에 乙로부터 매우 정상적으로 A 부동산을 시장가격으로 매수하여 그 소유권이전등기를 경료받았고, 다시 丙은 부동산 거래시장에서 정상적으로 丁에게 A 부동산을 매도하여 그 소유권이전등기를 경료해 주었으며, 丁은 戊로부터 금전을 차용한 다음 그 담보조로 戊를 근저당권자로 하여 A 부동산에 관해 근저당권설정등기를 경료해 주었고, 丁의 채권자 己가 자신의 채권을 피보전채권으로 하여 A 부동산을 가압류하여 그 가압류등기가 경료되었다고 가정해 보자. 乙은 관련서류들을 위조하여 그 명의로 소유권이전등기를 경료한 이상 그 명의 등기에도 불구하고 대응하는 약정(소위 '채권행위')이 없어 민법 제186조에 의한 소유권 특정승계취득의 요건을 충족하지 못하였음은 분명하다. 따라서 乙명의 소유권이전등기는 甲의 A 부동산에 관한 소유권을 침해한 것이 되어 물권적 청구권이 인정되어야 한다. 하지만 丙·丁·戊·己는 乙의 위조 사실을 전혀 모르고 부동산 등기부상 乙 또는 丙 명의로 소유권이전등기가 경료되어 있는 사실을 확인하고 거래시장에서의 정상적인 거래를 통하여 A 부동산의 소유권을 취득하였고, 적법하

들은 권리학설 중 권리이익설을 비판할 때 친권, 진료거부권과 같이 권리보유자에게 이익(benefits)이 없는 경우에도 그 권리성을 인정하고 있어 권리이익설을 채택할 수 없다고 주장하고 있다. 권리이익설 중 legally protected interest라는 interest를 이익으로 번역함으로써 생긴 오해에서 비롯된 비판적 견해의 논거인 것이다. 친권자는 자녀의 양육에 관해 benefits이 없는 경우는 있어도 이해관계(interest)가 없는 경우란 없다. 그래서 친권이 권리가 되는 것이다. 진료거부권도 마찬가지다. 본서에서는 때로는 이해관계라는 용어도 사용하겠지만 전통적으로 강하게 자리잡은 이익이라는 용어도 사용하기로 한다. 그래도 이때의 이익은 benefits이 아니라 interest인 점을 잘 이해해 주기 바란다.

24) 만약 불법행위로 인한 손해배상청구권도 법적보호의 일종이라면 침해된 이익에 불법행위로 인한 손해배상청구권을 인정할 경우 그 이익은 "법적으로 보호되는 이익(legally protected interest)"으로 권리라고 명명해도 될 것이다. 그런데도 불법행위로 인한 손해배상청구권이란 법적보호만을 부여하고 물권적 청구권과 같은 법적보호를 부여하지 않는 경우에는 권리라고 인정하지 않는다. 그래서 권리와 법적으로 보호하는 이익으로 구분될 수 있는 것이다. 이와 같은 태도는 시민법계 국가는 물론 보통법계 국가에서도 보이는 현상이다.

게 근저당권설정등기를 경료하였고, 가압류 등기를 경료하였다. 그래도 甲은 乙은 물론 丙, 丁, 戊, 己를 상대로 물권적 청구권을 행사[25]할 수 있으며 丙·丁·戊·己는 이에 대항할 수 없다. 이런 강력한 물권의 대세적 효력은 배타지배적 성격과 더불어 물권이 절대권이라고 불리는 이유이기도 하다. 이러한 물권의 대세적 효력은 ①위조·변조하여 소유권이전등기 한 경우, ②미성년자의 처분행위로 인해 물권변동 후 미성년자가 이를 취소한 경우(민법 제5조 제2항), ③무권대리행위로 처분된 경우, ④반사회질서 위반 무효, ⑤효력규정인 강행규정 위반 무효 등의 경우에 가장 완벽하게 나타난다. 그러나 ①통모허위표시 무효, ②비진의 의사표시로 인한 예외적 무효, ③착오 취소, ④사기·강박에 의한 취소 등으로 소급하여 무효로 되는 경우에는 제3자(丙, 丁, 戊, 己)가 악의임을 주장·증명하여야만 물권적 청구권을 관철시킬 수 있을 뿐이다. 또 계약의 해제 후 이해관계를 맺은 제3자에 대해서도 그 악의를 주장·증명하여 행사할 수 있을 뿐이다. 현행 변호사 시험 기록형 문제가 수인의 피고들을 등장시켜 법률관계를 얽히게 하여 출제되고 있기 때문에 물권의 위와 같은 대세적 효력을 정확히 이해하고 있어야만 한다.

4) 약정 불이행

가) 추상적인 '법률행위' 개념에 집착하기 보다는 "약정" 위주로 이해하자.

법률행위는 "의사표시를 불가결의 요소로 하는 {사법(私法)상의} 법률요건"이라고 정의한다.[26] 독일학자들이 18세기·19세기에 걸쳐 고안해 낸 법률적 개념이라고 한다. 그러나 실생활에서 전혀 사용하지 않는 법률가들만을 위한 용어이다. 그래서 본서에서는 법률행위를 일단 약정(promise)을 지칭한다고 설명하고자 한다. 보통법계 국가의 계약법상의 계약은 법적 강제력이 있는 약정을 지칭한다며 본서와 같은 태도를 취하고 있다. 물론 약정은 단독약정은 물론 계약[27])도 포함하는 개념이다.[28] 대한민국에서의 법률행위는 이러한 약정이외에도 취소권의 행사, 해제(해지)권의 행사, 상계

---

25) 甲이 乙은 물론 丙·丁·戊·己를 상대로 물권적 청구권을 행사하여 그 명의 등기들을 말소할 수 있다고 하더라도 구체적으로는 그 등기가 이루어지는 과정의 차이 때문에 청구취지가 달라진다. 요약하면 甲은 乙·丙·丁 명의 소유권이전등기의 말소청구를 할 수 있다. 그런데 甲은 戊를 상대로는 근저당권설정등기 말소청구를 할 수도 있고, 戊를 상대로 丁명의 소유권이전등기의 말소에 대한 승낙의 의사표시를 하라는 방식으로 청구할 수도 있다. 하지만 甲은 己를 상대로는 가압류등기가 가압류신청이 이루어진 수소법원의 촉탁에 의하여 등기가 경료되기 때문에 반드시 丁 명의 소유권이전등기 말소에 관한 승낙의 의사표시를 하라는 식으로 청구하여야만 할 뿐 가압류등기의 말소 자체를 청구를 하여서는 아니 된다. 甲이 戊·己를 상대로 승낙의 의사표시를 구하여도 승소판결이 확정되는 경우 戊 명의 근저당권설정등기나 己 명의 가압류등기가 말소되는 점에서는 동일하다.

26) 송덕수, 『신민법강의(제16판)』, 2023, 박영사, 55면 이하 참조

27) 보통법계에서는 계약법으로 강의하고 있다. 해당 국가에서 통용되는 계약법 교과서에서 계약을 "대립하는 의사표시의 합치"라는 식으로 정의하지 않고, "법적 구속력이 있는 약정(A contract is a promise that the law will enforce)"이라고 정의하고 있다.{Jeff Ferriell, 『Understanding Contracts (2nd ed.)』, LexisNexis, 2009, p.1} 따라서 보통법계 국가에서의 계약은 단독약정을 포함한 계약을 의미한다고 보아야 한다. 그 결과 보통법계 국가의 계약은 시민법계 국가의 법률행위에 유사한 개념이 된다.

28) 종래 법률행위를 단독행위, 계약, 합동행위로 구분하고, 사단법인의 정관작성행위가 합동행위의 한 사례라고 설명하고 있었다. 하지만 최근에는 발기인들의 정관작성행위는 발기인들의 단독약정의 합일적으로 대외적으로 표현되는 측면이라고 보는 합동행위의 독자성을 부인하는 견해가 유력해 지고 있어 본서에서는 단독약정, 계약만으로 구

권의 행사와 같은 재판상 또는 재판외에 행사할 수 있는 형성권의 행사도 포함하는 개념이어서 완전히 교환할 수 있는 개념은 아니다. 약정과 형성권의 행사가 같은 법률행위 개념에 포섭되기는 하지만 구체적인 경우에 그 차이점을 인정하고 있으므로 구태여 약정이외에도 법률행위 개념을 별도로 두어 설명할 필요가 없었다는 아쉬움이 있다. 아무튼 독일 민법체계를 일본을 거쳐 계수한 상태에서 대한민국 민법체계에서는 무비판적으로 법률행위 개념을 사용하고 있다. 필자는 이런 오류를 "지나친 추상화의 오류"라고 명명하고 싶다. 이러한 지나친 추상화의 오류는 독일 계통의 법계에서 종종 나타나는 오류로 실생활과 유리된 법학을 하게 되는 잘못의 시발점이 된다 해도 과언이 아니다. 이처럼 법률행위는 다년간 훈련 후에도 쉽게 체득하기 어려운 개념일 뿐만 아니라, 약정은 일반인들이 실생활에서 널리 사용하는 매우 친숙한 개념으로 초학자들도 이해하기 매우 쉬운 용어이기 때문에 약정은 법률행위라는 전제하에, 민사법실무를 강의할 때 약정중심으로 설명해 나가고자 한다. 필자가 다년간 그렇게 강의해도 큰 문제는 없었을 뿐만 아니라 수강생들은 훨씬 더 쉽게 사안을 분석할 수 있어 그 실용성이 높다고 본다.

노파심에서 첨언해 보면, 실생활에서 널리 사용하는 약정이외에 별도로 법률행위라는 개념을 도입하여 개념화해 사용하는 필요성에 관해 간략하게 설명해 본다. 약정이라고 했을 때 법률적 구속력을 가진 약정과 호의적인 사교적 약정을 구분할 수 없다. 그래서 법률적 구속력을 가진 약정만을 법률행위라고 별도로 지칭할 필요가 있다고 주장할 수도 있다.[29] 그렇다고 하더라도 이처럼 실생활에 밀접한 약정이란 용어를 버리고 별도로 추상적이고 이해하기 힘든 '법률행위'란 개념을 따로 만들어 사용할 필요가 없다. 일반국민도 이해할 수 없고, 법학전문대학원 입학생들도 제대로 이해하지 못하는 법률행위란 개념을 더 유지할 필요가 있는지 의문이다. 참고로 약정을 중심으로 생각하더라도 의사표시란 개념은 개념적 도구로 남겨 약정의 구성요소라고 이해해야 한다. 또 채권행위적 냄새가 나는 약정이란 개념 외 민법 제186조, 제188조의 해석론과 관련된 소위 물권행위라는 개념도 별도로 설정할 필요성이 있기 때문에 법률행위란 추상적 개념이 필요하다고 주장할 수 있다. 하지만 게르만법 시대와 달리 등기, 등록제도가 잘 완비되어 있는 현대 사회에서는 당사자들은 실생활에서 채권행위와 구분되는 물권행위를 별도로 하지 않는다. 그런데도 물권행위의 독자성을 인정하여 별도로 존재한다고 설명하는 것은 개념적 허구이고 불필요한 노력일 뿐이다. 대법원도 물권행위란 개념은 사용하여 물권행위의 독자성[30]은 인정하나, 무인성을 모두 부인하고 있다. 뿐만 아니라 계약서를 처분문서라고 하고, 부동산등기부상 등기원인으로 "2020. 10. 10.자 매매"라고 기재되는 현실에서 물권행위란 개념을 별도로 설정할 실익이 진정 무엇인지 궁금하다. 필자는 물권행위라는 개념적 허구를 이용해 물권의 승계취득을 설명할 것이 아니라 승계취득의 개념정의상 후자는

분하여 설명하기로 한다.

29) 필자는 법률적 효력을 가진 약정을 사교적인 약정과 구분하기 위해 법률행위란 별도 개념이 필요하다면 차라리 가독성이 떨어지는 법률행위라는 개념보다는 법효약정(法效約定)이라며 약정이란 의미를 실어 새로운 용어로 조어하여 사용하는 것이 더 실용적이라고 생각한다.

30) 대법원 1977. 4. 24. 선고 75다1394 판결

전자가 갖는 권리이상을 취득하지 못한다는 당연한 원리를 체화하는 방식으로 이론구성을 함으로써 해결할 필요가 있다고 주장해 왔다. 앞서 든 甲, 乙, 丙, 丁, 戊, 己의 사례를 들어 구체적으로 설명해 보자. 丙, 丁, 戊, 己가 상응하는 권리를 취득하지 못한 이유는 乙과 丙간 또는 丙과 丁간에 물권행위가 없었기 때문이 아니라 권리의 이전적 "특정" 승계에서 권리를 매도하는 자(前者)가 승계시키기 위해 필요한 권리를 보유하지 않았기 때문이다. 누구도 자신이 가진 권리 이상을 승계시킬 수는 없다. 그래서 丙과 丁이 권리를 취득하지 못한 것이다. 따라서 권리는 유효하게 승계시키기 위해서는 ①권리자가 유효한 권리를 보유하고 있을 것(무권리자가 아닐 것, 적어도 사실상·법률상 처분할 수 있는 권한은 보유하고 있을 것), ②약정이 있을 것, ③등기·등록할 것(민법 제186조)이란 3가지 요건이 필요한 것이다. 이때 ①의 요건은 타인의 매매가 허용되듯이 ②약정할 때 보유하고 있을 필요는 없고 적어도 ③등기·등록할 때까지 보유하게 되면 유효하게 그 권리를 승계시켜 줄 수 있다. 만약 별도로 이해관계를 맺은 자가 없다면 실체관계에 부합하는 등기도 인정되기 때문에 ③등기·등록한 이후라도 제3자가 이해관계를 맺기 전까지 ①의 요건을 갖추어 주면 된다. 다만 주장·증명책임의 분배원리상 승계취득을 주장하는 자는 ①요건까지 주장·증명할 필요는 없다. 요컨대 타인에게 권리를 이전해 주겠다는 자는 시기는 유동적이지만 반드시 그 권리를 취득하여 보유하고 있어야 비로소 승계취득이 가능케 된다는 것이다.

나) 약정내용에는 각종 처분문서에 나타난 명시적 약정(묵시적 약정 포함)뿐만 아니라 "표준적 약정(default rule)"[31]도 약정내용에 포함된다.

모의기록의 사례에서 제시된 계약서 등에 명시된 합의사항(명시적 약정)[32]만이 약정이 아니라 성문법령이나 판례에 의해 계약유형별로 인정되고 있는 다양한 "표준적 약정"도 약정의 내용이 되고, "약정의 상대방(promisee)"은 그 명시적 약정은 물론 표준적 약정의 강제이행(민법 제389조)도 청구할 수 있다는 사실을 명확하게 인식해야 한다. 대표적인 성문법령인 민법 채권 각칙에 포함되어 있는 15개의 전형계약은 이러한 표준적 약정의 보고(寶庫)이다. 예를 들면 매매계약에서는 명시

[31] 본서에서 default rule을 "표준적 약정"이라고 번역한다. 보다 정확하게는 "표준적 약정이 법률 규정화" 또는 "법률 규정화된 (판례상의) 표준적 약정"이라고 표현하는 것이 더 적확한 번역이 될 것이다. 표준적 약정이 법률규정화되는 과정은 2015. 2. 3. 민법전이 개정되어 2016. 2. 4. 시행된 여행계약 관련 입법화의 경과를 살펴보면 이를 잘 이해할 수 있다. 당시 여행이 생활 속에 대중화·보편화되어 여행자와 여행주최자 사이에 이미 많은 여행계약이 체결되었을 뿐만 아니라, 공정거래위원회 등 관련 행정기관에서 여행계약 표준약관을 마련하여 보급하고 있던 중 여행과 관련하여 많은 법적 문제가 발생하자 이를 직접 규율하기 위하여 일부 표준적 약정을 법률규정화 한 것이다. 정확하게 default rule이 도입되는 경위와 일치한다. default rule은 "기본규정" 또는 최대한 약정이란 의미를 담으려 해도 "기본약정"이라고 번역하는 것이 영어단어가 갖는 의미를 남기는 가장 이상적인 번역일 것이나 많은 사람들이 표준계약서 등과 같은 개념에 익숙해 있고, 표준계약서가 약정의 출발점이란 점에서 default rule이 가지는 의미를 다소나마 전달할 수 있어 본서에서는 default rule을 '표준적 약정'이라고 지칭한다.
[32] 민법이론상으로는 명시적 약정은 물론 묵시적 약정도 약정의 한 내용이 된다고 설명하고 있다. 특히 민법 제106조에 의하여 '사실인 관습'도 약정의 한 내용으로 포함될 수 있다고 설명하고 있다. 본서 이 부분에서 설명하는 명시적 약정이란 이러한 묵시적 약정은 물론 사실인 관습도 포함하는 개념이고 앞에서 설명한 '표준적 약정'이란 개념과 대비되는 개념이다.

적 합의가 없어도 각종 (권리·하자) 담보책임(민법 제570조내지 제584조)을 인정해 주고 있다. 나아가 대법원은 다양한 경로를 통하여 성문법상의 규정이 없어도 각종 표준적 약정들을 판례를 통해 인정해 주고 있다. 예를 들면 매매계약에서 재산권이전의무 이외에도 목적물(부동산) '인도의무'(대법원 1980. 7. 8. 선고 80다725 판결), 저당권 등을 말소한 다음 '완전한 소유권을 이전할 의무'를 인정(대법원 2000. 11. 28. 선고 2000다8533 판결)하고 그 인도의무나 완전한 소유권이전의무를 매매대금지급과 동시이행관계에 있다는 점을 밝히고 있다.(대법원 1988. 12. 6. 선고 87다카2739, 2740 판결)

본서에서 사용하는 '표준적 약정(default rule)'에 가장 유사한 대한민국 민법전상의 용어를 찾으라면 민법 제105조에서 규정되어 있는 임의규정과 그 반대해석으로 설정된 효력규정(강행규정 중 효력규정)일 것이다. 하지만 임의규정이나 효력규정이란 개념은 표준적 약정 중 당사자 사이의 명시적 약정에 의해 그 적용을 배제할 수 있는 표준적 약정(임의규정)이나 배제할 수 없는 표준적 약정(효력규정)들이란 의미이다. 그래서 이러한 임의규정·효력규정이란 용어는 명시적 약정으로 그 적용을 배제할 수 있다(없다)는 표준적 약정의 소극적 측면을 묘사한 것일 뿐 명시적 합의가 없어도 표준적 약정 사항대로 강제이행을 구할 수 있다는 적극적 기능을 제대로 담아내기 어려운 용어가 된다. 그래서 본서에서는 임의규정·효력규정이란 용어이외에도 표준적 약정이란 용어를 사용할 것이니, 그 개념을 잘 이해하여 기록상 제시된 처분문서에서 명시적으로 약정되어 있지 않더라도 채권각칙이나 판례에 의해 당해 유형의 계약에 약정내용으로 추가적으로 포함시켜 이에 대한 강제이행을 구할 수 있는 표준적 약정이 있다는 실천적 의미를 반드시 명심하고 있어야 한다. 법령, 판례에 의해 표준적 약정을 두는 이유는 대체로 당해 유형의 약정에는 통상 그와 같은 취지의 약정이 이루어지는 경우가 많아서 구태여 당사자들이 개별 구체적으로 합의하는 노력과 비용을 들일 필요가 없다는 것(임의규정의 규정이유)이 대부분이고, 예외적으로 정의, 형평, 사회적 약자 배려 기타 정책적 고려에서 표준적 약정이 인정되는 경우(효력규정의 규정이유)도 있다.

그래서 기록을 읽을 때 약정서 등 처분문서의 명시적 약정내용은 물론 이에 반하지 않고 모순되지 않는 묵시적 약정내용이나 계약유형에 따른 법령, 대법원 판례상의 표준적 약정내용을 잘 파악하여 명시적·묵시적 약정, 표준적 약정의 불이행에 따른 분쟁내용인지를 확인하는 노력이 필요하다. 이것이 민법 제105조의 진정한 의미이다. 나아가 다양한 특별법에서 표준적 약정의 적용을 배제시키고자 하는 각종 명시적 합의나 약관을 무효화시키고 다시 표준적 약정의 적용을 받게 하는 규정(효력규정화 규정)들[33]이 있고, 대법원 판례 또한 표준적 약정을 효력규정으로 이해하여 이에 반하는 특약의 효력을 부인하는 수가 있으니 정확하게 알고 적용해야 한다.

다) 채권은 약정당사자{privy; 약정자(promisor)와 약정의 상대방(promisee)} 사이에서만 구속력이 있고, 특별한 사정이 없는 한 제3자에게는 그 효력이 없다.

예비법조인들은 채권 또는 채권자가 누구를 상대로든 권리(채권)를 실현할 수 있고, 결국은 채

---

33) 특히 『약관규제 등에 관한 법률』 등 소비자보호 관련법에 그 사례들이 많으니 추가적인 학습을 강력히 추천한다.

권이 실현된 상태로 만들 수 있다고 생각하여 상대방이 누구인지, 또는 실현 방법을 전혀 고려하지 않고 채권을 실현할 수 있다는 상상력으로 답안을 작성하고 있다. 채권은 상대권(相對權)으로 약속한 사람(약정자, promisor)에게만 그 이행을 구할 수 있다는 본질적 한계를 자주 망각한다. 채권을 물권과 함께 재산권의 하나라고 설명할 때 이러한 오해는 쉽게 잉태되게 되는 것이다. 인류는 역사적 경험으로 권리라고 이름 붙이기만 하면 "타인의 권리를 침해해서는 안 된다."는 매우 상식적인 도식에 뿌리박은 배타지배적 성격을 가진 권리를 상정하게 된다. 과거 채권자는 채무자에게 족쇄를 채울 수 있었고, 채권확정 후 30일 이내에 이행하지 않았을 경우 그 후 3영업일을 기다린 다음 채무자의 신체를 절단할 수 있도록 허용되기도 하였다.[34] 그 후로도 근대에 이르기까지 채무노예를 인정하는 등 채권이 갖는 지배권적 성격이 매우 높았던 시대가 있었다. 이러한 채권은 과히 물권과 필적할 지배권이라고 해도 무방하여 권리의 일종으로 채권이란 개념을 사용할 수 있었을 것이다. 하지만 근대 민법, 민사집행법상으로는 채권자는 채무자의 일반재산을 대상으로 소 제기, 강제집행 절차를 거쳐 강제적으로 실현할 수 있게 되었을 뿐 무자력의 채무자를 상대로는 겨우 재산명시신청을 통한 채무자명부에의 기재 정도만 가능하게 되었을 뿐이다. 더구나 매우 강력한 개인회생법이 존재하여 채무자는 법적 절차를 밟아 채권의 속박으로부터도 벗어날 길이 넓게 열려 있다.

    그래서 채권은 오직 "약정의 상대방(promisee)"이 "약속한 자(promisor)"를 상대로만 청구할 수 있을 뿐이다. 매우 제한된 특별한 요건이 없는 한 약속한 자 이외의 자를 상대로 한 청구는 불가능하다. 이런 지위를 물권과 동일선상에서 설명하는 것은 많은 오해를 불러일으킨다. 차라리 채권이란 개념을 젖혀 두고 pacta sunt servanda(약속은 이행해야 한다.)라는 법언을 명심하는 것이 더 바람직할 것이다. 그래서 채권을 실행하는 것이 아니라 채무의 이행을 구하는 것이고, 약속을 지키라고 하는데 불과한 것이란 생각을 깊이 새겨야 한다. 약속이 이행되지 않았을 때 약속한 자를 상대로 그 이행을 구하는 것이 주된 내용이라는 점을 충분히 이해해야 한다. 이러한 이해의 실천적 의미는 생각보다 강력하다. 약속한 사람이외의 자에게는 약정에 따른 청구를 하지 않을 것이다. 예를 들면 도급인 甲이 재료비(공사비)를 부담하여 신축건물의 소유권을 원시취득하였을 때 편의상의 건축허가 명의자인 수급인 乙의 채권자 丙의 가압류로 말미암아 그 건물에 대한 乙 명의 소유권보존등기가 경료되었다고 하더라도 도급인 甲은 물권(소유권)에 기하여 방해배제청구권의 행사로써 무효인 소유권보존등기의 말소와 丙 명의 가압류말소의 소송상 구현인 승낙의 의사표시를 구하여야만 한다. 그렇지 않고 甲과 사이에는 아무런 명시적 약정이나 표준적 약정상의 의무가 없는 자인 丙을 상대로 가압류의 말소를 조건으로 소유권이전등기를 청구하는 잘못을 범하지 않을 것이다.[35] 또 많은 수험생들은 근저당권설정등기(근저당권자 丙)가 경료되어 있는 부동산을 매수한 다음 매수인 甲이 매도인 乙(매도인 겸 근저당권설정자)을 상대로 소유권이전등기를 구하면서 근저당권의 말소도

---

34) 로마 최초의 성문법인 12동판법 제3표 참조.

35) 제4회 변호사 시험 민사기록형 문제를 참조하기 바란다. 관련 문제에 대한 학생들의 답안을 채점할 때 위와 같은 상황하에서 甲이 丙에 가압류등기를 말소하고, 소유권이전등기 절차를 이행하라고 청구취지를 작성한 오답이 의외로 많았다.

같이 청구할 수 있다고 잘못 생각하는 경우가 많다.[36] 이러한 사고방식은 근저당권설정계약의 당사자는 매도인(근저당권설정자)과 근저당권자라는 점을 간과한 결과 저지르는 실수의 대표적 사례가 된다.

바. 원고와 피고의 확정

이행청구소송의 경우 의뢰인은 원고로, 침해자 및 약정자는 피고로 된다. 이때 의뢰인인 원고가 물권자, 약정의 상대방이어야 하는데 그렇지 않은 경우에는 반드시 '연결고리'를 찾아 청구원인사실을 보충해 넣어야 한다.

앞서 수차례 언급하였듯이 소의 제기를 수임한 변호사는 의뢰인을 원고로 하여 소를 제기해야 하는데, 이때 이행청구소송을 제기하는 원고는 원칙적으로 물권자(피해자) 또는 약정의 상대방이어야 하고, 피고는 침해자 또는 약정자여야 한다. 이때 그 원고가, 침해자 또는 약정자인 피고와 사이에 물권자 또는 약정의 상대방적 지위에 있지 아니한 경우가 있을 수 있다. 이러면 소를 제기하는 변호사로서는 피고와 의뢰인인 원고 사이에 간극을 메울 다양한 법리(이를 본서에서는 '연결고리'라고 한다.)를 찾아 보충하여야 하며, 그 간극을 메우는 법리를 적용함에 필요한 요건사실들도 청구원인사실(조정된 청구원인사실)에 포함되어야만 한다.

이러한 연결고리 중 침해자와 물권자 사이에서 물권적 청구권을 행사할 때는 물권의 대세효가 가장 많이 거론된다. 약정자와 약정의 상대방 사이에는 채권자 대위권, 채권자 취소권, 채권양도, 채무인수, 추심명령, 전부명령, 제3자를 위한 계약, 상호속용하는 영업양도 등의 법리가 연결고리의 역할을 하게 된다.

현행 변호사 시험 기록형 문제가 수인의 피고들을 상대로 법률관계를 얽어 출제하는 경우가 많기 때문에 연결고리에 관한 법리는 항상 출제되니 잘 대비해 두어야 한다.

사. 조정된 청구원인사실과 항변사유

"자유로운 사인(私人)의 합리적 의사결정"을 대외적으로 표시한 약정에 따라 청구권이 발생하고, 그 청구권이 이행되면 소멸하게 된다. 이러한 순리(順理)적 과정은 '합법적 영역'으로 재화와 용역이 부족자원으로 거래되거나 활용되는 시장경제체제의 작동원리로 역할을 하게 되고, 변호사로서 그 과정을 순조롭게 작동되도록 법률서비스를 제공하는 영역에서 업무를 하게 되면 자문변호사가 된다고 설명하였다. 하지만 이 과정에서 비정상적인 사건·사고들이 발생하게 되는데 그에 관한 치유방법에 관한 여러 가지 법률적 제도들을 도입해 규정해 두고 있다. 먼저 의사결정의 주체인 자연인이나 법인이 자유롭지 않은 상태에서 의사결정을 하거나 비합리적인 의사결정을 할 경우에 이를 교정하는 각종 법원리들이 도입되어 규정되어 있다. 이를 대분류해 보면 「부존재·무효·취소·해제/해지·무권대리(대리권남용)·대표권 제한 위반」으로 구분할 수 있다. 종래의 요건사실론 책자에서는 이를 "권리장애사유"라고 개념정의하여 왔다. 본서에서는 이를 "원인무효사유" 또는 "청구권장

---

36) 다음에서 제시하는 모의문제를 참조하기 바란다.

애사유"라는 용어를 사용하기로 한다. 보다 자세한 설명은 다음에 할 기회가 있을 것이나 여기서는 다만 정리된 표를 게시해 본다.

[청구권(채권)장애사유(or 원인무효사유) 요약]

사유			요건		효과	제3자보호
부존재	위조·변조		작성명의 거짓 작출(作出)		무효 (원인무효)	제3자 보호규정 없음 (등기부취득시효완성시까지)
	(판결편취)		판결을 통해 등기원인을 거짓으로 만듦			
	미확정		의사표시가 없음			
무효	목적	의사무능력			무효 (원인무효)	제3자 보호규정 없음 (등기부취득시효완성시까지)
		확정불가능				
		원시적 (전부) 불능				
		효력규정위반	강행규정 중 효력규정 위반			

		반사회질서위반
		(이중양도)
			① 배임
			  ⓐ 계약
			  ⓑ 이행에 착수
			  ⓒ 배임행위
			② 적극 가담(교사·방조)			

		(동기의 불법)	① 동기
			  ⓐ 표시되거나
			  ⓑ 인식(판례상으로는 **알려진** : 알았거나 알 수 있었을 때37))
			② 반사회질서위반			

	통모허위표시		① 통모 ② 허위표시			③ 제3자 악의
	비진의표시		① 표시와 진의의 불일치 ② 상대방이 악의 or 과실			③ 제3자 악의
취소	주체	미성년자	19세 미만(18세 이하)		소급적 무효 (유동적 유효)	제3자보호규정 없음 (등기부취득시효완성시까지)
		제한능력자	피성년후견인, 피한정성년후견인			
	사기·강박		① 기망행위, 강박행위 ② 의사표시 ③ 인과관계			④ 제3자 악의
	착오		① 착오 ② 중요부분 ③ 의사표시	항변:표의 자의 중대 한 과실		④ 제3자 악의

		동기의 착오	①
			②
			③
				④동기
				⑤ⓐ표시되었거나, or
				  ⓑ상대방이 알았거나 알
				  수 있었을 때		

---

37) 대법원 1984. 12. 11. 선고 84다카1402 판결 이후로 "표시되거나 상대방에게 **알려진** 법률행위의 동기가 반사회질 서적인 경우"도 사회질서 위반이라고 판시한 바가 있다. 이때 "알려진"을 인식이라고 이해하는 견해가 있다.(송덕 수, 『신민법강의(제16판)』, 박영사, 2023, 103면 이하 참조, 인식설과 유사한 태도라고 설명하고 있다.) 하지만 의 사표시의 상대방(promisee, privy)에 생긴 사유이기 때문에 privy 관계에 있으면 민법의 전체계상 악의 또는 과실

해제 (해지)	Ⓐ이행지체	① 이행지체 　ⓐ확정기한: 도과는 역수상 명백 　ⓑ불확정기한: (a)객관적 도래 　　　　　　　　(b)채무자가 안 다음날 　ⓒ기한의 정함이 없음: 최고 다음날 ② 상당한 기간 정해 이행최고 ③ 미이행 ④ 해제의 의사표시와 도달	소급적 무효	[물권적 이해관계자] [해제전] 무조건 보호 [해제후 원상회복전] ⑤ 악의 제3자
	Ⓑ이행불능	①(후발적)이행불능 ②해제의 의사표시와 도달		
	Ⓒ불완전이행	①불완전이행 ②이행된 부분만으로 목적달성불능 ③해제의 의사표시 및 도달		
무권대리		① 현명 ② 대리권 없음 　(ⓐ 수권행위 없음, or 　 ⓑ 대리권 범위 초과)	무효 (유동적 무효)	[Ⓐ상대방보호] ①유권대리, or ②3가지 표현대리or ③(명시적·**묵시적**) 　추인 －－－－－－－－－ [Ⓑ제3자보호] 악의 제3자[38] ＊위조·변조성립가능 성에 주의해야 함
(대리권 남용)		① 현명대리행위 ② 실제로는 자기, 제3자의 이익 ③ 상대방의 악의 or 과실		
주식 회사	대표권 제한 위반[39]	① 대표행위 ② 대표권 법령상 또는 정관상 제한[40] ③ 상대방이 악의 or 중과실[41]	무효	[제3자보호] ①**대표권 남용**에 관해 서는 악의 제3자임을 주장·증명하여 무효 주장가능하나, ②**대표권제한위반** 일 반에 관해서는 아직 제3자 보호하는 판례 가 없음 ＊위조·변조성립가능 성에 주의해야 함
	(대표권 남용)	① 대표행위 ② 실제로는 자기, 제3자의 이익 ③ 상대방의 악의 or 과실[42]		

로 관철하고 있으므로 해석론적으로 인식가능성(즉 악의·과실)로 보는 것이 더 타당하다. 동기의 착오는 같은 이유로 인식가능성으로 되어 있음을 상기할 필요도 있다.(동기의 착오에서 판례는 인식가능성을 적용하고 있다.)

38) 대법원 2018. 4. 26. 선고 2016다3201 판결

39) 대리의 경우는 무권대리, 대리권남용이 항변사유이고, ① 유권대리, ② 표현대리, ③ 추인이 재항변사유이지만 대표의 경우에는 Ⓐ 법인은 성격·법률·정관상의 목적에 따라 권리능력이 인정되지 않는 경우가 있어 당연히 대표자의 대표행위가 불가능한 경우가 있고, Ⓑ① 표현대리 중 대표권 수여의 의사표시에 의한 표현대리 법리와 유사한 표현대표이사의 대표행위 중 무효가 되는 부분도 있고, Ⓑ② 그 외 무권대리에 유사한 대표권제한위반이 있다. 또, Ⓑ③ 대표권남용법리도 있다. 이 부분에서는 Ⓑ②, ③ 대표권제한위반법리 등만 언급하고 있으나 나머지 Ⓐ, Ⓑ①의 법리도 정확하게 알고 있어야 한다. 나아가 대표권제한위반의 성격을 떠나 법령상의 주주총회결의사항임에도 이를 거치지 않고 대표행위를 한 경우에는 상대방의 선의·악의를 묻지 않고 무효이다(대법원 2012. 4. 12. 선고 2011다106143 판결).

[대표권 제한 위반]

분류	대표행위 국면(局面)	주장 · 증명책임	
		①대표권 제한 방법	②등기 등 (악의 · 과실 or 선의 · 무과실 포함)
사단법인	①@정관에 의한 대표권 제한(민법 제41조) or ①ⓑ사원총회의 결의(민법 제59조 제1항 단서)[43]에 의한 대표권 제한		②등기해야 제3자에게 효력이 있음(민법 제60조) [효과] ②@ 등기하지 않았으면 상대방이 악의여도 주장할 수 없고,[44] ②ⓑ 등기되었으면 선의의 제3자에게도 무효 주장할 수 있음[45]
재단법인	채무부담행위[46] 등	①정관에 의한 대표권 제한 (민법 제41조)	
	①기본재산, ②처분		③관할관청의 허가 (③ 없으면 무효)
권리능력 없는 사단	[총유물] Ⓐ법률상 · 사실상처분행위 Ⓑ사용 · 수익 · 개량행위 Ⓒ보존행위(소제기[47])	Ⓐ,Ⓑ,Ⓒ는 정관 · 규약에 정함이 있으면 그에 따르고, 없으면 사원총회의 결의(민법 제276조 제1항)[48]를 거쳐 대표행위를 해야 함	정관 · 규약에 정한 바를 준수하지 않았거나 또는 사원총회 결의를 준수하지 않은 ⒶⒷⒸ의 경우는 **무효**
	Ⓓ 그외 채무부담행위	[Ⓓ에 관해] ①정관 or 사원총회 결의에 의한 대표권 제한	②상대방이 알았거나 알 수 있었을 경우(악의 또는 과실)[49]
권리능력 없는 재단	①기본재산 ②처분		③관할관청의 허가 (③ 없으면 무효)
	채무부담행위 등	①정관 · 규약에 대표권 제한	②위반하여 대표권 행사라도 유효[50]

---

40) 대법원 2021. 2. 18. 선고 2015다45451 전원합의체 판결에 의하여는 법령 등에 대표권 제한 규정이 있는 경우와 정관 등 내부규정에 대표권 제한 규정이 있는 경우를 구분하지 않게 되었다.

41) 또 대법원 2021. 2. 18. 선고 2015다45451 전원합의체 판결에 의하여는 나아가 종래 상대방의 악의 · 과실이 상대방의 악의 · **중과실**로 변경되었다.

42) 대법원 2004. 3. 26. 선고 2003다34045 판결 (앞선 대법원 전원합의체 판결에 불구하고 아직 대표권 남용에 관한 주류적인 판례는 변경되지 않은 것으로 판단된다. 그래서 종전처럼 상대방의 악의 · 과실을 주장 · 증명하면 된다.) (이에 반하여 대법원 1987. 10. 13. 선고 86다카1522 판결, 대법원 2016. 8. 24. 선고 2016다222453 판결 등에서는 대표권 남용행위를 상대방의 악의임을 전제로 신의칙위반이나 권리남용금지원칙 위반으로 무효화한 판례들이 있었다.)

43) 사원총회의 결의에 의해 대표권제한이 가능한가에 관해 견해의 대립이 있다. 즉 사원총회의 결의로 대표권 제한을 하면서 이에 상응하는 정관개정은 이루어지지 않아 정관에는 그 규정이 없는 경우에도 대표권제한이 있다고 할 수 있는가?라는 쟁점이다. 민법 제59조 제1항 단서의 규정에 따라 대표권 제한으로 유효하다고 보는 것이 통설적 견해이다. 그러나 유력한 반대설도 있다.

44) 대법원 1992. 2. 14. 선고 91다24564 판결, 대법원 2014. 9. 4. 선고 2011다51540 판결

45) 이설이 없다.(송덕수, 『신민법강의(제16판)』, 박영사, 2023, 311면 참조)

46) 주로 금전차용행위나 보증행위 등이 해당된다.

47) 대법원 2010. 2. 11. 선고 2009다83650 판결 (종중 총유재산에 대한 보존행위로 소송을 하는 경우에도 특별한 사정이 없는 한 종중총회의 결의를 거쳐야 한다.)

48) 대법원 2005. 9. 15. 선고 2004다44971 판결, 대법원 2007. 7. 26. 선고 2006다64573 판결

49) 대법원 2003. 7. 22. 선고 2002다64780 판결, 대법원 2007. 4. 19. 선고 2004다60072 · 60089 전원합의체 판결, 대법원 2008. 10. 23. 선고 2006다2476 판결

다음으로 청구권의 상대방이 순조롭게 이행한 경우에는 청구권이 소멸되어 더 이상 청구할 수 없게 된다. 본서에서는 이러한 이행과 함께 소멸시효완성을 합해 청구권소멸사유라고 한다. 종래 요건사실론에서는 이를 "권리소멸사유"라고 하였다. 이러한 청구권소멸사유는 변제·대물변제·공탁/////경(개)·상(계)·면(제)·혼(동)·소(멸시효완성)으로 대별할 수 있다.

[청구권(채권)소멸(이행 및 소멸)사유 및 청구권(채권)행사저지사유 요약]

구체적인 사유	청구권(채권)소멸사유		청구권(채권)행사저지사유
	청구권(채무)의 이행	청구권(채무)의 소멸	
변제	변제		
대물변제	대물변제		
공탁	공탁		
최[51]고			
경개	경개		
상계	상계		
채권자**지**체		채권자지체 후 이행불능 등	
		(채무자에 책임없는 사유로 이행불능)	
		(목적의 소멸)	
(상계)			
면제	면제		
혼동	혼동		
소멸시효완성		소멸시효완성	
		제척기간 도과	
		출소기간 도과	
기한미도래			Ⓐ①시기의 존재 (②재항변) 기한의 도래 Ⓑ①종기+②기한의 도래
조건미성취			Ⓐ①정지조건의 존재 (②재항변)조건의 성취 Ⓑ①해제조건의 존재②조건의 성취
동시이행			동시이행
최고·검색			최고·검색(보증채무만)

그 외에도 소를 적법하게 하는 요건으로 민사소송법 등에서 각종 소송요건들이 규정되어 있다. 소송요건이 결여된 경우에는 소가 부적법하여 각하된다.

---

50) 대법원 1992. 2. 11. 선고 91다11049 판결 (사찰 재산의 관리처분권은 그 사찰을 대표하는 주지에게 일임되어 있는 것이므로 사찰의 주지가 소속 종단의 결의나 승인 등 내부적인 절차를 거치지 않았다고 하더라도 그 처분행위는 유효한 것이다.)

51) 연대채무, 보증채무와 관련하여 **최·경·상·지**와 **상·면·혼·소**는 매우 중요한 구분개념이므로 위와 같이 구분해 둔 것이다. 자세한 설명한 추후 해당 부분에서 상세하게 설명하기로 한다.

　마지막으로 청구원인사실은 청구취지를 이유있게 하는 사실들을 모아 둔 것이다. 수험생들은 요건사실론 책자를 학습하면서 정형화된 요건사실을 학습한 결과 청구원인사실과 항변사실을 불변의 정형화된 관계로 이해하고 있다. 그 결과 매매계약을 체결한 매도인이 "패소하는 부분이 없도록 청구를 하라."는 작성지시에 따라 매매대금지급청구를 할 때 이미 지급받은 계약금·중도금을 공제한 나머지 잔금의 지급을 청구하면서 소유권이전등기의무, 목적물인도의무와 동시이행관계에 있으므로 상환이행의 잔금지급 청구취지를 작성하게 된다. 이러한 경우 원래 변제와 동시이행항변권은 항변사유에 해당되더라도 이를 청구취지에 반영하여 감축하여 청구하는 이상 계약금·중도금의 지급사실, 동시이행관계 등은 모두 청구취지를 이유있게 하는 청구원인사실에 해당될 것이다. 이러한 관계를 나타내기 위해 본서에서는 계약금·중도금의 지급사실, 동시이행관계 등도 매매계약체결사실에 포함되어 청구원인사실의 한 부분이 되는 방식으로 "조정된 청구원인사실"이라고 하고, 민사법실무 Ⅱ 교과서의 각 모의기록 해답 앞에 정리해 둔 표에서 반영하고 있다. 그런데 시중에서 유통되고 있는 일부 모범답안에서는 이러한 계약금·중도금 지급사실, 동시이행관계를 모두 "상대방이 제시할 것이 예상되는 항변"이라며 항변란에서 "피고측은 계약금·중도금을 지급하였다(또는 동시이행항변을 하고 있다)고 항변하므로 살피건대 지급받은 사실(또는 동시이행관계에 있다)은 있어 이유가 있다"는 식으로 적시해 두고 결론적으로 청구취지를 감축하여 청구한다는 식으로 기술하는 경우가 많다. 이러한 기술형태는 청구원인사실이란 개념정의에도 반하고, 소장을 판결문화 하는 등으로 많은 문제를 노정하는 법문서 작성방법이 된다.

　만약 필자가 주장하는 바와 같이 조정된 청구원인사실이란 법문서 작성원칙을 받아들인다면 항변에 해당하는 사실이 이유 있으면 이를 반영하고 청구원인사실에서 기술한 다음 청구취지를 감축하면 되고, 항변에 대한 반박이라는 란에서는 결국 이유 없어 배척하는 항변사유들만을 적시하여 기술하게 될 뿐이다. 수차례 언급했듯이 사실 패소하는 부분이 없도록 소장을 작성하라는 답안작성지침은 실무상 활용되지 않는 소장작성방법이다. 앞서 든 계약금·중도금 지급사실은 실무상으로 통상 반영하여 나머지 잔금만의 지급청구를 하는 것이 통례이지만 동시이행관계는 청구취지에 반영하지 않고 단순청구를 하는 경향이 더 높다. 피고가 동시이행항변을 하면 수소법원에서 판결을 선고하면서 상환이행의 판결주문을 작성하게 된다. 이처럼 실무와 다른 답안작성 지시가 있어 실무와 다른 소장작성방법이 시험준비를 위해 교육되고 있으니 수험생들은 반드시 그 차이를 충분히 인식하여 변호사 시험합격 후 실무에 나가 실제로 소장을 작성할 때는 제대로 된 소장작성법에 따라 소장을 작성해 법원에 제출하도록 해야 할 것이다.

　특히 실무상으로는 소장을 작성하면서 예상되는 피고측의 항변에 대한 반박은 포함시키지 않는다. 그 이유는 피고에게 제기할 수 있는 항변을 암시해 줄 뿐만 아니라, 무엇보다도 항변에 대한 배척사유를 설시하면서 아무래도 원고측이 소지하고 있는 증거의 깊이를 드러낼 위험이 있어 소송전략적으로도 부적절하기 때문이다.

4. 본서에서 시도한 새로운 권리분석방법

가. 7단계 또는 8단계 권리분석방법

앞서 든 민사법의 체계적인 이해를 바탕으로 원고측 입장에서 소장을 작성하기 위해서는 7단계로 권리분석하고, 피고측 입장에서 답변서를 작성하기 위해서는 1단계를 더하여 8단계 권리분석하는 것이 좋다.[52]

나. 7단계 권리분석방법

(1) 1단계 : 분쟁내용의 파악

사례형이든 기록형이든 제시문의 분쟁내용을 정확하게 파악해야 한다. 기록형 문제에는 상담일지 중 "의뢰인의 희망사항" 부분에 이를 잘 정리해 두고 있어 필자는 항상 상담일지 중 의뢰인의 희망사항을 먼저 읽어 보기를 권한다. 이처럼 기록형 문제를 검토할 때 제일 먼저 "의뢰인 희망사항"을 읽고 분쟁내용을 정확히 파악해야 한다.

(2) 2단계 : 권리(물권) 침해 또는 약정 불이행

의뢰인의 희망사항을 읽고 분쟁이 권리 침해 상황에서 발생한 것인지 아니면 약정하고도 불이행하여 생긴 것인지 생각해 볼 필요가 있다. 즉 상담일지의 첫 부분을 읽기 전에 먼저 분쟁내용이 ①약정하고도 이를 이행하지 않아 초래된 것인지 아니면 ②권리 즉 물권 침해로 말미암은 것인지[53]를 파악해야 한다. 그중 하나로 말미암은 분쟁이라면 이행청구를 하면 해결할 수 있다.

참고로 권리 침해라고 했을 때 권리는 주로 물권을 의미한다. 그런데도 이 부분에서 물권이라고만 하지 않고 권리라고 한 이유는 물권이외에도 매우 많은 권리들, 심지어는 (법률상 보호하는) 이익들이 존재하기 때문이다. 민법상의 각종 물권이외에도 예를 들면 광업권, 조광권 등 민법상의 물권관련 규정이 준용되는 12개 개별법률에서 14개 종류의 일종의 준물권을 규정해 두고 있고, 각종 지식재산권 관련법률에서 특허권, 실용신안권, 저작권, 상표권 등 지식재산권을 규정해 두고 있으며, 상법상의 주주권(상법 제402조, 제424조)등이 있다. 그 외 일조권, 조망권, 환경권 등의 환경관련 권리들을 소유권 중 상린관계에 관련된 규정을 원용하여 인정하고 있다. 게다가 판례에 의하면 성명권, 초상권, 신용, 명예 등의 인격권이나, 광고영업권 등도 인정되고 있다. 이렇게 부족자원에

---

52) 본서의 특징은 권리분석에서 소장작성에는 7단계 권리분석을, 답변서 작성에는 8단계 권리분석을 권하고 있다는데 있다. 만약 AI(Artificial Intelligence)에 의한 소장, 답변서 작성을 시도하게 된다면 위와 같은 체계로 권리분석을 하고 이에 기초하여 법문서를 작성하게 될 것이다. 더 나아가 소장, 답변서 등 법문서 작성을 위한 AI를 개발하게 될 때는 필자가 추천하고 있는 방식으로 프로그램을 설계하게 될 것으로 확신한다.

53) 평소 권리 침해 또는 약정 불이행이라고 하면서 권리 침해를 약정 불이행보다 앞세워 설명하였는데 이 부분에서는 약정 불이행을 앞세웠다. 통상 기록을 읽어보면 의뢰인이 약정의 당사자인지는 금방 발견할 수 있다. 그런데 물권자인지는 조금 자세하게 권리분석을 해 보아야 비로소 알 수 있다. 그래서 약정 불이행으로 인한 분쟁인지를 먼저 알아 볼 수 있게, 기록을 읽어 권리분석을 할 때는 약정 불이행 사실이 있는지를 먼저 확인하는 습관을 붙이는 것이 좋다. 다만 법학공부의 논리적 체계는 먼저 권리가 있고 다음으로 그 권리의 승계취득을 위하여 약정을 하는 것이기 때문에 권리 침해가 먼저 논의될 수밖에 없다.

관한 인간들의 이해관계에 대해 배타지배적 성격을 가진 권리성을 인정하는 순간 그 침해에 대하여는 불법행위로 인한 손해배상청구권은 물론 물권적 청구권(금지청구권·유지청구권)이 인정된다. 또 매우 예외적으로 권리로까지 고양되지 않아 "이익"에 불과한데도 침해된 경우에 불법행위로 인한 손해배상청구권으로 보호하는 경우도 있다. 권리론에서 권리란 "법적으로 보호되는 이익(legally protected interest)"이라고 한다. 불법행위에 의한 손해배상청구권도 이러한 법적 보호의 일종인데도 그 침해에 대해 손해배상청구권을 인정하여 법적 보호를 부여하였음에도 불구하고 구태여 권리라고까지 명명하지 않은 경우가 드물지 않게 존재한다. 그래서 이를 '법적으로 보호하는 이익'이라고 한다. 이러한 "권리와 이익"을 합쳐 권익(entitlement)이란 용어를 사용하고 있다. 그래서 권리 침해는 권익을 침해한 것인가로 바꾸어 권리분석할 수도 있다. 하지만 이는 특수한 경우이기 때문에 본서 중 해당되는 부분에서 이러한 문제를 직면하게 되면 간략하게 소개하기로 하고 기록형 권리분석을 위해서는 보다 단순화하여 물권 침해 상황인가라는 질문으로 시작할 필요가 있다.

약정불이행과 관련해서는 앞서 설명한 바와 같이 명시적(묵시적 포함) 약정은 물론 표준적 약정도 포함하여 그 불이행 여부를 따져 보아야 한다. 매우 드물게는 약정으로 볼 수는 없는 상황하에서도 준약정(quasi-contract)이라 할 수 있는 사무관리[54] 요건을 충족되었다며 그 비용상환청구권 또는 보수청구권[55]을 행사할 수 있는 상황이 있기는 하다. 나아가 무효인 행정처분과 관련되어 급부가 일어난 경우 부당이득을 구할 수 있는 상황도 있다. 하지만 위와 같은 상황은 듣기만 해도 잘 일어나지 않는 예외적인 상황으로 기록형 준비를 위한 권리분석에 그다지 도움이 될 지식이라고 생각되지도 않는다. 다만 점유취득시효 완성을 원인으로 한 이전등기청구권은 자주 출제되고 있다. 그래서 본서에서는 기타 청구권의 발생원인은 해당 부분에서 간략하게 언급하기는 하겠으나 근본적으로 물권 침해인가? 아니면 약정 불이행인가?라는 매우 간단하면서도 본질적인 질문으로 권리분석의 단초를 열어갈 것이다.

권리 침해도 아니고 약정 불이행도 아닌데 분쟁이 존재한다면 법률관계를 확정함으로써 해결할 수 있는 분쟁인지를 검토해 봐서 확인소송의 가능성을 파악해 보아야 한다. 이를 '확인의 이익'이라 하고 확인의 이익 없이 확인청구를 하면 각하된다. 또 이행청구가 가능한데도 확인청구를 하면 확인의 이익이 없다며 각하되는 경우[56]도 있다. 그래서 확인소송을 보충적인 소송이라고 설명한다. 확인소송을 검토할 때 이러한 점을 특히 주의해야 한다.

이행청구 및 확인소송이외에도 형성소송이 더 있다. 형성소송은 '재판상 행사만 가능한 형성권'과 관련된 소송형태이고 잘 유형화되어 있으므로 권리분석을 함에 있어 누구나 형성소송을 제기할

---

54) 보통법계 국가에서는 사무관리 규정이 따로 없는 반면 비슷한 상황에서 준계약(quasi-contract)이라는 법리로 일정한 법적 보호를 하고 있다.

55) 사무관리의 경우 원칙적으로 비용(필요비·유익비)상환청구권이 당연히 발생한다.(민법 제739조) 하지만 보수청구권은 특별한 경우에 발생한다. 사무관리를 영미법에서와 같이 준계약의 일종으로 이해하여 약정에 의한 청구라고 이해할 수도 있고, 본서에서와 같이 기타의 청구권 발생원인으로 이해할 수도 있다.

56) 이행청구가 가능함에도 이행청구권의 확인을 구하는 확인청구는 확인소송의 보충성에 반하여 확인의 이익이 없어 각하된다. 기타 자세한 내용은 확인소송 부분에서 상술한다.

상황인지를 쉽게 알아낼 수 있다.

(3) 3단계 : 구제수단의 선택

분쟁이 ①권리 침해에 의한 것이라고 판단된다면 ⓐ물권적 청구권(민법 제213조, 제214조 등), ⓑ불법행위에 의한 손해배상청구권(민법 제750조), ⓒ(침해) 부당이득반환청구권(민법 제741조) 중 어느 하나 또는 이들을 조합하여 구제수단을 선택하면 된다. 원래 권리는 물권적 청구권으로 보호해야 한다.[57] 따라서 우선 물권적 청구권이 성립하는지를 따져 보고 불가능할 때 불법행위에 의한 손해배상청구권의 성립가능성을 살펴보아야 한다. 실무상으로는 불법행위에 의한 손해배상청구 사건이 대단히 많음[58]에도 불구하고 그 청구취지 및 청구원인사실이 매우 전형적이어서 기록형 문제로 잘 출제하지 않는다. 그래서 시험준비 목적으로는 학습의 중요도가 떨어진다. 다만 실무상으로는 그 빈도가 높으므로 실제로는 잘 알고 있어야 한다. 앞서 설명한 바와 같이 부당이득반환청구권은 기저 구제수단[59]이기 때문에 권리 침해의 사안에서 부당이득반환청구권의 성립여부를 항상 잘 따져 보아야 할 것이다.

분쟁이 ②약정 불이행에 의한 것이라고 판단된다면 ⓐ강제이행청구권(민법 제389조), ⓑ채무불이행에 의한 손해배상청구권(민법 제390조), ⓒ(급부) 부당이득반환청구권(민법 제741조) 중에서 분쟁을 가장 적정하게 해결할 수 있는 것을 고르면 된다. 강제이행청구권과 손해배상청구권 사이에서는 의뢰인의 의사를 잘 확인하여 이에 부합하는 것을 고르면 되고, 급부부당이득반환청구권은 원인 무효사유가 게재되는 등 그 적용환경이 다르니 제시된 사안을 살펴 그 요건의 충족여부에 따라 적절하게 선택하여야 한다. 앞서 설명한 바와 같이 약정에 따른 강제이행을 청구할 때 약정은 매매계약서 등 처분문서에 명시적으로 약정된 내용뿐만 아니라 법령이나 판례에 의하여 인정된 각종 표준적 약정(default rule)들을 포함하는 개념이다. 드물게는 계약의 과정에서 주장할 수 있는 '묵시적 약정'내용도 있고, '사실인 관습'도 약정내용에 포함될 수 있다는 점은 앞서 설명하였다. 변호사 업무를 수행할 때 의뢰인에게 명시적·묵시적 약정에 관한 정보를 잘 물어 확인해 둘 필요가 있고 채권각칙 등 법률 및 판례를 잘 학습하여 표준적 약정을 둘러싼 법리를 소상히 알고 있어야 한다.

(4) 4단계 : 구체적인 소송유형의 선택

구제수단이 선택되고 나면 분쟁을 해결하기 위한 구체적인 소송유형을 선택해야 한다. 불법행위 및 채무불이행에 의한 손해배상청구는 "손해배상" 청구로, 침해 및 급부 부당이득반환청구는 "부당이득반환" 청구로 유형화되어 있다.

---

57) 법경제학자들은 권리를 물권적 보호원칙(property rule)으로 보호해야 사적자치(약정제도의 활용)가 실질적으로 이루어진다고 주장한다.

58) 본 교과서 94면 인근에 첨부되어 있는 '2018년도 사법연감상의 민사본안사건 종류별 건수비교표'를 살펴보면 손해배상사건이 전체사건 대비 14.8%를 차지하고 있었다는 사실을 발견할 수 있다.

59) 법학전문대학원 협의회 제공 11개 모의기록 중 첫 번째 모의기록 참조(해당 사안에서는 침해부당이득반환청구권이 왜 권리 침해의 기저 구제수단이 되는지를 잘 알 수 있다.)

물권적 청구권은 다소 세분화되어 있지만 그리 복잡하지는 않다. 먼저 소유물반환청구인지 방해배제청구인지를 확인하고[60] 전자의 경우에는 대상물에 따라 건물인도, 토지인도, 동산인도, 건물퇴거 등 소송유형을 선택할 수 있고, 후자의 경우 방해형태에 따라 등기말소청구, 건물철거 등의 형태를 취하게 된다.

하지만 강제이행청구권은 약정의 내용, 의뢰인의 자격, 매매형 계약인지 대차형 계약인지 등에 따라 매우 다양하여 일의적으로 소송유형을 설명할 수 없다. 예를 들면 매매계약상의 매도인의 입장에서 강제이행을 청구하게 되면 매매대금지급 청구의 소가 되고, 매수인의 입장에서 강제이행을 청구하게 되면 소유권이전등기청구, 목적물인도청구, 완전한 소유권이전청구 등이 된다. 임대차계약상의 임대인의 입장에서 청구하면 임차목적물반환청구 및 임료지급청구가 되고, 임차인의 경우에서 청구하면 임차보증금반환청구가 될 것이다. 이러한 강제이행청구 관련 구체적인 소송유형의 선택은 많은 경험이 쌓이고 난 다음에는 쉽게 정할 수 있을 것이나 초년에는 각종 서식집 등을 살피거나 선배 변호사들에게 자문하여 적정하게 선택할 수 있도록 해야 한다.

[구체적인 소송유형]

권리 침해 또는 약정불이행			구제수단(청구권)		구체적인 소송유형
			구제수단의 대분류	구체적인 구제수단	
권리	물권 (물건)	침해	물권적청구권[61]	소유물반환청구	부동산 인도·퇴거청구
				방해배제·예방청구	건물철거
					등기말소
	준물권		손해배상청구권	불법행위로 인한 손해배상 청구권	(임료상당 손해배상 등 매우 다양)
	기타 권리 (예를 들면 영업권) 또는 이익		부당이득반환청구권 (침해 부당이득)	(침해) 부당이득 반환청구권	(임료상당 부당이득 등 매우 다양)

---

60) 물권적 청구권에는 그 외에도 방해예방청구권이 있으나 이는 복잡한 작위, 부작위의무를 청구하는 것이어서 자주 출제되지 않는다. 또 방해예방청구는 사전 보전처분의 형태로 구하는 것이 일반적이다. 임시의 지위를 정하는 가처분이 있다. 두 제도는 모두 권리의 침해를 사전적·예방적으로 금지하는 기능을 담당하고 있다.

61) 물권적 청구권은 청구 당시 원고는 반드시 물권자여야 한다. 그렇지 않으면 물권적 청구권을 행사할 수 없다. 즉 甲 소유 부동산을 원인무효의 등기에 의하여 乙에게 경료되고, 다시 乙에서 丙에게로 등기가 경료되었는데 어떤 사정으로 丙이 사후적으로 그 소유권을 취득하게 된 경우(예를 들면 丙이 등기부취득시효 완성한 경우)에는 甲은 丙에게 등기말소를 구할 수 없음은 물론 乙에게도 그 말소를 구할 수 없게 된다.(대법원 판결) 이는 실천적으로 의미가 있으니 반드시 기억해야 한다. 제4회 변호사 기록형 문제의 경우 조영만은 이예림과 함께 부친재산을 공동상속하였고, 그 상속지분은 2/5였다. 그런데 이예림이 취소할 수 있는 행위로 상속재산협의분할하여 자신의 명의로 전부 등기하였고, 이후 원인무효에 의하여 다시 손철민에게로 전부 이전되었다. 이런 사실관계를 바탕으로 청구원인을 작성할 때 전통적으로는 손철민을 상대로 원인무효를 이유로 한 등기말소를 구하고, 다시 2/5지분에 한하여 조영만은 이예림에게 등기말소를 구하는 방식으로 구성하여 청구할 것이다. 하지만 조영만의 입장에서 자신으로부터 이예림에게로 경료된 등기가 원인무효이지만 그 승계취득자인 손철민이 어떤 이유로 사후에 권리를 취득하게 되었다면 앞선 법리를 적용할 때 청구할 수 없게 되는 것이다. 물론 해당 사안에서는 그런 일은 일어나지 않았다.

				매매대금청구	좌동
약정	매매	강제이행		이전등기청구 인도청구	좌동
	소비대차		대여금청구		부수적 쟁점: − 이자, 연대보증 − (근)저당권말소청구
	임대차		임대차관련 청구(임대차 기간만료 또는 채무불이행으로 인한 임대차계약 해지 후)		임대목적물 반환(임료지급청구)
					임차보증금 반환
	매매 소비대차 임대차	불이행	손해배상청구권	❶계약을 해제·해지 않은 채 손해배상청구를 할 수 있고, 또한 ❷계약해제·해지를 한 후 원상회복 및 손해배상청구를 할 수 있다.	❶①강제이행청구권＋손해배상(지연배상)청구권 or ②손해배상청구권(이행이익) ❷①원상회복 청구권62)＋손해배상(지연배상)청구권 ② 손해배상청구권 (이행이익 − 원상회복)
	매매 소비대차 임대차		부당이득반환청구 (원상회복 중 일부는 부당이득반환청구임)	부당이득반환청구	(급부) 부당이득반환청구

(5) 5단계 : 청구원인의 요건사실 정리

구체적인 소송유형이 정해지고 나면 그에 상응하는 청구취지63)를 구성할 수 있게 되고 나아가 그 청구취지를 이유 있게 할 청구원인64)상의 요건사실을 정리할 수 있게 된다. 예를 들면 물권 침해의 경우 물권적 청구권 중 소유물반환청구를 행사하기로 하고 구체적인 소송형태로 건물인도 및 건물퇴거청구를 하기로 하였다면 그에 상응하는 청구취지를 구성할 수 있을 것이고, 이러한 청구취지를 이유 있게 하는 청구원인사실을 정리해 낼 수 있을 것이다. 그 중 건물인도, 건물퇴거청구와 같은 소유물반환청구의 요건사실은 ① (원고의) 소유사실, ② (피고의) 점유사실뿐이고, 상대방측에서 점유할 정당한 권원을 주장·증명하여 항변할 수 있다. 그 외에도 위 표에서 보는 바와 같이 구제수단별 다양한 형태의 구체적인 소송유형의 선택이 가능하고, 그에 맞춘 요건사실을 들 수 있다. 보다 구체적인 구제수단에 대응하는 요건사실은 본서의 각 해당부분에서 구체적으로 설명하기로 한다.

또 청구취지 및 청구원인을 작성할 때 상계나 동시이행항변을 고려하여 상계충당한 후 나머지

그래서 실천적으로는 2/5지분으로 따로 떼어 조영만에게서 이예림으로, 이예림에게서 손철민으로 이전된 등기의 원인무효여부를 통합적으로 검토하여 법문서를 작성하는 것이 더 타당하다 할 수 있다.

62) 계약 해제·해지 후 원상회복청구권(민법 제548조)은 ①등기말소와 같은 물권적 청구권의 방해배제청구권을 행사할 상황하에서는 물권적 청구권적 성격을 갖고(그래서 직접효과설, 판례의 입장), ②목적물 인도청구와 같은 경우에는 채권적 청구권으로서의 성격을 갖고, ③금전의 경우에는 급부 부당이득반환청구(채권적 청구권)로서의 성격을 가진다. 그래서 원상회복청구권은 복합적인 청구권인 것이다.(위와 같은 원리의 작동과정이 매우 궁금하면 2016년도 법전협 제1차 모의고사 민사기록형 시험문제와 제6회 변호사 시험 민사기록형 문제를 풀이해 보기를 권한다.)
63) 청구취지는 본장 제4절이하에서 학습할 것이다.
64) 청구원인은 본장 제5절이하에서 학습할 것이다.

를 청구하거나 상환이행의 형태로 청구하여야 하는지 혼란스러울 때가 있다. 특히 실무상으로는 동시이행항변을 고려하지 않고 단순이행의 청구취지와 청구원인으로 작성하여 소를 제기하고 있다. 그 변론절차에서 상대방이 동시이행항변을 하면 원고가 이를 다투지 아니하여 결국 판결문상으로는 상환이행의 판결이 선고된다. 동시이행항변은 권리항변으로 상대방이 주장하지 않으면 이를 반영하지 않고 단순이행의 판결이 선고된다. 그런데도 동시이행까지 고려하여 상환이행의 청구취지를 작성하면 의뢰인에게 불리한 소장작성방법이 되고, 또 청구취지가 복잡할 뿐만 아니라 동시이행관계가 아닌데도 잘못 상환이행의 청구취지로 소를 제기하면 처분권주의에 따라 상환이행의 판결이 선고되는 불이익이 있을 수 있다. 그럼에도 상환이행으로 청구취지를 작성하여 의뢰인이 보는 이득은 소장에 첨부할 인지대금을 일부 아낄 수 있고 판결상의 소송비용분담에 있어 약간의 혜택을 받을 뿐이다. 이런 이유 때문에 실무상으로는 단순이행의 청구를 하는 관행이 굳어져 있다. 하지만 최근 변호사시험 기록형 출제경향에 따르면 "일부라도 패소하는 부분이 생기지 않도록 하라"는 작성요령을 제시하고 있다. 그래서 상계충당하거나 상환이행으로 청구취지를 작성할 수밖에 없다. 청구원인 사실은 청구취지를 이유 있게 하는 모든 사실이다. 그래서 상계나 동시이행항변은 원래 항변적 성격을 갖고 있으나 상계충당한 후 나머지를 청구하도록 청구취지를 작성하였거나 동시이행 항변을 고려하여 상환이행의 형태로 청구취지를 작성하였다면 상계적상의 발생, 상계의 의사표시(도달)와 상계충당이란 상계의 요건사실이나, 동시이행의 요건사실은 청구원인 사실로 되어 청구원인 설시부분에서 같이 기재해 주어야 한다. 그럼에도 불구하고 상대방의 예상가능한 주장으로 상계(또는 동시이행)의 항변이 예상되나 이유 있다. 그래서 소결론란에서 축소된 의무이행할 의무가 있다는 식으로 서술한 다음 축소된 청구취지를 작성하는 작성방법은 잘못된 기재례라 아니할 수 없다.

이렇듯 자주 등장하는 항변 등은 요건사실을 학습할 때 충분히 대비해 두어야 한다. 이미 상당한 정도의 모의문제가 축적되어 있기 때문에 기출문제들을 분석해 보면 각 소송유형별 제기가능한 각종 항변 등을 충분히 예상하고 대비해 둘 수 있다. 본서의 자매서로서 민사법실무 Ⅱ가 있는데, 이미 출제된 모든 모의문제에 대한 권리분석표를 첨부해 두었으니 비록 시간적 제약 때문에 모든 기출문제에 대한 구체적인 소장작성까지는 못한다 하더라도 모든 기출문제의 권리분석표까지는 작성해 볼 것을 권한다. 이런 학습을 통하여 특정한 소송유형에 반복적으로 제시되는 항변, 재항변, 재재항변 등의 구조들을 이해할 수 있게 될 것이다.

(6) 6단계 : 상대방의 주장 및 항변과 이에 대한 반박

실무상으로는 소장에는 청구원인 사실만을 적어 제출하고 상대방의 답변을 기다려 답변서 등에 나타난 피고측의 주장에 대해 반박을 하게 된다. 이는 상대방이 항변하지 않으면 따로 대응할 필요가 없기 때문에 사전에 그런 노력을 미리 할 필요가 없다는 이유도 있고, 소송전략적으로도 반박을 통해 우리측이 갖고 있는 정보나 증거의 한계를 드러내 상대방에게 이를 이용할 수 있도록 하는 불필요한 소송상의 이점을 제공하게 되는 우를 피하기 위함이기도 하다. 하지만 최근 기록형 출

제경향에 따르면 "기록상 상대방이 소송 중 제기할 것으로 예상되는 주장 중 이유 없다고 판단되는 것은 소장을 통해 반박하라"고 작성 지시를 하고 있다. 그래서 원고의 청구원인 사실에 대한 피고의 답변과 예상가능한 항변을 파악하고 이에 대한 반박내용까지 강구해 두어야 한다.

(7) 7단계 : 상식에 반하는지 라는 관점에서의 재검토

소를 제기할 때는 되도록 그 확정판결을 통해 의뢰인의 희망사항을 완전무결하게 달성할 수 있도록 청구를 구성하여 제기하여야 한다. 그래서 ①자신이 구성한 청구가 의뢰인의 희망사항을 필요하고도 충분하게 구현할 수 있는지 재검토할 필요가 있다.

다음으로 위와 같은 해결방안이 ②상식에 부합하는 지 여부를 잠시 생각해 보아야 한다. "법은 상식"이기 때문이다. 귀하가 제시한 의뢰인의 희망사항을 달성하도록 하는 방안이 상식에 반한다면 아무래도 논리적 비약이 있을 것이다. 그래서 꼭 재검토해 보아야 한다.

다. 8단계 권리분석방법(피고측)

(1) 피고로서 답변서 등을 작성하여 원고측의 주장에 대하여 반박하거나 항변을 하게 될 때는 위와 같은 7단계 권리분석에 단계 하나를 더하여 8단계로 권리분석을 해야 한다. 피고측의 8단계 권리분석방법은 앞서 든 7단계 권리분석 중 1단계내지 5단계를 그대로 밟고 더 나아가 6단계에 중점을 두고 7단계를 보조적으로 분석하여 마지막 8단계를 거치는 등 8단계로 권리분석할 것을 권한다.

(2) 1단계 내지 5단계는 앞서 본 원고측 권리분석에 관한 설명을 그대로 원용할 수 있다.

(3) 6단계 : 청구원인사실에 대한 피고의 답변 및 항변

의뢰인이 피고측이기 때문에 이 부분 권리분석이 가장 중요하다. 먼저 소장상의 청구원인 사실에 대하여 '답변'을 해야 하고, 나아가 '별도 항변사유들'을 발굴하여 그 요건사실들을 정리해 두어야 한다. 이러한 작업을 하는 것이 6단계째의 권리분석이 된다. 원고의 청구원인 사실에 대한 피고의 ❶답변태도는 ①부인(일부 부인 포함), ②부지, ③자백, ④침묵 등이 있다. 침묵은 의제자백을 의미한다. ③자백, ④침묵은 원고측의 청구를 받아들이는 과정에서 하는 것으로 실무상 피고측의 권리분석에서는 ①부인(일부 부인 포함), ②부지 태도를 정하는 것에 중점을 두어야 한다. 부인(否認)은 자신이 했다는 행위에 대한 부정의 답변방법이고, 부지(不知)는 제3자가 했다는 행위에 대한 부정의 답변방법이다. 답변서에서 ①부인(일부 부인 포함), ②부지를 할 때라도 가급적 "...사실은 인정하나 나머지 사실은 전부 부인합니다."라는 포괄적 문구를 삽입하여 부지불식간에 의제자백이 성립되는 가능성을 차단하여야 한다. 그 외에도 ❷①각종 항변 사유들을 발굴하여 그 요건사실들을 정리해 두어야 한다. 피고측에서는 이러한 적절한 항변사유를 강구하기 위해서는 일반적으로는 앞서 설명한 바와 같이 ⓐ부존재·무효·취소·해제/해지·무권대리(대리권남용)·대표권제한위반 등과 같은 원인무효사유(청구권장애사유)나 ⓑ변제·대물변제·공탁//경·상·면·혼·소와 같은 청구권소멸사유가 중요하고 간혹 청구권별로 특유한 항변사유들이 존재한다. 주로 민법총칙(원인무효사유)

이나 채권총론(청구권소멸사유)적 지식을 동원할 필요가 있다. 나아가 민사소송법적 지식을 총동원하여 원고측의 소송제기 절차상의 잘못을 찾아 ②본안전 항변도 해야 한다.

(4) 7단계 : 피고 항변에 대한 원고의 답변 및 재항변

먼저 피고측의 부인, 부지 답변에 대해서는 원고측은 다시 다른 주장을 할 필요는 없고, 증명책임을 다하면 된다. 물론 실무상으로는 그 증명책임을 다하는 과정에서 증명활동을 하면서 논리칙·경험칙에 비추어 피고측의 부인, 부지가 사실과 다르고, 따라서 원고측의 주장이 증명되었다는 내용을 주장하게 된다.

주장책임을 다하기 위한 변론활동의 면에서는 원고측은 피고측이 한 항변사실에 대하여 제기 예상가능한 ①답변(부인·부지)을 하고, 나아가 원고측이 ②각종 재항변 사유들을 발굴하여 그 요건사실을 주장할 것이다. 그렇기 때문에 피고측으로서는 이러한 원고측이 할 답변(부인, 부지)을 예상해 보고 그에 대한 반박을 위해 ❷①ⓐⓑ, ②주장을 더 튼튼히 해야 하고, 새로운 재항변(위 ②)사실에 관한 ⓐ답변(부인, 부지)도 준비하여야 하고, ⓑ재재항변 사유들을 잘 파악해 두면서 재재항변의 요건사실들을 정리해 두어야 하고, 나아가 이러한 재재항변에 대한 예상가능한 답변에 대한 반박사유들을 강구해 두어야 한다.

(5) 8단계 : 상식에 반하는지 라는 관점에서의 재검토

피고측의 입장에서 답변, 항변 등이 결국 받아들여질 것인지 여부를 잘 정리하고 이런 답변과 항변을 통해 ①의뢰인의 희망사항을 달성하기 위해 필요하고도 충분한 주장을 다하고 있는지 여부를 재검토해 두어야 한다.

다음으로 위와 같은 해결방안이 ②상식에 부합하는지를 잠시 생각해 보아야 한다.

5. 모의연습문제를 통한 쟁점파악연습

가. 모의연습문제(소장작성문제)

이상의 각종 설명들을 바탕으로 아래 모의연습문제를 통하여 실제로 그 적용 연습을 해 보자.

귀하는 서울 서초구 서초대로 20에서 개업하고 있는 "김갑동"변호사임을 전제로 다음 「상담일지」를 기초로 2023. 3. 7.자 소장을 작성하시오.

【상 담 일 지】

변호사 김갑동은 의뢰인 甲(주소 : 서울 강남구 강남대로 20)을 상담한 다음 요약·정리하여 다음과 같은 상담일지를 작성하였다.

1. 甲은 乙로부터 2023. 1. 3. 乙 소유의 별지목록 제1.기재 아파트 1동을 대금 5억 9천만원에 구입하였

다. 계약당일 계약금 6천만원을 지급하고, 2023. 2. 1. 중도금 3억 3천만원을 지급하고, 2023. 3. 1. 잔금 2억원은 소유권이전등기에 필요한 일체의 서류 교부와 동시에 지급하기로 약정하였었다.

2. 乙은 2022. 2. 5. 그 소유의 위 아파트를 담보로 제공하고 丙 은행으로부터 금 1억 5천만원을 이율 연 3%, 변제기 1년으로 한 대출을 받고, 같은 날 채권최고액 195,000,000원으로 된 근저당권(서울중앙지방법원 등기국 2022. 2. 5. 접수 제0000호)을 설정해 주었다. 乙은 丙은행에 변제기까지의 이자는 모두 변제하였으나, 변제기 이후의 지연손해금은 지급하지 못하고 있다. 한편 乙은 위 매매계약당시 甲에게 중도금을 지급받은 다음 위 근저당권을 말소하고 잔금지급시에는 근저당권을 말끔히 말소해 주기로 약정하였었다.

3. 甲은 위 약정상의 계약금은 물론 2023. 2. 1.경 중도금도 모두 지급하였으나, 2023. 2. 28. 정부의 전월세 종합대책이 발표되면서 부동산가격이 오르는 기미가 보이자 乙은 2023. 2. 28.경 연락을 끊고 잔금지급을 받지 않고 있다.

4. 甲의 부친 C는 2020. 1. 5. 사망하였고, 그 당시 상속재산으로 별지 목록 제2.기재 대지가 있었으며 유족으로는 차남인 甲이외에도 부친 C의 배우자인 D, 장남인 戊가 있었는데, 甲의 모친인 D는 甲의 인감증명서를 임의로 발급받아 협의분할을 원인으로 2020. 2. 1. 甲의 형인 戊 단독 명의로 소유권이전등기(서울중앙지방법원 등기국 2020. 2. 1. 접수 제0000X호)를 마쳐 주었다. 그 후 戊는 2020. 2. 10. 丁에게 그 대지를 매도하고, 서울중앙지방법원 등기국 2020. 3. 1. 접수 제00000호 소유권이전등기를 경료해 주었다. 甲은 2020. 10. 중순경 丁과 D, 戊를 통해 비로소 위와 같은 사실을 알게 되었다.

【의뢰인의 희망사항】

1. 의뢰인 甲은 별지 목록 제1. 기재 아파트의 가격홍정에 매우 만족하고 있기 때문에 되도록 부동산의 완전한 소유권 취득하고 싶어 한다.
2. 또한 별지목록 제2.기재 대지의 등기부상 소유명의를 가능한 범위 내에서 회복하고 싶어 한다.

나. 위 모의사안 처리방법

변호사 김갑동은 위 사안의 사실관계는 매우 간단하여 의뢰인 甲이 상담하러 온 날 해당 정보를 모두 제공받을 수 있을 것이다. 그래서 처음부터 잘 정리된 사실관계를 확보해 둘 수 있었을 것이다. 그래도 앞서 설명한 단계대로 목표 및 처리방향 설정, 사실의 발굴 및 증거수집, 권리분석, 주장분석, 쟁점파악, 승소가능성 분석, 구체적인 처리방향의 결정 등 5단계로 나누어 생각해 보자. 실제로는 첫 상담에서 완벽하게 정보를 다 제공받을 수 있는 사안은 드물고 대체로 수임 후 사실의 발굴과 증거수집이 더 치밀하게 진행될 수밖에 없는 사건이 대부분일 것이다. 아무튼 위 사안을 5단계 방법대로 검토하고 토론해 보자.

(1) 목표 및 초기 사건처리방향의 결정

의뢰인 甲은 해당 부동산의 완전한 소유권 취득을 원하고 있으므로 그 목표 달성을 도와주는 것이 사건을 의뢰받은 변호사로서 처리해 주어야 할 임무가 될 것이다. 이미 매매계약을 체결했으므로 위와 같은 목표는 소유권이전등기 『청구권』을 행사하는 소의 제기를 통해 확정판결을 받아 등기를 경료하는 방식으로 달성할 수 있다.(민법 제186조에 따르면 매매계약 + 등기 = 소유권취득) 그런데 단지 소유권이전등기 청구의 소만 제기하여 승소확정판결을 받아 甲 명의로 소유권이전등기를 경료하였다고 하더라도 이미 설정된 근저당권이 유효하게 남아 있어 의뢰인 甲은 '완전한' 소유권을 취득할 수 없다. 그렇다고 하여 의뢰인 甲이 乙을 상대로 근저당권설정등기의 말소청구를 할수도 없다. 왜냐하면 의뢰인 甲이 제기한 근저당권설정등기의 말소청구는 이미 유효하게 성립한 근저당권설정등기를 사후에 소멸하였음을 이유로 한 채권적 청구권으로써 근저당권설정계약의 당사자적 관계가 있는 자(privy)만이 제기할 수 있을 뿐이다. 그런데 의뢰인 甲은 매수인일 뿐 근저당권설정계약의 당사자적 지위에 있지 않다. '연결고리'가 될 수 없다. 비록 매도인 乙이 근저당권설정등기를 말소하고 완전한 소유권을 이전해 주겠다고 약속하였다고 하더라도 근저당권설정등기 말소청구는 '의사의 진술을 명하는 청구'로서 근저당권자를 설득하여 근저당권설정등기를 말소하게 하는 등의 작위·부작위를 명하는 이행청구와는 다른 것이다. 그래서 부득이 丙을 상대로 근저당권설정등기 말소청구를 할 수밖에 없다. 앞서 설명한 바와 같이 의뢰인 甲은 근저당권설정계약의 당사자가 아니기 때문에 '연결고리'가 필요하다. 이런 연결고리는 의뢰인 甲이 매도인 乙에 대하여 보유하고 있는 소유권이전등기청구권이란 채권을 보전하기 위해 매도인 乙이 갖는 丙을 상대로 한 근저당권설정등기 말소청구를 대위행사하는 방법으로 실현될 수 있다. 매도인 乙은 근저당권설정자로서 근저당권설정계약의 당사자이며 피담보채무가 변제 등으로 소멸하거나 아니면 피담보 채무를 변제한 후 근저당권설정등기의 말소를 청구할 수 있는 약정상의 권리가 있다. 위와 같은 방식은 소 제기를 통한 확정판결을 받은 후 그 확정판결의 집행으로 청구권을 실현하는 방식이다. 아니면 乙을 잘 설득하여 丙에게 간청하여 근저당권설정등기를 말소시키고, 또 잔금을 지급받고 소유권이전등기에 응하게 하는 방식으로도 달성할 수 있는데 甲이 乙을 상대로 이와 같은 청구를 하려면 그 청구는 소외 '하는 채무'의 이행을 구하는 형식이 될 것이고, 이는 '의사의 진술을 명하는 청구'인 등기말소청구와는 다르다. 그 중 어느 방법을 취할 것인지는 상대방인 乙의 협력가능성에 달렸다. 그 가능성에 관하여 살펴보고 초기 처리방향을 결정하여야 한다. 그런데 의뢰인이 변호사를 찾아 올 정도라면 乙의 협력은 더 이상 기대하기 어려울 것이다. 그렇다면 소 제기를 통해 분쟁해결을 해야 할 것이다. 그래서 우선 처분금지가처분을 신청해 둔 다음 소유권이전등기 청구의 소를 제기하고, 또 乙을 대위하여 丙을 상대로 근저당권설정등기 말소청구를 하는 것이 가장 바람직한 처리방향이라고 생각된다.

또 의뢰인 甲은 상속에 의해 대지 지분 2/7을 취득한 공유지분권자가 되었다. 그런데 상속권자이면서도 2/7지분에 대한 참칭상속인에 해당하는 형 戊가 협의분할에 의한 상속등기를 경료하였으므로 그 2/7지분권이 침해당하였다. 비록 丁은 戊와 정식으로 매매계약을 체결하여 대지에 관한 2/7지분을 포함한 전체 소유권을 취득함으로써 戊가 상속받았거나 모친 D의 협의분할에 의해 취득한 상속지분 5/7지분을 제외한 의뢰인 甲 상속지분에 관해서는 무권리자로부터 특정승계취득한 셈이 되어 해당 지분에 관한 그 명의 소유권이전등기는 원인무효가 된다. 따라서 의뢰인 甲은 참칭상속을 하여 침해한 戊는 물론 그로부터 승계취득한 丁에게도 해당 지분에 관해 소유권이전등기 말소청구권을 보유하게 된다. 앞서 설명한 바와 같은 이유로 소 제기를 통해 분쟁을 해결하는 것이 현재로서는 최선이 될 것이다. 이때 반드시 물권의 대세효 때문에 처분금지가처분을 꼭 해 둘 필요는 없으나 丁이 사실심변론종결 전까지 다른 곳에 처분하고 그 등기를 경료해 주었을 때 '변론종결 후의 승계인'에 해당되지 않기 때문에 그자를 상대로 말소등기청구를 또다시 해야 하는 시간상·재정상의 낭비가 발생할 수 있다. 그런 이유로 처분금지가처분을 해 두는 것이 더 좋다. 의뢰인에게 이러한 사정을 설명하고 사건을 수임해야 한다.

(2) 사실의 발굴 및 입증자료의 수집

사건을 수임한 다음 사실을 좀 더 구체적으로 발굴하고 입증자료들을 수집해야 한다. 당사자에게 매매계약서, 계약금·중도금 지급영수증, 상속관련 서류 등 증거자료가 있는지를 확인하고 그 계약내용, 가족관계 등에 관하여도 확인해 두어야 한다. 본 사안에서는 매매계약서 등이 있다면 증명에는 그리 큰 문제가 없다.

(3) 권리분석[65] 및 주장배치

㈎ 1단계 : 분쟁내용 파악 (앞서 충분히 설명했다.)

㈏ 2단계 : 권리 침해 사안인가? 약정 불이행 사안인가?

아파트 사안은 매매계약·근저당권설정계약이란 약정이 있었고, 상대방이 그 약정을 이행하지 않고 있는 사안이란 것을 알 수 있다. 매매계약서에 매매대금을 지급받고 소유권이전등기를 해 줄 명시적 약정사항이 나타나 있을 것이다. 약정을 둘러싼 분쟁에서 명시적 약정만이 분쟁대상이 아니고 때로는 묵시적 약정도 문제될 수 있을 뿐만 아니라 특히 표준적 약정(default rule)[66]도 강제이행을 구할 수 있는 사항이란 사실을 충분히 이해하고 있어야 한다. 특히 근저당권설정계약서에는 피담보채무를 변제받은 후 근저당권설정등기를 말소해 주어야 한다는 약정내용은 포함되어 있지 않은

---

65) 본서 40면 이하 참조.
66) 본서를 관통하는 매우 중요한 개념 중 하나는 "표준적 약정(default rule)"이다. 이는 영미법상의 default rule에 해당되는 개념이다. 본서에서의 표준적 약정은 대체로 민법전과 기존 민법교과서상으로는 임의규정(민법 제105조)에 대응하는 개념이라고 거칠게 설명할 수 있다. 표준적 약정은 일정한 유형의 약정(예를 들면 '매매', '임대차' 등)에는 당사자들의 명시적 약정이 없더라도 특별한 사정이 없는 한 일정한 내용이 기본적으로 포함되어 있다고 법률이나 판례에 의해 인정되고 있는 것을 지칭한다. 본서에서는 명시적으로 약정하지 아니하여도 기본적으로 포함되어 약정의 내용을 이룬다는 의미에서 표준적 약정이라는 용어를 사용하기로 한다. 민법전에서는 이러한 표준적 약정을 당사자의 명시적 약정으로 적용을 배제할 수 있다는 점에서 임의규정이란 용어로 표현하고 있으나 이런 의미보다는 명시적으로 약정하지 않아도 당해 유형의 계약 등에 포함되어 당사자들이 그에 기해 강제이행을 청구할 수 있다는 의미를 제대로 이해하는 것이 더 중요하다. 나아가 더 정확하게는 표준적 약정이라는 용어를 사용할 때 임의규정은 물론 강행규정도 포함하여 해당 유형의 약정에 명시적 합의 없이도 약정내용으로 된다는 의미로 사용할 수 있어 임의규정이란 용어보다 표준적 약정이 기능적으로 더욱 정확한 의미를 가진 용어가 된다.

경우가 많다. 그래도 근저당권설정계약의 표준적 약정으로 근저당권자는 근저당권설정자를 상대로 피담보 채무가 변제 등으로 소멸한 후 부종성에 의해 효력을 잃은 근저당권을 말소해 줄 약속을 했다. 근저당권설정자는 근저당권자를 상대로 이러한 표준적 약정의 강제이행을 청구할 수 있는 청구권을 갖게 된다.

대지 사안은 물권(상속지분 소유권) 침해 관련 사안으로 원고가 소유권자인 사실은 포괄적 승계취득사유로 상속사실을 주장·증명하여야 하고, 피고 명의로 등기되어 침해된 사실로서 참칭상속사실을 주장·증명하여야 한다.

㈐ 3단계 : 구제수단의 선택

약정 불이행에 대한 구제수단으로 ① 강제이행 청구권(민법 제389조), 채무불이행에 의한 손해배상 청구권(민법 제390조), 급부 부당이득 반환청구권(민법 제741조) 등이 있다. 의뢰인은 약정에 따른 소유권 취득을 원하고 있으므로 강제이행청구권을 행사하는 것이 그 목적을 달성해 줄 수 있는 방법이 된다. 권리(물권) 침해에 대한 구제수단으로는 ① 물권적 청구권(민법 제213조, 제214조 등), ② 불법행위에 의한 손해배상청구권(민법 제750조), ③ 침해 부당이득반환청구권(민법 제741조) 등이 있다. 그래서 물권적 청구권 중 등기명의가 침해의 태양이 되므로 소유권이전등기 말소청구 소송을 제기해야 한다.

㈑ 4단계 : 구체적인 소송유형의 선택

강제이행청구의 소송유형은 매우 다양하다. 강제이행이란 한마디로 요약하면 약정하였으니 약정한 내용대로 이행해 달라는 것이다. 매매계약에서는 매도인은 매수인에 대하여 약정한 대로 부동산 소유권을 이전해 달라는 청구를 하는 것이 강제이행청구권의 내용이 되고, 근저당권설정계약에서는 피담보채무 변제 등 소멸 후 근저당권설정등기 말소청구가 강제이행청구의 내용이 된다. 따라서 부동산 소유권이전등기 및 근저당권설정등기 말소청구가 구체적인 소송유형이 된다.

대지 지분에 관한 소유권이전등기 말소청구는 소유권이전등기 말소가 소송유형이 된다. 소장상에는 3가지 청구 중 1개를 골라 "소유권이전등기 등 청구의 소"라는 형태로 사건명의 표시를 하게 된다.

㈒ 5단계 : 소유권이전등기 청구권 및 근저당권설정등기 청구권의 요건사실(청구원인 사실)

매매계약에 기하여 소유권이전등기를 구하기 위한 청구원인 사실은 ①매매계약사실밖에 없다. 제시된 사실관계에 의하면 매매계약이란 법률요건이 충족되어 있음을 알 수 있다. 앞서 표준적 약정이란 개념을 설명하였다. 매매계약서 상에 저당권을 말소하고 완전한 소유권을 넘겨주겠다고 명시적으로 약정하지 않은 경우도 있다. 그래도 매매계약에서 저당권 등 부담을 말소하고 완전한 소유권을 넘겨 줄 매도인의 의무는 표준적 약정사항이다.(대법원 2000. 11. 28. 선고 2000다8533 판결, 대법원 1999. 7. 9. 선고 98다13754, 13761 판결 등) 본 사안에서는 물론 매도인인 乙이 근저당권설정등기를 말소한 후 완전한 소유권을 이전해 주겠다고 명시적으로 약정했다. 나아가 청구원인 사실과 관련하여 동시이행항변이 문제된다. 실무상으로는 동시이행항변을 고려하지 않고 단순이행의 소유권이전등기 청구 소송을 제기한다. 상대방이 동시이행항변을 하면 이를 다투지 아니하여 결국 판결 문상으로는 상환이행의 판결이 선고된다. 하지만 변호사시험 기록형 출제경향에 따르면 "일부라도 패소하는 부분이 생기지 않도록 하라"는 작성요령이 일반화되어 있다. 이러한 기록형 시험 작성요령에 따르자면 청구취지를 상환이행으로 작성하여 청구할 수밖에 없다. 청구원인 사실은 청구취지를 이유 있게 하는 모든 사실이다. 따라서 동시이행항변은 원래 항변적 성격을 갖고 있으나 청구가 동시이행을 반영하여 상환이행의 형태로 구성된다면 동시이행의 발생사실은 청구원인 사실로 되어야 한다. (청구원인을 위해 '조정된 요건사실') 그래서 잔금지급과 상환으로 소유권이전등기 청구의 요건사실은 ①매매계약의 체결사실, ②계약금·중도금 수령사실, ③잔금지급과 동시이행관계 등이 된다. 피담보 채무의 변제를 받은 후 근저당권설정등기 말소청구의 요건사실은 ①ⓐ소비대차계약 체결사실, ⓑ이자·이율의 약정, ⓒ원본의 인도, ⓓ변제기의 도래(피담보채무의 확정사실), ②ⓐ근저당권설정계약, ⓑ근저당권설정등기 경료사실, ③피담보채무 중 원본 및 이자의 지급사실(본 사안에서 정확하게는 ③이자 중 일부지급사실) 등이고, 연결고리로서 ④대위요건(피보전채권, 변제기 도래, 미행사) 등이 더 있고, 원본 및 나머지 이자 또는 지연손해금을 지급받은 후(선이행) 근저당권설정 등기를 말소해 달라는 식으로 청구해야 한다.

지분소유권이전등기말소 청구의 요건사실은 ①ⓐ피상속인의 대지 소유사실, ⓑ피상속인의 사망, ⓒ유족 및 상속지분 계산, ②참칭상속인인 /戊명의로 협의분할을 원인으로 한 쟁점인 2/7지분 포함 소유권이전등기 경료사실, ③ⓐ戊와 丁 사이에 매매계약체결 사실, ⓑ쟁점인 2/7지분에 관한 소유권이전등기경료사실 등이 된다. 원고는 하나의 청구권을 행사하기 위해서도 이렇듯 복잡한 법률요건이 모두 충족되었음을 주장·증명증해야 한다.

㈐ 6단계 : 상대방의 주장 및 항변과 이에 대한 반박

실무상으로는 소장에는 청구원인 사실만을 적어 제출하고 상대방의 답변을 기다려 그 답변에 반박하게 된다. 하지만 최근 기록형 출제경향에 따르면 "기록상 상대방이 소송 중 제기할 것으로 예상되는 주장 중 이유 없다고 판단되는 것은 소장을 통해 반박하라"는 작성요령을 제시하고 있다. 그래서 원고의 청구원인 사실에 대한 피고의 답변과 예상가능한 항변을 파악하고 이에 대한 반박의 포인트를 강구해 두어야 한다. 본 사안에서는 명시적 약정인 매매계약 사실은 물론 저당권을 말소하여 완전한 소유권을 이전할 표준적 약정 사실은 자백이나 침묵이 예상된다. 나아가 원래 동시이행항변이 항변사실이 되었을 것이나 원고가 이미 청구를 함에 있어 이를 예상하여 자신의 청구를 감축하여 상환이행 청구로 구성하였기 때문에 이에 대한 도전도 없을 것이다. 그런데 지가가 변경되어 매매대금이 적당하지 않다는 주장은 아무리 선해(善解)하더라도 '사정변경으로 인한 약정의 무효'(항변)주장에 해당될 것인데 관련 요건이 모두 증명되었다고 보기 어려워 큰 의미가 없으나 상대방의 예상가능한 주장에 대한 반박으로 정리해 간략하게 기술해 줄 수 있다. 다만 실무상으로는 이마저도 소장을 작성할 때는 피고에게 힌트를 준다거나 보유하고 있는 배척증거의 깊이를 드러내지 않기 위해 기재하지 않고, 피고측의 대응을 기다려 만약 그와 같은 주장을 하면 준비서면을 통해

반박을 한다.

상속회복청구권은 물권적 청구권 중 방해배제청구권의 일종인 자기 소유물에 원인무효의 등기명의를 보유하고 있을 때 인정되는 청구권(본질은 통상의 등기말소청구권과 다르지 않다는 이야기이다)이나, 상속을 둘러싼 가족간의 다툼을 조기에 안정시키기 위해 민법 제999조에 의하여 안 날로부터 3년, 침해행위가 있은 날로부터 10년이 경과하면 제척기간의 도과로 각하될 수 있도록 제도를 설계해 둔 것이다. 이러한 제척기간 준수는 중요한 본안전 항변사유이다. 본 사안에서는 2020. 5.경 상속재산분할이 이루어졌으므로 아직 제척기간이 경과되지 않았다. 상대방인 丁이 그런 본안전 항변을 제기하여도 이를 충분히 반박하고, 승소로 이끌 수 있다.

(사) 7단계 : 상식에 반하는지 여부 등 재검토

의뢰인인 원고는 근저당권의 부담없는 완전한 소유권이전 및 지분소유권의 회복을 원하고 있다. 만약 소유권이전등기 청구만 하였다면 의뢰인은 그 확정판결로서 소유권이전의 등기를 경료할 수는 있다. 하지만 근저당권의 부담을 받는 소유권을 취득하게 된다. 소를 제기할 때는 되도록 그 확정판결을 통해 의뢰인의 희망사항을 완전무결하게 달성할 수 있도록 청구를 구성하여 제기하여야 한다. 그래서 자신이 구성한 청구가 의뢰인의 희망사항을 제대로 구현할 수 있는지 재검토할 필요가 있다. 본 사안에서 근저당권 말소청구의 상대방은 근저당권자이다. 매도인(근저당권설정자)이 아니다. 물론 매도인(근저당권설정자)을 상대로 근저당권 말소절차의 (강제)이행청구나 할 수 있을지 모른다. 이런 청구는 매도인(근저당권설정자)으로 하여금 근저당권자에게 변제하는 등으로 근저당권자로부터 근저당권 말소를 받을 조치를 취해 달라는 일종의 "하는 채무"적 성격의 의무를 강제하는 것에 불과할 뿐 의사의 진술을 명하는 판결에는 해당되지 않는다. 그래서 실익도 없다. 특별한 사정이 없는 한 현단계에서는 매도인을 상대로 소유권이전등기 청구를 하면서 근저당권자에게는 피담보채무를 변제하거나 공탁한 다음 피담보채무 소멸을 원인으로 매도인이 갖는 근저당권 말소등기 청구권을 대위행사하는 수밖에 없을 것이다. 다음으로 위와 같은 해결방안이 상식에 부합하는지 여부를 잠시 생각해 보아야 한다. 매매계약을 체결한 다음 계약금, 중도금까지 지급한 매수인은 약정내용대로 잔금지급과 동시에 소유권이전등기를 구할 수 있어야 한다. 매우 상식에 부합하는 해결책인 것이다.

또 지분소유권이 참칭상속인에게 침탈된 후 그 소유권을 회복하기 위한 청구는 상속회복청구권으로써 민법 제999조에 의해 보장되어 있다. 의뢰인은 상속회복청구권을 통해 바라던 지분소유권을 회복할 수 있다. 이러한 청구는 의뢰인의 희망사항을 달성할 수 있는 소송일뿐만 아니라 상식에도 부합한다.

(아) 주장의 배치

본 사안에서 청구원인의 요건사실은 매매계약의 성립을 주장·증명하는 이외에도 원래는 항변사유였지만 계약금·중도금 수령사실이나 상환이행으로 청구하고 있기 때문에 청구원인 사실의 하나로 편입된 동시이행항변권의 근거가 되는 쌍무계약의 성립도 주장·증명하여야 한다. 동시이행의 근거가 되는 쌍무계약 성립사실은 매매계약 사실을 주장하는 과정에서 자연스럽게 쌍무계약인 매매계약으로 함께 주장하게 된다. 또 피담보채무 발생사실, 근저당권설정계약 및 등기경료 사실, 피담보채무(이자)의 변제 등 소멸사실들은 청구원인사실이 된다. 나아가 상속사실, 참칭상속인 명의로 등기경료사실, 참칭상속인으로부터 매수하여 등기를 경료한 사실 등이 청구원인사실로 배치되어야 한다. 한편 상대방은 사정변경 사실을 주장할 것으로 예상하여 이에 대해 부인취지의 답변을 할 수 있다.

(4) 쟁점파악 및 승소가능성의 분석

㈎ 핵심쟁점

본 사건의 쟁점은 매매계약·근저당권설정계약의 존재이고, 상대방이 주장하는 매매계약 체결 후 전월세 대책을 발표와 같은 사정변경은 주장된다 하더라도 받아들여질 가능성이 거의 없다. 그래서 본 소송의 승패는 핵심쟁점인 매매계약·근저당권설정계약의 존재를 주장·증명할 수 있는가에 달려 있다. 또 상속사실은 비교적 주장·증명이 쉬울 것이나, 참칭상속사실(동의 없이 상속재산협의 분할사실)은 그 증명이 꽤 까다로울 것이다.

㈏ 승소가능성의 평가

따라서 만약 계약서와 같은 처분문서에 의하여 매매계약·근저당권설정계약 체결사실과 형사고소를 통한 참칭상속등기가 경료된 경위를 충분히 증명할 수 있다면 승소가능성은 매우 높다고 할 수 있다. 물론 이런 양질의 사건은 보통 본인소송의 형태로 진행될 것이다. 변호사로서 이처럼 승소가능성이 높은 사건을 처리하게 될 가능성은 매우 낮다. 계약서도 존재하지 않는다는 등 무엇인가 풀어야 할 어려운 부분이 있어야 의뢰인은 비로소 변호사 사무실 문을 두드리게 되는 것이다.

(5) 구체적인 사건처리방향의 결정

본 사안에서의 승소가능성도 높고, 상대방은 합의에 의한 분쟁해결에 응하지 않을 가능성이 높아 소의 제기를 통한 분쟁해결책이 최선일 수 있다. 주의할 점은 소유권이전등기 청구의 소송 중 당사자가 이를 타에 처분해 버리면 그 확정판결을 집행할 수 없게 되므로 사전에 처분금지가처분 등 보전처분신청을 먼저 해 둘 필요가 있다는 점이다. 이상의 논의를 바탕으로 소장을 작성해 보면 다음과 같다.

소 장

원   고   甲(****** － *******)67)

　　　　　서울 강남구 강남대로 20

---

67) 최근에 개정된 "재판서 작성에 관한 예규"에 의하면 "등록"이 필요한 청구를 제외하고는 원고와 피고의 주민등록번호 기재를 생략할 수 있다.

소송대리인 변호사 김갑동
서울 서초구 서초대로 20
전화번호,   팩스번호
이메일

피   고   1. 乙(****** _ *******)
               _ _ _ _ _ _ _ _ _ _ _ _ _ _

        2. 丙은행 주식회사
               _ _ _ _ _ _ _ _ _ _ _ _ _ _

          대표이사 김막내
        3. 戊(****** _ *******)
               _ _ _ _ _ _ _ _ _ _ _ _ _ _

        4. 丁(****** _ *******)
               _ _ _ _ _ _ _ _ _ _ _ _ _ _

소유권이전등기 등 청구의 소

청 구 취 지

1. 피고 乙은 원고로부터 200,000,000원을 지급받음과 동시에 원고에게 별지목록 제1.기재 아파트에 관한 2023. 1. 3.자 매매를 원인으로 한 소유권이전등기 절차를 이행하라.
2. 피고 丙은행 주식회사는 피고 乙로부터 금 150,000,000원 및 이에 대한 2023. 3. 5.부터 다 갚는 날까지 연 6%의 비율에 의한 돈을 지급받은 후 원고에게 별지목록 제1.기재 아파트에 관한 서울중앙지방법원 등기국 2022. 2. 5. 접수 제0000호로 경료된 근저당권설정등기의 말소등기 절차를 이행하라.
3. 원고에게, 별지목록 제2.기재 대지 중 2/7지분에 관하여
 가. 피고 戊는 서울중앙지방법원 등기국 2020. 2. 1. 접수 제0000X호 경료된 소유권이전등기의,
 나. 피고 丁은 서울중앙지방법원 등기국 2020. 3. 1. 접수 제00000호 경료된 소유권이전등기의
 각 말소등기 절차를 이행하라.
4. 소송비용은 피고들의 부담으로 한다.[68]
라는 판결을 구합니다.

---

[68] 청구취지에는 소송비용의 부담은 물론 가집행의 선고도 꼭 기재해 두어야 한다. 그런데 본 사안에서는 청구취지 1.내지 4.의 모든 청구가 전부 "의사의 진술을 명하는 판결"로서 확정되어야 집행을 할 수 있는 청구들이어서 가집행 선고의 대상이 되지 않는 청구들이다. 그래서 가집행의 선고 부분이 빠져 있다. 그렇지만 이런 경우는 매우 예외적이어서 수험생으로서는 가집행의 선고가 필요한 청구가 꼭 있다는 신념하에서 청구취지를 잘 살펴서 필요한 경우 반드시 청구취지에 가집행의 선고를 신청해 두어야 한다.

청 구 원 인

1. 피고 乙, 丙에 대한 청구

가. 매매계약의 체결사실, 계약금·중도금지급사실

원고는 2023. 1. 3. 피고 乙로부터 별지목록기재 아파트를 대금 590,000,000원으로 정하고, 계약 당일 계약금 60,000,000원을 지급하고, 2023. 2. 1. 중도금 330,000,000원을 지급하고, 같은 해 3. 1. 잔금 200,000,000원을 소유권이전등기에 필요한 일체의 서류 교부와 동시에 지급하기로 매매 계약을 체결하였습니다. 그 후 원고는 피고 乙에게 계약당일 위 계약금 60,000,000원을, 2023. 2. 1. 중도금 330,000,000원을 각 지급하였습니다.

나. 대위요건(피보전채권, 변제기 도래, 미행사), 피담보채무 발생원인(소비대차계약 체결사실, 이자·이율의 약정, 원본의 인도, 변제기의 도래), 근저당권설정계약, 근저당권설정등기, 피담보채무의 변제 등

피고 乙은 2022. 2. 5. 피고 주식회사 丙은행(이하 '피고 丙은행'이라고 함)으로부터 금 1억 5천만 원을 이율 연 3%, 변제기 1년으로 한 대출을 받고, 위 아파트를 담보로 제공하여 같은 날 채권최고액 195,000,000원으로 된 서울중앙지방법원 등기국 2022. 2. 5. 접수 제0000호로 된 근저당권 설정등기를 경료해 주었습니다.

피고 乙은 피고 丙은행에게 변제기까지의 이자는 모두 지급하였습니다.

원고는 피고 乙에 대해 위 가.항과 같은 소유권이전등기청구권을 보유하고 있고, 이행기가 도래하였으며, 피고 乙은 아직까지 그 청구권을 행사하지 않고 있습니다.

다. 소결론

1) 그렇다면 피고 乙은 원고로부터 잔금 200,000,000원을 지급받음과 동시에 원고에게 별지목록기재 아파트에 관하여 2023. 1. 3.자 매매를 원인으로 한 소유권이전등기 절차를 이행할 의무가 있다 할 것입니다.

2) 또 원고는 피고 乙에 대한 위 1)항 소유권이전등기청구권을 피보전권리로 하여 피고 乙이 피고 丙은행에 대해 갖는 같은 부동산에 관한 근저당권설정등기 말소청구권을 대위행사 하고자 합니다.

따라서, 피고 丙은행은 피고 乙로부터 금 150,000,000원 및 이에 대한 2023. 3. 5.부터 다 갚는 날까지 상법상 법정이율인 연 6%의 비율에 의한 돈을 지급받은 후 원고에게 위 아파트에 관한 서울중앙지방법원 등기국 2022. 2. 5. 접수 제0000호로 된 근저당권설정등기의 말소 절차를 이 행할 의무가 있습니다.

2. 피고 戊 및 丁에 대한 청구

가. 상속사실

원고의 부친인 소외 망 C는 별지목록 제2.기재 대지를 소유하고 있던 중 2020. 1. 5.경 사망하였고, 사망당시 그 유족으로는 배우자인 소외 D, 장남인 피고 戊, 차남인 원고가 있었습니다.

그렇다면 소외 망인의 사망으로 인하여 그 유족인 소외 D는 3/7, 피고 戊와 원고는 각 2/7의 지분으로 별지목록 제2.기재 대지를 상속받아 공유관계가 성립되었습니다.

나. 참칭상속인에 의한 위조의 협의분할로 상속등기 경료사실

원고의 모친인 소외 D는 장남인 피고 戊에게 더 많은 재산을 물려주어야 한다는 생각하에 원고의 인감증명서까지 임의로 발급받아 협의분할 관련 서류들을 위조하여[69] 원고의 2/7지분을 포함하여 위 대지에 관하여 서울중앙지방법원 등기국 2020. 2. 1. 접수 제0000X호로 된 피고 戊 명의의 소유권이전등기를 경료하였습니다.

다. 참칭상속인과 매매계약 체결사실, 소유권이전등기 경료사실

피고 丁은 2020. 2. 10. 피고 戊로부터 위 대지를 매수하여 서울중앙지방법원 등기국 2020. 3. 1. 접수 제00000호로 된 소유권이전등기를 경료받았습니다.

라. 소결론

그렇다면 원고가 소외 망인으로부터 상속받은 위 대지 중 2/7지분에 관해 피고 戊가 협의분할 관련 서류들 위조하여 소유권이전등기를 함으로써 원인무효의 등기라 할 것입니다.

따라서 피고 戊는 원고에게 위 대지 중 2/7지분에 관하여 서울중앙지방법원 등기국 2020. 2. 1. 접수 제0000X호로 경료된 소유권이전등기의 말소 절차를 이행하고, 피고 丁은 원고에게 위 대지 중 2/7지분에 관하여 같은 등기국 2020. 3. 1. 접수 제00000호로 경료된 소유권이전등기의 말소 등기 절차를 이행할 의무가 있습니다.

마. 피고 戊, 丁의 제척기간 도과 주장에 대한 반박

피고 戊, 丁은 피고 戊 명의로 이루어진 위 소유권이전등기는 참칭상속인에 의한 등기로써 소외 망인의 사망 후 3년이 경과하여 이 사건 소가 제기되어 이미 제척기간이 도과하여 부적법 각하되어야 한다고 주장합니다.

피고 戊 명의로 이루어진 위 소유권이전등기를 위 피고들 주장과 같은 참칭상속인의 등기로서 이 사건 소가 민법 제999조 제1항이 정하고 있는 상속회복청구권에 해당된다고 하더라도 같은 조 제2항에 따르면 상속회복청구는 그 침해를 안 날로부터 3년간, 상속권의 침해가 있은 날로부터 10년간 경과하여야만 비로소 제척기간이 도과한다 할 것입니다.

그런데 피고 戊 명의 소유권이전등기는 2020. 3. 1. 이루어져 상속권이 침해된 때로부터 10년이 경과되지도 않았고, 더구나 원고는 이러한 사정을 2020. 10. 중순경 알았는데, 그로부터 3년도 경과하기 전에 이 사건 소가 제기되었으므로 제척기간이 도과하지 아니하였습니다.

따라서, 피고 戊, 丁의 위 주장은 이유 없습니다.

3. 결론

따라서 원고는 피고들에 대한 청구는 모두 이유있어 이를 인용하고, 소송비용은 패소자의 부담으로 할 것을 구합니다.

증 명 방 법[70]

1. 갑제1호증(매매계약서)

---

[69] 귀하가 실무에 진출해 위와 같은 취지의 사건을 수임해 보면 모친인 소외 D가 인감증명서를 임의로 발급받은 사실, 협의분할관련 서류들을 위조한 사실 등을 설득력 있게 증명한 증거 수집이 매우 어렵다는 것을 알게 될 것이다. 그 결과 귀하의 의뢰인으로 하여금 모친 등을 공문서 및 사문서 위조, 동행사죄 등으로 형사고소를 시키는 등으로 증거수집의 아이디어를 고안해 낼 것이다. 물론 윤리적으로 강한 거부감을 느낄 수는 있다.

[70] 변호사 시험 기록형 답안작성의 지시사항에서는 증명방법과 첨부서류들은 그 작성을 생략해도 좋다고 한다. 그래서 다른 부분에서는 전부 생략하기로 하나 이 부분에서만은 그 예시를 보여주기 위해 특별히 작성해 두었다.

2. 갑제2호증의 1(계약금 지급영수증)
3. 갑제2호증의 2(중도금 지급영수증)
4. 갑제3호증(등기사항전부증명서)
5. 갑제4호증(근저당권설정계약서)
6. 갑제5호증의 1(기본증명서)
7. 갑제5호증의 2(가족관계증명서)
8. 갑제6호증(등기사항전부증명서)

첨 부 서 류

1. 위 입증방법   각 5부
2. 소장부본   4부
3. 소송위임장   1부
4. 송달료 납부서   1부
5. 인지대 납입증명서   1부

2023. 3. 7.

원고 소송대리인 변호사 김갑동   (인)

서울중앙지방법원 귀중

[별지]   부동산의 표시(생략)

제 2 장

소장

제 1 절 소 제기시 검토사항

1. 소의 의의

소(訴, claim or lawsuit)는 법원에 대하여 일정한 내용의 판결을 해 달라는 당사자의 신청이다.[1] 이때 당사자 모두 민간인(civilian)인 경우에는 민사소송이 되고, 원고측이 검사(prosecutor)인 경우에는 형사소송이 되며, 피고측이 행정청인 경우에는 행정소송이 된다. 즉 민사소송·형사소송·행정소송은 법위반행위의 억지(抑止, deterrence)[2]라는 궁극적 목적을 위한 법집행제도들로서 다만

---

1) 이시윤, 『신민사소송법(12판)』, 박영사, 2018, 202면
2) 법집행의 목적으로는 ① 피해자가 법위반행위자에게 복수(보복, 응보, retribution)하기 위하거나, ② 법위반행위자가 합리적 의사결정자임을 전제로 기대제재{expected sanction; 기대제재는 제재의 강도 X 적발(제재)가능성으로 측정된다.}가 법위반행위로부터 얻는 편익(benefit)을 초과하면 법위반행위를 포기하여 억지(抑止, deterrence)될 것이라거나, ③ 법위반행위자가 피해자에게 배상(compensation)하거나, ④ 법위반행위자를 재활(rehabilitation)하거나, ⑤ 법위반행위자를 격리하거나 차단함으로써 법위반행위의 발생을 원천적으로 막을 수 있다고 무력화(incapacitation)하는 등의 5가지 목적이 있다고 한다. 우선 인류의 법제사를 되돌아보면 분명 법률제도는 무한보복 −동해동복(同害同腹, talio rule, eye for eye tooth for tooth)−비례성의 원칙(사형제 폐지론의 이론적 근거, 실증적 연구에 의하면 중죄는 중한 처벌로, 경죄는 가벼운 처벌로 대응하기만 하면 즉 비례성을 갖추기만 하면 꼭 피해와 처벌의 크기가 같을 필요가 없다. 그래도 충분한 억지력을 발휘한다.)으로 발전되어 왔다. 만약 피해자에게 충분한 배상을 한다면, 또 비례의 원칙에서 주장하는 바와 같이 억지력을 달성할 수만 있다면 보복을 꼭 법집행의 궁극적 목적으로 삼을 필요가 없다. ③배상의 경우는 좀 어려운 설명이지만 시장경제하에서는 배상은 결국 비용을 통해 소비자들에게 1/n로 분담되는 효과만 있다. 그래서 피해자들이 일정한 피해가 예상되는 경우 가해자의 책임을 인정하지 않아 1/n로 상승될 가격을 인하, 유지함으로써 절약되는 돈으로 보험료로 삼아 미리 손해보험 등에 가입해 두기만 하면 배상을 받지 않아도 법위반행위로부터 피해를 보험금 형식으로 받을 수 있는 대안이 존재한다. 즉, 해상사고에 관하여 상법 제770조 등에서 규정되어 있는 선박소유자의 책임을 제한하면 선박소유자는 운임을 낮출 수 있고, 피해자(예를 들면 적화의 소유자인 貨主)들은 그렇게 절약된 운임으로 적화보험과 같은 손해보험에 가입하면 해상사고가 발생한다고 하더라도 화주는 보험금이라는 형식으로 그 손해를 배상받을 수 있게 된다. 결국 화주의 입장에서는 선박소유자의 해상사고 책임을 100% 추궁할 수 있게 된다면 선박소유자는 대수의 법칙에 따라 그 위험을 일정하게 평가하여 운임에 반영함으로써 결국 화주는 1/n이란 형태로 가격상승을 통해 그 위험을 인수하게 될 것인데, 그런데도 현행 상법과 같이 선박소유자의 책임을 제한하는 경우에 선박소유자는 운임을 낮출 수 있게 됨으로써 화주는 그 절약될 운임으로 적화보험과 같은 손해보험에 가입하여 그 보험료로 지급하게 되고, 해상사고가 발생하게 되면 해당 보험금을 지급받아 그 손해를 전보할 수 있게 된다. 이처럼 시장경제의 메커니즘에서 배상은 꼭 피해자 구제의 유일한 수단이 아닌 것이다. ④, ⑤의 목적은 주로 형사법, 행정법의 법집행목적으로 자주 인용되고 있어 민사법을 포함한 보편적인 법집행의 목적으로 삼기 어렵다. 본서에서는 억지력을 달성하는 것이 법집

법제도를 설계하는 자가 복수의 주체에 의해 다양한 방법으로 비용 대비 효과가 더 좋아서 비교우위 있는 법집행수단들을 선택하여 억지력을 달성하도록 인정한 법집행제도의 형태들이다.

민사소송은 주로 청구권을 실현하는 이행(청구)소송의 형태를 띠고, 예외적으로 확인소송, 형성소송도 인정되고 있지만, 행정소송은 공정력으로 말미암아 행정처분의 취소를 구하는 형성소송이 주를 이루고 부작위위법 확인소송, 행정처분 무효확인 소송 등 확인소송이 일부 인정되어 있으며, 최근에는 보통법계 국가의 영향을 받아 당사자소송과 같은 이행(청구)소송이 도입되기 시작하였다. 형사재판은 유죄가 인정되면 형성소송의 성격을 띠고, 무죄가 인정되면 확인소송의 형태를 띠게 된다.

2. 소 제기와 민사소송법상의 지식

변호사는 궁리한 끝에 의뢰인의 희망사항을 달성하기 위해 소를 제기하는 것이 최선이라고 판단하게 되면 소제기 준비를 한다. 이때 민사소송법 학습을 통해 체득한 지식은 소제기의 절차, 방식, 주장방향 등에 관한 지도원리를 제시해 준다. 비유컨대 법조인들에 있어 민사소송법적 지식은 차량을 운전하는 지식과 같다. 파란 신호등이면 진행하면 되고, 빨간 신호등이면 정지하면 된다. 정지하면서 빨간 신호등이기 때문에 정지한다고 말하지는 않는다. 당신이 정지한 이유가 빨간 신호등이기 때문이란 것은 누구나 다 알고 있어 구태여 그런 설명을 할 필요가 없다. 운전자는 정지하는 행위를 통하여 운전지식을 드러내는 것이다. 민사소송법 지식에 맞게 소장, 답변서, 준비서면을 작성하면 그만이지 청구원인 등에서 구태여 민사소송법적 지식을 적시하여 자신이 이와 같은 방식으로 서면을 작성한다고 그 이유를 잔뜩 설명할 필요는 없다. 즉 소장을 작성함에 있어 원·피고 선택을 올바르게 하여 적절한 곳에 원·피고로 제대로 배치하여 표시하면 되지 소장상의 청구원인 부분에서 원·피고의 당사자능력이나 원·피고 적격이 있다는 설명을 구태여 부연할 필요가 없다. 다만 원고가 민사소송법에 어긋나게 원·피고를 선택하여 소장에 표시했다면 피고로서는 답변서 등을 통하여 그 점을 적시하여 본안전 항변을 하게 된다. 또 피고가 답변서 등에서 민사소송법에 어긋나게 답변 또는 항변을 하면 원고는 준비서면을 통하여 이 점을 적시하면서 피고 주장을 배척해 줄 것을 주장하면 된다.

3. 소 제기시 검토사항

가. 제기할 소송종류(이행소송 · 확인소송 · 형성소송)의 결정

소의 종류는 고대 · 중세 · 근대 · 현대를 막론하고, 전세계 어디서나 이행(청구)소송 · 확인소송 · 형성소송의 3종으로 대별하여 존재했었다. 송무(訟務)적 관점[3]에서 보면 민사법은 청구권을 기초로

행의 궁극적 목적이라는 생각하에 편찬되어 있다. 그래서 그 억지력을 최저 비용으로 최고의 억지수준으로 달성하고자 하는 법집행의 최적집행이라는 목적하에 때로는 설명하고 있으니 이 점에 유의해 주기 바란다.

3) 민사법 실무는 분쟁을 전제로 하여 이를 해결하기 위한 실체법상의 요건과 그 절차를 다루고 있다. 특히 피고측의 권익 침해행위, 채무불이행 행위에 대해 원고측(권익보유자, 약정의 상대방)이 소를 제기하여 확정판결을 받아 강제집행에 이르는 등의 법적구제를 중심으로 학습하는 과목이다. 그렇지만 근대 법률제도는 "자유로운 사인의 합리

그 발생원인, 성립상 하자(원인무효 사유들), 청구권의 소멸·저지 사유들, 연결고리를 규정해 둔 민사실체법과 그 청구권을 행사하는 절차 등을 규정한 민사절차법으로 된 거대한 법체계로 근대민법전이 편찬된 이후에 세계화된 법체계이다. 그 결과 민사소송은 청구권을 실현하는 소송형태인 이행(청구)소송이 주된 소송형태이고, 가장 많이 제기되고 있다. 다만 보충적[4]으로 확인소송이 발달되었고, 20세기 초에 법률의 근거(재판상 행사해야 할 형성권)에 의해 형성소송이 도입되어 인정되었다.[5] 그러나 형사소송은 그 성질상 확인소송(무죄판결) 또는 형성소송(유죄판결)의 성격을 띠고 있고, 행정소송도 형성소송(항고소송)이 주를 이루고, 간혹 확인소송(부작위위법확인소송, 부존재확인소송, 무효확인소송)이 인정되고 있으며, 입법론적으로 행정상 이행소송의 도입이 주장되고 있을 뿐이다. 따라서 민사소송을 체계적으로 학습하려면 이행(청구)소송을 중심으로 먼저 학습한 다음 확인소송, 형성소송의 순으로 그 외연을 넓혀 가면 될 것이다. 이행(청구)소송은 청구권을 실현하는 소송형태로 원고측이 청구권을 갖고 있어야 한다. 청구권은 원칙적으로 물권[6] 침해나 약정 불이행

적 의사결정"을 기초로 그 의사결정의 메커니즘을 설계해 주고, 그 의사에 기해 권익을 사용·수익·처분할 수 있게 하거나, 결정된 의사를 대외적으로 표시(의사표시)한 경우 그 이행에 이르는 과정을 합법적으로 설계해 주는 부분(**합법적 분야**, 자문변호사의 영역)도 큰 범위를 차지하고 있다. 이에 반하여 타인(권익보유자)의 권익을 침해(침해하는 의사결정을 하여 침해하는 고의적 행위나, 예견가능성 또는 회피가능성이 존재하는 상황하에서 주의의무를 위반하여 과실로 침해하는 경우 등 포함)하거나, 약정의 상대방(promisee)이 약정자(promisor)가 약정대로 이행하지 않는 경우 그 채무불이행을 강제이행하게 하거나 손해배상청구를 할 수 있게 하는 제도(**위법적 분야**, 송무변호사)로 분별할 수 있다. 민사법 실무가 현재로서는 이러한 합법적 분야에 관해 다루지 못하고 위법행위로 인한 분쟁상태를 전제로 소송의 제기에 국한하여 교습하는 데 집중하고 있다. 따라서 독자들은 본서를 학습하는 것이 법학공부의 전부가 아니란 점을 인식하고, 만약 로펌취업이나 사내변호사로 근무하면서 자문변호사가 되었을 때는 좀 더 다른 관점에서 법률을 학습하여 적용해야 할 여지가 남아 있다는 것을 명심해야 한다.

4) 확인소송을 보충적 소송형태라고 하는 이유는 이행청구소송의 제기가 가능한 상태라면 반드시 이행청구소송을 제기하여야 하고, 그럼에도 확인소송을 제기하면 확인의 이익이 없다며 각하되기 때문이다. 이런 상황하에서는 확인소송은 이행청구소송으로 목적을 달성할 수 없는 때 보충적으로 제기되는 소송형태이다. 저당권설정계약에 의한 피담보채무의 부존재확인청구와 함께 그 저당권설정등기의 말소청구를 한 경우 피담보채무의 부존재를 이유로 그 등기말소청구를 하면 목적을 달성할 수 있는데 별도로 피담보채무 부존재확인까지 구할 확인의 이익이 없다며 각하했다.(대법원 2000. 4. 11. 선고 2000다5640 판결) 미등기 부동산을 매수한 매수인은 매도인을 상대로 소유권이전등기 이행을 구하면 되지 별도로 그 부동산의 사용·수익·처분권이 존재함을 확인한다는 소를 제기할 필요가 없다.(대법원 2008. 7. 10. 선고 2005다41153 판결) (이상 이시윤, 『신민사소송법(12판)』, 박영사, 2018, 240면) 다만 확인소송의 경우도 이행청구소송과 대립될 때는 보충성을 갖지만 그 고유의 영역도 존재한다. 예를 들면 주주총회 결의 무효확인의 소 등이 있다.

5) Emil Seckel, Die Gestaltungsrechte des burgerlichen Rechts, FG f. Richard Koch, 1903, 205~253면, (이상은 김도균, 『권리의 문법』, 박영사 18면에서 재인용).

6) 물권 침해에서의 물권은 민사법 실무 학습의 차원에서 최소한 필요한 정보만을 전달하기 위해 사용하는 개념이고, 일반적으로는 권리와 권리로까지 인정되지는 않았지만 "법률상 보호하는 이익"까지 포함한 권익을 침해하는 상황을 본서에서는 포괄하여 지칭하는 개념이다. "타인의 권리(권익)을 침해해서는 안 된다."라는 매우 상식적인 규범에 기초한 청구권의 발생원인이라고 할 것이다. 그런데 민사법 실무 차원에서는 왜 이러한 권익을 물권이라고 좁혀 물권 침해가 청구권 발생의 양대 주요원인 중 하나라고 설명하는가? 그 이유는 다음 두 가지다. 첫째 권리 침해 또는 권익 침해라고 하면 권리의 한 유형인 재산권은 물권과 채권으로 구성되어 있다고 학습한 예비법조인들이 채권도 침해된다고 오해할 가능성이 있다. 채권을 권리의 일종으로 개념정의한 독일민사법의 전통을 이어받은 일본과 대한민국에서 흔히 빠지는 오해의 하나이다. 결론적으로 말하자면 채권은 불이행되는 것이지 침해되는 것은 아니다. 최근에 제3자의 채권침해라는 쟁점으로 논의가 되고, 일부 판례가 이를 지지하고 있다고 주장하고 있다. 긴 이

으로 발생한다. 원칙적이라고 말하는 것은 몇 가지 예외적 상황이 더 있기 때문에 붙인 수식어이다. 예외적 상황으로 중요한 것은 ①점유취득시효 완성을 원인으로 한 소유권이전등기청구권, ②사무관리로 인한 비용(필요비·유익비)상환청구권(예외적으로는 보수청구권도 발생한다.), ③무효인 행정처분으로 인한 부당이득반환청구권, ④비용부당이득반환청구권 등이 있으나 실제로 ①점유취득시효 완성을 원인으로 한 소유권이전등기청구권을 제외하고는 수험의 과정에서 활용되는 경우가 매우 적다.

[민사법에서의 이행(청구)소송·확인소송·형성소송]

what	how		효과	소송형태	요건사실
물권	침해		물권적 청구권	이행청구소송	물권자+침해
			불법행위(손해배상)		손해(물권자)[7]+위법성(침해)[8]+고의·과실+인과관계
			(침해)부당이득반환청구		손해(물권자)+법률상 원인 없음(침해)[9]+이득+인과관계
	약정 (법률행위)		강제이행청구권		①약정(매매형 계약) or ②약정+인도+종료(대차형 계약)
		불이행	손해배상청구권 (채무불이행)		①약정 ②불이행(이행지체·이행불능·불완전이행)
		부존재·무효 등	(급부)부당이득반환청구		법률상 원인 없음+손해+이득+인과관계
(기타)	점유취득시효 완성		소유권이전등기청구권 등		①20년간 ②점유
물권, or 채권	법률관계 불안			확인소송	①물권+확인의 이익 ②ⓐ임차권+확인의 이익 ⓑ채무부존재+확인의 이익
재판상 행사해야 하는 형성권				형성소송	채권자취소 회사법상의 소 등

야기여서 짧게 말할 수는 없지만 채권은 불이행될 수 있지만 침해된다는 개념은 매우 독일적이고 다른 모든 법제에서 널리 지지되는 태도는 아니다. 둘째 권리는 "법률상 보호받는 이익(권리이익설 또는 권리법력설)"인데 권리이외에도 법률상 보호받는 이익을 합쳐 권익이란 개념을 별도로 마련해 두고, 가장 일반적으로 청구권 발생원인의 양대 주요원인 중 하나로 권익 침해라고 할 수 있다고 설명하고 있어 중복된 감이 들 수 있다. 이는 권리성 인정의 태도에 따라, 법률상 보호하는 이익이지만 권리로까지 인정되지 않는 경우도 있어 그 법률상 보호받는 이익까지 포함하여 침해로 인한 청구권의 발생을 따지려는 과정에서 초래된 혼란인 것이다. 아무튼 권리 침해에 대해서는 물권적 청구권은 물론 불법행위로 인한 손해배상청구권 및 침해부당이득반환청구권까지 모두 인정되지만 권리성이 인정되지 않는 법률상 보호받는 이익의 침해에 대해서는 불법행위로 인한 손해배상청구권 및 침해부당이득반환청구권은 인정될 수 있으나 물권적 청구권은 인정되지 않는다. 그래서 이런 권리와 법률상 보호받는 이익 모두를 포함시켜 그 침해에 따른 청구권의 발생원인을 인정하기 위해 권익 침해라고 분류하기도 한다.
7) 물권자라는 요건은 결국 침해로 인해 "손해"라는 요건과 동의어가 된다.
8) 침해라는 요건은 그 성격에 의해 결국 "위법행위"와 동의어가 된다.
9) 침해 부당이득반환청구에서는 "법률상 원인 없음"은 "법률상 원인 있음"이란 항변사유가 된다. 다만 이해의 편의를

나. 청구 · 청구권

인류의 역사를 더듬어 법률제도의 발전사를 추적하다가 보면 법률제도로서 "청구(請求; claim; anspruch)"란 법적수단이 전시대(全時代)에 모든 나라에서 존재했던 것은 아니라는 사실을 알게 된다. 청구란 "특정인이 다른 특정인에게 일정한 행위(작위 · 부작위)를 요구할 수 있는 것"을 지칭하고, 이를 실체법적인 관점에서 권리화하면 "청구권"이라 하고, 이를 행사하면 "최고(催告)"라 하여 일정한 법률효과(기한의 정함이 없는 경우 기한의 도래, 또 시효중단 등)를 부여하고, 그 강제이행을 위해 재판상 청구하면 "소 제기(판결)" 또는 "신청(결정, 명령 신청)"이라고 한다. 이러한 형태의 청구 또는 청구권 개념은 로마 제국 후기에 출현하여 중세 영국에서의 보통법원, 형평법원을 거쳐 근대 자본주의 국가가 형성되면서 프랑스 민법전 등을 통해 보편적인 법집행제도로 도입되어 정착되게 되었다. 청구 · 청구권은 "자유로운 사인(私人)의 합리적인 의사결정"을 중심으로 한 법제도를 설계할 수 있는 최상의 법적 도구로서 자유주의 시장 경제체제를 떠받치는 가장 핵심적인 법제도가 되었다. 인류역사상 출현한 법제도를 분석해 보면 지금까지 거의 모든 지역에서 형사처벌이나 행정처분에 기한 법집행제도는 존재했었다고 단언할 수 있다. 그러나 청구권을 중심으로 설계된 법집행제도는 로마에서 시작하여 중세 영국의 보통법원 · 형평법원을 거쳐 프랑스 대혁명을 통해 나폴레옹 민법전을 편찬함으로써 보편화된 것이다. 그래서 오죽했으면 Rudolph von Jhering이 「로마법정신(Gaist des rőmischen Rechts)」에서 로마는 세계를 3번 지배했는데, 마지막으로는 '로마법을 통해 세계를 지배하고 있다'라고 말했겠는가?[10] 이 표현은 로마법이 개발하여 발전시킨 청구(actio)의 혁신성을 드러내는 경구라고 아니할 수 없다. 민사법은 이러한 청구권을 중심으로 한 법체계인 것이다.

민사법은 좀 더 자세하게 설명하면 청구권의 발생근거를 정한 민법, 상법 등 민사실체법과 청구권을 실현하는 절차를 규정한 민사소송법, 민사집행법 등 민사절차법으로 구성되어 있다. 민사법을 체계적으로 이해하려면 법률행위, 물권, 채권, 법정채권 등 개념 위주의 격리된 학습보다는 청구권을 중심으로 청구권의 발생원인으로서의 물권[11] 침해, 약정 불이행, 예외적인 기타 법률상 청구

위해 요건사실 부분에서 언급해 두었을 뿐이다.

10) 흔히 로마는 3번 세계를 지배하였다고 한다. 로마는 처음에는 무력(정치적)으로, 다음에는 기독교로, 마지막으로는 로마법에 의하여 세계를 3번 지배하였다고 설명하는 견해이다. 독일의 법학자 예링(Rudolf von Jhering, 1818 – 1892)이 그 저서 『로마법의 정신(Der Geist des rőmischen Rechts auf den verschiedenen Stufen seiner Entwicklung)』 서문에서 한 주장으로 알려져 있다. 로마법이 세계에 영향을 끼쳤을 때는 청구를 중심으로 한 민사적 법집행 수단을 개발하여 주로 민사법을 보급한 것을 지칭하는 것이다. 그만큼 민사적 법집행 수단으로서의 청구권은 매우 새롭고 혁신적인 법집행수단이었던 것이다. 대한민국의 경우 로마법은 주로 민법학자들을 중심으로 연구되고 있다. 이것도 로마법이 다른 법분야에 비해 청구권이란 법집행수단을 통해 민사법에 끼친 영향이 크기 때문이다.

11) 민법이나 변호사 시험 민사기록형 준비 목적상으로는 물권 침해로 한정하여 설명해도 큰 문제는 없다. 그러나 물권 침해는 원래 권익 침해의 부분집합에 불과하다. 제대로 이야기 하면 권익 침해라고 해야 한다. 권익(entitlement)는 권리(right)와 이익(interest)의 줄임말이다. 권리는 법률상 보호하는 이익(권리이익설, right is a legally protected interest) 또는 일정한 이익을 누리게 하기 위하여 법이 인정하는 힘(권리법력설)이다. 결국 권리는 이익에 법률이 관련되어 있다는 설명이다. 그런데 이익을 따로 떼어 권리와 이익으로 병립시켜 권익이라는 말을 다시 사용하는 이유는 이익을 보호할 때 모든 법적 수단을 다 부여하면{손해배상은 물론 물권적 청구권과 같은 금지청구권

권 발생원인[12] 등을 파악한 후에 이를 구체화하는 법원리들인 주·일·상·목·행(主日相目行),[13] 청구권장애사유{원인무효사유들, 부존재/무효/취소/해제(해지)/무권대리(대리권 남용)/대표권제한위반}, 청구권소멸사유{변제·대물변제·공탁/경(개)·상(계)·면(제)·혼(동)·소(멸시효완성)}, 청구권행사저지사유들(기한미도래·조건미성취·동시이행항변·최고·검색항변권)과 '연결고리'를 추가적으로 탐구해 봄으로써 민사법을 체계적으로 학습할 수 있게 된다.

물권 침해나 약정 불이행 사실을 주일상목행으로 특정할 수 있다면 그 과정에서 청구권장애사유, 즉 성립상의 하자를 둘러싼 각종 법적 쟁점들이 문제된다는 데까지 사고의 지평이 열릴 것이다. 이러한 쟁점을 정리하면 다음 표와 같다. 특히 물권 침해와 관련하여 아래 청구권장애사유는 원고가 물권자임을 주장·증명하는 과정에서 약정＋등기(민법 제186조 소정의 물권취득사유) 중 약정의 성립상 하자 주장과 관련되기도 하고, 침해의 태양으로 원인무효 사유를 주장할 때 활용되기도 한다.

[청구권(채권[14])의 발생원인 요약]

권리 침해 또는 약정 (불이행)			청구권(구제수단)	
			대분류상의 청구권	구체적인 청구권[15]
권익 (entitlement) (권리＋이익)	**물권** 준물권 기타 권리	침해	물권적 청구권	소유물반환청구권
				방해배제(예방)청구권
			손해배상청구권	불법행위로 인한 손해배상청구권

(injunctive relief)도 부여한다는 의미} 권리라 할 수 있고, 손해배상청구권으로만 보호하면 아직도 권리로 인정되지 않고 그저 법률상 보호하는 이익으로 남게 되어, 하는 수 없이 권리와 이익을 합쳐 권익이라는 별도 개념을 사용하고 있는 것이다.

특히 권익 침해라는 개념을 사용할 때 권리에는 채권은 포함되지 않는다. 채권은 원칙적으로 채무자에 의한 불이행이 있을 뿐 제3차에 의한 채권 침해라는 개념은 상정하기 어렵다. 아주 예외적으로 2중양도와 같은 경우에 채권침해가 문제될 수 있다. 그래서 일반적으로 권익 침해라고 할 때 채권을 제외한 물권, 준물권, 인격권, 성명권, 초상권, 일조권, 전망권, 영업권 등 배타지배력을 특징으로 하는 소위 절대적 권리의 침해를 지칭하는 것으로 이해하여야 한다.

12) 아래 표와 같이 기타 청구권 발생원인은 그 수가 매우 적고, 발생빈도도 낮다. 민사법 실무 학습상 "점유취득시효완성을 원인으로 한 소유권이전등기청구권"을 제외하고는 그 중요도가 낮다.

13) 물권침해가 있었다거나 약정 불이행이 있었다는 사실을 역사적·자연적 사실로서 구체적으로 설명할 때 육하원칙이 아니라 주일상목행으로 설명하게 된다. 민법총칙은 결국 이러한 주일상목행의 구성요소들을 설명해 둔 곳이라 해도 과언이 아니다. 향후 구체적으로 더 상세하게 설명할 예정이다.

14) 채권은 청구권 중 물권적 청구권(or 금지청구권 or 유지청구권)을 제외한 나머지 청구권을 지칭한다. 참고를 위해 청구권에 ()로서 채권도 병기해 둔다. 본서를 읽는 독자는 물권적 청구권은 물권의 침해로 인해 발생하는 "권리자가 침해자에게 작위·부작위를 요구하는 권능"을 의미하고, 금지청구권은 물권, 준물권이외의 지식재산권, 인격권, 영업권, 일조권, 조망권 등을 침해하는 경우에 "권리자가 침해자에게 작위·부작위를 요구하는 권능"이고, 유지청구권은 상법 제402조와 같이 회사가 갖는 각종 물권, 영업권 등 재산상 이익을 침해하는 경우 "권리자(회사)가 침해자(이사)에게 작위·부작위를 요구하는 권능"을 의미 하는 것이어서 결국 기능적으로 보면 권리보유자의 권리가 침해된 경우 권리자가 침해자를 상대로 작위·부작위를 요구하는 권능이란 측면에서 같다는 사실을 잘 이해하고 있어야 한다.

		(법률상 보호하는) 이익		부당이득반환청구권(침해 부당이득)	(침해) 부당이득반환청구권
약정 (법률행위)		매매 소비대차 임대차 등	(불이행)	강제이행청구권	**소유권이전등기청구권, 매매대금청구권**16)
				손해배상청구권	채무불이행에 의한 손해배상청구권
				부당이득반환청구권 (급부 부당이득)	(급부) 부당이득반환청구권
기 타	**점유취득시효 완성**17)			**이전등기청구권**	**소유권이전등기청구권 등**
	사무관리			비용(필요비·유익비)상환청구권	비용상환청구권
	무효인 행정처분			부당이득반환청구권	부당이득반환청구권

다. 당사자의 선택

소를 제기할 때 누가 누구를 상대로 소를 제기할 것인지를 결정해야 한다. 귀하가 변호사로서 의뢰인으로부터 위임을 받아 소를 제기할 때는 귀하의 의뢰인이 원고가 될 것이므로 원고의 선택은 명확하다. 나아가 의뢰인이 설명하는 분쟁내용을 분석해서 의뢰인이 누구와 분쟁관계에 있는지를 잘 살펴야 한다. 그 후 권리분석을 통하여 의뢰인이 실체법상으로 그 자를 상대로 어떤 청구권을 보유하고 있는지 분석하여 그 청구를 통하여 분쟁을 종국적으로 해결할 수 있다면 그 자를 피고로

---

15) 이 표상의 구체적인 청구권란은 아직 추상적인 개념들로 청구권이 설명되어 있다. 물론 더 구체화되어 구체적인 소송명까지 될 정도로 구체화되어야 한다. 예를 들면 방해배제청구권은 방해의 태양에 따라 건물철거 청구권, 등기 말소청구권 등으로 보다 더 구체화되어야 한다.

16) 강제이행청구권은 약정의 종류에 따라 더 구체화되어야 한다. 위의 표에서는 매매계약의 경우 강제이행청구권으로 구체화되는 청구권을 나열해 둔 것이다. 소비대차, 임대차의 경우에는 구체적인 청구권이 아래와 같다.

약정의 종류	강제이행청구권		구체적인 청구권
매매	강제이행청구권	매도인	매매대금지급청구권
		매수인	소유권이전등기청구권
			매매목적물인도청구권
			하자담보청구권
소비대차		대주	대여금반환청구권
			이자·지연손해금지급청구권
임대차		임대인	임차목적물반환청구권
			무단점유로 인한 부당이득반환청구권
			불법점유로 인한 손해배상청구권
		임차인	임차보증금반환청구권
			지상물(부속물)매수청구권
			유익비·필요비상환청구권

17) 기타 청구권 발생원인 중에는 점유취득시효 완성으로 인한 소유권이전등기청구권의 발생이 가장 중요하다. 그 외에 는 아주 예외적인 것으로 실무상으로나 변호사 시험 기록형 준비 목적으로나 그리 중요하지 않다.

삼아야 할 것이다. 피고는 주로 원고의 물권을 침해한 자(침해자)이거나 약정하고도 이를 이행하지 않은 자(약정자)일 가능성이 가장 크다. 민법, 상법총칙, 기타 민사특별법 등 실체법을 잘 연구하고 이를 적용하여 사안에 관한 권리분석을 해 봄으로써 원고와 피고를 선택할 수 있다. 때로는 처음 선택한 원고나 피고를 상대로 한 청구만으로 의뢰인의 희망에 따른 분쟁을 완전하게 해결하기 부족하다는 사실을 발견하고 새로 피고를 선택하여 추가하기도 한다. 이처럼 권리분석을 할 때 항상 자신이 한 권리분석의 결과를 재검토해서 당사자를 제대로 선택했는지 확인한 가운데 소를 제기해야 한다.

의뢰인과 상담하는 과정에서 장차 원고가 될 의뢰인의 권리능력, 당사자능력이 있음은 본능적으로 알 수 있다. 실무상 권리능력, 당사자능력이 문제되는 경우란 법인격 없는 사단, 재단에도 해당되지 않을 정도로 단체성에 의문이 있는 경우뿐인데 그런 경우란 흔하지 않다. 하지만 행위능력, 소송능력이 있는지는 주의해서 살펴보아야 한다. 만약 미성년, 피성년후견인, 피한정후견인 등에 해당하는지 의심이 든다면 의뢰인을 상대로 구체적인 사실을 확인하여 두어야 한다. 또 선택된 피고가 권리능력, 행위능력, 당사자능력, 당사자적격, 소송능력을 갖추고 있는지도 면밀하게 살펴야 한다. 권리능력, 소송능력, 당사자적격이 없는 자가 소를 제기한 경우에는 원칙적으로 소를 각하[18]하여야 하고, 판결이 확정되었다면 무효가 된다.

원고나 피고가 선택되었다 하더라도 "정당한 당사자로서 소송을 수행하고 본안판결을 받기에 적합한 자격"(이를 당사자적격이라 함)을 가진 자인지를 확인해 보아야 한다. 처분권한이 없는 자(원고적격이 없는 자)가 처분권한이 없는 자(피고적격이 없는 자)를 상대로 제기한 소송은 소송과정에서 그러한 사정이 밝혀지면 소를 각하(피고적격 결여의 경우는 때로는 기각) 당하게 되고, 확정판결을 받았다고 하더라도 집행이 불가능하게 된다. 대체로 권리분석해 보아 권리자와 의무자가 가려지면 당사자적격자를 알 수 있지만 일정한 경우 이러한 권리관계의 주체이외에 제3자가 소송수행권을 갖게 되는 경우가 있으니 주의를 요한다. 이러한 경우를 제3자소송담당이라고 한다.

실천적으로는 당사자를 선택할 때 위와 같은 법리적 검토이외에도 사실상 무의미한 당사자를 선택해 소송함으로써 승소의 확정판결을 받고도 집행할 수 없는 경우를 피해야 한다. 비록 피고로서 당사자적격이 있다 하더라도 그 자가 무자력(無資力)인 경우 그 자를 상대로 소를 제기할 실익이 없다. 따라서 자력이 있는 자(deep pocket)를 꼭 포함시켜 피고로 삼는 전략적 고려를 할 필요가 있다. 예를 들면 해상법 관련 사건에서는 단기소멸시효 또는 단기제척기간 규정(1년 또는 2년)들이 많아 피고측을 잘못 지적하여 소 제기 후 패소판결을 받고 다시 정당한 당사자를 피고로 적시하여 소를 제기한다 하더라도 제척기간이 경과되어 버렸거나 단기소멸시효 기간이 경과되어 패소당하는 수도 있으니 이러한 전략적 선택을 잘 할 필요가 있다. 또 해상법 관련 소를 제기하면서 피고를 제대로 선택하지 않고서 소송을 수행하여 승소의 확정판결을 받았다 하더라도 그 피고가 무자력임이 판

---

18) 채권자대위권 행사에 있어 피보전권리가 부존재할 경우에는 소각하여야 한다.(대법원 1992. 7. 28. 선고 92다8996 판결)

명된 후 다른 자력 있는 자를 상대로 소를 다시 제기한다 하더라도 소멸시효완성·제척기간도과 등으로 실기(失機)하여 패소판결을 받게 되어 결국 의뢰인의 권리보호를 제대로 하지 못하는 경우가 많으니 주의해야 한다.

소송과정에서 당사자 표시정정이나 피고 경정(민사소송법 제260조), 필수적 공동소송인의 추가(민사소송법 제68조) 등은 인정되나 그 외 당사자의 추가나 변경은 허용되지 않는다. 따라서 소 제기시 당사자를 선택할 때 신중하게 선택하여 실수가 없도록 해야 한다. 당사자를 잘못 선택하여 기각당하거나 각하당한 경우 다시 소를 제기하는 데는 기판력의 차단효, 1심판결 후 취하의 재소금지와 같은 제한 등으로 다시 소를 제기할 수 없게 되는 경우가 있을 뿐만 아니라 그러한 법률적 장애사유를 극복할 수 있다고 하더라도 소를 취하 또는 기각 당한 다음 다시 소를 제기하는 데는 시간, 비용상의 불이익도 많고, 특히 의뢰인의 신뢰를 잃게 되는 등 문제가 많으므로 법률전문가로서는 절대 피하여야 한다.

라. 행위능력, 소송능력

선택된 당사자는 행위능력(실체법), 소송능력(절차법)을 갖추고 있어야 한다. 민사소송법 제51조에서 소송능력은 민사소송법에 "특별한 규정이 없으면 민법 기타 법률에 따른다"고 규정되어 있기 때문에 민법상 행위무능력자는 원칙적으로 민사소송법상 소송무능력자가 된다. 하지만 행위능력 및 소송능력이 결여된 경우 법률효과가 실체법과 절차법에서 살짝 다르다. 실체법적으로는 행위능력은 추정되기 때문에 상대방이 행위무능력자임을 증명하고 그 법률행위를 취소해야 비로소 무효('유동적 유효')로 돌아가지만 절차법상으로는 소송무능력자의 행위는 '유동적 무효'이어서 법정대리인이 추인하면 그 행위 시에 소급하여 유효로 될 수 있고(민사소송법 제60조), 미성년자가 성년이 된 후에 묵시적으로 추인하였다고 보이는 경우에도 소송능력의 흠결이 치유될 수 있다.(대법원 1970. 12. 22. 선고 70다2297 판결) 이처럼 소송능력은 소의 적법요건으로 법원의 직권조사사항이다. 그래서 소 제기를 검토하는 원고로서는 원고 및 피고의 소송능력을 검토한 후 소를 제기하여야 한다.

소송무능력자로 판명되었을 때는 법정대리인을 찾아서 그로부터 동의를 받고, 또 소장에 법정대리인 표시를 하여 소를 제기하여야 한다. ① 미성년자의 법정대리인은 친권을 행사하는 부 또는 모가 된다.(민법 제911조) ② 피성년후견인이나 피한정후견인의 법정대리인은 성년후견인, 한정성년후견인이다.

또 법정대리인을 알 수 없거나 법정대리권이 정지, 제한되는 경우에는 특별대리인 선임을 시도해야 한다. 미성년자를 상대로 소송을 제기할 때 또는 미성년자를 위하여 소송을 제기할 때 법정대리인(친권자, 후견인)이 없거나 미성년자와 법정대리인 사이에 이해상반 관계에 있어 법정대리인의 대리권이 제한된 경우에는 소송절차가 지연됨으로써 손해를 볼 염려가 있다는 점을 소명하여 수소법원에 특별대리인 선임신청을 할 수 있다.(민사소송법 제62조) 법인의 대표자가 없거나 대표권을 행사할 수 없는 경우에도 특별대리인을 선임해야 한다.(민사소송법 제64조, 제62조) 이와 별도로 친권자와 미성년자녀 사이에 이해상반행위를 하게 될 경우 친권자는 가정법원에 특별대리인 선임신청을 하여 친권자는 그 선임된 특별대리인의 대리하에 미성년자녀와 상속재산협의분할 약정을 하는 등 이해상반행위를 해야 한다.[19)

마. 단체법적 지식

인간은 사회적 동물이다. 법은 이런 현실을 수용하여 개인(자연인, individual)은 물론 법인(corporate entity)에게도 권리능력, 행위능력, 당사자적격, 당사자능력, 소송능력 등을 부여하고 있다. 그래서 민법 제1편 제3장에 규정된 재단법인, 사단법인, 상법 제3편 회사의 각종 회사 등 법인격이 부여된 법인의 경우는 마치 자연인과 같이 소송의 주체로 취급하면 된다. 하지만 단체적 실질은 갖추었으나 법인으로까지 조직화되지 못한 경우에는 각종 능력이 있는지를 충분히 검토할 필요가 있다. 민법 제2편 제3장 제3절 공동소유, 제3편 제1장 제3절 제409조의 불가분채권 규정, 제2장 제13절 조합에 관한 규정이 주요한 단체법 법리의 공급원이 된다. 자연인, 법인, 법인격 없는 사단·재단, 각종 회사 등과 같이 권리의 주체, 소송의 주체로 취급되는 경우도 있지만 단체성이 그에 미치지 못하지만 소제기 등 보전행위, 관리행위, 처분행위 등에 서로 협력하여 전원일치 또는 다수결이나 절대 다수결 등으로 의사결정을 해야 하는 공유·총유·합유, 조합 등과 같은 법률리도 있기 때문에 잘 학습해 둘 필요가 있다. 이와 관련하여 특히 합유(조합)가 공유 또는 총유와 어떻게 다른지를 분명하게 이해하고 있어야 한다. 그래야 고유필수적 공동소송 등 법리를 잘 이해할 수 있다.

바. 관할법원
1) 토지관할과 재판적

대한민국 영토내에 수십개의 법원이 설치되어 있다. 법률[20)로서 지역을 분할하여 이러한 법원들간의 제1심사건 분담관계를 정해 두었다.(이를 '토지관할'이라 한다.) 변호사시험 기록형에서는 「각급 법원의 설치와 관할구역에 관한 법률」 중 필요한 부분을 발췌하여 제시해 주고 있기 때문에 어느 지역이 어느 법원의 관할에 속하는지는 암기할 필요가 없다. 특정 법원에 토지관할이 발생하게 되는 연결점을 재판적(裁判籍)이라고 한다. 그래서 재판적에 관련된 법리는 잘 이해하고 있어야 한다.

원고측이 소 제기의 주도권을 쥐고 있다. 그래서 피고측을 보호하기 위해 재판적은 피고의 주소, 거소를 중심으로 한 보통재판적 제도를 마련해 두고 있다. 민사소송법 제2조에서는 "소는 피고의 보통재판적이 있는 곳의 법원이 관할한다."고 규정되어 있다. 즉 원고가 피고를 상대로 소를 제기할 때는 원칙적으로 피고의 주소지를 관할하는 법원에 소를 제기하여야 한다.(민사소송법 제3조, 제5조) 물론 피고들이 수인(數人)일 때는 어느 한 피고의 보통재판적이 있는 법원에 소를 제기하면 된다.(민사소송법 제25조, 관련재판적) 한편 이러한 보통재판적 제도의 적용만을 고집할 때 보통재판적의 지나친 경직화로 재판의 효율성을 해치고 원고에게 부당하게 불이익을 줄 수 있는 불합리가

---

19) 제4회 변호사시험 민사기록형 문제로 출제된 바가 있다.
20) 「각급 법원의 설치와 관할구역에 관한 법률」이 그것이다.

발생할 수 있다. 그래서 보통재판적 제도를 보완하여 다양한 특별재판적 제도를 마련해 두고 있다. 그 결과 복수의 재판적이 공존하여 경합이 발생할 수 있다. 이때 원고가 자유롭게 그중 1개의 법원을 선택하여 소를 제기할 수 있다.(대법원 1964. 7. 24. 선고 64마555 판결, 대법원 1966. 1. 26. 선고 65마1167 판결) 실무상으로는 보통재판적과 특별재판적이 있는 관할법원 중 원고 소송대리인(변호사)의 사무소에도 관할이 있는 관할법원을 골라 그 법원을 관할법원으로 삼아 소송을 제기하고 있다. 지나친 forum shopping으로 판단될 때는 원고에 의한 관할법원의 선택이 권리남용으로 될 수 있으며 피고측에서는 현저한 손해나 지연을 피하기 위해 이송신청(재량이송, 민사소송법 제35조)을 할 수 있다.

2) 보통재판적

자연인의 보통재판적은 그 주소에 따라 정하고 주소가 없으면 거소, 거소도 없으면 최후 주소를 기준으로 토지관할을 정한다.(민사소송법 제3조) 법인 기타 권리능력 없는 사단·재단의 경우에는 주된 사무소 또는 영업소를 기준으로 정한다.(민사소송법 제5조 전문) 영업소도 포함되기 때문에 법인 등의 토지관할이 대단히 폭넓게 인정될 수 있다.[21] 주된 사무소 또는 영업소도 없을 때에는 주된 업무담당자의 주소가 재판적이 될 수 있다.(민사소송법 제5조 후문) 국가의 보통재판적은 국가를 대표하는 관청(즉 법무부) 또는 대법원이 있는 곳이다.(민사소송법 제6조) 현재 법무부는 과천에 소재하고 있고, 대법원은 서초구에 있기 때문에 국가를 상대로 한 소송은 수원지방법원 안양지원이나 서울중앙지방법원에 제기할 수 있다. 통계적으로는 서울중앙지방법원에 국가 상대 소송이 더 많이 제기되고 있음을 알 수 있다.

3) 특별재판적

부동산에 관한 소송은 부동산소재지의 법원에 제기할 수 있고,(민사소송법 제20조) 불법행위에 관한 소송은 그 행위지의 법원에 제기할 수 있다.(민사소송법 제18조) 위 행위지는 가해행위지는 물론 손해발생지를 포함하는 개념이다.[22] 사무소 또는 영업소에 계속하여 근무하는 사람에 대하여 소를 제기하는 경우에는 그 사무소 또는 영업소가 있는 곳을 관할하는 법원에 소를 제기할 수 있고,(민사소송법 제7조) 사무소 또는 영업소가 있는 사람에 대하여 그 사무소 또는 영업소의 업무와 관련이 있는 소를 제기하는 경우에는 그 소재지의 법원에 제기할 수 있다.(민사소송법 제12조)

그런데 재산권에 관한 소를 제기하는 경우에는 거소지 또는 의무이행지의 법원에 제기할 수 있다.(민사소송법 제8조) 재산권은 우리 민법의 해석상 물권 및 채권을 포함한 개념이고 채권은 원칙적으로 지참채무(持參債務)이기 때문에(민법 제467조) 약정의 강제이행청구나 약정불이행으로 인한 손해배상청구의 대부분을 원고의 주소지 법원에 소를 제기할 수 있게 된다. 그래서 민사소송법 제8

---

21) 예를 들면 KB은행의 경우 그 주된 사무소는 서울특별시 중구에 존재하지만 전국적으로 지점이 분포되어 있어 거의 전국 모든 법원에 관할권이 존재하게 된다.

22) 이시윤, 『신민사소송법(제12판)』, 박영사, 2018, 107면 참조.

조 때문에 피고측을 보호하겠다는 보통재판적 제도(민사소송법 제3조, 제5조)가 유명무실화될 위기에 처하였다고 비판하는 목소리가 높다. 그래서 본조에 의해 원고의 주소지를 관할하는 법원에 소를 제기할 수 있다 하더라도 가급적 본 조항의 적용을 피하여 피고의 보통재판적으로 관할을 선택하는 것이 더 바람직하겠다.

4) 전속관할

전속관할이란 재판의 적정·공평 등 고도의 공익적 견지에서 오로지 특정법원만이 배타적으로 관할권을 갖게 한 법정관할을 지칭한다. 특히 다수인에게 이해가 미칠 수 있는 회사법상의 소{①회사설립취소의 소(상법 제184조, 제185조, 제186조), ②주주총회결의 취소의 소(제376조 제2항)[23], ③주주총회결의 무효 및 부존재확인의 소(제380조), ④신주발행무효의 소(상법 제429조, 제430조), ⑤주주대표소송(상법 제403조 제7항[24])} 등은 전속관할이 된다. 또 할부계약에 관한 소는 제소 당시 소비자의 주소를 관할하는 지방법원의 전속관할로 하고(할부거래에 관한 법률 제44조), 방문판매 또는 다단계판매 등 특수판매업자와의 거래에 관한 소는 제소 당시의 소비자의 주소를 관할하는 지방법원의 전속관할로 한다(방문판매 등에 관한 법률 제46조)고 규정되어 있다. 전속관할 위반의 소 제기를 한 경우 원칙적으로 관할법원으로 이송하여야 한다.(민사소송법 제34조 제1항)

5) 관할합의

약정 관련 청구를 함에 있어 반드시 약정서에 관할의 합의가 있는지를 확인하여야 한다. 각종 분양계약서, 보험약관, 할부거래약관, 대기업 작성의 계약서, 병원의 입원서약서 등에 약관의 형태로 합의관할조항이 삽입되어 있는 경우가 많다. 일정한 경우 지나치게 소비자의 권익을 해치기 때문에 약관규제에 관한 법률 제14조에 의해 이러한 관할합의가 무효로 판단될 경우가 많다.[25]

관할에 관한 합의가 있는 경우에는 전속적 합의관할[26]인지 임의적 합의관할인지를 확인하여야 한다. 이미 (보통재판적 또는 특별재판적이 있어) 임의관할이 있는 관할법원 중 하나의 법원을 선택하여 그 법원을 관할법원으로 한다고 합의한 경우에는 '전속적 합의관할'로 당사자의 의사가 임의관할 중 특정한 법원만의 관할권을 인정하고 나머지 법원의 관할을 배제하는 내용의 합의라고 해석한

---

23) 주주총회결의 취소의 소에 관한 전속관할 문제는 제7회 변호사시험 기록형 문제로 출제된 바가 있다. 이때 작성요령에서 "공동소송의 요건은 갖추어진 것으로 전제하고, 전속관할이 있는 청구가 있으면 반드시 그 관할법원에 소를 제기하고, (주관적이든 객관적이든) 예비적·선택적 병합청구는 하지 마시오."라고 제시되어 있었다.

24) 전속관할 관련문제는 주주대표소송과 관련하여 제6회 변호사시험 기록형 문제로 출제된 바가 있다. 반면 이때는 작성요령에 아무런 수정이 없이 종전대로 제시되어 있었다.

25) 대법원 1998. 6. 29. 선고 98다863 판결(대전에 주소를 둔 계약자와 서울에 주영업소를 둔 건설회사 사이에 체결된 아파트공급계약서상의 "본 계약에 관한 소송은 서울중앙지방법원을 관할법원으로 한다."라는 관할합의조항은 '약관규제에 관한 법률' 제14조에 위반하여 무효이다라고 판시하였다.)

26) 제9회 변호사시험 기록형 문제로 출제된 바가 있다. 이때 작성요령 4.항에서는 "공통의 관할권이 있는 법원에 1건의 공동소송으로 제기하되, 나머지 공동소송의 요건은 갖추어진 것으로 전제하고, (주관적이든 객관적이든) 예비적·선택적 병합청구는 하지 마시오."라는 작성요령을 제시하여 기존의 "공동소송의 요건은 모두 갖추어진 것으로 전제하고, (주관적이든 객관적이든) 예비적·선택적 병합청구는 하지 마시오."라는 작성요건을 수정하여 제시하였다.

다. 반면 임의관할이 없는 법원을 선택하여 관할법원으로 하는 관할합의라면 기존의 임의관할법원에다가 또 하나의 임의관할법원을 추가하는 취지의 임의적 합의관할로 취급된다.(대법원 2008. 3. 13. 선고 2006다68209 판결) 후자라면 원고에는 혜택이 되고 자신에게 편리한 관할법원을 선택하여 소를 제기할 수 있다.

6) 소장상의 관할법원의 표시

원고가 이렇게 관할법원을 선택하였을 경우 소장 마지막에서 "○○지방법원 (××지원) 귀중"이라는 형태로 관할법원을 표시하게 된다. 결국 이 법원표시를 통하여 수험생들이 관할 선택을 제대로 할 수 있는지 그 능력을 측정하는 셈이다. 그래서 관할법원의 법리를 잘 학습해 해당 부분에서 정확한 관할법원의 표시를 해야 한다.

제 2 절 법문서의 구성

1. 소장 상의 기재사항

소 제기시에는 서면으로 된 소장을 작성하여 법원에 제출해야 한다. 소액사건의 경우 법원에 가서 구술로 소 제기를 할 수는 있으나 변호사가 제기하면 소액사건에서조차 서면으로 소장을 작성하여 제출하는 것이 보통이다.

소장에는 필수적 기재사항(민사소송법 제249조 제1항, 제274조)과 임의적 기재사항의 구분이 있으나, 실무상으로는 그 구분이 중요하지 않고, 임의적 기재사항이나 관행에 따른 기재사항조차도 철저하게 학습하여 소장 작성시 빠짐없이 기재할 수 있어야 한다. 사소한 기재사항도 누락하면 적어도 1점정도 감점되므로 주의해야 한다. 또 실무수습 도중에는 채용권한을 가진 평가자들에게 좋지 않은 인상을 남길 수 있으니 주의해야 한다. 그러므로 처음에는 소장작성에 관한 일반원칙을 이해하도록 노력하고, 어느 정도 시간이 지난 후에는 이를 암기할 수 있을 정도로 숙달하여 작성함에 어긋남이 없어야 한다. 평소에도 눈감고도 소장을 작성할 수 있도록 갈고 닦아 두어야 능력 있는 법조인이 될 수 있다. 특히 표제, 당사자의 표시(법정대리인, 소송대리인 포함), 사건명의 표시, 증명방법, 첨부서류, 작성일자, 작성자, 관할법원의 표시 등의 형식적 기재사항은 처음부터 잘 익혀 빠짐없이 기재하여 불필요한 감점을 당하지 않도록 해야 한다. 나아가 청구취지 및 청구원인을 맛깔스럽게 작성할 수 있도록 노력을 아끼지 말아야 한다.

순번	필수적 기재사항	준비서면적 기재사항	관행적 기재사항
1			표제
2	당사자	성명, 명칭 또는 상호와 주소	
3	법정대리인	대리인의 성명과 주소	
4		사건의 표시	
5	청구취지		
6	청구원인	공격 또는 방어의 방법	
7			증명방법의 표시
8		첨부서류의 표시	
9		작성한 날짜	
10		작성자의 기명날인 또는 서명	
11		관할법원의 표시	

2. 「재판서 작성에 관한 예규」의 준용

앞서 든 민사소송법상의 몇 가지 조항이외에는 소장 등 법문서 작성방법에 관한 별도의 법령, 규칙, 예규 등은 존재하지 아니한다. 하지만, 법문서의 독자는 판사이고 변호사로서 판사를 설득하여 자신의 주장이 받아들여지도록 법문서를 작성하는 것이기 때문에 판사로 하여금 읽기 쉽고 그 내용 파악이 용이하도록 작성해야 할 필요성이 강하다. 그래서 관행적으로 『재판서 양식에 관한 예규(재일 2003−12)』상의 작성원칙을 준용하여 소장 등 법문서를 작성한다.

제 3 절   형식적 기재사항

1. 표제

표제로 "소장"이라고 **정중앙**[27]에 위치시켜 기재하여야 한다. 다른 법문서인 "답변서", "준비서면", "청구취지 및 청구원인 변경신청서", "반소장" 등도 표제로 <u>정중앙</u>에 위치시켜 그 법문서를 작성해야 한다.

2. 원고와 피고 (당사자)

가. 원고와 피고

1) 변호사는 소장을 작성함에 있어 의뢰인을 원고로 표시하여야 한다. 물론 이행(청구)소송의 피고는 침해자 또는 약정자가 된다. 그 결과 원고가 침해자로부터 침해받은 바로 그 물권자인지, 아니면 약정자의 그 약정의 바로 상대방(promisee)인지를 사후적으로 확인해 보아야 한다. 만약 이행(청구)소송의 피고를 침해자 또는 약정자로 특정하였음에도 불구하고 의뢰인이 그 침해의 물권자 또는 약정의 상대방적 관계가 없을 때는 반드시 "연결고리"를 찾아 그 연결고리를 청구원인사실로 보충해 주어야 한다. 연결고리는 채권자 취소권, 채권자 대위권이 중요하며, 특히 물권 침해의 경우에는 "물권의 대세적 효력" 법리의 적용이 필요하고, 약정 불이행 상황에서는 채권양도, 채무인수, 전부명령, 추심명령, 제3자를 위한 계약 등 각종 법원리의 적용이 필요하다.

이렇게 원고와 피고를 선택해 보면 그 원·피고가 자연인(individual)일 수도 있고, 법인(corporate entity)일 수도 있다. 1명일수도 있고, 다수일 수도 있다. 원고와 피고를 표시할 때 성명·법인명칭은 물론 그 주소도 기재하여 특정한다.

2) 자연인(individual)인 원고와 피고의 표시

가) 자연인인 원고와 피고는 Ⓐ성명과 Ⓑ주소로 특정[28]한다.(재판서 양식에 관한 예규 제9조 제1

---

27) 이렇게 친절하게 설명해 주어도 많은 학생들은 표제를 좌측에 기재하는 경우도 있고, 심지어 [소장]이라고 꺾쇠안에 기재한 경우가 많았다.

28) 위와 같은 설명은 2018. 2. 22. 개정되어 **2018. 3. 26.**부터 시행되고 있는 "재판서 양식에 관한 예규(재일 2003－12)" 제9조에 따른 설명이다. 판결서에 주민등록번호를 기재해야 하는지에 관해서는 다음과 같이 변천되어 왔다.
Ⓐ 먼저 2014. 12. 31.까지의 "재판서 양식에 관한 예규" 제9조에서는 원고와 피고 등 당사자를 표시할 때 성명과 주소는 물론 주민등록번호를 기재하여 특정하도록 하였다.
Ⓑ 그런데, 개정되어 2015. 1. 1. 시행된 "재판서 양식에 관한 예규" 제9조에서는 원고와 피고 등 당사자는 성명과 주소만으로 특정하고, 다만 등기·등록의 의사표시를 명하거나 공유물분할을 내용으로 하는 판결서에서는 성명, 주소는 물론 주민등록번호를 기재하여 당사자를 특정하게 하였다.
Ⓒ 그러던 "재판서 양식에 관한 예규"가 2018. 2. 22.경 개정되어 2018. 3. 26.부터 시행되면서 등록의 의사표시를 명하는 판결서에서만 성명, 주소는 물론 주민등록번호로 특정하게 할 뿐 그 외 등기의 의사표시를 명하는 판결과 공유물분할을 내용으로 하는 판결서를 포함하여 모든 판결서에서 주민등록번호를 기재하지 못하게 하였다. 위와 같이 재판서 작성관행을 변경한 이유는 등기공무원들도 법원전산망을 통해 판결문을 검색해 볼 수 있게 됨에 따라 당사자 특정에 어려움이 없기 때문인 것으로 알려져 있다. 등록은 행정기관에서 관장하고 있으므로 여전히 주민등

항 제1호) 다만 **등록**의 의사표시를 요하는 소장을 작성하는 경우에는 종전과 같이 성명, 주소는 물론 ©주민등록번호를 기재하여 특정한다. 만약 소장안에 한글이름을 같이 쓰는 여러 사람을 표시하여야 하는 경우에는 해당 당사자 등의 성명으로부터 한 칸 띄어 괄호하고 그 안에 ⑩ⓐ생년월일이나 ⓑ한자성명 중 어느 하나를 기재하거나 모두 명기하는 방식으로 특정한다. (재판서 양식에 관한 예규 제9조 제1항)

    나) 성명

성명은 원칙적으로 한글로 표시하여야 한다. 당사자가 외국인이라면 괄호 안에 외국어로 그 성명의 표시를 병기하여야 한다.

    다) 주소

    (1) 일반론

당사자의 성명 아래(성명의 첫 번째 글자부터)에 주소를 기재한다. 주민등록부(자연인)나 법인등기부(법인)에 기재된 주소를 기재한다. 신주소의 형식으로 기재해야 한다.

종류	일반표기 방식	법문서상 표기 방식[29]
서울특별시	서울특별시 성동구 왕십리로 222	**서울** 성동구 왕십리로 222
부산광역시	부산광역시 연제구 중앙대로 1001	**부산** 연제구 중앙대로 1001
인천광역시	인천광역시 남동구 정각로 29(구월동)	**인천** 남동구 정각로 29(구월동)
대구광역시	대구광역시 중구 공평로 88	**대구** 중구 공평로 88
대전광역시	대전광역시 서구 둔산로 100(둔산동)	**대전** 서구 둔산로 100(둔산동)
광주광역시	광주광역시 서구 내방로 111(치평동)	**광주** 서구 내방로 111(치평동)
울산광역시	울산광역시 남구 중앙로 201(신정동)	**울산** 남구 중앙로 201(신정동)
시(기초자치)	경기도 안산시 만안구 석수로 203	**안산시** 만안구 석수로 203
시(기초자치)	충청남도 논산시 시민로210번길 9(내동)	**논산시** 시민로210번길 9(내동)
군(기초자치)	경기도 연천군 미산면 백석리 82	**경기 연천군** 미산면 백석리 82

일정한 경우 주민등록부 또는 법인등기부 상 주소와 부동산등기부 상 주소가 다를 경우에는 주소이외에도 '등기부상 주소'란을 따로 마련하여 이를 밝히는 주소기재법에 따라 기재하여야 한다. 다만 최근에는 전산망이 통합되어 법원이나 등기소에서도 주민등록전산망을 이용할 수 있는 관계로 '등기부상 주소'를 기재하지 않는 경향이 있다. 주소를 기재하는 목적은 다음과 같다.

록번호를 기재해 판결에 따라 집행하는 공무원이 당사자 특정에 어려움이 없도록 하고 있는 것이다.

위와 같이 재판서에 주민등록번호를 기재 못하도록 하는 재판서의 범위는 Ⓐ판결서와 그와 동일한 효력을 갖는 Ⓑ 화해조서, 조정조서, 포기조서, 인낙조서, 화해권고결정, 조정에 갈음하는 결정이 포함되고, 그 이외의 재판서에서는 종전과 같이 성명, 주소는 물론 주민등록번호를 기재하여 당사자를 특정하게 하고 있다.(제7조 제2호) 본서에서는 소장작성 방법의 설명에 집중하고 있으므로 이와 같이 변경된 판결서 작성 규칙에 따라 형식적 기재사항을 기재하는 방법을 설명하기로 한다.

29) 재판서 작성에 관한 예규 제10조 참조

⑺ 당사자 특정

성명과 주소는 당사자를 특정하는 기능을 한다고 본다.

⑻ 토지관할의 기준

특히 피고의 주소는 보통재판적을 결정하는 요소로서 토지관할을 정할 때 큰 영향을 미친다.

⑼ 송달장소

주소는 송달할 장소로서의 의미를 갖기 때문에 정확하게 기재하여야 한다. 민사소송규칙 제2조 제1항 제2호에 의하면 당사자와 (법정 또는 소송)대리인의 이름·주소와 연락처(전화번호, 팩시밀리 번호 또는 전자우편주소)등을 기재하도록 하고 있다. 그 제2항에 따르면 그 이후 제출하는 서면은 주소 또는 연락처에 변동사항이 없는 경우에는 주소 또는 연락처를 기재하지 아니하여도 된다.

(2) 가사사건의 경우

가사사건의 경우 판결결과에 따라 공부의 기재에도 영향을 미칠 수 있으므로 정확성을 기하기 위하여 Ⓐ성명, Ⓑ주민등록번호, Ⓒ주소, Ⓓ등록기준지도 함께 기재하여야 한다.

(3) 당사자가 수명인 경우

⑺ 1, 2, 3의 숫자를 붙인다.

⑻ 너무 많으면 "별지 원고(또는 피고) 목록 기재와 같다."고 표시해 두고, 별지에 원고(또는 피고)목록을 붙인다. 필자의 경험으로는 이런 경우란 거의 없었다.

라) 자연인인 피고·원고 표시 기재례

---

① 원   고   김갑동
　　　　　　서울 성동구 왕십리로 222
　　　　　　소송대리인 변호사 강주원
　　　　　　서울 서초구 서초대로 1 정곡빌딩 204호(서초동)
　　　　　　전화번호 (02) 2220-0234 팩스번호 (02) 2220-0235
　　　　　　이메일주소 jwkang@gmail.com

(해설 : 소송대리인이 선임된 전형적인 원고 표기방법이다. 변호사 시험 기록형 목적상 가장 많이 활용되고 있는 원고 표기 방법이므로 반드시 암기하고 있어야 한다. '소송대리인 변호사 강주원'을 '원고 소송대리인 변호사 강주원'으로 표기하거나 '대리인 변호사 강주원' 또는 '변호인 강주원' 등으로 오기하여서는 아니된다. 실무상으로는 원고 소송대리인의 경우 주소, 전화번호, 팩스번호, 이메일주소 등이 꼬리말기능으로 부동문자로 이미 인쇄되어 있는 붉은 색 용지를 사용하여 소장, 준비서면 등을 작성·제출하기 때문에 주소, 전화번호, 팩스번호, 이메일주소 등의 기재를 생략하기도 한다. 하지만 변호사 시험 목적상으로는 반드시 위와 같은 정보를 기재해야 한다.)

② 원   고   김갑동
　　　　　　서울 강남구 늘벗길 15, 115동 303호(대치동, 삼일아파트) 우편번호 : 137-070

전화번호 : (02) 515－4978, 팩스번호 (02) 515－4979,
이메일 주소 : pdkim@hanmail.net

(해설 : 소송대리인이 선임되어 있지 않는 원고 본인소송의 원고 표기 방법이다. 변호사 시험 기록형 목적상으로는 사용하지 않는 기재방법이나 여러분들이 친지를 위해 소장을 대신 작성해 줄 때 필요한 작성방법이다.)

③ 원　　고　콜린 리드(Collen Reid)
　　　　　서울 강남구 도산대로 25길 255
　　　　　소송대리인 변호사 강주원
　　　　　서울 서초구 서초대로 1 정곡빌딩 204호(서초동)
　　　　　전화번호 (02) 2220－0234 팩스번호 (02) 2220－0235
　　　　　이메일주소 jwkang@gmail.com

(해설 : 원고가 외국인 경우의 원고 표기 방법이다.)

----

④ 피　　고　김갑동
　　　　　서울 성동구 왕십리로 222

(해설 : 피고가 1인일 경우의 전형적인 피고 표기 방법이다. 변호사 시험 기록형에서 피고 1명으로 출제된 적이 없다. 그래서 아래 ⑤피고 표기 방법이 더 중요하다.)

⑤ 피　　고　**1. 김갑동**
　　　　　　서울 강남구 도산대로 25길 255
　　　　　2. 이을동
　　　　　　서울 서초구 샘마루길 100

(해설 : 피고가 복수일 경우에는 1. 2. . . . 등으로 번호를 붙여 기재한다. 수험생들은 간혹 번호의 기재를 누락하기도 한다. 1점정도 감점되기 때문에 주의를 요한다.)

⑥ 피　　고　김갑동
　　　　　서울 서초구 서초동 100
　　　　　송달장소 서울구치소

(해설 : 피고가 서울구치소에 수감되어 있을 때 표기방법이다.)

⑦ 피　　고　콜린 리드(Collen Reid)
　　　　　서울 강남구 도산대로 25길 255

(해설 : 피고가 외국인 경우 표기방법이다.)

⑧ 피　　고　김갑동(660101－1183434)

> 　　　　　　서울 강남구 늘벗길 15, 115동 303호(대치동, 삼일아파트)
> 　　　　　　등기부상 주소 서울 중구 서소문동 33
> (해설 : 등기나 등록에 관계되는 소송에서는 당사자의 주소가 등기부 또는 등록부상 주소와 다를 경우
> 등기부 등의 주소도 병기한다.)
>
>
> ⑨ 피　　고　김갑동 (660101-1183434)
> 　　　　　　서울 서초구 서초동 100
> 　　　　　　송달장소 서울구치소
> 　　　　　　등록기준지 대전 서구 둔산로 101
> (해설 : 피고는 현재 서울구치소에 수감되어 있어 송달장소를 서울구치소로 표기한 것이다. 가사사건이
> 기 때문에 등록기준지 및 주민등록번호를 표기한 것이다.)

[참고 : 판결문상의 피고 표기방법]

피　　고　김갑동
　　　　　최후주소 서울 강남구 봉은사로 18길 255
(해설 : 통상 소송을 제기할 때는 주민등록지상 주소를 소장상의 주소로 기재하여 소를 제기한다. 소송
이 진행됨에 따라 송달되지 않아 마침내 공시송달 요건을 갖추어 공시송달신청을 한 결과 수소법원에
서 공시송달결정을 하여 변론이 진행되어 판결을 선고할 때 판결문에는 위와 같이 표기된다.)

(형사 피고인의 경우 공소장 또는 형사판결문에서 아래와 같이 표기하기도 한다.)
피 고 인　김갑동(660101-1183434), 일명 김해동(金海東)
　　　　　　서울 강남구 도산대로 25길 255

---

　　3) 법인 또는 법인격 없는 단체인 원고와 피고의 표기
　　가) 법인 또는 법인격 없는 단체도 명칭(상호)과 주소로 특정한다.
　　나) 상호(명칭)
　　법인등기부나 상업등기부 등을 확인하여 그곳에 나타난 명칭을 정확하게 기재하여야 한다. 만
약, 합병, 조직변경 등으로 법인격은 유지되었으나 상호가 변경되었을 경우에는 변경 후 상호를 먼
저 기재한 다음 변경 전 상호는 괄호안에 별도로 기재하여야 한다.

[다음 법인명은 서로 다른 법인격을 가진 것으로 본다.]

① 주식회사 을서

② 을서 주식회사

③ ㈜ 을서

④ 을서㈜ 등

위 4가지 표기방법 중 상업등기부에 등재된 내용을 확인하여 그 등재된 내용대로 기재해야 한다.

다) 주소

법인의 주소는 본점(주사무소)소재지를 기재하고, 지점으로 송달할 필요가 있을 경우에는 지점 소재지는 '송달장소'란 형태로 기재한다.

라) 법인 등의 대표자

(1) 법인 등은 대표자를 통하여 (법률)행위할 수 있다. 따라서 법인명과 주소 다음에 반드시 대표자명을 기재하여야 한다. 대표자명도 원칙적으로 상업등기부 또는 법인등기부에 의존하여 직책과 그 성명을 정확하게 기재하여야 한다.

(2) 법인 등 대표자의 주소는 원칙적으로 기재하지 않는다.[30]

---

① 피   고   사단법인 경우회
              서울 종로구 북악산로 33
              대표자 이사 김종양

② 원   고   학교법인 한양학원
              서울 성동구 왕십리로 222
              대표자 이사장 김종량

③ 피   고   대한석탄공사
              서울 영등포구 노들로 10
              대표자 사장 김장무

④ 원   고   풍산조씨신사공파종중
              용인시 구성2길 774
              대표자 회장 조일제

---

(3) 국가, 지방자치단체일 경우

당사자가 국가 또는 지방자치단체일 경우에는 대표자의 자격과 성명만을 표시하고, 당사자나

---

30) 다만 소송도중 법인의 본점·지점소재지로도 송달이 되지 않는다면 대표이사의 주소로도 송달을 시도해야 하기 때문에 주소보정서 등에 대표이사의 주소를 기재하여 주소를 보정하게 된다. 보정된 대표이사의 주소로도 송달불능 되었을 때 비로소 공시송달을 신청할 수 있게 된다. 만약 대표이사 주소로 송달이 되었을 때는 판결문에서 대표이사의 주소를 송달장소로 표기하여 판결문을 작성한다.

대표자의 주소를 기재하지 않는다. 다만 지방자치단체일 경우 송달의 편의를 위하여 당사자의 주소를 기재하기도 한다.

---

① 피   고   대한민국
            법률상 대표자 법무부장관 한동훈
(해설 : 대한민국의 대표자는 법무부장관이다. 대한민국에 대한 민사소송 관련 서류들은 법무부로 송달된다. 법무부의 주소는 명백하기 때문에 그 주소를 기재하지 않는다.)

② 피   고   서울특별시
            서울 중구 세종대로 110
            대표자 시장 오세훈
(해설 : 서울시청의 주소는 명백하여 기재하지 않아도 된다.)

③ 피   고   경기도
            수원시 장안구 조원로 18
            대표자 교육감 임태희
(해설 : 교육에 관한 사건의 소제기는 교육감을 대표자로 표시하여 소제기를 해야 한다.)

④ 피   고   충청남도
            충남 홍성군 홍복읍 충남대로 21
            대표자 도지사권한대행 남궁영

⑤ 피   고   용인시
            용인시 처인구 중부대로 1199(삼가동)
            대표자 시장 백군기

⑥ 피   고   연천군
            경기 연천군 연천읍 연천로 220
            대표자 군수 김덕현

[참고 : 행정소송의 경우는 지방자치단체를 상대로 소송하지 않고, 처분청을 상대로 소송을 하기 때문에 다음과 같이 처분청을 표기하여 행정소송을 제기한다.]
피   고   용인시장
            용인시 처인구 중부대로 1199(삼가동)
(해설 : 행정소송의 일종인 항고소송의 당사자 기재방법이다. 민사소송에서는 지방자치단체인 용인시가 당사자가 되고, 용인시장이 법률상 대표자가 된다.)

마) 법인 또는 법인격 있는 단체의 원고·피고 표시 기재례

---

① 원   고   갑을방적(甲乙紡績) 주식회사
                서울 종로구 삼청로10길 255
                대표이사 김갑주
                소송대리인 변호사 강주원
                서울 서초구 서초대로 1 정곡빌딩 204호(서초동)
                전화번호 (02) 2220－0234 팩스번호 (02) 2220－0235
                이메일주소 jwkang@gmail.com

② 원   고   갑을방적(甲乙紡績) 주식회사
                서울 종로구 삼청로10길 255
                송달장소 서울 중구 을지로 114
                대표이사 김갑동
                소송대리인 변호사 강주원
                서울 서초구 서초대로 1 정곡빌딩 204호(서초동)
                전화번호 (02) 2220－0234 팩스번호 (02) 2220－0235
                이메일주소 jwkang@gmail.com

(해설 : 원고측의 지점을 송달장소로 표기한 기재례이다. 소송대리인도 선임되어 있고, 송달의 필요성도 적기 때문에 원고는 지점이 있다고 하더라도 위와 같이 송달장소로 표기하여 소를 제기하는 경우는 매우 드물다.)

③ 원   고   주식회사 신한은행
                서울 중구 세종대로9길 20(태평로2가)
                대표이사 위성호
                소송대리인 변호사 강주원
                서울 서초구 서초대로 1 정곡빌딩 204호(서초동)
                전화번호 (02) 2220－0234 팩스번호 (02) 2220－0235
                이메일주소 jwkang@gmail.com

(해설 : 과거에는 은행의 경우 대표자를 은행장이라고 하였다. 그러나 지금은 거의 모든 은행이 상업등 기부 상으로는 대표자를 대표이사로 등기하여 두고 있다. 그러나 현실 세계에서는 대표이사를 은행장으로 통칭하여 부른다.)

④ 원   고   갑을방적 주식회사
                서울 노원구 월계로 24
                대표자 청산인 김정무
                소송대리인 변호사 강주원

> 서울 서초구 서초대로 1 정곡빌딩 204호(서초동)
> 전화번호 (02) 2220-0234 팩스번호 (02) 2220-0235
> 이메일주소 jwkang@gmail.com
>
> (해설 : 주식회사가 청산절차에 들어갔을 때 대표자 표기방법이다.)
>
> ⑤ 피 고 주식회사 을서
> 서울 성동구 왕십리로 222
> 대표이사 김주원
>
> ⑥ 피 고 주식회사 국민은행
> 서울 영등포구 국제금융로8길 26 (여의도동)
> 송달장소 서울 성동구 성수이로 51(성수동2가) (성수동지점)
> 대표이사 허 인
>
> (해설 : 피고의 경우는 지점과의 분쟁인 경우에는 지점을 송달장소로 표기하여 소를 제기하는 것이 최적의 소 제기방법이다. 따라서 위와 같은 피고 표기 방법은 널리 활용되고 있다.)

나. 특수한 원고 · 피고의 표기

1) 고유필수적 공동소송

합유(조합)사건의 경우 모든 조합원들을 대상으로 판결이 합일확정되어야 할 필요성이 있어 이를 고유필수적 공동소송이라고 한다. 이 경우 조합의 구성원을 빠짐없이 원고 또는 피고에 포함시켜 소를 제기하여야 한다.

2) 제3자 소송담당의 경우 특별한 기재례가 있으니 이를 잘 익혀야 한다.

제3자 소송담당은 청구권자 또는 의무자(본 항에서 청구권자 또는 의무자를 '권리자'라고 지칭)가 아님에도 법률의 규정 등에 의하여 관리권을 가지게 되어 그 자격에 의하여 소송상 당사자가 되는 경우를 지칭한다. 원래 Ⓐ권리자와 제3자가 모두 소송수행권을 갖는 경우와 Ⓑ권리자에 갈음하여 제3자만이 소송수행권을 갖는 경우로 나누어진다. 전자는 채권자대위권의 대위채권자, 권리질권의 질권자(민법 제353조), 공유물의 보존행위시 공유자 등을 들 수 있고, 후자는 회생채무자의 관리인, 파산관재인, 상속재산관리인, 유언집행자, 선정당사자 등을 들 수 있다. 다만, 채권자 대위권을 행사할 때나 추심명령에 의하여 추심권을 행사할 때는 제3자 소송담당자인 채권자만을 원고로 표기해야 한다.

---

① 원　　고　파산채무자 김갑동의 파산관재인 이을동

② 피　　고　회생채무자 은서 주식회사의 관리인 김갑동

③ 원　　고　망 김갑동의 유언집행자 이을동

④ 원고(선정당사자)　김갑동
　※별지 선정자목록과 같음

다. 법정대리인

1) 대리자격을 표시하고 이어 성명을 기재한다.

2) 법정대리인의 주소는 당사자인 본인의 주소와 같거나, 별도로 변호사가 선임되어 있는 경우에는 따로 기재하지 아니한다. 하지만 나머지 경우에는 법정대리인의 주소를 기재한다.

---

① 원　　고　김병동(071010 – 1343245)
　　　　　　서울 서초구 언주로 6
　　　　　　미성년자이므로 법정대리인 친권자 부 김정무, 모 편의해
　　　　　　소송대리인 변호사 한양인
　　　　　　서울 서초구 서초동 100
　　　　　　전화번호 (02) 515 – 1234, 팩스번호 (02) 515 – 1235
　　　　　　이메일주소 : ssy@gmail.com

② 원　　고　김갑동
　　　　　　서울 강남구 늘벗길 15, 115동 303호(대치동, 삼일아파트)
　　　　　　피성년후견인이므로 법정대리인 성년후견인 김정무
　　　　　　서울 강남구 도산대로 42길 255

(해설 : ①에서는 소송대리인이 있으므로 법정대리인의 주소를 기재하지 않았으나, ②에서는 소송대리인의 기재가 없으므로 법정대리인의 주소를 기재하여야 한다.)

③ 피　　고　김갑동(660101 – 1183434)
　　　　　　서울 강남구 늘벗길 15, 115동 303호(대치동, 삼일아파트)
　　　　　　부재자이므로
　　　　　　법정대리인 재산관리인 김정무
　　　　　　서울 강남구 테헤란로 25길 225, 201동 303호(삼성동, 아이파크)

라. 소송대리인

1) 소송대리인의 자격, 성명, 주소, 연락가능한 전화번호, 팩스번호, 이메일 주소도 기재하여야한다.

만약, 소송대리인이 선임되어 위와 같은 정보를 전부 기재할 수 있다면 이에 영향을 받아 다음두 가지 정보를 기재할 필요가 없다. 첫째 소송대리인이 선임되었다면 그 당사자(주로 원고)를 표시하는 경우 그 당사자의 성명, 주소만을 적으면 되고, 연락가능한 전화번호나 팩스번호, 이메일 주소를 따로 기재할 필요가 없다. 둘째 소송대리인이 선임되었다면 그 당사자(주로 원고)의 법정대리인에 대해서는 법정대리인의 성명만 기재하면 족하고, 그 법정대리인의 주소 등을 따로 표기할 필요가 없다. 즉, 송달을 위한 각종 정보제공은 소송대리인의 주소 등 제시만으로 족하다는 것이다.

2) 법무법인의 경우 특별한 표기 방식이 있다.

"소송대리인 법무법인 소망

담당변호사 김갑동, 이을동"

3) 변호사이외의 자로서 법령의 규정에 의하여 소송대리인이 된 경우에는 그 지위, 자격만을기재할 뿐 그 주소를 따로 기재하지 아니한다. 이런 소송대리인의 예로는 상법상의 지배인, 농업협동조합중앙회의 집행간부, 대리인, 국가를 당사자로 하는 소송에 있어서 소송수행자, 각종 특수법인의 등기된 대리인, 그 외 선박관리인, 선장 등이 있다.

3. 사건명의 표시

사건명은 간결하고 정확하게 기재하여야 한다. 수개의 청구가 객관적으로 병합된 경우에는 '등' 자를 사용한다.

4. 흔히 틀리는 기재례

실례를 들어 학생들이 흔히 틀리고 있는 형식적 기재방법을 설명해 보기로 한다.

[어느 강평안으로부터의 인용]
1. 모든 형식적 기재사항은 그 기재의 시작점(예를 들면 "소장"이란 표제는 정중앙에 위치시킨다.)이 있다. 그런데 그 기재시작점을 지키지 않으면서 법문서를 작성하게 되면 법문서 작성의 기초적 지식조차 없다는 나쁜 인상을 준다.
2. 당사자의 표시
   가. 당사자가 복수이면 그 성명앞에 1, 2, 3... 등 번호를 붙여 표시해야 한다. 그런데 성명만을 단순나열하였을 뿐 1, 2, 3...번호를 붙이지 않는 경우가 다수 있었다.
   나. 소장임에도 준비서면과 같이 당사자의 성명만 기재하고 주소, 소송대리인, 법정대리인 등의 표시를 전부 누락한 경우도 있었다.

다. 소장에서 당사자의 주소를 기재하지 아니한 경우도 있다. 심지어 변호사의 주소는 기재하면서도 원고의 주소는 기재하지 않은 경우가 있었다.

3. 소송대리인의 기재를 누락하였거나 잘못 기재한 경우가 있었다.

정답은 "소송대리인 변호사 한양인"이었는데도 다음과 같이 잘못 기재한 례가 있었다. "원고의 소송대리인 변호사 한양인"; "원고의 대리인 변호사 한양인"; "한양인(원고의 소송대리인)"; "소송대리인 한양인"; "대리인 한양인"; "대리인 한양인 변호사"; "변호인: 한양인"; "대리인 변호사 한양인"; "원고대리인 변호사 한양인"; "소송대리인 한양인 변호사 사무소" 등으로 잘못 기재하기도 하였다.

4. 사건명의 표시

가. 아예 사건명의 기재를 누락한 경우가 다수 있었고, 청구취지 앞이 아닌 딴 곳, 예를 들면 청구원인 앞에 기재하기도 하였다.

나. 표현이 법률적이지 못한 경우가 있었다. 예를 들면, "매매대금 이행청구의 소" "소유물 반환의 소"를 들 수 있다.

다. 청구가 복수일 경우 '등'이란 표시를 해야 하는데 이를 누락시킨 경우는 자주 발견되었다. 그렇다고 하여 "소유권이전등기 등 청구의 소"를 "소유권이전등기 청구 등의 소"라고 해서는 안 된다. 오기재의 례로는, "토지·건물인도의 소, 매매대금 확인의 소"; "대지 및 건물인도 청구의 소"; "건물철거 및 임대물 반환 등에 관한 소"; "건물 및 대지인도와 부당이득반환 등 청구의 소"; "토지 및 건물 인도 등 청구의 소"; "토지 및 건물 인도 및 부당이득금반환의 소"; "소유물 반환의 소" 등을 들 수 있다.

5. 연습문제

[연습문제]

1. 아래 질문에 따라 당사자 표시 또는 사건명 표시를 하시오. (각 2점)

다음 지문을 읽고 아래 (1)내지 (4)의 질문에 답하시오.
[다만 다음 (1)항과 (2)에 관한 답안을 작성할 때는 최근 개정된 「재판서 작성에 관한 예규」에서 원고나 피고의 주민등록번호 기재를 하지 말라는 취지를 전혀 고려하지 말고 주민등록번호도 함께 기재하면서 답안을 작성하시오.]

유시진(주소 서울 중구 서애로 190 주민등록번호 071010-1343245, 전화번호 02-815-2457, 팩스번호 02-815-2458, 이메일주소 sjyoo@hanmail.net)은 강모연(주소 서울 강남구 봉은사로 17길 254, 주민등록번호 631110-2184324), 서대영(주소 서울 서초구 반포로1가 100-1, 주민등록번호 651201-1048235), 신사임당(주소 서울 도봉구 율곡로29길 72, 주민등록번호 720929-2146720)에 대하여 소송을 제기하고자 한다. 유시진은 아버지 유정무(790202-1247896, 주소 서울 강남구 도산대로 26길 255), 어머니 편의해(800207-2550606, 주소 위 유정무와 같음)가 있다.

(1) 유시진은 변호사 선임이 늦어져 우선 소송대리인의 표기 없이 소를 제기하고자 한다. 소장에서 할 당사자의 표시를 완성하시오.

(2) 위 사안에서 유시진은 결국 한양인{사무실 주소 서울 서초구 서초대로 12, 301호(서초동, 진실빌딩), 전화번호 02-515-3000, 팩스번호 02-515-3001, 전자메일주소 yinhan@gmail.com, face-book주소 dingding@facebook) 변호사를 소송대리인으로 선임하였다. 원고 표시만 다시 하시오.

(3) 위 사안에서 소장 말미에 할 작성일자, 작성자의 표시, 관할법원의 표시를 해 보시오.
   [소장 작성일자는 2023. 3. 7.로 하시오]

(4) 위 사안에서 유시진은 강모연(姜慕蓮, 주소 서울 강남구 봉은사로 17길 254, 주민등록번호 631110-2184324)만을 상대로 소송을 제기하였다. 하지만, 강모연에게 위 주소로 송달하였더니 그 강모연이 최근 주소지를 떠나 행방이 묘연한 상태여서 송달이 되지 않아 결국 공시송달을 거쳐 판결이 선고되었다. 판결문에서 피고 강모연 표시를 하시오.

(5) 유시진은 용인시청(현재 용인시장은 정찬민이고, 주소는 용인시 용인대로 735임) 소속 운전기사인 강모연(주소 서울 강남구 봉은사로 17길 254, 주민등록번호 631110-2184324)의 운전상 과실로 큰 부상을 입고 운전기사와 그 사용자를 상대로 손해배상청구의 민사소송을 제기하고자 한다. 피고 표시를 어떻게 하면 되는가?

다음 지문을 읽고 아래 (6)내지 (7)의 질문에 답하시오.

변호사인 한양인은 법무법인 동인{주소 서울 서초구 마방로 13, 209호(방배동, 정곡빌딩), 전화 (02) 525-1234, 팩스 (02) 525-1235, 전자우편 ssa@gmail.com}}에 근무하고 있었다. 어느 날 지인을 통하여 유시진이라는 고객이 찾아와서 다음과 같이 상담을 하였다. 즉, 유시진은 강모연(주소 서울 강남구 일원대로 1 주민등록번호 731110-2184324)으로부터 건물 1동(부동산등기부에는 소유자로 강모연, 주소는 서울 중구 서소문동 27로 등재되어 있다.)을 매수하는 계약을 체결하였는데 대금을 전부 지급받고도 소유권이전등기를 해 주지 아니하고 있다고 한다. 그래서 유시진은 변호사 한양인에게 위임하여 강모연을 형사고소 하였더니 강모연이 구속되어 현재 서울구치소에 수감 중에 있다. 이후 유시진은 변호사 한양인에게 소의 제기까지 위임하였다.

(6) 변호사 한양인이 소장을 작성하면서 피고 표시를 어떻게 해야 하는가?

(7) 유시진은 매매계약에 매우 만족하여 강모연을 상대로 매매목적물의 소유권 취득과 인도를 받고 싶어 한다. 한양인 변호사가 제기할 소송을 예상하여 사건명의 표시를 해 보시오.

(8) 유시진은 선대(先代)(유용상(柳用相, 서울 서초구 서초로 2)가 사정(査定)받은 토지의 소유권을 전전 상속하여 단독상속받아 그 소유자가 되었다. 이런 사실은 선대로부터 물려받은 고문서 등을 통해 충분히 증명이 가능하다. 그래서 해당 고문서를 첨부하여 관할 등기소에 해당 토지에 관한 소유권보존등기를 신청하였더니 등기공무원이 해당 토지의 토지대장을 제출하라고 하여 토지대장을 발급받아 제출하였더니 다시 등기공무원은 그 토지대장상의 소유자란에 '하동유씨충렬공파종중'(대표자 도유사 유지란, 주소 용인시 구성대로 117)이라고 기재되어 있음을 이유로 소유권보존등기 신청을 각하하였다. 그래서 용인시(용인시장은 정찬민이고, 주소는 용인시 용인대로 735임)를 방문하여 고문서를 제출하면서 해당 토지대장상의 기재를 정정해 달라고 하였더니 용인시 공무원은 이마저도 거절하였다. 그래서 유시진은 하는 수 없이 소유권보존등기를 위하여 소를 제기하고자 한다. 누구를 상대로 소를 제기하여야 하며 그 소송의 피고표시를 하시오.(토지대상 관리사무는 국가사무이나 이를 지방자치단체에 위임하여 두고 있다. 현재 법무부장관은 한동훈이다.)

(9) 유시진은 선대(先代)(유용상(柳用相, 서울 서초구 서초로 2)가 사정(査定)받은 토지의 소유권을 전전 상속하여 단독상속받아 그 소유자가 되었다. 이런 사실은 선대로부터 물려받은 고문서 등을 통해 충분히 증명이 가능하다. 그래서 해당 고문서를 첨부하여 관할 등기소에 해당 토지에 관한 소유권보존등기를 신청하였더니 등기공무원이 해당 토지의 토지대장을 제출하라고 하여 토지대장을 발급받아 제출하였더니 다시 등기공무원은 그 토지대장상의 소유자란에 '지동원'이라고 기재되어 있어 소유권보존등기 신청을 각하하였다. 그래서 지동원을 찾으려 하였더니 토지대장상에 지동원의 성명만 기재되어 있을 뿐 주소도 주민등록번호의 기재도 없어 도대체 지동원을 찾을 수 없었다. 또 용인시(용인시장은 정찬민이고, 주소는 용인시 용인대로 735임)를 방문하여 고문서를 제출하면서 해당 토지대장상의 기재를 정정해 달라고 하였더니 용인시 공무원은 이마저도 거절하였다. 그래서 유시진은 하는 수 없이 소유권보존등기를 위하여 소를 제기하고자 한다. 누구를 상대로 소를 제기하여야 하며 그 피고표시를 하시오.(토지대상 관리사무는 국가사무이나 이를 지방자치단체에 위임하여 두고 있다. 현재 법무부장관은 한동훈이다.)

[연습문제에 대한 정답]
(1) (정답) 원   고   유시진 (071010 – 1343245)
　　　　　　　　서울 중구 서애로 190
　　　　　　　　전화번호 02 – 815 – 2457, 팩스번호 02 – 815 – 2458
　　　　　　　　이메일주소 sjyoo@hanmail.net
　　　　　　　　미성년자이므로 법정대리인 친권자 부 유정무, 모 편의해
　　　　　　　　서울 강남구 도산대로 26길 255

피   고 1. 강모연 (631110−2184324)
            서울 강남구 봉은사로 17길 254
         2. 서대영 (651201−1048235)
            서울 서초구 반포로1가 100−1
         3. 신사임당 (720929−2146720)
            서울 도봉구 율곡로29길 72

(2)(정답) 원   고 유시진 (071010−1343245)
            서울 중구 서애로 190
            미성년자이므로 법정대리인 친권자 부 유정무, 모 편의해
            소송대리인 변호사 한양인
            서울 서초구 서초대로 12, 301호(서초동, 진실빌딩)
            전화번호 02−515−3000, 팩스번호 02−515−3001
            전자메일주소 yinhan@gmail.com

(3)(정답)   2023. 3. 7.
                                원고 소송대리인 변호사 한양인

    서울중앙지방법원 귀중

(4) (정답) 피   고 강모연
            최후주소   서울 강남구 봉은사로 17길 254

(5)(정답) 피   고 1. 용인시
              용인시 용인대로 735
              대표자 용인시장 정찬민
            2. 강모연
              서울 강남구 봉은사로 17길 254

(6)(정답) 피   고   강모연
            서울 강남구 일원대로 1
            송달장소 서울구치소
            등기부상 주소 서울 중구 서소문동 27, or

         피   고   강모연
            서울 강남구 일원대로 1
            등기부상 주소 서울 중구 서소문동 27
            송달장소 서울구치소

(7) (정답) 소유권이전등기 등 청구의 소

(8) (정답) 피 고 하동유씨충렬공파종중
　　　　　　　　　용인시 구성대로 117
　　　　　　　　　대표자 도유사 유지란

(9) (정답) 피 고 대한민국
　　　　　　　　　법률상 대표자 법무부장관 한동훈

제 4 절 청구취지

1. 청구취지란?

청구취지(請求趣旨)란 "원고가 소장에서 한 청구의 내용과 범위에 관한 결론적 진술"을 의미한다. 그래서 청구취지는 청구의 결론이자 강제집행의 출발점이 된다. 소장에 기재되는 청구취지는 판결문의 주문(主文)에 대응되는 부분이다. 마치 강제집행을 위해 판결이유상의 결론부분을 판결문 앞쪽에 '주문'이란 제하에 다시 요약해 둔 것처럼 소장에서는 청구원인에서 내린 결론부분을 무색·투명한 표현으로 고쳐 소장 앞부분에 청구취지란을 두고 이를 기재해 둔 것이다. 그래서 소장이나 판결문은 양괄식(兩括式) 문장31)이라 할 수 있다. 원래 청구원인의 결론(경우에 따라서는 '소결론') 부분에서는 의무이행형32)으로 작성하되 소송물의 성격을 특정할 수 있도록 청구의 성격을 알 수 있는 법률적 표현으로 서술하면서 기술하지만 이를 청구취지란으로 옮겨 다시 기재하게 될 때는 강제집행을 함에 필요 없는 성격정의는 삼가고 무색·투명한 용어로 바꾸어 기술해 둔다.

청구취지의 위와 같은 본질을 잘 알게 되면 변호사 시험에서 기록형 답안을 작성할 때는 청구취지부터 냉큼 기재할 것이 아니라, 오히려 답안지 둘째 면 제일 위 칸 정중앙에 청구취지라고 기재한 후 다음 몇 가지만을 기재하고 나머지 부분은 공란으로 두었다가 답안지 셋째면부터 청구원인을 기술한 다음 청구원인의 소결론에 해당되는 부분을 완성하고 나서 비로소 소결론상의 의무이행형의 진술을 다시 무색·투명한 용어로 바꾸어 청구취지란에 기재해 넣는 방식으로 청구취지를 차례차례 완성하는 것이 더 편리하고, 시간을 절약할 수 있는 방법이 된다. 앞서 청구원인 서술 전에 청구취지부분에서 먼저 완성해 두어야 할 '다음 몇 가지'는 다음과 같다. ①제일 마지막 줄로부터 넷째 칸쯤에 "소송비용은 피고들의 부담으로 한다."라고 기재하고, ②다시 줄을 바꾸어 "... 가집행할 수 있다."라고 기재하고, ③마지막 줄에 "라는 판결을 구합니다."라고 기재하여 청구취지의 상투적인 부분만 완성해 두라는 것이다.

2. 청구취지 작성의 기본원칙

구체적인 내용은 소송물(청구의 성격)에 따라 달라지나 청구취지 문장에 사용되는 용어와 어순과 그 구조를 일반적으로 설명해 보면 다음과 같다.

가. **첫째. 주·상·목·행**(主相目行)**으로 기술한다.**

청구취지는 원칙적으로 主相目行의 어순으로 기술한다. 청구원인은 주어－일자－상대방－목적－행위(主日相目行)의 어순으로 쓰지만, 청구취지는 그 중 일자를 생략하여 主相目行의 어순으로 기술하는 것이다. 다만 극히 예외적인 경우에는 일자까지 포함하여 주일상목행의 어순으로 기술하

---

31) 모든 나라의 판결문이 다 양괄식으로 된 것은 아니다. 특히 미국 법원의 판결은 결론적 진술이 마지막에만 나온다. 즉 미괄식 문장이라 할 수 있다.

32) 이행청구소송의 청구취지는 의무이행형으로 기재한다. 물론 확인소송이나 형성소송의 경우 그 청구취지는 선언적 문구로 결론을 낸다.

기도 한다. 가끔 공통되는 부분을 묶어 내기 위해 소위 '인수분해(因數分解)'하여 공통되는 부분을 앞세우는 등으로 위 순서를 바꿀 수는 있다.

나. 둘째, 무색 · 투명하고도 추상적인 용어를 사용하고, 단순 · 명료하게 기재해야 한다. [33]

청구취지는 무색 · 투명한 용어를 사용하여 기재해야 한다. 따라서 원금, 손해배상금, 매매잔금, 이자, 지연손해금 등 법률적 성격을 지칭하는 용어를 사용해서는 안 된다. 대신 "금원" 또는 "돈"과 같은 무색 · 투명한 용어를 사용하여야 한다.

청구취지는 단순해야 한다. 그래서 ① 원고와 피고가 1인이면, "원고" 또는 "피고"라고만 기재해야 하고, ② 원고 또는 피고가 복수이면 ⓐ 복수의 원고 또는 피고 전체를 호칭할 때는 "원고들" 또는 "피고들"이라고 해야 한다.

청구취지는 명료해야 한다. 그래서 ⓑ 복수의 원고 또는 피고 중 일부를 호칭할 때는 "원고 甲" 또는 "피고 乙"이라고 지칭해야 한다. 이때 원고 1, 피고 1이라는 표현은 읽는 사람이 기억상 혼란을 겪게 할 수 있기 때문에 가급적 삼가야 한다. 학생들은 공개된 대법원 판례상의 어투를 배워 원고 1, 피고 1이라고 쓰기를 좋아한다. 그러나 이는 개인정보 보호를 위한 부득이 한 조치이고, 법문서를 작성함에 있어서는 읽는 사람을 위해 불편함이 없도록 반드시 "원고 甲" 또는 "피고 乙"로 지칭해야 한다. 실무상으로도 "원고 甲" 또는 "피고 乙"과 같은 표현법을 선호하고 있다.

다. 셋째, 판결의 주문(主文)**기재 방식과 동일하다.**

완전 승소하였을 때 판결주문에다 그대로 옮겨놓을 수 있을 정도로 기재하여야 한다. 다만, 말미에 "라는 판결을 구합니다."라는 문장을 덧붙여 법원에 판단을 구한다는 "소(訴)"를 나타내는 기재를 추가한다.

라. 넷째, (기판력, 강제집행이 가능하도록) **소송물을 특정하여 기재하여야 한다.**

확정판결은 집행력이 있어 강제집행을 할 수 있게 하고, 기판력이 있어 분쟁을 확정적으로 끝내는 기능이 있다. 이와 같은 효력은 청구취지 기재를 중심으로 소송물을 특정할 수 있어야 적용가능하다. 그래서 소송물의 동일성을 특정할 수 있을 정도로 구체적으로 기재해야 한다.

3. 글머리 표시와 당사자 호칭

가. 글머리 표시

목차가 필요할 때 글머리 표시는

　　1, 2, 3.....[34]

---

33) 필자는 이 부분을 가르칠 때 김춘수 시인의 '꽃'이란 시를 예로 들면서 설명한다. "내가 그의 이름을 불러주기 전에는 그는 다만 하나의 **몸짓**에 지나지 않았다. 내가 그의 이름을 불러주었을 때, 그는 나에게로 와서 **꽃**이 되었다."라는 싯구가 있다. 청구취지에서 무색투명한 용어를 사용한다는 것은 위 싯구의 몸짓과 같은 것일 것이다. 청구원인에서 소송물을 특정할 만한 법적 용어를 사용하여 작성한다는 것은 이름을 붙인 "꽃"과 같은 표현을 사용한다는 것이 된다고 비유할 수 있다.

34) 수험생들은 이론수업의 중간 · 기말고사 답안작성경험이나 사례형 답안작성방법에 따라 글머리기호로 로마숫자(Ⅰ, Ⅱ, Ⅲ . . .)로 시작하는 사례가 아주 많다. 부디 「법원사무관리규칙 시행내규」에 따라 1, 2, 3. . .으로 시작되는

가, 나, 다……

　1), 2), 3)……

　　가), 나), 다)……

　　　(1), (2), (3)……

　　　　(가), (나), (다)….의 순으로 한다.(이상 법원사무관리규칙 시행내규 제10조에서)[35]

그러나 실제로 답안지를 채점해 보면

　Ⅰ.Ⅱ.Ⅲ.

　1, 2, 3으로 표시하거나,

　1. 2, 3, …

　　1), 2), 3)…

　　　①, ②, ③…

로 표시하는 수험생들의 오답안이 많았다. 사례형 답안 작성에 익숙해져 있는 상태에서 소장을 작성하다 보니 생기는 오답안인 것은 잘 안다. 그래도 감점은 틀림없이 하니 틀리지 않도록 정확하게 기재하기를 바란다.

나. 당사자 호칭

1) 원칙적으로 "원고" 또는 "피고"라고 한다.

2) 복수의 원고 또는 피고가 있으면 ① 복수의 원고 또는 피고 전체를 호칭할 때는 "원고들" 또는 "피고들"이라고 하고, ② 복수의 원고 또는 피고 중 일부를 호칭할 때는 "원고 甲" 또는 "피고 乙"이라고 한다.

3) 소송의 당사자가 아닌 자 앞에는 "소외"라는 호칭을 붙여 지칭한다. 사망한 자는 "소외 망 甲"이라고 하고 이후 그 망인을 다시 언급할 때는 그냥 "소외 망인"이라고 하면 족하다. 다만 최신 판결문 작성의 동향을 보면 "소외 甲" 대신 그냥 "甲"이라고 표기하는 경우도 있다.

　예) 소외 박지성, 소외 망 최진실(나중에 다시 거명할 때는 "소외 망인"이라고 축약하여 기재함) 등 다만 최근에는 단순히 박지성, 망 최진실이라고 기재하는 경향도 있다.

4. 청구취지 작성과정과 유형별 청구취지 학습법

의뢰인이 휘말린 분쟁을 해결해 주기 위해 권리분석[36]을 해 본 결과 요건사실을 확정하고, 주

글쓰기를 숙달하도록 해야 한다.

35) 과거에는 1,2,3,… 가,나,다…, (1),(2),(3)…, (가),(나),(다)…, 1),2),3)… 가),나),다)…의 순이었으나, 현재는 법원사무관리규칙 시행내규가 개정되어 위와 같이 사용하고 있다. 다만 필자는 여전히 종전의 글머리 표기방식을 선호하고 있어 가끔 종전과 같이 글머리 기호를 단 경우도 있다. 필자 또래의 법조인들은 종전의 글머리 기호방식에 더 익숙하다.

36) 원래 권리분석을 통해 요건사실 등을 확정한 다음 비로소 제기할 구체적인 소송형태를 알 수 있다. 정확한 청구취지는 앞서 설명한 바와 같이 권리분석을 통해 알게 된 요건사실로 실제 청구원인을 써 보면서 결론까지 내려보아야

일상목행에 의한 요건사실의 기술과 그에 따른 의무이행형의 소결론 작성을 해 보아야 비로소 청구취지를 구체화하여 작성할 수 있게 된다. 그렇다면 청구취지는 청구원인을 학습한 다음 배워야 할 항목이다. 하지만 소장상 청구취지는 청구원인[37])에 앞서 기재하게 되어 있고, 또 청구취지는 장래 강제집행하기 위해 작성되는 관계로 민사집행법상의 각종 집행방법에 따라 주로 4가지 유형으로 분류되어 있으므로 별도로 먼저 학습할 필요성도 있다.

　　즉 청구취지는 확인소송, 형성소송과 관련하여 독특한 기재방법도 학습(말미부분에 설명해 둠)해야 하지만, 민사소송의 대부분을 차지하는 이행소송에서의 청구취지 작성법이 더 중요하다. 이행소송에서의 청구취지는 강제집행을 통해 실현할 급부의 내용(금전, 특정물, 종류물, 의사의 진술 등)을 중심으로 분류해서 학습하여야 한다. 즉 확정된 이행판결에 기해 강제집행할 때 의미있는 급부내용을 중심으로 조금 더 세분류해 보면 금전지급청구, 종류물 인도청구, 특정물 인도·철거·퇴거청구, 의사의 진술을 구하는 청구 등으로 나눌 수 있다. 민법 제389조와 민사집행법은 위와 같은 분류에 기초하여 강제집행방법을 유형화하여 그에 적합한 강제집행방법을 마련해 두고 있다. 이런 유형화와 별도로 이행청구 중 "미리 청구할 필요"까지 추가로 증명하여 장래이행의 청구(민사소송법 제251조)의 형태로도 할 수 있음을 알아 두는 것도 좋다.

[강제집행(민사집행법)과 청구취지]

구제수단	청구권의 유형	민법상의 강제이행방법	민사집행법상 집행방법		이행청구유형
			집행방법	근거규정	
❶물권적청구권 or ❷강제이행청구 (때로는 원상회복청구)	①물건의 인도	민법 제389조 제1항	직접강제	민사집행법 제257조	건물인도, 대지인도, 동산인도, 건물 퇴거
	②대체적 작위·부작위	제2항 단서	대체집행	제260조	건물 철거
	③비대체적 작위·부작위	제3항	간접강제	제261조	
	④의사표시	제2항 본문	직접강제	제263조	이전등기청구 등기말소청구
❷ⓐ강제이행청구 ⓑ(불법행위 or 채무불이행)손해배상	⑤금전지급		직접강제	제61조내지 제256조	매매대금 손해배상 임차보증금반환

확정된다. 따라서 권리분석, 요건사실 확정, 주일상목행에 의한 요건사실의 기술, 소결론 등을 추적해 보아야 비로소 완전하게 청구취지를 작성할 수 있게 된다. 그런데도 먼저 청구취지를 설명하는 이유는 유형별 청구취지 작성법을 학습시켜 결국 위 소결론 부분의 작성을 돕고, 그 결과 청구취지의 구체화를 할 수 있도록 하기 위한 것이다.

37) 본서에서는 청구, 소송유형(사건명), 청구원인, 청구원인의 성격 등의 표현만 사용하였을 뿐 민사소송법상 매우 중요한 개념인 "소송물"이란 개념을 사용하여 설명하고 있지 않다. 소송물 개념은 법전상의 용어도 아니고 실무상 널리 사용되는 용어도 아닌데 분쟁해결 범위를 정하기 위해 민사소송법 이론상 개발되어 사용되고 있는 개념이다. 그래서 실무상 사용되는 용어 중 이에 딱 들어맞는 표현을 발굴해 내기 상당히 어렵다. 하지만 청구의 객관적 병합 가능성, 소의 변경의 필요성과 한계, 중복제소여부 판단, 기판력의 객관적 범위, 제소금지위반 여부의 판단을 위해 기준이 되는 개념으로 소송물이란 개념은 실무상으로도 여전히 중요하다.

ⓒ(침해·급부)부당이득 (이상 채권적 청구권)				임료지급 부당이득 손해배상 대여금청구 이자청구 지연손해금 등

확인소송의 경우에는 의뢰인이 권리자(물권자)라면 소유권(물권)존재확인의 소 등을, 권리자(물권자)의 상대방이라면 소유권(물권)부존재확인의 소 등을 각 제기할 수 있고, 의뢰인이 '약정자(promisor)'라면 채무부존재확인의 소, 채무일부 부존재확인의 소 등을, '약정의 상대방(promisee)'이라면 임차권(채권)확인의 소 등을 각 제기할 수 있다. 이에 관한 청구취지도 매우 정형화 되어 있다.

형성소송은 '재판상 행사할 수 있는 형성권'이 엄격하게 법정화되어 있는바 형성소송의 유형이 극히 적다. 그래서 그 형성소송에 특화된 청구취지를 개별구체적으로 학습해 둘 필요가 있다. 형성소송의 주요한 것으로는 채권자취소의 소, 공유물분할의 소, 각종 회사법상의 소 등이 있고, 채권자취소의 소 및 회사법상의 소가 실제로 자주 출제되는 형태의 형성소송이다.

[2018년도 사법연감상의 민사본안사건 종류별 건수비교표(2018년도 사법연감 557면 이하 참조)]
(소액사건은 제외)

구분	합계	제1심	항소심	상고심
합계	321,491(100.0)	243,267(100.0)	62,860(100.0)	15,364(100.0)
①부동산소유권	**17,952(5.6)**	14,191(5.8)	2,715(4.3)	1,046(6.8)
②건물명도·철거	38,780(12.1)	35,566(14.6)	2,663(4.2)	551(3.6)
③(근)저당권설정·말소	4,558(1.4)	3,975(1.6)	463(0.7)	120(0.8)
제3자이의·청구이의	11,446(3.6)	10,175(4.2)	1,036(1.7)	235(1.5)
공사대금	10,168(3.2)	7,231(3.0)	2,483(4.0)	454(3.0)
④사해행위취소	8,867(2.7)	7,336(3.0)	1,214(1.9)	317(2.1)
구상금	12,869(4.0)	9,179(3.8)	3,307(5.3)	383(2.5)
⑤대여금	27,726(8.6)	21,429(8.8)	5,383(8.6)	914(5.9)
신용카드이용대금	1,039(0.3)	854(0.4)	177(0.3)	8(0.1)
⑥매매대금	17,248(5.4)	12,769(5.2)	3,851(6.1)	628(4.1)
⑦양수금	14,171(4.4)	11,185(4.6)	2,784(4.4)	202(1.3)
⑧어음·수표금	841(0.3)	698(0.3)	120(0.2)	23(0.1)
임금	5,427(1.7)	3,650(1.5)	1,457(2.3)	320(2.1)
⑨임대보증금	4,665(1.4)	3,577(1.5)	927(1.5)	161(1.0)
⑩부당이득금	10,821(3.4)	6,518(2.7)	3,415(5.4)	888(5.8)
⑪보증채무금	1,404(0.4)	1,083(0.4)	275(0.4)	46(0.3)
배당이의	3,458(1.1)	2,685(1.1)	569(0.9)	204(1.3)

약정금		6,713(2.1)	4,567(1.9)	1,782(2.8)	364(2.4)
⑫채무부존재확인		5,272(1.6)	4,283(1.8)	736(1.2)	253(1.6)
손해 배상	자동차사고	3,263(1.0)	2,337(1.0)	774(1.2)	152(1.0)
	산업재해	1,136(0.4)	908(0.4)	196(0.3)	32(0.2)
	의료과오	1,348(0.4)	955(0.4)	295(0.5)	98(0.6)
	환경	28(0.0)	27(0.0)	1(0.0)	－(－)
	지식재산권	592(0.2)	384(0.1)	182(0.3)	26(0.2)
	저작권침해	15(0.0)	15(0.0)	－(－)	－(－)
	건설·건축	396(0.1)	279(0.1)	103(0.2)	14(0.1)
	기타	40,813(12.7)	23,868(9.8)	12,643(20.1)	4,302(28.0)
	계	47,591(14.8)	28,773(11.8)	14,194(22.6)	4,624(30.1)
기타		70,475(21.9)	53,543(22.0)	13,309(21.2)	3,623(23.6)

5. 이행(청구)소송의 청구취지

가. 일반론

권리(물권) 침해 또는 약정 불이행 상황하에서 발생한 분쟁[38]이라면 피해자로서 또는 약정의 상대방(promisee)으로서 구제를 받기 위해 상대방에게 작위·부작위를 구하는 이행청구를 할 수 있다. 이행청구는 의무이행의 내용으로 구성되어 있고, "...하라."라는 **명령형 어미**로 끝난다. **무색·투명한 추상적 표현을 사용하여야 한다.** 예외적으로 가사사건에서 위자료와 재산분할을 병합하여 청구하게 될 때는 금전이행을 두 번 명하게 되기 때문에 서로 구분하기 위해 '위자료로서', '재산분할로서'라는 표현을 사용하여 청구취지를 작성한다.[39] 이행청구의 사건명 표시에서 "... 청구의 소"라고 표기한다.

---

[38] 앞서 설명한 바와 같이 권리 침해의 경우 권리에는 이르지 못한 이익 침해도 불법행위로 인한 손해배상청구를 할 수 있고, 약정이외에도 준약정(quasi-contract)과 같은 사무관리적 상황하에서 그 비용상환 및 보수지급청구를 할 수 있으며, 무효인 행정처분으로 손해를 당한 경우 이로 인하여 이득을 얻은 자를 상대로 부당이득반환청구를 할 수 있는 예외적 상황이 있다. 특히 점유취득시효 완성을 원인으로 한 소유권이전등기청구권은 권리 침해와 약정 불이행이외에 기타 청구권 발생원인으로 가장 중요한 청구원인이다. 위와 같은 청구권에 기초한 이행청구도 있다.

[39]

> (이혼청구와 위자료·재산분할청구를 병합한 사건의 청구취지 기재례 ; 재산분할은 현물분할 청구의 형태로 제기하였다.)
> 1. 원고와 피고는 이혼한다.
> 2. 피고는 원고에게 위자료로서 100,000,000원 및 이에 대한 이 사건 소장 부본 송달 다음날부터 다 갚는 날까지 연 12%의 비율에 의한 금원을 지급하라.
> 3. 피고는 원고에게 재산분할로서 별지 목록 기재 부동산 중 2분의 1 지분에 관하여 이 판결 확정일자 재산분할을 원인으로 한 소유권이전등기절차를 이행하라.
> (위 청구 중 제3항은 가액분할로 청구할 때 다음과 같이 변경해 청구취지를 작성할 수 있다.)
> 3. 피고는 원고에게 재산분할로서 500,000,000원 및 이에 대한 이 사건 판결확정일 다음날부터 다 갚는 날까지 연 5%의 비율에 의한 금원을 지급하라.

이행청구소송의 청구취지는 강제집행을 위한 구분법으로 ⓐ금전지급청구, ⓑ종류물지급청구, ⓒ특정물 인도, 철거, 퇴거 청구, ⓓ의사의 진술을 명하는 청구 등으로 나누어 설명한다.

나. 금전지급의 이행(청구)소송 청구취지

1) 금전지급을 구하는 청구취지는 가장 널리 활용되는 청구취지로 잘 학습해 두어야 한다. 특히 화폐경제시대에는 금전 v. 상품 및 용역(서비스)의 형태로 교환이 이루어지므로 거의 모든 약정의 강제이행은 금전지급 약정을 수반하고 있다. 따라서 그 강제이행청구도 금전지급청구의 형태를 띠고 있다. 또 금전배상의 원칙으로 말미암아 (침해·급부)부당이득반환청구는 물론 (불법행위 또는 채무불이행으로 인한) 손해배상청구도 모두 금전지급청구의 형태로 이루어진다. 금전지급청구는 모두 채권적 청구권이다. 그 결과 앞서 정리해 둔 2018년도 사법연감을 기초로 작성된 표에서도 나타나듯이 ⑤⑥⑦⑧⑨⑩⑪과 손해배상청구 등만을 합산해 보아도 금전지급청구가 전체 사건의 약 38.7%를 차지하고 있다. 그 외 기타 청구 등에 금전지급청구를 구하는 청구취지도 다수 포함되어 있을 것이므로 줄잡아도 전체 사건의 50% 이상이 된다 해도 과언이 아닐 것이다. 소비대차계약에 기한 대여금반환청구, 매매계약에 기한 매매대금청구, 임대차계약에 기한 임대차보증금반환청구, 임료청구, 각종 손해배상 청구, 부당이득금반환 청구 등은 금전지급청구의 대표적 사례들이다.

2) 금전지급청구의 가장 기본인 원본만의 지급을 구하는 청구취지

원본지급의무는 근거가 된 각종 약정(강제이행청구)이나 부당이득 및 손해배상의 법리에 따라 정해진다. 이때 원본지급청구의 청구취지도 무색·투명하고 간략하게 작성하여야 한다. 그래서 대여금, 임대차보증금 등 표현을 삼가고, "돈", "금원" 등의 무색·투명한 추상적 표현을 사용하여 청구취지를 작성한다.

---

① 피고는 원고에게 (금)[40] 100,000,000원을 지급하라.
(해설: 원본 지급만을 구하는 청구취지로 금전지급청구의 가장 기본형이다. 원고와 피고가 각 1인인 경우이다. 매매대금과 같이 동시이행관계에 있는 반대급부의 이행 또는 이행제공이 없는 경우에는 변제기가 경과하여도 이행지체에 빠지지 않기 때문에 매매계약 등 유상·쌍무계약의 금전지급청구에서 가끔 발견된다. 그렇지만 이자의 약정이 있거나 이행지체에 빠져 이자나 지연손해금의 지급청구를 병합하는 청구취지가 더 많이 이용되는 까닭에 위 청구취지 기재방식은 그다지 널리 사용되지 않는다.)

---

40) 수강생들로부터 수차례에 걸쳐 "금 50,000,000원" 또는 "50,000,000원" 중 어느 것으로 표시해야 하는가라는 질문을 받았다. 실무에서 양자를 혼용하고 있으므로 어느 한 쪽만을 옳다고 배워서는 아니 된다는 생각에 양자를 모두 사용할 수 있다고 설명하였다. 최근에는 사법연수원 간행 "민사실무 1"에서는 "50,000,000원"으로 통일하여 사용하고 있다. 그러므로 후자의 경우가 더 널리 사용되고 있고 최근 추세라고 설명할 수 있다.

②피고 甲은 원고에게 100,000,000원을 지급하라.

(해설 : 피고는 수인이나 원고가 1인인 경우의 원본지급청구의 청구취지이다. 변호사 시험 기록형 출제 시 원고는 1인인 경우가 많으나 피고는 거의 모든 경우에 수인이었으므로 ②청구취지가 ①청구취지보다 더 출제될 가능성이 있다.)

③피고 甲은 원고 乙에게 100,000,000원을 지급하라.

(해설 : 원고는 물론 피고도 수인(數人)인데 원고 乙이 피고 甲을 상대로 한 원본지급청구의 청구취지 이다.)

3) 원본지급청구와 이자 또는 지연손해금 지급청구와의 병합

가) 이자와 지연손해금의 구분

원본지급의무의 원본은 근거 법리에 따라 달라지므로 이 부분에서 간략하게 설명할 수 없을 정도로 복잡하지만 이자 및 지연손해금의 지급 법리는 이 부분에서 요약하여 설명하는 것이 가능하다. 이자와 지연손해금의 지급청구 법리는 다음과 같다.

이자는 원본의 사용료로서 변제기 이전에 발생하고, 지연손해금은 금전지급채무의 불이행(이행지체)으로 인한 손해배상으로서 변제기가 도과하여 이행지체에 빠졌을 때 인정된다. 대한민국 법제에서도 이자에 대해서는 대단히 적대적인 태도[41]를 견지하고 있어 원칙적으로 이자지급약정이 없는 이상 이자지급청구를 할 수 없다.

첫째 이자의 경우 이자지급의 약정이 있는 경우에 그 이행기까지 발생한 이자만 청구할 수 있고(이를 opt-in방식이라 함), 한편 지연손해금의 경우는 별도 약정이 없는 한 금전지급채무가 이행지체에 빠졌을 때는 항상 청구할 수 있다.(opt-out방식)(민법 제390조, 제397조) 따라서 이자 및 지연손해금 관련 법리를 학습함에 있어 '기한'의 법리를 정확하게 알고 있을 필요가 있다. 특히 소비대차계약은 원칙적으로 무상계약이어서 차주(채무자)는 이행기 이전에는 특약이 없는 한 이자를 지급할 의무가 없다. 다만 이자지급의 명시적 약정이 있다면 이자지급을 청구할 수 있다.(임의규정) 이때 주의할 것은 이자지급약정만 하면 되지 이율의 약정까지 할 필요가 없다는 것이다. 만약 이자지급은 약정했으나 이율에 관한 약정이 없으면 법정이율(민사사안의 경우 연 5%, 상행위로 인한 경우 연 6%)로 이자지급청구를 할 수 있다. 실제 거래계에서는 소비대차계약을 하면서 거의 대부분 이자지급의 약정을 하고 있다. 결과적으로 유상계약이 된다. 또 법률의 규정(민법 제548조 제2항, 제748조 제2항 등)에 의해 이자 등 지급의무가 발생할 수 있다. 이를 약정이자와 구분하여 법정이자라고 한다. 이미 발생한 이자에 관해서는 그 이행기가 지났다면(이율을 월 x%로 약정한 경우에는 월말이 지나면 이행기가 도과하였고, 연 x%로 정했으면 년말이 경과되면 이행기가 도과된 것으로 본다.)

---

41) 이자에 대한 적대적인 태도는 거의 모든 나라, 모든 시대에서 발견되고 있다. 중세유럽에서는 카돌릭의 영향으로 이자약정이 죄악시 되었다든지, 이슬람 문화권에서는 현재도 이자지급약정이 무효이어서 슈쿠크(Sukuk)채권이 활용 중에 있다.

그 미지급이자에 관해서도 그 지연손해금의 지급을 구할 수는 있다. 또 금전지급의무에 관해 이행지체한 경우에는 지연손해금 지급의무가 발생한다. 다만 명시적 약정으로 지연손해금 지급의무를 배제하였다면 그 특약도 유효하여 지연손해금의 지급을 구할 수 없다.(임의규정) 채권자로서 이행지체 책임을 면제해 줄 유인이 거의 없기 때문에 실무상 지연손해금 지급의무를 면제해 주는 특별한 약정을 하는 경우란 거의 존재하지 않는다.

둘째 이자 및 지연손해금이 위와 같이 구분되므로 비록 민법, 민사특별법상의 '이자'라는 용어가 사용되고 있다 하더라도 이자 개념에 지연손해금도 포함하는 것인지에 관해 정확하게 알고 있어야 한다.

즉 ①ⓐ이자제한법상의 제한이율은 이자에만 적용되고 지연손해금에는 적용되지 않는다. 따라서 약정 지연손해금률이 제한이자율을 초과하여도 무효로 되지 않고[42] 이를 청구할 수 있다. ①ⓑ 민법 제163조 제1호에 규정된 '이자'라는 표현에는 지연손해금이 포함되지 않는다. 그 결과 이자지급의무는 3년의 단기소멸시효기간이 경과되면 소멸시효완성으로 소멸하지만, 지연손해금 지급의무는 민사사안일 경우 10년의 소멸시효기간이 경과하여야 시효소멸하고, 상행위로 인해 발생한 지연손해금 지급의무일 경우에는 5년의 소멸시효기간 적용을 받는다.

②참고로 민법 제479조 제1항(법정충당규정)에 정해진 비용-이자-원본의 순으로 된 법정충당 법리를 적용할 때는 지연손해금도 이자개념에 포함되어 원본에 우선하여 법정충당된다.

이자					지연손해금			
원본의 사용대가					채무불이행(이행지체)으로 인한 손해배상			
opt - in 방식	이자약정·이율미약정(법정이율)	민사사안: 연 5%			opt - out 방식	지연손해금률 약정 존재	지연손해금률 (심지어 법정이율 5%보다 낮아도 그대로 적용, 異說있음)	
		상행위: 연 6%						
	이자·이율 약정(약정이율)	소비대차·준소비대차	이자제한법 제한이율내	약정이율		지연손해금률 약정 無	이율약정 있음	좌측 이자·이율 약정 있는 경우와 동일
			이자제한법 제한이율초과	20% (과거, 24% 또는 25% 등)				
		그 외	약정이율				이율약정 無	법정이자율 (민사사안 : 연 5%, 상행위 : 연 6%)
3년 단기소멸시효 기간 적용(민법 제163조 제1호)					민사사안 : 10년 상행위 : 5년			
법정충당 : 비용-이자(지연손해금 포함)-원본 순으로 법정충당됨								

---

42) 약정이자율이 이자제한법을 초과하여 일부무효가 되고, 그 상태에서 지연손해금률로 변환되는 현상과는 다르니 주의를 요한다.

나) 따라서 이자약정이 있는 경우에는 고객을 위하여 반드시 이자지급을 구하고, 배제특약이 없는 한 지연손해금을 청구하여야 한다.

앞서 설명한 바와 같이 우리 민사법체계에 의하면 '이자는 opt-in방식으로, 지연손해금은 opt-out방식으로' 설계되어 있어 표준적 약정(default rule)으로 기능한다. 그래서 소비대차계약의 경우는 이자지급의 약정이 없으면 이자지급 청구를 하지 못한다. 다만 이율의 약정이 없으면서 이자지급의 약정만 있어도 법정이율로 이자를 청구할 수 있다.

또 명시적 약정이 없어도 금전지급의무가 이행지체에 빠지게 된다면 지연손해금을 언제든지 청구할 수 있다.(민법 제397조) 소장부본 송달 다음날부터는 '소송촉진 등에 관한 특례법' 제3조에 의해 그 지연손해금률이 연 12%('소송촉진 등에 관한 특례법' 제3조, '소송촉진 등에 관한 특례법 제3조 제1항 본문의 법정이율에 관한 규정'에 따르면 2019. 6. 1. 이후에는 연 12%, 2015. 10. 1.이후 2019. 5. 31.까지는 연 15%, 2015. 9. 30.까지는 연 20%임)로 증액된다. 따라서 저금리 시대에 지연손해금률의 기저가 되는 법정이율 연 5%도 대단히 고율일 뿐만 아니라 '소송촉진 등에 관한 특례법'에 따라 소장부본 송달 다음날부터 연 12%의 고율로 청구할 수 있다. 소제기로부터 판결확정시까지 통상 3년 이상 상당한 시간이 걸리는 현실하에서 위와 같은 고율의 지연손해금은 그 규모가 매우 크다. 따라서 원고측 소송대리인으로서 소장을 준비할 때 반드시 지연손해금 지급청구를 해야 하고, 피고측 소송대리인이라면 특별한 사정이 없는 한 반드시 소송을 빨리 진행하여 쓸데없이 고율의 지연손해금을 장기간 부담하지 않도록 노력해야 한다. 이처럼 이자 청구와 지연손해금 청구는 금전지급 청구에 부수하여 널리 병합 청구되는 청구의 객관적 병합형태이고, 소의 객관적 병합요건(민사소송법 제253조)이 원칙적으로 충족된 것으로 본다.

다) 이자와 지연손해금 지급 청구할 때 추가적으로 주장·증명해야 할 요건사실들

(1) 원본만 지급을 청구할 때 앞서 여러 차례 학습한 바와 같이 Ⓐ약정사실(매매계약과 같은 매매형계약에서 매매대금지급 약정사실)만이나 Ⓑ반환청구(소비대차계약과 같은 대차형계약에서 대여금반환청구)적 성격을 가진 경우에는 ⓐ약정＋ⓑ인도＋ⓒ이행기의 도래가 되고, 이때 이행사실은 상대방이 주장·증명해야 할 항변사실이라고 설명하였다.(항변설) 그런데 원본에 더하여 이자지급청구을 할 경우에는 위 Ⓐ, Ⓑ사실이외에도 Ⓒ이자약정의 특약사실을 추가로 주장·증명해야 하고, 나아가 지연손해금 지급청구도 할 경우에는 위 Ⓐ, Ⓑ사실 이외에도 Ⓓ이행지체사실인 ⓐ이행기 약정사실과 ⓑ그 도과사실까지 주장·증명하여야 한다. 더구나 쌍무계약인 경우에는 ⓒ 반대급부의 이행 또는 이행의 제공(현실의 제공 또는 구두의 제공)사실도 추가로 주장·증명하여야 한다.(동시이행항변권의 존재효과설적 입장에서 Ⓓⓒ사실의 주장·증명이 추가적으로 필요하다.) 실무상 잘 훈련된 법조인들도 반대급부의 이행 또는 이행제공사실을 추가적으로 발굴하여 주장·증명하기 그리 녹녹치 않기 때문에 위와 같이 가중된 주장·증명책임은 가볍다 할 수 없다.

이자와 지연손해금의 지급청구를 할 수 있으면 반드시 해야 하는 관계로 이행기의 도과사실이

청구원인사실로 주장·증명되는 경우가 대단히 흔하다. 그래서 이행사실이 항변사실이라는 원칙이 실천적으로는 별의미가 없는 경우가 많다.

지연손해금 지급청구를 하기 위해 주장·증명해야 할 이행기의 주장·증명방법이 너무 중요하기 때문에 다시 한번 요약해 둔다.

(2) 이행기('기한'이란 부관과의 구분)

민법 제387조 이하에 규정된 채무이행의 기한은 이행기[43]라고 한다. 민법 제387조의 적용을 받는 채무에는 약정에 의한 강제이행청구권, 채무불이행에 의한 손해배상 청구권(이상 두 채무는 약정에 수반된 채무임), 급부 부당이득반환 청구권은 물론 권리 침해에 의한 불법행위로 인한 손해배상청구권, 침해부당이득반환 청구권 및 기타 사무관리로 인한 비용상환청구권(이상 법정채권)에 적용되므로 결국 물권적 청구권을 제외한 각종 청구권(채권적 청구권)의 이행기를 정한 규정이 된다.

우선 **1**약정에 수반된 이행기에 관하여 설명해 보자. 약정을 하면서 이행기를 정할 수도 있고, 공란으로 비워 둘 수도 있다. 이행기에 관한 명시적 약정이 있으면 그에 따라 해석하여 적용하면 되나 공란으로 비워 있을 때는 다음과 같이 해석하여 적용한다. 즉 ①대차형계약의 경우에는 이행기 약정이 대차약정의 본질적 구성부분이어서 반드시 약정을 해야 하지만 특별하게 합의하지 않은 경우에는 관련 법규정에서 기본 원칙(표준적 약정으로서의 성격)을 정해두고 있다.(이를 '흠결부정설'이라고 함) 예를 들면 임대차계약의 경우에는 임대기간의 정함이 없는 경우에는 그 임대차계약이 무효가 아니라 유효란 전제하에 당사자들은 언제든지 해지통고를 할 수 있고, 다만 부동산(정확하게는 토지+건물이외에도 공작물 포함) 임대인이 해지 통고한 경우에는 6개월이 경과한 다음 임대기간이 만료되고, 부동산 임차인이 해지 통고한 경우에는 1개월이 경과하면 임대기간이 만료된다.(민법 제635조)[44] 소비대차의 경우에는 변제기의 정함이 없는 경우에는 대주의 경우는 최고를 한 후 상당기간이 경과해야 변제기에 도달하고, 차주의 경우에는 언제든지 반환할 수 있다.(민법 제603조) 하지만 ②매매형 계약의 경우에는 원칙적으로 기한의 정함이 없는 약정으로 최고하면 바로 이행기가 도래하게 된다.(민법 제387조 제2항) 달리 정하려면 특약(결국 민법 제387조 제2항 등이 임의규정이란 의미이다.)을 하여야 한다.

소위 **2**법정채권의 경우에는 다음과 같이 이행기가 정해진다. 첫째 불법행위로 인한 손해배상청구권의 경우 불법행위시 바로 이행기가 도래한다. 불법행위시와 결과발생시가 다르면 결과발생시

---

43) 이행기(민법 제387조, 제477조, 제492조)는 그 외에도 "기한(민법 제153조, 제388조)", "채무이행의 기한", "이행기한", "의무이행의 기한(민법 제585조)", "변제기"(민법 제468조, 제536조, 제743조)라는 용어로도 사용되고 있다. 이러한 의미의 기한은 민법 제147조 이하에서 정하고 있는 기한과는 다른 개념이다. 기한은 법률행위 효력발생(시기)나 소멸(종기)에 관한 기한으로 부관의 한 종류이다. 민법 제152조, 제154조 등에 규정된 기한은 위와 같은 부관이다. 대개 부관으로서의 기한에 관한 규정은 특별한 사정이 없는 한 이행기에도 적용된다.

44) 동산 임대차계약의 경우에는 임대인 또는 임차인이 해지 통고를 한 후 5일 경과 후 임대차계약이 만료된다.(민법 제635조 제2항 제2호) 한편 사용대차의 경우는 기한의 정함이 없는 경우에는 차주의 경우에는 계약 또는 목적물의 성질에 의한 사용, 수익이 종료한 때 반환하여야 하고, 대주의 경우에는 그 사용, 수익에 족한 기간이 경과한 때에는 언제든지 사용대차계약을 해지할 수 있다.(민법 제613조 제2항)

를 기준으로 한다.[45] 주의할 점은 이행기를 포함하여 법정이율에 의한 지연손해금을 청구할 수 있다는 점이다. 둘째 부당이득반환청구의 경우에는 선의 수익자의 경우 현존이익을 반환하게 되므로 이행을 최고해야 이행기에 도래하게 되나 악의의 수익자의 경우 원상회복을 하면서 각종 받은 이익에 (법정)이자를 붙여 반환해야 하고, 손해가 있으면 손해배상도 해야 하므로(민법 제748조 제2항) 마치 이익을 수취한 날부터 이행기에 있는 듯 오해할 수 있으나 이익을 수취한 날부터 법정이자를 청구할 수 있을 뿐이다. 따라서 부당이득자의 모든 반환의무는 기한의 정함이 없는 채무로 보아 그 이행을 최고한 날로부터 이행기가 도래하고, 그 다음날부터 지체책임을 지는 것으로 처리한다. 심지어 악의의 수익자에게 발생한 법정이자에 대해서도 최고한 다음날부터 지연손해금을 청구할 수 있다. 계산상 난점이 많아 실무상 여러 가지 청구방법이 있다.[46] 셋째 사무관리의 경우 비용(필요비·유익비)상환청구권은 지출한 날 이후 이자도 포함하여 청구할 수 있다.[47] 이 역시 법정이자에 불과하여 악의의 수익자에 대한 부당이득반환청구 법리와 같이 기한의 정함이 없는 채무로 보아 최고한 다음날부터 지연손해금의 지급을 구할 수 있다.

이렇게 이행기가 정해졌을 때 이행지체를 주장·증명하기 위해 먼저 ① 이행기, ② 그 도과, ③ 쌍무계약의 경우 반대채무의 이행 또는 이행의 제공을 주장·증명해야 한다. 우선 이행기의 종류에는 확정기한, 불확정기한, 기한의 약정이 없는 때 등 3가지가 있는데 그 종류별 이행기 및 그 도과로 인한 이행지체의 주장·증명을 살펴본다.

㈎ 확정기한은 기한의 존재만 주장·증명하면 그 기한의 도과는 역수상 알 수 있는 법원에 명백한 사실이어서 실무상으로는 그 기한의 도과사실은 별도로 주장·증명하지 않는다.(민사소송법 제288조) 특히 최고 없이도 이행지체에 빠진다는 점에 주의해야 한다.

㈏ 불확정기한은 ⓐ 객관적으로 기한이 도래하여야 하며, ⓑ 채무자가 그 기한도래를 알아야 한다. 따라서 채무자가 그 기한도래를 안 다음날(민법 제387조 제1항 2문)부터 이행지체에 빠지게 된다.

㈐ 기한의 약정이 없는 경우에는 이행청구(최고)를 해야 이행기가 도래하고, 그 다음날부터 이행지체에 빠지게 된다.(민법 제387조 제2항) 따라서 기한의 약정이 없는 채무일 경우에는 소 제기이

---

45) 결과발생시를 판정함에 있어 주의를 요한다. 즉 甲이 2022. 3. 10. 교통사고로 다쳐 2022. 4. 10. 사망한 경우 교통사고가 발생한 날 사망하지는 않았지만 사고발생 당시 상당한 피해(상처)를 입었기 때문에 그 피해를 결과발생일로 볼 수 있고, 꼭 사망시를 결과발생시라 할 필요가 없다. 그래서 2022. 3. 10.부터 지연손해금의 지급을 구할 수 있다. 즉 피해의 일부가 발생한 다음 최종적으로 더 큰 피해(사망)가 발생했다 하더라도 결과발생일은 피해의 일부라도 발생한 날을 지칭한다는 것이다. 이에 반하여 불법행위일과 결과발생일이 다른 사례로는 예를 들면 매수한 토지상에 불법행위로 근저당권이 설정되고 매수인의 소유권이전등기 후 그 근저당권의 실행으로 토지가 제3자에게 경락된 때에는 근저당권 설정당시(불법행위일)가 아니라 경락 당시(결과발생일)의 시가를 기준으로 손해액을 산정하고, 그 날로부터의 지연손해금을 지급해야 한다.(대법원 1991. 6. 14. 선고 91다8333 판결)
46) 구체적으로는 이 교과서 다음에 첨부되어 있는 연습문제 32번에서 구체적으로 설명하여 두었으니 참조 바란다.
47) 민법 주해(17) 82면 이하 참조, 통상 필요비는 지출한 날로부터의 이자 지급을 청구할 수 있으나 유익비는 청구한 날부터의 이자를 지급할 수 있을 뿐인데(민법 제626조 제2항 참조), 사무관리의 경우 필요비는 물론 유익비의 경우에도 지출한 날로부터의 이자를 청구할 수 있기 때문에 사무관리자에게 유리한 default rule이다.

전에 최고를 한 바가 없다면 소장에서 최고하는 취지를 기재한 다음 그 소장부본 송달을 통하여 최고를 하는 효과가 발생하게 된다. 그렇다면, 지연손해금의 기산점은 소장부본 송달 다음날이 된다.

(라) 판결이 확정되어야 이행의무가 발생하는 채무의 경우(예를 들면 재산분할로 인한 재산분할금 지급 청구, 사해행위 취소 후 청구하는 가액배상)에는 판결확정 다음날부터 이행지체 책임을 지게되기 때문에 지연손해금은 그 다음날부터 청구하여야 하고, 그래서 소송촉진 등에 관한 특례법 제3조에 따른 증액은 이루어지지 않는다는 점에 주의하여야 한다.

구 분	이행기 (이행지체일)	소멸시효의 기산점
확정기한	해당일 (그 다음날)	해당일
불확정기한	① 객관적으로 기한이 도래할 것 ② 채무자가 이를 알 것 (그 다음날)	①객관적으로 기한이 도래할 것
기한의 정함이 없는 경우	청구(최고)한 때 (그 다음날)	성립된 때

(3) 기한과 조건의 구분

원래 기한은 "장래 확실한 사실"에 의존케 한 것이고, 조건은 "장래 불확실한 사실"에 의존케한 것으로 이해되고 있다. 그러나 최근에는 장래 불확실한 사실이라도 "표시된 사실이 발생한 때에는 물론이고 반대로 발생하지 아니하는 것이 확정된 때에도 그 채무를 이행하여야 한다고 보는 것이 상당한 경우에는 그 표시된 사실의 발생여부가 확정되는 때"가 불확정기한이 된다(대법원 2003. 8. 19. 선고 2003다24215 판결)고 판시하여 그 구분이 더욱 애매해졌다. 위 대법원 판결의 사안에서는 명예퇴직금 지급시기를 회사정리계획안인가를 받고서 하겠다고 약속했는데 회사정리계획안이 부결되어 청산절차에 돌입하게 되었다. 회사정리계획안의 인가는 장래의 불확실한 사실이지만 명예퇴직금은 반드시 지급되어야 하는 채무다. 다만 그 지급시기를 장래 불확실한 사실이 발생한 때까지 연기시켜 둔 것에 불과하다. 따라서 대법원은 이미 확정되어 있는 채무의 지급시기를 장래 불확실한 사실의 발생에 연관시켜 둔 경우에는 회사정리계획안 인가여부가 불확정기한에 해당될 수 있고 그 여부가 판가름 났을 때 불확정 기한 상의 이행기가 도래한 것으로 판시한 것이다.

라) 이자와 지연손해금의 구체적인 청구취지 작성방법

(1) 4가지 시기구분과 5가지 이율{2 약정이율 + 3 법정이율(이자제한법과 소촉법의 개정)}

사건을 수임한 변호사는 청구취지를 작성함에 있어 의뢰인을 위하여 원본지급청구는 물론 경우에 따라서는 이자와 지연손해금 청구를 반드시 해야 한다고 설명하였다. 그래서 이자 또는 지연손해금 지급청구를 하기 위하여 비록 복잡하기는 하지만 그 청구방법을 잘 정리해 두어야 한다. ① 이행기, ②이행기 도과(이행기 다음날), ③소장부본 송달 다음날, ④판결확정 다음날 등 4가지 유의미한 변곡점이 있고, 5가지 이율, 즉 약정이율과 약정 지연손해금율 및 민사(상사) 법정이율, 소촉법상의 지연손해금율, 이자제한법상의 최고이자율 등이 있음에 주의하여야 한다. 먼저 시기구분에 관해 설명하면 ①은 이자지급과 관련하여[이자발생기간], ②는 지연손해금의 계산 시기(始期)로[지연손해금 청구기간], ③은 소송촉진 등에 관한 특례법상의 지연손해금 청구 시기(始期)로[소장부본 송달 다음날부터의 지연손해금율 인상], ④는 확정되어야 비로소 금전지급의무가 발생하는 청구의 지연손해금 청구 시기(始期)[판결확정 후 비로소 지연손해금 청구할 수 있는 예외적 사례]로서의 의미를 갖는다. 기록을 검토함에 있어 약정이율의 합의가 많으므로 이를 꼭 확인하여야 하고, 지연손해금율의 특약은 대부분 하지 않거나 하였다 해도 민사(상사) 법정이율보다 훨씬 높게 약정하는 경향이 있다는 사실을 잘 이해하고 있어야 한다.

또 그동안 「이자제한법」 및 「소송촉진 등에 관한 특례법」이 수차례 개정되어 그 영향하에 있기 때문에 이에 대한 정보도 정리[48]해 두어야 한다.

먼저 「이자제한법」[49]이 수차례 개정되어 현재 연 20%가 되어 있다. 즉 연 30%(2007. 6. 30.~2014. 7. 14.), 연 25%(2014. 7. 15.~2018. 2. 7.), 연 24%(2018. 2. 8.~ 2021. 7. 6.)로 되었다가 2021. 7. 7.부터 연 20%(2021. 7. 7.~현재까지)가 되어 있다.

또 「소송촉진 등에 관한 특례법」 제3조가 수차례 개정되어 연 25%(1981. 3. 2. 시행 후 2003. 5. 31.까지)에서, 연 20%(2003. 6. 1.부터 2015. 9. 30.까지), 연 15%(2015. 10. 1.부터 2019. 5. 31.까지), 연 12%(2019. 6. 1.부터 현재까지)로 되었다는 사실을 기억하고 있자. 물론 현재 12%임은 정확하게 기억하고 그 적용에 틀림이 없어야 한다.

이 자		지연손해금	
기 간	이자율	기 간	지연손해금율
2007. 06. 30.~2014. 07. 14.	30%	1981. 03. 02.~ 2003. 05. 31.	25%
2014. 07. 15.~2018. 02. 07.	25%	2003. 06. 01.~ 2015. 09. 30.	20%
2018. 02. 08.~2021. 07. 06.	24%	2015. 10. 01.~ 2019. 05. 31.	15%
2021. 07. 07.~현재까지	**20%**	**2019. 06. 01.**~ 현재까지	**12%**

(2) 이자지급약정이 있으면 꼭 이자지급 청구를 해야 한다. [이자 발생시기]

㉮ 먼저 이행기 이전에는 특약이 있을 때만 이자의 지급을 청구할 수 있고(opt-in방식), 이행기 이후 이행지체에 빠졌을 때에는 배제특약이 없는 한 지연손해금의 지급을 청구할 수 있다. (opt-out방식) 따라서 (비록 이율에 관한 약정은 없어도) 적어도 이자지급에 관한 약정은 있어야만 이자지급을 구할 수 있다.

---

48) 물론 관련 문제를 출제할 때는 출제위원들이 이자제한법, 소송촉진 등에 관한 특례법 개정내용을 정리해 주거나 시험장에 비치된 법전을 통해 구체적인 정보를 획득할 수는 있다. 그렇지만 관련 내용을 한번도 정리해 두지 않으면 시간제약이 있는 시험장에서 제대로 적용하기 힘드니 꼭 관련 개정내용을 정확히 이해한 후 이를 적용하는 연습을 해 두기 바란다.

49) 최초 이자제한법은 1962. 1. 15. 제정되어 같은 달 15.부터 시행되었다가 1998. 1. 13. 폐지되었다. 그 후 2007. 3. 29. 다시 제정되어 2007. 6. 30.부터 시행되었다. 2007년경 다시 시행된 이자제한법 제2조 제1항에서는 최고이자율을 연 40%의 범위내에서 대통령령으로 정했는데, 그 대통령령에서 30%로 정하여 2007. 6. 30.부터 시행하였다. 그 이후의 최고이자율 개정은 본문 내용과 같다.

(나) 민사사안에서의 이자지급청구

위와 같이 ①이자·이율의 특약이 전혀 없으면 이자지급을 청구할 수 없고, ②ⓐ약정이율 특약 없이 이자지급의 특약만 있을 때는 민사 법정이율(민법 제397조) 연 5%에 따라 이자지급을 구할 수 있고, ⓑ약정이율이 있는 경우에는 (가)약정이율 < 20%[50]이면 약정이율에 의한 이자지급을 구할 수 있고, (나)약정이율 ≧ 20%이어서 이자제한법의 제한이율 연 20%를 초과하는 경우에는 그 초과부분 이 무효로 되어 결국 제한이율로 청구해야 한다.(민법 제137조 단서 적용) 그래서 연 20%에 의한 이 자지급을 구하여야 한다. 물론 (나)는 소비대차, 준소비대차로 인한 약정이율에만 적용되는 법리이고, 다른 약정에 의한 금전채무에는 적용되지 않는다. 그래서 20%를 초과하는 약정이율로 이자의 지급 을 명해야 하는 경우도 있을 수 있다.

(다) 상행위로 인한 금전지급 채권의 이자 청구

①ⓐ상인의 경우 그 영업에 관하여 금전을 대여한 경우(상법 제55조 제1항)나 ⓑ상인이 그 영 업범위내에서 금전을 체당한 경우(상법 제55조 제2항)에는 이자지급의 특약이 없더라도 이자지급의 무를 인정하여 opt-in방식의 예외를 인정하여 이자지급을 청구할 수 있다. 하지만 실제 사례에서 위와 같은 예외 조건을 정확하게 찾아내는 것은 매우 어려우니 반드시 명심하여 정확하게 적용해야 한다.[51] 즉, ①ⓐ의 경우 대주가 상인이어야 하고, ①ⓑ의 경우 체당한 자가 상인이어야 할 뿐 상대 방인 차주나 체당 당한자가 상인일 필요는 없다는 점에 주의해야 한다. 만약 상인이 다른 곳에서 6%이상의 이율로 금전을 빌려 체당했다면 그 빌린 이율로 체당을 청구할 수 있는가? 상인과 상대 방 사이에 애초 체당에 관한 별도 계약이 없었다면 조달이자를 적용하여 체당금청구를 할 수 없 다.[52] ②물론 이자지급의 특약을 하면 이자지급청구를 할 수 있는 것은 민사사안의 법리와 똑 같 다. 이렇게 하여 이자지급을 청구할 수 있게 된 경우에는 이자지급기준일부터 이행지체 전일까지 위 (나)항의 ②ⓐ, ②ⓑ(가), ②ⓑ(나)와 같은 기준에 의한 이자의 지급을 구할 수 있되 ②ⓐ상의 민사

---

50) 「이자제한법 제2조」, 「이자제한법 제2조 제1항의 최고이율에 관한 규정」이 수차례 개정되었다. ⓐ2014. 7. 14.이전 에는 제한이율이 연 30%였고, ⓑ2014. 7. 15.부터 2018. 2. 7.까지는 제한이율이 연 25%였으며, ⓒ2018. 2. 8.부터 2021. 7. 6.까지는 제한이율이 연 24%였고, ⓓ2021. 7. 7.부터는 연 20%로 인하되어 지금까지 적용되고 있다. 향후 관련규정의 개정여부를 확인하여 그 이율의 변동을 잘 학습하고 있어야 한다.

51) 제6회 변호사 민사기록형 시험에서 2010. 2. 20.자 5,000만원의 대여계약에서 이자지급약정이 없었다. 당시 대주는 상인이 아니었으나 그 후에 건어물판매 사업을 개시하였을 뿐이다. 차주가 상인이었다. 그렇다면 대출당시 대주가 상인이 아니었기 때문에 상법 제55조 제1항을 적용할 수 없었다. 그런데도 많은 수험생들이 상법 제55조 제1항을 적용하여 변제기까지의 이자청구를 하고 있었다. 잘못된 답안이라는 점을 명심해야 한다. 또 제10회 변호사 민사기 록형 시험에서도 피고 2명이 전자제품 1억원 상당을 납품한 사례에서 많은 수험생들은 피고 2명이 상인(정확하게 는 개업준비 중인 상인)이어서 상사 법정이율이 적용되어야 한다고 답안을 작성했는데, 상인이 그 영업에 관하여 대여해 주었을 때만 상법 제55조 제1항의 적용을 받게 되는바, 대주가 상인성을 취득해도 위 사안은 동산매매계약 일 뿐 소비대차가 아니기 때문에 상법 제55조 제1항이 적용되어 상사 법정이율이 적용되는 것이 아니다. 그래서 틀린 기술방법이 된다. 정확하게는 상인이 개업준비행위로 매매계약을 하였기 때문에 보조적 상행위에 해당하여 상법 제54조의 적용을 받아 지연손해금율로 6%의 적용을 받는다고 기술했어야 했다. 이처럼 상법 제55조와 상법 제54조를 정확하게 적용하는 것은 어렵기 때문에 항상 주의를 기울여야 한다.

52) 이철송, 『상법총칙·상행위』 제8판, 박영사, 320면 참조.

법정이율을 상사 법정이율인 연 6%(상법 제54조)를 적용하여 이자지급을 구할 수 있다.[53]

②상행위로 인한 채무에 관해서는 민사법정이율인 연 5%이 아닌 상법 제54조에 의해 연 6%의 비율에 의한 이자의 지급을 구할 수 있다. 이때 '상행위'란 기본적 상행위(상법 제46조)는 물론 보조적 상행위(상법 제47조), 준상행위(상법 제66조)를 포함하는 개념이다. 따라서 당연상인(상법 제4조)은 기본적 상행위 또는 보조적 상행위로서, 의제상인(상법 제5조)은 기본적 상행위 또는 준상행위로서 모두 상법 제54조의 적용을 받게 된다. 또 채무자에게 상행위가 되는 경우는 물론 채권자에게 상행위가 되는 경우도 포함된다. 다만 반대급부까지 상행위로 발생해야 하는 것도 아니고, 상대방이 상인이어야 하는 것도 아니다. 상행위는 상사 법률행위에 다름아니고 본서에서는 법률행위를 꾸준히 '약정'이라고 변환하여 사용하고 있으니 상행위도 '상사 약정'이라고 변환하여 기억하고 있으면 그 적용에 어려움이 없게 된다. 따라서 상법 제46조 기본적 상행위 규정에 열거되어 있는 많은 행위들도 전부 약정이어야 하고, 약정이 아닌 사실행위는 기본적 상행위가 아닌 것이다. 그러므로 상사약정을 불이행하여 발생한 채무불이행으로 인한 손해배상청구권(대법원 2000. 10. 27. 선고 99다10189 판결[54])일 경우에는 상사 약정과 그 동일성이 유지되어 있으므로 상사법정이율 6%의 적용을 받을 수 있다. 그런데 급부 부당이득반환청구의 경우에는 다음과 같이 처리하고 있다. ⓐ상사 약정 후 그 약정의 해제/해지 후 원상회복(급부부당이득) 및 손해배상청구청구적 성격을 갖는 경우에는 거의 예외없이 상행위와의 동일성을 인정하여 연 6%의 적용을 하고 있다.(대법원 1990. 11. 9. 선고 90다카7262 판결[55]) ⓑ그외 급부 부당이득반환, 특히 상사약정이 무효여서 발생한 급부 부당이득반환의 경우에는 대법원 판례는 대체로 상사법정이율의 적용을 거부하는 태도를 취하고 있다.(필자는 상사약정의 무효로 인한 급부 부당이득반환 전부도 상행위와의 동일성이 유지되고 있으므로 상사법정이율을 적용하여야 한다는 견해를 갖고 있다.) 그러나 불법행위로 인한 손해배상청구권 또는 침해부당이득반환청구권은 당사자들(피해자와 침해자)이 비록 상인이라고 하더라도 상인의 권리 침해에 따른 채무일 뿐 상행위(침해가 약정이 아니기 때문에)와의 동일성이 전혀 없으므로 상사법정이율 6%를 적용하여 지연손해금을 청구할 수 없다.(대법원 1985. 5. 28. 선고 84다카966 판결,[56] 대법원

---

53) ②ⓐ**상인이 영업에 관해 한 대여나 체당으로 인한 이자지급의무가 발생하였거나,** 약정이율 특약 없이 이자지급의 특약만 있을 때는 상사 법정이율(상법 제54조) **연 6%에 따라 이자지급을 구할 수 있고,** ⓑ약정이율이 있는 경우에는 ㉮약정이율 < 20%이면 약정이율에 의한 이자지급을 구할 수 있고, ㉯약정이율 ≧ 20%이어서 이자제한법의 제한이율 연 20%를 초과하는 경우에는 그 초과부분이 무효로 되어 결국 제한이율로 청구해야 한다.(민법 제137조 단서 적용) 그래서 연 20%에 의한 이자지급을 구하여야 한다. 결국 상사 채무의 경우 이자지급의무에 관해서는 위와 같이 볼드체 부분만 민사 채무의 그것과 다르다.

54) 주택건설업자가 아파트입주를 지연시킴으로 인한 지체배상금에 상사법정이율을 적용한 사례

55) 상인인 원고가 상행위로 약정한 계약의 해제로 인한 원상회복의무로서 지급한 매매대금반환을 청구한 사례, 그 외 상인간의 매매계약이 취소된 경우 그 매매대금반환에서 상법소정의 6%의 법정이자를 부가하여 반환청구를 인정한 대법원 2005. 1. 27. 선고 2004다53357,53364 판결 등이 있다. 이에 대하여 일본 판례(최고재판소 2007. 2. 13. 판결)이기는 하나 상행위에 해당하는 소비대차에서 차주가 이자제한법 소정의 이율을 초과한 이자를 임의로 대주에게 지급한 경우 악의의 수익자인 대주는 차주의 초과지급금을 부당이득으로 반환함에 있어 민사법정이율 5%를 붙여 반환할 것을 명하였다. (이는 반사회질서 위반 무효이면서 불법원인급여가 아니어서 반환을 인정한 경우이다.)

56) 선박이 감항능력을 결여하여 항행 중 파손되어 침몰된 경우 그 선박소유자가 화주에 대하여 부담하게 된 손해배상

2004. 3. 26. 선고 2003다34045 판결[57])

(3) 주로 약정이율을 제한적으로 반영하여 지연손해금율로 삼고, 아주 예외적으로 지연금해금율의 합의가 발견된다. [**지연손해금 발생시기**] 나아가 소송촉진 등에 관한 특례법에 의한 지연손해금율의 인상 [**소장부본 송달 다음날부터의 지연손해금율의 인상**]

㈎ 지연손해금 지급청구의 요건사실

지연손해금은 금전지급채무가 이행지체에 빠져야 지급청구할 수 있게 된다. 금전지급채무의 지연배상적 성격을 갖는다. 이행지체에 빠지기만 하면 특약이 없어도 당연히 지연손해금 지급 청구를 할 수 있다.(opt-out방식) 이 점이 이자지급 청구와 다른 점이다. 결국 이행기는 지연손해금의 관점에서 이론적으로는 시기(始期)에 해당된다. 따라서 지연손해금 지급청구를 하는 자는 ①이행기의 존재와 ②그 도과(이행기 다음날)사실을 주장·증명해야 한다. 그런데 이행기는 ①ⓐ㈎확정기한, ①ⓐ㈏불확정기한으로 나누어지고, ①ⓑ기한의 정함이 없는 경우도 있다. 앞서 설명했듯이 ⓐ㈎확정기한의 경우에는 그 도래사실이 역수상 명백한 사실이기 때문에 별도로 주장·증명할 필요 없이(민사소송법 제288조) 확정기한의 약정사실만 주장·증명하면 되나, ⓐ㈏불확정기한의 경우는 불확정기한의 약정사실과 함께 해당 불확정 사실이 객관적으로 발생한 사실은 물론 채무자가 이를 안 사실까지 추가적으로 주장·증명하여 그 기한의 도과사실을 주장·증명해야 한다. ①ⓑ기한의 정함이 없는 경우에는 최고한 때 이행기가 도래하고, 그 다음날이 그 기한이 도과한 때가 된다.

이때 정말 주의할 점은 유상계약의 경우 반대채무의 이행 또는 이행의 제공이 없다면 이행기가 도과하였다고 하더라도 동시이행항변권의 존재만으로도 이행지체에 빠지지 않는다는 사실이다.(동시이행항변권의 '존재효과설'적 견해) 그래서 유상계약(매매계약 등)에서 유래하는 금전지급채무의 지연손해금 지급을 구하기 위해서는 이행기와 그 도과사실 이외에도 ③반대채무의 이행 또는 이행제공 사실을 추가적으로 주장·증명해야 한다. 반대채무의 이행 또는 이행제공 사실을 주장하고, 증명하는 것은 대단히 어렵고, 더구나 자칫 빠뜨리고 주장하지 않는 경우도 많기 때문에 특별히 주의를 해야 한다. 그래서 (부동산)매매계약에서는 매매(잔)대금지급을 청구하면서 지연손해금의 지급을 청구하는 사례가 그리 흔하지 않다. 하지만 동산 매매계약의 경우는 동산의 인도를 마친 외상대금 지급 청구의 사례가 많으므로 ㈐사실을 주장·증명할 필요가 없어 지연손해금 지급 청구도 함께 하는 사례가 대부분이다.

채무는 과실에 의한 불법행위로 인한 손해배상청구권으로써 선박소유자, 화주가 상인이라고 하더라도 상사법정이율의 적용을 받지 않는다.

57) 법인의 대표자(이사장)가 대표권을 남용하여 불법행위를 함으로써 타에 손해를 입힌 경우 그 권한 남용을 몰랐으며, 중대한 과실까지 없었던 피해자에게 불법행위로 인한 손해배상을 해 줄 의무는 상사법정이율을 적용하지 못하고 민사법정이율을 적용하여야 한다.

㈏ 지연손해금율

만약 위와 같은 주장·증명에 성공하여 지연손해금 지급을 구할 수 있다면 이행지체일이후 소장부본 송달일까지 다음과 같은 기준으로 지연손해금율을 청구할 수 있다. 먼저 Ⓐ지연손해금율의 정함이 있는 경우에는 그 지연손해금율로 지연손해금의 지급을 구하여야 한다. 지연손해금율이 법정이율(민사 5%, 상사 6%)보다 낮다고 하더라도 약정상의 지연손해금율로 청구해야 하고,(아래 Ⓑ① ⓐ가 적용되지 않고 결국 이자지급법리와 같아진다.)58) 이자제한법상 제한이율을 초과하더라도 그 지연손해금율로 지연손해금의 지급을 청구하여야 한다.59) 금융기관에서는 대출을 하면서 지연손해금율을 따로 약정하는 사례들이 있기는 하나 그 외 사안에서는 그리 흔한 현상은 아니다. Ⓑ지연손해금율의 약정이 없으면 약정이율을 반영하여 다음과 같은 원칙으로 지연손해금율을 정한다.(지연손해금의 이러한 특징을 반영하여 '지연이자'라고도 한다.) 즉, ①약정이율이 존재하는 경우에는 ⓐ약정이율 < 5%60)이면 5%의 비율에 의한 지연손해금의 지급을 구하여야 하고,(이 부분이 위 이자지급 청구와 다른 부분이다. 각주에서 자세하게 설명한다.)61) ⓑ5% ≤ 약정이율 < 20%62)인 경우에는 이를 다시 나누어 특히 ㉮5% ≤ 약정이율 < 12%이면 <u>이행기도과이후부터 소장부본 송달일까지는 약정이율에 의한 지연손해금의 지급을 구하고, 소장부본 송달 다음날부터는 소송촉진 등에 관한 특례법에 의해 인상된 연 12%의 비율로 지연손해금을 청구할 수 있고,</u> ㉯12% ≤ 약정이율 < 20% 이면 약정이율에 의한 지연손해금의 지급을 구하면 된다. 특히 이 약정이율이라면 소장부본 송달

---

58) 즉 당사자가 명시적으로 지연손해금율을 법정이율 연 5%이하(상행위로 발생한 채무인 때는 연 6%이하)로 약정한 경우에는 그 약정 지연손해금율에 의해 청구하여야 한다.(대법원 2013. 4. 26. 선고 2011다50509 판결) 이는 민법 제397조 제1항 본문이 임의규정인지 아니면 강행규정인지의 문제인데 학설상으로는 강행규정으로 해석하여 명시적 지연손해이율의 약정에도 불구하고 법정이율을 적용하여 청구할 수 있다는 주장도 있지만(최진수, 『요건사실과 주장증명책임·611면 참조) 대법원 판례는 이를 임의규정으로 해석하여 당사자의 명시적 의사를 존중하여 약정상의 지연손해금 이율을 적용하여야 한다고 판시하고 있다. 채권자가 제반사정을 고려하여 법정이율보다 낮은 지연손해금율에 합의한 이상 다시 채무자의 이행지체 유인을 없애기 위해 합의를 뒤엎고 강제적으로 법정이율을 적용해야 할 사회정책적 이유가 전혀 없으므로 판례의 태도에 찬동한다.

59) 결국 이자제한법의 적용대상은 ⓐ**(소비대차·준소비대차계약에 따른) 이자**일 뿐 ⓑ지연손해금은 아니라는 의미이다. 다시 기억하자. 민법 제163조 제1호상의 이자는 지연손해금을 포함하지 않고, 이자제한법은 지연손해금에 적용되지 않는다. 하지만 민법 제497조에 의한 변제충당순서에서 비용-이자-원본에서 이자는 지연손해금을 포함하는 개념이다.

60) 상행위로 발생한 금전채무라면 연 6%의 적용을 받는다.

61) 민법 제397조 단서의 의미를 잘 이해하기 위해 다음 사안에 적용되는 법리를 알아보자. 먼저 약정이율이 연 3%인 경우 이행기까지 이자는 약정이율 연 3%로 청구하여야 한다. 그런데 변제기 다음날 이후 이행지체에 빠지면 민법 제397조 제1항 단서의 적용을 배제하고 제397조 제1항 본문을 적용하여 법정이율 5%로 지연손해금의 지급 청구를 할 수 있다고 판시하였다.(대법원 2009. 12. 24. 선고 2009다85342 판결) 만약, 이 경우에도 민법 제397조 제1항 단서를 적용하여 약정이율 3%를 적용하여 지연손해금도 청구하여야 한다면 약정이율이 전혀 없을 때는 이행기 이후 민사법정이율 연 5%를 적용하여 지연손해금 지급을 청구할 수 있지만 5%보다 낮은 약정이율 3%로 약정했다고 법정이율 5%의 적용을 배제하고 약정이율을 적용해야 하는 셈이다. 이는 이행을 지체한 채무자를 너무 보호하는 것이 된다. 그래서 민법 제397조 제1항 단서는 법문의 취지와 달리 판례에 의해 약정이율이 법정이율을 초과한 경우에 한해 적용되도록 제한 해석되고 있는 셈이다.

62) 이자제한법의 제한이율이 2021. 7. 7.이후부터 20%가 되었기 때문에 현재 약정이율이 20%이하인 경우를 상정한 것이다. 그 이전이라면 당시의 제한 최고이자율을 반영하여 적절하게 수정하여야 한다.

다음날부터도 약정이율로 지연손해금의 지급을 구하여야 한다. ⓒ약정이율 ≧ 연 20%인 경우에는 20%에 의한 지연손해금의 지급을 구하여야 한다. ②약정이율이 존재하지 않으면 민사법정이율인 5%(상행위로 인한 금전채무의 경우에는 6%)의 비율로 지연손해금의 지급을 구할 수 있다.

㈐ 소장부본 송달 다음날부터의 지연손해금율의 인상

「소송촉진 등에 관한 특례법」에 따르면 위 ㈏항에서 설명한 지연손해금은 소장부본 송달 다음날부터는 연 12%로 인상되어 적용된다. 심지어 위 Ⓐ에서 설명한 바와 같이 연 5%보다 낮은 지연손해금율의 특약이 있었다 하더라도 소장부본 송달 다음날부터는 연 12%로 인상하여 지연손해금의 지급을 구할 수 있다. 그 결과 Ⓐ연 12%보다 낮은 지연손해금율의 특약이 있는 경우, Ⓑ①연 12%보다 낮은 약정이율의 특약이 있는 경우, ②이자 또는 이율의 약정이 없어 법정이율의 적용을 받고 있는 경우에도 모두 소장부본 송달 다음날부터는 연 12%의 비율에 의한 지연손해금의 지급을 구할 수 있다. ⓒ①연 12% < 약정이율 < 연 20%이면 그 약정이율로 소장부본 송달 다음날부터도 지연손해금 지급을 구할 수 있고, ②약정이율 ≧ 연 20%인 경우에는 20%에 의한 지연손해금의 지급을 구하여야 한다.

(4) 판결확정 후 비로소 지연손해금 지급청구를 하는 예외적 사유 [판결확정 후 비로소 지연손해금 청구할 수 있는 예외적 사례]

판결이 확정되어야 이행의무가 발생하는 채무의 경우에는 판결확정 다음날부터 다 갚는 날까지 법정이율(민사사안의 경우 연 5%, 상사사안의 경우 연 6%)에 의한 지연손해금의 지급을 청구할 수 있을 뿐이다. 따라서 ⓐ장래이행의 청구, ⓑ재산분할금 지급청구, ⓒ채권자 취소 후 가액반환금 지급청구와 같이 확정되어야 이행의무가 발생하는 경우에는 민사 법정이율 5%(상행위 6%)에 의한 지연손해금의 지급을 명하여야 하고, 소장부본 송달 다음날부터 연 12%의 비율에 의한 지연손해금을 청구할 수 없다.

마) 이상의 논의를 종합하여 금전지급청구에서 원본지급청구와 이자 및 지연손해금 지급청구를 병합하여 청구할 때 적용되는 이율을 정리해 보면 다음 표와 같다.

[원본 및 이자·지연손해금을 객관적으로 병합한 민사사건에서의 통상의 금전지급청구]

구 분	이행기		소장부본 송달일	
	이행기이전 (이자)	이행기 도과 (지연손해금)	소장부본송달일까지 (지연손해금)	소장부본송달 다음날이후(지연손해금)
이자·이율의 약정이 모두 없을 때	청구 못함	이행지체[63] 상태 : 연 5% (구태여 아래 ⓑ합의 있으면 약정 지연손해금율에 따라 청구)[64]		이행지체 : 연 12% (ⓑ 포함)

---

63) 동시이행항변의 존재 등으로 이행지체에 빠지지 않은 경우에는 아무런 지연손해금 청구를 못한다. 이하 '이행지체'

구분		이행기이전(이자)	이행기 도과(지연손해금) / 소장부본송달일이전		소장부본송달 다음날이후(지연손해금)
이자약정은 있으나 이율약정이 없을 때		연 5%	연 5% (위와 같음)		연 12% (ⓑ 포함)
이자·이율에 관한 합의가 모두 있을 때	5%이하	약정이율	ⓐ연 5% or ⓑ다만 약정이율이 아니라 **5%미만의 지연손해금율에 관한 명시적 합의**가 따로 있으면 그 약정 지연손해금율을 적용		연 12% (ⓐ, ⓑ 모두 연 12%)
	5%이상~12%이하	약정이율	약정이율		연 12%
	12%이상~20%이하	약정이율	약정이율		약정이율
	20%이상	연 20%	연 20% (예외: ⓐ연 20% 초과하는 지연손해금율의 합의 있으면 그 약정 지연손해금율의 적용을 받음65) ⓑ소비대차·준소비대차이외의 금전채무)		연 20% (ⓐ, ⓑ좌와 같음)

[원본 및 이자·지연손해금을 객관적으로 병합한 상사사건에서의 통상의 금전지급청구]

구 분 (아래 표에서 6%의 적용을 받기 위해서는 아래 ❶요건을 충족해야 함)		이행기		소장부본 송달일	
		이행기이전 (이자)	이행기 도과 (지연손해금)	소장부본송달일이전 (지연손해금)	소장부본송달 다음날이후 (지연손해금)
이자·이율의 약정이 모두 없을 때		①ⓐ상인이 한 소비대차 or ⓑ상인이 한 체당금; **연 6%** ②그 외는 청구할 수 없음	❶상행위인 약정 및 그 채무불이행으로 인한 손해배상청구권, 급부 부당이득반환청구권66) : **연 6%** ❷그 외 불법행위로 인한 손해배상청구권, 침해부당이득반환청구권 : 연 5%		연 12%
이자약정은 있으나 이율약정이 없을 때		**연 6%**	**연 6%**		연 12%
이자·이율에 관한 합의가 모두 있을 때	**6%이하**	약정이율	ⓐ**연 6%** or ⓑ다만 약정이율이 아니라 **6%미만의 지연손해금율에 관한 명시적 합의**가 따로 있으면 그 약정 지연손해금율을 적용67)		연 12% (ⓐ, ⓑ모두)
	6%이상~12%이하	약정이율	약정이율		연 12%
	12%이상~20%이하	약정이율	약정이율		약정이율
	20%이상	연 20%	연 20%		연 20%

좀 더 구체적으로 예를 들어 설명하면 다음과 같다. ① ⓐ먼저 연 3% 약정이율인 민사사안에서는 차용일부터 변제일까지 약정이율 연 3%에 의한 이자지급 청구, 이행지체일 이후에는 법정이

라 함은 이행기가 도과한 상태에서 반대채무의 이행 또는 이행제공을 하여 동시이행항변권을 행사할 수 없는 상태를 지칭한다.

64) 법정이율보다 낮은 지연손해금율을 합의하는 경우란 실무상으로 전혀 없다고 해도 과언이 아니다. 이하 같다.

65) 사금융업계에서는 이와 같은 착취적 지연손해금율의 합의가 간혹 있다. 뒤에 있는 상사 사안의 표에서도 지연손해금의 특약이 있는 경우는 민사 사안의 경우와 같다. 그래서 표에는 이를 생략한다.

66) 판례는 해제/해지로 인한 급부 부당이득반환청구에만 상행위성을 인정한다.

67) 지연손해금율에 관한 법리는 민사사안과 동일하다. 그래서 다른 부분에서는 그 기재를 생략한다. 그래도 같은 법리가 적용된다는 점에 주의하여야 한다.

율 연 5%에 의한 지연손해금 지급청구, 소장부본 송달 다음날부터 완제일까지 소촉법에 의한 연 12%에 의한 지연손해금의 증액 청구를 할 수 있다. ⓑ 연 3% 약정이율, 약정 지연손해금율 연 8%인 민사사안에서는 차용일부터 변제일까지 약정이율 연 3%에 의한 이자지급 청구, 이행지체일 이후에는 약정 지연손해금율인 연 8%에 의한 지연손해금 지급청구, 소장부본 송달 다음날부터 완제일까지 소촉법에 의한 연 12%에 의한 지연손해금의 증액 청구를 할 수 있다. ⓒ만약 연 3%의 상행위 사안이라면 차용일부터 변제일까지 약정이율 연 3%에 의한 이자지급 청구, 이행지체일 이후에는 법정이율 연 6%에 의한 지연손해금 지급청구, 소장부본 송달 다음날부터 완제일까지 소촉법에 의한 연 12%에 의한 지연손해금의 증액 청구를 할 수 있다.

②ⓐ 연 6% 약정이율인 민사사안에서는 차용일부터 변제일까지 약정이율 연 6%에 의한 이자지급 청구, 이행지체일 이후에는 약정이율 연 6%에 의한 지연손해금 지급청구, 소장부본 송달 다음날부터 완제일까지 소촉법에 의한 연 12%에 의한 지연손해금의 증액 청구를 할 수 있다. ⓑ 연 6% 약정이율, 약정 지연손해금율 연 24%인 민사사안에서는 차용일부터 변제일까지 약정이율 연 6%에 의한 이자지급 청구, 이행지체일 이후에는 약정 지연손해금율인 연 24%에 의한 지연손해금 지급청구, 소장부본 송달 다음날부터 완제일까지 약정 지연손해금율에 의한 연 24%에 의한 지연손해금 청구를 할 수 있다. ⓒ만약 연 6% 약정이율, 연 8%의 지연손해금율 약정의 상행위 사안이라면 차용일부터 변제일까지 약정이율 연 6%에 의한 이자지급 청구, 이행지체일 이후에는 약정 지연손해금율 연 8%에 의한 지연손해금 지급청구, 소장부본 송달 다음날부터 완제일까지 약정 지연손해금율에 의한 연 12%에 의한 지연손해금 청구를 할 수 있다.

바) 이행기가 도래하지 않은 채무에 관한 장래이행의 청구를 할 때

이행기가 도래하지 않는 청구(채무)는 원칙적으로 (그 이행을 청구)할 수 없다. 당연한 이야기이다. 소를 제기하였을 때 이행기 도과여부는 (사실심) 변론종결시를 기준으로 한다. 다만 "미리 청구할 필요"가 있으면 장래이행의 소를 제기할 수 있다.(민사소송법 제251조) 원본지급채무와 그 지연손해금지급채무는 소송물이 서로 다르기 때문에 '미리 청구할 필요성'을 원본지급청구는 물론 지연손해금청구 별로 별도로 주장·증명하여야 한다.

다음과 같은 경우에 "미리 청구할 필요"를 인정하고 있다.

① 제때 이행되지 않으면 급부의 목적 실현이 불가능하거나 현저히 어려운 경우,

② 계속적·반복적 이행의무에 관하여 이행기 도래분에 관하여 이미 채무불이행이 있어 장래 이행할 부분에 관하여도 미리 청구할 사정이 있는 경우[68],

③ 채무자가 이행하지 않을 의사를 미리 명시적·묵시적으로 밝힌 경우,

---

68) 이행지체 후 지연손해금의 지급청구는 "2016. 1. 5.부터 이 사건 소장부본 송달일까지는 연 5%의, 그 다음날부터 다 갚는 날까지는 연 12%의 각 비율에 의한 지연손해금을 지급하라" 등으로 청구하는데 2016. 1. 5.부터 소제기일까지는 도래한 지연손해금 청구이지만 그 이후 다 갚는 날까지의 지연손해금 청구는 장래이행의 청구가 된다. 이런 장래이행의 청구가 허용되는 이유는 '미리 청구할 필요' 중 특히 위 ②의 사유가 인정되기 때문이다.

④ 현재 이행의 소와 결합한 장래이행의 소(건물인도와 임료상당의 부당이득반환청구, 종류물 지급청구와 대상청구 등)의 경우

장래 이행의 청구에서는 아직 이행기가 도래하지 않았기 때문에「소송촉진 등에 관한 특례법」상의 연 12%를 적용한 지연손해금의 청구는 할 수 없다.(소송촉진 등에 관한 특례법 제3조 제1항 단서, 민사소송법 제251조) 이자는 물론 이율에 관한 약정이 없을 때는 판결확정일 다음날부터의 연 5%의 지연손해금을 청구할 수 있을 뿐이다.[69] 그 외에는 대체로 약정내용에 따른다고 기억해 두면 된다.

[(확정되어야 이행기가 도래하는 이행기가 도래하는) 장래이행의 청구로서 금전지급청구]

구 분		사실심 변론종결일		판결확정	
		변론종결일 이전	변론 종결일 이후	판결 확정일까지	판결확정일 다음날
이자·이율의 약정이 모두 없을 때		청구 못함	청구 못함		연 5% (이행지체 책임이 있을 것이 예상되어야 "미리 청구할 필요" 인정됨)
이자약정은 있으나 이율약정이 없을 때		연 5%	연 5%		연 5%
이자·이율에 관한 합의가 모두 있을 때	5%이하	약정이율	약정이율		연 5% (다만 5%미만의 지연손해율에 관한 합의도 있으면 그 약정 지연손해금율)
	5%이상~ 12%이하	약정이율	약정이율		약정이율
	12%이상~20%이하	약정이율	약정이율		약정이율
	20%이상	연 20%	연 20%		연 20%

사) 이자·지연손해금 지급청구 청구취지 기재례

이상의 설명을 토대로 실제 금전지급청구의 기재례를 살펴보면 다음과 같다. 가장 흔한 금전지급청구 청구취지 기재례이므로 잘 학습해 두어야 한다.

[현재 시행 중인 법령하에서의 청구취지]
[민사 사안의 경우]
① 이율에 관한 약정이 없거나, 약정이율이 연 5%인 경우
① 피고 甲[70]은 원고에게 100,000,000원 및 이에 대한[71] 2020. 7. 1.부터 이 사건 소장부본 송달일까지는 연 5%의, 그 다음날부터 다 갚는 날까지는 연 12%의 각 비율에 의한 금원을 지급하라.

②ⓐ 약정이율이 연 5%미만(예를 들면 3%)인 경우
②ⓐ 피고 甲은 원고에게 100,000,000원 및 이에 대한 2019. 7. 1.부터 2020. 6. 30.까지는 연 3%의,

---

69) 주로 ①채권자취소권을 행사하여 가액배상을 구할 때, ②재산분할청구의 경우 등에서 위와 같이 판결확정 다음날부터 다 갚는 날까지 연 5%(6%)의 비율에 의한 지연손해금의 지급을 구하는 청구를 병합한다.

2020. 7. 1.부터 이 사건 소장부본 송달일까지는 연 5%의, 그 다음날부터 다 갚는 날까지는 연 12%의 각 비율에 의한 금원을 지급하라.

[해설: 약정이율이 3%이며, 변제기가 2020. 6. 30.인 사례로서 변제기까지는 약정이율에 의한 이자지급청구를, 변제기 다음날부터는 지연손해금 지급청구를 하며, 소장부본송달 다음날부터는 소송촉진 등에 관한 특례법 제3조 소정의 12%에 의한 지연손해금 지급청구를 하는 사례이다.]

②ⓑ 약정이율이 연 5%미만(예를 들면 3%)이고 약정 지연손해금율이 연 8%인 경우

②ⓑ 피고 甲은 원고에게 100,000,000원 및 이에 대한 2019. 7. 1.부터 2020. 6. 30.까지는 연 3%의, 2020. 7. 1.부터 이 사건 소장부본 송달일까지는 연 8%의, 그 다음날부터 다 갚는 날까지는 연 12%의 각 비율에 의한 금원을 지급하라.

[해설: 약정이율이 3%이며, 변제기가 2020. 6. 30.이고, 약정 지연손해금율이 연 8%인 사례로서 변제기까지는 약정이율에 의한 이자지급청구를, 변제기 다음날부터는 약정 지연손해금 지급청구를 하며, 소장부본송달 다음날부터는 소송촉진 등에 관한 특례법 제3조 소정의 12%에 의한 지연손해금 지급청구를 하는 사례이다.]

③ⓐ약정이율이 연 5%이상 연 12%미만(약정이율이 연 11%)인 경우

③ⓐ 피고 甲은 원고에게 100,000,000원 및 이에 대한 2020. 7. 1.부터 이 사건 소장부본 송달일까지는 연 11%의, 그 다음날부터 다 갚는 날까지는 연 12%의 각 비율에 의한 금원을 지급하라.

[해설: 약정이율이 11%인 경우로서 소송촉진 등에 관한 특례법 제3조 소정의 12%보다 낮은 경우인데 실무상 매우 빈번하게 사용되고 있으니 위 기재례도 반드시 철저하게 학습해 두어야 한다.]

③ⓑ약정이율이 연 5%이상 연 12%미만(약정이율이 연 11%)이고 약정 지연손해금율이 연 24%인 경우

③ⓑ 피고 甲은 원고에게 100,000,000원 및 이에 대한 2020. 7. 1.부터 2021. 6. 30.까지는 연 11%의, 그 다음 날부터 다 갚는 날까지는 연 24%의 각 비율에 의한 금원을 지급하라.

[해설: 약정이율이 11%, 약정 지연손해금율이 연 24%이고, 변제기는 2021. 6. 30.까지인 경우로서 약정 지연손해금율이 소송촉진 등에 관한 특례법 제3조 소정의 12%보다 높아 소장부본 송달이후로도 약정 지연손해금율에 의한 지연손해금 지급청구를 하여야 한다. 물론 이때 지연손해금은 이자가 아니기 때문에 이자제한법의 적용도 받지 않는다.]

④ⓐ 약정이율이 연 12%이상(약정이율이 연 19%) 일 때

④ⓐ 피고 甲은 원고에게 금 100,000,000원 및 이에 대한 2013. 7. 1.부터 다 갚는 날까지 연 19%의 비율에 의한 금원을 지급하라.

[해설: 약정이율이 19%로 소송촉진 등에 관한 특례법 소정의 연 12%보다 높기 때문이다. 그래서 줄곧 19%의 비율에 의한 지연손해금 지급을 구하는 것이다.]

④ⓑ 약정이율이 연 12%이상(약정이율이 연 19%)이고, 약정 지연손해금율이 연 24%인 경우

④ⓑ 피고 甲은 원고에게 금 100,000,000원 및 이에 대한 2021. 9. 1.부터 2022. 8. 31.까지 연 19%의, 그 다음날부터 다 갚는 날까지는 연 24%의 각 비율에 의한 금원을 지급하라.
[해설: 약정이율이 19%이고, 약정 지연손해금율이 연 24%인 경우로 약정이율, 약정 지연손해금율 모두 소송촉진 등에 관한 특례법 소정의 연 12%보다 높아 그 적용이 없고, 약정 지연손해금율은 이자제한법의 적용을 받지 않기 때문이다.]

⑤ⓐ 약정이율이 연 29%인 경우
(소비대차 · 준소비대차로서 이자제한법의 적용을 받는 경우)
⑤ⓐ(2021. 7. 7.이후 새로 체결하였거나 갱신된 소비대차 · 준소비대차) 피고 甲은 원고에게 금 100,000,000원 및 이에 대한 2021. 8. 1.부터 다 갚는 날까지 연 20%의 비율에 의한 금원을 지급하라.
[해설 : 약정이율 29%가 이자제한법상 제한이율인 연 20%을 초과하여 초과부분이 무효로 되었기 때문이다.]

⑤ⓑ(2018. 2. 8.이후 체결되었으나 아직 변제기가 도래하지 않아 갱신되지 않은 소비대차 · 준소비대차) 피고 甲은 원고에게 금 100,000,000원 및 이에 대한 2021. 8. 1.부터 다 갚는 날까지 연 24%의 비율에 의한 금원을 지급하라.
[해설 : 약정이율 29%가 당시 이자제한법상 제한이율인 연 24%을 초과하여 초과부분이 무효로 되었기 때문이다.]

⑤ⓒ(2014. 7. 15.이후 체결되었으나 아직 변제기가 도래하지 않아 갱신되지 않은 소비대차 · 준소비대차) 피고 甲은 원고에게 금 100,000,000원 및 이에 대한 2021. 8. 1.부터 다 갚는 날까지 연 25%의 비율에 의한 금원을 지급하라.
[해설 : 약정이율 29%가 당시 이자제한법상 제한이율인 연 25%을 초과하여 초과부분이 무효로 되었기 때문이다. 이런 경우란 상상하기 거의 불가능하다.]

⑤ⓓ 약정이율이 연 29%이고, 약정 지연손해금율이 연 35%인 경우
⑤ⓓ 피고 甲은 원고에게 금 100,000,000원 및 이에 대한 2021. 8. 1.부터 2022. 7. 31.까지는 연 20%의, 그 다음날부터 다 갚는 날까지 연 35%의 각 비율에 의한 금원을 지급하라.
[해설 : 약정이율 29%가 이자제한법상 제한이율인 연 20%을 초과하여 초과부분이 무효로 되나, 약정 지연손해금율은 이자제한법의 적용을 받지 않는다. 이와 같은 고율의 약정이율, 약정 지연손해금율은 실무상 잘 발견되지 않는다. 이론상으로만 그렇다는 것쯤만 알고 있으면 된다.]

[상행위 사안의 경우]
⑥ 이율에 관한 약정이 없거나, 약정이율이 연 6%인 경우
⑥ 피고 甲은 원고에게 100,000,000원 및 이에 대한 2020. 7. 1.부터 이 사건 소장부본 송달일까지는 연 6%[72]의, 그 다음날부터 다 갚는 날까지는 연 12%의 각 비율에 의한 금원을 지급하라.

⑦ⓐ 약정이율이 연 6%미만(예를 들면 3%)인 경우

⑦ⓐ 피고 甲은 원고에게 100,000,000원 및 이에 대한 2019. 7. 1.부터 2020. 6. 30.까지는 연 3%의, 2020. 7. 1.부터 이 사건 소장부본 송달일까지는 연 6%의, 그 다음날부터 다 갚는 날까지는 연 12%의 각 비율에 의한 금원을 지급하라.

[해설: 약정이율이 3%이며, 변제기가 2020. 6. 30.인 사례로서 변제기까지는 약정이율에 의한 이자지급청구를, 변제기 다음날부터는 지연손해금 지급청구를 하며, 소장부본송달 다음날부터는 소송촉진 등에 관한 특례법 제3조 소정의 12%에 의한 지연손해금 지급청구를 하는 사례이다.]

⑦ⓑ 약정이율이 연 6%미만(예를 들면 3%)이고 약정 지연손해금율이 연 8%인 경우

⑦ⓑ 피고 甲은 원고에게 100,000,000원 및 이에 대한 2019. 7. 1.부터 2020. 6. 30.까지는 연 3%의, 2020. 7. 1.부터 이 사건 소장부본 송달일까지는 연 8%의, 그 다음날부터 다 갚는 날까지는 연 12%의 각 비율에 의한 금원을 지급하라.

[해설: 약정이율이 3%이며, 변제기가 2020. 6. 30.이고, 약정 지연손해금율이 연 8%인 사례로서 변제기까지는 약정이율에 의한 이자지급청구를, 변제기 다음날부터는 약정 지연손해금 지급청구를 하며, 소장부본송달 다음날부터는 소송촉진 등에 관한 특례법 제3조 소정의 12%에 의한 지연손해금 지급청구를 하는 사례이다.]

⑧ⓐ약정이율이 연 6%이상 연 12%미만(약정이율이 연 11%)인 경우

⑧ⓐ 피고 甲은 원고에게 100,000,000원 및 이에 대한 2020. 7. 1.부터 이 사건 소장부본 송달일까지는 연 11%의, 그 다음날부터 다 갚는 날까지는 연 12%의 각 비율에 의한 금원을 지급하라.

[해설: 약정이율이 11%인 경우로서 소송촉진 등에 관한 특례법 제3조 소정의 12%보다 낮은 경우인데 실무상 매우 빈번하게 사용되고 있으니 위 기재례도 반드시 철저하게 학습해 두어야 한다.]

⑧ⓑ약정이율이 연 6%이상 연 12%미만(약정이율이 연 11%)이고 약정 지연손해금율이 연 24%인 경우

⑧ⓑ 피고 甲은 원고에게 100,000,000원 및 이에 대한 2020. 7. 1.부터 2021. 6. 30.까지는 연 11%의, 그 다음 날부터 다 갚는 날까지는 연 24%의 각 비율에 의한 금원을 지급하라.

[해설: 약정이율이 11%, 약정 지연손해금율이 연 24%이고, 변제기는 2021. 6. 30.까지인 경우로서 약정 지연손해금율이 소송촉진 등에 관한 특례법 제3조 소정의 12%보다 높아 소장부본 송달이후로도 약정 지연손해금율에 의한 지연손해금 지급청구를 하여야 한다. 물론 이때 지연손해금은 이자가 아니기 때문에 이자제한법의 적용도 받지 않는다.]

⑨ⓐ 약정이율이 연 12%이상(약정이율이 연 19%) 일 때

⑨ⓐ 피고 甲은 원고에게 금 100,000,000원 및 이에 대한 2013. 7. 1.부터 이 사건 소장부본 송달일까지는 연 19%의 비율에 의한 금원을 지급하라.

[해설: 약정이율이 19%로 소송촉진 등에 관한 특례법 소정의 연 12%보다 높기 때문이다. 그래서 줄곧 19%의 비율에 의한 지연손해금 지급을 구하는 것이다.]

⑨ⓑ 약정이율이 연 12%이상(약정이율이 연 19%)이고, 약정 지연손해금율이 연 24%인 경우
⑨ⓑ **피고 甲은 원고에게 금 100,000,000원 및 이에 대한 2021. 9. 1.부터 2022. 8. 31.까지 연 19%의, 그 다음날부터 다 갚는 날까지는 연 24%의 각 비율에 의한 금원을 지급하라.**
[해설: 약정이율이 19%이고, 약정 지연손해금율이 연 24%인 경우로 약정이율, 약정 지연손해금율 모두 소송촉진 등에 관한 특례법 소정의 연 12%보다 높아 그 적용이 없고, 약정 지연손해금율은 이자제한법의 적용을 받지 않기 때문이다.]

⑩ⓐ **약정이율이 연 29%인 경우**
⑩ⓐ **피고 甲은 원고에게 금 100,000,000원 및 이에 대한 2021. 8. 1.부터 다 갚는 날까지 연 20%의 비율에 의한 금원을 지급하라.**
[해설 : 약정이율 29%가 이자제한법상 제한이율인 연 20%을 초과하여 초과부분이 무효로 되었기 때문이다.]

⑩ⓑ **약정이율이 연 29%이고, 약정 지연손해금율이 연 35%인 경우**
⑩ⓑ **피고 甲은 원고에게 금 100,000,000원 및 이에 대한 2021. 8. 1.부터 2022. 7. 31.까지는 연 20%의, 그 다음날부터 다 갚는 날까지 연 35%의 각 비율에 의한 금원을 지급하라.**
[해설 : 약정이율 29%가 이자제한법상 제한이율인 연 20%을 초과하여 초과부분이 무효로 되나, 약정 지연손해금율은 이자제한법의 적용을 받지 않는다. 이와 같은 고율의 약정이율, 약정 지연손해금율은 실무상 잘 발견되지 않는다. 이론상으로만 그렇다는 것쯤만 알고 있으면 된다.]

[과거 기록형 문제를 풀이할 경우 이용하게 되는 청구취지]
－ 약정이율이 연 12%이상인 민사 사안일 때 (예를 들면, 약정이율이 연 19%일 때)
⑪ⓐ(소장작성일73)이 2015. 9. 30. 까지인 경우) **피고 甲은 원고에게 금 100,000,000원 및 이에 대한 2013. 7. 1.부터 이 사건 소장부본 송달일까지는 연 19%의, 그 다음날부터 다 갚는 날까지는 연 20%의 각 비율에 의한 금원을 지급하라.**
[해설: 수험생들이 실제 시험에서 소장작성일이 2015. 10. 1.이전인 것은 상정하기 어려워 이런 작성례로 작성할 가능성은 없다. 그렇지만 이론상으로는 알아 둘 필요가 있다. 이하 ⑪, ⑫은 같다.]

ⓑ(소장작성일이 2015. 10. 1. 이후 2019. 5. 31.까지 사이인 경우) **피고 甲은 원고에게 금 100,000,000원 및 이에 대한 2016. 7. 1.부터 다 갚는 날까지 연 19%의 비율에 의한 금원을 지급하라.**

---

70) 변호사 시험 기록형의 경우 피고들은 항상 복수이므로 위와 같은 기재례가 표준이 된다. 이하 같다.
71) 학생들로부터 청구취지에서 자주 등장하는 "대한/대하여", "관한/관하여" 등의 표현 중 어느 표현이 더 타당한가라는 질문도 많이 받았다. "대한"이나 "관한"은 한정적 의미를 부여할 때, "대하여", "관하여"는 접속의 의미가 부가될 때 사용하는 것이겠으나 문법에 맞추어 문장을 부드럽게 표현할 수 있다면 어느 쪽이나 적당하다고 생각된다.
72) 상법 제54조가 적용되어 연 6%의 법정이율이 적용된 것이다. 상법 제54조에 정해진 '상행위' 해당성 법리를 잘 알고 있어야 한다.

ⓒ(소장작성일이 2019. 6. 1.이후인 경우, 현재 소장작성방법임) 피고 甲은 원고에게 금 **100,000,000원 및 이에 대한 2019. 7. 1.부터 다 갚는 날까지 연 19%의 비율에 의한 금원을 지급하라.**

[해설: ⑪ⓐ가 ⑪ⓑⓒ와 다른 이유는 약정이율이 19%로 15% 또는 12%보다 높기 때문이다. 그래서 ⑪ⓑⓒ는 줄곧 19%의 비율에 의한 지연손해금 지급을 구하는 것이다.]

⑫(약정이율이 연 13%인 경우) 다음 ⑫ⓐⓑⓒ에 답하시오

ⓐ(소장작성일이 2015. 9. 30. 까지인 경우) **피고 甲은 원고에게 금 100,000,000원 및 이에 대한 2013. 7. 1.부터 이 사건 소장부본 송달일까지는 연 13%의, 그 다음날부터 다 갚는 날까지 연 20%의 각 비율에 의한 금원을 지급하라.**

[해설: 약정이율이 15%이하이며, 소장 작성일이 2015. 9. 30. 이전인 경우여서 개정된 소송촉진 등에 관한 특례법의 적용을 받지 못해서 위와 같이 작성하였다.]

ⓑ(소장작성일이 2015. 10. 1. 이후 2019. 5. 31.까지 사이인 경우) **피고 甲은 원고에게 금 100,000,000원 및 이에 대한 2015. 7. 1.부터 이 사건 소장부본 송달일까지는 연 13%의, 그 다음날부터 다 갚는 날까지 연 15%의 각 비율에 의한 금원을 지급하라.**

[해설 : 약정이율 13%가 당시 적용 중이던 소송촉진 등에 관한 특례법 소정의 연 15%도 초과하지 못하고 있으며 이자제한법상 제한이율 범위내이기 때문에 위와 같이 청구하여야 한다.]

ⓒ(소장작성일이 2019. 6. 1.이후인 경우, 현재 소장작성방법임) **피고 甲은 원고에게 금 100,000,000원 및 이에 대한 2018. 7. 1.부터 다 갚는 날까지 연 13%의 비율에 의한 금원을 지급하라.**

[해설 : 약정이율 13%가 현재 시행 중인 소송촉진 등에 관한 특례법 소정의 연 12%를 초과하고 있다.]

⑬(약정이율이 연 29%인 경우) 다음 ④ⓐⓑⓒⓓ에 답하시오.

ⓐ(2014. 7. 14.이전에 체결된 소비대차·준소비대차로 당시 이자제한법의 적용을 받아야만 하는 경우) **피고 甲은 원고에게 금 100,000,000원 및 이에 대한 2013. 7. 1.부터 다 갚는 날까지 연 29%의 비율에 의한 금원을 지급하라.**

[해설: 약정이율이 15%이상 30%이하이며, 2014. 7. 14. 개정 이자제한법 적용을 받지 못할 경우에는 위와 같이 청구한다.]

ⓑ(2014. 7. 15.이후 2018. 2. 7. 까지) **피고 甲은 원고에게 금 100,000,000원 및 이에 대한 2015. 7. 1.부터 다 갚는 날까지 연 25%의 비율에 의한 금원을 지급하라.**

[해설 : 약정이율 29%가 당시 적용 중이던 이자제한법상 제한이율을 초과하여 초과부분이 무효로 되었기 때문이다.]

ⓒ(2018. 2. 8. 이후 2021. 7. 6.까지) **피고 甲은 원고에게 금 100,000,000원 및 이에 대한 2018. 7. 1.부터 다 갚는 날까지 연 24%의 비율에 의한 금원을 지급하라.**

[해설 : 약정이율 29%가 당시 적용 중이던 이자제한법상 제한이율을 초과하여 초과부분이 무효로 되었기 때문이다.]

ⓓ(2021. 7. 7.이후 현재까지) 피고 甲은 원고에게 금 100,000,000원 및 이에 대한 2021. 8. 1.부터 다 갚는 날까지 연 20%의 비율에 의한 금원을 지급하라.
[해설 : 약정이율 29%가 당시 적용 중이던 이자제한법상 제한이율을 초과하여 초과부분이 무효로 되었기 때문이다.]

⑭(약정이율이 연 24%이상인 경우) 다음 ⑬ⓐⓑ에 답하시오.74)
ⓐ[2018. 2. 8.이후 2021. 7. 6. 이전에 약정이율이 연 35%로 소비대차·준소비대차 계약을 체결하고 아직 갱신되지 않은 경우] 피고 甲은 원고에게 금 100,000,000원 및 이에 대한 2020. 7. 1.부터 다 갚는 날까지 연 24%의 비율에 의한 금원을 지급하라.
[해설 : 약정이율이 이자제한법상의 제한이율인 연 24%를 초과하여 초과부분이 무효가 되었기 때문이다.]
ⓑ[2021. 6. 1.자(2018. 2. 8.이후 2021. 7. 6. 이전임) 약정이율이 연 35%로 소비대차·준소비대차 계약을 체결하고 2022. 6. 1. 그 계약을 갱신한 경우] 피고 甲은 원고에게 금 100,000,000원 및 이에 대한 2021. 6. 1.부터 2022. 5. 31.까지는 연 24%의, 그 다음날부터 다 갚는 날까지 연 20%의 각 비율에 의한 금원을 지급하라.
[해설 : 이자제한법은 2021. 7. 7. 이후 새로 계약을 체결하였거나 갱신이 이루어진 경우에 그 신계약에 적용된다. 따라서 그 이전에 이미 발생한 이자는 종전 이자제한법의 적용을 받는다.]

아) 참고: 판결선고시 판결문의 주문에는 소송촉진 등에 관한 특례법 적용에 있어 다음과 같은 변화가 있으니 「민사재판실무」를 학습할 때 주의하여야 한다.75)

소송촉진 등에 관한 특례법 제3조 제2항에 의하여 "그 이행의무가 있음을 선언하는 사실심 판결이 선고되기 전까지 채무자가 그 이행의무의 존재여부나 범위에 관하여 항쟁하는 것이 타당하다고 인정되는 경우에는 그 타당한 범위에서 제1항을 적용하지 아니한다."라고 규정되어 있다. 대법원 판례는 위 규정상의 "범위"를 지연손해금 기산점의 의미로 해석할 뿐 적용이율 수준으로는 해석하지 않는다. 따라서 원고 변호사가 소장에서 청구취지를 작성하면서 연 12%의 적용시작점을 "이 사건 소장부본 송달 다음날부터"라고 청구하여도 법원은 판결할 때 위 제3조 제2항을 적용함이 타

73) 청구취지만을 보면 소장작성일이 나타나 있지 않다. 2013. 7. 1.은 이자기산일이다. 아무튼 ⑪ 작성례에서는 소장작성일이 과거인 경우에 청구취지 작성례를 안내한 것이다. 독자들이 과거 모의기록을 사용하여 소장을 작성할 모범답안이 이와 같이 구성되었다는 사실을 알려주기 위한 것이다. 앞으로 시험을 치를 때는 거의 필요 없는 지식이 될 수도 있다.
74) 현재도 기록의 구성에 따라 사용해야 할 청구취지 작성례이다. 적극적으로 이해해 보기 바란다.
75) 변호사 시험 기록형 문제풀이는 소장, 답변서, 준비서면, 반소장, 청구취지 및 청구원인변경신청서 등을 중심으로 이루어지고, 판결문의 작성은 출제되지 않기 때문에 참고로만 알고 있으면 된다. 혹시 민사재판실무를 수강하거나, 재판연구원 시험준비를 하는 경우에는 위 사실을 잘 인지하고 있어야 한다.

당하다고 판단되면 "사실심변론종결일(예를 들면 2020. 6. 30.이 사실심 변론종결일이라면)"을 특정하여 "이에 대한 2019. 7. 1.부터 2020. 6. 30.(소장부본 송달일이 아니라 사실심변론종결일임)까지는 연 7%의, 그 다음날부터 다 갚는 날까지는 연 12%의 각 비율로 인한 돈을 지급하라."라는 식으로 축소하여 인용하고, 나머지 청구를 기각하기도 한다.

[독자의 이해를 위해 좀 더 상세하게 설명해 본다.]

원고가 2021. 3. 1. 다음과 같은 청구취지로 소장을 작성하여 소 제기를 하였다.

피고 甲은 원고에게 100,000,000원 및 이에 대한 2020. 7. 1.부터 이 사건 소장부본 송달일까지는 연 5%의, 그 다음날부터 다 갚는 날까지는 연 12%의 각 비율에 의한 금원을 지급하라.

만약 수소법원이 판결선고할 때 소송촉진 등에 관한 특례법 제3조에 정해진 채무자가 이행의무의 존재나 범위에 관하여 항쟁하는 것이 타당하다고 인정되면 다음과 같은 판결주문으로 선고한다.

[이때 소제기는 2021. 3. 1., 소장부본 송달일은 2021. 3. 15., 사실심 변론종결은 2021. 8. 1., 판결선고는 2021. 8. 14.이라면 다음과 같다.]

1. 피고 甲은 원고에게 100,000,000원 및 이에 대한 2020. 7. 1.부터 2021. 8. 1.까지는 연 5%의, 그 다음날부터 다 갚는 날까지는 연 12%의 각 비율에 의한 금원을 지급하라.

2. 원고의 나머지 청구를 기각한다.

---

4) 공동소송인간의 중첩관계

가) 공동소송인들간의 중첩관계가 있다면 이를 반드시 표시하여야 한다. 만약 아무런 표시가 없는 경우에는 민법 제408조(분할채권관계)의 원칙상 공동소송인간에 분할채권 관계에 있는 것으로 간주되어 각자 균분하여 이행할 책임이 있다.

나) 중첩관계의 표시 방식

(1) **중첩관계가 없음 : 각**

(2) **중첩관계가 있음 : 연대하여, 공동하여,**[76] **합동하여**

①"연대하여"는 ⓐ연대채무 또는 ⓑ연대보증의 관계에 있는 주채무자와 연대보증인간, ②"공동하여"는 ⓐ부진정연대관계, ⓑ불가분채무 ⓒ주채무자와 단순보증인 1인과 사이,[77] ③"합동하여"는 어음법(어음법 제47조 제1항, 제77조 제1항 제4호), 수표법상(수표법 제43조)의 발행인, 배서인, 보증

---

76) 최근에는 "각자"라는 용어가 "각"이란 용어와 구분이 어렵다는 입장에서 "각자"를 **"공동하여"**라고 변경하여 사용할 것을 주장하는 견해가 있다. 사법연수원, 『민사실무 2』, 2015, 81면 참조. 과거 판결문상의 '각자'라는 용어가 '공동하여'를 의미한다고 생각하기 바란다.

77) 만약 甲의 1억원의 주채무에 대하여 乙, 丙이 단순 공동보증을 한 경우 분별의 이익이 있기 때문에 원고는 甲, 乙, 丙을 상대로 다음과 같이 청구하여야 한다.
   1. 피고 甲, 乙은 공동하여 원고에게 50,000,000원을 지급하라.
   2. 피고 甲, 丙은 공동하여 원고에게 50,000,000원을 지급하라.

인 등이 합동책임을 질 때 사용하는 기재례이다. 용어는 달라도 피고들은 각자 전액에 대하여 지급할 책임이 있으나 1인이라도 이를 이행하면 해당 부분만큼 이행의무를 면하게 된다는 법률효과는 같다. 다만 '연대하여'와 '공동하여' 사이에는 큰 차이가 있으므로 정확하게 사용하여야 한다. '연대하여'는 피고들간의 부담부분이 있는 경우(연대채무)에 사용하는 표현이고, '공동하여'는 피고들간에 부담부분이 없는 경우(특히 부진정연대채무)에 사용하는 표현이다. '연대하여'와 '공동하여'로 이행의무를 명해도 피고 중 1인이 변제·대물변제·공탁하였거나, 상계의 의사표시를 이미 한 상계, 경개의 경우에는 채권자(연대채권자 또는 부진정연대채권자 등인 원고)들이 결국 만족을 얻었기 때문에 채무가 이행되어 다른 연대채무자인 나머지 피고를 위해 그 채무가 소멸하는 절대적 효력이 있으나, 나머지 소멸사유인 상(계, 자동채권은 성립되어 있으나 아직 상계의 의사표시를 하지 않은 상태)·면(제)·혼(동)·소(멸시효완성)은 원래 연대채무자에 대해서도 그 부담부분에 한해 절대적 효력이 있기 때문에(상·면·혼·소가 된 그 연대채무자의 부담부분만큼 다른 연대채무자의 채무가 소멸하는 효과가 있음) 피고들 사이에 부담부분이 없는 부진정연대채무('공동하여'라고 기재해야 한 경우임)관계에 있는 경우에는 적용될 수 없어 결국 이 사유들은 상대적 효력밖에 없게 된다.[78] 그 결과 청구취지에서 '연대하여'와 '공동하여'으로 엄격히 구분하여 표시하여야 한다.

다시 말하자면 연대채무의 경우 연대채무자 1인에게 생긴 (청구권소멸)사유들에는 다른 연대채무자에게 절대적 효력을 미치는 사유들이 있다.(절대적 효력) 이렇게 절대적 효력이 있는 사유들로 ❶연대채무자 1인에게 생긴 소멸사유로 인한 모든 금액에 대하여 절대적 효력이 있는 경우, ❷연대채무자 1인에게 생긴 소멸금액 중 그 연대채무자 부담부분에 한해 다른 연대채무자에게 절대적 효력이 있는 경우로 나눌 수 있다. ❶에 해당되는 사유로는 ①ⓐ변제, ⓑ대물변제, ⓒ공탁이외에도[79] ②ⓐ최고, ⓑ경개, ⓒ(자동채권자인 1인의 연대채무자가 이미 상계의 의사표시를 한)상계[80], ⓓ채권자 지체(②는 간단히 '최·경·상·지'라고 요약하여 표현한다)가 있다.[81] 나아가 ❷에 해당되는 사유

---

78) 본서는 근대 민사법이 "자유로운 개인의 합리적인 의사결정"의 실현하고, 개인의 비합리적인 의사결정을 사회정책적으로 억지하고자 하는 법체계를 일컫는다고 설명하였다. 개인의 의사결정이란 측면에서 보면 의사정족수, 의결정족수를 충족하여 집단적 의사결정(의결)을 하는 것만을 의미하지 않고, 1인이 한 의사결정의 외부적 표시행위가 다른 자에게 영향을 미쳐 그 자의 법률효과를 변경시킬 수 있는가라는 관점도 일종의 의결형태라고 할 수 있다. 그런 점에서 연대채무자의 1인이 변제·대물변제·공탁하는 경우에는 다른 연대채무자의 채무가 소멸하는 효과를 발생시키는 것도 그 연대채무자들 사이의 의사결정과 실현의 한 방안이 된다. 나아가 연대채무자 1인이 경(개)·상(계)·면(제)·혼(동)·소(멸시효완성)의 의사결정과 실현이 되었을 때 다른 연대채무자에게 미치는 영향도 이와 같은 구조하에서 이해될 수도 있다. 찬찬히 잘 생각해 보기 바란다.

79) 위 ①에서 열거하는 사유들은 연대채무의 정의상 채무의 완전한 이행에 해당되는 사유들을 열거한 것이다.

80) 위 ②ⓒ상계는 자동채권자인 연대채무자가 자신의 자동채권으로 이미 상계의 의사표시를 하여 채무가 소멸한 경우이고, 다음 ③ⓑ상계는 자동채권자인 연대채무자가 상계의 의사표시를 하지 않고 있는 상태에서 다른 연대채무자들이 그 연대채무자의 자동채권으로 상계할 수 있는 범위를 정한 것이다.

81) 위 ②③의 사유들은 민법 제416조 내지 제422조를 정리해 둔 것이다. ②의 사유들은 당해 연대채무자에게 생긴 사유들의 전 범위가 다른 연대채무자에게 절대적 효력을 미치는 사유들을 정리한 것이고, ③사유들은 당해 연대채무자에게 생긴 사유라도 그 연대채무자의 부담부분에 한해 다른 연대채무자에게 절대적 효력이 미치는 사유들을 정해 둔 것이다.

로는 ③ⓐ상계(자동채권은 성립되어 있으나 아직 상계의 의사표시를 하지 않은 상태), ⓑ면제,[82] ⓒ 혼동, ⓓ소멸시효[83])(③은 간단히 '상·면·혼·소'라고 요약하여 표현한다)가 있다. 따라서 부진정연대관계에 있는 부진정연대채무자들 사이에는 부담부분이 없기 때문에 위 ①ⓐⓑⓒ 및 ②ⓐⓑⓒⓓ 등의 절대적 효력은 있으나, ③ⓐⓑⓒⓓ의 사유로 말미암은 절대적 효력은 없다. 이 점이 연대채무와 부진정연대채무가 다른 점이다. 판례상으로는 복수의 공동불법행위자(특히 불법행위자와 민법 제756조상의 사용자) 사이에 불법행위로 인한 손해배상책임은 부진정연대채무라고 인정한다. 그래서 피해자가 공동불법행위자들을 상대로 한 청구취지에는 '공동하여'라고 기재하고, 부진정연대채무에 관한 위와 같은 절대적 효력의 법리가 적용된다. 연대채무이든 부진정연대채무이든 위 사정을 제외한 나머지 사정들은 전부 상대적 효력만 있을 뿐이다.(민법 제423조, 제415조 참조) 실무상으로는 "연대하여"와 "공동하여"란 중첩관계의 표시는 빈번하게 이용되고 있다.

(중첩관계를 표시하지 않았을 경우)
⑮ⓐ 피고들(甲과 乙 두 사람임)은 원고에게 100,000,000원 및 이에 대하여 이 사건 소장부본 송달 다음날부터 다 갚는 날까지 연 12%의 비율에 의한 금원을 각 지급하라.
[=⑮ⓑ**피고들(甲과 乙 두 사람임)은 원고에게 각 50,000,000원 및 이에 대하여 이 사건 소장부본 송달 다음날부터 다 갚는 날까지 연 12%의 비율에 의한 금원을 각 지급하라.**]
[해설: 분할채권관계의 원칙상 피고 甲, 乙은 50,000,000원씩만 지급할 책임이 있다. 그래서 ⑮ⓐ와 ⑮ⓑ는 표현만 다를 뿐 그 법률효과가 동일하다. 실무상으로는 ⑮ⓑ방식을 더 많이 사용하고 있다.]

[중첩관계의 표기]
⑯ⓐ 피고들은 **공동하여** 원고에게 100,000,000원 및 이에 대한 2020. 7. 1.부터 이 사건 소장부본 송달일까지는 연 5%의, 그 다음날부터 다 갚는 날까지는 연 12%의 각 비율에 의한 금원을 지급하라.

⑯ⓑ 피고들은 **연대하여(or 합동하여)** 원고에게 100,000,000원 및 이에 대한 2020. 7. 1.부터 이 사건 소장부본 송달일까지는 연 5%의, 그 다음날부터 다 갚는 날까지는 연 12%의 각 비율에 의한 금원을 지급하라.

[중첩이 일부에만 있을 때]
⑯ⓒ 1. 원고에게
　　　가. 피고 甲은 100,000,000원 및 이에 대한 이 사건 소장부본 송달 다음날부터 다 갚는 날까지 연 12%의 비율에 의한 금원을 지급하고,

---

82) 제10회 변호사 시험 기록형 문제로 출제되었으니 해당 부분을 참조 바란다.
83) 소멸시효완성으로 인해 당해 연대채무자의 부담부분만큼 소멸하나 당해 연대채무자의 시효이익의 포기는 어떤 절대적 효력도 없으므로 복잡한 문제가 제기된다. 제6회 변호사 민사기록형 시험에서 2010. 2. 20. 5,000만원 대여금 청구에 관한 설명부분을 상세하게 살펴보아 어떻게 다른지를 잘 학습해 두어야 한다.
84) 청구취지는 원래 "主相目行"으로 기술한다고 했다. 하지만 위와 같이 공통분모를 인수분해하여 앞에 위치시켜야

> 나. 피고 乙은 피고 甲과 연대하여 위 금원 중 50,000,000원 및 이에 대한 이 사건 소장부본 송달 다음날부터 다 갚는 날까지 연 12%의 비율에 의한 금원을 지급하라.

[원고들에 대한 지급액이 서로 다를 경우]

> ⑰ⓐ 피고 丙은 원고 甲에게 70,000,000원, 원고 乙에게 30,000,000원 및 위 각 금원에 대한 이 사건 소장부본 송달 다음날부터 다 갚는 날까지 연 12%의 비율에 의한 금원을 각 지급하라.

[피고들의 지급액이 서로 다를 경우]

> ⑰ⓑ 1. 원고에게,[84)]
>
> 　　가. 피고 甲은 70,000,000원,
>
> 　　나. 피고 乙은 30,000,000원
>
> 　　및 위 각 금원에 대한 이 사건 소장부본 송달 다음날부터 다 갚는 날까지 연 12%의 비율에 의한 금원을 각 지급하라.

[선정당사자의 선정이 있는 경우]

> ⑰ⓒ 피고 甲은 원고(선정당사자)에게 100,000,000원, 선정자 乙에게 800,000원, 선정자 丙에게 500,000원 및 위 각 금원에 대한 이 사건 소장부본 송달 다음날부터 다 갚는 날까지 연 12%의 비율에 의한 금원을 각 지급하라.

다. 종류물(種類物)의 인도청구

1) 일반론(정의, 특정방법)

종류물(Goods in Kind)이란 일정한 종류에 속하는 물건의 일정량의 인도에 초점이 맞추어 져 있는 물건을 지칭한다. 종류물도 특정[85)]되면 특정물 인도청구가 되어 뒤에서 설명하는 특정물 인도청구의 법리가 적용된다. 종류물 관련 약정을 한 경우에는 특정전이라고 해도 다음 특정방법에 따라 특정하여 종류물 인도청구를 할 수 있다.[86)] 종류물은 품명, 수량 이외에도 품질, 종별 등 목적물

　　할 경우에는 예외적으로 "相主目行"으로 될 수도 있다.

85) 종류물이 특정되어 특정물 인도청구가 되는 현상은 법학전문대학원 협의회 출제 2019년도 제3회 연도별 민사 기록형 모의시험문제 중 돼지고기 매매관련 청구를 참조하기 바란다.

86) 종류물 매매계약을 체결한 후 매도인이 대상 종류물을 인도하지 않아 채무불이행 상태가 되면 매수인은 매매계약을 해제하고(또는 해제하지 않고도) 그 손해배상(전보배상)을 구하고, 다른 판매처에서 같은 종류의 종류물을 다시 매수하면 그 목적을 달성할 수 있다. 거래계에서는 이렇게 처리되는 경우가 더 많다. 그런데 pacta sunt servanda 의 원칙상 매수인이 구태여 매도인을 상대로 매매계약의 강제이행을 구하기 위해 종류물 인도청구를 하면 위에서 설명하듯이 시민법계 국가에서는 종류물 인도청구가 가능하다는 것이다. 시민법계 국가의 이와 같은 태도는 보통법계 국가의 태도와는 다른 것이다. 앞서 보통법계 국가에서는 irreparable injury rule이 있다고 설명하였다. 즉 매수인은 원칙적으로 손해배상청구(damages)로서 채무불이행에 따른 구제를 받아야 하고, 그럼에도 강제이행청구를 하려면 "회복할 수 없는 손해(irreparable injury)"가 발생한다는 사실을 추가적으로 주장·증명할 수 있을 때만 강제이행청구를 할 수 있다는 법원칙이 irreparable injury rule인 것이다. 따라서 종류물 매매계약을 체결한 매수인은 해당 종류물이 거래시장에서 품귀현상을 보여 손해배상을 받아도 거래시장에서 같은 종류의 종류물을 조달할 수

의 표준을 사용하여 특정하여야 한다.

종류물 인도청구는 손해배상청구를 기본 구제수단(legal remedy)으로 하고 '회복할 수 없는 손해(irreparable injury rule)'가 있을 경우에만 물권적 청구권(＝금지청구권＝유지청구권) 또는 강제이행청구권(이상, equitable remedy, 형평법상 구제수단)이 인정된다는 법리를 채택하고 있는 보통법계 국가에서는 원칙적으로 인정되지 않는 청구취지 형태이다. 그래서 종류물인도 청구를 인정하고 있는 시민법계 국가에서도 종류물 인도청구를 할 때는 반드시 대상청구(代償請求)를 하여야 되는 법리가 개발된 것이다.

2) 종류물 인도 청구를 할 때는 대상청구(代償請求)를 꼭 해 두어야 한다.

대상청구란 채무자가 본래의 급부를 상실하는 대가로 취득한 이익의 반환을 청구하는 것을 지칭한다. 종류물의 인도청구는 물건의 인도 집행의 방법(민사집행법 제257조)으로 집행한다. 하지만 피고가 당해 종류물을 더 이상 소지하지 않고 있으면 이행불능 상태에 빠지게 되어 결국 원고는 종류물 인도청구의 승소 확정판결을 받고도 강제집행에 나설 수 없게 된다. 다시 이행불능으로 손해배상을 청구할 수밖에 없게 된다. 이런 불편을 해소하기 위해 종류물 인도청구를 할 때 장래 이행불능이 될 경우를 상정하여 손해배상청구의 한 수단으로 대상청구해 둔다. 그래서 종류물 인도청구를 할 때는 반드시 대상청구를 같이 해 두어야 한다. 이런 대상청구는 장래이행의 소의 일종이고, 종류물 인도청구에 전보배상청구가 단순병합된 것으로 본다.

피고 甲은 원고에게 백미(**2022년산, 이천미, 상등품**) 200가마(**가마당 80kg들이**) 및 이에 대한 2021. 12. 1.부터 다 갚는 날까지 연 12%의 비율에 의한 **백미**를 지급하라.
위 백미에 대한 강제집행이 불능일 때에는 백미 1가마당 300,000원의 비율로 환산한 금원을 지급하라.

[알고 있으면 좋은 지식]
종류물 인도청구는 시민법계 국가에서 널리 활용되는 청구형태이다. 본서 도입부에서 이미 설명한 바와 같이 보통법계 국가에서는 irreparable injury rule이 여전히 규범력을 갖고 있다. 그래서 "회복할 수 없는 손해"(예를 들면 당해 종류물이 품귀현상이 있는 경우 등)를 추가로 주장·증명할 수 없는 한 원칙적으로 채무불이행으로 인한 손해배상청구(금전지급청구)만을 할 수 있을 뿐이다. 이러한 청구는 위에서 설명한 대상청구와 같은 취지와 내용의 청구가 된다. 만약 당해 종류물이 품귀현상을 빗고 있어 추가로 회복할 수 있는 손해를 주장·증명할 수 있는 경우에는 비로소 종류물 인도청구를 할 수 있게 된

없을 때에만, 그래서 손해배상만을 청구하는 것이 회복할 수 없는 손해가 된다는 사정을 추가적으로 주장·증명할 수 있을 때만 비로소 종류물 인도청구를 할 수 있다. 그래서 보통법계 국가에서는 종류물 인도청구가 거의 활용되지 않는다. 뒤에서 설명하듯이 시민법계 국가에서 위와 같이 종류물 인도청구를 인정하면서도 반드시 대상청구(代償請求)를 동시에 하여야 한다는 법원칙의 확립도 보통법계 국가의 해결방법과 비교해 보면 서로 수렴하는 태도라 할 수 있다.

다. 그런데 시민법계 국가에서는 청구권 경합의 원칙을 채택하고 있기 때문에 원칙적으로 종류물 인도청구가 가능하고, 판례를 통해 부가적으로 대상청구를 해 두는 방식을 허용하고 있을 뿐이다.

라. 특정물의 인도, 철거, 퇴거청구

1) 특정물이란 개별적, 구체적으로 지정되어 있는 물건을 지칭한다. 특정물 인도 등 청구권은 물권적 청구권 중 소유물반환 청구권, 방해배제청구권 등으로도 발생할 수 있고,(이상 물권적 청구권) 약정에 의한 강제이행청구권·원상회복청구권 등(이상 채권적 청구권)으로도 발생할 수 있다.

2) 인도, 퇴거, 철거

인도[87]는 점유의 이전을 의미한다. 퇴거는 대상물을 점유하는 것을 배제하는 것만을 의미하고 점유의 이전은 포함하지 않는다. 결국 인도는 퇴거를 포함하는 셈이다. 그래서 인도를 청구하면서 동일인을 상대로 별도로 퇴거까지 청구하면 중복청구가 되어 일부 기각당하게 된다.[88] 다만 직접점유자에게 퇴거를 구한 다음 간접점유자에게 인도를 구할 때는 당사자가 달라서 퇴거를 따로 구할 수 있다. 위와 같은 인도와 퇴거의 관계에도 불구하고 최근에는 간접점유자에게도 인도를 구하면서 직접 점유자에게도 인도를 구하는 청구취지가 널리 사용되고 있다. 언 듯 보기에는 원고가 중첩하여 청구하는 것처럼 인식될 수 있으나 법률관계는 철저하게 개별적이고 소송상 간접점유자에게 반드시 승소한다는 보장이 없는 관계로 법원은 양자 모두에게 인도청구를 해도 인용하고 있는 실정이다.(대법원 2000. 2. 11.자 99그92 결정) 그래서 퇴거청구는 '건물철거 및 퇴거청구'에서 목적물(건물)을 점유하고 있는 철거의무자 이외의 자를 상대로 그 목적물에서 퇴거를 구하고, 철거의무자를 상대로 철거청구를 할 때나 겨우 활용되는 청구가 되었다.

철거는 대상물을 제거하는 것이다. 특히 동산은 수거(收去)라고 표현하기도 한다. 철거는 당연히 퇴거를 전제로 하기 때문에 철거대상자를 상대로 철거청구를 할 때는 동일인을 상대로 퇴거를 별도로 구할 필요가 없다.

3) 특정의 방법

가) 부동산의 경우

(1) 토지 : 지적공부(토지대장, 임야대장)[89]에 기재된 대로 표시한다. 지적공부에는 소재지, 지번, 지목, 지적의 순으로 특정되어 있는데, 이를 그대로 원용하면 된다.[90]

---

87) 과거에는 이를 명도(明渡)라고 하였다.

88) 그래도 많은 학생들이 "...퇴거하고, 이를 인도하라."는 청구취지를 자주 적어 내고 있다. 주의를 요한다.

89) 『공간정보의 구축 및 관리 등에 관한 법률』 제2조 제19호에서 "지적공부란 토지대장, 임야대장, 공유지연명부, 대지권등록부, 지적도, 임야도 및 경계점좌표등록부 등 지적측량 등을 통하여 조사된 토지의 표시와 해당 토지의 소유자 등을 기록한 대장 및 도면(정보처리시스템을 통하여 기록·저장된 것을 포함한다.)을 말한다"고 규정되어 있다. 그 결과 지적공부라고 속칭할 때는 토지대상, 임야대장을 지칭하는 것으로 이해한다.

90) 구체적인 표기방법은 제7회 변호사 시험 기록형 문제 2면에 첨부되어 있는 "목록(부동산의 표시)"를 참조하기 바란다.

(2) 건물 : 실제의 현황에 따라 표시한다. 물론 건축물관리대장[91](무허가 건물의 경우에는 가옥대장이 작성되어 있다. 근래에는 무허가 건물이 사라지면서 가옥대장도 자취를 감추고 있다.)이 작성되어 있어 그곳에 건물표시가 있다. 그래서 실제 현황이 건축물관리대장상의 표기와 차이가 없다면 이를 원용하여 표기하면 된다. 그러나 실제 현황이 건축물관리대장상의 표기와 차이가 있는 경우에는 측량감정을 하여 특정해야 한다. 이때 상당한 측량감정비용이 발생하게 되어 고객에게 부담이 된다. 건물의 특정은 주로 소재지, 지번, 건물의 구조, 층수, 용도, 건축면적의 순으로 특정하도록 되어 있다. 특히 아파트와 같은 집합건물의 경우 실무상으로 정해진 특정방법이 있으므로 잘 익혀 사용해야 한다.[92]

(3) 토지와 건물을 동시에 표기할 때는 다음과 같이 한다.

[건물만의 표기방법]
서울 성동구 왕십리로 222 지상 철근콘크리트조 슬래브지붕 단층 영업소 300㎡

[대지와 건물의 표기방법]
서울 성동구 왕십리로 222 대 1234㎡ 및 그 지상 철근콘크리트조 슬래브지붕 단층 영업소 300㎡

{해설: 건물만의 표기방법과 건물 및 대지의 동시 표기방법이 위와 같이 다르니, 잘 익혀 정확하게 기재할 수 있어야 한다.}

---

(4) 토지나 건물의 일부 : 토지나 건물의 일부를 특정할 때는 도면을 활용하여 특정한다. 도면은 주로 측량감정을 통하여 작성된다. 그래서 소송 중 측량감정을 해야 하는데, 이때 상당한 측량감정비용이 발생하여 고객에게 부담이 된다. 이때 주의할 점은 1개 토지 위에 1개의 건물밖에 존재하지 않는 때에는 도면까지 활용하여 특정할 필요가 없다. 그래서 측량감정비용을 절감할 수 있으니 사전에 사정을 잘 알아보고 측량감정이 꼭 필요한지를 확인한 다음 측량감정을 신청하여야 한다.

나) 동산의 경우 : 소재지 및 명칭과 수량 외에 외형상 특징을 명기하여 특정한다.

4) 물권적 청구권으로서의 특정물 인도, 철거, 퇴거 청구

물권적 청구권 중 ①소유물반환청구로서 특정물 인도, 퇴거 청구를 많이 이용하고, ②방해배제청구로서 건물철거, 이에 수반된 건물퇴거 청구를 많이 이용하고 있다. 소유권자는 타인의 점유를 주장·증명함으로써 소유물반환청구권 행사의 한 형태로서 특정물의 인도, 퇴거청구를 할 수 있다. 대지의 소유권자는 그 지상에 건물을 소유하고 있는 자를 상대로 방해배제청구권의 행사로서 건물

---

91) 건축법 제38조에 의하여 작성된 공부이다. 주로 행정청이 건축물을 사용승인(준공검사, 준공인가한 다음 사용승인함)한 다음 직권으로 작성하여 비치한다.
92) 집합건물의 표기방법은 "1동의 건물의 표시", "대지권의 목적인 토지의 표시", "전유부분의 건물의 표시", "대지권의 표시" 등 4부분으로 나누어 특정하여 표기한다. 실제 표기 사례는 제3회 변호사 시험 기록형 문제 32면에 첨부되어 있다. 한번 확인해 보기 바란다.

철거를 청구하고, 그 건물의 점유자를 상대로 건물 퇴거 청구를 할 수 있다. 뒤에서 자세하게 설명하겠지만 물권적 청구권의 행사와 관련된 요건사실은 매우 정형화되어 있다. 즉 특정물 인도, 퇴거청구의 경우에는 ① 원고는 소유권자인 사실, ② 피고가 점유하고 있는 사실만을 주장·증명함으로써 그 주장·증명책임을 다하고, 피고가 "점유할 정당한 권원"이란 항변사유를 주장·증명할 책임을 부담하게 된다. 물권적 청구권의 행사로서 특정물인도청구는 **직접점유자**를 상대로 하고 간접점유자를 상대로 청구할 수는 없다.[93] 물론 점유보조자는 점유자가 아니기 때문에 점유보조자를 상대로 특정물의 인도 등을 청구하지 못한다.

소유물반환청구의 요건사실	청구원인		**① 원고의 현재 소유사실** **② 피고의 현재 점유사실 (직접점유자만 포함)**
	항변	공통	[원인무효사유] ⓐⓐ부존재·무효·취소·해제/해지·무권대리(대리권남용)·대표권제한 위반 ⓑ전자(前者)의 무권리 또는 사실상·법률상 처분권 결여
		특유 **ⓑ"점유할 정당한 권원"**	물권; 지상권(특히 법정지상권),지역권,전세권,유치권 매수하여 인도받은 목적물[94] 점유취득시효완성 후 점유하고 있는 목적물[95]
			ⓐ임대인: 임차권 ⓑ임대목적물의 양수인: 임차권+대항력 필요
			동시이행항변권

또 건물 철거, 건물 퇴거의 경우에는 ① 원고가 대지를 소유하고 있는 사실, ②ⓐ 피고 甲이 그 대지 위에 건물을 소유하고 있는 사실(건물 철거 청구), 또는 ⓑ 피고 乙이 그 건물을 점유하고 있는 사실(건물 퇴거 청구)을 주장·증명하면 된다. 이에 대하여 피고측은 "권리남용, 신의칙위반" 등 항변사유를 주장·증명할 수 있다.

건물철거·퇴거의 요건사실	청구원인	**① 원고의 현재 대지 소유사실** **②ⓐ 그 대지상 피고의 현재 건물의 소유사실 (건물철거) or** **ⓑ 그 대지상 피고의 현재 건물의 점유사실 (건물퇴거)**

---

93) 대법원 2000. 4. 7. 선고 99다68768 판결; 대법원 1999. 7. 9. 선고 98다9045 판결; 대법원 1969. 2. 4. 선고 68다 1594 판결 등 참조

94) 대법원 1977. 3. 8. 선고 76다2461 판결; 이에 대하여 매매계약이 적법하게 해제되면 매수인은 그 목적물을 점유할 권원을 상실하므로 이 경우 매매계약의 해제사실은 원고의 재항변 사유가 된다.

95) 대법원 1988. 5. 10. 선고 87다카1979 판결 (점유취득시효 완성 후에는 소유명의자는 소유물반환청구를 할 수 없다.); 대법원 1993. 5. 25. 선고 92다51280 판결 (점유취득시효 완성 후에는 소유명의자는 점유자에 대하여 부당이득반환청구를 할 수 없다.); 이때 원고는 점유취득시효 완성을 저지할 수 있는 시효중단사유나 시효이익 포기사실을 주장하여 재항변할 수 있다.

		[원인무효사유]
항변	공통	Ⓐ부존재·무효·취소·해제/해지·무권대리(대리권남용)·대표권제한 위반 Ⓑ전자(원고의 前者)의 무권리 또는 사실상·법률상 처분권 결여
	특유	①"점유할 정당한 권원"(위 도표 참조) or ②"ⓐ권리남용", "ⓑ신의칙위반"

5) 채권적 청구권으로서의 특정물의 인도, 철거, 퇴거청구

가) 일반론

특정물 인도, 철거[96], 퇴거청구권은 물권적 청구권의 형식으로만 발생하는 것은 아니다. 약정을 모태로도 특정물 인도, 철거, 퇴거청구권이 발생한다.[97] 즉 채권적 청구권으로서의 특정물 인도, 철거, 퇴거청구권이 존재할 수도 있다. 채권적 청구권으로서의 특정물 인도, 철거, 퇴거청구권은 그러한 내용의 약정을 함으로써 발생하기도 하고,(강제이행청구권) 약정한 후 특정물은 인도받은 다음 약정기간이 종료됨으로써 원상회복의무의 일환으로 발생하기도 하고,(원상회복청구권) 또 약정이 해제/해지되는 등으로 무효로 되었을 때 원상회복의무의 일환으로 발생하기도 한다. (원상회복청구권)

나) 약정 후 강제이행청구의 형태로서의 특정물 인도, 철거, 퇴거 청구

약정의 강제이행청구 형태로서 특정물 인도, 철거, 퇴거 청구는 빈번하게 이루어진다. 먼저 동산매매계약의 경우 매수인은 매도인에게 재산권이전청구권을 보유하게 되는데, 동산의 경우 소유권이전은 매매계약은 물론 인도까지 받아야 비로소 이루어진다.(민법 제188조, 제189조, 제190조) 따라서 동산매매계약의 매수인은 매도인을 상대로 동산인도청구권을 갖게 된다. 이러한 동산인도청구권은 채권적 청구권이다. 부동산매매계약의 경우는 매수인은 매도인을 상대로 재산권이전청구권의 행사로서 소유권이전등기청구권을 행사할 수 있다.(민법 제186조) 나아가 매수인은 매도인을 상대로 매매목적물 인도청구권도 보유하고 있다.(대법원 1980. 7. 8. 선고 80다725 판결 등) 매수인의 이러한 소유권이전등기청구권은 물론 인도청구권도 전부 매매대금지급채무와 동시이행의 관계에 있다.[98][99] 이러한 특정물 인도청구권도 모두 채권적 청구권이다.

---

96) 제3회 변호사 시험 기록형 문제 등에서 건물철거의 약정을 하였다며 그 강제이행청구의 일환으로 건물철거 청구를 하는 형식으로 출제된 바가 있다.

97) 물권적 청구권의 대표적인 형태인 등기말소청구권도 약정을 모태로 채권적 청구권의 형태로 존재할 수도 있다. 예를 들면 甲이 A 부동산을 소유하고 있다가 乙에게 매도한 다음 그 소유권이전등기를 경료해 주었다. 그 후 乙이 다시 A 부동산을 甲에게 매도하면서 그 소유권이전등기에 갈음하여 소유권이전등기 말소를 해 주겠다고 약속한 경우에는 甲은 乙을 상대로 약정에 기한 소유권이전등기 말소청구를 할 수 있다. 이러한 등기말소청구권은 전형적인 채권적 청구권이다. 다만 거래계에서 甲이 매도한 A 부동산을 사후에 다시 乙로부터 되산다는 상황이 잘 발생하지 않아 문제된 사례가 거의 없을 뿐이다. 이론적으로는 가능하다.

98) 대법원 1988. 12. 6. 선고 87다카2739, 2740 판결.

99) 부동산 매매계약의 경우 매도인은 매수인에게 부동산 소유권을 이전해 줄 의무가 있다.(민법 제563조) 민법 제186조에 따르면 소유권이전을 위해서는 매매(교환·증여·대물변제)계약과 같은 약정 이외에도 등기까지 경료해 주어야 한다.(소위 물권변동의 성립요건주의) 이때 인도는 부동산 소유권이전의 요건이 아니다. 따라서 매매계약서에 부동산 인도의무가 명시적으로 약정되어 있지 않은 경우 그 부동산 인도의무는 강제이행 청구할 수 없는 것으로

대지 매매계약을 체결하면서 그 지상건물의 철거 특약을 하는 경우가 있다. 이러한 경우 매수인은 매도인을 상대로 그 건물의 철거 청구를 할 수 있다.[100] 전형적인 채권적 청구권이다.

아무튼 약정을 기반으로 한 특정물 인도, 철거, 퇴거청구는 그 사례들이 매우 많고 빈번하게 소 제기되고 있다.

다) 특정물의 인도가 따르는 계약(예를 들면 임대차계약에서 임차목적물의 인도)이 해소된 후 원상회복을 위한 특정물 인도 및 퇴거청구권(원상회복청구권)이 발생한다. 이 특정물 인도 및 퇴거청구권은 채권적 청구권이다.

그 요건사실은 ① 해당 계약의 체결사실, ② 목적물(특정물)의 인도사실, ③ 해당 계약의 종료(기간만료, 해지/해제, 취소 등) 사실이다. 이때는 직접점유자를 상대로 퇴거를, 간접점유자를 상대로 인도를 구할 수 있고, 공동점유자 전부를 상대로 특정물 인도청구를 할 수 있으나, 점유보조자를 상대로 청구하지는 못한다.

6) 물권적 청구로서의 특정물 인도(or 철거, or 퇴거)청구와 채권적 청구로서의 특정물 인도(or 철거, or 퇴거) 청구와의 관계(청구권 경합)

앞서 설명한 바와 같이 특정물 인도(or 철거, or 퇴거) 청구권은 물권적 청구권 중 소유물반환청구, 방해배제청구의 행사로서, 또는 채권적 청구권 중 강제이행청구권 또는 원상회복청구청구권의 행사로서 발생할 수 있다. ①임대차계약에 기해 소유권자인 임대인이 임차인에게 임대차목적물을 인도한 다음 임대차계약이 종료된 경우 임대인은 ⓐ소유권자로서 임차인이 임대차목적물을 점유하고 있음을 이유로 소유권반환청구인 임대목적물 인도청구를 할 수 있고, ⓑ임대차계약상 임차인은 임대차계약 종료 후 임대인에게 임대차목적물을 반환하기로 한다라는 명시적 또는 표준적 약정에 기해 그 강제이행청구권의 행사로 임대차목적물의 인도를 구할 수 있다. 또 ②매매계약에 따라 소유자인 매도인이 매매목적물을 매수인에게 인도한 후 매매계약이 해제된 경우 ⓐ매도인은 소유권자로서 매매목적물을 점유하고 있는 매수인을 상대로 소유물반환청구로서 매매목적물의 인도를 구

보인다. 그래서 판례(대법원 1988. 12. 6. 선고 87다카2739, 2740 판결)는 매매계약 등에 따른 부동산 인도의무는 표준적 약정(default rule)으로서의 성격을 가지고 있어 명시적 합의가 없어도 부동산 인도 청구를 할 수 있다고 판시한 것이다. 따라서 부동산에 관한 매매계약을 원인으로 하여 소유권이전등기를 구할 때 별도로 인도청구를 병합하여 청구할 수 있다. 이때 소유권이전의무는 물론 인도의무도 대금지급의무와 동시이행의 관계에 있다. 그래서 수험생으로서 답안을 작성할 때는 별도의 지시가 없는 이상 가급적 소유권이전등기 청구는 물론 목적물 인도청구도 병합하여 청구하여야 할 것이다.

그런데 실무상으로는 매수인이 매도인을 상대로 소유권이전등기 청구를 할 뿐 매매목적물의 인도청구까지 병합하여 청구하는 사례가 거의 없다. 분쟁의 핵심인 소유권이전의무의 존재만 판단받으면 상대방은 재산권을 이전해 주는 마당에 그에 따른 인도도 순순히 응하고 있기 때문일 것이다. 만약 현행의 변호사 시험 출제 경향에 따라 기계적으로 소유권이전등기 청구와 목적물 인도청구를 병합하여 청구하도록 학습한 예비법조인들이 실무에 진출하여 소유권이전등기청구는 물론 목적물인도청구도 병합하여 제기하는 내용의 소장을 작성하여 마구 청구할 때 기존 법조인들은 좀 계걸스럽다는 인상을 갖고 삭막한 심정이 될 것이다. 그래서 법학전문대학원에 근무하는 필자로서는 가끔 이런 교습방법이 타당한지 개탄을 한다.

100) 동일한 사안이 제8회 변호사시험 민사 기록형 제1질문으로 출제된 적이 있다.

할 수 있고, ⓑ계약 해제에 따른 원상회복청구(민법 제548조)로서 매매목적물의 인도를 구할 수도 있다. 특히 판례는 ②ⓑ를 채권적 청구권으로 파악하고 있다.(대법원 1993. 9. 14. 선고 92다1353 판결)[101] 아무튼 우리 법제의 경우 ①ⓐⓑ 상호간, ②ⓐⓑ 상호간에 위와 같은 청구의 경합을 인정하고 원고가 그 선택에 따라 양자 중 어느 하나를 행사할 수 있도록 하였다. (대법원 1994. 1. 25. 선고 93다16338 전원합의체 판결)

7) 특정물 인도청구와 사용·수익(임료상당)에 해당되는 부당이득반환청구 또는 손해배상청구의 병합문제

특정물 인도청구를 함에 있어 그 발생원인이 물권적 청구권이냐 채권적 청구권이냐를 따지는 것보다 원고가 특정물 인도청구와 함께 상대방이 인도받은 이후 반환시까지 사용·수익한 임료상당의 부당이득반환청구 또는 손해배상청구권의 병합이 가능한지가 더 중요하다. 결론적으로 말하자면 요건이 갖추어지기만 하면 부당이득반환청구는 물론 손해배상청구도 병합청구가 가능하고, 또 부당이득반환청구권과 손해배상청구권 사이에도 청구권 경합의 관계에 있다고 한다.

손해배상의 요건사실	청구원인	①-ⓐ 고의·과실 　-ⓑ 위법성 (침해) 　-ⓒ 손해 (물권 or 권리와 이익에 발생한 손해) 　-ⓓ 인과관계 ② 손해배상의 범위 [통상손해, with 악의 or 과실의 특별손해]
	항변	① 단기 소멸시효(알았을 경우 3년, 발생한 날로부터 10년) ② ⓐ과실상계, ⓑ손익상계, ⓒ책임제한

우선 부당이득반환청구권에 관해 살펴보자.

첫째, 성질이 부당이득반환이므로 그 반환범위는 민법 제748조가 적용되어 그 법리에 의할 듯하나 오히려 점유자와 회복자 사이의 관계를 정한 민법 제201조, 제202조, 제203조에 따라 처리된다. 그래서 선의의 점유자가 더 두텁게 보호된다.

둘째, 물권적 청구권으로서의 목적물 인도청구는 종종 점유자가 선의인 경우가 많다. 따라서 선의인 한 과실수취권이 있어(민법 제201조 제1항) 사용·수익을 부당이득으로 반환할 것을 청구할 수 없다. 그래서 악의로 된 시점을 정확히 파악하여야 하며 이를 정확히 찾아내어 그 이후의 사용

---

101) ①한편 원상회복으로 소유권이전등기 말소를 구하는 청구는 물권적 청구권으로 파악하고 있다.{민법 제548조의 해석론으로서 직접효과설(물권적 효력설)의 입장} 그러나 ②ⓐ원상회복으로 매매목적물 인도청구를 구하는 청구를 채권적 청구권으로 구성하고 있고, ⓑ금전의 반환을 구하는 급부 부당이득반환청구 또한 채권적 청구권이다. 이와 같이 원상회복 청구는 대상에 따라 물권적 청구권 또는 채권적 청구권의 실질을 갖고 있다. 위 ②ⓐ와 같이 매매목적물 인도청구를 채권적 청구권으로 파악하는 이유는 다음과 같다. 만약 매수인이 제3자와 사이에 임대차계약을 체결한 후 그 제3자에게 이를 인도한 경우에 매수인은 간접점유자, 제3자는 직접점유자가 된다. 이때 매도인이 매수인을 상대로 매매목적물의 인도를 청구하게 되면 만약 그 인도청구가 물권적 청구권이라면 물권적 청구권은 간접점유자를 상대로 구할 수 없다는 종래 판례에 어긋나게 된다. 따라서 논리 일관성을 유지하기 위하여 그 원상회복을 채권적 청구권으로 파악하는 것이다.

·수익에 따른 부당이득금 반환을 청구해야 한다. 악의로 된 시점을 찾아내지 못해도 소제기시[102] 악의로 간주(민법 제749조 제2항)되므로 적어도 소제기시부터 인도완료일까지의 부당이득의 반환을 청구할 수 있다. 법문(민법 제749조 제2항)상으로는 '소제기시'로 명시되어 있음에도 판례는 이를 "소장부본송달일"로 축소하여 해석(이 대법원 판결에 대해 반론[103]도 만만치 않다.)하고 있으므로 결국 소장부본 송달일부터 인도완료일까지 부당이득금의 반환을 청구해야 한다.

셋째, 직접점유자와 간접점유자는 그 점유·사용 상당의 부당이득반환채무의 <u>부진정 연대관계</u>에 있고(대법원 2012. 9. 27. 선고 2011다76747 판결), 수인이 공동으로 사용·수익한 경우에는 사용·수익 상당의 부당이득반환의 <u>불가분채무</u>를 부담하게 된다.(대법원 2001. 12. 11. 선고 2000다13948 판결; 대법원 1992. 9. 22. 선고 92누2202 판결 등) 따라서 이들은 전부 "공동하여" 이행할 의무를 부담한다.

특정물 인도청구와 부당이득반환청구가 빈번하게 병합되어 각종 시험에서 출제되고 있으므로 위와 같은 법리를 반드시 상세하게 잘 학습해 두고 있어야 한다.

침해 부당이득 반환 청구	청구원인	(침해부당이득반환의 경우에는 법률상 원인 없음은 상대방이 "법률상 원인 있음"으로 항변해야 함) ① - ⓐ 이득 　- ⓑ 손해 (물권 or 권리와 이익에 발생한 손해) 　- ⓒ 인과관계 ② 부당이득의 범위 　**Ⓐ점유자-회복자 사이 (민법 제201조)** 　　**ⓐ악의 : 받은 이득, 이자, 손해** 　　　**※이득은 '실질적 이득'(침해 부당이득만)** 　　　**이득＜손해 = 이득, if 이득＞손해 = 손해** 　　**ⓑ선의 : 일체의 반환의무 없음** 　Ⓑ그 외 일반적인 경우 (민법 제748조) 　　ⓐ악의: 받은 이익, 이자, 손해 　　　※이득은 '실질적 이득'(침해 부당이득만) 　　　이득＜손해 = 이득, if 이득＞손해 = 손해 　　ⓑ선의: 현존하는 이익 　[※ⓒ선의가 악의로 되는 사유 [민법 제749조] 　　ⓐ증거에 의한 증명의 문제 　　ⓑ불가능이면, 승소한 때 소를 제기한 때(판례는 **소장부본 송달일**)]
	항변	"법률상 원인 **있음**"

8) **물권적 청구권**(소유물반환청구)**에 기한 특정물 인도, 철거 퇴거 청구**

현실적으로 점유하고 있는 불법점유자(직접점유자)를 상대로 청구해야 하고, 이미 다른 자에게 임대하고 있는 불법행위자(비록 간접점유자이라도)는 피고 적격이 없다.(대법원 2000. 4. 7. 선고 99다68768 판결 참조)

---

102) 소장부본 송달일이 아닌 점에 주의하자.
103) 김기정, "민법 제197조 제2항의 '소가 제기된 때'의 의미에 관하여", 「민사소송(2022년 제26호)」, 한국민사소송법학회, pp. 45-82 참조

사례 1	[사안]	소유자 甲이 A 목적물을 소유하고 있는데, 乙이 소유자 甲이 외국에 간 틈을 타 정당한 권원 없이 丙에게 A 목적물을 임대해 주고, 현재 丙이 A 목적물을 점유하고 하고 있을 경우
	[가능한 청구]	①청구원인은 물권적 청구권이 된다. ②즉 소유자 甲은 丙만을 상대로 A 목적물의 인도를 구할 수 있을 뿐 현재 점유하고 있지 않은 乙을 상대로는 A 목적물 인도 청구를 할 수 없다. ③다만 乙을 상대로 추가 요건사실을 주장·증명하여 불법점유(또는 무단점유)를 원인으로 한 임료 상당의 손해배상(또는 부당이득반환)을 구할 수는 있다. 이때 甲은 丙을 상대로도 악의임을 주장·증명하여 부당이득반환 청구를 하거나, 고의·과실 등을 추가적으로 주장·증명하여 손해배상청구를 할 수 있다. 이때 乙과 "공동하여" 부당이득금(손해배상금) 반환을 청구할 수도 있다.
사례 2	[사안]	소유자 甲이 대지를 소유하고 있는데, 乙이 정당한 권원 없이 그 지상에 건물을 신축한 경우
	[가능한 청구])	①소유자 甲은 乙을 상대로 건물의 철거와 대지의 인도 및 그 손해배상(또는 부당이득금반환)을 청구한다. ②(이때 주의할 것은 소유자 甲은 乙을 상대로 건물에서 퇴거할 것을 청구할 필요는 없다. 왜냐하면 철거청구는 건물에서 퇴거할 것까지 포함하고 있기 때문이다.)
사례 3	[사안]	소유자 甲이 대지를 소유하고 있는데, 乙이 정당한 권원 없이 그 대지상에 건물을 신축하고 그 건물을 丙에게 임차해 주어 현재 丙이 건물을 점유하고 있는 경우
	[가능한 청구]	①소유자 甲은 丙을 상대로 퇴거를, 乙을 상대로 건물의 철거와 대지의 인도 및 불법점유(또는 무단점유)를 원인으로 한 손해배상(또는 부당이득금반환)을 청구한다. ②{건물 소유자만이 대지를 점유할 뿐 건물 점유자는 대지를 점유하지 않는다.(비점유설) 따라서 甲은 丙을 상대로 대지점유에 따른 손해배상(또는 부당이득반환)도 구하지는 못한다.}

9) **임대차계약이 해소된 경우**(특정물 인도 등에 관한 채권적 청구권의 대표적 사례)

가) 일반론

임대차계약이 종료된 다음 ① 임대차계약 종료로 인한 원상회복청구권에 기하여 임차목적물의 인도를 청구할 수 있다. ② 만약 임대인이 소유자라면 임차인이 정당한 권원 없이(임대차계약이 종료되었기 때문에 권원 없는 점유가 되었다.) 타인 소유물을 점유하고 있으므로 물권적 청구권에 기한 소유물반환청구를 할 수 있다. ①은 채권적 청구권이고, ②는 물권적 청구권이다. 양자(①, ②)는 청구권경합의 관계에 있다.

나) 임대차계약 종료로 인한 원상회복청구권의 형태로 임대목적물 반환청구(채권적 청구권)를 할 경우

직접점유자(전차인)는 물론 간접점유자(임차인)도 피고 적격이 있다. 양자에게 모두 청구하는 경우에는 직접점유자(전차인)에게는 퇴거(또는 최근에는 '인도')청구를, 간접점유자(임차인)에게는 인도청구를 할 수도 있고, 앞서 설명한 바와 같은 이유로 직접점유자 및 간접점유자에게 모두 '인도' 청구를 해도 된다.

사례 4	[사안]	임대인(겸 소유자) 甲이 임차인 乙에게 목적물을 임대해 주고, 임차인 乙이 임대인 甲의 동의를 받거나 또는 받지 않고 전차인 丙에게 목적물을 전대한 다음 현재 전차인 丙이 목적물을 점유하고 있고, 임대차기간이 만료 또는 해지되어 종료된 경우
	[가능한 청구]	①[동의받은 경우]청구원인은 임대차계약 종료로 인한 원상회복청구권이란 채권적 청구권이 된다. [동의받지 못한 경우]청구원인은 임차인 乙을 상대로는 원상회복청구권이란 채권적 청구권이지만, 전차인 丙을 상대로는 물권적 청구권이 된다.

		②ⓐ[동의받은 경우] (임대차계약이 종료되기만 하면, 전대차계약기간이 남아 있다 하더라도) 임대인 甲은 丙을 상대로 인도(퇴거)를, 乙을 상대로 인도를 청구한다. 임대인 甲은 乙은 물론 丙을 상대로 차임지급청구를 할 수 있다.(민법 제630조 제1항 제1문) 　ⓑ[동의받지 못한 경우] 임대인 甲은 乙을 상대로는 (민법 제629조 제2항에 따라 임대차계약을 해지하면서 원상회복청구권이란 채권적 청구권으로서) 인도청구를 하고, (소유물반환청구권으로서) 丙을 상대로도 (임대차계약이 효력을 유지하고 있으면 乙에게, 임대차계약이 종료되었으면 甲에게) 인도청구를 구한다. [수소법원은 양자를 상대로 요건이 충족되면 모두 인도이행의 판결을 할 수 있고, 다만 임대인이 그 확정판결에 기해 어느 한 피고를 상대로 집행을 마친 경우에는 나머지 피고가 그 인도이행의무를 면하게 된다.] 이때 임대인 甲은 乙을 상대로만 부당이득반환청구를 할 수 있고, 丙을 상대로는 부당이득반환청구를 하지 못한다.104)
사례 5	[사안]	임대인(겸 소유자) 甲이 임차인 乙에게 대지를 임대해 주었더니, 임차인 乙이 그 지상에 건물을 신축하고, 그 건물을 丙에게 임대하여 준 후 丙이 그 건물을 점유하고 있던 중 대지임대차가 기간만료 또는 해지로 종료된 경우
	[가능한 청구])	①임대인 甲은 丙을 상대로 퇴거를, 乙을 상대로 건물의 철거와 대지의 인도를 청구한다. 할 수 있으면 乙을 상대로 대지의 점유에 따른 부당이득반환 또는 손해배상을 청구할 수 있다. ②하지만 丙을 상대로는 부당이득반환 또는 손해배상을 청구하지 못한다. (비점유설)

다) 소유물반환청구로서의 임차목적물의 인도청구(물권적 청구권)

이는 물권적 청구권의 일종인 소유물반환청구로서 임대차계약이 종료된 후에 임대인 겸 소유자는 임차인을 상대로 임대목적물반환을 청구할 수 있다. 이는 물권적 청구권이다. 결과적으로 임대인 겸 소유자는 임대차계약이 종료된 후에는 원상회복청구의 성격을 지닌 채권적 청구권과 물권적 청구권의 일종인 소유물반환청구권을 모두 갖고 있으며 양자 사이에는 청구권 경합의 관계에 있다.

10) 구체적인 기재례

① 1. 피고 甲은 원고에게,
가. 서울 성동구 왕십리로 100 지상 벽돌조 기와지붕 지하 1층 지상 2층 주택 지하 1층 90㎡, 지상 1층 120㎡, 2층 100㎡(등기부상 표시 : 같은 지상 세멘트 벽돌조 기와지붕 단층 주택 1동 100㎡)를 인도하고,
나. 2019. 11. 23.부터 위 건물의 인도완료일까지 월 5,000,000원의 비율에 의한 돈을 지급하라.

② 1. 피고 甲은 원고에게,
가. 별지 목록 기재 물건을 인도하고,
나. 2019. 2. 1.부터 위 물건의 인도완료일까지 월 1,500,000원의 비율에 의한 금원을 지급하라.

③ **피고 甲은 원고에게 서울 성동구 왕십리로 100-1 대 300㎡ 중 별지 도면 표시 1, 2, 3, 4, 5, 1의 각 점을 차례로 잇는**105) **선내 (가) 부분 140㎡를 인도하라.**

---

104) 대법원 2008. 2. 28. 선고 2006다10323 판결
105) 원래 "순차로 연결한"이란 표현을 사용하다가 순한글 표현 권장 정책에 의하여 "차례로 잇는"이란 표현이 권장되었다. 현재는 양 표현을 혼용하고 있다.

④ **1. 원고에게,**
가. 피고 甲은 별지 목록 제1 기재 건물 중 별지 도면 표시 1, 2, 3, 4, 5, 1의 각 점을 순차로 연결한 선내 (가)부분 50㎡에서 퇴거하고,
 나. 피고 乙은,
  1) 위 건물을 철거하고,
  2) 별지 목록 제2 기재 토지를 인도하고,
  3) 2019. 7. 1.부터 위 토지의 인도완료일까지 월 150,000원의 비율에 의한 돈을 지급하라.

⑤ 1. 원고에게,
  가. 피고 甲은 별지목록 제1기재 부동산 중 3/5지분에 관하여 피고 乙은 같은 부동산 중 2/5지분에 관하여
  1) 각 2019. 12. 1. 매매를 원인으로 한 소유권이전등기 절차를 이행하고,
  2) 이를 인도하고,
  나. 피고 甲은 별지목록 제2기재 건물 중 3/5지분을, 피고 乙은 같은 건물 중 2/5지분을 각 철거하라.

11) 점유이전금지가처분
  특정물 인도청구를 할 때 점유이전금지가처분도 해 두어야 한다. 그러면 피고의 항정효과(恒定效果)가 있고, 사실심 변론종결이전의 특정승계인이라고 하더라도 승계집행문을 발급받아 강제집행에 나설 수 있다. 소를 제기한 후 사실심 변론종결시까지 많은 시간이 소요되므로 영악한 피고는 변론과정에서 소송이 자신에게 불리하게 돌아갈 듯하면 사실심 변론종결전에 다른 사람에게 그 목적물을 인도해 버려 승소판결을 받아도 집행할 수 없게 만든다. 물론 물권적 청구권에 기한 특정물 인도, 철거 청구 등이라면 다시 새로 점유를 개시한 자를 상대로 동일한 내용의 특정물 인도, 퇴거, 철거소송을 제기하여 그 판결을 받아 집행에 나설 수는 있다. 하지만 그러한 과정에서 시간적, 금전적 낭비가 많고 의뢰인의 신뢰를 잃어버릴 수 있다. 더구나 채권적 청구권에 불과하다면 특별한 사정이 없는 한 제3자를 상대로 채권적 청구권을 행사할 수 없어 제3자를 상대로 특정물 인도, 철거 등 청구가 불가능하게 되는 경우도 발생할 수 있다. 특정물을 확보 못하고 손해배상만 받는 것은 의뢰인에 대한 큰 불이익이 된다. 물론 이러한 경우 채무자를 상대로는 (이행불능으로 인한) 채무불이행에 따른 손해배상청구를 할 수는 있으나 채무자가 무자력이 되어 그마저도 불가능한 경우가 있다. 그러므로 고객의 사건을 수임한 변호사로서는 위와 같은 보전조치를 게을리함으로써 발생하는 고객에 대한 피해를 방지할 필요가 있다.
  참고로 물권적 청구권에 기해 특정물 인도, 퇴거, 철거 청구를 한 경우에는 사실심 변론종결이후의 승계인(변론 없이 한 판결의 경우는 판결을 선고한 후의 승계인)은 확정판결의 집행력이 유지(민사소송법 제218조 제1항)되기 때문에 점유이전금지가처분여부를 묻지 않고 바로 승계집행문을

발부받아 사실심 변론종결 후의 승계인에게도 강제집행에 나설 수 있다. 그러나 이때도 채권적 청구권에 기해 특정물 인도, 퇴거, 철거 청구를 한 경우에는 사실심 변론종결 후 승계되었다고 하더라도 기판력이 미치지 못하여 승계집행문을 받을 수 없다. 따라서 점유이전금지가처분을 꼭 해 두어야 한다.

마. 의사(意思)의 진술을 구하는 청구

1) 의사의 진술을 구하는 청구취지

계약은 '대립하는 의사의 합치'이고, 단독행위 중 상대방 있는 단독행위도 있다. 그렇지만 계약 자유의 원칙을 채택하고 있는 민사법체계하에서 원칙적으로 상대방에게 의사표시를 강제할 수는 없다. 그래서 매우 예외적으로 소송을 통하여 상대방에게 의사의 진술을 구하는 청구를 할 수 있고, 정형화되어 있다. 이러한 설명의 이해를 돕기 위해 다음 예를 들어보자. 매매예약을 하면 '완결의 의사표시'를 할 권한이 생긴다. 만약 매매예약을 했는데도 다시 매매계약을 체결할 때 여전히 청약과 승낙의 합치만으로 매매계약에 이른다면 매매예약을 할 필요가 없는 것이다. 이렇듯 매매예약이 매매(본)계약을 체결할 때 어떤 기여를 하기 때문에 먼저 매매예약을 할 필요가 있는 것이다. 그 기여를 법률 제도적으로 표현한 것이 '완결의 의사표시' 권한이다. '완결의 의사표시'가 어떤 역할을 하는가를 중심으로 일방예약(쌍방예약 포함)과 편무예약(쌍무예약 포함)으로 나뉜다. 먼저 편무예약으로 살펴보면 권리관계가 어떻게 정리되는지를 알 수 있다. 매매예약상의 '완결의 의사표시'를 편무예약으로 보는 순간 '완결의 의사표시' 권한을 가진 자는 현실세계에서 '완결의 의사표시'를 했음에도 불구하고 상대방이 이에 응하지 않아 매매계약의 체결이란 법률관계의 변동은 없는 경우(편무예약의 정의상 상대방은 응할 의무를 부담한다. 하지만 의무를 가진 자가 모두 그 의무에 응하는 것은 아니다. 그래서 재판제도가 있는 것이다.) '완결의 의사표시' 권한을 가진 자는 그 의무를 부담하고 있는 상대방을 상대로 '완결의 의사표시에 응해 매매계약의 승낙의 의사표시를 하라'식으로 의사의 진술을 명하는 소를 제기할 수 있게 된다. 의사의 진술을 명하는 소는 이런 식으로 발전된 소송형태인 것이다. 반면 일방예약은 '완결의 의사표시'를 할 권한을 가진 자가 '완결의 의사표시'를 하는 순간 매매계약이 체결되는 법률관계의 변동이 생긴다. 이런 권한을 형성권이라고 한다. 즉 매매예약상 '완결의 의사표시'를 일방예약으로 추정하는 순간 '완결의 의사표시'를 형성권으로 보는 것이다. 이런 상태에서는 '완결의 의사표시' 권한을 가진 자는 재판상, 재판외에서 '완결의 의사표시'를 하여 매매계약의 체결이라는 법률관계 변동을 시킨 후 변동된 법률관계하에서 매매대금 지급 청구의 소나 소유권이전등기 청구의 소를 제기하면 된다. 통상의 재판상, 재판외 행사할 수 있는 형성권의 행사와 같은 방법으로 처리하면 되는 것이다. 민사상 형성권이란 개념이 20세기 초경에야 개발되어 도입[106]되었다고 하니 이러한 형성권 개념을 알지 못하였던 과거에는 매매예약상 '완결의 의

---

106) 우리는 최근 새로운 형태의 형성권의 출현을 목격하였다. 즉 주택임대차보호법 상의 갱신요구권의 도입이 그것이다. 과거 주택임차인은 임대차기간 종료 1개월 이전까지 임대인에게 갱신을 거절하지 않으면 계약이 갱신되었고, 반면 주택임대인은 임대차기간 종료 6개월부터 1개월 이전까지 임차인에게 갱신을 거절하지 않으면 계약이 갱신

사표시'를 편무예약으로 파악하였고, 그 결과 매매예약을 한 자는 상대방을 상대로 '승낙의 의사표시를 하라'는 의사의 진술을 명하는 소 제기를 해야만 하였다. 그러나 민사상 형성권이란 개념이 도입된 후에는 매매예약상의 '완결의 의사표시'를 일방예약으로 파악하여 더 이상 '승낙의 의사표시를 하라'는 식으로 소를 제기함이 없이 바로 법률관계의 변동을 시키고, 그 변동된 법률관계를 기초로 분쟁을 해결하게 된 것이다. 이처럼 의사의 진술을 명하는 소는 형성권적 법리구성이 어려운 상태에서 활용되는 소송의 형태라는 의미가 있다.

참고로 채권자 취소권 행사과정에서 계약의 취소청구, 결혼계약의 해소로서의 이혼청구, 대통령 등에 대한 탄핵심판 등은 모두 재판상 행사할 수 있는 형성권으로 구성되어 형성소송의 대상이 되어 있다. 이와 같은 경우는 이미 형성된 법률관계를 해소하는 의사표시의 중요성을 감안하여 단지 해제/해지의 의사표시만으로 당해 계약관계의 해소를 인정하지 않고, 일정한 경우 '재판상 행사해야 하는 형성권'으로 구성하여 상대방의 의사의 진술을 구할 필요 없이 형성권자의 청구로 해소되도록 설계되어 있다는 점을 비교하여 알고 있어야 한다.

특히 ❶ⓐ 등기·등록에 관하여 원칙적으로 등기·등록 공동신청주의를 취하고 있다. 그래서 상대방이 이미 원인행위(매매계약, 교환계약, 증여계약, 대물변제계약 등)를 하고도 재산권이전의무의 이행인 등기·등록의 공동신청에 협력하지 않을 때 그 상대방에게 등기·등록의 의사진술을 구하는 소를 제기하여 그 확정판결을 받아 공동신청 상의 상대방 의사표시에 갈음하여 혼자 등기·등록 신청을 하게 된다. 이는 약정에 대한 강제이행청구(민법 제389조)의 소송적 구현형태이다. 이렇게 등기·등록의 공동신청주의에서 유래한 의사의 진술을 명하는 청구로는 ①이전등기(등록)청구, ②말소등기(등록)청구, ③승낙의 의사표시를 명하는 청구로 나누어진다.

❶ⓑ 채권양도계약을 체결하고도 양도인이 채무자에게 채권양도의 통지를 하지 않는 경우 양수인은 양도인을 상대로 채권양도의 통지(강학상 '관념의 통지')를 하라고 청구할 수 있다. 이런 청구도 광의로 의사의 진술을 명하는 청구라고 본다.

❷ⓐ 채무자가 (후발적) 이행불능으로 말미암아 채권(예를 들면 매매목적물에 화재보험에 가입되어 있어 화재로 인한 매매목적물의 소실로 화재보험금지급청구채권을 보유하게 된 때[107])을 취득하였을 때 채권자가 이행불능에 대한 대상(代償)청구권의 행사로서 그 채권(화재보험금반환채권)의 양도(계약 승낙)의 의사표시를 하라고 청구할 수 있다. 물론 이때 채권자는 화재보험회사를 상대로 채권지급금지가처분을 해 두어야 판결선고 후 집행이 가능하게 된다.

❷ⓑ 경매에서 배당권이 없는 자나 후순위 배당권자에게 배당되어 그 배당표가 확정됨으로써

되었다.(주택임대차보호법 제6조) 이런 갱신거절권은 계약갱신이란 측면에서 임대인에 대해 아무런 법적 구속력이 없었다. 그런데 주택임대차보호법 제6조의 3을 신설(2020. 7. 31. 개정하여 그 부칙 제2조에 의하여 시행 당시 존속 중인 임대차에 대해서도 적용하게 하였다.)하여 주택임차인이 계약 종료 2개월전까지 임대인에게 갱신을 요구한 때에는 9가지 예외사유가 없는 한 임대차계약기간이 2년간 갱신되는 법률효과가 발생하도록 하였다. 즉 갱신요구권을 제한적인 형성권의 형태로 도입한 것이다.
107) 법학전문대학원 협의회 실시 2018년도 제3차 모의시험에서 같은 사안으로 출제된 적이 있었다.

배당권을 침해당한 자('배당권리자')가 배당권 없는 자 또는 후순위 배당권자의 확정된 배당금지급 청구채권에 대해 배당금지급금지 가처분을 해 두고[108] 부당이득반환청구의 일환으로 배당권 없는 자 또는 후순위 배당권자를 상대로 제기하는 배당금지급채권 양도(계약 승낙)의 의사표시 및 그 취지의 통지를 하라는 소를 제기할 수 있다.

　　이상 ❷ⓐⓑ와 같은 청구는 채무 불이행자나 채권을 부당이득한 자를 상대로 대상청구 및 부당이득반환청구의 일환으로 채권양도의 의사진술을 구하면서 그 양도통지를 하라는 청구적 성격을 갖고 있다. 요컨대 의사의 진술을 구하는 청구는 매우 제한된 경우에 행사될 수 있을 뿐이다.

2) 이전등기청구와 말소등기청구의 차이점

　　권리(물권) 특정 승계취득[109]은 약정만으로는 부족하고 등기·등록까지 마쳐야 비로소 완성된다.(부동산: 민법 제186조) 즉 등기·등록은 권리(물권) 특정 승계취득의 성립요건이라 할 수 있다. 그래서 권리(물권)를 특정승계 취득하고자 하는 자는 약정이외에도 등기·등록까지 마쳐야 하는데 앞서 본 바와 같이 공동신청주의를 취하고 있기 때문에 상대방이 약정하고도 이를 이행하지 않는 경우에는 강제이행청구의 일환으로 이전등기청구를 하여 그 확정판결을 받아 단독으로 등기·등록하여 권리를 특정 승계취득할 수 있도록 설계되어 있다.

　　한편 등기·등록은 권리(물권)존속요건이 아니다. 그래서 권리자가 권리를 취득한 후에는 비록 어떤 이유로 등기·등록을 말소당하거나 다른 사람 명의로 새로운 이전등기 등이 이루어졌다 하더라도 권리(물권)를 상실하는 것은 아니다. 다만 자신의 소유물에 대해 다른 사람 명의로 등기·등록되어 있다면 권리(물권)자는 다른 자에게 등기·등록해 줄 수 없어 그 권리(물권)를 처분할 수 없을 뿐만 아니라 등기부 취득시효완성으로 권리를 상실하게 될 우려도 있고 제3자가 선의로 추정되는 등의 각종 법률효과가 발생하는 등 소소한 불이익을 받게 된다. 이러한 불이익을 막기 위하여 다른 사람 명의로 된 등기·등록을 말소하여 등기·등록을 자기 명의로 되돌릴 수 있어야 한다. 공동신청주의 원칙상 말소등기(등록)을 하려 해도 상대방의 등기(등록)말소의 의사표시가 필요하다. 그래서 권리자가 그 명의로 등기·등록되어 있는 자를 상대로 그 등기·등록의 원인이 무효인 점을 주장·증명하여 등기말소청구를 할 수 있다. 이러한 말소등기청구는 물권적 청구권 중 방해배제청구권 행사의 한 형태이다. 이러한 말소등기청구는 다음 두 가지 변형이 있으니 잘 숙지하고 있어야 한다. Ⓐ말소대상등기가 많아 수인(數人)을 상대로 복잡한 말소등기청구를 하게 될 때 시간상·비용상 편익을 위해 마지막 원인무효 등기자를 상대로 '진정명의 회복을 원인으로 소유권이전등기청구'의 형

---

108) 배당이 실시되어 배당금이 이미 지급된 경우에는 배당권자는 배당권 없는 자를 상대로 그 배당금 상당의 ①부당이득반환청구란 금전지급의 청구를 할 수밖에 없다. 배당금지급금지 가처분이 인용되어 배당권 없는 자가 배당표가 확정됨으로써 오직 배당금지급청구채권만 취득하게 된 경우에만 ②의사의 진술을 명하는 청구를 할 수 있다.

109) 특정 승계에는 이전적 승계와 설정적 승계가 있다. 한편 포괄적 승계는 이전적 승계만 있다. 후자의 경우 법률의 규정에 의한 권리취득(민법 제187조) 사유들이 대부분이다. 법률의 규정에 의한 권리취득 사유로서의 포괄적 승계가 이루어지면 권리자는 그 사유들을 증명하여 단독으로 권리에 일치하는 등기를 신청할 수 있다. 이런 경우 이전등기청구를 할 필요가 없다.

태로 말소등기청구를 할 수도 있다. 이는 권리자의 편익을 위해 인정된 청구형태로 등기는 공시를
위한 것으로 현재의 권리관계를 공시하면 될 뿐 그 권리취득의 경과까지 정확하게 반영하고 있을
필요까지는 없다는 실용적 이유로 인정된 청구방법이다. ⓑ법원의 촉탁에 의해 경료되는 등기(부동
산 가압류등기 · 가처분등기 · 경매개시등기 등)의 경우 그 기저 등기의 말소도 함께 구할 때는 원칙적
으로 그 (기저등기의) '말소등기에 대해 승낙의 의사표시를 하라'는 방식으로 청구한다.[110][111][112]

    하지만 말소등기청구권은 채권적 청구권으로서도 발생할 수 있다. 즉 ①구태여 상상해 보면
甲이 A부동산을 소유하고 있다가 이를 乙에게 매도하여 등기까지 이전해 준 후 다시 甲이 乙로부
터 A부동산을 매수하면서 이전등기 대신 乙 명의 등기를 말소하여 과거 甲 등기를 살리는 방식으
로 소유권을 이전해 주기로 약정한 경우에는 그 약정에 의해 말소등기청구권이 발생할 수 있다. 이
는 약정에 의한 등기말소청구권으로 전형적인 채권적 청구권이다. 그런데 위와 같은 사례는 실무
상으로도 거의 그 사례를 찾아볼 수 없을 뿐만 아니라 지금까지 출제된 적이 없다. 그래서 이런 방
식의 소유권이전등기 말소청구가 채권적 청구권으로 구성되어 출제되는 경우란 거의 없다고 해도
과언이 아니다. 그런데 (근)저당권설정등기말소청구는, ②(근)저당권설정계약에 기해 (근)저당권설
정등기가 경료된 후 피담보채무를 전부 변제하는 등 피담보채무가 전부 소멸된 경우 ⓐ(근)저당권
설정자는 (근)저당권자를 상대로 (근)저당권설정계약상의 원상회복의무(default rule[113])로서 채권적
청구권인 (근)저당권말소등기청구권을 갖게 된다. 이러한 저당권설정등기 말소청구권은 채권적 청
구권이다.[114] ⓑ물론 소유권자인 저당권설정자는 피담보채무 소멸을 증명하여 방해배제청구권의
행사로서 저당권설정등기 말소청구를 할 수도 있다. 이러한 청구는 물권적 청구권이다. 저당권설정

---

110) 예를 들면 甲에서 乙로 소유권이전등기가 경료되고 난 후 丙이 乙을 상대로 가압류신청하여 법원의 촉탁에 의해
가압류 등기가 경료된 경우 甲이 乙을 상대로 그 명의 소유권이전등기의 말소를 청구할 때 丙을 상대로 위 말소등
기에 승낙의 의사표시를 하라는 방식으로 청구하여야 한다. 甲은 그 확정판결에 따라 乙을 상대로 소유권이전등기
를 말소할 수 있고, 이때 등기공무원은 승낙의 의사표시란 확정판결에 의해 직권으로 가압류등기를 말소할 수 있
다. 승낙의 의사표시를 구하는 형태로 청구해야 하는 경우로는 위 가압류 등기이외에도 가처분 등기, 경매개시등
기 등이 더 있다.

111) 만약 승낙서나 승낙의 의사표시를 명하는 확정판결의 등본을 첨부하지 않은 상태에서 말소등기가 이루어졌다면
그 말소등기는 이해관계 있는 제3자에 대한 관계에서 무효이다.(대법원 1987. 5. 26. 선고 85다카2203 판결)

112) 위와 같이 원칙적으로 승낙의 의사표시를 구해야 함에도 불구하고 원고가 구태여 말소청구를 하였을 때는 승낙의
의사표시를 구하는 것으로 선해하여 말소청구를 승낙의 의사표시 청구로 이해하여 인용하여도 된다는 판례가 있
다.(대법원 1998. 11. 27. 선고 97다41103 판결)

113) 저당권설정계약에서 피담보채무가 전부 소멸된 후 그 원상회복의무의 일환으로 저당권설정등기를 말소해 준다는
의무는 저당권설정계약에서 명시적으로 약정해 두지 않아도 당연한 합의사항으로 그 합의내용의 강제이행을 구할
수 있다. 그래서 저당권설정등기 말소청구를 할 수 있다는 의미에서 이를 표준적 약정(default rule)이라고 일컫는
다. 이는 전형적인 채권적 청구권이다.

114) 물론 뒤에서 상세하게 설명하지만 만약 저당권설정자가 저당목적물의 소유권자이라면 피담보채무가 소멸하면 그
부종성으로 말미암아 저당권이 소멸하여 저당권설정등기가 원인무효의 등기가 된다면 소유권자, 등기, 원인무효
사유를 주장 · 증명하여 저당권설정등기의 말소를 청구할 수 있다. 이처럼 같은 사안에서 소유자겸 저당권설정자는
채권적 청구권은 물론 물권적 청구권을 동시에 보유하게 되어 그 선택에 따라 행사될 수 있고, 양자는 청구권 경
합관계에 있으며 어느 한 청구에 대한 확정판결은 다른 청구권의 행사에 기판력이 미치지 않는다.

등기 말소청구는 이처럼 물권적 청구권으로도 구성할 수 있고, 채권적 청구권으로 구성할 수도 있다. 양자는 청구권 경합관계에 있다.

이처럼 이전등기청구(채권적 청구권)와 말소등기청구(물권적 청구권)는 청구원인이 다르고 청구취지 구성상 차이가 있으며 요건사실도 차이가 있다. ① 이전등기청구(채권적 청구권)는 ⓐ각 원인행위 별로 별개의 소송물로 본다. 그래서 원인행위별로 청구권경합이 된다. ⓑ공유자의 경우 청구취지에 공유자별로 지분을 명시하여 청구취지를 작성해야 한다. 반면, ②말소등기청구(물권적 청구권)는 ⓐ개개의 원인무효사유들[115]은 공격방어방법에 불과하고, 그래서 ⓑ각 원인무효 사유는 같은 소송에서 일거에 주장되어야 하고, ⓒ비록 소송상 주장하지 않았다고 하더라도 확정판결의 차단효에 따라 후소에서 주장할 수 없게 된다. ⓓ나아가 보존행위[116]에 해당되어 공유자의 1인이라도 자신의 지분을 특정함이 없이 전부에 관하여 등기말소청구를 할 수 있다. 그렇지만 실무상으로 공유자 전원이 원고가 되어 말소등기를 청구하는 경우가 많은데 그 이유는 소송비용이나 변호사비용의 추가 부담 없이도 판결 받은 모든 원고 중 1인이라도 등기할 수 있기 때문에 등기신청이 편리하고, 관행적으로 모든 공유자가 관여하는 것이 좋다고 여기기 때문이다.[117]

구 분	소송상 취급	공유자 관련 청구취지 기재례
이전등기 청구	① 처분행위 ② 등기원인별 별개의 소송물이고, 청구권 경합의 관계에 있으므로 병합청구 가능 ③ 공유자의 경우 지분을 표시하여야 한다.	피고들은 원고에게 별지목록기재 부동산 중 **각 3분의 1 지분에 관하여** 각 2022. 7. 1. 매매를 원인으로 한 각 소유권이전등기 절차를 이행하라. 피고는 별지목록기재 부동산에 대하여 **원고 甲에게 1/3의, 원고 乙에게 2/3의 각 지분에** 관한 2022. 7. 1.자 매매를 원인으로 한 각 소유권이전등기 절차를 이행하라.
말소등기 청구 (물 권 적 청구권)	① 방해배제청구 ② 원인무효 사유들은 공격방어방법에 불과하여 일거에 주장해야 하고 확정판결의 차단효가 이전 소송에서 주장하지 않은 사유에도 발생한다. ③ 공유자의 경우 지분표시를 따로 하지 않아도 된다.	피고는 원고들(만약 원고 甲 1/3, 원고 乙 1/3, 원고 丙 1/3 소유하고 있어도)(또는 원고)에게 별지목록기재 부동산에 대하여 서울중앙지방법원 등기국[118] 2021. 7. 1.자 접수 제37890호로 마친 소유권이전등기의 말소절차를 이행하라.

---

115) 말소등기청구권의 요건사실은 ①원고가 물권자인 사실, ②피고 명의 등기사실, ③등기가 원인무효인 사실 등 3가지이다. ③등기가 원인무효이기만 하면 되지 무효로 된 구체적인 사유들은 공격방어방법에 불과하다는 것이다.

116) 물권의 내용을 그 행사방법에 따라 분류하면 ①보존행위, ②관리행위, ③처분행위로 나눌 수 있다. ①보존행위는 any share를 갖고 있는 공유자라도 이를 행사할 수 있고, ②관리행위는 과반수 지분의 결의로 이를 행사할 수 있고, ③(공유물 전체의) 처분행위는 공유자 전원의 의사결정으로 처분하여야 한다. 공유자의 경우 의사결정은 위와 같이 하면서도 결정된 의사를 표시할 대표에 관해서는 특별한 원칙이 없으므로 공유자들 사이에 약정으로 대표자를 선정할 수도 있고, 해당 공유지분자들이 일체가 되어 행사할 수도 있다.

117) 나아가 말소등기청구를 하면서도 원고별로 공유지분을 명시하여 청구하여야 하는가?라는 쟁점이 있다. 등기말소청구는 보존행위로 공유자 중 1인이라도 그전부에 대해 말소청구를 할 수 있다. 따라서 공유자인 원고들은 자신의 지분을 명시하지 않고 전부에 대해 말소청구를 할 수 있다. 문제는 구태여 원고들이 자신의 지분별로 말소청구를 하면 법위반이냐란 점이다. 결론적으로 말하자면 처분권주의, 변론주의가 지배하는 민사소송 체계에서는 법위반은 아니다. 그래서 공유자인 원고들은 자신의 지분을 명시하여 말소청구를 해도 된다. 그래도 어색하고 실무상 잘 정립된 관행에 어긋나니 가급적 피하는 것이 좋다.

의사의 진술을 명하는 판결은 확정되어야 집행할 수 있으므로 가집행 선고를 신청하여서는 아니 된다. 의사의 진술을 명하는 판결에 조건이 있는 경우에는 확정된 후에도 그 조건을 성취하여 별도로 집행문을 부여받아야 비로소 집행권원이 되어 원고 혼자서 말소등기를 할 수 있다.

> [조건이 붙은 의사의 진술을 명하는 청구취지]
> 피고 최고수는 소외 복만희의 피고 김상범에 대한 2018. 7. 23.자 서울남부지방법원 2018카단2416호로 된 소유권이전등기청구권 가압류결정이 해제되면 피고 김상범에게 별지목록기재 부동산에 관하여 2017. 3. 2. 매매를 원인으로 한 소유권이전등기 절차를 이행하라. (법학전문대학원 협의회 실시 2019년 제1회 모의시험 기록형 문제 출제)

3) 등기의 특정과 대상 등기 정보의 정리방법

가) 이전등기 및 말소등기(회복등기)의 특정방법

(1) 이전등기의 특정방법

이전등기를 청구할 때는 등기원인행위의 연월일과 그 등기원인을 명시하여 청구하여야 한다. 왜냐하면 등기공무원이 확정판결에 따라 부동산등기부에 이전등기사실을 기입할 때 '등기원인'란에 그 등기원인과 연월일을 등기사항으로 기재하기 때문이다. 더구나 앞서 설명한 바와 같이 등기원인 별로 소송물이 달라서 실제로도 등기원인이 중요하다.

(2) 말소등기의 특정방법

말소등기를 청구할 때 등기소명, 접수일, 접수번호로 말소대상 등기를 특정하여 말소등기를 청구하여야 한다. 하지만 말소원인인 원인무효사유는 원칙적으로 기재할 필요가 없다. 그 확정판결자체가 등기원인이 된다.

나) 부동산의 표시불일치, 소유명의의 불일치 또는 소유자의 주소 등의 불일치 등

①부동산의 표시가 지적공부(토지대장, 임야대장) 및 건축물관리대장상의 기재와 부동산등기부상의 기재가 서로 일치하지 않을 때가 있다. 이때는 지적공부 및 건축물관리대장의 부동산의 표시에 관한 기재내용이 부동산등기부상의 기재에 우선한다. 따라서 동일한 물건이기만 하면 지적공부 및 건출물관리대장상의 기재에 따라 부동산 표시를 하여 청구하면 되고, 부동산등기부상의 기재는 무시해도 된다. 반면, ②소유명의가 지적공부 및 건축물관리대장상의 기재와 부동산등기부상 표시가 서로 불일치할 경우에는 부동산등기부를 중심으로 특정하여 피고로 삼아 청구하면 되고, 지적공부 및 건축물관리대장상의 기재는 무시해도 된다.

---

118) 등기소 표시는 다음과 같이 한다. ① 지방법원 등기과에서 관련 등기부를 관리하고 있을 때는 그 지방법원을 표기하면 된다. 예를 들면 수원지방법원 등기과에서 관련 등기부를 관리하고 있을 때는 "수원지방법원"이라고 표시하면 된다. 다만 서울중앙지방법원의 경우에는 최근 등기국을 신설하여 독립조직으로 운용하고 있기 때문에 "서울중앙지방법원 등기국"이라고 표기한다. ② 지방법원 청사 바깥에 설치되어 있는 독립된 등기소의 경우에는 소속지방법원 및 당해 등기소명을 함께 표기한다. 예를 들면 "서울중앙지방법원 관악등기소"라고 표시해야 한다.

한편 부동산등기부상 소유명의자로 표시되어 있는 자라고 하더라도 그 등기가 원인무효등기인 이상 그를 상대로 이전등기를 청구해서는 유효한 등기를 이전받을 수 없다. 따라서 이전등기청구를 할 때 실체관계를 잘 추적하여 진정한 소유자를 상대로 이전등기청구를 해야 한다. 즉 진정한 명의자를 상대로 소유권이전등기 청구를 하면서 그 진정한 명의자를 대위하여 진정한 명의자의 소유권을 침해하는 내용에 대해서는 등기말소를 청구하는 방식으로 청구를 구성해야 한다.119)

말소등기청구를 할 때는 등기부상 소유자 명의에도 불구하고 실체관계에 따라 권리자가 말소등기청구권을 갖는다는 것이다. 이 문제에 대한 판단을 할 때는 전부 부동산등기부상 명의를 기준으로 검토해야 하고, 지적공부 및 건축물관리대장상의 소유명의를 기준으로 판단할 것은 아니다.

③등기부상 소유자 등의 주소 표시가 실제 거주하는 주소와 불일치할 경우에는 실제 거주하는 주소로 피고 주소를 표시하여 소를 제기하고120) "등기부상 주소"라는 란을 따로 마련하여 등기부상의 주소를 병기하여 표기할 수도 있다.

4) 이전등기청구와 말소등기청구의 청구취지 기재례

[이전등기 청구의 청구취지]
① 피고 甲은 원고에게 서울 성동구 왕십리로 12 대 123㎡에 관하여 2022. 12. 1. 매매를 원인으로 한 소유권이전등기 절차를 이행하라.

② 피고 甲은 원고에게 별지 목록 기재 부동산에 관하여 이 사건 소장부본 송달일자 명의신탁해지를 원인으로 한 소유권이전등기절차를 이행하라.
[해설; 최근에는 부동산실명제법 때문에 명의신탁이 인정되는 범위가 매우 좁아 잘 활용되지 않는 청구취지 기재례이다.]

③ 피고들은 원고에게 서울 성동구 왕십리로 222 대 400㎡ 중 각 3분의 1 지분에 관하여 각 2022. 12. 1. 매매를 원인으로 한 소유권이전등기 절차를 각 이행하라.
(해설; 만약 피고들이 甲, 乙 2명이면 원고는 위 판결로 2/3 지분에 관한 소유권이전등기만 경료할 수 있어 나머지 1인과 공유가 되고, 피고들이 甲, 乙, 丙 3인이면 원고는 위 판결로 전부에 관한 소유권이전등기를 경료할 수 있다.)

---

119) 의뢰인이 원고가 되어 진정한 소유자를 상대로 소유권이전등기청구를 하면서 그 소유권이전등기청구권을 피보전권리로 하여 진정한 소유자를 대위하여 진정한 소유권을 침해하는 등기의 말소청구를 하는 내용의 문제출제는 거듭 출제되고 있다. (제4회 변호사 시험 기록형 문제 등 참조) 특히 아래 표 중 ⑦, ⑩번 청구취지 기재례가 이러한 경우의 청구취지 기재방법을 예시해 주고 있다. 자주 출제되니 ⑦, ⑩번 청구취지 기재례는 완벽하게 암기하고 있어야 한다.
120) 소장상의 피고 주소표시는 원칙적으로 소송관련 서류들을 송달하는 장소에 관한 정보를 제공하는 의미가 더 강하다. 그래서 실제 거주하는 주소를 피고 주소로 표기해야 한다. 다만 "등기부상 주소"를 표기하는 이유는 등기의무자를 성명만으로 특정하기 곤란하여 주소도 특정을 위한 보조적 정보로 사용하고자 하기 때문이다. 그래서 확정판결을 통해 등기·등록을 하기 위한 청구의 경우에는 "등기부상 주소"가 실제 주소와 불일치할 때는 "등기부상 주소"라는 line을 별도로 마련하여 표기하고 있다.

④ 피고 甲은 원고에게 별지 목록 기재 부동산에 관하여 서울중앙지방법원 관악등기소 2021. 12. 1. 접수 제13120호로 마친 가등기에 기하여 2023. 2. 1. 매매를 원인으로 한 소유권이전등기 본등기 절차를 이행하라.

⑤ 1. 별지 목록 기재 부동산에 관하여,

　　　가. 피고 甲은 피고 乙에게 2022. 12. 1. 매매를 원인으로 한,

　　　나. 피고 乙은 원고에게 2023. 2. 1. 매매를 원인으로 한

　　　각 소유권이전등기 절차를 이행하라.

목   록(부동산의 표시)

(1동 건물의 표시)

　서울 성동구 행당동 235 삼익아파트 제12동

　[도로명 주소] 서울 성동구 마당로21길 17

　철근콘크리트조 슬래브지붕 2층 아파트 1층 1,230㎡, 2층 1,230㎡

(대지권의 목적인 토지의 표시)

　서울 성동구 행당동 235 대 1,600㎡

(전유부분의 건물의 표시)

　제2층 제209호 철근콘크리트조 84㎡

(대지권의 표시)

　소유권 대지권 1,600분의 58. 끝.

[말소등기 청구의 청구취지]

⑥ **피고 甲은 원고에게 별지 목록 기재 부동산에 관하여 서울중앙지방법원 등기국 2022. 10. 8. 접수 제39456호로 마친 소유권이전등기의 말소등기절차를 이행하라.**

⑦ 1. 원고에게, 별지 목록 기재 부동산에 관하여

　　　가. 피고 甲은 서울중앙지방법원 등기국 2021. 10. 8. 접수 제39456호로 마친 소유권이전등기의 말소등기절차를 이행하고,

　　　나. 피고 乙은 위 소유권이전등기의 말소등기에 대하여 승낙의 의사표시를 하고,

　　　다. 피고 丙은 2022. 8. 1. 매매를 원인으로 한 소유권이전등기 절차를 이행하라.

{해설 : 부동산등기법 제94조에 의하면, 등기상 이해관계 있는 제3자가 있는 경우에는 그의 승낙이 있음을 증명하는 정보 또는 그에게 대항할 수 있는 재판이 있음을 증명하는 정보를 등기소에 제공하여 말소등기, 경정등기, 회복등기 등을 구할 수 있다. 즉, 원인무효의 소유권이전등기가 경료된 후 가압류등기, 가처분등기, 경매기입등기 등이 경료된 경우 원인무효 등기명의자를 상대로 원인무효를 원인으로

한 말소등기를 구하면서 가압류권자, 가처분권자, 경매신청인을 상대로는 위 말소에 대한 승낙을 구하는 위와 같은 청구를 하는 것이다. 이때 원고가 가압류권자, 가처분권자, 경매신청인을 상대로 직접 가압류등기, 가처분등기, 경매기입등기의 말소를 구하는 청구를 할 수 없는(대법원 1998. 11. 27. 선고 97다41103 판결) 이유는 가압류, 가처분, 경매신청등기는 법원사무관 등의 촉탁에 의하여 기재되고, 법원사무관 등의 촉탁 또는 등기관의 처분으로 말소되는 것이므로 그 등기명의자를 상대로 말소청구를 구하여도 말소할 방도가 없기 때문이다.}

{이때 저당권설정등기의 경우에는 위와 같은 논리로 승낙의 의사표시를 구하는 방식으로도 청구할 수도 있고,(법학전문대학원 협의회 제공 모의기록 제9번 참조), 또는 저당권설정등기는 쌍방신청주의를 채택하고 있기 때문에 저당권설정등기 자체의 말소청구 방식으로도 청구할 수 있다.}

⑧ 피고 甲은 원고에게 별지 목록 기재 토지 중 별지 도면 표시 1, 2, 3, 4, 5, 1의 각 점을 순차로 연결한 선내 부분 150㎡에 관하여 청주지방법원 2022. 12. 1. 접수 제345호로 마친 소유권이전등기의 말소등기절차를 이행하라.

(해설 : 예를 들면 원래 150㎡는 별도의 필지로서 독립된 등기부가 편철되어 있었는데 원인무효 사유가 발생한 후 합필등기가 이루어진 경우 합필의 대상이 된 나머지 필지에 관해서는 아무런 원인무효 사유가 없으면 결국 위와 같이 청구하여 확정판결을 받은 다음 150㎡ 부분을 분필한 다음 해당 등기에 관해서만 말소시켜야 한다.)

[회복등기 청구의 청구취지]
⑨ 피고 甲은 원고에게 별지 목록 기재 부동산에 관하여 서울남부지방법원 강서등기소 2022. 12. 1. 접수 제92345호로 말소된 같은 등기소 2019. 5. 1. 접수 제16890호 소유권이전등기(또는 근저당권설정등기)의 회복등기 절차를 이행하라.

[말소등기와 이전등기의 결합형]
⑩ 1. 별지 목록 기재 부동산에 관하여,
　　가. 피고 甲에게,
　　　　1) 피고 乙은 수원지방법원 2020. 8. 1. 접수 제4678호로 마친 소유권이전등기의,
　　　　2) 피고 丙은 같은 법원 2021. 9. 1. 접수 제6789호로 마친 소유권이전등기의,
　　　　각 말소등기 절차를 이행하고,
　　나. 피고 甲은 원고에게 2022. 3. 1. 매매를 원인으로 한 소유권이전등기 절차를 이행하라.
(해설 : 실무상에도 많이 사용하는 청구형태이다. 특히 다양한 형태의 청구를 합쳐 복잡하게 구성하여 출제하는 현행 변호사 시험하에서는 시험준비를 위해서는 이와 같은 청구취지를 철저하게 학습해 둘 필요가 있다.)

⑪ 피고 甲은 원고에게 별지 목록 기재 부동산에 관하여 진정명의회복을 원인으로 한 소유권이전등기

절차를 이행하라.

{해설 : 무효 등기를 순차로 말소하는 대신 진정한 등기명의 회복을 원인으로 한 소유권이전등기를 구할 수 있다.(대법원 2001. 9. 20. 선고 99다37894 전원합의체 판결) 말소등기청구는 물권적 청구권의 일종인 방해배제청구에 바탕 두었고, 이전등기청구는 계약 등 처분행위에 기해 청구되는 전혀 성질이 다른 제도이다. 그런데 등기제도가 공신력 없이 공시의 목적만 있는 것으로 이해되고 있어 말소등기 청구를 관철시킬 경우 수많은 피고들을 상대로 소제기 해야 할 경우나 그중 일부가 행방불명이거나 외국에 살고 있는 등 다양한 형태로 말소등기청구가 불편하거나 사실상 불가능할 때 청구원인의 근본적 성격차이는 무시하고 등기제도의 목적에 초점을 맞추어 위와 같이 이전등기청구를 허용한 것이다. 하지만 예비법조인으로서 제도의 근본적 성격을 먼저 배우고 체득해야 하기 때문에 반드시 말소등기청구는 말소등기청구로, 이전등기청구는 이전등기청구의 형태로 청구할 수 있어야 한다. 그래서 모의기록상 의뢰인의 희망사항 기재란에서 특별히 요구하지 않는 이상 원래 제도의 목적대로 말소등기청구는 말소등기청구로 구성하여 청구하는 것이 바람직하다.}

5) 점유취득시효 완성을 원인으로 한 소유권이전등기청구

원칙적으로 "물권은 취득시효, 채권은 소멸시효"[121]의 대상이 된다. 그러므로 취득시효가 완성되면 바로 물권을 취득할 수 있도록 제도를 설계할 수도 있었을[122] 터인데 현행 대한민국 민사법에서는 점유취득시효가 완성된 경우 이전등기청구권(채권적 청구권)만 취득하고 그 이전등기청구권을 실현하여 상응하는 이전등기를 경료하였을 때 비로소 완전한 물권을 취득하는 식으로 제도화되어 있다.(민법 제245조) 이는 입법정책의 문제이다. 그 결과 권리 침해, 약정 불이행이외의 제3의 청구권 발생원인 중 하나로 점유취득시효 완성을 원인으로 한 소유권이전등기청구권이 민사법실무 학습상 매우 중요한 기타 청구권 발생원인이 된다. 다만 등기부취득시효가 완성되는 경우에는 이미 상응하는 등기가 있기 때문에 시효기간의 경과로 바로 물권(소유권)을 취득하게 된다. 그래서 오직 점유취득시효 완성으로 인한 소유권이전등기청구권만이 청구권 발생의 예외사유가 되는 것이다. 이러한 물권취득은 이전등기의 모습을 취하고 있지만 원시취득이라고 해석하고 있다.(대법원 1973. 8. 31. 선고 73다387 판결)[123] 그래서 원소유자의 권리 위에 존재하던 각종 제한은 소멸한다. 다만 이러한 원시취득 법리에는 다음과 같은 두 가지 예외가 있다. 첫째 취득시효기간이 경과되었다고 하더라도 취득시효완성을 원인으로 한 소유권이전등기가 마쳐지지 않은 이상 전 소유권에 붙어 있는

---

121) 민법 제162조 제2항에 따르면 채권 및 소유권이외 재산권도 20년 소멸시효의 대상이 되는 것처럼 규정되어 있다. 실제 위와 같은 20년의 소멸시효 적용을 받는 재산권은 그 사례가 거의 없고, 이론적으로는 지상권이나 지역권(민법 제296조 참조)이 거론되고 있다.(주석민법 총칙3, 제4판, 한국사법행정학회, 528면 이하 참조) 나머지 물권 및 준물권 기타 권리들은 성격상, 별도의 법령상 소멸시효의 대상이 되지 않는다.

122) 구민법(舊民法)하에서는 등기에 관해 '대항요건주의'를 채택하고 있었기 때문에 점유취득시효가 완성되면 소유권을 취득하고, 다만 제3자에게 대항할 수 없었을 뿐이다. 하지만 현행 민법은 "성립요건주의"를 채택하고 있기 때문에 점유취득시효가 완성되어도 등기하기 전에는 그 소유권은 취득하지 못하고 다만 소유권이전등기청구권이라는 채권적 청구권만을 취득하는 것으로 관련 법이론이 구성되었다.

123) 이전등기의 모습을 취하나 원시취득인 경우로는 '공용수용'이 더 있다.

각종 부담은 아직 소멸되지 않는다.(대법원 2004. 9. 24. 선고 2004다31463 판결) 둘째 취득시효의 기초인 '점유' 자체가 그 위에 존재하는 타인의 권리에 의한 제한을 용인한 상태에서 행해져 왔다면 그러한 제한이 있는 소유권을 취득하게 된다. 즉 지역권을 용인한 점유를 계속해 왔다면 취득시효가 완성되더라도 지역권의 부담을 가진 소유권을 취득하게 된다.

점유취득시효 완성을 원인으로 한 이전등기청구권을 행사하지 않고 있는 상태에서 원소유자가 이를 타에 처분하고 그 소유권이전등기까지 경료해 주면 점유취득시효 완성의 혜택을 받는 점유자는 그 제3자에게 대항할 수 없게 된다. 다만 취득시효완성 당시의 점유자가 전 소유자를 상대로 타에 처분하고 받은 매매대금 등을 채무불이행(이행불능)에 대한 대상청구권으로 그 반환을 구할 수 있는지 의문이 들 수 있다. 원칙적으로 대상청구를 허용하지 않고 다만 전 소유자가 취득시효 완성된 점유자로부터 청구를 받는 등으로 해당 부동산이 점유취득시효 완성을 원인으로 한 소유권이전등기청구의 대상이 되었다는 점을 알고 있는 상태에서 이를 제3자에게 처분한 경우에는 취득시효 완성된 점유자는 그 전 소유자를 상대로 불법행위로 인한 손해배상청구를 할 수 있다.

이처럼 중요한 취득시효완성의 기초가 되는 점유요건 중 특히 점유의 추정력(특히 자주점유 추정력)과 관련된 판례의 태도에 주의하여 점유취득시효 완성을 원인으로 한 소유권이전등기청구를 잘 학습하여 두어야 한다. 요약하자면 점유자가 점유취득시 점유취득권원의 주장·증명에 실패하였다고 바로 타주점유로 되는 것은 아니고 여전히 자주점유의 추정력의 혜택을 받을 수 있다는 법리와 악의의 무단점유는 타주점유라는 법리를 잘 학습해서 이를 적용함에 틀림이 없도록 해야 한다. 청구원인의 요건사실을 설명하는 부분에서 더 구체적으로 설명한다.

---

⑫ 피고는 원고에게 별지 목록 기재 부동산에 관하여 2023. 1. 31. 시효취득을 원인으로 한 소유권이전등기 절차를 이행하라.
(해설 : 위 등기원인 일자는 취득시효가 완성된 일자를 의미하고 소 제기한 일자나 사실심 변론종결일자를 의미하지 않으니 주의하여야 한다.)

---

6) 저당권 설정등기 청구 및 그 말소등기 청구 등
가) 저당권설정등기 청구

대한민국 민사법제하에서는 물권을 원시취득한 후에도 전전유통할 수 있도록 포괄적 승계취득 또는 특정 이전적 승계취득·특정 설정적 승계취득 제도가 도입되어 있다. 즉 승계취득에는 물권의 포괄적 승계는 물론 특정 승계가 인정되고 있다. 특정 승계 중에는 물권 전체의 이전을 목적으로 한 이전적 특정 승계는 물론 물권의 질적 일부를 분리하여 승계하게 하는 설정적 특정 승계가 있다. 예를 들면 기존의 물권(소유권)을 전제로 그 질적 일부인 사용·수익 부분(사용가치)을 설정적으로 이전하는 지상권, 지역권, 전세권이나 처분 부분(교환가치)을 설정적으로 이전하는 전세권, 저당권, 질권 등이 있다. 이전적 특정승계는 물론 설정적 특정승계 모두 민법 제186조에 규정된 법률행위에 의한 물권의 변동이다. 따라서 약정이외에도 상응하는 등기를 하여야 비로소 취득할 수 있다. 따라서 저당권설정계약을 체결한 경우 저당권설정등기까지 경료하여야만 저당권을 취득하게 된다. 그래서 저당권설정계약상의 예비 저당권자는 그 설정계약에 기해 강제이행청구(민법 제389조)로 저당권설정등기 청구를 할 수 있다. 이때 저당권의 등기사항이 부동산등기법 제75조상 상세하게 규정되어 있어 그 등기사항을 전부 포함시켜 설정등기를 특정하여 청구해야 한다. 따라서 이 특정방법을 잘 학습해 두어야 한다. 널리 행해지는 근저당권설정등기의 경우에는 채무자, 채권최고액만이 등기사항이어서 저당권설정등기의 등기사항에 비해 단촐하다. 아무튼 실무상 저당권은 소비대차상의 채권을 담보하기 위해 설정되는 경우가 많은데 대주는 저당권 설정에 관한 각종 서류들을 교부받은 다음 금전을 차용해 주기 때문에 실제로 저당권설정등기 청구를 하는 소송은 그리 많지 않다.[124]

나) 저당권설정등기 말소청구

실무상 저당권설정등기 청구는 드물지만 저당권설정등기 말소청구는 매우 빈번하다. 앞서 간략하게 소개한 바 있지만 저당권설정등기 말소청구원인은 다음과 같이 분류할 수 있다. ① 피담보채권을 변제하는 등으로 피담보채권이 소멸된 후 저당권설정계약에 따른 원상회복으로 저당권설정등기 말소를 청구하는 경우이다. 이때 저당권설정등기 말소청구권은 원래 저당권설정계약상에 명시적·묵시적으로 약정되어 있다면 그 약정의 강제이행청구의 일환으로 청구하는 것이고, 명시적·묵시적 약정이 없다 하더라도 저당권설정계약상의 표준적 약정(default rule)으로 피담보채무가 소멸된 후 저당권말소등기를 해 줄 의무가 인정되어 있고, 그 표준적 약정의 강제이행청구를 구하는 것으로 상정한다. 이렇게 명시적·묵시적 약정이나 표준적 약정의 강제이행청구의 일환으로 인정되는 청구권이기 때문에 채권적 청구권으로서의 성격을 갖는다. 그래서 채권적 청구권의 경우에는 말소원인별로 별도의 소송물이 되기 때문에 반드시 그 말소원인을 명기하여 청구하여야 한다. ② ⓐ저당권 설정계약 없이 또는 원인무효(예를 들면 위조·변조)인 상태에서 저당권 설정등기가 경료되었거나 ⓑ무권리자인 저당권설정자[125]로부터 저당권설정계약에 따른 저당권설정등기를 경료받았을 경우에는 진정한 소유자가 방해배제청구권의 행사로서 저당권설정등기 말소청구를 할 수 있다. ⓒ 그외 소유자겸 저당권설정자는 피담보채무가 변제 등으로 소멸하면 저당권의 부종성 때문에 무효의 저당권이 된다. 따라서 소유권, 저당권등기, 원인무효(피담보채무의 변제 등 소멸)를 주장·증명하면서 저당권설정등기의 말소를 청구할 수도 있다. 위 ⓐⓑⓒ는 모두 물권적 청구권의 일종인 방해배제청구권의 행사가 된다. 앞서 설명한 소유권이전등기 말소청구와 같은 논리가 적용된다. 이때도

---

124) 최초로 법학전문대학원 협의회 실시 2017년도 제3회 모의시험 기록형 문제로 1회만 출제된 바가 있다.

125) 예를 들면 甲이 A부동산을 소유하고 있었는데, 乙이 관련서류들을 위조하여 A부동산에 관한 소유권이전등기를 경료한 다음 丙에게 금전을 차용하고 그 담보조로 A부동산에 관한 저당권설정등기를 경료해 준 경우를 상정할 수 있다. 乙 명의 소유권이전등기에도 불구하고 A부동산의 소유권은 여전히 甲에게 남아 있다. 따라서 甲은 乙을 상대로 소유권이전등기 말소청구를 할 수 있음은 물론 丙을 상대로도 저당권설정등기 말소청구를 할 수 있다. 비록 丙이 乙로부터 정상적으로 저당권설정계약을 체결하고 저당권설정등기를 경료하였다고 하더라도 무권리자로부터 등기를 경료받은 것으로서 이를 들어 甲에게 대항할 수 없다.

그 특정방법에 유의하여야 한다. ①과 ②ⓒ는 동일한 사실관계로부터 위 두 가지 종류의 청구권(채권적 청구권, 물권적 청구권)이 발생할 수 있다는 점에 주의해야 한다. 이때 양자는 청구권 경합의 관계에 있으므로 원고의 선택에 따라 어느 하나를 청구할 수 있다.

특히 저당권설정자(①의 경우), 소유자(②의 경우)만이 저당권설정등기 말소청구를 할 수 있을 뿐 저당목적물의 매수자는 저당권자를 상대로는 물론 매도인을 상대로도 저당권설정등기 말소를 청구할 수 없고, 매도인을 대위(소위 '연결고리')하여 저당권자를 상대로 저당권설정등기 말소청구를 할 수밖에 없다는 점에 주의해야 한다.[126)]

[저당권 설정등기]
⑬ⓐ 피고 甲은 원고에게 별지 목록 기재 부동산에 관하여 2023. 3. 1. 저당권설정계약을 원인으로 한 채권액 100,000,000원, 채무자 김을동(650215-1022301, 주소 : 서울 중구 을지로 1가 100), 변제기 2026. 2. 28., 이자 연 7%, 이자지급시기 매월 1일의 저당권설정등기절차를 이행하라.
{해설 : 위 기재방법에서는 저당권설정등기의 특정방법(부동산등기법 제75조 제1항)이 잘 나타나 있다. 위 기재례는 피고 甲과 채무자 김을동은 다른 자이므로 물상보증으로 저당권설정계약을 한 경우이다.}

⑬ⓑ 피고 甲은 원고에게 별지 목록 기재 부동산에 관하여 2023. 3. 1. 근저당권설정계약을 원인으로 한 채권최고액 100,000,000원, 채무자 피고 甲의 근저당권설정등기절차를 이행하라.
{해설: 하지만 근저당권의 경우에는 채무자, 채권최고액만 기재하고 변제기나 이자 등은 기재하지 않으니(부동산 등기법 제75조 제2항) 주의를 요한다. 만약 물상보증의 경우에는 "피고 甲"을 "채무자 乙(주민등록번호 ******-*******, 주소 xxxxxxxxxxxxx)라고 기재해야 한다.}

[저당권 이전등기]
⑭ 피고 甲은 원고에게 별지 목록 기재 부동산에 관하여 수원지방법원 2022. 9. 1. 접수 제11357호로 등기한 근저당권에 대하여 2022. 12. 1. 확정채권양도를 원인으로 한 근저당권 이전등기 절차를 이행하라.
(해설 : 근저당권부 피담보채무의 양도가 이루어진 경우 근저당권이전등기 절차이행을 구하는 청구를 할 수 있다. 이때 등기원인은 '확정'채권양도라고 기재한다. 저당권의 이전은 등기부 중 乙區란에서 해당 저당권에 관한 부기등기의 형태로 이루어진다.)

[저당권 말소등기]
⑮ⓐ 피고 甲은 원고에게 별지 목록 기재 부동산에 관하여 대구지방법원 2020. 12. 1. 접수 제14567호로 마친 근저당권설정등기에 대하여 2023. 2. 1. 해지를 원인으로 한 말소등기절차를 이행하라.
(해설 : 위 말소청구는 근저당권설계계약의 default로서 한 채권적 청구권이기 때문에 "2023. 2. 1. 해지를 원인으로 한" 부분을 생략하면 안 된다.[127)] 그 외 자주 사용되는 사유로는 "2023. 2. 1. 확정채권변제" 또는 "2023. 2. 1. 소멸시효완성" 등이 있다.)

---

126) 제8회 변호사 시험 민사 기록형 문제 제1 희망사항으로 출제되었다. 흔히 틀리기 쉬운 것이니 특히 주의를 요한다.
127) 사법연수원, 민사실무 2, 2015, 103면 참조.

⑮ⓑ 피고 甲은 원고에게 별지 목록 기재 부동산에 관하여 서울중앙지방법원 중부등기소 2021. 7. 3. 접수 제5950호로 마친 근저당권 설정등기의 말소등기 절차를 이행하라.
(해설 : 전형적인 물권적 청구권으로서의 근저당권설정등기 말소 청구의 기재례이다.)

[전세권설정등기청구와 전세권설정등기말소청구]
⑯ⓐ 피고 甲은 원고에게 별지 목록 기재 부동산에 관하여 2023. 3. 1. 전세권설정계약을 원인으로 한 전세금 100,000,000원, 존속기간 2025. 2. 28.까지의 전세권 설정등기절차를 이행하라.
(해설 : 전세권 등기시 특정에 관하여 부동산등기법 제72조 참조)

⑯ⓑ 피고 甲은 원고에게 별지 목록 기재 부동산에 관하여 서울중앙지방법원 중부등기소 2022. 3. 1. 접수 제1345호로 마친 전세권설정등기에 관한 2022. 2. 28. 해지를 원인으로 한 말소등기 절차를 이행하라.

7) 기타 의사의 진술을 구하는 청구

① 피고 甲은 원고에게 별지 목록 기재 부동산에 관하여 2022. 12. 1. 매매를 원인으로 한 서울특별시의 자양수정아파트 수분양자대장상의 수분양자명의변경절차를 이행하라.
(해설; 분양권 전매가 허용될 때 피고 甲과 원고 사이에 해당 분양권의 전매계약이 이루어져 그에 따른 청구를 하는 기재례이다.)

② 피고 甲은 원고에게 피고가 발행한 보통주식 80,000주(1주 액면금액 5,000원)에 관하여 원고 명의로 주주명부상의 명의개서절차를 이행하라.

[토지거래허가신청]
③ 피고 甲은 원고에게, 원고와 사이에 2022. 12. 1. 체결한 별지 목록 기재 부동산의 매매계약에 관하여 토지거래허가 신청절차를 이행하라.
(해설 : 2007년도 무렵에는 전국적으로 토지거래허가구역이 많이 지정되어 있었다. 이때 상대방이 토지거래허가신청을 거절할 때 자주 이용되던 청구취지 기재례이다. 그 동안 많이 해제되어 그 적용지역이 많이 축소되었다가 최근에는 다시 부동산 가격 상승으로 추가 지정되는 지역이 늘고 있다.)

8) 채권양도(계약의 승낙)의 의사표시를 구하는 청구취지

계약자유의 원칙상 당사자들이 자발적으로 의사결정을 하고 표시를 하는 것이 원칙이다. 하지만 아주 예외적인 경우 재판을 통하여 의사표시를 강제할 수 있다. 특히 채무불이행 중 이행불능의 경우 채권자에게 대상청구권이 있다. 예를 들면 매도인이 매매목적물에 화재보험계약을 가입해 두었는데 매매목적물이 이행불능에 빠지는 보험사고가 발생하면서 채무는 불이행 상태에 빠졌으나 매도인이 화재보험금지급채권을 보유하게 되는 경우가 있다. 이때 채권자(매수인)는 이행불능의 대상

청구로서 그 화재보험금의 지급을 청구할 수 있다. 만약 매도인이 화재보험료금을 벌써 지급받았다면 매수인(채권자)은 대상청구의 일환으로 매도인을 상대로 지급받은 보험금에 해당하는 금전지급청구로 할 수 있다. 그런데 매도인이 아직 화재보험금을 지급받지 않았다면 매도인은 화재보험금지급채권을 취득하였을 뿐이니 매수인은 그 화재보험금지급채권 지급금지 가처분을 해 둔 다음 매도인을 상대로 채권양도의 의사표시를 구하고, 그 대항요건을 위해 채권양도의 통지를 하라고 병합하여 청구할 수 있다.128)

　　그 외 채권양도 계약을 하고 난 다음 양도인이 채무자에게 채권양도사실을 통지하지 않고 있는 경우에도 양수인은 양도인을 상대로 채권양도의 통지를 하라는 청구를 할 수 있다. 채권양도의 통지는 의사표시는 아니고, 관념의 통지이나 일종의 의사의 진술을 명하는 청구취지와 그 적용법리가 비슷하다.

[채권양도 및 통지청구]

① 1. 가. 피고 주식회사 돈아돈호는 원고에게 피고 주식회사 돈아돈호와 소외 주식회사 영경화재보험 (주소, 서울 종로구 돈화문로12가길 34; 대표이사 박일원) 사이에 2016. 5. 1.자 체결된 화재보험계약(증권번호 2016-012578)에 따라 2016. 8. 1. 발생한 화재사고로 인한 400,000,000원의 화재보험금지급채권의 양도의 의사표시를 하고,

　　　　나. 피고 주식회사 돈아돈호는 소외 주식회사 영경화재보험에 위 가.항의 채권양도 사실을 통지하라.

[채권양도통지]

② 피고 甲은 소외 박갑동(650215-1032600, 주소 : 서울 서초구 방배동 100)에게, 별지 목록 기재 채권을 2022. 12. 1. 원고에게 양도하였다는 취지의 통지를 하라.

{해설: 채권양도의 경우 양도인이 채무자에게 양도사실을 통지하여야 한다. 그런데 양도인이 채권양도계약은 체결하고도 그 채권양도통지를 않고 있으면 양수인은 위와 같은 청구를 할 수 있다. 하지만 양수인이 양도인으로부터 양도통지권을 수권받은 경우 양도인의 대리인으로서나 사자(使者)로서 양도통지를 대리하여 할 수 있으므로 실무상으로 위와 같은 청구를 하는 경우는 거의 찾아보기 어렵다.}

바. 장래이행의 청구와 동시이행관계에 있는 청구

　　장래이행의 청구는 "미리 청구할 필요"가 있어야 가능하다.(민사소송법 제251조) 또한, 장래이행의 청구는 이자약정이 있는 경우 이자청구는 가능하나 소송촉진 등에 관한 특례법상의 연 12%(2015. 10. 1.이후 2019. 6. 1. 이전까지는 연 15%, 2015. 10. 1.이전은 연 20%)로 한 지연손해금의 청구는 불가능하다.(소송촉진 등에 관한 특례법 제3조 제1항 단서)

　　최근에는 패소하는 부분이 없도록 청구하라는 변호사시험 기록형 문제의 출제경향 때문에 소

---

128) 법학전문대학원 협의회 실시 2018년도 제3회 모의시험 기록형 문제로 출제되었다.

제기하는 단계에서부터 상환이행의 청구취지를 작성하여 청구하고 있다. 변호사시험 기록형 준비를 위해 해당 법리와 청구취지 작성방법을 잘 알아야 한다. 다만 실무상으로는 상환이행의 청구를 하는 경우는 드물고 단순이행의 청구를 하는 경향이 더 강하다. 그러면 상대방에서 동시이행의 항변을 하고, 결국 수소법원에서 상환이행의 판결을 선고하게 된다. 상환이행 청구를 하여 얻는 이익은 소송비용의 일부 부담도 하지 않는 것이나 소장작성의 불편이나 반대채무액을 잘못 산정으로 인한 불이익 등 불이익까지 고려하면 현명한 선택이 아니기 때문이다.

[장래이행의 청구]

① 피고 甲은 2023. 12. 21.이 도래하면 원고에게 80,000,000원 및 이에 대한 2023. 12. 22.부터 다 갚는 날까지 연 11%의 비율에 의한 금원을 지급하라.

(해설 : 약정이율이 연 11%이기 때문에 위와 같이 청구한 것이다. 소송촉진 등에 관한 특례법상의 연 12%와는 관련이 없다.)

② 1.가. 피고 甲은 원고에게,

　　1) 별지 목록 기재 건물 중 별지 도면 표시 1, 2, 3, 4, 5, 1의 각 점을 차례로 잇는 선내 (가) 부분 35㎡,

　　2) 같은 도면 표시 6, 7, 8, 9, 6의 각 점을 차례로 잇는 선내 (나) 부분 48㎡를

　　각 인도하고,

　나. 2023. 3. 1.부터 위 가.의 1), 2)부분의 인도완료일까지 월 800,000원의 비율에 의한 금원을 지급하라.

(해설 : 임대차계약의 만료 등으로 인한 인도청구에 널리 사용되는 청구취지 기재례이다. 위 나.항의 임료지급청구가 장래이행청구가 된다. 통상 위와 같이 임대차계약 만료로 인한 인도청구와 병합된 임료상당의 부당이득반환청구 또는 불법행위에 의한 손해배상청구에서는 미리 청구할 필요성을 인정해 준다.)

[동시이행관계에서의 청구]

③ **피고 甲은 원고로부터 330,000,000원을 지급받음과 동시에 원고에게 별지 목록 기재 부동산에 관하여 2022. 7. 1. 매매를 원인으로 한 소유권이전등기 절차를 이행하라.**

(해설 : 쌍무계약의 경우 반대급부의 이행이 동시이행의 관계에 있으므로 위와 같은 상환이행 청구취지가 종종 이용된다. 특히 최근 기록형 문제 출제경향에 따르면 '패소하는 부분이 없도록 청구취지를 구성하라'고 하므로 이와 같은 청구취지를 더욱 더 많이 사용해 답안을 작성해야 하니 잘 학습하여 두기 바란다.)

④ **피고 甲은 원고로부터 40,000,000원에서 2022. 2. 1.부터 별지 목록 기재 건물의 인도 완료시까지 월 1,000,000원의 비율에 의한 금원을 공제한 나머지 금원을 지급받음과 동시에 원고에게 위 건물을 인도하라.**

(해설 : 임대차보증금 40,000,000원에서 미지급 임료를 공제한 나머지 임대차보증금을 지급받음과 동시

에 임대차목적물을 인도하라는 청구취지 기재례이다.)

[선이행의무가 있는 경우 청구취지]
⑤ 피고 甲은 원고로부터 100,000,000원을 지급받은 다음 원고에게 별지 목록 기재 부동산에 관하여 서울남부지방법원 구로등기소 2020. 12. 1. 접수 제3456호로 마친 근저당권설정등기의 말소등기 절차를 이행하라.
(해설 : 저당권의 경우 피담보채무의 변제가 저당권 말소의 선이행 관계에 있으므로 위와 같은 청구취지가 가능하다.)

사. 기타의 이행청구소송의 청구취지

기타의 이행청구소송의 청구취지 기재례는 주로 금지청구권(＝물권적 청구권 or 유지청구권) 중 방해예방청구권에 관련된 것이다. 권리의 사전침해 방지를 위해 권리 침해 예상자들을 상대로 다양한 형태의 작위·부작위 의무를 구하는 청구가 가능하다. 권리보호의 목적과 상대방의 이익보호를 균형적으로 고려하여 합리적인 청구를 구성하는 일은 그 형태가 매우 다양하고, 유연하기 때문에 창조적인 아이디어가 필요한 분야이다. 실무상으로는 이런 형태의 청구는 대체로 '임시의 지위를 정하는 가처분'신청의 형태로 널리 활용되고 있다. 현재 변호사 시험용으로는 아직 출제될 가능성이 낮다. 장래 법조인이 되고 난 후에 잘 연구하여 볼 필요가 있는 분야이다.

[통행방해금지청구(방해배제청구권 또는 방해예방청구권의 일종)]
① 피고 甲은 별지 목록 기재 토지 중 별지 도면 표시 1, 2, 3, 4, 5, 1의 각 점을 차례로 잇는 선내 (가)부분 47.2㎡에 대한 원고의 통행을 방해하는 일체의 행위를 하여서는 아니 된다.

[공사금지청구]
② 피고 甲은 서울 강남구 수서대로 234 토지 위에 건축 중인 오피스텔의 축조공사를 중지하고, 이를 속행하여서는 아니 된다.

[양육비청구]
③ 피고 甲은 원고에게 2023. 9. 1.부터 2029. 8. 31.까지 원고의 생존을 조건으로 매년 8. 31.에 10,000,000원을 지급하라.

[정정보도청구]
④ - ⓐ 피고 甲은 이 판결 송달 후 위 피고가 최초로 발행하는 00일보 제3면 우측 상단에 별지 기재 반론보도문을, 제목은 24급 고딕 활자로, 내용은 18급 명조 활자로 2단에 걸쳐 게재하라.
④ - ⓑ 피고 甲은 이 판결이 송달된 날로부터 5일 이내에 피고가 운영하는 KCS텔레비전 방송의 21:00 뉴스프로그램 "9시뉴스"의 끝부분에 별지 기재 반론보도문을, 제목은 24급 고딕활자로, 내용은 18급 명조 활자로 하여 화면에 내보냄과 동시에 음성으로 1회 방송하라.

6. 확인소송

가. 일반론

확인소송은 권리의 '침해'가 없는데도 권리 자체의 존재(부존재)에 관한 다툼이 있거나 약정의 '불이행' 사실 없이도 약정으로 말미암은 채무의 존재(부존재)를 중심으로 분쟁이 발생하여 법률관계의 존재 또는 부존재를 확정해야 할 상황인 때 인정되는 소송형태이다. 통상 원고가 법원에 소를 제기하는 이유는 상대방이 권리를 침해하여 그 침해당한 권리를 보호받기 위한 것이거나 약정상의 의무를 불이행하여 그 약정의 이행을 구하기 위한 것이다. 이런 분쟁들은 권리 침해를 배제해 달라거나 그 피해를 배상해 달라는 형태로 직접 보호를 받거나 약정대로 이행하거나 불이행한데 대해 전보배상을 청구하는 형태로 소송목적을 달성할 수 있다. 그래서 모두 이행청구의 소가 된다. 그런데 앞서 권리분석방법에서 설명한 바와 같이 권리침해, 약정불이행이란 관점에서는 의뢰인의 희망을 실현하기 불가능할 상태에서 2차적으로 확인소송에 의해 그 분쟁을 해결할 수 있는지를 검토해 보아야 하는 보충적 소송유형이다. 그렇지만 권리를 확인받아도 아무런 집행력이 없어 피해구제나 권익보호에 무용지물이 될 수 있기 때문에 수소법원으로서는 확인의 소가 "확인의 이익"이 있어야만 그 제기가 가능하다고 보아 '확인의 이익'을 추가적으로 주장·증명할 것을 요구하고. 만약 확인의 이익이 없는데도 확인의 소를 제기하면 무용한 소제기를 방지함으로써 재판의 효율을 높이기 위해 소를 각하한다. '확인의 이익'이란 권리 또는 법률관계에 현존하는 불안, 위험이 있고, 그 불안 또는 위험을 제거함에 있어 확인판결을 받는 것이 가장 유효, 적절한 수단일 때 인정된다.(대법원 1991. 12. 10. 선고 91다14420 판결 등 참조) 실무상으로는 의뢰인의 상담을 받고 바로 확인의 소를 제기할 것이 아니라 상대방의 이행청구의 소제기를 기다려 의뢰인을 대리하여 응소하는 것이 더 바람직할 때도 많으니 주의를 요한다.[129]

권리본질론에 따르면 이익설과 의사설이 대립되고 있는데, 판례의 입장인 권리이익설(더 정확하

---

[129] 이런 관점에서 변호사로서 활동할 때 확인의 소제기를 신중히 결정하여야 한다. 예를 들면 제5회 변호사시험 민사기록형 문제를 살펴보자. 의뢰인이 임차목적물을 인도받아 현재 거주하고 있다. 다만 임대인측에서는 임대차계약 갱신을 부인하고 임차목적물의 반환을 구하고 있을 뿐이다. 이런 상태에서 임차인측의 상담을 받는 변호사로서는 임대차계약이 갱신되었으니 안심하고 계속 거주하라고 법적 의견을 피력한 다음 혹시 임대인측에서 임차목적물반환의 소를 제기하면 그때 가서 응소하면서 갱신을 주장할 수 있다고 상담하는 것이 바람직한 태도일 것이다. 더 나아가 임차권 존재확인의 소 제기를 권유하여 수임하는 것은 옳은 태도일까 하는 의문이 있다. 수임료가 상당한 금액인 까닭에 의뢰인에게 경제적으로 부담이 되기 때문이다. 물론 이와 같은 사정을 의뢰인에게 설명했는데도 의뢰인이 겪는 정신적 고통이 너무 커 스트레스 해소차원에서 경제적 부담을 안고도 꼭 소송을 해야겠다고 하면 임차권 확인의 소 제기를 고려해 볼 수 있을 것이다. 더구나 제5회 변호사 시험 민사기록형 문제에서는 다른 문제로 소유권 확인에서 더 나아가 철거청구권 부존재 확인의 소까지 정답으로 처리한 것으로 추측된다. 철거청구권은 ①원고의 현재 대지 소유사실, ②피고의 그 대지상에 건물 소유 사실을 요건으로 하고 있다. 소유권 확익의 소 제기를 통해 ①사실을 부인하게 되므로 이후 상대방이 철거청구의 소를 제기하더라도 ①을 주장·증명하지 못하게 되기 때문에 당연히 승소하지 못할 것이다. 이런 상태에서 ①을 다투는 내용의 확인의 소를 제기하는 마당에 다시 철거청구권 부존재 확인의 소를 제기할 필요가 있는지 의문이다. 불필요한 소제기로 인해 인력과 시간을 낭비하는 셈이 되는 것이다. 이처럼 확인의 소 제기에는 신중한 결정이 필요하다.

게는 권리법력설)에 따르면 권리란 '법률상 보호되는 이익'이 된다. 따라서 법률상 보호되는 이익에 미치지 못하는 사실상·경제상의 이익은 권리가 아니므로 확인의 대상이 되지 못한다. 예외적으로 '증서 진정여부 확인의 소'가 인정되고 있다.(민사소송법 제250조)[130] 법률상 보호된다는 것은 제반 사정을 종합적으로 고려하여 규범적으로 판단할 부분이다. 이런 점에서 법조인의 역할이 요구되는 것이다.

확인소송의 청구취지는 선언적 형태를 취한다. 확인의 소의 청구취지는 "...확인한다."는 형태로 어미가 끝나고, 사건명 표시에서 "...확인의 소"라고 표기한다.

나. 확인청구의 대상

원칙적으로 현재의 권리 또는 법률관계(권리·의무관계)가 확인의 대상이 된다. 예외적으로 증서 진정여부 확인의 소(민사소송법 제250조)가 있고, 이 경우에는 '증서의 진정여부'라는 사실도 확인의 대상이 될 수 있다. 확인대상인 권리 또는 법률관계는 ① 그 종류, 범위(이상 주로 물권특정방법), ② 종류, 범위, 발생원인(이상 주로 채권특정방법) 등을 명확히 하는 방식으로 특정할 수 있다. 구체적인 사례를 통해 특정방법을 개별적으로 잘 학습하여야 한다.

다. 확인소송의 기재례

[물권의 경우]
①ⓐ 원고와 피고 대한민국 사이에서,[131] 서울 서대문구 홍은동 521 잡종지 90㎡가 소외 정준일의 소유임을 확인한다. (제3회 변호사시험 기록형 문제로 출제)

ⓑ 원고 甲과 피고 乙 사이에서, 서울 서초구 서초동 100 대 90㎡가 원고 甲의 소유임을 확인한다.

ⓒ 원고와 피고 甲 사이에, 서울 마포구 성산동 750 잡종지 240㎡는 원고의 소유임을 확인한다. (제5회 변호사시험 기록형 문제로 출제)

[철거의무부존재확인]
ⓓ 원고와 피고 甲 사이에, 원고는 피고 甲에 대하여 서울 마포구 성산동 750 지상 시멘트블럭조 슬레이트 지붕 단층 창고 126㎡를 철거할 의무가 없음을 확인한다.
(제5회 변호사시험 기록형 문제로 출제)

[채권(임차권)의 경우]
② 원고와 피고 甲 사이에, 원고는 피고 甲에 대하여 별지 목록 기재 건물에 관한 2013. 1. 4.자 임대차계약에 기하여 임차보증금 100,000,000원, 차임 월 2,000,000원, 임대차기간 2016. 1. 9.부터 2018. 1. 8.까지 2년간의 임차권이 존재함을 확인한다.
(제5회 변호사시험 기록형 문제로 출제)

---

130) 대법원 1991. 12. 10. 선고 91다15317 판결
131) 기판력의 주관적 범위를 명확히 하기 위해 삽입된 표현이다. 만약 원고와 피고가 모두 1인이라면 법문서를 간략하게 작성해야 할 필요상 불필요한 기재가 된다.

[채무부존재 확인]

③ⓐ 원고의 피고 甲에 대한 2022. 12. 1. 금전소비대차 계약에 기한 원금 100,000,000원 및 이에 대한 이자 채무는 존재하지 아니함을 확인한다.

③ⓑ 원고의 피고 甲에 대한 공증인가 운현합동법률사무소 2022. 12. 1. 작성 2022년 증서 제1234호 약속어음공정증서에 기한 약속어음금채무는 금 50,000,000원을 초과하여서는 존재하지 않음을 확인한다. (해설 : 채무부존재확인소송은 변호사시험 기록형에서 출제될 수 있다. 그러므로 위 ③ⓐⓑ의 형식을 잘 학습해 둘 필요가 있다.)

③ⓒ 원고와 피고 甲 사이에는,

가. 원고의 피고 甲에 대한 2019. 4. 10.자 금전소비대차에 의한 채무는 100,000,000원 및 이에 대한 2020. 4. 10.부터 다 갚는 날까지 월 1%의 비율에 의한 지연손해금을 초과하여서는 존재하지 아니하고,

나. 원고의 피고 甲에 대한 2019. 10. 10.자 금전소비대차에 의한 채무는 8,000,000원 및 이에 대한 2020. 4. 10.부터 다 갚는 날까지 월 1%의 비율에 의한 지연손해금을 초과하여서는 존재하지 않음을 각 확인한다. (이상 제7회 변호사시험 기록형 문제로 출제)

[공탁금출급청구권 확인]

④ 피고 甲이 2022. 12. 1. 서울중앙지방법원 2022.금제3456호로 공탁한 50,000,000원에 대하여 원고가 공탁금출급청구권자임을 확인한다.

[주주총회결의 무효확인]

⑤ 피고의 2022. 3. 15 임시주주총회에서 甲을 이사에서 해임하고, 乙을 이사로 선임한 결의는 무효임을 확인한다.

(해설 : 주주총회결의 무효확인의 소는 무효원인이 법령위반일 때 제기하는 소송 형태이고, 다음에 보는 주주총회결의취소의 소는 주주총회의 개최에 관한 절차가 위반되었거나, 주주총회가 정관에 위반된 경우에 제기되는 소송유형이다.)

[해고무효확인]

1. 피고 甲의 원고에 대한 2021. 12. 1.자 해고(처분)은 무효임을 확인한다.

2. 피고 甲은 원고에게,

가. 24,560,000원 및 이에 대한 이 사건 소장부본 송달 다음날부터 다 갚는 날까지 연 12%의 비율에 의한 금원을 지급하고,

나. 2022. 10. 1.부터 원고의 원직복직시까지 월 2,600,000원의 비율에 의한 금원을 지급하라.

{해설 : 해고무효소송은 ① 해고사유가 없다거나, ② 재량권을 남용하였다거나, ③ 법령, 정관에 정한 해고절차에 위배하였음을 이유로 해고가 무효임을 주장하면서 제기한다. 원래 근로자지위확인의 소로 제기해야 할 것이나 과거의 사실인 해고가 무효라는 확인소송의 형태로 제기되는 관례가 확립되어 있다. 물론 근로관계존재 확인의 소 형태로도 제기할 수 있다. 해고무효소송에서는 피고가 무효인 해고를 함으로써 근로제공에 대해 수령지체에 빠졌기 때문에 근무하지 않은 기간 동안에도 월급상당의 금원지급을 할 의무가 있다. 그런 이유로 해고무효소송을 제기하면서 미지급월급상당의 금원지급을 구하는 이행청구소송을 병합하여 제기한다. 이때 소제기 이전까지 발생한 월급합계액을 계산하여 그 금액 및 그

에 대한 지연손해금지급청구를 하고(위 2.의 가.항), 소제기이후로는 장래이행의 소 형태로 비율적 청구 방식으로 제기한다(위 2.의 나.항).}

[증서 진정여부 확인의 소]
원고를 매도인, 피고 甲을 매수인으로 하여 2022. 12. 1. 작성된 별지 내용의 매매계약서는 진정하게 성립된 것이 아님을 확인한다.

[사실혼관계확인]
소외 망 채동석의 사망 당시 원고와 소외망인 사이에 사실상 혼인관계가 존재하였음을 확인한다.

[소멸시효중단을 위한 소제기 확인소송]
1. 서울중앙지방법원 2010. 8. 25. 선고 2009가합556677호 대여금 사건의 판결에 기한 원고의 피고에 대한 채권의 소멸시효 중단을 위하여 이 사건 소가 제기되었음을 확인한다.

라. 특수한 쟁점

1) 미등기토지의 소유권 보존등기를 위한 확인청구

역사적 아픔이지만 대한민국 근대 토지소유권은 일제하 실시된 토지조사령(1912. 8. 13. 제령 제2호)과 임야조사령(1918. 5. 1. 제령 제5호)에 의해 시작된 토지(임야)조사사업에 의해 확립되었다.[132] 그래서 토지조사령 또는 임야조사령에 의해 실시된 토지조사사업에 의해 사정(査定)받은 자는 당해 토지(임야)를 원시취득하였다. 역으로 말하자면 현재 소유권보존등기가 경료되어 있지 않은 토지(임야)가 있다면 첫째 토지(임야)대장[133]상 미등기토지의 사정명의자(또는 "최초의 소유자로 등록"된 자)로 되어 있는 자는 부동산등기법 제65조 제1호에 의하여 토지(임야)대장을 발급받아 바로 보존등기를 신청하면 될 것이다.[134]

둘째 미등기 부동산의 소유자는 부동산등기법 제65조 제2호에 의하면 확정판결에 의해 자신의 소유권을 증명하여 미등기토지에 대한 소유권보존등기를 신청할 수 있다. 이때 확정판결은 반드시 확인판결만을 의미하는 것이 아니라 이행판결 또는 형성판결이라도 그 판결이유에 소유권을 증명하는 내용이 포함되어 있으면 된다. 만약 소유권보존등기를 위하여 확인청구 소송을 제기할 때 다음과 같은 방법으로 상대방을 선정하여 확인소송을 제기할 수 있다.

즉 청구권자는 원칙적으로 토지를 사정받은 자 및 그 포괄승계인이다. 이들은 토지(임야)대장에 '최초의 소유자'로 등록되어 있을 것이다.

---

132) 김홍식, 『조선토지조사사업의 연구』, 1997, 민음사; 신용하, 『조선토지조사사업연구』, 1982, 지식산업사

133) 대법원 1996. 12. 20. 선고 96다40486 판결(이 판결에서는 토지조사령의 근거 없이 행정의 편의를 위하여 작성한 '지적원도'상에 소유자로 기재되어 있는 것만으로는 사정받은 사실을 확정적으로 증명할 수 없다고 판시하였다.)

134) 이때 국가가 자신을 상대로 그 토지의 시효취득을 주장하고 있다고 하더라도 최초의 소유자로 등록된 명의자는 소유권확인을 구할 확인의 이익이 없다.(대법원 2003. 12. 12. 선고 2002다33601 판결) 또 국가가 취득시효완성으로 인하여 소유권이전등기청구를 할 수 있는 상태에서 미등기 토지의 소유자는 국가를 상대로 소유권 확인을 구할 수 없다.(대법원 2008. 5. 15. 선고 2008다13432 판결)

그래서 Ⓐ ①토지가 미등기이고 ⓐ토지대장이나 임야대장상에 등록명의자가 없거나 ⓑ등록명의자가 누구인지 알 수 없을 때 및 ②국가가 등기 또는 등록명의자인 제3자의 소유를 부인하면서 계속 국가 소유를 주장하고 있으면 국가를 상대방으로 하여 확인의 소를 제기할 수 있다. 따라서 토지(임야)대장상 최초의 소유자(및 포괄 승계인)는 등록되어 있지 않은 채 소유권을 이전받은 자로만 등록되어 있을 때는 그 이전등록명의자도 국가를 상대로 확인청구를 할 수 있다.(대법원 2009. 10. 15. 선고 2009다48633 판결) Ⓑ①등기부, 토지(임야)대장 등에 소유자가 등기 또는 등록되어 있으면 등기부상 기재를 우선하여 등기부상 소유권보존등기가 경료되어 있는 자를 상대로 소유권보존등기 말소를 청구하고, 그 확정판결을 이용하여 그자 명의 소유권보존등기를 말소하고 자기 명의로 소유권보존등기를 할 수 있다. Ⓑ②보존등기가 없는 상태에서 토지(임야)대장 등에 최초의 소유자로 등록되어 있는 자(및 포괄 승계인)가 별도로 있으면 진정한 소유자는 토지(임야)대장상 최초의 소유자로 등록되어 있는 자를 상대로 확인청구를 해야 한다. 이런 경우에는 국가를 상대로 확인청구하면 안 된다. 왜냐하면 국가는 그 소유권에 관하여 특별히 다투지도 않고 있어 그 소유권 귀속에 관한 분쟁의 직접 당사자가 아니기 때문이다.

2) 공탁금출급청구권

우리 공탁제도상 절대적 불확지 공탁은 인정되지 않고 상대적 불확지(不確知) 공탁만을 허용되고 있다. 상대적 불확지 공탁이 되어 있는 경우에는 피공탁자의 일부가 나머지 피공탁자를 상대로 공탁금출급청구권 확인의 소를 제기할 수 있고 그 확정판결은 공탁법 제9조 제1항 소정의 '출급청구권을 갖는 것을 증명하는 서면'에 해당되어 공탁금을 출급받을 수 있게 된다. 예외적으로 『공익사업을 위한 토지 등의 취득 및 보상에 관한 법률』(옛날 토지수용법) 제40조 제2항 제2호 소정 사업시행자가 과실 없이 보상금을 받을 자를 알 수 없을 때에 절대적 불확지 공탁이 허용된다. 이 경우 진정한 보상금 수령권자는 사업시행자를 상대로 위 공탁금에 대한 출급청구권이 자신에게 귀속되었음을 확인하는 확정판결을 받아 이를 첨부하여 공탁소에 제출함으로써 공탁금을 출급 받을 수 있다.

3) 소멸시효중단의 위한 소제기 확인소송

대법원 2018. 10. 18. 선고 2015다232316 전원합의체판결에서 소멸시효중단을 위한 소제기의 확인소송이 인정되었다. 확정판결을 받으면 그 확정판결일로부터 다시 시효가 진행되며 이때는 10년의 소멸시효기간이 적용된다.(민법 제165조 제1항) 그런데 채무자가 무자력인 상태에서 그 강제집행을 못하고 있던 중 다시 10년이 경과할 즈음 채권자는 다시 재판상 청구를 할 필요가 있다. 그동안 이런 경우에도 이행청구소송을 다시 제기해야 했었다. 문제는 인지가 너무 과다하고, 또 일일이 요건사실을 다시 주장·증명해야 하였다는 것이다. 그래서 대법원은 위 판결을 통하여 소멸시효중단을 위한 소제기 확인소송을 허용하였고, 그 확인소송에 첨부될 인지액도 최대 140,000원을 넘지 않도록 인지대금 관련 규칙을 개정하였다. 따라서 채권자는 저렴하게 후속소송을 제기할 수 있을 뿐만 아니라 변론의 범위도 매우 축소되게 되었다. 이처럼 이미 확정판결을 받은 원고는 이러한 유형의 확인의 소를 제기할 수 있다. 앞서 그 청구취지 기재례도 밝혀둔 바가 있다.

7. 형성소송

가. 일반론

1) 형성의 소

형성의 소는 수소법원에 대하여 형성권자임을 주장하면서 그 내용에 따른 일정한 권리 또는 법률관계를 직접 발생·변경·소멸시켜 줄 것을 구하는 소로 법률에 이를 허용하는 규정이 있는 때에만 그 제기가 가능하다. 형성권[135]은 재판상·재판외 행사할 수 있는 형성권과 재판상 행사할 수 있는 형성권으로 나누어진다. 후자만이 형성소송을 가능하게 하고, 전자는 재판외·재판상 형성권을 행사한 결과 형성된 권리관계에 기해 다시 이행청구 또는 확인소송을 제기하면 된다.

2) 청구취지는 확인의 소와 같은 선언적 형태를 취하고, 사건명을 표기할 때 "주주총회결의 취소의 소"처럼 '청구'란 문구를 삽입하지 않은 채 "...의 소"라고 표기해야 한다.[136]

나. 사해행위 취소(형성소송) 및 그 원상회복청구(이행청구소송)

1) 사해행위 취소 및 원상회복

사해행위 취소소송은 책임재산을 보전하기 위한 제도이다. 복잡한 쟁점을 포함시켜 수험생을 평가해 보겠다는 시험목적상 여러 가지 청구를 결합시키기 좋은 수단이어서 실무상 사용되는 빈도보다 변호사시험 민사기록형에서 더 자주 출제되어 왔다. 그래서 다음에 설명하는 채권자대위권과 함께 철저히 학습해 둘 필요가 있다. 사해행위 취소는 형성소송이지만 원상회복은 약정의 취소에 근거하여 (상대적) 원인무효를 원인으로 이미 변동된 권리를 원상회복시키는 이행청구의 형태가 된다. 따라서 형성소송과 이행(청구)소송이 객관적으로 병합된 상태이고, 통상 청구의 객관적 병합요건이 충족된 것으로 본다.

2) 사해행위 취소 및 원상회복의 상대방(피고적격의 문제)

사해행위 취소 및 원상회복 청구의 상대방은 채무자가 아니라 수익자 또는 전득자이다. 만약 채무자를 상대로 사해행위 취소의 소를 제기하면 각하된다.

3) 특히 원상회복 청구자(원고적격의 문제)

가) 현물반환의 경우(특히 소유권이전등기 말소청구의 원고적격)

사해행위 취소 후 원상회복은 현물반환을 구하는 것이 원칙이다. 현물반환은 주로 취소된 법률

---

135) 형성권이란 개념은 1903년 독일의 젝켈(Seckel)이 처음으로 사용하기 시작한 개념으로 영문으로는 power rights 라고도 한다.

136) 다만 변호사 시험 민사 기록형 시험에서는 형성소송만 단독으로 출제되는 경우가 없고, 이행청구의 소와 결합하여 출제되기 때문에 이행청구의 소의 소송명 표기방법인 "... 청구의 소"가 결합되어 사용되어야 하기 때문에 보통 ".... 등 청구의 소"란 표기가 일반적이다.

행위에 기해 이전된 소유권을 되찾아 오는 형태이기 때문에 소유권이전등기 말소청구의 형태를 취하고 있다. 과거에는 채권자(원고) 또는 등기권리자(＝채무자)에게 말소등기할 것을 명하였으나, 최근에는 채무자(＝등기권리자)에게 말소등기할 것을 명하는 판결이 늘고 있다. 어느 경우나 위 판결을 가지고 원고 단독으로 말소등기 신청을 할 수 있다는 점에서 다름이 없으니 구분의 큰 의미는 없다.

나) 가액반환의 경우

현물반환이 불가능한 사유가 있는 경우에는 가액반환을 구할 수 있다. 가액반환을 청구할 때는 되도록 원고에게 반환할 것을 청구하여 그 확정판결에 기해 원고가 금전을 수령함으로써 채무자에 대한 자신의 채무와 상계 처리하는 방식으로 우선변제를 받는 효과를 달성해 주는 것이 좋다. 자주 등장하는 현물반환 불가능 사유는 ①사해행위 당시 존재했던 저당권설정등기가 수익자·전득자의 출재(出財)로 피담보채무가 변제되어 소멸하여 말소된 경우(현물반환을 시키면 수익자·전득자의 희생으로 채무자의 채권자들이 부당하게 이득을 취하기 때문)나 ②사해행위 당시에는 없었는데 수익자·전득자가 그 후 새로운 저당권설정등기·전세권설정등기 등을 경료시킨 다음 현재도 그 등기가 존재하는 경우이다.(현물반환을 시키면 채무자의 채권자들이 부당하게 희생당하고, 대신 수익자·전득자는 그 이득을 취하기 때문)

이와 더불어 사해행위 취소는 판결이 확정되어야 비로소 원상회복 의무가 발생하게 된다. 그래서 이론상으로는 채권자 취소에 병합하여 가액반환을 구하는 청구는 일종의 장래이행의 소가 된다. 그래도 통상 '미리 청구할 필요'성을 인정해 준다. 하지만 판결이 확정되어야 가액반환의무가 발생하기 때문에 가집행의 선고를 신청할 수는 없다. 그리고 판결확정일까지의 지연손해금의 지급도 청구할 수 없다. 다만 판결확정 다음날부터 다 갚는 날까지는 지연손해금을 미리 청구할 수는 있다. 이때 적용되는 지연손해금은 민사사안이면 민사법정이율인 연 5%이고, 상사사안이면 상사법정이율인 연 6%이다. 그러나 소송촉진 등에 관한 특례법에 따른 소장부본 송달 다음날부터의 지연손해금률 증액사유가 없으니 주의하기 바란다. 이러한 논리는 이혼청구 소송에 병합된 재산분할청구와 비슷하다.

[사해행위 취소 및 현물반환]
1. (원고와 피고 甲 사이에는)[137] 피고 甲과 소외 乙 사이에 별지 목록 기재 부동산에 관하여 2022. 12. 1. 체결된 매매계약을 취소한다.
2. 피고 甲은 소외 乙에게(또는 원고에게) 위 부동산에 관하여 서울남부지방법원 2022. 12. 4. 접수 제23456호로 마친 소유권이전등기의 말소등기절차를 이행하라.

---

137) 피고인들이 수인인 경우 기판력의 주관적 범위를 정하기 위해 부가하는 구절이다. 만약 원고 1인, 피고 1인인 소제기라면 불필요한 기재로 삭제하여야 한다.

[사해행위 취소 및 가액반환]
1. 피고 甲과 소외 乙 사이에 별지 목록 기재 부동산에 관하여 2022. 12. 1. 체결된 매매계약을 300,000,000원의 한도 내에서 이를 취소한다.
2. 피고 甲은 원고(또는 소외 乙에게)에게 금 300,000,000원 및 이에 대한 이 판결 확정일 다음날부터 다 갚는 날까지 연 5%의 비율에 의한 금원을 지급하라.

다. 회사법상의 소

[주주총회결의 취소의 소]
① 피고 주식회사 이글골프가 2017. 11. 20.자로 한 '제1호 부동산 매각의 건'에 관한 임시주주총회 결의를 취소한다.
② 피고의 2022. 12. 1. 임시주주총회에서 甲과 乙을 이사로, 丙을 감사로 각 선임한 결의를 취소한다.

라. 기타 형성소송과 그 기재례

1) 공유물분할청구

가) 공유물분할청구는 대표적인 형성소송이다. 공유물분할청구는 원칙적으로 현물분할의 형태로 청구해야 하나 실무상으로는 주위적으로 현물분할의 청구를 하고, 예비적으로 가액분할의 청구를 한다. 즉 수소법원이 아무리 공정하게 현물분할한다고 하더라도 당사자들이 자기 몫에 관해 불만을 품게 될 것임이 분명하여 위와 같은 주위적·예비적 청구가 관행화되어 있다.

나) 구분소유적 공유관계(상호명의신탁)

일반적인 공유물분할청구와 달리 수인이 일필의 토지를 각 위치 특정하여 매수하고 편의상 그 소유권이전등기만은 전체토지의 공유지분 이전등기의 형태로 경료한 경우에는 관계 당사자 내부관계에 있어서는 각자가 특정매수 부분의 소유권을 취득하고, 각 공유지분등기는 각자 특정매수한 부분에 관하여 서로 상호명의신탁하고 있는 것으로 본다. 따라서 상호명의신탁자는 상호명의수탁자를 상대로 상호명의신탁의 해지를 원인으로 한 해당 지분에 관한 소유권이전등기를 구하는 방식으로 이행청구를 하면 되고 위에서 설명한 공유물 분할청구의 형태로 소를 제기하여서는 아니된다.

2) 이혼청구와 이혼으로 인한 재산분할청구권

이혼청구는 형성소송의 일종이다. 이혼으로 인한 재산분할청구권은 이혼이 성립된 때 비로소 발생하는 것이므로 이혼청구에 병합하여 재산분할청구를 할 때는 판결확정일까지는 지연손해금의 지급을 청구할 수 없고, 판결확정 다음날부터 다 갚는 날까지 지연손해금의 지급을 구할 수 있다. 이때 적용되는 이율은 민사법정이율 연 5%가 적용된다.

3) 혼인무효확인의 소

통상 혼인무효확인의 소는 주위적으로 혼인무효확인의 소를, 예비적으로 이혼청구의 소를 제기하는 방식으로 청구한다. 협의이혼이 된 경우에도 혼인무효확인의 소를 제기할 수 있다. 친생자가 아닌 자의 친생추정의 효과를 뒤집기 위한 소의 이익이 있기 때문(서울가정법원 96드37910)에 허용되는 것이다.

사실혼 관계에 있는 사실혼 배우자가 사실혼 계속 중 단독으로 혼인신고를 해버리면 법률상 혼인이 성립된다.(대법원 1980. 4. 22. 선고 79므77 판결) 주관적으로 혼인의사가 있고, 객관적으로 부부공동생활이라고 인정될만한 혼인생활의 실체가 존재할 때 사실혼 관계가 인정된다.(대법원 1987. 2. 10. 선고 86므70 판결, 대법원 2001. 1. 30. 선고 2000도4942 판결 등) 사실혼 배우자는 혼인식, 가족이나 친지 결혼식이나 가족 대소사 참여, 전입신고, 상대방 일기, 메모 등에 나타난 호칭, 생활비 지급, 공동사업, 병원기록 등 사회적·경제적 생활공동체로 살아온 흔적을 드러내는 방식으로 사실혼 관계를 주장·증명할 수 있다.(대법원 96도2049, 인천 2013드단101500) 사실혼 인정시 혼인의사는 추정된다. 상대방이 의식불명이었거나 별거라는 사실만으로는 이 추정이 번복되지 않는다. 중혼적 사실혼의 경우 법률상 보호받을 수 있는 사실혼이 아니다.(대법원 1995. 9. 26. 선고 94므1638 판결)

사실혼 도중 사실혼 배우자가 단독으로 혼인신고를 한 경우 상대방(원고)은 혼인의사가 없었다는 청구원인으로 혼인무효의 소를 제기하면 사실혼 배우자는 사실혼 관계에 있음을 들어 항변할 수 있고, 다시 원고는 혼인의사를 철회하였다거나 사실혼관계를 해소하기로 합의했다는 사실을 들어 재항변할 수 있다.(대법 93므935)

[공유물분할]
(현물분할)
①-ⓐ 서울 서초구 서초동 234 대 2,700㎡ 중 별지 도면 표시 1, 2, 3, 4, 5, 1의 각 점을 순차로 연결한 선내 (가) 부분 1,500㎡를 원고의 소유로, 같은 도면 표시 3, 4, 5, 6, 7, 3의 각 점을 순차로 연결한 선내 (나)부분 1,200㎡를 피고의 소유로 분할한다.

(가액분할)
①-ⓑ 서울 서초구 서초동 234 대 2,700㎡을 경매에 부쳐 그 대금에서 경매비용을 공제한 나머지 금액을 원고에게 10분의 6, 피고에게 10분의 4의 각 비율로 분배한다.

(해설 : 공유물분할은 원칙적으로 현물분할의 청구를 하고 예외적으로 가액분할의 청구를 할 수 있다. 하지만 실무상으로는 당사자 사이에 의견의 불일치로 인하여 대부분 가액분할로 결론이 난다. 그래서 소 제기시 아예 현물분할청구를 주위적으로, 가액분할청구를 예비적으로 구성하여 청구하는 것이 보통이고, 법원은 주위적 청구를 기각하고 예비적 청구상의 가액분할을 명하는 것이 보통이다.)

[토지경계확인]

② 원고 소유의 서울 중구 당주동 120 대 340㎡와 피고 소유의 같은 동 121 대 230㎡의 경계는 별지 도면 표시 1, 2, 3, 4, 5의 각 점을 연결한 선으로 확정한다.

(해설 : 이때 양 토지 중 한 토지가 다른 토지를 정확하게 포위하고 있지 않다면 1, 2, 3, 4, 5, 1로 표시할 수 없다는 점에 주의하여야 한다.)

8. 청구의 병합

가. 단순병합

1) 하나의 소에서 논리적으로 전혀 관계가 없는 수개의 청구를 하는 경우 이를 단순병합이라고 한다.

2) 단순병합 사안인데도 원고가 잘못하여 선택적 병합 또는 주위적 · 예비적 병합의 형태로 청구한 경우의 처리방법

먼저 법원은 석명권을 행사하여 이를 논리에 맞게 정리하여야 한다. 만약 법원도 이를 간과하여 병합된 청구 중 일부만을 판단한 경우에는 비록 패소한 당사자가 이를 항소하여 소송이 항소심에 계속 중에 있다고 하더라도 나머지 청구는 여전히 하급심에 계속 중에 있는 것으로 보아 소송절차 개시신청을 하고 나머지 부분에 관하여 판단을 받아 보아야 한다.(대법원 2008. 12. 11. 선고 2005다51495 판결 참조) 이때 병합된 청구 중 일부만을 판단하게 된 경우란 ① 단순병합을 선택적 병합으로 소제기한 경우 그 중 하나의 청구만 인용하고 병합된 다른 청구에 대한 판단이 없는 경우, ② 단순병합을 주위적 · 예비적 병합으로 소제기한 경우 주위적 청구를 인용함으로써 예비적 청구에 대한 판단이 없었던 경우를 말한다. 다만 단순병합을 선택적 병합이나 주위적 · 예비적 병합으로 소제기한 경우라 하여도 전부 기각한 경우에는 전부에 관한 판단이 있었기 때문에 위와 같은 상황은 발생하지 않는다.

3) 단순병합의 예

원청구와 대상(代償)청구사이는 단순병합이다. 또 근저당권설정등기의 회복등기절차 이행을 구하는 청구와 등기를 불법적으로 말소하였음을 이유로 한 손해배상청구는 단순병합(대법원 2011. 8. 18. 선고 2011다30666, 30673 사건 참조)이다.

나. 선택적 병합과 주위적 · 예비적 병합의 차이점

1) 서로 양립할 수 없는 청구들 사이에 판단의 순서가 있는 경우는 주위적 · 예비적 청구의 관계에 있고, 양립할 수 있기 때문에 그들 사이에 선택할 수 있는 관계에 있으면 선택적 청구의 관계에 있다. 예를 들면, 피고가 원고의 부동산을 불법점유하고 있음을 이유로 불법행위로 인한 손해배

상청구와 무단점유로 인한 부당이득반환청구는 선택적 병합 관계에 있다.[138]

2) 주위적 · 예비적 청구

가) 주위적 청구가 전부 인용되지 않을 경우를 가정하여 예비적 청구를 할 수 있다. 또 주위적 청구의 일부 범위 내에서 예비적 청구를 하는 방식으로 제소할 수도 있다.

나) 하급심에서 주위적 · 예비적 청구에 대하여 주위적 청구에 관하여만 판단한 채 예비적 청구에 대한 판단을 누락한 경우에는 상소 등의 방법으로 이를 다투어야지 상소기간을 도과한 체 별소를 제기하는 것은 부적법한 소제기로 각하된다.(대법원 2002. 9. 4. 선고 98다17145 판결)

다) 부진정 주위적 · 예비적 청구

원래 청구들의 성질상 선택적 관계만 있는데 원고가 주위적 · 예비적 청구로 구성하여 청구한 경우에는 이를 부진정 주위적 · 예비적 청구라고 하고 허용된다.(대법원 2002. 9. 4. 선고 98다171145 판결)

라) 하지만, 주위적 · 예비적 청구 관계에 있는 것을 선택적 청구로 구성하여 소 제기할 수 없다.

따라서, 주위적 · 예비적 청구인지 아니면 선택적 청구인지가 매우 중요하다. 주위적 · 예비적 청구는 양립할 수 없고 주장들 사이에 판단의 선후관계에 있는 것이어야 하는데, 판례상으로는 "양 청구가 양립할 수 없는 관계에 있다"고 표현하고 있다. 예를 들면, 피고 명의의 소유권이전등기가 원인무효임을 이유로 그 말소를 구하는 청구와 그 등기가 유효한 명의신탁등기이나 신탁이 해지되었음을 이유로 소유권이전등기를 구하는 청구는 서로 양립할 수 없는 관계에 있으므로 주위적 · 예비적 청구라 할 수 있다.(대법원 1982. 7. 13. 선고 81다카1120 판결) 이러한 청구들을 선택적 병합으로 구성하여 청구하면 위법하다는 점은 앞서 설명하였다.

3) 예비적 · 선택적 공동소송(소위 주관적 예비적 · 선택적 병합)

민사소송법 제70조 제1항에서 "법률상 양립할 수 없을" 때 당사자를 예비적 · 선택적으로 선택하여 소 제기하는 것이 가능하다. 이때 "법률상 양립할 수 없다."란 의미는 다음과 같은 사정이 있을 때 인정된다.

첫째, 동일한 사실관계에 대한 법률적 평가를 달리하여 두 청구 중 어느 한쪽에 대한 법률효과

---

138) 청구는 아니지만 주장과 관련하여 선택적 주장과 주위적 · 예비적 주장에 관한 유명한 사례는 다음과 같다. 甲 금융회사는 乙의 부친 정某에게 금 100만원을 빌려줄 때 정某로부터 정某와 乙이 연대채무자로 표시되어 있고 정某가 乙의 대리인으로 현명되어 날인되어 있는 차용증을 교부받았다. 그 후 정某가 차용금을 변제하지 못하게 되자 甲 금융회사는 乙을 상대로 조사를 해 보니 乙은 부친 정某의 차용사실도 알지 못하고 차용증에 날인한 바도 전혀 없다고 주장하였다. 甲 금융회사는 乙을 상대로 그 차용증을 첨부하여 대여금지급청구의 소를 제기할 때 소장상의 청구원인으로 부친 정某가 乙의 대리인이다라는 주장과 乙이 정某에게 대리권을 수여하지 않았다고 하더라도 표현대리가 성립되었다고 주장할 수 있음을 알았다. 특히 3가지 형태의 표현대리에 대한 주장이 모두 가능함을 알게 되었다. 그렇다면 대리권을 수여하였다는 주장과 표현대리가 성립하였다는 주장사이에는 양립하지 않을 뿐만 아니라 판단의 선후관계가 있으므로 주위적 · 예비적 주장의 관계가 있게 된다. 하지만 대리권의 수여가 없음(증거부족 포함)이 증명된 다음 3가지 표현대리 형태가 성립하였다는 주장은 그 3가지 표현대리 주장사이에는 양립할 수 있을 뿐만 아니라 판단의 선후관계도 없어 선택적 주장의 관계에 있게 된다.

가 인정되면 다른 쪽에 대한 법률효과가 부정됨으로써 두 청구가 모두 인용될 수 없는 관계에 있는 경우

둘째, 당사자들 사이의 사실관계 여하에 의하여 또는 청구원인을 구성하는 택일적 사실인정에 의하여 어느 일방의 법률효과를 긍정하거나 부정하고 이로써 다른 일방의 법률효과를 부정하거나 긍정하는 반대의 결과가 되는 경우로서 두 청구들 사이에서 한쪽 청구에 대한 판단 이유가 다른 쪽 청구에 대한 판단이유에 영향을 주어 각 청구에 대한 판단 과정이 필연적으로 상호 결합되어 있는 관계를 의미하며, 실체법적으로 서로 양립할 수 없는 경우뿐 아니라 소송법적으로 서로 양립할 수 없는 경우를 포함하는 것으로 봄이 상당하다.(대법원 2007. 6. 26. 자 2007마515 결정 참조) 위 대법원 판례는 원고가 피고 甲과 乙을 상대로 주위적으로 피고 乙 명의의 소유권이전등기는 통정허위표시 또는 반사회질서 위반행위에 해당된다며 피고 甲을 대위하여 피고 乙 명의의 소유권이전등기의 말소를 청구하는 한편, 예비적으로 주위적 청구가 배척될 경우를 대비하여 피고 甲의 원고에 대한 소유권이전등기 의무가 이행불능임을 이유로 전보배상을 청구한 사안에 대한 판단이다.

9. 소송비용부담과 가집행선고

가. 소송비용부담

1) 법원이 직권으로 소송비용의 재판을 할 수 있고, 당사자에게는 소송비용 부담의 재판 신청권은 없으나 관행적으로 소송비용의 부담에 관하여 청구취지의 일부로서 포함시켜 기재하고 있다.

2) 소송비용액확정절차

소장 작성과는 관련 없는 법리에 관한 설명이나 소송비용의 부담에 관한 판결과 그 집행은 다음의 절차에 따라 진행된다. 판결시에는 소송비용의 부담을 비율적으로만 확정해 두고 구체적인 소송비용액 산정은 비송절차인 소송비용액확정절차를 통하여 이루어진다. 소송비용액확정절차는 판결이 확정된 다음 당사자의 서면에 의한 신청에 의해 신청담당 법원에서 구체적인 소송비용액을 확정한다. 이때 신청자는 비용계산서, 그 확정판결 등본과 비용액을 소명하는 데 필요한 서면을 제출하여야 한다.

---

① 소송비용은 피고가 부담한다.
②ⓐ소송비용은 피고들이 부담한다. or
  ⓑ소송비용은 피고들의 부담으로 한다.

나. 가집행의 선고
1) 가집행
가집행은 확정되지 아니한 종국판결에 집행력을 부여하는 형성적 재판이다. 법원이 직권으로

선고할 수 있고, 당사자에게는 신청권이 없다. 그러나 실무관행상 직권발동을 촉구하는 의미에서 청구취지에 반드시 포함시켜 기재한다. 따라서 소장을 작성할 때 가집행선고의 신청을 하여야 한다. 만약 가집행 선고를 할 수 있는 사안에서 가집행 신청을 하지 아니하면 감점이 된다. 하지만 확정되어야만 집행할 수 있는 청구는 가집행할 수 없기 때문에 이에 관하여 가집행 신청을 해도 감점된다.

2) 가집행선고의 신청 여부

원칙적으로 재산권상 청구는 가집행의 선고를 신청하여야 한다. 다만, 첫째 의사의 진술을 명하는 청구나 확인의 소·형성의 소와 같이 판결이 확정되어야 집행력이 발생하는 청구, 둘째 가압류, 가처분 결정과 같이 당연히 집행력이 생기는 재판, 결정, 명령에는 가집행선고를 붙여 청구하지 아니한다.

---

① 제1항은 가집행할 수 있다.
② 제1항 중 건물인도 부분은 가집행할 수 있다.

---

3) 가집행선고를 받은 피고의 경우 그 후 권리를 보호받는 방법(강제집행정지의 신청)

가집행선고부 판결에 따른 집행은 집행법상으로는 본집행으로서의 성격을 갖고, 후일 가집행이 취소되어도 그 효과를 되돌릴 수 없다. 즉 가집행 선고에 기하여 부동산이 압류되고 경락되어 경락인이 소유권을 취득하였다면 후에 가집행 선고가 취소되더라도 경락인은 그 소유권을 그대로 보유할 수 있게 된다. 그래서 가집행의 선고를 받은 피고로서는 위와 같은 불이익을 피하기 위하여 항소와 더불어 강제집행정지를 신청할 필요가 있다. 강제집행의 신청은 통상 판결을 한 법원(1심판결에 대한 강제집행정지 신청이면 그 1심법원)에 신청하는데 결정은 수소법원이 아니라 다른 재판부가 담당한다.

다. 가집행물반환

하지만 강제집행정지가 받아들여지지 않아 결국 가집행된 후에는 상급심에 항소 또는 상고를 제기할 때 가집행물 반환신청을 할 수 있다.

[청구취지 작성 연습문제 및 정답]

「소송촉진 등에 관한 특례법」 개정

1. 「소송촉진 등에 관한 특례법」 제3조(법정이율)

① 금전채무의 전부 또는 일부의 이행을 명하는 판결(심판을 포함한다. 이하 같다)을 선고할 경우, 금전채무 불이행으로 인한 손해배상액 산정의 기준이 되는 법정이율은 그 금전채무의 이행을 구하는 **소장(訴狀) 또는 이에 준하는 서면(書面)이 채무자에게 송달된 날의 다음 날**부터는 연 100분의 40 이내의 범위에서 「은행법」에 따른 은행이 적용하는 연체금리 등 경제 여건을 고려하여 대통령령으로 정하는 이율에 따른다. 다만, 「민사소송법」 제251조에 규정된 소(訴)에 해당하는 경우에는 그러하지 아니하다. <개정 2010. 5. 17.>

2. 「소송촉진 등에 관한 특례법 제3조 제1항 본문의 법정이율에 관한 규정」

　가. "「소송촉진 등에 관한 특례법」 제3조제1항 본문에 따른 법정이율은 연 **100분의 12**로 한다." (2019. 5. 21. 전부개정) (**2019. 6. 1. 시행**)

　나. "「소송촉진 등에 관한 특례법」 제3조제1항 본문에 따른 법정이율은 연 **100분의 15**로 한다." (2015. 9. 25. 전부개정) (**2015. 10. 1. 시행**)

　다. "「소송촉진 등에 관한 특례법」 제3조제1항 본문에 따른 법정이율은 **연 2할**로 한다."(2003. 5. 29. 전부개정) (**2003. 6. 1. 시행**)

　라. "「소송촉진 등에 관한 특례법」 제3조제1항 본문에 따른 법정이율은 **연 2할5푼**으로 한다."(1981. 3. 2. 제정) (1981. 3. 2. 시행)

「이자제한법」의 개정

1. 「이자제한법(법률 제12227호, 2014. 1. 14. 개정 공포)(2014. 7. 15. 시행)」

　제2조(이자의 최고한도) ① 금전대차에 관한 계약상의 최고이자율은 **연 25퍼센트**를 초과하지 아니하는 범위 안에서 대통령령으로 정한다.

　부칙 제1조 이 법은 공포 후 6개월이 경과한 날[2014. 7. 15.]부터 시행한다.

　제2조 제2조 제1항의 개정규정은 **이 법 시행후 최초로 계약을 체결하거나 갱신하는 분부터 적용**한다.

2. 이자제한법 시행령 개정

　가. 「이자제한법 제2조 제1항의 최고이자율에 관한 규정」(대통령령 25376호)

　　"이자제한법" 제2조 제1항에 따른 금전대차에 관한 계약상의 최고이자율은 **연 25퍼센트**로 한다.(개정 2014. 6. 11.)(**2014. 7. 15. 시행**)

　나. 「이자제한법 제2조 제1항의 최고이자율에 관한 규정」(대통령령 28413호)

　　"이자제한법" 제2조 제1항에 따른 금전대차에 관한 계약상의 최고이자율은 **연 24퍼센트**로 한다.(개정 2017. 11. 7.)(**2018. 2. 8. 시행**)

　다. 「이자제한법 제2조 제1항의 최고이자율에 관한 규정」(대통령령 31593호)

　　"이자제한법" 제2조 제1항에 따른 금전대차에 관한 계약상의 최고이자율은 **연 20퍼센트**로 한다.(개정 2021. 4. 6.)(2021. 7. 7. 시행)

[작성지시 : 소장 작성일자는 지문상 따로 제시되어 있지 않으면 **2023. 5. 7.**로 하시오.]

1. 위에 제시된 「이자제한법」, 「소송촉진 등에 관한 특례법」 개정이력을 참조하여 아래 문장을 읽고 그에 맞는 청구취지를 기재하시오. (각 3점)

(1) 강모연은 2022. 3. 1.경 유시진에게 100,000,000원을 연 3%의 이율로 매월 1일경 이자 후취조건, 변제기는 2023. 2. 28.로 정하여 대여하였는데, 유시진은 전혀 이자를 지급하지 않으면서, 또 지금까지 대여금을 변제하지 않고 있다. 청구취지를 작성하시오.

(2) 강모연은 2022. 3. 1.경 유시진에게 100,000,000원을 <u>연 7%</u>의 이율로 매월 1일경 이자 후취조건, 변제기는 2023. 2. 28.로 정하여 대여하였는데, 유시진은 전혀 이자를 지급하지 않으면서, 또 지금까지 대여금을 변제하지 않고 있다. 청구취지를 작성하시오.

(3) 강모연은 2022. 3. 1.경 유시진에게 100,000,000원을 연 3%의 이율로 매월 1일경 이자 후취조건, 변제기는 2023. 2. 28.로 정하고, <u>약정 지연손해금율 연 8%</u>로 하여 대여하였는데, 유시진은 전혀 이자를 지급하지 않으면서, 또 지금까지 대여금을 변제하지 않고 있다. 청구취지를 작성하시오.

(4) 강모연은 2022. 3. 1.경 유시진에게 100,000,000원을 연 11%의 이율로 매월 1일경 이자 후취조건, 변제기는 2023. 2. 28.로 정하고, 약정 지연손해금율 연 24%로 하여 대여하였는데, 유시진은 전혀 이자를 지급하지 않으면서, 또 지금까지 대여금을 변제하지 않고 있다. 청구취지를 작성하시오.

(5) 강모연은 2019. 3. 1.경 유시진에게 100,000,000원을 연 30%의 이율로 매월 1일경 이자 선취조건, 변제기는 2022. 2. 28.로 하여 대여하였는데, 유시진은 변제기까지 이자를 꼬박꼬박 지급하였으나, 대여금을 변제하지 않고 변제기를 도과한 다음 그 이후로는 이자조차 지급하지 않고 있다. 청구취지를 작성하시오.

(6) 강모연은 2022. 4. 1.경 유시진으로부터 70,000,000원을 이율 연 11%, 변제기는 1년으로, 윤명주은 같은 일자에 위 유시진으로부터 30,000,000원을 이율 연 30%, 변제기는 1년으로 각 정하여 금전을 빌렸으나 두 사람은 위 유시진에게 한번도 이자를 지급하지 않고 변제기가 도과하여도 원금을 변제하지도 않고 있다. 유시진은 두 사람을 상대로 소를 제기하고자 한다. 청구취지를 작성하시오.

앞서 소장 작성일자를 2023. 5. 7.(목)이라고 했으나 아래 (7)~(9)의 답안을 작성함에 있어서는 이를 무시하고, 또 시효중단조치도 유효하게 취해 두었음을 전제로 **다음 질문에 제시된 소장작성일자 기준으로 답안을 작성**하시오.

서대영은 2014. 4. 1. 강모연의 연대보증하에 유시진에게 100,000,000원, 변제기 1년 후, 이율 연

3%로 정하여 대여해 주었다. 그런데 유시진은 한번도 이자를 지급하지 않은 채 변제기 도과후에도 여전히 원금을 변제하지 않고 있다.

(7) 소장을 2015. 6. 1.자로 작성한다는 전제하에 청구취지를 작성하시오.

(8) 소장을 2017. 4, 20,자로 작성한다는 전제하에 청구취지를 작성하시오.

(9) 만약 유시진이 상인으로 그 영업을 위하여 금전을 차용하였다면 서대영이 2017. 4. 20. 소장을 작성할 때의 청구취지를 작성하시오.

(10) (아래 지문을 읽고 답하시오.) 서대영은 유시진, 강모연을 상대로 1억 원의 원리금 청구를 하기로 하고 소장을 작성하였다. 청구취지를 작성하시오.

유시진은 상인으로 그 영업을 위하여 서대영으로부터 금전을 차용하기로 하였다. 그래서 서대영은 2017. 4. 1. 유시진에게 100,000,000원, 변제기 1년 후, 이율 연 3%로 변제기에 원금과 일시 지급하기로 약정하고 대여해 주었다. 이때 강모연은 유시진의 위 대여계약의 공동차주로 참여하여 서명·날인하였다. 그런데 유시진은 한번도 이자를 지급하지 않은 채 변제기 도과후에도 여전히 원금을 변제하지 않고 있다. 그래서 서대영은 2021. 3. 1. 유시진에게 원리금의 지급을 요구하는 내용증명 우편을 보내 유시진이 다음날 위 우편을 수령하였다. 그래도 유시진이 변제하지 않자 서대영은 2021. 7. 1. 유시진 소유 부동산을 가압류하였다. 한편 강모연은 2023. 4. 6. 서대영의 요구로 서대영에게 위 대여원리금을 반드시 변제하겠다는 각서를 작성해 주었다.

(11) (아래 지문을 읽고 답하시오.) 서대영은 유시진, 강모연을 상대로 1억 원의 원리금 청구를 하기로 하고 소장을 작성하였다. 청구취지를 작성하시오.

서대영은 전자제품 총판 대리점을 운영하고 있는데, 2022. 12. 5. 동업으로 전자제품 소매점을 개업해 보겠다는 유시진, 강모연에게 2023. 4. 5.까지 그 매금 전액을 지급하되 연체할 시에는 연 3%의 이자를 가산하여 지급하기로 약정하면서 TV, 냉장고 등 전자제품 1억 원상당을 공급해 주었다. 서대영은 초등학교 동창인 강모연이 어머니가 위암으로 고생하는 것을 안타깝게 여기고 2023. 5. 1. 그녀에게 위 채무금 중 70,000,000원을 면제해 주었다.

(12) 강모연은 1993. 4. 1. 유시진에게 100,000,000원을, 이자는 연 2%로 변제기에 일괄변제, 변제기는 30년으로 정하여 빌려 주었다. 그런데 최근 차용증을 꺼내 보았더니 지난 번 내린 장마 때 일부가 손상되어 이율 부분이 지워져 있었다. 강모연은 유시진에게 그런 취지를 무심코 이야기 하였더니 유시진은 원리금을 전혀 변제하지 않고 있다. 강모연은 유시진을 상대로 소송을 제기하고자 하면서 마음속으로 꼭 이자도 지급받아야 하겠다고 생각하나 혹시 지급받지 못하게 될 때를 대비하여 소송비용도 절감할

겸 완전승소할 수 있는 형태로 소송을 제기하고 싶어 한다. 청구취지를 작성하시오.

(13) 강모연은 장동건 경영의 햇빛등둥누리섬(장동건은 개인 명의로 사업자 등록함) 직원으로 장동건 소유의 승용차를 운전하던 중 2023. 4. 1.경 과실로 유시진을 충격하여 도합 300,000,000원 상당의 각종 손해(적극적 손해, 소극적 손해 및 위자료 전부 포함)를 입혔다. 유시진은 가급적 많은 사람들을 피고로 정하여 소송을 제기하고 싶어 한다. 청구취지를 작성하시오.

(14) 강모연은 장동건 경영의 햇빛등둥누리섬(장동건은 개인 명의로 사업자 등록함) 직원으로 장동건 소유의 승용차를 운전하던 중 2023. 4. 1.경 과실로 유시진을 충격하여 도합 300,000,000원 상당의 각종 손해(적극적 손해, 소극적 손해 및 위자료 전부 포함)를 입혔다. 강모연이 구속되었는데 강모연의 모가 유시진을 찾아와 사정을 하는 통에 강모연을 가련히 여긴 유시진이 100,000,000원을 받고, "유시진은 강모연으로부터 합의금(1억원)을 받고 강모연에 대하여 민사상 나머지 채권을 전부 면제하고, 또 형사합의도 하여 강모연의 빠른 석방을 기원한다."라는 취지의 합의서를 작성해 주었다. 유시진은 합의금이 너무 적어 장동건에 대해서는 소를 제기하여 손해를 배상받고 싶어 한다. 청구취지를 작성하시오.

(15) 강모연은 2000. 9. 30.경 유시진과 혼인하였으나, 최근 유시진의 불륜현장을 목격하고 이혼하고자 한다. 강모연은 유시진의 재산 상태를 알아보았더니 자신은 위자료로 150,000,000원을, 재산분할로서 1,000,000,000원을 받아야 한다고 판단하였다. 그래서 그러한 취지의 이혼 등 청구 소송을 제기하고자 한다. 청구취지를 작성하시오.

(16) 유시진은 2022. 1. 10. 굶주리고 있는 강모연에게 백미 10가마(80kg들이)를 이율 연 20%, 변제기 1년간으로 정하여 빌려 주었는데 강모연은 한번도 이자조차 지급한 적이 없고 이제껏 이를 갚지 않고 있다. 대여당시 백미는 2022년산 이천미 상등품이었고 반환할 때는 이천미, 같은 품질로 다만 해당 반환 년도 햅쌀로 반환하기로 약정하였다. 현재 2022년산 이천미 상등품은 가마당 300,000원, 중등품은 가마당 250,000원, 하등품은 가마당 200,000원(2023년산 이천미 상등품은 가마당 500,000원, 중등품은 가마당 400,000원, 하등품은 가마당 300,000원)에 거래되고 있다. 2023. 5. 7.자로 청구취지를 작성하시오.

(17) 소유자인 강모연은 유시진에게 별지 목록 기재(별지 생략) 건물 중 별지 도면의 1,2,3,4,5로 표시된 선내 (가)부분 48㎡를 (임대조건 생략) 조건으로 임대해 주었고, 유시진은 강모연의 승낙없이 이를 서대영에게 월임료 100만원으로 하여 전차해 주어 현재 서대영이 그곳에서 거주하고 있다. 임대기간동안 임료는 정상적으로 지급되다가 위 임대차는 갱신없이 임대차기간이 2023. 4. 30. 만료되었고, 그 이후로 임료를 지급받지 못하고 있다. 강모연은 위 부동산을 임대차계약 종료에 따른 원상회복의 방법으로 반환받고 임료도 지급받기를 희망하고 있다. 청구취지를 작성하시오.

(18) 강모연은 별지 목록 기재 건물을 소유하고 있는데, 강모연이 2022. 2. 28.자 해외 유학을 떠난 틈을 타서 유시진이 강모연 몰래 그 건물에 들어와서 거주하다가 벼룩시장을 통하여 임차인을 구한다는

광고를 내었다. 유시진은 그 광고를 보고 찾아온 서대영에게 2022. 4. 30. 건물을 보증금 1,000만원에 월세 50만원, 임대기간은 2년간으로 임대를 놓았다. 강모연은 2023. 3. 1. 귀국해 보니 이런 사정을 발견하고 같은 일자 서대영을 찾아가 등기사항전부증명서(구 부동산등기부)와 신분증을 제시하면서 건물에서 나가 줄 것을 요구하였더니 서대영은 임차사실만 주장하면서 임차보증금을 반환받기 전에는 나갈 수 없다고 항변하였다. 그래서 하는 수 없이 건물을 되찾고 부당이득금도 지급받고자 소를 제기하기로 하였다.(사후 조사해 보니 보증금이 없다면 임료는 월 60만원이었다.) 청구취지를 작성하시오.

(19) 강모연은 유시진에게 별지 목록(별지 생략) 1. 기재 대지를 보증금 없이 월 50만원에 임대해 주었더니 유시진은 강모연의 동의도 받지 않고 그 지상에 별지목록(별지 생략) 2.기재 건물을 신축하여 이를 서대영에게 월 임료 100만원으로 하여 임대해 주었다. 임대기간동안 임료는 정상 지급되다가 대지의 임대차기간은 물론 유시진과 서대영사이의 건물임대계약 기간도 2023. 4. 30. 종료되었다. 그 이후로는 임료도 지급하지 않고 있다. 강모연은 대지의 점유를 되찾고 손해배상(부당이득반환)도 구하고 싶어 한다. 청구취지를 작성하시오.

> 아래 지문을 읽고 (20)내지 (23)의 질문에 답하시오.
> 서울특별시 서초구 서초로 140-2 103동 201호 (서초동, 래미안아파트) 155㎡는 유시진, 강모연, 서대영 3인의 공유로 등기되어 있다. 그런데 윤명주가 2022. 11. 1.부터 몰래 무단점유하고 있다. 위 아파트의 최근 월 임료는 보증금이 없는 경우 300,000원이다.

(20) 그런데, 강모연, 서대영은 윤명주와 인척관계가 있어 수수방관하고 있는데 유시진만이 분노하면서 아파트를 돌려받기를 원한다. 청구취지를 작성하시오.

(21) 그런데, 강모연, 서대영은 윤명주와 인척관계가 있어 수수방관하고 있는데 유시진만이 분노하면서 아파트를 돌려받고, 가능하면 그 무단점유로 인한 부당이득금의 반환도 받기를 원한다. 청구취지를 작성하시오.

(22) 유시진, 강모연, 서대영은 서로 의논하여 공동으로 윤명주로부터 아파트를 돌려받기 위해 소송을 제기하기로 합의하였다. 청구취지를 작성하시오.

(23) 유시진, 강모연, 서대영은 서로 의논하여 공동으로 윤명주로부터 아파트를 돌려받고, 가능하면 그 무단점유로 인한 부당이득금의 반환도 받기 위해 소송을 제기하기로 합의하였다. 청구취지를 작성하시오.

> 아래 지문을 읽고 (24), (25)의 질문에 답하시오.
> 서울특별시 서초구 서초로 140-2 103동 201호 (서초동, 래미안아파트) 155㎡는 유시진, 강모연, 서대영 3인의 공유로 등기되어 있다. 그런데 서대영이 2022. 11. 1.부터 혼자 무단점유하고 있다. 위 아파트의 최근 월 임료는 보증금이 없는 경우 300,000원이다.

(24) 유시진, 강모연은 서대영으로부터 아파트를 돌려받고 싶어 한다. 청구취지를 작성하시오.

(25) 유시진, 강모연은 서대영으로부터 아파트를 돌려받고, <u>가능하면 그 무단점유로 인한 부당이득금의 반환도 받고 싶어 한다.</u> 청구취지를 작성하시오.

(26) 강모연은 2022. 2. 5. 집행력 있는 공정증서를 작성한 다음 유시진에게 100,000,000원을 월 5%, 변제기는 1년으로 정하여 대여해 주었으나 현재까지 그 원리금을 전혀 지급하지 않았다. 그래서 유시진의 재산을 수소문해 보았더니 별다른 재산은 없고, 2021. 6. 1. 서대영으로부터 전세보증금 50,000,000원, 임대기간은 2년으로 된 서울 성동구 왕십리로 40, 가동 201호 (성수동, 하나연립)[139]를 임차하여 거주하고 있었다. 강모연은 2023. 3. 1. 유시진을 피신청인, 서대영을 제3채무자로 하여 위 전세보증금 채권에 대하여 압류 및 전부명령을 신청하여 2023. 3. 20. 서울동부지방법원에서 압류 및 전부명령이 발령되고, 2023. 3. 30. 피신청인 및 제3채무자에게 그 결정문이 송달되었다. 강모연이 압류 및 전부명령에 기초하여 바로 강제집행이 가능할 수 있는 형태로 제기할 소의 청구취지를 작성하시오.

> 아래 지문을 읽고 (27), (28)의 질문에 답하시오.
> 강모연은 2023. 1. 3.경 유시진으로부터 서울특별시 서초구 서초로 169 대 123㎡를 대금 590,000,000원, 계약금은 계약당일 60,000,000원을 지급하고, 중도금은 2023. 2. 1. 300,000,000원, 잔금 230,000,000원은 2023. 4. 1. 지급하기로 하고 매수한 다음 중도금의 지급까지 마쳤다. 그런데 잔금지급일에 유시진에게 잔금지급하겠으니 소유권이전등기를 경료해 달라고 요청하였더니 거절하였다.

(27) 강모연은 소송비용 부담에 많은 관심을 가진 채 패소부분이 전혀 없도록 소송을 제기하고 싶어 한다. 청구취지를 작성하시오.

(28) [추가적인 사실관계] 강모연이 유시진으로부터 위와 같이 서초구 대지에 대한 매매계약을 체결한 후 강모연의 채권자인 서대영이 어떻게 이런 사실을 알았는지 강모연을 '채무자', 유시진을 '제3채무자'로 하여 강모연의 유시진에 대한 소유권이전등기청구권의 가압류 신청을 하여 서울중앙지방법원 2023. 3. 7. 2023카합34567호 부동산소유권이전등기 청구권 가압류 결정이 내려져 2023. 3. 10. 유시진에게 그 결정문이 송달되었다. 이러한 상태에서 위 (27)항과 같은 소송을 제기하고자 한다. 청구취지를 작성하시오.

(29) 강모연은 일전에 명예퇴직을 하면서 퇴직일시금으로 200,000,000원을 지급받아 노후 준비를 계획하고 있던 중 유시진으로부터 2020. 10. 10. 서울 성동구 왕십리로 220 대 100㎡를 대금 200,000,000원을 지급하고 매입하였으나 집안 사정상 자신 명의로 등기를 경료할 수 없어 친구인 서대영에게 부탁하여 그 명의로 등기를 경료해 줄 것을 부탁하였더니 흔쾌히 승낙하였다. 그래서 강모연은 유시진에게 사정을 설명하고 부탁하여 서울동부지방법원 2020. 10. 20. 접수 제556677호로 서대영 명의의 소유권

---

139) 집합건물의 특정방법은 좀 더 복잡하나, 그 특정방법은 무시하기 바란다.

이전등기를 경료하였다. 최근 일이 잘 풀려 강모연은 서대영에게 그 부동산의 소유권이전등기를 넘겨달라고 요구하였더니 서대영은 인근에 부동산 개발로 인해 최근 그 가격이 엄청 상승했다면서 그 부동산이 자신의 소유라며 일거에 거절하였다. 강모연이 소를 제기한다면 그 청구취지를 작성하시오.

(30) 강모연은 2023. 1. 20. 유시진에게 서울 성동구 왕십리로 220 대 100㎡를 대금 500,000,000원에 매도하면서 같은 날 계약금 50,000,000원을 지급받고, 2023. 2. 20. 중도금 200,000,000원을 지급받으면서 먼저 위 매매목적 부동산을 인도해 주고, 잔금 250,000,000원은 2023. 3. 20. 소유권이전등기 관련 서류들의 교환과 동시에 지급받기로 하였다. 강모연은 유시진으로부터 계약금, 중도금은 약정에 따라 지급받았고, 또 약정에 따라 유시진에게 매매목적 부동산도 인도하였다. 유시진은 위와 같이 매매목적 부동산을 인도받은 다음 2023. 3. 15. 인근에서 식당을 운영하는 서대영에게 월 임료 2,000,000원을 지급받기로 하고 2년간 임대하면서 그 부동산을 인도해 주었고, 서대영은 현재 매매목적 부동산의 자신의 식당 고객주차장 용도로 사용 중에 있다. 그런데 유시진은 약정된 날자에 잔금을 지급하지 않고 있어 강모연은 2023. 3. 22. 유시진에게 내용증명우편을 보내 소유권이전등기 관련 모든 서류들은 갖추어 보관 중에 있으니 하루바삐 잔금을 지급해 주시기 바라고, 이 통지를 받고도 2023. 4. 15.까지 그 잔금을 지급하지 않을 시에는 별도의 통지 없이도 매매계약을 해제한다는 내용으로 통지하여 유시진이 2023. 3. 24. 그 내용증명우편을 수령하였다. 유시진이 서대영을 찾아가 그 사정을 설명하면서 빨리 사업자등록을 하라고 권유하여 서대영은 2023. 4. 20. 매매목적 부동산에 사업자등록을 신청하여 최근 그 사업자등록을 마쳤다. 강모연은 매매목적 부동산을 돌려받아 그 지상에 건축물을 짓기 원한다. 강모연이 소를 제기한다면 그 청구취지를 작성하시오.

(31) 서울특별시 마포구 공덕로 143의 1 대 350㎡는 유시진, 강모연, 서대영 3인의 공유이다. 그런데 유시진, 강모연만이 2023. 1. 17.경 그 소유지분을 윤명주에게 매도하였다. 그런데, 유시진, 강모연은 매매대금을 전부 지급받고도 아직까지 소유권이전등기를 해 주지 않아 윤명주는 소송을 제기하고자 한다. 청구취지를 작성하시오.

(32) 강모연은 2023. 2. 1.경 장동건(주민등록번호 700120−1022300, 본적 : 충남 논산시 덕산동 123, 주소 : 서울 중구 을지로 1가 101)에게 금 70,000,000원을 변제기 2025. 1. 31., 이자 연 20%, 이자 지급시기 매월 1일로 정하여 대여하면서 같은 일자로 유시진(주민등록번호 610205−1035324, 주소 : 서울 중구 서애로 190) 소유의 별지 목록 기재 부동산에 관하여 저당권을 설정받기로 3인 사이에 약정이 되었다. 강모연은 저당권설정을 받지 못하여 유시진에게 소송을 제기하고자 한다. 청구취지를 작성하시오.

(33) 강모연은 별지 목록 기재(별지 생략) 부동산을 소유하고 있다. 어느 날 자신도 모르는 사이에 별지 목록 기재 부동산에 관하여 유시진 명의로 서울중앙지방법원 등기국에 2021. 10. 7. 접수된 제36785호 소유권이전등기가 경료되어 있었고, 장동건은 2023. 1. 1.자로 유시진에 대한 채권을 보전하고자 가압류하여 그 기입등기가 경료되어 있었다. 강모연은 유시진 명의 소유권이전등기는 물론 장동건 명의의 가압류 등기도 전부 말소하고 싶어 한다. 청구취지를 작성하시오.

(34) 서울 중구 세종대로 11 소재 대 30㎡는 강모연의 소유였는데 유시진이 2021. 1. 5. 관련 서류들을 위조하여 자신 명의로 서울중앙지방법원 등기국 2021. 1. 8. 접수 제27789호로 된 소유권이전등기를 경료하고, 이어 유시진이 A 부동산중개소에 그 매도를 의뢰하였는데, 어느 날 서대영이 A 부동산을 방문하여 상담하던 중 위 부동산을 소개받아 1,000,000,000원에 매수하여 서울중앙지방법원 등기국 2022. 1. 30. 접수 제556677호로 된 소유권이전등기를 경료하고, 서대영은 자금이 부족한 관계로 2022. 2. 1. 국민은행으로부터 100,000,000원을, 이자는 연 4%, 변제기는 2024. 1. 31.로 정하여 대출받으면서 위 세종대로 부동산에 관하여 서울중앙지방법원 등기국 2022. 2. 1. 접수 제23675호로 된 근저당권설정등기를 경료해 주었다. 서대영의 채권자인 장동건은 서대영이 위와 같이 부동산을 구입한 것을 알고 그 부동산에 관하여 가압류를 신청하여 서울중앙지방법원 2023. 3. 1. 제123456호 부동산가압류 결정이 내려져 법원의 촉탁으로 위 세종대로 부동산에 2023. 3. 5. 가압류 기입등기가 경료되었다. 강모연이 유시진, 서대영, 국민은행, 장동건을 상대로 소를 제기하고자 한다. 청구취지를 작성하시오.

(35) 강모연은 별지 목록 기재(별지 생략) 부동산을 소유하고 있다. 어느 날 자신도 모르는 사이에 별지 목록 기재 부동산에 관하여 유시진 명의로 서울동부지방법원에 2022. 2. 7. 접수된 제36785호 소유권이전등기가 경료되어 있었고, 뿐만 아니라, 장동건 명의로 같은 법원 2022. 5. 7. 접수된 제45789호 소유권이전등기가 경료되어 있었고, 이어 서대영 명의로 같은 법원 2022. 11. 8. 접수된 제33987호 소유권이전등기도 경료되어 있었다. 강모연은 유시진을 찾아보니 유시진은 이미 사망하여 그 상속인으로 처 최상정, 장남 유재인, 차남 유철수가 있었고, 장동건은 실명(失明)치료를 위하여 장기간 해외에 체류 중에 있었다. 그래서 송달곤란으로 소송지연이 예상되었다. 따라서 서대영만을 상대로 소송을 제기하여 자신의 소유권을 완전히 회복하고 싶어 한다. 청구취지를 작성하시오.

(36) 강모연은 2011. 11. 3. 소유자인 유시진으로부터 경기도 가평군 설악면 유동리 산 100 임야 10,000㎡를 대금 100,000,000원에 매수하여 그 대금 중 50,000,000원을 지급하고 잔금은 2012. 2. 1.까지 지급하기로 하고, 2011. 11. 3. 인도받아 현재까지 잣나무 1,000그루를 키우면서 점유, 사용 중에 있다. 최근에 아직 소유권이전등기를 하지 못했음을 불안하게 생각하면서 유시진에게 소유권이전등기 해 줄 것을 요구하였더니 유시진이 단박에 이를 거절하였다. 그래서 강모연은 지급해야 할 잔금이 남아 있다면 그 잔금을 지급하고서라도 유시진을 상대로 소유권을 넘겨받기 위한 소를 제기하고자 한다. 청구취지를 작성하시오.

(37) 강모연은 2002. 11. 3. 소유자인 유시진으로부터 경기도 가평군 설악면 유동리 산 100 임야 10,000㎡를 대금 10,000,000원에 매수하여 그 대금을 전부 지급하고 2002. 12. 3. 인도받아 현재까지 잣나무 1,000그루를 키우면서 점유, 사용 중에 있다. 최근에 아직 소유권이전등기를 하지 못했음을 불안하게 생각하면서 유시진에게 소유권이전등기 해 줄 것을 요구하였더니 유시진이 단박에 이를 거절하였다. 강모연은 현재 당시 매매계약서를 소지하고 있다. 그러나 그 매매계약서가 매우 낡아 증명력이 있을까 불안하게 생각하고 있다. 그래서 유시진을 상대로 소송을 제기하면서 (선택적 주장은 물론 주위적·예비적 주장을 포함하여) 모든 가능한 주장을 다하고 싶어 한다. 청구취지를 작성하시오.

(38) 강모연은 2021. 2. 1. 국민은행으로부터 100,000,000원을, 이자는 연 4%, 변제기는 2023. 1. 31.로 정하여 대출받으면서 자신의 소유 부동산인 서울 중구 세종대로 11 대 30㎡에 대하여 서울중앙지방법원 등기국 2021. 2. 1. 접수 제23675호로 된 근저당권설정등기를 경료해 주었다. 그 후 강모연은 변제기에 위 대여원리금을 모두 지급하였으나 무슨 일인지 국민은행은 근저당권의 말소를 해 주지 않고 있다. 강모연이 국민은행을 상대로 제기한 소송의 청구취지를 작성하시오.

(39) 냉동육 유통회사인 ㈜한양은 2023. 2. 1. 농축산물 공급업체인 마장 주식회사로부터 냉동육 1톤을 대금 300,000,000원에 매수하면서 매매대금은 모두 지급하였으나 창고사정 때문에 나중에 인도받기로 하였다. 마장 주식회사는 ㈜한양에 매각한 냉동육 1톤만을 분리하여 가동 냉동창고에 보관하면서 2022. 11. 1. 삼싱화재해상보험 주식회사(주소: 서울 종로구 돈화문로 34, 대표이사 함익병)와 사이에 보험금 400,000,000원으로 정하여 화재보험계약(증권번호 2022 – 012347)을 체결하였다. 그런데 2023. 3. 1. 가동 냉동창고에서 원인을 알 수 없는 화재가 발생하여 그 냉동육 1톤이 전부 소실되었다. ㈜한양이 확인해 보니 분명 마장 주식회사가 400,000,000원 보험금을 지급받을 수 있는데 300,000,000원만 지급하겠다고 하여 바로 마장 주식회사를 피신청인, 삼싱화재해상보험 주식회사를 제3채무자로 하여 지급금지 가처분을 해 두었다. ㈜한양이 제기할 소의 청구취지를 작성하시오.

(40) 유시진은 2022. 9. 5. 서대영(801020 – 1690212, 주소 : 서울 송파구 문정로 123)에게 100,000,000원을 월 5%, 변제기는 1년으로 정하여 대여해 주었고 현재 꼬박꼬박 이자가 지급되고 있다. 한편 강모연은 2023. 1. 20. 유시진이 운전하던 차량에 치어 상해를 입었으나 100,000,000원을 지급하기로 원만히 되어 그 합의서를 작성하게 되었다. 그런데 유시진은 강모연에게 자신은 다른 재산이 없다며 자신의 서대영에 대한 위 대여금채권을 양도해 주겠다고 하면서 2023. 1. 22.자 위 교통사고 합의서에 채권양도약정내용을 기재해 넣었다. 유시진은 그런데도 아직까지 채권양도의 통지를 하지 않아서 하는 수 없이 강모연이 유시진을 상대로 채권양도의 통지를 하고자 소송을 제기하기 하였다. 청구취지를 작성하시오.

(41) (아래 지문을 읽고 답하시오.) 서대영은 유시진을 상대로 별지목록 기재 부동산에 관하여 등기부상 소유 명의를 회복하고 싶고, 소유권의 확인도 받고 싶다. 이때 서대영은 부득이 유시진, 강모연 2인(다만, 강모연은 아래 사안과는 전혀 관련이 없이 다른 사안으로 피고로 삼아 소를 제기하게 되었다.)을 상대로 같은 소장을 작성하게 되었다. 이때 소장상의 청구취지를 작성하시오.

> 서대영은 가구판매업을 운영하고 있다. 서대영은 2021. 3. 9. 유시진에게 별지목록(첨부 생략) 기재 부동산을 대금 20억 원에, 계약 당일 계약금 5억 원을 지급받음과 동시에 유시진에게 소유권이전등기를 경료해 주고, 2021. 4. 9. 제1차 중도금 2억 원을, 2021. 5. 9. 제2차 중도금 3억 원을, 2021. 6. 9. 잔금 10억 원을 각 지급하고, 서대영은 잔금 지급받음과 동시에 부동산을 인도해 주기로 약정하였다. 이 계약에 따라 서대영은 계약금 5억 원을 지급받음과 동시에 유시진에게 서울서부지방법원 등기국 2021. 3. 9. 접수 제8323호로 소유권이전등기를 마쳐 주었다. 그런데도 유시진이 2021. 4. 9. 1차 중도금 2억 원을 지급하지 아니하여 서대영은 2021. 4. 27. 유시진과 만나 "유시진은

> 2021. 5. 9. 서대영에게 중도금 합계 5억 원을 지급하되, 유시진이 중도금이나 잔금을 약정된 지급 기일까지 1회라도 지급하지 못할 경우는 별도의 통지 없이도 매매계약이 자동적으로 무효가 된다."는 내용의 합의를 하였다. 그런데도 유시진은 2021. 5. 9.까지 중도금 5억 원을 지급하지 않아 서대영은 더 이상 신뢰하기 어렵다며 바로 소유권이전등기 말소 청구의 소를 제기하였으나 소송도중 잠시 위 추가약정서를 분실하여 2021. 12. 12. 청구기각의 판결이 선고되고 또 2022. 1. 4. 확정되기까지 하였다. 최근 서랍을 정리하다가 2021. 4. 27.자 추가합의서를 발견하였다.

(42) 서울 서초구 서초대로 100 대 90㎡는 아직 보존등기가 되어 있지 않다. 그런데, 강모연은 어떤 경로를 통하여 자신의 선대가 위 부동산을 소유하고 있음을 알게 되었다. 최근에 토지대장을 확인하였더니 소유자란에 빈칸으로 되어 있었다. 강모연은 최근 보존등기를 하기 위하여 소를 제기하고자 한다. 소장을 작성하면서 원고는 1명이 되었으나 부득이 피고들이 수명이 되었다. 위 문제를 해결하기 위한 청구취지만을 작성하시오.

(43) 강모연은 2021. 5. 1. 유시진으로부터 100,000,000원을 이자 월 1%, 변제기 2년으로 하여 빌렸는데 유시진의 승낙하에 2022. 9. 1. 그 중 70,000,000원을 변제하였다. 그런데, 유시진은 최근 변제받은 바가 없다고 주장하면서 채무 전부에 대한 변제를 주장하고 있다. 강모연이 유시진의 억지주장으로 말미암아 정신과 치료를 받게 되어 변호사인 귀하를 찾아와 더 이상 유시진의 억지주장을 견디지 못하겠다며 천만금이 들어도 법적 조치를 취하고 싶어 한다고 간청하였다. 청구취지를 작성하시오.

(44) 강모연은 2010. 9. 5. 기계제조업을 하고 있던 유시진에게 100,000,000원을 월 6%, 변제기 1년으로 대여해 주었다. 유시진은 이자는커녕 변제기가 경과해도 원금도 지급하지 않아 강모연은 하는 수 없이 유시진을 상대로 대여금지급청구의 소(서울중앙지방법원 2012가합556677호)를 제기하여 2012. 8. 25. "피고는 원고에게 100,000,000원 및 이에 대한 2010. 9. 5.부터 2012. 8. 5.까지는 연 6%의, 그 다음날부터 다 갚는 날까지는 연 20%의 각 비율에 의한 돈을 지급하라."는 내용의 판결이 선고되어 항소기간의 도과로 2012. 9. 30. 위 판결이 확정되었다. 이후 유시진은 돈을 지급하지 않은 채 한동안 자취를 감추었다가 최근 하남시 인근에서 살고 있다는 소문을 듣고 찾아가 보니 허름한 곳에서 살고 있었다. 강모연은 즉시 유시진을 상대로 판결내용대로 강제집행을 하려고 해도 집행할 재산이 없어 보였다. 최근 강모연이 어느 모임에 나가보니 유시진이 최근 범용 AI(General Artificial Intelligence)와 관련된 엄청난 기술을 개발하여 특허출원 중에 있고 그 특허가 등록된다면 향후 엄청난 수입이 예상된다는 이야기를 들었다. 그래서 강모연은 판결상의 채권을 보존하여 나중을 대비해야겠다고 마음먹고 재판에 소요되는 비용을 최대로 줄여 소송을 제기하고자 한다. 강모연이 제기할 소의 청구취지를 작성하시오.

(45) 강모연은 주식회사 폴라리스에 근무하면서 매월 월급으로 5,000,000원을 지급받고 있었는데 회사로부터 2023. 4. 5. 느닷없이 해고한다는 통지를 받았다. 강모연은 자신의 해고가 잘못되었다고 생각하면서 회사를 상대로 법적투쟁을 하기로 하고 해고무효와 급여의 지급을 청구하고자 한다. 청구취지를 작성하시오.

[아래 지문을 읽고 다음 (46), (47)질문에 답하시오.]

강모연은 유시진에게 100,000,000원을 빌려주었다. 최근 유시진은 하던 사업이 부도날 지경에 이르자 그의 이종사촌누나인 윤명주에게 유일한 부동산인 시가 130,000,000원 상당의 별지목록(첨부 생략) 기재 아파트를 매도하였다며 소유권이전등기를 경료해 줘 버렸다. 강모연이 등기소에서 등기부등본을 발급받아 보니 2023. 4. 2.자 매매를 원인으로 하여 서울중앙지방법원 등기국 2023. 4. 5. 접수 제13467호로 이전등기가 경료되어 있었다.

(46) 강모연은 어떻게 자신의 권리를 보호할 수 있을까를 염두에 두고, 청구취지를 작성하시오.

(47) [추가된 사실] 만약 윤명주가 C 은행(C 은행은 선의로 판단됨)으로부터 50,000,000원을 차용하고 별지목록 기재 아파트에 관하여 서울중앙지방법원 등기국 2023. 4. 28. 접수 제12345호 채권최고액 65,000,000원의 근저당권설정등기를 경료해 주었다는 것을 확인하였다면 강모연의 위 (46)과 같은 소송을 제기하면서 어떻게 청구취지를 작성하여 제기할 것인가를 중심으로 청구취지를 작성하시오.

(48) 주식회사 폴라리스는 2023. 4. 23. 정기주주총회를 개최하여 강모연, 유시진을 이사로, 윤명주을 감사로 각 선임하였다. 주주 장동건은 주식회사 폴라리스의 주식 0.01%인 100주를 소유하고 있다. 주식회사 폴라리스는 2023. 4. 14. 장동건에게 주주총회 개최 통지를 보냈으나 장동건은 2023. 4. 19. 그 통지를 받았다. 주주 장동건은 소송을 준비하고 있다. 청구취지를 작성하시오.

(49) 유시진은 2022. 10. 20. 서대영에게 액면금 100,000,000원, 지급일 2023. 3. 20. 지급지, 발행지 서울, 지급장소 하나은행 성동지점으로 된 약속어음 1매를 발행해 주었다. 서대영은 2022. 11. 20. 강모연에게 사업상의 물품대금지급을 위해 위 약속어음을 배서하여 인도해 주었다. 강모연은 <u>2023. 4. 10.</u> 하나은행 성동지점에서 위 약속어음의 지급을 요구하였으나 <u>잔액부족</u>으로 지급되지 못하였다. 청구취지를 작성하시오.

(50) 유시진은 2022. 10. 20. 서대영에게 액면금 100,000,000원, 지급일 2023. 3. 20. 지급지, 발행지 서울, 지급장소 하나은행 성동지점으로 된 약속어음 1매를 발행해 주었다. 서대영은 2022. 11. 20. 강모연에게 사업상의 물품대금지급을 위해 위 약속어음을 배서하여 인도해 주었다. 강모연은 <u>2023. 3. 22.</u> 하나은행 성동지점에서 위 약속어음의 지급을 요구하였으나 <u>잔액부족</u>으로 지급되지 못하였다. 청구취지를 작성하시오.

[정 답]

1. 위에 제시된 「이자제한법」, 「소송촉진 등에 관한 특례법」 개정이력을 참조하여 아래 문장을 읽고 그에 맞는 청구취지를 기재하시오. (각 3점)

(1) 피고는 원고에게 100,000,000원[140] 및 이에 대한 2022. 3. 1.부터 2023. 2. 28.까지는 연 3%의, 그

---

[140] 이와 같은 유형의 문제에 관하여 수강생들로부터 원금 1억 원에다가 2022. 3. 1.부터 2023. 2. 28.까지 1년간 연 3%의 이율로 계산한 총이자 3백만원을 합산한 103,000,000원을 원금으로 표기하여 위 청구취지를 "피고는 원고에게 103,000,000원 및 이에 대한 2023. 3. 1.부터 이 사건 소장부본 송달일까지는 연 5%의, 그 다음날부터 다 갚는 날까지는 연 12%의 각 비율에 의한 금원을 지급하라."라고 바꾸어 청구취지를 작성해도 되냐는 질문을 많이 받았다. 결론만 이야기하자면 현재의 이자제한법 태도에 의하면 정답이 맞다. 왜냐하면 이자 3백만원은 2023. 3. 1.이 경과하면 이행기를 도과하고, 그에 대한 지연손해금을 청구할 수 있게 된다. 이때 신 이자제한법 제5조도 이행기 도과 후의 지연손해금 청구에는 그 적용이 없다. 다만 실무상으로는 이자의 이자를 청구하는 것이 지나치게 피고를 착취하는 듯하여 꺼리고 있을 뿐이다. 그래서 정답과 같이 청구하는 것이 보편화되어 있다.

만약 의뢰인을 위하여 이자에 대한 지연손해금을 더욱 더 정교하게 청구하려면 다음과 같은 두 가지 방법이 있다. 첫째 2022. 3. 1.부터 2023. 4. 30.까지 1년 2개월의 이자 및 지연손해금 합계액 3,833,333원{100,000,000원 X 약정이자율 0.03 X 1년 + 100,000,000원 X 2/12 X 법정 지연손해금율 0.05, 원미만 버림}를 합산한 "103,833,333원 및 이에 대한 2023. 5. 1.부터 이 사건 소장부본 송달일까지는 연 5%의, 그 다음날부터 다 갚는 날까지는 연 12%의 각 비율에 의한 금원을 지급하라."라고 청구할 수 있다.

둘째 다음 표와 같이 더욱 정산하여 "피고는 원고에게 103,902,506원 및 이에 대한 2023. 5. 1.부터 이 사건 소장부본 송달일까지는 연 5%의, 그 다음날부터 다 갚는 날까지는 연 12%의 각 비율에 의한 금원을 지급하라."라고 청구할 수 있다.

둘째 방법이 의뢰인(원고)에게 가장 유리한 청구방법이지만 너무 복잡하고 피고를 너무 착취하는 듯하며, 그렇게 하고도 차이가 90여만원에 불과하다.

첫째와 둘째 방법에 의한 청구가 가능하려면 다음과 같은 법리적 논점이 해결되어야 한다.

지문에 의하면 이자율을 연 3%로 정하였다. 따라서 상대방은 이자의 지급시기를 1년 단위로 지급하기로 약정하였다고 주장할 수 있다. 즉 2022. 3. 1.부터 2023. 2. 28.까지는 1년이 경과하였으므로 이자의 지급시기가 경과하였다고 볼 수 있으나 2022. 3. 1.부터 2022. 3. 31.까지 지연손해금의 지급시기는 아직 경과하지 않았다고 주장할 수 있다. 이처럼 위와 같은 정교한 청구방법은 불필요한 논쟁에 휘말릴 가능성이 높다.

	(1) 원리금	(2) 기간	(3)이율	(3)이자(지연손해금)	(4) 합계
1	100,000,000원	2022.3.1.~2022.3.31.	3	250,000원	100,250,000원
2	100,250,000원	2022.4.1.~2022.4.30..	3	250,625원	100,500,625원
3	100,500,625원	2022.5.1.~2022.5.31.	3	251,251원	100,751,876원
4	100,751,876원	2022.6.1.~2022.6.30.	3	251,879원	101,003,755원
5	101,003,755원	2022.7.1.~2022.7.31.	3	252,509원	101,256,264원
6	101,256,264원	2022.8.1.~2022.8.31.	3	253,140원	101,509,404원
7	101,509,404원	2022.9.1.~2022.9.30.	3	253,773원	101,763,177원
8	101,763,177원	2022.10.1.~2022.10.31.	3	254,407원	102,017,584원
9	102,017,584원	2022.11.1.~2022.11.30.	3	255,043원	102,272,627원
10	102,272,627원	2022.12.1.~2022.12.31.	3	255,681원	102,528,308원
11	102,528,308원	2023.1.1.~2023.1.31.	3	256,320원	102,784,628원
12	102,784,628원	2023.2.1.~2023.2.28.	3	256,961원	103,041,589원

다음날부터 이 사건 소장부본 송달일까지는 연 5%의, 그 다음날부터 다 갚는 날까지 연 12%의 각 비율에 의한 금원[141]을 지급하라.

(2) 피고는 원고에게 100,000,000원 및 이에 대한 2022. 3. 1.부터 이 사건 소장부본 송달일까지는 연 7%의, 그 다음날부터 다 갚는 날까지 연 12%의 각 비율에 의한 금원을 지급하라.

(3) 피고는 원고에게 100,000,000원 및 이에 대한 2022. 3. 1.부터 2023. 2. 28.까지는 연 3%의, 그 다음날부터 이 사건 소장부본 송달일까지는 연 8%의, 그 다음날부터 다 갚는 날까지 연 12%의 각 비율에 의한 금원을 지급하라.

(4) 피고는 원고에게 100,000,000원 및 이에 대한 2022. 3. 1.부터 2023. 2. 28.까지는 연 11%의, 그 다음날부터 다 갚는 날까지 연 24%의 각 비율에 의한 금원을 지급하라.
 (해설 : 지연손해금율은 이자제한법의 적용을 받지 않는다. 소송촉진 등에 관한 특례법 소정의 지연손해금율을 초과하는 경우에는 소송촉진 등에 관한 특례법이 적용되지 않는다.)

(5) 피고는 원고에게 100,000,000원 및 이에 대한 2022. 3. 1.부터 다 갚는 날까지 연 24%의 비율에 의한 돈을 지급하라.
 (해설 : 2021. 7. 6.이전까지 체결된 소비대차·준소비대차의 경우에는 최고 제한이자율이 연 24%이었고, 초과된 이자부분은 일부 무효가 된다.)

(6) 1. 원고에게,
가. 피고 강모연은 70,000,000원 및 이에 대한 2022. 4. 1.부터 이 사건 소장부본 송달일까지는 연 11%의, 그 다음날부터 다 갚는 날까지는 연 12%의 각 비율에 의한 금원을 지급하고,
나. 피고 윤명주는 30,000,000원 및 이에 대한 2022. 4. 1.부터 다 갚는 날까지 연 20%의 비율에 의한 금원을 지급하라.
 (해설: 윤명주의 경우 2021. 7. 7.이후 소비대차계약을 체결하여 개정된 이자제한법상의 최고 이자율 20%의 적용을 받는다.

(7) 피고들(강모연, 유시진을 뜻함)은 연대하여 원고에게 100,000,000원 및 이에 대하여 2014. 4. 1.부터 2015. 3. 31.까지는 연 3%의, 그 다음날부터 이 사건 소장부본 송달일까지는 연 5%의, 그 다음날부터 다 갚는 날까지는 연 20%의 각 비율에 의한 금원을 지급하라.

13	103,041,589원	2023.3.1.~2023.3.31.	5	429,339원	103,470,928원
14	103,470,928원	2023.4.1.~2023.4.30.	5	431,128원	103,902,056원
최종	103,902,056원				

141) '금원'이라고 해도 되고, '돈'이라고 해도 된다. 과거에는 '금원'을 많이 사용했지만 최근에서 순한글 표현인 '돈'을 많이 사용하는 경향이 있다.

(8) 피고들(강모연, 유시진을 뜻함)은 연대하여 원고에게 100,000,000원 및 이에 대하여 2014. 4. 1.부터 2015. 3. 31.까지는 연 3%의, 그 다음날부터 이 사건 소장부본 송달일까지는 연 5%의, 그 다음날부터 다 갚는 날까지는 연 15%의 각 비율에 의한 금원을 지급하라.

(9) 피고들(강모연, 유시진을 뜻함)은 연대하여 원고에게 100,000,000원 및 이에 대하여 2014. 4. 1.부터 2015. 3. 31.까지는 연 3%의, 그 다음날부터 이 사건 소장부본 송달일까지는 연 6%의, 그 다음날부터 다 갚는 날까지는 연 15%의 각 비율에 의한 금원을 지급하라.

(10) 1. 원고에게,

가. 피고 강모연은 100,000,000원 및 이에 대한 2017. 4. 1.부터 2018. 3. 31.까지는 연 3%의, 그 다음날부터 이 사건 소장부본 송달일까지는 연 6%의, 그 다음날부터 다 갚는 날까지는 연 12%의 각 비율에 의한 금원을 지급하고,

나. 피고 유시진은 피고 강모연과 연대하여 위 가.항 금원 중 50,000,000원 및 이에 대한 2017. 4. 1.부터 2018. 3. 31.까지는 연 3%의, 그 다음날부터 이 사건 소장부본 송달일까지는 연 6%의, 그 다음날부터 다 갚는 날까지는 연 12%의 각 비율에 의한 금원을 지급하라.

(해설: 강모연은 소멸시효 완성 후 시효이익을 포기함으로써 자신은 채무 전액을 이행하여야 하지만 다른 연대채무자인 유시진은 강모연의 부담부분에 관한 소멸시효 완성의 절대적 효력이 있는 반면, 강모연의 시효이익의 포기에는 전혀 영향을 받지 않는다.)

(11) 1. 원고에게

가. 피고 유시진은 80,000,000원 및 이에 대한 2023. 4. 6.부터 이 사건 소장부본 송달일까지는 연 3%의, 그 다음날부터 다 갚는 날까지는 연 12%의 각 비율에 의한 돈을 지급하고,

나. 피고 강모연은 위 피고 유시진과 연대하여 위 금원 중 30,000,000원 및 이에 대한 2023. 4. 6.부터 이 사건 소장부본 송달일까지는 연 3%의, 그 다음날부터 다 갚는 날까지는 연 12%의 각 비율에 의한 돈을 지급하라.

{해설: 상법 제57조 제1항에 의하여 유시진, 강모연은 연대채무자 관계에 있다. 연대채무자 1인에게 한 면제액(70,000,000원)이 부담부분(50,000,000원)을 초과하였을 때는 그 차액(70,000,000원 − 50,000,000원) 만큼만 다른 연대채무자에게 절대적 효력이 있어 채무가 소멸한다.}

(12) 피고는 원고에게 160,000,000원 및 이에 대하여 2023. 4. 1.부터 이 사건 소장부본 송달일까지는 연 5%의, 그 다음날부터 다 갚는 날까지는 연 12%의 각 비율에 의한 금원을 지급하라.[142]

---

142) 60,000,000원 부분에 대한 지연손해금 청구는 광의의 복리 계산이 된다. 대법원 1978. 8. 22. 선고 77다1392 · 1393 판결에 따르면 "연체이자를 원본에 산입하여 다시 이식을 붙이는 복리계약은 그 이율이 이자제한법의 제한을 초과하지 않는 한 유효하고 그 결과 원본에 산입된 이자와 이에 대한 이자의 합산액이 이자제한법이 제한한 이율의 범위를 초과하는 결과가 되어도 지장없다."고 판시하여 복리 계산도 유효함을 밝히고 있다. 舊 이자제한법이 1997. 12. 29. 폐지되고 나서 2007. 3. 29. 新 이자제한법이 제정되어 2007. 6. 29.부터 시행되고 있다. 신 이자제한법 제5조에 의하면 복리약정은 이자제한법의 최고이자율을 초과하는 부분에 해당하면 그 초과하는 부분만 무효로 하고 있다. 따라서 신 이자제한법에 의하면 복리약정이 변제기 전인지 후인지 구분하지 않고 언제나 원래의

(13) 피고들(강모연, 장동건을 뜻함)은 공동하여 원고에게 300,000,000원 및 이에 대하여 2023. 4. 1.부터 이 사건 소장부본 송달일까지는 연 5%의, 그 다음날부터 다 갚는 날까지는 연 12%의 각 비율에 의한 금원을 지급하라.

(14) 피고(장동건임)는 원고에게 200,000,000원 및 이에 대한 2023. 4. 1.부터 이 사건 소장부본 송달일까지는 연 5%의, 그 다음날부터 다 갚는 날까지는 연 12%의 각 비율에 의한 돈을 지급하라.
　(해설: 장동건과 강모연은 부진정연대관계에 있다. 그래서 부담부분이 없다. 강모연은 1억 원을 변제하고, 나머지 2억 원을 면제받았다. 변제는 연대채무자 전원에 절대적 효력이 있으나, 면제는 연대채무자 사이에는 부담부분에 한해 절대적 효력이 있으나 부진정연대채무자 사이에는 부담부분이 없어 상대적 효력만 있을 뿐이다.)

(15) 1. 원고와 피고는 이혼한다.
2. 피고는 원고에게 위자료로 150,000,000원 및 이에 대한 이 사건 소장 부본 송달 다음날부터 다 갚는 날까지 연 12%의 비율에 의한 금원을 지급하라.
3. 피고는 원고에게 재산분할로서 1,000,000,000원 및 이에 대한 이 사건 판결확정 다음날부터 다 갚는 날까지 연 5%의 비율에 의한 금원을 지급하라.

(16) 1. 피고는 원고에게.
백미(2023년산 이천미 상등품) 10가마(가마당 80kg들이) 및 이에 대한 2022. 1. 10.부터 다 갚는 날까지 연 20%[143]의 비율에 의한 백미를 지급하라.
위 백미에 대한 강제집행이 불능일 때에는 백미 1가마당 500,000원의 비율로 환산한 금원을 지급하라.

(17) 1. 원고에게,
가. 피고 유시진은
　1) 별지목록 기재 건물 중 별지 도면 표시 1,2,3,4,5,1의 각 점을 순차로 연결한 선내 (가) 부분 48㎡를 인도하고,
　2) 2023. 5. 1.부터 위 (가)부분의 인도완료일까지 월 1,000,000원의 비율에 의한 금원을 지급하고,
나. 피고 서대영은 위 가.1)항의 (가)부분에서 퇴거하라. or

1. 원고에게,
　가. 피고 유시진은

이자액에 이자의 이자를 합산한 금액이 원래의 원본액에 대하여 이자제한법의 제한이율을 넘지 않는 한도에서만 유효가 되고, 이를 초과하는 경우에는 그 초과부분은 무효로 된다. 이 점에서 위 대법원 판결이 입법에 의해 수정되었다고 보아야 한다.
143) 대법원 1977. 5. 24., 선고, 77다271, 판결(피고가 원고조합으로부터 백미 10가마를 대여받음에 있어서 현물대신 현금을 교부받은 것이라고 하더라도 현물의 현실적인 수수가 있었던 것과 동일한 경제상의 이익을 얻은 이상 그 대차관계가 백미에 관한 소비대차계약이라고 인정해야 하고 따라서 금전대차에 관한 계약에서만 그 이자를 제한하고 있음이 법문상 명백한 이자제한법은 금전이외의 대차관계에서 이를 유추적용할 수 없다.)

    1) 별지목록 기재 건물 중 별지 도면 표시 1,2,3,4,5,1의 각 점을 순차로 연결한 선내 (가) 부분 48㎡를 인도하고,

    2) 2023. 5. 1.부터 위 (가)부분의 인도완료일까지 월 1,000,000원의 비율에 의한 금원을 지급하고,

  나. 피고 서대영은 위 가.1)항의 (가)부분을 <u>인도하라</u>.[144]

(18) 1. 피고 유시진은 원고에게 2022. 4. 30.부터 별지목록 기재 건물의 인도완료일까지 월 600,000원의 비율에 의한 금원을 지급하라.

2. 피고 서대영은 원고에게

  가. 위 제1.항 기재(or 별지목록 기재) 건물을 인도하고,

  나. 피고 유시진과 공동하여[145] 위 제1.항 금원 중 2023. 3. 1.부터 위 건물의 인도완료일까지 월 600,000원의 비율에 의한 금원을 지급하라.

(19) 1. 원고에게,

가. 피고 유시진은

1) 별지목록 2.기재 건물을 철거하고,

2) 별지목록 1.기재 대지를 인도하고,

3) 2023. 5. 1.부터 위 대지의 인도완료일까지 월 500,000원의 비율에 의한 금원을 지급하고,

나. 피고 서대영은 별지목록 2.기재 건물에서 퇴거하라.

(20) 피고는 원고(유시진을 지칭)에게 서울 서초구 서초로 140－2 103동 201호 (서초동, 래미안아파트) 155㎡를 인도하라.

(21) 1. 피고는 원고(유시진을 지칭)에게,

---

144) 본 문제는 법무부에서 2009. 2. 5. 실시한 민사기록형 모의시험 문제를 참조하여 재구성한 문제로 당시 제시된 채점기준표에 따르면 그 정답이 위와 같았다. 만약 악의라면 피고 서대영에 대해서도 부당이득반환청구를 할 수 있고, 또 부진정연대채무이므로 "공동하여"로 표기하여 청구해야 하게 되었다. 이런 입장에서 피고 서대영에 대한 청구취지를 재구성해 보면 다음과 같다.

  "나. 피고 서대영은,

    (1) 위 (가)부분을 인도(혹은 퇴거)하고,

    (2) 피고 유시진과 공동하여 2019. 10. 1.부터 위 (가)부분의 인도완료일까지 월 1,000,000원의 비율에 의한 금원을 지급하라."

그러나 서대영은 전대차계약을 체결하고 전대인으로부터 인도받아 거주하고 있으므로 특별한 사정이 없는 한 선의로 보아야 할 것이어서 위와 같은 청구가 원칙적으로는 불가능하다.

145) 대법원 2012. 9. 27. 선고 2011다76747 판결이 선고되어 간접점유자 및 직접점유자의 부당이득반환채무는 부진정연대채무라고 판시하였다.

당사자	임대인 측	임차인 측	
관계	공유자인 임대인	간접점유자·직접점유자	공동임차인
적용법리	임차보증금반환의무는 불가분 채무	부진정연대 채무(위 판례)	연대채무(민법 제616조)

가. 서울 서초구 서초로 140 − 2 103동 201호 (서초동, 래미안아파트) 155㎡를 인도하고,

나. 2022. 11. 1.부터 위 가.항 아파트의 인도완료일까지 월 100,000원의 비율에 의한 돈을 지급하라.

(22) 피고는 원고들(3인 모두 지칭)에게 서울 서초구 서초로 140 − 2 103동 201호 (서초동, 래미안아파트) 155㎡를 인도하라.[146]

(23) 1. 피고는 원고들(3인 모두 지칭)에게,

가. 서울 서초구 서초로 140 − 2 103동 201호 (서초동, 래미안아파트) 155㎡를 인도하고,

나. 2022. 11. 1.부터 위 가.항 아파트의 인도완료일까지 각 월 100,000원의 비율에 의한 돈을 각 지급하라.

(24) 피고는 원고들(유시진, 강모연 2인)에게 서초구 서초로 140 − 2 103동 201호 (서초동, 래미안아파트) 155㎡를 인도하라.

(25) 1. 피고는 원고들(유시진, 강모연 2인)에게,

가. 서울 서초구 서초로 140 − 2 103동 201호 (서초동, 래미안아파트) 155㎡를 인도하고,

나. 2022. 11. 1.부터 위 가.항 아파트의 인도완료일까지 각 월 100,000원의 비율에 의한 돈을 각 지급하라.

(26) 1. 피고 유시진은 피고 서대영에게 서울 성동구 왕십리로 40, 가동 201호 (성수동, 하나연립)을 인도하라.

2. 피고 서대영은 피고 유시진으로부터 위 1.항 연립주택을 인도받음과 동시에 원고에게 50,000,000원을 지급하라.

(27) 피고는 원고로부터 230,000,000원을 지급받음과 동시에 원고에게 서울 서초구 서초로 169 대 123㎡에 관하여 2023. 1. 3.자 매매를 원인으로 한 소유권이전등기 절차를 이행하라.

(28) 피고는 **원고와 소외 서대영 사이의 서울중앙지방법원 2023. 3. 7. 2023카합34567호 부동산소유권이전등기청구권 가압류 결정에 의한 집행이 해제되면**, 원고로부터 230,000,000원을 지급받음과 동시에 원고에게 서울 서초구 서초로 169 대 123㎡에 관하여 2023. 1. 3.자 매매를 원인으로 한 소유권이전등기 절차를 이행하라.

(29) 1. 서울 성동구 왕십리로 220 대 100㎡에 관하여,

---

146) 구태여 "피고는 원고들(3인 모두 지칭)에게 서울 서초구 서초로 140 − 2 103동 201호 (서초동, 래미안아파트) 155㎡ 중 각 1/3지분씩을 인도하라."라고 청구하여도 처분권주의, 변론주의의 적용상 수소법원은 그 취지에 따라 재판할 수 있다. 이 경우 원고들은 보존행위로 인도청구하지 않고 자기 소유지분에 대해서만 인도청구를 하고 있는 셈이다. 이론상으로는 가능하다고 하더라도 출제자의 의도는 보존행위로 청구할 것을 기대하고 있으므로 위와 같이 답안을 작성하면 감점될 것이다.

가. 피고 서대영은 피고 유시진에게 서울동부지방법원 2020. 10. 20. 접수 제556677호로 경료된 소유
  권이전등기의 말소등기 절차를 이행하고,
나. 피고 유시진은 원고에게 2020. 10. 10.자 매매를 원인으로 한 소유권이전등기 절차를 이행하라.

(30) 1. 원고에게,
가. 피고 유시진은 원고로부터 250,000,000원 및 그 중 50,000,000원에 대하여는 2023. 1. 20.부터,
  200,000,000원에 대하여는 2023. 2. 20.부터 각 다 갚는 날까지 연 5%의 비율에 의한 돈을 지급받
  음과 동시에,
  1) 서울 성동구 왕십리로 220 대 100㎡을 인도하고,
  2) 2023. 2. 20.부터 위 1)항 대지의 인도완료일까지 월 2,000,000원의 비율에 의한 돈을 지급하고,
나. 피고 서대영은 위 가. 1)항 기재 대지에서 퇴거(또는 인도)하라.

(31) 피고들(유시진, 강모연만이 피고로 지목되어 있어야 함)은 원고에게 서울 마포구 공덕로 143의
1 대 350㎡ 중 각 1/3 지분에 관하여 2023. 1. 17. 매매를 원인으로 한 소유권이전등기 절차를 각 이행
하라.

(32) 피고(유시진을 지칭)는 원고에게 별지목록 기재 부동산에 관하여 2023. 2. 1.자 저당권설정계약
을 원인으로 한 채권액 70,000,000원, 채무자 장동건(700120 – 1022300, 주소 : 서울 중구 을지로 1가
101), 변제기 2025. 1. 31. 이자 연 20%, 이자 지급시기 매월 1일로 된 저당권설정등기 절차를 이행
하라.

(33) 1. 원고에게,
가. 피고 유시진은 별지목록 기재 부동산에 관하여 서울중앙지방법원 등기국 2021. 10. 7. 접수 제
  36785로 마친 소유권이전등기의 말소등기 절차를 이행하고,
나. 피고 장동건은 위 소유권이전등기의 말소등기에 대하여 승낙의 의사를 표시하라.

(34) 1. 원고에게,
가. 피고 유시진은 서울 중구 세종대로 11 대 30㎡에 관하여 서울중앙지방법원 등기국 2021. 1. 8. 접
  수 제27789호로 된 소유권이전등기의 말소등기 절차를 이행하고,
나. 피고 서대영은 위 가.항 부동산에 관한 서울중앙지방법원 등기국 2022. 1. 30. 접수 제556677호로
  된 소유권이전등기의 말소등기 절차를 이행하고,
다. 피고 국민은행은 위 가.항 부동산에 관한 서울중앙지방법원 등기국 2022. 2. 1. 접수 제23675호로
  경료된 근저당권설정등기에 대하여 말소등기 절차를 이행하고,[147]
라. 피고 장동건은 위 나.항의 소유권이전등기 말소등기에 대한 승낙의 의사표시를 하라.

---

147) 피고 장동건의 가압류등기와 같이 피고 서대영에 대해서도 소유권이전등기 말소청구에 대한 승낙의 의사표시를
  하라는 식으로 청구취지를 작성하여도 된다. (법학전문대학원 공표 11개 모의문제 중 9번 모의문제 참조)

(35) 피고(서대영을 지칭)는 원고에게 별지목록 기재 부동산에 관하여 진정명의회복을 원인으로 한 소유권이전등기 절차를 이행하라.

(36) 피고는 원고에게 경기 가평군 설악면 유동리 산 100 임야 10,000㎡에 관하여 2011. 11. 3. 매매를 원인으로 한 소유권이전등기 절차를 이행하라.[148]

(37) 1. 피고는 원고에게, 경기 가평군 설악면 유동리 산 100 임야 10,000㎡에 관하여,

　가. 2002. 11. 3. 매매를 원인으로 한 소유권이전등기 절차를 이행하고, 선택적으로[149]

　나. 2022. 12. 3. 취득시효완성을 원인으로 한 소유권이전등기 절차를 이행하라.

(38) 피고는 원고에게 서울 중구 세종대로 11 대 30㎡에 관한 서울중앙지방법원 등기국 2021. 2. 1. 접수 제23675호로 경료된 근저당권설정등기에 대하여 2023. 1. 31. (확정채무)변제[150]를 원인으로 한 말소등기 절차를 이행하라.

(39) 1. 피고 마장 주식회사는 원고에게 피고 마장 주식회사와 소외 삼싱화재해상보험 주식회사(주소, 서울 종로구 돈화문로 34, 대표이사 함익병)사이에 2022. 11. 1.자 체결된 화재보험계약(증권번호 2022−012347)에 따라 2023. 3. 1. 발생한 화재사고로 인한 400,000,000원의 화재보험금지급채권 양도의 의사표시를 하라.

2. 피고 마장 주식회사는 소외 삼싱화재해상보험 주식회사에 위 1.항의 채권양도 사실을 통지하라.

(40) 피고는 소외 서대영(801020−1690212, 주소 : 서울 송파구 문정로 123)에게 2022. 9. 5. 100,000,000원, 월 5%, 변제기 1년으로 된 대여금채권을 2023. 1. 22. 원고에게 양도하였다는 취지의 통지를 하라.

(41) 원고와 피고 유시진 사이에는, 별지목록 기재 부동산은 원고의 소유임을 확인한다.

(42) 원고와 피고(대한민국을 지칭) 사이에 서울 서초구 서초대로 100 대 90㎡가 원고의 소유임을 확인한다.

(43) 원고의 피고에 대한 2021. 5. 1.자 소비대차계약에 기한 채무는 30,000,000원을 초과하여서는 존

---

148) 잔금지급과 동시이행으로 청구할 수 없다. 왜냐하면 행사할 수 있었던 잔금지급기일인 2009. 2. 1.로부터 10년의 소멸시효기간이 경과하여 시효소멸하였기 때문이다. 반면 소유권이전등기 청구권은 채권적 청구권이긴 하나 인도받아 점유하고 있는 경우에는 물권적 기대권이론에 따라 물권적 청구권과 유사해져 시효소멸의 대상이 되지 않아 10년이 경과해도 시효소멸하지 않는다.

149) 실제 변호사시험 민사기록형 시험에서는 예비적, 선택적 청구를 못하도록 작성요령이 제시되어 있다. 그래서 이와 같은 문제가 실제로 출제될 가능성은 없으나 사례형 시험 등의 준비를 위해 알고 있기 바란다.

150) 혹은 근저당권이기 때문에 '확정채권변제'라고 표현하여도 된다. 또한 물권적 청구권으로 근저당권말소등기 청구를 구성한 경우에는 '(확정채권)변제'라는 부분을 생략할 수 있다.

재하지 않음을 확인한다.

(44) 서울중앙지방법원 2012. 8. 25.선고 2012가합556677호 대여금 사건의 판결에 기한 원고의 피고에 대한 채권의 소멸시효 중단을 위하여 이 사건 소가 제기되었음을 확인한다.

(45) 1. 피고의 원고에 대한 2023. 4. 5.자 해고는 무효임을 확인한다.
2. 피고는 원고에게 2023. 4. 5.부터 복직시까지 매월 5,000,000원의 비율에 의한 금원을 지급하라.[151]

(46) 1. 피고와 소외 유시진 사이에 별지목록 기재 아파트에 관하여 체결된 2023. 4. 2.자 매매계약을 취소한다.
2. 피고는 소외 유시진에게 위 제1.항 기재 아파트에 관하여 서울중앙지방법원 등기국 2023. 4. 5. 접수 제13467호로 경료된 소유권이전등기의 말소등기 절차를 이행하라.

(47) 1. 피고와 소외 유시진 사이에 별지목록 기재 아파트에 관하여 체결된 2023. 4. 2.자 매매계약은 100,000,000원의 범위내에서 이를 취소한다.
2. 피고는 원고에게 100,000,000원 및 이에 대한 이 판결확정 다음날부터 다 갚는 날까지 연 5%의 비율에 의한 금원을 지급하라.

(48) 피고의 2023. 4. 23. 정기주주총회에서 소외 강모연, 유시진을 이사로, 소외 윤명주를 감사로 각 선임한 결의를 취소한다.

(49) 피고(유시진만임)는 원고에게 100,000,000원 및 이에 대한 2023. 4. 11.부터 이 사건 소장부본 송달일까지는 연 6%의, 그 다음날부터 다 갚는 날까지는 연 12%의 각 비율에 의한 돈을 지급하라.

(50) 피고들(유시진 및 서대영이 피고로 기재되어 있어야 함)은 합동하여 원고에게 100,000,000원 및 이에 대한 2023. 3. 20.부터 이 사건 소장부본 송달일까지는 연 6%의, 그 다음날부터 다 갚는 날까지는 연 12%의 각 비율에 의한 돈을 지급하라.

---

151) 2023. 4. 5.부터 2023. 5. 4.까지 1개월간 월 500만원에 관하여 지연손해금 청구를 하면서 2023. 5. 5.부터 복직시 까지 매월 500만원의 비율에 의한 금원의 지급을 청구할 수도 있다. 이 경우에도 2023. 5. 5.부터 5. 7.까지 3일간 의 임금지급청구에 관해서는 소를 제기할 당시 그 이행기가 아직 경과하지 않았기 때문에 지연손해금을 청구하면 안된다.

제 5 절 청구원인

제1관 소장 · 답변서 · 준비서면 등[152]에서 청구원인 또는 항변 등의 작성일반론

Ⅰ. 총론

1. 법문서 작성능력 배양의 중요성

권리분석을 잘 함으로써 우수한 청구취지를 작성하였다고 하더라도 소장 중 청구원인 또는 항변에 대한 반박의 작성능력이 떨어지면 변호사시험 기록형에서 고득점을 받을 수 없다. 청구취지는 뛰어나게 작성했으나 청구원인의 기술능력이 떨어지는 답안을 볼 때 참 아쉬웠다. 마치 수학시험에서 답은 맞았으나 그 풀이과정이 엉망인 답안을 보는 느낌이었다. 게다가 답변서 및 준비서면 작성 문제가 출제되면 답변서 및 준비서면의 특성상 형식적 기재사항 및 답변취지에 대한 배점이 상대적으로 낮기 때문에 답변원인 또는 준비서면의 내용부분에 대한 배점이 더 높아질 것이고, 따라서 법문서 작성능력이 떨어지는 수험생은 합격하지 못할 수도 있다. 이처럼 법문서 작성의 일반원칙을 제대로 이해하는 것이 실력있는 법조인이 되기 위해서도 중요하고, 변호사시험 합격을 위해서도 대단히 중요하다.

특히 수험생들은 법학전문대학원에 입학한 후 이론수업의 중간·기말고사의 답안을 작성하였고, 각종 사례형 문제의 답안쓰기 훈련을 받았다. 그런 이후에는 그 악(惡)영향으로 말미암아 소장, 답변서 등 법문서를 작성하면서도 권리분석의 근거가 되는 추상적 법적 개념으로 점철된 생경한 법리론에 집중하여 소장 등 각종 법문서를 작성하고 있다. 특히 그런 과정에서 정작 중요한 사실관계는 매우 추상적으로 얼버무려 두고 추상적인 법리론 위주의 최악의 법문서를 작성하는 경향이 매우 뚜렷하다. 상당수의 예비 법조인들은 졸업 후 변호사 시험 민사기록형 답안을 작성해 보는 외에는 법문서 작성 훈련을 제대로 받을 기회조차도 없다. 이런 상황에서 덜 훈련된 수험생들이 설령 변호사 시험에 다행히 합격한다 하더라도 그 후 형식적인 실무교육만을 받은 후 바로 실무에 투입되기 때문에 잘못된 법문서 작성의 버릇을 교정할 기회조차 없게 된다. 그래서 민사법 실무를 학습할 때 정말 제대로 된 법문서 작성능력을 배양해 두는 것이 좋다. 더구나 3학년 1학기에 수강하는 '민사재판실무' 교육을 받고 나서 소장을 마치 판결문처럼 작성하는 경우도 더러 있다. 소장, 답변서 등은 의뢰인의 입장에서 의뢰인의 승소를 위해 작성하는 것이다. 따라서 제3자적 입장에서 원고와 피고의 주장을 검토하여 판단하는 판결문과는 전혀 다른 관점으로 소장 등 법문서를 작성해야 하는 것이다. 필자의 지도 경험에 따르면 법문서 작성능력을 향상시킨 학생들은 실제 변호사 시험 기록형 문제를 풀 때 법리와 판례에 관한 지식의 부족으로 종종 청구취지는 틀리게 썼지만 청구원인 기술의 반복된 훈련으로 말미암아 법문서 작성의 원리에 걸맞게 작성한 결과 상당한 고득점을 받고 변

---

152) 이하 이들을 통칭할 때는 "법문서"라고 한다.

호사 시험에 좋은 성적으로 합격한 다음 필자에게 감사의 변을 전하기도 했다. 이처럼 법문서 작성의 일반능력을 부단히 향상시키는 것은 변호사 시험 합격은 물론 취업이나 장래 법조인으로서의 성공여부를 좌우할 수 있는 중추적인 능력이라 해도 과언이 아니다. 과거 사법연수생들은 연수원 2년간 어느 정도 갈고 닦아도 결국 실무에 투입되어 도제식 훈련을 받아야만 비로소 제대로 된 법학적 글쓰기를 할 수 있었다. 그런데도 현행 법학전문대학원 시스템하에서의 예비 법조인들은 그러한 교육을 받을 기회도 상실하였고, 도제식 훈련을 받을 기회도 거의 없다. 그래서 민사법실무 수업을 통해 스스로 법문서 작성능력을 향상시키겠다는 제대로 된 목표를 세우고, 이를 실천하기 위한 가열찬 노력이 매우 절실히 요구되고 있다.

2. 법문서 작성의 목적은 의뢰인편에서 의뢰인의 승소를 위한 것이다

❶법문서는 일방 당사자의 주장을 요약한 서면이다. 그래서 그 당사자의 관점에서 해당 법문서를 작성해야 한다. 소장 및 원고 작성의 준비서면은 원고의 입장에서 원고의 승소를 위하여 작성되어야 하고, 답변서 및 피고 작성의 준비서면은 피고의 입장에서 피고의 승소를 위하여 작성되어야 한다. 그러므로 그 당사자의 승소와 관련 없는 주장은 포함시킬 필요가 없다. 판단자(판사)로서 사안을 전체적으로 검토한 끝에 중립적 입장에서 작성하는 판결문과는 다르다. 흔히 학생들은 "이 사건의 쟁점"이라든지 "기록을 검토하건대 원고는 ...라는 권리가 인정된다."는 식으로 법문서를 작성하는 경우가 많다. 이와 같은 문장은 판단자의 입장에서 사실을 검토하고 권리를 분석한 결과를 표현하는 방식으로 '민사재판실무'에서는 통용될 수 있을지 모르나 변호사가 의뢰인의 입장에서 작성하는 법문서에서는 그 사용을 지양하여야 한다. 사례형 답안 작성방법 및 민사재판실무 수업에서 영향을 받아 위와 같이 잘못 작성하고 있다는 것은 안다. 그래도 법문서는 의뢰인의 승소를 위해 작성하는 것이란 점을 제대로 이해하지 못하고 있다는 비난을 피할 수는 없고, 채점시 알게 모르게 감점의 원인이 된다.

또 ❷법문서는 주장을 담은 서면이다. 그래서 주장을 중심으로 기술하고 증거는 주장을 뒷받침하기 위해 필요한 부분에 (   )속에서 인용해 두면 된다. 그런데 "...라고 매매계약서가 작성되었다."거나 "...라는 사실은 ○○계약서를 통해 알 수 있다."거나, "...에 의하면 ...라는 사실이 인정된다"는 식으로 증거의 내용을 설명하는 듯이 작성하면 주장(변론절차)과 증명(증거조사절차)을 분간하지 못하는 사람이라고 오해받을 수 있다.

3. 법문서의 독자는 법률전문가인 판사다.

❸법문서의 독자는 법률전문가인 판사다. 판사는 이미 법률전문가이다. 따라서 법률요건 요약 등과 같은 법리론이나 판례의 태도 등을 설명하는 것은 판사들도 이미 다 아는 사실을 주제넘게 설명하는 것이어서 불필요하다. 판사가 진정 알고 싶은 것은 당해 사건의 사실관계이다. 그래서 당사자의 임무는 사실의 진술이다. 법률의 적용은 판사의 임무이다. 그래서 법률요건을 정리한 법리론

이나 판례의 태도를 언급하는 것은 가급적 지양해야 한다.[153] 이는 법문서 작성의 간결성을 해치는 것이다. 법률지식은 사실관계를 충분히 설명한 다음 그 사실관계에 기초한 법률효과를 중심으로 서술하는 부분에서 충분히 녹여낼 수 있으니 법률지식이나 판례지식을 뽐내고 싶으면 법률효과를 진술하는 부분에서 법률이론·판례에 관한 지식을 발휘하여 진술함으로써 그 지식을 뽐낼 수 있다. 혹시 요건사실을 늘어놓고 싶다면 차라리 요건사실로 사실진술의 **제목**으로 삼아라.

Ⅱ. 청구원인사실 또는 답변사실의 기술에 관한 일반원칙

1. 공통되는 작성원칙

가. **경어체**를 사용한다.

나. **주일상목행**(主日相目行)으로 작성한다. 원래 인문학적 글쓰기는 육하원칙(5W1H)에 따라 작성한다. 그러나 법문서를 작성함에 있어서는 이를 변형하여 主日相目行으로 작성한다. 민사법은 국제적인 거래를 상정하고 있기 때문에 '장소'는 섭외사건에서의 준거법 결정 등 특별한 의미를 갖는 경우가 아니면 이를 기재할 필요가 없다. '왜'는 동기에 해당될 수 있는데 이런 동기는 동기의 착오, 동기의 불법과 같이 특별한 의미가 있을 때만 이를 기술할 뿐 일반적으로는 기술하지 않는다. 인문학적 글쓰기를 극복하고 법률가적 글쓰기를 체질화할 필요가 있다.

다. 요건사실 중심으로 그에 해당되는 <u>구체적인 자연적·역사적 사실</u>을 기술해야 한다.

판사가 모든 사실을 다 알고 있다고 전제하면서 글을 써서는 아니 된다. 모의기록에 상담일지가 주어져 있고, 그 상담일지에는 사실관계가 잘 정리되어 있기 때문에 수험생들은 종종 채점자도 그 정리되어 있는 사실을 알고 있는 상태에서 채점할 것이라고 생각하여 그 부분을 주로 생략한 채 서술하는 경향이 있다. 변론주의의 원칙상 소장이나 답변서 등에서 기술되어 있는 사실만이 심판의 대상이 된다는 점을 뼈에 새겨야 한다. 주장책임이 있는 자는 요건사실에 해당되는 구체적 역사적·자연적 사실을 주장해야 한다.(대법원 2011. 3. 24. 선고 2010후3509 판결 등) 이에 실패할 경우에는 변론주의, 주장책임 분배의 원칙상 패소할 가능성이 높아진다.

라. <u>간단·명료</u>한 문체로 <u>정확</u>하게 작성해야 한다.

문장 자체로서 모든 의문이 풀릴 수 있는 모든 정보가 포함되어 있어야 하고(필요성), 또 그 이

---

153) 필자는 법률학문대학원들이 학생들에게 반드시 법문서 작성의 위와 같은 원칙을 학습시켜야 한다고 생각한다. 그러나 필자가 모의문제들에 대한 모범답안을 마련하면서 직·간접적으로 보게 된 각종 채점기준표에서도 장황한 법리론을 전개한 모범답안들을 너무 많이 보았다. 평가자의 입장에서 수험생들이 법리론을 잘 알고 기술하는지 평가하고 싶은 의도는 잘 알겠으나 실무와 동떨어진 방식이어서 상당한 당혹감을 느꼈다. 그래서 본서를 통해 학습하는 수험생들에게 "법리론의 전개−사실관계의 진술"로 이어지는 법문서의 작성은 분명 실무와는 동떨어진 잘못된 것이란 사실을 인식하고 가급적 "사실관계의 진술−법률효과의 진술"로 이어지는 법문서 작성의 전통적인 방식대로 제대로 익힐 것을 권유한다. 만약 꼭 법리론을 기술하고 싶으면 위 "법률효과의 진술"부분에서 법리론을 섞어 작성해 보기를 권한다.

상의 정보를 기술하는 것은 불필요하다(충분성). 이 목적을 달성하는 범위내에서 간단하고 명료하면서도 의문의 여지가 남지 않도록 정확하게 작성해야 한다. 그래서 청구원인에 대한 서술은 피고의 항변이 없다면 원고의 청구를 인용하기에 **필요하고도 충분하게 구체적인 역사적·자연적 사실관계**를 특정하여 기재하여야 한다. 또 항변에 대한 서술도 원고의 재항변이 없다면 피고의 주장을 인용하기에 **필요하고도 충분한** 정도로 역사적·자연적 사실관계를 서술하여야 한다.

　　마. 요건사실에 대한 주장책임 유무에 따라 서술방식이 달라진다.

　　1) 주장책임이 있는 경우 (주로 청구원인사실 또는 항변사실)

　　①사실(증거인용) ― ②법리적용(법률효과의 기술) ― ③소결론(청구취지에 대응하는 의무이행형의 서술)의 순으로 기술한다.

　　2) 상대방의 주장에 반박하는 경우 (주로 상대방의 주장에 대한 반박)

　　①주장사실의 요지(간략하게 기술) ― ②ⓐ답변의 취지(부인, 부지, 일부 부인) ― ⓑ간접부인("오히려", 사실기술 ― 법리의 적용)154) ― ③결론(주로 "...주장은 이유 없습니다.")의 순으로 기술한다.

　　3) 법원의 석명권과 주장책임

　　법원은 당사자의 주장과 주장사실 사이에 차이가 있거나 모순되거나 부족함이 있는 경우에는 소송지휘권을 행사하여 설명요구 또는 석명요구(이를 "구석명(求釋明)"이라고 한다.)를 함으로써 당사자의 주장능력의 부족을 보충해 주고 있다. 이런 법원의 기능에 의하여 요건사실에 해당되는 필요하고도 충분한 구체적인 역사적·자연적 사실의 기술이라는 당사자의 책무도 어느 정도 보조받을 수 있다. 특히 본인소송의 경우 실무상으로도 법원은 후견적 역할을 적극적으로 하는 편이다. 하지만, 이러한 법원의 후견적 기능도 재판진행이 편파적이라며 기피신청(민사소송법 제43조)을 하는 한 원인이 될 수 있으므로 어느 정도 한계가 있다.155) 따라서 예비법조인으로서는 요건사실 주장의 이런 측면을 잘 고려하여 필요하고도 충분한 구체적인 역사적·자연적 사실의 기술 능력 충분히 배양하여야 할 것이다.

2. 서면의 구조에 따른 작성방법 설명

가. 1문장 작성법

1) 간단, 명료, 정확

법률적 글쓰기는 인문학적인 글쓰기와 달라서 **간단**, **명료**하고 **정확하게 의미를 전달**할 수 있도

---

154) ②ⓑ 간접부인은 반드시 기술해야 하는 것은 아니다. 다만 자신의 답변에 대한 신뢰성을 높이기 위하여 실무상으로 자주 작성한다.

155) 법원의 석명권 행사는 당사자의 주장에 모순된 점이 있거나 불완전, 불명료한 점이 있을 때에 이를 지적하여 정정, 보충할 수 있는 기회를 주고, 계쟁 사실에 대한 증거의 제출을 촉구하는 것을 그 내용으로 하는 것으로서, 당사자가 주장하지도 아니한 법률효과에 관한 요건사실이나 독립된 공격방어방법을 시사하여 그 제출을 권유함과 같은 행위를 하는 것은 변론주의의 원칙에 위배되는 것으로 석명권 행사의 한계를 일탈하는 것이다.(대법원 2008. 8. 22. 선고 2000다22362 판결)

록 작성하여야 한다. 그러므로 법학적 글쓰기를 부단하게 연마할 필요가 있다.

2) 主日相目行

일반적으로 청구원인은 ① 누가, ② 언제, ③ 누구와 사이에, ④ 무엇에 관하여, ⑤ 어떠한 행위를 하였다는 순서로 기재하여야 한다. 이를 主日相目行이라 하고, 변형된 육하원칙이라고도 한다. 참고로 청구취지는 주상목행(主相目行)의 순서로 기재한다.

3) 단문위주로 기술(새로운 경향)

과거에는 복문, 중문을 활용하여 장황하게 기재했었다. 60년대, 70년대, 80년대의 대법원 판결문을 읽어 보면 대법원 판결문 전체가 1개의 문장으로 구성되어 있는 경우를 종종 발견할 수 있다. 그러나 최근에는 단문형태로 기술하되 접속사를 사용하여 그 관계를 표현하고 있다.

4) 문장의 일치에 주의

기재할 사실이 많은 경우에는 가급적 주어를 변경하지 않고 시간적 흐름에 따라 기재하는 것이 좋다.(동일한 주어를 사용하다 보니, 능동형, 수동형이 번갈아 사용될 수도 있음에 주의하여야 한다.)

나. 1주장의 구성

1) 주장·증명책임을 부담하는 경우

원고가 청구원인을 기술하거나 피고가 항변사실을 기술하는 경우에는 각자가 그 주장, 증명책임을 부담하게 된다. 이때는 1주장의 구성은 ①ⓐ주장·증명의 목표를 요약하여 간략하게 제목으로 삼거나 아니면 ⓑ바로 해당되는 사실관계를 기술(①사실관계의 기술)하고{증거가 있으면 ( )안에 지적하듯이 인용해 주면 된다.} ②이어 사실관계에 따른 법률효과를 요약(②법률효과)한 다음 ③소결론(③)(소장의 소결론부분에서는 의무이행형으로 기술한다.)의 순서로 기재하게 된다.

이때 ①ⓑ 사실기술의 대상이 되는 사실은 원칙적으로 청구원인(항변)의 요건사실이다. 그래서 요건사실을 따로 학습하는 것이다. 요건사실론의 요건사실은 추상화된 사실로, 법문서에서는 그 추상적 사실에 해당하는 구체적인 역사적·자연적 사실로 기재해야 한다. 그런데 이때 주의할 점은 청구원인과 항변의 구분은 청구취지를 중심으로 해야 한다는 것이다. 예를 들면 대여금을 청구[156]하면서 피고측이 이미 한 상계의 의사표시를 받아들여 상계된만큼 청구를 감축하여 청구취지를 작성하였다면 상계는 항변이 아니라 청구원인사실의 일부가 되는 것이다. 대리계약의 상대방이 원고가 되어 본인을 피고로 삼아 약정상의 이행청구를 할 때 대리권을 증명할 수 없으면 표현대리 성립사실이라도 주장하여야 하고, 아니면 추인이라도 주장하여야 한다. 이러한 표현대리, 추인 주장도 청구취지를 이유 있게 하는 청구원인사실 중 하나일 뿐 항변이 아니다.

또한 정황사실로서 위 ①ⓑ의 요건사실을 증명하려면 정황사실과 직접사실 사이의 관계를 논

---

[156] 이 부분에서 어떤 의미를 전달하려고 기술하는지 잘 이해되지 않으면 제6회 변호사 민사기록형 시험 중 2010. 1. 5.자 1억 원 대여금에 관련된 청구원인사실의 기술부분을 참조해 보기 바란다.

리칙·경험칙에 따라 설명하고 요건사실이 전부 인정될 경우의 법률효과에 해당되는 청구권(권리) 또는 의무관계를 밝히는 방식으로 주장을 종결한다. 그래서 요약하자면 ①**사실관계 기술**-②**법률효과**-③**소결론**의 순으로 기재하게 된다.

2) 상대방 주장에 대한 답변과 반박을 하는 경우

① 원고가 피고의 항변에 대하여 답변을 하는 경우(실무에서 소장을 작성할 때는 대부분 피고의 항변까지 예상하여 반박하지 않는다. 하지만 최근 변호사 시험 기록형 소장 작성의 출제경향에 따르면 "피고의 예상가능한 항변에 대한 반박도 기술하세요."라는 작성지시가 있어 위와 같은 경우가 자주 발생한다.), 또 ② 원고가 준비서면을 작성하면서 피고의 주장에 대하여 반박할 때, 또한 ③ 피고가 답변서에서 원고의 청구원인에 대한 답변을 하게 될 경우에 상대방의 주장에 대한 **답변**이나 **반박**을 하게 된다. 이때는 먼저 ①상대방 주장의 요지를 기술하고, ②ⓐ그에 대한 답변을 한다. 이로써 끝낼 수도 있지만 자신의 답변에 설득력을 높이려면 ②ⓑ"오히려"로 시작되는 간접부인도 덧붙일 수 있다. 간접부인은 마치 주장·증명책임을 부담하는 경우의 서술처럼 사실관계의 기술-법률효과의 순으로 기재한다. 물론 법률효과 기술부분에서 논리칙·경험칙에 따른 추론을 포함시켜 설명할 수 있음은 앞서 한 설명과 같다. 이런 모든 기술이 끝난 다음에는 최종적으로 결론을 기술하게 된다. ②ⓒ 때로는 재항변사유가 이유있어 항변이 성립하지 않게 된다면, 재항변사유에 해당하는 구체적인 자연적·역사적 사실을 기술하고, 항변이 인정되지 않는다는 법률효과를 기술한다. 이어 ③"...주장은 이유 없습니다." 또는 "... 주장은 이유 없다 할 것입니다."라는 전형적인 문구로 마무리한다.

그런데, 상대방 주장의 요지를 기술할 때는 다음과 같이 주의할 필요가 있다.

첫째(실무관행에 관한 설명), 실무상으로 판사들은 기록을 순서대로 읽기 때문에 이미 상대방이 제출한 서면을 읽어 그 주장내용을 메모해 둔 다음 이어 후속 서면을 읽게 된다. 따라서 자신의 서면에서 상대방의 주장을 장황하게 서술할 필요가 없다. 특히 판사들은 긴 서면에 대한 체질적인 반감이 있다. 그래서 서면의 길이를 줄여야 할 필요성이 강하다. 그런데도 불필요한 부분을 장황하게 설시하여 긴 서면을 작성할 필요가 없다. 또한 자신의 서면에 잘 정리된 상대방의 주장을 보여줌으로써 판사들이 상대방의 주장이 옳다고 여길 심리학적 가능성이 높아지게 되므로 가급적 이런 습관을 들이지 않는 것이 좋다. 따라서 실무상으로는 상대방의 주장을 매우 간략하게 기술하는 것이 좋다.

둘째(변호사 민사기록형 대비 목적 답안작성방법), 하지만 앞서 설명한 바와 같이 변호사시험 기록형에서는 지금까지 상대방 제출 서면을 제시하지도 않으면서 상대방의 예상가능한 주장(주로 상담일지 중 "당사자의 주장"란에서 요약되어 있거나, 시험기록에 첨부된 "내용증명우편" 등에 암시되어 있음)에 관하여 반박해 보라는 식으로 출제해 오고 있다. 이때 채점자는 수험생들이 항변이나 재항변 요건사실을 제대로 파악하고 있는지 여부를 상대방 주장을 요약한 결과로부터 찾아보아 평가하고 있다. 따라서 수험생들은 시험대비목적상으로는 요건사실이 빠지지 않도록 상대방 주장의 요지를 잘 정리해 두어야 한다.[157] 물론 그러다보면 실무관행과 달리 너무 장황하게 서술하고 있다고 느낄지도 모른다. 이는 현행 기록형 시험의 부작용이라고 할 수 있다.

위 ②ⓐ의 답변취지는 다시 부인, 부지, 전부인정(자백), 일부 인정[158], 침묵으로 나누어진다. 그중 부인(否認)과 부지(不知)의 차이를 잘 구분할 수 있어야 한다. 부인은 자신이 관련된 사실에 대하여 상대방의 주장을 부정할 때 하는 진술이며, 부지는 자신이 전혀 관계되지 않은 상대방 주장 사실에 대하여 부정할 때 하는 진술이다. 서증의 인부(認否)도 같은 원리가 적용된다. 부인을 할 때는 가급적 예의를 갖추어 부드럽게 하여야 하고, 자극적인 언사는 피해야 한다. 부인의 예를 들면 "...주장과 같은 사실이 없습니다." 또는 ...주장은 사실과 다릅니다."라고 하면 족하다. 그런데 "...주장은 새빨간 거짓말입니다.", 또는 "...주장은 얼토당토 않는 이야기입니다." 등과 같은 격한 표현은 가급적 피해야 한다. 필자가 실무에 종사할 때 해 본 가장 강한 표현은 "...라는 주장은 지나가던 소도 웃을 일입니다."는 정도였다. 지금 돌이켜보면 위와 같은 표현도 과했던 것 같다.

부지는 "...주장은 알지 못합니다."라는 식으로 답변하면 된다.

전부 인정하고 별도의 항변을 제시하지 않는다면 인낙과 같은 효과가 있을 수 있으나, 상대방의 청구를 인낙하는 것과 상대방의 사실에 관한 주장 전부를 인정하는 것은 소송법상으로는 차이가 있으므로 구분되어야 한다. 실무상으로는 상대방의 사실에 관한 주장 전체를 인정하면서도 별도의 항변을 하는 경우가 있으므로 특히 양자의 구분이 필요하다.

실무상으로는 상대방의 주장에 대하여 일부를 인정하고 나머지를 부인하는 경우가 가장 많다. 따라서, "...란 사실은 인정하나, 나머지 사실은 전부 부인합니다."라는 일부 부인의 형태로 진술하는 경우가 가장 많으니 잘 익혀 두기 바란다.

요약하자면, **①상대방의 주장의 요지-②ⓐ답변취지-ⓑ간접부인**(오히려, 사실기술—법률효과)**-ⓒ항변의 사실진술-그 법률효과의 진술 -③소결론**의 순서로 기재한다.

3) 사실과 법리론의 기술방법

1개 주장에 대한 논리전개는 앞선 1), 2)의 설명에 따르면 된다. 이때 항상 문제되는 것은 사실의 진술과 법리론의 전개에 관한 잘못된 이해로 초래되는 실수들이다. 즉 사실을 기술하기 전에 법해석론 수준의 법리론을 정황하게 전개하면서도 정작 사실에 관한 기술은 아주 추상적으로 간략하게 언급하는 등 법문서를 소홀히 작성한다는 것이다. 당사자는 사실을 주장하는 역할을 맡고, 법원은 법률을 해석하여 적용하는 역할을 분담하고 있다. 그러므로 법문서에서 사실기술의 부분 앞에 법률의 해석과 적용에 관한 장황한 논리(소위 법리론)를 서술하는 것은 가급적 삼가야 한다. 필자가

---

157) 필자가 앞서 법리론 설명부분에서는 실무관행에 따를 것을 주문하면서도 이 부분에서는 실무와 차이나는 시험대비방법에 따를 것을 요청하는 이유는 법리론 기술방법의 오류로 인한 부작용이 훨씬 크고 지속적이며 또 법리론을 사실기술의 앞부분에서 서술하지 않는다 해도 법률효과 기술부분에서 녹여 효과적으로 전개할 수 있는 대체적 방법이 존재하기 때문이다.

158) 물론 침묵도 있다. 침묵하면 의제자백이 된다.

그 동안 학생들에게 수업시간마다 강평할 때마다 수없이 이와 같은 이야기를 하였는데도 학생들은 매번 장황한 법리론을 먼저 펼치면서도 사실기술은 거의 형해화하여 사실의 간단한 진술로 서면을 작성하곤 하였다. 그 이유를 곰곰이 생각해 보니 변호사시험 사례형 답안작성 연습 및 이론수업의 중간·기말고사 답안작성의 영향을 받은 것으로 보인다. 그러나 법문서의 독자는 주로 법률전문가인 판사들이다. 그들은 이미 상당한 법률지식이 있는 사람들로서 법리론의 전개가 불필요할 뿐만 아니라 섣부른 법리론의 전개는 글쓴이의 법률지식의 가벼움을 드러내 세간의 웃음거리가 될 수 있을 뿐이다.[159] 판결문을 작성하는 하급심 판사들도 가급적 법리론을 자제하여 상급심 판사들의 법해석 적용에 불필요한 장애가 되는 것을 피하려 하고 있다는 사실도 명심해 법문서 작성에서 법리론을 기술할 때 주의할 필요가 있다.

다만 다음과 같은 경우에는 예외적으로 법리론을 전개할 수 있다.

① 간접사실들을 통한 직접사실을 추론하는 **논리칙**, **경험칙**에 관련된 법리론이라면 간접사실의 기술 후에 이를 간략하게 전개해 결과적으로 주요사실이 증명되는 과정을 보여 줄 필요가 있다. 이때 서면을 작성하는 사람의 리걸마인드가 드러난다는 점에 주의하면서 보편타당한 논리를 적용하여 그 설득력을 높일 필요가 있다.

② 또 법률적 견해를 분명히 함으로써 소송물을 특정해야 하거나, 청구원인이 그 법리론을 통하여 비로소 청구취지를 이유 있게 하는 것이라면 필요한 범위내에서 간략하게 서술할 수 있다.

③ 나아가 법리가 매우 새롭거나 외국의 법리이거나 기타 보편적인 법리가 아니라서 특히 주목할 필요가 있는 것이라고 판단되면 간략하게 이를 서술할 수도 있다.

4) 요건직접사실과 요건간접(정황적)사실의 기술방법

당사자가 주장·증명책임을 지는 대상은 요건사실이다.[160] 그래서 당사자는 요건사실에 해당되는 구체적인 역사적·자연적 사실을 주일상목행의 순서로 기재하여야 한다. 하지만 요건사실에 해당되는 구체적인 역사적·자연적 사실을 직접적으로 증명할 수 없거나 어려운 때가 있다. 변호사 수임사건 중에는 요증사실을 직접증거로 증명하기 어려운 경우가 비일비재하다. 이때는 여러 가지 정황적 사실(간접사실)들을 주장, 증명함으로써 논리칙·경험칙을 적용한 결과 요건사실에 해당되는 구체적인 역사적·자연적인 사실을 추정할 수 있도록 서술하는 것이 필요하다. 이때 간접사실들을

---

159) 필자가 이렇게 강의하고 있지만 여전히 찜찜한 것은 변호사시험 기록형 공식 모의시험에 제공된 모범답안에서도 법리론이 난무하고 있어 본인 강의를 수강한 학생들이 본인의 권유를 따랐다가 불이익을 당하지나 않을까 하는 걱정이 앞서고 있는 것이다. 문제를 출제하고 채점을 하는 사람으로서는 수험생들이 정말로 해당 법리를 알고 답안을 작성했는지 궁금해 할 수 있다는 점은 필자도 이해한다. 하지만 법학전문대학원 졸업생들은 변호사 시험을 치룬 후 별다른 보정없이 바로 실무에 종사하게 된다. 그런데 그들을 가르치고 있는 법학전문대학원의 교육에 지대한 영향을 미치는 변호사 시험에서 위와 같은 방식으로 출제하여 결국 법학교육의 현장에 잘못된 교육을 하도록 유도하고 있다면 장래 예비법조인들의 실무능력에 큰 악영향을 미칠 수 있다. 필자는 아직도 법문서에 과도한 법리론을 포함시켜 마련된 모범답안 채점기준에 대하여 엄청난 반대의사를 갖고 있다.

160) 간접사실이나 증빙자료에 관하여는 주장책임의 적용을 받지 않고 법원이 증거에 의하여 자유롭게 인정할 수 있다.(대법원 2009. 10. 29. 선고 2008다51359 판결, 대법원 2004. 5. 14. 선고 2003다57697 판결 등 참조)

열거한 다음 어떠한 내용의 논리칙과 경험칙이 적용되어 직접사실이 증명되는지에 관하여 리걸마인드가 느껴질 수 있도록 설득력 있게 기술하는 능력이 절실히 필요하다. 다시 말하지만 변호사는 자신의 주장을 타인에게 설득력 있게 설명하여 유리한 결정을 받아내야 하는 사람이다.

특히, 정당한 이유, 권리의 남용, 공서양속과 같은 규범적 함의가 높은 요건사실들을 주장하는 경우에는 간접사실들의 제시를 통한 논리칙·경험칙에 의하여 도출되는 추론의 과정을 설득력 있게 서술할 수 있어야 한다. 그래서 ①사실관계 기술－②법률효과－③소결론이란 기술순서 중 "②법률효과"에 해당되는 부분에서 논리칙, 경험칙을 바탕으로 위와 같이 기술하게 되는 것이다.

사실 소장, 답변서, 준비서면 등에서 법리론을 기술하지 말라고 하여도 학생들은 잘 이해하지 못하고 있을 뿐만 아니라 법리론을 쓰지 않으면 쓸 게 없는 것처럼 불평을 늘어놓고 있다. 법리론을 쓰지 말라는 요구는 법문서의 품질을 높이는 최고 단계의 작성능력으로 초학자들인 학생들에게 바로 요구하기 어려울 수도 있다.

법리론을 쓰지 말라는 요구는 작성자는 물론 독자(판사 등)도 법률전문가이기 때문이다. 그러므로 당사자의 주장·증명책임이 있는 법률요건에 해당되는 구체적인 역사적·자연적 사실만 기술하면 그 임무를 다하므로 이보다 더 많은 정보를 기술하면 법문서의 간결성을 해치게 된다. 법리론을 쓴다고 하여 틀리다는 것은 아니다. 법리론만을 장황하게 쓰고 지쳐 반드시 써야 할 법률요건에 해당되는 구체적인 역사적·자연적 사실은 쓰지 않거나 이를 간략하게 추상적으로 기재하기 때문에 문제라 하는 것이다. 또 법리론은 어차피 법률효과를 기술하는 부분에서 효과란 관점에서 전개될 수밖에 없다. 그래서 사실기술의 앞부분에서 먼저 쓸 필요가 없다. 법률요건에 해당되는 구체적인 역사적·자연적 사실을 충실히 기재하면서도 그 사실의 법률적 의미를 맛깔스럽게 정리해 둔 서면은 정말 읽기 황홀하다.

현장에서 많이 발견되는 법리론 전개의 예로는 다음과 같은 것들이 있다.

1. "…는 판례의 태도입니다."(판례의 태도쯤은 극히 이례적인 것이 아니라면 법률전문가인 판사도 다 알고 있다. 그래서 "사실은 당사자가, 법률의 적용은 법원이"라는 법언이 있는 것이다.)

2. "…의 요건사실은 ① …, ② …, ③ … 등이 있습니다." (앞서 판례운운의 경우와 같은 설명이 타당하다. 법률전문가라면 그깟 법률요건쯤은 다 알고 있다. 법률요건에 해당되는 당해 사안의 구체적인 역사적·자연적 사실이 알고 싶을 뿐이다.)

3. "…는 법리입니다."(그런 법리는 법률전문가라면 다 안다. 걱정하지 않아도 된다.)

다시 한번 강조하지만 법원(판사)은 법률전문가로서 법률요건, 법리, 판례의 태도 등을 다 아는 가운데 당해 사안에서 해당 법리, 법률요건, 판례를 적용할 수밖에 없는 구체적인 역사적·자연적 사실을 알고 싶어 한다. 그리고 법률요건에 해당되는 구체적인 역사적·자연적 사실을 다 쓴 이후에 청구와 소송물을 특정하고, 의무이행형의 결론을 이끌어 내기 위하여 해당 사실이 적용된 결과인 주장사실의 법률적 의미를 기술해 주어야 하는 것이다. 그 이상의 법리론을 쓰면 법문서의 간결성을 해치게 된다.

다음은 제4회 변호사시험 기록형 문제를 사용하여 치른 모의시험에서 제출된 어느 학생들의 실제 답안

이다. 본서와 자매서인 「민사법 실무 연습」에 첨부되어 있는 모범답안 해당부분과 비교해 구체적 역사
적·자연적 사실의 기술이 없이 법리론으로만 가득찬 답안의 문제점에 관해 토론해 보자.

---

1. 2011. 12. 10.자 상속재산 협의분할의 효력여부

　(1) 상속재산에 대한 분할

　　ⅰ) 상속재산에 관하여 공동상속인이 있는 경우에는 협의에 의하여 재산분할이 가능하며,
다만 협의가 성립하지 않은 경우에는 재판상 분할을 청구할 수 있으며(제1013조), 상속재산의 분할
은 제3자의 권리를 해하지 않는 한 소급하여 그 효력이 있습니다.(제1015조)

　　ⅱ) 이 시점에서 망 조경제의 처 이예림과 그의 자 조영만은 2011. 11. 5. 조경제의 사망
으로 인하여 공동상속인의 지위를 취득(제1000조 제1항, 제1003조 제1항)하여 상속재산에 대한 분
할이 가능하였습니다.

　(2) 미성년자의 친권자의 이해상반행위의 효력

　　ⅰ) 미성년자인 자의 친권자는 그 부모인 바(제909조 제1항), 미성년자의 부모는 친권자
로서 법정대리인의 지위에 있으며 자녀가 성년이 될 때까지 자녀의 대리권을 갖게 됩니다. 그런데
친권자인 부모와 그 자녀사이에 이해상반행위를 할 경우에는 법원에 의해 특별대리인을 선임해야
하는 바(제921조 제1항), 특별대리인도 선임하지 않은 행위는 무권대리인의 행위로서 당사자의 추
인 등이 없는 한 무효에 해당됩니다.(제123조, 제135조)

　　ⅱ) 이 시점에서 피고 이예림과 피고 조영만은 망 조경제의 공동상속인으로서 협의분할을
한 2011. 11. 10. 당시 조영만은 18세로서 미성년자의 지위에 있었던 바, 피고 이예림은 친권자로
서 법정대리인이었고, 망 조경제의 상속재산인 서울 서초구 양재동 274 잡종지 200㎡를 협의분할
함에 있어 민법상 상속재산 중 2/5지분은 미성년자인 자녀의 재산을 취득한 바, 이는 이해상반행위
에 해당됩니다. 따라서 피고 이예림의 2011. 12. 10.자 상속협의분할등기는 민법 제921조 제1항에
반한 협의로서, 무권대리에 해당되고 조영만이 추인하지 않는 한 무효입니다.(제133조)

다. 서면전체의 구성과 목차달기

1) 일반론

　각종 법문서를 작성하다가 보면 전체서면에서 주장을 어떻게 배치해야 할까란 문제와 목차(제
목)를 정하는데 많은 고민을 하게 된다. 소장상의 청구원인이 하나이거나 답변서상의 항변이 하나
인 경우에는 위와 같은 1주장 작성방식과 같이 ①사실의 기술—②법률효과—③결론의 형태로 기술
하면서 종결하면 된다. 하지만, 실무상으로도 소장과 답변서를 작성할 때 위와 같이 간단하게 법문
서를 작성해야 할 경우는 거의 없고 복수의 청구원인이나 복수의 항변이 포함되어 있어 이들을 적
절히 배치하여 서면의 가독성을 높이면서 작성할 필요가 있는 경우가 더 많다. 이 경우 서면전체의
구성을 어떻게 하여야 하는가가 문제된다.

2) 먼저 첫머리에 "기초적 사실관계"라는 란을 따로 두어 공통되는 사실을 모아둘 필요가 있는지 여부(타입 1)에 관해 검토해 보자.

서면의 목차를 구성하면서 제일 먼저 봉착하는 문제는 서면 첫머리에 "기초적 사실관계"라는 란을 따로 마련하여 복수의 주장들에 공통되는 역사적·자연적 사실을 기술한 다음 이어진 항에서 이를 요약하여 원용하는 방식으로 서면을 작성할 필요가 있는지 여부이다. 이와 같은 기법은 상당히 세련된 것으로 많은 경험이 쌓여야 비로소 가능한 서면작성 방법이다. 그 필요성이 있는지를 파악하기 어렵고, 실제로 그 적용에도 많은 준비와 노력이 필요하기 때문에 변호사시험 기록형 답안을 작성하는 예비법조인들은 당분간 이런 서면구성법의 적용을 삼가할 필요가 있다.(타입 2로 작성함이 좋다.)

[타입 1]

청 구 원 인

1. 기초적 사실관계
2. 피고 OOO에 대한 청구
3. 피고 XXX에 대한 청구
4. 결론[161]

[타입 2]

청 구 원 인

1. 피고 OOO에 대한 청구
2. 피고 XXX에 대한 청구
3. 결론

[제4회 변호사시험 기록형 답안의 오답유형]

> I. 피고 조영만에 대한 별지목록 제2.부동산에 관한 청구
> II. 별지목록 제3. 부동산에 관하여
> III. 피고 조영만, 이예림, 손철민에 대한 청구
> [글머리기호로 I II III을 사용하고 있을 뿐만 아니라 목차구성도 작성요령을 따르고 있지 않다. 구체적인 목차도 피고별로 했다가 청구별로 하는 등 들쭉날쭉하고 일관성도 없어 최악의 답안이다.]

> 1. 피고 조영만에 대하여
>   가. 별지 제2. 기재 건물에 대한 권리관계
>   나. 별지 목록 제3.기재 부동산에 관한 권리관계
> [우선 지시문을 따른 것처럼 보여 만족할만하나 가. 나.의 목차표현으로는 사례형 답안의 제목으로 적당할지 모르지만 의뢰인을 대리하여 소를 제기하는 변호사 작성의 법문서로서는 부적절하다.]

> I. 종중회관 건물의 소유권을 찾을 수 있는 방법에 관하여
> II. 조영만에게서 양도받은 부동산 지분을 넘겨오는 방법에 관하여

---

161) 결론을 "결어"라고 표현하는 학생들도 있다. 법률서면은 논리적 문장으로 결론이란 용어가 더 바람직하다.

[위와 같은 제목을 부여한 이유는 작성요령에서 위와 같은 목적을 달성할 수 있도록 소장을 작성해 달라고 한 것을 그대로 소장 중 청구원인의 목차로 사용한 것이다. 잘 생각해 보면 폭소를 금치 못할 치기어린 목차구성법인 점을 알 수 있을 것이다.]

그 외 작성지시문에서 피고별로 청구원인을 작성하라고 하였더니 피고별로 청구취지 – 청구원인을 둔 소장 5개를 작성하여 제출한 경우도 있었다.

3) 복수의 당사자(특히 피고)가 있을 경우 그 목차구성법

당사자가 복수인 경우 원칙적으로 당사자별로 분리하여 별도 목차하에 법문서를 작성하는 것이 일목요연하여 좋다. 법률관계는 상대적인 것이기 때문에 당사자별로 설명하는 것이 누락되거나 중복을 피하는 최선의 방법이다. 또한 당사자별로 서술하다가 청구별로 서술하여서는 아니 된다. 왜냐하면 혼란만 가중시킬 수 있기 때문이다. 원칙적으로 당사자별로 서술하고, 뒤에서 다른 당사자에 관하여 동일한 내용으로 기술할 필요가 있다면 앞선 서술을 간략하게 요약하여 원용하는 방식으로 처리하면 된다.("위와 같이", "위 1.나.항의 기재와 같이" 등으로)

4) 한 당사자에 대한 복수의 청구원인, 항변이 있을 경우 그 목차구성법

한 당사자에 대한 청구원인이나 항변사항이 복수인 경우에는 **가장** (질적으로나 범위로 볼 때) **유리한 청구나 주장**부터 먼저 기술하고, 그 다음으로 **인용될 가능성**(승소가능성)**이 높은 청구나 주장**순으로 청구원인이나 항변을 배치하여야 한다. 이는 판사들이 서면을 읽을 때 강력한 인상을 주어 승소가능성을 높이기 위한 전략적인 선택을 해야 하기 때문이다. 물론 이런 기술을 실제 적용할 때도 사실의 흐름을 지나치게 제약하여 복잡하게 만들게 된다면 결국 **시간적 흐름이나 사건진행의 흐름**에 맞추어 기술할 수밖에 없을 것이다.

5) 하나의 주장이 복수의 요건사실로 구성되어 있고 그 요건사실이 복잡하여 별도로 제목을 붙일 필요가 있을 경우 그 목차구성법

원칙적으로는, 복잡한 주장은 그 요건사실을 잘 분석하여 가급적 요건사실별 제목을 붙이고 그 제목하에 이에 관련된 사실을 서술해 나가면 된다.(아래 기재례 1) 그런데 요건사실에 해당되는 역사적·자연적 사실이 서로 연결되어 있어 인위적으로 분리하는 것이 어색한 경우에는 제목을 묶어 공통되게 설정하고 그 복수의 요건사실에 해당되는 역사적·자연적 사실을 일괄하여 서술할 수도 있다.(예를 들면 아래 기재례 2 손해배상청구 중 '1. 손해배상책임의 발생' 부분에서는 4가지 요건사실인 고의·과실, 위법성, 손해, 인과관계를 모두 포함하여 한 제목으로 삼고, 그 요건사실에 해당되는 사실들을 일괄적으로 서술하는 것이 좋다.)

[기재례 1]

가. 임차보증금반환채권의 발생

　　...임대차계약을 체결하고, 임차보증금 000원을 지급하였습니다.

　　...기간만료로 종료되었습니다.

나. 임차보증금반환채권의 양도 및 통지

다. 임차목적물의 양도 및 대항력의 발생

[기재례 2]

예를 들면, 손해배상청구를 하는 경우

1. 손해배상책임의 발생

2. 손해배상의 범위

　가. 일실수입

　나. 치료비등

　다. 위자료

　라. 과실상계

---

6) 소결론, 결론

가) 소결론

청구원인이나 항변이 복잡하거나 다수인 경우에는 개별 청구원인이나 항변 등에 관한 서술을 종결하고 나서 '**소결론**'이란 제목하에 각 청구원인이나 항변에 대한 결론적 서술을 하여 해당 주장을 마무리한다. 소결론을 기술할 때는 전체결론을 내리는데 필요한 결론적 서술까지만 소결론 부분에서 기술하는 것이 좋다. 즉 소장의 소결론에서는 본인의 주장사실이 인정된다며 결론적으로 "...라는 의무가 있다 할 것입니다."라는 의무이행형 결론을 내고, 답변서 등에서 상대방의 주장사실이 인정되지 않는다는 결론적 서술을 하고자 하면 "...라는 주장은 이유 없습니다."라는 결론적 서술로서 소결론 지울 수 있다. 위와 같은 의무이행형 서술은 청구취지의 문구와 상응함은 앞서 수차례 설명한 바가 있다.

나) 전체결론

서면 전체의 결론부분은 청구취지에 대응하여 그 인용·기각에 대한 최종결론을 기술을 하는 곳이다. 만약 소결론부분을 마련하여 이미 의무이행형 형태의 서술을 해 두었다면 그 인용·기각여부에 대한 최종 결론적 서술만 하면 된다. 그래서 서면 전체결론 부분에서 청구취지에 대하여 "...인용하여야 합니다."라거나 상대방의 주장에 대하여 "...기각하여야 합니다."라는 최종결론적 서술로서 문서전체를 마무리하게 된다.

만약 청구가 1개여서 소결론란 없이 바로 전체결론을 작성하게 된다면 소결론 부분에서 해야 할 의무이행형 결론적 서술과 인용·기각의 최종결론적 서술을 함께 하여야 한다.

최근에 변호사 시험 민사 기록형 시험 답안 작성시 전체결론은 소결론 등에서 이미 충분히 결론적 내용을 서술하였기 때문에 반복을 피하기 위하여 상투적인 용어로 간략하게 마무리 짓는 경향이 나타나고 있다.

다) 소결론·전체결론 공통(의무이행형 기술방법)

앞서 설명한 결론적 서술인 의무이행형 기술방법에 관하여 좀 더 상세하게 설명해 보자. 의무이행형으로 된 결론적 서술을 하는 이유는 소결론 또는 결론부분이 청구취지에 대응되는 부분이기 때문이다. 앞서 소장이나 답변서는 양괄식으로 된 서면이라고 했다. 그래서 청구취지가 의무이행형으로 된 이상 소결론 또는 결론부분에서도 의무이행형으로 끝나야 한다. 다만 소결론 또는 결론부분에서는 각 항목에 해당되는 법률상 의미를 정의해 주는 문구도 삽입하여 의무이행형으로 기술하여야 하고, 청구취지 부분에서는 무색·투명한 용어를 사용하고 기술하여야 하는 차이만 있다.

라. 특수한 문제

1) 선택적 청구(항변) 또는 주위적·예비적 청구(항변)

주위적·예비적 청구(주장)는 양립불가능한 청구를 순서를 정하여 청구(주장)하는 것을 일컫고, 선택적 청구는 양립가능한 청구를 동시에 주장하는 것을 일컫는다. 학습의 초기에는 양립불가능이란 의미를 구체적으로 체득하지 못하여 선택적 청구를 주위적·예비적 청구(부진정 주위적·예비적 청구)로 구성하여 주장하는 경우나 주위적·예비적 청구를 선택적 청구로 청구하는 잘못을 흔히 저지른다. 앞서 설명한 바와 같이 전자는 허용되나 후자는 허용되지 않기 때문에 각별히 주의하여 정확하게 구분하여 사용할 수 있어야 한다.

2) 일부청구

일부청구는 심리의 범위를 특정할 수 있을 정도로 전체를 특정한 상태에서 그중 일부를 청구한다는 취지를 명시하여 청구하여야 한다. 일부 청구임을 명시하지 않고 일부만 청구하면 그 확정판결의 기판력이 전체에 미치기 때문에 나중에 나머지 청구를 하지 못하는 큰 불이익을 받게 되므로 특히 주의하여야 한다.

3) 장래이행의 청구

장래이행의 청구(민사소송법 제251조)를 할 때는 반드시 "미리 청구할 필요"라는 란을 마련하여 이를 특정하여 주장·증명하여야 한다. 그러므로 어떤 청구를 장래이행의 청구로 하여 제기해야 하는지 잘 학습해 두어야 한다.

4) 확인의 이익

확인소송을 제기하는 경우에는 "확인의 이익"이란 란을 따로 마련하여 법률관계의 불안을 해소하기 위하여 확인의 소 제기가 필요하다는 점을 분명히 밝혀야 한다.

3. 구체적인 역사적 · 자연적 사실의 기술에 관한 집중적인 설명

가. 구체적인 역사적 · 자연적 사실의 기술

학생들은 요건사실에 해당되는 구체적인 역사적 · 자연적인 사실을 기술하는 방법을 체득하기 대단히 어렵다고 한다. 사실 그것은 훌륭한 법조인이 되는 출발점으로 매우 기초적인 능력이니 몸에 배도록 부단히 노력해서 습득해 두어야 한다.

요건사실론을 학습할 때 정리한 요건사실은 지극히 추상적 사실이다. 즉 요건사실론에서 학습한 요건은 추상적인 사실이나 청구원인에서 기술할 대상이 되는 사실은 그 요건사실에 해당하는 구체적인 자연적 · 역사적 사실이다. 소장, 답변서 등 법문서에서 기재해야 하는 요건"사실"은 주일상목행의 순서로 풀어쓴 구체적인 역사적 · 자연적 사실이어야 한다. 매매계약을 원인으로 한 소유권이전등기 청구 사건에서 요건"사실"인 "매매계약의 체결"이란 사실은 지극히 추상적인 사실이다. 이론적으로는 원고는 아래 2.의 기재와 같이 "매매계약을 체결하였습니다."라는 단순한 진술만으로도 충분히 요건"사실"을 주장하였다고 할 수 있다. 그리고 매매계약서를 제출하여 그 매매사실을 증명하고 있다면 주장 · 증명책임을 다한 셈이다. 하지만 실무상으로는 위와 같은 설시만으로 주장책임을 다했다고 보지 않는다. 약정(법률행위)는 확정[162]될 수 있을 정도로 특정되어야 하기 때문이다. 비록 원고는 피고와 사이에 체결한 매매계약이 평생 한번뿐이어서 위 주장상의 매매계약 하나만 있었다고 하더라도 위와 같은 표현만으로는 특정되었다고 보지 않는다. 적어도 "主日相目行"으로 기술할 수 있을 때 해당 약정은 확정되었다고 보고 특정되었다고 보는 것이다. 그렇다고 아래 3.과 같이 지나치게 상세하게 묘사하라는 것이 아니다. 법률가의 글쓰기가 인문학적 글쓰기와 차이난다. 그 이유는 인문학적 글쓰기는 인간의 감성에 호소하기 위해 다양한 묘사를 하여 독자와의 교감을 꾀하려는 목적으로 작성되는 반면 법률가의 글쓰기는 사실에 관한 주장을 정확하게 전달하여 독자(주로 판사)를 설득하기 위해 작성하는 것이다. 따라서 아래 4.와 같은 글쓰기를 절차탁마하여 반드시 체득하여야 한다.

[청구원인사실을 기술할 때 다음과 같이 매우 추상적으로 기술해서는 아니 된다.]
[1. 요건사실의 추상적인 기술]
원고는 피고로부터 부동산을 사겠다는 청약을 하고, 원고는 이에 승낙의 의사표시를 하였습니다.
[2. 요건사실의 또다른 추상적인 기술]
원고는 피고로부터 부동산을 사는 매매계약을 체결하였습니다.

(해설 : 위 1. 기술방식은 민법 제563조상의 법조문에 충실하게 청약과 승낙의 합치란 방식으로 기술하

---

162) 이론상으로 법률행위의 목적은 확정, 적법, 가능, 사회적 타당성이 있어야 유효하다고 설명한다. 이때의 확정을 일컫는 것이다.

고 있으나 실생활에서 사용하는 표현이 아니라서 일반 시민들의 입장에서 보면 대단히 어색한 표현이 된다. 위 2. 기술방식은 법률행위를 특정하여 확정시키지 못하고 있다. 도대체 어느 부동산을 지칭하는지 알 수 없으며 원고와 피고 사이에 위 매매계약이외에도 부동산거래 계약을 더 했을 수도 있다면 도대체 어느 계약을 지칭하는지도 알 수 없다.)

[3. 요건사실에 해당하는 역사적·자연적 사실이외에 동기, 자금조달방도 등 불필요한 사실들까지 지나치게 구체적으로 기술함으로써 법문서작성의 단순, 명확성을 해치는 기술방식]
원고는 **정년퇴임이 다가오자 저금리시대에 안정적인 노후 수입원을 마련하기 위하여 대지를 매수하여 도시형생활주택을 신축하여 임대하기로 결심하고 여러 곳을 탐문한 끝에 가장 적당한 별지목록기재 부동산을 물색하여 그 소유자인 피고와 수차례 협상한 끝에 겨우** 2020. 7. 1.자로 피고와 사이에 별지목록기재 부동산을 대금 590,000,000원에 매수하기로 약정하되 **우선 00은행에 개설된 원고 보통예금계좌로부터 인출하여** 계약금 60,000,000원은 계약당일 바로 지급하고, 중도금 300,000,000원은 같은 해 8. 1. 지급하되 피고는 **그 돈으로** 별지목록기재 부동산에 설정된 근저당권 설정등기를 전부 말소**해 주기로 하고**, 잔금 230,000,000원은 같은 해 9. 1.경 소유권이전등기에 필요한 일체의 서류교부와 상환으로 지급하기로 매매계약을 체결하였습니다.

[해설 : 동기, 목적물의 상태, 자금조달방법 등을 잡다하게 서술하여 마치 해당 부동산거래의 자연적 사실관계를 전부 요약해 놓은 듯하다. 매매계약의 체결, 계약금의 지급과 같은 권리발생원인인 요건사실 위주로 단순, 명료하게 기술해야 한다. 이런 원칙에 비추어 보면 위와 같은 기재는 지나치게 번잡해 보이고, 초점을 흐리고 있다. 그 결과 위와 같은 기술은 분쟁대상을 불필요하게 확대하는 폐단도 있다.]

[4. 위 3. 사실을 실무상 통용되는 정도의 요건사실에 해당되는 구체적인 역사적·자연적 사실의 기술로 변환해 보면 다음과 같다.]

원고는 2020. 7. 1.경 피고로부터 별지목록기재 부동산을 대금 590,000,000원에 매수하기로 약정하면서 계약금 60,000,000원은 계약당일 지급하고, 중도금 300,000,000원은 같은 해 8. 1.경 지급하고, 잔금 230,000,000원은 같은 해 9. 1.경 지급하기로 하는 내용의 매매계약을 체결하였고, 계약당일 계약금 60,000,000원을 지급하였습니다.

제4회 변호사시험 기록형 문제에 대한 답안을 예로 들면 다음과 같다.
[모범답안의 경우]
> 가) 원고는 2014. 3. 15. 피고 조영만과 별지 목록 제2. 기재 부동산(이하 '제2건물'이라 함)을 신축하는 공사도급계약을 체결하면서, 공사대금은 10억 원으로 하고 계약 당일 5억 원을 공사대금으로 선 지급하였습니다.

나) 원고는 편의상 피고 조영만 명의로 건축허가를 받았고, 피고 조영만은 공사 완료 후 지체 없이 원고 명의로 소유권보존등기를 하는 데에 협조해 주기로 하였습니다.

다) 피고 조영만은 1억 원어치 공사만 한 채 공사를 중단한 후 잔여 공사를 포기하였고, 원고가 타처에 공사를 발주하여 원고의 비용부담으로 나머지 공사를 완료하였습니다.

2) 피고 조영만 명의 원인무효 소유권보존등기의 경료

피고 조영만이 자신이 마치 위 건물의 실제 건축주인 것처럼 행세하고 다니자, 그의 채권자인 피고 한상수는 위 건물에 대한 가압류를 신청하였고, 서울북부지방법원이 촉탁한 가압류등기를 하는 과정에서 위 건물에 관하여 피고 조영만 명의의 소유권보존등기가 마쳐졌으며, 이에 기하여 서울중앙지방법원 등기국 2014. 12. 20. 접수 제26775호로 피고 한상수 명의의 가압류등기가 기입되었습니다.

[잘못된 사례]

원고는 이 사건 별지목록 제2기재 건물에 관하여 피고 조영만에게 도급을 주어 건설하게 하였으나, 피고 조영만은 해당 건물의 건축을 완료하지 못하였고, 원고는 다른 건축회사에 재차 도급을 주어 해당 건물을 완성하였습니다.

해당 건물에 대하여 아무런 권리가 없음에도 자신의 명의로 소유권보존등기를 경료하였습니다.

[위 잘못된 사례를 위 모범답안과 비교해 보면 잘못된 사례는 먼저 청구원인을 구체적 역사적·자연적 사실로 기술하지 않고 상당히 높은 수준으로 추상화시켜 사실을 기술하고 있다는 것을 알 수 있다. 그러다 보니 해당 법률요건에 관한 사실이 잘 확정되었다고 보기도 어렵고 다른 요건사실들과 구분도 불가능하며, 그 평가나 법리적 측면이 잘못된 경우도 있다. 따라서 법률요건에 해당되는 구체적 역사적·자연적 사실(요건사실)의 기술해야 한다는 의미를 잘 모른다는 인상을 지울 수 없다. 특히 소유권보존등기가 경료되는 과정은 전혀 설명되지 않아 왜 원인무효의 등기가 되는지를 알 수 없다. 이처럼 주일상목행의 순서로 요건사실에 해당되는 구체적인 자연적·역사적 사실을 기술해야 한다는 취지를 충분히 숙지하여 잘 훈련함으로써 청구원인을 적절하게 기술하는 능력을 부단히 연마하여야 한다.]

나. 구체적인 역사적·자연적 사실이 요건사실과 불일치할 때 문제점 해결방법

요건사실은 법적으로 유형화된 사실로서 구체적인 역사적·자연적 사실과 개념적으로 불일치할 수 있다. 이때 구체적인 역사적·자연적 사실을 기술하면서도 요건사실을 충족시키는 글쓰기 기술이 필요하다.

① 청구가 병합되어 있는 경우 서로 다른 청구원인사실들이 일정 부분 사실관계로서 다른 청구원인사실과 중복될 수 있다. 이때는 먼저 기술하는 청구에 관한 역사적·자연적 사실을 충분히 기술한 다음 나중에 기술하는 청구에 관하여는 앞서 한 기술부분을 간략하게 요약하여 원용하면서 서술하면 된다.

② 법률적 용어가 사실의 진술(청약과 승낙)까지 포함하고 있는 경우가 있다. 만약 그 법률적 용어가 일상적으로 널리 사용되어 일반인들 사이에 사실에 관한 진술로 이해될 수 있을 지경에 이르렀다면 이를 그대로 활용하여 역사적·자연적 사실을 서술해도 된다. 또한 법원으로서도 당사자

가 법률적 용어를 통하여 대체로 일정한 사실에 관한 주장을 하고 있다고 판단되면 전향적으로 해석하여 해당 요건사실의 주장이 있는 것으로 보는 경향이 있다. 예를 들면 "매매계약을 체결하였다."라는 표현으로 족하고 민법 제563조를 참조하여 청약과 승낙으로 구분하여 기술할 필요가 없고, "...대여하였습니다."라는 표현속에서는 소비대차계약의 체결이외에도 원본의 인도가 포함된 표현으로 이해하고 있다. 그렇다고 하더라도 요건사실에 해당하는 역사적·자연적 사실을 대충 기술해서는 안 된다. 필자의 경험으로도 잘 정리되고 설득력 있는 서면은 감동적이어서 호감이 간 적이 많다. 따라서 요건사실에 해당하는 역사적·자연적 사실을 효과적으로 기술하는 실력을 부단히 연마할 필요가 있다. 즉 인내심을 갖고 꾸준히 법학적 글쓰기를 반복적으로 해 보아야 한다는 것이다. 그러다 보면 어느 순간 자신의 법학적 글쓰기 방법을 체득하게 될 것이다.

[①의 예시]

(상담일지에 정리되어 제시된 사실관계)

피고 乙은 피고 丙과 사이에 건물신축공사계약을 체결하고, 피고 丙은 원고 甲으로부터 건축자재인 철근 100톤 10억 원상당을 공급받아 건물신축공사를 하던 중 약 80%정도의 공정이 완성되었을 무렵 피고 丙의 자금부족으로 중단되고, 피고 丙은 거의 파산지경에 이르러 변제할 자력이 없게 되었다. 원고 甲이 사실관계를 확인해 보니 공사초기부터 피고 乙도 피고 丙의 재정상황을 염려하여 공사비를 피고 丙에게 직접 주지 않고 자신의 직원으로 현장관리소장을 임명하여 공사현장에 상주하게 하면서 피고 丙이 공사자재공급업체나 공사노무비 등에 관한 자료를 제공하여 그 지급을 요청하는 경우 엄격하게 심사하여 그 공사비를 직접 지급하였다. 피고 乙이 이렇게 하여 지급한 공사비가 총공사비의 약 70%정도에 불과하였다.

(위와 같은 사실관계하에서 소장상의 청구원인을 작성함에 있어 고려할 요소는 다음과 같다.)

원고 甲이 피고 乙 및 피고 丙을 상대로 소송을 제기하기로 하고, 피고 乙에 대하여는 첫째 공사를 직접 지휘, 감독하였음을 이유로 지휘·감독한 도급인의 책임을 구하고, 선택적으로 원고 甲이 공급한 철근이 피고 乙 소유의 건물에 사용되어 혼합되었으므로 그 가치증가분을 부당이득으로 반환할 것을 청구할 수 있을 것이다. 이런 내용으로 원고 甲이 소장을 작성할 때 첫째 청구원인에 관해 서술함에 있어 피고 乙이 지휘·감독한 도급인에 해당되는 사실을 설명하게 되면 자연스럽게 부당이득이 발생하게 된 경위도 상당히 설명하게 되어 양 청구원인에 해당되는 구체적인 역사적·자연적 사실들이 겹치게 된다는 점을 알 수 있다. 따라서 원고는 소장을 작성할 때 도급인으로서의 손해배상책임을 구하는 부분에서 필요하고도 충분하게 위 사실들을 설명한 다음 부당이득반환청구를 구하는 부분에서는 위 사실관계에 관한 설명을 요약하여 인용하는 방식으로 청구원인을 작성하면 된다.

(생각해 볼 점: 소장의 '청구원인'란에서 제일 첫머리에 "이 사건 사실관계의 요지"란 목차를 따로 두어 공통되는 사실관계를 발췌하여 모아둘 필요가 있는가란 점이 서면을 작성할 때면 언제나 부닥치는 고민거리 중 하나다. 이때 주의할 점은 변호사 시험 기록형 답안 작성시 주어진 짧은 시간안에 공통되는

사실관계를 추출하여 "이 사건 사실관계의 요지"란에 간략하게 기술하기에는 시간적 여유가 충분하지 않다는 것이다. 그래서 피고별로 청구원인의 요건사실이 누락되지 않도록 작성할 것을 권한다. 또 필자는 변호사시험 대비목적으로는 청구원인을 피고별로 구분한 다음 당해 피고에 대한 복수의 청구도 다시 세부 목차로 나누어 서면을 작성하라고 충고한다. 이렇게 작성하다가 보면 먼저 기술한 사실을 다음에 원용할 필요가 있게 된다. 그때는 처음에 필요한 사실관계를 충분히 기술하고, 나중에 앞서 설명한 사실을 "위 1.가.항 도급계약의 성립란에서 기재한 바와 같이"라는 식으로 해당 부분을 지적하여 간략하게 요약하여 원용하는 방식으로 기술하면 된다고 설명한다. 하지만, 법조인이 되고 나서는 꾸준한 연습을 통하여 공통된 사실부분을 "이 사건 사실관계의 요지"란에 맛깔스럽게 정리하여 두면 질 높은 서면을 작성하는 법조인으로 칭송을 받을 것이니 그때는 그 노력을 아끼지 말아야 할 것이다.)

---

②의 예시

원고는 2020. 10. 1. 피고로부터 별지목록 기재 부동산을 대금 100,000,000원, 계약금 10,000,000원은 계약당일 지급하고, 중도금 40,000,000원은 같은 해 11. 1. 지급하고, 잔금 50,000,000원은 같은 해 12. 1. 지급하기로 하는 내용의 **매매계약**을 체결하였습니다.

---

4. 민사소송법지식과 법문서 작성의 일반원칙

1) 민사소송법상의 각종 지식들은 소제기의 방식, 관할법원의 선택, 절차, 주장방향 등에 관한 지도원리를 제시해 줄 뿐이어서 민사소송법의 원칙에 따라 법문서를 작성하면 될 뿐 이를 법문서의 내용으로까지 포함시켜 기술할 필요는 없다.

민사소송법적 지식에 근거하여 제대로 된 소제기, 당사자의 특정, 관할법원의 선택, 각종 법문서의 작성 및 변론활동을 하면 된다. 민사소송법적 지식은 차량을 운전하는 지식과 같은 것이다. 파란 신호등에서는 진행하면 되고, 빨간 신호등일 때는 정지하면 된다. 정지하면서 빨간 신호등이기 때문에 정지하였다고 떠들 필요는 없다. 당신이 정지한 이유가 빨간 신호등이기 때문이란 사실은 누구나 알고 있다. 운전자는 정지하는 행위를 통하여 교통지식을 드러내는 것이다. 민사소송법 지식에 근거해서 소장, 답변서, 준비서면을 적절하게 작성하면 되는 것이지 구태여 청구원인 등에서 민사소송법적 지식을 적시하여 자신이 법문서를 이런 식으로 작성한 이유가 민사소송법상의 이런 법리 때문이라고 장광설로 늘어놓을 필요는 없다. 즉 소장에서 원고 표시를 제대로 하면 되지 원고의 당사자능력이나 원고 적격이 있다는 설명을 부연할 필요가 없다는 것이다. 직무관할 또는 사물관할 위반이기 때문에 소장 청구취지에 가압류신청, 강제집행신청, 재산압류신청, 가압류취소신청을 포함시키지 않으면 되지 구태여 자신이 위와 같은 신청취지를 청구취지에 기재하지 않는 이유를 청구원인에서 직접 서술할 필요는 없다.

2) 다른 사람이 교통법규 위반으로 운전하다가 사고를 낸 경우 그 교통법규 위반 운전사실을 거론하면서 질타할 수 있듯이 상대방이 민사소송법에 어긋나게 법문서를 작성하였다면 답변서 등에

서 그 점을 적시하여 탄핵하여야 한다. 이를 '본안전 항변'이라고 한다.

　　3) 특히 어떤 사실의 존재를 주장·증명할 책임이 있으면 적극적으로 그 사실이 있다고 주장하고 그 존재를 증명할 증거를 제출하면 된다. 그 사실이 존재하지 않는다는 상대방의 주장을 가정하여 반박할 필요가 없다. 그럼에도 본인이 주장·증명책임을 지는 사실을 주장하지는 않고 뒤에서 그 사실이 존재하지 않는다는 상대방의 주장(부인)163)을 가정하여 반박하는 식으로 논리를 전개하여서는 안 된다. 이런 논리전개는 주장·증명책임 분배의 원칙을 제대로 이해하지 못한 채 법문서를 작성하고 있다는 평가의 원인이 된다.

제2관 청구원인과 요건사실

Ⅰ. 요건사실과 주장·증명책임

1. 요건사실 개념 및 주장·증명책임 분배

가. 요건사실

1) 요건사실의 개념

　　요건사실은 "법률효과 발생의 전제로서의 법률요건"이다. 원래 시민법계 국가에서의 법률은 가언명제(假言命題)로 되어 있어 일정한 요건을 갖추면 일정한 법률효과가 발생한다는 구조로 입법화되어 있다. 독일에서 태동하여 일본을 통해 대한민국에 계수된 민사법은 초창기에는 개념중심의 해석법학으로 받아들여져 왔다. 개념 중심 해석법학은 가언명제의 "일정한 요건(법률요건)"과 "일정한 법률효과"의 해석에 치중하여 그 문언적 의미를 연구하여 확정하는 작업(개념화)에 중점이 두어졌다. 그런데 이러한 해석법학은 실무가들이 실제 법적논증을 하기에는 너무 파편화 되어 있고, 향도로서 역할을 하기에는 체계적 파악이 불가능할 정도로 너무 세분화된 개념위주의 학습에 집중되어 있다. 사실 실제 사례를 다루고 결론을 내려야 하는 실무가들에게는 민사법을 체계적으로 이해시켜 일관되게 민사법을 적용시켜야 한다. 그래서 일본 사법연수소에서 실무가들을 교육하면서 그 한계를 절감하고, 제2차 세계대전 후 민사재판교관이었던 村松俊夫(1902-1987)가 당시 판결서 작성실무에 치우쳤던 사법관시보 교육방식을 개선하기 위해 마련된 교육방법론으로 요건사실론이란 교습방법을 창안하여 교습을 시작하였고, 그 결과물을 엮어 "민사소송에 있어 요건사실에 관하여"라는 시리즈물을 출간하였다.164) 요건사실론을 잘 이해하려면 3단논법이란 법적논증방식의 구조를 잘 이

---

163) 요건사실론에서는 이를 부인이라고 한다.

164) 이처럼 요건사실론은 독일 등에서 먼저 연구된 것이 아니라 제2차 세계대전 후 일본 사법연수소의 민사재판교관이었던 村松俊夫(1902-1987)가 당시 판결서 작성실무에 치우쳤던 사법관시보 교육방식을 개선하기 위해 마련된 교육방법론이었다고 한다. 그 후 "민사소송에 있어 요건사실에 관하여"라는 시리즈물이 출간되면서 대학법학교육만 받았던 법조인들 사이에 충격적으로 받아들여져 세력을 얻고 적극적으로 연구되기 시작하였다고 한다.(김세진, 『민사법실무(소송물·요건사실)(개정판)』, 영남대학교출판부, 2015, 48면 참조) 대한민국에서는 1980년대 오석락

해해야 한다. 법문의 가언명제 구조를 더 구체화해 보면 법률에서 일반적 법률요건을 추상적으로 규정해 둔 것을 대전제(대전제)라고 하고, 그 대전제를 구체적인 자연적 · 역사적사실(소전제)로 충족시키고 나면 법률상의 일정한 법률효과가 발생한다(결론)는 내용이 법적논증의 3단논법인 것이다.[165] 이때 그 대전제인 법률요건을 특히 요건사실이라고 지칭하고, 결론부분에 해당하는 각 청구권에 대전제인 요건사실로 대응시켜 체계화하기 시작한 것이다. 이러한 민사법의 설명은 당시 해석법학에 의존해 법률요건으로 당사자의 의무나 권리목록만을 나열한 채 그 요건에 해당되는 개념의 문언적 해석에 치중하고 있던 법학계에 신선한 충격을 주었다. 현재 민사법실무를 교육하는 모든 법학전문대학원에서는 요건사실론 입장에서 민사법실무를 교육하고 있는 것으로 파악된다.[166] 필자는 본서에서 종래 사법연수원에서 교육했던 "요건사실론"이 해석법학의 한계를 극복하기 위한 진일보한 교육방법임을 인정하고 이를 상당히 활용하고 있다. 하지만 본서는 이에 더 나아가 기존 요건사실론에서 무분별하게 나열하고 있던 각종 청구권을 그 발생원인으로 물권 침해와 약정 불이행으로 대별하고, 기존 요건사실론에서 언급하고 있는 각종 청구권을 물권 침해 및 약정 불이행에 귀속시키고 있다. 이렇게 하면 각종 청구권의 요건사실은 물권 침해 또는 약정 불이행을 좀 더 구체화한 것에 불과하다는 점을 잘 이해할 수 있게 된다.

　이렇듯 3단논법의 법적논증구조하에서는 판사들이 이미 대전제인 법률 및 그 해석 관련 지식을 통해 추상적인 요건사실을 충분히 알고 있으므로 변호사는 구체적인 사건에서 3단(법률효과)의 적용을 받으려는 목적하에 2단(소전제인 구체적인 자연적 · 역사적 사실)이 1단(대전제인 추상적인 요건사실)에 해당된다는 논리관계를 중심으로 변론활동을 하게 된다. 그 결과 각종 실체법에 규정된 법률효과 발생의 전제인 각종 법률요건들을 파악해 내 그 요건사실에 해당되는 구체적인 역사적·자연적 사실을 주일상목행으로 구성하여 주장 · 증명함으로써 원하는 법률효과를 이끌어 내는 변론활동을 하게 된다. 이때 요건사실론에서 요건사실들을 학습하게 되는데 그 요건사실에서의 '사실'은 유형화된 추상적 사실이고, 변호사들은 이런 유형화된 추상적 사실을 향도삼아 구체적인 사안에서 요건사실에 해당하는 역사적·자연적 사실을 발굴하고 이를 "고도의 개연성" 있을 정도로 설득력 있게 증명할 수 있어야 한다.

2) 주요사실(직접사실) 또는 정황사실(간접사실)

　요건사실에 직접 대응하는 구체적 역사적 · 자연적 사실을 직접사실이라고 하고, 또 중요하다는 의미에서 주요사실이라고도 한다. 간접사실은 이러한 주요사실을 추정케 하는 사실을 일컫고, 주요사실을 추정케 하는 정황적 사실이라고 하여 정황사실이라고도 한다. 주장책임의 대상은 직접사실

변호사에 의해 요건사실론이 적극적으로 소개되었다.

165) Leo Rosenberg, 오석락/김형배/강봉수(역), 『입증책임론』, 박영사, 1995, 7~13면 참조; 강현중, 『신민사소송법강의』, 박영사, 2015, 335면

166) 거의 모든 법학전문대학원에서 민사법실무를 개설하여 평균 4.5시간(4.5학점)을 교육하고 있으며, 그 교재로 대체로 사법연수원 발간 "민사실무 Ⅰ (변호사 실무)"과 "요건사실론"을 사용하고 있는 것으로 파악된다.

· 주요사실인 것이다.

질문 1) 당사자는 '현재의 토지 소유사실'을 어떻게 주장·증명하여야 하나?

(답) 토지소유사실이란 원칙적으로 관념적인 토지소유권의 원고 귀속 자체이지만 실무상 이를 주장·증명할 때는 당해 토지에 관하여 ① 과거 어느 시점에서의 매매계약 등 원인행위와 원고 명의로 소유권이전등기가 경료된 사실 등 소유권취득사실을 주장·증명하고 현재까지 소유한 사실은 추정받음으로써 현재 소유사실을 주장·증명할 수 있을 뿐만 아니라 단지 ② 현재 원고 명의로 소유권이전등기가 경료되어 있다는 사실만 주장·증명하여 등기의 추정력에 의하여 원고의 '현재 토지소유'를 추정시키는 방식으로 주장·증명할 수 있다. 실무상으로는 ①의 방식을 더 이용하고 있다.

질문 2) 피고가 소송물과 선결적 법률관계에 있는 원고의 토지소유권을 인정하는 진술을 한 경우 그 진술을 자백으로 볼 수 있는가?

(답) 원칙적으로 자백은 상대방이 주장한 '사실'을 대상으로 자백하여야 하지, 상대방이 주장하는 '법률상의 진술 또는 의견'을 대상으로 자백할 수 있는 것은 아니다. 하지만, '소유', '임대'와 같은 법률용어는 일반적으로 그 기초가 된 사실을 포함하는 의미로 널리 사용되고 있어 이를 인정하는 자백도 사실에 대한 자백으로 볼 수 있다. 즉 질문과 같은 사안에서 피고가 원고의 토지소유권을 인정하는 진술을 하였다면 자백이 성립된다.

나. 주장 · 증명책임
1) 주장 · 증명책임의 개념

주장책임과 증명책임을 함께 주장·증명책임이라고도 한다. 주장·증명책임은 요건사실(주요사실)에 대하여만 인정된다. 따라서 법률효과, 간접사실(정황사실), 보조사실은 주장·증명책임의 대상이 되지 않는다.(대법원 2009. 10. 29. 선고 2008다51359 판결) 주장·증명책임은 민사소송에서 주요사실은 당사자의 주장 및 증명활동을 통하여 소송에 현출되어야만 법원이 이를 재판의 기초로 삼을 수 있다는 원칙을 의미한다.(주관적 주장·증명책임; 주장·증명할 책임) 따라서 당사자가 주요사실을 주장·증명하지 않아서 그 주요사실의 존재가 인정되지 않아 그 논리적 귀결로서 법률효과의 발생도 인정되지 않아 패소하게 되는 위험을 부담하게 된다.(객관적 주장·증명책임; 주장·증명 못한 책임)[167]

2) 주장책임 분배기준과 증명책임 분배기준의 일치

대부분 일치한다. 다만 소극적 확인의 소(채무부존재확인의 소) 또는 무권대리의 주장에서는 비록 주장책임과 증명책임이 모두 피고에게 있다고 하나, 원고는 소송물을 특정하거나 무권대리행위

---

167) 최진수, 『요건사실과 주장·증명책임(제7판)』, 2018, 진원사, 4면 이하 참조

를 특정하여야 하는 관계로 그 한도내에서는 일정한 주장책임을 부담하게 된다. 이런 때에는 주장 책임과 증명책임이 일정한 한도내에서 분리되는 것이다.

소송자료와 증거자료를 엄격하게 구분하는 입장에서는 증거로만 제출되어 있고 주장을 하지 않은 경우에는 이를 주장된 것으로 볼 수 없다. 다만 최근에는 일정한 증거자료의 제출행위나 증거 조사결과의 원용행위 등을 통하여 간접적으로 주요사실을 주장한 것으로 보는 다음과 같은 판례들 이 늘고 있다.(소위 주요사실의 간접주장이론)

예를 들면 ①당사자가 원인무효의 등기임을 명시적으로 주장한 바는 없으나 그에 관한 공소장, 피의자신문조서 등을 서증으로 제출한 경우 그 서증에 기재된 사실을 주장하였다고 볼 수 있다.(대법원 1993. 2. 12. 선고 91다33384·33391 판결)

또는 ②당사자가 변론에서 대리행위에 관한 명백한 진술을 한 흔적이 없다 하더라도 대리하여 법률행위를 한 사실을 증명하기 위하여 증인신청을 하여 이를 증명하고 있는 이상 대리행위에 관한 간접적 주장이 있었다.(대법원 1987. 9. 8. 선고 87다카982 판결)

③일정시기까지의 변제를 주장하고 그 이후의 변제에 대하여 별도의 주장을 한 바는 없었으나 그에 관한 증거자료를 제출하고 있는 경우에는 그 이후의 변제사실에 대하여도 변제주장을 한 것으로 볼 수 있다.(대법원 1972. 1. 31. 선고 712다2502 판결)

법리는 이러하여도 법률전문가인 변호사로서는 가급적 요건사실론을 잘 학습하여 그 요건에 해당하는 구체적인 자연적·역사적 사실들을 빠짐없이 기술하는 능력을 길러야 할 것이다.

질문 3) 만약 어떤 법률효과의 요건사실이 여러 개의 사실로 구성되어 있을 때 그중 하나라도 주장되지 않는다면, 어떻게 처리하여야 하는가?

(답) 원칙적으로 주장 자체로 이유 없는 것이 되어 주장된 사실들의 인정여부를 판단할 필요도 없이 주 장전체를 배척하면 된다. 다만, 위와 같은 경우도 다음과 같은 4가지의 방식으로 구제받게 된다. 이를 변론주의의 보완이라고 할 수 있다.

첫째, 법원은 당사자의 변론이 불명확할 때 석명하여 명확하게 할 의무가 있다.(석명의무 위반) 따라 서 법원은 이를 피하기 위하여 불명확한 주장을 하는 당사자에게 소송지휘권의 행사로서 석명이나 설 명을 요청하게 된다. 하지만 이 석명권도 전혀 다른 주장을 하도록 유도하는 것이 금지되는 등 일정한 한계가 있다.(석명권의 한계)

둘째, 예를 들면 청약과 승낙의 두 가지 요건사실을 주장·증명하여야 할 때 당사자의 주장에서 '매매' 라는 통합적인 용어를 사용함으로써 두 가지 행위를 동시에 주장·증명하였다고 보는 것같이 언어의 해 석 가능한 범위를 다소 넓혀 봄으로써 당사자의 주장책임을 다한 것으로 볼 여지가 있다.

셋째, 요건사실의 주장은 꼭 주장책임을 지는 당사자가 아니라 상대방이라도 변론에 현출시키면 이를 재판의 기초로 삼을 수 있다.(주장공통의 원칙)

넷째, 일정한 증거자료의 제출행위나 증거조사결과의 원용행위 등을 통하여 간접적으로 이를 주장한

것으로 본다.(소위 주요사실의 간접주장이론)

　예비법조인들은 주장·증명책임 관련 위와 같은 구제에 의존하기보다는 자신의 주장·증명책임을 철저하게 학습하여 각종 답안작성 과정에서 주장·증명책임을 다하는 성실한 태도를 보여야 한다.

다. 주장·증명책임의 분배기준

　청구를 근거지우는 모든 요건사실들은 청구권자가 주장·증명하도록 부담지우는 것은 때로는 부당한 경우가 있다. 그래서 그 주장·증명의 분배문제가 대두된다. 현재 주장·증명책임의 분배기준으로 판례는 법률요건분류설('법조문 구조·형태 분류설')을 따르고 있다.(대법원 2000. 8. 22. 선고 98다36351 판결[168]) 주장·증명책임에 관하여 법률요건분류설을 따르는 이유는 입법부가 법률을 제정할 때 이미 주장·증명책임을 공평하게 잘 분배하여 완벽하게 법률을 제정하고 있다고 믿고 법원이나 당사자는 이에 따라 주장·증명을 하면 된다고 믿기 때문이다. 법률요건분류설은 법원이나 당사자에게 예측가능성을 높여 주고, 그 결과 법적안정성이 높아진다.

　법률요건분류설에 의하면 요건사실을 ① 권리근거사실(권리발생사실), ② 권리장애사실(권리발생장애사실), ③ 권리소멸사실(권리멸각사실), ④ 권리저지사실(권리행사저지사실)로 구분하고, 권리를 주장하는 자는 ① 권리근거사실을 주장·증명하여야 하고, 권리의 존재를 다투는 자는 ② 권리장애사실, ③ 권리소멸사실, ④ 권리저지사실을 주장·증명할 책임이 있다고 한다.[169]

　그렇지만 법률요건분류설적 입장에서도 실제로는 권리발생사실과 권리장애사실을 구분하는 것이 그리 쉽지 않다. 그래서 권리발생사실과 권리장애사실은 다음과 같은 기준으로 구분해 볼 것을 권한다.

　첫째 실체법의 규정형식을 참작한다. 원칙적 규정은 본문 또는 제1항에, 예외적 규정은 단서 또는 제2항에 규정해 두고 있다.

　또 입법과정에서 문제가 있어 법률의 구조와 형태가 공평 등의 입장에 비추어 현저하게 오류가 있다고 판단되면 법률요건분류설의 입장에서도 예외를 인정하여 사실상의 추정을 인정하는 방식으로 주장·증명책임의 전환을 허용하고 있다.

　둘째 원칙적인가 아니면 예외적인가

　원칙적인 것은 권리발생사실일 가능성이 높고, 예외적인 것은 권리장애사실이 될 가능성이 높다.

　셋째 최후로는 주장·증명책임 분담의 공평, 구체적 타당성을 고려하여야 한다. 예를 들면, 민

---

168) 그 외에도 대법원 1985. 5. 14. 선고 84누786 판결, 대법원 1990. 2. 27. 선고 89다카19412 판결, 대법원 1991. 12. 24. 선고 90다카28405 판결, 대법원 1997. 3. 25. 선고 96다42130 판결 등이 있다.

169) 이행(청구)소송은 청구권의 이행을 구하는 소송이다. 그래서 권리근거사실이란 청구권발생근거사실이 된다. 따라서 법률요건분류설에서의 위 표현들 중 권리를 청구권이라고 대체하여 읽어보면 그 내용이 더 분명해진다. 즉 "법률요건분류설에 의하면 요건사실을 ① 청구권 근거사실(청구권발생사실), ② 청구권 장애사실(청구권발생장애사실), ③ 청구권 소멸사실(청구권멸각사실), ④ 청구권 저지지사실(청구권행사저지사실)로 구분하고, 청구권을 행사(주장)하는 자는 ① 청구권 근거사실을 주장·증명하여야 하고, 청구권의 존재를 다투는 자는 ② 청구권 장애사실, ③ 청구권 소멸사실, ④ 청구권 저지지사실을 주장·증명할 책임이 있다고 한다."

법 제162조와 민법 제168조을 조화롭게 해석한다면 소멸시효완성을 주장하는 자가 권리의 불행사 사실을 주장·증명하여야 하는 것이 아니라 그 상대방이 권리의 행사사실을 주장·증명하여야 하는 것으로 해석함이 타당하다. 이렇게 해석하는 것도 이러한 증명의 공평, 구체적 타당성을 고려한 까닭이다.

라. 청구원인의 요건사실(청구원인사실) 및 항변의 요건사실(항변사실)

주장·증명책임 논쟁의 실천적 의미는 원고측은 청구원인사실(청구원인의 요건사실)을 주장·증명할 책임이 있고, 피고측은 항변사실(항변의 요건사실)을 주장·증명할 책임이 있다는 데 있다. 앞서 설명한 7단계 또는 8단계 권리분석 과정에서 청구원인의 요건사실과 항변의 요건사실을 확정할 수 있다. 결국 권리분석은 주장·증명책임론과 매우 밀접한 관련을 맺고 있다. 이런 권리분석을 통해 확정된 청구원인 또는 항변의 요건사실을 중심으로 주일상목행(主日相目行)의 구조로 구체적인 자연적·역사적 사실을 풀어쓴 것이 소장 중 '청구원인' 기술부분이고, 답변서의 '답변원인'부분이다.

본서에서 줄곧 주장해 온 바와 같이 청구권의 발생원인을 제대로 파악하기만 하면 주장·증명책임도 쉽게 알 수 있고, 요건사실도 아주 간단하게 확정할 수 있다. 다만 Ⓐ'연결고리'가 필요한 경우나 Ⓑ청구취지를 작성하면서 청구축소의 원인이 있었을 때 그 청구취지를 이유있게 하는 모든 내용이어야 한다는 청구원인의 특성상 일정한 조정을 거쳐야 한다. 이렇게 좀 더 구체화되는 과정을 거쳐 청구원인의 요건사실들이 확정되게 되어 실제로는 약간 더 복잡해 질 수 있다.(이렇게 하여 최종적으로 확정된 청구원인사실을 본서에서는 '조정된 청구원인사실'이라고 한다.) 예를 들면 제8회 변호사 시험 기록형문제의 제1청구에서 본 바와 같이 매수인이 매도인이 한 근저당권설정등기 말소약정을 실현하기 위해 매도인을 대위하여 매도인과 근저당권설정계약을 체결한 근저당권자를 상대로 매도인이 가진 근저당권설정등기 말소청구권을 행사하는 취지의 청구를 하게 되면 채권자대위 관련 요건사실(소위 '연결고리의 요건사실')이 추가되게 된다. 또 대여금반환청구를 함에 있어 상대방의 상계 주장을 받아들여 축소하여 청구하는 경우에는 대여금반환청구의 요건사실인 ①ⓐ소비대차 계약의 체결, ⓑ이자·이율의 약정, ⓒ원본의 인도, ⓓ소비대차 계약의 종료사실 이외에도 ②ⓐ자동채권의 발생원인사실, ⓑ상계적상, ⓒ상계의 의사표시·도달, ⓓ상계충당 등이 추가적으로 요건사실에 포함되어야 한다. 이와 같은 과정을 거쳐 확정된 청구원인의 요건사실들은 본서에서는 특히 '조정된 청구원인사실'이라고 한다. 그래서 평소 청구원인의 기본적인 요건사실을 학습하는 이외에도 널리 주장되어 청구원인의 요건사실에 편입되는 소위 항변사실들을 잘 학습해 두어 조정된 청구원인사실들을 잘 구성할 수 있어야 한다.

그렇게 본다면 상대방의 주장 중에 이유가 있어 이를 받아들여 본인의 청구를 감축하여 청구취지를 작성하였을 때는 강학상 항변사실에 해당하는 요건사실들도 조정된 청구원인사실로서 청구원인사실에 편입될 것이다. 그래서 오직 상대방의 주장 중 이유 없다고 판단되어 반박해야 하는 항변사실만이 "상대방의 항변에 대한 반박"란에 서술되게 된다. 그래서 요건사실을 학습할 때는 이러한 청구원인의 가변성을 잘 이해하여 각 청구권의 유형별 요건사실을 기계적으로 학습할 것만 아니라 청구취지를 구체화하면서 추가적으로 요건사실들을 조합하는 능력을 키워야 할 것이다.

2. 증명책임과 증명도 기준

가. 3단논법과 사실의 확정

① 추상적인 법률요건 사실(대전제) — ② 구체적인 자연적·역사적 사실(소전제) — ③그에 따른 법률효과의 발생으로서의 청구권의 발생(결론)이라는 3단논법적 논증의 구조하에서, 변론활동은 청구권 발생을 주장하기 위해 추상적인 법률요건 사실에 해당되는 구체적인 자연적·역사적 사실을 주장하면서도 증명하는데 초점이 맞추어져 있다.

나. 증명책임과 증명도 기준

1) 증명책임

주장할 책임이 있는 자는 증명할 책임도 부담한다. 그래서 주장책임과 증명책임을 묶어 주장·증명책임이라고 한다. 증명책임은 적극적으로는 당사자가 승소하기 위해서는 주장한 사실을 증명하는 활동을 해야 한다는 의미(주관적 증명책임, 증명할 책임)이지만 소극적으로는 당사자가 증명을 다하지 못하면 그 사실이 존재하지 않는 것으로 인정되어 패소할 위험에 처하게 된다는 의미(객관적 증명책임, 증명못한 책임)로 사용된다.

2) 증명도 기준

증명책임은 증명도 기준을 넘게 증명해야만 그 책임을 다했다고 한다. 민사소송법 제202조(자유심증주의)에는 "법원은 변론 전체의 취지와 증거조사의 결과를 참작하여 자유로운 심증으로 사회정의와 형평의 이념에 입각하여 논리와 경험의 법칙에 따라 사실 주장이 진실한지 아닌지를 판단한다"고 규정하고 있다. 그래서 민사소송의 경우 증명책임을 부담하는 자가 사실인정자(fact-finder, 법관)가 사실을 인정하는데 필요한 확신(確信)을 갖도록 증명해야 한다. 대한민국 대법원의 경우 법관으로 하여금 "고도의 개연성(highly likelihood)이 있는 확신"을 갖도록 증명해야만 그 증명책임을 다했다고 판시하고 있다.[170] 따라서 민사소송의 증명도 기준은 "고도의 개연성 있는 확신"이라 할 수 있다. 그 결과 사실인정자인 법관은 당사자가 주장한 사실이 진실하다는 주관적 확신(심증)이 들어야 비로소 그 사실이 존재한다고 판단할 수 있으며, 그 과정에서의 자의적 사실인정을 피하기 위해 주관적 확신이 "고도의 개연성 있는 확신"이어야 한다는 객관적인 한계를 갖고, 그 객관적 한계를 일탈한 주관적 확신으로 사실인정을 하면 민사소송법 제424조 제1항 제6호가 정하는 논리법칙과 경험법칙을 위배한 한 사실인정으로 "이유불비·이유모순"의 판단이라고 인정되어 절대적 상고이유가 된다.

그렇다면 고도의 개연성은 어느 정도의 개연성을 의미하는가? 이에 관한 통설적 견해는 "십중

---

170) 대법원 2000. 2. 25. 선고 99다65097 판결 등 다수

팔구(十中八九)"171)의 진실성이 있는 확신이어야 한다고 한다. 즉 80%~90% 정도 진실하다는 확신을 가져야 한다는 것이다.172)

 3) 형사소송에서 인정된 사실을 후속 민사소송에서 달리 인정할 때는 합리적 이유를 설시하여야 한다.

 한편 형사소송에서 사실인정을 위한 증명도 기준은 "합리적 의심 없이(beyond reasonable doubt)"(형사소송법 제307조 제2항)라는 기준이 적용된다. 이를 수치화해서 표현해 보면 적어도 90% 이상의 확신이 있어야 한다고 해석한다. 그 결과 고도의 개연성 기준을 채택하는 민사소송보다 형사소송에서의 사실인정에 대한 증명도 기준이 더 엄격하다. 그 논리적 귀결로서 형사소송에서 인정된 사실을 후속 민사소송에서 배척할 때는 합리적 이유를 설명해야 한다.173)

다 주장·증명책임의 전환 (추정)
1) 객관적 주장·증명책임의 전환의 필요성

 증명도 기준을 고도의 개연성 있는 확신으로 보아 십중팔구의 진실성이 담보되는 사실인정을 해야 한다면 20%(20%이하의 진실성 확신은 주장된 사실이 부존재한다고 판단됨)에서 80%(80%이상의 진실성으로 확신이 들면 주장된 사실이 존재한다고 판단됨)까지의 진위불명의 구간(20%이상 진실성 확신은 있으나, 80%이하밖에 진실성 확신이 없음)이 존재하게 된다. 이러한 진위불명의 구간에서는 증명책임을 부담하는 자가 그 사실의 존재에 관해 증명하지 못했다며 패소의 책임을 부담하게 된다. 이를 객관적 증명책임(증명못한 책임)이라고 한다. 진위불명의 구간이 20%이상 80%이하의 구간이어서 객관적 증명책임은 그 증명책임을 부담하는 자에게 상당히 가혹하다. 특히 공해소송 등 환경소송, 의료과오소송, 소비자피해 소송 등에서 인과관계나 가해자의 고의·과실, 손해액의 산정 등을 주장·증명하는 데 매우 전문적인 지식이 필요하고, 증거들도 가해자들에게 편중되어 있어 대체로 약자인 피해자들에게 매우 불리하였다. 그래서 이러한 기혹한 객관적 증명책임의 법원칙이 많은 사회적 문제를 불러일으키게 되었다. 특히 불법행위를 원인으로 한 손해배상 청구를 할 때 원고는 손해배상청구권 발생원인 사실로서 고의·과실, 위법성, 손해, 인과관계 등의 주장·증명에 성공하였다 하더라도 손해액의 증명에 실패한 경우에도 청구기각의 패소판결을 받았다. 이러한 판결에 대해 많은 비난이 이어져 오다가 각종 특별법에서 통계적·표본적 방법에 따라 손해액을 정할 수 있다거나174)

---

 171) 이시윤, 『신민사소송법(제12판)』 박영사(2018), 535면

 172) 김차동, "민사소송에서의 증명도 기준의 개선에 관한 연구", 법조 제68권 제3호(통권 제735호) 74면 이하 참조 {필자는 위 논문에서 "고도의 개연성" 증명도 기준은 별다른 합리적 이유 없이 증명책임을 부담하는 물권자·약정의 상대방의 지위를 약화시켜 여러 가지 문제가 되고, 소극적인 오판의 위험을 높인다며 보통법계 국가에서 발달된 증거의 우월함(preponderance of evidence)원칙의 도입을 주장하였다. 증거의 우월함으로 증명도 기준을 삼아도 50%+α로 삼을 것이 아니라 오차율을 고려하여 50%+오차율(예를 들면 5%라면)=55%이상, 이라는 식으로 운영하여야 한다.}

 173) 대법원 1991. 1. 29. 선고 90다11028 판결; 대법원 1996. 5. 28. 선고 96다9621 판결; 대법원 1997. 9. 30. 선고 97다24276 판결 등 다수

수소법원이 증거조사의 결과, 변론의 전취지에 따라 손해액을 인정할 수 있다[175]는 내용의 입법이 이어지다가 마침내 민사소송법 제202조의 2를 신설(2016. 3. 29. 개정, 2016. 9. 30. 시행) 하여 "손해가 발생한 사실은 인정되나 구체적인 손해의 액수를 증명하는 것이 사안의 성질상 매우 어려운 경우에 법원은 변론 전체의 취지와 증거조사의 결과에 의하여 인정되는 모든 사정을 종합하여 상당하다고 인정되는 금액을 손해배상 액수로 정할 수 있"게 되었다. 그 후 이외에도 많은 증명책임의 전환 논리가 개발되고 발달되었다. 이하에서는 민사법에서 널리 행해지고 있는 주장·증명책임의 전환을 간단히 설명하고, 보다 더 정치한 주장·증명책임의 전환논리는 해당 법분야의 학습에 맡겨 두기로 한다.

2) 사실상 추정

법률효과 A의 발생요건사실 a의 존재를 직접사실로 증명할 수 없을 때 관련된 간접사실 a'를 주장·증명함으로써 경험칙·논리칙으로 a사실을 추인하는 증명기술이다. 설명은 간단하지만 실제로는 무척 어려운 변론기술이다. 법률효과 A를 직접사실(주요사실) a로 바로 증명할 수 있는 양질의 사건은 당사자 직접 수행(본인소송)으로 진행되는 경우가 많고, a'사실을 주장·증명해서 논리칙·경험칙을 동원해야만 겨우 a가 증명되는 어려운 사건들만 변호사 사무실 문을 두드리는 현실하에서는 변호사의 변론활동 대부분이 이에 집중되기 때문에 실무상 매우 중요한 변론능력이다. 리걸마인드가 충만한 변호사는 이 분야에서 발군의 실력을 발휘해야만 한다.

3) 법률상 사실추정

원래 법률효과 A를 증명하기 위하여 a란 요건사실을 주장·증명하여야 할 경우에도 법률규정에서 a'사실을 주장·증명하면 a사실이 증명된 것으로 추정한다는 규정이 있는 경우가 있다. 이를 법률상 사실추정이라고 한다. 민법 제30조(동시사망의 추정), 제198조(점유계속의 추정), 제844조(부의 친생자추정), 상법 제23조 제4항(동일상호사용의 부정목적 추정), 어음법 제20조 제2항(일자기재 없는 배서의 기한 전 배서추정) 등이 있다. 이 경우 주장·증명책임을 부담하는 측에서는 a사실을 주장·증명할 수도 있고, a'를 주장·증명하여 추정규정의 적용을 받아 법률효과 A를 주장할 수도 있다. 실제로는 a'사실의 주장·증명이 쉽기 때문에 주로 a'사실을 주장·증명하게 된다. 물론 이때 상대방은 a'사실을 탄핵하는 것은 물론 a를 직접 탄핵하는 것도 가능하다.

4) 법률상 권리추정

전제사실에 의하여 권리 또는 법률효과가 추정되는 경우를 지칭한다. 민법 제200조(점유자의 권리적법의 추정), 제215조 제1항(구분소유건물 중 공용부분의 공유추정), 제239조(경계표의 공유추정), 제262조 제2항(공유지분의 균등 추정), 제830조 제2항(귀속불명 재산의 부부공유 추정) 등이 이에 해당된다. 법률상 규정은 없지만 등기의 권리추정도 법률상 권리추정의 일종이다.

---

174) 증권관련 집단소송법 제34조 제2항
175) 개인정보 보호법 제39조의 2 제2항

5) 해석규정

해석규정은 당사자의 명시적 반대 의사표시가 없었다면 일정한 법률행위로 일정한 의사표시도 함께 표시하였다고 해석하여 그에 상당하는 법률효과를 갖도록 규정하는 입법기술이다. 민법 제153조 제1항(기한의 채무자 이익의 추정), 제579조(채권매매에서 담보한 채무자자력의 기준시 추정), 제565조 제1항(계약금의 해약금 추정) 등이 이에 해당된다. 권리추정과 다른 점은 해석규정의 법률효과를 뒤집기 위해서는 그 법률효과를 다투는 자가 적극적으로 그 법률효과를 발생시키지 않기로 하는 별도 합의의 성립을 주장, 증명해야만 하는 것이다.

6) 잠정적 진실

잠정적 진실은 법문 표현상 어떤 법률효과의 발생요건으로 되어 있으나 추가적인 법규정을 통하여 실제로는 그 부존재가 그 법률효과의 장애요건인 것으로 하는 일종의 입법기술이다. 민법 제197조 제1항(자주, 평온, 공연점유의 추정), 상법 제47조 제2항(영업을 위하여 하는 행위 추정), 어음법 제29조 제1항 후문(어음반환 전의 말소추정) 등이 이에 해당된다. 사실상 증명책임의 전환과 같은 효과를 가지나 다만 관련 법률규정의 규정태도에서 양자사이에 차이가 있을 뿐이다.

Ⅱ. 소의 종류별 요건사실에 관한 개론적 설명

1. 개관

이하에서 소송유형별 요건사실을 구체적으로 설명하기 위해서 먼저 소의 종류별 요건사실에 관한 개론적 설명을 해 보기로 한다.

2. 권익

가. 권익(entitlement)이란 권리와 이익을 말한다. 본서에서 권리 침해를 논할 때 권리는 지배권만을 의미하고, 상대권인 채권은 포함되지 않는 것으로 한다. 상대권인 채권의 침해에 관해서는 문제되는 부분에서 집중적으로 논의하기로 한다. 지배권인 권리는 다음과 같이 나뉜다.

나. 권리의 종류

1) 물권

물권은 물건에 대한 배타지배적 권리를 지칭한다. 민법총칙에서는 권리의 객체로서 물건이란 장을 설정해 두고 있다.(민법총칙 제4장) 물건은 "유체물 기타 관리할 수 있는 자연력"이다.(민법 제98조)

2) 준물권

그 외 각종 특별법에서 여러 가지 이익에 관하여 권리성을 인정한 다음 물권 규정을 준용한다고 규정하여 두었다. 필자가 파악한 것으로는 광업권, 조광권, 댐사용권, 마리나시설운영권, 어업권,

어항시설관리운영권, 유료도로관리권, 농업기반시설관리권, 수자원시설관리권, 공항시설관리권, 항만시설관리권 등 12개 법률에 14개의 준물권이 규정되어 있다.

3) 신종 권리-지식재산권 등

나아가 지식재산권 관련법에서 각종 지식재산권을 인정하고 그 권리성을 긍정하고 있다. 지식재산권은 특허권, 실용신안권, 저작권, 상표권 등이 있고, 지식재산권법이라는 과목명으로 별도로 강의하고 있다.

4) 판례가 인정한 각종 이익에 대한 권리성의 인정과 그 권리들

나아가 판례는 다양한 이익에 관하여 권리성을 인정하여 그 이익에 대한 지배권을 배타적으로 보호하고 있다.

첫째 인격에 관한 이익(인격권), 성명에 관한 이익(성명권), 초상에 관한 이익(초상권), 명예에 대한 이익(명예권), 신용에 관한 이익(신용권) 등의 권리성을 인정하고 있다. 이를 포괄하여 인격권이라고 한다.

둘째 환경에 관한 이익(환경권), 조망에 관한 이익(조망권), 일조에 관한 이익(일조권) 등의 권리성에 관해 여러 가지 논란이 있다. 대법원 판결의 취지를 요약하면 조망권, 일조권 등을 보호하고는 있지만 별도의 권리라고 하기보다는 민법 물권(소유권)의 상린관계 관련 규정을 적용하여 보호하고 있다. 환경권의 별도 권리성은 부정되고 있다. 관련 논의는 환경법을 참조하기 바란다.

셋째 영업에 관한 이익에 영업권을 인정하고 있다.(대법원 2010. 8. 25. 자 2008마1541 결정)

5) 기타 법률상 보호되는 이익

이상 1)에서 4)까지 법적으로 보호하는 이익은 법률이나 판례에 의해 권리성이 인정된 권리들이다. 권리라고 인정되면 그 침해에 대해 불법행위로 인한 손해배상청구권은 물론 물권적 청구권(금지청구권, 유지청구권)의 보호도 부여된다. 하지만 일정한 이익은 그 침해에 관해 불법행위로 인한 손해배상청구권을 부여하여 법적으로 보호하고 있지만 물권적 청구권으로까지 부여하여 보호하고 있지는 않다. 불법행위로 인한 손해배상청구권도 법적 보호의 일종이어서 그 이익은 법적으로 보호하는 이익이기는 하나 권리라고 지칭하지는 않는다. 따라서 법적으로 보호되는 이익에는 권리성이 인정된 이익과 권리성은 인정되지 않았으나 손해배상청구권이란 법적 보호를 부여하는 이익이 있는 셈이다. 이렇게 권리성이 인정된 이익(권리)과 권리성이 인정되지 않은 이익을 합쳐 권익이라고 한다. 따라서 권익이 침해되면 적어도 불법행위로 인한 손해배상청구권은 발생하게 된다.

다. 권익의 취득

권리를 취득해야 권리자가 된다. 권리자여야 권리 침해에 대하여 피해자가 되고 그 구제수단으로 물권적 청구권을 행사할 수 있게 된다. 그래서 권리의 취득법리를 소상히 알고 있어야 한다. 권리는 먼저 원시취득 된다. 그 후 권리자가 권리를 타에 양도하면 그자가 승계취득 할 수 있는 것이다. 권리의 원시취득, 특히 부동산 소유권의 원시취득은 대부분 '법률의 규정에 의한 권리취득'으로 민법 제187조의 적용[176])을 받아 등기 없이도 권리자가 된다. 그래서 권리 보유의 주장·증명할 때 해당 사실의 발생만 주장·증명하여 권리자로서 침해사실까지 주장·증명하여 물권적 청구권을 행사할 수 있다. 즉 원시취득사실이외에도 등기·등록된 사실까지 추가적으로 주장·증명할 필요는 없다는 것이다. 이 점은 실천적으로 매우 중요한 의미를 지니니 제대로 이해하여 틀리지 않도록 해야 한다. 나아가 권리의 포괄적 승계취득, 특정 승계취득의 법리를 잘 이해하고 있어야 한다. 포괄적 승계취득사유로는 상속, 유증, 합병 등이 있다. 특히 특정 승계취득은 이전적 특정승계취득과 설정적 특정승계취득으로 나눌 수 있고, 대체로 민법 제186조의 권리취득으로 약정에 더하여 등기·등록이 되어야만 비로소 특정 승계취득하게 된다. 특정 승계취득이지만 민법 제187조가 적용되어 등기, 등록 없이도 소유권을 취득하는 사유로는 대표적으로 경매가 있다.

3. 권익 침해와 그 구제수단

위와 같이 물건 기타 이익에 대하여도 권리성을 인정하였을 때 그 권리자는 그 물건 기타 이익에 대하여 배타적 지배력을 행사하여 사용·수익·처분할 수 있다. 즉 권리자에게 물건 기타 이익에 관해 자유롭게 배타지배력을 행사할 수 있는 권한을 주었다.(합법영역) 귀하가 자문변호사라면 의뢰인에게 권리자로서 물권 기타 이익에 관해 어떻게 합법적 범위내에서 활동할 수 있을 것인가라는 관점에서 자문하게 될 것이다.

하지만 타인의 권리를 침해해서는 안 된다. 권리에 대한 간섭이 있었다고 해서 모두 침해가 되는 것은 아니다. 오직 침해자에게 법적 책임을 물을 만한 간섭만을 침해라고 한다. 나머지 간섭은 위험(risk)이라고 하여 물권자가 수인(受忍)해야 한다. 만약 침해라고 인정된다면 침해자는 그러한 행위를 해서는 안 된다.(위법영역) 민사법에서는 피해자(물권자)에게 청구권을 부여하여 침해자에게 일정한 작위·부작위를 청구할 수 있게 하였다. 그렇게 함으로써 침해자로 하여금 타인의 물권 침해행위를 하지 않도록 유인을 제공하는 것이다. 피해자가 침해자에게 물권 침해에 대하여 행사할 수 있는 청구권은 앞서 설명한 바와 같이 ①물권적 청구권(금지청구권, 유지청구권), ②불법행위로 인한 손해배상청구권, ③침해 부당이득반환청구권이 있다.

4. 약정

약정에 대한 ⓐ강제이행을 구하는 이행청구는 당사자의 약정상 위치, 약정유형에 따라 소송유

---

176) 원시취득인데도 불구하고 보존등기 대신 소유권이전등기 방식으로 등기가 이전되는 경우가 ⓐ점유취득시효 완성을 원인으로 한 소유권취득(민법 제245조)과 ⓑ공용수용이 있다. 두 사유는 소유권취득원리와 시점이 다르니 주의를 요한다. 즉 점유취득시효 완성을 원인으로 한 소유권취득은 원시취득이긴 하나 소유권이전등기 청구권이란 채권적 청구권만을 취득하고, 소유권이전등기를 경료함으로써 비로소 그 등기시점에 원시취득한다.(민법 제186조의 적용) 그렇지만 공용수용은 수용개시일에 바로 소유권을 원시취득하고(민법 제187조), 이후 소유권이전등기의 방식으로 등기가 이루어진다.

형이 매우 다양하고 그에 따른 청구원인의 요건사실은 '약정 체결사실'(매매형 계약일 경우)(대여형 계약일 경우는 반환청구의 형태로 청구되기 때문에 '①약정 체결사실 이외에도 ②인도, ③종료'도 함께 주장·증명해야 한다.)로 매우 간단하지만 '조정된 요건사실'로서의 청구원인사실은 매우 복잡하다. 이때 약정내용은 명시적 약정만이 아니라 표준적 약정(default rule)도 포함한다. 따라서 이러한 표준적 약정도 약정으로 그 강제이행을 구할 수 있다. 특히 약정유형에 따라 표준적 약정의 내용이 천차만별이어서 채권각론의 충실한 학습과 그 요건사실에 대한 세밀한 연습이 필요하다. 나아가 ⓑ 약정 불이행(채무불이행)에 따른 손해배상청구도 채무불이행의 유형이나 해제·해지 전후에 따라 상당히 달라진다. 또 위 강제이행청구나 채무불이행에 의한 손해배상청구의 경우 약정의 무효, 취소, 해제, 해지 등 약정 해소사유{부존재·무효·취소·해제/해지·무권대리(대리권남용)·대표권제한위반} 및 변제·대물변제·상계·공탁 등 약정이행{변제·대물변제·공탁///경(개)·상(계)·면(제)·혼(동)·소(멸시효완성)} 기한·조건, 동시이행항변, 최고·검색항변권 등 행사저지사유 등을 둘러싸고 많은 항변사유들이 존재한다. 약정 해소사유 및 약정이행, 행사저지 등에 관한 지식들은 민법총칙은 물론 채권총론을 철저하게 학습하여야 체득할 수 있다. ⓒ급부 부당이득반환청구권은 약정의 이행이나 약정의 불이행의 과정에서 발생하였던 여러 가지 출연행위를 약정대로 이행되지 않았을 때 공평의 입장에서 조정하는 성격을 갖기 때문에 강제이행청구권이나 채무불이행에 의한 손해배상청구권과 다른 기능과 역할을 하게 되며 그 요건사실은 매우 정형화되어 있는 반면 비채변제, 기한전의 변제, 도의관념에 적합한 비채변제, 불법원인급여 등의 각종 항변사유들이 있다.

5. 기타의 청구권 발생원인들

나아가 기타 청구권의 발생원인을 실현하기 위해 제기되는 이행청구의 소가 있다. 그 주요한 기타 청구권의 발생원인으로는 ⓐ점유취득시효 완성을 원인으로 한 이전등기청구권을 실현하기 위한 이행청구의 소, ⓑ사무관리에 기한 필요비·유익비 상환청구권(또는 예외적으로 보수지급의 특약이 있었던 경우에는 보수청구권)을 실현하기 위한 이행청구의 소, ⓒ무효인 행정처분에 기한 부당이득의 반환을 청구하기 위한 부당이득반환청구권을 실현하기 위한 부당이득반환청구의 소 등이 있다. 이하에서 권리 침해, 약정 불이행 상황하에서 구제수단과 그에 따른 소송유형 및 요건사실에 관해 개괄적으로 살펴본다. 다만 기타 청구권의 발생원인에 의한 이행청구의 소는 소송유형별 요건사실에서 자세하게 논하기로 한다.

6. 주장·증명책임의 유무가 문제되는 요건사실

가. 일반조항 성격의 주요사실

1) 일반조항

일반조항이란 신의성실의 원칙, 권리남용, 금반언, 정당한 사유, 과실 등과 같이 법률상의 요건이 일반적, 추상적인 불확정개념으로 정하여진 것을 일반조항이라고 한다.

질문 4) 일반조항의 경우 과실, 정당한 사유와 같은 추상적 개념 그 자체를 주요사실로 볼 것인가? 아
     니면 추상적 개념의 판단의 기초가 되는 사실 자체를 주요사실로 볼 것인가?
 (답) 현재의 다수설은 후자의 입장이다.
  다만, 판례에 따르면 지(知), 부지(不知)와 같은 내심의 의사는 평가개념이 아니라 사회적, 역사적 사
실일 뿐이므로 주요사실은 내심의 의사 자체이고 내심의 의사를 추단할 수 있는 정황사실은 간접사실
로 취급된다. (대법원 1992. 11. 24. 선고 92다21135 판결)
  또한, 증거조사 결과 나타난 구체적인 사실들이 당사자의 구체적 주장과 일치하지 않을 경우 상대방
에게 방어의 기회를 충분히 주었다면 주장된 것으로 추정한다.(주요사실의 간접주장)
  당해 규범적 평가를 적극적인 방향으로 근거 지우는 사실을 평가근거사실, 이와는 양립하지만 평가
의 성립을 방해하는 사실을 평가장애사실이라고 한다. 평가근거사실은 주요사실로 취급되어야 한다. 다
만 평가장애사실을 항변사실로 보아야 한다는 주장(항변설)과 간접반증과 유사하다고 보는 입장(간접
반증 유추설)이 대립되고 있다. 실무상으로는 평가장애사실에 대한 주장을 독립한 항변으로는 취급하지
아니하고, 평가근거사실과 평가장애사실을 종합하여 판단하는 것이 일반적이다.

2) 공익과 변론주의

신의성실, 권리남용, 선량한 풍속 기타 사회질서 등에는 공익적 요소가 많다. 이들이 공익적 요
청이라면 당사자의 주장 없이도 법원은 판단할 수 있어야 한다. 한편 변론주의의 원칙과 충돌된다.
따라서 그 중 어느 것을 우선시해야 할 것인가란 의문이 있다. 판례는 원칙적으로 "법률행위가 선량
한 풍속 기타 사회질서에 위반하여 무효로 되는 것은 권리장애사실로서 그 무효로 됨으로 인하여 이
익을 받는 자가 주장·증명하여야 한다."고 판시(대법원 1974. 9. 24. 선고 74다815 판결)하여 변론주
의 원칙을 우선시 했으나, "신의성실의 원칙에 반하는 것 또는 권리남용은 강행규정에 위배되는 것
이므로 당사자의 주장이 없더라도 법원은 직권으로 판단할 수 있다."고 판시(대법원 1995. 12. 22. 선
고 94다42129 판결 등 다수)하여 공익을 우선시하여 변론주의의 한계를 설정하기도 하였다.

나. 주장책임은 있으나 증명책임이 없는 경우

1) 과실상계의 주요사실

법원은 채무자의 과실상계항변이 없더라도 직권으로 채권자의 과실을 참작하여야 한다.(대법원
1987. 4. 10. 선고 87다카473 판결 등)

2) 공지의 사실

공지의 사실은 증명할 책임은 없어도 주장책임은 여전히 있다. 하지만 공지의 사실이 문제된 경
우 묵시적 주장이 있었던 것으로 볼 수 있다며 주장 없이도 사실상 인정하는 경우가 종종 발견된다.

다. 대리·대행의 요건사실

대리와 대행의 요건사실적 특징이 다음과 같이 다르니 주의를 요한다.

질문 5) 어떤 의사표시를 한 자가 본인이라고 주장한 경우 법원이 그 주장과 상관없이 대리인에 의한
　　　　의사표시라고 인정할 수 있는지?, 또는 대리인에 의한 의사표시라고 주장한 경우 법원이 임의
　　　　로 본인에 의한 의사표시라고 인정할 수 있는지?
(답) 대리인에 의한 계약체결사실은 실체법상 구성요건 해당사실, 즉 요건사실에 해당하므로 당사자의
주장 없이는 이를 재판의 기초로 삼을 수 없다. (대법원 1996. 2. 9. 선고 95다27998 판결) 그렇지만
앞서 설명한 바와 같이 '주요사실의 간접주장' 법리가 인정되기도 한다.

질문 6) 계약서 작성 또는 계약서상의 날인행위를 당사자가 직접 하였는지 또는 제3자가 당사자의 승
　　　　낙하에 하였는지(소위 대행)는 주요사실인가 아니면 주요사실의 경위에 불과한가?
(답) 주요사실의 경위에 불과하여 증거에 의하여 인정할 수 있다.

라. 약정에 관한 주장·증명책임
1) 사회적 사실과 요건사실
　일정한 법률효과를 주장, 증명하기 위하여서는 불가분한 일체성을 이루는 사실 전부를 주장,
증명하여야 한다. 원래 계약은 '대립되는 의사(약정)의 합치'라고 정의한다. 따라서 계약의 어느 한
당사자가 상대방에 대해 약정에 따른 청구를 할 때 대립하는 약정 중 하나만을 따로 떼어 주장·증
명할 수 있을 듯하나 계약은 불가분한 일체성을 이루는 사실이기 때문에 대립하는 약정 전부를 주
장·증명할 수밖에 없다.

질문 7) 만일 소송에서 계약에 기하여 물건의 인도를 구하고자 하면 어디까지 주장·증명하여야 하는
　　　　가?

계약이 매매계약인지 대차형계약인지 그 법적 성질을 인식할 수 있을 정도로 매매계약 또는 임대차계
약의 요건사실 전부를 주장·증명하여야 한다.(모두규정설) 그저 그 물건을 인도하기로 약정하였다는
정도의 주장·증명(반환약속설, 부분약정설)만으로는 부족하다.

2) 법률행위 부관 등의 가분성 (매매형 계약과 대차형 계약)
　조건, 기한, 부담은 부관(附款)이라고 한다. 부관은 항변사유로 보는 것이 통설이다. 즉 부관이
그 대상인 법률행위의 성립요건과 구분되는 가분적인 것이면 그 부관에 대한 증명책임은 그것으로
인하여 이익을 받는 당사자가 부담한다. 따라서 매매형계약의 경우 부관은 행사저지사유에 해당되어
항변으로 역할을 하게 된다. 하지만 대차형 계약의 경우에는 기한은 본질적 구성부분을 이루기 때문
에 원칙적으로 대차형 계약의 존재를 주장하는 자가 그 기한에 관해서도 주장·증명하여야 한다.
　부관일 경우 정지조건, 시기는 권리장애사유이고, 해제조건, 종기는 권리소멸사유이다.

정지조건 · 시기(권리장애사유)	해제조건 · 종기(권리소멸사유)
① 권리발생사실 - 청구원인사실 ② 정지조건의 존재, 시기의 존재 항변사유 ③ 정지조건의 성취, 시기의 도래는 재항변 사유	① 권리발생사실 - 청구원인사실 ② 해제조건의 존재 및 그 조건의 성취, 종기의 존재 및 그 도래사실은 항변사유

부관은 특약과 구분되어야 하고, 부관은 위와 같은 방식으로 주장·증명책임을 부담하지만, 특약은 그 존재를 주장하는 자가 주장·증명하여야 한다.

3) 묵시적 의사표시

묵시적 의사표시는 표시행위가 없음에도 불구하고 관련된 사실관계에 근거하여 의사표시가 있는 것과 동일한 법률효과를 인정하는 것이므로 불확정개념의 인정에서와 같이 그에 해당하는 사실은 천차만별이라 할 것이다. 묵시적 의사표시를 근거지우는 구체적인 사실은 주요사실이라는 주요사실설과 간접사실이라는 간접사실설이 대립되어 있다. 판례는 후자의 입장이다.

마. 주 · 일 · 상 · 목 · 행
1) 요건사실의 구체적 특정방법으로서의 주일상목행(主日相目行)

예를 들면, 매매계약의 목적물에 하자가 있음을 주장함에 있어 하자를 어떻게 특정하여야 하는가? 또한 구체적으로 어느 정도까지 상세하고 정밀하게 주장하여야 하는가? 하는 문제가 있다. 통상 주체-시점-객체-사실의 태양 또는 방법(主日相目行)으로 서술하는 방식으로 특정하고 구체화한다. 당해 요건사실이 행하는 역할을 고려하여 개별적 구체적으로 결정하여야 한다. 이때 반드시 고려하여야 할 요소는 상대방의 방어권을 해치지 아니할 정도로 특정되고 구체화되어 있어야 한다.

2) 요건사실의 시적요소(時的要素)

시간의 흐름에 맞게 취급하여야 한다. 이행지체로 인한 해제의 경우 ① 이행기의 도과, ② 최고, ③ 상당기간의 경과, ④ 해제의 의사표시, ⑤ 그 의사표시의 도달이라는 5가지의 요건사실로 구성되어 있을 때 이행기 경과 전에 최고를 한다든지 최고상의 상당기간이 도과하기 전에 해제의 의사표시를 한다든지 하는 것은 해당 행위로서의 효력이 없다. 하지만 비록 그렇게 한 경우에도 일정한 요건하에서 적정한 시간이 경과하면 그 하자가 치유된다고 구제하기도 한다. 선의, 악의와 같은 요건사실에서는 선의, 악의의 시점이 대단히 중요한 의미를 갖게 되므로 이에 관한 학습을 잘하여 잘 주장·증명하여야 한다. 甲이 토지소유권에 의한 방해배제청구권을 제기한 경우 ① 토지소유권과 ② 방해사실(점유 또는 등기 등)이 요건사실이다. 이때 乙의 방해사실은 乙이 어떤 시점에서 점유 개시하였다는 사실을 증명하면 되고, 그 후 乙이 점유를 상실하였다는 것은 항변이 된다는 견해(점유설)와 변론종결당시까지 점유를 계속하고 있다는 점도 요건사실에 포함된다는 견해(현점유설)이 대립되고 있다. (현점유설의 경우 변론종결당시 점유를 상실하였다는 乙의 주장은 간접부인이 된다.) 판례는 후자의 입장을 취하고 있다. 하지만 점유계속의 추정이 있기 때문에 큰 차이점은 없다.

바. 공격방어방법에서의 요건사실

1) 공격방어방법의 내포관계

예를 들면 동일한 법률효과를 발생하게 하는 주장 A와 주장 B가 있다고 하고, 주장 A의 요건
사실은 a이고, 주장 B의 요건사실은 a와 b라고 하자. 이때 주장 A와 B의 소송상의 효과는 주장 B
는 이와 동일한 기능을 하는 주장 A를 내포하고 있기 때문에 a사실이 인정되면 주장 A를 받아들임
으로써 족하고, a사실이 인정되지 않으면 더 나아가 b사실에 대하여 판단할 필요도 없이 주장 B를
받아들일 수가 없기 때문에 주장 B는 독립된 공격방어방법이라고 할 수 없다.(예를 들면 합의충당과
지정충당의 관계) 동일한 법률효과가 발생하지 않거나 주장 B가 주장 A의 요건사실을 전부 포함하
고 있지 않다면 공격방어방법의 내포문제는 발생하지 않고 A와 B는 별도의 공격방어방법이 된다.

2) <u>공격방어방법의 불가피한 불이익진술</u>

예를 들면, 주장 B가 당초 주장한 공격방어방법인 주장 A에 대하여 항변으로서 작용을 하는
경우에는 주장 B를 하기 위해서는 주장 A의 재항변사유까지 동시에 주장하여야 한다. 예컨대 상계
의 항변의 경우 ① 자동채권의 발생, ② 상계의 의사표시(의사표시 + 도달)라는 2개의 요건사실을
주장하여야 한다. 자동채권이 매매대금채권인 경우에는 원, 피고 사이에 매매계약의 체결사실을 주
장할 수밖에 없다.(위 '모두규정설'의 적용결과) 그런데 그 사실은 반대채권(수동채권)에서의 동시이
행항변권이 붙어 있는 사실도 함께 주장한 셈이 되어 반대채권에 동시이행항변권이 있다면 상계할
수 없다는 상계 장애사유로도 작용하게 된다. 따라서 ③ 반대채무의 이행 또는 이행제공사실도 동
시에 주장하여야 한다.

또, 매매대금 지급채무의 이행지체를 이유로 매매계약을 해제하고 손해배상을 구하는 소송에서
매매대금 지급채무의 발생요건사실인 매매계약의 체결사실을 주장하여야 하는데, 그럴 경우 매매대
금채무가 매도인의 소유권이전의무, 목적물인도의무 등과 동시이행관계에 있는 점도 함께 주장한
것으로 되어 이행지체에 대한 위법성 조각사유가 있게 된다. 따라서 소유권이전에 필요한 서류의
이행 또는 이행제공사실, 목적물을 인도하였다는 사실 등도 같이 주장하지 않으면 그 해제주장은
주장 자체로 이유 없게 된다.

요컨대, 동시이행의 항변권이 붙은 채권을 요건사실로 주장할 땐 주의하여야 한다.

제3관 물권(권익) 침해에 대한 소송유형 및 그 청구원인 및 항변의 요건사실

제1강 일반론

물권(권익) 침해에 대한 소송명과 그 소송명(訴訟名)상의 청구원인의 요건사실 및 항변의 요건사실에 관해 살펴보자.

먼저 논의를 단순화하기 위하여 물권 침해 중 대표적인 소유권 침해로 인한 소송명과 그 소송명상의 기본적인 청구원인과 항변들을 설명하고, 그 후에 권익 침해 전반에 관해 상세하게 추가적으로 보완하여 설명하기로 한다. 아래 표는 소유권 침해를 기준으로 한 소송명, 요건사실, 항변을 정리해 둔 것이다.

물권	침해태양		구제수단	소송명	청구원인의 기본적 요건사실	항변
소유권	피고의 점유		소유물반환청구	①건물(토지)인도 ②건물퇴거 ③동산인도	①원고의 현재 소유사실 ②피고의 현재 점유사실	Ⓐⓐⓑ [원고의 현재 소유자임 부인하는 사유] Ⓑ'점유할 정당한 권원"
	방해	대지위의 건물 소유	방해배제청구	①(a)건물철거 　(b)건물퇴거	①원고의 현재 토지소유 ②(a)그 지상에 피고의 현재 건물소유 (b)피고의 지상건물 점유	Ⓐⓐⓑ [원고의 현재 소유자임 부인하는 사유] Ⓑ①ⓐ권리남용, 　ⓑ신의칙 위반 ②점유할 정당한 권원
		소유권 등기명의		②(a)말소등기청구	①원고의 현재 소유사실 ②피고 명의 등기 ③등기의 원인무효	Ⓐⓐⓑ [원고의 현재 소유자임 부인하는 사유] Ⓑ①ⓐ실체관계에 부합하는 등기 　ⓑ무효등기의 유용 ②무효에 대한 항변사유
		저당권 등기명의		(b)말소등기청구	①원고의 현재 소유사실 ②피고 명의 저당권 등기 ③저당권등기의 원인무효	Ⓐⓐⓑ [원고의 현재 소유자임 부인하는 사유] Ⓑ①ⓐ실체관계에 부합하는 등기 　ⓑ무효등기의 유용 ②무효에 대한 항변사유
	방해예방		형태가 매우 다양하고, 주로 가처분의 형태로 진행됨			
	고의·과실 있는 위법한 손해		불법행위로 인한 손해배상청구	손해배상청구	Ⓐ①고의·과실 ②위법성 ③손해 ④인과관계 Ⓑ손해배상의 범위	①ⓐ 과실상계 　ⓑ 손익상계 　ⓒ 책임제한 ②단기소멸시효기간 경과(안날 3년, 불법행위시 10년 경과)
	침해하여 이득		침해 부당이득 반환청구	부당이득반환청구	[①법률상 원인없음(침해)(항변임)] ②이득	①법률상 원인 있음

			③손실 ④인과관계 ⑤**201조적용** ⓐ선의의 수익자 (반환의무 없음) ⓑ악의의 수익자 (이득,이자,손해) **748조 적용** ⓐ선의의 수익자 (현존 이득) ⓑ악의의 수익자 (이득,이자,손해)	
침해는 없으나 법률관계 불안		소유권확인의 소	①원고의 소유권 ②확인의 이익	[본안전 항변] [본안항변: 위 ⓐⓐⓑ]
		소유권부존재확인의 소	①피고는 소유권 없음 [ⓐⓐⓑ 포함] ②확인의 이익	

제2강 물권(권익) 침해를 원인으로 한 **물권적 청구권**에 관한 요건사실의 일반적 검토

Ⅰ. 개설

1. 권리는 "법적으로 보호되는 이익"이라고 개념정의 했다. 따라서 권리 침해에 대해 그 법적 보호를 해야 한다. 법적보호의 실체는 그 구제수단인 물권적 청구권, 불법행위로 인한 손해배상청구권,[177] 침해 부당이득반환청구권이다. 보호될 권리가 물권(준물권 포함)인 경우에는 물권적 청구권이라고 하지만 인격권, 환경권, 영업권 등일 때는 물권적 청구권과 같은 기능을 가진 구제수단을 금지청구권(injunctive relief)이라고 하고, 상법 등에서는 이를 유지청구권이라고 한다.[178]

2. 물권적 청구권의 요건사실 및 항변 요약

물권적 청구권은 법문상으로는 ①소유물반환청구와 ②ⓐ방해배제청구, ⓑ방해예방청구로 구분되어 있으나 이는 중분류에 불과하고 실무상으로는 이를 더 세분하여 ①건물인도, 대지인도, 건물퇴거, 동산인도, ②ⓐ(a)건물철거, 건물퇴거 청구와 ②ⓐ(b)각종 등기말소청구로 구분되어 있다. 앞으로는 이렇게 세분된 요건사실과 전형적인 항변사유들을 학습해 두어야 한다. [앞서 든 표 참조]

---

177) 이 항에서는 불법행위로 인한 손해배상청구권을 단순히 손해배상청구권이라고 한다. 채무불이행에 의한 손해배상청구권과 구분할 필요가 있을 때는 다시 불법행위로 인한 손해배상청구권이라고 정식으로 표현하겠다.

178) 물권적 보호방식은 물권에 관하여는 물권적 청구권이라 하고, 상법, 환경법 등에서는 유지청구권이란 용어를 사용하고, 지식재산권법, 경제법 등에서는 금지청구권이라고 한다. 물권적 청구권의 근거규정은 소유권(민법 213조, 214조), 점유권(민법 204, 205, 206조), 지상권(290조, 213조, 214조), 지역권(301조, 214조), 전세권(319조, 213조, 214조), 저당권(370조, 214조), 질권(판례, 다수설에 의하여 인정) 등 개별 물권에 근거규정을 두고 있다.

Ⅱ. 토지(건물) 인도(퇴거) 청구 [소유물반환청구 (민법 제213조)]

1. 개설

소유물반환청구권에 기한 소송유형으로는 토지 인도, 건물 인도·퇴거, 동산인도 청구가 있다. 모두 물권적 청구권에 기반한 소송유형인 것이다. 하지만 앞서 청구취지 부분에서 설명했듯이 임대차계약 종료 후 채권적 청구권인 원상회복의 일환으로 부동산 인도[179] 및 퇴거청구를 할 수도 있고, 또 매매계약에 기해 (약정)강제이행의 형태로 부동산 인도청구를 할 수도 있다. 이처럼 인도(퇴거)청구는 물권적 청구권에 기한 소송유형일 수도 있고 채권적 청구권에 기초한 소송유형일 수도 있다. 특히 임대차계약 후 그 임대차기간이 종료된 후에는 그와 같은 동일한 사실관계로부터 물권적 청구권인 임차목적물인 소유물인도청구와 채권적 청구권인 임차목적물반환청구가 중첩하여 인정되어 원고의 선택에 따라 어느 한 청구권으로 행사(청구권 경합)될 수 있으므로 주의하여 청구원인(의 소결론부분)에서 이를 명백히 밝혀 두어야 한다. 이처럼 전혀 성격이 다른 구제수단으로서 부동산 인도, 퇴거 등 청구를 할 수 있으므로 그 차이점을 소상히 알고 있어야 한다. 원래 위와 같은 채권적 청구권은 본서의 다른 부분에 설명해야 할 것이나 양 청구는 소송형태의 유사성으로 인해 유사한 점들도 있기 때문에 본란에서 각각 구분하여 한꺼번에 설명하고, 나중에는 해당 부분에서 다시 간략하게 언급하기로 한다.

2. 건물·토지·동산(특정물) 인도·퇴거 청구

가. 기본적인 요건사실 및 항변

소유물반환청구	청구원인		① 원고의 현재 소유사실 ② 피고의 현재 점유사실 (직접점유자만 포함)
	항변	공통	[원인무효사유] Ⓐⓐ부존재·무효·취소·해제/해지·무권대리(대리권남용)·대표권제한 위반 ⓑ전자(前者)의 무권리 또는 사실상·법률상 처분권 결여
		특유 Ⓑ"점유할 정당한 권원"	물권; 지상권(특히 법정지상권),지역권,전세권,유치권 매수하여 인도받은 목적물[180] 점유취득시효완성 후 점유하고 있는 목적물[181] ⓐ임대인: 임차권 ⓑ임대목적물의 양수인: 임차권＋대항력 필요
			동시이행항변권

---

179) 소송명칭은 "임차목적물반환"이 되나 그 실질은 부동산의 인도청구이다.

180) 대법원 1977. 3. 8. 선고 76다2461 판결 (이에 대하여 매매계약이 적법하게 해제되면 매수인은 그 목적물을 점유할 권원을 상실하므로 이 경우 매매계약의 해제사실은 원고의 재항변 사유가 된다.)

181) 대법원 1988. 5. 10. 선고 87다카1979 판결 (점유취득시효 완성 후에는 소유명의자는 소유물반환청구를 할 수 없다.); 대법원 1993. 5. 25. 선고 92다51280 판결 (점유취득시효 완성 후에는 소유명의자는 점유자에 대하여 부당이득반환청구를 할 수 없다.) 이때 원고는 점유취득시효 완성을 저지할 수 있는 시효중단사유나 시효이익 포기사실을 주장하여 재항변할 수 있다.

나. 원고의 현재 소유사실(물권)의 주장·증명

1) 소유권은 원시취득으로 시작되어 포괄적·특정 승계취득의 방법으로 취득된다.

부동산의 소유권의 원시취득 사유는 원칙적으로 법률의 규정에 의한 소유권취득(민법 제187조)[182]이므로 그에 대응한 등기 없이도 소유권을 주장할 수 있다. 승계취득은 포괄승계취득과 특정승계취득으로 나누어진다. 포괄승계취득은 상속(민법 제1005조), 포괄유증(민법 제1078조), 회사의 합병(상법 제235조, 제269조, 제530조 제2항, 제603조) 등이 있다. 포괄적 승계취득의 경우도 원칙적으로 법률의 규정에 의한 물권의 취득으로 등기 없이도 소유권을 취득한다.(민법 제187조) 한편 특정승계취득은 이전적 특정승계취득과 설정적 특정승계취득으로 나누어지고 원칙적으로 민법 제186조의 적용을 받아 약정사실과 상응한 등기사실을 주장·증명해야 특정승계 취득할 수 있다. 예외적으로 경매는 특정 승계취득이지만 민법 제187조의 적용을 받아 상응하는 등기 없이도 '경락대금 완납일'에 소유권을 취득한다.

그래서 원고가 '현재 소유권자인 사실'을 주장·증명하기 위해서는 다음과 같은 방식 중 어느 하나의 방식으로 주장·증명해야 한다.

첫째 원시취득 사실 중 어느 하나를 주장·증명하여 할 수 있다. 이때는 등기명의가 원고로 되어 있다는 점을 주장할 필요는 없다. 아래에서 더 상세하게 설명한다. (다만 예외적으로 점유취득시효 완성을 원인으로 한 소유권취득은 원시취득이나 상응하는 소유권이전등기가 경료되어야만 소유권을 취득하는 민법 제186조에 따른 소유권취득이고, 등기상 이전등기의 방법으로 기재된다.)

둘째 포괄승계취득 사실을 주장·증명하여 소유권을 증명할 수 있다. 포괄승계취득 사실은 법률의 규정에 의한 소유권 취득이기 때문에 등기 없이도 소유권 취득을 주장·증명할 수 있다. 특히 주의할 것은 포괄승계취득 후 등기를 경료하지 않고 있다가 다시 포괄승계취득하는 경우에도 그 소유권을 취득한다는 것이다. 민법 제187조 단서의 규정은 포괄승계취득한 다음 다시 특정승계시킬 때 등기가 필요하다는 의미이고, 포괄승계취득한 다음 다시 포괄승계취득할 때는 적용되지 않는다. 즉 조부의 소유 토지를 상속받은 아버지가 그 명의로 상속등기를 경료하지 않고 바로 사망하였다면 그 유족(주로 손자녀)은 아버지를 상속함으로써 조부 소유로 등기된 토지의 소유권을 취득한다. 별도로 아버지 명의로 등기하지 않아도 소유권을 취득한다는 의미이다.

셋째 특정승계취득 사실을 주장·증명함으로써 소유권자임을 주장·증명할 수 있다. 이 경우 다음 2가지 방법으로 기술하는 것이 가능하다. ① 현재 원고 명의로 소유권등기가 경료 되어 있는 사실을 주장함으로써 등기의 추정력에 의하여 현재 원고의 소유임을 주장·증명할 수 있다. 소유권등기는 소유권이전등기는 물론 소유권보존등기도 포함한다. 물론 소유권보존등기는 등기원인에 대

---

182) 원시취득사유들은 대부분 민법 제187조상의 법률의 규정에 의한 물권취득사유로서 상응하는 등기 없이도 그 물권을 취득한다. 다만 다음과 같은 2가지 중요 예외사유가 있다. 첫째 공용수용은 민법 제187조가 적용되어 수용개시일에 원시취득하고, 다만 <u>소유권이전등기의 형식으로 등기가</u> 경료된다. 둘째 점유취득시효 완성을 원인으로 한 소유권이전등기 청구는 원시취득사유이나 채권적 청구권만 취득하고 상응하는 소유권이전등기가 있어야 비로소 물권을 취득하게 된다.(민법 제186조) 그런 측면에서 민법 제187조의 예외사유라고 할 것이다.

한 추정력은 없지만 소유사실에 대한 추정력은 있다. ②ⓐ전 소유자와 약정하고, ⓑ그에 기해 소유권이전등기를 경료한 과거의 사실을 주장하여 현재의 소유권을 주장·증명할 수 있다.(민법 제186조)(물권취득에 관한 형식주의, 성립요건주의)(다만 경매에 의한 소유권취득은 특정승계취득이나 경락대금을 완납하는 순간 소유권을 취득하는 민법 제187조에 의한 소유권 취득이다.) 원고는 원래 '현재 소유자인 사실'을 주장·증명해야 하는데 위 ②ⓐⓑ의 방법은 과거 일정한 시점에 물권을 취득했다는 증명방법이지만 그 소유권을 취득한 다음 현재까지 보유하고 있는 사실은 추정되기 때문에 위 두 가지 사실만 주장·증명해도 현재의 소유사실은 충분히 주장·증명되었다고 본다. 그래서 피고측에서 현재 소유권을 상실한 사실을 주장·증명하여 원고의 현재 소유권자임을 부인할 수 있다. 즉, 피고측에서 원고가 소송제기 후 변론종결 전에 소유권을 제3자에게 이전한 것을 증명한 경우에는 현재의 소유자가 아니므로 원고와 제3자 사이에 방해배제청구권을 원고에게 유보하여 두기로 하는 특약을 체결하였다 하더라도 소유권의 절대적 권리성에 비추어 원고의 현재 소유사실이 증명되지 않아 청구를 기각하여야 한다.183) 실무상으로는 원고측은 ① 방식보다 ②ⓐⓑ 방식으로 소유권을 주장·증명하는 것이 대부분이다.

넷째 상대방이 원고의 소유사실을 인정할 경우 권리자백으로 자백의 효력이 없을 듯 보이나 실무에서는 소유사실에 대한 자백으로 보아 자백의 성립을 인정하는 경우가 더 많다.184)

2) 부동산소유권의 원시취득
가) 토지소유권의 원시취득 (민법 제187조)
(1) 임야이외의 토지의 원시취득

토지조사령(1912년 시행)에 의해 사정받은 자가 임야이외의 토지에 대한 소유권을 원시취득 한다. 사정받은 사실은 통상 토지대장에 기재되어 있고, 그 사실만을 들어 소유권에 기한 물권적 청구권을 행사할 수 있다. 그자는 이 토지대장을 발급받아 소유권보존등기도 신청할 수 있다.

(2) 임야의 원시취득

임야조사령(1918년 시행)에 의해 사정받은 자가 임야에 대한 소유권을 원시취득 한다. 사정받은 사실은 통상 임야대장상에 기재되어 있고, 그자는 임야대장을 발급받아 소유권보존등기를 할 수 있다.

(3) 기타 토지 소유권의 원시취득

매립지는 매립을 한 자의 소유에 속한다. 따라서 매립사실을 증명하여 소유권보존등기를 할 수 있다. 무주의 부동산은 국유로 한다.(민법 제252조 제2항)

---

183) 대법원 1969. 5. 27. 선고 68다725 전원합의체 판결
184) 대법원 1979. 6. 12. 선고 78다1992 판결, 대법원 1989. 5. 9. 선고 87다카749, 대법원 2007. 5. 11. 선고 2006다6836 판결 등

나) 건물 소유권의 원시취득

(1) 원칙적으로 자신이 재료비를 부담하여 건물을 신축한 경우에는 그 자가 건물의 소유권을 원시취득 한다. 위와 같은 원칙은 임의규정에 불과하여 당사자 사이에 특별한 약정을 하면 그 약정이 우선 적용된다. 통상 건물은 도급계약을 통하여 수급인이 실제 공사를 담당하게 된다. 따라서 도급계약 등 약정상 특약이 존재하는 경우 그 특약의 취지에 따라 건물 소유권을 원시취득하게 되고, 특약이 없는 경우에는 위와 같은 일반 법리에 따라 재료비를 부담한 자가 그 건물의 소유권을 원시취득 한다. 건물 소유권은 <u>기둥, 외력벽, 지붕</u>이 완성되는 시점에 독립된 부동산으로서의 건물 소유권이 취득된다. (대법원 2003. 5. 30. 선고 2002다21592·21608 판결)

대한민국의 경우 1동 건물의 일부가 독립하여 소유권의 객체가 될 수 있는 아파트 등 집합건물(아파트, 다세대주택 등)이 많기 때문에 어느 정도의 기둥, 지붕, 주벽이 이루어져야 구분소유(민법 제215조)의 객체가 되는 건물이 되는가를 중심으로 분쟁이 많이 발생했다. 구분소유가 성립하는 시점은 원칙적으로 건물 전체가 완성되어 해당 건물에 관한 건축물대장에 구분건물로 등록된 시점이라 할 것이다.(대법원 1999. 9. 17. 선고 99다1345 판결) 공사중단 당시 종전 건축주에 의해 축조된 미완성 건물의 구조와 형태가 구분소유권의 객체가 될 수 있는 정도였다 하더라도 위 대법원 판례의 판시가 그대로 적용된다. 그래서 ①건축주의 사정으로 건축공사가 중단된 미완성의 건물을 인도받아 나머지 공사를 하게 된 경우에는 그 공사의 중단 시점에 이미 <u>사회통념상 독립한 건물이라고 볼 수 있을 정도의 형태와 구조를 갖춘 경우가 아닌 한</u>(아파트 신축공사 중 지하 주차장 기초 골조공사가 진행 중 건축공사 중단) 이를 인도받아 자기의 비용과 노력으로 완공한 자가 그 건물의 원시취득자가 된다.(대법원 2006. 5. 12. 선고 2005다68783 판결) 이에 더 나아가 ②건물이 설계도상 처음부터 여러 층으로 건축할 것으로 예정되어 있고(지하 1층, 지상 18층의 아파트 및 판매시설로 공사예정) 그 내용으로 건축허가를 받아 건축공사를 진행하던 중에 건축주의 사정으로 공사가 중단되었고 그와 같이 중단될 당시까지 이미 일부 층의 기둥과 지붕 그리고 둘레 벽이 완성되어 그 구조물을 토지의 부합물로 볼 수 없는 상태에 이르렀다고 하더라도(18층 구조의 좌측부분은 18층까지 골조공사, 17층 일부 벽면까지 조적공사, 16층 일부까지 미장공사 완료, 7층 구조의 우측부분은 7층까지의 골조 및 조적공사, 지붕 및 옥상공사 완료) 제3자가 이러한 상태의 미완성 건물을 종전 건축주로부터 양수하여 나머지 공사를 계속 진행한 결과 <u>건물의 구조와 형태 등이 건축허가의 내용과 사회통념상 동일하다고 인정되는</u> 정도로 건물을 축조한 경우에는, 그 구조와 형태가 원래의 설계 및 건축허가의 내용과 동일하다고 인정되는 건물 전체를 하나의 소유권의 객체로 보아 그 제3자가 그 건물 전체의 소유권을 원시취득한다고 보아야 한다.(대법원 2006. 11. 9. 선고 2004다67691 판결)

이와 같은 주류적 판례의 태도에도 불구하고 다음과 같이 그 결이 다른 판례도 있어 향후 판례의 통일이 필요하다. 즉 건축주의 사정으로 건축공사가 중단되었던 미완성의 건물을 인도받아 나머지 공사를 마치고 완공한 경우, 건물이 공사가 중단된 시점에서 사회통념상 독립한 건물이라고 볼 수 있는 형태와 구조를 갖추고 있었다면(지하 1층, 지상 4층 8세대 연립주택 신축공사 중 4층까지 전체 골조 및 지붕공사를 완료하여 약 45%내지 50%의 공사완료) 원래의 건축주가 그 건물의 소유권을 원시취득한다.(대법원 1997. 5. 9. 선고 96다54867 판결) 신축건물(지하 3층, 지상 12층의 주상복합건물 신축예정)은 경락대금 납부 당시 이미 지하 1층부터 지하 3층까지 기둥, 주벽 및 천장 슬라브 공사가 완료된 상태이었을 뿐만 아니라 지하 1층의 일부 점포가 일반에 분양되기까지 한 사정을 엿볼 수 있는바, 비록 피고 등이 경락을 원인으로 이 사건 토지의 소유권을 취득한 당시 신축 건물의 지상층 부분이 골조공사만 이루어진 채 벽이나 지붕 등이 설치된 바가 없다 하더라도 지하층 부분만으로도 구분 소유권의 대상이 될 수 있는 구조라는 점에서 신축 건물은 경락 당시 미완성 상태이기는 하지만 독립된 건물로서의 요건을 갖추었다고 봄이 상당하다.(대법원 2003. 5. 30. 선고 2002다 21592·21608 판결)고 판시하였다.

(2) 신축건물의 소유권보존등기

건물을 신축하기 위해서는 우선 건축허가를 받아야 한다. 건축허가명의자가 건물 재료비를 부담한 것으로 사실상 추정은 되지만 다른 증거에 의하여 건물 재료비를 부담한 자가 밝혀질 때는 건축허가명의에도 불구하고 그자가 건물의 소유권을 원시취득하게 된다. 건축허가명의자는 건물완공 후 소정의 절차를 거쳐 사용승인을 받게 된다. 사용승인을 받게 되면 시청공무원에 의하여 직권으로 건축물관리대장이 작성되고 그 건축물관리대장 상의 소유자란에 건축허가명의자를 등재한다. 건축허가명의자는 새로 편제된 건축물관리대장을 발급받아 1개월 이내에 이를 첨부하여 건물 소유권보존등기를 마쳐야 하고, 이를 불이행하는 경우에는 과태료의 제재를 받게 된다.

(3) 건물 소유권보존등기 관련분쟁

건물 소유권보존등기 관련분쟁은 신축건물의 소유권 원시취득법리와 소유권보존등기 절차가 건축허가명의자 중심으로 진행되는 실무관행 사이에 존재하는 괴리로 말미암아 발생하게 된다. 대체로 건축허가명의자가 재료비를 부담하거나 특약상의 소유권 원시취득자인 경우가 많다. 하지만 여러 가지 이유로 원시취득자와 다른 자 명의로 건축허가를 받게 되는 경우가 종종 있다. 그래서 신축건물의 원시취득자는 소유권보존등기 전에는 건축허가 명의자를 상대로 건축허가명의 변경 절차의 이행을 구하는 이행의 소185)를 제기하거나 소유권확인의 소를 제기할 수 있다. 신축건물의 원시취득자는 다른 자가 소유권보존등기를 이미 경료한 후에는 그 등기상의 소유명의자를 상대로 소유권보존등기 말소청구를 할 수 있다. 위 소유권확인이나 말소청구의 확정판결에서 자신이 원시취득자로 명확히 밝혀져 있다면 그 확정판결을 등기소에 제출하여 자기 명의로 소유권보존등기를 할 수 있다. 따라서 위 소송의 원고는 위와 같이 소유권보존등기 말소를 구하는 외 별도로 소유권확인을 구할 필요가 없고, 더구나 그자를 상대로 소유권이전등기를 청구해서도 아니 된다.

다) 부동산 소유권의 원시취득 시기

토지나 건물의 원시취득자는 등기를 경료하지 않고도 소유권을 확정적으로 취득한다(민법 제

---

185) 건축허가명의 변경절차를 이행하라는 청구는 의사의 진술을 명하는 청구가 된다.

187조). 그 후 권리자가 타에 처분하려면 소유권보존등기를 경료하여 처분의 상대방에게 소유권이 전등기를 경료해 주어야 비로소 상대방이 소유권을 취득할 수 있다.(민법 제186조) 다만 원시취득의 사유로 들고 있는 점유취득시효 완성은 점유취득시효가 완성되어도 소유권이전등기청구권(채권적 청구권)만을 취득할 뿐 그에 상응하는 등기를 경료하여야만 소유권을 취득할 수 있다. 「공익사업을 위한 토지 등의 취득 및 보상에 관한 법률」에 따라 협의수용[186), 재결수용도 원시취득에 해당되나 사업시행자는 '수용개시일'에 해당 부동산을 원시취득한다. 다만 공용수용의 경우도 등기는 이전등 기의 방법으로 등기가 경료된다.

3) 동산 소유권의 원시취득

동산 소유권의 원시취득 사유 중 가장 많은 경우는 제조일 것이다. 제조에 적용되는 가공(민법 제259조)이 가장 중요한 동산 소유권의 원시취득법리일 것이다. 원재료와 노무를 통해 가공하여 동 산이 원시취득될 때는 "원재료의 소유자"가 그 소유권을 원시취득한다. 다만 가공(노무제공)으로 인 한 가액의 증가가 현저히 다액인 경우에는 그 노무를 제공한 가공자가 소유권을 원시취득할 수도 있다.(민법 제259조 제1항 단서) 이 법리도 임의규정에 불과하여 특약이 있으면 그에 따른다. 따라서 자본주의 대량생산 사회에서 노무제공자가 동산 소유권을 원시취득하는 경우란 매우 드물다.

그 외 원시취득 사유로 무주물 선점, 유실물 습득, 매장물 발견 등이 있으나 실무상으로는 첨 부(添附)가 중요하고, 그중 부합(附合)에 관련된 법리가 중요하다. 부합은 소유자를 달리하는 수개 의 물건이 결합하여 사회관념상 한 개의 물건으로 되었을 때(이때 부합된 물건이 '본질적 구성부분' 으로 되었다고 표현한다.) 하나의 물건으로 어느 특정인에게 소유권을 귀속시키는 것을 지칭한다. 부합의 주물은 부동산이나 부합하는 물건은 동산뿐만 아니라 부동산도 포함된다.(대법원 1991. 4. 12. 선고 90다11967) 그래서 부합이 동산 소유권 소멸의 원인이 된다. 하나의 물건이 되었다는 것은 그 동산을 훼손하거나 과다한 비용을 지출하지 않고서는 분리할 수 없을 정도로 부착·합체되었을 때 인정된다.{대법원 2007. 7. 27. 선고 2006다39270,39278(가스공급업자가 아파트에 설치한 가스공급 시설)}{대법원 1995. 6. 29. 선고 94다6345 판결(주유소 지하에 매설된 유류저장탱크)} 동산의 가액이 부동산의 가액을 초과하더라도 동산의 소유권이 소멸한다.(대법원 1981. 12. 8. 선고 80다2821 판결) 부동산의 소유자는 부합으로 인해 소멸된 동산의 소유권자에게 보상할 의무를 진다.(민법 제261조) 건물의 증·개축부분은 물리적 구조와 증축부분의 용도와 기능 등의 경제적 효용, 당사자의 의사 등 을 기초로 판단하여 그 독립성을 가진 것인지 여부를 판단하여 부합의 성립여부를 결정하여야 한 다.(대법원 1994. 6. 10. 선고 94다11606 판결)

---

186) 협의수용은 **협의취득**과는 다르다. 사업시행자는 협의수용, 재결수용 전에 토지소유자들과 협상하여 사업대상토지 들을 협의취득할 수도 있다. 이렇게 협의취득계약이 이루어지면 이는 특정승계취득이 되고, 민법 제186조가 적용 되어 등기가 이루어져야 소유권을 확정적으로 취득한다.

4) 포괄적 승계취득

가) 포괄승계취득

포괄승계취득은 상속, 포괄유증, 합병 등이 있고, 법률의 규정에 의한 물권취득으로 상응하는 등기 없이도 물권을 취득하게 된다. 모두 법인격 소멸의 순간에 권리자의 공백이 없도록 특정 사유 위주로 관련 권리들이 포괄적으로 승계되도록 구성한 법리이다. 특히 주의할 점은 예를 들면 조부 소유의 미등기 부동산을 아버지가 단독 상속하고, 본인이 다시 단속 상속한 경우 아버지도 포괄승계취득하였고, 아버지의 상속등기 없이도 본인도 포괄승계취득하는 것이 가능하다. 그래서 조부 명의로 된 소유권보존등기나 그 후 상속등기 등을 추가로 경료할 필요 없이도 이와 같은 중복 포괄승계취득사유들을 주장·증명하여 소유자임을 주장하면서 물권적 청구권을 행사할 수 있다.

나) 상속

(1) 상속으로 인한 소유권 취득의 요건사실

상속[187]의 예를 들면 피상속인의 사망만으로 상속인들이 소유권을 취득할 수 있다. 그래서 상속의 경우에는 다음과 같은 요건사실로 주장·증명해야 한다.

상속	①피상속인의 재산소유사실[188] ②피상속인의 사망 ③유족 (상속인) ④상속분 [주의할 것은 상응하는 등기 없이도 소유권을 취득한다는 사실이다. 만약 타에 처분하려면 민법 제187조에 의하여 등기를 경료하고 처분해야 한다.]

(2) 상속분

상속인 요건을 추가적으로 설명하면 다음과 같다. 배우자와 직계비속이 제1순위 상속인이 되고, 직계비속이 없는 경우 배우자와 직계존속이 제2순위 상속인이 된다. 직계존속도 존재하지 않는 경우에는 배우자가 단독상속한다.(제1003조 제1항) 배우자가 공동상속하는 때는 배우자가 1.5의 상속분으로 상속한다.

> [사례 1] 배우자 1인, 자녀 1인인 상태에서 피상속인이 사망하면 배우자는 3/5, 자녀는 2/5의 상속분으로 상속한다.
> [사례 2] 배우자 1인, 자녀 2인인 상태에서 피상속인이 사망하면 배우자는 3/7, 자녀는 각 2/7 상속분으로 상속한다.
> [사례 3] 배우자 1인, 자녀 3인인 상태에서 피상속인이 사망하면 배우자는 3/9, 자녀는 각 2/9 상속분으

---

187) 시험에 자주 출제되고 있다. 반드시 정확하게 알고 있어야 한다.
188) 실제 답안을 작성할 때 이 부분을 누락한 수험생들이 너무 많았다. 왜 필요한지 잘 생각해 보기 바란다.

로 상속한다.

[사례 4] 배우자 1인, 자녀 1인, 피상속인의 부모 생존한 상태에서 피상속인 사망하면 배우자 3/5, 자녀 2/5 상속분으로 상속한다.

(3) 상속포기[189]와 상속분

[사례 5] 배우자 1인, 자녀 1인, 피상속인의 부모 생존한 상태에서 피상속인 사망하고, 자녀 1인이 상속 포기를 하면 배우자 3/7, 피상속인 부모 각 2/7 상속분으로 상속한다.

[사례 6] 배우자 1인, 자녀 2인, 피상속인의 부모 생존한 상태에서 자녀 중 1인이 상속포기하고 피상속인 사망하면 배우자 3/5, 나머지 자녀 2/5 상속분으로 상속한다.

[사례 7] 배우자 1인, 자녀 2인, 자녀 중 1인은 결혼하여 그 배우자 1인, 손자녀 1인, 피상속인의 부모 생존한 상태에서 피상속인 사망하고, 결혼한 자녀가 상속을 포기하면 배우자 3/5, 결혼하지 않은 자녀 2/5 상속분으로 상속한다.

[사례 8] 배우자 1인, 자녀 2인, 자녀 중 1인은 결혼하여 그 배우자 1인, 손자녀 1인, 피상속인의 부모 생존한 상태에서 피상속인 사망하고, 결혼하지 않은 자녀가 상속을 포기하면 배우자 3/5, 결혼한 자녀 2/5 상속분으로 상속한다.

[사례 9] 배우자 1인, 자녀 1인, 자녀가 결혼하여 그 배우자 1인, 손자녀 1인, 피상속인의 부모 생존한 상태에서 피상속인 사망하고, 결혼한 자녀가 상속을 포기하면 배우자(피상속인의 배우자) 3/5, 손자녀 2/5 상속분으로 상속한다.

(4) 대습상속과 상속분

상속포기는 대습상속의 원인이 아니다. 대습상속은 상속이 개시되기 전[190]에 상속인이 사망하거나 결격사유가 발생한 경우이다.

[사례 10] 배우자 1인, 자녀 1인, 자녀가 결혼하여 그 배우자 1인, 손자녀 1인, 피상속인의 부모 생존한 상태에서 자녀가 먼저 사망하고, 피상속인 사망하면 배우자 3/5, 사망한 자녀의 배우자 6/25, 손자녀 4/25 상속분으로 상속한다.

[사례 11] 배우자 1인, 자녀 2인, 자녀 중 1인 결혼하여 그 배우자 1인, 손자녀 1인, 피상속인의 부모 생존한 상태에서 결혼한 자녀가 먼저 사망하고, 피상속인 사망하면 배우자 3/7, 자녀 2/7, 사망한 자녀의 배우자 6/35, 손자녀 4/35 상속분으로 상속한다.

[사례 12] 배우자 1인, 자녀 2인, 자녀 중 1인 결혼하여 그 배우자 1인, 손자녀 1인, 나머지 자녀도 결혼하여 그 배우자 1인, 손자녀 2인, 피상속인의 부모 생존한 상태에서 결혼한 자녀 2인 모두 먼저 사망하고, 피상속인 사망하면 배우자 3/7, 손자녀 1인 남긴 자녀의 배우자 6/35, 그 손자녀 4/35, 손자녀 2인

---

189) 학생들은 대습상속의 경우 상속분에 관해서는 잘 알고 있었으나 상속포기의 경우 상속분에 관해서는 잘 모르는 경우가 많았다.

190) "상속이 개시되기 전"은 엄격하게 설명하면 "상속과 동시"를 포함하는 개념이다. 즉 동시에 사망한 것으로 추정되는 경우(민법 제30조) 대습상속으로 상속이 된다.(대법원 2001. 3. 9. 선고 99다13157 판결)

남긴 자녀의 배우자, 6/49, 그 자녀들 각 4/49 상속분으로 상속한다.

[사례 13] 배우자 1인, 자녀 2인, 자녀 중 1인 결혼하여 그 배우자 1인, 손자녀 1인, 나머지 자녀도 결혼하여 그 배우자 1인, 손자녀 2인, 피상속인의 형제자매 3인 생존한 상태에서 결혼한 자녀 1인의 배우자만 남기고, 피상속인과 나머지 가족들이 전부 괌으로 여행을 갔다가 비행기 추락사고로 전원 사망한 경우. 결혼한 자녀 1인의 배우자(사위)가 전부 상속한다.[191]

5) **특정승계취득** (부동산: 민법 제186조, 동산: 민법 제188조, 제189조, 제190조)

가) 동산소유권은 약정 후 인도받아야 특정승계취득할 수 있다. (민법 제188조, 제189조, 제190조)

나) 부동산 소유권의 경우 약정 후에도 등기까지 경료해야 비로소 소유권을 특정승계취득하게 된다. (민법 제186조)

다) 그래서 민법 제186조(동산은 민법 제188조, 제189조, 제190조)상의 법률행위에 의한 물권변동 규정의 적용을 받는다. 통상 민법 제186조상의 법률행위를 물권행위라고 하면서 채권행위(약정)와 구분하여 설명하는 것이 일반화되어 있다.(물권행위의 독자성, 유인성) 민사법실무 학습의 목적상으로 그런 복잡한 법논리는 몰라도 되고 다만 등기원인에 해당되는 매매·교환·증여·대물변제 계약 등 약정은 해야 하고 나아가 등기까지 경료하여야 비로소 그 물권을 승계취득할 수 있다고 기억해 두면 된다. 이때 **특정**승계취득이기 때문에 전 소유자(매도인)가 보유하고 있던 물권보다 더 큰 물권을 승계취득할 수는 없다. 때문에 전 물권자(매도인)가 물권, 기타 법률상·사실상 처분할 수 있는 권리를 보유하고 있어야 한다는 특정승계취득의 숨은 요건이 더 있다는 점을 기억해 두어야 한다. 숨어 있다고 표현하는 이유는 원고가 소유사실을 주장·증명할 때 청구원인사실로 주장·증명하여야 하는 것이 아니라 상대편(피고)측이 항변사유로 주장·증명해야 한다는 점을 에둘러 표현하기 위한 것이다. 또 특정승계취득에 따른 소유권이전등기를 할 때 그 등기원인란에 매매계약이란 소위 채권행위를 기재하고, 매매계약서를 처분문서라고 한다는 것도 알고 있으면 도움이 된다. 이를 표로 정리하면 다음과 같다.

물권의 특정승계취득	① 약정 (채권행위: 매매·교환·증여·대물변제 계약 등) (② 전 소유자(前者)의 물권 or 처분할 수 있는 법률상·사실상 처분권) ③ 등기(부동산) or 인도(동산) ※②는 숨은 요건이어서 실무적으로 상대방(피고)측이 항변사유로 주장·증명하고 있다.	
동산 선의취득 (※원시취득임)	① 약정 (채권행위: 매매·증여·교환·대물변제계약·경매·질권설정 등) ② 무과실(약정부터 인도까지 줄곧 선의에 무과실인 점) ③ 인도(점유) (점유개정[192]은 제외)	[항변] ①악의점유 ②폭력 or 은비 ③도품 or 유실물

---

191) 대법원 2001. 3. 9. 선고 99다13157 판결(동시사망의 추정이 있는 경우도 대습상속 요건이 갖추어 진다. 형제에 의한 혈족상속보다 대습상속을 우선시한 판결로 유명하다.)

192) 대법원 1964. 5. 5. 선고 63다775 판결, 대법원 1978. 1. 17. 선고 77다1872 판결 등

그 결과 '① 약정'에서 유래하는 항변사유로 그 약정의 Ⓐⓐ부존재·무효·취소·해제/해지·무권대리(대리권남용)·대표권제한위반 등의 약정 원인무효사유가 있고, '② 전 소유자(前者)의 물권 or 처분할 수 있는 법률상·사실상 처분권'으로부터 유래하는 항변사유로 Ⓐⓑ 전자(매도인 포함 前者)가 소유권 기타 법률상·사실상 처분할 수 있는 권리가 없다는 사실이 있다. 이처럼 Ⓐⓐⓑ와 같은 항변사유는 물권적 청구권에서 흔히 문제됨에도 불구하고 종래 요건사실론에서 중점을 두어 가르치지 않아 수험생들이 놓치기 쉬웠던 항변사유들이었다. 본서에서 매우 강조하고 있으니 반드시 명심해서 적용함에 틀림이 없어야 한다.

라) 특정승계에는 Ⓐ이전적 특정승계취득과 Ⓑ설정적 특정승계취득이 있다. 전자는 전 권리자가 가지는 권리를 특정하여 전부 승계이전하는 것이고, 후자는 권리자의 권리에 기초하여 그 질적 일부를 설정적으로 승계하여 취득하는 것이다. 甲 소유의 A부동산에 乙은행이 (근)저당권설정계약후 (근)저당권설정등기를 경료하는 것은 후자의 사례로 甲은 여전히 A부동산의 소유권을 보유하고 있는 상태에서 乙은행이 A부동산 소유권의 일부 기능인 처분권을 제한하는 (근)저당권을 설정적으로 취득하게 되는 것이다.

다. 피고의 현재 점유사실

이 청구권원에 의한 청구는 직접점유자에게만 행사할 수 있다. 그러므로 제3자에게 그 부동산을 임대한 간접점유자를 상대로 인도청구를 할 수 없다.(대법원 1999. 7. 9. 선고 98다9045 판결)[193] 또 피고가 사실심 변론종결시에도 점유하고 있다는 사실까지 주장·증명해야 한다.(현점유설) 그런 의미에서 피고측이 현재 점유를 상실하였다는 주장은 항변이 아니라 부인에 해당한다. 따라서 원고는 여전히 현 점유사실의 주장·증명책임을 부담한다.

라. 항변사실
1) 개설

소유물반환청구권을 포함하여 모든 물권적 청구권은 모두 원고가 물권자임을 전제로 그 침해에 대해 인정되는 청구권이다. 앞서 설명한 바와 같이 원고는 본인이 물권자임을 원시취득, 포괄적 승계취득, 특정승계취득의 방법으로 주장·증명할 수 있다. 원시취득이나 포괄적 승계취득의 경우에는 그 특유한 항변사유들이 있겠으나 이곳에서는 특정승계취득에 국한하여 항변사유(본서에서 이하 이를 'Ⓐⓐⓑ'라고 약칭한다.)를 설명하기로 한다. 물론 이 항변사유는 다른 물권적 청구권, 즉 방해배제청구권, 방해예방청구권에 두루 적용되는 일반적인 항변사유가 된다. 앞서 설명한 바와 같이 전자의 소유권 또는 법률상·사실상 처분할 수 있는 권리 미보유사실('Ⓐⓑ'), 또 특정승계취득을 주

---

193) 대법원 1969. 2. 4. 선고 68다1594 판결; 대법원 1970. 9. 29. 선고 70다1508 판결; 대법원 1983. 5. 10. 선고 81다187 판결 (대법원은 오래전부터 이 원칙을 선언해 왔다. 학설 중에는 간접점유자에게도 소유물반환청구권을 인정해야 한다는 학설도 있다. 대법원 판례가 오래전부터 직접점유자에게만 소유물반환청구권을 행사해야 한다는 원칙을 선언해 오는 이유는 강제집행이 가능한 직접점유자에게 바로 소유물반환청구를 해야만 분쟁이 간결하게 해결된다는 까닭에 취한 태도라고 평가된다.)

장·증명하는 과정에서 필연적으로 전 소유자와 사이에 약정(채권행위, 예를 들면 매매·증여·교환·대물변제계약)을 주장·증명해야 할 때 피고가 그 약정에 원인무효 사유가 있다는 점을 들어 항변(위 Ⓐⓐ)할 수 있는 것이다. 본서를 관통하여 이 항변사유를 부존재·무효·취소·해제/해지·무권대리(대리권 남용)·대표권제한 위반(위 Ⓐⓐ)이라고 유형화해 두고 있다. 다만 소유물반환청구권에 고유한 항변사유로는 "점유할 정당한 권원"(위 Ⓑ)이 있다.

2) 공통의 항변사실

가) 소유권, 법률상·사실상 처분권 없음 (위 Ⓐⓑ)

원고가 자신이 특정승계로 해당 물권을 취득하여 현재 물권자임을 주장·증명했을 때 분명 원고가 과거 어느 시점에서 전소유자로부터 매매·교환·증여·대물변제 등 계약을 체결하고 그 명의로 이전등기를 경료받아 해당 물권을 취득하였다는 사실을 주장·증명하는 방식으로 변론했을 것이다. 특정승계의 의미상 전소유자가 갖는 물권 이상의 권리를 이전받지 못했을 것이다. 따라서 전소유자가 무권리자였다는 사실은 피고의 유효한 항변사유가 된다. 그래서 전자(前者)의 소유권, 법률상·사실상 처분할 수 있는 권한이 없었다는 사실이 항변이 된다.

나) 원인무효사유 (위 Ⓐⓐ)

또 원고와 전소유자 사이의 위 매매·교환·증여·대물변제 등 계약이 부존재·무효·취소·해제/해지·무권대리(대리권 남용)·대표권제한 위반으로 원인무효사유가 있었다면 비록 후속 등기가 경료되어 원고가 등기부상 물권자(소유자)로 표시되어 있다고 하더라도 해당 물권을 취득하지 못한다. 본란에서 원인무효사유들을 아래 표와 같이 정리해 두고 향후 계속 이를 원용할 터이니 잘 숙지하기 바란다.

사유			요건	효과	제3자보호
부존재	위조·변조		작성명의 거짓 작출(作出)	무효 (원인무효)	제3자 보호규정 없음 (등기부취득시효완성 시까지)
	(판결편취)		판결을 통해 등기원인을 거짓으로 만듦		
	미확정		의사표시가 없음		
무효	목적	의사무능력		무효 (원인무효)	제3자 보호규정 없음 (등기부취득시효완성 시까지)
		확정불가능			
		원시적 (전부) 불능			
		효력규정위반	강행규정 중 효력규정 위반		

		반사회질서위반
		(이중양도)
			① 배임
			  ⓐ 계약
			  ⓑ 이행에 착수
			  ⓒ 배임행위
			② 적극 가담(교사·방조)		

		(동기의 불법)	① 동기 ⓐ 표시되거나		

			ⓑ 인식(판례상으로는 **"알려진"** : 알았거나 알 수 있었을 때[194])) ② 반사회질서위반			
	통모허위표시		① 통모 ② 허위표시			③ 제3자 악의
	비진의표시		① 표시와 진의의 불일치 ② 상대방이 악의 or 과실			③ 제3자 악의
취소	주체	미성년자	19세 미만(18세 이하)		소급적 무효 (유동적 유효)	제3자보호규정 없음 (등기부취득시효완성 시까지)
		제한능력자	피성년후견인, 피한정성년후견인			
	사기·강박		① 기망행위, 강박행위 ② 의사표시 ③ 인과관계			④ 제3자 악의
	착오		① 착오 ② 중요부분 ③ 의사표시	항변:표의자의 중대한 과실		④ 제3자 악의
		동기의 착오	① ② ③	④동기 ⑤ⓐ표시되었거나, or ⓑ상대방이 알았거나 알 수 있었을 때		
해제 (해지)		Ⓐ이행지체	① 이행지체 ⓐ확정기한: 도과는 역수상 명백 ⓑ불확정기한: ⒜객관적 도래 ⒝채무자가 안 다음날 ⓒ기한의 정함이 없음: 최고 다음날 ② 상당한 기간 정해 이행최고 ③ 미이행 ④ 해제의 의사표시와 도달		소급적 무효	[물권적 이해관계자] [해제전] 무조건 보호 [해제후 원상회복전] ⑤ 악의 제3자
		Ⓑ이행불능	①(후발적)이행불능 ②해제의 의사표시와 도달			
		Ⓒ불완전이행	①불완전이행 ②이행된 부분만으로 목적달성불능 ③해제의 의사표시 및 도달			

---

194) 대법원 1984. 12. 11. 선고 84다카1402 판결 이후로 "표시되거나 상대방에게 **알려진** 법률행위의 동기가 반사회질서적인 경우"도 사회질서 위반이라고 판시한 바가 있다. 이때 "알려진"을 인식이라고 이해하는 견해가 있다.(송덕수, 『신민법강의(제16판)』, 박영사, 2023, 103면 이하 참조, 인식설과 유사한 태도라고 설명하고 있다.) 하지만 의사표시의 상대방(promisee, privy)에 생긴 사유이기 때문에 privy 관계에 있으면 민법의 전체계상 악의 또는 과실로 관철하고 있으므로 해석론적으로 인식가능성(즉 악의·과실)로 보는 것이 더 타당하다. 동기의 착오는 같은 이유로 인식가능성으로 되어 있음을 상기할 필요도 있다.(동기의 착오에서 판례는 인식가능성을 적용하고 있다.)

무권대리	① 현명
	② 대리권 없음
	  (ⓐ 수권행위 없음, or
	   ⓑ 대리권 범위 초과)
		무효
		(유동적
		무효)
			[Ⓐ상대방보호]
			①유권대리, or
			②3가지 표현대리or
			③ (명시적 · **묵시적**)
			  추인
			- - - - - - - - - - - -
			[Ⓑ제3자보호]
			악의 제3자[195]

(대리권 남용)	① 현명대리행위 ② 실제로는 자기, 제3자의 이익 ③ 상대방의 악의 or 과실		※ 위조 · 변조성립가능 성에 주의해야 함
주식 회사 대표권 제한 위반[196]	① 대표행위 ② 대표권 법령상 또는 정관상 제한[197] ③ 상대방이 악의 or 중과실[198]	무효	[제3자보호] **①대표권 남용**에 관해 서는 악의 제3자임을 주장 · 증명하여 무효 주장가능하나, **②대표권제한위반** 일 반에 관해서는 아직 제3자 보호하는 판례 가 없음 ※ 위조 · 변조성립가능 성에 주의해야 함
(대표권 남용)	① 대표행위 ② 실제로는 자기, 제3자의 이익 ③ 상대방의 악의 or 과실[199]		

---

195) 대법원 2018. 4. 26. 선고 2016다3201 판결

196) 대리의 경우는 무권대리, 대리권남용이 항변사유이고, ① 유권대리, ② 표현대리, ③ 추인이 재항변사유이지만 대
표의 경우에는 Ⓐ 법인은 성격 · 법률 · 정관상의 목적에 따라 권리능력이 인정되지 않는 경우가 있어 당연히 대표자
의 대표행위가 불가능한 경우가 있고, Ⓑ① 표현대리 중 대표권 수여의 의사표시에 의한 표현대리 법리와 유사한
표현대표이사의 대표행위 중 무효가 되는 부분도 있고, Ⓑ② 그 외 무권대리에 유사한 대표권제한위반이 있다. 또,
Ⓑ③ 대표권남용법리도 있다. 이 부분에서는 Ⓑ②, ③ 대표권제한위반법리 등만 언급하고 있으나 나머지 Ⓐ, Ⓑ①
의 법리도 정확하게 알고 있어야 한다. 나아가 대표권제한위반의 성격을 떠나 법령상의 주주총회결의사항임에도
이를 거치지 않고 대표행위를 한 경우에는 상대방의 선의 · 악의를 묻지 않고 무효이다(대법원 2012. 4. 12. 선고
2011다106143 판결).

197) 대법원 2021. 2. 18. 선고 2015다45451 전원합의체 판결에 의하여는 <u>법령 등에 대표권 제한 규정이 있는 경우와
정관 등 내부규정에 대표권 제한 규정이 있는 경우를 구분하지 않게 되었다.</u>

198) 또 대법원 2021. 2. 18. 선고 2015다45451 전원합의체 판결에 의하여는 나아가 종래 상대방의 악의 · 과실이 <u>상대
방의 악의 · **중과실**로 변경되었다.</u>

199) 대법원 2004. 3. 26. 선고 2003다34045 판결 (앞선 대법원 전원합의체 판결에 불구하고 아직 대표권 남용에 관
한 주류적인 판례는 변경되지 않은 것으로 판단된다. 그래서 종전처럼 상대방의 악의 · 과실을 주장 · 증명하면 된
다.) (이에 반하여 대법원 1987. 10. 13. 선고 86다카1522 판결, 대법원 2016. 8. 24. 선고 2016다222453 판결
등에서는 대표권 남용행위를 상대방의 악의임을 전제로 신의칙위반이나 권리남용금지원칙 위반으로 무효화한 판
례들이 있었다.)

[대표권 제한 위반]

분류	대표행위 국면(局面)	주장·증명책임	
		①대표권 제한 방법	②등기 등 (악의·과실 or 선의·무과실 포함)
사단법인	①ⓐ**정관에 의한 대표권 제한(민법 제41조) or** ①ⓑ**사원총회의 결의(민법 제59조 제1항 단서)**200)에 의한 대표권 제한		②**등기**해야 제3자에게 효력이 있음 (민법 제60조) [효과] ②ⓐ 등기하지 않았으면 상대방이 악의여도 주장할 수 없고,201) ②ⓑ 등기되었으면 선의의 제3자에게도 무효 주장할 수 있음202)
재단법인	**채무부담행위**203) 등	①**정관에 의한 대표권 제한(민법 제41조)**	
	①**기본재산,** ②**처분**		③관할관청의 허가 (③ 없으면 무효)
권리능력 없는 사단	[총유물] Ⓐ법률상·사실상처분행위 Ⓑ사용·수익·개량행위 Ⓒ 보존 행위 (소 제기204))	Ⓐ,Ⓑ,Ⓒ는 정관·규약에 정함이 있으면 그에 따르고, 없으면 사원총회의 결의(민법 제276조 제1항)205)를 거쳐 대표행위를 해야 함	정관·규약에 정한 바를 준수하지 않았거나 또는 사원총회 결의를 준수하지 않은 ⒶⒷⒸ의 경우는 **무효**
	Ⓓ 그 외 채무부담행위	[Ⓓ에 관해] ①정관 or 사원총회 결의에 의한 대표권 제한	②상대방이 알았거나 알 수 있었을 경우(악의 또는 과실)206)
권리능력 없는 재단	①기본재산 ②처분		③관할관청의 허가 (③ 없으면 무효)
	채무부담행위 등	①정관·규약에 대표권 제한	②위반하여 대표권 행사라도 유효207)

　　나아가 다음과 같은 원고의 후발적 소유권 상실사유도 항변(실제로는 원고의 현재 소유권자임에 대한 부인)으로 주장할 수 있다.

　　예컨대, 甲――乙――丙 순서로 소유권이전등기가 경료된 경우 甲에서 乙로의 소유권이전등기가 원인무효이어서 甲이 乙을 상대로 원인무효로 인한 소유권이전등기의 말소청구를 한 경우 乙은

---

200) 사원총회의 결의에 의해 대표권제한이 가능한가에 관해 견해의 대립이 있다. 즉 사원총회의 결의로 대표권 제한을 하면서 이에 상응하는 정관개정은 이루어지지 않아 정관에는 그 규정이 없는 경우에도 대표권제한이 있다고 할 수 있는가?라는 쟁점이다. 민법 제59조 제1항 단서의 규정에 따라 대표권 제한으로 유효하다고 보는 것이 통설적 견해이다. 그러나 유력한 반대설도 있다.

201) 대법원 1992. 2. 14. 선고 91다24564 판결, 대법원 2014. 9. 4. 선고 2011다51540 판결

202) 이설이 없다.(송덕수, 『신민법강의(제16판)』, 박영사, 2023, 311면 참조)

203) 주로 금전차용행위나 보증행위 등이 해당된다.

204) 대법원 2010. 2. 11. 선고 2009다83650 판결 (종중 총유재산에 대한 보존행위로 소송을 하는 경우에도 특별한 사정이 없는 한 종중총회의 결의를 거쳐야 한다.)

205) 대법원 2005. 9. 15. 선고 2004다44971 판결, 대법원 2007. 7. 26. 선고 2006다64573 판결

206) 대법원 2003. 7. 22. 선고 2002다64780 판결, 대법원 2007. 4. 19. 선고 2004다60072·60089 전원합의체 판결, 대법원 2008. 10. 23. 선고 2006다2476 판결

207) 대법원 1992. 2. 11. 선고 91다11049 판결 (사찰 재산의 관리처분권은 그 사찰을 대표하는 주지에게 일임되어 있는 것이므로 사찰의 주지가 소속 종단의 결의나 승인 등 내부적인 절차를 거치지 않았다고 하더라도 그 처분행위는 유효한 것이다.)

丙이 등기부취득시효하였다는 사실을 항변으로 주장·증명할 수 있다.(대법원 1995. 3. 3. 선고 94다 7348 판결)

3) 특유의 항변사실 : '점유할 정당한 권원'이라는 항변

특유의 항변 중 가장 중요한 것은 "점유할 정당한 권원"이다.(민법 제213조 단서) 점유권원은 매우 다양한 형태로 유래한다. 점유는 지상권, 지역권, 전세권, 유치권, 질권 등의 물권적 형태와 임차권 등 채권적 형태가 있다. 물권적 형식으로 주장되는 점유할 정당한 권원에는 법정지상권의 존재가 주요 항변사유가 된다. 법정지상권은 민법 제305조(건물전세권자에 대한 대지에 관한 법정지상권), 제366조(저당권 실행으로 인한 법정지상권)이외에도 관습법상 법정지상권도 있으므로 주의하여 잘 학습해 둘 필요가 있다. 특히 임대인인 소유권자가 소유물반환청구를 한다면 임차권이란 채권적 권리만으로도 점유할 정당한 권원이 있다고 임대인에게 대항할 수 있지만, 임대인인 소유권자가 이를 제3자에게 양도하여 임차목적물의 제3양수인이 소유물반환청구를 할 때는 임차권만으로는 대항할 수 없고, 따로 대항요건을 추가적으로 주장·증명해야 한다.[208]

가) 소유물반환청구에 대한 항변사유 : 정당한 점유권의 존재(민법 제213조 단서)

다음과 같은 권리의 각 발생요건사실이 "점유할 정당한 권원"이 된다.

(1) 점유를 권리내용으로 하는 제한물권 : 유치권, 질권, 지상권, 지역권, 전세권

특히 법정지상권이 복잡하고 자주 문제된다. 이하에서 자세하게 설명한다.

㈎ 민법 제366조에 따른 법정지상권

① (근)저당권설정 당시 토지상에 건물이 존재한 사실,

무허가 건물 또는 미등기 건물이라도 된다.(대법원 2004. 6. 11. 선고 2004다13533 판결) 따라서 저당권설정등기가 경료되기 전에 기둥, 주벽, 지붕이 완성되어 건물이 성립한 채 동일인의 소유에 속해 있으면 그 요건을 갖춘 것으로 본다.

동일인 소유의 토지와 건물 중 토지에 관하여만 저당권이 설정된 경우 저당권이 실행되기 전에 건물을 철거하고 이와 동일성이 없는 새로운 건물을 신축한 경우에 건물소유자는 신축건물을 위한 법정지상권을 취득하되, 다만 그 범위는 구 건물을 기준으로 정한다.(대법원 1991. 4. 26. 선고 90다 19985 판결) 동일인 소유의 토지와 건물에 공동저당권이 설정되었다가 그 지상건물이 철거된 후 새로운 건물이 신축되었다면 그 신축건물에 대하여는 법정지상권이 성립하지 않는다.(대법원 2003. 12. 18. 선고 98다43601 전원합의체 판결)

② (근)저당권설정 당시 토지와 건물의 소유자가 동일한 사실

(근)저당권설정등기가 경료되기 전에 토지와 건물이 동일인의 소유였다가 (근)저당권설정등기가 경료되고, 이어 그 (근)저당권에 기한 임의경매가 신청되어 경락됨으로써 토지와 건물의 소유자가 달라진 경우에 법정지상권이 성립하고, 그 법정지상권이 점유할 정당한 권원이 된다. 그렇지만

---

208) 민법 중 임대차 부분(임차권 등기 및 건물보존등기 있는 차지권)이나 주택임대차보호법, 상가건물임대차보호법에 다양한 대항력 취득요건을 정해 두고 있으므로 해당 부분에서 더 상세하게 설명한다.

설정이후에도 계속 동일 소유자에게 속하여야 하는 것은 아니다.(대법원 1999. 11. 23. 선고 99다 52602 판결)

③ 토지나 건물에 설정된 저당권의 실행으로 토지 및 건물의 소유권이 각 분리된 사실

㈏ 관습법상 법정지상권

① 토지와 건물이 동일인의 소유에 속하였던 사실

관습법상의 법정지상권 중 강제경매로 인한 법정지상권의 성립이 가장 까다롭다. 우선 가압류 등기가 경료되지 않은 경우에는 강제경매개시결정이 등기되기 전에 토지와 건물이 동일인 소유에 속했다가 강제경매개시 기입등기(압류등기)가 경료되고 경락에 의해 토지와 건물의 소유자가 달라 지게 된 경우에는 법정지상권이 성립된다. 다음으로 가압류등기가 경료된 경우에는 가압류등기가 경료되기 이전에 토지와 건물이 동일인 소유에 속하였다가 이후 가압류에서 본압류로 되는 강제경 매개시 기입등기가 경료되고, 경락에 의하여 토지와 건물의 소유자가 달라진 경우에는 법정지상권 이 성립된다.209) 무허가 건물과 미등기 건물에 관한 앞서 설명이 여기에도 적용된다.

② 매매 기타 적법한 원인으로 소유자가 달라진 사실

기타 적법한 원인으로는 증여, 공유물분할, 강제경매, 국제징수법상의 공매 등을 들 수 있다. 동일인으로 소유권 귀속이 원인무효로 이루어졌다가 그 뒤 원인무효임이 밝혀져 그 등기가 말소됨 으로써 건물과 토지의 소유자가 달라지게 된 경우에는 관습법상 법적지상권이 허용되지 않는다.(대 법원 1999. 3. 26. 선고 98다64189 판결)

또 토지 또는 건물 중 어느 한 쪽이 공유였던 경우와 관련된 사안에서, 대법원은 토지가 공유 였던 경우에는 "토지공유자의 1인으로 하여금 자신의 지분을 제외한 다른 공유자의 지분에 대하여 서까지 지상권설정의 처분행위를 허용하는 셈이 되어 부당하다"며 관습법상 법정지상권의 성립을 부정하고, (대법원 1993. 4. 13. 선고 92다55756 판결) 건물이 공유였던 경우는 관습법상 법정지상 권의 성립을 인정한다.

관습법상 법정지상권의 존속기간은 원칙적으로 민법 제280조 제1항 각호에 규정된 기간(건물 의 경우 30년)이고, 당사자의 청구에 의하여 법원이 지료를 정한다.(민법 제366조)

이상의 법정지상권이 성립되면 상응하는 등기 없이도 '점유할 정당한 권원' 있음을 주장할 수 있다.

㈐ 재항변 사유

① 피고가 대지상의 건물을 매수하면서 대지소유자와 사이에 건물소유를 위한 임대차계약을 체결한 사실, 또는 ② 건물을 철거하기로 합의한 사실을 들 수 있다. 그러나, 저당권 설정 당사자 사이에 특약으로 저당목적물인 토지에 대하여 법정지상권을 배제하는 약정을 하더라도 그 특약은 효력이 없다.(대법원 1988. 10. 25. 선고 87다카1564 판결)

(2) 점유하는 것을 내용으로 하는 채권적 권리 : 임대인(원고)에 대해서는 임차권, 임차목적물

---

209) 대법원 2012. 10. 18. 선고 2010다52140 전원합의체 판결.

의 제3취득자와 같은 제3자에 대해서는 대항력 있는 임차권

　(3) 점유자로 하여금 자신의 인도의무 이행을 거절할 권능을 발생케 하는 권리 : 동시이행항변권

　⑦ 가능한 경우 : 미리 이전등기를 경료 받은 매수인이 매도인에 대하여 소유권에 기한 매수목적물의 인도를 구한 경우 매도인으로서는 대금지급과 동시이행을 주장하면서 인도를 거부할 수 있다.

　⑭ 부인되는 경우 : 이에 더 나아가 매수인으로부터 목적물을 양도받아 그 이전등기까지 마친 제3자가 매도인에 대하여 목적물의 인도를 구할 경우에는 매도인은 잔금지급과 동시이행항변을 주장할 수 없다. 왜냐하면 제3자와 매도인 사이에는 아무런 계약관계가 없으므로 동시이행의 항변권이 없기 때문이다.

　나) 관련 판례의 판시사항

　①**부동산을 매수하고 이를 인도받아 점유하고 있는 매수인**은 등기부상 아직 소유자로서의 등기명의가 없다 하더라도 그 권리의 범위 내에서는 그 점유 중인 부동산에 대하여 법률상 또는 사실상 이를 점유하고 처분할 권한이 있으므로(대법원 1977. 3. 8. 선고 76다2461 판결) 매도인인 원고에 대하여는 위 사유를 주장하여 인도를 거부할 수 있다. ②목적물에 대하여 취득시효가 완성됨으로써 소유자에 대하여 이전등기청구권을 가지게 된 경우에도 인도를 거부할 정당한 권원을 가지고 있으므로(대법원 1988. 5. 10. 선고 87다카1979 판결) 소유자의 인도청구에 대하여 취득시효 요건사실을 주장하며 항변할 수 있다. 이때 원고는 취득시효의 진행이 중단되었다거나 시효이익을 포기하였다는 사실을 들어 재항변할 수 있다.

마. 공동소유와 보존행위

1) 공유소유권의 취득 법리는 따로 설명한다.

2) 보존행위로서 단독으로 전 지분에 대하여 청구할 수 있다.

　공유자는 보존행위를 단독으로 할 수 있다. 소유물반환청구권이나 방해배제청구권의 행사 등은 보존행위이다. 그러므로 공유자 1인이 자유롭게 자기의 지분을 초과하여 전지분에 관하여 인도 등을 청구하는 등 소유물반환청구권이나 등기말소·건물철거와 같은 방해배제청구권을 행사할 수 있다.

3) 공유자들 사이의 보존행위 (관리행위)

　한편, 공유자 중 과반수 지분을 가진 공유자나 합쳐서 과반수 지분을 가진 공유자들은 다른 공유자가 전 공유물을 점유하고 있을 때 공유물의 반환을 청구할 수 있다. 그러나 공유자 중 과반수를 가진 공유자(합쳐서 과반수 지분을 가진 공유자들)는 공유물의 관리방법을 지분 과반수로 정할 수 있고 그 공유자는 공유물을 배타적으로 사용, 수익할 수 있기 때문에 소수지분권자가 그 공유자를 상대로 목적물의 인도를 구할 수 없고, 다만 공유물을 점유, 사용 중인 공유자에게 그 자의 지분 초과사용분에 관해 부당이득반환을 청구할 수 있을 뿐이다. 즉 공유자 중 1인이 공유물을 점유하여 사용·수익하는 행위를 공유물의 관리행위로 보아 지분 과반수로 결정하여 할 수 있다고 본다.

바. (참고) 불법행위(불법점유)로 인한 손해배상청구 및 무단점유로 인한 부당이득반환청구[210]

타인의 소유물을 점유하는 것은 불법점유가 되든지 무단점유가 되든지 할 가능성이 높다. 그래서 소유물반환청구권에 기한 특정물 인도·퇴거 청구에 불법점유로 인한 임료상당의 손해배상청구나 무단점유로 인한 임료상당의 부당이득반환청구를 병합하는 경우가 많다. 물론 더 자세한 논의는 아래에서 하겠지만 이러한 손해배상청구권과 부당이득반환청구권은 청구권 경합의 관계에 있어 각 요건사실을 충족시킬 수 있는 이상 원고는 그 선택하에 어느 청구권이라도 행사할 수 있다. 나아가 이때 부당이득반환청구권은 침해 부당이득반환청구권의 성격을 갖고 있으므로 원고인 청구권자가 법률상 원인 없음을 주장·증명할 필요 없이 상대방이 법률상 원인 있음을 항변으로 주장·증명하여야 한다.[211] 침해 부당이득반환청구에서 청구권자가 '법률상 원인 없음'을 주장·증명할 필요가 없는 이유는 침해 부당이득은 물권을 침해한 상황에서 발생하는데 청구권자가 물권자임은 또다른 요건인 '손해'를 주장·증명할 때 주장되고, 다만 침해만 주장·증명 책임을 면하고 상대방이 침해하지 않았음을 주장·증명하게 되는 셈이 된다. 결국 청구권자인 원고가 자신이 물권자임을 주장·증명한 상황하에서 상대방인 피고측이 자신이 이득을 본 이유에 정당한 권원이 있다는 식으로 주장·증명하게 함으로써 주장·증명책임이 분배되어 있어 공평해지는 효과가 있다. 반면 급부 부당이득반환청구의 경우는 청구권자가 급부(손해)한 이유가 원인이 없었거나{부존재·무효·취소·해제/해지·무권대리(대리권남용)·대표권제한위반} 없어졌다는(변제·대물변제·공탁///경상면초소) 점은 가장 잘 알고 있는 위치에 있으므로 청구권자가 그 사실을 주장·증명하게 한 것이다.

이때의 부당이득반환청구의 경우 그 반환범위에 관해서 민법 제748조가 있어도 민법 제201조, 제202조, 제203조가 우선하여 적용된다. 따라서 악의의 점유자는 이득은 물론 이득한 날로부터 (법정)이자 및 손해배상금의 지급도 하여야 하지만 선의의 점유는 과실수취권이 있기 때문에 악의로 된 날까지의 이득을 반환할 필요가 없다. 그래서 원고는 선의가 악의로 바뀐 시점을 주장·증명하여야 비로소 부당이득반환청구를 할 수 있다. 다만 그 증명에 실패한다고 하더라도 소를 제기한 날로부터 악의로 간주되기 때문에 소장부본송달일(민법 제749조 제2항 법문상으로는 소제기일이라고 되어 있으나 판례는 이를 소장부본송달일로 해석하여 적용하고 있다.)부터 이득과 그 지연손해금[212]의 반환을 구할 수 있다.

---

210) 뒤에서 보다 더 상세하게 설명하기로 한다.

211) 반면 급부 부당이득반환청구권은 피해자가 부당이득자에게 부당이득반환 청구를 함에 있어 손해, 이득, 인과관계는 물론 법률상 원인 없음도 주장·증명해야 한다. 물론 이때의 '법률상 원인 없음'은 약정이 부존재·무효·취소·해제/해지·무권대리(대리권남용)·대표권제한 위반으로 그 효력을 잃은 데도 약정체결의 과정이나 이행의 과정에서 급부가 있었다는 식으로 주장·증명된다. 즉 적극적인 행위의 형태로 주장·증명되어 소위 악마의 증명에는 해당되지 않는다.

212) 이 경우 대체로 "소제기일부터 위 건물의 인도완료일까지 월 ...의 비율에 의한 금원을 지급하라."라는 방식으로 일부 장래이행청구의 방식으로 청구하게 되기 때문에 사실심 변론종결일까지 이미 발생한 부당이득이라 하더라도 지연손해금의 지급을 청구하지 못하는 경우가 많다.

사. 기재례

청 구 원 인

1. 소외 망 박정수의 이 사건 나대지 및 잡종지 소유 및 그 상속213)

 가. 소외 망 박정수(이하 '소외 망인'이라 함)는 가구 제조·판매업에 종사하면서 1970. 3. 15.경 타인으로부터 서울 종로구 관철동 50-1 대 500㎡(이하 '이 사건 나대지'라고 함)와 같은 동 50-2 잡종지 330㎡(이하 '이 사건 잡종지'라고 함)을 매수하여 같은 해 4. 16. 소유권이전등기를 경료하여 소유하고 있었습니다.

 나. 소외 망인에게는 처인 소외 망 김수연이 있었으나 1999. 5. 18. 사망하였고, 자녀로는 아들인 원고와 딸인 원고의 여동생 소외 박점숙(이하 원고와 소외 박점숙을 '원고 등'이라고 함)이 있었는데, 소외 망인은 2000. 8. 1. 급성폐렴으로 사망하였습니다.

 다. 따라서, 소외 망인의 소유였던 이 사건 나대지 및 잡종지는 그 자녀들인 원고 등이 각 1/2의 지분으로 상속하여 상응하는 소유권을 취득하였습니다.

2. 피고 박진수에 대한 (소유권이전등기 말소) 청구

 가. 사실관계

  1) 위조에 의한 원인무효 등기

    피고 박진수는 형인 소외 망인 집 가까이 거주하면서 평소 소외 망인의 가구점 일을 도와주곤 하였는데, 소외 망인 사망한 후 원고와 소외 박점숙이 상속등기를 하지 않고 그 재산을 제대로 관리하지 못하고 있는 사정을 이용하여 2001. 3. 3.경 소외 망인이 같은 일자 피고 박진수에게 이 사건 나대지 및 잡종지를 매도하였다는 내용의 매도증서를 위조하여 같은 달 5.경 서울중앙지방법원 중부등기소에 제출하여 같은 등기소 2001. 3. 5. 접수 제1500호로 된 피고 박진수 명의로 각 소유권이전등기를 마쳤습니다.

  2) 소결론

    그렇다면, 피고 박진수는 이 사건 나대지와 잡종지의 공동소유자인 원고에게 보존행위로 원인무효인 위 소유권이전등기를 전부 말소해 줄 의무가 있다 할 것입니다.

 나. 피고 박진수의 주장에 대한 반박

  1) 명의신탁하여 실체관계에 부합하는 등기라는 주장

   가) 이 사건 나대지 및 잡종지는 원래 원고의 조부이자 피고 박진수의 부친인 소외 망 박석곤의 소유였는데, 위 박석곤이 생전에 피고 박진수에게 증여하였으나 다만 그 등기 명의만은 소외 망인으로 해 두었던 데 불과하였다면서 피고 박진수 명의의 위 소유권이전등기는 명의신탁 해지를 통하여 그 소유권을 회복하는 실체관계에 부합하는 등기로서 그 효력이 있다고 주장하고 있습니다.

   나) 그러나, 소외 망 박석곤이 이 사건 나대지와 잡종지를 소유한 사실도 명의신탁을 한 사실도

---

213) "공통된 요건사실"인 상속에 의한 (1/2지분) 소유권취득을 "기초적 사실관계"로 묶어 앞에서 기술한 부분이다. 이렇게 공통부분을 묶어 앞세우는 것의 장단점에 관해 앞서 설명하는 내용을 참조하기 바란다.

전혀 없습니다. 오히려 소외 망인이 1970. 3. 15. 타로부터 이 사건 나대지 및 잡종지를 매수하여 같은 해 4. 16. 소유권이전등기를 경료하여 이를 소유하고 있을 뿐입니다.[214]

다) 그러므로, 피고 박진수의 위 주장은 이유 없습니다.

2) 등기부취득시효완성되어 실체관계에 부합하는 등기라는 주장

가) 피고 박진수는 2000. 8. 1.경 소외 망인의 사망이래 이 사건 나대지 및 잡종지를 고물수집장소나 임대목적물로 점유[215] 사용하면서 2001. 3. 5.경 그 명의로 부동산소유권 이전등기를 경료하여 등기와 점유가 10년을 초과하였음이 역수상 명백하므로 이를 시효취득하였고, 그래서 무효등기가 유효로 되었다고 주장하고 있습니다.

나) 피고 박진수는 앞서 살펴 본 바와 같이 평소 소외 망인의 집 가까이 거주하면서 소외 망인의 가구점 일을 도와주곤 하였습니다. 소외 망인이 2000. 8. 1.경 사망하고, 그 유가족인 이미 원고가 1995년경 캐나다로 떠난 후 그곳에서 거주하고 있었고, 딸인 소외 박점숙은 1992.경 결혼하여 부산에서 거주하는 등으로 생활에 바빠 이 사건 나대지 및 잡종지에 대한 상속등기도 하지 못하는 등 그 재산관리에 소홀한 틈을 타서 점유를 개시하였으며, 특히 2001. 3. 5.경 심지어 매도증서 및 인감도장까지 위조하면서 자신 앞으로 소유권이전등기를 한 후 이 사건 나대지는 자신의 고물수집장소로 이용하고, 이 사건 잡종지는 피고 김영철에게 임대하였던 것입니다.

다) 그렇다면, 피고 박진수의 이 사건 나대지 및 잡종지에 대한 점유는 그 점유개시 무렵부터 소유의 의사 없이(타주) 악의, 과실 있는 점유로 일관하였다 할 것이므로 등기부 시효취득 할 수 없었습니다. 따라서 피고 박진수의 위 주장은 이유가 없습니다.

3. 피고 주식회사 신한은행(이하 피고 신한은행이라 함)에 대한 청구

가. 원인무효등기에 터잡은 후속등기의 말소

1) 피고 박진수 명의의 이 사건 나대지 및 잡종지에 대한 위 소유권이전등기가 원인무효의 등기임은 위와 같습니다.

2) 피고 박진수는 피고 신한은행 종로 제2지점에서 2001. 7. 3.경 금 350,000,000원을 대출받으면서 이 사건 나대지를 담보로 제공하여 같은 일자 근저당권설정계약을 원인으로 한 같은 등기소 2001. 7. 3. 접수 제5950호로 된 채권최고액 500,000,000원, 채무자 박진수로 된 근저당권 설정등기를 경료해 주었습니다.

3) 그렇다면, 위 근저당권설정등기는 원인무효인 위 이전등기 상의 무권리자인 피고 박진수와 사이에 체결된 근저당권설정계약을 근거로 경료된 것으로 무효라 할 것이고, 그 외 원고 및 소외 박점숙과 피고 신한은행 사이에는 그 어떤 근저당권설정의 원인행위도 없었습니다.

---

214) 타인의 주장·증명책임이 있는 사실에 대하여 반박을 할 때는 "...에 관한 증명을 하지 못하고 있습니다."라고 기재하거나 "...란 증거가 없습니다."라고 주장할 것이 아니라 "...라는 사실이 없습니다." 또는 "...는 사실과 다릅니다."라고 기재하여 부인하는 것이 좋다.

215) 실제로는 점유개시시기까지 특정하여야 하지만 본 사안에서는 이를 알 수 없어 두리뭉실하게 설시할 수밖에 없음을 이해하기 바란다. 원래 소유자의 변동이 없는 동안 취득시효기간이 경과되고 달리 이해관계 없는 제3자가 없으면 점유개시시점을 특정함이 없이 소제기시로부터 취득시효기간이 경과하였음을 증명해도 된다.

나. 소결론

따라서, 피고 신한은행은 이 사건 나대지의 공동소유자인 원고에게 보존행위로 원인무효인 위 근저당권설정등기를 말소해 줄 의무가 있다 할 것입니다.

다. 피고 신한은행의 피담보채무 변제받은 후 말소에 응하겠다는 주장에 대한 반박

1) 피고 신한은행은 위 박진수는 위 대출금 350,000,000원 중 대부분을 상환하고 현재 5,000만원이 남아 있다며 그 5,000만원을 갚아 주어야 근저당권을 말소하겠다고 주장합니다.

2) 그러나 피고 신한은행 주장의 위와 같은 사유는 물권적 청구권에 기한 원고의 말소청구를 막을 수 없으며[216] 또한 원고 등은 위 채무발생 원인행위의 당사자도 아니며, 피고 박진수에게 위 원인행위 등에 대한 아무런 대리권도 수여하지 않았을 뿐만 아니라 기타 일체의 채무부담 원인행위를 하지 않았으므로 피고 신한은행의 위 주장은 이유 없다 할 것입니다.

4. 피고 김영철에 대한 이 사건 잡종지의 인도청구 및 그 불법점유에 따른 손해배상청구

가. 인도 및 손해배상청구

1) 피고 박진수가 이 사건 잡종지에 대하여 위와 같이 원인무효의 소유권이전등기를 경료한 사실은 앞서 설명한 바와 같습니다.

2) 피고 박진수는 2004. 7. 15. 피고 김영철과 사이에 이 사건 잡종지를 보증금 없이 월임료 3,000,000원, 임대기간은 2004. 9. 1.부터 10년간으로 정하여 임대하고, 2004. 9. 1.경 인도하여 피고 김영철은 현재 위 잡종지 상에서 '승리지게차'란 상호로 지게차 임대업을 운영하고 있습니다.

3) 2004. 9. 1.부터 현재까지 위 잡종지에 대한 월임료는 보증금없이 월 3,000,000원입니다.(공인중개사 김후남, 박명철 작성의 토지임대료 확인서 참조)[217]

4) 원고는 2005년 봄경 귀국한 후 같은 해 7. 1.경 비로소 위와 같은 사실을 알고 피고 박진수에게 이전등기의 환원을 요구하고, 피고 김영철에게도 이 사건 잡종지의 반환을 요구하였으나 피고 김영철은 자신은 등기부를 보고 피고 박진수가 소유인 것으로 알고 임차한 것뿐이라며 박진수와 해결하라며 인도를 거절하였습니다. 나아가 원고 등은 2008. 11. 1.경 피고 김영철에게 위 박진수가 매도증서 등을 위조하여 위 이전등기를 경료하였다는 범죄사실로 형사처벌까지 받은 형사판결문까지 제시하면서 이 사건 잡종지의 반환을 요구하였습니다. 그럼에도 불구하고 피고 김영철은 정리할 시간을 좀 달라고 하면서 지금까지 이 사건 잡종지를 점유하고 있었습니다.

나. 소결론

그렇다면, 피고 김영철은 원고에게 위 잡종지를 인도할 의무가 있고, 또 피고 김영철은 위 잡종지를 인도받아 점유하면서 원고로부터 위 형사판결문을 받아 보아 위 잡종지가 원고 등의 소유인 사실을 확실하게 안 날인 2008. 11. 1. 이후로는 자신의 점유가 불법이라는 점을 알았

---

216) 위와 같은 주장은 너무 요건사실, 항변의 구분과 그에 기초한 주장·증명책임에 근거한 것으로 형식적인 감이 없지 않다. 실무상으로는 위와 같은 정도의 기초적인 법리는 법원도 충분히 인지하고 있음을 전제로 생략하여 후술된 내용만을 포함시켜 부드럽게 문서를 작성하고 있다.

217) 소장 등은 주장을 기재하는 서면이기 때문에 사실진술의 형태로 기재해야 한다. 간혹 증거를 언급해 주고 싶다면 위와 같이 사실을 진술한 후 ( )안에 증거를 인용하는 방식으로 기재하여야 한다.

다고 할 것입니다. 그래서 피고 김영철은 원고에게 그날 이후로서 3년의 단기소멸시효가 경과되기 전의 최초일인 2009. 2. 1.부터 인도완료일까지 임료상당의 손해배상액 중 원고의 지분상당액인 월 금 1,500,000원의 비율에 의한 손해배상금을 지급할 의무가 있다 할 것입니다.

다. 피고 김영철의 주장에 대한 반박
 1) 점유에 정당한 이유가 있다는 주장
  가) 피고 김영철은 자신은 위 임대차계약 당시 등기부상 피고 박진수 명의로 등기되어 있음을 확인하고 그 사실을 믿고 계약한 다음 인도받아 점유하기 시작한 선의의 임차인으로서 그 임차권을 선의취득하여 그 점유함에 정당한 이유가 있다고 주장하고 있습니다.
  나) 그러나, 부동산 등기에 공신력이 인정되지 않는 이상 그 등기내용의 진정성을 믿고 거래한 선의의 임차인이라고 하더라도 보호받지 못하고, 그 임차권도 선의취득의 대상이 되지 못합니다. 이에 터잡은 정당한 이유 주장은 이유 없다 할 것입니다.
 2) 기판력에 저촉된다는 주장
  가) 피고 김영철은, 원고 등은 피고 김영철을 상대로 위 잡종지를 무단점유하여 부당이득하고 있다며 임료상당인 월 3,000,000원의 비율에 의한 금원을 지급하라는 취지의 소송을 제기하였다가 2005. 10. 1. 원고 등이 이 사건 잡종지의 소유자임을 알 수 있는 증거가 없다는 이유로 패소판결이 선고되고 그 판결이 원고 등의 항소포기로 같은 달 25. 확정되었다며 동일 목적물을 대상으로 한 이 사건 청구는 위 확정판결의 기판력에 저촉되어 기각되어야 한다고 주장하고 있습니다.
  나) 원고 등은 이 사건 잡종지가 원고 등의 소유인데 피고 김영철이 아무런 권원없이 점유·사용하여 매월 임대료 상당액인 3,000,000원의 부당이득을 얻고 원고 등에게 동액 상당의 손해를 입히고 있다며 그 부당이득의 반환을 구하는 소를 제기하였으나 2005. 10. 1. 원고 등의 패소판결이 선고되고, 같은 달 25. 원고 등의 항소포기로 확정된 사실은 주장과 같습니다. 그러나 이 사건 손해배상 청구는 이 사건 잡종지는 원고 등의 소유인데 피고 김영철이 2004. 7. 15.경 그 소유자라고 주장하는 피고 박진수 명의의 부동산등기를 경솔하게 믿고 임대차계약을 체결한 다음 같은 해 9. 1. 인도받아 점유하면서 더구나 2008. 11. 1.경 피고 박진수 명의의 위 이전등기가 서류들을 위조하여 경료된 것이라는 명백한 증거인 형사판결문까지 제시하였음에도 불구하고 계속 점유하였음을 근거로 불법점유로 인한 손해배상청구이므로 부당이득을 청구원인으로 한 전소와는 청구원인(소송물)에서 같지 않아 기판력의 범위 내에 속하지 않고, 따라서 본 청구는 전소 기판력의 저촉을 받지 않습니다. 그러므로 피고 김영철의 위 주장은 이유 없습니다.
 3) 소멸시효가 완성되었다는 주장
  가) 피고 김영철은 위 잡종지의 인도청구 및 임료 상당의 손해배상청구는 소멸시효가 완성되었으므로 응할 수 없다고 주장합니다.
  나) 먼저 이 사건 잡종지에 대한 인도청구는 그 침해상태가 계속되는 한 시효로 소멸하지 않으므로 주장 자체로 이유 없고, 임료상당의 손해배상청구는 원고 등이 이미 이 사건 소제기일로부터 3년 이전에 발생한 손해배상금의 지급을 배제하고 그 이후의 손해배상금 지급을 구하고 있으므로 더 이상 단기소멸시효의 적용을 받을 수 없다 할 것이어서 이유

없다 할 것입니다.

5. 결론

그렇다면, 원고에게, 피고 박진수는 이 사건 나대지 및 잡종지에 대하여 경료된 원인무효 등기인 서울중앙지방법원 중부등기소 2001. 3. 5. 접수 제1500호로 경료된 각 소유권이전등기를 말소하고, 피고 신한은행은 이 사건 나대지에 대하여 서울중앙지방법원 중부등기소 2001. 7. 3. 접수 제5950호로 경료된 근저당권설정등기를 말소하고, 피고 김영철은 이 사건 잡종지를 인도하고, 불법점유개시일 이후로 3년의 소멸시효기간이 경과되기 전인 2009. 2. 1.부터 인도완료일까지 원고의 지분범위내로서 임료상당인 월 1,5000,000원의 비율에 의한 손해배상금을 지급할 의무가 있다 할 것입니다.[218] 따라서 원고의 이 사건 청구는 모두 이유 있어 이를 인용하고, 소송비용은 패소자인 피고들의 부담으로 하고, 피고 김영철에 대한 청구에 한하여 가집행을 선고하여 주시기 바랍니다.[219]

아. 임대차계약 종료로 인한 임차목적물반환 청구 및 임료상당의 부당이득 또는 손해배상청구의 병합 또는 매매계약에 기한 매매목적물 인도청구(채권적 청구권)[220]

1) 특정물 인도·퇴거 청구권은 Ⓐ매매계약 체결로 매매목적물의 인도청구권이 발생하고, Ⓑ 임대차계약의 경우 ⓐ임대차계약, ⓑ임차목적물 인도, ⓒ임대차계약 종료로 인하여 임차목적물 인도청구권이 발생하는 경우와 같이 채권적 청구권의 형태로도 발생한다. 물권적 청구권은 대세적 효력이 있다는 점에서 위와 같은 채권적 청구권으로서의 특정물 인도·퇴거 청구권과 많은 점에서 다르다.

특히 소유자 겸 임대인은 임대차계약이 종료되고 나면 소유자로서 물권적 청구권의 행사로서 특정물 인도·철거 청구권을 가질 뿐만 아니라 임대차계약의 명시적 약정 또는 표준적 약정으로 임대차계약이 종료되면 임차목적물을 반환한다는 약정에 기반하여 그 강제이행으로 채권적 청구권인 임차목적물반환청구권을 행사할 수 있다. 양 청구권은 목적물의 인도 등을 구하는 면에서 동일 목적을 갖고 있으나 발생원인의 성격이 달라 여러 모로 구별된다. 소유자 겸 임대인은 양 청구권을 모두 갖고 그 선택에 따라 행사할 수 있고(청구권 경합), 하나의 청구로 패소했다고 해도 그 기판력의 저촉 없이 다른 청구권에 기해 특정물 인도·퇴거를 청구할 수 있다.

---

218) 판결문 등에서는 주로 위와 같은 결론작성방법에 따라 결론부분을 기술하고 있다. 수험생으로서 바쁜 답안작성시간을 감안하면 간단하게 **"따라서 원고의 피고들에 대한 모든 청구는 이유있으므로 이를 전부 인용하여 주고, 소송비용은 패소자의 부담으로 하고, 일부 청구에 대해서 가집행선고를 해 주시기 바랍니다."**라거나 더 간단하게는 "이상의 이유로 원고는 청구취지와 같은 재판을 구합니다."라는 식으로 간단하게 마무리하기도 한다. 어쨌든 결론부분에 관한 배점(주로 2점)이 있으므로 간단하게라도 빠짐없이 기재해야 한다.

219) 위와 같은 결론 작성을 소개한 것은 판결문 작성방법 등을 소개하기 위한 의도이다. 향후 다른 모범답안에서는 아주 간략하게 결론부분을 작성할 것이다.

220) 이 부분은 뒤에서 설명하는 임대차계약이라는 약정의 이행청구로서의 임차목적물반환청구와 그 임료상당의 부당이득·손해배상청구권 부분에서 설명할 것을 소송형태가 같기 때문에 이 부분에서는 요약하여 소개하고 보다 더 상세한 설명은 그곳에서 하기로 한다.

2) 차임상당의 부당이득·손해배상청구권의 병합

임대차계약기간 동안에는 차임을 계속 청구할 수 있고, 그 계약이 종료되면 차임상당의 손해배상 또는 부당이득의 반환[221]을 구할 수 있다. 만약 임차인이 임대보증금반환채권에 의한 동시이행항변권을 갖고 있는 경우에는 손해배상청구를 할 수 없다. 만약 임대보증금반환 등에 다툼이 있어 문만 시건한 채 사용하지 않는 경우에는 부당이득을 취한 바가 없어 부당이득을 반환할 필요가 없다.(대법원 1992. 4. 14. 선고 91다45202·45219 판결) 이 경우 동시이행항변권이 존재하므로 위법한 침해도 없어 손해배상청구권도 인정되지 않는다. 요컨대 위와 같은 상황하에서는 임차인은 임료에 관해 아무런 책임도 부담하지 않는다. 하지만 위와 같은 사정도 없이 시건해 두고 본래 용도대로 사용하지 않고 있다고 하더라도 그와 같은 주관적 사정만으로는 부당이득의 성립을 부인하기 어렵다.

3) 기재례

청 구 원 인

1. 원고는 2017. 7. 1. 피고 甲과 사이에 원고 소유의 별지 목록 기재 대지를 임대보증금 30,000,000원, 월 차임은 2,000,000원, 임대기간은 2020. 6. 30.까지 3년간으로 하고, 임대기간종료시에는 원상회복하여 반환하기로 약정하여 임대하였습니다.

2. 피고 甲은 위 대지 상에 별지 목록 기재 가건물을 축조하여 소유하면서 그 중 별지 도면 표시 1,2,3,4,5,1의 각 점을 순차로 연결한 선내 (가)부분 점포 20㎡(이하 '이 사건 점포'라고 함)를 피고 乙에게 임대해 주어 현재 피고 乙이 이 사건 점포를 점유하고 있습니다. 그런데도 피고 甲은 2019. 12. 1.부터 위 임대차계약상의 차임을 지급하지 않고 있던 중 2020. 6. 30. 기간만료로 위 임대차계약이 종료되었습니다.

3. 따라서 피고 甲은 원고에게 위 임대차계약상의 기간만료로 인한 원상회복의무로서 위 가건물의 철거와 대지를 인도할 의무가 있고, 2019. 12. 1.부터 위 대지 인도일까지 차임미지급 및 무단점유로 인하여 월 2,000,000원의 비율에 의한 차임 또는 차임 상당의 부당이득금을 반환할 의무가 있고,[222] 이 사건 점포의 점유자인 피고 乙은 위 대지의 소유인 원고에게 이 사건 점포로부터 퇴거할 의무가 있습니다.

---

221) 차임상당의 부당이득반환청구나 손해배상청구는 임대차계약 종료 후 임차목적물의 반환의무를 불이행한 손해배상청구권이란 성격도 있고, 소유자인 임대인의 소유권에 대한 불법행위 또는 침해 부당이득 반환청구의 성격도 있다.
222) 실무를 반영하여 단순이행청구로 작성해 보았다. 변호사 시험 기록형은 "패소하는 부분이 없도록 청구취지를 작성하라."는 요청 때문에 이 경우 상환이행의 청구취지를 작성해야 할 것이다. 그러려면 동시이행관계에 있는 반대채무를 나타내기 위해 '청구원인 1.항'에서 임차보증금을 수령한 사실도 기재해 두어야 한다.

자. 모의기록을 통한 연습

1) 제1회 변호사 시험 민사기록형 문제 중 원고의 피고 김영철에 대한 소유물반환청구와 불법행위로 인한 손해배상청구 사안

2) 제2회 변호사 시험 민사기록형 문제 중 원고 송무중의 피고 을서 주식회사에 대한 침해부당이득반환청구와 원고 김갑동의 피고 을서 주식회사에 대한 침해부당이득반환청구 사안

3) 제7회 변호사 시험 민사기록형 문제 중 원고가 피고 권창균을 대위하여 피고 권창균의 피고 이청준에 대한 소유물반환청구

4) 법학전문대학원협의회 제공 모의기록(9)

Ⅲ. 건물 철거 · 퇴거 청구 [방해배제청구(1) (민법 제214조)]

1. 개설

타인 소유 대지 위에 건물을 소유(퇴거 청구: 건물 점유)함으로써 '방해'하는 경우에 물권적 청구권 중 방해배제청구권의 한 유형으로 건물 철거와 퇴거 청구권이 발생한다. 타인 소유물 상에 등기를 보유하는 '방해'로 말미암아 방해배제청구권의 행사로서 등기말소를 청구하는 것과 쌍벽을 이루는 대표적인 방해배제청구의 소송형태 중 하나이다.

2. 건물철거 · 퇴거의 기본 요건사실 및 항변

건물철거 (건물소유자) · 건물퇴거 (건물점유자)	청구원인		① **원고의 현재 대지 소유사실** ②ⓐ **그 대지상 피고(乙)의 현재 건물의 소유사실 (건물철거) or** 　ⓑ **그 대지상 피고(丙)의 현재 건물의 점유사실 (건물퇴거)**
	항변	공통	[원인무효사유] Ⓐⓐ부존재 · 무효 · 취소 · 해제/해지 · 무권대리(대리권남용) · 대표권제한 위반 　ⓑ전자(前者)의 무권리 또는 사실상 · 법률상 처분권 결여
		특유	Ⓑ①"점유할 정당한 권원" or ②"ⓐ**권리남용**", "ⓑ**신의칙위반**"
건물퇴거만 청구 하는 상황	첫째, ① 원고의 현재 토지소유 + ② 피고의 제3자 소유 건물 점유 or 둘째, ① 원고의 현재 건물 소유 + ② 제3자의 간접점유 + ③ 피고의 건물 직접점유		

3. 가. 지상건물의 소유자와 점유자가 같을 경우(건물철거 및 그 대지 인도만을 청구할 수 있고, 건물퇴거는 청구할 수 없음. 물론 부당이득반환청구[223]는 병합청구할 수 있음)

원고의 현재 대지를 소유하고 있는 사실의 주장 · 증명은 앞서 설명한 바와 같은 방법으로 진행한다. 그리고 지상건물을 소유하고 있는 자만이 대지를 점유하고 있다.(비점유설[224]의 입장) 따라서

---

223) 불법점유를 원인으로 한 손해배상청구도 가능하다.

피고가 그 지상건물을 소유하고 있는 사실을 증명하면 피고의 대지점유사실까지 증명한 셈이 된다. 대지 소유자는 지상건물을 소유하면서 대지를 점유하고 있는 피고를 상대로 대지의 인도를 청구할 수 있다. 대지의 인도를 구하기 위해 지상 건물의 철거를 청구한다. 하지만 만약 건물 소유자가 그 건물에 입주하여 거주하고 있으면 건물의 철거를 하기 위해 건물에서 퇴거하라고까지 청구할 필요는 없다.(대법원 1999. 7. 9. 선고 98다57464 판결) 철거의 강제집행은 거주자를 퇴거시키고 철거를 집행하는 방법으로 이루어지기 때문이다.

나. 지상 건물 소유자(乙)와 점유자(丙)가 다를 경우(소유자에게는 건물철거, 대지인도 및 부당이득반환청구를, 점유자에게는 퇴거청구를 할 수 있음)

지상건물의 소유자 이외의 자가 그 지상건물을 점유하고 있을 때는 그 지상건물에 대한 점유가 대지 소유권에 대한 방해가 된다. 따라서 대지 소유자는 그 자를 상대로 건물에서 퇴거할 것을 청구할 수 있다. 비점유설에 따르면 지상건물 단순 점유자에 대해 대지 인도 청구를 할 수 없고,(대법원 2003. 11. 13. 선고 2002다57935 판결) 따라서 지상건물 점유자를 상대로 대지 무단점유를 이유로 한 부당이득반환청구나 대지 불법점유를 원인으로 한 손해배상청구를 할 수도 없다.

다. 소유물반환청구에서 설명한 소유권의 주장·증명 법리, 공동소유와 보존행위, 항변 중 공통되는 항변사유(Ⓐⓐⓑ) 등 설명은 건물 철거·퇴거 청구에도 그대로 적용된다. 다음에서 건물 철거·퇴거청구에만 특유한 항변사유를 중심으로 설명하기로 한다.

라. 특유의 항변사유

1) 물론 앞서 살펴본 바와 같이 "점유할 정당한 권원"(Ⓑ①)이 중요한 항변사유이다. 특히 건물 소유자가 법정지상권을 취득하였으면 철거를 거부할 수 있다. (강제·임의)경매로 인한 특정승계취득을 중심으로 한 법정지상권 성립여부가 다소 복잡하고 어렵기 때문에 이 부분에 대한 앞선 설명을 잘 이해하고 있어야 한다. 이에 더하여 피고는 권리남용,[225] 신의칙 위반 등(Ⓑ②ⓐⓑ)을 들어 원고의 건물철거에 항변할 수 있다. 민법 제2조에 "권리남용" 또는 "신의칙 위반"이 규정되어 있다. 권리남용은 원래 권리자의 권리행사가 그 권리자에게는 별 이득이 없으면서도 의무자를 곤란에 처하게 하면서 부당할 때 인정된다. 실무상으로도 건물철거 청구에 대하여 권리남용이란 항변을 빈번하게 인정하고 있다. 또 권리남용이란 항변이외에도 신의칙의 한 요소인 "신뢰보호의 원칙(금반언의 원칙)"이란 측면에서의 항변도 많이 제기되고 있는데, 그 심사방법은 권리남용의 경우와 거의 같다. 신의성실의 원칙 위배, 권리남용 양자 모두 당사자의 주장이 없더라도 법원이 직권으로 판단할

---

224) 대법원 판례의 태도이다. 왜 '비점유설'이란 명칭이 붙었는지 잘 생각해 보자. 만약 여러분이 대지를 방문해 보면 지상건물의 점유자가 들락날락하면서 그 대지를 점유하고 있는 것처럼 보일 것이다. 그래서 그 지상건물 점유자가 마치 그 대지를 점유하고 있는 것처럼 보여도 그가 점유하지 않고(즉 '비점유'하고), 오직 지상건물의 소유자만이 그 대지를 점유하고 있다고 보기 때문에 해당 법리를 점유설이라고 하지 않고 '비점유설'이라고 한다.

225) 영미법에서는 이를 "부당한 부담(undue hardship)"이라고 하며 항변사유로 인정되고 있다.

수 있는 사정이다.(대법원 1989. 9. 29. 선고 88다카17181 판결) 법리는 그렇다 해도 변호사로서는 빠짐없이 주장해야 하는 관계로 권리남용·신의칙 위반의 주장을 해야 할 때 하지 않으면 감점 채점이 되니 주의를 요한다.

   2) 권리남용(대법원 2003. 11. 27. 선고 2003다40422 판결)

권리남용	① 권리의 행사가 정당한 이익 없이 오직 상대방에게 고통이나 손해를 입힐 것을 목적으로 하는 것(주관적 요건) ② 권리의 사회적, 경제적 목적에 위반한 것(객관적 요건)

   3) 신의성실의 원칙(신의칙) 위반

   대지소유자가 매매계약을 체결하면서 매수인에게 사전 대지사용을 승낙하고 그에 터잡아 제3자가 매수인과 도급계약을 체결하고, 그 지상에 건물을 신축할 경우 대지소유자가 매수인과의 매매계약을 해제한 다음 제3자에 대하여 신축된 건물의 철거를 구하는 것은 신의성실의 원칙상 허용되지 않는다. (대법원 1991. 9. 24. 선고 91다9756, 9763 판결) 법정지상권을 가진 건물소유자로부터 건물을 양수하면서 법정지상권도 양도받기로 한 자에 대하여 대지소유자가 소유권에 기하여 건물철거를 구함은 지상권의 부담을 용인하고 그 설정등기절차를 이행할 의무 있는 자가 그 권리자를 상대로 한 청구라 할 것이므로 신의칙상 허용되지 않는다.(대법원 1985. 4. 9. 선고 84다카1131 판결)

   마. 건물 소유자가 대지를 점유하고 있을 뿐 건물의 점유자는 대지를 점유하지 않는다.(비점유설)

   소유자인 원고는 건물철거·퇴거 청구를 하면서 대지의 불법점유·무단점유로 인한 임료상당의 손해배상청구·부당이득반환청구를 병합하여 청구하곤 한다. 이때 주의할 것은 지상건물의 점유자가 아무리 건물을 출입하면서 그 대지를 점유하는 듯 보여도 법률상으로는 건물만을 점유할 뿐 대지는 점유하지 않는다고 본다는 것이다.(비점유설) 오직 건물의 소유자만이 그 대지를 점유하는 것이다. 따라서 대지의 소유자는 반드시 그 지상건물 소유자를 상대로 손해배상청구, 부당이득반환청구를 해야 한다. 특히 대지의 공유자는 그 지상건물 소유자를 상대로 손해배상청구, 부당이득반환청구를 할 때 처분행위에 해당되어 자신의 공유지분권에 상응하는 손해배상이나 부당이득금반환 청구만 할 수 있다.

Ⅳ. 소유권이전등기(소유권보존등기) 말소청구 [방해배제청구(2) (민법 제214조)]

1. 개설

   소유권보존등기 말소청구 또는 소유권이전등기 말소청구는 소유권자가 원인무효인 소유권보존등기 명의인 또는 소유권이전등기 명의인을 상대로 소유권 침해로 말미암은 물권적 청구권인 방해배제청구권(민법 제214조)을 소송상 실현하기 위하여 제기하는 소송형태 중 하나이다.

2. 말소대상 등기의 특정방법

등기말소 청구는 등기소명, 등기연월일과 접수번호로 말소대상 등기를 특정하여 제기한다.(서울중앙지방법원 등기국 2023. 1. 22. 접수 제12345호로 마친 소유권이전등기) 이전등기청구의 경우에는 등기원인 사실과 그 일자로 특정(2023. 1. 22. 매매를 원인으로 한 소유권이전등기)하는 것과 차이가 있으니 주의하기 바란다.

3. 말소등기청구의 소송물 및 청구원인

가. 청구원인 및 요건사실

소유권보존등기의 말소청구의 요건사실은 ① 원고의 현재 소유사실, ② 피고 명의의 소유권보존등기 존재사실이다. 따라서 피고 측에서 원고가 원시취득한 목적물에 대한 소유권을 원고로부터 취득한 경위를 주장·증명해야 한다.[226] 소유권이전등기의 말소청구의 요건사실은 ① 원고의 현재 소유 사실, ② 피고 명의의 소유권이전등기 존재사실 이외에도, 등기의 적법추정력으로 말미암아 ③ 등기원인의 무효사실도 요건사실이 된다. ③ 등기원인무효 사유들은 부존재·무효·취소·해제/해지·무권대리(대리권 남용)·대표권 제한 위반 등 사유들이다. 앞서 물권적 청구권의 공통된 항변사유(Ⓐⓐ)로 부존재·무효·취소·해제/해지·무권대리(대리권 남용)·대표권 제한 위반 등 사유들을 설명했으나, 그 원인무효사유는 원고가 현재 소유권자인 사실을 주장했을 때 피고가 그 소유권 취득에 발생한 원인무효사유들을 지적하는 것이고, 위 ③ 등기원인무효 사유들은 원고에서 피고에로의 소유권이전에 생긴 원인무효사유들을 지칭하는 것이어서 그 무효의 대상이 다르니 주의하여야 한다.

나. 소송물의 동일성 식별의 기준

1) 말소청구의 소송물 동일성 식별의 기준은 당해 등기원인이 무효란 사실이고, 등기원인이 무효로 되는 개개의 사유는 공격방어방법에 불과할 뿐 별개의 청구원인을 구성하는 것은 아니다.(대법원 1993. 6. 29. 선고 93다11050 판결) 소유권이전등기 말소청구와 저당권설정등기 말소청구가 성격상 차이가 있어 이 부분에 같이 설명한다.

2) 소유권이전등기 말소청구

원고에서 피고에로의 소유권이전등기 원인에 부존재·무효·취소·해제/해지·무권대리(대리권 남용)·대표권 제한 위반 등 사유가 있을 경우 그 소유권이전등기 말소청구를 할 수 있고, 물권적 청구권적 성격을 갖고 있다. 이때 각종 원인무효의 사유들은 원칙적으로 공격방어방법에 불과하기

---

226) 따라서 소유권보존등기에는 부동산등기부에 등기원인을 기재하지 않는다.(제4회 변호사시험 민사기록형 문제 중 11면 참조) 소유권이전등기의 경우는 등기원인을 기재하고 있어 등기원인에 추정력이 있고, 따라서 말소를 구하는 원고측에서 등기원인의 무효사실을 주장·증명해야 한다.

때문에 결국 소송물은 하나이다. 소유권이전등기 말소청구가 약정에 기한 채권적 청구권의 형태로 발생하는 경우란 거의 없다고 해도 과언이 아니다. 학습이 더 깊어지면 부존재·무효·취소·무권대리(대리권남용)·대표권제한위반 사유들과 해제/해지는 소송법상 달리 취급하고 있다는 사실을 알게 될 것이다. 즉 기판력의 시적 한계와 관련하여 사실심 변론종결일까지 상계, 지상물매수청구권 등 형성권의 행사가 가능하였다 하더라도 위 형성권은 대체로 그 행사여부가 자유재량적 성격을 갖기 때문에 사실심 변론종결일까지 행사하지 않았더라도 판결이 확정되고 난 사후에도 행사할 수 있기 때문에 결국 소송물이 달라지는 셈이 되어 기판력의 시적 한계라는 제한을 받지 않게 되고, 다시 이 형성권을 행사하여 변동된 법률관계에 기해 소를 제기해도 기판력의 저촉이 안 된다는 점을 깊이 이해하고 있어야 한다.

3) (근)저당권설정등기 말소청구

(근)저당권말소등기 청구권은 물권적 청구권으로서나 채권적 청구권으로서도 발생한다. 예를 들면 ❶ 甲이 A 부동산을 소유하고 있었는데, 乙이 관련서류들을 위조하여 그 명의로 소유권이전등기를 경료하고, 丙이 乙에게 금원을 대여해 준 후 乙로부터 담보조로 A 부동산에 관해 근저당권설정등기를 경료한 경우에는 甲은 丙을 상대로 방해배제청구권의 행사로서 근저당권설정등기 말소청구를 할 수 있다. 전형적인 물권적 청구권으로서의 근저당권설정등기 말소청구가 가능한 사례이다.[227] 하지만 통상 근저당권설정등기말소 청구는 다음과 같은 사정하에서 발생한다. 즉 ❷ 甲이 A 부동산의 소유자인데 乙로부터 금원을 차용하고 그 담보조로 乙에게 근저당권설정등기를 경료해 준 경우이다. (근)저당권은 (근)저당권설정계약과 (근)저당권설정등기로 성립된다.[228] 이렇게 ① 약정에 의해 취득한 저당권은 피담보채무가 소멸한 경우에 그 부종성 때문에 소멸하게 되고 저당권설정계약의 명시적 약정 또는 표준적 약정(default rule)에 의해 효력을 잃은 저당권을 말소해 줄 의무를 부담하게 된다.(채권적 청구권) 또 ② 소유자 겸 저당권설정자는 저당권자를 상대로 저당권설정등기가 원인무효임을 주장하면서 물권적 청구권의 행사로 저당권설정등기 말소청구도 할 수 있다. 결국 저당권설정계약에 기해 설정된 저당권설정등기는 피담보채무가 소멸 등으로 원인무효가 되고 나면 그 후 위와 같은 채권적 청구권은 물론 물권적 청구권으로 동시에 행사할 수 있게 된다. 소유자 겸 저당권설정자인 원고는 양 청구권 중 어느 하나를 선택하여 행사할 수 있게 된다.(❷①과 ❷②는 청구권 경합) 그래서 변호사 시험 기록형 문제를 통해 저당권설정등기 말소청구가 거듭 출제되고 있다.

227) 제1회 변호사 시험 기록형 문제로 물권적 청구권으로서 저당권설정등기 말소청구가 가능한 사안이 출제되었다. 참고해 보기 바란다.
228) 저당권은 설정계약과 등기에 따른 취득으로 설정적 특정 승계취득이다.(양창수·권영준 전게서 55면 참조)

4. 소유권이전(보존)등기말소 청구의 기본적 요건사실과 항변

등기말소	청구원인		[소유권이전등기 말소청구] 　① 원고의 현재 소유사실 　② 피고 명의로 현재 소유권이전등기된 사실 [등기 특정방법] 　③ 등기의 원인무효사실 [소유권보존등기 말소청구] 　① 원고의 현재 소유사실 　② 피고 명의로 현재 소유권보존등기된 사실
	항변	공통	[소유권이전등기 말소청구] [원인무효사유] Ⓐⓐ부존재·무효·취소·해제/해지·무권대리(대리권남용)·대표권제한 위반 　ⓑ전자(前者)의 무권리 또는 사실상·법률상 처분권 결여 [소유권보존등기 말소청구] 각종 원시취득 상실사유
		특유	[소유권이전(보존)등기 말소청구] Ⓑ① "실체관계에 부합하는 등기" or 　② "무효등기의 유용"

가. 원고의 현재 소유 사실

앞서 설명한 바를 참조 바란다.

나. 피고의 소유권이전(보존)등기 경료

피고 명의로 소유권이전등기(소유권보존등기) 경료된 것이 원고의 소유권에 대한 방해가 된다. 피고 명의로 소유권이전(보존)등기 경료된 사실은 해당 부동산의 등기부등본(등기사실전부증명서)을 제출함으로써 매우 손쉽게 증명할 수 있다.

다. 등기의 원인무효 (소유권이전등기 말소청구의 경우)

1) 등기의 원인무효 주장·증명의 필요성

방해배제청구의 요건사실은 소유권 및 방해사실뿐이다. 그런데 Ⓐ소유권이전등기의 말소청구 사건에서는 소유권, 방해이외에도 등기원인의 원인무효 사실을 추가적으로 주장·증명해야 하는 이유는 등기의 추정력 때문이다. 등기의 추정력은 ① 등기명의인이 적법한 권리자인 점(권리의 적법추정),229) ② 등기원인이 적법한 것인 점(등기원인의 적법추정), ③ 등기절차가 적법하게 이루어 진 점(등기절차의 적법추정)에 대하여 미친다.(대법원 1983. 11. 22. 선고 83다카950 판결) 그 외에도 ④ 등기를 경료하기 위한 전제요건인 농지매매증명, 농지분배절차, 경매절차, 외국인토지취득절차 등이 적법하게 이루어 진 것이라는 추정도 된다. 등기말소청구에 있어 위 ②, ③ 추정력이 있기 때문에

---

229) 이 추정력 때문에 물권적 청구권에서 원고는 현재 그 명의로 등기된 사실만 주장·증명함으로써 소유자임을 주장·증명할 수 있다.

원고가 등기원인의 무효사실 또는 등기절차의 위법사실까지 주장·증명하여야 한다. 따라서 원고의 소유권취득시점과 피고의 등기시점 사이에 제3자에 의한 소유권이전등기가 경료되어 있는 경우에는 제3자 명의의 소유권이전등기가 유효하다면 원고의 소유권이 부정되기 때문에 그 제3자 명의 소유권이전등기의 무효까지 주장·증명하여야만 한다.[230]

ⓑ<u>소유권보존등기 말소청구</u>의 경우에는 원고가 자신이 해당 부동산을 원시취득하였다는 사실을 주장·증명하면 소유권보존등기는 등기원인이 등기부에 기재되어 있지 않아서 그 등기원인의 추정력이 없기 때문에 피고측이 부동산 소유권을 취득한 사실을 주장·증명하여 항변할 수 있을 뿐이다.

2) 부존재·무효·취소·해제/해지·무권대리(대리권 남용)·대표권 제한 위반 사유

원인무효 사유를 좀 더 세분류하면 부존재·무효·취소·해제/해지·무권대리(대리권 남용)·대표권 제한 위반 사유이고, 더 구체화하면 앞서 보여준 표와 같이 정리할 수 있다. 민법총칙, 채권총론, 회사법 등의 지식을 광범위하게 알아야 정리될 수 있는 법리들이고, 특히 일정한 경우에는 수익자·전득자 등('제3자')에게도 주장하기 위해서는 악의의 제3자임을 주장·증명해야 한다. 약정부분에서 상세하게 설명하지만 복잡하니 평소 잘 학습해 두어야 한다. 아래에서 몇 가지 경우를 들어 우선 설명해 보기로 한다.

3) 사기를 이유로 한 매매계약 취소

사기를 이유로 한 매매계약의 취소 후 말소등기 청구를 할 때는 ① 원·피고간에 매매계약을 체결하였고, 이에 터잡아 소유권이전등기가 경료된 사실, ② 매매계약이 사기에 의하여 하자 있는 의사표시로 이루어진 사실, ③ 원고가 위 의사표시를 취소하는 의사표시를 하였고, 피고에게 그 의사표시가 도달한 사실을 요건사실로서 기재한 다음 원상회복 또는 소유권에 기한 방해배제청구로서 그 소유권이전등기의 말소를 구할 수 있다. 이때 기망자가 그 부동산을 제3자에게 처분하였을 때는 그 제3자의 악의임도 추가적으로 주장·증명하여야 그 제3자 명의의 소유권이전등기의 말소를 구할 수 있다. 이때 피고는 사기사실에 관하여 치열하게 다투는 것(부인)이 보통이므로 원고는 사기사실을 구체적으로 특정하여 설득력 있게 서술하여야 한다.

등기말소	청구원인	**[소유권이전등기 말소청구]**
		① 원고의 현재 소유사실
		② 피고 명의로 현재 소유권이전등기된 사실 [등기 특정방법]
		③ 등기의 원인무효사실
		(약정의 상대방)
		  ⓐ **기망행위**
		  ⓑ **의사표시**
		  ⓒ **인과관계**

---

230) 이 문제는 물권의 대세적 효력 등으로도 설명될 수 있는 문제이다.

항변		ⓓ **취소의 의사표시와 도달** (제3자: 수익자·전득자) ⓐⓑⓒⓓ + ⓔ 제3자의 악의
	공통	[원인무효사유] Ⓐⓐ부존재·무효·취소·해제/해지·무권대리(대리권남용)·대표권제한 위반 　ⓑ전자(前者)의 무권리 또는 사실상·법률상 처분권 결여
	특유	Ⓑ① **"실체관계에 부합하는 등기"** or 　② **"무효등기의 유용"** [사기 취소 특유] ⓒ① (명시적·묵시적) 추인 　② 취소권의 소멸 (추인할 수 있는 날로부터 3년, 법률행위일로부터 10년)

4) 이행지체를 이유로 한 해제

① 매매계약을 체결하고, 이에 기하여 소유권이전등기를 하여 준 사실, ② 이행지체로 인한 채무불이행 사실, ③ 원고가 **반대채무를 이행하거나 그 이행을 제공하고** 피고에게 상당한 기간을 정해 의무 이행을 최고하였으나 피고가 이행하지 아니한 사실, ④ 해제의 의사표시를 하였고 피고에게 도달한 사실이 요건사실이 된다. 따라서 이 요건사실에 해당되는 구체적 역사적·자연적 사실을 주일상목행으로 기재하고 원상회복 또는 소유권에 기한 방해배제청구권의 행사로서 그 소유권이전등기의 말소를 청구한다.

특별한 사정이 없는 한 매수인의 잔대금 지급의무와 매도인의 소유권이전등기의무는 동시이행 관계에 있으므로 매수인에게 지체 책임을 지워 계약을 해제하기 위하여는 매수인은 이행기일에 잔대금을 지급하지 아니한 사실만으로 부족하고, 매도인이 소유권이전등기신청에 필요한 일체의 서류를 수령할 수 있을 정도로 준비하여 그 뜻을 상대방에게 통지하여 수령을 최고하는 방식으로 이행의 제공을 하고,(존재효과설) 상당한 기간을 정하여 상대방의 잔대금 채무이행을 최고한 후 매수인이 이에 응하지 아니한 사실이 있어야 한다. 이때, 매도인이 제공하여야 할 소유권이전등기신청에 필요한 일체의 서류라 함은 등기권리증, 위임장, 부동산매도용 인감증명서 등 등기신청행위에 필요한 모든 구비서류를 말한다. 그러나 실생활에서 당사자들은 소유권이전등기신청에 필요한 서류를 정확하게 모르고 있을 뿐만 아니라 부동산중개인이 상대방이 잔대금을 준비하지 못하였다며 잔대금 지급기일을 연기하자고 했다란 구두 안내를 하면 매도인은 별다른 조치를 취하지 않고, 지급기일을 도과시켜 버리기 일쑤이다. 그렇기 때문에 위와 같은 서류들을 다 챙겨 준비해 두지 않아 나중에 곤란에 처하는 경우가 종종 있다. 그 결과 계약해제의 요건을 갖추지 못해 해제의 의사표시가 무효인 경우가 종종 있다. 실무에서 소송을 준비함에 있어 이런 사정을 잘 챙겨 당사자가 한 해제의 의사표시가 유효한지를 잘 따져 보아야 한다. 만약 해제의 요건을 갖추지 못했다면 소송을 제기하기 전에 다시 한번 이행의 제공을 하면서 잔금지급을 최고한 후 계약해제를 해 두어야 한다.

등기말소	청구원인		[소유권이전등기 말소청구] 　① 원고의 현재 소유사실 　② 피고 명의로 현재 소유권이전등기된 사실 [등기 특정방법] 　③ 등기의 원인무효사실 (약정의 상대방) 　ⓐ 이행지체(확정기한, 불확정기한, 기한의 정함이 없음) 　ⓑ 반대채무의 이행 또는 이행의 제공사실 　ⓒ 상당한 기한을 정하여 최고 　ⓓ 그 기간내 이행이 없음 　ⓔ 해제의 의사표시와 도달 (제3자: 수익자·전득자) ⓐⓑⓒⓓⓔ + ⓕ 해제 후 제3자이며 악의
	항변	공통	[원인무효사유] Ⓐⓐ부존재·무효·취소·해제/해지·무권대리(대리권남용)·대표권제한 위반 　ⓑ전자(前者)의 무권리 또는 사실상·법률상 처분권 결여
		특유	Ⓑ① "실체관계에 부합하는 등기" or 　② "무효등기의 유용" [해제 특유] ⓒ 해제가 신의성실 위반

5) 각종 특별조치법에 기한 소유권이전등기에 관한 말소청구사건

　　구 『부동산소유권이전등기 등에 관한 특별조치법』에 따라 보증서 또는 확인서에 의하여 경료된 등기는 보증서 또는 확인서가 진실이 아님이 증명된 때에는 등기의 추정력이 번복된다. 그런 다음에는 등기의 유효를 주장하는 자(등기명의인)가 실제 소유권취득사실을 주장·증명하여야 한다. 그런데 『부동산소유권이전등기 등에 관한 특별조치법』에 따라 소유권이전등기를 경료한 사람은 소유권취득 원인사실을 증명치 못해 위 특별조치법으로 등기하였기 때문에 실제 소유권취득사실의 주장·증명하지 못할 가능성이 매우 높다. 대체로 친분을 이용해 보증서, 확인서를 발급받아 등기하는 경우가 많았기 때문에 위 보증서, 확인서의 내용상의 진정성이 쉽게 부정되었고, 또 그 진정성이 부정되는 순간 다른 수단을 동원하여 소유권취득사실을 증명하는 것이 지난(至難)하여 위와 같은 특별조치법에 의해 경료된 등기의 말소청구가 인용되는 사례들이 많았다.

5. 가능한 공격방어방법

가. 등기부상 등기원인의 유효

　　원고는 등기부상 등기원인의 무효사실을 주장·증명하여야 함은 앞서 본 바와 같다. 원고가 등기원인의 발생근거사실이 무효임의 주장·증명에 일응 성공한 경우 다시 피고는 그 무효화를 방해하는 사실들을 들어 등기원인이 유효함을 주장할 수 있다. 예를 들면, 원고가 피고와의 매매계약이 해제되었다고 주장하면서 소유권이전등기의 말소를 구할 경우 해제권의 행사가 신의성실의 원칙에 위배된다는 사정을 들어 항변할 수 있다. 또 원고측이 피고가 무권리자 또는 무권대리인으로부터

매수한 것이라며 등기원인의 무효를 주장하여 성공한 경우에는 피고로서는 원고가 그 매매계약을 추인하였다고 항변할 수 있다. 이때 채권자인 원고가 채무자인 소유자를 대위하여 청구하는 경우라면 채무자인 소유자가 그 매매계약을 추인하였다고 하더라도 원고의 대위권행사사실을 알고 한 경우에는 추인의 효력이 없기 때문에 그 사실을 주장·증명하여 재항변할 수 있다. 아무튼 위와 같은 항변, 재항변은 각각 관련 법리들을 제대로 공부하면 놓치려야 놓칠 수 없는 법리들이다.

나. 특유한 항변
1) 실체적 권리관계에 부합하는 등기

등기가 실체적 권리관계에 부합한다는 의미는 당사자 사이의 관계에 있어서 사실상 물권변동이 생긴 것과 같은 상태에 있는 것을 의미한다. 즉 ① 물권변동을 목적으로 하는 계약이 있고, ② 당사자 사이에 등기청구권을 실현하는 데에 법률상 아무런 장애가 없고, ③ 양수인이 목적 부동산에 대한 전면적 지배를 취득하여 사실상 소유권의 실질적 내용을 이루는 사용·수익·처분 등의 권능을 취득하였다고 볼 수 있는 상태를 지칭한다.(대법원 1978. 8. 22. 선고 76다343 판결) 그 구체적인 사례로는 전 소유명의자와 피고 사이에 중간생략등기의 합의가 없었더라도 관계 당사자들 사이에 매매계약이 체결되어 이행되는 등 적법한 원인행위가 성립하였다는 항변(대법원 1980. 2. 12. 선고 79다2104 판결){다만, 국토이용관리법상 허가구역내 토지에 관하여는 최종 매수인과 최초 매도인을 매매당사자로 하는 토지거래허가를 받아 최종 매수인 명의로 경료한 이전등기는 적법한 토지거래허가 없이 경료된 등기로서 무효이다.(대법원 1997. 3. 14. 선고 96다22464 판결)}, 피고가 미등기부동산을 전전 매수하여 최종 매수인으로서 소유권보존등기를 경료하였다는 사실(대법원 1984. 1. 24. 선고 83다카1152 판결), 등기부상 등기원인(예컨대, 매매)과 다른 실제 등기원인(예컨대, 증여)이 있었다는 사실(대법원 1980. 7. 22. 선고 80다791 판결), 점유취득시효가 완성되었다는 사실(대법원 1983. 8. 23. 선고 83다카848 판결), 위조문서에 의하여 등기가 경료되었다 하더라도 공시된 외형과 같은 권리의 취득원인이 실제로 있었다는 사실(단, 공시된 외형과 같은 권리의 취득원인이 매매라면 동시이행항변권을 무력화하기 위하여 매매대금을 전부 지급하였거나 매매대금 완납 전 소유권이전등기를 하기로 하는 약정이 있었다는 등의 사정을 주장하여야 한다.)을 들 수 있다.

2) 무효등기의 유용

등기시에는 실체관계에 부합하지 않아 무효였지만 사후적으로 다시 실체관계에 부합하게 되는 사정이 발생한 경우를 특별히 무효등기의 유용이라고 하여 실체관계에 부합하는 등기란 항변사유와 구분하여 논하기도 한다. 그 구체적인 유형으로는 다음 사례를 들 수 있다.

첫째, 등기원인에 하자가 있어 원시적으로 무효이었다가 사후적으로 등기와 부합하는 실체관계가 생기면 그 생긴 때로부터 무효등기의 유용을 인정한다.

둘째, 유효한 등기였다가 나중에 실체관계가 없어져 무효로 되었다가 다시 동일한 실체관계를 갖게 되었을 때. 판례에 의하면 유용이 일어나기 전에 등기부상 이해관계 있는 제3자가 없다면 유

용을 인정한다.(대법원 2002. 12. 6. 선고 2001다2846 판결 등)

　　그러나, 멸실된 건물의 보존등기를 신축된 건물의 보존등기로 유용하는 것은 양 건물간의 동일성이 없기 때문에 인정되지 않는다.

6. 기재례

청 구 원 인

1. 원고는 2019. 12. 1. 별지 목록 기재 건물에 관하여 서초구청 제7256호로 건축허가를 받아 원고의 비용으로 이를 완공함으로써 원시적으로 그 소유권을 취득하였습니다.

2. 그런데, 피고는 위 건물이 자기의 소유인 듯이 관계 문서들을 위조 행사하여 서울중앙지방법원 등기국 2019. 12. 25. 접수 제1011호로 피고 명의의 소유권보존등기를 마쳤습니다.

3. 그렇다면, 피고 명의의 위 소유권보존등기는 원인무효의 등기이므로 피고는 원고에게 위 소유권보존등기의 말소등기 절차를 이행할 의무가 있습니다.

---

7. 진정명의회복을 원인으로 한 소유권이전등기청구

가. 개념

　　진정명의회복을 원인으로 한 소유권이전등기청구는 진정한 소유자가 그의 등기명의를 회복하기 위한 방법으로 등기명의인을 상대로 그 등기의 말소를 구하는 것에 갈음하여 진정명의 회복을 원인으로 하는 소유권이전등기 청구를 하는 것으로 대법원 판례에 허용되고 있다.

나. 허용이유 및 활용상의 주의점

　　예를 들면, 甲――乙――丙――丁의 순으로 소유권이전등기가 경료되었지만 甲에서 乙로의 소유권이전등기가 위조되어 원인무효인 경우 乙에서 丙으로, 丙에서 丁으로 순차적으로 경료된 소유권이전등기도 전부 원인무효 된다.(무권리자로부터의 권리취득 불가능, 등기의 공신력 부인) 이때 소유자에게 乙, 丙, 丁 명의의 소유권이전등기가 모두 방해이기 때문에 그들 명의의 소유권이전등기 전부를 말소하여야 비로소 甲 명의 등기가 되살아나 등기부상 소유자로 표시되게 된다. 그래서 甲은, 乙은 물론 丙, 丁을 상대로 그 소유권이전등기의 말소등기청구의 소를 제기하지 않으면 안 된다. 이때 중간자가 사망하여 공동상속이 이루어진 데다가 그중 일부는 해외로 이주하여 그 송달에 상당한 시간이 걸리는 경우 등에는 다수의 피고들을 상대로 소송을 제기해야 하는 데 부담을 안게 된다. 이러한 불편을 없애기 위하여 진정명의 회복을 원인으로 한 소유권이전등기청구가 인정된다.

예비법조인들은 말소등기 청구와 이전등기 청구의 본질적 차이점을 제대로 알지 못한 채 진정명의회복을 원인으로 한 소유권이전등기청구를 지나치게 많이 활용하고 싶어 한다. 하지만 위와 같은 소유권이전등기청구는 아주 예외적인 상황하에서만 제한적으로 활용해야 한다. 그래서 '의뢰인의 희망사항' 등에서 구체적으로 진정명의회복을 위한 소유권이전등기 청구를 요구하지 않는 이상 가급적 말소등기청구는 말소등기 청구를 하는 형태로 답안을 작성해야 한다.

다. 소송물

소유권에 기한 방해배제청구권이기 때문에 말소등기청구의 소송물과 같다. 따라서 원인무효를 원인으로 한 소유권이전등기 말소청구 소송에서 패소 확정판결을 받은 후 다시 진정명의회복을 원인으로 한 소유권이전등기청구소송을 제기하면 기판력의 저촉을 받아 기각된다.(대법원 2001. 9. 20. 선고 99다37894 판결, 대법원 2003. 3. 28. 선고 2000다24856 판결)

라. 청구원인

진정명의 회복을 위한 소유권이전등기	① 원고의 현재 소유사실 ② 피고 명의로 소유권이전등기 경료 ③ 등기의 원인무효

1) 원고의 현재 소유 사실

원고의 현재 소유 사실은 앞서 충분히 설명한 바가 있다. 주로 자기 앞으로 소유권이전등기가 되어 있었다는 사실로 주장, 증명할 수 있고, 또 민법 제187조에 따라 법률의 규정에 의하여 소유권을 취득한 사실로 주장, 증명할 수 있고, 민법 제186조에 따라 특정승계취득한 사실을 주장·증명하는 방식으로 주장할 수도 있다. 진정명의 회복을 원인으로 한 소유권이전등기 청구는 방해배제청구권의 행사에 해당되므로 공유물에 경료된 원인무효의 등기에 관하여 각 공유자에게 해당 지분별로 진정명의회복을 원인으로 한 소유권이전등기를 이행할 것을 단독으로 청구할 수 있다.(대법원 2005. 9. 29. 선고 2003다40651 판결) 이처럼 앞서 충분히 설명한 취지가 그대로 적용된다.

2) 피고 명의로 된 소유권이전등기

진정명의회복을 원인으로 한 소유권이전등기의 등기의무자는 원칙적으로 현재의 등기명의인 또는 그 포괄승계인이다.

3) 등기의 원인무효

피고 명의의 소유권이전등기의 원인무효 사실은 원고가 주장, 증명하여야 한다.

마. 가능한 공격방어방법

원인무효를 원인으로 한 소유권이전등기 말소청구에서 검토한 항변사유들은 전부 해당된다. 그 외 방해배제청구권의 행사로서 소유권이전등기 말소청구는 그 개별원인이 무엇이든 소송물이 하나로 파악되어 소송상 주장하지 못한 원인무효의 개별사유라고 하더라도 원칙적으로 기판력이 미친다. 말소청구가 진정명의 회복을 원인으로 한 소유권이전등기의 형태로 바뀐다고 하여 달라지는 것은 아니기 때문에 말소청구의 확정사실을 주장·증명하여 기판력 저촉사실(본안전 항변)을 주장·증명할 수 있다.

8. 모의기록

원인무효를 원인으로 한 소유권이전등기 말소청구와 무권리자와 근저당권설정계약을 체결하여 경료된 근저당권설정등기 말소 청구와 무권리자와 임대차계약을 체결하여 점유중인 임차인에 대한 소유물반환청구 (제1회 변호사 시험 기록형 문제) 등 참조

제3강 물권 침해를 원인으로 한 '불법행위로 인한' 손해배상(damages)청구

1. 일반론

가. 책임요건(고의·과실)의 필요

권익 침해에 대해 다른 형태의 법적보호인 불법행위로 인한 손해배상청구권이 있다. 대한민국 민사법학계에서는 아쉽게도 이를 권익보호수단으로 접근하는 것이 아니라 법정채권의 발생원인이란 측면으로 접근하고 있다. 민사법의 체계적인 이해를 위해 한시바삐 불법행위로 인한 손해배상청구권이 권익(물권) 침해에 대한 구제수단이라는 성격을 제대로 이해했으면 좋겠다.

모든 권익 침해에 대하여 손해배상청구가 인정되지 않는다. 고의·과실 있는 위법한 침해에 대하여 손해배상청구권이 인정된다. 물권적 청구권에서의 점유, 방해는 비교적 피고 측의 책임이 뚜렷한 행위들이 유형화되어 있어 고의·과실과 같은 책임요소의 고려없이 물권적 청구권을 인정한다고 하더라도 큰 문제가 없다. 하지만 불법행위에서의 침해는 주로 경제학적 용어인 "부(否)의 외부효과(negative externalities)"에 대응하는 개념인데 그 형태가 매우 다양하고 폭넓기 때문에 그 성립을 일정한 정도로 제한해 두지 않으면 사람들의 일반적인 행동자유권을 크게 제약할 수 있다.[231] 근대민법의 3대 원리 중 하나인 過失責任原則에 이런 사정이 반영된 것이다.

나. 법경제학적 설명 {부(否)의 외부효과의 최적 관리}

인간은 개별적으로는 나약한 존재이나 사회를 이루고 분업과 협업을 통해 강력한 힘을 얻어 다른 생명체 또는 다른 사회체를 압도하면서 지구상에서 번창하고 있다. 그러나 사회를 이루어 살기

---

231) 필자는 어릴 적 꿈속에서 "길을 가던 중 하품을 하기 위해 팔을 뻗쳤는데 갑자기 지나가던 행인이 그 팔에 맞아 뒤로 넘어지면서 사망한 결과 경찰이 잡아가려 하여 억울함을 호소하면서 잡히지 않으려 발버둥을 치다"가 깼던 적이 있었다. 이처럼 하품을 하는 단순한 행위도 다양한 결과를 초래할 수 있는데 그 모든 위험을 다 부담하게 하면 인간은 행동을 극도로 자제할 수밖에 없어 많은 행동의 제약이 따르게 된다.

때문에 부득이 본인의 행위가 타인에게 영향을 미칠 수도 있다. 물론 그 영향에 대하여 협상을 통해 보상하는 방식으로 자율적으로 조절할 수도 있다.(거래를 통한 해결, 사적자치의 영역) 하지만 정상적인 거래를 통해 보상할 수 없는 상황도 많고, 또 보상하지도 않으면서 타인의 권리에 영향을 미치는 경우가 대단히 많다. 이를 '부(否)의 외부효과'라고 한다. 즉 외부효과는 정의 외부효과와 부의 외부효과로 구분되는데, 그 중 긍정적인 외부효과(정의 외부효과)라면 타인은 환영하겠지만 부정적인 외부효과(부의 외부효과)라면 이에 대한 법적 대처가 필요하다. 그렇지 않으면 공동체가 해체될 수 있기 때문이다. 이에 반하여 법경제학자들은 '사고총비용을 최저화하도록 최적 관리'할 필요가 있다고 주장한다. 부정적인 외부효과에 대한 법적 대처로는 적어도 과실이 있어야 책임을 묻는다는 것이다. 문제는 이 과실수준을 어떻게 설정하는가이다. 과실수준은 흔히 평균인의 기준으로 보아 당해 상황하에서 사고를 피하기 위해 평균인이 취했을 수준의 주의를 법적 주의기준으로 삼고 그 이하일 경우에 과실책임을 물어야 한다는 것이다. 이런 직관적인 판단은 최근 법경제학이 발달하면서 "사고총비용의 최소화(minimization of accidental costs)"라는 관점에서 주의수준을 결정해야 한다는 논의로 발전되었다. 대한민국 법학계에서 동의하든 하지 않든 과실수준을 정하는데 있어 사고총비용의 최소화란 관점은 점점 침투되고 있다. 거대한 이해관계들이 얽힌 소송에서 과실수준을 결정할 때는 이러한 치밀한 경제적분석 결과물이 실제로 소송상 증거로 제출되고 있다. 사고총비용은 사고로 인한 비용(the cost of accident)은 물론 사고방지비용(the cost of prevention)도 포함된 개념이다.[232] 그런데 양 비용사이에는 서로 반비례의 상관관계가 있다. 사고방지비용을 증가시키면 사고비용이 준다. 하지만 처음에는 사고비용이 급격히 줄다가(사고방지비용이 체감) 사고비용이 서서히 줄게(사고방지비용이 체증) 된다. 그래서 사고총비용이 최저화되는 지점이 존재하게 된다. 이런 이유로 사고총비용이 최저화되는 지점까지 사고방지노력을 하면 그 이후부터의 사고는 사회가 부담해야 할 위험(risk)으로 치부하고 그 위험은 발생한 곳에 그대로 둘 필요가 있다.{이를 "위험부담의 문제"라고 한다. 대한민국의 경우 위험의 채무자 부담주의(민법 제537조)를 채택하고 있다.} 만약 그런 경우까지 손해배상책임을 부담시키면 사회적으로 비효율적인 사고방지비용을 지출하게 될 것이어서 결국 배분적 비효율성을 초래하게 된다.{비효율적인 과다주의(主意)}

다. 주의의무수준과 과실

한편 사고가 발생할 때마다 구체적인 사고총비용을 계산하고 적정한 사고방지비용 수준을 알

---

232) 대법원 2019. 11. 28. 선고 2017다14895 판결 {이러한 법리는 '불합리한 손해의 위험'을 최소화하기 위한 조치로서 위험으로 인한 손해를 위험을 회피하기 위한 부담과 비교할 것을 요구한다는 측면에서 법경제학에서의 비용·편익 분석임과 동시에 균형접근법에 해당한다. 법관이 법을 만들어나가는 속성을 지닌 불법행위법에서 법관이 수행해야 할 균형 설정의 역할이 중요함에도 불구하고, 이러한 균형 설정은 구체적 사안과의 관련성 속에서 비로소 실질적인 내용을 가지는 것이므로, 미리 세세한 기준을 작성하여 제시하기는 어려운 것이 현실이다. 이때는 이른바 'Hand Rule'을 참고하여, 사고 방지를 위한 사전조치를 하는 데 드는 비용(B)과 사고가 발생할 확률(P) 및 사고가 발생할 경우 피해의 정도(L)를 살펴, 'B < P·L'인 경우에는 공작물의 위험성에 비하여 사회통념상 요구되는 위험방지조치를 다하지 않은 것으로 보아 공작물의 점유자에게 불법행위책임을 인정하는 접근 방식도 고려할 수 있다.}

아본다는 것은 비경제적이다. 그래서 종래 법원은 적정한 사고방지비용 수준을 소위 주의의무라고 하고, 이를 위반한 경우에 과실을 인정해 왔다. 개별적인 사건에 대한 직관적인 판단이 누적되면서 수정되고 수정되어 마침내 법경제학적으로 분석해 보아도 동일한 결론에 이를 만큼 적정한 주의의무 수준을 설정해 두고 있다. 잘 알다시피 주의의무는 주로 ⓐ회피가능성(possibility of prevent)있는 경우에 인정하지만 ⓑ예견가능성(possibility of foresee)이 있는 경우에도 주의의무가 발생한다. 그래서 사고방지비용을 산정함에 있어 실제로 소요되는 사고방지비용을 회피가능성 및 예견가능성으로 할인하여 산정(PL)한 다음 이를 사고비용(D)과 대비하여 주의의무 수준(D>PL)을 정하여야 한다. 이처럼 불법행위로 인한 손해배상청구권의 요건사실로서 고의·과실이란 책임요소가 추가적으로 필요하다.

2. 불법행위로 인한 손해배상의 기본적 요건사실 및 항변

손해배상	청구원인	① 손해배상청구권의 발생 　ⓐ 고의·과실 　ⓑ 위법성 (침해) 　ⓒ 손해 ('물권 or 권리와 이익'에 발생한 손해) 　ⓓ 인과관계 ② 손해배상의 범위 [통상손해 with '악의 or 과실의 특별손해']
	항변	① 단기 소멸시효(알았을 경우 3년, 발생한 날로부터 10년) ② ⓐ과실상계, ⓑ손익상계, ⓒ책임제한

가. 요건사실

불법행위의 성립요건으로 ① 고의·과실 ② 위법성 ③ 손해 ④ 인과관계를 요구하고 있다.(민법 제750조) 특히 손해는 침해대상이 된 권리(정확하게는 권익이다. 민사법실무 차원에서는 물권이라고 상정해도 된다.)의 상실된 가치를 지칭하고, 그 계산은 사고가 없었다면 있었을 상태에서 현재의 상태를 차감하여 그 차액으로 산정한다. 이를 '차액설'이라고 하고, 판례의 태도이다. 현재의 상태는 증명하기 쉽지만 '사고가 없었다면 있었을 상태'란 증명하기 어렵다. 또 '이득 > 손해'이 되는 행위는 불법행위로 평가되지 않을 개연성이 매우 높아 손실보상의 문제로 치부되고, 오히려 주로 '이득 < 손해'일 때만 불법행위로 인정된다. 이런 상태에서 억지목적을 달성하기 위해서는 가해자가 얻은 이득을 박탈하면 될 것인데도 구태여 배상의 기준으로 '손해'로 삼은 것은 대속금(代贖金)적 성격을 띤 상태에서 손해를 기준으로 산정함으로써 손해전보를 통한 피해구제의 목적도 달성하기 위한 것이다. 다만 특수한 경우[233]에는 '이득 > 손해'인 상태에서도 위법성을 인정하고 있다. 이때는 손해를 초과한 이득을 기준으로 손해배상을 해 주면서 그 손해배상을 특히 토설책임(disgorgement)이라고도 한다.

---

233) 주로 근로의 유인제공 목적으로 권리성이 인정된 경우에 '이득 > 손해'인 상황하에서도 위법성을 인정하고 있다. 지식재산권법 분야에서 많이 발견되고 있다.

주의할 것은 때로는 배타지배적 성격이 없어 권리로까지 인정되지 못한 이익(interest)도 침해되어 손해가 발생하면 손해배상청구권이 인정되고, 제3자 채권침해의 법리에 따라 채권 중 일부에 관해서도 그 침해에 대해 불법행위로 인한 손해배상청구권을 인정[234]하고 있는 법리도 이런 점에서 이해될 수 있다. 그런 점에서는 불법행위에 의한 손해배상청구권이 꼭 권리 침해에 한정된 구제수단만이 아니라 (법률상 보호하는) 이익 침해에 관한 구제수단도 되므로 물권적 청구권보다 좀 더 보편적 성격을 띤다. 손해배상청구권도 법적보호의 일종인데 이익 침해에 대해서 손해배상청구권이란 법적 보호를 부여하고 있어도 아직 권리라고까지는 인정하지 않는 것이 모순적으로 보인다. 어쨌든 손해의 가장 중요한 원형은 침해되는 권리이므로 권리 침해에 대한 구제수단으로서의 기능이 매우 강하다. 구태여 그 외연을 확장하여 표현해 보면 불법행위로 인한 손해배상청구권은 권익(entitlement) 침해에 대한 구제수단이라고 정의할 수 있다.

손해배상을 청구할 때는 위와 같은 불법행위의 성립요건 이외에도 ⑤ 손해의 범위에 관해서도 주장·증명해야 한다.

나. 항변 등

손해배상청구권은 위 4가지 요건사실이 모두 갖추어진 때 이행기가 도래한다. 주로 불법행위시와 결과(손해)발생시가 일치하지만 달라지는 경우(후유증 등 결과발생이 늦어진 경우 포함)에는 최후의 시기(손해발생시)가 이행기가 되고, 또 도과한 것으로 취급하여 그 날부터의 지연손해금을 청구할 수 있게 된다. 이러한 손해배상청구권에 관해서 단기 소멸시효가 규정되어 있다. 안 때로부터 3년, 발생한 때로부터 10년이 지나면 시효로 소멸한다.(민법 제766조) 나아가 과실상계, 손익상계, 책임제한 등의 다양한 항변이 손해배상청구권을 제한하는 법리로 발달되어 있다.

3. 餘論: 이익 침해에 대한 손해배상청구

참고로 이익 침해에 관해 간략하게 소개하기로 한다. 변호사시험 기록형 준비를 위해서는 그리 중요하지 않지만 민사법 전체의 이해를 위해서 필요한 것이니 설명의 취지를 잘 이해하려 노력해 주기 바란다. 권리란 "법률상 보호되는 이익"이라고 했다. 즉 권리는 이익 중 특히 법적 보호를 받는 이익이라는 것이다. 따라서 이익에 대해 앞서 설명한 물권적청구권, 손해배상청구권, 부당이득반환청구권 등 법적보호 전부를 제공해 주거나 그 중 일부만 제공해 주어도 권리라 할 수 있을 것 같다. 이런 논의의 중요성은 전통적 권리이외에도 사회가 발전하고 복잡하게 되면서 새로운 이익이 생기고 그에 관해 어느 정도 법적보호를 해 줄 필요가 있게 될 때 그 이익을 권리라고 지칭해야 되

---

234) 송덕수,『신민법강의(제16판)』, 박영사, 2023, 744면 참조 (채무자이외의 제3자가 한 채권 침해에 대해 손해배상청구권을 인정한 대법원 판례를 몇 건 들고 있다. 필자는 법률상 보호하는 이익을 침해했다는 점에서 해당 판결을 이해하면 되지 굳이 채권 침해로 이해할 필요가 있는가라는 점에서 의문을 갖고 있다. 어쨌든 이런 경우를 제외하고는 권리 침해라는 청구권 발생원인에서 권리 중 채권은 포함되지 않는다고 이해하는 것이 바람직하다. 즉 채권은 채무자에 의한 이행·불이행의 문제만 있을 뿐 제3자에 의한 침해는 원칙적으로 문제되지 않는다. 그래야 무분별하게 제3자에 대하여 채권 침해가 있었다며 마치 청구권을 갖는 것처럼 생각하는 잘못을 피할 수 있다.)

는가를 두고 가중된다. 위 3가지 구제수단을 전부 인정하는 방식으로 법적보호를 하게 되면 해당 이익을 권리로 부르는데 아무런 이론이 없지만 물권적청구권은 인정되지 않으나 손해배상청구권만 인정되는 경우에도 이를 권리로 불러야 하는가에 상당한 이론(異論)이 있다. 특히 과도기적 이익에 대해 물권적 청구권은 인정되지 않지만 손해배상청구권은 인정해 준 경우가 많다. 손해배상청구권도 법적보호인 바에야 이를 권리라고 불러야 할 것이나 실무에서 이를 '이익' 또는 '법률상 보호하는 이익'이라고만 하는 경우가 종종 있다. 그래서 손해배상청구권의 대상은 권리는 물론 이익의 침해가 될 수 있다. 요컨대 권리라고까지 불리지 못한 특정 이익의 침해에 대해 손해배상청구권을 인정해 주는 경우가 있다.[235]

이익	침해	구제수단	소송유형	청구원인	항변
이익	고의·과실있는 위법한 손해	불법행위 인한 손해배상청구	손해배상청구	①손해배상청구권의 발생 ⓐ고의·과실 ⓑ위법성 ⓒ손해 ⓓ인과관계 ②손해배상의 범위	①소멸시효완성 (안 날 3년, 발생일 10년) ②ⓐ 과실상계 ⓑ 손익상계 ⓒ 책임제한
	침해하여 이득	침해 부당이득 반환청구	부당이득반환청구	①부당이득반환청구권 발생 ⓐ이득 ⓑ손실 ⓒ인과관계 ②부당이득액 ⓐ선의의 수익자 ⓑ악의의 수익자	①법률상 원인 있음

---

235) 과거 마이크로소프트사가 인터넷메신저를 윈도우 XP에 끼워팔기를 하여 공정거래법위반으로 시정조치 및 과징금 부과처분을 받았다. 그 무렵 다음메신저를 개발하여 서비스하고 있던 (주)다음은 마이크로소프트사를 상대로 끼워팔기를 중지하라는 금지청구(물권적청구)를 제기한 적이 있었다. 제1심에서는 그 청구를 기각하였다. 이어 (주)다음은 마이크로소프트사를 상대로 손해배상청구를 하였더니 그 청구권은 인정하여 재판을 진행하게 되었다. 마이크로소프트사는 적극 나서 결국 재판도중 화해하여 사건이 종료된 적이 있다. 이처럼 이익 중 물권적청구권으로는 보호할 수 없지만 손해배상청구로는 보호해 주는 것이 있다. 학자들은 권리와 이익을 합쳐 권익(entitlement)이라고 한다.

제4강 물권 침해를 원인으로 한 (침해) 부당이득금반환청구[236]

Ⅰ. 부당이득반환청구(침해부당이득반환 및 급부부당이득반환) 개관

1. 부당이득제도의 목적 및 기능

부당이득반환제도는 공평이란 입장에서 인정된 제도이다. 그래서 각종 구제수단 중 기저 구제수단으로서의 역할을 수행하고 있다.[237] 따라서 물권적 청구권이나 불법행위에 의한 손해배상청구권이 인정되지 않더라도 (침해) 부당이득반환청구는 인정되는지 추가적으로 검토해 볼 필요가 있다. 민법 제741조에서 통합적으로 규정되어 있기 때문에 권익 침해는 물론 약정에 수반한 급부 부당이득반환청구도 같은 규정에 근거하여 청구할 수 있어 해석상 많은 문제를 노정하기도 한다.[238]

2. 부당이득반환청구의 유형

최근에는 그 유형별로 접근하여 그 본질을 파악하는 견해[239]가 우세해지고 있다.(대법원 2008. 9. 11. 선고 2006다46278 판결) 다음에서는 유형별 접근법에 따른 분류를 살펴보고 구체적인 항목에서 그 차이에 따른 설명을 해 보기로 한다.

가. 침해부당이득

타인의 권익을 권한 없이 사용·수익·처분함으로써 타인의 권익을 침해하여 발생한 경우를 지칭한다. 비록 고의·과실 또는 위법성이 인정되지 않아 불법행위에 의한 손해배상청구권이 인정되지 않는다고 하더라도 공평의 관점에서 침해자가 얻은 이득을 반환해야 할 때가 있다.[240] 그래서

---

236) 이곳에서 권리침해의 구제수단으로서의 침해 부당이득반환청구는 물론 약정과 관련된 급부 부당이득반환청구도 한꺼번에 설명한다.

237) 법학전문대학원 협의회 제공 모의기록 1 참조 (해당 기록에서는 모 공사(公社)의 경리과장이 공금을 횡령하여 자신의 주식투자 실패로 진 채무의 변제를 하였다. 물론 그 공사는 경리과장을 상대로 횡령으로 인한 손해배상청구를 할 수 있지만 승소 확정판결을 받아도 자력이 없어 횡령금의 회수가 불가능하였다. 그래서 그 공사는 변제받은 채권자를 상대로 변제받은 금원의 회수를 도모하게 되었다. 금전은 소지가 소유이기 때문에 공사가 금전의 소지를 잃는 순간 금전의 소유권을 상실하여 소유물반환청구를 할 수 없다. 나아가 채권자들에게는 고의·과실이 없기 때문에 불법행위로 인한 손해배상청구를 할 수 없다. 그렇지만 채권자들에게 악의 또는 중대한 과실이 있다면 침해 부당이득반환청구는 할 수 있다. 고의·과실에 비하여 악의·중대한 과실은 더 가벼운 정신적 자원으로 구성되어 있기 때문에 그 주장·증명책임이 더 가볍다. 그래서 더 쉽게 청구할 수 있다. 이런 의미에서 침해 부당이득반환청구는 권익 침해에 대한 기저 구제수단이라 할 수 있다.

238) 특히 임차인이 임차목적물을 임대차계약기간이 종료된 이후에도 무단점유하고 있는 경우 임료상당 부당이득반환청구를 둘러싸고 많은 해석상의 문제점을 노정하고 있다. 대법원 판례는 소유자가 아닌 임대인도 임대차계약 종료 후 무단점유하고 있는 임차인에게 임료상당 부당이득반환청구를 할 수 있다는 점에서 '급부' 부당이득반환청구권인 듯 판단하다가도 임대차기간 종료 후 시건(施鍵)만 하고 사용하지 않은 채 무단점유하는 임차인에 대하여는 '실질적 이득'이 없다며 부당이득반환청구를 기각하고 있다. 이러한 태도는 '침해' 부당이득반환청구권'으로 보았다가 다시 '급부' 부당이득반환청구권'으로 보는 식으로 관점이 일관되어 있지 않다는 비난을 피하기 어렵다. 보다 더 구체적으로는 해당 부분에서 설명하기로 한다.

239) 양창수, 민법주해 ⅩⅦ, pp. 171-172.

권리 침해에 대한 구제수단으로 (침해) 부당이득반환청구권은 가장 기저 구제수단이 된다. 다른 모든 구제수단이 법리상, 성격상, 사회·경제적 이유 등으로 불가능하게 된 경우라도 공평의 관점에서 법률상 원인 없이 얻은 이득은 피해자의 손해범위내에서 되돌려 주도록 침해 부당이득반환청구권을 인정하고 있다. 주로 불법행위법의 보충규범으로 역할을 한다. 이때도 법정된 요건사실은 ① 이득 ② 손해 ③ 인과관계 ④ 법률상 원인 없음이어야 할 것처럼 보인다. 침해부당이득의 경우는 원고가 권익에 발생한 '손해'를 주장·증명할 때 자신이 '권익보유자'임을 주장하게 된다. 그 결과 권익보유자에게 손해를 입혔다는 사실을 주장·증명한 셈이 되어 부당이득반환청구권자의 상대방이 "법률상 원인 있음"에 관한 주장·증명책임을 진다.

나. 급부부당이득

상대방의 급부행위로 인하여 당사자 일방의 이익이 발생하는 경우를 지칭한다. 주로 약정과 관련하여 이익이 이전된 후 원인무효사유들이 발생한 경우 공평이란 입장에서 재조정하는 역할을 하게 된다. 그래서 계약법의 보충규범으로 역할을 한다고 설명하기도 한다. 급부부당이득의 경우 부당이득반환의 요건 중 "법률상 원인 없음"에 관한 주장·증명책임은 원칙적으로 부당이득반환 청구권자에게 있다. 그래서 급부의 원인이 부존재·무효·취소·해제/해지·무권대리(대리권남용)·대표권제한 위반 등으로 무효가 되었다는 식으로 주장·증명하게 된다. 또 민법 제742조(비채변제), 제743조(기한전의 변제), 제744조(도의관념에 적합한 비채변제), 제745조(타인의 채무의 변제), 제746조(불법원인급여) 등 부당이득반환청구의 제한에 관한 민법 규정들은 모두 급부부당이득에 관한 항변적 성격을 갖는다.

다. 비용부당이득(구상부당이득)

손실자가 급부 이외의 목적으로 출연행위를 한 후에는 이득자로부터 그 손실과 이득의 인과관계를 증명하여 부당이득으로 반환을 받을 수 있다.

라. 기타부당이득

기타 무효인 행정처분에 의해 일어난 이득 이전의 반환을 구하는 청구 등을 예로 들 수 있다.

---

240) 구체적 사례로는 법학전문대학원협의회 모의기록(1) 참조.

Ⅱ. 요건사실

1. 종류별 요건사실의 차이

가. 침해부당이득반환청구

침해 부당이득 반환청구	청구원인	(법률상 원인 없음은 상대방이 "법률상 원인 있음"으로 항변사유가 됨) ① 부당이득반환청구권의 발생 　ⓐ 피고의 이익 　ⓑ 원고의 손해 (물권 or 권리와 이익에 발생한 손해) 　ⓒ 인과관계의 존재 ② 부당이득액 　**Ⓐ점유자-회복자 사이 (민법 제201조)** 　**ⓐ악의 : 받은 이득, (법정)이자, 손해** 　**ⓑ선의 : 일체의 반환의무 없음** 　Ⓑ그 외 일반적인 경우 (민법 제748조) 　ⓐ악의: 받은 이익, (법정)이자, 손해 　ⓑ선의: 현존하는 이익 [※ⓒ선의가 악의로 되는 사유 [민법 제749조] 　ⓐ증거에 의한 증명의 문제 　ⓑ불가능이면, 승소한 때는 소를 제기한 때(판례는 '소장부본 송달일')]
	항변	"법률상 원인 **있음**"

나. 급부부당이득반환청구, 비용부당이득반환청구, 기타부당이득반환청구

급부 부당이득 반환청구	청구원인	① 부당이득반환청구권의 발생 　ⓐ 피고의 이익 　ⓑ 원고의 손해 (물권 or 권리와 이익에 발생한 손해) 　ⓒ 인과관계의 존재 　ⓓ 법률상 원인 흠결 ② 부당이득액 (민법 제748조) 　ⓐ악의: 받은 이익, (법정)이자, 손해 　ⓑ선의: 현존하는 이익 [※선의가 악의로 되는 사유 [민법 제749조] 　ⓐ증거에 의한 증명의 문제 　ⓑ불가능이면, 승소한 때는 소를 제기한 때(판례는 '소장부본 송달일')]
	항변	① 비채변제 (민법 제742조) ② 기한전 변제 (민법 제743조) ③ 도의관념에 적합한 비채변제 (민법 제744조) ④ 타인의 채무의 변제 (민법 제745조) ⑤ **불법원인급여 (민법 제746조)** 　ⓐ **피해자(물권자)의 불법 &** 　ⓑ **if 부당이득자의 불법이 있다고 하더라도,** 　　**부당이득자의 불법 ≦ 피해자(물권자)의 불법**

2. 부당이득반환청구권의 발생에 관한 요건사실

가. 피고의 이득

피고의 이득은 '실질적인 이득'을 가리킨다.

1) 침해부당이득

타인의 권익에 기초하여 이득을 얻었으나 이를 정당화할 이유가 없어(이것도 침해의 일종임) 공평의 견지에서 반환하여야 할 경우에 발생한 부당이득을 침해부당이득이라 한다. ①타인의 권리 귀속 자체를 침해하는 경우도 있고, ②타인의 권리를 점유사용하여 침해하는 경우도 있다. 특히 침해부당이득의 경우에 피고가 취득한 이득은 '실질적 이득'이어야 한다. 예를 들면 임차인이 임대차 종료 후 반대급부인 임대차보증금을 반환해 주지 아니하여 동시이행항변을 하는 일환으로 건물을 점유하고 있다 하더라도 그 동안 본래의 용도대로 임차목적물을 사용하고 있다면 그 얻은 이득은 침해부당이득으로 반환하여야 한다. 위와 같은 사정하에서 임차인이 시건만 해 둔 채 임차목적물을 사용하지 않고 있었다면 '실질적인 이득'을 얻은 바 없기 때문에 비록 임대인에게 손해가 발생하였 더라도 임차인이 부당이득반환할 필요가 없다.(대법원 1998. 5. 29. 선고 98다6497 판결)[241] 또 타인 의 토지위에 권한 없이 건물을 소유하고 있는 경우에는 그 자체로써 특별한 사정이 없는 한 법률상 원인 없이 타인의 재산으로 인하여 토지의 차임 상당액의 이익을 얻고 이로 인하여 타인에게 동액 상당의 손해를 입히고 있다.(대법원 1998. 5. 8. 선고 98다2389 판결) 그러므로 원고는 자신이 대지를 소유하고 있는 사실, 피고가 그 지상에 건물을 소유 사실 외에 별도로 토지의 사용, 수익사실을 증 명할 필요가 없다. 그 지상건물의 소유사실만으로 대지의 사용·수익사실이 증명된 것이다.

---

241) 독자들은 대한민국 대법원이 임대차 계약 종료 후 점유하는 임차인에 대해 침해 부당이득반환의 법리를 적용하여 임료 상당 부당이득반환 법리를 구성하고 있다는 사실을 알아야 한다. 그 결과 무단점유하는 임차인이 시건한 다 음 사용·수익하지 않으면 무조건 '실질적 이익'이 없어 부당이득을 반환할 의무가 없다고 판시하고 있다. 심지어 임차보증금이 미지급 임료 합계액의 공제에 충당되어 그 잔액이 없어진 상태(임차보증금 0원)에서도 모든 물건을 적치해 둔 채 시건만 하여 본래의 용도대로 사용·수익하지 않으면 '실질적 이득'이 없다며 부당이득반환 청구를 기각하고 있다. 이런 견해에 바탕두어 변호사 시험 민사기록형 문제 등이 출제된 바도 있다. 이런 이유에서 관련 법리를 침해 부당이득반환 청구부분에서 정리해 두고 있다.
다만 필자는 다른 견해를 취하고 있다. 즉 임대차 종료 후 무단점유하는 임차인에 대해서는 급부 부당이득반환의 법리가 적용되어야 한다고 생각한다. 임대차계약을 체결하고 임차목적물을 인도해 준 임대인은 임대차계약기간까 지만 임료를 받겠다는 의도가 아니라 임차목적물을 반환받기전까지 임료 등의 지급을 받겠다는 의사로 임대차계 약을 체결하는 것이다. 임차인의 의사도 이와 대동소이할 것이다. 이런 상태에서 임대차계약기간에는 실질적 이득 여부를 따지지 않고 임료지급을 명하고 있다가 임대차계약기간이 종료되기만 하면 바로 '실질적 이득'여부를 따져 그 부당이득의 성립여부를 판단하는 것은 문제가 있다. 특히 독일에서는 민법을 개정하여 임차목적물반환전까지 는 비록 임대차계약기간이 종료되었다 하더라도 임료지급의무가 있다는 표준적 약정(default rule)을 도입하였다. 위와 같은 개정은 당초 임대인, 임차인의 의도와 일치하는 잘 된 법개정이다. 임료지급의무를 면하는 '실질적 이 득'을 취하고 있는 임차인으로서는 비록 시건한 채 본래의 용도로 사용·수익하지 않더라도 실질적 이득은 있는 것이다. 이와 같은 해석은 임대차 계약 종료 후의 임차인의 지위를 급부 부당이득반환의 법리로 보는 관점만 취하 면 당연해진다.

2) 급부부당이득

약정의 과정에서 한 급부로 말미암아 이득을 얻었는데 약정이 부존재, 무효, 취소, 해제/해지, 무권대리(대리권 남용), 대표권 제한 위반 등으로 효력을 잃은 경우 얻은 이득의 반환을 구하는 것이 급부부당이득이다. 예를 들면 송금의뢰인이 착오로 엉뚱한 사람(수취인)의 예금계좌로 송금한 경우에 수취인만이 부당이득을 하였을 뿐 수취은행은 이득을 취한 바가 없다.(대법원 2007. 11. 29. 선고 2007다51239 판결 등 다수)

나. 원고의 손해
1) 침해부당이득

점유사용침해로 인한 원고의 손해라 함은 원고가 목적물에 관하여 가지는 사용수익권을 침해당한 것을 의미한다. 이에는 과실수취권이 있는 권리도 포함된다. 즉 소유권자뿐만 아니라 지상권, 전세권, 사용차권, 임차권 등을 가진 자도 사용수익권을 침해당했다며 부당이득반환을 청구할 수 있다. 다음은 소유권 없는 임대인이 임대차 종료한 후 부당이득을 청구한 경우에 발생한 손해에 관한 판례이다.

①임대인이 소유권을 보유하고 있지 않더라도 임대차계약이 유효하게 성립된 후 임대인은 임차인을 상대로 임대차계약 종료 후에 차임 상당의 부당이득의 반환을 구할 수 있다.(대법원 1996. 9. 6. 선고 94다54641 판결, 대법원 2001. 6. 29. 선고 2000다68290 판결)[242]

②그런데, 임차인이 진실한 소유자로부터 목적물의 반환청구나 차임 내지 그 해당액의 지급요구를 받고 있는 경우에는 임대인의 사용·수익케 할 의무는 이행불능에 빠지게 되므로 차임지급청구를 거절할 수 있다.(대법원 1996. 9. 6. 선고 94다546441 판결)

불법점유가 없었더라도 소유자에게 차임 상당 이익이나 기타 소득이 발생할 여지가 없는 특별한 사정이 있는 때에는 원고의 손해가 인정되지 않는다.(구체적인 사례로는 대법원 2002. 12. 6. 선고

---

242) 임대인은 임대차기간 중에는 임차인으로부터 차임지급을 청구할 수 있지만, 임대차계약이 종료된 이후에는 임료상당 부당이득반환을 청구할 수 있을 뿐이다. 침해부당이득반환청구는 물권 침해에 대한 구제수단이므로 임대차계약이 종료된 마당에 임대인이 임료상당 부당이득반환을 구하기 위해서는 소유권자 또는 사용수익권이 있는 물권자여야 한다. 그런데 위 대법원 판례의 사안에서는 국가 소유의 부동산을 그 사용수익권 취득없이 임대하였을 뿐이다. 따라서 그 임대인은 소유자도 사용수익권자도 아니므로 원칙적으로 침해부당이득반환청구를 할 수 없을 듯하다. 그런데도 소유권 없는 임대인이 임차인을 상대로 임대차계약 종료 후에도 임료상당 부당이득반환을 구할 수 있다는 위 판례의 태도는 이와 같은 부당이득반환청구를 급부 부당이득으로 파악하는 태도에서 유래한 것이다. 일찍이 독일에서는 민법을 개정하여 임대차계약의 표준적 약정의 형태로 임차목적물을 반환하기 전까지 임료를 지급할 의무를 부담하는 것으로 규정하였다. 대한민국에서도 동일한 민법개정을 주장하는 견해들이 있다.{제철웅, "소유물반환청구권자 및 그밖의 반환청구권자에 대한 권원 없는 점유자의 책임", 민사판례연구ⅩⅪ, 박영사(1999), 308쪽 참조} 이와 같은 민법의 개정이나 그 견해는 임대차계약 종료 후의 임차인이 부담하는 임료상당 부당이득반환의무를 급부 부당이득반환적 성격을 갖는다는 필자의 견해와 일맥상통한다 할 수 있다. 다시 한번 말하지만 필자의 견해가 이렇다고 해도 본서의 독자들은 반드시 대법원 판례의 위와 같은 태도를 잘 이해하고 각종 시험의 답안을 작성할 때는 불이익을 피하기 위해 따질 필요없이 무조건 '본래의 용도에 따라 사용하지 않으면 실질적 이득이 없어 부당이득반환을 명할 수 없다'고 기억해 두기 바란다. 향후 판례의 태도변화를 기다려 보자.

2000다57375 판결을 들 수 있다. 해당 판결의 사안에서 원고가 농업용 수로로만 사용하던 구거의 소유자인데, 피고가 구거 중 일부를 복개하여 도로, 주차장 등으로 주민들의 편의를 위하여 제공하였으나 원고는 여전히 구거로 사용할 수 있었던 사안이었다.)

2) 급부부당이득

상대방에게 법률상 원인 없이 급부를 하였다는 사실 자체만으로도 손해요건이 쉽게 충족된다.

다. 인과관계

판례는 인과관계를 상당히 쉽게 인정하고 있다. 특히 점유로 인한 부당이득반환청구에 있어서 손해 및 이득사실이 인정되면 인과관계는 사실상 추정된다고 한다. 다만 다수 당사자 간의 부당이득에서는 인과관계에 관한 복잡한 문제가 따른다.

라. 법률상 원인의 흠결

1) 학설

가) 원고설

민법 제741조는 권리근거규정이므로 그 성립요건사실을 모두 주장하는 원고가 주장·증명하여야 한다는 견해이다. 이 설을 취하는 경우에도 나머지 요건사실만 증명되면 법률상의 원인흠결은 사실상 추정된다고 한다.

나) 구분설

귀속법적 부당이득반환청구(침해부당이득)의 경우는 수익자인 피고가 법률상 원인 있음을 항변으로 주장·증명하여야 하고, 교정법적 부당이득반환청구(급부부당이득)와 양성적 부당이득반환청구는 손실자인 원고가 법률상 원인 없음을 주장·증명하여야 한다는 견해로 구분하는 견해이다.

2) 판례

대체로 구분설적 태도를 취하고 있는 것으로 파악된다. 따라서 점유사용으로 인한 부당이득반환청구에 있어서는 수익자인 피고가 법률상 원인 있음을 항변으로 주장·증명하여야 한다는 입장을 취하고 있다.(대법원 1970. 11. 30. 선고 70다2171 판결)

3. 부당이득의 반환범위

가. 일반론

Ⓐ선의의 수익자는 ①현존한 이익의 한도내에서 반환할 의무가 있고(민법 제748조 제1항), Ⓑ악의의 수익자는 그 받은 이익에 (법정)이자를 붙여 반환하고 손해가 있으면 이를 배상할 의무가 있다.(같은 조 제2항) 이익의 ①ⓐ현존사실의 증명책임은 반환청구자에게 있다.(대법원 1970. 2. 10. 선고 69다2171 판결) 그러나 ①ⓑⓐ금전 또는 ⓑ이와 유사한 대체물, ⓒ계속적으로 반복하여 거래되는 물품으로 곧바로 판매되어 환가될 수 있는 금전과 유사한 대체물을 부당이득한 것이라면 현존

사실은 추정되고, 수익자가 현존이익의 부존재사실을 증명할 책임이 있다.(대법원 2005. 4. 15. 선고 2003다60297 판결, 대법원 2009. 5. 28. 선고 2007다20440, 20457 판결 등 다수) 따라서, 원고는 수익자가 받은 금전, 대체물, 계속·반복하여 거래되는 물품 등의 이익 반환만을 구할 경우에는 피고의 선의 및 그 이익의 현존사실이나 피고의 악의사실을 주장·증명할 필요가 없다. 다만 이 경우에는 소장부본 송달 다음날부터의 지연손해금의 지급만 추가할 수 있을 뿐이다. 더 나아가 부당이득에 대한 이자 등의 지급을 구하기 위해서는 피고의 악의사실까지 주장·증명하여야 하나 선의의 수익자가 패소한 경우 그 소를 제기한 때로부터 악의의 수익자로 간주되므로(민법 제749조 제2항) 이자의 반환을 소제기 이후부터 구할 경우에는 따로 악의사실을 따로 증명할 필요가 없다. 이때 판례는 소제기를 '소장부본송달일'로 해석하여 적용하고 있으니 주의를 요한다.

위와 같은 설명은 대단히 복잡하여 쉽게 이해되지 않는다. 그래서 좀 더 쉽게 설명하면 금전, 유사한 대체물, 계속·반복하여 거래되는 물품 등에 관한 부당이득과 그 외의 부당이득으로 구분하고, 전자의 경우 부당이득한 바로 그 원본만의 반환과 소장부본 송달일(소장부본 송달 다음날이 아니라 소장부본 송달일인 이유는 바로 뒤에 설명한다.)부터의 지연손해금만을 청구할 때는 선의, 악의의 구분 없이 바로 원본 전액의 반환청구를 할 수 있고, 다만 상대방측에서 선의사실과 현존이익을 주장·증명에 성공하면 일부 기각될 수 있을 뿐이다. 하지만 이 경우에도 원본외 그 사용료나 (법정)이자도 병합하여 청구하려면 악의사실을 주장·증명하여야 한다. 이때 '악의'사실의 증명이 불가능하면 소제기시(판례에 의해 '소장부본송달일로 축소됨)부터의 이자를 병합하여 청구할 수 있을 뿐이다. 그 외의 부당이득의 경우 부당이득의 반환을 청구하는 자는 상대방의 악의를 주장·증명할 수 없으면 앞서 든 이득, 손해, 인과관계, 법률상 원인 없음이란 요건사실이외에도 현존이익까지 주장·증명하여야 하여 청구하여야 하므로 매우 불리한 위치에 처하게 된다.

나. 침해부당이득

1) 타인의 권리귀속 침해에 기한 부당이득

권리귀속의 침해는 소유권 등 물권뿐만 아니라 채권 침해에도 인정된다. 채권의 준점유자에 대한 변제(민법 제470조), 영수증소지자에 대한 변제(제471조), 채권양도 없는 양도통지로 인한 채무자의 변제(제452조 제1항) 등은 무권리자에 대한 변제가 유효하게 되어 본래의 채권자가 그 권리를 상실하게 된 것이므로 본래의 채권자는 무권리자에게 그가 변제로 수령한 급부를 부당이득으로 반환할 것을 청구하여야 한다.(대법원 1999. 4. 27. 선고 98다61593 판결)

2) 점유사용으로 인한 부당이득액

점유사용으로 인한 부당이득액은 원칙적으로 차임 상당액이다. 그러므로 당사자 사이에 약정차임이 있는 경우에는 그 사실을 주장·증명하여 약정차임 상당액의 반환을 구할 수 있고, 약정차임이 없는 경우에는 감정에 의하여 인정되는 차임 상당액의 반환을 구할 수 있다. 토지공유자 중 일부가 그 토지 전부를 배타적으로 점유 사용하고 있는 경우에는 전혀 사용 수익하지 않고 있는 다른 공유자들에 대하여 그 지분에 상응하는 부당이득을 반환할 의무가 있다.(대법원 2002. 10. 11. 선고 2000 다17803 판결) 배타적으로 점유 사용하고 있는 공유자가 과반수 지분권자인 경우에도 마찬가지다. 그러나 과반수 지분권자로부터 특정 부분의 사용·수익을 허락받은 제3자의 점유는 과반수 지분권자 의 공유물관리권에 터잡은 적법한 점유이므로 이 경우 부당이득이 성립하지 않는다.(대법원 2002. 5. 14. 선고 2002다9738 판결) 점유사용으로 인한 부당이득반환의무의 종기는 목적물의 인도완료일 까지이다. 다만 피고가 인도하는 날 이전에 그 사용·수익을 종료할 특별한 사정이 있는 경우에는 목적물의 사용·수익 종료일을 종기로 삼아야 한다.[243]

다. 급부부당이득

판례는 물권변동에 관하여 유인주의(有因主義)를 취하고 있기 때문에 계약이 무효 또는 취소된 경우에는 물권변동도 그 효력을 상실하여 급부자가 그 물권을 다시 보유하게 된다. 그러므로 급부 자는 원칙적으로 물권적 청구권을 갖게 된다.(직접효과설) 다만 금전·대체물과 같이 바로 물권이 회복되지 않는 예외적인 경우에는 (급부)부당이득반환청구권을 행사할 수 있다. 이때 부당이득반환 청구권을 행사하더라도 그 반환범위에 관하여는 민법 제748조 제1항에 우선하여 제201조 제1항이 적용된다.(대법원 1978. 5. 23. 판결 77다2169 판결)

라. 공법상 급부에 관한 부당이득

부당이득 법리는 공법분야에도 적용된다. 하자가 중대하고 명백한 경우에는 행정처분은 당연무 효로 부당이득으로 반환하여야 한다. 만약 당연무효가 아니라면 해당 행정처분을 취소하지 않으면 공정력에 의하여 부당이득으로 될 수 없다.

4. 침해부당이득반환에 관한 항변사유

가. 법률상 원인의 존재

1) 점유사용으로 인한 부당이득반환

침해부당이득반환청구에 있어 수익자의 이득에 대하여 법률상 원인이 있음은 유효한 항변사유 이다. 그래서 피고가 정상적으로 법정지상권을 취득하였을 경우에는 지료지급의무는 발생할지언정 지료상당의 부당이득액반환의무를 부담하지는 않는다. 다만, 피고가 법정지상권자로부터 당해 건물

---

243) 2020. 5. 21. 선고된 전원합의체 판결(대법원 2020. 5. 21. 선고 2018다287522 전원합의체 판결)로 인하여 종전의 법리에 변화가 있었다. 종래 공유자는 공유물의 관리는 지분 과반수로 정한다는 원칙으로 말미암아 과반 지분을 갖지 못한 공유자 중 1인이 그 지상에 건물을 소유하여 그 공유대지를 독점적으로 점유하고 있는 경우에는 다른 공유자는 공유물의 보존행위로 그 공유자 1인에게 그 지상건물의 철거와 그 대지 인도 및 원고인 공유자의 지분 에 따른 점유기간 동안의 부당이득의 반환을 구할 수 있었다. 그런데 위 전원합의체 판결로 말미암아 공유물의 독점사용은 허용되지 않았으나(그래서 여전히 보존행위로 건물철거와 지분에 상응하는 부당이득의 반환은 구할 수 있다.), 대지 인도는 점유하는 공유자도 자신의 지분범위내에서는 점유하여 사용할 수 있기 때문에 허용되지 않게 되었다. 따라서 대지 인도를 구할 수 없는 마당에 "위 대지의 인도완료일까지"라는 표현은 오답이 되고, "위 대지의 사용·수익종료일까지"로 수정하여야 된다.

을 매수하여 그로부터 법정지상권을 취득할 지위에 있는 자에 불과한 경우에는 지료 상당의 부당이득반환의무를 면할 수 없다. 따라서 이러한 사실은 유효한 항변사유가 아니다.

2) 일반적인 부당이득반환청구(선의의 점유자의 경우에 반환범위)

점유자는 회복자에 대하여 민법 제748조에 의한 반환의무를 지는 것이 아니라 민법 제201조내지 203조에 따라 반환의무를 부담하게 된다. 그래서 점유자는 민법 제197조 제1항에 의하여 점유의 선의성이 추정되고, 선의의 점유자는 민법 제201조 제1항에 의하여 과실수취권이 있다. 과실수취권이 있으면 이익의 현존여부를 불문하고 점유사용으로 인한 이득을 반환할 필요가 없다.(대법원 1987. 9. 22. 선고 86다카1996, 1997 판결) 원래 민법 제749조 제1항에서 선의의 수익자라고 했을 때 '선의'는 첫째 과실수취권을 포함하는 권원이 있다고 오신하였고, 둘째 오신할 만한 정당한 근거가 있는 경우를 말한다.(대법원 1995. 8. 25. 선고 94다27069 판결) 따라서 피고가 민법 제201조 제1항에 의하여 과실수취권에 기하여 부당이득반환청구에 유효한 항변을 하기 위해서는 선의는 민법 제197조 제1항에 추정된다고 하더라도 여전히 둘째 요건인 오신에 정당한 근거의 존재사실은 피고가 증명책임을 부담한다.(대법원 1979. 11. 27. 선고 79다547 판결) 이때 원고는 피고가 점유개시 이후 어느 시점에서 악의로 전환되었다는 사실을 재항변 사유로 주장·증명할 수 있다. 특히, 선의의 점유자라도 본권에 관한 소에서 패소한 때에는 그 소를 제기한 때(판례는 소장부본송달일로 해석하여 적용함)로부터 악의의 점유자로 간주되므로, 청구원인단계에서 원고의 부당이득주장이 일응 이유 있는 경우에는 소 제기(소장부본 송달일)이후부터의 부당이득부분에 관하여는 항변을 배척하여야 한다.

나. 사용수익권의 포기

토지소유자가 그 사용·수익권을 포기한 사실 또는 도로사용을 승낙한 사실을 항변으로 주장·증명하면 부당이득은 인정되지 아니한다. 특히 도로개설에 관하여 많이 제기되는 항변사유이다. 명시적 뿐만 아니라 묵시적 사용·수익권의 포기 주장을 할 수 있다.

제5강 물권 확인의 소

1. 확인의 소 가능성의 모색

권리자(물권자)는 침해사실도 없는데도 분쟁이 지속되고 있다면 혹시 법률관계의 불안을 해소할 필요성이 있는지를 검토하여 확인의 소 제기여부를 판정해 보아야 한다. 확인의 소를 제기할 때는 반드시 확인의 이익을 주장·증명해야 한다. 확인의 이익이 있다고 판단되면 확인의 소를 제기할 수 있다. 이행청구를 할 수 있는데도 확인의 소를 제기하면 '확인의 이익'이 인정되지 않는 경우가 많다. 이처럼 확인의 소는 보충적 소송유형이다.

2. 물권존재확인의 소[244] 및 물권부존재확인의 소

물권존재 확인의 소와 물권부존재 확인의 소의 요건사실과 항변은 다음과 같다.

물권(소유권)존재 확인의 소	청구원인	① 원고는 물권자(소유권자) ② 확인의 이익
	항변	[본안전 항변] ①확인의 이익 없음 ②대상적격이 없음 　(사실관계 확인, 또는 과거 및 장래 법률관계 확인) [본안 항변(특정승계취득의 경우)] Ⓐⓐ부존재·무효·취소·해제/해지·무권대리(대리권남용)·대표권제한 위반 　ⓑ변제·대물변제·공탁///경개·상계·면제·혼동·소멸시효완성
물권(소유권)부존재 확인의 소	청구원인	① 피고는 물권자(소유권자)가 아님 　※주로　Ⓐⓐ부존재·무효·취소·해제/해지·무권대리(대리권남용)· 　　대표권제한위반 　　　ⓑ변제·대물변제·공탁///경개·상계·면제·혼동·소멸시효 　　　완성 ② 확인의 이익
	항변	[본안전 항변] ①확인의 이익 없음 ②대상적격이 없음 　(사실관계 확인, 또는 과거 및 장래 법률관계 확인) [본안 항변] 다양함

　특히 확인소송을 적법하게 제기하기 위해서는 ① 대상적격이 있어야 하고, ② 확인의 이익이 있어야 한다. 대상적격은 ⓐ현재의 ⓑ법률관계에 관한 분쟁이어야 대상적격이 인정된다. 과거 또는 장래의 법률관계에 대해서는 대상적격이 없고, 또 법률관계가 아닌 사실관계에 대해서도 대상적격

---

244) 제3회 변호사 시험 기록형 문제, 제5회 변호사 시험 기록형 문제로 물권존재확인의 소가 출제된 바가 있다. 특히 법학전문대학원 협의회 실시 2021년도 제2차 연도별 모의고사 민사기록형 문제에서 매도인이 매수인에게 매매계약 후 계약금만 지급받은 다음 소유권이전등기를 경료해 주었다가 자동해제된 후 소유권이전등기 말소청구의 소를 제기하였으나 자동해제 특약서를 분실하여 증명책임을 다하지 못한 결과 기각되어 판결이 확정되었다. 그후 특약서를 찾았으나 전소의 기판력 저촉을 받아 같은 말소등기청구의 소를 제기할 수 없어 부득이 소유권 확인의 소를 제기하는 사안이다.(대법원 2002. 9. 24. 선고 2002다11847 판결) 잘 검토해 보기 바란다. 과거 소유권이전등기 말소청구가 패소확정판결을 받은 경우 다시 위와 같은 소유권확인의 소를 제기하여 승소판결을 받으면 이에 기하여 진정명의 회복을 원인으로 한 소유권이전등기 청구의 소를 제기할 수 있다고 한 대법원 판결들이 있었다.(대법원 1992. 11. 10. 선고 92다22121 판결 등) 그러나 이런 취지의 판결들은 대법원 2001. 9. 20. 선고 99다37894 전원합의체 판결에 의하여 전부 변경되어 소유권 확인의 소를 제기하여 승소판결을 받아도 소유권이전등기 말소청구와 소송물에서 동일한 진정명의 회복을 원인으로 한 소유권이전등기 청구의 소 제기를 할 수 없게 되었다.

을 인정할 수 없다. 확인의 이익은 "권리 또는 법률상의 지위에 현존하는 불안·위험이 있고, 그 불안·위험을 근본적으로 제거함이 확인판결을 받는 것이 가장 유효·적절한 수단"일 때 확인의 이익이 인정된다.(대법원 1991. 12. 10. 선고 91다14420 판결) 따라서 자기의 권리 또는 법적 지위가 다른 사람으로부터 부인되거나, 부지라고 주장되거나, 이와 양립하지 않는 주장을 당하게 되는 경우에는 적극적 확인의 소(물권존재 확인의 소)의 이익이 있고, 다른 사람이 권리가 없는데도 있다고 주장하며 자기의 지위를 위협하는 경우에는 소극적 확인의 소(물권부존재 확인의 소)의 이익이 있다.

제4관 약정의 강제이행,[245] 약정의 불이행에 따른 손해배상청구권, 약정과정에서의 급부 부당이득반환청구권 관련 청구원인 및 항변의 요건사실

제1강 총론

I. pacta sunt servanda("약정은 지켜져야 한다"라는 취지의 法諺)

약속은 지켜야 한다. 매우 상식적인 설명이다. 약정자(promisor)는 '약정의 상대방'(promisee)에게 약속한 내용대로 이행할 의무를 지게 된다. 그래서 약정의 상대방(promisee)은 약정자(promisor)를 상대로 약정(강제)이행청구권을 갖게 된다. 대한민국 민사법에서는 이런 약정(강제)이행청구권을 '(약정)채권(claim)'이라고 하면서 손해배상청구권, 부당이득반환청구권, 사무관리로 인한 비용상환청구권 등 법정채권과 함께 채권을 이루고, 물권과 함께 재산권을 이룬다고 설명하고 있다. 약정(강제)이행청구권이라고 하든 (약정)채권이라고 하든 약정의 상대방(promisee)은 오직 약정자(promisor)를 상대로 그 이행을 구할 수 있을 뿐 특별한 사정이 없는 한 약정자 외 다른 자를 상대로 그 어떤 청구도 할 수 없다는 점은 마음에 각인하고 있어야 한다.[246][247] 이러한 특징을 상대권이라고 이름 붙이든 어떻든 약정이행청구권이 갖는 이러한 특징을 정말 제대로 이해하고 있어야 한다.

---

245) 이하 "약정(강제)이행청구(청구하는 행위를 지칭할 때)"라거나 "약정(강제)이행청구권(권리로 설명할 때)"이라고 한다.

246) 채권이란 별도의 개념을 마련{채권이란 개념을 따로 마련한 입법례는 독일민법에서 비롯되었는데, 채권을 schuld-recht라고 하였고, 이를 번역하면서 schuld를 차용채무를 뜻하는 채(債)를 사용하고, recht를 주관적인 측면에서 권리를 의미하는 권(權)을 사용하여 조어한 것이다.} 만약 채권을 물권과 대비하는 순간 아무리 이를 상대권이라고 설명하더라도 '권리를 침해해서는 안 된다'는 강력한 관념 때문에 모든 사람들이 그 권리를 침해해서는 안 된다는 생각을 자연스럽게 하게 된다. 예비법조인들은 백 중 백 그와 같은 착각을 하게 된다. 필자가 문제를 출제하여 채점하는 과정에서 학생들의 오답원인이 대개 이런 오해에서 비롯된 것이란 점을 수없이 발견하였다. 본서에서 수없이 강조하듯이 권리 침해와 별도로 약정을 중심으로 한 구제수단이 완비되어 있다. 그래서 차라리 pacta sunt servanda에 충실하게 약정의 구제수단을 이해하는 것이 낫다. 약속하였기 때문에 약정한 자는 그 상대방에게 약속한 내용을 이행할 의무(obligation)를 부담하는 것이다. 그 이상도 그 이하도 아니다. 그래서 약정의 상대방은 약정자를 상대로 약정이행청구권을 갖는다는 정도로 이해하고 있는 것이 더 정확하다 할 수 있다.

247) 약정의 상대방이 약정자를 상대로 청구할 수 있을 뿐이라는 상대권적 성격의 채권이 권리의 한 종류로서의 채권개념을 사용하는 순간 마치 모든 사람들이 그 권리를 침해해서는 안 된다는 절대권적 성격이 덧칠될 수 있다. 아무리 상대권이라고 설명해도 그런 실수들은 자주 발생한다는 것이다. 대표적인 사례로 2014년 실시된 제3회 변호사시험 민사기록형 문제를 들 수 있다. 매도인이 매수인에게 지상 건물을 철거하고 토지의 소유권이전을 해 주겠다고 약속했다. 전형적인 매매계약에 따른 약정강제이행청구의 일종이다. 그런데 매도인이 제3자에게 건물을 임대해 주어 현재 제3자가 이를 점유 사용 중에 있다. 이런 경우라면 매수인은 매도인에 대해 약정한 대로 건물철거를 청구할 수는 있지만 지상건물의 점유자를 상대로 퇴거까지 청구할 수는 없다. 지상건물의 임대인은 매도인이고, 매수인은 그 건물 점유자와 아무런 약정관계가 없다. 만약 매수인이 구태여 그 건물 점유자를 상대로 소송을 하려면 매도인을 대위하여 매도인이 갖는 임차인에 대한 임대차계약 종료를 원인으로 한 임차목적물반환청구권을 대위행사할 수 있을 뿐이다. 그렇지만 출제자들의 의도는 그런 것이 아니었던 것으로 보인다. 이처럼 전문가들도 실수할 수 있는 현상이다.

    요약하자면 약정의 상대방은 약정자를 상대로 약정내용에 따른 Ⓐ약정이행청구권을 갖고, 약정자가 약정을 불이행한 경우에는 손해배상을 청구(Ⓑ손해배상청구권)할 수 있으며, 약정상황을 둘러싼 각종 급부의 이전이 있고 난 후 약정 무효 등으로 효력을 상실한 때 공평의 관점에서 그 반환을 청구(ⓒ급부부당이득반환청구권)할 수 있다. Ⓐ약정이행청구권과 Ⓑ손해배상청구권은 채무불이행된 후 약정해제를 둘러싸고 다음과 같이 결합하는 경향이 있으니 잘 이해해 두기 바란다.

	이행기 도과전		이행기 도과	
	이행기 전	이행기	해제·해지 전	해제·해지 후
주는 채무	(장래이행청구) 강제이행청구의 일종임	①약정강제이행청구	Ⓐ①약정강제이행청구 + ②손해배상청구(지연배상)	Ⓐ①원상회복청구 + ②손해배상청구(지연배상)
			Ⓑ손해배상청구(전보배상)	Ⓑ손해배상청구(전보배상)
하는 채무	불가능	불가능	Ⓑ손해배상청구(전보배상)	Ⓑ손해배상청구(전보배상)

Ⅱ. 약정의 내용(명시적·묵시적 약정내용 및 표준적 약정)

    도대체 무슨 약정을 했기에 그 약정내용에 따른 약정이행청구권을 행사하거나 그 약정을 불이행하였다며 손해배상청구권을 행사할 수 있다는 것인가? 당연한 의문이다. 먼저 Ⓐⓐ명시적 약정내용(express terms & conditions)을 생각해 낼 수 있다. 각종 계약서에 명시적으로 약정내용을 기재해 두고 있다. 또 명시적이지는 않지만 약정의 과정에서 미루어 짐작할 수 있는 Ⓐⓑ묵시적 약정(implied terms & conditions)내용도 약정의 한 내용을 이룬다. 명시적·묵시적 약정내용은 약정의 과정에서 나타난 당사자들의 구체적인 의사에 기반한 것이다. 본서에서는 그 외 표준적 약정(default rule)내용도 약정내용을 이루고 약정의 상대방은 약정자를 상대로 그 표준적 약정의 강제이행청구도 할 수 있다고 설명한다. 필자가 변호사 업무를 하면서 고객을 위해 임대차계약서를 마련해 준 적이 있었다. 그 임대차계약서 상에 "임차인은 2기 이상의 차임을 연체하였을 때는 임대인은 본 임대차계약을 해제할 수 있다."라거나 "임차인은 본 임대차계약이 종료되었을 때 임대인에게 권리금을 청구할 수 없다."라는 조항을 명시적으로 포함시켜 작성해 주었더니 며칠 지나 그 고객으로부터 연락이 와서 상대방 임차인이 위 두 조항이 부당하다며 이들이 포함된 임대차계약서에 날인할 수 없다고 버틴다고 하였다. 필자는 위 조항들을 삭제하여도 위 두 조항은 임대차계약의 default(차임연체 해제는 민법 제640조에 의해, 권리금부분은 대법원 판례에 의해 인정된 default rule임)이기 때문에 명시적으로 합의해 두지 않아도 그 고객이 임차인에게 같은 취지의 주장을 할 수 있다며 그 조항을 삭제한 새로운 임대차계약서를 마련해 준 일이 있었다. 뒤에 들으니 그 고객의 상대방은 매우 만족하며 임대차계약을 체결하였다고 하였다. 민법 채권각칙을 공부한 독자라면 그 임대차계약서에 위 두 조항이 명시적으로 기재되어 있지 않더라도 임대인은 임차인을 상대로 두 가지 내용에 따라 강제이행청구 등을 할 수 있다는 법리를 잘 알 것이다. 2기 이상 차임연체로 인한 임대차계약의 해지는 민법 제640조에 근거하여 주장할 수 있고, 권리금에 대한 법률관계는 대법원 판례 (대법원 1989. 2. 28. 선고 87다카823·824 판결)에 근거하여 마치 임대차계약서에 같은 내용의 기재가 있는 것처럼 주장할 수 있는 것이다. 이처럼 default rule은 그 유형의 계약에 표준적 약정내용이 되어 명시적으로 이를 배제하는 합의(이것이 가능하면 해당 조항은 임의규정이 되고, 이마저도 불가능한 경우에는 이를 강행규정 중 효력규정이라고 한다.)가 없는 한 그 표준적 약정 내용대로 강제이행을 구하거나 채무불이행책임을 구할 수 있는 역할을 하게 된다. 약정의 성립요건이나 표준적 약정내용은 대체로 그 유형의 계약(약정)의 근거 법률 조문에 상세하게 정리되어 있다. 예를 들면 15개 전형계약은 민법 채권각칙에서 그 성립요건 및 표준적 약정내용들이 잘 정리되어 있다.[248] 상법총칙 등에는 여객운송계약, 물건운송계약, 창고업계약 등의 표준적 약정내용이 일목요연하게 정리되어 있다. 그래서 채권각칙·상법총칙 기타 민사특별법 등을 공부하면서 해당 법리를 잘 학습하여야 한다. 특히 중요한 표준적 약정내용을 잘 알고 있어야 한다. 그래서 명시적(묵시적) 약정내용은 물론 표준적 약정내용으로도 강제이행을 구하거나 채무불이행에 의한 손해배상청구를 할 수 있어야 한다. 참고로 채권각칙 등 각종 근거법령이나 판례에 의해 표준적 약정이 발달한 이유는 보다 나은 시장성과(market performance)를 얻기 위한 것이다.[249] 국가나 사회는 이와 같이 표준계약 내용을 default rule로 입법화하면 계약 당사자들도 모든 계약내용을 협상하여 합의를 도출하는 어려움을 들 수 있고,(이를 '거래비용을 줄인다'고 한다.) 국가도 거래의 활성화, 약자 보호 등과 같은 경제·사회정책적 목적을 달성할 수 있기 때문이다. 민법전에서 발견된 전형계약들은 오랜 세월 널리 활용되어 오면서 중요 약정내용들이 서서히 표준화 되었고 그 결과가 오늘날 민법 채권각칙 또는 각종 법령에 수용되어 법 규정화되었고, 입법화가 늦어진 경우에는 판례[250]를 통하여 추가되어 있었던 것이다. 이러한 현상은 최근 민법이 개정되면서 도입된 여행계약의 입법과정을 연구해 보면 충분히 이해할 수 있다. 그러므로 채권각칙 등을 공부하면서 적어도 매매(교환), 증여, 임대차

---

248) 계약의 표준적 약정이 입법화되는 과정은 대체로 ①당사자간 명시적 합의로 계약하는 단계에서 시작하여 ②표준계약서가 마련되어 개별 거래상의 구체적 상황을 반영하여 일부 수정하여 계약을 완성하는 단계를 거쳐 그 표준계약서 중 일부를 ③입법화하여 조문화하는 단계로 진행된다.

249) 예를 들면 근로자가 1/3을 출연하고, 사용자가 1/3을 부담하고, 국가가 1/3을 부담하는 퇴직연금은 근로자들을 위한 매우 훌륭한 복지수단으로 모든 나라에서 그 가입을 장려하고 있다. 한 연구에 따르면 default를 퇴직연금 불가입으로 두고 근로자 중 퇴직연금 가입을 원하는 사람은 누구나 신청서만 내면 위와 같은 퇴직연금의 혜택을 받도록 하였더니(이런 방식을 opt-in방식이라고 한다.) 고용 첫해에 35%정도의 근로자만이 퇴직연금에 가입하였고, 10년이 지나도 75%정도의 근로자만이 퇴직연금에 가입하였었다. 그런데 default로 근로자는 누구나 퇴직연금에 가입한 것으로 처리하고 만약 퇴직연금 가입을 원하지 않는다면 가입을 원하지 않는다는 신청서를 내기만 하면 받아들여 주기로 제도를 변경하였더니(이를 opt-out방식이라고 한다.) 고용 첫해부터 90%의 근로자가 퇴직연금에 가입하였고, 10년이 지나니 95%의 근로자가 퇴직연금에 가입해 있었다고 한다. default rule을 변경함으로써 성과(performance)가 달라진 대표적인 사례로 언급되고 있다.

250) 판례를 통해 형성된 대표적인 default rule은 부동산 매매계약에서 ①매매대금지급과 동시이행관계에 있는 목적물 인도 의무, ②매매대금지급과 동시이행관계에 있는 완전한 재산권이전 의무 등이 있다. 요즈음 사용되는 표준 매매계약서에는 ②와 관련된 명시적 합의사항이 포함되어 있으나 명시적 ②와 같은 내용의 약정이 없었던 때에도 판례를 통해 ②의무를 인정하고 있었다.

(사용대차), 소비대차, 도급, 위임 등에 관련된 default rule을 철저하게 학습해 두어야 각종 사례형, 기록형의 시험에 대비할 수 있는 것이다. 요약하자면 기록형 문제에 첨부되어 있는 각종 약정서에 명시적으로 기재되어 있지 않은 사항이라도 default rule인 이상 이에 따라 (약정)강제이행을 구하거나(민법 제389조) 채무불이행 책임(민법 제390조)을 물을 수 있다는 법리를 반드시 제대로 이해하고 있어야 한다.

Ⅲ. 약정(강제)이행청구권

1. 약정(강제)이행청구권의 일반적 요건사실

원래 약정할 때는 약정 목적(급부)을 꼭 달성하겠다는 취지로 약정한 것이다. 그래서 약정하였다면 그 약정내용대로 강제이행을 구할 수 있다. 그래서 강제이행청구권의 요건사실은 Ⓐ약정의 성립사실이고 추가적인 요건은 불필요하다. 물론 민법 제389조 문언상으로는 약정사실이외에도 불이행 사실까지 주장·증명해야 강제이행을 구할 수 있듯이 규정되어 있다. 그렇지만 상대방측에서 이행사실(변제, 대물변제 등)을 주장·증명하여 항변할 수 있을 뿐이다.(소위 채무자설; 판례의 입장) 요물계약,251) 요식계약252)이 거의 없는 대한민국 민사법에서는 약정의 강제이행을 청구하면서 당사자간의 의사의 합치이외에 별도로 성립요건으로 주장할 경우가 거의 없다.

다만 약정 종료 후의 반환청구권(대여금반환청구권, 임차목적물반환청구권, 임차보증금반환청구권) 등(이를 대차형계약이라고 함)은 성질상 ① 당사자간의 의사의 합치란 성립요건 이외에도 ② 인도(급부) 및 ③ 반환시기의 도래 등을 추가적으로 주장·증명해야 약정의 강제이행을 청구할 수 있는 경우도 있다.

약정이 성립되었다고 주장·증명할 때 그 약정은 확정적 의사표시여야 한다.(앞서 설명한 '모두 적용설'적 입장) 의사표시의 확정은 약정의 성립을 주장하는 측에서 약정이 확정적 의사표시로 성립되었다는 사실을 주장·증명할 필요가 있다. 그래서 약정사실을 주장할 때는 主日相目行으로 특정될 수 있는 구체적 역사적·자연적 사실로 기술하여 특정된 약정을 주장해야 한다.

약정(강제)이행청구권이 인정될 때 그 구체적인 소송형태는 매우 구체성을 띤 형태가 된다. 예를 들면 매매계약의 경우에는 매매계약의 강제이행청구라는 소송형태가 아니라 매매대금지급청구, 소유권이전등기청구, 인도청구의 소송형태가 되고, 소비대차계약의 경우는 대여금청구, 이자청구, 지연손해금청구라는 소송형태가 되며, 임대차계약의 경우에는 임차목적물반환청구, 차임지급청구, 임차보증금반환청구의 소송형태가 된다.

---

251) 대물변제계약은 요물계약으로 해석되고 있다. 그래서 대물변제약정만으로는 변제의 효과가 발생하지 않고, 대물변제약정이외에도 변제사실이 있어야 대물변제로서의 효력이 발생한다. 따라서 대물변제는 대물변제약정 + 변제사실이 필요한 요물계약이라고 한다. 민법상으로는 계약금계약, 현상광고계약도 요물계약으로 본다.

252) 유언은 요식계약이라고 한다. 복잡한 성립요건이 필요하기 때문에 약정(유언)사실이외에도 추가적인 요건이 필요하므로 별도로 잘 학습해 둘 필요가 있다. 최근 민법이 개정되면서 보증계약·근보증계약이 요식계약이 되었다.

2. 구체적인 청구원인사실 요약

약정은 그 종류가 매우 다양하다. 민법 채권각칙에만 15개의 전형계약이 규정되어 있고, 상법 총칙은 물론 기타 민사특별법에 다양한 유형의 약정(계약)이 규정되어 있으며 거래관습에 의해 발전된 계약의 유형도 있고, 기타 다양한 무명계약도 존재한다. 그래서 약정의 이행을 구하는 소송유형도 다양한 형태를 띠게 된다.

약정의 종류	불이행, 무효·취소 등	구제수단		소송명	청구원인
매매		강제 이행 청구	매도인	[부동산] 매매대금청구	**①매매계약**
				[동산: 주로 외상대금] 매매대금 및 (이자,) 지연손해금 청구[253]	**①매매계약 ②동산의 인도 (③이자·이율의 약정) ④이행기 도과**
			매수인	[부동산] 소유권이전등기청구	**①매매계약**
				[부동산&동산] 인도청구	**①매매계약**

	불이행	채무불이행에 의한
		손해배상청구
				[계약해제 전]
				Ⓐ강제이행청구 + 손해배상청구(지연배상)
				Ⓑ손해배상청구(전보배상)
					①매매계약
					②ⓐ이행지체
					  ⓑ이행불능
					  ⓒ불완전이행
					③손해배상의 범위

				[계약해제 후]
				Ⓐ원상회복 + 손해배상청구
				(지연배상)
				Ⓑ손해배상청구(전보배상)
					①매매계약
					②ⓐ이행지체
					  ⓑ이행불능
					  ⓒ불완전이행
					③[이행지체의 경우]
					ⓐ반대채무의 이행 또는 이행제공
					ⓑ상당한 기한을 정해 이행최고
					ⓒ상당한 기간경과[254]
					ⓓ해제의 의사표시·도달
					[이행불능의 경우]
					ⓐ이행불능
					ⓑ해제의 의사표시·도달
					④손해배상의 범위

---

253) 동산의 경우는 먼저 동산을 인도한 외상대금청구를 하는 경우가 많고, 부동산의 경우는 잔금지급과 상환으로 매매대금 지급을 청구하는 경우가 많다.
254) 이행지체의 경우는 4가지 모두 필요하나 이행불능의 경우에는 ③ⓐ, ⓑ요건 없이 바로 계약을 해제할 수 있다.

		※담보책임	권리의 하자	①매매계약 ②권리의 하자 [유형에 따라 추가요건 있음]
			물건의 하자	①매매계약 ②물건의 하자 [유형에 따라 추가요건 있음]
	무효·취소 등	급부부당이득반환 청구	부당이득반환청구	①부당이득반환청구권의 발생 ⓐ법률상 원인없이 ⓑ이득 ⓒ손실 ⓓ인과관계 ②부당이득액 ⓐ선의의 수익자 ⓑ악의의 수익자
소비대차 (대여금)		강제이행청구	[대주] 대여원금반환청구	①소비대차계약 ②원본의 인도 ③변제기의 도래(到來)
	불이행	채무불이행에 의한 손해배상청구	[대주] 대여원금반환·지연손해금지급 청구	①소비대차계약 [②ⓐ지연손해금률의 약정 ⓑ상행위(6%)]255) ③원본의 인도 ④변제기의 도과
			[대주] [소비대차의 주된 소송형태] 대여원금반환·이자지급·지연 손해금지급청구	①소비대차계약 ②이자·이율의 약정 ③원본의 인도 ④변제기의 도과 [⑤ⓐ지연손해금률의 약정, ⓑ상행위(6%)]256)
소비대차	채무부존재확인소송			④채무부존재확인의 소
			⒜채무부존재확인의 소	①소비대차계약 ②ⓐ원인무효사유(Ⓐⓐ) ⓑ이행 등 소멸사유 ③확인의 이익
			⒝채무일부부존재확인의 소	①소비대차계약 ②ⓐ원인무효사유(Ⓐⓐ) ⓑ이행 등 소멸사유 로 인한 일부 부존재 또는 소멸 ③확인의 이익
	보증	강제이행청구	(연대)보증금청구	①(연대)보증계약 (②주채무)257)

---

255) ②요건은 해당사항이 있을 때만 주장·증명하면 된다.

256) ⑤요건은 해당사항이 있을 때만 주장·증명하면 된다.

257) 연대보증채무만 따로 청구할 때 주채무의 발생원인인 소비대차계약, 원본의 지급, 변제기의 도래 등을 주장·증명해야 한다.

	준소비대차			대여금·(이자)지연손해금 청구		①준소비대차계약 ②이자·이율의 약정 ③변제기 도과
	저당권			저당권설정등기 청구		(①피담보채무)[258] ②저당권설정계약
				저당권설정등기 말소청구		①피담보채무 ②ⓐ저당권설정계약 ⓑ저당권설정등기 ③피담보채무의 소멸
임대차		강제이행청구	임차인	임차보증금반환 청구	[피고] 임대인	①임대차계약 ②임차보증금 지급 ③임대차계약의 종료
					[피고] 제3자[259]	①임대차계약 ②임차보증금 지급 ③임대차계약의 종료 ④각종 대항력발생원인[260]
				임차권존재 확인의 소	[피고] 임대인	①임대차계약 ②임차목적물 인도 ③임대차계약 미종료 [임대차계약기간 미경과 or 계약갱신] ④확인의 이익
			임대인	임차목적물반환청구		①임대차계약 ②임차목적물의 인도 ③임대차계약의 종료
				[임대차계약기간내] 임료지급청구 및 [임대차계약기간 종료후] 임료상당 부당이득반환 청구 or 임료상당 손해배상 청구		[❶임대차계약기간내] ①임대차계약 ②임차목적물 인도 ③임대차계약의 종료 [❷임대차계약종료후] (Ⓐ부당이득반환) ①②③ ④점유사용('실질적 이득') or (Ⓑ손해배상청구) ④불법점유(①②③외 고의·과실) (주로 임차보증금반환의무에 의한 동시이행항변권 부존재를 주장·증명함에 의해 실현)

---

258) 저당권설정등기 청구는 소비대차계약을 체결하면서 저당권설정등기에 필요한 서류들을 모두 제출받아 저당권설정을 하면서 대출해 주기 때문에 실무상으로는 그 예를 찾아보기 힘들다. 법학전문대학원 협의회 실시 2017년 제3회 모의시험에서 출제된 바는 있다. 만약 저당권설정등기 청구를 하게 된다면 저당권의 부종성 때문에 피담보채무의 존재를 반드시 주장·증명해야 한다.

259) 임차목적물을 양수한 제3자를 지칭한다.

260) 주택임대차의 경우 ① 임차목적물을 인도받고, ② 전입신고를 하는 것이고, 상가건물임대차보호의 경우에는 ① 임차목적물을 인도받고, ② 사업자등록의 신고를 하는 것이다.

				[건물소유자] 건물철거, 토지인도 및 임료상 당 부당이득금[261]반환 청구 [건물점유자;비점유설] 건물퇴거	[건물소유자] ①토지에 관한 임대차계약 ②토지의 인도 ③토지상에 피고의 건물의 축조(현 존) ④임대차계약의 종료 ⑤임료상당액 [건물점유자] 건물점유
도급		강제이행	도급인	하자보수(瑕疵補修)청구권	①도급계약 ②일의 완성 및 인수 (보수의 지급완료) ③하자 ④보수액
				지체상금지급청구	①도급계약 ②지체상금 지급약정 ③이행지체
			수급인	보수(報酬)청구권	①도급계약 ②일의 완성 ③완성물인도(또는 동시이행)
약속어음 금		강제 이행 청구	발행인	약속어음금청구	①피고가 어음요건을 갖춘 약속어 음을 발행한 사실 ②배서의 연속 ③원고의 약속어음 소지
				약속어음금·지연손해금청구	**①피고가 어음요건을 갖춘 약속어 음을 발행한 사실 ②배서의 연속 ③원고의 약속어음 소지 ④지급제시**[262]
			배서인	**약속어음금청구·지연손해금 청구**	**①어음요건을 갖춘 약속어음을 발 행한 사실 ②피고의 배서 및 배서의 연속 ③원고의 약속어음 소지 ④지급기일내(지급일로부터 제3영 업일)에 지급지 또는 지급장소에 지급제시 ⑤거절증서작성면제**[263]

---

261) 임료상당 부당이득금 반환청구를 할 때는 반드시 건물 소유자를 상대로 청구해야 하고, 건물 점유자를 상대로 청구해서는 안 된다.(비점유설의 입장)

262) 지급기일에 지급제시를 한 경우에는 만기일부터의 이자(6%)를 청구할 수 있으나, 지급기일이 지난 후에 지급제시한 경우에는 지급제시일 다음날부터 이자를 청구할 수 있다.

263) 거절증서 작성면제의 특약이 없었다면 거절증서가 작성된 사실도 주장·증명해야 한다. 다만 어음의 후면에 '거절증서 작성 면제'문구가 부동문자로 인쇄되어 있기 때문에 실무상으로는 거절증서 작성을 주장·증명해야 하는 경우를 거의 찾아 볼 수 없다.

3. 조정된 요건사실 및 연결고리

위 2.항에서 제시한 청구원인의 요건사실 요약은 각 약정들의 전형적인 요건사실이고, 실제로는 상대방의 주장(항변)을 미리 받아들여 자신의 청구를 일정한 정도로 감축하여 청구취지를 작성하여 소를 제기할 때는 청구원인사실조차 일정하게 조정하여 구체적인 청구원인의 요건사실(조정된 청구원인사실)을 완성하여야 한다. 또 피고는 침해자(injurer) 또는 약정자(promisor)이겠지만 만약 의뢰인인 원고가 침해당한 물권자가 아니거나, 바로 그 약정의 상대방(promisee)이 아닌 경우가 있다. 이러한 경우에는 일정한 "연결고리"를 찾아 그 공백을 메워 완성된 형태로 청구원인사실을 기술하면서 청구해야 한다. 이렇게 하다 보면 청구원인의 요건사실을 일정하게 조정하여야 하는데 이를 '조정된 요건사실'이라 할 수 있다. 실제 출제된 기록형 문제를 중심으로 조정된 요건사실들을 모아서 본서와 자매서 관계에 있는 「민사법 실무 연습」에 정리해서 편철해 두었다.

4. 약정(강제)이행청구에 대한 본안전 항변 및 주요 항변사실

가. 개설

약정(강제)이행청구권을 규정한 민법 제389조의 법문상의 표현에도 불구하고 **❶약정을 이행**하였다는 사실은 가장 중요한 항변사유이다.(채무자설)(권리소멸사실) 또 약정의 성립과정에서 발생한 각종 **❷약정불성립 사실**{ = 권리장애사실, 부존재·무효·취소·해제/해지·무권대리(대리권남용)·대표권제한위반}, **❸권리(청구권)행사저지사실**(동시이행항변, 최고·검색항변권, 기한·조건)은 주요한 항변사유이다. 이러한 항변사유는 주로 채권총론이나 민법총칙에 규정되어 있다. 항변은 약정의 주체, 객체, 약정자체에 존재하는 각종 흠을 중심으로 그 사유가 규정되어 있으므로 이에 관한 체계적인 검토가 필요하다. 본서에서는 약정불성립 사실(권리장애사실)과 관련하여 "부존재·무효·취소·해제/해지·무권대리(대리권 남용)·대표권 제한 위반"이라는 중분류쯤은 항상 기억하고 있으라고 권고하고 있다. 권리침해 부분에서 제시하였던 표를 다시 한번 이 부분에서 게시하고 추가 설명을 진행하기로 한다.

사유			요건	효과	제3자보호
부존재	위조·변조		작성명의 거짓 작출(作出)	무효 (원인무효)	제3자 보호규정 없음 (등기부취득시효완성시까지)
	(판결편취)		판결을 통해 등기원인을 거짓으로 만듦		
	미확정		의사표시가 없음		
무효	의사무능력			무효 (원인무효)	제3자 보호규정 없음 (등기부취득시효완성시까지)
	목적	확정불가능			
		원시적 (전부) 불능			
		효력규정위반	강행규정 중 효력규정 위반		
		반사회질서위반 (이중양도)	① 배임 ⓐ 계약		

			ⓑ 이행에 착수 ⓒ 배임행위 ② 적극 가담(교사·방조)			
	(동기의 불법)		① 동기 　ⓐ 표시되거나 　ⓑ 인식(판례상으로는 **"알려진"**: 알았거나 알 수 있었을 때264)) ② 반사회질서위반			
	통모허위표시		① 통모 ② 허위표시			③ 제3자 악의
	비진의표시		① 표시와 진의의 불일치 ② 상대방이 악의 or 과실			③ 제3자 악의
취소	주체	미성년자	19세 미만(18세 이하)			제3자보호규정 없음 (등기부취득시효완성시까지)
		제한능력자	피성년후견인, 피한정성년후견인			
	사기·강박		① 기망행위, 강박행위 ② 의사표시 ③ 인과관계		소급적 무효 (유동적 유효)	④ 제3자 악의
	착오		① 착오 ② 중요부분 ③ 의사표시	항변:표 의자의 중대한 과실		④ 제3자 악의
		동기의 착오	①② ③　　④동기 　　　⑤ⓐ표시되었거나, or 　　　　ⓑ상대방이 알았거나 알 수 있었을 때			④ 제3자 악의
해제 (해지)	Ⓐ이행지체		① 이행지체 　ⓐ확정기한: 도과는 역수상 명백 　ⓑ불확정기한: (a)객관적 도래 　　　　　　　　(b)채무자가 안 다음날 　ⓒ기한의 정함이 없음: 최고 다음날 ② 상당한 기간 정해 이행최고 ③ 미이행 ④ 해제의 의사표시와 도달		소급적 무효	[물권적 이해관계자] [해제전] 무조건 보호 [해제후 원상회복전] ⑤ 악의 제3자
	Ⓑ이행불능		①(후발적)이행불능 ②해제의 의사표시와 도달			
	Ⓒ불완전이행		①불완전이행 ②이행된 부분만으로 목적달성불능 ③해제의 의사표시 및 도달			

---

264) 대법원 1984. 12. 11. 선고 84다카1402 판결 이후로 "표시되거나 상대방에게 **알려진** 법률행위의 동기가 반사회질 서적인 경우"도 사회질서 위반이라고 판시한 바가 있다. 이때 "알려진"을 인식이라고 이해하는 견해가 있다.(송덕 수, 『신민법강의(제16판)』, 박영사, 2023, 103면 이하 참조, 인식설과 유사한 태도라고 설명하고 있다.) 하지만 의 사표시의 상대방(promisee, privy)에 생긴 사유이기 때문에 privy 관계에 있으면 민법의 전체계상 악의 또는 과실 로 관철하고 있으므로 해석론적으로 인식가능성(즉 악의·과실)으로 보는 것이 더 타당하다. 동기의 착오는 같은 이유로 인식가능성으로 되어 있음을 상기할 필요도 있다.(동기의 착오에서 판례는 인식가능성을 적용하고 있다.)

무권대리		① 현명 ② 대리권 없음 　(ⓐ 수권행위 없음 or 　ⓑ 대리권 범위 초과)	무효 (유동적 무효)	[Ⓐ상대방보호] ①유권대리, or ②3가지 표현대리or ③(명시적·**묵시적**) 추인 - - - - - - - - - - - - - [Ⓑ제3자보호] 악의 제3자[265] ※ 위조·변조성립가능성 에 주의해야 함
(대리권 남용)		① 현명대리행위 ② 실제로는 자기, 제3자의 이익 ③ 상대방의 악의 or 과실		
주식 회사	대표권 제한 위반[266]	① 대표행위 ② 대표권 법령상 또는 정관상 제한[267] ③ 상대방이 악의 or 중과실[268]	무효	[제3자보호] ①**대표권 남용**에 관해서 는 악의 제3자임을 주장 ·증명하여 무효 주장가 능하나, ②**대표권제한위반** 일반 에 관해서는 아직 제3자 보호하는 판례가 없음 ※ 위조·변조성립가능성 에 주의해야 함
	(대표권 남용)	① 대표행위 ② 실제로는 자기, 제3자의 이익 ③ 상대방의 악의 or 과실[269]		

---

265) 대법원 2018. 4. 26. 선고 2016다3201 판결

266) 대리의 경우는 무권대리, 대리권남용이 항변사유이고, ① 유권대리, ② 표현대리, ③ 추인이 재항변사유이지만 대
　　표의 경우에는 Ⓐ 법인은 성격·법률·정관상의 목적에 따라 권리능력이 인정되지 않는 경우가 있어 당연히 대표
　　자의 대표행위가 불가능한 경우가 있고, Ⓑ① 표현대리 중 대표권 수여의 의사표시에 의한 표현대리 법리와 유사
　　한 표현대표이사의 대표행위 중 무효가 되는 부분도 있고, Ⓑ② 그 외 무권대리에 유사한 대표권제한위반이 있다.
　　또, Ⓑ③ 대표권남용법리도 있다. 이 부분에서는 Ⓑ②, ③ 대표권제한위반법리 등만 언급하고 있으나 나머지 Ⓐ,
　　Ⓑ①의 법리도 정확하게 알고 있어야 한다. 나아가 대표권제한위반의 성격을 떠나 법령상의 주주총회결의사항임
　　에도 이를 거치지 않고 대표행위를 한 경우에는 상대방의 선의·악의를 묻지 않고 무효이다(대법원 2012. 4. 12.
　　선고 2011다106143 판결).

267) 대법원 2021. 2. 18. 선고 2015다45451 전원합의체 판결에 의하여는 <u>법령 등에 대표권 제한 규정이 있는 경우와
　　정관 등 내부규정에 대표권 제한 규정이 있는 경우를 구분하지 않게 되었다.</u>

268) 또 대법원 2021. 2. 18. 선고 2015다45451 전원합의체 판결에 의하여는 나아가 종래 상대방의 악의·과실이 <u>상대
　　방의 악의·**중과실**로 변경되었다.</u>

269) 대법원 2004. 3. 26. 선고 2003다34045 판결 (앞선 대법원 전원합의체 판결에 불구하고 아직 대표권 남용에 관한
　　주류적인 판례는 변경되지 않은 것으로 판단된다. 그래서 종전처럼 상대방의 악의·과실을 주장·증명하면 된다.)
　　(이에 반하여 대법원 1987. 10. 13. 선고 86다카1522 판결, 대법원 2016. 8. 24. 선고 2016다222453 판결 등에서
　　는 대표권 남용행위를 상대방의 악의임을 전제로 신의칙위반이나 권리남용금지원칙 위반으로 무효화한 판례들이
　　있었다.)

[대표권 제한 위반]

분류	대표행위 국면(局面)	주장 · 증명책임	
		①대표권 제한 방법	②등기 등 (악의 · 과실 or 선의 · 무과실 포함)
사단법인	①ⓐ**정관에 의한 대표권 제한(민법 제41조)** or ①ⓑ**사원총회의 결의(민법 제59조 제1항 단서)**[270)]에 의한 대표권 제한		②**등기**해야 제3자에게 효력이 있음 (민법 제60조) [효과] ②ⓐ 등기하지 않았으면 상대방이 악의여도 주장할 수 없고,[271)] ②ⓑ 등기되었으면 선의의 제3자에게도 무효 주장할 수 있음[272)]
재단법인	**채무부담행위**[273)] **등**	①**정관에 의한 대표권 제한(민법 제41조)**	
	①**기본재산,** ②**처분**		③관할관청의 허가 (③ 없으면 무효)
권리능력 없는 사단	[총유물] Ⓐ법률상 · 사실상처분행위 Ⓑ사용 · 수익 · 개량행위 Ⓒ보존행위(소제기[274)])	Ⓐ,Ⓑ,Ⓒ는 정관 · 규약에 정함이 있으면 그에 따르고, 없으면 사원총회의 결의(민법 제276조 제1항)[275)]를 거쳐 대표행위를 해야 함	정관 · 규약에 정한 바를 준수하지 않았거나 또는 사원총회 결의를 준수하지 않은 ⒶⒷⒸ의 경우는 **무효**
	Ⓓ 그외 채무부담행위	[Ⓓ에 관해] ①정관 or 사원총회 결의에 의한 대표권 제한	②상대방이 알았거나 알 수 있었을 경우(악의 또는 과실)[276)]
권리능력 없는 재단	①기본재산 ②처분		③관할관청의 허가 (③ 없으면 무효)
	채무부담행위 등	①정관 · 규약에 대표권 제한	②위반하여 대표권 행사라도 유효[277)]

---

270) 사원총회의 결의에 의해 대표권제한이 가능한가에 관해 견해의 대립이 있다. 즉 사원총회의 결의로 대표권 제한을 하면서 이에 상응하는 정관개정은 이루어지지 않아 정관에는 그 규정이 없는 경우에도 대표권제한이 있다고 할 수 있는가?라는 쟁점이다. 민법 제59조 제1항 단서의 규정에 따라 대표권 제한으로 유효하다고 보는 것이 통설적 견해이다. 그러나 유력한 반대설도 있다.

271) 대법원 1992. 2. 14. 선고 91다24564 판결, 대법원 2014. 9. 4. 선고 2011다51540 판결

272) 이설이 없다.(송덕수, 『신민법강의(제16판)』, 박영사, 2023, 311면 참조)

273) 주로 금전차용행위나 보증행위 등이 해당된다.

274) 대법원 2010. 2. 11. 선고 2009다83650 판결 (종중 총유재산에 대한 보존행위로 소송을 하는 경우에도 특별한 사정이 없는 한 종중총회의 결의를 거쳐야 한다.)

275) 대법원 2005. 9. 15. 선고 2004다44971 판결, 대법원 2007. 7. 26. 선고 2006다64573 판결

276) 대법원 2003. 7. 22. 선고 2002다64780 판결, 대법원 2007. 4. 19. 선고 2004다60072 · 60089 전원합의체 판결, 대법원 2008. 10. 23. 선고 2006다2476 판결

277) 대법원 1992. 2. 11. 선고 91다11049 판결 (사찰 재산의 관리처분권은 그 사찰을 대표하는 주지에게 일임되어 있는 것이므로 사찰의 주지가 소속 종단의 결의나 승인 등 내부적인 절차를 거치지 않았다고 하더라도 그 처분행위는 유효한 것이다.)

나. 본안전 항변 중 기판력 저촉

1) 본안전 항변

원고는 소송요건을 갖추어 소장을 작성하면 되고, 소송요건 구비를 위해 어떤 조치를 취하면서 소장을 작성했는지를 따로 설명할 필요는 없다. 다만 피고측은 원고측이 소송요건을 갖추지 못한 소를 제기했을 때 그 점을 지적하는 본안전 항변을 할 수 있다. 수차례 설명한 바와 같이 주요 소송요건으로는 관할위반, 당사자적격 결여, 기판력 저촉, 중복제소, 재소금지위반, 부제소의 합의, 중재합의 위반, 제척기간(출소기간 포함) 도과, 확인의 이익 결여, 미리 청구할 필요성 결여 등이 있다. 대부분은 답변서 작성 부분에서 자세하게 설명하겠으나 여기서는 기판력의 저촉에 관해서만 간략하게 설명하기로 한다. 기판력은 소송물에 대한 판단이 후속소송에서 법원 및 당사자를 구속하여 달리 판단할 수 없는 힘을 지칭한다.

2) 주체에 관련된 본안전 항변

① 당사자무능력

② 당사자 적격 없음

③ 소송무능력

<※참고> 위 ①, ②, ③사유와 관련하여서는 원고가 소를 제기하기 위해 소장을 작성할 때 위 ①, ②, ③ 사유가 있다면 이들을 제외하고 당사자능력이 있고, 당사자 적격이 있는 자를 찾아 원고표시, 피고표시를 하고 소송무능력자라면 법정대리인, 특별대리인 등을 찾아 그 표시를 하여 소장을 작성하여 소를 제기하면 된다. 별도로 청구원인에 장황하게 원·피고는 권리능력이 있고, 당사자능력, 당사자적격도 갖추어졌고, 소송능력, 행위능력 있는 상태에서 매매도 하고 소송도 제기한다고 설명할 필요가 없다.(이렇게 반복해 설명해도 얼마나 많은 수험생들이 법문서에서 이런 불필요한 기재를 하고 있는지 알면 깜짝 놀랄 것이다.) 하지만 만약 피고측이 당사자무능력자, 당사자 무적격자, 소송무능력자 측이 제기한 소장을 받았다면 본안전 항변으로 그 사실을 적시하여 소 각하 등을 신청하면 된다.

3) 기판력의 시적 범위

가) 표준시

기판력은 표준시를 기준으로 현재의 권리관계의 존부에 관한 판단부분에 발생한다. 표준시는 민사소송법 제218조에 의하여 사실심 변론종결시(대법원 1961. 2. 14. 선고 4293민상837 판결)가 기준이 되고, 예외적으로 무변론판결의 경우에는 판결시가 표준시가 되고, 화해권고결정은 그 확정시(대법원 2012. 5. 10. 선고 2010다2558 판결)가 표준시가 된다.

나) 표준시전의 권리관계

표준시전에 존재한 사유는 차단되어 실권되는 효과가 있다.(실권효, 차단효) 즉 전소의 표준시이전에 존재하였으나 그때까지 제출하지 않았던 공격방어방법은 제출할 수 없다. 그래서 해제권, 취소권은 실권된다.[278] 나아가 변제·면제·소멸시효 완성 등의 소멸사유를 들어 다툴 수도 없다. 변론종결 전에 한정승인한 사실은 상속채무의 존재, 범위와는 관련이 없고 판결의 집행력을 제한할 뿐이라는 논리로 청구이의의 사유로 삼을 수 있으나[279] 상속포기는 변론종결 전까지 주장하지 않았다면 전소의 기판력에 저촉된다.[280] 논란이 많았던 백지어음의 보충권에 관해서도 백지어음의 소지인이 백지부분을 보충하지 아니하여 패소확정판결을 받은 후 다시 동일한 어음에 백지보충하여 어음금 지급 청구의 소를 제기한 경우에는 전소의 기판력 적용을 받아 허용되지 않는다고 판단하였다.(대법원 2008. 11. 27. 선고 2008다59230 판결) 토지 소유권이전등기 청구소송에서 목적 토지가 토지거래허가구역에서 해제되었음에도 이를 주장하지 아니하여 패소당한 원고가 그 후 허가구역에서 해제되었음을 들어 같은 청구취지의 소를 제기한 경우에도 기판력에 저촉된다고 판시하였다.(대법원 2014. 3. 27. 선고 2011다79968 판결)

예외적으로 상계권, 지상물매수청구권 등이 있다. 상계권은 변론종결 전에 상계적상이 있었다 하여도 변론종결 후에 행사하였으면 상계권의 존부를 알았든 몰랐든 실권되지 않는다.(대법원 1998. 11. 24. 선고 98다25344 판결) 지상물매수청구권은 상계권과 같이 취급하자는 견해(강현중)와 변론종결전에 알았는지 몰랐는지를 기준으로 하자는 견해(이시윤)가 나누어져 있었으나 판례(대법원 1995. 12. 26. 선고 95다42195 판결)에 의해 변론종결전에 이를 알았다고 하더라도 확정판결 후 이를 행사할 수 있다고 정리되었다.(제2회 변호사시험 문제로 출제되었으니 참조)

다) 표준시후의 관리관계

'사실심 변론종결 후에 발생한 새로운 사유'[281]에 대해서는 기판력이 미치지 않는다. 그래서 표준시 이후에 발생한 새로운 사유(사정변경)는 실권효의 제재를 받지 않는다. 사실심 변론종결 후에 발생한 새로운 사유란 변론종결 후에 변제하였거나 조건이 성취되었거나 면제받았거나 소멸시효가 완성된 경우 등에 포함되나 새로운 증거자료를 발견했다거나 새로운 법적 평가 또는 법률·판례의 변경, 법률의 위헌결정, 행정처분이 변경되었다는 등은 포함되지 않는다.

4) 기판력의 객관적 범위

원칙적으로 확정판결의 주문에 포함된 것에 한하여 기판력이 있다.(민사소송법 제216조 제1항) 본안판결인 경우에는 소송물인 권리관계의 존부에 관한 판단에만 기판력이 발생한다. 전소의 주문상의 판단기준으로 후소의 청구취지와 소송물이 동일하거나[282] 선결문제가 되거나[283] 또는 모순관

---

278) 대법원 1979. 8. 14. 선고 79다1105 판결
279) 대법원 2006. 10. 13. 선고 2006다23138 판결
280) 대법원 2009. 5. 28. 선고 2008다79876 판결
281) 대법원 2016. 8. 30. 선고 2016다222149 판결
282) 소유권이전등기말소청구의 기판력은 소송물이 실질상 동일한 것으로 보아 진정명의회복을 원인으로 한 소유권이 전등기 청구에도 미친다. (대법원 2001. 9. 20. 선고 99다37894 전원합의체 판결)
283) 전소에서 원고가 소유권 확인 확정판결을 받았는데 후소에서 피고를 상대로 소유권에 기한 목적물인도(또는 이전

계에 있으면[284] 기판력의 객관적 범위내에 속해 기판력에 저촉이 된다. 청구권 경합의 관계에 있는 경우에는 기판력의 객관적 범위에 속하지 않아 별도로 소를 제기하여도 기판력에 저촉되지 않는다. 법조경합의 관계에 있는 경우에는 기판력의 저촉을 받는다. 무단점유를 원인으로 임료상당의 부당이득금반환을 청구하여 패소판결을 받았다가 다시 불법점유를 원인으로 한 손해배상청구는 기판력에 저촉되지 않는다.(대법원 1991. 3. 27. 선고 91다650·667 판결) 상계의 경우 상계로써 대항한 액수의 한도내에서만 기판력이 생긴다.(민사소송법 제216조 제2항)

5) 기판력의 인적 범위
가) 당사자간
기판력은 원칙적으로 당사자간에 생기고 제3자에게는 미치지 않는다.(민사소송법 제218조 제1항) 사해행위 취소의 판결은 채무자는 피고가 될 수 없으며, 그 취소의 효과는 채권자와 수익자, 전득자 사이에만 미치고, 채권자와 채무자, 채무자와 수익자 사이에 영향이 없다.(대법원 2014. 6. 12. 선고 2012다47548 판결, 대법원 2015. 11. 17. 선고 2012다2743 판결[285])

나) 포괄승계인
당사자의 포괄승계인에게는 기판력이 미친다. 따라서 상속인은 피상속인의 기판력에 기속된다.

다) 변론종결한 뒤의 승계인(민사소송법 제218조 제1항)
변론종결 뒤 소송물인 권리관계를 승계한 제3자에게 판결의 효력이 미친다. 무변론판결의 경우는 판결선고한 뒤의 승계인에게 판결의 효력이 미친다. 변론종결한 뒤의 승계인 여부 판단은 등기·등록이 필요한 권리인 경우에는 등기·등록시를 기준으로 판단한다.[286]

등기말소)를 청구한 때 피고로서는 전소판단과 달리 원고에게 소유권이 없다는 주장을 할 수 없고, 수소법원으로서도 이와 다른 판단을 하는 것은 기판력에 저촉된다.(대법원 1994. 12. 27. 선고 94다4684 판결)

284) 후소가 전소의 기판력 있는 법률관계와 정면으로 모순되는 반대관계를 소송물로 할 때는 전소의 기판력에 저촉된다. 원고의 소유권확인 판결이 확정된 뒤에 동일한 물건에 대한 피고의 소유권확인 청구는 전소의 기판력에 저촉된다. 또 甲·乙간의 확정판결로 甲 앞으로 소유권이전등기가 경료된 뒤에 乙이 다시 그 등기가 원인무효임을 원인으로 한 소유권이전등기 말소청구를 하는 것은 이미 확정된 이전등기청구권을 부인하는 것이 되어 기판력에 저촉된다.(대법원 1996. 2. 9. 선고 94다61649 판결)

285) 甲(원고), 乙(채무자, 소외인), 丙(수익자, 피고 1), 丁(제3채무자, 피고 2)이 있다. 乙이 丁에 대하여 채권을 갖고 있는데, 그 채권을 丙에게 채권양도를 했다. 그런데, 甲은 이를 사해행위로 보아 丙, 丁을 상대로 채권자취소의 소를 제기하면서 그 원상회복으로 丙이 제3채무자(丁)에게 채권양도가 취소되었다는 통지를 하도록 청구하였고, 또 乙을 대위하여 丁을 상대로 채무이행의 소를 제기하였다. 대법원은 채권자취소와 채권양도가 취소되었다는 통지를 하라는 청구는 모두 인용하면서 채권자취소는 甲과 丙사이에서만 효력이 생길 뿐 乙과 丙사이의 법률관계에는 아무런 효력이 없다며 甲과 丙사이에서만 그 채권이 채무자의 책임재산으로 취급될 뿐 채무자가 직접 그 채권을 취득하여 권리자가 되는 것은 아니므로, 甲은 乙을 대위하여 丁에게 그 채권에 관한 지급을 구할 수 없다며 기각한다고 판시하였다.

286) 대법원 1992. 10. 27. 선고 92다10883 판결(소유권에 기한 건물철거 청구의 확정판결의 기판력은 변론종결 전에 소유권이전등기청구권 가등기를 하였으나 변론종결 후에 본등기를 경료한 자에게도 미친다. 이는 전소의 소송물이 물권적 청구권인 경우이기 때문이다.) 반면 甲과 乙 사이에 乙이 채무원리금을 소정기일까지 지급하지 아니할 때에는 乙이 甲에게 계쟁부동산에 관하여 가등기에 기한 본등기절차를 이행하기로 제소전화해를 한 경우 甲이 이

소송물이 물권적 청구권일 경우에는 피고의 지위를 승계한 자는 제218조 제2항의 승계인으로 보아 기판력이 미친다. 그러나 소송물이 채권적 청구권일 경우에는 승계인으로 보지 않는다. 전자의 예로는 소유권에 기해 소유권이전등기말소 청구를 한 사안에서 원고 승소판결이 있으면 피고로부터 변론종결 후 소유권이전등기(담보물권을 설정한 자 포함)를 경료받은 자는 제218조 제1항이 정한 승계인으로 본다.(대법원 1972. 7. 25. 선고 72다935 판결)[287] 후자의 예로는 매매에 기한 소유권이전등기청구에서 승소의 확정판결 후 변론종결 후 피고로부터 소유권이전등기를 경료받은 제3자는 제218조 제1항의 승계인이 아니다.(대법원 1993. 2. 12. 선고 92다25151 판결) 토지소유자가 무단점유자에게 부당이득반환청구의 소를 제기하여 판결을 받아 확정된 경우 그 변론종결 후 토지소유권을 취득한 사람은 기판력이 미치는 변론종결 후 승계인에 해당되지 않는다.(대법원 2016. 6. 28. 선고 2014다31721 판결)

라) 당사자와 포괄적 승계인 및 변론종결 후의 승계인을 위하여 청구의 목적물을 소지하고 있는 자에게도 기판력이 미친다.(민사소송법 제 218조 제1항)

6) 기판력 저촉의 결과

Ⓐ 승소판결인 전소가 있음에도 다시 기판력의 저촉을 받는 소를 제기한 경우에는 소의 이익이 없는 것으로 보아 각하되어야 한다. 이 점을 지적하여 항변하면 본안전 항변이 된다.

Ⓑ 패소판결인 전소가 있음에도 다시 기판력의 저촉을 받는 소를 제기한 경우에는 기각한다. 그러므로 청구기각의 주장이 된다.

다. 약정의 일반적 무효요건(❷)[288]과 주장·증명책임의 분배

통상 약정(강제)이행청구를 하는 자는 약정의 성립을 주장·증명하여야 하고, 약정(법률행위)의 일반적 무효요건인 권리장애사실(❷)와 권리소멸사실(❶) 또는 권리행사저지사실(❸) 등은 상대방이 주장·증명해야 한다.(법률요건분류설적 입장) 언뜻 생각해 보면 어떤 사실을 주장하는 자는 성립요건은 물론 유효요건까지 모두 주장해야 할 것 같다. 하지만 통상 약정을 성년자, 정상인이 하고, 의사표시에 착오, 기망, 강박 등이 없이 하는 것이 일반적일 것이다. 또 특별사유-일반사유라는 기준으로 관점을 바꾸어 보면 매매사실은 특별사정이어서 그 존재를 주장하는 자가 주장·증명해야 하

로 인한 소유권이전등기를 마치기 전에 乙로부터 계쟁부동산을 매수한 것으로 하여 소유권이전등기를 마친 丙은 변론종결 후의 승계인에 해당되지 아니한다. (대법원 1992. 11. 10. 선고 92다22121 판결, 대법원 1993. 12. 14. 선고 93다16802 판결) 전소가 대물변제로 인한 소유권이전등기청구권이란 채권적 청구권이 소송물이었기 때문에 기판력이 미치지 않는 것으로 판정한 것이다.

287) 최근 선고된 대법원 2014. 10. 30. 선고 2013다53939 판결에서는 甲이 乙을 상대로 건물소유권이전등기 말소청구를 하여 승소확정판결을 받았는데 변론종결 후 乙로부터 계쟁 부동산의 소유권을 특정승계받은 丙이 甲을 상대로 위 건물의 인도와 차임상당 부당이득반환을 구하는 소를 제기하였는데, 전소의 기판력을 받지 않는다고 판시한 바가 있다. 이는 대법원의 주류적 태도와 어긋나는 판시로서 반대하는 견해가 존재한다.

288) 통상 '법률행위의 일반적 유효요건'이란 용어를 사용하고 있으나 약정이 무효가 되는 사유들로서 상대방의 항변사유가 되기 때문에 본서에서는 '약정의 일반적 무효요건'이라고 표현한다.

지만 일반사유는 거의 모든 사안에서 통용되고, 그와 같은 사정이 없다는 것이 오히려 예외적인 사정이기 때문에 상대방으로 하여금 주장·증명하게 함이 타당하다는 것임을 알 수 있다. 그래서 항변사유라고 분류한 것이다. 약정의 일반적 무효요건(❷)은 대체로 주체의 무능력, 약정의 목적에 대한 미확정, 불능, 부적법, 반사회질서위반, 약정 자체의 흠으로 구성되어 있다. 이러한 권리장애사실, 권리소멸사실, 권리행사저지사실들은 주로 민법총칙·채권총론 등에 규정되어 있다.

1) 주체에 관한 항변
① 권리무능력(무효)
② 의사무능력(무효)
③ 행위무능력(취소) : 미성년자, 피성년후견인, 피한정후견인

근대법은 모든 인간에게 권리능력을 부여하고 인권의 주체가 된다는 전제하에 형성되었다. 따라서 **권리무능력자라는 항변**을 하도록 한 것이다. 거래의 단위를 신분, 중앙가격기구에서 독자적 두뇌를 가진 인간을 단위로 한 것이다. 개개의 자연인(individual)들이 책임지고 독자적으로 자신의 이익과 손해를 잘 계산하여 합리적으로 의사결정만 하면 그 의사결정이 잘 되었는지 판단할 필요없이 그 효과의사대로 법률관계(청구권 – 의무관계)를 형성시켜 주면 결국 배분적으로 효율적이게 거래가 성사될 것이라는 믿음에 바탕을 둔 것이다. 이와 같은 근대법제의 운용역사적 경험으로 살펴볼 때 그 믿음은 부작용을 최소화하는 일부 보완법리를 개발하여 적용하면서 비교적 잘 작동하고 있었다.

그 보완법리 중에는 "자기의 행위의 의미나 결과를 합리적으로 예견할 수 있는 정신적인 능력 내지 지능"(대법원 2022. 5. 26. 선고 2019다213344 판결)이 없는 의사무능력자의 행위는 자신의 행위가 어떤 의미를 가지고 있는지 모르는 상태에서 한 행위라서 그 효력을 부인해야 한다는 법리가 있다. 따라서 의사무능력자의 행위는 무효이고, 유력한 항변 중 하나이다. 문제는 의사무능력여부는 객관적·획일적 기준이 없이 구체적인 경우에 개별적으로 판단해야 하므로 이를 확인하기 위해서는 정보비용이 많이 발생한다. 이러한 정보비용도 검색비용(search cost)의 일종으로 거래비용의 하나이며 거래의 활성화를 위해 절약해야 한다. 그런 까닭에 거의 항상 의사능력이 없는 객관적 기준을 설정하여 의사능력의 유무를 따질 필요없이 그 자의 행위는 행위무능력자의 행위로서 의사를 표시한 자(약정자, promisor) 또는 일정한 자격을 갖춘 자에 의해 취소할 수 있도록 하는 '행위능력'이란 법제도를 따로 설정한 것이다. 7세 미만의 아동이 한 행위는 대체로 의사무능력자의 행위가 될 것이지만 18세 학생은 대체로 의사능력이 있겠지만 행위무능력자로 하여 그 의사표시자나 법정대리인으로 하여금 취소할 수 있도록 한 것이다. 행위무능력자로는 ①미성년자(19세미만), ②ⓐ피성년후견인, ⓑ피한정성년후견인, ⓒ피특정후견인(피특정후견인은 행위무능력자는 아니어서 스스로 약정을 할 수 있으나 특정사안에 한정하여 후견을 받기 때문에 이곳에서 같이 설명한다.) 등[289])이 있다. 19세

---

289) 2011. 3. 7. 개정되어 2013. 7. 1.부터 시행된 현행 민법에서 과거 금치산자, 한정치산자를 피성년후견인, 피한정성년후견인, 피특정후견인으로 세분하여 규정되었다. 이들을 '제한능력자'라고도 한다.

미만인 점은 주민등록증 등을 통해 쉽게 확인할 수 있고, ②ⓐⓑ 피성년후견인, 피한정성년후견인인 사실은 의심스러울 때 해당자의 기본증명서 상의 주소지를 관할하는 '법원'에 비치되어 있는 '후견등기부'를 조회하거나 '후견인 등기 부존재 증명서'를 제출받아 쉽게 확인해 볼 수 있다.

　　미성년자는 행위무능력자이다. 따라서 <u>법정대리인이 대리하여 약정하거나</u> <u>법정대리인의 동의를 얻어 미성년자가 약정을 할 수 있다.</u>290) 법정대리인(친권자와 미성년후견인)은 원칙적으로 ①친권자인 부, 모가 공동으로 행사하고(민법 제909조), 이혼 등의 경우 친권행사자를 정할 수 있다.(민법 제909조 제4, 5, 6항) 부모는 유언을 통해 ②미성년후견인을 지정(민법 제931조, 지정 미성년후견인)할 수 있고, 일정한 자의 청구로 미성년후견인을 선임(민법 제932조, 선임 미성년후견인)할 수 있다. 만약 미성년자가 법정대리인의 동의없이 약정을 했을 때는 그 미성년자나 법정대리인은 약정을 취소할 수 있고, 취소의 의사표시와 그 도달로서 효력이 있고, 소급적으로 무효가 된다.(민법 제141조) 미성년자나 법정대리인은 상대방에게 추인의 의사표시를 하고, 도달로서 효력이 있고(민법 제143조, 제144조), 일정한 법정추인(민법 제145조)들291)이 있고, 취소권은 '추인할 수 있는 날'292)로부터 3년내, 법률행위를 한 날로부터 10년내 행사하여야 한다.(민법 제146조)

　　가정법원의 심판으로 피성년후견, 피한정성년후견이 개시된다. 피성년후견인은 성년후견인의 대리로 약정을 할 수 있을 뿐 비록 성년후견인의 동의를 얻었다 하더라도 스스로 약정을 할 수는 없다.293) 반면 피한정후견인은 원칙적으로 종국적·확정적으로 유효한 약정을 할 수 있으나 가정법원이 피한정후견인이 한정후견인의 동의를 받아야 할 약정의 범위를 정한 경우에는 그 동의를 받아야만 약정을 할 수 있다.

　　행위무능력자의 행위에 대해 상대방(promisee)을 보호하기 위해 다음과 같은 3가지 제도가 있다. ①상대방의 확답촉구권(민법 제15조, 최소할 수 있는 약정을 특정하여 1개월이상의 유예기간을 정

---

290) 법정대리인의 동의없이 미성년자는 다음 약정들을 할 수 있다. ①단순히 권리(청구권)만을 얻거나 또는 의무를 면하는 행위(경제적으로 유리하여도 매매계약, 부담부 증여, 상속승인 등은 이익만 아니라 의무도 부담하기 때문에 제외된다.), ②법정대리인, 후견인의 포괄적 동의{ⓐ처분이 허락된 재산의 처분행위, ⓑ영업이 허락된 미성년자의 그 영업에 관한 행위, ⓒ법정대리인의 허락을 얻어 회사의 무한책임사원이 된 미성년자가 그 사원자격에서 한 행위, ⓓ(법정대리인의 허락을 얻어 체결된)근로계약의 체결과 임금의 청구}, ③선행행위에 따른 후속 행위의 능력발생{ⓐ결혼한 미성년자의 행위, ⓑ대리권을 수여받은 상태에서의 대리행위), ④기타{ⓐ미성년자 자신이 법정대리인의 동의없이 한 약정의 취소행위, ⓑ(만 17세 이상 미성년자의) 유언행위}
291) 법정추인사유로는 ①<u>전부나 일부의 이행, ②(취소권자에 의한) 이행의 청구, ③경개, ④담보의 제공(담보를 제공 받음 포함), ⑤(취소권자에 의한) 취소할 수 있는 행위로 취득한 권리의 전부나 일부의 양도(제한된 권리 설정 포함), ⑥강제집행(강제집행 받는 것 포함)</u>이 있다. 위와 같은 법정추인사유들은 추인할 수 있는 때 이후, 즉 취소의 원인이 소멸한 이후에 했을 때 법정추인이 된다. 물론 법정대리인이나 후견인이 했을 때나 그 동의를 받아 했을 때는 취소의 원인이 소멸하기 전에도 할 수 있다.
292) "취소의 원인이 종료되어 취소권 행사에 관한 장애가 없어져서 취소권자가 취소의 대상인 법률행위를 추인할 수도 있고, 취소할 수도 있는 상태가 된 때"(대법원 1998. 11. 27. 선고 98다7421 판결)
293) 다음 2가지 경우에는 피성년후견인도 스스로 약정을 할 수 있다. 첫째 가정법원에서 범위를 정하여 허용을 했을 경우에는 그 범위내의 약정은 취소할 수 없다.(민법 제10조 제3항) 둘째 일용품의 구입 등 일상생활에서 필요하고 그 대가가 과도하지 않은 약정은 취소할 수 없다.(민법 제10조 제4항)

하여 추인할 것인지 여부의 확답을 촉구하여야 한다. 원칙적으로 유예기간내에 확답을 발송하지 않으면 그 약정을 추인할 것으로 본다. 다만 법정대리인에 대한 확답촉구로서 특별한 절차를 밟아야 할 사안이라면 취소한 것으로 본다.), ②상대방의 철회권(계약), 거절권(상대방있는 단독행위), ③제한능력자의 적극적 속임수에 의한 취소권의 배제(민법 제17조) 등이 있다. 이런 이유로 특히 '유동적 유효'라고 한다.

2) 약정(의사표시)의 일반적 무효요건(❷)

가) 약정(법률행위)의 목적은 (확정), (원시적 전부) 가능, 적법, 사회적 타당성이 있어야 한다.

물론 약정의 목적이 미확정되었다는 주장은 앞서 약장 자체가 미확정된 의사표시의 형태로 표시되었다는 것과는 다소 다르다. 앞서 설명한 바와 같이 의사표시가 충분히 구체적으로 표시되어야 한다. 약정의 성립을 주장하는 자인 원고측은 **주일상목행으로 특정된 약정사실**을 주장·증명하여야 한다. 하지만 약정의 목적의 미확정, (전부) 가능, 적법, 사회적 타당성은 매우 일반적인 요건이기 때문에 상대방이 약정당시 약정의 목적이 미확정된 상태였다거나 (원시적 전부)불능으로 인한 무효,[294] 위법(강행규정 중 효력규정 위반)하여 무효, 사회적 타당성을 잃은 반사회질서위반행위라는 무효를 항변사유로 주장·증명할 책임이 있다.

약정의 목적은 확정되어 있거나 확정할 수 있어야 한다. 따라서 약정당시 약정의 목적이 확정 가능성조차도 없었다면 무효이다.

불능은 원시적 전부 불능만을 일컫는다. 따라서 원시적 일부 불능일 경우에는 불능인 일부에 대해서는 무효인 것은 당연하지만 나머지 부분에 관해서는 민법 제137조의 적용을 받아 원칙적으로 약정 전부가 무효이지만 그 무효 부분이 없었더라도 약정을 했으리라고 인정될 때는 나머지 부분은 유효한 약정이 된다. 후발적 불능(약정 성립 당시에는 불능이 아니었으나 그 이후 불능으로 된 불능을 지칭한다.)일 경우에는 뒤에서 설명하는 채무불이행 중 이행불능의 법리의 적용을 받게 된다. 원시적 불능은 물리적으로 판단하여서는 안 되고, 사회통념에 의해 결정하여야 한다.

특히 단지 강행법규에 위반했다는 사유만으로는 위법하여 무효가 되지 않고 그 강행법규가 단속규정을 넘어 효력규정에 해당될 때만 무효가 된다. 강행법규 중 단속규정인지 효력규정인지는 법문상 명시적으로 규정[295][296]되어 있는 경우도 있지만, 그렇지 않다면 다양한 고려요소들을 검토한

---

294) 원시적 불능은 약정자체가 무효로서 약정자는 계약체결상의 과실책임을 부담한다.(민법 제535조), 하지만 후발적 불능일 경우 강제이행청구권에 대하여는 항변사유가 되나 결국 채무불이행에 의한 손해배상청구권을 부담하게 된다.

295) 『부동산 거래신고 등에 관한 법률』 제11조 제6항: "제1항에 따른 허가를 받지 아니하고 체결한 토지거래계약은 그 효력이 발생하지 아니한다.", 『부동산 실권리자 명의등기에 관한 법률』 제4조 제2항: "명의신탁약정(약정자와 상대방)에 따른 등기로 이루어진 부동산에 관한 물권변동은 무효로 한다." "다만, ... 명의수탁자(명의신탁약정의 상대방)가 어느 한쪽 당사자가 되고 상대방 당사자는 명의신탁약정이 있다는 사실을 알지 못한 경우(선의)에는 그러하지 아니하다."라고 규정하여 명시적으로 이들 규정에 위반한 약정은 무효임을 선언하고 있다.

296) 실무계에는 명의대여가 널리 이루어지고 있다. 그래서 관련 법률의 명문으로 대여를 금지하면서 그 대여계약 자체를 무효로 하는 규정이 많다. 광업권의 대차(광업법 제8조, 제11조) 어업권의 임대차(수산업법 제33조), 금융투자

끝에 법규가 정하는 내용의 실현을 완전히 금지하려는 것이면 효력규정으로 인정되고, 단순히 일정한 행위를 하는 것을 금지하려는 경우에는 단속규정을 인정할 수 있다.(대법원 2010. 12. 33. 선고 2008다75119 판결)[297)298)]

반사회질서 위반한 약정은 무효이다. 약정으로 발생하는 청구권과 의무(첩계약, 살인계약 등)가 반사회질서 위반이 되거나 그 청구권이나 의무가 반사회질서 위반까지는 되지 않으나 금전적 대가와 결부시키거나(증언대가로 통상 수준을 넘는 대가의 지급을 약정), 법률적으로 이를 강제하거나(과도한 위약벌약정), 반사회질서 위반의 조건을 붙이거나(변호사 수임계약에서 뇌물공여 로비 자금이 포함되어 있다고 볼 정도의 수수료약정) 함으로써 반사회질서 위반 무효가 된다. 특히 동기의 불법(도박자금 차용행위 등)의 경우에는 "표시되거나 알려진[299)] 반사회질서 위반 동기"인 경우에는 무효가 된다.

나) 민법총칙상의 각종 무효사유
- Ⓐ①반사회질서위반 무효 (민법 제103조)
- Ⓐ②불공정거래행위 무효 (민법 제104조)
  ⓐ표의자의 궁박, 경솔, 무경험, ⓑ급부 사이의 현저한 불균형을 요건으로 한다.
- Ⓑ①통모허위표시 무효 (민법 제108조)
  ⓐ허위표시(진의와 표시상 추단의사의 불일치), ⓑ상대방(promisee)의 통모(표의자와의 의욕)한 사실이 있어야 한다. 제3자(수익자, 전득자)의 악의를 증명하여 제3자에게도 무효를 주장할 수 있다.
- Ⓑ②비진의 의사표시 무효 (민법 제107조)
  ⓐ비진의 의사표시(진의와 표시상 추단의사의 불일치)[300)], ⓑ상대방(promisee)의 악의 또는

업자의 명의대여계약(『자본시장과 금융투자업에 관한 법률』 제59조), 문화재수리업의 명의대여약정(『문화재 수리법』제21조) 등이 있다.

297) "그 판단에 있어서는, 당해 금지규정의 배경이 되는 사회 경제적·윤리적 상황과 그 추이, 금지규정으로 보호되는 당사자 또는 이익, 그리고 반대로 그 규정에 의하여 활동이 제약되는 당사자 또는 이익이 전형적으로 어떠한 성질을 가지는지 또 그 이익 등이 일반적으로 어떠한 법적 평가를 받는지, 금지되는 행위 또는 그에 기한 재화나 경제적 이익의 변동 등이 어느 만큼 반사회적인지, 금지행위에 기하여 또는 그와 관련하여 일어나는 재화 또는 경제적 이익의 변동 등이 당사자 또는 제3자에게 가지는 의미 또는 그들에게 미치는 영향, 당해 금지행위와 유사하거나 밀접한 관련이 있는 행위에 대한 법의 태도 기타 관계 법상황 등이 **종합적으로 고려**되어야 한다." 따라서 원칙적으로 **윤리적 비난가능성이 크면 효력규정**으로 보고, 그 외 일정한 국가 목적을 달성하기 위한 금지일 때는 단속규정일 확률이 높다.

298) 법령에 명문으로 그 효력을 부인하는 규정이 없어도 위 각주와 같은 사정을 고려하여 효력규정으로 해석하여 위반된 약정을 무효로 하는 경우가 있다. 주무관청의 허가 없이 행한 공익법인의 기본재산 처분행위(공익법인법 제11조 제3항에 의해 금지되어 있으나 무효로 하는 규정은 없는데도 대법원 2005. 9. 28. 선고 2004다50044 판결로 효력규정 위반의 무효로 보았다.), 그 외 임대차계약에 관해서는 농지임대차계약(농지법 제23조)이 대법원 2017. 3. 15. 선고 2013다79887·79894 판결에 의해 무효로 되었다.

299) 대법원 1984. 12. 11. 선고 84다카1402 판결

300) 근로자의 일괄사직서 제출행위는 비진의 의사표시를 인정하였고(대법원 1991. 7. 12. 선고 90다11554 판결) 공무원의 일관사표 제출행위(사인의 공법행위)에 관해서는 민법 제107조가 사인의 공법행위에는 적용되지 않는다며 비진의 의사표시를 부인하였다.(대법원 1992. 8. 14. 선고 92누909 판결)

과실이 있어야 한다. 제3자(수익자, 전득자)의 악의를 증명하여 제3자에게도 무효를 주장할 수 있다.

ⓑ①②와 관련하여 차명대출과 통모허위표시, 비진의의사표시의 성립과 관련하여 대법원 판례가 일관되지 않다. "금융기관이 명의대여자에게는 책임을 묻지 않을 것을 양해하면서"라는 표현으로 통모허위표시, 비진의의사표시의 성립을 인정한 판례(대법원 1996. 8. 23. 선고 96다18076 판결, 1999. 3. 12. 선고 98다48989 판결, 2001. 2. 23. 선고 2000다65864 판결, 대법원 2001. 5. 29. 선고 2001다11765 판결 등)가 있는가 하면 명의대여자는 법적 효과의 귀속을 인정하면서 금융기관에 채무부담의 의사를 표시한 것이고, 대출금을 수령하고 상환하는 경제적 효과는 명의차용자에 귀속시키려는 것으로 통모허위표시, 비진의 의사표시의 성립을 부정하기도 한다.(대법원 1997. 7. 25. 선고 97다8403 판결, 1998. 9. 4. 선고 98다17909 판결, 2003. 4. 8. 선고 2002다38675 판결, 대법원 2003. 6. 24. 선고 2003다7357 판결 등) 판례가 주목하는 사실들은 ⒜명의대여자에 대한 신용조사 실시여부, ⒝대출계약이 금융기관 사무실에서 체결되었는지 다른 장소에서 체결되었는지 여부, ⒞명의대여자와 명의차용자가 가족 또는 친족관계인지 여부, ⒟금융기관의 의사표시가 대표자 또는 대출업무를 관장하는 자에 의해 행해졌는지 여부, ⒠금융기관이 단순히 명의대여 사실을 소극적으로 용인하는 정도를 넘어 적극적으로 상담하고 관여하는 정도인지에 따라 달라지고 있다.

　　다) 민법총칙상의 각종 취소사유[301]
　　－ Ⓐ앞서 든 행위무능력자(미성년자, 피성년후견인, 피한정성년후견인)
　　－ Ⓑ①사기·강박에 의한 의사표시의 취소 (민법 제110조)
　　　　ⓐ기망행위{⒜기망의 고의, ⒝기망행위, ⒞기망행위의 위법성} 및 강박행위{⒜강박의 고의, ⒝강박행위, ⒞강박행위의 위법성}가 있고, ⓑ그로 인한 의사표시(인과관계의 존재)가 있으면 취소할 수 있다.
　　악의의 제3자(수익자, 전득자)에 대해서도 무효를 주장할 수 있다.
　　－ Ⓑ②착오에 의한 의사표시의 취소 (민법 제109조)
　　[착오로 인한 취소 주장의 요건사실]
　　　　ⓐ약정자의 착오{(표시되거나, 악의 또는 과실인) 동기의 착오, 내용(의미)의 착오, 표시행위(전달 포함)의 착오} ⓑ중요부분이어야 한다. 중요부분여부는 표의자의 관점에서 그 착오가 없었더라면 그런 의사표시를 하지 않았을 것이라고 인정(주관적 요건)되면서도 일반인의 관점에서 그 착오가 없었더라면 그런 의사표시를 하지 않았을 것이 인정(객관적 요건)되어야 중요부분의 착오가 있었다고 인정된다.
　　[항변사실] ①표의자의 중과실, ②착오로 인한 취소가 신의칙에 위반(상대방이 착오자의 진의에 동의하는 경우에도 착오취소를 하면 신의칙에 위반된다는 항변을 할 수 있다.)된다는 항변을 할 수 있다.
　　[재항변사실] ①에 대해서는 표의자가 중과실이어도 상대방이 '알고 이용한(악의)' 경우에는 재

---

301) 앞서 든 주체의 취소사유인 행위무능력자(미성년자, 피성년후견인)의 약정까지 포함하여 취소사유들을 정리해 기억하고 있어야 한다.

항변할 수 있다.

악의의 제3자(수익자, 전득자)에 대해서도 착오를 이유로 한 취소의 무효주장을 할 수 있다.

3) 객체[302]에 관한 사항

약정의 객체와 관련된 항변사유로는 첫째 원시적 (전부) 불능일 경우에는 약정이 처음부터 무효이고 다만 계약체결상의 과실만 부담(민법 제535조)[303]하기 때문에 강제이행청구에 대한 항변이 될 수 있다. 둘째 후발적 불능일 때도 강제이행청구의 항변사유가 된다. 다만 후발적 불능은 소위 이행불능으로 채무불이행에 의한 손해배상청구권이 발생하게 된다. 좀 더 구체적인 설명이지만 약정 불이행에 따른 강제이행청구를 당하였을 때 급부 중 소위 "하는 채무"로 분류된 것 중 성질상 간접강제에 의한 강제집행조차 인정되지 않는 경우에는 이를 들어 항변할 수 있다. 나아가 일정한 거래금지물품을 거래목적으로 하는 약정도 그 효력이 없다. 거래금지품목(금제품)으로는 마약, 총기류 등을 들 수 있다.

4) 무권대리 및 대리권남용

대리인은 본인을 대리(대리행위는 ⓐ현명[304]하여, ⓑ대리행위로 인한 의사표시로 나뉜다.)하여 상대방에 의사표시를 하여 약정할 수 있다. 대리인으로는 법정대리인과 임의대리인이 있다. 법정대리인은 일정한 지위에 있거나(부부의 일상가사대리권, 친권자) 지정권자의 지정으로 선임되는 지정 법정대리인과 가정법원의 선임으로 되는 선임 법정대리인이 있다. 법정대리권의 범위는 관련 규정의 해석으로 결정된다. 임의대리인은 수권행위로 인하여 선임되는데 주로 위임장이 작성된다. 임의대리권의 범위는 수권행위에 의하여 결정된다. 민법 제118조에 의하면 보존행위는 원칙적으로 할 수 있고, 이용 및 개량행위는 물건이나 권리의 성질이 변하지 않은 범위에서만 할 수 있다.

수권행위가 없이 대리행위를 하였거나 대리권 소멸 후에 대리행위를 하였거나, 수여된 대리권의 범위를 넘어 대리행위를 하였을 경우에는 무권대리라 하고, 무권대리로 인한 무효주장은 약정의 무효를 주장하는 자가 하나 약정의 상대방은 ⒜유권대리라는 점을 증명거나, ⒝4가지 표현대리 중 어느 하나를 주장·증명하거나, ⒞(명시적·묵시적) 추인을 주장·증명하여 항변을 할 수 있다. ⒜과 ⒝⒞사이에는 주위적·예비적 주장의 관계에 있고, ⒝4가지 표현대리 주장간이나 ⒝와 ⒞주장 사이에는 선택적 주장의 관계에 있다. 상대방이 하는 ⒝4가지 표현대리 주장(항변)에는 ⓐ대리권 수여의 의사표시에 의한 표현대리(민법 제125조), ⓑ월권 표현대리(민법 제126조), ⓒ대리권 소멸 후의 표현대리(민법 제129조), ⓓ대리권 수여의 의사표시와 그 월권 표현대리가 있다.

---

302) 약정과 관련하여 종래 학자들은 채권의 객체는 인간의 작위·부작위, 즉 급부라고 설명하고 있다.

303) 민법 제535조에 따르면 원시적 불능을 목적으로 계약을 체결하면 계약은 무효이고, 다만 책임있는 자는 신뢰이익을 배상할 의무를 부담하게 된다.

304) 현명행위는 "매수인 甲, 대리인 乙 (인)"이라고 표기하고 乙의 인장을 날인하는 방식으로 이루어진다. 이에 반하여 대행은 "매수인 甲 (인)"이라고 하여 乙이 보관하고 있던 甲의 인장을 날인하는 방식으로 이루어진다. 이에 반하여 "매수인 乙 (인)"이라고 하여 乙의 인장을 날인한 경우에는 민법 제115조 단서에 의하여 상대방이 대리인으로서 한 것임을 알았거나 알 수 있었을 경우에는 유효한 대리행위가 될 수 있다.

더 나아가 본인은 대리인의 대리행위를 대리권남용이라고 주장하여 무효화할 수도 있다. 대리권남용의 주장은 ⓐ현명대리로 인한 의사표시, ⓑ대리인 및 제3자의 이익을 위한 대리권의 행사, ⓒ상대방의 악의 또는 과실을 주장·증명하는 방식으로 한다.(대법원 1987. 7. 7. 선고 86다카1004, 민법 제107조 유추적용설이라고 함) 위 대법원 판례의 이러한 태도에 의할 때 대리권남용을 악의의 제3자에게도 주장할 수 있는 것으로 보아야 한다.

5) 대표권제한 위반 및 대표권 남용

대표행위는 기본적으로 법인, 단체 등이 의사결정기관에 의해 한 결정된 의사를 대외적으로 의사표시하는 것을 일컫는다. 물론 대표행위는 이보다 좀 더 포괄적이어서 법인, 단체 등의 내부적 업무집행행위와 법인, 단체 등의 사소한 의사결정도 스스로 하여 이를 대외적으로 표시하는 행위까지를 포함하고 있다. 자연인의 의사결정은 양심의 자유(헌법 제19조)영역 범위내에 속해 법적 통제의 대상이 되지 않으나 법인, 단체의 의사결정은 기본적으로 의사결정기관에 의해 투표{투표에는 단순다수결(pluralty vote), 과반수(majority vote), 절대과반수(super majority vote), 만장일치(unanimous rule) 등의 방법이 있다.}를 통해 결정하게 된다. 투표권은 지분투표(share voting)의 경우 지분크기만큼, 1인1표(1 person 1 vote)의 경우에는 일정한 지위를 가지면 1표의 투표권을 갖게 된다. 지분투표방식이 1인 1표방식보다 대체로 효율적인 의사결정을 하게 하는 것으로 알려져 있다. 다만 지분투표방식도 과거의 투자크기에 비례하여 투표권의 크기를 부여하고, 이에 기하여 미래의 의사결정을 하기 때문에 지배주주 등의 사익추구와 같은 일정한 왜곡이 일어날 여지가 있다. 그렇다 하더라도 1인1표와는 달리 투표결과에 의한 손실을 어느 정도 부담하게 됨으로써 부족하나마 효율적인 투표권 행사의 유인은 존재한다. 이런 측면에서 1인1표는 인간이 평등하다는 민권의 신장과 더불어 민주주의 달성에 기여하기는 하지만 효율적인 의사결정이란 측면에서 일정한 제도적 수정이 필요한 투표제도라 할 것이다.

우선 법인과 단체는 권리능력에서 제한이 있다. 그래서 권리능력이 인정되지 않는 범위내에서 대표자에 의한 대표행위는 그 자체로서 효력이 없다.(무효) Ⓐ법인, 단체는 ①성질상 권리능력이 인정되지 않는 경우(인체 등 존재로 말미암아 인정되는 권리능력의 경우), ②법령상 권리능력이 인정되지 않는 경우, ③정관상의 목적에 어긋나서 권리능력이 없는 경우(정관상의 목적에 직·간접적으로 필요한 행위는 권리능력을 인정하고 있기 때문에 ③을 이유로 권리능력이 부인되는 경우는 거의 없다.)가 있다. 나아가 법인, 단체의 권리능력이 인정된다 하더라도 대표자가 대표권제한에 위반하여 대표권을 행사한 경우에는 Ⓑ①상대방이 선의·악의 불문하고 그 효력 없는(무효) 경우와 Ⓑ②상대방이 악의 또는 (중)과실이 있는 경우에만 무효가 되는 경우가 있다. 구체적으로는 다음 표[305]를 참조하기 바란다.

일단 주식회사를 중심으로 설명해 보자. 주식회사의 경우 주주총회, 이사회에서 결정된 의사를

---

305) 본서 283면, 284면 표 참조.

대표이사가 대표행위를 통해 의사표시를 하게 된다. 공유, 조합 재산인 합유물, 총유물에 관해서는 보존, 관리, 처분의 구분에 따른 의사결정원리가 잘 정립되어 있는 반면 주식회사는 단독으로 소유하면서 보존, 관리, 처분의 구분 없이 주주총회, 이사회에서 일반결의(상법 제368조 제1항, 출석 의결권의 과반수 및 발행주식총수의 4분의 1이상 찬성), 또는 특별결의(상법 제374조 제1항, 제434조, 영업의 전부 또는 일부 양도, 영업의 전부 임대, 경영위임, 손익공유계약 체결 및 변경 또는 해약, 영업에 중대한 영향을 끼치는 영업 전부 또는 일부의 양수, 정관의 변경; 출석 의결권의 3분의 2이상, 발행주식총수의 3분의 1이상 찬성)에 따라 의사결정을 하고, 대표기관은 이에 따른 의사표시를 하게 된다. 만약 대표이사가 주주총회의 결의사항인데도 그 결의를 받지 않고 대표행위를 하면 상대방의 선의·악의를 묻지 않고 그 효력이 없다.(Ⓑ①원칙이 적용됨)(대법원 2012. 4. 12. 선고 2011다106143 판결[306]) Ⓑ②기타 상법령, 정관 등에 의한 대표권제한을 위반하여 대표이사가 한 약정은 ①법령, 정관에 의한 대표권 제한, ②위반하여 대표행위, ③상대방의 악의 또는 중과실이 있는 경우(위 ①②③은 대표권제한 위반 항변의 요건사실임)에만 그 효력이 없다. 최근 선고된 전원합의체 판결(대법원 2021. 2. 18. 선고 2015다45451 전원합의체 판결)에서 종래 "③상대방의 악의 또는 과실"이란 요건을 표현대표이사, 표현지배인과 같이 ③악의 또는 중과실이란 요건으로 판례변경을 하였다. 그 결과 대표권 제한위반으로 무효가 되는 요건이 강화되어 거래의 안전이 더 확보되게 되었다.

한편 ⓒ대표권 남용행위는 대리권 남용행위처럼 민법 제107조 비진의의사표시를 유추적용하여 ①대표행위, ②대표기관, 또는 제3자의 이익을 위하여 약정을 하였고, ③상대방의 악의 또는 과실 있음을 주장·증명하여 그 무효를 주장할 수 있다. 물론 이때 악의의 제3자(수익자, 전득자)에게도 대표권 제한위반으로 인한 무효를 주장할 수 있다.(대법원 2018. 4. 26. 선고 2016다3201 판결) 주식회사의 경우 대표권제한 위반과 달리 대표권 남용행위는 아직 ③상대방의 악의 또는 과실이란 요건으로 구성되어 있음에 주의할 필요가 있다.

이상 무효사유들을 잘 정리해 보면 결국 부존재·무효·취소·해제/해지·무권대리(대리권 남용)·대표권 제한 위반으로 분류할 수 있다.

Ⅳ. 채무불이행에 의한 손해배상청구권

약정 불이행의 경우 ① 이행지체 ② 이행불능 ③ 불완전이행 중 어느 하나인지를 잘 검토하여야 한다. 그 중 하나에 해당된다면 (1) 계약을 유지하면서 Ⓐ약정(강제)이행청구 및 손해배상청구를 하거나 Ⓑ손해배상청구만 할 수 있고, (2) 계약을 해제·해지한 후 Ⓐ원상회복청구 및 손해배상청구를 하거나, Ⓑ손해배상청구만을 할 수 있다. 이행지체로 인한 강제이행청구와 손해배상청구와의 관계는 다음 표와 같다. 같은 손해배상청구라고 하지만 강제이행청구 또는 원상회복청구와 함께 청구

---

306) 위 대법원 판례의 사안은 주주총회의 특별결의(상법 제374조 제1항 제1호) 없이 영업용 중요자산인 공장부지를 매각한 사안으로 "위 상법의 규정은 효력규정으로서 이에 위반한 처분행위는 상대방의 선·악의를 불문하고 무효"라고 판시하였다.

하는 손해배상청구는 지연손해금 정도의 손해배상청구이지만 손해배상청구만 할 때는 이행이익 전체를 구하는 전보적 손해배상청구가 된다.

	이행기 도과전		이행기 도과	
	이행기 전	이행기	해제 · 해지 전	해제 · 해지 후
주는 채무	(장래이행의) 강제이행청구	①약정강제이행청구	Ⓐ①약정강제이행청구 ＋ ②손해배상청구(지연배상)	Ⓐ①원상회복청구 ＋ ②손해배상청구(지연배상)
			Ⓑ손해배상청구(전보배상)	Ⓑ손해배상청구(전보배상)
하는 채무	불가능	불가능	Ⓑ손해배상청구(전보배상)	Ⓑ손해배상청구(전보배상)

전부배상으로서의 손해배상청구의 경우 손해액의 산정은 차액설을 적용하여 원칙적으로 이행이익(expectation interest)으로 산정한다. 약정이 이행되었더라면 있었을 상태는 약정에 의한 급부형태로 이미 특정해 두었기 때문에 불법행위로 인한 손해배상청구의 차액설에 의한 손해액의 산정시보다 훨씬 쉽게 특정할 수 있다.

V. (급부) 부당이득반환청구권

약정의 과정에서 각종 급부를 하게 된다. 그런데 약정이 부존재·무효·취소·해제/해지·무권대리(대리권 남용)·대표권제한 위반 등으로 그 효력을 잃게 되면 급부는 법률상 원인을 잃게 되고 공평의 관점에서 그 이득을 급부를 한 자에게 되돌려 주어야 한다. 그래서 부당이득반환청구권이 인정된다. 이때 이득이 손해보다 크다면 손해의 범위내에서의 이득만 반환하면 된다.(대법원 2008. 1. 18. 선고 2005다34711 판결, 대법원 2006. 9. 8. 선고 2006다26328·26335 판결 등) 약정이 효력을 잃게 되는 사정은 매우 예외적인 경우이므로 그 효력을 잃었다는 사정을 주장하는 자가 주장·증명할 책임이 있다. 그래서 (급부) 부당이득반환청구권의 요건사실은 ① 이득 ② 손해 ③ 인과관계 ④ 법률상 원인 없음이 된다. ④ 법률상 원인 없음은 부존재·무효·취소·해제/해지·무권대리(대리권 남용)·대표권 제한위반 등 매우 다양한 형태라서 모의사안을 잘 살펴 급부의 원인이 없는 점을 잘 찾아내야 한다.

비채변제로 인한 급부 부당이득반환청구의 청구원인은 ❶급부부당이득반환청구권의 발생요건으로 ①ⓐ채무가 존재하지 않고(또는 채무가 존재하였으나 변제를 강제당하거나 변제거절로 인한 불이익을 피하기 위하여[307]), ⓑ변제로서 급부하였을 것, ②이득, ③손해, ④인과관계를 들수 있고, ❷부당

---

307) 대법원 1988. 2. 9. 선고 87다432 판결(회사를 인수한 자가 전기를 독점공급하는 한국전력주식회사로부터 전기공급을 받기 위하여 부득이 인수하지 않은 회사의 체납전기요금채무를 변제한 경우), 대법원 2003. 9. 2. 선고 2003다14348 판결(택지 소유 상한에 관한 법률의 위헌결정 이후에 부담금 등의 납부의무가 없음을 알면서도 압류해제거부로 인한 사실상의 손해를 피하기 위하여 부득이 부담금 등을 납부하게 된 경우), 대법원 2009. 8. 20. 선고 2009다4022 판결(임차인이 불법거주배상금을 지급하지 아니하여 아파트 분양계약을 체결하지 못함으로써 발생하게 될 사실상의 손해를 피하기 위하여 부득이 불법거주배상금을 지급한 경우) 등이 있다.

이득액을 주장·증명하여야 한다. 이러한 비채변제로 인한 급부부당이득반환청구에 대한 주요 항변 사유로는 ①변제자가 **변제당시에 채무 없음을 알고**(악의[308]로) 변제하였다는 사실(민법 제742조), ②착오로 변제한 경우에는 도의관념에 적합한 변제일 때(민법 제744조) 등이 있다.

변제기전에 변제한 경우에는 급부부당이득반환청구를 할 수 없다.(민법 제743조 본문) 다만 변제기 도래전인 사실을 모르고 변제를 한 경우에는 변제한 때부터 변제기까지의 중간이자의 반환을 청구할 수 있다.(민법 제743조 단서, 대법원 1991. 8. 13. 선고 91다6856 판결) 그러나 변제기가 도래 전인 사실을 알고 변제한 경우에는 기한의 이익을 포기하고 한 변제로서 중간이자의 반환도 구하지 못한다.(대법원 1991. 8. 13. 선고 91다6856 판결)

타인의 채무변제로 인한 급부부당이득반환청구의 경우에는 ①ⓐ채무자 아닌 자가, ⓑ자신의 채무로서, ⓒ변제한 경우에는 법률상 원인 없음이 증명된다.(민법 제745조) 이에 대한 항변사유로서 ①채권자가 선의, 즉 유효하게 변제를 받았다고 믿었을 것, ②그 믿음을 결과로서 ⓐ채권자가 증서를 훼멸하거나, ⓑ담보를 포기하거나, ⓒ시효로 인하여 그 채권을 잃었음을 주장·증명하여 항변할 수 있다. 그러면 변제자는 채무자를 상대로 구상권을 행사할 수 있다.(민법 제745조 제2항)

불법원인급여라는 항변을 할 수 있다.(민법 제746조) ①불법(반사회질서 위반)의 원인으로 재산을 급여하거나 노무를 제공하였고[309], ②급부자 측의 불법성 ≥ 수령자 측의 불법성 (반면 수령자의 불법성이 급부자의 불법성보다 현저하게 클 경우에는 급부 부당이득반환청구를 인정하고 있다. 대법원 1997. 10. 24. 선고 95다49530 판결)임을 주장·증명하여 항변할 수 있다.

수익자가 반환하여야 할 것은 '받은 이득'이다. 받은 특정물이나 대체물인 원물을 반환하여야 하고 원물을 반환할 수 없는 때에는 그 가액을 반환하여야 한다.(민법 제747조 제1항) 수익자가 처분한 경우에는 그 매매대금 전부를 반환하여야 한다. 수익자가 그 이익을 반환할 수 없는 경우에는 수익 자로부터 무상으로 그 이익의 목적물을 양수한 악의의 제3자는 원물을 반환하여야 하고, 불가능한 경우에는 가액을 반환하여야 한다.(민법 제747조 제2항) 손실의 범위내에서 이득을 반환하여야 한다.

반환받을 부당이득액은 다음과 같이 계산하여 주장한다. ①악의의 수익자, ②ⓐ받은 이득(원물) 혹은 불능시 가액, ⓑ(법정)이자, ⓒ손해배상액(주로 지연배상인 최고한 날 이후의 이득 및 이자에 대한 지연손해금)인 부당이득액의 반환을 구하거나 ②부당이득물이 금전, 대체물인 경우에는 ⓐ받은 이득(원물) 혹은 불능시 가액, ⓑ(a)증거에 의해 선의에서 악의로 된 시점을 증명한 경우에는 그 날 이후의 (법정)이자 및 지연배상금, 또는 (b)소장부본 송달일이후의 (법정)이자 또는 지연손해금의 지급을 구할 수 있다. 만약 ③부당이득물이 특정물일 경우에는 (a)현존 이득, (b)(a)증거에 의해

---

308) 과실로 알지 못하였음은 포함하지 않는다. 따라서 과실로 알지 못한 경우에는 급부부당이득반환청구를 할 수 있다.(대법원 2010. 5. 13. 선고 2009다96847 판결)

309) 불법한 계약에 의한 무효의 채권을 담보하기 위하여 저당권이나 질권을 설정한 경우에는 종국적인 급부가 아니어서 불법원인급여로 인한 반환불가의 적용을 받지 않고 말소등기를 청구할 수 있다.(대법원 1995. 8. 11. 선고 94다54108 판결) 이에 반하여 가등기담보법에 의하여 소유권이전등기가 된 경우에는 불법원인급여가 있는 것으로 보아 민법 제746조에 의하여 일정한 경우 그 말소등기를 청구할 수 없는 경우가 있다.(대법원 1989. 9. 29. 선고 89다카5994 판결)

선의에서 악의로 된 시점을 증명한 경우에는 그 날 이후의 (법정)이자 및 지연배상금, 또는 ⓑ소장 부본 송달일이후의 (법정)이자 또는 지연손해금의 지급을 구할 수 있다.

제2강 매매계약

Ⅰ. 매매대금 청구[매매계약상의 매도인의 약정(강제)이행청구]

1. 매매대금 청구의 경우 청구원인 작성에 관한 일반론

매매계약 체결사실은 주일상목행(主日相目行)으로 특정해야 하는데 실무상으로는 계약당사자(약정자), 계약일, (상대방), 계약목적물, 매매대금 등 계약내용이 포함된 매매약정을 체결하였다고 기재함으로써 이를 특정한다. 그 외 매매의 동기, 연혁, 경위, 매매대금 조달방법 등의 기재는 특별한 사정이 없는 한 기재할 필요가 없다. 또 계약서에 포함되어 있는 계약내용 중에서 소의 대상인 권리(청구권)발생요건과 무관하여 쟁점이 되지 아니하는 약정내용까지 장황하게 기재할 필요는 없다. 위와 같이 설명하여도 실제로 작성해 보기 전까지는 이 설명이 정확하게 무엇을 의미하는지 알 수 없다. 그래서 부단히 작성연습을 반복해 보는 수밖에 없다.

매매형 계약은 별도 약정이 없는 한 바로 이행기가 도래하기 때문(이행기는 '부관'이라는 표현임)에 매매대금 지급일은 요건사실이 아니다. 이 점이 반환청구가 주를 이루는 대차형 계약과 다른 점이다. 그러나 중도금·잔금지급기일을 약정했다면 그 기일이 도래하기 전에 청구하면 장래이행의 청구가 되기 때문에 이러한 제약을 피하기 위해 실무상으로는 중도금·잔금지급기일의 약정내용도 미리 기재해 둔다. 만약 매매대금에 대한 지연손해금의 지급도 함께 청구하려면 ① 매매대금의 지급일을 기재하여 그 지체로 인해 의무가 이행지체에 빠졌음을 주장·증명하여야 한다. ② 그런데 통상 매매계약은 쌍무계약이고 쌍무계약의 경우 반대급부와 동시이행의 관계에 있기 때문에 지급일 이전에 동시이행의 항변권이 소멸된 사실, 즉 ②-ⓐ-(a) 부동산의 경우 재산권이전의 이행사실이나 그 이행제공 사실을 주장·증명하지 못하거나 또 ②-ⓐ-(b) 부동산의 경우 더 나아가 민법 제587조 때문에 매매목적물의 인도사실도 주장·증명해야 비로소 매매대금의 지연손해금을 청구할 수 있다. 그리고 ②-ⓑ 동산의 경우 매매목적물의 인도사실이나 인도의 이행제공사실을 주장·증명하지 못하는 이상 지연손해금의 지급을 구할 수 없다. 이런 설명만 들어도 벌써 부동산 매매대금에 대한 지연손해금의 지급을 구할 수 있는 경우란 극히 드물다는 것을 알 수 있을 것이다. 이렇게 거듭 설명하는 이유는 실무상 부동산 매매계약에 기해 매매대금이외에도 지연손해금의 지급청구를 하기 위해서는 그 주장·증명할 사유가 대단히 많고 복잡하다는 것을 확실히 알려주기 위한 것이다. 부동산 매매계약을 체결하면서 중도금의 지급기일을 정하고 그 미지급시에는 지연손해금을 지급하겠다고 약정할 수도 있다. 그렇다고 하더라도 중도금지급기일을 도과한 채 다시 잔금지급기일이 도

래하였다면 잔금지급의무와 위 ②-ⓐ-(a)-(b)은 동시이행의 관계에 있기 때문에 잔금은 물론 중
도금지급의무도 이행지체에 빠지지 않게 된다.310) 따라서 사정이 위와 같다면 중도금에 대한 이자
지급의 약정이 있다 하더라도 중도금지급기일부터 잔금지급기일 전일까지의 중도금에 대한 약정상
이자의 지급을 구할 수 있지만 잔금지급기일 이후는 잔금은 물론 중도금에 대한 지연손해금의 지급
을 구할 수는 없다.

2. 부동산 매매계약

가. 매매대금만을 청구하는 경우(부동산 매매계약의 경우 원칙적인 소송형태이다.)

　　매매계약은 주일상목행으로 특정하여야 하는데 실무상으로는 종종 ① 매수인, ② 계약일시, ③
매도인, ④목적물, ⑤매매대금을 적시하는 방식으로 주일상목행에 의한 특정을 한다. 타인 권리의
매매가 허용된다(민법 제569조)는 점에서 매도인이 소유자란 사실의 적시는 불필요하다. 그렇다고
하여도 매매란 권리의 특정승계 수단으로 이행에 즈음하여 소유권이전등기에 필요한 제반 서류를
제공하여 매수인이 권리를 확정적으로 승계할 수 있도록 해 주어야 한다. 그렇기 때문에 매도인은
사후에라도 그 권리의 처분권을 반드시 보유하고 있어야 한다.311) 매매형 계약에서는 대금지급기한
에 관한 합의 및 그 도래사실은 매매의 본질적 요소가 아니고 부관(附款)인 특약으로서의 성격을
갖고 있다. 그래서 대금을 청구하는 자가 주장·증명할 필요가 없고, 상대방이 이행기한의 특약과
그 미도래를 주장·증명하여 항변할 부담을 진다. 이 점이 대차형 계약에서 종료시 원본 등의 반환
을 청구하는 경우와 다른 점이다.312) 다만 지체책임까지 청구할 때는 원고측이 이행기한의 특약과
그 도과사실을 같이 주장·증명하여야 한다. 그러나 반대채무의 이행 또는 이행제공도 동시이행항

---

310) 법학전문대학원 협의회 실시 2016년도 제1회 모의시험 문제처럼 매수인이 이미 지급한 계약금, 중도금에 대한 이
자지급을 주장하는 경우도 많고,(이자의 경우에는 이자지급의 약정이 없으면 청구할 수 없다.) 매수인측이 미지급
된 잔금의 지연손해금 지급을 주장하는 경우가 많다.(지연손해금의 경우에는 매수인이 이행지체에 빠져야 하는데
위와 같이 이행지체에 빠지지 않는 경우가 많아 결국 지연손해금을 청구할 수 없는 경우가 많다.) 그래서 그동안
위 두 가지 주장은 피고측의 배척되는 주장으로 많이 출제되어 왔다.

311) 매도인이 소유권, 아니라도 적어도 처분권을 확보해야 하는 시기를 중심으로 관련법리를 요약하면 다음과 같다.
첫째, 매매계약의 체결전에 소유권 등 법률상·사실상 처분할 수 있는 권리를 확보해 있으면 아무런 문제가 없다.
둘째, 매매계약 체결 후 소유권이전등기 경료하기 전까지 처분권을 취득하면 등기시 매수인에게 소유권이 특정승
계된다. (타인의 물건의 매매도 가능하기 때문에 매매계약은 유효하다.)
셋째, 매매계약 체결 후는 물론 소유권이전등기 경료시까지도 처분권을 취득하지 못하면 그 등기는 원인무효이다.
그러나 그 후에라도 이해관계 있는 제3자가 없는 경우에 매도인이 소유권 등 처분권을 취득하면 그 등기는 실체
관계에 부합하는 등기로 되어 효력이 발생한다.
이처럼 매도인이 처분권을 취득하게 되면 결과적으로 매수인은 등기취지에 따른 권리를 취득하게 된다.

312) 매매형계약이든 대차형계약이든 약정에 따른 이행을 구하는 원리는 같다. 다만 대차형계약의 경우 약정과 동시에
임차목적물, 임대차보증금, 원본 등이 인도되고 대차형계약의 종료 후 그 반환문제가 쟁점이 되기 때문에 목적물
의 인도와 이행기의 도래를 추가적으로 주장·증명할 것이 요구되어 달리 취급되는 것이다. 만약 임대차계약시 임
차목적물을 계약 후 1개월 후 인도하기로 약정하였는데 임대인이 마음을 바꾸어 이를 인도하지 않을 때 임차인이
임차목적물의 인도청구를 할 때는 이행지체 책임을 동시에 묻지 않는 이상 임대차계약체결사실만이 청구원인의
요건사실이 되는 점은 매매형계약과 차이가 없다. 실무상 분쟁이 이런 방식으로 일어나는 경우란 거의 없다.

변에 대한 재항변사유이므로 청구원인으로서의 요건사실은 아니다. 다만 최근에는 "패소하는 부분이 없도록 청구하라."는 (변호사 시험의) 답안작성 지시사항 때문에 상환이행을 구하는 청구취지로 답안을 작성해야 한다. 그래서 청구원인 사실을 기술하는 부분에서 반대채무의 이행 또는 이행제공 사실도 동시에 기재해야 할 경우가 많게 되었다. 원고가 매매계약에 기하여 그 강제이행청구로 매매대금의 지급을 구할 때는 민법 제389조의 법문언에도 불구하고 원고는 매매계약의 체결사실만 주장·증명하면 되고, 오히려 매매대금(계약금, 중도금)의 지급사실은 피고측에서 주장·증명해야 한다.(채무자설의 입장) 이상은 부동산매매계약에 기한 매매대금지급청구의 가장 원칙적인 형태이다.

	잔대금 지급청구
[부동산 매매계약에 의한] **매매(잔)대금청구**	① (부동산) 매매계약의 체결사실 [※매매예약의 경우 ①을 ①ⓐ매매예약체결 　　　　ⓑ예약완결권(일방예약 추정, 형성권)의 행사 (예약완결의 의사표시와 그 도달)] (②계약금·중도금의 수령)313) [매매잔대금지급의무가 소유권이전등기의무 및 인도의무와 동시이행관계에 있는 사실을 해결하기 위하여 채택가능한 2가지 방식] ③ⓐ(상환이행청구방식) 소유권이전등기 및 인도와 동시이행관계314)를 설시하여 청구취지에서 소유권이전등기 및 인도와 상환하여 잔대금의 지급을 구함 or 　ⓑ(이행 or 이행제공 주장·증명방식) 　　(1)소유권이전등기의 이행 or 이행제공 & 　　(2)인도의무의 이행 or 이행제공
	잔대금 + 지연손해금 지급청구
	[아주 예외적으로 잔대금 및 그 지연손해금 청구를 하려는 경우] [상환이행청구방식은 불가능하고, 이행 or 이행제공 주장·증명해야 함] ① (부동산) 매매계약의 체결사실 [※매매예약의 경우 ①을 ①ⓐ매매예약체결 　　　　ⓑ예약완결권(일방예약 추정, 형성권)의 행사 (예약완결의 의사표시와 그 도달)] (②계약금·중도금의 수령) ③(1)소유권이전등기의 이행 or 이행제공 & 　(2)인도의무의 이행 [다만, **인도의무의 "이행"사실로 주장·증명해야 하고, 민법 제587조 후문 때문에 인도 의무의 이행제공만의 주장만으로는 지연손해금 지급청구를 할 수 없다.**] ④잔대금지급 시기의 도과사실 　　(ⓐ잔대금지급기한의 약정 　　ⓑ이행기의 도과(이행지체) ⑤손해의 범위 (주로 법정이율)

---

313) 계약금·중도금을 지급받은 후 잔대금지급청구를 할 때, 계약금·중도금지급은 매매대금의 일부 변제사실로서 권리소멸사유이기 때문에 피고측이 주장·증명할 사유이다. 그렇다 하더라도 원고측이 매매대금 전부를 청구하고, 피고측에서 계약금·중도금 지급의 항변(일부변제항변)을 하여 판결함에 있어 매매대금에서 계약금·중도금을 공제한 나머지 잔대금지급을 명하는 식으로 판결하지 않고, 관행상 원고는 계약금·중도금수령사실을 진술한 다음 잔대금지급청구를 하고 있다. 그래서 잔대금지급청구에서 ②사실이 청구원인사실이 된다.

부동산 매매(잔)대금 지급청구의 기재례이다.

(매매대금만을 청구할 때 청구원인 기재례)

1. 사실관계 (매매계약의 체결, 계약금·중도금 지급)

　　원고는 2020. 7. 1. 피고 甲에게 별지목록 기재 부동산을 대금 100,000,000원, 계약금 10,000,000원은 계약당일 지급하고, 중도금 40,000,000원은 2020. 8. 1. 지급하고, 잔금 50,000,000원은 2020. 9. 1. 지급하기로 하는 내용의 매매계약을 체결하였고, 피고 甲은 계약취지에 따라 계약금, 중도금을 모두 지급하였습니다.

2. 소결론

　　그렇다면 피고 甲은 원고로부터 별지목록 기재 부동산에 관한 2020. 7. 1.자 매매를 원인으로 한 소유권이전등기를 경료받고, 그 부동산을 인도받음과 동시에 원고에게 잔대금 50,000,000원을 지급할 의무가 있습니다.

나. 매매대금 및 (이자 또는) 지연손해금을 청구하는 경우(부동산 매매계약의 경우 예외적인 소송형태이다.)[315]

　1) 동시이행항변권을 소멸시키기 위해서는 소유권이전등기의무의 이행 또는 이행제공사실을 주장·증명하여야 한다. 이때 이행의 제공은 특별한 사정이 없는 한 제한이나 부담이 없는 완전한 소유권을 이전하여 주는 것이므로 인감증명서, 위임장, 인감도장, 등기권리증 등 이외에도 근저당권 등이 설정되어 있는 경우에는 그 말소에 필요한 서류도 구비하여 이행제공하여야 한다. 위임장은 즉석에서 작성할 수 있는 서면이고, 인감도장 및 등기권리증은 보관중인 자료 또는 서류이기 때문에 그 이행준비 사실의 주장·증명에 큰 어려움이 없지만 부동산매도용 인감증명서는 관공서로부터 발급받는 것이기 때문에 이행제공일자 이전에 이미 발급받아 소지하고 있어야만 한다. 또 저당권 말소는 매도인·매수인이 할 수 있는 것이 아니라 저당권자가 할 수 있으므로 피담보채무의 변제 후 말소용 서류들을 받아 두는 등의 조치가 필요하다.

　2) 대금지급기한의 약정이 있는 경우

　　매매형 계약에서 대금지급기한의 약정은 본질적 약정이 아니라 특약에 불과하다. 그래서 상대방이 특약의 존재를 증명하여 매매대금지급청구를 저지시킬 수 있는 항변사유이나 실무상으로는 부동산 거래를 중심으로 대금(특히 잔대금)지급기한의 특약의 기재가 관행화되어 있고, 또 매매계약의 내용을 간략하게 설명하여 청구원인을 작성하고 있기 때문에 통상 대금지급기한의 특약을 원고측에서 주장하여 그에 맞추어 매매대금의 지급청구를 하고 있다.

---

314) "청구기각 부분이 발생하지 않도록" 청구하시오라는 변호사 시험 기록형 문제 작성요령에 따라 매매계약과 같은 쌍무계약에서는 반드시 반대채무와의 동시이행을 구하는 방식으로 청구취지를 작성하여야 한다. 다만 실무상으로는 특별한 사정이 없는 한 단순이행청구를 하고 상대방에서 답변서 등을 통하여 동시이행항변권을 행사하고 재판부에서 판결을 선고할 때 상환이행의 판결을 하고 있다.

315) 이 부분 요건사실 정리 표는 앞 장에 첨부되어 있다.

가) 기한이 확정기한이면 확정기한의 약정사실을 주장·증명하면 된다. 도래사실은 법원에 "현저한 사실"로 별도로 주장·증명할 필요가 없다. 이러한 사실을 청구원인사실로 기재할 때는 "잔금지급기일이 도과한 사실은 역수(逆數)상 명백하고,"라고 기재하거나 매매잔금대금 지급청구인 경우에는 생략하는 것이 더 자연스럽다.

나) 불확정기한이라면 ① 불확정기한이 도래한 사실과 ② 매수인이 일정시점에서 그 기한의 도래를 안 사실을 주장·증명하여야 하여 그 다음날부터 지연손해금을 청구할 수 있다.

다) 기한의 정함이 없는 경우에는 채권자의 이행청구를 받은 때 이행기가 도래하고, 그 다음날부터 지체책임을 부담하므로 매도인으로서는 ① 기한의 정함이 없이 매도한 사실, ② 매도인이 일정시점에서 매매대금의 지급을 청구(최고)한 사실을 주장·증명하여야 한다.

3) 인도와 과실수취권(민법 제587조)

민법 제587조 제1문에서는 인도시까지 과실수취권은 매도인에게, 제2문에서는 매수인은 매도인에게 인도받은 날로부터 이자를 지급하여야 한다고 규정되어 있다. 그래서 매매계약에서만은 매도인이 매수인에게 이행지체책임을 지우기 위해서는 목적물 인도의 이행제공한 사실만을 주장·증명하는 것으로는 부족하고 민법 제587조 특칙에 따라 매매의 목적물을 매수인에게 현실적으로 인도하였다는 사실까지 주장·증명하여야 비로소 매수인의 대금지급의무가 이행지체에 빠져 매매대금에 대한 지연손해금(민법 제587조 법문언상의 이자)을 청구할 수 있게 된다.(대법원 1995. 6. 30. 선고 95다14190 판결) 물론 매수인이 비록 목적물을 인도받았다고 하더라도 대금지급에 기한이 있는 경우에는 그 기한도과전에는 이자를 지급할 의무가 없다.(대법원 1995. 12. 26. 선고 95다33962 판결) 당사자의 합의에 의하여 제587조와 달리 규정할 수 있다. 실무상으로 잔금지급받기 전에 목적물을 인도한 경우에는 그 반대급부로 잔금에 대해 이자지급약정을 하는 사례가 많다. 이 경우 인도 후 잔금지급기일까지는 약정된 이자발생은 모두 수긍할 수 있으나 잔금지급기일 당시 소유권이전등기채무의 이행 또는 이행제공 없이 도과한 경우 약정된 이자를 계속 지급청구할 수 있는지 의문일 수 있으나 긍정적으로 보아 청구할 수 있다 해야 할 것이다. 그렇다고 하더라도 이행지체는 아니므로 지연손해금의 지급을 구할 수는 없다는 점에는 유의해야 한다.

4) 원칙적으로 원고가 손해의 발생과 그 범위를 주장·증명해야 한다.

원래 손해배상청구를 함에 있어 원고가 손해발생 원인사실은 물론 손해의 범위도 주장·증명할 책임이 있다. 그 결과 지연손해금(이행지체로 인한 손해배상청구권) 지급청구를 함에 있어 이행지체 사실은 물론 지연손해금률에 관해서도 주장·증명해야 한다. 다만 지연손해금률에 관해 약정이자율, 법정이자율과 관련되어 잘 발달되어 있는 default rule이 있다. 금전지급청구의 청구취지 작성부분에서 이 default rule을 상세하게 설명하였었다. 금전채무일 경우에는 첫째 민법 제397조(연 5%)의 특칙이 있고, 둘째 상행위로 발생한 것임을 추가적으로 주장·증명하여 상법 제54조 소정의 상사법정이율(연 6%)로 청구할 수 있다. 상행위 해당성은 ⓐ 절대적 상행위에 해당하는 점을 주장·증명하거나 ⓑ 상인인 점을 주장·증명하여 상법 제47조에 의하여 보조적 상행위인 점을 주장·증명하거나 ⓒ설비상인(상법 제5조)인 점을 주장하여 상법 제66조상의 준상행위인 점을 주장·증명하는 방식으로 한다. 특히 채권자에 상행위가 되거나 채무자에게 상행위가 되어도 되기 때문에 그 적용범위가 대단히 넓다. 셋째 법정이율을 초과하는 특약이 있는 경우 그 특약의 존재를 주장·증명하여 그 특약상의 지연손해금의 지급을 구할 수 있다.

5) 부동산 매매계약에서 잔금과 더불어 지연손해금의 지급도 구하는 경우 기재례

청 구 원 인

1. 매매계약의 체결, 계약금·중도금 수령, 매매목적물 인도, 소유권이전등기의무의 이행제공

가. 원고는 2020. 7. 1. 피고 甲과 사이에 별지 목록 기재 부동산(이하 "이 사건 부동산"이라 함)을 대금 590,000,000원에 매도하기로 하고, 계약금 60,000,000원은 계약당일 지급받은 다음, 중도금 330,000,000원은 같은 해 8. 1. 지급받고서 이 사건 부동산을 인도해 주며, 잔금 200,000,000원은 같은 해 9. 1. 소유권이전등기에 필요한 일체의 서류제공과 동시에 지급받기로 약정하였습니다. 피고 甲은 같은 해 8. 1. 원고에게 중도금 330,000,000원을 지급하고, 원고로부터 이 사건 부동산을 인도받았습니다.

나. 원고는 2020. 9. 1. 소유권이전등기 관련 서류들을 모두 마련하여 피고 甲에게 수령과 동시에 잔대금 지급을 요청하였더니 피고 甲은 인근에 자원재활용센타가 들어선다는 사실을 알았다며 잔대금지급을 거절하였습니다. 원고는 그 후로도 피고 甲에게 등기 관련서류들을 모두 교부할 준비가 되었다며 잔대금지급을 독촉하였습니다.

2. 소결론

그렇다면 피고 甲은 원고로부터 이 사건 부동산에 대한 2020. 7. 1. 매매를 원인으로 한 소유권이전등기 절차의 이행을 받음과 동시에 원고에게 잔대금 200,000,000원 및 이에 대한 2020. 9. 2.부터 이 사건 소장부본 송달일까지는 민사법정이율인 연 5%의, 그 다음날부터 다 갚는 날까지는 소송촉진 등에 관한 특례법 소정의 연 12%의 각 비율에 의한 지연손해금을 지급할 의무가 있습니다.

청 구 원 인

1. 원고는 2013. 7. 1. 피고 甲과 사이에 별지 목록 기재 부동산(이하 "이 사건 부동산"이라 함)을 대금 590,000,000원에 매도하기로 하고, 계약금 60,000,000원은 계약당일 지급받은 다음, 중도금 330,000,000원은 같은 해 8. 1. 지급받고, 잔금 200,000,000원은 소유권이전등기에 필요한 일체의 서류제공과 동시에 지급받기로 약정하였습니다. 당시 매매계약시 원고는 위 중도금을 지급받음과 동

시에 피고 甲에게 이 사건 부동산을 인도해 주기로 특약하였고, 피고 甲은 같은 해 8. 1. 원고에게 중도금 330,000,000원을 지급하였으며 원고는 피고 甲에게 위 특약의 취지에 따라 이 사건 부동산을 인도하여 주었습니다.

2. 원고는 잔금지급 이틀전인 2013. 8. 29.경 이 사건 부동산의 매도용 인감증명서를 발급받고, 인감도장, 등기권리증 등 이 사건 부동산의 소유권이전등기에 필요한 일체의 서류를 마련하여 잔금지급일인 같은 해 9. 1. 10:00경 약속장소인 00공인중개사 사무실에 나가 피고 甲을 기다렸으나 피고 甲은 아무런 연락도 없이 현장에 나타나지 않아 무려 4시간을 기다렸습니다. 본건 거래를 중개한 소외 김갑동은 당일 피고 甲에게 연락하였으나 연락이 되지 않는다며 따로 약속일자를 잡겠다고 하여 원고는 지금까지 기다렸으나 피고 甲은 차일피일 기일만 미룬 채 위 잔금을 지급하지 않고 있습니다.

3. 따라서 피고 甲은 원고로부터 별지 목록 기재 부동산에 대한 2013. 7. 1.자 매매를 원인으로 한 소유권이전등기 절차를 이행받음과 동시에 원고에게 잔대금 200,000,000원 및 이에 대한 2013. 9. 2.부터 이 사건 소장 부본 송달일까지는 민법 소정의 연 5%의, 그 다음날부터 다 갚는 날까지는 소송촉진 등에 관한 특례법 소정의 연 20%의 각 비율에 의한 지연손해금을 지급할 의무가 있습니다.

(해설 : 부동산 거래에서 중도금 지급과 동시에 부동산을 인도해 주는 일은 흔치 않다. 그래서 잔대금에 대한 지연손해금의 지급을 구하는 경우는 드물다.)

3. 매매대금 및 그 지연손해금을 함께 청구하는 경우(특히 "동산 외상대금"지급청구)

가. 일반론

만약 매매대금 지급청구에 병합하여 지연손해금의 지급도 함께 청구하려면 매매대금지급채무가 이행지체에 빠졌다는 사실을 원고가 주장·증명하여야 한다.(매매계약에서의 채무불이행 사실은 민법 제390조 적용문제로 채권자가 주장·증명해야 한다. 대법원 1998. 7. 24. 선고 98다13877 판결 등) 매매계약은 유상계약이자 쌍무계약이기 때문에 원고는 이행지체 사실을 추가적으로 주장·증명하기 위해 단지 매매대금지급채무의 이행기 도과만 주장·증명해서는 안 되고 반대채무인 재산권이전의무의 이행 또는 이행의 제공사실도 함께 주장·증명해야 하기 때문에 그 주장·증명책임이 한층 가중된다. 좀 더 상세하게 설명하면 다음과 같다.

첫째, 이행지체를 주장하는 과정에서 설명하는 매매계약의 주장은 반대채권과의 동시이행관계에 있다는 권리행사저지사실까지 포함하여 주장하게 된다.(공격방어방법의 불가피한 불이익진술) 그래서 그 동시이행항변권을 소멸시키는 사실까지 주장·증명하지 않으면 이행지체의 요건을 다 주장·증명했다고 할 수 없다.(존재효과설)

둘째, 인도할 때까지 과실수취권이 매도인에게 있기(민법 제587조 본문) 때문에 매매대금에 대한 이자 또는 지연손해금의 지급 청구는 매도인이 목적물을 인도한 후에나 할 수 있다. 그래서 매매대금에 대한 이자 또는 지연손해금의 지급을 구하기 위해서는 인도사실까지 주장·증명하여야 한다.[316] 그러나 위와 같은 원칙의 적용에 있어 동산, 부동산의 경우 거래관행이 조금 다르기 때문에 서로 다를 수 있다. 이를 항을 바꾸어 구체적으로 설명해 보자.

나. 동산의 경우 (동산의 경우는 목적물을 먼저 인도하는 '외상거래'가 많기 때문에 대부분 지연손해금의 지급도 청구할 수 있다.)

[동산 매매계약에 의한] 매매(외상)대금 및 지연손해금 청구	동산매매대금 지급청구
	① (동산)매매계약의 체결 ② 목적물의 인도 ③ 대금지급기한(시기)의 도래
	동산 매매대금 + 지연손해금 지급청구(외상거래, 동산매매의 원칙적 형태)
	① (동산) 매매계약의 체결 ② 목적물의 인도 ③ 대금지급기한(始期)의 도과[317] 　ⓐ대금지급기한의 약정 　ⓑ이행기의 도과(이행지체) 　[ⓒ반대채무의 이행 또는 이행의 제공(동산의 경우 반대채무의 이행은 위 ②의 목적물의 인도이기 때문에 이 요건이 충족되어 있을 때 지연손해금 청구가능)] ④ 손해의 범위 (주로 법정이율)

(동산의 외상거래로 인한 매매대금과 그 지연손해금을 청구할 때 청구원인 기재례 1)

청 구 원 인

1. 원고는 핸드폰 도매업을, 피고 甲은 핸드폰 소매업을 각 경영하고 있습니다.

2. 원고는 2021. 12. 1. 피고 甲에게 삼성 갤럭시 S22(GALAXY S22) 휴대폰 100대를 대금 100,000,000원에 대금지급기일은 2022. 3. 31.로 정하여 매도하고 같은 날 위 휴대폰 100대를 인도하여 주었습니다.

3. 따라서 피고 甲은 원고에게 매매대금 100,000,000원 및 이에 대한 대금지급기일 다음날인 2022. 4. 1.부터 이 사건 소장부본 송달일까지는 상법 소정의 연 6%의, 그 다음날부터 다 갚는 날까지는 소송촉진 등에 관한 특례법 소정의 연 12%의 각 비율에 의한 지연손해금을 지급할 의무가 있습니다.

---

316) 뒤에서 인도와 과실수취권 부분을 추가적으로 설명하겠다.
317) 만약 동산매매대금만 지급 청구할 때는 ③ 대금지급기한의 특약이 있다면 항변사유가 되고, 그 도래는 재항변사유가 된다.

(동산의 외상거래로 인한 매매대금과 그 지연손해금을 청구할 때 청구원인 기재례 2)
1. 사실관계
 가. 매매계약, 목적물의 인도, 대금지급기한의 약정 및 도과, 손해의 범위
  소외 김병수는 "런던가구"라는 상호로 가구판매점을 경영하고 있었는데, 당시 공무원으로 재직하던 원고 최희선은 2001. 3. 20. 소외 김병수에게 수입 목가구 1점을 대금 20,000,000원에 매도하면서 즉시 이를 인도하였고 매매대금은 1년 후인 2002. 3. 19.까지 지급하기로 약정하였습니다.
 나. 피고의 상호속용사실
  소외 김병수는 2007. 1. 15.경 피고 김병만에게 "런던가구"의 영업일체를 대금 100,000,000원에 양도하였고, 피고 김병만은 "런던가구"라는 상호로 계속 가구점을 경영하여 오고 있습니다.
2. 소결론
 그렇다면 상호를 속용하는 영업양수인인 피고 김병만은 원고 최희선에게 수입 목가구 대금 20,000,000원 및 이에 대하여 약정 매매대금지급일 다음날인 2002. 3. 20.부터 이 사건 소장 부본 송달일까지는 상법 소정의 연 6%의, 그 다음날부터 다 갚는 날까지는 소송촉진 등에 관한 특례법 소정의 연 20%의 각 비율에 의한 지연손해금을 지급할 의무가 있습니다.
(2014년 실시 제3회 변호사 시험 민사기록형 답안 중에서)

4. 매매계약의 증명방법

가. 처분문서를 통한 직접적인 증명

가장 확실하고도 널리 사용되고 있는 방법은 Ⓐ 매매계약서, Ⓑ 주문서 및 납품서 등과 같은 처분문서를 통하여 매매사실을 증명하는 것이다. 처분문서에 서명·날인이 있는 경우에는 계약서의 작성 명의인인 당사자가 그 의사에 기하여 작성한 것이란 문서의 진정성립이 추정된다(민사소송법 제358조).

나. 처분문서가 존재하지 아니하는 경우 간접증거(정황증거) 등을 통하여 증명한다. 그러나 증명상의 증명력 부족(고도의 개연성, 十中八九)의 우려가 있으므로 사회관념상 처분문서 없이 거래하는 관행이 성립될 정도의 상황이 아닌 이상 처분문서를 통하여 증명하려는 노력을 게을리하지 말아야 한다. 고액의 거래를 목격증인을 통해 증명하려면 성공할 확률이 대단히 낮다고 보아야 한다.

5. 가능한 공격방어방법

가. 일반론

약정 이행을 청구함에 대해 제기할 수 있는 항변은 대단히 많다. 앞서 설명한 바와 같이 각종 무효사유, 즉 Ⓐⓐ부존재·무효·취소·**해제/해지**·무권대리(대리권 남용)·대표권 제한 위반 사유가 있고, Ⓐⓑ채무의 이행 및 소멸사유{**변제**·대물변제·**공탁**·경(개)·상(계)·면(제)·혼(동)·소(멸시

효완성)}, Ⓐ©**동시이행항변, 기한·조건** 등 부관 등 행사저지사유 등을 들 수 있다. 이를 한꺼번에 설명하는 것은 민법총칙과 계약법(특히 채권총론 포함) 전반을 설명하는 것이 된다.

약정과 관련된 각종 항변사유들은 인정되면 대체로 소송형태가 달라지는 것들이 많다. 이점에서 권리 침해에 관하여 앞서 설명한 각종 항변사유들과 차이가 있다. 예를 들면 매매계약 해제의 항변이 이유 있으면 매매계약에 기한 매매대금지급청구를 할 수 없고 오히려 매매계약에 따라 인도한 매매목적물의 반환청구나 소유권이전등기의 말소청구를 원상회복의 방법으로 요구하여야 한다.

이곳에서는 그 중 매매대금지급 청구소송에서 빈번하게 문제되는 해제, 무권대리(대리권남용), 변제, 공탁, 조건과 기한(부관), 동시이행항변권만을 설명해 둔다.

나. 해제
1) 법정해제
가) **이행지체**를 이유로 한 경우
(1) 요건사실은 다음과 같다.

이행지체로 인한 (법정) 해제의 항변	항변	① 원고가 (주된)[318]채무의 이행을 지체한 사실 ⓐ이행기와 그 도과 ⓑ동시이행관계에 있는 반대채무의 이행 또는 이행의 제공[319] (ⓒ특히 부동산 매매계약에서는 매매목적물 인도의 이행 또는 이행제공도 필요)	
		단순 최고 후 해제의 의사표시(보통)	정지조건부 해제(=해제조건부 최고)
		②ⓐ원고에게 상당한 기간을 정하여 이행을 최고한 사실, ⓑ원고가 상당한 기간내에 이행 또는 이행의 제공을 하지 않은 사실, ⓒ해제의 의사표시를 한 사실 및 그 도달사실	②ⓐ원고에게 상당한 기간을 정하여 이행을 최고한 사실 및 최고 당시 최고기간 내에 원고의 채무가 이행되지 않을 것을 정지조건으로 하는 해제의 의사표시를 한 사실 ⓑ원고가 상당한 기간내에 이행 또는 이행의 제공을 하지 않은 사실
	재항변	① 채무불이행(이행지체)에 고의·과실이 없었음 ② 해제하기 전에 채무의 이행을 한 사실 ③ 이행(후발적)불능 [이 경우에는 다시 이행불능을 이유로 해제할 수 있음]	

---

318) 채무불이행을 이유로 계약을 해제하려면 채무불이행의 대상 채무가 주된 채무여야 하고 부수적 채무에 지나지 않는 경우에는 계약을 해제할 수 없다. 주된 채무와 부수적 채무를 구분하는 기준은 계약을 체결할 때 표명되었거나 그 당시 상황으로 보아 분명하게 객관적으로 나타난 당사자의 합리적 의사에 의하여 결정하되, 계약의 내용·목적·불이행의 결과 등의 여러 사정을 고려하여야 한다.(대법원 2005. 11. 25. 선고 2005다53705·53712 판결) 부수적 채무로는 계약당시 명시적으로 교부하기로 약정한 바가 없는 등 사유가 있는 때에는 대기환경보전법상의 배출시설설치신고에 필요한 사양서 등 서류의 교부의무는 배출시설설치계약에 있어서 그 설치업자의 주된 채무라 볼 수 없으므로, 그 의무의 불이행을 사유로 한 계약해제는 효력이 없다.(대법원 2005. 11. 25. 선고 2005다53705·53712 판결) 전대차계약을 체결한 후 중도금 수수 시에 비로소 전차보증금의 반환을 담보하기 위하여 전대인이 그 소유 부동산에 근저당권을 설정하여 주기로 약정한 경우, 전대인의 근저당권설정등기의무는 부수적 채무에 불과하여 전차인은 그 채무불이행을 이유로 전대차계약을 해지할 수 없다.(대법원 2001. 11. 13. 선고 2001다20394·20400 판결) 검인계약서상의 매매대금을 실제 대금과는 달리 매매대상 부동산의 과세표준액으로 작성하기로 한

(2) 이행지체의 모습

㈎ 이행기의 정함이 없는 경우

이행기의 정함이 없는 채무는 성립과 동시에 이행기에 있게 되지만 이행지체의 책임은 이행의 최고가 있은 다음날부터 지게 된다.(대법원 1988. 11. 8. 선고 88다3253 판결) 따라서 원고에게 채무의 이행을 최고한 사실을 주장·증명하여야 한다. 이와 같이 채무이행을 최고하였을 때는 이행지체 후 해제하기 위하여 또다시 상당한 기간을 정하여 이행을 최고할 필요가 없이 다른 요건들이 갖추어졌음을 주장·증명하여 해제할 수 있다.

㈏ 이행기의 정함이 있는 경우

확정기한과 불확정기한으로 나눌 수 있다.

확정기한이라면 확정기한의 약정사실 및 그 도과사실을 주장·증명하여 이행지체를 주장할 수 있다. 도과사실은 달력상 명백하여 민사소송법 제288조상의 (수소법원에) '현저한 사실'이어서 별도로 주장·증명할 필요가 없다.

불확정기한이라면 ① 불확정기한이 도래한 사실{ⓐ 불확정기한의 약정사실, ⓑ 그 불확정기한의 객관적인 확정(불발생으로 확정된 경우 포함)}, ② 원고(채무자)가 기한의 도래를 안 사실을 주장·증명하여 그 다음날부터 이행지체의 주장을 할 수 있다.

(3) **피고에게 원고의 채무와 동시이행관계에 있는 채무가 있는 경우에는 피고가 자기 채무를 이행 또는 이행의 제공을 한 사실을 주장·증명하여야 한다.**(매우 중요)

동시이행항변권의 존재효과설에 의하면 반대채무[320]의 이행 또는 이행의 제공사실을 주장·증명하여야 지체책임을 물을 수 있다. 이때 이행의 제공을 했는지 여부는 신의성실의 원칙에 따라 합리적으로 판정하여야 한다.(대법원 2005. 4. 29. 선고 2005다8637 판결) 현실의 제공, 간이한 제공(구두의 제공) 등도 상황에 따라 가능하니 이를 잘 이해하고 있어야 한다. 예컨대 간이한 제공으로서는 "매도인이 소유권이전등기신청에 필요한 일체의 서류를 현실로 제공할 필요는 없고, 그 서류 일체를 준비하여 그 뜻을 상대방에게 통지하여 수령을 최고함으로써 이행의 제공을 할 수 있다."(대법원 1992. 7. 14. 선고 92다5713 판결)고 판시하고 있다. 하지만 단순히 이행의 준비태세를 갖추고 있는 것만으로 부족하고, 또 아무런 준비 없이 상대방에게 수령의 최고만을 하는 것으로도 부족하

약정은 조세회피 등의 의도에서 매도인의 편의를 보아 준다는 것일 뿐 매매계약의 주된 목적을 달성하는 데 필수 불가결한 것은 아니라 할 것이므로 위 매매계약에 부수되는 의무를 규정한 것에 불과한 것이어서 그 불이행에 의하여 매매계약의 목적을 달성할 수 없게 되는 등의 특별한 사정이 없는 한 그 불이행만을 들어 매도인이 매매계약을 해제할 수는 없다.(대법원 1992. 6. 23. 선고 92다7795 판결) 등의 판례가 있다.

319) 동시이행항변권의 "존재효과설" 결과로 필요한 추가적인 요건사실이다.

320) 제공한 반대채무의 내용도 특약의 내용에 따라 확장될 수도 있다. 예를 들면 "토지의 양도로 인하여 피고가 장차 부담할 양도소득세 등 세액을 미리 산출하여 그 상당액을 적어도 잔금지급시까지 피고에게 제공하여 피고로 하여금 그 돈으로 양도소득세 등을 납부하게 하든가, 아니면 장차 양도소득세 등을 납부할 시기에 원고가 그 세액 상당액을 제공하지 아니하는 경우 그 세액 상당액에 관하여 즉시 강제집행이 가능하다는 내용의 공정증서를 작성하여 잔금지급시까지 피고에게 교부하"기로 특약을 하였는데, 원고의 위와 같은 특약상의 의무와 피고의 소유권이전등기 소요서류의 교부의무는 서로 동시이행관계에 있다고 보아야 한다.(대법원 1995. 3. 14. 선고 94다26646 판결)

다. 과거 이행제공한 사실이 있었다고 하더라도 이행의 제공이 계속되어야 이행을 제공한 것으로 판정받을 수 있다. 특히 매도인의 소유권이전등기 및 인도의무의 이행 또는 이행제공이 실무상으로 주장·증명하기가 어렵다. 소유권이전등기에 필요한 제반서류로는 매매계약서, 등기권리증, 인감도장 등은 이미 존재하고 있지만 '부동산 매도용 인감증명서'는 주민센터 등을 방문하여 발급받아 두어야 하는 것이기 때문에 반드시 이행제공일 이전에 발급받아 둔 사실이 증명되어야 한다. 나아가 매매대상 부동산상에 근저당권, 가압류 등기 등이 경료되어 있는 경우 적어도 그 말소에 충분한 제반서류들을 갖춘 채 이행의 제공을 한 사실이 증명되어야 비로소 상대방의 채무의 이행지체를 증명할 수 있다.

삼성 인수前 메디슨 관련… 대법, 원심 깨고 파기 환송
삼성측 "빌딩 넘어갈 일 없어"[321]

서울 강남구 대치동에 있는 2000억원대의 삼성메디슨 서울 사무실 빌딩. 최근 대법원은 빌딩 소유권 관련 소송에서 삼성메디슨에 불리한 판결을 내렸다. /성형주 기자

의료기 업체인 삼성메디슨이 서울 강남의 2000억원대 빌딩 소유권 관련 소송에서 져 건물을 비워줄 위기에 놓였다.

대법원 민사2부(주심 김용덕 대법관)는 메디슨이 '건물 매매 계약 해제의 책임이 있으니 계약금 등을 돌려달라'며 박기택(57) 변호사를 상대로 낸 소송에서 원심을 깨고 사건을 서울고법으로 돌려보냈다고 25일 밝혔다. 대법원은 과거의 계약 상태가 아직 유효하다는 취지로 판결, 예전에 건물을 소유했던 박 변호사의 손을 들어줬다.

사건은 삼성이 메디슨을 인수(2011년)하기 전인 2008년 벌어진 일로 삼성도 '피해자'일 수 있다. 박 변호사와 메디슨은 함께 대치동 땅 5035㎡(1523평)에 9층 빌딩을 지었다. 2008년 메디슨은 박 변호사에게 920억원을 주고 건물 전체를 사는 계약을 체결했다.

그러나 메디슨은 계약금 등 40억원을 주고 난 후 "박 변호사가 건물에 걸린 압류 해제 등 계약 조건을 이행하지 않았다"면서 공매를 거쳐 이 건물을 사들였다. 그러면서 상대의 잘못으로 계약이 해제됐으니 계약금 등을 돌려달라고 소송을 냈다. 1·2심에선 메디슨이 이겼다.

그러나 대법원은 "박 변호사에게 압류 제거 등을 이행할 의무가 있으나, 메디슨도 동시에 잔금 지급 의무를 다해야 한다"면서 "메디슨이 '잔금을 치르겠다'고 제시한 은행 대출 승인서에 문제가 있는데 원심은 이를 전혀 살펴보지 않았다"고 했다. 메디슨도 계약 의무를 다하지 못했다면 박 변호사에게 계약 해제 책임을 물을 수 없다는 것이다.

박 변호사는 "메디슨이 불법으로 건물을 뺏었다"면서 "과거 메디슨 임원들을 검찰에 사기 혐의로 고소했고, 곧 건물을 비우라는 소송을 하겠다"고 했다. 검사 출신인 박 변호사는 2011년 삼성에 메디슨 주식 4800만주를 넘긴 칸서스 사모펀드를 상대로 1786만주를 되돌려달라는 소송을 벌이고 있다.

---

321) 조선일보 2013. 8. 26.자 성형주 기자 작성의 기사를 인용한 것이다.

삼성메디슨 측은 "확정판결이 아니라 파기 환송심이 남아 있다"며 "계약 과정에 박 변호사 측의 잘못이 많아 이번 판결만으로 건물 소유권이 넘어가진 않을 것"이라고 했다.

[해설 : 쌍무계약에 있어 반대급부의 이행 또는 이행제공 없이 한 계약해제의 의사표시는 그 해제의 효력이 부인된다. 2,000억원대의 소송의 향방도 이와 같은 단순한 법리에 의해 승패가 갈린다. 이처럼 쌍무계약에서 반대급부의 이행 또는 이행제공을 주장·증명하는 일은 어렵다.]

(4) 이행의 최고

㉮ 상당한 기한을 정하여 이행할 것을 최고하여야 한다. 이때 기한을 정하지 않고 최고하였다 하더라도 최고의 효력이 없는 것은 아니고 상당한 기한이 도과하면 이행의 최고로서 그 효력이 발생한다.(대법원 1994. 11. 25. 선고 94다35930 판결) 격지자(隔地者)가 아닌 경우는 <u>통상 5일 정도의 기간을 주면 상당한 기간을 정하여 최고한 것으로 본다.</u> 격지자는 5일에 통지가 오고가는 기간을 더한 기간을 허용하였으면 족한 것으로 본다.

㉯ 과다최고하면 안 된다. 즉 과다최고의 정도가 <u>ⓐ현저하고 ⓑ채권자가 청구한 금액을 제공하지 않으면 그것을 수령하지 않을 것이라는 의사가 분명</u>한 경우에는 그 최고는 부적법하게 되고, 이에 터잡은 해제는 그 효력이 없다.(대법원 1994. 11. 25. 선고 94다35930 판결, 미지급 중도금이 260만원에 불과한데도 1,000만원 중도금의 지급을 최고한 경우에는 과다최고로 부적법하여 그 해제의 효력을 부인한 사례)

㉰ 연대채무에 대한 이행의 최고는 최고의 절대적 효력 때문에 연대채무자 전원에게 효력이 있다(연대채무에서의 이행최고의 절대적 효력). 그래도 해제의 의사표시는 연대채무자 전원에게 하여야 한다.(해제불가분의 원칙) 참고로 최고의 시효중단 효과도 일단 연대채무자 전원에게 발생하나 6개월이내에 소 제기·압류·가압류·가처분 등을 해 둔 연대채무자들에게만 시효중단의 효과가 지속된다(민법 제174조)는 사실을 명심하고 있어야 한다.

㉱ ⓐ정기행위인 경우, 기타 ⓑ지체 후의 이행이 채권자에게 이익이 없는 경우, ⓒ미리 이행하지 않을 의사를 표시한 때에는 모두 최고 없이 해제할 수 있다.

(5) '정지조건부 해제(= 해제조건부 최고)'의 의사표시의 유효성

원칙적으로 해제의 의사표시에는 조건과 기한을 붙이지 못하나, 다만 최고와 동시에 최고기간 내에 이행하지 않으면 다시 해제의 의사표시를 하지 않더라도 당연히 해제된다는 정지조건부 해제의 의사표시의 유효성을 인정하고 있다.(대법원 1992. 12. 22. 선고 92다28549 판결)

(6) **실권특약**(실권약관)**에 의한 해제**

㉮ 유효성 및 유형

이행지체에 따른 법정해제권의 발생요건을 경감하는 특약은 원칙적으로 유효하다.[322] 다만, 그

---

322) 실권조항이 약관이 아니라 특약에 불과한 경우에는 계약자유의 원칙상 원칙적으로 그 효력대로 실권된다고 보아야 할 것이다. 그래서 실권조항과 해제조건을 비교하곤 한다. 실권조항은 협의의 실권조항인 경우에는 거의 해제

특약이 약관323)인 경우에는 『약관규제에 관한 법률』 제9조 제2항 제3호에 따라 고객에게 부당하게 불이익하다고 판단될 경우에는 무효로 되기도 한다. 이런 원칙하에서 실권약관의 유형과 그 유효성을 살펴보자. 우선 실권약관의 유형은 다음과 같다.

첫째, 최고도 없이 해제의 의사표시만으로 해제할 수 있다는 방식

둘째, 최고는 물론 해제의 의사표시조차 필요 없이 사유가 발생하면 자동적으로 해제된 것으로 간주하는 특약도 가능하다.(이를 특히 '협의의 실권약관'이라 한다.)

협의의 실권약관의 경우에는 채무자에게 부당하게 불이익한 결과가 될 수 있으므로 『약관규제에 관한 법률』 제9조 제2항 제3호에 따라 무효로 되는 경우가 많다.

(나) 요건사실

실권약관에 의한 해제 항변	① 원·피고 간에 자동해제특약을 약정한 사실 ② 특약상 규정된 채무불이행 사유가 발생한 사실 　(예를 들면 매수인인 원고가 이행기가 도과하도록 잔대금지급의무를 이행하지 않은 사실 등) ③ 피고가 잔대금지급기일에 원고의 의무와 동시이행관계에 있는 자신의 의무를 이행하였거나 이행의 제공을 한 사실

중도금 미지급과 관련한 자동해제의 약정이 있을 경우에는 매수인의 중도금지급의무는 매도인의 소유권이전의무에 대하여 선이행관계에 있으므로 중도금을 미지급한 사실 자체로 매매계약은 자동해제된다.(대법원 1991. 8. 1. 선고 91다13717 판결)

(7) 재항변사유

(가) 고의·과실과 같은 귀책사유가 없었다거나

(나) 피고가 해제권을 행사하기 이전에 채무내용에 좇은 이행을 하였다거나

(다) 채무이행이 불가능(이행불능)하였다는 사실 등이 주요한 재항변 사유다.

나) 이행불능을 이유로 한 경우

(1) 이행불능으로 인한 해제의 요건사실은 다음과 같다.

이행불능으로 인한 법정해제의 항변	항변	① 매도인인 원고의 채무이행이 (후발적) 불가능한 사실 ② 해제의 의사표시를 한 사실 및 그 도달사실
	재항변	채무자인 원고가 이행불능에 고의·과실 등 귀책사유가 없음

① 매도인인 원고의 채무이행이 불가능한 사실

"사회생활에 있어서의 경험법칙 또는 거래상의 관념에 비추어 볼 때 채권자가 채무자의 이행의

조건과 유사하다. 다만 협의의 실권조항은 특정 사실이 발생한 경우에는 소급적으로 무효가 되지만 해제조건의 경우에는 특정 조건이 성취된 경우에는 장래를 향해 그 효력을 상실하는 차이가 있을 뿐이다. 해제조건이 널리 그 유효성을 인정하고 있는 이상 실권조항의 특약도 원칙적으로 그 효력을 인정하여야 할 것이다.

323) 실권이 특약인 경우에는 이를 실권조항이라고 해야 할 것이다. 그렇지만 약관의 형태로 실권조항이 포함되어 있는 경우에는 이를 실권약관이라고 하고, 『약관 규제에 관한 법률』의 적용을 받아 제9조 제2항 제3호에 의해 무효화될 수 있다.

실현을 기대할 수 없는 경우"를 이행불능이라고 한다. 예를 들면, 매도인이 목적물을 이중매매계약을 체결한 사실만으로는 이행불능이라 할 수 없고, 제3자에게 그 이전등기까지 마쳐준 경우에 비로소 이행불능이 되었다고 할 것이다.(대법원 1996. 7. 26. 선고 96다14616 판결, 대법원 1991. 7. 26. 선고 91다8104 판결) 계약 후 지상권설정등기, 근저당권설정등기를 한 경우는 이행불능에 해당된다.(대법원 1974. 5. 28. 선고 73다1133 판결) 또 제3자 앞으로 채무담보를 위하여 소유권이전등기를 마쳐주었고, 그 채무자가 채무를 변제할 자력이 없는 경우에는 특별한 사정이 없는 한 그 소유권이전등기 의무는 이행불능이 된다.(대법원 1991. 7. 26. 선고 91다8104 판결) 그러나, 가등기만을 경료해 준 경우에는 이행불능이라 할 수 없다. 이행불능에서 불능은 후발적 불능을 지칭한다. 계약성립 이전에 이미 이행이 (전부) 불가능한 원시적 (전부) 불능의 경우에는 계약체결상의 과실(민법 제535조) 또는 담보책임의 문제로 논의된다. 하자담보책임 문제는 항을 달리하여 설명하기로 한다.

② 해제의 의사표시를 하여 도달한 사실

이행지체로 인한 해제의 의사표시에서 설명한 내용들이 대체로 그대로 적용된다.

(2) 재항변

민법 제546조 법문상으로는 채무자인 매도인의 이행불능에 고의·과실과 같은 귀책사유가 있다는 사실이 추가적인 해제의 요건사실인 것처럼 보이지만, 채무의 이행은 원칙적으로 채무자가 책임지는 것이므로 이행지체의 경우와 마찬가지로 채무자인 매도인이 자신의 귀책사유가 없음을 주장·증명하여야 하므로 채무자의 귀책사유가 없다는 사실은 재항변사유가 된다.

다) 민법 제580조(또는 제581조) 하자담보책임에 기하여 계약해제를 주장할 경우[324]

(1) 권리담보책임 혹은 하자담보책임은 대표적인 매매계약의 표준적 약정(default rule)이다.

그래서 매매계약시 명시적으로 합의하지 않았다고 하더라도 법령의 의해 권리담보책임 및 하자담보책임의 이행을 청구할 수 있다. 이처럼 권리·하자담보책임은 매매계약에서 명시적 약정이 없어도 약정의 한 내용을 이루는 표준적 약정(default rule)적 성격을 갖고 있다. 따라서 매매계약서 상에 권리·하자담보책임에 관한 명시적 약정이 없어도 매매계약은 물론 각종 유상계약(민법 제567조)에 대한 권리·하자담보책임을 소송상 주장할 수 있다.

(2) 요건사실

하자담보로 인한 해제항변	항변	① 매매계약 당시 목적물에 하자가 있는 사실 다만, 매매목적물이 불특정물일 경우 민법 제581조가 적용되는데, 목적물의 하자 존재 여부가 매매목적물이 특정된 시점을 기준으로 판단하여야 한다. ② 그 하자로 인하여 계약의 목적을 달성할 수 없는 사실 ③ 해제의 의사표시를 한 사실(도달사실 포함)
	재항변	첫째, 매수인인 피고가 하자 있는 것을 알았거나 과실로 인하여 이를 알지 못한 사실 (피고의 악의 or 과실) or 둘째, 제척기간[325](안 날로부터 6개월)의 도과 사실

324) 담보책임에 관해서는 다음에 상세하게 설명하기로 한다.

위 재항변 사유 중 둘째 제척기간의 도과 사실은 직권조사사항이므로 직권발동을 촉구하는 의미밖에 없으나 마치 재항변처럼 주장할 수 있다.(대법원 1994. 9. 9. 선고 94다17536 판결, 대법원 1996. 9. 20. 선고 96다25371 판결, 대법원 1999. 4. 9. 선고 98다46945 판결, 대법원 2000. 10. 13. 선고 99다18275 판결) 각종 시험에서는 법률전문가임을 측정하는 것이기 때문에 재항변사유의 하나로서 꼭 주장해 두어야 득점할 수 있다.

2) 약정해제

가) 약정해제의 종류

약정해제사유에는 Ⓐ매매계약 체결시 해제사유에 합의(특약)하고, 그 특약상의 사유가 발생한 경우 하는 약정해제와 Ⓑ매매계약 체결시 계약금이 수수된 경우 그 계약금의 해약금적 성격에 의해 해제를 할 수 있는 경우로 나눌 수 있다.

나) 특약에 의한 약정해제(Ⓐ 경우)의 요건사실

통상 계약시 해제사유를 정해 둔다.(약정해제사유) 이때 요건사실은 다음과 같다.

약정 해제	항변	① 해제권유보의 약정(특약)을 한 사실 ② 약정상의 해제권 발생요건에 해당하는 사실(약정해제사유)이 발생한 사실 ③ 해제의 의사표시를 한 사실 및 그 도달사실
	재항변	①약정의 부존재·무효·취소·해제/해지·무권대리(대리권 남용)·대표권 제한 위반 등 사유 ②약관이라면 약관 규제에 관한 법률 제9조 제2,4,5,6호 위반 무효

---

325) 기간이 경과한 사실에 의해 권리의 변동을 초래하는 제도로 취득시효와 소멸시효 그리고 제척기간 및 출소기간제도가 있다. 물건 등 객체를 배타적 지배하는 권리는 모든 사람들이 침해하지 않을 의무를 지기 때문에 권리중심 사고를 하게 된다. 그래서 주로 취득시효제도의 적용을 받게 된다. 유일한 예외로 지상권, 지역권 등은 취득시효의 적용도 받음과 동시에 물권임에도 20년의 소멸시효의 적용을 받는다. 이 두 권리에 소멸시효를 인정한 이유는 물권이지만 지상권자와 지상권설정자, 지역권자와 지역권설정자 사이의 양자간 구조가 성립되어 있기 때문이다. 하지만 채권과 같이 채권자와 채무자 사이 양자간의 관계가 쟁점이고, 채무자측에서 이행에 초점이 맞추어져 있는 제도에는 이행이란 관념이 존재하고 이러한 의무이행 없이 상당한 기한이 경과하였을 때 이로부터 해방시켜 줄 시간적 한계를 설정할 필요가 있다. 그래서 보통법에서는 이러한 제도를 입법적으로 해결하고 그 법률의 명칭을 statute of limitation이라고 했다. 소멸에 초점이 맞추어진 것이 아니라 의무이행의 시간적 한계(limitation)에 방점이 찍혀 있는 것이다. 그래서 보통법에서는 소멸시효와 제척기간을 구분하지 않고 시간의 경과에 의해 권리의 행사를 못하도록 하거나 의무의 이행을 행할 필요가 없게 하는 제도가 발달되었다. 그런데 개념법학의 세계인 시민법계 국가에서는 채무의 이행에 초점이 맞추어진 경우에는 소멸시효라고 하지만 물권이나 형성권과 같이 의무자측보다는 권리자측에 초점이 맞추어진 각종 권리에 관해서는 이를 제척기간이라고 구분하는 것이다. 제척기간의 대상이 되는 권리는 전부 의무자측 보다는 권리자측에 초점이 맞추어진 것이다. 형성권이 대표적인 것이고, 민법 제204조, 205조, 206조에 규정된 각종 점유회복의 소에 규정된 기간제한도 점유권은 물건의 대상으로 한 권리로 침해되기 전까지 의무자가 특정되지 않는 특징을 가진 권리여서 역시 권리자 측면에 초점이 맞추어져 있는 것이다. 제척기간이 적용되는 주요 권리중 하나인 형성권은 재판상 또는 재판외 행사 가능한 형성권으로 환매권, 재산분할청구권, 법률행위취소권, 매매예약완결권 등이 있고, 재판상 행사만 가능한 형성권으로 사해행위취소권 등이 있다. 후자의 경우를 특히 출소기간이라고 한다.

다) 계약금이 수수된 경우(Ⓑ 경우) 약정해제의 요건사실

매매의 경우 다른 약정이 없는 한 당사자의 일방이 이행에 착수할 때까지 매도인은 계약금의 배액을 상환하고, 매수인은 계약금을 포기하고 각 매매계약을 해제할 수 있다.(민법 제565조 제1항)[326] 그래서 계약금이 수수된 경우 '해제'란 항변의 요건사실과 그에 대한 재항변은 다음과 같다.

| 계약금수수에 따른 해제 | 항변 | ① 매매계약 체결시 계약금을 교부한 사실
②ⓐ[매도인의 경우]계약 해제의 목적으로 계약금 배액을 현실제공한 사실 or
  ⓑ[매수인의 경우]계약금 반환청구권 포기의 의사표시를 한 사실
  ＊ 학설상으로는 매수인의 경우 ②ⓑ요건이 불필요하다는 견해가 있다. 이 요건이 필요하다는 입장에서도 계약금의 수수를 통한 계약해제를 주장하는 경우 이 요건이 묵시적으로 주장된 것으로 보기 때문에 양자사이에는 구분의 실익이 없다.
③ 매매계약 해제의 의사표시를 하고, 그 의사표시가 도달한 사실 |
| | 재항변 | ① 계약금을 해약금으로 하지 않기로 약정한 사실 또는
② 당사자 일방이 **해제의 의사표시가 있기 전에 이행에 착수**한 사실 |

위 재항변 사유 중 ② 해제의 의사표시가 있기 전에 이행에 착수한 사실은 단순히 이행의 준비를 하는 것만으로는 부족하고 이행행위의 일부를 하거나 또는 이행의 제공을 하기 위하여 필요한 전제행위를 하는 경우를 지칭한다.

이행의 착수의 예로서는 매수인이 매도인의 동의하에 매매계약의 계약금 및 중도금 지급을 위하여 은행도 어음을 교부한 경우(대법원 2002. 11. 26. 선고 2002다46492 판결) 또는 중도금 지급을 위하여 은행에 융자를 받은 경우, 공장설립부지로 사용하기 위하여 토지를 매수한 매수인에게 매도인이 자신 명의로 받아 두었던 공장설립허가 명의변경에 필요한 토지사용승낙서와 인감증명서를 제공한 경우(대법원 2005. 2. 25. 선고 2004다52392 판결) 등을 들 수 있다.

이행의 착수는 당사자 쌍방 중 일방이 그 이행에 착수하면 되므로, 재항변하는 자는 물론 그 상대방이 이행에 착수한 경우에도 해당된다.

다. 무권대리(대리권 남용)
1) 대리에 의한 매매계약을 원인으로 한 매매대금지급 청구(청구원인)
가) 주요사실이다.

항변으로서의 무권대리 주장을 설명하기 전에 매도인측이 먼저 매매계약(법률행위, 약정)이 대리로 체결되었다며 그 매매대금 지급청구를 할 때 "매수인과 매도인 사이에 매매계약이 체결되었다."라고 주장·증명해야 하는지 아니면 "丙(대리인)의 대리로 매수인과 매도인 사이에 매매계약을 체결하였다"고 주장·증명해야 하는가?란 문제에 관해 검토해 보자. 이는 '대리인에 의한 법률행위'가 주요사실인지 아니면 간접사실인지를 따지는 것이기도 하다. 일본 판례의 태도와는 달리 대한민국 대법원(대법원 1990. 6. 26. 선고 89다카15359 판결)은 "대리인에 의한 계약체결의 사실은 법률효

---

326) 계약금 교부 사실로부터 일정한 방식으로 계약을 해제할 수 있다는 일종의 표준적 합의규정이다.

과를 발생시키는 실체법상의 구성요건 해당사실에 속하므로 법원은 변론에서 당사자의 주장이 없으면 그 사실을 인정할 수 없는 것"이라고 판시하여 주요사실이라는 견해를 취하고 있다. 다만 "그 주장은 반드시 명시적인 것이어야 하는 것은 아닐뿐더러 반드시 주장책임을 지는 당사자가 진술하여야 하는 것은 아니고 소송에서 쌍방 당사자 간에 제출된 소송자료를 통하여 심리가 됨으로써 그 주장의 존재를 인정하더라도 상대방에게 불의의 타격을 줄 우려가 없는 경우에는 그 대리행위의 주장은 있는 것으로 보아 이를 재판의 기초로 삼을 수 있다."(주요사실의 간접주장)고 판시한 것이다.

　　이렇듯 대리에 의한 매매계약 체결사실을 주장할 때는 ①대리권 수여의 의사표시, ②현명대리 행위를 주장·증명하여야 한다.

[현명대리 행위]

부동산 매매계약서

1.
2.
3.

2023. 7. 1.

	매도인	甲	(인)
	매수인	**乙**	
	대리인	**丙**	**(인)**

나) 대리와 대행의 구분

　　원칙적으로 대리는 변론에서 당사자가 주장하지 않는 한 이를 인정할 수 없으나(대법원 1996. 2. 9. 선고 95다27998 판결) 대행은 주장하지 않아도 증거에 의하여 대행사실을 인정할 수 있다. 그러나 소송자료를 통하여 상대방에게 불의의 타격을 줄 우려가 없을 경우에는 대리행위란 주장이 있는 것으로 보아 재판의 기초로 삼을 수 있다는 구제판결(주요사실의 간접주장 이론)들이 다수 나오고 있어 이런 구분의 실천적 의미가 퇴색되어 가고 있다.

[만약 소송과정에서 甲과 乙이 약정(법률행위)을 했다라고 주장했다면]
－ 위 표현은 甲과 乙이 직접 약정을 했다라는 주장도 되지만,
  이때 甲의 대행인(또는 乙의 대행인)이 甲을 대행하여 약정을 했다는 주장도 포함되어 있다.
－ 그렇지만 위와 같은 표현에는 원칙적으로는 대리에 의하여 법률행위를 하였다는 취지는 포함되어 있지 않다. (소송과정에서 당사자 사이에 약정했다고만 주장할 뿐 대리에 의해 약정했다고 주장하지는 않았더라도 다른 소송자료들 중에 대리사실이 나타나 있으면 위 주장도 대리에 의해 약정을 했다는 주장으로 善解하여 주장책임을 다하였다고 보기도 한다. 이를 요건사실의 간접주장이라고 한다.)

2) 항변으로서의 무권대리(대리권 남용) 주장

가) 무권대리의 항변

| [원고측이 무권대리를 주장해야 할 경우 원칙적인 주장·증명책임의 분배]

1.(원고측) 무권대리

　(주장책임만 있고, 유권대리라는 증명책임은 피고에게 있다.[327])

2.[피고측의 답변과 항변]
　가. 답변 : 유권대리행위
　　(ⓐ대리권수여행위 ＋ ⓑ현명대리행위 중 ⓑ는 앞서 원고가 주장하였고, 피고는 ⓐ만을 증명할 책임이 있다.)
　　나. 항변(아래는 선택적 주장 관계)
　　　1) 각종 표현대리
　　　　(민법 제125조, 제126조, 제129조)
　　　2) 추인 (특히 묵시적 추인이 중요) | [원고측이 유효한 대리행위에 의한 (매매)계약으로 청구할 경우]

1. 주위적 주장 : 유권대리 (ⓐ 대리권수여행위 ＋ ⓑ 현명대리행위)
2. 예비적 주장
　가. 각종 표현대리
　　　(민법 제125조, 제126조, 제129조)
　나. 추인 (특히 묵시적 추인이 중요)
[1, 2는 주위적·예비적 주장관계
　가. 나. 는 선택적 주장관계] |

　　원래 대리권의 존부는 유권대리를 주장하는 자에게 그 증명책임이 있다.(대법원 1994. 2. 22. 선고 93다42047 판결) 대리는 현명주의의 원칙상 대리인 자격을 표시하여 법률행위를 하여야 한다. 상법 제48조에는 현명주의의 예외가 규정되어 있다.

　　나) 대리권수여행위

　　원래 대리권수여사실은 다음과 같은 방법으로 주장·증명한다.

　　첫째 위임장을 제출함으로써 대리권 수여행위를 증명할 수 있다.

　　둘째 정황증거를 통한 대리권 수여행위를 증명할 수 있다.

　　따라서 무권대리를 주장하는 원고에 대하여 대리에 의한 법률행위의 상대방(피고측)은 대리권수여사실을 증명함으로써 무권대리를 부인하고, 유권대리를 주장할 수 있다.

---

327) 원칙적으로 대리가 유효함을 주장하는 자가 대리권수여행위와 현명대리행위에 대한 주장·증명책임을 진다. 하지만 무권대리를 먼저 주장해야 할 때는 마치 소극적 확인소송과 같이 무권대리라고 주장하는 자가 상당한 정도로 무권대리행위를 특정하여 주장하면 상대방은 대리권수여행위와 현명대리행위 등을 확실히 주장·증명할 책임이 지게 된다. 다만 소유권이전등기 말소청구에서는 등기의 추정력 때문에 원고가 등기원인의 무효를 주장·증명하는 부담을 지게 된다 그래서 현명대리행위를 하였다는 사실뿐만 아니라 대리권수여행위가 없었다는 주장도 해야 한다. 이와 같이 무권대리에 관한 일반적 주장에서 더 나아가 추가적인 주장책임까지 부담하는 것은 등기의 추정력 때문이다. 그렇다고 하여도 무권대리이기 때문에 등기원인이 무효라고 주장하는 자는 현명대리행위한 사실을 주장·증명하고, 나아가 무권대리행위라고만 주장하면 되지, 대리권수여의 의사표시가 없었다는 사실까지 증명해야 하는 것은 아니다. 없다는 사실을 증명하는 것은 소위 '악마의 증명'으로 간접사실에 의한 증명만 가능하기 때문이다. 그래서 상대방은 대리권 수여사실을 주장·증명하여 무권대리 주장을 반박할 수 있다. 결국 등기의 추정력과 무권대리의 주장·증명책임의 분배원리를 조화롭게 해석하여 적용해야 한다는 것이다.

무권대리 (유동적 무효)	Ⓐ상대방이 본인을 상대로 청구할 때	청구원인 (상대방)	① 매매·소비대차·임대차 등 요건사실 ② 현명대리행위 　[원칙적으로 현명대리행위해야 하나 　ⓐ상대방이 대리인임을 악의 or 과실 　ⓑ상행위여도 됨]
		부인 (본인)	"무권대리(대리권 수여의 의사표시가 없음)"라 고 주장 (부인)
		청구원인의 선택적 추가 (상대방)	[①유권대리임을 증명라는 것은 청구원인을 보 강하는 의미임] ②아래 4종의 표현대리 주장 or ③명시적·묵시적 추인 [경우에 따라서는 소장상의 청구원인사실기술 단계부터 ①유권대리를 주위적으로, ②, ③사 유를 예비적으로 구성하여 청구원인으로 삼을 수 있다.]
	Ⓑ본인이 무권대리를 원인으로 (소유권이 전등기 말소 등) 청구할 때	청구원인 (본인)	① 매매·소비대차·임대차 등 요건사실 ② 현명대리행위 ③ "무권대리"라고 주장
		항변 (상대방)	①유권대리임을 증명 or ②아래 4종의 표현대리 주장 ③명시적·묵시적 추인
대리권남용	Ⓐ상대방이 본인을 상대로 청구할 때	청구원인 (상대방)	① 매매·소비대차·임대차 등 요건사실 ② 현명대리행위
		항변 (본인)	① 대내적으로는 대리인 본인, 제3자의 이익 ② 상대방(원고측)의 악의 or 과실
	Ⓑ본인이 대리권남용을 원인으로 (소유권 이전등기 말소 등) 청구할 때	청구원인 (본인)	① 매매·소비대차·임대차 등 요건사실 ② 현명대리행위 ③ 대내적으로는 대리인 본인, 제3자의 이익 ④ 상대방(피고측)의 악의 or 과실
		항변 (상대방)	
대표권 제한 위반 [주식회사 대표이사]	Ⓐ상대방이 본인을 상대로 청구할 때	청구원인 (상대방)	① 매매·소비대차·임대차 등 요건사실 ② 대표행위
		항변 (본인)	① 법령 및 정관상의 대표권제한 위반 ② 상대방(원고측)의 악의 or 중과실
	Ⓑ본인이 대표권제한위반으로 (소유권이 전등기 말소 등) 청구할 때	청구원인 (본인)	① 매매·소비대차·임대차 등 요건사실 ② 대표행위 ③ 법령 및 정관상의 대표권제한 위반 ④ 상대방(피고측)의 악의 or 중과실
		항변 (상대방)	

3) 4가지 표현대리(재항변)

가) 표현대리 주장방법

유권대리라고만 주장하면 법원은 대리권의 존부에 관해서만 판단하면 될 뿐 표현대리에 관하여 판단할 필요가 없다.(대법원 1983. 12. 13. 선고 83다카1489 전원합의체판결) 표현대리도 4가지 중 어느 한 가지를 특정해서 주장해야 하고, 그 주장 이외에 표현대리 사유에 관하여 판단할 필요가 없다.

나) 대리권수여의 표시에 의한 표현대리(민법 제125조)

대리행위의 상대방이 민법 제125조(대리권 수여의 의사표시에 의한 표현대리)에 의해 표현대리를 주장할 때는 그 요건사실은 ① 본인이 상대방에게 대리권 수여의 의사표시를 한 사실, ② (현명)대리행위를 한 사실, ③ 대리행위의 상대방이 대리권 의사표시를 받은 자인 사실[328] 등이 된다. 그러면 본인은 항변으로써 ④ 거래의 상대방이 대리인이라고 믿을 정당한 사유가 없었다는 사실을 주장·증명해야 한다. 판례는 정당한 사유가 없었다는 사정을 알았거나(악의) 과실로 알지 못하였다(과실)는 것으로 대체하여 주장·증명할 수 있다고 하였다. 이런 증명책임 분배는 민법 제125조의 명문의 규정에 따른 해석이다. 하지만 비슷한 법문구조를 가진 나머지 민법 제126조, 제129조의 표현대리와 주장·증명책임의 범위가 다르니 잘 기억하고 있어야 한다. 다른 이유는 본인이 적극적으로 상대방에 대리권 수여의 의사표시를 하였다면 그 상대방의 신뢰를 더 적극적으로 보호할 필요가 있기 때문이다.

[표현대리 1] 대리권 수여의 표시	⑧[329]	항변 (피고)	① (본인이 상대방에게) 대리권 수여의 의사표시 ② 표현대리인의 (현명)대리행위
		재항변	③ 상대방(표현대리 주장하는 상대방, 피고)의 악의 or 과실[330]
	Ⓐ	청구원인 or재항변 (원고)	① (본인이 상대방에게) 대리권 수여의 의사표시 ② 표현대리인의 (현명)대리행위
		항변 or 제재항변	③ 상대방(표현대리 주장하는 측의 상대방, 원고)의 악의, 과실[331]

다) 권한을 넘은 표현대리(월권표현대리)(민법 제126조)

민법 제126조(월권 표현대리)의 요건사실은 ① 기본대리권의 존재, ② 대리인이라고 자칭하는

---

328) ②, ③을 합쳐 대리인이 대리권 수여 의사표시를 받은 자와 현명하여 대리행위를 할 사실이라고 설명하기도 한다. 더 간략하게 줄여 '현명대리행위'라고만 하기도 한다.

329) 앞서 무권대리(대리권남용)·대표권제한위반 요약표에 "⑧본인이 무권대리를 원인으로 (소유권이전등기 말소 등) 청구할 때"에서의 주장구조를 설명한 것이고, 아래 Ⓐ는 "Ⓐ상대방이 본인을 상대로 청구할 때"의 경우를 지칭한다.

330) 대법원 1996. 7. 12. 선고 95다49554 판결, 본인(피고)이 상대방(원고)의 악의, 과실을 주장·증명함으로써 책임을 면할 수 있다.

331) 대법원 1996. 7. 12. 선고 95다49554 판결, 본인(피고)이 상대방(원고)의 악의, 과실을 주장·증명함으로써 책임을 면할 수 있다.

자와의 계약의 체결, ③ 제3자의 선의·무과실이다.

[표현대리 2] 월권표현대리	Ⓑ	항변 (피고)	① 기본대리권의 존재 ② 표현대리인의 월권 (현명)대리행위 ③ 상대방(주로 피고 자신)의 정당한 사유(주로 선의 & 무과실)[332]
		재항변	
	Ⓐ	청구원인, 재항변 (원고)	① 기본대리권의 존재 ② 표현대리인의 월권 (현명)대리행위 ③ 상대방(주로 원고 자신)의 정당한 사유(주로 선의 & 무과실)
		항변, 제재항변	

라) 대리권 수여의 의사표시에 의한 월권표현대리(민법 제125조 및 제126조가 병합된 형태) 판례에 의해 인정되고 있다.

[표현대리 3] 대리권수여의 표시에 의한 월권 표현대리	Ⓑ	항변 (피고)	① 대리권 수여의 의사표시 ② 표현대리인의 월권 (현명)대리행위 ③ 상대방(주로 피고 자신)의 선의 & 무과실
		재항변	
	Ⓐ	청구원인, 재항변 (원고)	① 대리권 수여의 의사표시 ② 표현대리인의 월권 (현명)대리행위 ③ 상대방(주로 원고 자신)의 선의 & 무과실
		항변, 제재항변	

마) 대리권소멸 후의 표현대리(민법 제129조)

민법 제129조(대리권 소멸 후의 표현대리)의 요건사실은 ① 대리인이 대리권을 가지고 있었을 것, ② 대리행위 당시 대리권이 소멸하였을 것, ③ 상대방이 그 대리권의 소멸사실에 대하여 선의·무과실일 것이다.

[표현대리 4] 대리권 소멸 후	Ⓑ	항변 (피고)	①ⓐ종전 대리권의 수여 및 　ⓑ소멸 ② 표현대리인의 (현명)대리행위 ③ 상대방(피고 자신)의 정당한 사유(주로 선의, 무과실)[333]
		재항변	
	Ⓐ	청구원인, 재항변 (원고)	①ⓐ종전 대리권의 수여 및 　ⓑ소멸 ② 표현대리인의 (현명)대리행위 ③ 상대방(원고 자신)의 정당한 사유(주로 선의, 무과실)
		항변, 제재항변	

---

332) 대법원 1968. 6. 18. 선고 68다694 판결.

4) 대리권남용

대리권 남용	ⓑ	항변 (피고)	① 대내적으로는 본인 or 제3자의 이익 ② 상대방(원고측)의 악의 or 과실
		재항변	
	ⓐ	청구원인, 재항변 (원고)	① 현명대리행위 ② 대내적으로는 본인 or 제3자의 이익 ③ 상대방(피고측)의 악의 or 과실
		항변, 제재항변	

5) 추인(재항변)

명시적 추인도 있지만, 실무상으로 중요한 것은 묵시적 추인이다. 묵시적 추인은 민법 제145조(법정추인)상의 각종 사유들에 의해 인정될 수 있으니 참작하기 바란다.

6) 무권대리인의 책임

타인의 대리인으로 약정한 자가 그 대리권을 증명하지 못하고, 본인으로부터 추인도 받지 못하였을 때는 상대방의 선택에 쫓아 계약의 이행 또는 손해배상의 책임을 진다.(민법 제135조 제1항)

법인의 대표자에게도 준용된다.(민법 제59조 제2항)

| 무권대리인(무권
대표자)에 대한
청구의 요건사실 | 청구원인 | ① 타인의 대리인이라는 자와 타인의 대리인이란 현명으로 계약을 한 사실
[이때 상대방(원고)는 강제이행청구 또는 손해배상청구 중 선택할 수 있음] |
| | 항변 | ①ⓐ 대리권의 존재 혹은 본인의 추인받은 사실 or
  ⓑ(1)상대방이 대리권 없음을 알았거나(악의) 알 수 있었을 때(과실) or
    (2)대리인으로 계약한 자가 행위능력이 없을 때 |

라. 변제

1) 요건사실

| 변제
(항변) | 항변 | ① 채무의 내용에 쫓은 급부가 현실 제공되고,
② 급부가 당해 채무에 관하여 행하여 질 것 [변제의사]
[만약 **채권의 준점유자에 대한 변제**였다면]
③ 변제자의 선의·무과실 |
| | 재항변 1
(변제충당) | ① 별개 채권의 존재
② 변제충당 상의 우위로 별개 채권에 우선충당된 사실
  (1)합의충당, if not
  (2)지정충당(비용－이자－원본은 적용 있음), if not
  (3)법정충당 ⓐ비용－이자－원본,
        ⓑ변제기 도래 ＞ 변제기 미도래,
        ⓒ변제이익 많음(철저하게 '변제자' 위주 판단)
        ⓓ변제기 모두 도래했으면 먼저 도래
        ⓔ안분비례 |

333) 대법원 1983. 12. 13. 선고 83다카1489 판결.

	재재항변	① 별개 채권에 발생하는 무효사유, 소멸사유, 행사저지사유 등
	재항변 2 (제3자변제 무효)	[만약 제3자가 변제하였으면] ①채무의 성질이 제3자 변제를 허용하지 않음 or ②당사자의 의사표시로 제3자 변제가 허용되지 않음 or ③ⓐ이해관계 없는 제3자 & ⓑ채무자의 의사에 반해 변제
	재항변 3 (**영수증소지자**에 대한 변제)	① 변제자의 악의, 과실

위 항변의 요건사실 중 ②의 급부와 채무의 결합사실에 관한 주장·증명책임에 대하여 채무자측 부담설과 채권자측 부담설로 나누어져 대립되고 있다. 실무상으로는 "채무의 이행으로", "채무의 변제명목으로", "채무의 변제를 위하여" 등으로 간략하게 그 결합사실을 표현한다. 결과적으로 채무자부담설적 입장을 취하고 있다. 다만 그 결합여부가 쟁점으로 되지 않는다고 판단되면 이마저도 표시하지 않고 "0원을 변제한 사실"이라고 설시하기도 한다.

2) 제3자에 의한 변제

민법 제469조에 의하면 채무의 변제는 제3자도 할 수 있다. 이해관계가 있으면 채무자의 의사에 반하여도 변제할 수 있으나, 이해관계가 없으면 채무자의 의사에 반하여 변제할 수 없다. 민법 제469조 제2항에 의하면 그 변제가 채무자의 의사에 반하는 경우에는 효력이 없다고 규정되어 있는데, 채무자의 의사에 반하는 경우는 매우 예외적인 경우이므로 그 효과를 다투기 위해서는 변제의 무효를 주장하는 자에게 주장·증명책임이 있다.(규정의 형식도 단서의 형태로 되어 있다.) 그래서 채무자(변제자)가 위 1)항 요건사실 표 중 ①, ② 두 가지 요건을 주장·증명하여 변제의 항변을 하면 채권자(변제수령자)는 다음과 같이 재항변할 수 있다.

변제항변의 요건사실	① 채무의 내용에 좋은 급부가 현실 제공되고, ② 급부가 당해 채무에 관하여 행하여 질 것
제3자 변제 불성립의 재항변	① 채무의 성질상 제3자의 변제가 허용되지 않는다는 사실 or ② 당사자의 의사표시로 제3자의 변제를 허용하지 아니하였다거나(민법 제469조 제1항 후문) or ③ⓐ**변제한 제3자가 이해관계가 없고 & ⓑ채무자(매수인)의 반대의사가 있었다는 사실**

3) 변제수령자

가) 채권자가 변제수령자이다. 다만 다음 몇 가지 경우에 채권자가 아님에도 변제를 수령할 권한이 있다. 그래서 다음 추가 사실을 주장·증명하여 변제항변을 할 수도 있다.

나) 채권의 준점유자에 대한 변제

채권의 준점유자란 진정한 채권자 등 변제수령의 권한이 있는 자가 아님에도 변제자의 입장에서 볼 때 일반의 거래관념상 채권을 행사할 정당한 권한을 가진 것으로 믿을 만한 외관을 가지는 사람을 일컫는다. 채권자의 대리인으로 행세하는 자(대법원 2004. 4. 23. 선고 2004다5389 판결), 가압류로 인하여 채권의 추심 기타 처분행위에 제한을 받다가 가압류를 취소하는 가집행선고부 판결을 선고받아 다시 채권을 제한 없이 행사할 수 있을 듯한 외관을 갖추게 된 채권자(대법원 2003. 7. 22. 선고 2003다24598 판결), 표현상속인(대법원 1995. 3. 17. 선고 93다32996 판결; 친생자관계부존재 확인의 소로 친생부인되기 전의 표현상속인) 등이 채권의 준점유자 사례에 속한다.

채권의 준점유자에 대하여 선의·무과실로 변제한 경우에는 변제로서 효력이 있다.(민법 제470조)

채권의 준점유자에 대한 변제	항변	① **채권의 준점유자에 대한 변제** ② **변제자(피고)의 선의·무과실** ③ 채무의 내용에 좇은 급부가 현실 제공되고, ④ 급부가 당해 채무에 관하여 행하여 질 것[변제의사]
	재항변	

다) 영수증 소지자에 대한 변제

영수증 소지자에 대한 변제는 변제자의 악의·과실이 없는 한 그 효력이 있다.(민법 제471조)

영수증소지자에 대한 변제	항변	① **영수증소지자에 대한 변제** ② 채무의 내용에 좇은 급부가 현실 제공되고, ③ 급부가 당해 채무에 관하여 행하여 질 것[변제의사]
	재항변	변제자의 악의·과실

결과적으로 영수증 소지자에 대한 변제자의 신뢰가 채권의 준점유자에 대한 변제자의 신뢰보다 더 보호되는 셈이다.334)

4) 일부 변제받은 후의 청구

가) 청구원인의 "조정된 요건사실"

일부 변제를 받았다는 사실을 인용하면서 그 만큼 축소하여 청구취지를 작성한 경우에는 일부 변제사실은 청구원인의 요건사실(소위 '조정된 청구원인사실')이 된다. 물론 원고측이 받아들이는 일부 변제를 초과하여 변제하였다는 주장은 (배척하는) 항변이 된다.

나) 축소 청구된 경우 일부 변제의 항변의 가부

(1) 학설

외측설, 내측설, 안분비례설로 나누어져 있다.

(2) 판례

판례는 외측설(대법원 1984. 3. 27. 선고 83다323, 83다카1037 판결)을 따른다. 외측설은 채권자가 이미 받은 변제액을 제외한 나머지 금원을 청구하고 있다는 것으로 당사자의 의사에도 합당하여

---

334) 앞서 대리권 수여의 의사표시에 의한 상대방의 신뢰를 다른 유형의 표현대리사유의 상대방의 신뢰보다 더 보호하는 법리와 비교하면서 학습할 필요가 있다.

판례의 태도가 타당하다. 그러므로 일부 변제사실을 제대로 반영하여 축소 청구된 경우에는 일부 변제의 항변을 할 수 없다.

마. 공탁의 항변, 재항변

공탁	① 공탁원인 사실 (3가지 중 어느 한 가지를 주장·증명해야 함)
	  ⓐ 수령거절
	  ⓑ 수령불능
	  ⓒ 채무자의 과실 없는 상대적 불확지(토지수용법의 경우만 채권자 절대적 불확지도 공탁 가능)
	② 공탁한 사실
	(특히 **채무 전부**에 대한 공탁이어야 한다는 점에 주의 요)
	[if 부족공탁일 경우, 위 ②를 다음과 같이 변경하여 주장·증명해야 채무일부 소멸을 주장·증명함.
	  그 외에는 공탁한 일부 포함하여 채무전부가 전혀 소멸하지 않음]
	②ⓐ 부족 공탁한 사실 &
	  ⓑ 변제수령자(채권자)가 부족 공탁원인을 수락하고 공탁금을 수령한 사실, or
	  ⓒ 부족부분이 아주 근소한 사실(0.35% 이하)

바. 조건과 기한

1) 항변설

매매형계약 등에서는 조건과 기한은 법률행위의 부관에 해당되고, 일반적으로 그 이익을 받는 자가 주장·증명할 책임을 부담한다.(항변설) 반환청구가 대부분인 대차형계약과는 다른 점이다.

2) 조건

가) 정지조건

요건사실 (정지조건)	항변(피고)	① 정지조건의 약정사실
	재항변(원고)	② 정지조건의 성취된 사실
	재재항변(피고)	③ 조건의 성취가 신의성실에 반한다는 사실

나) 해제조건

요건사실 (해제조건)	항변(피고)	① 해제조건의 약정사실 ② 해제조건의 성취사실
	재항변(원고)	③ 조건의 성취가 신의성실에 반한다는 사실

3) 기한

가) 시기(始期)

시기(始期) (매매대금지급만 청구할 때)	항변(피고)	① 이행기(시기)의 약정
	재항변(원고)	② 이행기(시기)가 도래한 사실

시기(始期) (매매대금 및 지연손해금의 지급을 병합청구할 때)	청구원인 (원고)	① 이행기(시기)의 약정 ② 이행기(시기)가 도과한 사실

　　　매매계약상의 기한은 이행기에 관한 약정이 대부분이고, 부관으로서의 기한과는 성질상 차이는 있지만 대체로 시기(始期)와 비슷한 기능을 한다. 시기의 약정사실은 대개 의무자의 항변사유로 되나, 지체책임을 구하는 경우에는 권리자(원고)가 청구원인에 포함시켜 주장, 증명하여야 한다. 시기의 약정사실이 의무자의 항변사유일 경우 이행기의 도래사실은 권리자의 재항변 사유가 된다. 그러나 기한이 확정기한일 경우에는 기한의 존재를 주장하는 의무자로서는 당해 소송에서 변론종결일까지 도래하지 않는 기한에 한하여 주장·증명을 하여야 하므로 권리자의 재항변사유까지 결과적으로 주장하게 되나 그 증명은 달력에 의해 명백한 경우가 대부분이어서 아무런 부담이 되지 않는다.

　　나) 종기(終期)

　　　종기의 존재와 그 도래사실은 항변사유가 된다.

종기(終期)	항변(피고)	① 종기의 약정사실 ② 종기의 도래사실
	재항변(원고)	(③ 종기의 도래가 신의성실에 반한다는 사실)

사. 동시이행의 항변

1) 성질 : 권리항변

　　　동시이행항변권은 권리항변으로 동시이행 항변권자가 이를 행사해야 비로소 항변이 된다. 즉 항변권자의 행사를 요건으로 하는 항변을 권리항변이라고 하고, 이 경우에는 권리발생의 기초가 되는 객관적 사실만이 아니라 권리를 행사한다는 취지의 당사자의 의사표시가 요구되므로 법원은 그 의사표시가 없는 한 권리항변사실에 관한 상대방의 불리한 주장이 있어도 이를 판결의 기초로 할 수 없다. (주장공통의 원칙에 대한 예외) 다만 동시이행항변권이 존재하는 한 이를 행사하지 않았다고 하더라도 이행지체에는 빠지지 않는다.(존재효과설)

2) 요건사실

동시이행항변	항변	[이론적으로는] ① 반대채무의 발생사실 ② 동시이행항변권을 행사한다는 의사표시와 그 도달사실이 된다. [다만, 실제로는] (①은 청구원인단계에서 '불가피한 불이익진술'의 형태로 주장되고 있기 때문에) ②만 주장하여 동시이행항변을 한다.
	재항변	① 반대채무의 이행기가 도래하지 않았다는 사실. or ② 반대채무에 대하여 이행 또는 이행의 제공을 하였다는 사실

재항변사유 중 ②는 과거에 이행의 제공을 하였다고 하더라도 그 이행의 제공이 계속되지 않는 한 동시이행의 항변권이 소멸하는 것이 아니므로, 소 제기 전에 이행의 제공을 한 적이 있었다는 주장만으로는 유효한 항변이 되지 않고 동시이행항변시에도 반대채무의 이행제공을 하였다는 사실로 주장·증명하여야 한다.

6. 특수한 매매의 경우

가. 농지매매

1) 구 농지개혁법(1994. 12. 22. 법률 제4817호로 제정된 농지법 부칙 제2조에 의하여 1996. 1. 1. 폐지된 것) 하에서 그 제19조 제2항에 따른 "소재지관서의 농지매매증명"이 없는 농지매매계약

채권계약 유효설(＝물권행위 무효설)이 대법원 1964. 10. 1. 선고 64다563 전원합의체 판결이후 판례의 태도이다. 채권계약이 유효하다는 의미는 Ⓐ 매매계약에 기하여 소재지 관서의 증명구비 여부와 상관없이 매매대금의 지급을 구할 수 있고, Ⓑ 매매계약에 기하여 매수인도 목적물인 농지의 인도를 구할 수 있고, Ⓒ 그 농지의 경작으로 얻은 수익은 법률상 원인 없는 이득이라 할 수 없고, Ⓓ 매매계약에 기한 소유권이전등기청구권을 보전하기 위하여 매수인은 채권자대위권을 행사할수 있다는 것을 포함한다. 물권행위가 무효라는 의미는 Ⓐ 매수인은 소재지 관서의 증명 없이 소유권이전등기절차의 이행을 청구할 수 없고, Ⓑ 소재지 관서의 증명 없이 경료된 매수인 명의의 소유권이전등기는 원인무효이다. 다만, 대법원은 매도인이 임의로 매수인 앞으로 소유권이전등기를 마쳐 준 뒤 소재지 관서의 증명이 흠결되었음을 이유로 그 말소를 구하는 것은 신의칙에 반하여 이유 없다고 판단하였다.(대법원 1984. 11. 13. 선고 84다75 판결)

2) 농지법 하에서의 "농지취득자격증명" 없는 매매계약

농지법 제8조 제1항에 의하면, 농지취득자격증명은 농지를 취득하는 자가 그 소유권에 관한 등기를 신청할 때 첨부하여야 할 서류로서 농지를 취득하는 자에게 농지취득의 자격이 있다는 것을 증명하는 것에 불과할 뿐 법률행위의 효력을 발생시키는 요건이 아니다. 그래서 농지에 대한 소유권이전등기 청구소송에서 원고가 사실심 변론종결시까지 농지취득자격증명을 제출하지 못하였다고 하더라도 그 청구를 기각할 수 없다.(대법원 1998. 2. 27. 선고 97다49251 판결) 다만 원고는 위 확정판결을 받았다고 하더라도 농지취득자격증명을 첨부하지 않는 이상 등기할 수 없을 뿐이다.

나. 토지거래허가구역 내에서의 토지거래(유동적 무효)

『국토의 계획 및 이용에 관한 법률』에 따라 토지거래허가구역으로 지정된 지역 내에서 토지거래를 하고자 할 경우에는 사전에 관할관청으로부터 허가를 받아야 한다. 허가를 받지 아니하고 체결한 토지거래계약은 유동적 무효의 상태에 있다. 유동적 무효란 허가를 받기 전까지는 계약의 효력이 전혀 발생하지 않고, 따라서 매매계약의 이행을 청구할 수 없다. 다만, 당사자 사이에는 그 계약이 유효하게 완성될 수 있도록 서로 협력할 의무가 있으므로 양수인은 양도인을 상대로 토지거래허가 신청절

차의 이행을 청구할 수 있다. 일단 허가를 받으면 그 계약은 소급하여 유효한 계약이 된다. 토지거래 계약이 토지거래허가를 요하는 거래인지 여부 및 토지거래허가를 구비하였는지 여부는 직권탐지사항이다. 토지거래허가가 불가능한 것으로 확정된 경우에는 매매계약이 확정적으로 무효로 된다.

다. 법인의 기본재산 등의 처분

1) 근거법령으로는 민법 제45조 제3항, 제42조 제2항; 사립학교법 제28조 제1항; 공익법인의 설립·운영에 관한 법률 제11조 제3항; 사회복지사업법 제23조 제3항; 전통사찰보존법 제6조 등이 있고, 모두 법인의 기본재산 등을 처분할 때 주무관청의 허가를 거치도록 하고 있다.

2) 주무관청의 허가 없는 기본재산의 처분

그 처분행위가 채권계약이거나 물권계약이거나 그 효력이 발생하지 않는다.(대법원 1995. 5. 9. 선고 93다62478 판결) 관련규정은 전부 강행규정 중 <u>효력규정</u>이 되는 셈이다. 따라서 법인의 기본재산에 관한 매매계약에 기하여 소유권이전등기를 청구하는 경우에는 매매계약을 체결한 사실이외에도 주무관청의 허가사실까지 주장, 증명하여야 한다.

Ⅱ. 매매계약에 기한 소유권이전등기 청구의 경우(매수인)

1. 소유권이전등기 청구의 요건사실

	매매계약	대물변제계약	지상물매수청구권의 행사
매매계약 등에 기한 소유권이전등기 청구	① 매매계약의 체결사실 [①ⓐ매매예약의 체결 　　ⓑ예약완결권의 행사] (② 계약금·중도금의 수령) ③ 잔대금지급의무와 동시이행[335]	①채권(청구권)의 　발생 ②대물변제계약	①지상물매수청구권의 발생 　ⓐ건물 소유 목적의 대지 임대차계약 　ⓑ건물의 축조와 현존 　ⓒ임대차계약의 만료 　ⓓ갱신청구와 거절 ②지상물매수청구권의 행사 　ⓐ매수청구권의 의사표시 　ⓑ그 도달 ③건물의 시가 ④매매대금지급과 동시이행

매매로 인한 소유권이전등기 청구사건의 요건사실은 <u>**매매계약체결사실**</u>만이다. 매매계약은 매도인과 매수인의 합의로 체결될 수 있지만 지상물매수청구권의 행사,[336] 대물변제의 약정[337] 등으로도 체결될 수 있다. 상대방은 매매대금을 미지급하였다며 동시이행항변을 할 수 있을 뿐이다. 하

---

335) ②ⓐⓑ요건은 "패소하는 부분이 없도록 하라"는 요청에 의해 동시이행의 형태로 청구취지를 작성하게 될 때 추가적으로 필요한 요건이다. 다만 실무상으로는 특별한 사정이 없는 한 단순이행청구를 하고, 상대방이 답변서 등을 통하여 동시이행항변권을 행사하고 재판부에서 판결을 선고할 때 상환이행의 판결을 선고하고 있다.

336) 제2회 변호사 시험 민사기록형 문제, 2018년도 제1회 연도별 모의시험 민사기록형 문제 등에서 출제된 바가 있다.

337) 제7회 변호사 시험 민사기록형 문제, 법학전문대학원 협의회 2015년도 제3회 연도별 모의시험 문제로 출제된 바가 있다.

지만, 계약금은 해약금으로서의 성질이 있으므로 계약금만 지급한 상태에서 소유권이전등기 청구의 소를 제기하면 상대방이 배액을 반환하고 해제할 수 있으므로 정말 승소까지 원한다면 계약금이외에도 중도금까지 지급한 사실(더 정확하게는 '이행에 착수'한 사실)을 주장·증명할 수 있을 때 소유권이전등기 청구의 소를 제기해야 하고, 나아가 상환이행의 판결이 예상되는 마당에 청구취지 작성 단계부터 상환이행의 청구를 하는 것이 소송비용부담면에서도 바람직하므로 통상 매매대금(계약금·중도금)지급에 관한 정보를 청구원인 기술의 단계부터 포함시켜 기술하고 있다. 타인의 소유물에 대한 매매도 가능하므로 매도인이 목적물의 소유자인 사실은 요건사실이 아니다.

2. 소유권이전등기청구권 가압류 되어 있을 때의 소유권이전등기 청구

매수인의 채권자가 소유권이전청구권(채권)을 (채권)가압류하여 매도인이 그 소유권이전등기청구권 가압류결정문을 송달받았을 경우 매수인이 매도인을 상대로 소유권이전등기 청구를 하면 반드시 그 가압류의 해제를 조건으로 소유권이전등기 청구를 해야 한다. 이러한 경우 그 소유권이전청구권 가압류가 유효하게 성립한 사실이 추가적으로 청구원인으로 기재하여야 한다. ① 소유권이전청구권 가압류 결정, ② 채무자에 대한 송달, ③ 제3채무자에 대한 송달사실을 전부 추가적으로 주장·증명하여야 한다.

> 1. 피고 김유지는 **원고와 소외 이현진 사이의 수원지방법원 2014. 12. 10. 2014카합2341호 소유권이전등기청구권 가압류 결정에 의한 집행이 해제되면** 원고로부터 89,000,000원을 지급받음과 동시에 원고에게 용인시 처인구 삼가동 200 대 350㎡에 관하여 2014. 3. 31. 매매를 원인으로 한 소유권이전등기절차를 이행하라.
> (법학전문대학원 협의회 실시 2015년도 제1회 모의시험 문제 중 청구취지 기재례에서)

3. 부동산 매매계약의 경우 매수인에 의한 소유권이전등기청구외 인도청구[338]

민법 제563조의 해석상 부동산 매매계약의 매수인은 재산권이전청구권으로써 소유권이전등기청구권을 행사하는 것은 앞서 설명한 바와 같다. 그런데 아직 인도받지 아니한 매수인은 소유권이전등기청구권을 행사하는 이외에 매도인을 상대로 부동산의 인도청구권도 행사할 수 있고, 또 이러한 인도청구권은 잔대금지급과 동시이행의 관계에 있다. 과거 실무상으로는 부동산 매매계약의 경우 매수인은 소유권이전등기청구만을 하고 승소하면 매도인은 순순히 인도해 주는 관행에 기해 별도로 인도청구까지는 하지 않았다. 하지만 최근 기록형 문제 등에서 매수인이 소유권이전등기 청구권을 행사하는 이외 인도청구권의 행사까지를 요구하는 출제가 계속되고 있어 이러한 법리를 잘 알

---

338) 제3회 변호사시험 민사기록형 중 "홍은동 521 토지"에 관해서 소유권이전등기 청구는 물론 인도청구까지 행사할 것을 요구하는 문제가 출제된 바가 있다. 이러한 경우에는 그 지상건물에 관한 철거약정을 근거로 건물 철거청구 및 그 건물 점유자에 대한 퇴거청구까지 요구하는 문제로 구성하기도 한다.

고 있어야 한다.

4. 매매계약의 특수한 성립 : 매매예약의 경우

매매의 예약339)에 기해 소유권이전등기 청구를 할 수도 있다. 다만 매매예약 후 매매계약까지 체결되었다는 것을 주장·증명해야 강제이행을 구할 수 있고, 매매예약은 일방예약으로 추정되므로 당사자는 ① 매매예약의 체결사실 및 ② 매매예약 완결의 의사표시를 한 사실과 그 도달을 주장·증명하여 소유권이전등기 청구를 하게 된다. ② 매매예약 완결의 의사표시는 소장부본의 송달로도 대신할 수 있으므로 ①사실을 주장하면서 소장상에서 ②의 의사표시를 하고 소유권이전등기 청구를 할 수 있다. 이 경우 소장부본이 송달되면 매매예약 완결의 의사표시가 도달된 것으로 본다.

매매예약에 기한 매매를 원인으로 한 소유권이전 등기 청구	청구원인	① 매매예약체결
		② 예약완결권의 행사 (일방예약 추정, 형성권)
		[③ 대금지급의무와 동시이행
		  (ⓐ계약금·중도금의 수령)
		  (ⓑ잔대금지급과 동시이행)]

	항변	행사할 수 있는 때(행사기간이 없으면 성립된 때)로부터 10년(제척기간임)이 경과한 후 행사 (제척기간 도과)

5. 가능한 공격방어방법

가. 동시이행항변권
동시이행의 항변권은 앞서 설명한 바와 같다.

나. 해제항변
다음으로 가장 흔한 항변은 대금지급채무의 불이행으로 인한 해제항변이다. ① 채무불이행 사실(이행지체, 이행불능, 불완전이행), ② 반대급부를 이행 또는 이행제공을 한 다음 상당한 기한을 정하여 이행을 최고한 사실, ③ 상당한 기한이 경과한 사실, ④ 해제의 의사표시를 하고, 그 의사표시가 도달한 사실이다. ②③④의 요건은 실무상으로는 종종 정지조건부 해제(=해제조건부 최고)의 의사표시 형태로 변형되어 주장·증명된다. 즉, ②의 이행최고를 할 때 이행을 최고하면서 동시에 상당기간이 경과한 때에는 별도의 의사표시 없이도 계약을 해제한다는 취지를 포함하여 이행최고를 하고 ③ 그 최고상의 상당기간이 경과한 사실이 된다. 이때 반대급부의 이행 또는 이행의 제공이 있어야 하는데, 실무상으로 제대로 된 이행 또는 이행의 제공이 있었는가를 중심으로 격론이 벌어지는 경우가 매우 많다. 따라서 이행의 제공에 관한 법리를 철저하게 학습해 두어야 한다.(앞선 '메

---

339) 금융기법으로 '재매매의 예약'이 널리 활용되고 있다. 소위 put option 또는 call option이 그것이다. 모두 매매계약을 체결하고 그 이행을 한 후 다시 매수(재매매)할 수 있는 권리를 의미한다. put option은 매수인이 매도인에게 다시 팔 수 있는 권리이고, call option은 매도인이 매수인으로부터 다시 사 올 수 있는 권리이다.

디슨빌당 사건' 참조)

다. 착오 항변 (제9회 변호사시험 민사기록형 문제) 또는 동기의 불법 (연도별 모의시험 2017년도 제2회)

동기는 표시되었거나 상대방이 알았거나 알 수 있었을 때, 중요부분에 착오가 있으면 취소할 수 있다. 반드시 취소의 의사표시와 도달을 주장·증명하여 취소주장을 할 수 있다. 물론 수익자·전득자 등 제3자를 상대로 악의임을 추가로 주장·증명하여 취소의 효력을 주장할 수도 있다. 상대방은 표의자가 중대한 과실이 있었다며 재항변할 수 있다.

라. 매도인의 과실수취권

❶ⓐ매도인은 목적물 인도전까지는 과실수취권이 있다.

ⓑ매도인은 매매대금을 전부 지급받은 후에는 과실수취권이 없어 매수인에게 과실을 반환해야 한다.

❷ⓐ매수인은 목적물을 인도받은 후에는 매도인에게 과실을 반환할 필요가 없다.

ⓑ매수인은 특약이 없으면 미지급 잔금에 대한 이자지급의무는 없다. 물론 미지급 잔금 지급기한의 약정이 있고, 목적물을 인도(매도인의 과실수취권 때문에 인도의무는 이행완료해야 함)하고, 소유권이전등기를 경료해 주었거나 적어도 이행의 제공을 한 경우에는 미지급 잔금에 대한 지연손해금의 지급을 구할 수 있다.

6. 기재례

청 구 원 인

1. 원고는 2021. 7. 1. 피고 甲으로부터 별지 목록 기재 부동산을 대금 590,000,000원에 매수하면서, 계약금 60,000,000원은 계약당일 지급하고, 중도금 200,000,000원은 같은 해 8. 1. 지급하고, 잔금 330,000,000원은 같은 해 9. 1. 지급하기로 약정하였습니다. 원고는 계약당일 피고 甲에게 계약금 60,000,000원을 지급하고, 같은 해 8. 1. 피고 甲에게 중도금 200,000,000원을 지급하였습니다.

2. 따라서 피고 甲은 원고로부터 잔대금 330,000,000원을 지급받음과 동시에 원고에게 별지 목록 기재 부동산에 관하여 2021. 7. 1. 매매를 원인으로 한 소유권이전등기 절차를 이행할 의무가 있습니다.

Ⅲ. 매매계약에 따른 담보책임을 구하는 청구

1. 개설

담보책임은 민법전의 매매계약(민법 제570조부터 제584조)에 규정되어 있고, 다른 유상계약에도 준용된다.(민법 제567조) 대한민국에서 체결되는 거의 모든 매매계약서에는 각종 담보책임을 명시적으로 부담하는 내용으로 명시적 약정을 기재해 둔 경우란 거의 없다. 이처럼 담보책임 관련 명시적 약정이 없다 하더라도 유상계약이라면 담보책임이 default rule로 적용되고, 상대방(주로 매수인, promisee)은 담보책임을 부담하는 자(주로 매도인, promisor)에게 그 담보책임의 강제이행을 청구할 수 있다. 결과적으로 매도인은 매매계약서에 담보책임을 명시하여 약정해 주어 매수인이 매도인을 상대로 약정강제이행을 청구하는 것과 동일한 결과가 된다. 그래서 이를 default rule이라고 하는 것이다. 담보책임은 고의·과실 없이도 부담하는 법정책임의 일종이다. 그래서 매도인이 담보책임을 부담한다 하더라도 다른 채무불이행에 관한 요건을 모두 충족한 경우에는 매수인은 매도인을 상대로 채무불이행에 의한 손해배상청구도 할 수 있다. 즉 담보책임에 의한 채무와 채무불이행으로 인한 손해배상채무는 서로 청구권 경합의 관계에 있다는 것이다. 만약 당사자들이 명시적으로 담보책임을 배제하는 특약을 체결한 경우에는 ⓐ매도인이 알고 고지하지 아니한 사실, ⓑ제3자에게 권리를 설정 또는 양도한 행위(이상 민법 제584조) 및 ⓒ약관규제에 관한 법률 등 위반으로 무효로 되지 않는 한 그 효력이 있기 때문에 임의규정적 성격을 갖는다.

2. 매매계약에 따른 담보책임 요약표

종류	발생원인	매수인 (원고)	(매도인의 매수인에 대한) 담보책임내용	매도인 (피고) 항변사유	
				항변	제척기간 [소멸시효]
권리하자	권리전부가 타인에게 속함	악의	①계약해제 후 원상회복청구권(548 ②) [선의의 매도인도 계약해제할 수 있음]	[특유항변] ①매수인의 귀책사유로 인한 이행불능340) ②(선의②청구에 대해) 매수인의 과실상계341) [②손해배상청구] ③매수인의 악의	[10년간 소멸시효]
		선의	①계약해제 후 원상회복청구권(548 ②) ②손해배상청구권(판례342)는 이행이익) [선의의 매도인은 ②하면서 계약해제 가능]		
	권리 일부343)가 타인에게 속함	악의	①대금감액청구권	[공통되는 항변] **담보책임 면제의 특약(임의규정임)**	계약 날 1년
		선의	①대금감액청구권, ②계약전부해제 (잔존부분이면 매수하지 않았을 때) ③손해배상(이행이익)		안 날 1년

---

340) 대법원 1979. 6. 26. 선고 79다564 판결
341) 대법원 1971. 12. 21. 선고 71다218 판결 (매수인이 선의임에도 불구하고 과실이 있을 때는 그 과실상계를 할 수 있다는 취지임)
342) 대법원 1967. 5. 18. 선고 66다2618 전원합의체판결
343) 대법원 1989. 11. 14. 선고 88다카13547 판결 (권리의 일부가 타인에 속하는 경우에만 한정하여 적용되는 것이 아니라 수개의 권리를 일괄하여 매매의 목적으로 정한 경우에도 그 가운데 이전할 수 없게 된 권리부분이 차지하는 비율에 따른 대금산출이 불가능한 경우 등에는 특별한 사정이 없는 한 역시 적용된다.)

		악의		[공통항변에 대한 재항변]	
권리일부가 전혀 존재 하지 않 음344)		선의	①대금감액청구권, ②계약전부해제 (잔존부분이면 매수하지 않았을 때) ③손해배상(이행이익)	①매도인이 알고 고지하지 않은 사실 ②매도인이 제3자에게 권리를 설 정하고 양도한 행위 (약관이라면) ③약관규제에 관한 법률 제7조 제3호 위반	안 날 1년
용익물권 등에 의한 제한		악의			안 날 1년
		선의	①계약전부해제 (잔존부분이면 매수하지 않았을 때) ②손해배상(신뢰이익)		
담보물권 등에 의한 제한		악의	Ⓐ저당권·전세권·가등기담보345) 행사로 취득불능 or 상실 ①계약해제 ②손해배상		
		선의	Ⓑ출재하여 보존 ①출재금 상환청구 ②손해배상		
물건 하자	Ⓐ특정물 (계약시) Ⓑ불특정물 (특정시)	악의· 과실			
		선의· 무과실 346)	①계약전부해제 (잔존부분이면 매수하지 않았을 때) ②손해배상(신뢰이익) [불특정물] ②대신에 완전물급부청구 가능	①매수인의 악의·과실 ②매수인의 과실상계	안 날 6월
채권매매		악의	[채무자의 자력을 담보하는 특약을 했을 경우] ①변제기가 도래한 채권매매: 매매계약(채 권양도통지) 당시 자력 담보 ②변제기가 도래하지 않은 채권매매: 변제 기 자력담보		
		선의			
경매(강제경매· 임의경매·공매 포함)		악의	[제1차적으로 "채무자"가, 제2차적으로는 "대금을 배당받은 채권자"가 배당받은 금 원의 범위내에서 권리에 관한 담보책임만 부담]		
		선의			

3. 상인간 매매의 하자담보책임(제5회 변호사시험 민사기록형)을 기초로 한 손해배상청구

가. 상인간 매매에 있어 하자가 있거나 수량부족일 경우에는 상법 제69조의 특칙이 있어 민법 제574조(수량부족 매매의 담보책임)나 제580조(하자담보책임)이 수정되어 적용된다.

---

344) 수량을 지정한 매매인데도 수량이 부족하거나 일부가 멸실된 경우에 적용된다. 부동산매매계약은 대체로 수량지 정 매매가 아니다. 다만 "매매계약당사자가 목적 토지의 면적인 공부상의 표시와 같은 것을 전제로 하여 면적을 가격을 정하는 여러 요소 중 가장 중요한 요소로 파악하여 가격을 정하였고, 만약 그 면적이 공부상의 표시와 다 르다는 것을 사전에 알았더라면 당연히 그 실제 평수를 기준으로 가격을 정하였으리라는 점이 인정된다면 그 매 매는 '수량을 지정한 매매'에 해당한다." 그래서 아파트 분양계약은 '수량을 지정한 매매'가 된다.(대법원 2002. 11. 8. 선고 99다58136 판결)

345) 대법원 1992. 10. 27. 선고 92다21784 판결

346) 항변사항이다. 따라서 상대방(매도인)이 악의·과실로 주장·증명해야 한다.

민법 제574조에 의하면 '선의의 매수인'은 수량이 부족할 때 ① 대금감액청구를 할 수 있고, ② 잔존부분만으로 이를 매수하지 않았을 것이 인정되면 계약전부를 해제할 수 있고, 그 외에도 ③ 손해배상(이행이익)을 청구할 수 있다. 또한 선의인 매수인은 알 날로부터 1년 내 위 권리들을 행사해야 한다.

민법 제580조에 의하면 '선의·무과실의 매수인'은 ① 목적을 달성할 수 없을 경우에는 계약을 해제할 수 있고, ② 그 외는 손해배상(신뢰이익)을 청구할 수 있다. 또 매매목적물이 종류로 지정된 경우에는 완전물급부청구권이 있다. 매수인은 안 날로부터 6개월내 위 권리를 행사해야 한다. 경매로 취득한 경우에는 하자담보책임을 물을 수 없다.

그런데 상법 제69조에 의하면 수량부족이나 하자가 있을 경우에는 ① 계약해제, ② 대금감액, ③ 손해배상을 청구할 수 있다. 다만 지체없이 검사하여 즉시 통지할 의무가 있고, 즉시 발견할 수 없는 하자라면 6개월내에 발견하여 즉시 통지하여야 한다. 그렇지 않으면 위 ①②③의 권리가 소멸한다. 다만 매도인이 악의인 경우에는 민법상 일반원칙으로 돌아가 담보책임을 물을 수 있다.(상법 제69조 제2항)[347]

위와 같은 특례를 인정한 이유는 상인간에 매매에 있어 전문적 지식을 가진 매수인에게 신속한 검사와 통지의 의무를 부과함으로써 상거래를 신속하게 결말짓도록 하기 위한 것이다.(대법원 1987. 7. 21. 선고 86다카2446 판결)

나. 상인간 매매에 대해서만 적용된다. 따라서 매수인은 물론 매도인도 상인이어야 한다.(대법원 1993. 6. 11. 선고 93다7174 판결) 또 매매가 아니라면 상법에는 민법 제567조에 대응되는 규정이 없기 때문에 비대체물의 제작공급계약(대법원 1987. 7. 21. 선고 86다카2446 판결)이나 수량을 지정한 건물의 임대차계약(대법원 1995. 7. 14. 선고 94다38342 판결)과 같은 유상계약에는 그 적용이 없다. 또 채무불이행(불완전이행 포함)에 기한 손해배상 청구를 하는 데는 그 적용이 없다.(대법원 2015. 6. 24. 선고 2013다522 판결) 따라서 상법 제69조에 의한 하자담보책임을 물을 수 없는 상황이라고 하더라도 불완전이행으로 인한 손해배상은 청구할 수 있다. 상법 제69조에 의한 하자담보책임을 물을 수 있다고 하더라도 불완전이행의 요건도 갖추어졌으면 손해배상청구도 할 수 있다.[348]

다. 따라서 상인간 매매로 인한 하자담보책임이나 수량부족으로 대금감액, 손해배상을 청구하기 위한 요건은 ① 상인들간 매매계약을 체결한 사실, ② 하자 또는 수량부족이 있는 사실, ③ 수령 후 지체 없이 검사하여 즉시 통지한 사실 또는 즉시 발견할 수 없는 하자인 경우 6개월이내에 발견하여 통지한 사실 등이다. 따라서 통상 요구되는 객관적인 주의의무를 다하더라도 6개월이내에 발견할 수 없는 하자라고 하더라도 6개월이내에 통지하지 못하면 매도인에게 담보책임을 물을 수 없다.(대법원 1999. 1. 29. 선고 98다1584 판결) 이에 대하여 상대방측은 Ⓐ 임의규정이므로(대법원

---

347) 이철송, 『상법총칙·상행위(제15판)』, 박영사, 2018, 397면.
348) 제5회 변호사시험 기록형 문제에서는 불완전이행에 의한 손해배상청구의 가능성을 차단하기 위해 매도인이 경매로 목적물을 취득하여 목적물의 하자에 관한 고의·과실이 없음을 암시하였다.

2008. 5. 15. 선고 2008다3671 판결) 포기의 특약을 한 사실이나 ⑬ 하자에 대한 원고(매수인)의 악의 또는 과실이 있다거나(수량부족의 경우에는 원고의 악의)(민법 제580조, 제574조)[349] ⓒ 원고(매수인)가 하자를 안 날로부터 6개월(수령부족의 경우는 1년)이 경과하여 제척기간이 도과한 사실(민법 제574조, 제573조, 제582조) 등으로 항변할 수 있다. 다만 ⓒ항변사유는 위 청구원인의 요건사실 중 ③사유 때문에 실제로 행사될 수 있는 경우란 거의 없을 것이다.

상인간의 매매에 의한 수량부족, 하자담보책임에 기초한 대금감액청구, 손해배상청구, 해제후 원상회복 및 손해배상청구 (상법 제69조)	항변	① 상인들간 매매계약을 체결한 사실, ② 하자 또는 수량부족이 있는 사실, ③ⓐ수령 후 지체 없이 검사하여 즉시 통지한 사실 or 　ⓑ즉시 발견할 수 없는 하자인 경우 6개월이내[350]에 발견하여 통지한 사실 등이다.
	재항변	① 포기의 특약을 한 사실(대법원 2008. 5. 15. 선고 2008다3671 판결)이나 ②ⓐ하자(민법 제580조)에 대한 원고(매수인)의 악의 또는 과실 or 　ⓑ수량부족의 경우(민법 제574조)에는 원고의 악의[351] ③ 원고(매수인)가 하자를 안 날로부터 6개월(수령부족의 경우는 1년)이 경과하여 제척기간이 도과한 사실(민법 제574조, 제573조, 제582조) 　[다만 이 항변사유는 위 청구원인의 요건사실 중 ③사유 때문에 실제로 행사될 수 있는 경우란 거의 없을 것이다.]

Ⅳ. 매매계약 해제에 따른 원상회복청구 등[352]

1. 채무불이행의 경우 채권자의 권한

채무불이행이 있는 경우 채권자는 ❶ 계약을 해제·해지하고 ①ⓐ그 원상회복 및 ⓑ손해배상[353](or ②손해배상만[354])을 청구하거나, ❷ 계약을 해제·해지 않고 ①ⓐ강제이행청구 및 ⓑ손해배상(or ②손해배상만)을 청구할 수 있다.

❶ 중 원상회복(restitution)청구는 원칙적으로 채권적 청구권이나 일정한 경우에는 구태여 물권적 청구권(해제효과의 '직접효과설')으로 구성할 수 있다. 원상회복이나 강제이행청구가 불가능한 경

---

349) 이와 같이 민법상의 각종 항변사유들을 들어 항변할 수 있는 이유는 상법 제69조 규정이 검사·통지의무를 이행하지 않았을 때 매수인이 받을 불이익을 정해 둔 것이고, 이행하였으면 가질 권리는 일반원칙에 따라 결정되기 때문에 민법의 관련규정들이 적용되게 된다.(이철송, 『상법총칙·상행위(제15판)』, 박영사, 2018, 400면 참조)

350) 통상 요구되는 객관적인 주의의무를 다하더라도 6개월이내에 발견할 수 없는 하자라고 하더라도 6개월이내에 통지하지 못하면 매도인에게 담보책임을 물을 수 없다.(대법원 1999. 1. 29. 선고 98다1584 판결)

351) 이와 같이 민법상의 각종 항변사유들을 들어 항변할 수 있는 이유는 상법 제69조 규정이 검사·통지의무를 이행하지 않았을 때 매수인이 받을 불이익을 정해 둔 것이고, 이행하였으면 가질 권리는 일반원칙에 따라 결정되기 때문에 민법의 관련규정들이 적용되게 된다.(이철송, 『상법총칙·상행위(제15판)』, 박영사, 2018, 400면 참조)

352) 제6회 변호사시험 민사기록형 문제나 2014년도 제3회 모의고사, 2016년도 제1회 모의고사 등에 출제되었다.

353) 제6회 변호사시험 민사 기록형 문제. 법학전문대학원 협의회 2016년 제1회 연도별 모의고사 민사기록형 문제로 출제된 바가 있다.

354) 법학전문대학원 협의회 2014년 제3회 연도별 모의고사 민사기록형 문제 (제3자의 선의가 인정되어 결국 손해배상청구만 가능하게 된 사안); 법학전문대학원 협의회 2017년 제3회 연도별 모의고사 민사기록형 문제

우(주로 '하는 채무')나 채권자의 선택에 따라 손해배상청구만을 할 수도 있다. 이때의 손해배상액은 채무이행의 대상(급부)을 포함하는 것이 되어 전보적 손해배상(substitutory damages)이 된다. 즉 계약이 이행되었더라면 있었을 상태(이행이익)에서 현재의 상태를 차감한 그 차액으로 손해배상을 하게 된다. 양 시점에서의 채권자의 상태의 차이를 손해배상의 액수로 삼는다는 의미에서 이를 차액설이라고 하고 판례에 의해 채택되어 있다. 이때 손해배상은 원래 채무이행에 갈음하는 것으로 일종의 이행이익(expectation interest[355])을 의미한다. 이처럼 채무불이행의 경우 (전보적) 손해배상이 기저 구제수단이 된다.

2. 매매계약에 기한 채무불이행을 원인으로 한 계약해제 후 그 원상회복 및 손해배상청구

가. 약정의 당사자(privy)에 대한 원상회복 및 손해배상청구

1) 원상회복청구권

약정자가 계약 체결을 기화로 그 이행이나 기타 목적으로 약정의 상대방에게 각종 재화를 이전하거나 교부할 수 있다. 그 후 약정불이행을 이유로 계약을 해제하고 나면 해제의 효과로 소급적 무효설을 채택하고 있는 관계로 바로 약정의 상대방은 그 재화를 다시 약정자에게 되돌려 주어야 하는데 이것을 원상회복(restitution)이라고 하고, 민법 제548조 제1항에 규정되어 있다. 이러한 원상회복의무의 법적성격을 둘러싸고 직접효과설, 청산관계설 등이 대립되고 있다. 대법원 판례(대법원 1977. 5. 24. 선고 75다1394 판결, 대법원 1982. 11. 23. 선고 81다카1110 판결, 대법원 1995. 3. 24. 선고 94다10061 판결, 대법원 2002. 9. 27. 선고 2001두5989 판결 등 다수)는 직접효과설을 취하고 있고, 청산관계설은 유력 학설이다. 이렇게 학설의 대립이 있다 하더라도 계약과정에서 급부가 있었을 때 해제로 계약이 무효로 되어 소유권이 회복된다는 점에는 모두 견해가 일치한다는 점을 명심하여야 한다.(물권행위의 독자성 인정, 유인성으로 구성한 결과임) 다만 제3자의 권리를 해치지 못할 뿐이다.(민법 제548조 제1항 단서) 원상회복은 원래의 권리자에게 원물을 그대로 반환해 주거나 회복시켜 준다는 의미에서 때로는 물권적 청구권적 성격(해제효과의 '직접효과설')을 갖는 경우도 있고, 때로는 부당이득 반환(채권적 청구권)으로서의 성격을 가진다. 원상회복청구권이 이처럼 부당이득반환적 성격을 가져도 원물을 원래 권리자에게 반환한다는 매우 한정적 성격이 있어 이를 별도로 분리하여 '원상회복(restitution)'이라는 별개 용어를 사용하고 있다. 본서에서도 그 법적 성격에 관계없이 원상회복이라는 용어를 사용하기로 한다.

이처럼 원상회복의무가 부당이득반환의무로서의 성질을 갖는(대법원 1996. 4. 12. 선고 96다28892 판결)[356]경우라 하더라도 반환의무의 범위에 관하여는 민법 제748조의 적용을 받지 않고, 민

---

355) 원래 expectation interest란 직역하면 기대이익을 의미하고, 이행이익은 performance interest가 될 것이다. 그런데 이행에 대한 기대가 100% 확실히 보장된다면 기대이익이 바로 이행이익을 의미하게 되므로 보통법에서는 이행이익을 대체로 expectation interest라는 용어로 널리 사용하고 있다.

356) 원상회복의무는 성질상 물권적 청구권과 동일하다고 보아야 할 것이다. 그런데 판례는 원상회복의무 중 일부를

법 제548조의 정신에 따라 당사자의 선의·악의 및 이익의 현존여부를 상관하지 않고 받은 이익 전부를 반환하여야 하는 것으로 해석하고 있다.(대법원 1998. 12. 23. 선고 98다43175 판결) 이런 원상회복의무는 원칙적으로 원물반환의 방식으로 이루어져야 한다. 그래서 그 법적성격이 물권적 청구권인 경우가 많다. 그 원물반환의무가 불능으로 되었을 때는 해제 당시(해제 전에 불능으로 되었을 때) 또는 불능으로 되었을 때(해제 후 원물반환이 불능으로 된 경우)의 가액으로 가액반환하여야 한다.(대법원 1998. 5. 12. 선고 96다47913 판결) 이러한 가액반환은 채권적 청구권으로 본다.

요컨대 계약해제 후 부담하게 되는 원상회복의무는 부동산과 같은 특정물인 경우에는 소유권이 바로 회복되므로(직접효력설) ①소유권이전등기 말소청구는 원칙적으로 물권적 청구권이 된다. 하지만 매매계약 체결 후 인도한 부동산의 반환을 구하는 ②부동산인도 청구는 채권적 청구권적 성격을 띠게 된다. 왜냐하면 물권적 청구권으로서의 인도청구는 오직 직접점유자를 상대로만 행사해야 하는데, 예를 들면 매수인이 제3자에게 임대해 주어 간접점유자가 되어도 해제 후 그 매수인(간접점유자)을 상대로 매도 부동산의 반환청구를 할 수 있다. 직접점유자인 임차인을 상대로 소유물반환청구라는 물권적 청구권에 기해 인도청구를 할 수 있다. 양 청구는 양립할 수 있으며, 만약 매도인이 모두 승소판결을 받은 후 직접점유자를 상대로 인도집행을 마치면 간접점유자를 상대로도 인도집행을 마친 것으로 본다.(대법원 2000. 2. 11. 선고 99그92 결정 참조) 물권적 청구권인 소유물반환청구권은 간접점유자를 상대로 청구하지 못하기 때문에 이러한 반환청구권의 성격을 채권적 청구권으로 보아야 할 것이다. 따라서 계약해제로 인한 원상회복의무로서 매수인을 상대로 한 매매목적물 인도청구는 원칙적으로 채권적 청구권으로 본다.(대법원 1993. 9. 14. 선고 92다1353 판결) 물권적 청구권이 아니기 때문에 직접점유자를 상대로만 인도청구를 할 수 있다는 법리의 적용을 받지 않은 채 간접점유자인 매수인을 상대로도 인도청구를 할 수 있다. 따라서 이러한 (매수인에 대한) 채권적 청구권과 (직접점유자인 임차인에 대한) 물권적 청구권은 청구권 경합의 관계로 병합하여 행사할 수 있다. 또 금전과 같은 경우에는 소지가 소유를 의미하기 때문에 해제했다고 하더라도 이미 지급한 계약금, 중도금의 소유권이 바로 회복되지는 못한다. 그래서 ③금전반환청구는 채권적 청구권으로서의 성격을 갖는다. 위 ②, ③과 같은 청구권은 급부 부당이득반환청구의 성격을 갖게 된다. 해제의 효과로 직접효과설을 채택하고 있다고 하더라도 급부의 성격이나 기타 상황에 따라 그 구제수단이 물권적 청구권적 성격을 띠기도 하고, 채권적 청구권으로서의 성격을 갖기도 한다.

2) 약정 불이행

강제이행청구권의 경우는 약정 사실 이외에 불이행 사실까지 주장·증명할 필요가 없었으나(채무자설, 판례의 입장, 민법 제389조의 문언의 내용과는 다름) 채무불이행을 이유로 해제를 할 경우에는 원고가 약정 사실 이외에도 불이행 사실을 주장·증명하여야 한다.

약정 불이행, 즉 채무불이행은 이행지체·이행불능·불완전이행으로 나눌 수 있다. 특히 매매계

부당이득반환청구로서의 성질을 갖는다고 보고 있다. 부당이득반환청구권이라고 하더라도 물권적 청구권적 성격을 갖는다고 못볼 바 아니다.

약상 잔금 지급의무의 이행을 대신하여 매매목적물에 설정되어 있던 근저당권의 피담보 채무를 인수하는 것으로 갈음한 명시적 약정이 있은 경우에 매도인이 매수인의 근저당권부 피담보채무의 인수와 근저당권자(채권자)의 동의로 피담보채무의 굴레에서 벗어나는 등(면책적 채무인수) 특별한 사정이 없는 상태에서 매수인이 그 피담보채무를 변제하지 않아 근저당권자가 임의경매를 신청하여 매도인이 하는 수 없이 그 피담보채무를 변제한 경우에는 매매계약상의 대금지급채무에 대한 채무불이행이 있다[357][358]할 수 있다.

3) 청구원인 사실

먼저 이행지체로 인한 계약해제 후 원상회복 및 손해배상청구의 청구원인사실은 다음과 같다.

① 매매계약의 체결사실

② 채무불이행 사실 (이행지체)

만약 잔금 지급 대신 매도인의 피담보채무를 인수하기로 명시적으로 약정하여 근저당권부 피담보채무를 이행인수를 하였지만 그 채무를 갚지 않은 경우에 그 명시적 약정상의 의무를 이행지체하고 있는 것이다.

③ 계약의 (법정)해제 사실

ⓐ 상당한 기간을 정하여 이행을 최고[359]하고,

ⓑ 상당한 기간 내에 이행이 없고,

ⓒ 계약 해제의 의사표시를 하고,

ⓓ 그 의사표시가 도달하여야 한다.

④ 손해배상의 범위

ⓐ(원상회복 + 손해배상) 이때 손해배상은 지연배상인 경우가 많다.

ⓑ(원상회복 불능으로 인한 손해배상 or 원고의 선택에 따른 손해배상) 이때 손해배상은 이행이익의 배상이 된다. 그래서 전보적 손해배상이 된다.

나. 이해관계를 맺은 제3자(수익자 · 전득자)에 대한 원상회복 청구

계약을 해제한 약정의 당사자는 상대방과 이해관계를 맺은 제3자를 상대로 해제에 따른 청구

---

357) 대법원 1993. 2. 12. 선고 92다23193 판결
358) "부동산의 매매계약이 체결된 경우에는 매도인의 소유권이전등기의무, 인도의무와 매수인의 잔대금지급의무는 동시이행의 관계에 있는 것이 원칙이고, 이 경우 매도인은 특별한 사정이 없는 한 제한이나 부담이 없는 완전한 소유권이전등기의무를 지는 것이므로 매수 목적 부동산에 가압류 등기 등이 되어 있는 경우에는 매도인은 이와 같은 등기도 말소하여 완전한 소유권이전등기를 해 주어야 하는 것이고, 따라서 가압류 등기 등이 있는 부동산의 매매계약에 있어서는 매도인의 소유권이전등기 의무와 아울러 가압류등기의 말소의무도 매수인의 대금지급의무와 동시이행 관계에 있다."(대법원 2000. 11. 28. 선고 2000다8533 판결)
359) 소정의 기간 내에 이행이 없으면 계약은 당연히 해제된다며 한 이행의 최고는 이행청구와 동시에 그 기간 내에 이행이 없는 것을 정지조건으로 하여 미리 해제의 의사를 표시한 것으로 효력이 있다. (대법원 1992. 12. 22. 선고 92다28549 판결)

를 할 수도 있다. 원고가 만약 제3자를 상대로도 해제에 따른 청구를 할 때 해제 대상인 약정에 기초하여 이해관계를 맺은 제3자라는 사실을 추가적으로 주장·증명해야 한다. 이처럼 이해관계를 맺은 제3자를 수익자 또는 전득자라고 한다. 원고가 제3자를 수익자 또는 전득자라고 주장하는 과정에서 그 이해관계가 물권적 이해관계인지 채권적 이해관계인지가 드러나게 된다. 만약 채권적 이해관계라면 계약을 해제한 원고는 아무런 추가적인 주장·증명 없이도 해제에 따른 청구를 할 수가 있다. 채권적 이해관계를 맺은 대표적인 사례로 매도인이 매매계약을 체결한 다음 미리 매매목적물을 매수인에게 인도해 주었는데, 매수인이 이를 제3자에게 임대해 주고 난 다음에 잔금지급지체 등으로 인해 매매계약이 해제되었을 때 매도인은 매수인을 상대로 원상회복 및 손해배상청구를 할 수 있을 뿐만 아니라, 직접점유자인 임차인을 상대로도 계약해제 전후 임차하였는지 여부를 묻지 않고 계약해제사실에 대한 선의·악의를 불문하고 계약해제로 인한 소유권 회복(직접효과설)에 기초하여 물권적 청구권의 행사로서 매매목적물의 인도를 청구할 수 있다. 물론 이때 임차인은 대항력을 취득하지 못한 상태여야 한다.

만약 물권적 이해관계(proprietary interest, 반드시 완전한 물권을 취득한 자나 적어도 대항력은 취득한 자)를 맺은 제3자임[360]이 드러나면 매매계약 해제 후의 악의의 제3자임을 추가적으로 주장·증명해야만 그 수익자 또는 전득자를 상대로 해제 후의 각종 청구를 할 수가 있다. 물권적 이해관계는 매매목적물을 다시 취득하여 그 소유권이전등기까지 경료하였거나, 근저당권설정등기까지 경료한 경우에 설정된다. 이처럼 권리취득에 등기(등록)나 인도를 요구하는 때에는 그 요건도 갖추고 있는 제3자여야 한다.(대법원1971. 12. 14. 선고 71다2014 판결, 대법원 1996. 4. 12. 선고 95다49882 판결 등) 같은 목적물을 매수하여 소유권을 취득한 자(대법원 1992. 12. 8. 선고 92다21395 판결), 목적물에 저당권이나 질권을 취득한 자, 매수인과 매매예약을 체결한 후 그에 기한 소유권이전청구권 보전을 위한 가등기를 마친 자(대법원 2014. 12. 11. 선고 2013다14569 판결), 해제된 계약에 의하여 채무자의 책임재산이 된 계약 목적물을 가압류한 자(대법원 2000. 1. 14. 선고 99다40937 판결; 대법원 2005. 1. 14. 선고 2003다33004 판결) 등은 보호받을 수 있는 제3자에 포함된다. 매매목적물을 다시 임차한 경우에는 임차권등기 경료, 건물 소유권보존등기한 차지권, 대항력을 취득한 주택임차권, 상가건물임차권(대법원 2003. 8. 22. 선고 2003다12717 판결) 등이 해당된다.

매도인이 물권적 이해관계를 맺은 임차인인데다가 해제 후 악의였음을 추가적으로 주장·증명할 수 없다면 매도인은 주택임대차보호법 제3조 제4항, 상가건물임대차보호법 제3조 제2항에 의해 매수인의 임대차계약상의 임대인 지위를 승계하여 임대인이 되었기 때문에 주택임대차계약 또는 상

---

360) 물권적 이해관계를 맺은 제3자는 Ⓐ 해제전에는 해제의 특성상 해제권 발생의 요건을 알았거나 알 수 있었다는 사정을 전혀 고려하지 않고 제3자이기만 하면 선의·악의를 불문하고 보호받는다.(대법원 1985. 4. 9. 선고 84다카130·131 판결, 대법원 1996. 11. 15. 선고 94다35343 판결 등) 그런데 Ⓑ 해제 후 해제를 원인으로 말소등기가 이루어지기 전에는 선의의 제3자만 보호를 받는다.(대법원 2000. 4. 21. 선고 2000다584 판결) 주장·증명책임은 계약의 해제를 제3자에게도 미침을 주장하는 자가 제3자가 악의라는 형태로 주장·증명하여야 한다.(대법원 2005. 6. 9. 선고 2005다6341 판결)

가건물임대차계약상의 임대인[민법상의 임차권 등기, 건물 소유권보존등기 있는 차지권의 경우에는 임대인인 매수인을 대위하여 이하 청구를 할 수도 있다.]으로서 임대차계약이 종료되었음을 주장·증명하여 임차보증금과 상환으로 임차목적물의 반환을 청구하는 방식으로 청구형태를 바꾸어 청구할 수는 있다. 후자의 청구는 결국 채권적 청구권이 되는 것이다.

이에 비하여 계약상의 채권을 양수받은 자(대법원 2000. 8. 22. 선고 2000다23433 판결), 건축주 허가명의만을 양수한 자(대법원 2007. 4. 26. 선고 2005다19156 판결), 계약상의 채권 자체를 압류 또는 전부받은 자(대법원 2000. 4. 11. 선고 99다51685 판결), 토지를 매도하였다가 대금 지급을 받지 못하여 그 매매계약을 해제한 경우에 있어서 토지매수인으로부터 그가 토지상에 신축한 건물을 다시 매수한 자[361](대법원 1991. 5. 28. 선고 90다카16761 판결), 미등기 무허가 건물에 관한 매매계약이 해제되기 전에 그 매수인으로부터 해당 무허가 건물을 다시 매수하고 무허가 건물 관리대장에 소유자로 등재된 자(대법원 2014. 2. 13. 선고 2011다64782 판결) 등은 보호받을 물권적 이해관계를 맺은 제3자에 해당되지 않는다.

원상회복청구 등 (매매계약 해제 후)	청구원인	채무자	①매매계약 체결사실	
			②채무불이행 (이행지체)	②채무불이행 (이행불능)
			③ⓐ상당한 기간을 정하여 최고 　ⓑ상당한 기간내 미이행 　ⓒ해제의 의사표시, 도달 ④원상회복 또는 손해배상 범위	③해제의 의사표시, 도달 ④손해배상의 범위
		제3자 (수익자·전득자)	⑤ⓐ수익자·전득자인 제3자(이해관계를 맺은 제3자) 　[if **물권적 이해관계 없는 제3자**, 즉 채권적 이해관계 맺은 제3자라면 해제·해지 전후와 악의·선의 상관없이 **청구가 가능**] or 　ⓑ(if 다음과 같은 물권적 이해관계를 가졌다면) 　　㉮임차권 등기(민법 제621조) 　　㉯건물등기 있는 차지권(민법 제622조) 　　㉰상가건물임대차보호법(인도+사업자등록신청) 　　㉱주택임대차보호법(인도+전입신고) 　　㉲매매목적물을 가압류등기 경료한 자 등이 있다면, 　(a)해제의 의사표시 도달 후 　(b)악의의 제3자 채권적·물권적 이해관계를 맺은 자인지 여부는 수익자·전득자임을 설명하는 과정에서 자연스럽게 주장될 것이다. 즉 원고가 주장·증명해야 한다는 의미이다.	

3. 채무불이행으로 인한 계약해제 후의 약정의 당사자(privy)에 대한 손해배상, 부당이득의 범위

가. 손해배상액 산정시 원칙적으로 차액설적 입장

1) 채무불이행에 따른 손해배상의 범위를 관통하는 기본원칙은 차액설로 요약된다. 현재의 상

361) 경우에 따라 그 매수인은 건물철거 청구에 대하여 권리남용, 신의칙 위반 등의 항변은 할 수 있다.

태와 채무불이행이 없었다면 있었을 상태를 비교하여 그 차액을 손해액으로 배상하여야 한다는 원칙이다. 현재의 상태는 채무불이행이 된 상태이고, 채무불이행이 없었다면 있었을 상태(이행이익)란 채무이행의 상태[362]를 의미하므로 채무가 이행된 상태에서 현재의 상태를 차감하는 방식으로 계산이 이루어진다.(이행이익의 손해)

2) 계약 해제 없이 손해배상청구를 하는 경우(민법 제393조)

채무불이행이 있었다 하더라도 반드시 계약을 해제하여야 하는 것은 아니다. 계약 해제 없이 손해배상을 청구할 수도 있다. 계약 해제 없이 손해배상 청구를 하면 채무이행이 된 상태에서 채무불이행이 된 현 상태를 차감한 방식으로 계산을 하면 된다. 현 상태는 실제상황이므로 그 산정이 용이하나 채무이행이 된 상태란 가정적 상황이므로 그 산정에 어려움이 있을 수 있다. 하지만 계약을 통하여 이미 급부를 특정해 두었으므로 채무가 이행된 상황을 가정해 보는 것은 그리 어렵지 않다. 이 점이 불법행위에 의한 손해배상청구의 손해배상의 범위를 정하는 과정과 다른 큰 차이이다. 아무튼 이렇게 하여 산정해 나온 결과를 통상 "이행이익(expectation interest)"이라고 설명한다. 그래서 채무불이행에 의한 손해배상의 범위는 원칙적으로 이행이익의 배상을 뜻한다.

3) 계약해제 후 손해배상청구를 하는 경우(민법 제393조, 제548조, 제551조의 조화적 해석)

계약해제 후에는 위와 같은 원상회복의무 이외에도 손해배상 의무도 함께 발생한다.(민법 제551조) 계약해제 후에도 손해배상액의 산정의 출발점은 역시 차액설적 입장에 선다고 설명하고 있다. 즉 이행되었더라면 있었을 상태에서 현재의 상태(원상회복되었는가 아닌가에 따라 다를 수 있다.)를 공제한 차액을 배상하여야 한다는 근본적 취지에는 변함이 없다고 설명한다.(대법원 2016. 4. 15. 선고 2015다59115 판결, 이 판결에서 해제 후의 손해배상책임도 채무불이행으로 인한 손해배상책임과 다를 바 없으므로 상대방에게 고의 또는 과실이 없을 때에는 배상책임이 없다고 판시하고 있다.) 하지만 이 손해배상의무는 원상회복이란 변수가 있기 때문에 앞서 본 계약해제 전의 손해배상의무와는 그 구조가 다르다. 그러므로 매매계약에서 매수인이 채무불이행하여 매매계약이 해제되었다면 매매대금에서 매매목적물(원상회복되기 때문)의 현재의 시가를 차감하고 난 가액을 손해배상하여야 한다. 문제는 매매목적물의 시가가 변동하기 때문에 해제시점을 조정할 유인을 없앨 필요가 있다. 그래서 민법 제396조의 법리를 적용하여 <u>해제권을 행사할 수 있었을 때의 시가</u>를 의미한다고 해석한다.[363]

그러나 위와 같은 차액설적 입장을 고집하다가 보면 이행이익의 산정에 어려움이 있어 제대로 그 권리를 행사할 수 없는 경우가 발생할 수 있다. 그래서 원상회복 이외에 위와 같은 산정에 갈음

---

362) 채무이행의 상태는 채무이행의 대상으로 이미 급부내용이 특정되어 있기 때문에 비교적 파악이 손쉽다. 이런 점이 불법행위에 의한 손해배상청구 상의 차액설과 차이가 있다. 불법행위의 경우 불법행위로 인한 현재의 상태는 쉽게 파악이 되지만 불법행위가 없었더라면 있었을 상태란 가정의 상태이므로 그 증명이 어렵다.

363) 이행지체의 경우는 해제가능시라고 하면서도 이행불능의 경우는 대법원 1980. 3. 11. 선고 80다78(타인의 물건 매매 사안)를 들어 이행불능시의 이행이익이라는 견해도 있다.

하여 통상적인 지출범위내의 신뢰이익을 배상할 것을 인정하기도 한다.(대법원 1999. 7. 27. 선고 99
다13621 판결364))

나. 부당이득반환

계약이 해제되었을 때 원상회복의무로서 민법 제548조의 규정이 있다. 이 규정은 부당이득에
관한 민법 제741조, 제748조의 특별규정으로 그 이익 반환의 범위는 이익의 현존 여부나 선의, 악
의의 구분 없이 특별한 사정이 없는 한 받은 이익의 전부를 반환하여야 한다. (대법원 1998. 12. 23.
선고 98다43175 판결) 따라서 사용이익이 있으면 그 사용이익(부동산의 임료상당액 포함)도 반환하
여야 하고, 원금에 법정이율에 따른 법정이자도 지급하여야 한다.(민법 제548조 제2항) (대법원
1995. 3. 24. 선고 94다47728 판결, 대법원 2000. 6. 9. 선고 2000다9123 판결)

이러한 법리는 계약이 취소된 경우 선의의 점유자에게 민법 제201조 제1항에 의해 과실수취권
이 인정되는 것, 민법 제748조, 제749조에 따른 선의의 부당이득자의 경우 현존이익의 반환을 인정
하는 법리와 구별된다. (대법원 1993. 5. 14. 선고 92다45025 판결)

V. 명의신탁에 따른 청구

1. 명의신탁의 개념 및 「부동산 실권리자명의 등기에 관한 법률」상의 법적효력

가. 명의신탁

명의신탁이란 "당사자간의 신탁에 관한 채권계약에 의하여 신탁자가 실질적으로는 그의 소유
에 속하는 부동산의 등기명의를 실체적인 거래관계가 없는 수탁자에게 매매 등의 형식으로 이전하
여 두는 것"(대법원 1993. 11. 9. 선고 92다31699 판결 등)을 지칭한다. 판례는 명의신탁의 유효성을
인정하고 있다.

나. 「부동산 실권리자명의 등기에 관한 법률」이 적용될 경우의 법률관계

1) 부동산 실명법의 적용범위

「부동산의 실권리자명의 등기에 관한 법률」(이하 '부동산 실명법'이라 함)의 적용이 없는 사안
에 관하여 종전 판례이론이 그대로 적용된다. 부동산 실명법 제2조 제1호 본문에 따르면 "부동산에

---

364) 대법원 2002. 6. 11. 선고 2002다2539 판결 등에서 "① 채무불이행을 이유로 계약해제와 아울러 손해배상을 청구
하는 경우에 그 계약이행으로 인하여 채권자가 얻을 이익 즉 이행이익의 배상을 구하는 것이 원칙이지만, 그에
갈음하여 ② 그 계약이 이행되리라고 믿고 채권자가 지출한 비용 즉 신뢰이익의 배상을 구할 수도 있다고 할 것이
고, 그 신뢰이익 중 ⓐ 계약의 체결과 이행을 위하여 통상적으로 지출되는 비용은 통상의 손해로서 상대방이 알았
거나 알 수 있었는지의 여부와는 관계없이 그 배상을 구할 수 있고, ⓑ 이를 초과하여 지출되는 비용은 특별한
사정으로 인한 손해로서 상대방이 이를 알았거나 알 수 있었던 경우에 한하여 그 배상을 구할 수 있다고 할 것이
고, 다만 ③ 그 신뢰이익은 과잉배상 금지의 원칙에 비추어 이행이익의 범위를 초과할 수 없다."고 판시하고 있다.
필자는 위 대법원 판례의 판시 중 ①, ②에 관해서는 찬성하나, ③의 판시는 신뢰이익 개념을 잘못 이해한 것으로
폐기되어야 한다는 견해를 갖고 있다. 즉 ② ⓑ는 주로 신뢰투자(reliance investment)를 지칭한 것인데 신뢰투자
의 경우 상당성이 인정되는 경우에는 이행이익에 상관없이 이를 배상해 주어야 한다.

관한 소유권 기타 물권을 보유한 자 또는 사실상 취득하거나 취득하려고 하는 자가 타인과의 사이에서 대내적으로는 실권리자가 부동산에 관한 물권을 보유하거나 보유하기로 하고 그에 관한 등기는 그 타인의 명의로 하기로 하는 약정"을 적용대상으로 한다고 하였다. 따라서 부동산 물권에 관한 명의신탁 전반에 걸쳐 부동산 실명법이 적용될 수 있다.

하지만 다음과 같은 예외가 있다. ① 양도담보나 가등기담보, ② 상호명의신탁, ③ 신탁등기, ④ ⓐ 종중, ⓑ 배우자,365) ⓒ 종교단체에서 일어난 일정한 명의신탁366) 등은 부동산 실명법의 적용을 받지 않는다.(부동산 실명법 제2조 제1호 가. 나. 다목의 사유들 및 제8조) 그 외에도 부동산이외에 ⑤ 공부에 의하여 권리관계가 표시되는 선박이나 자동차 기타 중기 등에 관한 명의신탁 등도 종전의 판례이론이 그대로 적용되고, 부동산 실명법에 의해 무효로 되지 않는다. 특히 ⑥ 예금주명의신탁이 가능하다는 점에 유의하자.(대법원 2001. 1. 5. 선고 2000다49091 판결, 「금융실명거래 및 비밀보장에 관한 법률」은 단속규정일 뿐 효력규정은 아님)

2) 부동산 실명법이 적용되는 명의신탁의 효력

가) 명의신탁 약정의 무효

명의신탁자와 명의수탁자간의 명의신탁약정은 무효이다.(부동산 실명법 제4조 제1항) 명의신탁약정에 부속된 위임 등의 계약은 일부무효의 법리에 따라 명의신탁약정이 무효로 되면 위임 약정의 목적을 달성할 수 없는 경우에는 무효로 된다. 다만, 명의신탁약정과는 별개인 부동산 취득의 원인계약인 매매계약 등은 무효로 되지 않는다.(대법원 2002. 3. 15. 선고 2001다61654 판결)

나) 명의신탁 등기의 무효

명의신탁약정에 의하여 경료된 등기는 무효이다.(부동산 실명법 제4조 제2항 본문)

2. 부동산 명의신탁의 종류 및 구체적인 법률관계

부동산 명의신탁에는 진정명의신탁과 계약명의신탁으로 나누어지고, 진정명의신탁은 다시 양자간 명의신탁과 제3자간 명의신탁으로 나누어진다.

가. 진정(등기)명의신탁

진정명의신탁은 부동산의 등기명의만이 명의수탁자에게 이전될 뿐이고 명의수탁자가 부동산취득의 원인계약에 관여하지 않는 명의신탁이다. 진정명의신탁에는 Ⓐ 양자간 명의신탁과 Ⓑ 제3자간 명의신탁으로 세분된다. 전자는 명의신탁자가 자기 명의의 부동산을 명의수탁자에게 이전하는 형태의 명의신탁이고, 후자는 명의신탁자가 매도인으로부터 부동산을 매수하면서 자기 명의의 등기를 경료하지 않은 채 바로 명의수탁자 앞으로 이전등기를 하는 경우를 지칭한다.

---

365) 배우자와의 명의신탁계약으로 제3자간 명의신탁이 유효한 것을 전제로 제5회 변호사시험 민사기록형 문제로 출제된 바가 있다.

366) 그래서 부동산 실명법 제8조에 의하여 ① 종중, 종교단체, 배우자 사이의 명의신탁, ② 조세포탈, 강제집행 면탈 기타 법령상의 제한을 회피하기 위한 목적이 없었음을 주장·증명해야 한다.

양자간 명의신탁의 경우는 명의수탁자 명의의 등기는 무효이므로 명의신탁자가 소유권을 갖고 그에 기하여 명의수탁자에게 방해배제청구로서 말소를 구할 수 있다. 명의수탁자가 명의신탁 중 당해 부동산을 타에 처분하였을 때는 명의신탁자는 제3자에 대항할 수 없다.(부동산 실명법 제4조 제3항) 위와 같은 사정을 종합해 보면 양자간의 등기명의신탁은 종전 명의신탁이론 상의 명의신탁자, 명의수탁자, 제3자와 별로 달라진 점이 없고 명의신탁의 해지 없이도 소유권이 명의신탁자에게 있다고 보는 점에서 명의신탁자가 더 보호되고 있다 할 수 있다.

하지만 제3자간 명의신탁은 종전이론과 큰 차이가 있다.[367] 제3자간 명의신탁에서 명의수탁자 명의의 등기는 무효이다. 따라서 부동산의 소유권은 전 소유자에게 있다. 전 소유자는 명의수탁자를 상대로 말소청구 또는 진정명의 회복을 원인으로 한 소유권이전등기를 구할 수 있다. 제3자간 명의신탁의 경우 매도인이 명의신탁사실을 알게 되기 때문에 등기자체만 유효로 되는 경우는 없다. 그래서 매도인은 항상 위와 같은 권리를 갖게 된다. 또한 매매계약 자체는 그 효력을 유지하고 있으므로 명의신탁자는 매매계약의 당사자로서 전 소유자를 상대로 소유권이전등기를 구할 수 있다. 이런 상태하에서 명의신탁자는 전 소유자를 대위하여 명의수탁자를 상대로 그 명의 등기의 말소를 구하고, 아울러 전 소유자를 상대로 매매계약에 따른 소유권이전등기를 구할 수 있다.(대법원 2002. 11. 22. 선고 2002다11496 판결) 다만 부동산 실명법 제4조 제3항에 의하여 제3자가 적법하게 소유권을 취득한 경우에는 그 위험부담[368]을 명의신탁자가 부담하여야 할 것이다. 이런 경우에는 명의신탁자 겸 매수인은 매도인을 상대로 소유권이전등기를 구할 수 없게 될 것(민법 제538조 제1항 전문)이고 오로지 명의수탁자를 상대로 부당이득반환 등을 청구할 수 있을 뿐이다.

제3자간 명의신탁자의 청구	❶매도인 상대로 소유권이전등기 청구	①매매계약 ②매매대금전부(계약금·중도금·잔금)의 지급	
	❶청구권을 피보전채권으로 ❷제3자간 명의수탁자를 상대로 소유권이전등기 말소청구	[대위요건❶] ①ⓐ매매계약 ⓑ매매대금전부의 지급 ②이행기 ③무자력(불필요) ④미행사	[소유권이전등기말소의 요건사실] ⑤매도인의 소유권 ⑥명의수탁자 명의 등기 ⑦명의신탁(원인)무효

나. 계약명의신탁[369]

명의신탁자가 명의수탁자에게 위탁하여 명의수탁자가 계약당사자로서 전 소유자로부터 부동산을 매수하여 명의수탁자 앞으로 등기를 경료하는 경우를 지칭한다.

계약명의신탁에서도 명의신탁약정은 무효이고, 매매계약자체는 유효하다. 그런데 그 매매계약

---

367) 법학전문대학원 협의회 2015년도 제2회 연도별 모의고사 민사기록형 문제로 출제된 바가 있다. 제3자간 명의신탁 문제로 가장 어렵게 출제되었던 것은 법학전문대학원 협의회 2016년도 제2회 연도별 모의시험이었다. 평범한 제3자간 명의신탁 문제는 법학전문대학원 협의회 2017년도 제2회 연도별 모의시험이다.

368) 이 위험은 종전 명의신탁 이론이 적용되었을 때도 있었다.

369) 제3회 변호사 시험 기록형 문제로 출제되었다.

에 따른 소유권이전등기는 부동산 실명법 제4조 제2항 본문에서 원칙적으로 무효로 하였다. 다만 같은 항 단서에서 전 소유자 겸 매도인이 명의신탁약정을 不知(선의)했을 경우 소유권이전등기도 효력이 있다고 규정하고 있다. 판례는 부동산 실명법 제4조 제2항 단서를 해석·적용함에 있어 전 소유자가 계약명의신탁약정이 있음을 알았는지 여부에 따라 그 등기의 효력이 달라진다고 한다. 전 소유자가 알았는지 여부의 판단시점은 **계약체결시**이다. 전 소유자가 **선의**인 경우 명의수탁자는 완전한 권리를 취득한다. 그래서 매매계약도 유효하고 그에 따른 등기도 효력이 있으므로 결과적으로 전 소유자는 모든 계약상의 의무를 이행한 셈이 되어 명의신탁자는 전 소유자에 대하여 아무런 청구를 할 수 없다. 그런데 명의신탁자는 명의신탁이 무효이기 때문에 명의수탁자에게 아무런 명의신탁상 권리를 행사할 수 없다. 다만 명의신탁자는 명의수탁자를 상대로 부당이득반환청구를 할 수 있을 뿐이다. 그런데 부동산 실명법상의 전환기간이 경과하고 난 이후에는 그 부당이득액은 명의신탁자가 지출한 매매대금 등일 뿐 소유권 명의를 부당이득이라고 주장하면서 소유물의 반환을 구할 수도 없다.

　　그에 반하여 전 소유자가 **악의**인 경우에는 명의수탁자 명의의 등기가 효력을 잃고 전 소유자의 소유가 된다. 따라서 전 소유자는 명의수탁자에게 방해배제청구권의 행사로서 소유권이전등기의 말소를 구할 수 있다. 명의수탁자는 전 소유자를 상대로 매매대금의 반환을 구할 수 있지만 소유권이전등기를 다시 요구할 수는 없다고 보아야 한다. 물론 매매계약은 여전히 유효하지만 그 이행을 구하게 되면 명의신탁의 실질에 따른 이행이 되므로 명의신탁을 금지한 법목적을 잠탈하게 되기 때문이다. 명의신탁자는 전 소유자에게 아무런 권리가 없다. 다만, 무효사실이 밝혀진 후 전 소유자가 명의수탁자 대신 명의신탁자가 그 계약의 매수인으로 되는 것을 승낙한 경우에는 전 소유자와 명의신탁자 사이에는 종전의 매매계약과 같은 내용의 양도약정이 따로 체결된 것으로 봄이 상당하다. (대법원 2003.9.5. 선고 2001다32120 판결) 명의신탁은 무효이나 매매계약은 그 효력이 있기 때문에 당사자 사이에 합의로서 명의신탁자를 매매계약상의 매수인의 지위를 갖도록 추가합의 할 수 있다는 것이다.

　　명의수탁자가 유효한 권리를 취득하면 명의신탁자는 명의수탁자에게 부당이득반환청구권을 행사할 수 있을 뿐이라고 설명했다. 그런데 반환할 부당이득은 ① 부동산 실명법 시행이전에 명의신탁된 상태(명의신탁에 의해 명의신탁자가 내부적으로라도 소유권을 취득하였을 때)에서 부동산 실명법의 시행으로 전환기간내 전환하지 않음으로써 명의신탁이 무효가 된 경우에는 부동산 소유명의를 부당이득으로 보았다. 그래서 명의신탁자는 명의수탁자에게 부동산 소유권이전등기를 청구할 수 있었다. ② 그런데 부동산 실명법 시행 이후 명의신탁이 이루어진 경우에는 매수대금 및 그 필수 부대비용(등기비용, 취등록세 등) 상당을 부당이득으로 보았다. 그래서 명의신탁자는 명의수탁자를 상대로 매수대금 상당의 부당이득만 반환을 청구할 수 있을 뿐이다. 만약 명의수탁자가 아직도 매도인으로부터 매매대금을 반환받지 않고 있었다면 매도인에 대한 부당이득반환청구권이 반환할 부당이득이라고 할 수 있다.

계약명의신 탁자의 청구	❶매도인이 **선의**인 경우 [명의수탁자를 상대로 **부당 이득반환청구** 가능]	①부당이득반환청구권의 발생 ⓐ계약명의신탁에 이은 매매계약이 유효하여(법률상 원인 없이) ⓑ계약명의수탁자가 소유권을 취득하여 이득을 얻고 ⓒ명의신탁자는 출재하여(손해) ⓓ인과관계의 존재 ②부당이득액(부당이득반환의 범위) ⓐ부동산 실명법 시행이전에 계약명의신탁하고, 전환기간내에 전환하지 않은 경우에는 "부동산"이 이득 or ⓑ그 이후에는 부동산 취득에 소요된 비용
	❷매도인이 **악의**인 경우 [명의수탁자를 상대로 **부당 이득반환청구** 가능] [복잡하여 아직 정식으로 ❷ 는 출제된 바가 없음]	①부당이득반환청구권의 발생 ⓐ계약명의신탁이 무효여서(법률상 원인 없이) ⓑ명의신탁자의 출재로 (손해) ⓒ명의수탁자는 부동산 소유권은 취득하지 못하지만 "취득자금"이나 "명 의수탁자의 매도인에 대한 부당이득반환청구권"을 취득 ⓓ인과관계의 존재 ②부당이득액(부당이득반환의 범위) ⓐ매수자금 or ⓑ부당이득반환청구권의 양도

다. 제3자간의 등기명의신탁과 계약명의신탁의 구분방법

「부동산 실권리자명의 등기에 관한 법률」 제4조 제1항에 따라 명의신탁계약은 그 형식에 상관 없이 언제나 무효이다. 그와 관련된 부동산 물권변동도 같은 조 제2항에 의해 무효이나, 매도인이 알지 못한 경우에는 그 효력이 발생한다. 양자간 명의신탁은 명의신탁자와 명의수탁자간의 명의신 탁계약과 후속 등기에 의한 것으로 명의신탁 약정이 무효여서 부동산 소유권이전등기가 소급적으로 무효가 되고, 명의신탁자가 소유권자로 복귀하기 때문에 명의수탁자를 상대로 그 소유권이전등기 말소를 구하면 된다. 이처럼 법률관계가 매우 간단하다. 그러나 제3자간 명의신탁과 계약 명의신탁 은 명의신탁자, 명의수탁자 외에 매도인이 따로 있다. 따라서 명의신탁약정이 무효가 된다고 하더 라도 제3자간 명의신탁일 때는 매도인과 체결한 매매계약과 그 이행으로 된 등기의 효력이 등기과 정에서 매도인이 명의신탁사실을 자연스럽게 알게 되므로 그 효력이 없고, 계약명의신탁일 경우는 매도인이 명의신탁사실을 알게 되었는지와 관련된 구체적 사정에 따라 그 무효여부가 결정된다. 따 라서 제3자간 명의신탁인가 아니면 계약명의신탁인가가 매우 중요한 의미를 갖는다. 그 구분은 원 칙적으로 계약의 형식과 당사자의 의사에 따른다.

제3자간 등기명의신탁은 매도인과 매수인(명의신탁자)이 계약을 체결하면서 다만 매도인의 도 움을 얻어 등기명의를 명의수탁자에게로 경료하는 방식이다. 계약의 체결과 등기의 과정에서 매도 인은 명의신탁사실을 자연스럽게 알 수 있다. 따라서 제3자간 명의신탁에서 그 부동산 물권변동은 언제나 무효로 된다. 하지만 계약명의신탁은 명의수탁자가 계약당사자로 나서 스스로 매수인이 되 어 계약을 체결하거나 명의신탁자를 대리인으로 내세워 매수인 자격으로 계약을 체결한 다음 명의 수탁자에게 등기를 경료하게 된다. 매도인은 그 과정에서 명의신탁사실을 모르는 것이 일반적일 것 이고, 특별한 사정이 있다면 알 수도 있다. 「부동산 실권리자명의 등기에 관한 법률」 제4조 제2항에 따르면 매도인이 명의신탁사실을 모를 경우에는 부동산 물권변동에 효력이 있다. 그래서 구체적인 사안에 따라 그 법률효과가 다를 수 있다.

라. 제3자에 대한 효과

명의수탁자가 명의신탁물을 제3자에게 처분했을 경우 제3자가 악의, 선의를 불문하고(대법원 2009. 3. 12. 선고 2008다36022 판결) 제3자에게 대항할 수 없다. 제3자란 명의신탁약정의 당사자, 그 포괄승계인이 아닌 자로서 "명의수탁자가 물권자임을 기초로 그와의 사이에 직접 새로운 이해관계를 맺은 사람"을 의미한다.

마. 요약표

부동산 실명법이 적용되어 명의신탁 무효와 명의신탁자의 청구	**진정명의신탁**			
	양자간 명의신탁	[소유권에 기한 원인무효인 소유권이전등기말소청구] ①명의신탁자의 소유권취득사실 ②명의신탁약정 ③소유권이전등기 경료		
	제3자간 명의신탁	매도인	[매매계약에 기한 소유권이전등기청구] ①매매계약의 체결 ②매매대금(계약금·중도금·잔금) 전부 지급	
		명의수탁자	[매도인의 명의수탁자에 대한 소유권이전등기 말소청구의 대위행사] [대위요건] ①ⓐ위 소유권이전등기청구권 ⓑ이행기 도래 ⓒ미행사	②(제3자간)명의신탁계약 ③ⓐ명의신탁자(매수인)의 요청에 의해 명의수탁자 명의로 소유권이전등기 경료 ⓑ매도인의 **악의**로 소유권이전등기 원인무효
	계약명의신탁 [명의신탁자는 명의수탁자를 상대로 부당이득반환청구할 수 있음]			

	①부당이득반환청구권의 발생
	 ⓐ명의신탁계약사실
	 ⓑ(a)매도인과 명의수탁자 사이의 매매계약체결사실
	  (b)매매대금의 전부 지급사실(명의신탁자로부터 받아서 지출)
	  (c)명의수탁자 명의로 소유권이전등기 경료사실 &			

	ⓒ매도인의 **선의**(명의수탁자의 소유권취득)
	[출제가능성 있음]
	or
		②부당이득액
		[명의수탁자는 **악의의** 부당이득반환책임을 부담][370]
		[부동산실명제법 실시 이후]
		 ⓐ명의수탁자에게 부당이득반환청구
		  (a)매매대금 및 필수 필요비
		  (b)지출이후의 (법정)이자
		  (c)추가적인 손해가 있다면 그 손해(아마 없을 것임) or
		[부동산실명제법 실시전에 명의신탁]
		 ⓑ(a)부동산 자체가 부당이득으로 소유권이전등기 청구 가능
		  (b)점유하기 시작한 후의 임료상당도 청구가능할 수 있음
		   [(b)는 대체로 명의신탁자가 목적물을 점유하면서 활용하고 있을 가능성이 높아 실제로는 청구할 가능성이 거의 없음]		

	©매도인의 악의(명의수탁자는 소유권을 취득 못하고 오히려 소유권이전등기 말소의무 부담하고, 매매대금 상당 부당이득반환청구권만 취득)	②부당이득액
		[명의수탁자는 <u>악의의 부당이득반환책임</u>을 부담]
		ⓐ명의수탁자에게 부당이득반환청구
		  (a)매매대금 및 필수 필요비
		  (b)지출이후의 (법정)이자
		  (c)추가적인 손해가 있다면 그 손해(아마 없을 것임) or
		ⓑ매도인을 상대로 부당이득반환청구권을 처분금지가처분한 다음 명의수탁자를 대위하여 매도인에게 부당이득반환청구권(채권)의 양도의 의사표시와 그 양도사실의 통지를 하라는 청구가능 or
		[위 ⓑ와 같은 청구 대신에 매도인을 피고로 하여 매도인에게 명의수탁자가 가진 아래 금액상당의 부당이득반환청구권을 대위행사할 수도 있음]
		  (a)매도인이 수령한 매매대금
		  (b)매도인이 악의로 되었거나 소장부본송달일 이후의 이자

유효한 명의신탁 해지를 원인으로 한 청구	유효한 명의신탁의 사례 (배우자371)·종중·종교단체의 명의신탁 등)	[명의신탁자는 명의수탁자를 상대로 명의신탁해지를 원인으로 한 소유권이전등기 청구를 할 수 있음] ①명의신탁약정의 체결사실 ②명의수탁자 명의로 소유권이전등기 경료사실 ③명의신탁 해지의 의사표시와 도달사실

Ⅵ. 점유시효취득완성을 원인으로 한 소유권이전등기청구권 (채권적 청구권)372)

1. 개설

　(점유와 등기부)취득시효가 완성되면 점유자는 소유권을 원시취득한다. 원칙적으로 원소유자의 소유권에 가해진 각종 제한에 의하여 영향을 받지 않는 완전한 내용의 소유권을 원시취득하게 된다.(대법원 1973. 8. 31. 선고 73다387 판결) 건물공유자 중 일부만이 당해 건물을 점유하고 있는 경우라도 그 건물의 부지는 건물 소유를 위하여 공유명의자 전원이 공동으로 이를 점유하고 있는 것으로 볼 것이며, 이때 건물공유자들이 건물부지의 공동점유로 인하여 건물부지에 대한 소유권을 시효취득 하는 경우라면 그 취득시효 완성을 원인으로 한 소유권이전등기청구권은 당해 건물의 공유지분비율과 같은 비율로 건물공유자들에게 귀속된다.(대법원 2003. 11. 13. 선고 2002다57935 판결)

　하지만 시효취득의 원시취득의 법리는 다음과 같은 제한을 받는다.

　첫째, 점유취득시효 완성을 원인으로 한 소유권이전등기가 경료되어야만 비로소 원시취득되어 여러 가지 부담들이 소멸한다. 따라서 시효기간이 완성되었다고 하더라도 점유취득한 자 앞으로 소유권이전등기가 마쳐지기 전까지는 전 소유권에 붙어 있던 각종 제한은 소멸하지 않는다.(대법원 2004. 9. 24. 선고 2004다31463 판결)

　둘째, 시효의 기초인 점유 자체가 이미 그 위에 존재하는 타인의 권리에 의한 제한(예를 들면

---

370) 명의수탁자가 선의인 경우에는 민법 제748조, 제749조에 따라 현존이익의 반환의무가 있다.(대법원 2010. 1. 28. 선고 2009다24187, 24194 판결 참조)
371) 제5회 변호사시험 민사기록형 문제로 출제된 적이 있다.
372) 법학전문대학원 협의회 2016년도 제3회 연도별 모의시험 민사기록형 문제로 출제된 바가 있다.

'타인의 지역권')을 용인하면서 행하여졌다면 그러한 제한 있는 소유권을 시효취득하게 된다.

취득시효완성으로 인한 소유권취득에는 점유취득시효제도와 등기부취득시효제도가 있다. 취득시효[373]완성을 원인으로 한 소유권취득은 법률의 규정에 의한 취득이다. 그래도 점유취득시효 완성으로 인한 소유권취득은 민법 제245조에 규정된 요건이 충족되어도 바로 소유권을 취득하지 못하고[374] 소유자를 상대로 소유권이전등기청구권이란 채권적 청구권만을 취득하게 설계되어 있다. 그래서 점유시효취득한 자는 반드시 소유권이전등기를 경료해야만 비로소 소유권을 (원시)취득하게 된다. 따라서 점유취득시효완성사실이 소유권이전등기청구권의 발생원인 사실이 된다. 반면 등기부취득시효가 완성되면 대응하는 등기가 이미 이루어져 있기 때문에 바로 소유권을 원시취득한다.

2. 점유취득시효 완성을 원인으로 한 소유권이전등기 청구의 요건사실

가. 개설

점유취득시효는 민법 제245조 제1항에 따를 때 마치 ① 소유의 의사로, ② 평온·공연하게, ③ 부동산을, ④ 20년간 점유한 사실을 주장·증명하여야 할 것처럼 보인다. 하지만 그 중 ① 소유의 의사로 ② 평온·공연한 점유는 모두 민법 제197조에 의하여 추정된다. 그래서 <u>①20년간 ②점유</u>한 사실만 주장·증명하면 부동산 소유권이전등기 청구권을 취득하게 된다. 다만 "소유의 의사"로 한 점유를 자주점유라고 하고, 그 자주점유사실에 관하여는 민법 제197조 제1항의 존재에도 불구하고 대법원 1997. 9. 12. 선고 96다26299 전원합의체 판결 이후 '악의의 무단점유'의 자주점유성을 부정하고 있다. 나아가 점유기간동안 소유 의사를 가진 자라면 취하지 않았을 행위를 했다는 외형적·객관적 간접사실을 주장·증명하거나 소유자라면 취했을 조치를 취하지 않았다는 외형적·객관적 간접

---

373) 취득시효에 관한 판례 5원칙이란 것이 있다.

첫째 甲 소유 A 부동산을 乙이 점유시효취득하였을 경우 乙은 甲에 대하여 등기 없이도 그 소유권을 주장할 수 있다.

둘째 甲 소유 A 부동산에 관하여 乙이 점유하고 있던 중 그 시효가 완성되기 전에 甲이 丙에게 해당 부동산을 매도하여 丙명의로 소유권이전등기를 경료해 주었다면 乙은 丙을 상대로도 점유취득시효를 주장할 수 있다.

셋째 하지만 甲 소유 A 부동산에 관하여 乙이 점유하고 있던 중 그 시효가 완성된 후 甲이 丙에게 해당 부동산을 매도하여 丙 명의로 소유권이전등기를 경료해 주었다면 이번에는 乙은 丙을 상대로 점유취득시효를 주장할 수 없다.

넷째 셋째 원칙을 관철하기 위하여 점유취득시효 기산점을 임의로 선택하여 주장할 수 없다. (고정시설의 채택)

다섯째 甲 소유 A 부동산에 관하여 乙이 점유하고 있던 중 그 시효가 완성된 후 甲이 丙에게 해당 부동산을 매도하여 丙명의로 소유권이전등기가 경료되었다고 하더라도 丙명의로 되어 있는 기간동안 충분한 시효취득기간이 경과되어 다시 乙이 시효취득하였을 경우에는 丙명의로 등기된 시점을 별도 시효기간의 기산점으로 삼을 수 있다.

이상 편집대표 김용담, 『주석민법(제4판)』, 한국사법행정학회, 743면 참조.

374) 만약 민법 제245조의 요건을 충족하면 바로 소유권을 취득한다고 이론구성하였더라면 이렇게 소유권을 취득하게 된 점유취득시효의 완성으로 소유권을 취득한 자는 현재 그 명의로 소유권이전(보존)등기가 경료되어 있는 전 소유자를 상대로 그 등기가 자신의 소유권에 방해가 된다며 그 소유권이전(보존)등기의 말소를 구하여야 할 것이다. 그래서 만약 이렇게 제도설계 되었더라면 전 소유자 명의 소유권이전(보존)등기가 말소되더라도 점유취득시효한 자 명의로 등기가 경료되어 있지 않기 때문에 실체관계를 반영하여 이에 부합하는 등기를 경료할 수 있는 새로운 절차를 만들어야 하였을 것이다.

사실을 주장·증명함으로써 자주점유의 추정을 복멸할 수 있는 방법을 인정하고 있다.

등기부취득시효는 민법 제245조 제2항에 따를 때 마치 ① 부동산의 소유자로 등기된 자, ② 소유의 의사로, ③ 평온·공연하게 ④선의 ⑤무과실로 ⑥ 10년간 등기와 점유하였다는 사실을 주장·증명하여야 할 것처럼 보인다. 하지만 그 중 ② 소유의 의사로 ③ 평온·공연하게 ④ 선의로 점유한 사실은 모두 민법 제197조에 의하여 추정된다. 따라서 등기한 점유자는 **① 10년간 등기와 점유 및 ② 무과실로 ③ 점유한 사실**만 주장·증명하여 소유권취득을 주장할 수 있다. ② 무과실이란 점유취득당시 선의임에 과실이 없었다는 것을 의미하는데 구체적으로는 '자기가 소유자라고 믿고 점유를 취득하는데 과실이 없었다'[375]는 것을 의미한다. 등기부취득시효한 경우에는 이미 상응하는 등기명의를 보유하고 있기 때문에 따로 소유권이전등기청구를 할 필요도 없다. 등기부취득시효가 완성되는 순간 바로 소유권을 취득한다. 따라서 등기부취득시효가 완성된 경우에는 전소유자가 제기한 물권적 청구권의 강력한 항변이 될 수 있고, 또 그를 상대로 소유권확인의 소를 제기할 수도 있다.

나. 점유취득시효 요건사실에 대한 증명책임 분배

1) 관련조문(민법 제245조 제1항, 민법 제197조 제1항, 민법 제198조)

민법 제245조 제1항은 "20년간 소유의 의사로 평온, 공연하게 부동산을 점유한 자는 등기함으로써 그 소유권을 취득한다."고 규정하고 있고, 민법 제197조 제1항은 "점유자는 소유의 의사로, 선의, 평온, 공연하게 점유한 것으로 추정한다."고 규정하고 있으며 민법 제198조에는 "前後 兩時에 점유한 사실이 있는 때에는 그 점유를 계속한 것으로 추정한다."고 규정하고 있다.

2) 증명책임 분배

위 관련조문들을 종합하여 점유취득시효 완성을 원인으로 한 소유권이전등기 청구의 요건사실을 정리해 보면 원고는 ①20년간 ②점유한 사실만 주장·증명하면 되고(더 정확하게는 20년 전에 점유를 개시한 사실을 주장·증명하면 된다.) 피고는 타주, 폭력 또는 은비점유란 사실 및 점유의 불계속을 주장·증명하여 그 추정을 뒤집을 수 있다.

다. 청구원인사실

① 20년간의 ② 점유

---

375) 대법원 2017. 12. 13. 선고 2016다248424 판결 (부동산을 매수하는 사람으로서는 매도인에게 부동산을 처분할 권한이 있는지 여부를 조사하여야 하므로, 이를 조사하였더라면 매도인에게 처분권한이 없음을 알 수 있었음에도 불구하고 그러한 조사를 하지 않고 매수하였다면 부동산의 점유에 대하여 과실이 있다고 보아야 한다. ①매도인이 등기부상의 소유명의자와 동일인인 경우에는 일반적으로는 등기부의 기재가 유효한 것으로 믿고 매수한 사람에게 과실이 있다고 할 수 없을 것이다. 그러나 ②ⓐ만일 등기부의 기재 또는 다른 사정에 의하여 매도인의 처분권한에 대하여 의심할 만한 사정이 있거나, ②ⓑ매도인과 매수인의 관계 등에 비추어 매수인이 매도인에게 처분권한이 있는지 여부를 조사하였더라면 별다른 사정이 없는 한 그 처분권한이 없음을 쉽게 알 수 있었을 것으로 보이는 경우에는, 매수인이 매도인 명의로 된 등기를 믿고 매수하였다 하여 그것만으로 과실이 없다고 할 수 없다.)

20년간 점유한 사실의 주장, 증명은 20년 전에 점유를 개시하였다는 사실을 주장, 증명하여 민법 제198조에 기한 점유계속의 추정력으로 20년간 점유한 사실을 주장, 증명할 수 있다. 전후 양 시점의 점유자가 다른 경우에도 점유의 승계를 증명하면 점유계속은 추정된다.(대법원 1996. 9. 20. 선고 96다24279, 24286 판결) 상속인이 미성년자인 경우에는 그 법정대리인이 승계받아 점유하면 미성년자의 점유가 계속된 것으로 본다.(대법원 1989. 4. 11. 선고 88다카8217 판결)

점유기간의 기산점과 관련하여 다음과 같다.

학설은 고정시설과 역산설로 대립되어 있다. 고정시설은 원고가 점유기간의 기산점을 임의로 선택할 수 없고, 현실적으로 점유를 개시한 시점을 확정하여 그때로부터 20년간 기간을 기산하여야 한다는 견해이다. 역산설은 점유자가 기산점을 임의로 선택하거나 현재로부터 거슬러 올라가 20년 이상 점유한 사실만 증명하면 그것으로 취득시효의 완성을 인정할 수 있다는 견해이다. 판례의 태도는 원칙적으로 고정시설을 채택하고 있다. 그 이유는 취득시효 완성 이후에 소유자 명의가 변경되면 시효취득 완성의 효력이 소멸되는데 점유취득시효의 기산점을 당사자가 임의로 선택할 수 있도록 하면 시효취득 완성 후에 등기명의를 취득한 자를 상대로도 시효기간 진행 중에 소유하고 있던 자로 취급할 수 있어 결국 시효완성을 주장하는 자는 그 등기 없이도 제3취득자에게 언제나 시효완성을 주장할 수 있게 되는 결과를 초래하게 되기 때문이다. 그래서 이와 같은 혼란을 피하기 위하여 판례는 고정시설을 지지하고 있는 것이다.(대법원 1976. 6. 22. 선고 76다 487,488 판결) 같은 맥락에서 점유기간의 기산점은 요건사실인 점유기간을 판단하는 데 간접적이고 수단적인 구실을 하는 간접사실에 불과하다고 보고 있으며 점유기간의 기산점에 대한 자백은 법원이나 당사자를 구속하지 않는다고 판단하고 있다.(대법원 2007. 2. 8. 선고 2006다28065 판결) 다만 판례는 몇 가지 경우에 고정시설의 태도를 완화하는 예외를 인정하고 있다.

첫째, 소유명의자의 변동이 없는 경우

현 소유자가 소유권 취득 후 점유취득시효기간 20년이 경과할 정도로 장기간 소유명의의 변동이 없는 경우에는 역산시설에 의하여도 무방하다고 한다.(대법원 2007. 2. 8. 선고 2006다28065 판결)

둘째, 점유자의 점유기간동안 소유명의자의 변동이 있는 경우

현 점유자가 점유하는 기간동안 소유자가 α에서 乙로 변경되고 乙이 소유자로 등기되어 있는 동안에도 점유취득시효기간인 20년이 경과한 경우에는 현 점유자가 α가 소유자로 등기되어 있었던 기간에도 점유취득시효완성되었는지를 묻지 않고 현 점유자의 점유개시시점을 기준으로 점유취득시효완성을 주장할 수도 있고, 乙로 소유권변동된 시점을 기준으로 점유취득시효완성을 주장할 수도 있다.(대법원 2009. 7. 16. 선고 2007다15172·15189 전원합의체 판결) 이와 같은 법리는 현 점유자가 점유하는 기간동안 소유자가 α에서 β로 변경되었고, α로 소유권등기가 되어 있는 동안 현 점유자의 점유취득시효기간이 경과하였다 하더라도 현 점유자의 점유개시시점을 기준으로 취득시효완성을 주장할 수 있을 뿐만 아니라 β가 소유권을 취득한 시점을 기준으로 하여도 취득시효완성을 주장할 수가 있고(위 전원합의체의 판결요지), 다시 나아가 β에서 乙로 소유권이전되었거나, β에서

γ로 소유권이 이전되고 γ에서 비로소 乙로 소유권이 이전되었는데, 乙이 소유자로 있었던 기간동안의 현 점유자의 점유취득시효기간이 충분하지 않는 경우에는 γ와 乙이 소유자로 있었던 기간동안의 현 점유자의 점유취득시효기간을 합산하여 주장하든지, 아니면 β, γ 및 乙이 소유자로 있었던 기간을 모두 합산하여 현 점유자의 점유취득시효기간 20년 경과를 주장할 수도 있다.(위 전원합의체 판결, 이 판결에서는 정확하게는 현 점유자는 β, γ 및 乙의 소유기간을 전부 합산하여 주장할 수 있다는 취지의 판결이었다.)

셋째, 점유의 특정승계와 점유기간의 기산점

원칙적으로 점유가 특정승계된 경우 원고는 자신의 점유만을 주장하거나 자기의 점유와 전 점유자의 점유를 아울러 주장할 수 있는 선택권이 있다. 그러나 이때도 전 점유자의 점유기간 중 임의시점을 선택할 수 없고, 그 전 점유자의 점유개시시점으로부터 점유기간의 기산점을 주장하여야 한다.

시효취득자는 시효완성 후에 양도받은 현 소유자를 상대로 시효취득을 원인으로 한 소유권이전등기 청구를 할 수 없다.(시효취득 5원칙 중 셋째) 그런데 점유의 특정승계가 있고, 현 점유자의 점유기간만으로는 20년이 경과하지 않아 전 점유자의 점유개시시점을 기준으로 취득시효완성을 주장할 수밖에 없게 된 상태에서 전 점유자의 점유개시시점으로부터 전 소유자의 소유기간 동안 점유취득시효기간 20년이 다 경과한 상태에서 소유자의 변경이 있고, 현 점유자가 그 점유를 특정승계하여 현 소유자의 소유권취득시점으로부터 전 점유자의 점유기간376)과 현 점유자의 점유기간을 합산하였을 때 20년의 점유취득시효기간이 경과한 경우에 전 점유자의 점유개시시점을 기초로 점유취득시효 주장을 하는 외 현 소유자의 소유권취득시점을 기준으로 취득시효주장을 할 수도 있다.(대법원 1995. 2. 28. 선고 94다18577 판결) 이러한 두 원칙들의 조화로운 해석을 위해 구체적인 사례를 들어 보면 다음과 같다.

즉 Ⓐ 현 점유자가 전 점유자가 점유시효취득한 후 그 전 점유자로부터 부동산을 특정승계취득하여 점유하기 시작하였을 때는 자신의 전 점유자에 대한 소유권이전등기청구권을 보전하기 위하여 전 점유자의 소유자에 대한 점유취득시효완성을 원인으로 한 소유권이전등기청구권을 대위행사할 수 있다.(대법원 1995. 3. 28. 선고 93다47745 전원합의체판결) 물론 이 경우에도 현재의 점유자가

---

376) 해당 대법원 판결에서는 "취득시효완성 후 토지소유자에 변동이 있어도 그 이후 당초의 점유자가 계속 20년간 점유하거나"라고 판시하고 있어 전 점유자가 점유개시시점이후는 물론 소유권이 변동되어 현 소유자가 소유권을 취득한 이후로 20년의 점유취득시효기간이 경과하여 점유취득시효완성을 원인으로 한 소유권이전등기청구권을 취득한 다음 점유를 특정승계취득한 현 점유자가 자신의 점유기간이 부족하여 전 점유자의 점유기간을 포함하여 주장하게 되었을 때 전 점유자의 현 소유자의 소유권취득이후 점유기간을 포함하여 점유취득시효완성을 주장할 수 있다. 그러나 현 점유자는 이 경우 전 점유자의 소유권이전등기청구권만을 취득하여 전 점유자에게 소유권이전등기할 것을 대위청구할 수 있을 뿐이라고 새겨야 한다. 위에 설명한 법리는 현 점유자가 전 점유자의 점유까지 포함하여 주장하게 되었을 때 전 점유자의 점유기간이 점유개시시점은 차치하고, 현 소유자의 소유권 취득시점이후 점유권을 넘겨줄 때까지 자신이 점유기간이 20년 이하여서 점유취득시효가 완성되지 않은 시점에서 점유를 이전하였고, 현 점유자와 전 점유자의 현 소유자 소유권취득이후(소유권이 여러 차례 변동되었다면 어느 한 소유자의 소유권 취득시점이후) 20년이 경과한 경우에만 적용되는 법리라고 보아야 할 것이다.

20년간 점유하고 있었다면 전 점유자의 점유시효취득여부에 상관 없이 자신의 점유취득시효를 주장할 수 있다. 현 점유자가 자신의 점유기간이 부족하여 전 점유자의 점유기간을 합산하여 주장할 수밖에 없어 전 점유자의 점유시점을 주장하게 되는 경우에는 그 전 점유자가 점유한 기간이 20년을 넘어 전 점유자의 점유만으로도 점유취득시효가 완성된 경우(위 전원합의체판결의 사안)에는 현 점유자가 자신에게 직접 소유권이전등기를 청구할 수 없고, 전 점유자를 대위하여 전 점유자에게 소유권이전등기할 것을 청구하여야 한다. 만약, 현 점유자가 자신에게 직접 소유권이전등기를 청구하면 그 청구가 부적절하기 때문에 소유명의자가 해당 부동산을 다른 자에게 양도하여 그 등기까지 경료하여 주어 버리면 그 후에 대위 청구의 소유권이전등기청구를 추가적으로 병합하거나 별소를 제기하여 바로잡아도 그 때부터 소유권이전등기청구를 한 것으로 보기 때문에 결국 취득시효 완성 후의 양도자에 해당되어 승소하지 못하게 된다.

또 ⒷA가 점유하던 중 소유자가 α에서 乙로 변경이 있었고, 그 후 점유가 A→甲으로 이전되었는데 甲의 점유가 20년이 되지 않아 A의 점유를 포함하여 점유취득시효기간 경과를 주장해야 할 때 <u>乙로 소유자가 변경된 이후의 A의 단독 점유기간이 20년이 되지 않는다면</u>[377] 甲은 A의 <u>⒜점유개시시점</u>을 기준으로 점유취득시효완성을 주장할 수도 있고, 乙의 <u>⒝소유권취득시점</u>을 기준으로 점유취득시효완성을 주장할 수도 있다.

다음으로 자기 소유의 부동산을 점유하고 있던 자가 다른 사람에게 소유권이전등기를 해 주었을 때 자기 소유인 상태에서 한 점유기간은 자기 소유 부동산을 점유하는 것으로 점유취득시효기간에 포함되는 점유라고 할 수 없고, 다른 사람에게 소유권이전등기를 경료해 준 이후의 점유만이 점유취득시효기간에 해당된다.(대법원 1997. 3. 14. 선고 96다55860 판결) 따라서 전 소유자 시절에 가압류 등기가 경료된 다음 소유권을 취득한 현 소유자는 소유권이전등기 경료시부터 현재까지 20년간 점유하였다고 하더라도 소유자로서의 점유일 뿐 점유취득시효를 위한 점유가 아니어서 가압류등기가 무효가 아니다. 따라서 이후 확정판결을 받고 가압류에서 본압류로 전환하는 강제집행개시의 기입등기가 경료되어 낙찰로 인해 경락받은 자를 상대로 점유취득시효 완성을 주장할 수 없다.(대법원 2016. 10. 27. 선고 2016다224596 판결)

건물 공유자 중 일부만이 건물을 점유하고 있는 경우라도 건물의 공유자들이 그 대지부분을 점유하고 있으므로 20년이 경과한 이후에는 건물의 공유자들이 그 지분비율대로 대지의 지분을 점유취득하게 된다.(대법원 2003. 11. 13. 선고 2003다57935 판결) 이와 같은 법리는 집합건물을 구분소유하는 자들에게도 적용된다. 즉 집합건물을 구분소유하는 자들은 특별한 사정이 없는 한 그 건물의 대지부분을 공동으로 점유한다 할 것이다. 다른 요건들이 갖추어진 이상 20년간 집합건물을 구분 소유한 자들은 전유부분을 소유하기 위해 대지사용권으로 대지의 소유권 중 그 전유부분의 비율에 따른 대지 지분을 점유취득시효 완성으로 취득하게 된다.(대법원 2017. 1. 25. 선고 2012다72469 판결)

---

377) 이 경우는 앞선 Ⓐ법리의 적용을 받아 현 점유자(甲)는 전 점유자(A)가 취득한 점유취득시효완성을 원인으로 한 소유권이전등기청구권을 대위행사할 수 있을 뿐이다.

라. 점유시효취득자가 취득시효 완성 당시의 소유자에 대하여 소유권이전청구권을 보유하고 있는 상태에서 제3자에게 처분하여도 그 제3자가 소유권을 취득하게 된다. 그래도 그 소유자는 점유시효취득자에게 이행불능으로 인한 손해배상의무를 부담하지 않는다.

　　20년간 점유함으로써 소유권이전등기청구권을 취득한 시효취득자는 비록 원시취득자이지만 그에 따른 등기를 경료하여야만 비로소 소유권을 취득하는 민법 제186조에 따른 소유권취득의 법리를 따른다. 미등기부동산이라도 마찬가지다.(대법원 2006. 9. 28. 선고 2006다22074·22081 판결) 이때 시효취득자가 취득한 소유권이전등기청구권은 일종의 채권적 청구권(대법원 1997. 4. 25. 선고 96다53420 판결)이라고 했다. 그런데 시효취득 당시의 소유자가 이를 타에 처분하여 그 등기를 경료해 주면 그 제3자는 선의·악의를 불문하고 유효하게 소유권을 특정승계취득하게 된다.(시효취득 5원칙 중 셋째) 그 결과 점유시효 취득자가 점유취득 시효완성 당시 소유자에 대해 갖는 소유권이전등기청구권이 마치 이행불능에 빠지는 모습과 유사하게 된다. 그렇다면 점유취득 시효완성자가 이러한 이행불능을 이유로 상응하는 손해배상청구권을 행사할 수 있는가? 판례는 시효완성 후 시효취득자 명의로 소유권이전등기가 경료되기 전에 다시 소유권자가 제3자에게 처분하여 그 명의로 소유권이전등기를 경료해 주면 그 제3자는 유효한 소유권을 취득하고, 당시 소유자는 채무불이행의 책임조차 부담하지 않고, 그 매도대금을 대상청구로 반환할 필요도 없다(대법원 1996. 12. 10. 선고 94다43825 판결, 다만 이 판결에서 시효취득자가 등기명의자에 대해 시효취득완성의 권리를 행사하였거나 주장한 경우에는 불법행위로 인한 손해배상청구권이 인정되는바 그에 따른 대상청구권은 인정하고 있다.)고 판시하고 있다. 이런 법리는 시효완성 후 제3자가 처분금지가처분(매매계약에 의한 소유권이전등기청구권 등을 피보전권리로 한 가처분등기 등)을 신청하여 가처분 등기가 경료된 후 점유취득 시효 완성을 원인으로 한 소유권이전등기가 경료되었다 하더라도 그 제3자가 가처분의 피보전권리인 소유권이전등기 청구권에 기해 승소판결을 받은 경우에는 시효취득을 원인으로 한 소유권이전등기가 위 가처분에 저촉되어 효력을 상실하므로 94다43825 판결 취지와 같은 법리가 적용된다. 이에 반하여 그 가처분의 피보전권리가 소유권에 기한 말소등기청구권 또는 동일한 효과가 있는 진정명의회복을 위한 이전등기청구권인 경우에는 그 가처분권리자가 시효취득자에게 시효취득완성을 원인으로 소유권이전등기청구권을 부담하는 관계로 비록 그에 따른 말소등기가 이루어졌다 하더라도 시효완성 후의 제3자가 아니어서 위 법리가 그대로 적용되지 않는다.(대법원 2012. 11. 15. 선고 2010다73475 판결) 만약 당시 소유자가 시효취득자로부터 이행청구를 받는 등으로 취득시효 주장을 당하였거나 정식으로 소유권이전등기 청구의 소제기까지 당해 취득시효 완성 사실을 알았거나 알 수 있었음에도 불구하고 제3자에게 처분하여 그 소유권이전등기가 이행불능이 된 경우에는 불법행위로 인한 손해배상채무를 부담한다.(대법원 1989. 4. 11 선고 88다카8217 판결, 대법원 1993. 2. 9. 선고 92다47892 판결, 대법원 1995. 6. 30. 선고 94다52416 판결, 대법원 1998. 4. 10. 선고 97다56495 판결, 대법원 1999. 9. 3. 99다20926 판결) 따라서 제3자가 소유명의자의 이러한 불법행위에 적극 가담하였다면 반사회질서 위반 행위로서 무효로 된다. (대법원 1993. 2. 9. 선고 92다47892 판결, 대법원 1998. 4. 10. 선고 97다56495 판결 등) 그래서 그 제3자 명의 소유권이전등기의 말소를 구하고, 당시 소유명의자를 상대로 점유취득시효 완성을 원인으로 한 소유권이전등기 절차의 이행을 구할 수 있다.

점유자의 청구유형	청구원인사실	항변	재항변
점유취득시효 완성을 원인으로 한 소유권이전등기 청구	①20년간 ②점유	①타주(또는 폭력, 은비)점유 ⓐ(a)점유취득시 타주점유 or 　(b)점유취득시 **악의의 무단점유** 　　(악의, 무단여부는 점유도중의 정황적 간접적 사유들[378]도 포함하여 판단) or ⓑ점유도중에 　(a)소유자라면 했을 조치를 하지 않았거나 　(b)소유자라면 하지 않았을 행위를 했음 ②점유중단(점유의 불계속) ③시효중단 ⓐ청구(최고)＋6월내 추가조치 ⓑ재판상청구(응소포함) ⓒ(처분금지 or 점유이전금지)가처분 ⓓ(특히 묵시적) 승인 ④시효이익의 포기 [③ⓓ와 ④는 대체로 비슷한 사실이나 시효기간경과 전, 후의 차이로 평가가 다른 것임] ⑤소멸시효완성[379] (시효취득자가 점유를 상실한 날로부터 10년경과)	①ⓐ자주점유로의 재전환하여 ⓑ그때부터 20년간 점유
등기부취득시효 관련 청구	Ⓐ소유권이전등기 말소청구에 대한 **등기부취득시효 완성으로 소유권자라는 항변**		
	①원고의 소유 ②피고 명의의 등기 ③등기의 원인무효 사실	①10년간 & ②등기부상 등기 ③무과실 점유	점유취득시효 완성을 원인으로 한 소유권이전등기청구에서의 항변사실과 동일
	Ⓑ**등기부취득시효 완성을 원인으로 소유권 확인의 소** (제5회 변호사시험 출제)		
	①10년간 & ②등기부상 등기 ③무과실 점유 ④확인의 이익	점유취득시효 완성을 원인으로 한 소유권이전등기청구에서의 항변사실과 동일	

---

378) 점유취득 당시의 점유권원의 성질을 중심으로 무단여부를 판단해야 한다는 추상적 객관설이 있고, 점유권원의 성질이외에도 정황적, 간접적 사정들도 함께 고려해서 판단해야 한다는 구체적 객관설도 있으나, 후자가 대법원 전원합의체 판결의 태도라고 본다.

379) 대법원 1996. 3. 8. 선고 95다23866·34873 판결 (乙이 소유하고 있던 토지를 A가 점유하고 있던 중 20년 경과로 점유취득시효가 완성되었고, 甲에게 점유가 특정승계되었는데 甲의 점유기간만으로는 20년이 되지 않아 A의 점유기간을 포함하여 주장해야 하면 A의 점유개시시점으로부터 점유취득시효가 완성되었기 때문에 결국 A가 취득한 소유권이전등기청구권을 대위행사할 수밖에 없게 된다. 이때 A가 소유권이전등기청구권(채권적 청구권)을 취득한 다음 점유를 지속하는 한 소멸시효기간은 경과하지 않지만 A가 甲에게 점유를 특정승계시켜 점유를 상실하면 그때부터 10년간 경과로 위 소유권이전등기청구권이 소멸시효 완성으로 소멸하게 된다. 소멸시효기간은 10년이고, 점유취득시효기간은 20년인 관계로 이와 같은 경우가 발생할 수 있다.(대법원 1996. 3. 8. 선고 95다34866·

3. 가능한 공격방어방법

가. 타주점유

1) 일반론

민법 제197조 제2항에 의하여 자주점유로 추정되므로 소유자가 타주점유임을 주장·증명할 책임을 부담한다. 자주점유는 '소유의 의사'를 갖고 하는 점유이고, 소유의 의사란 '배타적 지배를 사실상 행사하려는 의사'를 지칭한다. 결국 자주점유란 '배타적 지배를 사실상 행사하려는 의사로 하는 점유'를 지칭하는 셈이 된다.

민법 제197조 제2항과 자주점유에 관한 위 대법원의 해석태도를 종합해 보면 취득시효 효력이 발생하지 않았다고 주장하는 자, 즉 소유자측에서 ①ⓐ 점유취득당시의 점유취득의 원인이 된 점유권원의 객관적 성질로부터 타주점유가 인정된다는 사실, 또는 ①ⓑ점유취득당시의 점유권원이 없는 무단점유로서 점유자가 그 사실을 알고 있는 '악의의 무단점유'인 사실,[380](대법원 전원합의체 판결의 사안은 점유자가 점유를 취득할 때 철조망을 걷어내고 타인 소유 토지를 침범하여 건축하는 등 무단점유함에 악의가 있었다는 점을 강조하고 있다.) ② 점유자가 점유하는 도중에 타인의 소유권을 배제하여 자기의 소유물처럼 배타적 지배를 행사하는 의사 없이 점유하는 것으로 볼 수 있는 객관적 사정((a)소유자였다면 마땅히 취했을 조치를 취하지 않았거나, (b)소유자였더라면 취하지 않을 행위를 했거나)을 주장·증명하는 방식으로 자주점유의 추정을 복멸하여 타주점유성을 주장·증명할 책임을 부담하게 된다. 실제 소송에서는 ①에 관련된 자료들은 주로 점유자가 소지하고 있을 개연성이 높아 소유자는 주로 ②의 사정에 의존하여 주장·증명할 가능성이 높다. ②의 사정은 점유개시의 원인이 된 사정뿐만 아니라 점유 중에 있어서도 ⓐ 점유자가 진정한 소유자라면 통상 취하지 않았을 태도를 취하거나, ⓑ 소유자라면 당연히 취했을 것으로 보이는 행동을 취하지 아니한 여러 외형적·객관적 정황 등을 주장·증명하는 방식으로 이를 주장·증명할 수 있다.

이 경우 타주점유사실이 주요사실이고, 그 판단의 근거가 되는 점유의 권원이나 외형적, 객관적 사정은 간접사실에 지나지 않는다. 그러므로 법원의 당사자의 주장에 구애됨이 없이 소송자료에 의거하여 관련 간접사실들을 인정하여 타주점유사실을 추정하는 방식으로 인정할 수 있다.(대법원 1997. 2. 28. 선고 96다53789 판결)

2) 타주점유 주장·증명함으로써 자주점유의 추정을 복멸한 구체적인 사례들

가) 점유자가 소유의사 있는 점유취득의 원인이 된 점유권원을 주장·증명하려 하였으나 이에

34873 판결)

380) 이때 소유의사는 점유취득의 원인이 된 점유권원의 객관적 성질에 의하여 결정되어야 한다는 **객관설**이 판례에 의하여 지지를 얻고 있다.(대법원 1997. 8. 21. 선고 95다28625 전원합의체 판결) 객관설은 다시 점유권원의 객관적 성질만을 고려하여 추상적으로 정하여 한다는 추상적 객관설과 점유취득의 원인인 점유권원의 객관적 성질이외에도 "점유와 관계가 있는 모든 사정에 의하여 외형적·객관적으로 결정되어야 한다"는 **구체적 객관설**로 나누어지고 후자가 판례에 의하여 지지를 얻고 있다.(위 전원합의체 판결)

성공하지 못하였다고 하더라도 바로 타주점유로 되는 것은 아니다. 여전히 자주점유의 추정력은 존속한다.

토지의 점유자가 소유자를 상대로 매매를 원인으로 소유권이전등기청구의 소를 제기하였다가 패소판결이 확정된 경우라고 하더라도 타주점유로 되는 것은 아니고, 또 피고의 응소행위가 시효중단사유인 재판상 청구에 해당되지도 않는다.(대법원 1997. 12. 12. 선고 97다30288 판결) 점유자가 스스로 매매, 교환, 증여, 대물변제계약과 같은 자주점유의 권원을 주장하였으나 이것이 인정되지 않았다고 하더라도 바로 점유권원의 성질상 타주점유라거나 자주점유의 추정이 번복되었다고는 할 수 없다.(대법원 1995. 11. 24. 선고 94다53341 판결, 대법원 2007. 2. 8. 선고 2006다28065 판결) 점유자가 이전에 소유자를 상대로 관련 서류 위조 등의 이유로 소유권이전등기말소절차의 이행을 구하는 소를 제기하였다가 패소하고 그 판결이 확정되었다 하더라도 점유자의 자주점유의 추정이 번복되어 타주점유로 전환된다고 할 수 없다.(대법원 1999. 9. 17. 선고 98다63018 판결) 이에 반하여 진정한 소유자가 자신의 소유권을 주장하며 점유자 명의의 소유권이전등기는 원인무효의 등기라 하여 점유자를 상대로 토지에 관한 점유자 명의의 소유권 이전등기의 말소등기청구소송을 제기하여 그 소송사건이 점유자의 패소로 확정되었다면 점유자는 민법 제197조 제2항에 의하여 그 소유권이전등기말소등기 청구소송의 제기시부터는 토지에 대한 악의의 점유자로 간주되고, 또 단순한 악의점유의 상태와는 달리 객관적으로 정당한 소유자에 대하여 말소등기의무를 부담하게 된 점유자로 변한 것이어서 점유자의 토지에 대한 점유는 패소판결 확정 후부터는 타주점유로 전환되었다고 보아야 한다.(대법원 1996. 10. 11. 선고 96다19857 판결) 점유자가 취득시효기간이 경과한 후에 상대방에게 토지의 매수를 제의한 경우라 하여도 자주점유의 추정이 번복되지 않는다.(대법원 1997. 4. 11. 선고 96다50520 판결)

나) 그래서 소유자는 앞서 본 바와 같이 ①ⓐ 점유취득당시 점유의 권원상 타주점유라고 주장·증명하거나 ①ⓑ 점유취득당시 악의의 무단점유를 하였다고 주장·증명하거나 ② 점유하는 도중에 (a)소유자라면 취했을 조치를 취하지 않았거나, (b)소유자라면 취하지 않을 조치를 취하는 등 외형적·객관적인 정황상 타주점유인 사정을 주장·증명하여 자주점유의 추정을 복멸하여야 한다.

위 ①의 점유권원의 객관적 성질상 타주점유로 본 사례로는 다음과 같은 판례가 있다.

(1) 임대차에 의하여 점유를 취득한 경우(대법원 1969. 3. 4. 선고 69다5 판결)

(2) 명의수탁자의 점유

(3) 토지를 매도하여 그 인도의무를 지고 있는 매도인의 점유

(4) 국유지를 장차 불하받을 생각으로 그 점유 사용권만을 양도받아 점유한 자의 점유(대법원 1997. 7. 11. 선고 97다15562 판결)

(5) 매매나 증여 대상 토지의 실제 면적이 공부상 면적을 상당히 초과하는 경우 그 초과 부분에 대한 점유

반면 점유의 권원상 자주점유라고 본 판례로는 다음과 같다.

"토지의 매수인이 매매계약에 의하여 목적 토지의 점유를 취득한 경우, 설사 그것이 타인의 토지의 매매에 해당하여 그로 인하여 곧바로 소유권을 취득할 수 없다고 하더라도 .....매도인에게 처분권한이 없다는 것을 잘 알면서 이를 매수하였다는 등의 특별한 사정이 입증되지 않는 한, ... 등기를 수반하지 아니한 점유임이 밝혀졌다고 하여 이 사실만 가지고 바로 점유권원의 성질상 소유의 의사를 결여한 타주점유라고 할 수 없을 것이다."(대법원 2000. 3. 16. 선고 97다37661 판결)

특히 악의의 무단점유에 관해서는 다음과 같이 판례가 발전되어 왔다.

(1) 악의의 무단점유란 "점유자가 점유 개시 당시에 소유권의 취득원인이 될 수 있는 법률행위 기타 법률요건이 없이 그와 같은 법률요건이 없다는 사실을 잘 알면서 타인 소유 부동산을 점유한 경우"(대법원 1997. 8. 21. 선고 95다28635 판결)를 지칭한다. 위 전원합의체 판결로서 위와 같은 '악의의 무단점유'는 그 점유의 권원상 자주점유가 복멸되어 타주점유가 된다.

(2) 악의의 무단점유로 인정된 사례들

(가) 지방자치단체가 사유지 위에 도로를 개설하면서 권원 취득의 절차를 밟지 않고 보상금도 지급하지 아니한 경우 그 도로부지에 대한 점유(대법원 1997. 9. 12. 선고 96다26299 판결)

(나) 주택부지가 국가의 소유라는 사정을 알면서 그 주택만을 매수한 경우 그 주택부지에 대한 점유(대법원 1998. 3. 13. 선고 97다50169 판결)

(다) 점유자가 건물부지로 점유 중인 국가소유의 여러 필지의 토지 중 일부 토지만을 매입한 경우 나머지 토지에 대한 점유(대법원 1998. 5. 8. 선고 98다1232 판결)

(3) 처분권한이 없는 자 또는 무효인 법률행위에 기하여 취득한 악의 점유자의 경우도 악의의 무단점유와 같이 취급된다.

(가) 학교의 기본재산을 처분함에 있어 주무관청의 허가가 없었음을 알고 있으면서 매수하여 점유한 경우(대법원 1998. 5. 8. 선고 98다2945 판결)

(나) 사인에게는 처분권한이 없는 귀속재산이라는 사실을 알면서 이를 매수하여 점유한 경우(대법원 2000. 4. 11. 선고 98다28442 판결)

(다) 구 농지개혁법상 미상환 분배농지라는 사실을 알면서 이를 매수하여 점유한 경우(대법원 2000. 9. 29. 선고 50705 판결)

판례상 점유도중에 (a)소유자라면 취했을 조치를 취하지 않았거나, (b)소유자라면 취하지 않을 조치를 한 외형상, 객관적 사정에 비추어 타주점유라고 본 경우로는 다음과 같은 사례가 있다.

(1) 점유자가 점유도중에 담당공무원에게 국유토지를 점유 중이라고 인정하고 매수의사를 명백히 표시한 경우(대법원 1996. 1. 26. 선고 95다28502 판결)

(2) 시효기간 진행 중에 점유하고 있는 국유재산에 관하여 대부계약을 체결한 경우(대법원 1998. 6. 23. 선고 98다11758 판결)

(3) 토지의 점유자가 점유기간 동안 여러 차례 부동산소유권이전등기 등에 관한 특별조치법에 의한 등기의 기회가 있었음에도 소유권이전등기를 하지 않았고 오히려 소유자가 소유권보존등기를 마친 후에도 별다른 이의를 하지 않은 경우(대법원 2000. 3. 24. 선고 99다56765 판결)

(4) 지방자치단체가 사실상 지배주체로서 점유하던 도로부지를 협의취득하기 위하여 손실보상금을 산정하여 소유자에게 수령하여 갈 것을 통보한 경우(대법원 1997. 3. 14. 선고 96다55211 판결)

3) 점유의 승계와 타주점유의 자주점유로의 전환

전 점유자의 점유를 포함하지 않고 자신의 점유만을 주장하는 경우에는 자신의 점유가 자주점유인지만을 증명할 수 있으면 되고, 전 점유자의 점유가 타주점유라고 하여도 그 영향을 받지 아니한다.(대법원 2002. 2. 26. 선고 99다72743 판결) 그러나 상속과 같은 포괄승계의 경우는 다르다. 상속의 경우는 원칙적으로 피상속인의 타주점유성을 그대로 승계한다. 상속인이 새로운 권원에 의하여 자기 고유의 점유를 시작하였음을 주장·증명할 수 있으나 이는 매우 드문 현상이며 매우 어렵다.(대법원 2004. 9. 24. 선고 2004다27273 판결) 만약 점유의 특정승계에 있어 현 점유자가 전 점유자의 점유까지 합산하여 점유기간을 주장하려면 전 점유자의 점유가 타주점유라면 그 영향을 받게 된다. 전체를 자주점유라고 주장할 수 없게 된다.

4) 원고의 자주점유로의 재전환의 재항변

피고가 타주점유의 증명에 성공하면 원고는 첫째 점유자가 소유자에 대하여 소유의 의사가 있는 것을 표시하였다는 사실, 또는 둘째 새로운 권원에 의하여 다시 소유의 의사로 점유를 시작하였다는 사실을 주장·증명하는 재항변을 할 수 있다. 그러나 자주점유로의 전환 재항변은 소송상 실제로 인정된 사례가 매우 드물다.

판례는 다음의 사안에서도 자주점유로의 전환을 인정하지 아니하였다.

– 귀속재산의 점유자가 지세를 납부한 경우(대법원 1970. 10. 13. 선고 69다833 판결)

– 타주점유자가 대상토지상에 자신의 건물을 신축한 경우(대법원 1985. 3. 26. 선고 84다카2317 판결)

– 점유자가 자기 명의로의 소유권보존등기 또는 이전등기를 한 경우(대법원 1982. 5. 25. 선고 81다195 판결 등)

– 면(面) 기본재산대장에 등재하였다는 사정(대법원 1985. 7. 26. 선고 84다카2317 판결) 지목을 도로로 변경한 사정(대법원 1986. 2. 11. 선고 84다카689 판결)

– 지적측량결과 대지의 등기부상 소유자로 밝혀진 자가 점유자를 상대로 그 지상건축물의 철거 및 대지의 인도를 요구하는 등 경계문제로 상호분쟁이 있었다는 사정(대법원 1989. 5. 23. 선고 88다카17785,17792 판결)

나. 점유중단(민법 제198조의 추정복멸)

민법 제198조에 의하여 추정받는 점유의 계속은 상대방이 점유가 중단 또는 상실되었다는 사실을 항변사유로 주장함으로써 복멸시킬 수 있다.

다음 사정만으로는 점유가 중단되지 않는다.

1) 취득시효 완성 전에 등기부상 소유명의가 변경되었다 하더라도 점유상태의 계속이 파괴되었다고 볼 수 없다.(대법원 1997. 4. 25. 선고 97다6186 판결)

2) 취득시효기간이 만료되면 일단 점유자는 점유토지에 관한 소유권이전등기청구권을 취득하는 것이므로, 원고가 취득시효기간 만료 후 점유를 상실하였다는 주장은 유효한 점유중단의 항변사유가 되지 못한다.(대법원 1995. 3. 28. 선고 93다47745 판결)

다. 시효중단

1) 원칙

민법 제247조 제2항에 의하여 소멸시효 중단사유(특히 민법 제168조)가 취득시효의 중단사유가 된다. 주장책임의 정도는 취득시효가 중단되었다는 명시적인 주장을 필요로 하는 것이 아니라 중단사유에 속하는 사실만 주장하면 주장책임을 다한 것으로 보아야 한다. 즉, 소유자가 점유자를 상대로 토지인도청구소송을 제기하였을 경우 피고 주장의 취득시효 완성시기가 원고의 위 소송 제기 후인 경우 위 인도소송에서 명시적으로 취득시효의 중단을 주장한 적이 없다고 하더라도 '피고 주장의 취득시효는 당연히 원고의 이 사건 소송제기로 인하여 중단되었다.'(대법원 1983. 3. 8. 선고 82다172 판결)

2) 청구(최고) 및 재판상 청구

가) 청구(최고)

청구(최고)도 시효중단사유에 해당된다. 다만 청구 후 6개월 이내에 재판상 청구, 압류·가압류·가처분 등을 하지 않으면 시효중단의 효력이 없다.(민법 제174조) 토지 소유자 측과 점유자 사이에 경계시비가 있었고 그로 인한 고소가 제기되었던 경우(대법원 1989. 11. 28. 선고 87다273,274 판결 등), 토지 소유자가 점유자에게 토지의 인도를 통지한 경우(1992. 6. 23. 선고 92다12698, 12704 판결) 등에 최고의 효력을 인정하고 있다.

나) 재판상 청구(응소행위 포함)

재판상 청구에는 시효취득의 대상인 목적물의 인도청구, 소유권존부 확인 청구, 소유권에 관한 등기청구소송, 그 소유권에 기초한 방해배제 및 손해배상 혹은 부당이득반환청구소송도 이에 포함된다.(대법원 1997. 4. 25. 선고 96다46484 판결) 따라서 소유자가 점유자를 상대로 위와 같은 소를 제기했을 때는 재판상 청구에 해당하여 시효가 중단된다.

하지만 점유자가 소유자를 상대로 매매를 주장하면서 소유권이전등기를 구함에 대하여 피고가 응소하여 원고청구 기각을 구하고 승소한 경우에는 매매로 인한 소유권이전등기청구권이 존재하지 않음을 주장한 데 불과할 뿐 소유권을 주장한 것이 아니라서 시효중단사유에 해당되지 않는다.(대법원 1997. 12. 12. 선고 97다30288 판결) 이러한 응소행위는 응소의 대상이 원고의 점유를 부인하거나 피고가 적극적으로 소유자임을 주장하는 것이 아니라서 시효중단이 부인되는 것이다. 대체로 응소행위는 시효의 이익을 받는 자가 원고가 되어 청구한 소송에서 피고가 응소하여 그 소송에서 소멸대상인 권리를 적극적으로 주장하고, 그것이 받아들여진 경우에는 응소행위도 재판상 청구에 포함된다는 취지로 판단한 것이다.(대법원 1993. 12. 21. 선고 92다47861 판결) 찬찬히 생각해 보면 위와 같은 판례의 취지를 이해할 수 있지만 얼핏 이해가 잘 되지 않으니 찬찬히 잘 생각해 보아야 한다. 나아가 피고가 패소한 경우라도 그 판결에 재심사유가 있음을 이유로 재심청구를 하여 권리를 주장하고 그것이 받아들여진 경우 재심의 소 제기일로부터 재심판결 확정일까지 중단된다.(대법원 1997. 11. 11. 선고 96다28196 판결, 대법원 1998. 6. 12. 선고 96다26961 판결) 그 결과 재심대상판결의 소 제기시에 소급하여 시효중단이 되지 않고, 또 민법 제169조상의 승계인이 자신의 점유승계후의 독자적인 시효취득의 주장을 방해하지도 않으니 재판상 청구로 인한 시효중단을 인정함에 주의를 요한다.

3) 압류 · 가압류 · 가처분 등

점유자를 상대로 한 점유이전금지가처분을 한 것은 유효한 시효중단사유가 된다. 간접점유자가 따로 있는 경우 직접점유자를 상대로 점유이전금지가처분을 한 뜻을 간접점유자에게 통지한 사실까지 주장 · 증명하여야 간접점유자에 대하여도 취득시효의 중단을 주장할 수 있다.(대법원 1992. 10. 27. 선고 91다41064,41071 판결)

라. 시효이익의 포기

실무상으로는 직접사실로서 시효이익의 포기사실을 주장 · 증명하는 것은 드물고 정황증거를 통하여 간접적으로 이를 주장 · 증명하는 경우가 많다. 시효이익을 받을 당사자 또는 대리인이 시효완성 당시의 진정한 소유자를 상대로 시효이익 포기의 의사표시를 하여야 한다. 따라서 점유보조자가 한 시효이익의 포기는 그 효력이 없고,(대법원 1998. 2. 27. 선고 97다53366 판결) 원인무효 등기의 소유명의자에 대하여 포기의 의사표시를 하였다고 하더라도 그 효력이 없다.(대법원 1994. 12. 23. 선고 94다40734 판결) 시효이익의 포기는 시효완성사실을 알면서 그 이익을 포기하여야 한다. 따라서 취득시효 완성 후 소유자가 점유자를 상대로 한 소송에서 점유자가 시효취득 주장을 하지 아니하여 소유자가 승소한 경우(대법원 1991. 2. 22. 선고 90다12977 판결), 토지소유자가 인접건물이 경계를 침범하여 축조되어 있다면서 침범부분 지상의 건물부분을 철거하여 달라고 요구함에 대하여 인접건물의 소유자가 경계침범 사실을 부인하면서 인근 토지소유자의 입회 하에 정확한 측량을 실시하여 그 결과 경계가 침범되었다면 해당건물부분을 철거하고 그 대지를 반환하겠다는 의사를 표시한 경우(대법원 1992. 10. 27. 선고 91다41064, 41071 판결)는 취득시효이익의 포기로 볼 수 없다.

마. 시효소멸

취득시효가 완성된 경우 그 소유권이전등기 청구권은 점유자가 점유를 상실한 이후로 10년이 경과되면 시효소멸하게 된다.(대법원 1995. 12. 5. 선고 95다24241 판결)

제3강 대여금반환청구

Ⅰ. 일반론

소비대차계약은 대차형 계약의 일종이다. 대차형 계약은 대주가 차주에게 목적물을 일정 기간 이용하게 하는 특성이 있다. 소비대차계약은 금전 기타 대체물의 소유권을 이전시켜 소유자로서 사용·수익·처분하게 한 다음 변제기에 반환하게 하는 대차형 계약인 반면 사용대차·임대차는 목적물의 소유권은 유보한 채 그 사용·수익의 권한만 허용하고, 변제기 도래한 때 반환하게 하는 대차형 계약이다. 대차형 계약에 관련된 분쟁은 계약을 체결한 후 그 계약이행을 구하는 분쟁은 거의 없는 반면 계약에 따라 목적물을 인도해 준 후 계약이 종료되었음에도 불구하고 대차 목적물을 반환하지 않아 발생하는 분쟁이 다수를 이룬다. 만약 분쟁이 전자와 같이 발생한다면 요건사실은 매매형 계약과 같이 당연히 대차형 계약의 체결사실뿐일 것이다. 그러나 분쟁이 후자와 같이 발생한다면 요건사실은 ①대차형 계약의 체결사실, ②목적물의 인도, ③대차형 계약의 종료가 된다. 소비대차계약의 경우도 후자와 같은 분쟁이 주를 이루며 그 구체적인 소송명은 대여금반환청구(대여금지급청구 또는 대여금청구라고 한다.)이다.

소비대차계약은 임대차계약과 달리 도드라진 표준적 약정(default rule)이 많지 않기 때문에 소비대차계약 자체만으로 문제를 구성하면 매우 단순하게 되어 변별력을 발휘할 수 없게 된다. 그래서 뒤에서 살펴보겠지만 각종 인적 담보, 물적 담보 등과 결합된 문제를 출제하게 된다. 또 대여금 관련청구는 대여금(원본)반환청구와 이자 또는 지연손해금의 지급청구로 나눌 수 있다. 대여금반환청구는 대주가 차주를 상대로 소비대차계약의 종료 후 대여해 준 원본의 반환을 구하는 소송형태이다. 그래서 대여금원본 반환청구의 경우에는 ①소비대차 계약의 체결사실, ②원본의 인도, ③소비대차계약의 종료(이행기의 도래)가 그 요건사실이 된다. 금전소비대차계약은 임대차계약, 사용대차계약과 함께 대차형 계약의 대표적인 형태로 약정사실을 기술할 때 변제기(이행기)가 계약의 본질적 구성부분('부관'이 아니라는 얘기임)이므로 이를 요건사실로 특정하여 기재하여야 한다. 비록 반환시기에 관한 명시적 약정이 없이 대여하였다고 하더라도 바로 그 소비대차 계약 전체가 무효로 되지 않고, 기한의 정함이 없는 약정으로 보아 대주가 상당한 기간을 정하여 반환을 최고하면 그 상당한 기간이 도래한 때 반환하기로 하는 반환시기의 약정(표준적 약정)이 있었다고 본다.(민법 제603조 제2항)(합의흠결부정설)[381] 따라서 반환시기에 관한 명시적 약정이 없는 경우에도 대여금 반환을

---

381) 필자는 종종 민사법을 학습하면서 학설명칭이 너무 많다고 생각했다. 우선 매매형계약과 대차형계약으로 구분하

구하는 대주는 반환시기의 약정이 없다고 취급하여 기한의 정함이 없는 때에 적용되는 법리에 따라 주장하면 된다. 만약 대주가 기한의 정함이 없다며 원금반환과 최고한 후 상당한 기간이 경과한 다음날부터 지연손해금의 지급을 구할 때 차주가 최고한 시점과 다른 반환시기의 약정사실을 주장하는 것은 항변으로서의 성격을 갖는 것이 아니라 간접부인에 해당된다. 따라서 반환시기의 약정사실이 증명되지 않는다 하더라도 원고의 주장·증명의 당부에 따라 판단해야 한다. 소비대차계약에서 가장 중요한 표준적 약정은 이자, 이율 및 지연손해금에 관한 법리이다. 소비대차계약서상 명시적 합의가 없으면 이자는 청구할 수 없지만(opt-in), 지연손해금 지급의 명시적 약정 없이도 지연손해금의 지급을 청구할 수 있다(opt-out). 그래서 이러한 법원리가 (일종의 표준적 약정으로) 확립되어 있으므로 이를 잘 숙지하고 있어야 한다.

Ⅱ. 대여금청구의 청구원인

1. 대여금 원본만의 반환청구

대여원본만 반환청구 할 때는 ① (금전)소비대차계약의 체결사실, ② 원본의 지급, ③ 변제기의 도래사실만을 주장·증명하면 된다. 이때 변제기의 '도과'가 아니라 변제기의 '도래'라는 점에 주의하여야 한다. 소비대차계약은 원래 무상계약[382]이므로 원본만 반환청구하는 경우가 더 많을 것 같지만 실제로 그 사례가 거의 없다. 가까운 친지간에 무상으로 돈을 빌려준 다음 그 반환을 구할 때나 찾아볼 수 있다. 실제로는 가까운 친지에게 돈을 빌려 줄 수는 있지만 소액인 경우가 대부분이고, 그들을 상대로 소송한다는 것도 도의상 꺼려져 소제기까지 이르는 경우란 거의 없다 해도 과언

여 후자의 경우 반환시기를 본질적 내용으로 한다고 설명하는 것 자체가 지나친 구분이라고 생각한다. 약정의 요건사실에 관한 자연스러운 운용을 구태여 개념화하는 것은 문제라고 생각한다. 즉 약정은 요물계약, 요식계약이 거의 없고 낙성계약이 대부분인 상황하에서 약정사실만이 강제이행청구의 요건사실이 된다. 소비대차계약, 임대차계약, 사용대차계약의 경우도 소비대차체결 후 대주가 원본을 지급하지 않아 그 강제이행을 구할 때는 여전히 소비대차계약 체결사실만이 요건사실이 된다. 그런데 원본을 인도하고 소비대차계약이 종료되었음을 원인으로 원본의 반환을 구할 때는 당연히 ①소비대차계약 체결사실, ②원본의 인도, ③소비대차계약의 종료사실이 그 요건사실이 될 것이다. 후자의 경우 대차형계약의 본질에 기초한 차이에 따른 것이 아니라 원본지급을 구하는 것인지 아니면 원본반환을 구하는지에 따라 달라지는 차이에 근거한 것이다. 이를 구태여 개념화하여 구분할 필요는 없다. 나아가 반환시기에 관한 약정은 확정기한, 불확정기한, 기한의 정함이 없는 경우로 구분하는 것이 일반화되어 있다. 그런데도 반환시기의 약정에 관해서는 소비대차계약 체결시 변제기의 약정이 없다고 하여 기한의 정함이 없는 경우와 달리 이를 합의흠결부정설이라고 구분할 필요도 없다. 일반원칙으로는 변제기의 정함이 없는 경우에는 최고가 도달한 날 이행기가 도래하고, 그 다음날로부터 이행지체의 책임을 물을 수 있지만 소비대차 계약의 경우 민법 제603조 제2항을 두어 대주는 상당한 기간을 정하여 최고하고 그 상당한 기간이 경과함으로써 이행기가 도래한다는 특칙을 두었을 뿐이다. 물론 차주의 경우는 언제든지 반환할 수 있기 때문에 최고함으로써 이행기가 도래하는 일반원칙과 그 맥을 같이 하고 있다. 이처럼 법체계와 법원리를 논리의 흐름에 맞추어 학습해야지 개념화한 다음 또다시 독립된 학설로 구분하여 설명하는 것은 불필요한 작업일 뿐이다.(개념법학의 폐단)

382) 소비대차계약은 무상계약이 원칙이다라는 표현은 이자약정이 없는 한 이자의 지급청구를 할 수 없다는 말과 일맥상통한다. 소비대차에서 그 대가는 이자이다. 그런데 이자지급의 특약이 없는 한 이자지급의무가 없다. 따라서 소비대차계약은 원칙적 무상계약인 셈이다. 이자지급의 특약이 있어야만 유상계약이 된다.

이 아니다. 그래서 아래 원본청구의 요건사실은 이론적으로만 알고 있어도 된다.

대여원본만 반환청구	① (금전)소비대차계약의 체결사실, ② 원본의 지급, ③ 금전소비대차계약의 종료(변제기 도래사실) 　ⓐ㉮확정기한 　㉯불확정기한[(a)불확정기한사실이 객관적으로 발생, ※지체책임을 위해서 (b)채무자의 악의와 그 다음날] 　㉰기한의 정함이 없는 경우(민법 제603조 제2항, 상당한 기간을 정하여 최고) or 　ⓑ기한이익의 상실 　㉮기한이익 상실의 특약, 　㉯특약상의 사실이 발생

① 금전소비대차계약(낙성계약)의 체결사실은 물론 실무상으로는

② 목적물의 인도까지 주장·증명하여야 한다. 실무상으로는 "원고는 피고에게 X원을 대여한 사실"이라고 표현하여 대여계약의 체결은 물론 대여목적물의 인도까지 완료하였다는 사실을 묶어 표현한다.

③ 변제기(반환시기) 도래사실도 주장·증명하여야 한다.

반환시기는 종기(終期)와 유사한 성격을 갖게 된다. 따라서 ⓐ 반환시기의 약정이외에도 ⓑ 그 도래사실도 주장·증명하여야 한다. 반환시기로는 확정기한, 불확정기한, 기한의 약정이 없는 경우 등 세가지 종류가 있다. 세 가지의 경우 ⓑ 도래사실의 주장·증명은 다음과 같은 차이가 있다.

(a) 확정기한의 도래사실은 법원에 너무 현저[383]하므로 별도로 주장, 증명할 필요가 없다.

(b) 불확정기한의 도래사실은 위 반환시기의 약정사실(③ⓐ)을 주장·증명할 때 불확정기한임이 드러나게 된다. 그렇다면 그 도래사실(ⓑ)은 (a) "그 불확정기한에 정한 사실이 발생한 사실"을 주장·증명해야 기한도래를 주장할 수 있다. 이행지체 책임을 묻기 위해서는 위 요건이외에도 (b) 채무자가 위 사실이 발생한 사실을 알았다는 사실이 추가적으로 주장·증명되어야 한다는 점에 유의하여야 한다.[384] 이때 중요한 것은 불확정기한도 조건과 달리 기한이므로 기한에 정한 사실이 발생하지 않기로 확정된 때에도 그 불확정기한이 도래하였다는 것이다.(대법원 1989. 6. 26. 선고 88다카10579 판결)

(c) 반환시기의 정함이 없는 경우의 기한 도래사실은 민법 제603조 제2항이 적용(민법 제387조의 특칙)되어 채무자는 이행청구를 받은 때로부터 상당한 기간이 경과한 후 이행기가 도래하고, 그 다음날부터 지체책임을 진다.

ⓒ 기한은 채무자의 이익으로 보기 때문에(민법 제153조 제1항) 채권자가 기한이익 상실을 주

383) 실무상으로는 "역수상 명백하고"라는 표현도 자주 사용한다. 민사소송법 제288조에 의하면 "법원에 . . . 현저한 사실은 그 증명을 요하지 않는다."고 규정되어 있다. 확정기간의 도래사실은 역수상 명백하여 민사소송법 제288조에 의해 그 증명이 필요 없는 사실이다.
384) 최진수, 『요건사실과 주장증명책임(제8판)』, 진원사, 2019, 85면 이하 참조

장·증명하여야 한다. 그래서 변제기의 도래를 기한이익의 상실로도 주장·증명할 수 있다. 채권자 (대주)는 다음 두 가지 요건을 주장·증명하여 기한이익 상실을 주장할 수 있다.

① 기한이익 상실의 특약을 약정한 사실, ② 특약상의 상실요건에 해당하는 사실이 발생한 사실이 그것이다.

2. 이자청구

가. 대여금청구사건에서는 원본만 청구하는 경우는 매우 드물고 이자지급을 청구하는 경우가 더 많다. 또 변제기가 도과된 채 소송화 되는 경우가 다반사이기 때문에 원본 및 이자청구만 하는 경우란 장래이행의 소, 또는 동시이행관계에 있는 반대채무의 이행 또는 이행제공 등이 없는 경우 등을 제외하고는 거의 찾아 볼 수 없고, 원본, 이자는 물론 지연손해금의 청구도 함께 하는 경우가 대부분이다.

나. 이자지급청구를 할 때 추가적으로 주장·증명할 필요가 있는 요건사실

1) 이자약정사실

소비대차계약의 default rule로 설명하면 명시적 약정 없이는 이자의 지급을 구할 수 없고,(opt-in 방식) 지연손해금의 경우 명시적 약정 없이도 그 지급을 구할 수 있다.(opt-out 방식) 이자에 관한 약정은 '이자지급약정사실'과 '이율에 대한 약정'으로 구분할 수 있다. 그래서 이자지급약정이 없다면 이자의 지급을 청구할 수 없으나 이자지급약정은 있고 이율에 관한 약정이 없다면 법정이자율로 이자지급을 청구할 수 있다. 그 결과 이자지급약정사실만은 반드시 주장·증명하여야 한다. 하지만 ⓐ상인이 영업에 관하여 대여한 경우(또는 ⓑ상인이 영업범위내에서 금전을 체당한 경우)에는 이자지급에 관한 특약이 없어도 이자를 청구할 수 있다.(상법 제55조 제1항) 물론 이 경우에는 상사법정이율을 적용하여 이자를 청구하여야 한다. 이 규정의 존재로 말미암아 상사 대여계약(상사 체당으로 인한 부당이득반환청구권)에 한해서 opt-in방식이 opt-out방식으로 default rule이 바뀐 것이다. 또 민사관계에 적용할 법정이율은 민법 379조에 의하여 연 5%로 정해져 있으나, 상행위 과정에서 이자지급의 약정이 있으나 이율의 합의가 없는 경우에는 상법 제54조[385])에 의하여 그 법정이

---

385) 상법 제54조의 적용범위와 관련하여 다음과 같은 법리를 이해하고 있어야 한다. Ⓐ상행위란 상사에 관한 법률행위이기 때문에 상행위는 결국 상사약정을 의미한다. 따라서 상사 약정으로 인한 채무란 약정에 따른 ⓐ강제이행청구권, ⓑ채무불이행에 의한 손해배상청구권, ⓒ급부부당이득반환청구권에 대응하는 의무(or 채무)('대응하는 채무'란 甲이 강제이행청구권을 가지면 그 상대방인 乙은 상응하는 채무 또는 의무를 갖게 되는데 이러한 관계를 대응하는 채무라고 한다.)를 뜻한다는 사실을 잘 알아야 한다. 따라서 약정의 강제이행청구권(이는 그 형태가 매우 다양하다.)에 대응하는 의무는 물론 그 상행위로 인한 채무와 동일성을 유지한 채무도 그 적용이 있다. 그것은 상행위로 인한 채무를 불이행하여 발생한 손해배상청구권, 상행위 과정에서 발생한 급부부당이득반환청구권에 대응하는 채무도 원칙적으로 동일성이 있기 때문에 상행위로 인한 채무로 인정된다. Ⓑ채무자측에 상행위가 되는 경우는 물론 채권자측에 상행위가 되어도 그 적용이 있다. 그 결과 그 적용범위가 대단히 넓게 된다. Ⓒ통상 상행위는 ⓐ기본적 상행위는 물론 상인이 한 ⓑ보조적 상행위, 설비상인이 한 ⓒ준상행위를 포함한다. 그 결과 채권자 또는 채무자가 상인이어도 그 적용이 있게 된다.

율이 연 6%로 증액되어 정해져 있다.

2) 목적물의 인도 및 그 인도시기

이자의 지급을 구하기 위해서는 원본의 인도사실은 물론 인도시기도 주장·증명하여야 한다. 원본청구의 요건사실로서 원본의 인도사실을 주장·증명할 필요가 있다고 했다. 이자지급 청구를 위해서는 원본의 인도시기도 추가적으로 주장·증명해야 한다. 이와 같은 구분은 이론적 정밀함을 위한 논의에 불과하고 실무상으로는 원본만 지급청구할 때도 주일상목행으로 기술하는 원칙상 원본의 지급시기를 자연스럽게 주장·증명하게 되므로 그 구분은 큰 의미가 없다. 나아가 차주가 원본의 수령을 지체하여도 약정된 이자지급을 구할 수 있다. 따라서 목적물 인도는 다음과 같은 두 가지 경우로 나뉘어 주장될 수 있다.(민법 제600조)

① 대여금(원본)을 인도한 사실 및 그 인도시기 or

② 대여금(원본)의 이행을 제공한 사실 및 그 시기, 그리고 피고가 책임 있는 사유로 대여금의 수령을 지체한 사실이 그것이다.

원본반환+이자만 병합	※ 이 청구는 장래이행의 소, 동시이행의 존속 속에서 하는 청구 등에서 일부 사례를 발견할 수 있으나 널리 활용되는 보편적인 청구는 아니다.
	① (금전)소비대차계약의 체결사실,
	② 원본의 지급(원본의 지급일자 포함)
	 (실무상으로는 ②사실을 주일상목행으로 기술할 때 원본의 지급일자를 자동적으로 기재함)
	 (이자는 초일산입[386]하여 청구할 수 있음),
	③ [민사사안과 아래 예외 제외한 상사 사안 등]
	 ⓐ이자·이율의 약정
	  (a) 이자약정 사실 (이자약정만 한 경우에는 법정이율로 청구)
	    (민사사안 연 5%, 상행위 연 6%)
	  (b) 또는 이자약정 및 이율약정 사실
	    (이자제한법 제한이율 내의 약정이율로 청구 even if 약정이율 < 법정이율) or
	  [상인이 영업에 관하여 금전대여, 상인이 영업범위내에서 금전체당행위]
	 ⓑ이자약정조차 없어도 상사법정이율 6%로 이자청구가능
	④ 금전소비대차계약의 종료사실 (or ※'미리 청구할 필요' 증명하여 장래이행청구)

3. 지연손해금 청구

가. 일반론

원본반환시기가 경과한 경우에는 특별한 약정이 없어도(opt-out) 이행지체로 인한 손해배상으로 지연손해금의 지급을 구할 수 있다.(원본 및 지연손해금 지급청구) 또 실무상 대여금반환소송이

---

386) 강의를 해 보면 의외로 많은 학생들이 이자계산시 초일산입하여 계산한다는 평범한 원칙을 모르는 경우가 많았다. 민법 제157조에 따른 초일불산입의 원칙만 공부한 나머지 그 대표적 예외사유인 이자계산시 초일 산입하여 계산한다는 원칙을 몰각하고 있었던 것이다.

제기된 경우에는 대부분 변제기를 경과한 상태에서 제기되기 때문에 원본청구＋지연손해금청구의 형태로 제기되거나, 거의 대부분 이자지급의 약정도 있어 원본지급청구 + 이자청구 + 지연손해금 청구가 결합된 형태로 소가 제기된다.

원본반환+지연손해금만 병합	[이자지급약정이 없을 때 청구하는 형태이다. 종종 발견되는 사례이다.]
	① (금전)소비대차계약의 체결사실,
	② 원본의 지급,
	③ 변제기 도과(금전소비대차계약의 종료)
	  ⓐ(1) 변제기의 합의(확정기한, 불확정기한, 기한의 정함이 없음)
	   (2) 변제기의 도과사실
	  ⓑ 손해의 범위(구체적으로는 아래 ④ⓑ)

원본반환+이자+지연손해금도 병합
(원칙적인 청구형태)
	[대여금지급청구의 가장 보편적인 소송형태이다.]
	① (금전)소비대차계약의 체결사실,
	② 원본의 지급(원본의 지급일자 포함)
	  (실무상으로는 ②사실을 주일상목행으로 기술할 때 원본의 지급일자를 자동적으로 기재함)
	  (이자는 초일산입하여 청구할 수 있음),
	③ [이자지급청구]
	  [민사사안과 아래 예외 제외한 상사 사안]
	  ⓐ이자·이율의 약정
	   (a) 이자약정 사실 (이자약정만 한 경우에는 법정이율로 청구)
	          (민사사안 연 5%, 상행위 연 6%)
	   (b) 또는 이자약정 및 이율약정 사실
	    (이자제한법 제한이율 내의 약정이율로 청구 even if 약정이율 < 법정이율)
	    or
	  [상인이 영업에 관하여 금전대여, 상인이 영업범위내에서 금전체당행위]
	  ⓑ이자약정조차 없어도 상사법정이율 6%로 이자청구가능
	   (이자는 초일산입하여 청구할 수 있음)
	④ [지연손해금지급청구]
	  ⓐ변제기도과(금전소비대차계약의 종료일 다음날)
	   (a) 변제기의 합의(확정기한, 불확정기한, 기한의 정함이 없음)
	   (b) 변제기의 도과사실
	  ⓑ 손해의 범위(지연손해금률)(앞서 수차례 설명한 바 있음)
	   (a) 지연손해금률의 합의
	    (약정이율 또는 법정이율보다 낮아도 적용)
	    (지연손해금률이 이자제한법상의 제한이율을 초과한 경우에도 약정 지연손해금률 적용) or
	   (b) 지연손해금률의 합의가 없는 경우
	    (if 법정이율 > 약정이율) 법정이율 or
	    (if 법정이율 < 약정이율 <이자제한법상 제한이율) 약정이율
	    (if 이자제한법상 제한이율 < 약정이율) 이자제한법상 제한이율

나. 지연손해금 청구까지 할 때 추가적으로 주장·증명할 필요가 있는 요건사실

1) 반환시기 및 그 도과사실

가) 반환시기의 약정 및 그 도과사실

(1) 확정기한(확정기한의 약정사실, 다만 그 도과사실은 수소법원에 현저한 사실로 민사소송법 제228조에 의하여 주장·증명이 불필요)

(2) 불확정기한

① 불확정기한에 정한 사실이 객관적으로 발생한 사실

② 채무자(피고)가 그 발생사실을 안 사실(악의) 및 그 다음날

①은 원본반환청구시에도 필요한 요건이다. ②요건은 원본이외에 지연손해금의 지급도 같이 청구할 때 추가적으로 필요한 요건사실이다.

나) 반환시기의 정함이 없는 경우

대주는 상당한 기한을 정하여 반환을 최고한 사실을 주장·증명하여야 하고, 지체책임은 그 상당한 기한이 경과한 다음날부터 지게 된다.(민법 제603조 제2항) 이는 최고하면 이행기가 도래하고 그 다음날부터 지체책임을 진다는 default rule(민법 제387조 제2항)에 대한 예외규정이 된다. 물론 차주는 즉시 반환할 수 있다.

2) 손해의 발생 및 그 범위

구태여 지연손해금률의 약정이 있었다면 그 지연손해금률이 법정이율과 약정이율보다 낮아도 그 지연손해금률에 따라 지연손해금의 지급을 청구해야 한다. 물론 지연손해금률은 이자제한법의 적용을 받지 않아 최고제한이율을 초과한 지연손해금률로 지연손해금 지급을 구할 수 있다.

이에 반하여 실거래계에서는 지연손해금률의 특약을 하지 않은 경우가 많은데, 그때는 민법 제397조 제1항이 적용된다. 그래서 원칙적으로 법정이율로 지연손해금의 지급을 구해야 한다.(민법 제397조 제1항 본문) 다만 (법정이율보다 높은) 약정이율이 있으면 그 약정이율에 따라 지연손해금 지급청구를 해야 한다.(민법 제397조 제1항 단서) <u>약정이율이 법정이율보다 낮을 때는 민법 제397조 제1항의 문언에도 불구하고 법정이율로 지연손해금의 지급을 구할 수 있다는 것이 대법원 판례의 태도이다.</u> 물론 약정이율 또는 법정이율에 따른 지연손해금은 통상손해에 해당되기 때문에 위와 같은 원리로 약정이율 또는 법정이율을 적용하여 지연손해금을 청구하면 다른 요건을 추가적으로 주장·증명할 필요없이 청구할 수 있다. 나아가 이론상으로는 채무자가 알았거나 알 수 있었던 특별한 손해도 별도로 청구할 수 있기 때문에 위와 같은 원리와 다른 방식으로 지연손해금을 청구할 수 있으나, 실무상 채무자가 알았거나 알 수 있었다는 사실을 추가적으로 주장·증명하여 그러한 청구가 성공한 사례를 찾기 힘들다. 그래서 금전지급청구와 관련된 특별손해의 배상은 거의 상정하기 어렵다 해도 과언이 아니다.(이런 측면에서 민법 제397조 제2항이 더 잘 이해될 수 있을 것이다.)

Ⅲ. 준소비대차계약에 기한 대여금반환청구

1. 당사자 쌍방이 소비대차에 의하지 않고 금전 기타의 대체물을 지급할 의무가 있는 경우에 당사자가 그 목적물을 소비대차의 목적으로 할 것을 약정한 때에는 소비대차가 성립된다.(민법 제605조) 따라서 준소비대차계약에 기해 대여금반환청구권이 발생한다.

2. 요건사실

| 준소비대차에 기한 원본·이자·지연손해금 지급청구 | 청구원인 | 【준소비대차계약에 의한 원본과 지연손해금만 청구하는 경우】
①금전 기타 대체물의 급부를 목적으로 하는 채무의 존재(구채무의 발생원인 사실)
②준소비대차계약 (종전 채무를 소비대차의 목적으로 하는 합의)
③ⓐ변제기의 도과사실
　　(a)변제기의 합의 (확정기한, 불확정기한, 기한의 정함이 없음)
　　(b)변제기의 도과사실
　ⓑ **손해의 범위(지연손해금률)**
　　(a)지연손해금률의 합의
　　(이자·이율의 합의도 없어 지연손해금률의 합의가능성 낮음)
　　(법정이율보다 낮아도 적용)
　(지연손해금률이 이자제한법상의 제한이율을 초과한 경우에도 약정 지연손해금률 적용) or
　　(b)법정이율 (지연손해금의 합의가 없는 경우)
　　(민사사안 연 5%, 상행위 연 6%)

【준소비대차계약에 의한 원본 및 (이자) 지연손해금 청구】
①금전 기타 대체물의 급부를 목적으로 하는 채무의 존재(구채무의 발생원인 사실)
②준소비대차계약 (종전 채무를 소비대차의 목적으로 하는 합의)
　(원본은 이미 지급된 상태임)
③ [이자지급청구] 이자·이율[387]의 약정
　ⓐ 이자약정 사실 (이자약정만 한 경우에는 법정이율로 청구)
　　　　　(민사사안 연 5%, 상행위 연 6%) or
　ⓑ 이자약정 및 이율약정 사실
　　(이자제한법 제한이율 내의 약정이율로 청구 even if 약정이율 < 법정이율)
　　(이자는 초일산입하여 청구할 수 있음)
④ [지연손해금지급청구]
　ⓐ**변제기도과**(준소비대차계약의 종료일 다음날)
　　(a) 변제기의 합의(확정기한, 불확정기한, 기한의 정함이 없음)
　　(b) 변제기의 도과사실
　ⓑ 손해의 범위(지연손해금률)(앞서 수차례 설명한 바 있음)
　　(a)지연손해금률의 합의
　　(약정이율 또는 법정이율보다 낮아도 적용)
　(지연손해금률이 이자제한법상의 제한이율을 초과한 경우에도 약정 지연손해금률 적용) **or**
　　(b)(**if 법정이율 > 약정이율**) 법정이율 or
　　(**if 법정이율 < 약정이율 <이자제한법상 제한이율**) 약정이율
　　(**if 이자제한법상 제한이율 < 약정이율**) 이자제한법상 제한이율 |

---

387) 준비소대차계약, 경개계약상의 이율약정도 이자제한법의 적용대상이다. 그래서 제한이율을 초과한 부분은 무효이고, 초과하는 이자를 임의로 지급한 경우에는 초과 지급된 이자상당액이 원본에 충당된다.(대법원 2015. 1. 15. 선고 2014다223506 판결) 제9회 변호사시험 기록형 문제로 그 쟁점이 출제된 바가 있다. 다만 잘 알다시피 지연손해금률은 이자제한법의 적용대상이 아니다.

항변	**[구채무에 대한]** ①부존재 · 무효 · 취소 · 해제/해지 · 무권대리(대리권남용) · 대표권제한위반 **or** ②변제 · 대물변제 · 공탁///경(개) · 상(계) · 면(제) · 혼(동) · 소(멸시효완성)[388] ③동시이행항변 ＊구채무에 대한 위와 같은 사유들을 항변사유로 삼는 것을 "피고설 또는 항변설"이라고 함

3. 종전 금전 기타 종류물의 급부를 목적으로 하는 채무에 대한 항변사유의 행사

가. 잘 생각해 보면 대물변제, 준소비대차, 경개는 다른 경로를 거치기는 하지만 같은 목적을 달성하는 법률제도임을 알 수 있다. 그래서 보통법계 국가에서는 대물변제, 준소비대차, 경개라고 구분하여 법제도를 마련해 두는 대신 이에 비견하는 채무소멸제도로「accord(약정) and satisfaction(구채무의 소멸)」이라는 제도로 통합하여 채무소멸원인으로 삼고 있다. 이는 존재하는 채무를 약정을 통해 소멸시키는 목적을 가진 법률제도인 것이다.

대한민국 민사법상의 대물변제는 채무소멸(이행)원인으로 규정하면서 요물계약이어서 (a)**대물변제의 약정**만으로는 부족하고 실제로 (b)**대물로 변제하는 이행**이 이루어져야만 비로소 대물변제의 효과가 발생한다. 그럼에도 불구하고 대물변제의 약정이나 심지어 대물변제의 예약이 별도의 약정으로 유효하게 성립하고, 또 일정한 효력을 갖고, 그 대물변제 약정의 강제이행으로 대물변제의 이행을 청구할 수도 있게 하고 있다.[389] 또 대물변제의 예약은 가등기와 결합되어『가등기담보 등에 관한 법률』상의 가등기담보제도가 되어 있음은 주지의 사실이다.

대한민국 민사법상으로 준소비대차는 전형계약편(민법 제605조)에 규정되어 있어 (전형)약정의 한 유형으로 분류되어 있고, 경개는 채무의 이행사유로 구분되어 설명되고 있다. 이때 준소비대차계약과 경개약정을 한 경우에는 구채무의 일정한 소멸효과도 수반되는 점에서 그 차이가 없으며, 단지 이후 준소비대차계약이나 신계약의 이행문제만을 남기게 된다. 이렇듯 대물변제의 약정, 준소비대차, 경개는 새로운 약정을 통해 구채무를 소멸시키고, 새로운 약정에 따른 이행의무가 발생하게 되는 거의 동일한 법률효과가 발생하는 유사한 제도이다. 그럼에도 불구하고 전형계약부분에 규정해 두거나 채무소멸원인으로 규정해 두어 일정한 차이를 두고 있다. 이런 이해를 바탕으로 3가지 법률제도가 어떤 차이가 있는지를 잘 이해한 다음 그 적용함에 있어 오류가 없어야 할 것이다.

준소비대차는 경개와 달리 채권의 동일성이 유지된 채 소비대차계약이 성립된다.(대법원 2007. 1. 11. 선고 2005다47175 판결) 따라서 준소비대차계약에 의하여 Ⓐ 기존채무는 소멸하고, (준)소비대차상의 새로운 채무가 성립한다. Ⓑ 양 채무 사이에는 동일성이 유지되므로 구채무의 동시이행의 항변권이 그대로 존속하고, 담보권(대법원 1994. 5. 13. 선고 94다8440 판결)이나 보증(대법원 2002. 10. 11. 선고 2001다7445 판결)도 신채무를 위하여 존속한다. Ⓒ 다만 소멸시효는 준소비대차에 의하

---

388) ② 소멸사유 중 소멸시효완성만은 준소비대차계약이 주채무에 대한 시효중단의 효과가 있기 때문에 신채무를 중심으로 판단하여야 한다.

389) 대물변제 약정에 따른 대물변제의 이행청구가 제7회 변호사 시험 기록형 문제로 실제 출제된 바가 있다.

여 성립하는 신채무를 기준으로 결정된다.(대법원 1981. 12. 22. 선고 80다1363 판결) 준소비대차계약을 체결하는 것이 구채무의 승인적 효과가 있다는 점을 고려할 때 대법원의 이러한 태도는 잘 이해된다.

	준소비대차	경개	대물변제의 약정
신·구 채무와의 관계	①(준)소비대차계약만 존속 ②기존 채무 소멸	①신채무관계만 존속 (신채무가 소비대차라면 준소비대차와 모습은 비슷) ②기존채무 소멸	①신채무 성립 ②구채무는 소멸하지 않음 (대물변제를 해야 소멸하는 요물계약)
동일성 유지 여부	동일성 유지 ⓐ동시이행항변권 존속 ⓑ보증, 담보권 존속	동일성 없음 ⓐ동시이행항변권 불인정 ⓑ보증, 담보 소멸	신채무상의 항변 및 구채무상의 항변 모두 행사가능(구채무의 보증, 담보 존속)
소멸시효기산점	**신채무를 기준으로 산정**	**신채무를 기준으로 산정**	**구채무의 소멸시효로 진행**[390]
유·불리	채권자에게 대체로 유리	채권자에게 대체로 불리	채권자에게 유리

준소비대차와 경개는 이처럼 다른 것이므로 당사자의 의사가 불분명한 때에는 원칙적으로 준소비대차를 한 것으로 추정하여야 한다. 따라서 ① 대환대출(貸煥貸出)의 경우도 원칙적으로 준소비대차를 한 것으로 보아야 한다. 다만 ② ⓐ 기존대출과 신규대출이 그 대출과목, 대출원금, 이율 및 지연손해금 등에서 서로 다르고 일부 이자를 원금으로 포함시키는 등 사정이 있으면 경개가 이루어진 것으로 보아야 하고, ⓑ 전환사채발행을 통하여 기존 채무를 변제하였을 때도 그 성질상 경개가 이루어진 것으로 보아야 한다.

참고로 다른 제도이기는 하나 구채무의 효력과 관련하여 화해계약의 창설적 효력(민법 제732조, 대법원 1992. 9. 22. 선고 92다25335 판결)을 이해할 필요가 있다. 앞서 검토한 바와 같이 구채무가 소멸하는 것은 경개만이고, 준소비대차의 경우는 구채무가 여전히 그림자를 드리우고 있다. 이러한 차이 때문에 경개는 소멸사유로 규정해 두고, 준소비대차는 전형계약부분에 규정해 둔 것이라 할 수 있다. 화해계약은 전형계약인데도 경개와 같이 분쟁의 대상이었던 구채무가 소멸하는 창설적 효력이 있다. 이러한 효력이 있다고 하기 위해 민법 제732조를 특별히 규정해 둔 것이다. 그래서 화해계약은 위 규정의 존재로 말미암아 전형계약임에도 준소비대차에 비해 경개에 더 가깝다.

Ⅳ. 가능한 공격방어방법

1. 개설

소비대차계약도 약정의 한 종류이다. 그래서 약정의 무효사유 등인 부존재·무효·취소·해제/해지·무권대리(대리권 남용)·대표권 제한 위반 등 권리장애사유들이 항변사유이고, 또 **변제**·대물변제·**공탁**, 경(개)·**상(계)**·**면(제)**·혼(동)·기한·**소(멸시효완성)** 등 권리소멸사유도 중요한 항변사

---

390) 구채무에 대한 대물변제의 약정이나 대물변제의 예약은 묵시의 채무승인적 효력이 있어 시효의 진행이 중단된다고 할 수 있다. 아무튼 소멸시효의 진행으로 인한 소멸과 그 중단여부는 모두 구채무를 중심으로 판단하여야 한다.

유가 되고, 그 외 특별한 경우 동시이행의 항변, 기한·조건과 같은 부관의 존재, **최고·검색의 항변**과 같은 연기적 항변사유도 있다. 특히 아래에서 변제, 상계, 공탁 등 채무이행으로 인한 채무소멸사유와 면제, 소멸시효완성 등 기타 채무소멸사유들을 집중적으로 살펴본다.

2. 변제 및 변제충당

가. 실무상 변제주장의 흐름

매매계약에 기한 청구의 항변사유들을 논하면서 변제에 관해 이미 설명했다. 그때는 변제자(제3자 변제 포함), 변제수령자(채권의 준점유자, 영수증 소지자 포함), 일부변제 후의 나머지 청구 관련 법리들을 설명했다. 여기서는 변제, 변제충당, 별개채무의 무효 및 소멸사유로 이어지는 주장과 항변·재항변·재재항변의 구조에 관해 추가적으로 설명하기로 한다.

대체로 Ⓐ 변제항변－Ⓑ 변제충당((a)별개채권의 존재, (b)충당상의 우선순위)의 재항변－ⓒ 별개채권의 권리장애, 권리소멸의 재재항변의 흐름순으로 공격·방어를 하게 된다. 하지만 반드시 이런 흐름으로 주장되는 것이 아니기 때문에 구체적인 사정을 살펴 적합한 주장의 흐름을 구상하여야 한다.

변제	Ⓐ변제의 항변(피고)	① 피고가 대주인 원고에게 일정금원을 지급한 사실 ② 그 급부가 채무의 변제를 위하여 제공된 사실 　(변제의사)
	Ⓑ변제충당의 재항변(원고)	① 피고가 원고에 대하여 이와 **별개의 동종채무**를 부담하고 있는 사실 ② 충당상의 우선순위 ⓐ피고가 지급한 급부가 총 채무를 소멸시키기에 부족한 사실 ⓑ피고가 제공한 급부의 전부 또는 일부가 다음의 순서로 원고의 별개의 동종채무에 우선하여 충당된 사실(충당상의 우선순위) 　(a)합의충당, 　　if not 충당의 합의이면 (b)로 넘어감 　(b)(변제자의) 지정충당, 　　(없으면 변제수령자의) 지정충당, 　　(이때도 비용－이자－원본으로 충당되는 순서를 바꿀수 없음 　　if not 지정충당이거나 변제수령자의 지정충당에 변제자가 즉시 이의하면, (c)로 넘어감 　(c)법정충당 　　ⅰ)비용－이자－원본 　　ⅱ)변제기 도래 ＞ 변제기 미도래 　　ⅲ)변제의 이익이 많은 채무에 먼저 충당(변제자 중심 판단 필요) 　　ⅳ)모두 변제기 도과했으면 변제기 먼저 도래한 채무에 충당 　　ⅴ)안분비례
	ⓒ권리장애·소멸의 재재항변(피고)	③ 피고가 원고에 대해 부담하는 별개의 동종채무에 대한 (a)부존재·무효·취소·해제/해지·무권대리(대리권남용)·대표권제한위반 (b)변제·대물변제·공탁///경(개)·상(계)·면(제)·혼(동)·소(멸시효완성)

나. 변제(항변) · 변제충당(재항변) · 별개채무의 무효 및 소멸사유(재재항변)

1) 피고의 변제항변

① 피고(변제자)가 대주인 원고(변제수령인)에게 일정금원(급부)을 지급한 사실

② 그 급부가 채무의 변제를 위하여 제공된 사실 (변제의사)

②는 강학상 변제의사라고 하며 실무상으로는 "변제를 위하여", "변제조로" 등으로 표현한다. 그래서 ①과 ②를 구분하지 않고 포괄하여 "피고는 2020. 12. 1. 원고에게 위 대여금의 **변제조로** 금 100,000,000원을 지급하였습니다."라고 기술하곤 한다.

2) 원고의 변제충당(합의충당, 지정충당, 법정충당)의 재항변

각 당사자는 변제충당의 결과가 자신에게 유리한 채무의 합의 · 지정 · 법정충당사실을 들어 안분비례에 의한 법정충당 이상의 효과를 주장할 수 있다.

① 피고가 원고에 대하여 이와 별개의 동종채무를 부담하고 있는 사실

② 피고가 지급한 급부가 총 채무를 소멸시키기에 부족한 사실

③ 피고가 제공한 급부의 전부 또는 일부가 합의충당, 지정충당, 법정충당 등의 방식으로 위 별개의 동종채무에 우선하여 충당된 사실 (충당상의 우선순위) 위 3가지 충당은 복잡하여 항을 바꾸어 자세히 설명한다.

3) 피고의 별개의 동종채무에 생긴 권리장애사유, 권리소멸사유로 재재항변

원고가 주장하는 위 별개의 동종 채무의 발생원인에 부존재 · 무효 · 취소 · 해제/해지 · 무권대리 (대리권 남용) · 대표권 제한 위반 등 무효사유가 있어 별개의 동종 채무가 아예 발생하지 않았다는 사실(권리장애사유)이나 위 동종채무가 이미 변제 · 대물변제 · 공탁, 경(개) · 상(계) · 면(제) · 혼(동) · 소(멸시효완성) 등으로 소멸된 사실(권리소멸사유)을 주장하는 방식으로 피고는 재재항변할 수 있다.

다. 변제충당

1단계: (합의충당)	채무자와 채권자가 충당에 관한 합의를 한 사실 재항변 사유 : 『약관의 규제에 관한 법률』 제6조 제1항, 제2항 제1호에 따라 무효
2단계: (지정충당)	1순위 : 변제자(채무자)가 지정권을 행사하여 지정한 사실, 그런 사실이 없다면 2순위 : 변제수령자(채권자)가 지정권을 행사하여 지정한 사실, 이 경우 상대방(변제자)이 즉시 이의를 하면 지정충당의 효력이 없어지고 다음 법정충당으로 이행하게 된다. 지정충당의 경우라도 민법 제479조 제1항에 정한 **비용-이자-원본의 순서**를 변경할 수 없다.
3단계: (법정충당)	① 민법 제479조 제1항에 정한 **비용-이자-원본의 순서**로 충당된다. ②ⓐ변제기 도래 > 변제기 미도래(**이행기의 도래**) ⓑ변제의 이익이 많은 채무에 먼저 충당(**변제이익多少**) (구체적 · 종합적으로 판단) (a)이자부채무 > 무이자부채무 (b)고율의 이자부 채무 > 저율의 이자부 채무 [이하는 변제자 중심으로 변제이익의 다과를 판단할 뿐 제3자의 이해관계는 전혀 고려하지 않음]

ⓒ단순채무 > 보증채무 또는 연대채무
ⓓ담보부 채무(＝저당권의 피담보채무) > 담보 없는 채무
　그러나 물상보증부 피담보채무 및 (연대)보증부 주채무와 단순채무는 변제이익이 같다.
ⓔ약속어음채무 > 단순채무 & 채무자가 약속어음 발행 및 배서한 원인채무 > 단순채무
　그러나 타인이 발행하고 타인이 배서한 약속어음을 담보로 제공한 채무는 단순채무와 변제이익이 차이가 없다.
ⓕ위약벌의 약정이 있는 채무 > 단순채무
ⓖ[종합적으로 고려하여 판단]
　즉 이자부 단순채무 > 약속어음 담보부 무이자부 원인채무이다.
ⓒⓐ모두 변제기 도과했으면 변제기 먼저 도래한 채무에 충당
ⓑ모두 변제기가 도래하지 않았으면 먼저 도래할 채무에 충당(이행기의 선도래)
ⓐ→ⓑ→ⓒ의 순으로 변제에 법정충당된다.
③ 이러한 사정이 모두 동일한 경우에는 각 채무액에 **안분비례**하여 변제에 충당된다.

1) 1단계 : 합의충당

채무자와 채권자가 충당에 관한 합의를 한 사실을 주장·증명하여 합의충당을 주장할 수 있다. 충당의 구체적인 방법에까지 합의할 필요는 없고, 어느 한 당사자가 적당하다고 인정하는 순서와 방법으로 충당하기로 하였다는 취지의 합의도 유효하다. 충당합의에 관한 약관이 있다고 하더라도 바로 무효인 것은 아니고, 고객인 채무자의 정당한 이익을 완전히 무시하여 부당하게 불리한 내용으로 충당합의를 한 경우에는 『약관의 규제에 관한 법률』 제6조 제1항, 제2항 제1호에 따라 무효로 될 수 있으므로(대법원 2002. 7. 12. 선고 99다68652 판결) 그래서 이러한 무효사유는 재항변에 해당된다.

2) 지정충당

원칙적으로 변제자(채무자 or 제3자)가 지정권을 행사할 수 있다. 변제자가 지정권을 행사하지 않았을 경우에는 비로소 변제수령자가 지정권을 행사할 수 있다. 변제수령자가 지정권을 행사하는 경우 변제자가 즉시 이의를 하면 그 지정의 효력이 상실되고 법정충당으로 넘어간다. 지정충당의 경우라도 민법 제479조 제1항에 정한 비용－이자－원본의 순서를 변경할 수는 없다. 따라서 각 비용, 각 이자, 각 원본(즉 A or B)사이에서만 지정권 행사의 대상이 되는데 그런 과정에서 만약 B채무가 A채무에 우선하게 된다면 충당은 ① B채무의 비용 → A채무의 비용 → ② B채무의 이자 → A채무의 이자 → ③ B채무의 원본 → A채무의 원본의 순으로 충당된다. 이때 이자는 지연손해금도 포함한다.

3) 법정충당

민법 제479조 제1항에 정한 Ⓐ비용－이자－원본의 순서로 충당되고, Ⓑ이행기의 도래 → 변제이익 多少→ 이행기의 선도래의 순으로 변제에 법정충당 되며 이러한 사항이 동일한 경우에는 ⓒ그 채무액에 안분비례하여 변제에 충당된다. 법정충당의 순서를 정하는 데에 기준이 되는 이행기나 변제이익에 관한 사항은 구체적 사실로서 자백의 대상이 된다. 좀 더 구체적으로 설명하면 다음과

같다.

가) 비용 - 이자 - 원본(민법 제479조 제1항)의 순으로 변제충당이 된다. 합의충당에 의해서는 위 순서를 바꿀 수 있으나 그 외 지정충당, 법정충당으로는 그 순서를 바꿀 수 없다.

나) 그 외 법정충당의 순서(민법 제477조)

(1) 변제기가 도래한 채무와 변제기가 도래하지 않은 채무가 있으면 도래한 채무부터 충당하여야 한다. 이 단계에서 주의할 점은 변제기가 도래하면 되는 것이지 먼저 도래하였는지 여부는 문제가 되지 않는다는 것이다.(제1호)

(2) 전부 도래하였거나 전부 도래하지 않았다면 채무자에게 변제이익이 많은 채무의 변제부터 충당한다.(제2호)

변제의 이익이 많다는 것은 '채무의 부담을 제거할 이익이 크다'는 것으로 획일적인 기준은 없고 구체적으로 판단하여야 한다.

① 이자의 유무 및 이율의 고저 : 무이자채무보다는 이자부채무가 변제의 이익이 많고, 저율의 이자부채무보다는 고율의 이자부채무가 변제의 이익이 많다.

② 위약벌의 정함이 있는 채무는 그렇지 않은 채무에 비해 변제의 이익이 많다.

③ 어음채무가 어음소송의 신속성으로 보아 민사채무보다 대체로 변제의 이익이 많다. 그러나 이율 기타 사정을 종합하여 보면 달리 판단할 여지도 있다. 예를 들면 이자부 민사채무가 무이자부 어음채무보다 변제의 이익이 많다.391) 변제자가 발행 또는 배서한 어음이 담보로 제공된 채무가 그렇지 않은 다른 채무에 비하여 변제의 이익이 크다.(대법원 1999. 8. 24. 선고 99다22281·22298 판결) 다만 변제자이외의 자가 발행 또는 배서한 약속어음이 담보로 제공된 채무와 그렇지 않은 다른 채무와 사이에는 변제의 이익에 차이가 없다.(대법원 1999. 8. 24. 선고 99다22281·22298 판결)

④ 단순채무는 보증채무에 비하여 변제이익이 많다.(대법원 1999. 7. 9. 선고 98다55543 판결, 대

391) 甲은 乙에게 액면금 50,000,000원, 지급기일 2020. 7. 1.로 기재된 약속어음을 이자율 연 5%로 기재하여 발행하여 乙에게 교부하였다. 또는 乙은 2018. 7. 1. 甲에게 70,000,000원을 변제기 2년 후, 이율 3%로 대여하였고, 변제기까지의 이자는 모두 지급하였다. 甲이 2020. 7. 1. 乙에게 합의충당, 지정충당 없이 100,000,000원을 지급하였다. 어떻게 충당되었는지 설명해 보라.
{해설; 비용 발생이 없고, 이자는 모두 지급되었기 때문에 변제금은 전액 양 채무의 원본에 충당될 것이다. 모두 변제기가 도래하였기 때문에 변제이익의 다과에 의해 법정충당될 것이다. 어음금지급 채무는 단순채무에 비하여 변제이익이 많지만, 확정기한으로 발행된 약속어음에 기재된 이율에 관한 기재는 무익적 기재로서 그 효력이 없다.(어음법 제5조 제1항 단서)[어음의 만기는 ⓐ일람출급, ⓑ일람 후 정기출급, ⓒ발행일자 후 정기출급, ⓓ확정일출급 등 4가지 종류가 있다.(어음법 제33조 제1항) 어음법 제5조 제1항 본문에 따르면 어음상의 이자지급기재는 만기가 ⓐ, ⓑ 형식으로 발행된 경우에만 그 효력이 있고, ⓒ, ⓓ형식으로 발행된 경우에는 그 효력이 없다고 규정되어 있다. 이를 무익적 기재사항이라고 한다. ⓒ, ⓓ형식 발행의 어음에 대하여 이자기재에도 불구하고 그 효력을 인정하지 않는 이유는 발행할 때 이미 이자를 산정할 수 있어 원본에 이자를 포함시켜 액면금으로 기재할 수 있음에도 불구하고 지급일에 이자를 산정하는 많은 불편을 초래할 수 있기 때문이라고 한다.] 때문에 결국 어음금지급채무는 무이자부 채무가 된다. 이에 반하여 대여금채무는 연 3%의 이자부채무가 되므로 결국 대여금채무가 어음금채무에 비해 그 변제이익이 더 많다. 따라서 변제금 100,000,000원은 대여금 채무 원본 70,000,000원에 우선 충당되고, 나머지 30,000,000원이 어음금채무에 충당되어 어음금채무 중 20,000,000원이 잔존하게 된다.}

법원 2003. 5. 16. 선고 2002다8506 판결) 또한 단순채무가 연대채무보다 원칙적으로 채무자에게 변제의 이익이 많다.(대법원 1999. 7. 9. 선고 98다55543 판결)

⑤ 물적담보를 포함하여 담보부 채무에 대한 변제가 무담보채무의 변제보다 변제의 이익이 많다. 하지만 주채무자의 입장에서는 보증인이 있는 채무라고 해서 자신 단독의 다른 채무에 비해 변제이익이 크다고 할 수 없고,(대법원 1997. 7. 25. 선고 96다52649 판결, 대법원 1999. 8. 24. 선고 99다26481 판결, 대법원 2013. 7. 11. 선고 2013다22454 판결) 심지어는 물상보증이 있는 채무라고 하여도 자신의 단독채무에 비해 변제이익이 크다고 할 수 없다.(대법원 2014. 4. 30. 선고 2013다8250 판결) 같은 논리로 연대보증부 주채무도 단순채무에 비해 더 변제이익이 있는 것이 아니다.

그러나 위와 같은 사정이 혼합되어 있는 사례가 더 많다. 예를 들면 저율의 담보부 채무와 고율의 무담보부 채무 사이에 변제이익의 다과를 따져야 할 경우이다. 변제이익을 판단함에 있어 유리한 점과 불리한 점이 엇갈려 존재하는 경우에는 경제적 관점뿐만 아니라 법률적 관점 등을 종합적으로 고려하여 그 다과를 따져 보아야 한다. 그래서 이자약정이 있는 금전채무와 이자의 약정 없는 은행도 약속어음금 채무 사이에는 전자가 후자에 비하여 변제의 이익이 많다고 판단하였다.(대법원 1971. 11. 23. 선고 71다1560 판결)

(3) 변제이익이 같다면 이행기가 먼저 도래한 채무나 먼저 도래할 채무의 변제에 충당한다.(제3호)

(4) 위 조건들이 전부 같다면 안분비례하여 변제에 충당한다.(제4호)

3. 상계

가. 상계항변의 요건사실

수동채권의 발생원인사실은 원고측이 이미 청구원인사실로 주장해 두었기 때문에 상계항변을 하는 자는 ① 자동채권의 발생원인사실, ② 자동채권과 수동채권이 상계적상에 있는 사실(상계적상), ③ 상계의 의사표시와 그 도달사실, ④ (필요하다면) 상계충당사실을 주장·증명하여야 한다.(민법 제492조 제1항 본문)

② 자동채권과 수동채권이 상계적상이 있는 사실(민법 제492조)

ⓐ 쌍방이 서로 **같은 종류를 목적**으로 하는 채무를 부담하는 사실

통상 ①자동채권의 발생원인사실을 주장·증명할 때 수동채권과 같은 종류를 목적으로 하고 있다는 것이 거의 자동적으로 밝혀진다. 그래서 간단하게 "자동채권은 수동채권과 같은 금전지급을 목적으로 하는 채권입니다."라는 식으로 기술한다.

ⓑ 그 쌍방 (자동·수동)채무의 이행기가 도래한 사실

계약유형에 따라 주장·증명책임이 달라진다. 수동채권의 경우는 기한의 이익을 포기하면 되므로 별문제가 되지 않으나 **자동채권은 원칙적으로 이행기가 도래**해 있어야 한다. 자동채권의 발생원인이 매매형 계약인 경우에는 원칙적으로 계약의 체결과 동시에 이행기가 도래하므로 이행기에 대

한 약정사실은 상대방이 재항변으로 주장하여야 한다. 그러나 자동채권의 발생원인이 대차형 계약인 경우에는 이행기가 계약의 불가결한 요소이므로 ①의 요건사실을 주장할 때 그 이행기가 드러나게 된다. 그래서 상계를 주장하는 자는 자동채권의 이행기가 도래한 사실에 대한 주장, 증명을 하면 된다.

③ 피고가 원고에게 수동채권과의 상계의 의사표시를 하고 도달한 사실{상계의 의사표시 없이 상계한다는 약정(상계약정)이 있는 경우 본 요건사실은 생략}이 된다.

④ 수개의 채무가 존재하고, 상계로 인해 모든 채무가 다 소멸되지 못할 경우에는 상계충당사실을 주장·증명해야 한다. 상계충당은 정확하게 변제충당과 동일한 법원리가 적용된다.

상계항변	[변론 외에서 벌써 상계항변을 하여 수동채무가 이미 소멸한 경우] ① 자동채권의 발생원인사실 ② 상계의 의사표시 및 그 도달 　[상계의 의사표시 없이도 상계된다는 상계약정이 사전에 존재하는 경우에는 그 '상계약정사실'] 　[수동채권이 일부 채권양도되었거나, 일부 지급금지명령을 받은 후 양수인 또는 전부·추심명령 받은 자가 그 양수금청구, 전부금·추심금 청구의 경우에 하는 상계] 　　ⓐ양수금, 전부금·추심금을 수동채권으로 하여 자동채권을 전부 상계할 수 있다는 학설[392] or 　　ⓑ먼저 자동채권으로 종전 채권자의 채권에 상계한 다음 나머지만을 양수금, 전부금·추심금에 상계할 수 있다는 학설 　　　(특히 수동채권이 임차보증금반환채권일 때 ⓑ태도를 취하는 견해가 유력)[393] (아래 ③, ④사실은 위 ①, ②인정된 사실의 법률효과에 해당된다.) ③ 자동채권과 수동채권이 **상계적상**이 있는 사실(민법 제492조) 　ⓐ 자동채권, 수동채권 모두 동종목적의 채권 　ⓑ 자동채권, 수동채권 모두 이행기 도래 　　(a) 자동채권·수동채권 모두 이행기 도래 or 　　(b) 자동채권은 이행기 도래, 수동채권은 이행기 미도래 　　　(∵수동채권 기한의 이익 포기 가능)

---

392) 법학전문대학원 협의회 2019년도 실시 제3회 모의시험 민사기록형 문제 및 제10회 변호사 시험 민사기록형 참조
393) 제10회 변호사시험 민사기록형 문제 및 답안 참조, 법학전문대학원 협의회 실시 2019년도 제3회 민사기록형 문제는 대법원판례의 태도에 따라 구성되었다. 즉 제3채무자의 선택권을 존중하여 양수금청구에 전액 상계할 수 있도록 하였다.(ⓐ학설을 채택) 반면 사법연수원 민사담당 교수들을 중심으로 임차보증금반환채권에 관하여 그 특수성을 존중하자며 제3채무자는 채무자의 손해배상채권 등 수동채권에 먼저 공제된 다음 나머지만을 전부금청구에 상계할 수 있다는 태도를 취하고 있다. 관련 대법원 판례도 없고, 따라서 이에 관한 대법원의 명시적 견해표명도 없었다. 그런데도 사법연수원 민사담당 교수들의 의견에 따라 그리 정해지고, 민사재판실무 등에서 전국적으로 교육되고 있다. 이러한 현상에 대한 필자의 견해는 2019년도 제2회 모의시험의 기초가 된 대법원 판례의 태도가 제3채무자의 선택권을 중시한 나머지 다른 편익을 야기시키지도 못하면서 그러한 법원칙을 선언함으로써 관련 당사자들이 불필요하게 후속절차들을 취해야 하는 부담을 지게 되어 분쟁을 비효율적으로 해결하게 하고 있다는 생각 하에 향후 폐기되어야 한다는 견해를 취하고 있다. 이런 의미에서는 필자는 사법연수원 민사담당 교수들의 견해가 임차보증금반환채권 뿐만 아니라 다른 채권에도 두루 적용되어야 한다는 견해를 취하고 있는 셈이다.(ⓑ학설 지지) 아무튼 수험생들은 관련 법리들을 잘 숙지하고 대법원 판례의 취지에 따라 ⓐ학설에 따른 법리를 적용할 수 있어야 한다.

	ⓒ **양채권 모두 이행기 미도래이면 자동채권이 먼저 이행기 도래하면 가능(제한설)** ❶지급금지명령을 송달받기 ⒜**전**에 성립한 자동채권이 ⒝적어도 **먼저** 이행기 도래하면 상계가능(제한설)394) ❷채권양도통지를 송달받기 전에 성립한 자동채권이 적어도 먼저 이행기 도래하면 상계가능(제한설)395) or 채권양도통지를 송달받기 전에 성립한 자동채권은 꼭 먼저 이행기 도래할 필요 없이도 상계가능(무제한설) ④ **상계충당** (변제충당 법리와 동일) [**상계적상 발생시 기준**으로 상계충당됨] [**변론에서 비로소 상계항변을 하는 경우**] ① **자동채권의 발생원인사실** ② 자동채권과 수동채권이 **상계적상**이 있는 사실(민법 제492조) ③ (법문서에) 상계의 의사표시를 기재 ④ **상계충당** (변제충당 법리와 동일)
재항변	① 자동채권 발생원인에 다음과 같은 일반적인 항변사유가 있다. 　ⓐ권리장애사실: 부존재·무효·취소·해제/해지·무권대리(대리권남용)·대표권제한 위반 　ⓑ권리소멸사실: 변제·대물변제·공탁·경(개)·상(계)·면(제)·혼(동)·소(멸시효완성) 　ⓒ권리행사저지사유: (자동채권의) 동시이행항변, 조건·기한 등 부관의 존재, 최고·검색의 항변 ②[상계의 의사표시에 특유한 항변사유] 　ⓐ 상계의 의사표시에 조건과 기한이 붙어 있다는 사실 　ⓑ 소송외 체결된 상계를 금지하는 약정 (민법 제492조 제2항 본문) 　　if 원고가 채권양수인 등이면 ⓑ요건이 다음과 같이 변경된다. 　ⓑ⒜소송외 체결된 상계를 금지하는 약정 (민법 제492조 제2항 본문) & 　　⒝채권양수인(원고)의 선의 ③ⓐ수동채권이 고의에 의한 불법행위로 인한 손해배상채권 　ⓑ수동채권이 압류금지채권

---

394) 지급금지명령은 주로 '채권압류 및 추심명령', '채권압류 및 전부명령' 등에 발령된다. ⓐ⒜지급금지명령을 받기 전에 상계적상이 갖추어졌으면 당연히 상계가 가능하다. 위 표에서는 ⓐ⒝지급금지명령을 받기 전에 성립한 자동채권이 변제기가 도래하지 않아 상계적상을 갖추지 못한 경우에 어떤 조건하에 상계가 가능한지에 관한 설명이다. 적어도 수동채권보다 먼저 이행기가 도래할 때만 상계할 수 있다는 제한설을 취하고 있는 것이다.(대법원 2012. 2. 16. 선고 2011다45521 전원합의체판결 등 다수) 다만 제3채무자의 압류채무자에 대한 자동채권이 수동채권인 피압류채권과 동시이행의 관계에 있는 경우에는 압류명령이 제3채무자에게 송달되어 압류의 효력이 생긴 후에 자동채권이 발생하였다고 하더라도 제3채무자는 동시이행의 항변권을 주장할 수 있고, 따라서 그 채권에 의한 상계로 압류채권자에게 대항할 수 있다. (대법원 2010. 3. 25. 선고 2007다35152 판결 등) ⓑ지급금지명령을 송달받은 후 성립한 자동채권은 무조건 상계할 수 없다.(민법 제498조) 다만 자동채권이 발생할 기초가 되는 원인이 수동채권이 압류되기 전에 이미 성립하여 존재하고 있었던 경우에는 지급금지명령 송달받기 전의 자동채권에 해당되어 민법 제498조가 적용되지 않는다.

395) 채권양도도 같은 문제가 있다. ⓐ⒜채권양도통지를 받기 전에 성립한 자동채권이 이미 상계적상도 갖추어졌으면 당연히 상계할 수 있는 것도 같다. ⓐ⒝채권양도통지를 받기 전에 성립한 자동채권이 변제기가 도래하지 않아 상계적상을 갖추지 못한 경우에 어떤 조건하에 상계가 가능한지에 관해 제한설과 무제한설이 대립되고 있다. 대법원 판례는 아직까지 이 쟁점에 관해 견해를 밝힌 판결이 선고된 바가 없다. 다만 법학전문대학원 협의회 실시 2018년도 제1회 민사기록형 모의시험에서 채권양도에도 제한설이 적용된다는 입장에서 출제된 바가 있다. 필자의 견해

나. 특수한 문제(추심금 또는 전부금 청구 소송 및 양수금 청구 소송)

원고가 피고를 상대로 추심금 청구 소송 또는 전부금 청구 소송을 제기하는 경우가 있다. 구체적인 요건사실은 뒤에서 다루겠지만 원고는 피압류 및 추심(전부)채권자, 피고는 제3자채무자의 관계에 있다. 만약 추심명령, 전부명령 등 지급금지명령396)을 받은 피고(제3채무자)는 그 **後**에 피압류(및 추심,전부)채권의 채권자{'압류 및 추심(전부)명령'의 채무자이며 추심금 또는 전부금 청구 소송에서는 소외인에 해당됨}에 대하여 취득한 채권(자동채권)에 의한 상계로 추심금 또는 전부금지급청구의 소를 제기하는 압류채권자(원고)에게 대항할 수 없다.(민법 제498조) 이때 수동채권이 지급금지명령을 받은 채권인지 여부에 관한 주장·증명책임이 상계의 효과를 다투는 측에 있다는 설과 상계의 효과를 주장하는 측에 있다는 설이 대립되어 있다. 판례는 명확하지는 않지만 "압류당시 자동채권과 수동채권이 상계적상에 있거나 자동채권의 변제기가 수동채권의 그것과 동시에 또는 그보다 먼저 도래하는 경우"를 채권(가)압류결정을 받은 제3채무자가 자동채권에 의한 상계로 (가)압류채권자에 대항할 수 있는 적극적 요건으로 판시하고 있어 후설을 취하고 있다 할 수 있다.397)

지급금지명령을 송달받기 **前**에 자동채권을 취득한 자도 원칙적으로 지급금지명령을 송달받기 전에 자동채권의 변제기가 도래해 있어야만 상계를 할 수 있으나 만약 변제기가 도래하지 않았다면 <u>적어도 수동채권보다 먼저 변제기가 도래해야만 상계할 수 있다.</u>(제한설)

채권양도의 통지에 관해서도 같은 법리가 적용된다. 채권양도 통지를 받기 전에 적어도 자동채권 발생의 기초적 사실만이라도 성립되어 있어야 상계를 할 수 있다. 채권양도의 통지를 받기 전에 자동채권이 성립되어 있었으나 변제기가 도래하지 않아 상계적상이 없었을 때는 적어도 자동채권의 이행기가 먼저 도래해야 상계할 수 있다.(제한설) 아직 이 점을 밝힌 대법원 판례가 선고된 사실은 없으나 지급금지명령에 관해 제한설적 태도를 취하고 있는 대법원이 앞으로 이 문제를 정식으로 다

로도 대법원 판례가 지급금지명령을 받은 경우에 제한설적 입장을 지지하는 등으로 제한설적 견해를 취하고 있는 것으로 보아 채권양도의 통지를 받은 후에도 향후 제한설적 입장으로 판례가 정리되지 않을까 예측하고 있다. 참고로 법학전문대학원 협의회 실시 2016년도 제3회 민사기록형 모의시험 문제에서는 정답이 무제한설적 입장에서 구성되고 제시된 적이 있었다. 당시 모범답안 작성자들은 대법원 1999. 8. 20. 선고 99다18039 판결, 대법원 2019. 6. 27. 선고 2017다222962 판결들을 근거로 대법원이 무제한설을 취하고 있는 것처럼 설명했으나 독자들도 위 대법원 판례들을 자세하게 읽어 보기를 권한다. 아무리 읽어 보아도 대법원이 반드시 무제한설을 취한다고 보기 어렵다. 보다 더 자세한 내용은 민사법실무 Ⅱ 중 2016년도 제2회 모의시험 강평안을 참조해 보기 바란다. 어쨌든 수험생으로서는 채권양도에 관해서도 제한설적 입장에서 상계가능성을 검토해 보기 바란다. ⓑ채권양도통지를 받은 후에 성립한 자동채권으로는 상계가 절대 불가능하다.

396) 추심명령·전부명령 등은 '압류 및 추심명령' 또는 '압류 및 전부명령'의 형태로 발령된다. '압류 및 추심(전부)명령 신청서'의 신청취지는 대체로 다음과 같다.
"1. 채무자의 제3채무자에 대한 별지 목록 기재의 채권을 압류한다.
2. 제3채무자는 채무자에게 위 채권에 관한 지급을 하여서는 아니된다.
3. 채무자는 위 채권의 처분과 영수를 하여서는 아니된다.
4. 위 압류된 채권은 채권자가 추심할 수 있다. (위 압류된 채권은 지급에 갈음하여 채권자에게 전부한다.)"
따라서 (제3)채무자에게 피추심(전부)명령 채권의 지급을 금지하도록 명령한다. 채무자는 이런 추심명령·전부명령을 송달받는다면 지급금지명령(위 2.항)을 송달받은 것이 된다.
397) 최진수, 『요건사실과 주장증명책임(제8판)』, 진원사, 2019년, 645면.

루게 될 때 제한설적 태도를 보일 것으로 예상된다. 앞서 요건사실 정리표의 각주에서 자세하게 설명했듯이 일부 모의시험에서 무제한설적 입장에서 모범답안이 작성되어 제시된 적이 있었고, 일부 대법원 판례들이 그 근거라고 설명한 적이 있다. 꼭 해당 각주를 읽어 보기 바란다.

나아가 수동채권의 일부만 양도받거나 전부·추심받은 경우 제3채무자는 자신의 자동채권 전부(全部)로 양수금, 전부금, 추심금에 상계할 수 있는가에 관해서는 대법원 판결은 이를 인정하는 판결이 있다.(대법원 2010. 3. 25. 선고 2007다35152 판결 등) 하지만 최근 사법연수원 민사재판실무 교육자료 중에는 임차보증금채권의 경우에는 그 특수성을 인정하여 제3채무자는 채무자의 수동채권에 먼저 공제된 나머지 자동채권만으로 양수금, 전부금, 추심금에 상계를 주장할 수 있다고 이론 구성하여 가르치고 있다고 한다.

다. 상계충당

상계의 의사표시가 있는 경우, 채무는 의사표시가 있었던 시점이 아니라 <u>상계적상이 발생한 한 시점으로 소급하여 대등액으로 소멸</u>하게 된다는 점에 주의하여야 한다. 따라서 상계충당도 상계적상의 시점을 기준으로 하여야 한다. 상계의 경우 변제충당에 관한 민법 제476조, 제477조가 준용된다.(민법 제499조) 상계를 주장하면, 그것이 받아들여지든 아니든 상계하자고 대항한 액수에 대하여 기판력이 생기므로(민사소송법 제216조 제2항) 자동채권이 여러 개인 경우 그 중 어느 자동채권에 관하여 어느 범위내에서 상계의 효력이 미치는지 소장·답변서 등에서 자세하게 밝혀 두어야 한다.

라. 상계항변에 대한 재항변

1) 재항변 사유로는 우선 Ⓐ 자동채권의 발생에 관한 일반적인 항변사유들이 있다. 상계의 의사표시에 특수한 재항변사유로는 Ⓑ① 상계의 의사표시에 조건과 기한이 붙어 있다는 사실이나 ② 소송외 체결된 상계 금지 약정(민법 제492조 제2항)을 들 수 있다.

2) 자동채권에 동시이행항변권이 붙어 있는 경우

자동채권에 동시이행항변권이 붙어 있는 경우에는 성질상 상계가 허용되지 않으므로(대법원 2002. 8. 23. 선고 2002다25242 판결) 상계의 효력을 다투는 자가 재항변사유로 삼을 수 있다. 다만 자동채권과 수동채권 사이에 서로 동시이행관계에 있는 경우에는 상계가 허용된다.(대법원 2001. 3. 27. 선고 2000다43819 판결, 대법원 2010. 3. 25. 선고 2007다35152 판결) 피고가 매매대금채권을 자동채권으로 하여 상계항변을 하였다면 피고가 주장하는 매매계약체결사실로부터 피고가 매매대금채무와 동시이행관계에 있는 매매목적물의 이전등기의무 또는 인도의무를 부담하고 있는 점이 드러나게 되는 것이므로 피고가 이러한 의무를 이행하였거나 이행의 제공을 하였다는 사실까지 주장·증명하여야 한다.(대법원 2001. 11. 13. 선고 2001다55222, 55239 판결, 대법원 2004. 2. 13. 선고 2003다14362 판결, 대법원 2004. 6. 24. 선고 2003다65551 판결)

3) 상계불허 수동채권(그 일례로는 민법 제496조에 규정된 "고의의 불법행위로 인한 손해배상채권"
   이 있다.)

청구원인단계에서 인정되는 채권(수동채권)이 고의의 불법행위로 인한 손해배상채권인 경우에
는 상계가 허용되지 않는 채권이므로 이를 수동채권으로 하는 피고의 상계항변은 주장 자체로 이유
없게 된다. 나아가 부당이득의 원인이 고의의 불법행위에 기인함으로써 불법행위로 인한 손해배상
채권과 부당이득반환채권이 모두 성립하여 양 채권이 경합하는 경우 피해자가 부당이득반환만을 청
구하고 불법행위로 인한 손해배상채권을 청구하지 아니한 경우에도 민법 제496조를 유추적용하여
상계가 금지된다.(대법원 2002. 1. 25. 선고 2001다52506 판결)

마. 여론(餘論) (상계항변의 기술방법)

1) 상계의 항변은 권리항변으로 소송중 당사자가 행사해야 법원에서 판단할 수 있다. 피고측은
실제로 ❶소송외 상계의 의사표시를 하여 도달되어 수동채권이 소멸한 다음 소송에서 상계하여 수
동채무가 이미 소멸했다는 사실을 항변으로 주장하는 경우도 있고, ❷소송 중 구두 또는 준비서면
등 각종 서면제출을 통해 비로소 상계의 의사표시를 할 수도 있다. 상계항변의 요건사실이 ① 자동
채권의 발생원인사실, ② 상계적상의 존재, ③ 상계의 의사표시 및 그 도달, ④ 상계충당이라고 설
명했지만 위 ❶, ❷의 경우 소장, 답변서, 준비서면 등에서 서술함에 있어 약간의 차이가 있기 때문
에 다음과 같이 설명하고자 한다.

2) 소송외 상계의 의사표시를 하여 수동채권이 이미 소멸한 경우 (위 ❶의 경우)

상계항변의 요건사실인 ① 자동채권의 발생원인사실, ② 상계적상의 존재, ③ 상계의 의사표시
및 그 도달, ④ 상계충당을 살짝 바꾸어 ① 자동채권의 발생원인 사실, ② 상계의 의사표시와 그 도
달했다고 사실들을 기술한 다음 상계의 효과로 ③ 상계적상의 존재, ④ 상계충당의 순서로 기술하
여 수동채권이 소멸했다는 식으로 기술해야 한다. 이렇게 나누어 보면 ①, ②는 사실을 기술하는 부
분에서 설명해야 하고, 그 인정된 사실에 근거하여 발생한 법률효과를 기술하는 분에서 ③ 자동채
권과 수동채권사이에는 상계적상이 있다는 법리해석적 견해를 피력하고, ④ 상계충당이 이루어지는
순서로 법률적용의 논리를 설명해야 한다. 결국 ③, ④ 부분은 인정된 사실에 근거한 법률효과의 기
술부분으로 소결론 등에서 기술해야 하는 부분이 된다. 물론 따로 란을 두고 "상계적상의 존재 및
상계충당으로 인한 채무의 소멸"이라는 별도 제목하에 법리가 적용되어 해당 효과가 발생했다고 기
술함이 논리정연한 기술방법이 될 수도 있다.

3) 소송과정에서 답변서, 준비서면 등의 제출로 상계의 의사표시를 하는 경우 (위 ❷의 경우)

한편 상계의 의사표시를 소송 중 할 수도 있다. 이러한 경우에는 상계항변의 요건사실이 ① 자
동채권의 발생원인사실, ② 상계적상의 존재, ③ 상계의 의사표시 및 그 도달, ④ 상계충당 사실의
순서로 기술하되 ①부분만 사실기술부분에서 기술할 수밖에 없고, ②와 ③을 묶어서 별도의 란을
마련하여 상계적상이 있다는 법률효과를 진술한 다음 작성 서면에서 상계의 의사표시를 한다는 취

지를 명시하여야 하고, 소결론이나 기타 "상계충당으로 인한 채무소멸"이라는 소제목하에 ④의 법리를 기술함이 논리적으로 타당하다.

4) 위와 같은 법문서 작성방법은 실제로 해 봐야 그 이유를 터득할 수 있는 것이므로 향후 반복적으로 읽으면서 이해하려 노력해 보기 바란다.

4. 공탁398)

가. 3가지 공탁원인사실

민법 제487조에는 '변제를 받지 아니하거나 받을 수 없을 때'와 '변제자가 과실 없이 채권자를 알 수 없는 경우'에 공탁하여 채무를 면할 수 있다고 규정되어 있다. 전자는 Ⓐ수령거절, Ⓑ수령불능이라 하고, 후자는 Ⓒ채권자 불확지(不確知)라고 한다.

먼저 Ⓐ수령거절은 이행 또는 이행의 제공법리와의 관계상 다음과 같은 세 가지 방법으로 주장·증명할 수 있다.

①ⓐ 변제자가 변제의 제공을 한 사실
　ⓑ 채권자가 이를 수령하지 않은 사실로 주장·증명하거나,
② 채권자가 미리 수령을 거절한 사실 또는
③ 명시적으로 수령거절의 의사를 표명하지 않았더라도 채권자의 태도로 보아 설사 변제의 제공을 하더라도 채권자가 이를 수령하지 않을 것이 명백한 경우(대법원 1994. 8. 26. 선고 93다42276 판결, 대법원 1998. 10. 20. 선고 98다30537 판결) 등의 사실을 주장·증명하는 방식으로 증명할 수 있다.

Ⓑ수령불능사유는 다음과 같은 경우가 있다.
① 사실상 불능(채권자가 변제기일에 변제장소에 부재 중일 때) 또는
② 법률상 불능(무능력자인 채권자는 채무의 변제를 단독으로 수령할 수 없기 때문에 무능력자인 채권자에게 법정대리인이 없는 경우에는 법률상의 수령불능에 해당) 모두가 포함되고, 채권자의 귀책사유는 필요로 하지 않는다.

Ⓒ채권자불확지 사유는 객관적으로 채권자가 존재하고 있으나 채무자가 선량한 관리자의 주의를 다하여도 주관적으로 채권자가 누구인지 알 수 없는 경우로서 채무자의 과실이 없어야 한다.

채권자 불확지를 이유로 한 공탁은 오직 상대적 불확지 공탁만 허용되고, 절대적 불확지 공탁은 허용되지 않는다. 다만 『공익사업을 위한 토지 등의 취득 및 보상에 관한 법률(구 토지수용법)』 제40조 제2항 제2호(구 토지수용법 제61조 제2항 제2호)에 의해 수용할 때는 절대적 불확지 사유로 수용보상금을 공탁할 수 있다.(대법원 1997. 10. 16. 선고 96다11747 판결)

판례상 자주 발견되는 상대적 불확지 사유로는

---

398) **공탁에서 가장 중요한 점은 일부 공탁은 전부에 전혀 효력이 없다는 점이다.** 즉 공탁된 부분조차도 채무소멸의 효력이 없고, 공탁전체가 효력이 없다.

ⓐ 동일한 채권에 대하여 채권양도와 동시에 압류·전부명령이 있고 통상의 채무자 입장에서 누구에게 변제하여야 할지 법률상 의문이 제기될 여지가 있는 경우(대법원 1988. 10. 16. 선고 87다카11747 판결)

ⓑ 특정 채권에 대하여 채권양도의 통지가 있었으나 그 후 통지가 철회되는 등으로 채권이 적법하게 양도되었는지 여부에 관하여 의문이 있는 경우(대법원 1996. 4. 26. 선고 96다2583 판결)

ⓒ 양도금지특약이 붙은 채권이 양도된 경우(대법원 2000. 12. 22. 선고 2000다55904 판결) 등을 그 예로 들 수 있다.

| 공탁 | ① 공탁원인 사실 (3가지 중 어느 한 가지를 주장·증명해야 함)
  ⓐ 수령거절
  ⓑ 수령불능
  ⓒ 채무자의 과실 없는 상대적 불확지(토지수용법의 경우 절대적 불확지도 공탁 가능)
② 공탁한 사실
(특히 **채무 전부**에 대한 공탁이어야 한다는 점에 주의 요) or
– –
[if 부족공탁일 경우, 위 ②를 다음과 같이 변경하여 주장·증명해야 함]
②ⓐ 부족액이 아주 근소한 사실(판례는 0.35% 부족까지는 근소하여 공탁이 유효하다 함) or
  ⓑ(a)채무 전액에 대한 공탁이라며 사실상 부족 공탁한 사실 &
    (b)변제수령자(채권자)가 부족 공탁원인을 수락하고 공탁금을 수령한 사실
    (ⓑ의 경우 채무 전부에 대한 소멸효과가 발생한다. 이를 피하려면 변제수령자가 공탁을 수령함에 있어
    이의를 유보하고 수령해야 한다.) |

나. 집행공탁과 변제공탁

채권이 압류 또는 가압류되면 민사집행법 제248조 제1항에 따라 집행공탁을 해야 한다.

채권의 압류 또는 가압류는 제3채무자에 대하여 채무자에게 지급하는 것을 금지하는 데 그칠 뿐 채무 그 자체를 면하게 하는 것은 아니므로 채권이 가압류 또는 압류되었다 하더라도 수령불능 사유가 있는 것은 아니다. 따라서 그 채권의 이행기가 도과한 때에는 제3채무자는 그 지체책임을 면할 수 없다. 때문에 지체책임을 면하기 위하여는 민사집행법 제248조 제1항에 따라 집행공탁을 해야 한다.[399)]

채무자가 민사집행법에 따라 집행공탁을 하였다면 다음의 사실들이 항변요건사실이 된다.

① 대여금채권이 가압류 또는 압류된 사실
② 민사집행법 제248조 제1항에 의한 집행공탁을 한 사실

---

399) 과거에는 압류 또는 가압류된 제3채무자는 다음과 같이 처리하였다. 첫째, 압류의 경합이 있는 때는 집행공탁을 하면 된다. 둘째, 압류의 경합이 없는 때는 민법 제487조에 의하여 수령불능을 원인으로 한 변제공탁을 할 수 있다고 하였다.(대법원 1994. 12. 13. 선고 93다951 판결) 그런데 지금은 민사집행법 제248조 제1항에 의해 압류의 경합이 있든 없든 집행공탁을 하여야 한다. 이처럼 제도가 변경되었다. 그래서 과거 판례에 인정되었던 위 둘째 방식대로 처리해야 한다는 견해가 발견된다 해도 이는 낡은 판례에 기초한 견해이기 때문에 단지 참조만 하기 바란다.

집행공탁의 항변	① 대여금채권이 가압류 또는 압류된 사실 ② 민사집행법 제248조 제1항에 의한 집행공탁을 한 사실

그런데 집행공탁사유도 있고, 또 채권자 상대적 불확지 등으로 변제공탁을 할 수 있는 사유도 충족되었을 때 공탁서에 근거조문으로 민사집행법 제248조 제1항, 민법 제487조를 적시하여 집행공탁은 물론 변제공탁을 동시에 할 수 있고, 이를 혼합공탁이라고 한다. 즉 특정 채권에 대하여 채권양도의 통지가 있었으나 그 후 통지가 철회되는 등으로 채권이 적법하게 양도되었는지 여부에 관하여 의문이 있어 민법 제487조 후단의 채권자불확지를 원인으로 한 변제공탁 사유가 생기고, 그 채권양도 통지 후에 그 채권에 대하여 채권압류 또는 채권가압류 결정이 내려짐으로써 민사집행법 제248조 제1항의 집행공탁사유가 생긴 때에는 혼합공탁을 할 수 있는 전형적인 예가 된다.(대법원 2001. 2. 9. 선고 2000다10079 판결) 이러한 공탁은 변제공탁에 관련된 채권양수인에 대하여는 변제공탁으로서의 효력이 있고, 집행공탁에 관련된 (가)압류채권자 등에 대하여는 집행공탁으로서의 효력이 있다. (대법원 2008. 1. 17. 선고 2006다56015 판결) 혼합공탁된 경우에는 집행법원은 채권양도의 유효, 무효가 확정되지 않는 이상 그 후의 절차를 진행할 수 없고, 따라서 확정될 때까지는 사실상 절차를 정지하여야 한다.[400] (대법원 2001. 2. 9. 선고 2000다10079 판결, 대법원 2008. 1. 17. 선고 2006다56015 판결)

다. 채무전부에 대한 변제의 제공 후에 한 채무 전부에 대한 공탁이어야 한다.

"채무 전부에 대한 공탁"이란 공탁을 주장하는 자는 공탁금이 채무의 전부를 변제함에 족한 사실을 주장·증명해야 한다(항변사실). 따라서 피고가 공탁한 금액이 채무액의 일부에 불과하다는 원고의 주장은 변제공탁 항변에 대한 부인에 불과하다.

일부공탁은 원칙적으로는 그 일부에 대하여도 효력이 발생하지 않는다. 계속적인 거래에서 발생하는 다수의 채무의 집합체라 하더라도 공탁금액에 상응하는 범위 내에서 채무소멸의 효과가 발생하는 것은 아니다.(대법원 2005. 10. 13. 선고 2005다37208 판결, 법정지상권자가 지급할 27개월 1일 동안의 지료채무가 20,226,686원인데도 6,818,812원만 변제공탁한 경우에는 예를 들면 27개월 1일 중 7개월 동안의 일부 변제로서의 효력도 없다.) 하지만 아주 예외적으로 다음과 같은 사정하에서는 공탁된 부분만큼 채무소멸의 효과가 발생하는 경우가 있다.

Ⓐ 아주 근소한 부족일 때

다만, 채무의 총액에 비하여 아주 근소한 부족이 있는 경우에는 신의칙상 유효한 공탁으로 보

---

[400] 집행법원이 배당절차를 진행하기 위해서는 압류의 대상이 된 채권이 채무자에게 귀속하는 것을 증명하는 문서를 집행법원에 제출하여야 한다. 이를 실무상 "혼합해소문서"라고 한다. 대표적인 혼합해소문서는 채무자에게 공탁금 출급청구권이 있을 것을 증명하는 확인판결의 정본과 그 판결의 확정증명서이다. 또한 변제공탁의 피공탁자(위 사례의 경우에는 양수인)가 공탁물의 출급을 청구함에 있어서 변제공탁상의 다른 피공탁자(채무자)에 대한 관계에서만 공탁물출급청구권이 있음을 증명하는 서면을 갖추는 것으로는 부족하고, 집행채권자에 대한 관계에서도 공탁물출급청구권이 있음을 증명하는 서면을 구비·제출하여야 한다.(대법원 2012. 1. 12. 선고 2011다84076 판결)

아야 한다. 예를 들면 부족비율이 0.12%(대법원 1988. 3. 22. 선고 86다카909 판결), 부족비율이 0.35%(대법원 2002. 5. 10. 선고 2002다12871, 12888 판결)인 경우에는 신의칙상 유효한 공탁으로 보아 공탁된 부분만큼 채무가 소멸한다.

ⓑ 이의유보 없이 수령하였을 때

무효인 공탁이라고 하더라도 상대방이 이의유보 없이 수령하면 이로써 공탁원인대로 채무가 소멸하는 효과가 발생하므로(공탁원인수락설)(대법원 1983. 6. 28. 선고 83다카88,89 판결, 대법원 1997. 11. 11. 선고 97다37784 판결) 원칙적으로 <u>채무 전액</u>이 공탁으로 소멸된다. 따라서 ① 피고가 채무 전액임을 공탁원인 중에 밝히고 공탁한 사실 ② 채권자인 원고가 그와 같은 공탁원인을 수락하고 공탁금을 수령한 사실을 주장·증명하는 방식으로서 대체하여 공탁항변을 할 수 있다.

원고는 공탁공무원이외 채무자에 대하여도 이의유보의 의사표시를 할 수 있고, 묵시적 방법으로 표시하는 것도 가능하므로 원고는 이러한 특별한 사정을 주장, 증명함으로써 그 추인을 번복할 수 있다. 그러나 판례는 묵시적 이의유보를 매우 제한적으로 인정하려는 경향이 있다.(대법원 1995. 1. 24. 선고 94다38953 판결) 그래서 공탁물을 수령할 때 가급적 충분한 주의를 기울여야 한다.

5. 면제

가. 면제 항변의 요건사실

채무면제권자가 상대방에 대하여 채무면제의 의사표시를 하고 그 의사표시가 도달하였다면 면제가 성립된다. 면제는 단독행위이다. 그 요건사실은 ①채무면제권자가 ②채무자에 대하여 ③채무면제의 의사표시를 하고 도달한 사실을 주장·증명하는 것이다.

면제	① 채무면제권자가 ② 채무자에게 ③ 채무면제의 의사표시와 그 도달사실

① 채무면제권자인 사실

채무면제권자는 원칙적으로 채권자일 것이다. 그래서 채권의 담보계약을 체결하면서 담보권자의 명의를 빌려 준 제3자, 대여금의 영수권한만을 위임받은 대리인 등은 채무면제권자로 인정되지 않는다.

② 채무면제의 의사표시의 상대방

채무자여야 한다. 채무면제권자에 대한 피의자신문조서 작성시 채무면제권자가 한 검사에 대한 의사표시는 면제의 문구가 포함되어 있더라도 면제에 해당되지 않는다.

③ 채권자가 채무자에게 채무면제의 의사표시를 하고, 그 의사표시가 도달한 사실

나. 연대채무와 일부 면제

1) 연대채무와 면제의 절대적 효력

가) 민법 제419조는 "어느 연대채무자에 대한 채무면제는 그 채무자의 부담부분에 한하여 다른 연대채무자의 이익을 위하여 효력이 있다."라고 정하여 면제의 절대적 효력을 인정한다. 민법 제419조에서 부담부분에 절대적 효력을 인정하는 이유는 당사자들 사이에 구상의 순환을 피하여 구상에 관한 법률관계를 간략히 하려는 데 그 취지가 있는바, 면제에 상대적 효력만 있다고 볼 특별한 사정이 없는 한 면제된 부담부분에 한하여 면제의 절대적 효력이 인정된다. 이때 특별한 사정이란 예를 들면 면제는 상대방 있는 단독행위이므로 결국 면제의 의사표시 당시 명시적으로 면제받는 연대채무자에게만 면제를 하고 다른 연대채무자에게는 전액을 청구하겠다는 취지로 면제의 의사표시를 하면 민법 제419조의 적용이 배제되는 경우를 상정할 수 있다.(대법원 1992. 9. 25. 선고 91다37553 판결) 이러한 대법원 판결의 태도는 민법 제419조를 임의규정으로 해석한 결과라 할 수 있다.

나) 연대채무와 일부 면제 (대법원 2019. 8. 14. 선고 2019다216435 판결)[401]

민법 제419조에서 부담부분에 절대적 효력을 인정하는 이유는 당사자들 사이에 구상의 순환을 피하여 구상에 관한 법률관계를 간략히 하려는 데 취지가 있는바, 채권자가 연대채무자 중 1인에 대하여 채무를 일부 면제하는 경우에도 그와 같은 취지를 존중하여 연대채무자 중 1인에 대한 채무의 일부 면제에 상대적 효력만 있다고 볼 특별한 사정이 없는 한 연대채무자 1인에 대한 일부 면제의 경우에도 면제된 연대채무자의 부담부분에 해당하는 부분에 한하여 다른 연대채무자에게 면제의 절대적 효력이 인정된다고 보아야 한다.

다만 구체적으로 연대채무자 중 1인이 채무 일부를 면제받는 경우에 그 연대채무자가 지급해야 할 잔존 채무액이 부담부분을 초과하는 경우에는 그 연대채무자의 부담부분이 감소한 것은 아니므로 다른 연대채무자의 채무에도 영향을 주지 않아 다른 연대채무자는 채무 전액을 부담하여야 한다.[402] 반대로 일부 면제에 의한 피면제자의 잔존 채무액이 부담부분보다 적은 경우에는 차액(부담부분 − 잔존 채무액)만큼 피면제자의 부담부분이 감소하였으므로, 차액의 범위에서 면제의 절대적 효력이 발생하여 다른 연대채무자의 채무도 차액만큼 감소한다.[403]

---

401) 제10회 변호사 시험 기록형 문제로 출제되었다.

402) 예를 들면 甲과 乙이 丙에게 1억 원의 연대채무를 부담하고 있는데, 丙이 乙에게 3,000만원 면제한 경우에는 乙의 丙에 대한 채무는 면제의 취지대로 3,000만원만큼 소멸하여 7,000만원만 남아 있게 된다. 다만 위 판결의 취지에 따라 甲에게는 아무런 효력이 없어 甲은 丙에게 1억 원의 채무를 부담하고, 그 중 7,000만원에 대해서는 乙과 연대채무를 부담하게 된다는 취지이다. 만약 甲이 丙에게 1억 원을 변제하면 乙에게 그 부담부분인 5,000만원을 청구할 수 있게 된다. 결과적으로 乙의 입장에서는 丙의 면제로 인하여 아무런 혜택을 받지 못하게 된다. 이해하기 어려우니 천천히 이해하도록 노력해 보기 바란다.

403) 예를 들면 甲과 乙이 丙에게 1억 원의 연대채무를 부담하고 있는데, 이번에는 丙이 乙에게 7,000만원 면제한 경우에는 乙의 丙에 대한 채무는 면제의 취지대로 7,000만원만큼 소멸하여 3,000만원만 남아 있게 된다. 다만 위 판결의 취지에 따라 甲에게도 면제액 7,000만원에서 乙의 부담부분 5,000원(특약이 없으면 부담부분은 균등으로 추정)을 공제한 2,000만원만 효력이 있어 甲은 丙에게 8,000만원의 채무를 부담하고, 그 중 3,000만원에 대해서는

2) 부진정연대채무와 면제

연대채무자 사이에 부담부분이 없는 부진정연대채무의 경우에는 이 규정이 적용되지 않아 그 채무면제가 다른 부진정연대채무자들에 아무런 효력이 없다.[404]

6. 시효소멸완성[405]

가. 권리항변은 아니다.

소멸시효의 완성으로 당연히 채권[406]은 소멸한다.(절대적 소멸설의 입장, 대법원 1978. 10. 10. 선고 78다910 판결, 대법원 1985. 5. 14. 선고 83누655 판결) 원용권자가 상대방에게 시효원용의 의사표시를 할 필요는 없다. 하지만 절대적 소멸설의 입장과 변론주의의 원칙의 적용을 구별하여야 한다. 변론주의 원칙상 시효소멸의 이익을 받을 자가 실제 소송에서 그 이익을 받겠다고 항변(주장)은 하여야 한다. 그렇지 않으면 법원은 그 의사에 반하여 소멸시효 완성을 인정할 수 없다.(대법원 1966. 1. 31. 선고 65다2445 판결)

이 점이 제척기간, 제소기간 등과 다른 점이다. 제척기간이나 제소기간은 소송요건으로 법원은 직권으로 조사하여 인정되면 소를 각하한다.

乙과 연대채무를 부담하게 된다는 취지이다. 만약 甲이 丙에게 8,000만원을 변제하였다면 乙에게 3,000만원을 구상할 수 있다.

404) 예를 들면 甲 주식회사는 乙을 운전사로 고용하여 운전업무에 종사하게 하였다. 乙이 운전하던 중 과실로 사고를 내 丙에게 상해(예를 들면 1억 원 상당의 손해)를 입혔다. 乙이 이 사건으로 구속되어 있던 중 乙을 대리한 처가 丙에게 간청하여 2,000만원을 변제하고 합의서를 받았다. 합의서에는 丙은 乙로부터 변제조로 2,000만원을 받고 乙에 대한 민·형사상의 일체의 권리를 포기하고, 채무를 면제하기로 한다라고 기재되어 있었다. 丙은 甲 주식회사를 상대로 나머지 8,000만원을 청구할 수 있는가라는 문제가 대두된다. 甲 주식회사는 乙의 사용자로서 민법 제756조에 의하여 사용자책임을 부담하고, 甲 주식회사가 부담하는 채무는 乙과 함께 부진정연대채무의 관계에 있다. 부진정연대채무자 사이에는 부담부분이 없다. 乙이 한 2,000만원의 변제는 채무를 만족시켜 확정적으로 소멸시키므로 다른 부진정연대채무자에게도 효력(절대적 효력)이 있다. 다만 민법 제419조의 존재에도 불구하고 부진정연대채무자에게는 부담부분이 없으므로 甲 주식회사로서는 면제의 효력을 받을 수 없게 된다. 따라서 丙은 甲 주식회사를 상대로 8,000만원을 청구할 수 있다.

405) 민사 기록형에서 소멸시효 완성은 첫째 기록상 소멸시효 완성 등을 언급한 경우에는 이유 없는 경우가 많다. 그래서 "피고의 주장에 대한 판단"에서 기술해야 할 경우가 많다. 둘째 기록상 소멸시효의 언급이 전혀 없는 상태에서 사안이 3년전, 5년전, 10년전 사안으로 구성되어 있으면 반드시 소멸시효가 완성되었는지를 주의 깊게 검토해야 한다. 만약 청구권 중 시효완성으로 소멸한 것이 있다면 청구하여서는 안 된다. 통상 청구권 전체가 시효소멸한 경우는 적고 그 중 일부만이 시효소멸한 것으로 사안을 구성한 경우가 많으니, 일정한 경우에는 소멸시효완성을 청구원인사실에 포함하여 기술해야 할 경우도 있다.

406) 민법 제162조에 의하면 채권은 10년간 행사하지 않으면 소멸시효 완성으로 소멸하고, 채권 및 소유권을 제외한 나머지 재산권(소유권을 제외한 물권)은 20년간 행사하지 않으면 소멸시효완성으로 소멸한다. 따라서 재산권 중 채권, 소유권을 제외한 나머지 물권으로는 점유권, 지상권, 지역권, 전세권, 유치권, 저당권, 질권 중 점유권은 점유를 상실하면 물권적 청구권인 점유회수청구권이 발생하는데 침탈당한 날로부터 1년간 행사하지 않으면 제척기간이 경과하고, 전세권은 존속기간이 10년에 불과하고, 유치권은 점유를 상실하면 소멸하는 등 제한물권들 중 지상권, 지역권을 제외하고는 20년간 행사하지 않는 경우를 상정하기 어렵다. 그래서 민법 제162조 제2항에서 지칭하는 재산권이란 지상권, 지역권 정도라고 소개하는 견해만 있다. 그래서 본서는 채권은 소멸(소멸시효)하고, 물권은 취득(취득시효)한다는 견해로 편집되었다.

나. 소멸시효완성의 항변, 재항변 및 재재항변의 요건사실

소멸시효완성	소멸시효완성 (항변)	① 대주가 특정시점에서 당해 **권리를 행사할 수 있었던 사실** ⓐ 확정기한의 경우는 확정기한이 도래한 때부터 진행된다. ⓑ 불확정기한이 있는 경우에는 그 기한이 객관적으로 도래한 때로부터 진행한다. ⓒ 기한의 정함이 없는 경우에는 채권이 성립된 때로부터 진행한다. ② 그때로부터 **소멸시효기간(채권은 10년)이 도과한 사실**
	중단·중지 혹은 시효이익의 포기, 권리남용·신의칙 위반 (재항변)	A. 중단 　a. 청구 　　ⓐ(a)단순최고(＋(b)6개월 이내 재판상청구, 압류, 가압류, 가처분 등 추가조치 필요) 　　ⓑ재판상청구 {'응소'(소송계속 중 답변서 제출을 통한 응소)도 포함} 　b. 압류, 가압류, 가처분 　c. 승인 B. 중지　or C. 시효이익의 포기 　ⓐ명시적 포기 　ⓑ묵시적 포기 (중요) D.ⓐ권리남용 　ⓑ신의칙위반 (채무자가 시효를 원용하지 아니할 것 같은 태도를 보여 신뢰케 함)
	(재재항변)	A. 중단에 대한 재재항변사유 　a. 재판상청구 　　(a)소의 취하, 　　(b)소의 각하 　b. 압류, 가압류, 가처분 　　(a)압류취하, 　　(b)가압류 이의신청에 의한 가압류취소 　　　(절차위반이나 요건불비의 가압류여서 가압류취소된 경우만), 　　　(사정변경 또는 제소기간 경과로 인한 가압류취소는 제외) 　　(c)가처분 이의신청에 의한 가처분취소 　　　(절차위반이나 요건불비의 가처분이어서 가처분취소된 경우만), 　　　(사정변경 또는 제소기간 경과로 인한 가처분취소는 제외) 　c. 승인 　　(a)관리의 능력이나 권한이 없음 B. 중지

1) 소멸시효완성의 항변

① 소멸시효의 기산점

　민법 제166조 제1항에 규정된 "권리를 행사할 수 있는 때"라 함은 소멸시효의 기산점을 일컫는다. 소멸시효의 기산점은 법률상 장애가 없어진 때로부터 시작된다. 사실상 권리의 존재나 권리행사의 가능성을 알지 못하였거나 알지 못함에 과실이 없다는 사정은 소멸시효의 진행에 아무런 영향을 미치지 않는다.(대법원 2006. 4. 27. 선고 2006다1381 판결) 법률상의 장애라고 하여도 권리자의 의사에 의하여 제거할 수 있는 때는 소멸시효의 진행에 방해가 되지 않는다.

　소멸시효의 기산점은 주요사실이다. 그러므로 변론주의의 적용을 받아 당사자가 주장하지 않은 때를 기산점으로 하여 소멸시효의 완성을 인정하여서는 아니 된다.(대법원 1995. 8. 25. 선고 94다35886 판결)

ⓐ 확정기한의 경우는 확정기한이 도래한 때부터 진행된다.

확정기한이면 도달사실은 달력에 의하여 명백한 사실이므로 별도의 증명이 필요 없다.

ⓑ 불확정기한이 있는 경우에는 그 기한이 객관적으로 도래한 때로부터 진행한다.

ⓒ 기한의 정함이 없는 경우에는 채권이 성립된 때로부터 진행한다.

구 분	이행기		소멸시효의 기산점
	이행기 도래	이행기 도과	
확정기한	(a)확정기한의 약정 (b)확정기한의 도래 (역수상 명백)	(c)그 다음날(역수상 명백)	확정기 도래일
불확정기한	(a)불확정기한의 약정 (b)불확정기한에 정한 사유가 객관적으로 발생한 사실	(c)채무자가 이를 알 것 (그 다음날)	불확정기한에 정한 사유가 객관적으로 발생한 사실
기한의 정함이 없는 경우	(a)청구(최고)한 때	(b)그 다음날	성립된 때

ⓓ 기한의 이익 상실 특약이 있는 경우

학설은 첫째, 채권자가 기한이익 상실의 의사표시를 하여야 변제기가 도래하여 그때부터 채권의 소멸시효가 진행한다는 견해(판례의 견해)와 둘째, 기한의 이익 상실사유가 발생하였을 때 채권의 변제기가 자동적으로 도래한다는 견해로 나누어진다. 판례의 태도(대법원 2002. 9. 4. 선고 2002다28340 판결)는 기한이익 상실의 특약에는 형성권적 특약과 정지조건부 특약 2가지가 있고 특별한 사정이 없는 한 전자의 특약으로 추정된다. 그래서 위 첫째 견해의 태도를 취하고 있는 것으로 판단된다.

기한이익상실 특약이 있는 경우의 소멸시효 완성	① 대주가 특정시점에서 당해 권리를 행사할 수 있었던 사실 　ⓐ 기한이익 상실의 특약, 　ⓑ 특약상의 사유의 발생, ② 채권자가 기한이익 상실의 특약에 따라 기한이익 상실의 의사표시를 하여 도달한 사실 ③ 그때로부터 소멸시효기간(채권은 10년)이 도과한 사실(0시부터 시작한 경우가 아닌 한 초일 불산입한다.)

② 소멸시효기간

Ⓐ 소멸시효기간은 민법 제162조 내지 165조 또는 상법 제64조 및 기타 개별법에 규정되어 있다.

시간의 경과와 관련하여 원칙적으로 채권은 소멸(소멸시효의 적용)하고, 물권은 취득(취득시효의 적용)하는 것이다. 그래서 소멸시효기간은 원칙적으로 채권을 중심으로 적용된다. 민법 제162조에 의하면 채권의 경우 10년, 채권·소유권이외의 재산권(물권 중에는 지상권, 지역권 정도만 소멸시효의 대상이 됨)의 경우는 20년이다. 상법 제64조에 따르면 상행위로 인한 채권은 5년의 소멸시효기간이 적용된다. 기본적 상행위는 물론 보조적 상행위, 준상행위가 모두 포함된다. 나아가 더구나 채무자에 대한 상행위는 물론 채권자에 대한 상행위로 포함하는 개념이어서 그 적용범위가 대단히 넓다. 상행위는 '상사에 관한 법률행위' 또는 '상사약정'이다. 따라서 '상행위로 인한 채권'은 (상사) 약정에 따른 강제이행청구권 또는 채무불이행으로 인한 손해배상청구권적 성격을 띠는 채권도 상행위와 동일성이 있기 때문에 단기소멸시효 5년이 적용된다. 나아가 (상사) 약정의 과정에서 부존재·무효·취소·해제/해지·무권대리(대리권남용)·대표권제한위반으로 말미암아 약정이 무효(부존재)로 돌아가 발생하는 주고받은 급부의 반환채권(급부 부당이득반환청구권)도 당연히 5년의 소멸시효기간이 적용되어야 할 것이다. 그런데 급부 부당이득반환청구권적 성격을 띠는 채권에 대해서는 대법원 판례의 태도가 일관되어 있지 않다. 상행위와 이에 준하는 것으로써 신속하게 해결할 필요가 있는 급부 부당이득인지 아니면 신속하게 해결할 필요가 없는지에 따라 전자의 경우는 5년을, 후자의 경우에 10년을 적용한다고 판시하고 있다. 그래서 가맹본부가 가맹계약상 근거가 없는 수수료를 부과징수하여 가맹점사업자에 대해 부담하게 된 그 수수료상당 부당이득반환청구권은 '거래관계를 신속하게 해결할 필요'가 있어 5년 소멸시효기간이 적용된다고 판시한 바가 있다.(대법원 2018. 6. 15. 선고 2017다248803·248810 판결) 또 반사회질서위반 무효로 인한 급부 부당이득반환청구권의 경우(대법원 2021. 7. 22. 선고 2019다277812 전원합의체 판결), 해제(해지)로 인한 급부 부당이득반환청구권이라면 상법 제64조의 적용을 긍정(대법원 1993. 9. 14. 선고 93다21569 판결)하여 5년의 소멸시효기간을 적용하고 있으나 주식회사가 사업부지를 구매하면서 지불한 매매대금이 대표권한이 없는 대표자에 의해 체결된 무효의 매매계약에 의한 것으로 매매대금의 반환을 구하는 (급부) 부당이득반환청구권은 민법 제741조의 부당이득 규정에 따라 발생한 것으로서 특별한 사정이 없는 한 민법 제162조 제1항이 정하는 10년의 민사 소멸시효기간이 적용된다(대법원 2003. 4. 8. 선고 2002다64957·64964 판결[407])고 판시하기도 하였다.

그 외 각종 단기소멸시효의 규정으로는 ① 민법 제163조 제1호에 정해진 ⓐ 이자(지연손해금 제외, 그래서 지연손해금은 그 성격에 따라 10년, 5년의 시효기간이 적용됨)·ⓑ 임료에 관해서는 3년의 단기소멸시효기간이, ② 같은 조 제3호에 의하여 수급인의 공사에 관한 채권(공사대금채권)은 3년의 단기소멸시효기간이, ③ 같은 조 제6호에 정해진 '상인 판매한 상품의 대가'인 물품대금채권[408]도 3년의 단기 소멸시효기간이 적용된다.

소멸시효기간에 관한 근거사실은 변론주의의 적용을 받으나 10년, 5년 또는 3년 시효기간 해

---

407) 대법원 2003. 4. 8. 선고 2002다64957·64964 판결 (주식회사 甲이 의료법인 乙로부터 A 부동산을 매수하는 계약을 체결한 다음 매매대금을 전부 지급하였으나 사후 乙의 대표자를 선임하는 이사회결의가 부존재한다는 사실이 밝혀져 대표권 없는 자와 체결한 매매계약으로 매매계약이 무효로 된 후 甲이 乙을 상대로 이미 지급한 매매대금을 반환해 달라는 취지의 급부 부당이득반환청구는 "상거래 관계와 같은 정도로 신속하게 해결할 필요성이 있다고 볼 만한 합리적인 근거가 없으므로" 상법 제64조가 적용되지 아니하고 민법 제162조 제1항이 적용되어 10년의 소멸시효기간이 된다고 판시한 바가 있다.)

408) 상인이 판매한 물품대금은 동산매매로서 대체로 외상대금청구의 형태를 띤다. 그래서 연대보증이나 연대채무가 성립되는 경우가 많다. 나아가 5년의 단기소멸시효기간이 적용되니 시험에 자주 출제되고 있다. 그래서 매우 중요하니 적용함에 틀림이 없어야 한다.

당연부는 법률상 견해에 불과하여 법원을 구속하지 못한다. 예를 들면, 피고가 10년의 민사소멸시효의 적용을 주장하였더라도 그 청구권이 구 지방재정법 제53조 소정의 5년의 소멸시효에 걸리는 권리인 이상 법원으로서는 위 규정에 의한 소멸시효 완성 여부를 심리하여야 한다.(대법원 1977. 9. 13. 선고 77다832 판결) 역으로 피고가 원고의 청구권이 보험금청구권409)에 해당되어 2년의 소멸시효기간이 적용된다고 주장한 경우 그 주장 속에는 보다 장기인 5년의 상사소멸시효에 관한 주장도 포함되어 있다고 보아야 한다.(대법원 2006. 11. 10. 선고 2005다35516 판결)

Ⓑ 기간계산에서 초일불산입의 원칙상(민법 제157조) 이행기 다음날부터 진행하고, 일정한 기간이 경과한 사실을 주장·증명함으로 소멸시효완성을 주장할 수 있다.

2) 시효중단(민법 제168조)·중지 및 시효이익의 포기의 재항변
가) 시효중단 사유
(1) 재판상 청구

청구(최고)하거나 재판상청구하면 소멸시효기간의 진행이 중단된다. 재판상 청구에는 이행소송은 물론 확인소송도 포함된다. 지급명령410)신청도 포함되고, 회생절차참가 또는 파산절차참가도 시효중단의 효력이 있다.411) 통상 원고가 되어 소를 제기하는 방식으로 청구하는 경우가 대부분이나 피고로서 응소하면서 주장하는 방식으로도 가능하다. 이때 주의할 것은 소 제기나 응소는 채무자를 상대로 한 경우에만 재판상 청구한 것에 해당된다.(대법원 1993. 12. 21. 선고 92다47861 판결) 예를 들면 물상보증인이 그 피담보채무의 부존재 또는 소멸을 이유로 제기한 저당권설정등기 말소등기절차 이행청구소송에서 채권자 겸 근저당권자가 청구기각을 구하고 피담보채권의 존재를 주장하였다고 하더라도 이로써 직접 채무자에 대하여 재판상 청구를 한 것으로 볼 수 없어 시효중단의 효력이

---

409) 보험계약에 따른 청구권은 다음과 같다. 보험계약이 체결되면 보험자는 보험계약자에 대하여 보험료지급청구권을 갖고, 보험계약자, 피보험자, 보험수익자 등은 보험자에 대하여 보험사고가 발생하면 보험금청구권을 갖는다. 보험계약이 무효가 되면 보험계약자는 보험자에 대하여 보험료(적립금)반환청구권을 갖게 되고, 보험사고 발생으로 보험자가 피보험자, 보험수익자에게 보험금을 지급했는데 일정한 사유로 보험계약이 무효가 되면 보험자는 피보험자, 보험수익자에 대해 지급한 보험금의 반환청구권이 발생한다. 상법 제662조에 의해 그 중 보험자가 보험계약자에 대해 갖는 보험료지급청구권은 2년간, 피보험자가 보험자에 대해 갖는 보험금청구권, 보험계약자가 보험자에 대해 갖는 보험료반환청구권는 각 3년간 행사하지 않으면 시효완성으로 소멸하게 된다. 그러나 보험자가 피보험자, 보험수익자에 대해 갖는 위 보험금반환청구권은 그 적용이 없다. 대법원 2021. 7. 22. 선고 2019다277812 전원합의체판결에서는 이 보험금반환청구권은 상법 제64조가 적용되어 5년의 단기소멸시효기간이 적용된다고 판시하였다.

410) 민법 제172조에는 이상한 조문이 있다. 즉 "지급명령은 채권자가 법정기간내에 가집행신청을 하지 아니함으로 인하여 그 효력을 잃은 때에는 시효중단의 효력이 없다"라고 규정되어 있다. 과거에는 구 민사소송법에서 지급명령에 대하여 30일이내에 가집행선고를 신청해야 했고, 이 기간내에 가집행선고를 신청하지 않으면 지급명령이 효력을 잃는다고 규정되어 있었다. 그때는 민법 제172조가 의미가 있었다. 그런데 1990년 민사소송법이 개정되어 관련규정들이 삭제되었다. 그래서 민법 제172조는 이제 그 의미를 잃었다. 하지만 가끔 "가집행선고부 지급명령"이 시효중단의 사유가 된다고 설시한 1990년대 이전의 대법원 판결들이 발견된다. 결국 위와 같은 지식은 대법원 판례상의 이러한 표현들이 이런 제도를 염두에 두고 한 표현이라고 이해하는 데는 도움이 된다.

411) 『채무자 회생 및 파산에 관한 법률』 제32조 참조

없다.(대법원 2004. 1. 16. 선고 2003다30890 판결, 대법원 2007.1.11. 선고 2006다33364 판결) 동일한 목적을 달성하기 위하여 복수의 채권을 갖고 있는 경우 채권자로서는 그 선택에 따라서 그 중 한 권리를 행사할 수 있지만 그 중 어느 하나를 청구한 것만으로는 다른 채권 그 자체를 행사한 것으로 볼 수 없으므로 그 다른 채권에 대한 소멸시효 중단의 효력은 없다.(대법원 2001. 3. 23. 선고 2001다6145 판결) 원인채권 지급을 확보하기 위하여 어음·수표가 수수된 경우에는 먼저 원인채권에 기하여 청구한 경우에는 어음·수표채권에 대한 소멸시효 중단의 효력이 없으나 역으로 어음·수표금을 청구한 경우에는 원인채권을 실현한 것으로 보아야 하기 때문에 원인채권의 소멸시효가 중단된다.(대법원 1999. 6. 11. 선고 99다16378 판결, 대법원 2002. 2. 26. 선고 2000다25484 판결)

　(2) 압류 또는 가압류, 가처분
　① 압류 또는 가압류, 가처분으로 인한 시효중단의 효력발생시기
　　압류로 인한 시효중단의 효력발생시기는 집행신청시이고, 가압류로 인한 시효중단의 효력발생시기는 가압류신청시이다.(대법원 2002. 2. 26. 선고 2000다25484 판결) 좀 어려운 이야기이지만, 채권자가 물상보증인에 대하여 임의경매를 신청하여 그 경매개시결정이 채무자에게 송달되거나 경매기일이 이해관계인인 채무자에게 통지된 경우에는 시효의 이익을 받는 자인 채무자에게 압류, 가압류, 가처분이 통지된 경우에 해당되어 민법 제176조에 의하여 당해 피담보채권의 소멸시효 중단의 효과가 미친다.(대법원 1997. 8. 29. 선고 97다12990 판결, 채무자는 민법 제176조 때문에 시효중단의 불이익을 받게 된다.) 이때 경매개시결정문이나 경매기일 통지서의 송달이 교부송달의 방법으로 채무자에게 송달되어야만 소멸시효 중단의 효과가 있다. 반면 우편송달(발송송달)이나 공시송달의 방법에 의하여 채무자에게 송달됨으로써 채무자가 이를 알 수 없었던 경우에는 압류사실이 채무자에게 통지되었다고 할 수는 없어 시효 중단의 효과가 발생하지 않는다. 따라서 채권자로서는 소멸시효기간의 중단을 주장하기 위해서는 경매개시결정이나 경매기일통지서가 교부송달의 방법으로 채무자에게 송달된 사실까지 주장, 증명하여야 한다.
　② 채권압류 또는 채권가압류의 피보전채권(집행채권) 또는 피(가)압류채권
　　채권압류 또는 채권가압류의 경우 피보전채권(집행채권)의 시효중단효력은 있으나 피(가)압류채권의 시효중단의 효력은 없다. 왜냐하면 소멸시효 대상 채권의 채권자에 의한 압류 또는 가압류가 아니기 때문에 민법 제176조의 적용을 받지 않는다. 다만 채권압류 및 추심명령이 발령된 경우 그 제3채무자가 채권압류 및 추심명령문을 송달받으면 최고로서의 효력은 인정되므로(대법원 2003. 5. 13. 선고 2003다16238 판결) 그때로부터 6개월 이내에 채권압류명령에서의 채무자(피압류채권의 채권자)가 제3채무자를 상대로 재판상 청구, 압류·가압류·가처분을 추가적으로 하면 채권압류 및 추심명령 송달시에 피압류채권에 대한 시효중단의 효력이 발생한다.

　(3) 승인
　　소멸시효 중단사유로서의 승인은 시효기간의 진행 중에 한 것이고, 시효완성 후에 한 승인은

'시효이익의 포기'로서 검토될 수 있을 뿐 시효중단사유로서의 승인은 아니다. 승인은 묵시적 방법으로도 가능하다. 묵시적인 방법에 의한 승인이라고 하기 위해서는 시효의 완성으로 이익을 받을 채무자가 시효의 완성으로 권리를 상실하게 되는 상대방에 대하여 그 권리가 존재함을 인식하고 있다는 뜻을 표시한 것으로 평가될 수 있는 정도에 이르러야 한다.(대법원 2007. 7. 26. 선고 2006다43651 판결) 그러므로 묵시적 승인을 주장하는 채권자는 당시 채무자가 채권자에게 기왕의 채무의 존부와 액수에 대한 인식을 표시한 사실을 근거지우는 구체적인 사실을 주장·증명하여야 한다.

승인하는 자는 그 "권리를 관리할 능력이나 권한"은 있어야 한다. 따라서 채무자에게 관리의 능력이나 권한이 없었다는 사실은 재재항변사유가 된다. 관리의 능력이나 권한이 없는 대표적인 사례로는 승인한 자가 피성년후견인(금치산자)인 사실, 미성년자가 법정대리인의 동의 없이 승인하고, 법정대리인이 이를 취소한 사실 등을 들 수 있다.

(4) 시효중단 후 새로운 시효기간의 진행

시효가 중단된 때에는 그 중단사유가 종료된 때로부터 다시 새로운 시효기간이 진행된다. 새로운 시효기간이 완성된 경우에는 종전의 시효완성과는 별도의 독립된 항변사유가 된다.

나) '소멸시효 이익의 포기'란 재항변

소멸시효 이익의 포기는 명시적으로는 물론 묵시적으로도 할 수 있다. 채무자가 소멸시효 완성 전에 채무액의 다툼 없이 채무를 일부 변제한 때에는 그 채무 전체를 묵시적으로 승인하였다고 할 수 있고(대법원 1996. 1. 23. 선고 95다39854 판결), 소멸시효가 완성된 채무를 피담보채무로 하는 근저당권이 실행되어 채무자 소유의 부동산이 경락되고 그 대금이 배당되어 채무의 일부 변제에 충당될 때까지 채무자가 아무런 이의를 제기하지 아니하였다면 경매절차의 진행을 채무자가 알지 못하였다는 등 특별한 사정이 없는 한 채무자는 시효완성의 사실을 알고 그 채무를 묵시적으로 승인하여 시효의 이익을 포기한 것으로 보아야 하고(대법원 2002. 2. 26. 선고 2000다25484 판결), 채권의 소멸시효가 완성된 이후 채무자가 그 기한의 유예를 요청하였다면 그때 소멸시효의 이익을 포기한 것으로 본다.(대법원 1965. 12. 28. 선고 65다2133 판결) 이때 시효완성사실을 알고 그 이익을 포기한 것으로 추정된다.(대법원 1992. 5. 22. 선고 92다4796 판결 등)

3) 시효중단의 효과 불발생의 재재항변(민법 제170조 내지 제176조)

재판상 청구로 시효가 중단된 경우에는 그 소가 각하되거나 취하되면 시효중단의 효력이 없고, 원래대로 소멸시효기간이 진행된다(민법 제170조). 압류·가압류·가처분으로 시효중단되었을 경우에는 <u>법률의 규정에 따르지 아니함으로써 취소된 경우</u>(주로 가압류결정에 대한 이의신청, 가처분결정에 대한 이의신청으로 절차위반이나, 가압류·가처분요건 불비 등의 이유로 취소된 경우임)에도 시효중단의 효력이 없고, 원래대로 소멸시효기간이 진행된다(민법 제175조). 위와 같은 사유가 재재항변이 된다. 주의할 것은 제소기간 도과를 원인으로 하였거나 사정변경으로 인해 가압류·가처분이 취소된 경우에는 재재항변사유가 되지 못한다.

다. 연대채무 · 보증채무와 소멸시효완성

차용금채무, (외상)물품대금채무, 임차목적물을 반환한 임차보증금반환채무 등은 동시이행항변권이 없고, 상행위와 결합하여 출제하기 쉬운 관계로 연대채무, (연대)보증채무의 형태로 많이 출제된다. 이 경우 소멸시효완성의 절대적 효력과 관련하여 어렵게 문제를 구성할 수 있기 때문에 주의 깊게 학습해 두어야 한다. 뒤에서 충분히 설명해 두었으니 잘 학습하기 바란다.

V. 기재례

청 구 원 인

1. 원고는 2020. 1. 15. 피고 甲에게 100,000,000원을 변제기 2021. 1. 14, 이율 연 11%(이자는 매월 말일 월지급식)로 정하여 대여하였고, 2020. 5. 14.까지의 이자만을 지급받았습니다.

2. 따라서 피고 甲은 원고에게 위 대여금 100,000,000원 및 이에 대한 2020. 5. 15.부터 이 사건 소장부본 송달일까지는 연 11%의 비율에 의한 미지급이자 및 지연손해금을, 그 다음날부터 다 갚는 날까지는 소송촉진 등에 관한 특례법 소정의 연 12%의 비율에 의한 지연손해금을 각 지급할 의무가 있습니다.

VI. (연대)보증채무 및 연대채무의 이행청구

1. (연대)보증채무

가. 개설

보증채무는 대표적인 인적담보제도로 주로 약정(보증계약)에 의해 성립한다. 민법의 개정으로 불요식계약이 요식계약이 되었다. 우선 보증의 대상이 되는 주채무 발생원인계약이 존재해야 한다. 주채무 발생원인계약은 소비대차계약[412]인 경우가 대부분이지만 (외상) 물품대금,[413] 임차목적물을 인도한 임차보증금반환채무인 경우도 있다.

나. 청구원인

(연대)보증 채무금 청구	청구 원인	(연대) 보증금	① 주채무의 발생원인 사실 ②ⓐ기명날인 또는 서명이 있는 서면으로(요식계약)

---

412) 주채무가 소비대차계약인 경우는 제2회 변호사시험 민사기록형, 2016년도 제1회 연도별 모의시험, 2018년도 제1회 연도별 모의시험, 2019년 제2회 연도별 모의시험 문제로 출제된 바가 있다.
413) 주채무가 물품대금인 경우는 2017년도 제2회 연도별 모의시험 문제로 출제된 바가 있다.

		ⓑ (연대)보증계약의 체결사실 [청구원인을 기술함에 있어 "...<u>의 (연대)보증하에</u>... (주채무계약 체결사실)"이라고 기재함] 【ⓐ2008. 9. 21.이후에 체결되거나 갱신된 보증계약은「보증인 보호를 위한 특별법」제4조에 의하여, ⓑ2016. 2. 3.부터 체결되거나 갱신된 보증계약은 민법 제428조의 2 제1항에 의해서 각 기명날인 또는 서명이 있는 서면으로 보증계약을 체결해야 함】
	(연대) 근보증금	① 주채무의 발생원인 사실 ②ⓐ기명날인 또는 서명이 있는 서면으로(요식계약) ⓑ<u>채무최고액을 정하여</u> ⓒ(연대)근보증계약의 체결사실 [민법 제428조의 3] 【ⓐ2008. 9. 21.이후에 체결되거나 갱신된 근보증계약은「보증인 보호를 위한 특별법」제6조에 의하여, ⓑ2016. 2. 3.부터 체결되거나 갱신된 근보증계약은 민법 제428조의 3 제1항에 의해서 각 <u>최고액을 특정</u>하여 기명날인 또는 서명이 있는 서면으로 근보증계약을 체결해야 함】
	항변	[약정에 공통되는 항변] Ⓐⓐ부존재·무효·취소·해제/해지·무권대리(대리권남용)·대표권제한 위반 Ⓐⓑ변제·대물변제·공탁//경(개)·상(계)·면(제)·혼(동)·소(멸시효완성) [(연대)보증계약에 특유한 항변] Ⓑⓐ최고·검색의 항변(연대보증에는 그 적용이 없다.) Ⓑⓑ(이자·지연손해금 등) 보증범위에서 제외하기로 한 특약 등 다수

① 주채무의 발생
② (연대)보증계약의 체결

보증인은 주채무의 원본은 물론 이자, 위약금, 손해배상 기타 주채무에 종속된 채무도 포함하여 보증채무를 이행할 책임이 있다.(민법 제429조 제1항) 보증계약에서 특약으로 이자 및 지연손해금을 보증범위에서 제외한 때에는 피고가 항변으로서 그러한 특약의 체결사실을 주장하여야 한다. 연대보증의 약정은 보증채무가 갖는 보충성을 없애는 특약이다. 그래서 연대보증인은 ①최고·검색의 항변을 하지 못하고, ②공동보증인간에 존재하는 '분별의 이익'을 연대보증인간에는 주장하지 못한다.414) 이 두 가지 특례를 제외하고는 보증채무에 관한 법리가 연대보증인에게도 그대로 적용된다. 이에 반하여 보증연대는 위 분별의 이익만 없애는 특약이 되고, 최고·검색의 항변은 인정된다. 한편 단순 공동보증인 사이에는 서로 분별의 이익이 있기 때문에 공동보증인에 대하여 전액을 청구하지 못한다. 하지만, 연대보증은 연대보증인 사이에 분별의 이익이 없다. 따라서 연대보증인이 아닌 공동보증인에 대하여 보증채무 전액의 지급을 구하면 청구의 일부가 주장 자체로서 이유가 없게 된다. 근보증은 따로 설명하기로 한다.

---

414) 공동연대보증인간에 분별의 이익을 주장하지 못한다. 예를 들면 甲의 1억 원의 주채무에 乙, 丙이 공동보증을 하면 乙, 丙을 공동보증인이라고 하고, 乙은 甲의 주채무 중 5,000만원에 관해 보증책임을 부담하고, 丙은 甲의 주채무 중 5,000만원에 관해 보증책임을 부담하게 된다.(공동보증인간 부담부분에 관한 구체적인 합의가 없으면 균등한 것으로 추정한다.) 그런데 甲의 주채무에 丁, 戊가 연대보증을 한 경우에는 丁, 戊를 공동연대보증인이라 하고, 丁과 戊는 甲의 주채무 전액(1억 원)에 대하여 보증책임을 부담하게 된다. 이러한 현상을 丁, 戊 사이에는 분별의 이익이 없다고 표현하는 것이다.

다. 가능한 공격방어방법

1) 개설

보증인이 보증계약에 기해 채권자에게 행사할 수 있는 항변은 이론상으로는 보증계약에 발생한 부존재·무효·취소·해제/해지·무권대리(대리권남용)·대표권제한 위반 등 원인무효사유일 것이나, 실천적으로 그리 자주 활용되는 항변이 아니고, 그런 항변이 문제된다고 하더라도 다른 곳에서 설명한 관련 법이론을 그대로 적용하여 해결하면 된다. 다만 보증인은 최고·검색의 항변(민법 제437조)을 할 수 있다는 것은 적확하게 알고 있어야 한다. 이마저도 연대보증인은 행사할 수 없다. 실제로 보증인이 행사할 수 있는 항변의 중요한 부분은 주채무자가 행사할 수 있거나 이미 행사한 항변을 보증인이 행사할 수 있는가와 그 항변을 원용할 수 있는가라는 관점에서 검토하는 것이다. 주채무자가 행사할 수 항변사유이거나 행사한 항변은 원칙적으로 보증채무인에게도 절대적 효력이 있어 보증인도 이를 원용하여 항변할 수 있거나 일정한 조건하에서 주채무자의 항변사유를 보증인 자격에서 행사할 수 있다.(대법원 2002. 5. 14. 선고 2000다62476 판결)

2) 보증인이 행사할 수 있는 항변

가) 주채무에 관련된 항변

(1) 요약

원칙적으로 보증인은 주채무자의 항변으로 채권자에게 대항할 수 있고, 따라서 주채무자의 항변포기는 보증인에게 효력이 없다. (민법 제433조) 그 결과 대여금청구에서 살펴본 바와 같은 주채무자의 변제, 대물변제, 공탁, (이미 행사한) 상계 등 채무이행사유들은 채무자체가 만족되어 소멸하였기 때문에 보증채무에도 절대적 효력이 있다는 것은 당연하다. 또 주채무에 대한 면제, 소멸시효완성도 절대적 효력이 있다. 다만 상계의 경우 아래와 같이 조금 주의할 필요가 있다. 또 주채무자에 대해 한 시효중단 조치들도 원칙적으로 보증인에게 (절대적) 효력이 있고,(민법 제440조) 그만큼 보증인에게 불리하다. 다만 주채무자의 시효이익의 포기만은 보증인에게 (절대적) 효력이 없고, 상대적 효력밖에 없어 보증인은 주채무의 소멸을 주장할 수 있다.

보증인은 원칙적으로 주채무자에 생긴 사유를 주장할 수 있다. (절대적 효력)	변제,대물변제,공탁, (이미 한) 상계,면제	주채무자가 한 변제, 대물변제, 공탁, (이미 한) 상계와 주채무자에 대한 면제 등은 보증인에게도 (절대적) 효력이 있어 보증인은 그 사유로 항변할 수 있다.
	(자동채권만 발생한 상태에서의) 상계	①보증인은 주채무자가 가진 자동채권으로 상계를 할 수 있다.(민법 제434조) ②주채무자와 보증인 모두 자동채권을 갖게 되었을 때 소송밖에서 한 상계는 당사자의 구체적인 의사에 따르지만 **소송상에서는 반드시 주채무자에 생긴 자동채권으로 상계를 해야 한다.**
	취소권, 해제/해지	보증인은 주채무자가 취소권, 해제/해지권을 갖고 있는 동안에는 이행을 거절할 수 있다. (민법 제435조)

	채권양도		주채무가 채권양도 되고, 양도인이 주채무자에게 채권양도의 통지를 마쳤다면 보증인에게 절대적 효력이 있어 보증인은 양수인에게 이행할 의무를 부담한다.[415]	
	상대적 효력	도산절차에서 면책	**회생절차, 파산, 개인회생절차에서 주채무자가 면책을 받았더라도 보증인에게는 효력이 없어 보증인은 이를 들어 항변할 수 없다. (채무자 회생 및 파산에 관한 법률 제250조 제2항, 제567조, 제625조 제3항)**	
		한정승인	**주채무자의 상속인이 한정승인한 경우에는 보증인에게 상대적 효력 밖에 없어 보증인은 원래 한 보증채무대로 이행할 책임이 있다.**	
	소멸시효	절대적 효력	①(주채무) **소멸시효완성**의 항변	① 대주가 특정시점에서 당해 권리를 행사할 수 있었던 사실 ② 그때로부터 소멸시효기간(채권은 10년)이 도과한 사실을 들어 항변할 수 있다.
			②(주채무에 대한) **소멸시효의 중단**의 재항변(민법 제440조[416])	주채무자에 생긴 A. 중단 a. 재판상청구[417] b. 압류, 가압류, 가처분 c. 승인 사유를 들어 보증인에게 재항변할 수 있다.
		상대적 효력	시효이익의 포기	그런데 **주채무자가 한 B. 시효이익의 포기는 보증인에게는 효력이 없다.(민법 제433조 제2항)** ※**그래서 이 이유로 보증채무에 대한 시효중단 사유의 주장은 그 자체로 이유 없다.[418]**
			재재항변 (앞서 한 설명과 같음)	A. 중단사유 중에서 다음 사유가 추가적으로 발생하면, a. 재판상청구 "소의 취하, 각하" b. 압류, 가압류, 가처분 "압류취하"; 절차위반 기타 부적법 등 사유로 인한 "가압류(가처분) 이의신청에 의한 가압류(가처분)결정의 취소" c. 승인 "관리의 능력이나 권한이 없음" 재재항변할 수 있다.
반면, 주채무자는 원칙적으로	변제,대물변제,공탁,(이미 한) 상계			보증인이 한 변제, 대물변제, 공탁, (이미 한) 상계 등으로 주채무가 소멸하면 주채무자도 그 채무가 소멸되었다고 항변할 수 있다. (절대적 효력)

---

415) 대법원 2001. 10. 26. 선고 2000다61435 판결.

416) 민법 제440조는 민법 제169조(시효의 중단은 당사자와 그 승계인에게 효력이 있다.)의 예외를 규정한 특별규정이 된다.

417) ⓐ대법원 2006. 8. 24. 선고 2004다26287·26294 판결{채권자의 주채무자에 대한 재판상 청구로 소를 제기하여 확정판결을 받은 경우, 재판상 청구의 시효중단 효과는 보증인에게도 미치지만 판결이 확정되고 나서 민법 제165조에 의한 단기소멸시효기간(예를 들면 주채무가 원래 상행위여서 5년)이 10년으로 확장되는 효과는 보증인에게 미치지 않는다. 따라서 종래 ⓐ주채무가 상행위여서, 또는 ⓑ보증행위 자체가 상행위여서 적용되는 5년의 단기소멸시효기간은 여전히 유지된다.}

또 ⓑ채권자가 주채무자에 대하여 압류, 가압류, 가처분을 한 시효중단 사유도 보증인에게 통지한 후에야 비로소

| 보증인에 생긴 사유를 주장할 수 없다. (상대적 효력) | 보증교체 | Ⓐ구 보증인에서 신 보증인으로 교체:
①(단순보증) 채권자가 보증인에게 보증인 교체를 약속하였다고 하더라도 실제로 보증인이 교체되기 전까지는 그 약속만으로 보증책임을 면할 수 없다.[419] (채권자가 보증인에게 한 약속)
②(근보증의 경우) 근보증인은
  (a)사회통념상 보증존치가 부당한 경우에는
  (b)채권자에게 근보증채무의 해지를 통지하면
  그 통지의 도달당시 채무만을 대상으로 보증책임이 있다.
Ⓑ보증에서 근저당권으로 담보가 교체된 경우에는 근저당권의 담보가치가 미달하더라도 보증은 확정적으로 소멸한다.[420] |
| | 그 외 사유 | 원칙적으로 절대적 효력이 없다. (상대적 효력만 있다.) |

(2) 주채무 소멸시효 완성 및 주채무자의 시효중단의 절대적 효력

주채무가 소멸시효 완성되면 보증채무도 시효소멸한다. 또 주채무자에 의한 주채무의 시효중단은 보증인에게도 시효중단의 효력이 있다.(민법 제440조) 도산절차 참가로 인한 시효중단 효과도 절대적 효력을 갖는다.(대법원 1998. 11. 10. 선고 98다42141 판결) 이렇듯 시효중단이 인정되는 범위에서 보증인에게 불리하다.

이때 보증채무는 주채무에 부종하여 주채무자에 생긴 사유로 그 영향을 받아 원칙적으로 주채무의 소멸시효기간도 보증채무의 소멸시효기간이 된다. 그렇지만 보증채무는 또 주채무와 독립된 채무로 보증채무의 성질(예를 들면 주채무는 상행위가 아닌데도 보증을 상행위하는 목적으로 설립된 보증기관이 그 주채무에 대해 보증한 경우)에 따라 소멸시효기간이 따로 정해질 수 있다.(대법원 2010. 9. 9. 선고 2010다28031 판결) 그 결과 종래 주채무가 단기 소멸시효기간을 적용받고 있었거나 또 보증채무의 성질에 따라 주채무보다 더 단축된 소멸시효기간이 적용되는 경우 종래 단축되어 있던 소멸시효기간이 보증채무에 적용된다. 이처럼 보증채무자는 주채무에 대한 확정판결이 있었다 하더라도 (a)주채무와의 부종성으로 말미암아 종래 적용되고 있었던 주채무의 성질에 따른 단기소멸시효기간을 주장하거나, (b)보증채무 자체의 성질에 따른 단기소멸시효기간을 그대로 주장할 수 있다.

하지만 중단 후 새로이 진행하는 시효기간은 달라질 수 있다. 예를 들면 채권자가 주채무자에 대해서만 소를 제기하여 확정판결을 받은 경우에 주채무에 대해 다시 진행하는 시효기간은 민법 제165조에 의하여 10년의 시효기간으로 바뀐다. 이와 같은 효과는 당해 판결의 당사자 사이에만 발생하는 것이다. 그러나 보증채무는 재판상 청구의 시효중단 효과는 받지만(민법 제440조) 보증인은 보증채무의 부종성으로 말미암아 종래 주채무에 적용되었던 단기소멸시효기간(대법원 1986. 11. 25. 선고 86다카1569 판결)을 그대로 주장할 수 있고, 또 보증 자체의 성질에 따른 단기소멸시효기간도 주장할 수 있다. 따라서 주채무의 판결확정으로 인한 민법 제165조 제1항에 따른 소멸시효기간 연

시효중단을 주장할 수 있는 것은 아니다.(대법원 2005. 10. 27. 선고 2005다35554·35561 판결)

418) 대법원 2002. 5. 14. 선고 2000다62476 판결.
419) 대법원 2006. 6. 27. 선고 2005다50041 판결.
420) 대법원 2006. 7. 4. 선고 2004다30675 판결.

장의 효과는 받지 않는다.(대법원 2006. 8. 24. 선고 2004다26287·26294 판결) 만약 원래 주채무가 5년의 단기소멸시효 적용을 받는 채무였다가 채권자가 주채무자만을 상대로 재판상 청구를 하여 그 확정판결이 내려져 민법 제165조 제1항에 의해 주채무의 소멸시효기간이 10년으로 연장된 후에 비로소 보증인이 보증을 한 경우에도 10년 연장의 효과는 당해 판결의 소송 당사자 사이에만 미치는 것이기 때문에 주채무가 이미 10년으로 연장되었다 하더라도 그 당사자가 아닌 보증인에게는 효력을 미치지 않고 다만 주채무의 원래 성질에 따라 보증채무의 소멸시효기간이 결정된다.(대법원 2014. 6. 12. 선고 2011다76105 판결) 물론 이때도 보증자체가 상행위인 경우(즉 보증인이 '기술신용보증 주식회사'와 같이 상인이어서 보증 자체가 상행위인 경우)에는 주채무보다 단기의 소멸시효기간이라면 5년의 소멸시효기간을 주장할 수 있다. 주채무가 시효완성으로 소멸했다고 항변할 때 보증채무 자체에 대한 시효중단사유를 주장하는 것은 주채무의 시효기간의 진행을 막을 수 없어 주장 자체로 이유 없다.(대법원 2002. 5. 14. 선고 2000다62476 판결)

(3) 주채무자의 시효이익 포기의 상대적 효력 및 보증인이 한 보증채무 시효이익의 포기

주채무자가 시효이익을 포기하였더라도 보증인에 대하여는 그 효력이 없다.(민법 제433조)(대법원 1991. 1. 29. 선고 89다카1114 판결)

보증인이 보증채무의 시효완성 후 시효소멸의 이익을 포기한 경우에도 보증인은 주채무의 시효소멸을 원용할 수 있다.(대법원 2012. 7. 12. 선고 2010다51192 판결) 이는 모순된 듯하여 그 의미를 정확히 이해하기 어려운 내용이니 반드시 잘 이해해 두어야 한다. 그래서 채권자(원고)는 ① 주채무가 소멸시효 완성 후 보증인이 보증채무를 이행하거나 승인해서 시효이익의 묵시적 포기를 했다는 주장·증명과 함께 ② 보증인이 주채무의 시효소멸에도 불구하고 보증채무를 이행하겠다는 의사표시를 특별히 하였다는 분명한 사정까지 주장·증명하여 소멸시효 이익 (묵시적)포기가 이루어졌다고 주장할 수는 있다.421) 이는 매우 이례적인 것으로 실제 주장·증명에 성공하기가 어렵다. 그 이유는 다음과 같다. 만약 주채무가 시효완성되어 소멸한 후 보증인이 보증채무를 이행하거나 승인하였다 해도 대체로 보증인의 의사는 주채무가 소멸시효완성되었음을 알고도 보증채무를 이행하려 하는지에 관한 보증인의 의사가 불분명하여 위와 같은 요건이 다 충족되었는지 여부를 판단하기 어려운 경우가 허다하다. 이러한 경우 보통 보증인의 의사는 보증채무에 관한 이행이나 승인에만 있다고 보는 것이 더 합리적이다. 그래서 주채무의 소멸시효를 주장하는 현재는 보증인이 주채무가 시효완성으로 소멸했다는 사정을 비로소 알고 나서 그 부종성의 적용을 받아 보증채무가 소멸하였다는 주장을 하는 것이라고 보는 것이 더 정확할 것이다. 그렇지 않고 보증인이 주채무가 소멸시효완성으로 소멸하였다는 사실까지 알고도 구태여 주채무를 이행하겠다는 일념하에 이행하고 승인하여 시효이익을 포기하려는 의사표시를 하였다는 것은 극히 이례적이다. 만약 보증인의 의사가 정말 그러하다면 그러한 보증인을 보호해야 할 필요

---

421) 최진수, 『요건사실과 주장증명책임(제6판)』, 진원사, 515면 참조.

가 없다. 그래서 <u>판례는 보증인이 보증채무를 이행하거나 승인한 경우에도 주채무가 시효완성으로 소멸하였다는 주장을 할 수 있다고 판시하고 있다.</u> (대법원 2012. 7. 12. 선고 2010다51192 판결)

(4) 보증인도 채권자에 자동채권을 갖게 되고, 동시에 주채무자도 채권자에 대해 자동채권을 보유하게 되어 함께 상계적상이 발생한 경우 첫째 소송밖에서 이미 상계가 이루어 진 경우에는 상계자의 구체적인 의사표시 내용에 따라 정해지고, 둘째 소송상 비로소 상계를 주장하려면, 언제나 주채무자의 채권부터 자동채권으로 삼아 상계하여야 한다.

나) 보증인에 특유한 항변

보증인은 그 외 다음과 같은 특유한 항변을 갖는다. 그래서 주채무자는 원칙적으로 보증채무가 갖는 특유한 항변(연기적 항변권, 권리항변적 성격을 보유)을 원용할 수 없다.

(1) 최고, 검색의 항변권

보증채무에 특유한 항변이다. 보증인은 주채무자의 변제자력이 있는 사실과 그 집행이 용이한 사실을 주장·증명하여 최고·검색의 항변을 할 수 있다.(민법 제437조) 이에 대하여 채권자는 ① 주채무자에 대하여 이미 권리행사를 하였던 사실이나 ② 당해 보증이 연대보증인422) 사실을 들어 재항변할 수 있다.

(2) 이행거절권

주채무자가 채권자에 대하여 취소권 또는 해제권 등이 있는 동안 이행거절권을 행사할 수 있다.(민법 제435조)

3) 주채무자가 행사할 수 있는 보증인에 발생한 항변 등

주채무자는 보증인이 한 변제, 대물변제, 공탁, (이미 한) 상계 등 채무를 실질적으로 이행한 사실을 들어 항변할 수 있다(절대적 효력). 주채무자는 그 외 보증인에게 생긴 사유를 들어 항변할 수 없다(상대적 효력).

라. 보증인의 구상권과 변제자대위423)

1) 변제할 법률상 이해관계를 갖는 자에 의한 변제

변제는 원칙적으로 채무자(변제자)가 채권자(변제수령인)에게 채무의 내용에 따라 급부하는 방식으로 하여야 한다. 다만 제3자가 변제하더라도 채무가 소멸되는 이득을 채무자에게 주기 때문에 금지시킬 필요가 없어 원칙적으로 제3자에 의한 변제가 허용된다. 그렇다 하더라도 채무자가 반대하는 등 특별한 사정이 있는 경우까지 허용할 필요가 없다. 이런 취지를 반영하여 제3자에 의한 변

---

422) 연대보증은 ① 최고·검색의 항변권이 없고, ②연대보증인간에 분별의 이익이 없는 이외에는 보증과 똑같다. 그래서 앞서 든 각종 절대적 효력이나 상대적 효력에 관한 법리의 적용을 받는다.

423) 법학전문대학원 협의회 2020년 제3회 연도별 모의시험 민사기록형 문제로 출제된 바가 있다. 따라서 변제자대위가 구체적으로 어떻게 이루어지는 지는 해당 기록의 해설부분을 참조하기 바란다.

제제도가 발달되고 완성되었다. 현재 Ⓐⓐ제3자에 의한 변제는 원칙적으로 허용되고(민법 제469조), Ⓐⓑ변제할 이해관계가 있는 제3자는 심지어 채무자가 반대해도 변제할 수 있고(민법 제469조 제2항 반대해석), Ⓑⓐ다만 변제할 이해관계가 없는 제3자가 채무자의 의사에 반하여 변제하지 못할 뿐이다. Ⓑⓑ또한 채무의 성질상 제3자에 의한 변제가 허용되지 않는 경우에도 허용되지 않는다.(민법 제469조 제1항)

변제할 이해관계가 있는 제3자는 법률상 이해관계를 갖는 자를 지칭하는 것으로 연대채무자, 보증인, 물상보증인, 저당부동산의 제3취득자 등이 있다. 따라서 **보증인인 경우 당연히 변제할 법률상 이해관계를 갖는 자에 해당되고, 그래서 심지어 채무자의 의사에 반해서도 변제할 수 있다.**

2) 보증인의 구상권 취득과 변제자대위

가) 일반론

제3자가 채무자를 대신하여 변제하였다 하더라도 변제한 제3자가 채무자에 대하여 구상할 수 있는 지 여부는 채무자와 변제자(제3자에 의한 변제의 변제자) 사이의 내부적 관계에 의해 결정되고, 그 범위가 정해진다. 물론 최후에는 부당이득반환청구라도 할 수 있을 것이다. 앞서 설명한 바와 같이 보증인은 변제할 법률상 이해관계가 있는 제3자로서 주채무를 대신하여 변제할 수 있다. 보증인이 이렇게 변제하여 주채무자를 면책시킨 경우에는 주채무자에 대하여 구상권을 취득하게 된다. 보증인의 구상권은 부탁받아 보증인이 된 경우, 부탁없이 보증인이 된 경우, 주채무자의 반대에도 보증인이 된 경우로 나누어 그 범위가 달라진다.

나) 부탁받은 보증인(수탁보증인)의 구상권

수탁보증인은 연대채무자의 구상권과 같은 범위로 구상권을 갖게 된다. 즉 ⓐ면책된 금액은 물론 ⓑ면책된 날 이후의 법정이자 및 ⓒ피할 수 없는 비용 등 손해배상을 포함하여 구상할 수 있다.(민법 제441조, 제425조 제2항) 면책된 날은 변제일자를 의미하는 것으로 2020. 9. 2. 변제한 경우에는 2020. 9. 2.부터의 법정이자를 청구할 수 있는 것이고, 그 다음날인 2020. 9. 3.부터 청구할 수 있는 것이 아님에 주의하여야 한다. 또 보증자체가 상행위가 아닌 이상 적용될 법정이자는 민법 379조에 의한 연 5%가 된다.

다) 부탁없는 보증의 구상권

(1) 주채무자의 부탁 없이, 그러나 주채무자의 의사에 반하지 않은 보증인은 **면책 당시** 이익을 받은 한도내에서 구상권을 취득한다.(민법 제444조 제1항) 면책된 날 이후의 법정이자나 손해배상은 청구할 수 없다.

(2) 주채무자의 부탁 없이, 또 주채무자의 의사에 반하여 보증인이 된 자는 주채무자에게 **현존하는 이익**의 한도에서 구상권을 취득하고,(민법 제444조 제2항) 물론 면책된 날 이후의 법정이자나 손해배상청구권은 발생하지 않는다.

(3) 위와 같은 구상권은 기한의 정함이 없는 채무이기 때문에 면책시킨 보증인이 주채무자에게 최고해야 이행기가 도래하고, 그 다음날부터 지체책임을 부담하게 된다.

라) 변제자대위

보증인은 변제할 법률상 이해관계를 갖는 자이므로 변제한 다음에는 당연히 채권자를 대위한다.(민법 제481조) 이러한 경우 민법 제482조에서 제486조의 법리가 적용된다.

마. 근보증

1) 근보증은 불확정한 다수의 채무(민법 제428조의 3 제1항)에 대해 특정할 수 있는 기준을 정하여 하는 보증계약이다. 근보증에는 포괄근보증과 한정(포괄)근보증이 있다. Ⓐ포괄근보증은 채권자가 채무자에 대하여 취득하는 모든 채무를 보증하는 계약이다. Ⓑ한정(포괄)근보증은 채권자와 주채무자 사이의 특정한 계속적 거래계약, 일정한 종류의 거래로부터 발행하는 채무, 특정한 원인에 기하여 계속적으로 발생하는 채무 등을 보증하는 계약이다. 포괄근보증이든 한정(포괄)근보증이든 근보증계약은 채무의 최고액을 서면으로 특정하여 서면으로 체결해야 한다.(민법 제428조의 3) 이에 위반하면 무효이다.[424] 채무의 최고액(보증한도)에는 특약이 없는 한 주채무 및 그 이자, 지연손해금, 위약금 등 종속채무액을 포함한다.(대법원 2000. 4. 11. 선고 99다12123 판결)

근보증금 지급 청구를 하려면 ① 주채무 발생원인사실, ② 서면으로, ③ 채무최고액을 명시하여 근보증계약 체결사실을 주장·증명해야 하고, 연대근보증금 지급 청구하려면 ① 주채무 발생원인사실, ② 서면으로, ③ 채무최고액을 명시하여 근보증계약 체결사실이외에도 ④ 연대특약한 사실 또는 상사채무(상법 제57조, ⓐ 수인이 1인 또는 전원에게 상행위가 되는 행위로 인해 보증하거나, ⓑ 보증이 상행위이거나 주채무가 상행위인 경우에는 연대보증)인 사실을 주장·증명해야 한다.

2) 근보증하면서 근저당권도 설정해 주어 근보증인 겸 물상보증인이 된 경우에는 특별한 사정이 없는 한 동일한 채무를 담보하기 위하여 중첩적인 담보를 제공한 것이다.(重疊擔保) 따라서 근저당권의 실행으로 피담보채무가 변제된 한도만큼 근보증의 보증한도도 줄어든다.(대법원 1997. 11. 14. 선고 97다34808 판결) 그러므로 보증인 겸 물상보증인이 부담하는 채무액은 근저당권의 채권최고액 겸 근보증의 보증한도액으로 한다.(대법원 2005. 4. 29. 선고 2005다3137 판결)[425] 예외적으로 구태여 누적적 담보(累積的 擔保)임을 명시하여 근보증과 근저당권을 설정해 주었을 때는 그 의사

424) 송덕수, 『신민법강의(제16판)』, 박영사, 2023, 952면.

425) 제5회 변호사시험 민사기록형 기록 32면에서는 계속적 거래에 관한 채무에 대해 보증하고 있기 때문에 근보증에 해당되고 2016. 2. 4. 시행된 민법 제428조의 3에 의하면 반드시 채권최고액을 기재한 서면으로 근보증계약을 체결해야 한다. 하지만 그 기록에 의해 실시된 시험은 2016. 1. 7. 실시되었으므로 그 적용이 없었다. 하지만 현재 시행 중인 위 법률에 따르면 과연 기록 32면 근보증계약이 채권최고액을 기재한 서면인지 논란이 있었을 수 있다. 보증한도라 볼 수 있는 금액으로 500,000,000원(외상공급 한도액)과 700,000,000원(근저당권 채권최고액)이 있다. 이송자가 근보증인 겸 물상보증인인 관계로 굳이 선해하자면 보증한도는 근저당권 채권최고액인 700,000,000원으로 볼 수도 있지만 명시적인 것이 아니기 때문에 근보증계약 자체의 무효가 문제될 수 있다. 향후 출제되는 문제에서는 이러한 논란을 정확히 인지한 채 꼭 보증한도를 명시한 형태의 근보증서를 제시할 것으로 보인다.

에 따라 별개의 근보증과 물상보증이 성립한다.[426)

3) 근보증인의 해지권발생

근보증인은 사회통념상 그 보증을 계속 존속시키는 것이 상당하지 않다고 볼 수 있는 경우에는 해지권을 갖게 된다.(대법원 2001. 11. 27. 선고 99다8353 판결) 사회통념상 보증 존치가 부당한 사유들로는 보증에 이르게 된 경위, 상당기간의 경과, 주채무자에 대한 신뢰의 상실, 주채무자의 자산상태의 변화, 보증인의 지위변동 등이 있다.

ⓐ 회사의 이사로써 부득이하게 연대근보증했다가 회사를 퇴직하게 된 경우 해지권이 발생한다.(대법원 1992. 5. 26. 선고 92다2332 판결) 반면 이사로서 단순채무에 단순 연대보증한 경우 퇴직하였다 하더라도 해지권이 발생하지 않는다.(대법원 1991. 7. 9. 선고 90다15501 판결)

ⓑ 기간을 정하지 않은 계속적 보증계약에서 상당한 기간이 경과하였다고 하더라도 보증인은 해지권을 갖지 못한다.(대법원 2001. 11. 27. 선고 99다8353 판결)

4) 근보증계약의 종료 (근보증액의 확정)

가) Ⓐ 근보증의 보증기간을 약정한 경우에는 그 보증기간 내에 발생한 계속적 거래관계의 채무만이 피보증채무의 범위에 포함된다. Ⓑ 보증기간의 약정은 없으나 주채무의 기본계약에 거래기간 약정이 있으면 그 거래기간이 보증기간이 된다. 이때 기본계약상 자동갱신조항이 있어 기본계약이 갱신된 경우 (a)약관조항에 자동갱신조항이 있었던 경우는 주계약상 거래기간은 연장되나 보증기간은 연장되지 않아 종료되고, 그 당시 주계약상의 채무로 보증채무가 확정된다고 판시하고 있고, (대법원 2003. 11. 14. 선고 2003다21872 판결) (b)약관에 의한 거래가 아닌 경우에는 보증계약 당시 기본거래계약에서 자동갱신조항이 포함되어 있어 기간의 갱신이 예측된다면 갱신된 거래기간도 보증기간이 된다고 판시하기도 하였다.(대법원 1994. 6. 28. 선고 93다49208 판결)

아무튼 보증기간이 종료되면 보증채무는 주채무의 발생 시점을 묻지 않고 보증기간 만료시의 확정된 주채무(민법 제429조에 규정된 일정한 범위내의 종속채무 포함)가 보증채무가 된다.

나) 보증기간이 만료되기 전에 주채무의 개별적 채무변경은 근보증에 아무런 영향이 없다. 따라서 근보증계약이 종료되기 전에 주채무의 기본계약에서 발생하는 개별채무가 변제 등으로 소멸하거나 양도되어도 근보증채무가 소멸하거나 양도되지 않는다.

2. 연대채무

가. 연대채무 발생원인

연대채무란 연대채무자 전부가 채무전부를 각자 이행할 의무가 있고, 그중 1인이 변제, 대물변제, 공탁을 한 경우에는 해당 금액만큼 다른 연대채무자들도 이행의 혜택을 누리고 채무가 소멸되

---

426) 최진수, 『요건사실과 주장증명책임(제6판)』, 진원사, 2017, 506면에서는 대법원 판례는 중첩적 담보(대법원 2004. 7. 9. 선고 2003다27160 판결)로 본 것도 있고, 누적적 담보(대법원 1993. 7. 13. 선고 93다17980 판결)로 본 것도 있으나 전자가 더 최신 판례라며 전자에 따라 처리해야 하는 것처럼 설명되어 있다.

는 채무를 지칭한다.(민법 제413조)

연대채무는 원칙적으로 약정을 통해 발생하지만 법률의 규정에 의해 성립할 수도 있다. 후자의 사례로는 ①수인이 그 1인 또는 전원에게 상행위가 되는 행위로 인하여 채무를 부담한 때 (상법 제57조 제1항), ②부부의 일방이 일상의 가사에 관하여 제3자와 법률행위를 하여 채무를 부담하게 된 때 (민법 제832조)[427], ③수인이 공동하여 물건을 차용한 때(공동 사용차주 또는 공동 임차인) (민법 제616조, 제654조) 등이 있다.

연대채무는 연대채무자 수인이 보유한 전체 재산으로 채권자에게 채무이행을 하게 되므로 결국 채무이행의 가능성이 증가하게 되는 특성이 있다. 이런 특성으로 인해 인적담보로서의 기능을 하게 된다. 그 결과 채권자들은 물적담보가 부족한 채무자에게 인적담보로서 다른 연대채무자를 세울 것을 요구하여 약정에 의해 특히 Ⓐ소비대차계약에 수반하여 연대채무가 발생하는 현상이 두드러지고 있다. 물론 그 외에도 Ⓑ(외상) 물품대금채무, Ⓒ (임차목적물을 이미 돌려 준) 임차보증금반환채무도 동시이행항변권이 이미 소멸되어 상환이행의 청구를 할 필요가 없는 상태이고, 실무상으로도 연대채무의 인적담보기능을 활용할 목적으로 널리 행해지고 있기 때문에 연대채무[428]의 형태로 구성하여 출제되는 경우가 많다. 특히 다음에서 검토하는 바와 같이 연대채무자의 부담부분에 한해 절대적 효력이 있는 소멸시효완성,[429] 면제[430] 등의 법리와 결합하여 출제하는 경우에는 그 관련법리를 정확하게 적용하기 어렵기 때문에 난해한 문제가 될 가능성이 크다.

나. 연대채무의 절대적 효력

1) 연대채무자 1인이 변제, 대물변제, 공탁을 한 경우에는 해당 금액만큼 다른 연대채무자들도 이행의 혜택을 누리고 채무가 소멸된다.

2) 그 외 연대채무자 1인에게 생긴 사유는 아래 3)의 경우를 제외하고는 원칙적으로 다른 연대채무자에게는 효력이 없다.(상대적 효력)

3) 다만 다음과 같은 두 가지 방식으로 연대채무자 1인에게 생긴 사유가 다른 연대채무자에게 효력을 미친다.(절대적 효력)

가) 앞서 설명한 바와 같이 연대채무자 1인이 한 변제·대물변제·공탁은 채무를 종국적으로 만족시키기 때문에 다른 연대채무자에게도 효력이 있어 그 취지에 따라 연대채무가 소멸된다.

나) 연대채무자 중 1인이 한 ① **최**(고), ② **경**(개), ③ **상**(계)(당해 연대채무자가 이미 상계의 의사표시를 한 경우), ④ (채권자) **지**(체)는 해당 금액만큼 다른 연대채권자에게도 절대적 효력이 발생한다.

---

427) 법학전문대학원 협의회 2013년도 제3회 연도별 모의고사 민사기록형 문제로 출제되었다.

428) 더 정확하게는 임차목적물을 공유한 임대인들의 임차보증금반환채무의 불가분 채무자이다. 만약 임차보증금반환채무가 연대채무가 되기 위해서는 명시적인 약정이 있어야 한다. 다만 불가분채무나 연대채무는 일부 법리만 차이가 있을 뿐 많은 공통점을 갖고 있다.

429) 제6회 변호사시험 민사기록형 문제로 출제되었는데, 풀기가 매우 어려웠다는 풍문이 있다.

430) 제10회 변호사시험 민사기록형 문제로 출제되었는데, 제6회 만큼은 아니지만 여전히 어려웠다는 중론이 있다.

다) 연대채무자 1인에게 발생한 다음 사유, 즉 ⑤ **상**(계)(당해 연대채무자가 아직 상계의 의사표시를 하지 않은 경우 나머지 연대채무자가 그 연대채무자의 부담부분만큼 상계를 할 수 있다.), ⑥ **면**(제), ⑦ **혼**(동), ⑧ **소**(멸시효완성)은 당해 연대채무자의 부담부분만큼 다른 연대채무자에게도 절대적 효력을 미친다. 이 때문에 부담부분이 없는 부진정 연대채무의 경우에는 다)부분의 적용이 없다. 따라서 부진정 연대채무자 1인에게 위 사유들이 발생했더라도 다른 부진정 연대채무자에게는 아무런 효력이 없다.

다. 연대채무와 소멸시효

1) 연대채무자 중 1인에 대한 소멸시효완성의 효과

가) 연대채무자 1인에게 소멸시효가 완성되면 당해 연대채무자의 채무 전체도 소멸할 뿐만 아니라 다른 연대채무자에게는 당해 연대채무자의 부담부분만큼 채무가 소멸하는 효력이 있다.

나) 다만 ① 연대채무자 1인에 대한 시효중단은 다른 연대채무자에게 전혀 효력을 미치지 않는다. 그래서 시효중단 된 그 연대채무자에 대해서는 소멸시효기간이 진행되지 않지만 나머지 연대채무자에 대해서는 소멸시효기간이 그대로 진행된다. 채권자에게 크게 불리한 법원칙이다. 이 부분이 보증채무와 다른 부분이다. 나아가 이미 채무가 시효완성으로 소멸된 ② 연대채무자가 시효이익을 포기하여도 다른 연대채무자에게는 그 효력이 없다. 따라서 시효이익을 포기한 연대채무자는 채무를 이행할 책임을 부담하지만 다른 연대채무자들은 여전히 소멸시효완성의 이익을 누리게 된다.

다) 요약컨대, 소멸시효 관련 절대적 효력은 소멸시효가 완성된 경우 그 연대채무자의 채무전부가 소멸함은 물론 다른 연대채무자의 경우 당해 연대채무자의 부담부분만큼 연대채무가 소멸하는 효과가 있을 뿐이다. 그 외 연대채무자 1인에 대한 시효중단(대법원 2001. 8. 21. 선고 2013다68207 판결)이나 시효이익의 포기는 다른 연대채무자에게는 전혀 효력이 없다.

2) 최고와 소멸시효의 중단

최고를 하면 소멸시효의 진행이 중단된다. 다만 최고 후 6개월 이내에 재판상 청구, 압류, 가압류, 가처분 등을 해야 하고, 이를 하지 않으면 소급하여 시효중단의 효력이 상실된다.(민법 제174조) 특히 최고 후 6개월이내 다시 최고를 하거나 승인을 하는 것만으로 시효중단의 효과가 지속되지 않는다.

특히 최고 후 6개월이내 채권압류 및 전부명령을 받은 경우에는 주의할 점이 있다. 채권자가 채무자를 상대로 최고를 한 다음 채무자의 재산이 채권밖에 없어 6개월이내에 채권압류 및 전부명령을 받으면 일단 민법 제174조가 적용되어 최고시에 시효중단의 효력이 발생한다. 그런데 위 채권압류 및 전부명령은 제3채무자에게도 송달되는데, 만약 제3채무자가 그 송달받기 전에 동일 채권에 대하여 제3자에 의한 채권가압류가 되어 다시 제3채무자에게 먼저 송달된 경우에는 압류와 가압류는 경합하여 존속하나 전부명령은 그 효력을 상실한다.(대법원 2014. 11. 13. 선고 2010다63591 판결) 그 결과 압류는 존속함으로써 최고로 인한 시효중단 효과는 존속한다. 설명들을 때는 잘 이해한 것처럼 보이지만 제6회 변호사 시험 민사기록형 문제로 문제되었을 때 정답율이 겨우 10%정도에 불과하였음에 비추어 실제 적용에는 어려움이 있으니 잘 이해하고 있어야 한다.

예를 들면 甲이 채권자, 乙, 丙이 연대채무자라고 하자. Ⓐ 甲이 乙을 상대로 최고 한 후 6개월 이내에 재판상 청구를 해서 확정판결을 받았다. 甲의 乙에 대한 최고는 丙에도 절대적 효력이 있어 丙에 대한 최고로서 시효중단의 효과가 있다고 하더라도, 시효중단은 상대적 효력밖에 없으므로 甲이 乙을 상대로 한 재판상 청구로 인한 시효중단 효과는 丙에게 미치지 않으므로 丙에게 최고로 인한 시효중단효과를 얻기 위해서는 그 최고 후 6개월이내에 丙을 상대로도 재판상 청구 등을 하지 않으면 최고의 시효중단 효과가 소급하여 소멸한다. Ⓑ 甲이 乙을 상대로 압류, 가압류, 가처분을 한 다음 그 사실을 다른 연대채무자인 丙에게 통지하면 민법 제176조에 의하여 시효중단의 효력이 있다. 시효중단이 상대적 효력만 있어도 그렇다. 따라서 종종 관련 문제들이 출제되는데 실제로 적용하는데 매우 어렵다.

라. 연대채무와 면제(제10회 변호사시험 출제) (소비대차계약 관련 '면제' 설명 부분 참조)

3. 소멸시효와 연대채무 및 보증채무 사이의 관계에 관한 구체적인 적용사례

가. 연대채무와 소멸시효

사유	사례 1		사례 2		사례 3	
	甲	乙	甲	乙	甲	乙
부담부분	1/2	1/2	1/2	1/2	1/2	1/2
시효중단		0				0
소멸시효완성	0		0	0		0
시효이익포기				0		0
판단과정	甲: 소멸시효완성하여 채무소멸 乙:시효중단되어 　　채무존속 　　다만, 甲부담부분 소멸(절대적효력)		甲: 소멸시효완성으로 채무소멸 乙: Ⓐ시효이익포기 or 　　Ⓑ시효이익포기＋甲의 부담부분 소멸효과도 포기		甲: 시효중단상태에서 乙의 소멸시효 완성으로 그 부담부분에 한해 소멸 (절대적효력) 乙: 소멸시효완성했으나 시효이익 포기로 전부 부담	
결과	∴甲은 채무소멸 乙은 1/2 채무존속		∴甲은 채무소멸 乙은 Ⓐ 1/2 채무부담 or 　　 Ⓑ 채무전액 존속 중 구체적인 乙의 의사에 따른다. 다만 대체로 Ⓐ일 것임.		∴甲은 1/2 채무부담 乙은 전액채무 존속	
출제	2013년 3차				제6회 변호사시험	

나. 보증채무와 소멸시효 (위 표와 비교하여 학습하기 바란다.)

사유	사례 1		사례 2		사례 3	
	甲(주채무)	乙 (보증인)	甲(주채무)	乙(보증인)	甲(주채무)	乙 (보증인)
시효중단		0				0

소멸시효완성	O		O	O		O
시효이익포기				O		
판단과정	甲: 소멸시효완성하여 채무소멸 乙: 주채무가 시효소멸했으므로 보증채무의 중단에도 불구하고 소멸		甲: 소멸시효완성으로 채무소멸 乙: 시효이익포기에도 불구하고 시효소멸			甲: 시효중단 乙: 甲의 시효중단은 乙에게 절대적 효력이 있어 소멸시효완성되지 않음
결과	∴甲은 채무소멸 乙도 보증채무소멸		∴甲은 채무소멸 or 乙도 보증채무소멸			∴甲은 채무부담 乙도 채무부담
출제						참조: 2017년도 제2회 (乙 다시 시효완성 가능성은 검토 필요)

Ⅶ. (근)저당권설정등기 및 (근)저당권설정등기 말소 등 청구

1. (근)저당권설정등기 청구

가. 저당권의 의의

저당권이란 채권의 담보로 채무자 또는 제3자가 제공한 부동산 등 재산을 점유하지 아니하면서 그 부동산 등 재산으로부터 다른 채권자보다 우선하여 채권의 만족을 얻을 수 있는 권리를 지칭한다.(민법 제356조) 저당권은 부동산의 소유권을 중심으로 발달했으나 부동산 상의 물권 중 지상권, 전세권(제371조)을 담보물로 하여 성립할 수도 있게 되었고, 나아가 등기·등록에 의해 공시되는 자동차, 중기 등 동산 및 준물권(광업권 또는 조광권 등)도 담보물로 이용될 수 있으며 재산의 집합체로서의 공장재단도 공시할 수 있으면 담보물이 될 수 있다.

저당권은 우선변제권을 핵심권능으로 하여 재산의 교환가치를 지배할 뿐 재산의 점유나 그 이용은 소유자 등에게 유보해 둠으로써 사용·수익이 가능하도록 하고 있다. 이런 장점 때문에 저당제도는 담보제도로서 널리 활용되게 되었다. 다만 제3자의 불측의 손해를 피하기 위해 등기 또는 등록으로 공시할 수 있는 부동산, 지상권, 전세권, 준물권, 자동차, 중기, 공장재단 등을 대상으로 해서만 저당권을 설정할 수 있다.

나. 저당권설정계약 및 저당권 등기

1) 저당권은 극히 예외적인 경우를 제외(민법 제649조)하고는 법률행위에 의해 취득되므로 저당권설정계약과 등기를 하여야 성립한다.(민법 제186조) 즉 저당권의 원시취득제도[431]는 없다 해도 과언이 아닌 것이다. 저당권의 설정적 특정 승계취득도 법률행위에 의한 권리취득 법리의 적용을 받게 되어 저당권설정계약과 저당권설정등기를 함으로써 취득된다.(민법 제186조)

---

431) 반면 지상권의 경우 각종 법정지상권이 약정 지상권보다 많아 법률(관습법 포함)의 규정에 의한 지상권의 원시취득이 더 많다 할 수 있다.

2) 저당권설정계약

저당권설정계약을 물권적 합의라고 설명하는 일부 학설도 있으나 매매계약과 같이 소위 채권계약에 속하고, 구태여 물권적 합의를 긍정하면 저당권설정자가 그 설정등기에 필요한 서류들을 저당권자에게 교부할 때 묵시적으로 물권적 합의가 따로 성립된다고 할 것이다.[432]

저당권설정계약도 계약의 일종이므로 약정당사자 사이에서만 그 효력이 있다. 또 저당권설정자는 채무자일 필요는 없으나 담보물건의 소유권 등 처분권을 보유하고 있어야 한다. 저당권설정계약에 의한 저당권의 설정은 설정적 특정승계취득의 형태이기 때문에 저당권자는 저당권설정권자가 가지는 이상의 권리를 취득할 수 없다. 만약 처분권을 보유하지 않은 저당권설정자와 저당권설정계약을 체결한 경우에는 저당권자가 선의라도 원인무효가 된다. 저당권자는 채권자이어야만 한다. 이는 저당권의 피담보채무에 대한 부종성을 인정하고 있기 때문이다. 다만 채권자·채무자·저당권자 사이에 합의가 있고, 채권양도, 제3자를 위한 계약, 불가분적 채권관계의 형성 등 방법으로 피담보채권이 저당권자에게 실질적으로 귀속된다고 볼 특별한 사정이 있는 경우에 한하여 제3자의 채권의 담보를 위한 저당권이 유효할 수도 있다고 판시한 바가 있다.(대법원 2000. 1. 14. 선고 99다51265, 51272 판결)

3) 저당권설정 등기

저당권은 법률행위에 의한 물권변동(민법 제186조)의 대상이므로 저당권설정계약이 체결되면 그 약정의 이행을 청구할 수 있는 소위 강제이행청구권이 인정된다.[433] 이에 따라 저당권설정등기가 경료되면 민법 제186조에 따라 저당권을 비로소 취득한다. 저당권설정등기 신청서에는 등기원인, 피담보채권액, 채무자를 기재하여야 하고,(부동산등기법 제48조 제1항 제4호, 제75조 제1항) 피담보채권의 경우 변제기, 이자 및 그 발생기, 지급시기, 지급장소, 채무불이행으로 인한 손해배상에 관한 특약, 채권의 조건(이상 부동산등기법 제75조 제1항), 저당권이 미치는 물적범위에 관한 특약(민법 제358조 단서) 등을 기재하여 신청한다.

채무자가 아닌 자를 채무자로 표시하여 한 저당권등기는 부종성에 반하기 때문에 원인무효이

---

432) 본서를 관통하여 물권행위는 로마사회나 게르만사회에서는 존재하였을지 모르나 등기·등록제도가 완비되어 있는 근대에는 존재하지 않는다는 입장을 취하고 있다. 그래서 민법 제186조를 해석할 때 법률행위도 소위 채권행위(약정)를 뜻하고, 다만 물권이 특정승계취득의 방식으로 이전되기 위해서는 **① 약정(채권행위), ② 등기이외에도** 특히 **③ 매도인(前者)의 소유권 또는 사실상·법률상 처분권의 보유**라는 숨은 요건이 더 있다는 견해를 취하고 있다. ③ 요건은 민법 제186조가 특정승계취득의 요건을 정한 것이고, 누구도 자신이 가지는 이상의 권리를 특정승계시킬 수 없기 때문이다. 특정승계취득의 상황에서 전자의 권리보다 더 큰 권리를 갖기 위해서는 원시취득할 수 있어야 한다. 즉 특정승계의 모습을 취하고 있지만 원시취득하는 법리로는 선의취득·공용수용·점유취득시효완성으로 인한 소유권이전등기가 있다. 하지만 대법원 판례 등에서 물권행위라는 개념을 긍정(물권행위의 독자성 인정)하고 있으므로 본서에서도 경우에 따라 물권행위라는 용어를 사용하여 설명하기도 한다.

433) 저당권설정등기 청구는 그 사례가 매우 적다. 왜냐하면 통상 금전을 대여할 때 저당권설정관련 서류들을 모두 받은 후 금전을 대여하기 때문에 사후에 따로 저당권설정등기 청구를 할 필요가 없기 때문이다. 그렇지만 저당권설정등기 청구할 수 있는 매우 예외적인 사례가 있고, 실제로 법학전문대학원 협의회 실시 2017년도 제3회 민사기록형 모의문제로 1회 출제된 바가 있다.

다.(대법원 1981. 9. 8. 선고 80다1468 판결[434]) 하지만 다음과 같은 제한적인 경우에는 유효가 될 수도 있다. 즉 타인 명의를 차용하여 대리점계약을 체결한 자와 사이에 이루어진 근저당권설정계약은 명목상의 명의에도 불구하고 공급된 물품 대금채무 일체가 그 피담보채무의 범위에 포함되어 유효라거나(대법원 1996. 12. 23. 선고 96다43348 판결), 계속적인 거래관계에서 발생하는 미확정채무를 담보하기 위해 명의신탁된 부동산상에 근저당권을 설정하면서 그 채무자를 명의수탁자로 표시한 경우에도 유효하다고 판시한 바가 있다.(대법원 1980. 4. 22. 선고 79다1822 판결) 등기가 무효인 경우라도 당사자간 새로운 피담보채권을 위한 담보로 삼기로 합의하면 무효와 새로운 합의 사이에 이해관계를 가진 제3자가 존재하지 않은 한 그 전용이 가능하다.(대법원 1963. 10. 10. 선고 63다583 판결)

다. 피담보채무

1) 저당권의 부종성

저당권은 피담보채무를 담보하기 위해 존재하는 것이므로 그 성립, 존속, 소멸이 피담보채권의 그것에 의존하여 피담보채무가 부존재하면 저당권설정등기를 경료했다 하더라도 효력이 없으며, 피담보채무가 소멸하면 저당권도 소멸한다.

2) 피담보채무

피담보채무는 금전채무일 필요는 없으나 반드시 금전으로 평가된 액이 존재해야 하고 이를 필수적으로 등기해야 한다.

라. 저당권의 처분

1) 저당권은 그 담보한 채권과 분리하여 타인에게 양도하거나 다른 채권의 담보로 하지 못한다.(민법 제361조)

2) 저당권부 피담보채권의 양도

저당권부 피담보채권의 양도는 채권의 양도와 저당권 양도의 결합계약으로 양자의 요건을 모두 충족해야 한다.(대법원 2003. 10. 10. 선고 2001다77888 판결) 채권양도와 저당권 이전 사이에 시간적 간격이 존재한다고 하더라도 합리적인 범위 내라면 민법 제361조(피담보채권과 분리하여 저당권의 양도나 담보제공을 금지)의 적용 없이 피담보채권과 저당권이 양수인에게 함께 넘어갈 수 있다. 피담보채권의 양도에 관해서는 채권양도에 관한 민법 제449조를 따라야 한다. 피담보채권은 양도계약만으로 양도되고 다만 채무자에게 대항하기 위해 통지 또는 승인 등 대항요건을 갖추어야 한다. 통지를 하지 않은 이상 저당권이전등기를 경료하였다고 하더라도 채무자에게 대항할 수 없다. 저당권의 양도는 (저당권부 피담보채권)양도계약상의 저당권 양도계약과 그에 따른 부기등기를 경

---

434) 근저당권설정계약상으로는 甲(원고)을 채무자로 하여 甲 소유 부동산상에 근저당권을 설정하기로 약정한 후 근저당권 설정등기과정에서 채무자를 乙로 표시하여 근저당권설정등기가 경료된 경우에 피담보채무를 달리한 것으로 원인 무효의 등기로 말소되어야 한다고 판시한 것이었다.

료하는 방식으로 실행된다.(민법 제186조) 아무튼 저당권부 채권양도가 희망한 대로 효력이 발생하기 위해서는 채권양도의 법리에 따라야 할 뿐만 아니라 물권양도의 원칙도 준수해야 한다.[435] 한편 채무자는 이의를 유보하여 승인을 할 수 있으므로 양수인을 상대로 피담보채권 양도사실은 인정할 수 있고, 대항요건을 구비될 수 있었을 때까지 대항사유로 양수인에게 대항할 수 있다. 문제는 이의를 유보하지 않고 승인한 채무자는 양수인에게 승인전 사유를 들어 대항할 수 없지만[436] 물상보증인, 저당부동산의 제3취득자, 후순위저당권자 등 제3자들은 채무자의 단순승인에도 불구하고 승인 전에 발생한 사유들을 들어 대항할 수 있다. 물론 단순승인 후 이해관계를 맺은 위와 같은 제3자들은 승인 전 사유를 들어 대항할 수 없다.

3) 피담보채권만의 양도 및 저당권만의 양도

통상 저당권은 피담보채권과 더불어 '(근)저당권부 채권양도'의 방식으로 양도된다. 만약 굳이 피담보채권만 양도되면 저당권은 소멸한다. 반면 저당권만 처분하거나 양도하는 것은 허용되지 않는다.

4) 저당권부 피담보채권에 대한 질권설정

저당권과 함께 피담보채권에 질권을 설정할 수 있다.(민법 제361조 제2문의 반대해석) 피담보채권에 관해서는 민법 제450조의 요건을 갖추어야 하고(민법 제349조) 동시에 저당권에 관해서 질권설정의 부기등기가 경료되어야 한다.(민법 제348조)

2. (근)저당권설정등기의 말소청구

가. 저당권설정등기 말소청구의 2가지 청구원인

1) 저당권말소청구에는 Ⓐ소유권자[437]가 원인무효인 저당권의 말소를 구하는 물권적 청구권(방해배제)으로서의 저당권말소청구가 있고,[438] Ⓑ유효하게 저당권이 성립된 후 피담보채무가 변제·대물변제·공탁//경개·상계·면제·혼동·소멸시효완성으로 소멸한 후 Ⓑⓐ저당권의 부종성으로 말미암아 그 효력을 상실하게 되는데, 저당권설정계약의 명시적 약정 또는 표준적 약정(default

---

[435] 제9회 변호사시험 민사기록형에서는 근저당권부 채권양도뿐만 아니라 근저당목적물의 양도도 이루어져 있다.
[436] 물론 이의 유보없는 승인을 했다 하더라도 양수인이 알았거나 알 수 있었던 사유로 대항할 수 있다.
[437] 후순위저당권에 기해 원인무효인 선순위저당권의 말소도 청구할 수 있다.(대법원 2000. 10. 10. 선고 2000다19526 판결) 이때 소유권자인 사실은 "후순위저당권자인 사실"로 대체된다.
[438] 예를 들면 甲이 A부동산을 소유하고 있었는데, 乙이 관련서류들을 위조하여 그 명의로 소유권이전등기를 경료한 다음 丙으로부터 금원을 차용하면서 그 담보조로 A부동산에 대해 근저당권설정등기를 경료해 주었다고 가정하자. 乙이 근저당권설정자이고, 丙이 근저당권자이고, 乙과 丙사이에는 별다른 무효사유가 없다. 다만 乙이 무권리자이기 때문에 설정적 특정승계취득하게 된 丙은 乙이 가지는 권리이상을 취득하지 못해 결국 근저당권을 취득하지 못한다. 이러한 사정하에서 甲이 소유권자로서 근저당권설정등기 명의자인 丙을 상대로 물권의 대세적 효력을 주장하면서 근저당권설정등기 말소청구를 할 수 있다. 전형적인 물권적 청구권으로서의 근저당권설정등기 말소청구의 사례이다. 甲과 丙사이에는 그 어떤 약정도 없어 채권적 청구권을 논의할 거리가 없다. 제1회 변호사시험 민사기록형 문제로 출제된 바가 있다.

rule)으로서의 원상회복의무의 일환으로 효력상실된 저당권등기의 말소를 청구할 수가 있으며 이는 채권적 청구권이고,[439] Ⓑⓑ소유권자인 저당권설정자가 물권적 청구권으로 효력상실된 저당권의 말소를 구하는 청구로 나눌 수 있다.[440] 특히 피담보채무가 변제 등으로 소멸되었다고 주장할 때는 변제액이 모든 채무를 소멸시키기 부족한 경우 변제충당의 문제가 발생한다.

2) 소송물과 기판력

가) 원인무효로 등기말소청구(방해배제청구)할 때(위 Ⓐ와 Ⓑⓑ)는 원인무효 사유들은 공격방어방법에 불과할 뿐 동일한 소송물이 된다. 따라서 법원으로서는 원고가 주장하는 원인무효 사유에 구속되지 않고 다른 원인무효 사유를 들어 판단할 수 있다. 또 그 판결이 확정되고 난 다음에는 기판력의 저촉을 받아 다른 원인무효 사유를 주장하는 후소를 제기하지 못하는 불이익을 받는다. 이 경우 청구취지에서는 원인무효 사유도 기재하지 않는다.[441] 그런데 부존재, 무효, 취소, 무권대리(대리권남용) 등을 이유로 원인무효임을 주장하면서 말소청구를 구하는 경우와 계약해제를 원인으로 한 말소청구는 원인무효임을 주장하는 것에서 공통됨에도 불구하고 소송물이 달라 기판력의 적용대상이 아니다.(대법원 1993. 9. 14. 선고 92다1353 판결)

나) 하지만 유효하게 성립된 저당권을 사후에 변제 등으로 피담보채권이 소멸하였음을 원인으로 말소를 청구하는 것 중 채권적 청구권(위 Ⓑⓐ)은 채권적 청구권이기 때문에 피담보채무의 소멸원인별로 별도의 소송물을 구성하고, 기판력의 저촉 여부도 판단하게 된다.(대법원 1982. 12. 14. 선고 82다카148 판결) 그래서 청구취지에서 피담보채무의 소멸사유를 기재한다.[442]

---

439) 채권적 청구권으로서의 근저당권등기 말소청구는 제2회 변호사시험, 제8회 변호사시험 뿐만 아니라 2014년도 제1회, 제3회 모의시험, 법무부 실시 2011년 제2회 모의시험 민사기록형 문제 등에서 빈번하게 출제되었다.

440) 한편 甲이 A 부동산을 소유하고 있던 중 乙로부터 금원을 차용한 다음 그 담보조로 A 부동산에 관해 乙 명의로 근저당권설정등기를 경료해 주었다. 그 후 甲이 乙에게 피담보채무인 차용금을 전부 변제하였다. 근저당권은 피담보채무에 부종성을 갖고 있는데 피담보채무가 변제 등으로 소멸하면 근저당권도 그 효력을 상실하게 된다. 이런 상태에서 甲은 乙을 상대로 근저당권설정등기 말소청구를 할 수 있음은 당연하다. 쟁점은 甲은 乙을 상대로 채권적 청구권으로서 근저당권설정등기 말소청구를 할 수도 있고, 물권적 청구권으로서 근저당권설정등기 말소청구를 할 수 있으며 양 청구권은 청구권 경합의 관계에 있다는 것이다. 즉 전자는 근저당권설정계약에 따라 근저당권자는 근저당권설정자에게 근저당권이 효력을 상실한 후에는 근저당권설정등기를 말소하여 원상회복해 주겠다는 명시적 약정 또는 표준적 약정(default rule)(근저당권 설정 표준계약서에는 이와 같은 원상회복의무를 명시적으로 규정해 두는 경우가 거의 없다. 따라서 표준적 약정이론이 더 설득력이 있다.)이 있다고 보아 그 원상회복의무의 강제이행으로 근저당권설정등기의 말소청구를 한다는 취지이고,(유효하게 성립된 근저당권에 관한 채권적 청구권으로서의 근저당권설정 등기말소청구는 제9회 변호사시험 민사기록형 문제로 출제된 바가 있다.) 후자는 근저당권설정계약의 명시적·표준적 약정은 차치하고, 甲이 소유권자이고, 乙은 이미 효력을 상실한 근저당권자로서 甲의 소유권을 방해하고 있기 때문에 그 방해배제청구권의 행사로서 근저당권설정등기의 말소를 청구할 수 있다는 취지이다. 따라서 후자는 물권적 청구권이긴 하나 본문상의 Ⓐ 사례와는 다른 것이니 그 차이점에 유념해 두어야 한다.

441) 즉 "피고 甲은 원고에게 별지목록 기재 부동산에 관하여 서울중앙지방법원 등기국 2020. 4. 1. 접수 제12345호로 접수된 근저당권설정등기의 말소등기 절차를 이행하라"는 식으로 청구취지를 기재하여 아래 채권적 청구권의 청구취지 기재례와 차이가 있다.

442) 즉 "피고 甲은 원고에게 별지목록 기재 부동산에 관하여 서울중앙지방법원 등기국 2020. 4. 1. 접수 제12345호로

종류	청구원인사실	항변

물권적
청구권
	❶甲이 ⓐ**소유권**에 기해 ⓑ원인무효의 ⓒ근저당권설정등기에 말소청구
	Ⓐ①[甲(소유자) ⇒ 乙(위조하여 소유권이전등기) ⇨ 丙(정상가격으로 소유권이전등기) ⇨ 丁(근저당권설정등기)]
	저당권설정자(위 경우 丙)의 소유권, 법률상·사실상 처분권 결여 사유{아래 사유 중 ⓐ만이 진정한 전자(前者)의 소유권, 법률상·사실상 처분권 결여사유이고, ⓑ는 원인무효사유의 제3자(수익자·전득자)에 대한 주장가능성에 관한 법리이고, ⓒ는 제3자가 무조건 권리를 유효하게 취득할 수 있는 사유들이다.}
	   ⓐ '⇛'거래시 원인무효사유를 제3자(수익자, 전득자)가 선의·악의 불문하고 무조건 대항할 수 있는 사유{위조·변조, 의사무능력, 불확정, 원시적 전부불능, 효력규정 위반, 반사회적서위반 무효, 제한능력자(미성년자, 피성년후견인, 피한정후견인)에 의한 취소 등}
	   ⓑ '⇛'거래시 원인무효사유를 악의의 제3자(수익자, 전득자)에 대항할 수 있어 甲이 丙, 丁 모두가 악의임을 주장·증명할 수 있을 때(비진의 의사표시, 통모 허위표시, 사기·강박에 의한 의사표시, 착오에 의한 의사표시 등)(엄폐설이 적용됨)
	   {ⓒ '⇛'거래시 원인무효사유를 제3자(수익자, 전득자)가 선의·악의 불문하고 무조건 대항할 수 없는 사유(명의수탁자에 의한 처분, 점유취득시효 완성 후 소유명의자에 의한 처분 등)[ⓒ의 경우에는 물권적 청구권이 인정되지 않는다.]}
	
	②[甲(소유자) ⇒ 乙(위조하여 소유권이전등기) ⇨ 丙(근저당권설정등기)
	저당권설정자(위 경우 乙)의 소유권, 법률상·사실상 처분권 결여 사유
	   ⓐ '⇛'거래시 원인무효사유를 제3자(수익자, 전득자)가 선의·악의 불문하고 무조건 대항할 수 있는 사유 {위조·변조, 의사무능력, 불확정, 원시적 전부불능, 효력규정 위반, 반사회적서위반 무효, 제한능력자(미성년자, 피성년후견인, 피한정후견인)에 의한 취소 등}
	   ⓑ '⇛'거래시 원인무효사유를 악의의 제3자(수익자, 전득자)에 대항할 수 있어 甲이 丙이 악의임을 주장·증명할 수 있을 때 (비진의 의사표시, 통모 허위표시, 사기·강박에 의한 의사표시, 착오에 의한 의사표시 등)
	   {ⓒ '⇛'거래시 원인무효사유를 제3자(수익자, 전득자)가 선의·악의 불문하고 무조건 대항할 수 없는 사유 (명의수탁자에 의한 처분, 점유취득시효 완성 후 소유명의자에 의한 처분 등)[ⓒ의 경우에는 물권적 청구권이 인정되지 않는다.]}
	
	Ⓑ[甲(소유자) ⇒ 乙(근저당권자)]
	①피담보채무의 발생원인 계약 및 저당권설정계약상의 부존재·무효·취소·해제/해지·무권대리(대리권남용)·대표권제한위반
	②피담보채무에 대한 변제·대물·변제공탁//경(개)·상(계)·면(제)·혼(동)·소(멸시효완성)[443]	

접수된 근저당권설정등기에 대하여 <u>2022. 12. 3. 확정채권 변제를 원인으로 한</u> 말소등기 절차를 이행하라"는 식으로 기재한다.

443) 좀 더 구체적으로는 다음과 같이 정리할 수 있다.
  ①[**甲이 소유자(채무자)겸 저당권설정자**]
    ⓐ저당권설정계약 또는 <u>피담보채무의 발생원인 계약상</u>의 부존재·무효·취소·해제/해지·무권대리(대리권남용)·대표권제한위반
    ⓑ피담보채무의 변제·대물·변제공탁//경(개)·상(계)·면(제)·혼(동)·소(멸시효완성)
  ②[**甲이 물상보증인인 경우**]
    ⓐⓐ<u>저당권설정계약이</u> 부존재·무효·취소·해제/해지·무권대리(대리권남용)·대표권제한위반
    ⓑ피담보채무자인 소외인과 근저당권자 사이에 체결된 **피담보채무의 발생원인 계약**상의 부존재·무효·취소·해제/해지·무권대리(대리권남용)·대표권제한위반
    ⓑ피담보채무자인 소외인이 저당권자에게 한 피담보채무의 변제·대물·변제공탁//경(개)·상(계)·면(제)·혼(동)·소(멸시효완성)

	① 甲이 소유권자로서 ② 乙 또는 丙명의 저당권설정등기가 ③ 원인무효임(Ⓐ,Ⓑ)을 주장하면서 **[원인무효사유(해제/해지사유는 제외)들은 공격방어방법에 불과]** 저당권설정등기 말소청구 (물권적 청구권)	각 원인무효사유 별로 항변사유들 이 있음
채권적 청구권	❷甲(저당권설정자)이 乙(저당권자)을 상대로 저당권설정계약상의 명시적 약정 또는 표준적 약정(default rule)의 강제이행청구(채권적 청구권)로서의 저당권설정등기 말소청구 Ⓑ[甲(소유자) ⟹ 乙(근저당권자)] 　①피담보채무의 발생원인 계약 및 저당권설정계약상의 부존재·무효·취소·해제/해지·무권대리(대리권남용)·대표권제한위반 　②피담보채무에 대한 변제·대물·변제공탁//경(개)·상(계)·면(제)·혼(동)·소(멸시효완성)	
	①피담보채무의 발생원인 ②ⓐ근저당권설정계약 　ⓑ근저당권설정등기 ③피보전채권의 원인무효 또는 소멸사유[각 **원인무효 또는 소멸사유별로 독립된 소송물**이다.]의 발생으로 인해 저당권이 부종성으로 소멸하였다며 저당권설정계약에서 "피담보채무가 원인무효 또는 소멸하는 경우 저당권을 말소해 주겠다"는 명시적 약정 또는 표준적 약정의 강제이행으로서의 저당권설정등기 말소청구	각 원인무효사유 별로 항변사유들 이 있음

나. 채권적 청구권(약정 불이행)으로서의 근저당권설정등기 말소청구

1) 피담보채무가 변제, 소멸시효완성 등으로 소멸되고 나면 그 부종성으로 근저당권은 소멸하고, 근저당권자는 근저당권을 말소해 줄 의무(채무)[444]가 있다. 근저당권설정계약을 할 때 위와 같은 약정을 명시적으로 하지 않았어도 위와 같은 내용의 약정은 표준적 약정(default rule)이기 때문에 피담보채무를 변제하였으면 근저당권설정등기의 말소청구가 가능하다. 약정에 기초하고 있기 때문에 그 성격은 채권적 청구권으로 본다.[445] 청구취지는 "피고 甲은 원고에게 별지 목록 기재 부동산에 관하여 서울서부지방법원 2020. 4. 5. 접수 제12345호로 마친 근저당권설정등기에 대하여 **2022. 4. 5. 확정채권 변제를 원인**으로 한 말소등기 절차를 이행하라."라며 변제사실을 적시하여 작성하여야 한다.[446]

---

444) 저당권설정계약에 기해 저당권설정등기가 경료된 후 피담보채무가 변제 등으로 소멸하면 그 부종성에 기해 저당권설정등기가 원인무효가 된다. 이렇게 원인무효가 된 저당권설정등기의 말소의무는 저당권설정계약에 명시적인 약정이 있으면 당연히 그 약속에 기한 말소의무가 되나 약정이 없더라도 표준적 약정(default rule)으로서 말소의무가 있다. 이러한 말소의무의 이행을 구하는 것은 채권적 청구권의 성질을 갖고 있다. 따라서 소유권자로서 원인무효인 저당권설정등기의 말소를 구하는 물권적 청구권과는 다르다. 결국 소유권자인 저당권설정자는 채권적 청구권과 물권적 청구권을 동시에 보유하게 되고, 양자는 청구권 경합의 관계에 있게 된다.

445) 위 Ⓑⓐ의 청구가 된다. 물론 Ⓑⓑ의 물권적 청구권으로 구성도 가능하다. 다만 물권적 청구권으로 구성한다 해도 그 청구를 하기 위해서는 ①원고가 소유권자인 사실, ②피고 명의로 근저당권설정등기가 경료되어 있는 사실이외에도 ③원인무효인 사실을 주장·증명해야 한다. ③사실을 주장·증명하기 위해서 결국 피담보채무가 변제 등으로 소멸하였다는 사실을 주장·증명해야 하기 때문에 Ⓑⓐ와 같은 채권적 청구권으로서 주장·증명하는 경우와 그 차이가 전혀 없다. 오히려 Ⓑⓑ의 경우에는 물권적 청구권이기 때문에 원고가 소유권자인 사실을 추가적으로 주장·증명해야 한다. 하지만 근저당권설정자는 대개 소유권자이기 때문에 그 추가된 주장·증명책임이 그리 중하지 않다. 실무상으로는 Ⓑⓐ의 채권적 청구권으로 구성하여 청구하는 경우가 압도적으로 많다.

446) 사법연수원, 『민사법실무 2』, 2015, 103면 참조.

물론 피담보채무가 소멸되고 난 후 근저당권설정등기가 남아 있다면 소유권에 기한 방해배제 청구로서 근저당권설정등기의 말소를 청구할 수 있다. 그 성격은 물권적 청구권이다. 이때는 청구취지를 "피고 甲은 원고에게 별지 목록 기재 부동산에 관하여 서울서부지방법원 2020. 4. 5. 접수 제12345호로 마친 근저당권설정등기의 말소등기 절차를 이행하라."라고만 기재하여야 한다.

(근)저당권설정등기
말소청구
(채권적 청구권)
	①피담보채무의 발생원인 (주로 소비대차계약)
	  ⓐ소비대차계약의 체결
	  ⓑ이자·이율의 약정
	  ⓒ원본의 인도
	  ⓓ변제기의 도래
	②ⓐ(근)저당권설정계약
	  ⓑ(근)저당권설정등기
	③피담보채무의 원인무효 또는 소멸(특히 변제, 소멸시효완성 등)
	  ⓐ(근)저당권설정계약 또는 피담보채무의 발생원인 계약상의 부존재·무효·취소·해제/해지
	    ·무권대리(대리권남용)·대표권제한위반
	  ⓑ피담보채무의 변제·대물변제·공탁///경(개)·상(계)·면(제)·혼(동)·소(멸시효완성)		

	③변제로 인한 소멸		③소멸시효 완성을 원인으로 한 소멸

	ⓐ[근저당권의 경우]
	  (a)피담보채무의 확정
	  (b)피담보채무의 변제
	  (c)변제충당 or
	ⓑ[저당권]
	  (a)피담보채무의 변제
	  (b)변제충당
			[피담보채무]
			ⓐ행사할 수 있는 때로부터
			ⓑ소멸시효기간
			  (a)이자(지연손해금 제외), 상인 외상물품대금
			    : 3년
			  (b)상행위 : 5년
			  (c)민사채권 일반 : 10년

2) 구체적인 청구원인의 요건사실

가) ① 피담보채무의 발생원인

ⓐ 소비대차계약 체결사실, ⓑ 이자·이율의 약정, ⓒ 원본의 인도, ⓓ 변제기의 도래

② ⓐ 근저당권설정계약 체결사실

근저당권설정계약 체결사실은 계약체결을 간략하게 언급하는 방식으로 실무상으로는 "담보조로"라는 문구를 앞세워 기술하는 것이 보통이다.

ⓑ 근저당권설정등기 경료사실

청구원인사실을 기재함에 있어 말소대상 등기를 특정할 수 있을 정도로 구체적으로 기재한다. 즉 "○○○○법원 ○○○○. ○○. ○○.자 접수 제○○○○○○호로 근저당권설정등기를 마쳤습니다."라는 식으로 기술한다.

③ 피담보채무(소비대차계약상의 차용금채무)의 변제 등으로 인한 소멸

나) 변제

(1) 변제의 요건사실은 ① 채무의 내용에 좇은 급부 ② 급부가 당해 채무에 관하여 행해질 것 (급부와 채무의 결합사실, 변제의사)이다. 실무상 ②는 "채무의 변제를 위하여"라는 식으로 간략하

게 표현하기도 한다. 변제는 대체로 항변으로 자주 사용되고 있으나 저당권설정등기 말소청구를 할 때는 청구원인사실이 된다. 이처럼 항변사실이냐 청구원인사실이냐는 청구취지를 기준으로 하여 가변적이다.

(2) 변제충당과 결합할 때 청구원인과 항변사실을 잘 배치하여야 한다.

채무자인 원고가 변제하면서 지정충당권을 행사한 사실이 없으면 법정충당되어야 한다. 원칙적으로 변제와 법정충당으로 인해 피담보채무가 소멸하였음을 원인으로 하여 근저당권설정등기 말소를 청구할 때 청구원인사실과 항변사실의 배분은 청구원인사실로서 ①피담보채무의 발생원인사실 (ⓐ소비대차계약 체결사실, ⓑ원본의 인도, ⓒ변제기의 도래, ⓓ이자·이율의 약정이외에도) ②변제로 인한 피담보채무의 소멸{ⓐ변제, ⓑ변제충당((a)별개채무의 존재, (b)법정충당상의 우선충당사유)가 되고, 항변사유는 ①별개 채무의 권리발생장애사유·권리소멸사유가 되는 주장의 구조를 갖게 된다.

(3) 근저당권과 피담보채권의 확정[447]

근저당권은 담보할 채권의 최고액만 정하고 채무의 확정을 장래에 유보하여 설정하는 저당권이다. 따라서 피담보채무의 소멸 등을 주장하기 위해서는 반드시 <u>피담보채무의 확정사실</u>을 먼저 주장·증명한 다음 그 소멸사실을 주장하여야 한다.(대법원 2001. 11. 9. 선고 2001다47528 판결) Ⓐ 피담보채무의 확정은 ①근저당권설정계약에서 근저당권의 존속기간을 정하거나 ②근저당권으로 담보되는 기본적인 거래계약(피담보채무 발생원인 계약)에서 결산기를 정한 경우에는 ⓐ 그 존속기간이 만료되거나 결산기가 도래한 경우에 피담보채무가 확정된다. ⓑ 존속기간이나 결산기가 경과하기 전이라도 근저당권에 의하여 담보되는 채권이 전부 소멸하고 채무자가 채권자로부터 새로이 금원을 차용하는 등 거래를 계속할 의사가 없는 경우에도 근저당권설정자는 그 계약을 해제하고 근저당권설정등기의 말소를 구할 수 있다. Ⓑ 존속기간이나 결산기의 정함이 없는 경우에는 근저당권설정자가 근저당권자를 상대로 언제든지 해지의 의사표시를 함으로써 피담보채무를 확정시킬 수 있다. 이러한 계약의 해제 또는 해지에 관한 권한은 근저당부동산의 소유권을 취득한 제3자도 원용하여 행사할 수 있다.

또 ©① 근저당권의 피담보채무는 근저당권자가 임의경매를 신청한 경우에는 그 경매신청시에 피담보채무가 확정된다.(대법원 1988. 10. 11. 선고 87다카545 판결) 그 후 경매신청이 취하되더라도 채무확정의 효과가 번복되는 것은 아니다. ②후순위 저당권자가 임의경매를 신청하여 선순위 근저당권이 소멸하는 경우에는 경락대금을 납입한 때 피담보채무액은 확정된다.(대법원 1999. 9. 21. 선고 99다26085 판결) 물상보증인이 설정한 근저당권의 채무자가 합병으로 소멸하는 경우에는 특별한 사정이 없는 한 합병 당시를 기준으로 피담보채무가 확정된다.(대법원 2010. 1. 28. 선고 2008다12057 판결)

---

447) 법학전문대학원 협의회 2016년도 제3회 연도별 모의시험 민사기록형 문제로 근저당권의 피담보채무 확정관련 문제가 출제된 바가 있다.

3. 양도담보[448]

가. 양도담보 개념

양도담보란 채권담보를 위하여 채무자 또는 제3자가 목적물의 소유권을 채권자에게 이전하고 채무자가 채무를 변제하지 않으면 채권자가 그 소유권을 확정적으로 취득하거나 그 목적물로부터 우선변제를 받지만, 채무자가 채무를 이행하면 목적물을 다시 원소유자에게 반환하는 방법에 의한 소유권이전형 비전형 담보 중 가등기담보법의 적용을 받지 않는 것을 말한다.

나. 양도담보의 효력
1) 양도담보권자의 처분

양도담보권자가 담보목적물을 타에 처분한 경우 양수인이 "선의"인 경우에 한하여 효력이 있고(가등기담보법 제11조 단서), "악의"인 경우에는 양도담보권설정자가 양도담보권자에게 피담보채권을 변제하고 양수인으로부터 그 목적물을 반환받을 수 있다.

2) 일반채권자와의 관계
가) 강제집행

양도담보권자의 일반채권자가 담보목적물에 강제집행을 하여 압류하는 경우에는 소유자인 담보제공자는 제3자이의의 소를 제기할 수 있다. 담보제공자(양도담보설정자 및 물상보증인)의 일반채권자가 담보목적물을 압류하는 경우에는 양도담보권자는 제3자이의의 소를 제기할 수 없고, 경매절차 등에서 우선 변제를 받을 수 있다..

나) 파산 등의 경우

양도담보권자가 파산한 경우에는 담보제공자는 환취권을 갖고, 담보제공자가 파산한 경우에는 양도담보권자는 별제권을 갖는다.

3) 양도담보권의 실행

채무자가 변제기에 이행하지 않으면 채권자는 양도담보를 실행하여 우선변제 받을 수 있다. 귀속청산으로 처리한다. 처분청산형으로는 실행하지 않는 게 보통이다. 귀속청산의 절차는 다음과 같다. 우선 실행의 통지를 한다. 양도담보권자는 채무자가 채무불이행에 빠진 후 양도담보를 실행하겠다는 취지의 통지를 하면 된다. 가등기담보와 같이 "청산금의 평가액" 등을 통지해야 하는가에 관하여는 논란이 있을 수 있으나 그렇게 할 필요는 없고 다만 채무자는 사후적으로 정확한 정산을 구할 수 있다. 결론적으로 청산금 지급의무는 부동산의 인도의무와 동시이행의 관계에 있게 된다.

---

448) 양도담보 효력상실을 원인으로 한 소유권이전등기 말소청구는 법학전문대학원 협의회 실시 2014년도 제3회 기록형 모의시험으로 출제된 바가 있다. 또 제9회 변호사시험 민사기록형 문제로 피담보채무 변제받은 후 양도담보 목적 소유권이전등기의 말소청구 및 악의의 제3자 명의 소유권이전등기 말소청구 문제형식으로 출제된 바가 있다.

4) 양도담보권 소멸 후의 소유권이전등기말소청구

채권적 청구권으로서의 양도담보(가등기담보) 청산을 원인으로 한 소유권이전등기(가등기) 말소청구	①피담보채무의 발생원인 (주로 소비대차계약·외상물품대금) ⓐ소비대차계약의 체결 ⓑ이자·이율의 약정 ⓒ원본의 인도 ②Ⓐ양도담보의 경우 　　ⓐ양도담보계약 　　ⓑ소유권이전등기 or 　Ⓑ가등기담보의 경우 　　ⓐ가등기 담보계약[㉮소비대차·준소비대차에 대한 ㉯대물변제·대물변제예약 ㉰민법 제607조, 제608조에 위반하여 대물변제의 효력이 없음.] 　　ⓑ가등기 경료 or 소유권이전등기 경료 ③ⓐ[변제 등으로 피담보채무가 모두 소멸한 경우] 　　피담보채무의 소멸(특히 변제, 소멸시효완성 등) or 　ⓑ[피담보채무가 미변제 또는 일부변제된 경우][청산금을 지급하기 전까지는] 　　피담보채무(지연손해금 포함)을 변제받은 후(선이행) 소유권이전등기(또는 가등기) 말소청구

4. 가등기말소청구(법학전문대학원 협의회 실시 2015년도 제3회 모의시험, 제9회 변호사시험)

가. 가등기담보권의 성립 및 가등기담보권의 실행

1) 가등기담보권은 ①피담보채무로서 소비대차 또는 준소비대차에 의한 대여금반환채무여야 하고, ②대물변제의 예약이나 대물변제 계약으로 인해 가등기가 경료되어야 한다. ③다만 이 경우 민법 제607조, 제608조을 위반하여 대물변제의 효과가 없어야 한다. 만약 제607조, 제608조에 위반되지 않아 대물변제의 예약이나 대물변제가 유효하게 된 경우에는 가등기담보권이 성립되지 않고,(대법원 1993. 10. 26. 선고 93다27611 판결) 대물변제로 인해 대여금반환채무가 정상적으로 소멸한다.

2) 가등기담보권이 유효하게 성립되면 가등기담보권자는 ①귀속정산의 방법으로 사적으로 실행하거나(가등기담보법 제14조), ②경매청구를 하거나(가담법 제12조) 경매절차에 참가하여(가담법 제13조) 우선배당권을 행사하는 등으로 공적으로 실행할 수 있다. ①방법으로 가등기담보권을 실행할 때는 가등기담보권자는 청산 평가액을 채무자 등에게 통지하여야 하고, 채무자에게 그 통지가 도달한 날로부터 2개월(이를 청산기간이라고 함)이 경과되어야 한다. 청산금은 통지 시점의 담보목적물의 가액에서 피담보채권액 및 선순위 담보에 의해 담보된 채권액을 공제한 차액이다.

나. 가등기담보권자가 가등기에 기한 본등기(소유권이전등기)절차이행의 청구 및 목적물 인도 청구

청산기간이 도과된 경우에는 가등기담보권자가 가등기만 되어 있는 경우에는 채무자 겸 소유자 또는 물상보증인 등을 상대로 가등기에 기한 본등기 절차를 이행하라고 청구할 수 있다. 이와 더불어 목적물의 인도청구도 할 수 있다. 이때 청산금이 미지급되었으면 위와 같은 청구권은 모두 청산금지급과 동시이행의 관계에 있다. 가등기담보권자는 위와 같은 절차를 거쳐 본등기 및 목적물 인도를 받아야만 비로소 소유권자가 된다. 만약 가등기담보권자와 채무자 등이 위와 같은 소유권취득원리에 반하는 특약을 한 경우에는 채무자 등에 불리한 것은 그 효력이 없다. 다만 청산기간이 경과한 후 행해진 특약으로서 제3자의 권리를 해치지 아니하는 경우에는 무효가 아니다.(가담법 제4조 제4항)

다. 청산기간 내 또는 청산금이 지급되지 않는 동안에는 채무자 등은 피담보채무액을 변제받은 후 가등기 또는 소유권이전등기 말소청구 가능 (제9회 변호사시험 기록형)

1) 채무자는 청산기간 내에 채무원리금을 변제하고 목적물에 대한 가등기 또는 소유권이전등기의 말소를 청구하는 방식으로 환수할 수 있다. 청산기간이 지나서도 청산금이 지급되지 않은 경우라면 청산금의 지급이 있을 때까지 채무원리금을 변제하고 같은 방식으로 목적물을 환수할 수 있다. 따라서 채무자 등은 가등기담보권자를 상대로 ⓐ피담보채무의 원리금 등을 모두 변제하였다면 단순청구의 형태로, ⓑ아직 피담보채무의 원리금 등을 변제하지 않았다면 그 피담보채무의 원리금 등을 변제받은 후 가등기 또는 소유권이전등기의 말소청구를 할 수 있다.

청산금의 지급이 없다 하더라도 가등기담보권자가 선의의 제3자에게 처분하여 그 명의로 등기가 경료된 경우에는 제3자가 소유권을 취득하게 되고,(대법원 1992. 12. 8. 선고 92다35066 판결) 채무자 등은 더 이상 가등기담보권자를 상대로 소유권이전등기 말소청구를 할 수 없다. 물론 채무자 등은 악의의 제3자에게는 그 소유권이전등기 말소청구를 할 수 있다. 나아가 피담보채무의 변제기가 지난 후 10년이 경과하면 채무자 등은 더 이상 소유권이전등기의 말소청구를 할 수 없다.(가담법 제11조) 10년은 제척기간으로 이해된다.

2) 만약 가등기담보가 양도되어 그 이전의 부기등기가 있을 경우 말소대상 등기

가등기의 부기등기는 가등기에 종속되어 일체를 이루고 있으므로 피담보채무의 소멸을 원인으로 주된 가등기의 말소청구만 하면 되고 그 부기등기의 말소까지 구할 필요가 없다. 등기공무원은 주된 가등기를 말소하면서 직권으로 그 부기등기도 말소한다.(대법원 1994. 10. 21. 선고 94다17109 판결) 가등기담보부 피담보채무가 양도되어 가등기에 관한 부기등기가 이루어 진 경우에도 원 가등기를 대상으로 하여 그 말소만을 청구하면 된다.

VIII. 확인의 소 등

1. 채무(일부)부존재(or 존재) 확인의 소

소비대차계약은 임대차계약과 달리 도드라진 표준적 약정(default rule)도 많지 않기 때문에 소비대차계약 자체만으로 문제를 구성하면 매우 단순하게 되어 변별력을 발휘할 수 없게 된다. 그래서 변제·대물변제·공탁///경(개)·상(계)·면(제)·혼(동)·소(멸시효완성)과 같은 청구권소멸사유들과 그 외 부존재·무효·취소·해제/해지·무권대리(대리권남용)·대표권제한위반과 같은 청구권 발생장애사유들을 결합하여 문제를 자주 출제해 왔다. 청구권소멸사유들은 채무를 전부 소멸시킬 수도 있고 일부 소멸시킬 수도 있어 수험생의 관련 법률지식을 정밀하게 시험해 볼 수 있다. 청구권 발생장애사유들은 대체로 소비대차계약 전체가 무효가 되어 급부 부당이득반환만 청구할 수 있다. 그래서 원고가 대여금청구를 할 수 없게 되어 원래 기획하였던 시험목적을 달성할 수 없게 된다. 그 결과 청구권 발생장애 사실을 중심으로 문제를 구성하려면 채무부존재확인의 소 제기 형태로 출제되는 경향이 있다. 그동안 제7회 변호사 시험 민사기록형 문제[449]로 출제되었거나 법학전문대학원 협의회 2014년도 제2회 연도별 모의고사 민사기록형 문제,[450] 법학전문대학원 협의회 제공 모의문제 2[451] 등으로 (차용금) 채무부존재 확인의 소 또는 (차용금) 채무일부부존재 확인의 소 형태로 출제된 바가 있다. 임대차계약에 기해 임차권존재확인의 소[452]라는 채권존재확인의 소 형태로 출제된 사례와 대비되어 소비대차계약을 원인으로 한 확인의 소의 위와 같은 특성을 잘 이해할 필요가 있다.

2. 소비대차와 결합된 사해행위 취소의 소 및 원상회복청구(가액배상청구) (형성의 소)

소비대차계약으로 인한 대여금채권을 피보전채권으로 하여 채무자가 한 사해행위의 취소를 구하고, 그 원상회복으로 원물반환이나 가액배상을 구하는 이행청구의 소를 병합하여 제기하는 형태의 문제가 자주 출제되고 있다.[453]

---

449) 제7회 변호사시험 민사기록형의 경우 2개의 소비대차계약을 출제한 다음 1개의 변제를 하였고, 합의충당이나 지정충당이 없었으므로 법정충당의 법리를 적용하여 별도의 1개의 소비대차계약상의 차용금채무는 전부 소멸하였고, 1개 소비대차계약상의 차용금채무에는 일부 변제충당이 되었으므로 1개의 차용금채무는 원본 및 그 지연손해금을 제외한 나머지 채무부존재를, 1개의 차용금 채무는 변제받은 부분을 채무전부부존재 확인을 구하는 소를 제기하고 있었다.

450) 소비대차계약 체결 후 동기의 불법(로비자금 목적 차용)을 이유로 채무부존재 확인의 소를 제기한 사안이었다.

451) 연대보증인이 소비대차계약이 일부상계되어 차용금채무 일부부존재 확인의 소를 제기한 것이었다.

452) 임대차계약이 묵시의 갱신으로 아직 존속하고 있음을 이유로 임차권 존재 확인의 소란 형태로 제5회 변호사시험 민사기록형 문제로 출제된 바가 있다.

453) 제8회 변호사시험 민사기록형, 2019년도 제3회 연도별 모의시험, 법학전문대학원 협의회 제공 모의문제 7 등에서 출제된 바가 있다.

3. 양수금,[454] 추심금, 전부금 청구의 소

양수금, 추심금, 전부금 청구의 소도 그 양도대상채권, 추심채무, 전부채무의 발생원인이 소비대차로 인한 대여금채권일 경우가 많다. 물론 '외상 물품대금'이나 임차목적물을 이미 인도한 임차보증금반환채권도 동시이행항변권이 소멸되어 상환청구할 필요가 없기 때문에 대여금채권과 비슷한 형태로 논리구성하여 양수금, 추심금, 전부금 청구의 형태로 많이 출제되고 있다. 그 경우 대여금·물품대금·임차보증금반환 청구권의 요건사실(소위 "α 문제")[455]이 전제되고, 나아가 채권양도, 추심명령, 전부명령의 추가적 요건사실(소위 "연결고리")[456]이 더해지는 것이다. 따라서 대여금청구, 외상 물품대금청구의 장에서 배운 각종 지식의 바탕위에다가 채권양도, 추심명령, 전부명령의 특유 법리를 합쳐 학습할 필요가 있다. 중요한 것은 'α문제'인 소비대차계약·동산매매계약·임대차계약 등에 따른 항변권 등을 양수인, 전부채권자, 추심채권자 등에 행사할 수 있는가 여부를 중심으로 법리를 잘 이해할 필요가 있다. 채권양도, 추심명령, 전부명령은 다음에서 상론하기로 한다.

제4강 임대차계약(임차보증금반환청구 및 임차목적물반환청구)

Ⅰ. 개설

1. 대차형계약으로서의 특질

임대차는 임대인이 임차인에게 목적물을 사용·수익하게 하고, 임차인은 임대인에게 그 대가로 차임을 지급할 것을 약정함으로써 성립한다.(민법 제618조) 위 규정에 의하면 임대차의 중심적 효과로서 임대인은 목적물을 사용·수익하게 할 의무를 부담하고, 임차인은 차임을 지급할 의무를 부담하게 된다. 임대차계약과 관련하여 발생하는 소송은 Ⓐ임대인이 제기하는 (a)임대차계약에 따른 임료지급청구의 소 이외에도 (b)임대차계약의 종료로 인한 임차목적물반환청구의 소와 Ⓑ임차인이 제기하는 임차보증금반환청구의 소이다. 따라서 Ⓐ(a)청구는 ①임대차계약 체결사실, ②임차목적물의 인도, ③임료 발생기간의 경과를 주장·증명해야 하고, Ⓐ(b)청구는 ①임대차계약 체결사실, ②임차목적물의 인도, ③임대차계약의 종료를 주장·증명해야 하며, Ⓑ청구는 ①임대차계약 체결사실, ②임차보증금의 지급, ③임대차계약의 종료를 주장·증명하여야 한다. 전형적인 대차형계약의 요건사실 구성형태이다. 대차형계약에서 계약이 종료되어 반환을 구하는 경우에는 반환시기의 약정이 계약의 불가결한 요소가 된다. 즉 대차형 계약에서의 반환시기 약정은 법률행위의 부관이 아니라 계약의

---

454) 소비대차＋양수금 쟁점으로는 제1회 변호사 시험 민사기록형 문제로 출제된 바가 있다.

455) 본서에서는 이를 특히 "α문제"라고 지칭하여 독자의 주목을 끌고자 노력하고 있다. 그 이유는 소송상 원·피고의 주된 싸움이 연결고리보다는 "α문제"를 중심으로 전개되기 때문이다. 해당 부분을 학습할 때 이 점을 잘 기억해 주기 바란다.

456) 본서에서는 이를 "연결고리"라고 지칭하기도 한다.

본질적 구성요소가 된다. 그래서 임대기간에 관한 합의가 없는 경우에 임대차계약이 성립하지 않았다는 오해가 생길 수 있다. 민법 제635조 제1항에 의하여 임대기간의 약정이 없는 때에는 당사자가 계약해지의 통고를 할 때까지 임대하기로 합의한 것으로 해석하고 있다.(합의흠결부정설) 위 ① 임대차계약의 체결사실은 **임차목적물**, **임차보증금**, **차임**, **임대기간** 등을 구체적으로 특정하여 청구원인에서 서술하여야 한다.

Ⓐ(b)청구는 채권적 청구권이나 소유권자인 임대인은 Ⓐ(b)청구권이외에도 ⓒ물권적 청구권인 소유물반환청구권의 행사로 임차목적물의 반환을 구할 수도 있다. 소유권자인 임대인은 양 청구권을 모두 보유하게 되고, 그의 자유로운 선택에 따라 어느 한 청구권을 행사할 수 있고(청구권 경합), 한 청구권에 관한 판결이 확정되었다 하더라도 기판력의 객관적 범위에 저촉되지 않기 때문에 실제로 임차목적물을 반환받기 전까지는 후소로 다른 청구권에 기초한 소를 제기할 수도 있다.

2. 많은 표준적 약정(default rule)과 (편면적) 강행규정(효력규정)의 존재

임대차계약은 당사자간의 명시적 합의(묵시적 합의 포함)사항이외에도 많은 표준적 약정(default rule)사항들이 민법 각칙(임대차 부분), 주택임대차보호법, 상가건물임대차보호법 등에 존재하고 있어 그에 따른 약정(강제)이행청구권을 행사할 수 있을 뿐만 아니라 그 채무불이행을 원인으로 한 손해배상청구권도 행사할 수 있다. 또 경제적 약자 보호 등 정책적 목적 때문에 그 표준적 약정들 중 일부는 (편면적) 효력규정의 형태로 규정되어 있다.(민법 제652조, 주택임대차보호법 제10조, 상가건물임대차보호법 제15조) 그래서 제시된 임대차계약서만을 정독할 것이 아니라 채권각론 중 임대차 등 관련 법규정들의 학습내용을 떠 올리면서 쟁점해결에 나서야 할 것이다. 자세한 내용은 해당 부분에서 상세하게 설명하되 본란에서는 표준적 약정내용을 정리한 간략한 표 하나를 제시해 본다.

항목		임대차				사용대차
		민법상		주택임대차	상가건물임대차	
		임대차	※소비대차			
사용료		임료 임료증감청구권 (628조)	①원칙적 무상, ②의자약정 있으면 유상	임료 임료증감청구권 (7조, 단 증액은 시행령에 정한 비율 5%를 초과 못함)	임료 임료증감청구권 (10조의 2)(보증금액 초과 임대차의 계약갱신) (11조)(통상증감청구, 단 증액은 시행령에 정한 비율 5%를 초과 못함)	무상
존속기간	대차기간	①약정 ⓐ확정기간 ⓑ불확정기간 ②약정이 없는 경우 <u>해지통고 가능</u>	①약정 ②無약정 ⓐ대주 상당한 기간 정해 최고, ⓑ 차주 즉시	①약정, 단 임대인은 2년 이하는 2년, 임차인은 2년 이하 주장 가능, ②無약정 : 2년	①약정, 단 임대인은 1년 이하는 1년, 임차인은 1년 이하 주장가능, ②無약정 : 1년	①약정 ②약정 없으면 사용·수익이 종료된 때
	존속	**최장**: 651조 위헌삭제		최장: 無	최장: 無	

	기간 제한	(장기 제한無) 단 단기임대차의 장기제한(619조) 최단: 제한 없음		**최단**: 2년 임차인은 약정한 2년미만 적용 주장 가능	**최단**: 1년 임차인은 약정한 1년 미만 적용 주장 가능	
	갱신 계약· 갱신 청구 (요구)	ⓐ갱신계약 가능& ⓑ갱신청구권 (643조, 283조) 거절하면 건물매수청구권이 발생		[갱신요구권][457] 임차인은 종료 6개월에서 2개월 전(2020.12.10.이전 체결·갱신되는 계약은 1개월)까지 갱신요구할 수 있고, 예외사유 없으면 자동갱신 [효과] 1번 2년(도합 4년) 갱신 가능	[갱신요구권] 임차인은 6개월에서 1개월이내에 1년씩 9차례 10년간 갱신요구할 수 있고, 예외사유에 해당되지 않는 한 갱신(形成權化)된다.(10조) [효과] 1년 & 도합 10년,	
	묵시 의 갱신	[요건] 경과 후 상당한 기간내에 이의 하지 않은 경우 [효과] 기간의 정함이 없는 임대차		[요건] 임대인:6월에서 2개월[458]이내 거절 미통지 임차인:2개월전 거절 미통지 [효과] 2년 임대차 단 임차인은 해지통지 가능, 3개월 실효	[요건] 임대인:6월에서 1개월이내 미통지 [효과] 1년 임대차 단 임차인은 해지통지 가능, 3개월 실효	
	해지	2기 이상 차임지체(640조)		2기 이상 차임지체(640조 준용)	3기 이상 차임지체(10조의 8)	
	해지 통고	[부동산(토지·건물)공작물] 임대인: 6개월 임차인: 1개월 [동산] 5일				
물 권 화	대항 력[459]	①임차권등기청구권 행사로 인한 **임차권 등기** ②**건물등기 있는 토지 임대차**		[대항력취득요건] ①전입신고 & ②인도 [임차권등기명령] 3조의 3	[대항력취득요건] ①사업자등록신청 & ②인도 [임차권등기명령] 6조	없음
	우선 변제 권	없음		①대항력+우선 확정일자 있으면 우선변제권 있음 ②소액보증금의 최우선 변제권(담보권에도 우선)	①대항력+우선 확정일자 있으면 우선변제권 있음 ②소액보증금의 최우선 변제권(담보권에도 우선)	없음
반 환 시 의	수거 권· 원상 회복	수거권(임차인의 권리) ↔ 원상회복 의무(임차인의 의무)		해석상 민법상의 규정 적용됨	해석상 민법상의 규정 적용됨	수거권 ↔ 원상회복 의무

청산관계	매수청구	ⓐ갱신청구 거절 ⓑ지상물 소유,현존 ⓒ존속기간 만료 ⓓ매수청구 ⓔ지상물의 시가				
	부속물매수청구	ⓐ사용의 편익을 위해 부속물 ⓑ동의 or 매수 ⓒ임대차종료시현존 ⓓ매수청구				
	필요비·유익비	필요비: 즉시, 전액 유익비: 종료시, 지출 or 현존액 중 소액; 상환기간을 허용할 수 있음 물건을 반환받은 날로부터 6개월이내 행사				필요비는 부담, 유익비는 지출 or 증가 중 소액, 상환기간 허용할 수 있음; 반환받은 날로부터 6개월 이내 행사
소멸시효		소멸시효 완성으로 소멸함				
편면적 효력규정 [임차인·차주에 불리한 특약은 무효]		(a)일부멸실 감액·해지, (b)차임증감청구권, (c)해지통고, (d)2기이상 차임지체해지, (e)건물매수청구, (f)부속물매수청구	(a)대물대차 (제606조), (b)대물변제의 예약 (제607조)	모든 규정에 대해 임차인에게 불리한 약정은 무효(10조)	모든 규정에 대해 임차인에게 불리한 약정은 무효(15조)	

---

457) 주택임대차보호법상의 갱신요구권은 2020. 7. 31. 개정되어 즉시 공포되어 같은 날 시행되었다. 따라서 민법상의 갱신청구권이 갱신요구권으로 변경되면서 청구권이 (제한적) 형성권화되었다. 형성권이 어떻게 도입되는지를 보여주는 한 사례가 된다.

458) 2020. 12. 10. 이전에 체결되었거나 갱신된 주택임대차계약의 경우에는 '1개월'이 적용된다.

459) 임차권의 대항력과 우선변제권의 관계에 관해서 정확하게 알고 있어야 한다. 대항력과 우선변제권은 경매시 문제된다. 말소기준권리보다 앞선 대항력을 취득한 경우에는 확정일자를 받지 않아 우선변제권을 취득하지 못한 경우나 경매절차에서 배당요구기일까지 배당요구를 하지 않아도 경락대금으로부터 우선변제는 받지 못하지만 경락인이 임차권의 부담을 인수하기 때문에 경락인에 대하여 임차권을 주장할 수 있다. 그 결과 임대기간까지 거주하다가 임대차기간이 종료되면 경락인으로부터 임차보증금을 받을 수 있다. 결국 말소기준권리에 앞선 대항력을 취득한 임차인은 확정일자를 받지 않아 우선변제권을 취득하지는 못했지만 임차보증금을 회수하는데는 지장이 없다. 말소기준권리는 임의경매의 경우에는 1순위 저당권 및 저당권과 같은 담보권(가등기담보 등)이 되고, 강제경매의 경우에는 집행채권자의 가압류, 1순위 저당권 등이고, 이들이 없다면 경매기입등기가 기준시점이 된다. 이와 같은 권리를 말소기준권리라고 하는 이유는 경락되고 나면 이들 권리 이후의 제한물권(용익물권, 담보물권) 등은 전부 말소되기 때문이다. 이때 주의할 점은 <u>말소기준권리보다 앞선 대항력을 취득해야 한다는 것이다.</u> 만약 근저당권이 설정되어 있는 임차목적물에 대하여 임대차계약을 체결하고, 전입신고를 마치고, 인도받아 거주하기 시작했다면 말소기준권리보다 후순위의 대항력 있는 임차권을 취득하였기 때문에 경락으로 인해 말소되어 경락인은 임차권의 부담 없는 소유권을 특정승계취득하게 된다. 임차인은 이때 경락대금의 배당에 참가해야 하는데 우선변제권이 없기 때문에 임차보증금을 회수할 수 없게 된다. 물론 이때도 임대인에게 임차보증금의 반환을 구하면 되지만 임차목적물이 경락된 처지에 처한 임대인의 경우 대체로 변제할 자력이 없기 때문에 그로부터는 임차보증금을 회수할 방도가 없게 된다. 특히 저당권이 설정된 임차목적물에 대해 임대차계약을 체결하면서 전입신고, 인도도 받고, 확정일자까지 받았다면 3가지 사건 중 제일 최후의 일자의 다음날부터 우선변제권을 취득하지만 앞선 담보권 등의

3. 대항력

약정(promise)은 **약정의 당사자**(privy) 사이에만 그 효력이 있어 **약정의 상대방**(promisee)이 **약정자**(promisor)를 상대로 약정(강제)이행청구를 하거나 그 채무불이행에 따른 손해배상청구 등을 할 수 있을 뿐이고, 원칙적으로는 제3자를 상대로는 이러한 청구권을 행사할 수가 없다.[460] 그래서 약정의 상대방이 제3자를 상대로 약정상의 여러 청구권을 행사하려면 반드시 **일정한 관련**[461]이 있어야 한다. 즉 채권자 대위권 행사, 채권자취소, (채무자 or 제3자에 대한) 대항력 있는 채권양도, 채무인수, 전부명령, 추심명령, 제3자를 위한 계약, 상호속용하는 영업양도 등이 일정한 관련의 대표적 사례들[462]이다. 그 외에도 대항력이라는 추가적인 법적 용어를 소개하려고 한다. 원래 각종 원인무효사유(권리장애사유)들을 설명할 때 그 원인무효를 상대방이 아닌 제3자에게도 주장할 수 있는지 여부를 중심으로 "대항할 수 없다."라는 표현이 사용되고 있다. 즉 원인무효와 같이 각종 법률관계의 부존재를 당사자가 아닌 제3자에게도 주장할 수 없는 경우에는 대항할 수 없다는 식으로 논리구성을 해 둔 것이다. 이에 반하여 임대차관련 각종 채권적 권리를 제3자에게 적극적으로 그 존재를 주장할 수 있는 것은 "대항할 수 있다." 또는 "대항력이 있다."[463]라고 표현하는 것이다. 만약 물건에 대한 직접적인 지배력을 일컫는 물권 등 지배권이라면 물건을 중심으로 관계를 맺게 되는 제3자들에게 그 물권을 두루 주장할 수 있어 이를 물권적 효력(물권의 대세적 효력)이라고 한다. 대항력은 원인무효와 같은 효과를 약정의 당사자(privy)가 아닌 자(소위 제3자; 일부 법조문에서는 수익자·전득자라고 구분하여 지칭하기도 한다.)에게도 주장할 수 있다는 점에서 물권적 효력이라는 용어와

피담보채무액이 너무 커 경락대금보다 많은 경우에는 임차보증금의 전부, 또는 일부를 회수 못할 수도 있다. 특히 부동산경기가 나빠 가격이 하락하는 시기에는 특히 그런 위험이 높다. 또 주의할 것은 숨겨진 최우선변제권이 있다는 것이다. 경락비용, 당해 부동산에 대한 세금 등은 숨겨진 우선변제권의 대표적 사례이지만 그 액수가 커지 않아 일반적으로 큰 문제가 되지 않는다. 다만 임대인이 개인사업을 하는 사람이라면 일정한 근로자의 노임, 퇴직금 등도 숨겨진 최우선변제권이다. 그래서 그런 임대인으로부터 임차목적물을 임차하였을 때는 대항력, 우선변제권을 전부 취득하였지만 임차보증금을 회수하지 못하는 경우가 있다. 일반인에게는 이와 같은 법리가 어렵기 때문에 주택임대차계약을 체결할 때 전입신고, 인도받아 대항력을 취득할 뿐만 아니라 확정일자까지 받아 우선변제권을 취득해 두라고 법적 조언을 할 필요가 있는 것이다.

460) 최근에는 제3자의 일정한 채권침해로 인해 손해배상청구권이 발생한다고 이해하고 있다. 송덕수, 『신민법강의(제16판)』, 박영사, 2023, 744면 참조

461) 본서에서는 이러한 <u>일정한 관련</u>을 위해 "연결고리"라는 용어를 만들어 사용하고 있다. 이 용어는 널리 사용되는 용어가 아니니 그 취지는 잘 이해하되 실제 사례형 답안 작성시 구태여 연결고리라는 용어를 사용할 필요는 없다.

462) 물권 침해의 경우는 침해자는 물론 물권의 대세효라는 명목으로 제3자(수익자·전득자)에게도 침해를 주장할 수 있다. 등기에는 공신력이 없다는 설명도 물권의 대세효를 표현하는 한 법리가 된다. 물론 모든 침해에 대해 다 대세효가 있는 것은 아니다. 그래서 선의·악의든 모든 제3자에게 주장할 수 있는 사유(위조·변조, 효력규정위반, 미성년자·제한능력자의 취소 등)도 있고, 악의의 제3자에게만 주장할 수 있는 사유(비진의의사표시, 통모허위표시, 사기·강박, 착오 등)도 있고, 때로는 선의는 물론 악의의 제3자에게도 주장하지 못하는 사유(명의신탁 무효 등)들도 있다. 본서 해당 부분에서 잘 익혀 두기를 바란다.

463) 대항력은 채권양도 후 양수인이 채무자 또는 제3자에게 채권양도의 효력을 주장할 수 있는가라는 측면에서도 사용되고 있다.

매우 유사한 힘을 의미한다. 하지만 대항력을 문제삼는 경우란 물건과 같은 실체를 갖는 것이 아니라 추상적 사유물(思惟物)인 임대차 등 법률관계[464]를 대상으로 하여 그 존재를 적극적으로 주장할 때 발생하고, 임대차 등 법률관계를 약정의 상대방이 아닌 제3자에게 주장할 수 있는 측면을 대항력이라고 표현하고 있는 것이다. 특히 임대차계약 분야에서 경제적 약자인 임차인을 보호하기 위하여 임차권에 대항력을 부여하는 경향이 강하게 나타나고 있다. 앞서 든 도표(圖表)상의 우선 변제권의 부여와 함께 대항력을 인정하는 것을 '임차권의 물권화 현상'이라고 표현하고 있는 것이다.

임차권의 대항력은 다음과 같다.

우선 Ⓐ민법상 전형계약 중 하나인 임대차계약에 의해 발생한 임차권은 원칙적으로 대항력이 없다. 다만 ①부동산임차인은 반대약정이 없으면 임대인에 대하여 임대차등기를 청구할 수 있고,(민법 제621조 제1항) 이에 따라 부동산임대차 등기를 경료한 때에는 제3자에 대하여 임차권을 주장(대항)할 수 있다.(동조 제2항)[465] ②건물의 소유를 목적으로 한 토지임대차는 토지임차권을 등기하지 아니한 경우에도 임차인이 그 지상건물을 (소유권보존) 등기한 때에는 제3자에게 토지 임대차를 주장(대항)할 수 있다.(민법 제622조 제1항)[466] 다음으로 Ⓑ주택임대차보호법상으로는 임차인이 인도와 주민등록을 마친 때(전입신고한 때)에는 (두 사유 중 늦은 사유발생) 그 다음 날부터 제3자에게 대항할 수 있게 된다.(주택임대차보호법 제3조 제1항) 마지막으로 Ⓒ상가건물임대차보호법상으로는 임차인이 인도와 사업자 등록을 신청하면 (두 사유 중 늦은 사유발생) 그 다음 날부터 제3자에게 대항할 수 있다.(상가건물임대차보호법 제3조 제1항)

Ⅱ. 임차보증금반환 청구(임차인)

1. 요건사실

임차보증금 반환 청구	청구원인	① 임대차계약의 체결
		② 임차보증금의 지급
		③ 임대차의 종료
		{④ 동시이행항변권을 무력화시키기 위한 사실들
		  (즉, ⓐ임차목적물의 반환; Or if not,
		    ⓑ임차목적물의 반환과 **상환이행)(의 청구취지 작성)**}

---

464) 이 경우의 법률관계는 통상 권리·의무관계를 의미하고, 이때의 권리는 청구권을 의미한다. 따라서 청구권·의무관계로 변환하여 생각해 볼 수 있다. 청구권은 물권적 청구권에다가 채권을 포함하는 개념이므로 청구권·의무관계를 다시 채권·채무관계라고도 할 수 있다. 물론 이때의 채권은 채권＋물권적 청구권을 의미하는 것이다.

465) 민법 제621조 제1항에 의한 임차권 등기는 실무에서는 거의 이루어지지 않는다. 만약 임대인과 임차인이 임차권등기를 원할 경우에는 목적물이 부동산이라면 전세권설정등기를 경료하여 전세권제도를 이용할 것이고, 임대차계약 체결 후 임차인이 어떤 이유로 임차권 등기를 원할 경우에는 임차권등기 절차를 이행하라는 식으로 의사의 진술을 요하는 이행청구의 소를 제기하여야 하는데 소제기로부터 확정판결에 이르기까지 수년이 걸리는 관계로 소제기의 실익이 없는 경우가 대부분이어서 잘 이용되지 않는다. 하지만 주택임대차보호법 제3조의 3, 상가건물임대차보호법 제6조에 의한 임차권등기명령제도는 간단한 절차를 거쳐 발령되므로 제법 이용되고 있다.

466) 제2회 변호사시험 민사기록형으로 출제된 바가 있다. 자주 출제되고 깜박하고 기억해 내기 어려운 법리이니 잘 기억하고 있어야 한다.

항변	[공통]
	Ⓐⓐ부존재 · 무효 · 취소 · 해제/해지 · 무권대리(대리권남용) · 대표권제한위반
	  ⓑ변제 · 대물변제 · 공탁///경상면혼소
	[특유]
	Ⓑ①공제 ((ⓐ)미지급임료, (ⓑ)임대차관련 손해배상 등)
	  ②묵시적 갱신 등

임차보증금은 임료, 임료상당 부당이득금, 임료상당 손해배상금, 임차목적물 손상 등으로 인한 손해배상금 등 채무를 담보하기 위해 교부되는 금전이므로 임차목적물 명도시까지 발생한 위 금액 등을 모두 공제한 나머지 잔액이 남아 있을 것을 조건으로 임차보증금반환청구권이 발생한다. 특히 위 요건사실들 중 ③ 임대차의 종료사실[467]이 있다. 임대차계약의 종료는 첫째 임대기간의 만료로 종료될 수 있고, 둘째 임대차계약의 해지로 종료될 수 있다.

첫째 사유 중 임대기간의 정함이 있는 경우에는 그 기간이 확정기한이라면 그 만료된 사실은 현저한 사실에 속하므로 따로 증거에 의하여 증명할 필요가 없이 역수(逆數)상 명백한 불요증 사실(민사소송법 제288조)이 되고, 불확정기한이라면 ⓐ불확정기한의 객관적 도래이외에도 ⓑ임대인이 이를 안 사실(정확하게는 '임대인에게 통지' 등을 통해 알게 한 사실의 주장 · 증명)도 함께 주장 · 증명하여야 한다. 임대기간의 정함이 없는 경우에는 ⓐ임차인이 임대인에게 계약 해지의 통고를 하여 ⓑ그 의사표시가 임대인에게 도달한 사실 및 ⓒ그때로부터 민법 제635조 제2항 소정의 일정한 기간이 경과한 사실을 주장 · 증명하여야 한다. 특히 ⓒ와 관련하여 임대인이 토지, 건물 기타 공작물에 대한 임대차계약의 해지통고를 한 경우에는 6개월이 경과하면 해지의 효력이 발생하고, 임차인이 위 임대차계약의 해지통고를 한 경우에는 1개월이 경과하면 해지의 효력이 발생한다. 위와 같은 해지통고가 중요한 이유는 민법의 적용을 받는 임대차계약의 경우 묵시의 갱신이 되면 기간의 정함이 없는 임대차가 되어 해지통고 규정의 적용을 받기 때문이다.(민법 제639조, 제635조) 주택임대차보호법상의 적용을 받는 경우에는 갱신 후 임대차의 존속기간은 2년으로 되어 임대인은 2년의 임대차 존속기간의 적용만을 받게 되나 임차인은 자신의 선택에 따라 언제든지 계약을 해지할 수 있고 그로부터 3개월이 지나면 해지의 효력이 발생한다. 즉 임차인은 갱신된 후 2년의 임대차기간을 주장할 수도 있고, 해지통지하여 도달한 때로부터 3개월 경과된 후 임대차 종료를 주장할 수도 있다. 또한 상가건물임대차보호법을 적용받는 경우에는 (임대인측 사유로) 갱신된 후 존속기간은 1년으로 되고, 임차인은 1년 임대차기간을 주장하든지 아니면 해지통지를 하여 도달한 때로부터 3개월 후 임대차종료를 주장할 수도 있다. 그 외 상가건물임대차보호법 및 주택임대차보호법상이 갱신요구권(제한적 형성권)이 있는바 항을 바꾸어 상론하기로 한다.

둘째 해지사유들 중 중요한 것은 Ⓐ 2기 이상 차임연체를 이유로 한 해지[468]가 있으나, 다음

---

467) 임료지급청구의 소에서는 임대차계약의 해지사실이 항변사실가 된다. 이처럼 같은 사실이라도 당사자의 지위 및 청구의 종류에 따라 청구원인사실도 되고, 항변사실도 된다. 이처럼 요건사실을 유연하게 이해하고 있어야 한다.
468) 상가건물임대차보호법 제10조의 8에서는 3기 이상 차임이 연체되어야 비로소 해지를 할 수 있다.

ⓑ 이행불능을 이유로 한 해지와 ⓒ 임대인의 수선의무 위반을 이유로 한 해지 등도 있다.

ⓐ 임차인이 2기 이상 차임을 연체하였을 때 임대인은 임대차계약을 해지할 수 있다.(민법 제640조) 이 규정은 편면적 강행규정으로 임차인에게 불리한 특약은 그 효력이 없다.(민법 제652조) 그러므로 "임차인이 1기 이상 차임을 연체한 때 임대인은 임대차계약을 해지할 수 있다."라는 특약은 위 규정에 반하여 그 효력이 없고, 민법 제640조의 일반원칙으로 돌아와 2기 이상 차임을 연체했을 때 비로소 임대인은 그 계약을 해지할 수 있다. 그러나 "임차인이 3기 이상 차임을 연체한 때 임대인은 임대차계약을 해지할 수 있다."라는 특약은 유효하다. 이때 1기, 2기, 3기란 임대차계약상 차임지급의 기간 단위를 지칭하는 것으로 월지급식일 경우에는 1개월, 2개월, 3개월을 의미한다. 상가건물임대차보호법 제10조의 8에 의하면 임차인은 3기 이상 차임을 연체했을 때만 임대인이 임대차계약을 해지할 수 있다. 주택임대차보호법에는 특별한 규정이 따로 없는 관계로 민법 제640조가 그대로 적용된다고 해석된다.

ⓑ 이행불능을 이유로 한 해지 : 타인의 소유물의 임대도 가능하므로 목적물이 타인의 소유라거나 소유권을 상실하였다는 사실만으로 임대인의 의무가 이행불능 상태에 빠졌다고 할 수 없다.(대법원 1994. 5. 10. 선고 93다37977 판결) 다만, 임대목적물의 소유권을 취득한 제3자가 임차인에게 목적물의 인도를 요구하여 임차인은 하는 수 없이 이를 인도한 경우에는 임대인의 의무가 이행불능상태에 빠졌다고 본다.(대법원 1996. 3. 8. 선고 95다15087 판결) 이때 요건사실은 ① 임대인이 목적물 인도 사용·의무가 이행불능에 빠진 사실과 ② 임차인이 이를 이유로 하여 임대차계약 해지의 의사표시 및 도달한 사실이 된다. 다만, 대항력을 갖춘 주택임대차와 상가건물임대차의 경우 임차주택이나 임차상가건물의 소유권이 비록 제3자에게 이전되었다고 하더라도 특별한 사정이 없는 한 그 제3자는 임대인의 지위를 승계한 것으로 간주되므로 새로이 소유권을 취득한 제3자가 인도청구하더라도 임차인은 그 제3자에게 대항할 수 있어 이행불능이 되지 않고, 또 종전 임대인(매도인)은 임대인의 지위에서 이탈하고, 제3자가 임대인이 된다.(주택임대차보호법 제3조 제4항, 상가건물임대차보호법 제3조 제2항) 따라서 임차인은 그 임대차계약을 해지할 수도 없다.(대법원 2002. 9. 4. 선고 2001다64615 판결)

ⓒ 임대인의 수선의무 위반을 이유로 한 해지 : 민법 제623조에 의하면 임대인은 임차인에 대하여 "사용·수익에 필요한 상태를 유지하게 할 의무"를 부담한다. 그 결과 임대인은 사용·수익에 필요한 수선의무를 부담하게 된다. '수선이 필요한 상태'란 목적물의 파손의 정도가 적은 비용으로 손쉽게 고칠 수 있는 사소한 것을 넘어 그것을 수선하지 않으면 임차인이 계약에서 정한 용법에 따라 사용, 수익하는 것이 불가능할 경우를 말하고,(대법원 2012. 3. 29. 선고 2011다107405 판결 등) 임대인의 귀책사유 있음을 요건으로 하지 않는다. 임차인은 임대인이 이런 수선의무를 이행하지 않았을 경우에는 임대차계약을 해지할 수 있다.

또한 원래 임차목적물 반환 사실은 요건사실이 아니고, 동시이행항변권을 저지하기 위한 사실이다. 다만 반복해 얘기하지만 현행 변호사시험에서 '패소하는 부분이 없도록 소장을 작성하라'는 작성요령에 따르면 임차보증금 반환청구를 하기 위해서도 동시이행의 항변권 때문에 임차목적물 반환사실도 요건사실이 된다. 만약 반환한 사실이 없다면 변호사 시험답안 작성시에는 적어도 상환이행의 청구취지를 작성해 소를 제기해야 한다. 그렇지만 이 책의 독자들이 실제 변호사가 되어 소송실무에 종사하게 되었을 때는 단순 임차보증금반환청구를 하는 소장을 작성해서 소제기를 하고, 상대방측에서 동시이행의 항변을 하면 수소법원에서 상환이행의 판결을 하게 되는 것이 통상의 실무 사무처리의 방법임을 알고 송무에 임하여 할 것이다.

2. 제3자에 대한 임차보증금반환청구

원칙적으로 임차인은 임대인이외의 제3자에게 임차보증금의 반환을 청구할 수 없다. 상대방이 임차목적물을 양수받은 자(임차목적물의 양수인 or 제3취득자)라고 하여도 그러하다. 다만 민법 일반원칙상으로는 임차보증금반환'채무를 인수'한 제3자에 대하여는 그 사실을 들어 임차보증금 반환청구를 할 수 있고, 주택임대차보호법·상가건물임대차보호법의 적용을 받는 경우 앞서 설명한 바와 같이 대항력을 취득한 임차인은 임대인으로부터 임차목적물을 인수한 양수인(제3자)에게 임차보증금 반환청구를 할 수 있다. 즉 임차인이 주택임대차보호법 또는 상가건물임대차보호법 소정의 대항력을 갖춘 사실을 주장·증명한 경우에는 임차목적물의 양수인은 임대인의 지위를 승계한 것으로 보기 때문(주택임대차보호법 제3조 제4항)(상가건물임대차보호법 제3조 제2항)에 그 양수인에 대하여 임차보증금반환을 청구할 수 있다.

양수인(제3자)에 대한 임차보증금 반환 청구	청구원인	① 임대차계약의 체결 ② 임차보증금의 지급 ③ⓐ 대항력의 취득 후 & 　[민법상 임대차] 　(a) 임차권등기 　(b) 대지임차권의 경우 그 지상건물 소유권보존등기 　[주택임대차보호법] 　(a) 인도 　(b) 전입신고 [양자 중 늦은 사유 발생 다음날] 　[상가건물임대차보호법] 　(a) 인도 　(b) 사업자등록 신청 후 [양자 중 늦은 사유 발생 다음날] 　ⓑ제3자(양수인)에 의한 임차목적물의 취득(제3자 명의 소유권이전등기 경료) ④ 임대차의 종료 {⑤ 동시이행항변권을 무력화시키기 위한 사실들 　(즉, ⓐ임차목적물의 반환; Or if not, 　　　ⓑ임차목적물의 반환과 상환이행의 청구취지 작성)}
	항변	[전 임대인에게 행사할 수 있었던 항변사유들 중 아래 사유들은 전부 제3자 명의 소유권이전등기 경료 <u>이전</u>에 발생한 사유들이어야 함] [공통] Ⓐⓐ부존재·무효·취소·해제/해지·무권대리(대리권남용)·대표권제한위반 　ⓑ변제·대물변제·공탁///경상면혼소 [특유]

		Ⓑ①공제 (ⓐ미지급임료, ⓑ임대차관련 손해배상 등) ②묵시적 갱신 등 [임차인과 제3자(양수인)와 사이에 발생한 사유들은 소유권이전등기 이후에 발생한 사유들도 주장가능]

3. 가능한 공격방어방법

가. 개설

일반적인 항변사유들, 즉 권리장애사유{부존재·무효·취소·해제/해지·무권대리(대리권남용)·대표권제한 위반}나 권리소멸사유{변제·대물변제·공탁, 경(개)·상(계)·면(제)·혼(동)·소(멸시효완성)} 등도 임차보증금반환청구의 항변사유가 될 수 있다. 특유한 항변사유들로 공제, 묵시적 갱신 등을 들 수 있다.

나. 공제

1) 임대차보증금반환채무는 ①목적물 반환시까지 발생한 연체 차임, 관리비, ②부당이득, ③손해배상금 등 임차인의 채무를 공제한 잔액이 있을 것을 정지조건으로 하여 반환할 의무가 있는 채무로 임차목적물 인도의무와 동시이행의 관계에 있다.

① 임대차 존속 중의 연체차임 : 피고는 차임약정사실·임차목적물인도·임대차기간의 경과사실만 주장·증명하면 되고, 차임지급(변제)사실은 원고의 재항변사유가 된다.

② 임대차 종료 후의 부당이득 : 피고는 원고가 **임대차 종료 후 목적물을 계속 사용. 수익한 사실**을 증명하면 된다. 그러면, 원고가 차임 상당의 이득을 얻고 이로 인하여 피고가 손해를 입었다는 사실은 사실상 추정되므로, 부당이득에 관한 요건사실 중 피고의 손해사실과 인과관계에 대하여는 별도로 증명할 필요가 없다. 다만, 본래의 임대차계약상의 목적에 따른 사용, 수익은 하지 아니하였다면 '실질상 이익'을 취한 바가 없다며 부당이득반환의무가 성립하지 않는다.(대법원 1998. 7. 10. 선고 98다8554 판결 등)[469] 따라서 위와 같은 예외적인 상황하에서는 피고는 원고가 임대목적물

---

469) 필자는 이와 같은 대법원 판례의 태도와 특히 하급심 판결례에 대해 상당한 반대의 의견을 갖고 있다. 물론 임차인이 임대차계약이 종료된 이후 종전대로 사용·수익하면서 점유하고 있다면 대법원 판례도 그 부당이득반환의무를 인정하고 있다. 문제는 임차인이 임대차계약이 종료된 이후 종전대로 사용·수익하지 않으면서 점유하고 있는 경우 필자의 견해로는 임차인이 임대차종료 후 유치권 또는 동시이행항변권과 같은 인도거절권을 가지고 점유하는지 여부를 따져 인도거절권을 가진 채 부득이 점유하면서 실질적으로 사용·수익하지 않고 있는 경우에는 임료 상당 부당이득의 반환을 할 필요가 없으나 임대차계약 종료 후 아무런 이유 없이 시건만 한 채 사용·수익하지 않으면서 반환도 해 주지 않고 있는 경우에는 임료상당 부당이득액의 반환의무가 있다고 보아야 할 것이다. 이렇게 주장하는 이유는 임대차계약기간내 사용·수익하지 않는 경우에도 약정에 따른 임료지급의무를 인정하고 있는데 임대차계약기간이 종료되었다 해서 임차목적물을 반환하기 전까지 임료상당액을 지급할 의무가 없어진다 하기 어렵기 때문이다. 만약 인도거절권이 있는 상태에서 임차목적물을 반환하지 않는 것은 당연하고, 그에 따른 임료 상당 부당이득액 반환의무가 발생하지 않는 것은 당연하다. 임대차계약이 종료된 후에는 인도거절의 이유를 묻지 않고 사용·수익하지만 않으면 실질적 이익이 없다며 부당이득반환의무를 부인하는 것은 타인의 부동산에 대한 점유로 인한 아무런 이득이 없다(점유자체가 이득)는 것도 이해하기 어렵고, 급부 부당이득반환법리에서 대체로

을 점유하고 있는 사실만 주장·증명하는 것으로는 부족하고 사용·수익사실까지 주장·증명하여야 한다.

③ⓐ 임대차 종료 후의 불법점유로 인한 손해배상 : 임대차 종료 후에도 임차인이 임차목적물을 점유하여 사용하고 있으면 불법점유로 인한 손해배상청구권이 발생한다. 이때 임대인이 임차보증금에서 그 손해배상채권을 공제할 수 있다. 다만 임차인(원고)이 동시이행항변권을 보유한 상태에서 임차인(원고)이 한 점유가 불법적이지 않기 때문에 피고(임대인)는 동시이행항변권을 잠재우기 위해 잔존임차보증금 반환채무의 이행 또는 이행제공이 계속되어 왔음을 주장·증명하여야 한다.

③ⓑ 임대목적물의 멸실·훼손에 따른 손해배상 : 피고(임대인)는 임대목적물의 멸실, 훼손 사실과 그 손해액을 주장·증명하여 그에 따른 공제를 주장할 수 있다. 그러면 임차인은 이행불능이 임차인의 귀책사유로 말미암은 것이 아니라는 주장을 재항변으로 할 수 있다.(대법원 2006. 1. 13. 선고 2005다51013, 51020 판결) 이때 주의할 것은 임차목적물이외의 부분에 대한 멸실, 훼손사실은 손해배상의 일반원칙으로 돌아가 임대인이 임차인의 귀책사유를 주장·증명해야 손해배상을 주장할 수 있다.[470]

2) 공제는 상계가 아니다. 그래서 공제의 요건사실은 <u>공제대상 채권의 발생사실</u>일 뿐 공제의 의사표시를 하였다는 사실은 요건사실이 아니다. 설령 미지급 임료, 부당이득금, 손해배상금채무에 대한 소멸시효기간이 경과하였다고 하더라도 임차보증금은 그와 같은 채무의 변제를 보증하기 위해 교부되는 금원인데다가 임대인은 이처럼 보증금에서 당연히 공제될 것으로 기대하고 채권회수조치를 취하지 않기 때문에 명목상 소멸시효가 완성된 것처럼 보여도 당연히 임차보증금에서 미지급 임료를 공제할 수 있다.[471] 이에 대하여 임차인은 연체차임을 지급하였다는 주장과 같이 기발생 공제대상 채권에 장애가 있었다거나 소멸하였다며 재항변사실로 주장할 수 있다.

다. 묵시적 갱신

임대차계약의 종료를 주장함에 대하여 묵시적 갱신을 주장하면서 항변할 수 있다. 이때 민법의 적용을 받는 임대차인 경우에는 묵시적 항변은 ① 임차인이 기간 만료 후에도 목적물을 계속 사용, 수익한 사실, ② 임차인이 상당한 기간 내에 이의를 하지 않은 사실을 주장·증명함으로써 한다. 그러면 기간의 정함이 없는 임대차로 되므로(대법원 1966. 10. 25. 선고 66다1467 판결) 임차인은 민법 제635조에 따른 계약해지의 통고를 할 수 있고, 임차인이 한 해지통고는 부동산 임대차

원본반환의무가 있으면 법정과실이든 천연과실이든 그 과실반환의무가 수반되는 것이 다른 급부 부당이득반환의 법리라는 점 등 여러 가지 면에서 현행 대법원 판례의 태도는 문제가 많다. 다만 수험생으로서는 대법원 판례에 따라 답안을 작성해야 한다.

470) 제10회 변호사 시험 기록형 문제로 출제된 바가 있다. 해당 사안에서는 임차인이 2층 건물 중 1층 건물만 임차하여 사용 중에 있었는데, 원인불상의 화재가 발생하여 1층, 2층을 모두 태웠다. 이 경우 임차인은 임차목적물인 1층에 대해서는 자신의 귀책사유 없음을 주장·증명할 수 없어 그 훼손에 따른 손해배상책임을 부담하지만 2층부분은 임대인이 임차인의 귀책사유 있음을 주장·증명할 수 없어 임차인은 그 손해배상책임을 부담하지 않게 되었다.

471) 제8회 변호사 시험 기록형 문제로 출제된 바가 있다.

의 경우는 도달일로부터 1개월이 경과하면 임대차계약이 종료되고, 동산 임대차의 경우에는 5일 경과하면 임대차계약이 종료된다. 임차보증금반환채권을 양수(전부·추심)한 제3자는 양수금(전부금·추심금)청구의 소를 제기할 수 있고, 그 소를 제기한 경우에는 임대인이 위 양도(전부명령·추심명령)통지를 받은 이후에 한 임대차계약의 갱신이나 계약기간의 연장에 관한 명시적 또는 묵시적 합의로서 그 제3자를 대항할 수 없다.(대법원 1989. 4. 25. 선고 88다카4253, 4260 판결) 주택임대차보호법에 따르면 임대인의 경우는 임대차기간이 끝나기 6월월 전부터 2개월[472] 전까지의 기간(임차인의 경우는 2개월 전까지의 기간[473])에 임차인에게 갱신거절의 통지를 하지 아니하거나 계약조건을 변경하지 아니하면 갱신하지 아니한다는 뜻의 통지를 하지 아니한 경우에는 그 기간이 끝난 때에 전 임대차와 동일한 조건으로 다시 임대차한 것으로 본다.(주택임대차보호법 제6조 제1항) 이 경우 존속기간은 2년으로 보며, 임차인은 그럼에도 언제든지 계약해지의 통지를 할 수 있고, 임대인이 그 통지를 받은 날로부터 3개월이 지나면 임대차계약이 종료된다.(동법 제6조의 2) 상가건물임대차보호법의 적용을 받는 임대차의 경우는 임대인의 경우는 임대차기간이 끝나기 6개월 전부터 1개월 전까지의 기간(임차인의 경우는 갱신요구권이 있기 때문에 묵시적 갱신 요건의 대상이 아님[474])에 갱신 거절의 통지 또는 조건 변경의 통지를 하지 아니한 경우에는 전 임대차와 동일한 조건으로 임대차한 것으로 본다.(상가건물임대차보호법 제10조 제4항) 이때 임대차기간은 1년으로 보고, 임차인은 언제든지 계약해지의 통고를 할 수 있고, 임대인이 그 통고를 받은 날로부터 3개월이 지나면 임대차계약이 종료된다. 한편 임차인의 경우는 위 기간내에 임대인에 대하여 계약갱신을 요구할 수 있는데 이에 관해서는 항을 달리 하여 더 구체적으로 설명한다.

라. 갱신요구권(주택임대차보호법, 상가건물임대차보호법)

1) 주택임대차보호법상의 갱신요구권

개정 주택임대차보호법 제6조의 3에서는 2020. 7. 31.부터 갱신요구권을 도입하여 시행 중에 있다. 임차인은 임대차계약 종료 6개월 이후 2개월 전(2020. 12. 10.이전에 체결되었거나 갱신된 경우에는 1개월 전)까지 임대인에게 1회에 한하여 갱신요구를 하면 같은 규정 제1호 내지 제9호에 정해진 예외사유가 없는 한 자동적으로 임대차계약이 갱신되고(동조 제1항), 갱신된 임대차기간은 2년으로 되며(동조 제2항), 전 임대차와 동일한 조건으로 다시 계약된 것으로 본다(동조 제3항). 결과적

---

472) 2020. 12. 10.이전에 체결되었거나 갱신된 주택임대차계약의 경우에는 '1개월'이내이어야 한다.

473) 주택임대차보호법 제6조 제1항에 따르면 임차인도 2개월이내에 갱신거절의 의사표시를 하지 않으면 주택임대차계약이 묵시적으로 갱신된다. 이 점이 상가건물임대차보호법상의 묵시의 갱신과 다르다. 상가건물임대차보호법상으로는 임대인이 일정한 기간내에 갱신거절을 하지 않으면 묵시의 갱신이 되고, 임차인의 묵시의 갱신 허용 규정이 없다.

474) 주택임대차보호법의 경우 임차인에게 갱신요구권을 인정하면서도 묵시의 갱신까지 같이 규정함으로써 임차임의 경우 임대인이 묵시의 갱신거절의 통지를 하지 않고 있으면 갱신요구하지 않은 채 묵시의 갱신이 되도록 시도할 수 있게 되었다. 그렇지만 이런 기대를 갖고 임차인이 기다리고 있던 중 이론적으로는 임대인이 묵시의 갱신 거절의 마지막 순간(예를 들면 23시 59분 59초경) 갱신거절의 통지를 하게 되면 즉시 갱신요구를 못한 채 기간을 도과하게 되어(예를 들면 다음날 00시 1초) 갱신요구를 못할 가능성이 있다.

으로 특별한 사정이 없는 한 주택임차인은 4년간 거주할 수 있게 되었다. 다만 동법 제7조에 따라 임료증감청구권을 행사할 수 있을 뿐이고(동조 제4항), 또 임차인은 갱신요구하여 갱신된 이후에는 언제든지 임대인에게 계약해지를 통지할 수 있고, 통지받은 날로부터 3개월이 지나면 해지된다(동조 제5항). 해석론으로는 주택임대차계약의 경우 위 다.항에서 설명한 묵시의 갱신은 갱신요구권에서 보장된 갱신요구가 아니므로 묵시의 갱신이 되고 난 이후 다시 1회에 한하여 갱신요구를 할 수 있다고 해석하고 있어 그 경우 주택임대차기간이 6년으로 늘어날 수도 있다.[475] 갱신거절 사유로 중요한 것은 2기 차임 연체(1호), 동의 없이 주택의 전부 또는 일부를 전대한 경우(3호), 임대인(직계존속, 직계비속 포함)이 실거주할 경우(8호) 등이 있다. 특히 임대인이 실거주한다며 갱신거절 후 갱신되었을 기간 만료 전에 정당한 사유 없이 제3자에게 임대한 경우, 3개월분 환산월차임, 임차인과의 종전 환산월차임과 제3자 임대 환산월차임 사이 차액의 2년분, 임차인이 입은 손해액 중 다액을 임차인에게 배상하여야 한다(동조 제5,6항). 임차인의 갱신요구 행사시 임차목적 주택의 양수인이 있다면 그 양수인의 실거주 목적으로 갱신거절을 할 수 있다는 것이 국토교통부의 유권해석이다. 주택임대차보호법에서 갱신요구권을 도입하는 과정은 입법을 통한 (제한적) 형성권 도입의 과정이라 할 수 있다. 이와 같은 갱신요구권이나 매매예약상의 예약완결권이 편무예약에서 일방예약으로 추정되는 법리의 도입까지 고찰해 보면 근대 민법전에 형성권이 제안되고 도입되는 과정을 추론해 볼 수 있다.

2) 상가건물임대차보호법상의 갱신요구권

앞서 설명한 바와 같이 상가건물임대차의 경우 임대인측은 묵시적 갱신이 적용되고, 임차인측은 묵시의 갱신은 인정되지 않고(주택임대차보호법상의 임차인은 묵시적 갱신은 물론 갱신요구권도 인정되어 있다.), 대신 임차인은 임대차계약 만료 6개월전부터 1개월전에 임대인을 상대로 계약갱신을 요구할 수 있고, 임대인은 상가건물임대차보호법 제10조 제1항 상의 8개 사유가 없는 한 갱신요구를 거절하지 못하는 내용(상가건물임대차보호법 제10조 제1항)의 갱신요구권이 인정되어 있다. 갱신요구로 갱신된 임차권의 존속기간은 1년이 되고, 2018. 10. 16.부터 신규체결되었거나 새로 갱신된 상가건물임대차에 관해서는 임차인은 전체 임대차기간이 10년(그 이전에는 5년)을 초과하지 않는 범위내에서 위 갱신요구권을 9번까지 반복하여 행사할 수 있다.

마. 목적물의 반환과 동시이행항변

원칙적으로는 피고는 임차목적물의 반환을 동시이행의 항변권의 형태로 주장할 수 있다. 이에 대하여 원고는 재항변으로 피고에게 목적물을 인도하였거나 계속하여 그 이행의 제공을 한 사실을 주장할 수 있다.

다만 최근 패소하는 부분이 없도록 하라는 변호사시험상 소장 작성요령 때문에 수험생들의 경

---

475) 문형식, "개정 주택임대차보호법의 계약갱신 요구권, 갱신거절권 관련 문제", 2021. 2. 1.자 대한변협신문(제817호), 9면 참조

우에는 임차목적물의 반환사실을 청구원인사실에 포함시켜 적고, 임차보증금반환청구를 하거나 임차목적물을 아직 반환하지 않았다면 상환이행의 청구취지로 소장을 작성하여야 한다.

Ⅲ. 임대차목적물반환청구 및 임료지급청구(임대인)

1. 개설

임차목적물반환청구의 요건사실은 기본적으로는 앞서 본 임차보증금반환 청구에서와 같은 사실들이다. 다만 청구원인의 요건사실 중 임차보증금의 지급사실 대신 임차목적물의 인도사실로 대체된다. 타인 소유인 임차목적물이라도 상관없이 임차목적물의 반환을 청구할 수 있다. 채권적 청구권이란 이야기가 된다. 임차목적물반환청구를 하면서 연체차임이나 부당이득(또는 손해배상)도 함께 청구하는 경우에는 임차인이 임대차 기간 중이나 임대차 기간 종료 후에도 계속 임차목적물을 사용, 수익하고 있다는 사실을 추가적으로 주장·증명하면 된다.

2. 청구원인

가. 일반적인 요건사실

Ⓐ임차목적물반환청구	① 임대차계약의 체결
	② 임차목적물의 인도
	③ 임대차의 종료
	(④ 동시이행항변권을 무력화시키기 위한 사실들
	 (즉, 각종 공제 등 후 나머지
	  ⓐ임차보증금 지급완료; Or if not,
	  ⓑ임차보증금 지급과 상환으로)

Ⓑ임료지급청구	[①②] + ⑤사용·수익 한 사실 ⑥임료지급시기가 도래(민법 제633조)
Ⓐ+Ⓑ 동시 청구	①②③④⑤⑥

나. 전대차가 된 경우 임차목적물반환청구의 요건사실

1) 적법한 전대차인 경우 (민법 제630조 적용의 문제)

임대인은 임차인과 사이의 임대차 종료를 이유로 Ⓐⓐ 임차인에게 목적물의 반환을 청구함과 동시에 ⓑ전차인에게 퇴거를 청구할 수도 있고, 바로 Ⓑ전차인에 대하여 직접 목적물의 반환을 청구할 수도 있다. 물론 Ⓐ의 경우 ⓑ대신 소유자인 임대인은 전차인을 상대로 소유물반환청구권의 행사로서 인도를 청구할 수도 있다. 이 경우 임대인이 보유한 채권적 청구권과 물권적 청구권은 청구권 경합의 관계에 있으므로 임대인의 선택에 따라 자유롭게 행사될 수 있다.

Ⓑ와 같이 전차인에게 바로 목적물반환을 청구할 때의 청구원인사실은 ① 임대인이 임차인과 임대차계약을 체결한 사실, ② 임대인이 임차인에게 임차목적물을 인도한 사실, ③ 임차인이 임대

인의 동의(사후 승낙 포함)를 얻어 전차인과 임대차 또는 사용대차계약을 체결한 사실, ④ 임차인이 전차인에게 임차목적물을 인도한 사실, ⑤ 임대차가 종료된 사실을 주장·증명하여야 한다. 다만 위 ⑤임대차가 종료된 사실 중에는 임대인과 임차인이 임대차계약을 합의해지한 사실은 포함되지 아니한다. 왜냐하면 민법 제631조에 의하면 전차인의 권리를 임대인과 임차인의 합의만으로 해치지 못한다고 규정되어 있기 때문이다. 같은 맥락에서 임차인이 임차권을 포기하였다는 주장도 위 임대차의 종료사실에 포함되지 않는다는 것이 통설적 견해이다.

전차인을 상대로 한 직접 임차목적물 반환 청구	① 임대차계약의 체결 ② 임차목적물의 인도 ③ 임차인이 임대인의 동의를 얻거나 승낙을 얻어 전차인과 임대차 또는 사용대차계약을 체결한 사실 ④ 임차인이 전차인에게 임차목적물을 인도한 사실 ⑤ 임대차의 종료 [※전대차(또는 사용대차)계약의 종료는 요건사실이 아님에 주의]

적법한 전대차의 경우 임대인이 전차인에 대하여 직접 목적물의 반환을 청구할 때 전차인은 임대인이 전대차보증금반환채무를 인수한 것이 아니므로 전대차보증금의 반환과 동시이행의 항변을 할 수는 없다. 하지만 전차인은 임차인의 임대차보증금반환청구권에 기한 동시이행항변권은 원용할 수는 있다.(대법원 1988. 4. 25. 선고 87다카2509 판결)

2) 임대인의 동의·승낙 없는 전대차의 경우

이때는 임대인은 임차인을 상대로는 임대차목적물의 인도(채권적 청구권)를 청구하고, 소유자 겸 임대인은 전차인을 상대로는 소유물반환청구권의 행사로서 목적물의 인도(또는 퇴거)를 청구할 수 있다. 위와 같은 청구는 모두 임대차계약기간이 종료된 경우의 청구의 형태이다. 참고로 임차인이 임대인의 승낙 없이 전대차하거나 임차권을 양도한 경우에는 임대인은 임대차계약을 해지할 수 있다.(민법 제629조 제2항) 따라서 임대인이 임차인을 상대로 위 규정에 따라 임대차계약을 해지한 경우에도 위 임대차계약기간의 만료를 전제로 한 청구를 할 수 있다. 다만 임대인이 민법 제629조 제2항에 따른 해지를 하지 않아 임대차계약기간이 종료되지 않은 상태에서는 소유자 겸 임대인은 전차인을 상대로 임차인에게 임차목적물의 반환을 청구할 수 있을 뿐이다.

3. 임료지급청구의 요건사실

앞서 간략하게 설명하였듯이 임대인이 임차인을 상대로 임료지급청구를 독립적으로 할 수도 있다. 이때 요건사실은 ①임대차계약 체결사실, ②임차목적물 인도사실, ③사용·수익 기간이 경과한 사실, ④민법 제633조 소정의 임료지급시기가 도래한 사실이 된다. 임대차계약 기간내에서는 임료지급청구가 되나 임대차계약이 종료된 후에는 대한민국 법제에서는 무단점유로 인한 임료상당의 부당이득반환청구나 불법점유로 인한 임료상당의 손해배상청구가 된다.[476)]

4. 가능한 공격방어방법

가. 개설

일반적인 항변사유들, 즉 권리장애사유{부존재·무효·취소·해제/해지·무권대리(대리권남용)·대표권제한 위반}나 권리소멸사유{변제·대물변제·공탁, 경(개)·상(계)·면(제)·혼(동)·소(멸시효완성)} 등도 임차보증금반환청구·임차목적물반환청구의 항변사유가 될 수 있다. 특유한 항변사유들로 매수청구권, 유치권 행사 등이 있다.

나. 매수청구권의 행사

1) 부속물매수청구권의 행사

가) 일반론

임대인이 임차인을 상대로 임대목적물의 인도를 구함에 대하여 임차인은 민법 제646조에 의한 부속물매수청구권을 재판상 또는 재판외에서 행사하여 그 부속물매수대금의 지급과 동시에 이행할 의무가 있다는 항변(행사저지사유)을 할 수 있다.(대법원 1981. 11. 10. 선고 81다378 판결) 종종 원고가 임대목적물의 반환과 함께 원상회복의무의 이행으로 부속물의 철거를 병합하여 청구하는 경우 위 민법 규정에 의한 부속물매수청구권은 부속물의 철거청구에 대하여는 그 청구권의 소멸사유에 해당하는 항변, 목적물 반환청구부분에 대하여는 위와 같은 행사저지사유에 해당하는 항변으로서의 성격을 갖는다.

나) 부속물의 개념

소송상으로 부속물 해당여부가 쟁점이 된다. Ⓐ부속물이란 건물에 부속된 물건으로 임차인의 소유에 속하고, 건물의 구성부분이 되지 아니한 것으로서 **건물의 객관적인 편익**을 가져오게 하는 물건이라 할 것이다. Ⓑ건물의 (본질적) 구성부분이 되었으면 부합이 일어나 부속된 동산의 소유권은 이전되고 대신 유익비상환만이 문제가 될 뿐 부속물매수청구권의 대상이 되지 않고, Ⓒ독립된 별개 동산은 건물의 구성부분이 되지 않은 독립된 물건인데다가 건물의 객관적인 편익에도 아무런 도움이 되지 않은 채 임차인이 단지 소유하여 사용하고 있는 물건도 있다. 이런 독립된 별개 동산은 임차인의 수거권의 대상이 되며 동시에 임대인의 원상회복청구권의 대상이 된다. 참고로 건자재를 사용하여 건축한 건물이란 독립한 부동산일 경우에는 지상물매수청구권의 대상이 된다. (Ⓑ본질적 구성부

---

476) 불법점유로 인한 임료상당의 손해배상청구는 그 청구권원이 물권 침해로부터 말미암은 것이다. 따라서 소유자인 임대인은 이 청구권을 행사하는 데 아무런 문제가 없다. 하지만 소유자가 아닌 임대인의 경우에는 무단점유로 인한 임료상당의 부당이득반환청구를 할 수 있는지에 관해 의문이 있을 수 있다. 대법원 판례는 임대차계약이 종료된 후에도 임차인이 계속 점유·사용하는 경우에는 무단점유로 인한 임료상당의 부당이득반환청구가 가능하다고 판시하고 있다. 임대차계약 종료 후에도 임차인이 계속 점유사용하고 있는 경우에는 임대차계약의 표준적 약정의 한 내용으로 임료상당액을 지급할 의무를 적극적으로 인정하는 것이 더 좋다. 독일 민법은 임대차관련 규정을 개정하여 그 채무를 적극적으로 인정하고 있다. 또 주택임대차보호법 제4조 제2항, 상가건물임대차보호법 제9조 제2항에 따르면 "임대차기간이 끝난 경우에도 임차인이 보증금을 반환받을 때까지는 임대차관계가 존속하는 것"으로 보기 때문에 결국 부당이득, 손해배상이 아닌 임료청구를 할 수 있다고 해석될 여지가 있다.

분 < ⒜부속물 < ⒞독립된 별개 동산) 그래서 실제 문제되어 검토해 보면 부속한 물건이 통상 임차인의 **특수목적에** 오로지 **사용**하기 위하여 부속된 것(⒞)으로 판단되어 철거의 대상이 될 뿐이어서 부속물매수청구의 항변이 기각되는 경우가 대부분이다.(대법원 1993. 10. 8. 선고 93다25738, 25745 판결) 임차인이 차임연체 등 채무불이행으로 임대차계약이 해지된 경우에는 부속물매수청구권이 부정되나(대법원 1990. 1. 23. 선고 88다카7245,7252 판결) 그 외에는 종료원인을 불문한다.

　　다) 요건사실

부속물 매수청구권 행사 후 **매매 대금지급청구**	청구원인	① 임대인의 동의를 얻어 부속물을 설치하였거나 그 부속물이 임대인으로부터 매수한 것인 사실, ② 그 부속물이 현존하는 사실, ③ 매수청구권을 행사한 사실 (형성권 행사의 의사표시와 그 도달) 　※(소장부본 등의 송달로서)소송상 행사가능 ④ 부속물의 시가
	포기 특약의 항변	[민법 제652조 편면적 강행규정인 관계로] ① 부속물 매수청구권의 포기 특약사실 & ② 임대차계약의 임료 및 존속기간 등 그 과정을 전체적으로 살펴볼 때 그 특약이 임차인 등에게 일방적으로 불리한 것이 아니라는 사정
원고의　임차 목적반환청구 에　대하여, 피고의　부속 물매수청구권 행사로　인한 **동시이행**의 항변	부속물매수청구권 행사로 인한 부속 물대금과의 상환이 행의 항변	[동시이행의 항변] ① 임대인의 동의를 얻어 부속물을 설치하였거나 그 부속물이 임대인으로부터 매수한 것인 사실, ② 그 부속물이 현존하는 사실, ③ 매수청구권을 행사한 사실 (형성권 행사의 의사표시와 그 도달) 　※(답변서부본 등의 송달로서)소송상 행사가능 ④ 부속물의 시가
	포기특약의 재항변	[민법 제652조 편면적 강행규정인 관계로] ① 부속물 매수청구권의 포기 특약사실 & ② 임대차계약의 임료 및 존속기간 등 그 과정을 전체적으로 살펴볼 때 그 특약이 임차인 등에게 일방적으로 불리한 것이 아니라는 사정

　　요건사실은 ① 임대인의 동의를 얻어 부속물을 설치하였거나 그 부속물이 임대인으로부터 매수한 것인 사실, ② 그 부속물이 현존하는 사실, ③ 매수청구권을 행사한 사실(의사표시 및 도달), ④매수청구권 행사당시의 부속물의 시가까지 주장·증명하여야 한다.

　　라) 부속물매수청구권 포기(배제 또는 제한) 특약하였다는 (재)항변

　　민법 제652조에 의하면 부속물매수청구권을 배제 또는 제한하는 특약은 임차인에게 불리하면 원칙적으로 그 효력이 없다. 그럼에도 불구하고 대법원판례에 따르면 임대차계약의 과정을 전체적으로 살펴보아 그러한 특약이 임차인에게 그리 불리하지 않다면 그 효력을 인정하고 있다.(대법원 1996. 8. 20. 94다44705·44712 판결) 그래서 원고는 ① 매수청구권의 포기 특약사실 및 ② 임대차계약의 과정을 전체적으로 살펴볼 때 그 특약이 임차인 등에게 일방적으로 불리한 것이 아니라는 사정을 주장하여 (재)항변할 수 있다. 예를 들면, ⒜건물임차인인 피고들이 증개축한 시설물과 부대시

설의 소유권을 포기하고 임대차 종료 시의 현상대로 임대인의 소유에 귀속하기로 하는 대가로 임대차계약의 보증금 및 월차임을 파격적으로 저렴하게 하고, 그 임대기간도 장기간으로 약정하고, 임대인은 임대차계약의 종료 즉시 임대건물을 철거하고 그 부지에 건물을 신축하려고 하고 있으며 임대차계약 당시부터 임차인도 그와 같은 사정을 알고 있었던 경우(대법원 1982. 1. 19. 선고 81다1001 판결) 또는 ⑧임차보증금과 차임을 시가보다 저렴하게 해 주고, 그 대신 임차인은 임대차가 종료될 때 그가 설치한 부속물에 대한 시설비나 필요비, 유익비, 권리금 등을 일체 청구하지 아니하기로 약정한 경우(대법원 1992. 9. 8. 선고 92다24998, 25007 판결) 등을 임차인에게 불리하지 않는 사유들의 한 사례라고 할 수 있다.

2) 지상물매수청구권의 행사

가) 일반론

민법 제643조에 지상물(건물)매수청구권이 규정되어 있다. 그 요건사실이 위 부속물매수청구권과 상당히 차이가 나므로 그 차이점에 주의하여야 한다. 임대인은 임차인이 임대한 토지위에 건물을 축조하고 있을 때에는 임대토지의 인도는 물론 그 지상물의 철거까지 청구할 것이다. 피고는 이에 대하여 민법 제643조에 규정된 지상물매수청구권을 행사하게 되는데, 법원이 이를 받아들이면 원고가 청구를 변경하지 않는 한 임대토지의 인도와 지상물의 철거 청구 모두를 기각해야 하는 효과를 가진 항변이 된다.(대법원 1995. 2. 3. 선고 94다51178, 51185 판결)

나) 요건사실

지상물 매수청구권 행사 후 **매매 대금지급청구**	청구원인	① 지상물 소유의 목적으로 토지임대차계약을 체결한 사실, ② 임차인이 지상물을 건축하여 현존하고 있는 사실, ③ 계약갱신을 청구하였으나 임대인이 이를 거절하여 임대차계약이 종료한 사실, ④ 매수청구권을 행사한 사실 (형성권 행사의 의사표시 및 그 도달사실) 　※ (소장부본 등의 송달로서)소송상 행사가능 ⑤ **지상물의 시가**
	포기 특약의 항변	[민법 제652조 편면적 강행규정인 관계로] ① 지상물 매수청구권의 포기 특약사실 & ② 임대차계약의 임료 및 존속기간 등 그 과정을 전체적으로 살펴볼 때 그 특약이 임차인 등에게 일방적으로 불리한 것이 아니라는 사정
원고의 건물철거 및 토지인도 청구에 대한 **지상물 매수청구권에 기한 항변**	지상물 매수 청구권 행사 의 항변	① 지상물 소유의 목적으로 토지임대차계약을 체결한 사실, ② 임차인이 지상물을 건축하여 현존하고 있는 사실, ③ 계약갱신을 청구하였으나 임대인이 이를 거절한 사실, ④ 매수청구권을 행사한 사실 (형성권 행사의 의사표시 및 그 도달사실) 　※ (답변서부본 등의 송달로서)소송상 행사가능
	포기특약의 재항변	[민법 제652조 편면적 강행규정인 관계로] ① 지상물 매수청구권의 포기 특약사실 & ② 임대차계약의 임료 및 존속기간 등 그 과정을 전체적으로 살펴볼 때 그 특약이 임차인 등에게 일방적으로 불리한 것이 아니라는 사정

요건사실은 ① 지상물 소유의 목적으로 토지임대차계약을 체결한 사실, ② 임차인이 지상물을 건축하여 현존하고 있는 사실, ③ 계약갱신을 청구하였으나 임대인이 이를 거절하여 임대차계약이 종료된 사실, ④ 매수청구권을 행사한 사실(의사표시 및 도달)이다. 지상물매수청구권 행사의 상대방은 원칙적으로 임차권 소멸 당시의 토지소유자인 임대인이다. ②의 요건과 관련하여 임대한 토지 외에 임차인 또는 제3자 소유 토지위에 걸쳐서 건물이 건립되어 있을 때 임차지 상에 서 있는 건물 부분 중 구분소유의 객체가 될 수 있는 부분에 한하여 매수청구가 허용된다.(대법원 1996. 3. 21. 선고 93다42634 판결) 임대차계약 당시의 기존건물이거나 임대인의 동의를 얻어 신축한 것에 한정되지 않는다.(대법원 1993. 11. 12. 선고 93다34589 판결) 행정관청의 허가를 얻은 적법한 건물이 아니더라도 지상물매수청구권을 행사할 수 있다.(대법원 1997. 12. 23. 선고 97다37753 판결) ③의 요건에서는 기한의 정함이 없는 임대차의 경우 임대인에 의한 해지통고에 의하여 임차권이 소멸된 경우도 포함된다.(대법원 1995. 12. 26. 선고 95다42195 판결) 이때 주의할 것은 임대인(원고)이 건물철거 및 토지인도를 구할 때 지상물매매대금의 지급을 반소로서 구하지 않는 한 매수청구권 행사하여 항변할 때 그 지상물의 시가까지 주장·증명할 필요는 없다. 이 요건이 부속물매수청구권과 다른 항변요건이다. 위와 같은 판시의 이유는 토지는 건물소유를 통해 점유하고 있으므로 건물을 철거하지 않는 이상 토지를 인도할 방법이 없는 상태에서 지상물매수청구권이 행사된 경우 더 이상 건물철거가 불가능하게 되고, 그 결과 토지인도청구도 기각될 수밖에 없어 건물의 시가 주장·증명에 나아 갈 필요가 없어지기 때문이다. 그러나 원고가 지상물매수청구권이 받아들여질 경우를 대비하여 예비적으로 지상물의 소유권이전등기 절차 이행 및 그 인도를 병합하여 청구하고 있는 경우에는 피고(임차인)는 이와 동시이행관계에 있는 지상물매매대금의 범위를 정하기 위하여 지상물의 시가를 주장·증명하여야 한다.

만약, 원고가 건물철거 및 토지인도의 청구를 하였을 때, 수소법원은 심리 중 피고의 지상물매수청구권을 행사했거나 행사할 것이 유력한 경우 원고의 건물철거 및 대지인도 청구를 바로 기각할 것이 아니라 석명권을 행사하여 원고로 하여금 주위적으로 건물철거 및 대지인도청구를, 예비적으로 건물소유권이전등기 및 인도청구를 병합하는 청구취지 변경의 기회를 부여하여야 하고, 원고가 그와 같이 청구취지를 변경하면 피고의 지상물매수청구권 행사의 주장·증명을 기다려 주위적 청구는 기각하고, 매매대금의 지급과 상환하여 소유권이전등기 및 인도를 명하는 (예비적 청구를 받아들이는 내용의) 판결을 하여야 하며, 이와 같은 석명권 행사 없이 바로 기각하면 석명의무를 다하지 못한 위법이 있다.(대법원 1991. 4. 9. 선고 91다3260 판결, 대법원 1995. 7. 11. 선고 94다34265 판결)

다음과 같은 경우에는 지상물매수청구권이 인정되지 않으니 주의하기 바란다.

첫째, 임차인이 차임연체, 무단전대 등 채무불이행으로 계약이 해지된 경우에는 지상물매수청구권을 행사할 수 없다.(대법원 2003. 4. 22. 선고 2003다7685 판결)

둘째, 임차인으로부터 지상건물을 양수한 자는 적법한 토지임차권의 양수인 또는 전차인으로서의 요건을 갖추지 않는 한 양도인인 임차인을 대위하여 매수청구권을 행사할 수 없다.(대법원 1993.

7. 27. 선고 93다6386 판결)

셋째, 임차인은 토지임차권에 대한 대항력을 취득하지 못한 이상 토지의 제3취득자를 상대로 지상물매수청구권을 행사할 수 없다.[477] 토지임차권의 대항력은 ①임차권 등기를 경료한 경우, ② 토지임차인이 지상 건물을 신축하여 그 소유권보존등기를 경료한 경우 발생한다. 특히 ② 경우 토지임차권에 대항력이 있다는 점은 자칫 생각해 내기 어려운 법리이므로 잘 이해하고 틀리지 말아야 한다.

나. 임차보증금과의 동시이행

1) 문제되는 상황

통상 원고는 임대목적물 인도청구와 함께 미지급임료 청구나 부당이득(무단점유)이나 손해배상금(불법점유)의 지급도 병합하여 함께 청구하기 때문에 원고는 '패소하는 부분이 없도록 하기 위해' 이때 임대차보증금에서 미지급 임료, 부당이득금, 손해배상금이 공제되어 임차보증금채무가 모두 소멸하였다거나 기타 사유로 인해 임차보증금채무가 소멸하였다고 주장하거나, 임차보증금이 남아 있으면 그 임차보증금의 지급과 상환하여 임차목적물의 반환을 청구하게 된다. 그래서 변호사 시험 준비목적상으로는 임차보증금채무와의 동시이행 항변이 문제되는 사례는 드물고, 오히려 청구원인 사실이 되어 공제하여 임차보증금이 남는 경우에는 상환이행의 청구취지를, 모자라는 경우에는 나머지 미지급임료 또는 부당이득액, 손해배상금의 지급청구를 병합하여 소를 제기하는 경우가 더 많다. 다만 실무상으로는 원고가 임대목적물의 인도청구만을 구하고, 피고측에서 임대차보증금의 반환과 동시이행의 관계에 있다고 항변하는 사례가 대부분이기 때문에 임차보증금 반환의 동시이행항변을 정확하게 알고 있어야 한다.

2) 요건사실

	임차목적물 반환 청구	① 임대차계약의 체결 ② 임차목적물의 인도 ③ 임대차계약의 종료
[실무상] 임차목적물반환 청구에 대한 임차보증금 반환 과의 동시이행 항변 등	동시이행항변	① 임차보증금반환채권(반대채권)의 발생원인사실 ⓐ임차보증금 지급사실 ⓑ위 ③사실 (임대차계약의 종료) ② 동시이행항변의 의사표시 및 그 도달 (권리항변)(재판상 행사 가능)
	공제의 재항변	① 각종 공제대상 채권(미지급 임료, 손해배상금, 부당이득금)의 발생원인 사실
	공제대상채권의 권리소멸 · 장애 사유 (재재항변)	① 공제대상채권의 각종 소멸 · 장애사실

---

477) 제2회 변호사 시험 기록형 문제로 출제되었으니 해당 강평안을 통해 확인해 보기 바란다.

① 피고는 임차보증금의 지급사실만을 주장하여 동시이행 항변을 제출할 수 있다. ② 원고는 공제대상채권의 발생사실을 들어 재항변할 수 있다. ③ 피고는 다시 그 공제대상채권의 소멸, 멸각, 장애사유들을 들어 재재항변할 수 있다.

적법한 전대차의 경우 임대인이 전차인에 대하여 직접 목적물의 반환을 청구할 때 전차인은 임대인이 전대차보증금반환채무를 인수한 것이 아니므로 전대차보증금의 반환과 동시이행의 항변을 할 수는 없다. 하지만 전차인은 임차인의 임대차보증금반환청구권에 기한 동시이행항변권은 원용할 수는 있다.(대법원 1988. 4. 25. 선고 87다카2509 판결)

다. 유치권의 행사(필요비 · 유익비 상환청구권)

1) 일반론

필요비, 유익비상환청구권이 있음을 이유로 임차목적물을 유치한다고 항변하는 방식이다. 임차목적물반환청구 소송에서 실무상 피고는 매우 흔히 필요비 · 유익비상환청구권에 기한 유치권 항변을 제기한다. 다만 대부분의 경우 피고가 주장하는 비용항목이 필요비, 유익비에 해당되지 않는다는 이유로 배척되고 있다. 그래도 실무상 임차목적물반환청구에 위와 같은 유치권 항변이 빈번하게 행해지는 이유는 필요비 · 유익비 감정신청 등으로 상당한 소송지연의 효과가 있기 때문이다. 그래서 임대인들은 임차목적물반환청구의 소를 제기하여도 소제기시부터 판결선고시까지 상당한 시간이 걸린다며 불만을 제기하고 있다.[478] 다만 1심 법원은 그 판결 주문에서 가집행을 선고하기 때문에 그나마 임대인의 권리가 어느 정도 보호되는 편이다. 이때 패소한 임차인이 항소하면서 그 가집행에 대해 집행정지신청을 하기도 하나 법원은 특별한 사정이 없는 한 집행정지신청을 받아들이지 않기 때문에 이를 잘 알고 있는 임차인은 1심판결에 패소하고 나면 항소하지 않는 경향이 있다.

주의할 것은 필요비 · 유익비 상환청구권은 편면적 강행규정이 아니기 때문에 그 포기의 특약이 원칙적으로 액면 그대로 유효하다는 점이다.

2) 필요비상환청구권의 경우

임차인이 임차물의 보존 · 관리를 위하여 필요한 비용을 지출한 경우 그러한 필요비상환청구권에 기하여 유치권을 행사할 수 있다. 필요비는 지출한 "즉시" 그 "지출금액"의 상환을 청구할 수 있다.

필요비상환청구권에 기한 **유치권 행사의 항변**	항변	① 피고는 목적물에 관하여 일정 비용을 지출한 사실 ② 그 비용이 목적물의 보존 · 관리에 필요한 사실 ③ 유치권의 행사
	재항변	Ⓐ 지출한 비용이 통상적인 수준을 초과한다는 사실 or Ⓑ 비용상환청구권 포기의 특약

---

478) 조선일보, "판사들 승진 없어지자… 재판 '세월아 네월아~', 2021. 5. 21.자 조선일보 기사(김은정 기자)에서는 1심 민사합의부 사건 처리기간이 2017년 대비 2021년에는 43.6일 늘어났다고 한다. 더구나 최근 전문에 의하면 3 − 3 − 3이란 문구가 회자되고 있다. 이처럼 재판기간이 늘어남에 따른 지연효과가 극대화될 수 있다.

요건사실은 ① 피고는 목적물에 관하여 일정 비용을 지출한 사실, ② 그 비용이 목적물의 보존·관리에 필요한 사실이다. 가액의 현존여부는 그 요건사실이 아니다. 지출된 비용이 통상적 비용수준을 초과한 경우에는 그 초과부분은 필요비 상환청구권이 인정되지 않는다. 통상적인 수준을 초과하였다는 사실에 대한 주장·증명책임은 상대편인 임대인에게 있다.

3) 유익비상환청구권의 경우

임차인이 목적물의 객관적 가치를 증가시키기 위하여 유익비를 지출한 경우 그러한 유익비청구권에 기하여 유치권을 행사할 수 있다. 유익비는 임대차가 종료되었을 때 그 잔존가치가 남아 있으면 비로소 청구할 수 있다. 유익비의 상환범위는 임차인이 유익비로 지출한 금액과 현존하는 가액 중 임대인이 선택하는 바에 따라 정해지므로, 임차인인 피고로서는 실제로 지출한 비용과 현존하는 가액 모두를 주장·증명하면(대법원 2002. 11. 22. 선고 2001다40381 판결), 임대인의 선택으로 그 중 소액으로 상환이 된다.

유익비상환청구권에 기한 **유치권 행사의 항변**	항변	① 피고는 목적물에 관하여 일정 비용을 지출한 사실 ② 그 비용이 목적물의 객관적 가치를 증가시키는 사실 [※원칙적으로 가치의 현존사실도 주장·증명해야 하나, 실무상으로는 항변권자가 사실상 추정에 의존하여 아무런 언급도 하지 않는 경향이 높다.] ③ 유치권의 행사
	재항변	비용상환청구권 포기의 특약

4) 필요비, 유익비 등 비용상환청구권 포기의 특약(재항변)

민법 제626조 강행규정 항목에 필요비, 유익비 상환청구권은 포함되어 있지 않다. 그래서 당사자 사이의 특약으로 포기하거나 제한하는 것이 가능하다. 따라서 "임차인은 임대인의 승인하에 개축 또는 변조할 수 있으나 부동산의 반환기일 전에 임차인의 부담으로 원상복구하기로 한다."라고 약정한 경우 이는 유익비상환청구권의 사전포기에 해당된다.(대법원 1995. 6. 30. 선고 95다12927 판결) 또한 건물 임차인이 자신의 비용을 들여 증축한 부분을 임대인 소유로 귀속시키기로 하는 약정은 임차인이 원상회복의무를 면하는 대신 투입비용의 변상이나 권리주장을 포기하는 내용이 포함된 것으로서 특별한 사정이 없는 한 유효하다(대법원 1996. 8. 20. 선고 95다44705, 44712 판결) 등의 판결은 이런 견지에서 충분히 이해할 만하다.

5) 필요비·유익비상환청구 또는 임차목적물반환청구에 대한 유치권 항변(요약)

필요비·유익비 지급청구	청구원인 (임차인)	① 피고는 목적물에 관하여 필요비·유익비 등 일정 비용을 지출한 사실 ② 그 비용이 목적물의 필요비(보존·관리에 필요한 사실)·유익비(객관적 가치를 증가시킴)인 사실 ③ 필요는 즉시, 유익비는 종료된 때 ④ 필요비는 전액, 유익비는 지출액 or 현존액 중 소액

	항변	Ⓐ필요비·유익비 포기의 특약
필요비·유익비 지급청구에 기한 유치권의 행사 (항변)	청구원인 (임대인)	① 임대차계약의 체결사실 ② 임차목적물의 인도 ③ 임대차계약의 종료
	항변 (임차인)	① 피고는 목적물에 관하여 필요비·유익비 등 일정 비용을 지출한 사실 ② 그 비용이 목적물의 필요비(보존·관리에 필요한 사실)·유익비(가치를 증가시킴)인 사실 ③ 필요는 즉시, 유익비는 종료된 때 ④ 필요비는 전액, 유익비는 지출액 or 현존액 중 소액 **⑤ 유치권의 행사**
	재항변	Ⓐ필요비·유익비 포기의 특약

Ⅳ. 연습기록

1. 임대차계약과 관련된 각종 표준적 약정(default rule) 연계 기록형 문제[479]

가. 임대인 지위 승계

임대인 지위 승계는 계약인수와 같이 원칙적으로 임대인과 양수인의 합의와 임차인의 승낙으로 이루어진다. 3자간의 합의가 없다면 임대인의 지위 승계는 그 효력이 없다. 계약상의 지위 양도·양수는 채권양도와 달라 계약에 따른 일체의 권리의무를 포괄적으로 양도·양수하는 효과가 있다. 다만 대법원 1998. 9. 2.자 98마100 결정에서 "임대차계약에 있어 임대인의 지위의 양도는 임대인의 의무의 이전을 수반하는 것이지만 임대인의 의무는 임대인이 누구인가에 의하여 이행방법이 특별히 달라지는 것은 아니고, 목적물의 소유자의 지위에서 거의 완전히 이행할 수 있으며 임차인의 입장에서 보아도 신 소유자에게 그 의무의 승계를 인정하는 것이 오히려 임차인에게 유리할 수도 있으므로 임대인과 신소유자와의 계약만으로써 그 지위의 양도를 할 수 있다 할 것이나[480], . . . 임차인이 곧 이의를 제기함으로써 승계되는 임대차관계의 구속을 면할 수 있고, 임대인과의 임대차관계도 해지할 수 있다."고 판시하여 임대인 지위 승계에 대해서는 계약상의 지위 양도의 일반적인 요건을 완화하여 임대인과 신소유자간의 합의만으로도 임차목적물을 양도하면서 임대차계약상의 지위 양도도 가능하다는 입장을 취하고 있다.

이와 더불어 주택임대차보호법 제3조 제3항에서 임대주택의 양수인은 임대인의 지위를 승계한 것으로 본다고 규정하고 있고, 상가건물임대차보호법 제3조 제2항에서 임차건물의 양수인은 임대인의 지위를 승계한 것으로 본다고 규정하고 있어 임차인이 대항력을 취득한 후에는 (주택 및 상가건

---

479) 법학전문대학원 협의회 실시 2013년 제3회 모의시험 민사기록형 문제가 그 전형적인 문제이다. 이를 꼭 잘 학습해 두기 바란다. 모든 임대차관련 문제는 이 문제를 기초로 변형된다고 보면 된다.

480) 최근 빌라왕 사태에 의하면 임대인도 임차목적물이 빌라인 경우에는 그 빌라의 소유자인 것으로 부족하고 추가적인 신용이 있어야 한다는 사실이 밝혀졌다. 향후 이와 같은 대법원 판례의 태도가 유지될지 그 귀추가 주목된다.

물이란) 임차목적물의 제3취득자와 사이에 위와 같은 계약인수 사실 없이도 임대인이 되는 결과가 된다.

나. 공제와 상계

1) 임차보증금에서의 공제 및 가압류

임대인은 임차보증금에서 미지급 임료, 부당이득금, 손해배상금 등을 공제할 수 있다. 따라서 임차인의 채권자가 임차보증금반환채권을 가압류하고 그 가압류결정문이 임대인에게 송달되었다고 하더라도 임대인은 임차보증금에서 미지급 임료, 부당이득금, 손해배상금 등을 공제할 수 있다. 임 대인은 미지급임료 등으로 임차보증금반환채무에서 공제하고도 부족액이 있으면 임차인에 대하여 그 지급을 구할 수 있다.

2) 미지급임료 및 부당이득반환채권을 자동채권으로 한 필요비·유익비지급채무와의 상계

가) 상계적상

양자는 모두 금전채권으로 동종의 채권이다. 또 필요비는 지출 즉시, 유익비는 임대기간 만료시에 그 변제기가 도래한다. 미지급임료 및 부당이득반환채무는 임대차계약 약정시 후불인지, 선불인지, 월 지급인지, 연 지급인지에 따라 다르나 대체로 월 지급, 후불식으로 약정하는 경우가 많다. 구체적인 사안에 따라 다르니 기록에서 확인해 보아야 한다. 따라서 양 채권이 모두 변제기에 있거나 적어도 자동채권의 변제기가 먼저 도래(제한설)한다면 상계적상이 있게 된다.

나) 상계의 의사표시와 도달

소송외에서 상계의 의사표시를 한 적이 없으면 소장으로 상계의 의사표시를 할 수 있고 그 소장부본이 송달됨으로써 상계의 의사표시가 도달되어 상계의 효력이 발생된다.

다) 상계충당

상계의 경우 상계충당의 과정을 소상히 기술해 주어야 한다. 필요비는 지출 즉시 발생하므로 정확한 지출시점을 확정해야 한다.

2. 임대차계약의 대항력 관련 문제

가. 제2회 변호사 시험 기록형 문제

1) 건물매수청구권과 기판력

건물 소유를 목적으로 하는 토지 임대차계약 후 건물 소유권을 취득하고 갱신을 거절하면서 기간만료로 임대차계약이 끝나면 지상물매수청구권이 발생하고, 그 지상물매수청구권은 (재판상·재판외 행사할 수 있는) 형성권이므로 이를 행사하면 바로 매매계약이 체결된다. 다만 제2회 변호사 시험 기록형 문제에서는 임대차계약이 종료되었음을 이유로 임대인이 건물철거 및 대지인도 청구의 확정판결[481]이 있은 다음 그 건물의 철거 강제집행을 할 때 임차인이 지상물매수청구권을 행사하고 있어 그 확정판결의 기판력에 저촉되지 않는가 하는 의문이 들 수 있다. 그러나 지상물매수청구권과 상계권은 확정판결의 기판력에 의해 차단되지 않는 대표적인 형성권이다. 그래서 "임대차가 종료함에 따라 임차인이 임대인에 대하여 건물매수청구권을 행사할 수 있음에도 불구하고 이를 행사하지 않은 채 토지의 임대인이 임차인에 대하여 제기한 토지인도 및 건물철거소송에서 패소하여 그 패소판결이 확정되었더라도 그 확정판결에 의하여 건물철거가 집행되지 않은 이상 토지의 임차인으로서는 건물매수청구권을 행사하여 별소로서 임대인에 대하여 건물매매대금의 지급을 구할 수 있다."(대법원 1995. 12. 26. 선고 95다42195 판결)

지상물매수청구권은 일방행사가 가능한 재판상·재판외 행사할 수 있는 형성권이다. 행사의 상대방은 원칙적으로 임대차계약 종료시의 임대인이고, 예외적으로 그 임차권이 대항력이 있는 것이라면 그 대지를 양도받은 신소유자에게도 행사할 수 있다.(대법원 1996. 6. 14. 선고 96다14517 판결)[482] 지상물매수청구권이란 형성권 행사의 특별한 형식은 없고, 유효한 의사표시가 상대방에게 도달하면 그 효력이 발생한다.(민법상 의사표시의 일반원칙인 '도달주의'가 적용된다.) 지상물매수청구권은 편면적 강행규정으로 지상물매수청구권을 포기하기로 하는 약정은 임차인에게 불리한 경우[483]에는 그 효력이 없다.

2) 건물매수청구권의 요건사실과 제3취득자를 상대로 한 행사의 요건(대항력)

① 건물 기타 공작물의 소유 또는 식목, 채염, 목축을 목적으로 한 토지임대차

② 건물의 신축과 그 현존

③ 기간만료로 임대차계약이 종료

기간의 정함이 없는 토지임대차의 경우에 임대인의 해지통고에 의하여 만료된 경우도 기간만

---

481) 임대차계약 종료를 원인으로 한 건물철거 및 대지인도 청구의 소송에서 피고측이 지상물매수청구권을 행사하지 않고 있으면 원고로서는 도리가 없다. 지상물매수청구권의 행사여부는 형성권자의 의사에 달렸다. 만약 그 사건에서 피고가 지상물매수청구권을 행사하면 법원은 바로 건물철거 및 대지인도 청구를 기각할 것이 아니라 원고에게 석명권을 행사하여 지상물매수청구권 행사에 따라 원고가 청구취지를 변경할 수 있는 기회를 부여하여야 한다. 만약 석명하였는데도 불구하고 원고가 여러 가지 이유를 대면서 소 변경을 거부할 경우에는 비로소 청구를 기각해야 한다. 그런데 피고측이 위와 같은 지상물매수청구권을 전혀 행사하지 않고 있으면 건물철거 및 대지인도를 명하는 판결이 선고된다. 그 판결이 확정된다 하더라도 지상물매수청구권에 대한 차단효가 없기 때문에 제2회 변호사 시험 기록형 문제 사안처럼 건물이 실제로 철거되기 전까지는 언제든지 임차인측에서 지상물매수청구권을 행사할 수 있다.

482) 대법원 2017. 4. 26. 선고 2014다72449·72456 판결에서는 지상물매수청구권은 ... Ⓐ 임차권 소멸 당시의 토지 소유권을 가진 임대인을 상대로 행사할 수 있다. Ⓑ 임대인이 제3자에게 토지를 양도하는 등으로 토지 소유권이 이전된 경우에는 ⓐ 임대인의 지위가 승계되거나, ⓑ 임차인이 토지 소유자에게 임차권을 대항할 수 있다면 새로운 토지 소유자를 상대로 위 매수청구권을 행사할 수 있다. 제2회 변호사시험 기록형 문제에서 원고 송무중이 Ⓑ ⓑ에 해당하는 이유는 건물 소유를 목적으로 한 토지임대차의 경우 건물을 축조한 임차인이 건물의 보존등기를 경료하면 민법 제622조 제1항에 의하여 임차인이 대항력을 갖게 되기 때문이었다.

483) 임차인에게 유리 여부는 Ⓐ 보증금 및 <u>임료가 시가보다 저렴</u>하거나(대법원 1992. 9. 8. 선고 92다24998·92다25007 판결), Ⓑ 보증금 및 <u>임료가 파격적으로 저렴하면서 그 임대기간도 장기간</u>으로 약정한 경우(대법원 1982. 1. 19. 선고 81다1001 판결)에 인정되는 것으로 보았다.

료에 의한 임대차계약의 종료로 보아 지상물매수청구권이 인정된다. 다만 임차인의 채무불이행(ⓐ2기이상 차임연체, ⓑ승낙·동의 없는 전대차 등)을 이유로 임대인이 해지하여 임대차계약이 종료되면 지상물매수청구권이 인정되지 않는다.(대법원 2003. 4. 22. 선고 2003다7685 판결)

④ 임대인이 계약갱신을 거절할 것

[지상물매수청구권의 행사]

⑤ 지상물매수청구권의 행사

(임대목적물이 양도되었을 경우에도)

⑥ 대항력 있는 임차권은 위 요건들(①②③④)이 충족되면 그 토지의 양수인을 상대로도 지상건물매수 청구를 행사할 수 있다.(대법원 1996. 6. 14. 선고 96다14517 판결, 대법원 1977. 4. 26. 선고 75다348 판결) 제2회 변호사시험 기록형 문제에서는 을서 주식회사가 건물의 보존등기를 한 상태에서 임대목적물인 대지가 양도되었기 때문에 민법 제622조 제1항에 의하여 차지권(借地權)의 대항력이 발생하였고, 그 결과 토지의 양수인에 대해서도 지상물매수청구권을 행사할 수 있었다.

나. 제4회 변호사 시험 기록형 문제(법학전문대학원 협의회 실시 2016년도 제2차 기록형 문제와의 비교)

1) 임차보증금반환 청구의 상대방

임대차계약 종료로 인한 임차보증금반환채무는 채권적 권리이기 때문에 원칙적으로 임대인을 상대로 행사해야 한다. 그런데 주택임대차계약이 대항력 갖추게 되면 그 임차건물의 양수인이 임대인의 지위를 승계한 것으로 본다.(주택임대차보호법 제3조 제4항) 상가건물임대차의 경우에는 대항력을 갖추게 되면 그 임차건물의 양수인이 임대인의 지위를 승계한 것으로 본다.(상가건물임대차보호법 제3조 제2항) 제4회 변호사시험 기록형 문제상의 임대차는 상가건물임대차보호법 적용대상인 임대차로서, 임차인이 임대건물을 인도받고, 사업자등록 신청을 마친 후 양도되었기 때문에 위 조항에 따라 양수인인 '장그래'가 임대인이 된다. 종전 '안영이'는 임대인 지위에서 벗어나게 된다. 그래서 '안영이'를 상대로 임차보증금반환청구를 하면 안 된다.[484]

2) 동시이행관계에 있는 임차목적물 인도청구도 병합청구(중요)

임차보증금을 양수받은 원고측은 임차목적물을 양수한 자를 상대로 (임차목적물인도와 상환으로) 임차보증금반환청구를 해서 승소의 확정판결을 받는다 해도 '조영만(임차인)'이 자진해서 '장그래(양수인, 현재 임대인의 지위에 있음)'에게 임차목적물을 인도하지 않으면 영원히 임대차보증금을 반환받지 못하고, 더구나 월 100만원의 비율에 의한 임료 또는 부당이득반환금이 늘어나고 있는 상황하에서 '조영만'으로 하여금 빨리 '장그래'에게 임차목적물을 반환하게 할 대책을 시급히 강구해야

---

484) 이처럼 대항력 취득 후 양수인에게 임대인 지위가 승계된 것으로 간주하는 규정은 임차인을 보호할 수도 있고, 해칠 수도 있다. 하지만 임차권이 임차목적물의 담보가치로 보호된다고 보아 양수인의 임대인 지위 승계 간주규정을 도입한 것이다. 나아가 주택임대차보호법이나 상가건물임대차보호법 상 우선변제권, 최우선변제권과 같은 임차보증금에 대한 회수 보장규정을 대폭 도입해 두었다. 다만 경매신청권은 인정되지 않아 여타의 담보물권과 다르다.

한다. 따라서 '장그래'에 대한 임차보증금반환채권을 피보전채권으로 하여 '장그래'가 갖는 '조영만'에 대한 임차목적물반환 청구권을 대위행사할 수 있다. 판례(대법원 1989. 4. 25. 선고 88다카4253, 4260 판결)는 임차보증금반환채권이 금전채권이긴 하나 이처럼 강한 견련관계가 있는 때는 '장그래'의 무자력 주장 · 증명 없이도 대위행사할 수 있도록 허용하고 있다. 또 임차인이 양수인에게 임차목적물을 반환하라고 대위청구할 때 임차보증금반환과 상환이행의 관계에 있다 하더라도 이미 임차보증금반환청구에서 상환이행으로 청구하고 있기 때문에 단순이행의 청구로도 충분하다고 한다.

3) 임료상당 부당이득금 공제

무단점유로 인한 부당이득금은 당연히 임차보증금에서 공제되어야 한다. (대법원 1992. 4. 14. 선고 91다45202, 45219 판결; 대법원 1979. 3. 13. 선고 78다2500, 2501 판결; 대법원 1981. 11. 10. 선고 81다378 판결, 대법원 1986. 3. 25. 선고 85다422, 85다카1796 판결; 대법원 1990. 12. 21. 선고 90다카24076 판결 등 다수)

그런데 "임대차계약 종료 후 임차인이 임차건물을 계속 점유하였으나 본래의 목적대로 사용 · 수익하지 아니하여 실질적인 이득을 얻은 바 없는 경우 임차인은 부당이득반환의무가 없다."라고 판시한 바가 있다.(대법원 1992. 4. 14. 선고 91다45202, 45219 판결) 따라서 본 사안에서는 '조영만'이 시건한 채 사용 · 수익하지 않고 있으므로 그 시건한 채 사용 · 수익하지 않은 날 이후의 부당이득은 공제할 수가 없다.[485]

4) (임차보증금지급과 상환으로) 임차목적물 인도청구권을 행사할 경우에는 임차보증금반환청구권을 대위행사 할 수 있는지에 관한 판례는 없다. 그래서 법학전문대학원 협의회 실시 2016년도 제2회 모의 기록형 문제에서는 제4회 변호사 시험 기록형과 달리 동시이행관계에 있는 임차보증금반환청구권은 대위행사하지 않았다. 그 이유는 임차목적물반환청구의 승소의 확정판결을 받은 다음

---

485) [필자의 견해] 이와 같은 결론에 대하여 위 대법원 판결이유 제1항을 잘 살펴보면 "법률상 원인 없이 이득하였음을 이유로 한 부당이득의 반환에 있어서 '이득'이라 함은 실질적인 이익을 가리키는 것이므로 법률상 원인 없이 건물을 점유하고 있다 하여도 이를 사용 · 수익하지 않았다면 이익을 얻은 것이라고 볼 수 없는 것인 바, 임차인이 **임대차계약 종료 이후에도 동시이행의 항변권을 행사하는 방법으로 목적물의 반환을 거부하기 위하여 임차건물 부분을 계속 점유하기는 하였으나 이를 본래의 임대차계약 상의 목적에 따른 사용 · 수익을 하지 아니하여 실질적인 이득을 얻은 바 없는 경우**에는 그로 인하여 임대인에게 손해가 발생하였다 하더라도 임차인의 부당이득 반환의무는 성립되지 않는다."고 판시하고 있다. 따라서 동시이행항변권을 행사하는 방법으로 목적물의 반환을 거부하면서 임차건물을 계속 점유하고 있기는 하나 본래의 목적에 따른 사용 · 수익을 하지 않고 있는 경우에 한하여 그 부당이득의 발생을 부인하고 있는 것이 위 판례의 진정한 태도라고 보아야 할 것이다. 제4회 변호사 시험 기록형 사안과 같이 동시이행 항변 문제가 전혀 발생하지 않은 가운데 피고 조영만이 모든 집기를 그대로 두고 임대목적물을 떠났다면 조영만의 주관적 의사만으로 무단점유 해당성이 부인되지 않고, 본래 목적에 따른 사용 · 수익이 없다고도 할 수 없어 위와 같은 결론이 반드시 옳은지 의문이다. 위와 같은 필자의 견해는 타당함에도 불구하고 최근 변호사 시험 출제경향에 따르면 위 대법원 판결의 취지를 형식적으로 적용한 나머지 거의 무조건 공제를 인정하지 않는 경향을 보이고 있다. 또 필자의 조사에 따르면 위 대법원 판결을 액면 그대로 적용한 나머지 심지어 미지급 임료가 임차보증금을 초과하여 임차보증금이 전혀 남아 있지 않은 경우에도 무단점유하는 임차인에게 '실질적 이익'이 없다며 공제를 부인하는 하급심 판결례가 대단히 많았다. 수험생으로서는 주의할 필요가 있다.

원고측은 이해관계 있는 제3자로 임차보증금을 변제하거나 공탁하는 등으로 변제 등 하고, 판결의 강제집행에 나서고, 나중에 대위변제한 임차보증금을 구상할 수 있기 때문이다.

3. 임차보증금반환청구권에 대한 전부명령으로 인한 전부금 청구

임차보증금반환청구권을 행사하면서 그와 동시이행관계에 있는 임차목적물 인도청구권을 대위 행사하는 문제(제4회 변호사 시험 기록형)는 법학전문대학원 실시 2018년도 제3회 모의 기록형 문제에도 출제되었다. 채권양도가 전부명령으로 대체된 것을 제외하고는 제4회 변호사 시험 기록형과 그 구조가 똑같으니 한번 확인해 보기 바란다.

제5강 도급계약에 기한 청구

Ⅰ. 도급계약 관련 분쟁

도급계약은 수급인이 일의 완성을 약정하고, 도급인이 그 일의 결과에 대하여 보수를 지급하기로 약정하는 계약을 지칭한다.(민법 제664조) 도급계약은 그 일의 종류에 따라 공사도급계약, 제조도급계약, 수리도급계약, 용역도급계약으로 나누고, 그 대가를 공사대금, 공임, 수리비, 용역비로 분류하고 있다. 민법전에 규정된 15개 전형계약 중 고용, 위임, 현상광고와 함께 용역(庸役, service, 용역의 민법전상의 용어는 "일"이다.)의 이용에 관한 법률제도이다. 노동법의 존재로 말미암아 민법전 상 '고용'규정의 중요도가 떨어짐에 비해 도급계약은 아직도 민법전에 기해 대부분의 규율이 이루어지고 있으므로 그 이해가 중요하다. 나아가 임치계약(임대차와 용역의 이용이 결합된 전형계약)도 있으나 거래계에서는 상사임치계약이 더 널리 이용되고 있어 민법전상의 임치계약의 활용도가 떨어지고 있다.

도급계약과 관련된 분쟁은 Ⓐ ①수급인의 '일의 하자 있는 완성'으로 인하여 도급인이 수급인을 상대로 ⓐ하자보수청구나 ⓑ하자보수에 갈음하는(또는 동시에) 손해배상을 청구하는 경우, ②선수금(초과지급보수금)반환청구 및 ③지체상금(遲滯償金)486) 지급청구를 하는 경우가 대다수이다. 물론 도급인으로서는 수급인이 일을 완성하기로 하는 도급계약을 하고도 그 약정을 이행하지 않고 있는 경우 '일의 완성 청구권'(약정 강제이행청구의 방식임)을 행사할 수 있더라도 '일의 완성'이란 급부의 '하는 채무'로서의 성격과 강제노역금지원칙상 그 약정(강제)이행청구를 하는 경우는 매우 드물다. Ⓑ 나아가 수급인측에서는 일을 완성했음에도 불구하고 도급인이 그 보수금을 지급하지 않을 때 일의 종류에 따른 공사대금지급청구, 공임지급청구, 수리비지급청구, 용역비지급청구 등 보수금

---

486) 지체상금이란 "계약당사자가 미리 계약에 의하여 정한 이행지체시에 채무자가 지급하여야 할 손해배상액"이다. 대법원 판례(대법원 1996. 4. 26. 선고 95다11436 판결 등)는 지체상금을 원칙적으로 이행지체에 대한 일종의 '손해배상액의 예정'과 같은 성격으로 이해하고 있다.

지급청구를 하는 방식으로 분쟁이 발생한다. 이때 주의할 것은 수급인이 하는 보수금지급청구는 완성물 인도와 동시이행관계에 있다는 점이다.(민법 제665조 제1항 본문, 대법원 1964. 10. 28. 선고 64다291 판결)[487]

Ⅱ. 공사대금(공임 · 수리비 · 용역비) 및 그 지연손해금 청구 (수급인측 청구)

1. 청구원인 요건사실

공사대금(공임 · 수리비 · 용역비)지급 청구	청구원인	"일"의 **전부** 완성 후
		
		or
			① **공사도급**(제조도급 · 수리도급 · 용역도급)계약
			② 일의 완성
			[③ 완성물의 인도
			  (인도까지 마쳤으면 지연손해금 지급청구도 가능[488])) or
			  완성물을 인도하지 않았다면 완성물의 인도와 상환하여 보수의 지급청구가 가능하되 지연손해금 청구는 불가능]
			[④ 계약금, 1차 중도금 등 지급받은 금액의 공제]

		"일"의 일부 완성(**공사중단**)	① **공사도급**(제조도급 · 수리도급 · 용역도급)계약 [② 공사중단 계약해제[489] 등] ③ <u>완성된 부분이라도 인도</u> ④ 기성고 금액[490] [기성고에 따른 공사대금을 산정하는 방식 즉 (**총공사대금×기성고율**[491])), 기성고율은 주로 감정을 통해 확정함] [⑤ 계약금, 1차 중도금 등 지급받은 금액의 공제]

---

487) 보수금지급청구에 대해 완성물인도의무가 동시이행관계에 있다는 쟁점은 제7회 변호사 시험 기록형 문제로 출제된 적이 있다. 이런 동시이행관계는 잘 기억해 내기 어려우므로 암기하듯이 알고 있어야 한다.

488) 인도까지 마쳤다면 보수(공사대금 등)의 이행기가 도과하였다는 것이다. 일의 완성과 동시이행관계에 있기 때문에 일을 완성하여 인도하면 보수의 지급기가 경과하였다고 할 수 있다. 물론 이와 다른 변제기의 특약이 있는 경우에는 그 특약에 따른다.

489) 건축공사 도급계약에 있어서는 공사도중에 계약이 해제되어 미완성된 부분이 있는 경우라도 그 공사가 상당한 정도로 진척되어 원상회복이 중대한 사회적 · 경제적 손실을 초래하게 되고 완성된 부분이 도급인에게 이익이 되는 때에는 도급계약은 미완성 부분에 대해서만 실효되고 수급인은 해제된 상태 그대로 그 건물을 도급인에게 인도하고 도급인은 그 건물의 기성고 등을 참작하여 인도받은 건물에 대하여 상당한 보수를 지급하여야 할 의무가 있게 되는 것이다. (대법원 1997. 2. 25. 선고 96다43454 판결)

490) 기성고 청구에서의 지연손해금 산정은 다음과 같이 한다.

첫째, 계약이 해제된 경우에는 비록 수급인의 유책사유로 계약이 해제되어 그 당시까지의 기성고에 대한 공사금 상당액을 지급하여야 할 경우라도, 이에 대한 지연손해금은 계약이 해제된 다음 날부터 발생한다. (대법원 1991. 7. 9. 선고 91다11490 판결) 대체로 미완성된 건물이 아직 독립된 건물성을 갖추지 못한 상태에서 토지의 부착물적 성격을 갖게 될 뿐이고, 따라서 도급인의 토지소유권에 기한 토지 점유로 말미암아 수급인에 의한 완성된 일의 일부라도 인도함이 없이 도급인이 그 부착물을 점유하고 있다는 전제하에 이런 판결이 선고된 것으로 보인다.

둘째, 소위 분할급으로 공사대금정산의 약정이 있는 경우에는 이미 완성되어 발생한 중도금의 경우에는 그 중도금 지급시기 다음날부터 지연손해금을 청구할 수 있다. (대법원 1985. 5. 28. 선고 84다카856 판결)

491) 기성고 비율은 이미 완성된 부분에 소요된 공사비에다가 미시공 부분을 시공하는데 소요될 공사비를 합친 전체 공사비 가운데 이미 완성된 부분에 소요된 비용이 차지하는 비율이다.(대법원 1995. 6. 9. 선고 94다29300 · 29317 판결

⒜동시이행
Ⓑ상 계 및
ⓒ 해 제 의
항변
	Ⓐ【완성된 일의 하자[492]로 인한 하자보수의 동시이행항변】
	 ① 완성된 일에 하자의 존재
	 ② 하자보수의무와의 동시이행항변 (권리항변)
	─ ─ ─ ─ ─ ─ ─ ─ ─ ─ ─ ─ ─ ─ ─ ─ ─ ─ ─
	Ⓑ①【하자보수금 등으로 상계하여 상계액만큼 소멸 or
	                       (if 잔액 있으면,) 별도 청구해야 함】
	 ⓐ자동채권(하자보수금or/&손해배상금)의 발생[493]
	  (a)하자의 존재
	  (b)손해의 범위
	 ⓑ(1)(a)상계적상, (b)상계의 의사표시와 도달, (c)상계충당
	  (2)(if 잔액 있으면,) 반소 등으로 별도 청구해야 함 or
	②【지체상금으로 상계하여 상계액만큼 소멸】
	 ⓐ자동채권 (지체상금[494])
	  (a)지체상금의 약정
	  (b)지체일수
	  (c)지체상금의 산정(지체상금율X지체일수) &
	 ⓑ (a)상계적상, (b)상계의 의사표시와 도달, (c)상계충당 or
	─ ─ ─ ─ ─ ─ ─ ─ ─ ─ ─ ─ ─ ─ ─ ─ ─ ─ ─
	ⓒ【완성된 일의 하자로 인한 도급계약 해제】
	 ➡ *원상회복의 문제는 남음
	 ① [도급계약 목적이 건물, 기타 토지의 공작물인 경우]
	 일의 완성 전에만 해제 가능
	  ⓐ'일'에 하자가 있고, ⓑ그것에 의해 계약의 목적을 달성할 수 없음 or
	 [그 외]
	 일의 완성 전 혹은 일의 완성 후에도 해제 가능
	  ⓐ'일'에 하자가 있고, ⓑ그것에 의해 계약의 목적을 달성할 수 없음
	②해제의 의사표시·도달

재항변	[Ⓑ 중 ②을 제외한, 결국 완성된 일의 하자로 인한 Ⓐ동시이행항변, Ⓑ①하자보수금· 손해배상금을 자동채권으로 한 상계 및 ⓒ이를 이유로 한 해제에 대한 재항변 사유]^[495]

---

492) 도급계약에서 '완성된 일'에 하자가 있는 경우 너무 중대하여 계약의 목적 자체를 달성할 수 없는 경우에는 계약을 해제하고 원상회복의무의 이행문제로 해결하고(위 표 중 ⓒ), 그렇지 아니한 경우에는 일단 일은 완성된 것으로 보아 도급인이 인수하고 도급인은 수급인에게 ①하자보수를 하라는 '하는 채무'의 이행을 청구(Ⓐ)(이때도 지체에 대한 손해배상청구는 같이 할 수 있다. 만약 이행지체에 관하여 지체상금의 약정이 있다면 이는 손해배상의 예정에 상응하므로 그 법리의 적용을 받는다.)하거나, ②하자보수와는 별도로 하자보수금 or/& 손해배상금의 지급을 청구할 수 있다.(Ⓑ①) 이때 하자보수금 & 손해배상금청구를 하면 후자의 경우는 지체책임이 주를 이루고, 하자보수금 청구 없이 손해배상금청구만 할 때 손해배상은 전보배상의 성격을 갖게 된다.

493) 도급계약에서 완성된 "일(용역)"의 하자 관련 법리는 매매계약의 하자담보책임내용과 비교하면서 학습하면 좋고, 지체상금의 약정은 손해배상액의 예정(위약금) 법리와 비교하면서 학습하면 좋다. 결국 재화와 용역 중 재화부분은 매매계약이나 손해배상액의 예정 법리가 적용되고, 용역부분은 도급계약의 법리가 적용된다는 특성을 잘 이해하는 것이 관건이다. 거래의 대상인 재화와 용역이 그 특성 때문에 적용되는 법리가 약간 변형되어 있는 것이다.

494) 공사도급계약상의 도급인의 지체상금채권과 수급인의 공사대금채권은 특별한 사정이 없는 한 동시이행의 관계에 있지 않다. (대법원 2015. 8. 27. 선고 2013다81224·81231 판결)

495) 일의 하자로 인한 담보책임(민법 제667조)은 무과실책임이다.(대법원 1980. 11. 11. 선고 80다923·924 판결) 매매계약상의 하자담보책임과 같은 법리이다. 따라서 재항변사유로 수급인이 고의·과실이 없다며 면책을 주장할 수 없다. 다만 수급인의 유책사유로 하자가 발생한 경우에는 일종의 불완전이행으로 채무불이행이 되고, 그 결과 도급인은 민법 제667조에 따른 담보책임을 물을 수도 있고, 채무불이행에 의한 손해배상도 청구할 수 있다.(청구권 경합, 대법원 2004. 8. 20. 선고 2001다70337 판결, 대법원 2005. 11. 10. 선고 2004다37676 판결) 이와 같이 청구권 경합을 인정하는 논리도 매매계약상의 하자담보책임 법리와 같다.

재항변	①ⓐ도급인이 제공한 재료의 성질로 하자가 발생한 것 or 　ⓑ도급인의 지시에 의해 하자가 발생한 것 or ②목적물의 인도받은 날로부터 1년 후 or 인도가 필요 없는 경우에는 일의 종료일로부터 　1년 후 행사 (제척기간 도과) ③담보책임 면제(감경) 특약 - [ⓑ 중 ②**지체상금**에 의한 상계 주장에 대한 재항변 사유] ①유책사실(고의·과실) 없음 or ②이례적인 천재지변496) or ③**종기의 도래(or 해제할 수 있었던 때로부터 다른 업자를 선정하여 일을 완성할 수 　있었던 때의 도래) or** ④지나치게 과다하여 감액(민법 제398조 제2항)
재재항변	[재항변 사유 중 ⓑ①ⓐⓑ&③에 대하여] **수급인**이 그 재료 또는 지시의 부적당을 알고도 고지하지 않음

　　공사대금 지급청구를 하기 위해서는 공사도급계약을 체결한 사실이외에도 '일을 완성한 사실'을 추가로 주장·증명해야 한다. 이에 더 나아가 패소하는 부분이 없도록 하라는 최근 출제경향에 따라 공사대금지급과 동시이행관계(민법 제665조 제1항 본문, 대법원 1964. 10. 28. 선고 64다291 판결)에 있는 '완성물 인도사실'도 추가적으로 주장·증명해야 한다. 결국은 위와 같은 청구원인의 요건사실 법리로 공사대금(수리비, 공임, 용역비)(이를 통틀어 법전상으로는 '보수'라고 한다) 지급청구를 해야 하지만 실무상으로는 공사도급(수리도급, 제조도급, 용역도급)계약을 체결할 때 완성된 일을 인도받음과 동시에 총공사대금497)을 한꺼번에 지급하는 것이 아니라 계약금. 1차중도금, 2차중도금 … 공사잔대금 지급 등으로 그 지급액과 지급시기를 나누어 약정해 둔다(소위 '분할급'의 약정)는 사실을 알아야 한다. 이러한 경우에는 ①공사도급계약의 체결, ②보수지급시기에 관한 특약(분할급의 특약), ③그 특약상의 사실이 발생(기일의 도래 등, 공사잔대금의 경우에는 완성된 일의 인도와 동시 지급인 경우가 많다.) 등을 주장·증명하면서 해당 보수금의 지급을 구할 수 있다. 하지만 분쟁발생으로부터 소송을 통한 해결까지는 장시간 소요되는 관계상 1차중도금 또는 2차중도금 지급청구와 같은 형태로 소가 제기되는 경우란 거의 없고, 일이 완성되거나 중단된 상태에서 완성된 일에 대한 전체 공사대금에서 이미 지급받은 계약금, 1차중도금 등을 공제한 나머지 공사대금 지급청구를 하거나 중단된 상태에 해당되는 기성고에 따른 공사대금에서 이미 지급받은 계약금, 1차중도금 등을 공제한 나머지 공사대금의 지급을 구하는 형태로 공사대금 지급청구를 하는 것이 보편적이다.

　　이렇게 공사대금 청구를 하게 되었을 때 만약 수급인이 도급인에게 완성물을 인도하였다면 그

---

496) 1997년 IMF 구제금융 신청으로 인한 경제위기로 인한 자재 수급차질 등도 불가항력으로 인한 것으로 인정되지 않고, 비가 와서 작업을 못한 사정 등도 천재지변이라 할 수 없다. (대법원 2002. 9. 4. 선고 2001다1386 판결)

497) 도급계약할 때 공사대금을 사전에 정해 둔 정액도급계약형태로 체결할 수도 있고, 개괄금액만 정해두고 작업 진행에 따라 또는 종료 후에 확정하는 개산도급(槪算都給)계약이 있고, 아예 계약을 체결할 때는 정하지 않고 사후에 결정하기로 하는 사후 확정도급계약이 있다. 마지막의 경우에는 거래관행에 비추어 실제로 소요된 비용에 적정한 이윤을 가산하여 보수액을 정하면 된다.(대법원 1965. 11. 16. 선고 65다1176 판결) 개산도급계약이나 사후 확정도급계약은 도급인과 수급인사이에 신뢰관계가 돈독하고 장기거래 관계에 있는 당사자들 사이에 주로 체결이 된다. 특히 국가나 지방자치단체가 도급인인 경우가 많다.

다음날부터 지연손해금의 지급을 구할 수 있다. 다만 목적물의 인도를 요하지 않는 경우(대법원 1994. 11. 22. 선고 94다26684 · 26691 판결)나 보수지급에 관한 특약이나 별도 관습이 있다면 그에 따른다.(민법 제665조 제2항, 제656조 제2항) 그 지연손해금률은 별도 약정이 없다면 일단 민사 법정이율인 연 5%(민법 제379조)의 적용을 받을 것이다. 다만 제조도급계약, 수선도급(수리도급)계약의 경우는 상법 제46조 제3호에 의해 절대적 상행위가 되고, 또 도급인 또는 수급인이 회사인 경우에는 상법 제66조에 의하여 준상행위가 되어 상법 제55조가 적용되면 상사 법정이율인 연 6%의 적용을 받을 수 있다. 이렇게 상사 법정이율 연 6%의 적용을 하여 지연손해금 지급청구도 병합할 때는 제조도급계약 또는 수선도급계약인 사실이나 도급인이나 수급인이 주식회사 등 상인인 사실 중 하나를 추가적으로 주장 · 증명하여야 한다.

만약 완성된 일에 '하자'가 있을 경우 그 하자가 중대하여 계약의 목적을 달성할 수 없는 경우에는 도급인은 수급인에게 도급계약을 해제하고 원상회복을 청구할 수 있다. 그러나 그 하자가 그 정도에 이르지 않은 경우에는 도급인은 하자 있는 일이라도 인수하고 나서 완성된 일의 하자에 대하여 ⒜하자보수를 요구하고, 그 하자보수의무의 이행과 동시이행을 청구할 수도 있다.(민법 제667조 제3항) 이때 하자가 중요하지 않고, 또 그 보수에 과다한 비용이 들 때는 하자보수를 청구할 수 없고 이하 청구를 대신 할 수 있다. ⒝또 하자로 인한 하자보수금 or/& 손해배상금지급 청구를 할 수 있는데, 이를 자동채권으로 하여 공사대금과 상계를 주장할 수도 있다. 물론 이때 상계한 후 나머지 하자보수금 및 손해배상금이 남아 있으면 반소청구나 별소로서 이를 청구할 수도 있다.

나아가 지체상금 등을 자동채권으로 하여 상계의 항변을 하여 수급인의 청구액과 대등액으로 소멸하였다고 주장할 수 있다. 물론 이때도 상계한 후 나머지 지체상금이 있으면 반소 또는 별소로서 이를 청구할 수 있다.

이에 대하여 수급인은 일의 목적물의 하자가 도급인이 제공한 재료의 성질 또는 도급인의 지시에 의해 발생한 경우를 주장 · 증명하여 재항변하거나(민법 제669조 본문) 완성물의 인도를 받은 후 1년 후, 인도가 필요 없는 경우에는 일을 종료한 날로부터 1년 후에 제기하여 제척기간을 도과하였다는 재항변을 할 수 있다.(민법 제670조)

Ⅲ. 하자보수금or/&손해배상금 청구, 지체상금 청구, 선급금반환 청구(도급인측)

1. 하자보수금 · 손해배상금 지급청구

'완성된 일'의 '하자'로 인한 하자보수금[498] or/& 손해배상금 청구	청구원인	**하자보수금 or 하자보수금 + 손해배상금** 지급청구	도급계약 해제로 인한 **원상회복 or/& 손해배상청구**	
		①도급계약	①도급계약	
			[건물 기타 공작물]	**[기타]**
			②일의 완성 전	②일의 완성전 또는 일의 완성후

		②(완성된 일의) 하자 ③(ⓐ하자보수 청구) or 　　ⓑ하자보수금 or 　　ⓒ(a)하자보수금 + 　　　(b)(1)손해배상, 　　　　(2)손해의 범위	③ⓐ(완성된 일의) 하자 　　ⓑ하자로 인하여 계약목적을 달성할 수 없음 ④계약해제의 의사표시 및 도달 ⑤ⓐ(1)원상회복(현물) or/and 　　(2)(a)손해배상+(b)손해배상의 범위 or 　　ⓑ선급금 반환청구(뒤에서 구체적으로 살핌)
	항변	①ⓐ도급인이 제공한 재료의 성질로 하자가 발생한 것 or 　　ⓑ도급인의 지시에 의해 하자가 발생한 것 /// ②목적물의 인도받은 날로부터 1년 후 or 인도가 필요 없는 경우에는 일의 종료일로부터 1년 후 행사 (제척기간 도과) ③담보책임 면제(감경) 특약	
	재항변	[항변 사유 중 ①ⓐⓑ&③에 대하여] **수급인**이 그 재료 또는 지시의 부적당을 알고도 고지하지 않음	

　　수급인이 일을 완성(예정된 최후 공정을 완료)하였으나 그 완성물에 하자가 있는 경우에는 일단 수급인에게 목적물의 완성여부에 관한 판단기준을 완화시켜 보수청구권을 인정해 주는 한편 수급인에게는 중한 담보책임(민법 제667조)을 지워 그 하자담보청구권과 동시이행관계를 인정하는 방식으로 도급계약 관련 분쟁을 해결하고 있다.(대법원 1994. 9. 30. 선고 94다32986 판결) 그 결과 도급인은 수급인을 상대로 하자담보에 기한 하자보수청구권을 행사할 수 있고, 하자보수에 갈음하여 하자보수에 필요한 하자보수금의 지급을 구할 수도 있으나 하자보수청구는 일종의 '하는 채무'적 성격을 가져서 앞서 본 공사대금지급청구에 대한 동시이행항변은 할 수 있으나 청구취지를 구성하기 어려워 하자보수이행 청구를 하는 소제기가 어려워 하자보수금의 지급을 구하는 청구를 하는 것이 일반적이다. 또 이에 갈음(or)하거나 동시(and)에 손해배상청구권을 행사할 수 있다. 물론 하자로 인하여 계약목적을 달성할 수 없다는 점을 추가로 주장·증명하여 도급계약 자체를 해제할 수도 있다.(다만 건물 기타 토지의 공작물에 관한 도급계약인 경우에는 일이 완성되고 난 후에는 비록 하자가 있다고 하더라도 도급계약 자체를 해제할 수는 없다. 민법 제668조 후문) 앞서 설명한 바와 같이 하자가 도급인이 제공한 재료의 성질이나 지시에 의해 발생한 경우나 완성물을 인도받은 날(인도가 필요 없는 경우에는 일을 완성할 날)로부터 1년 후에 청구하였다는 사실을 주장·증명하여 항변할 수 있고, 하자담보 책임의 면제 또는 경감 특약으로 항변할 수도 있다.

2. 지체상금 청구

지체상금 청구	청구원인	①도급계약 **②지체상금의 약정** ③지체상금액(지체기간 X 1일 지체약정금) 　지체기간 시기(始期)는 약정상의 준공일(대법원 1995. 9. 5. 선고 95다18376 판결)임

---

498) 도급인의 하자보수청구권의 변제기는 도급인이 그 권리를 행사한 때이다.(대법원 1989. 12. 12. 선고 88다카 18788 판결)

항변	①유책사실(고의·과실) 없음 or ②이례적인 천재지변[499] or ③종기의 도래(or <u>해제할 수 있었던 때로부터 다른 업자를 선정하여 일을 완성할 수 있었던 때의 도래</u>) or ④지나치게 과다하여 감액(민법 제398조 제2항)

　　지체상금의 약정이 있는 경우에는 지체상금 지급청구를 할 수 있다. 지체상금은 일시금으로 정할 수도 있고, 일정금액을 지연기간에 비례하여 청구할 수 있게 약정(실무계에서는 후자의 사례가 더 많다.)하고 있다. 지체상금은 손해배상액의 예정으로 추정하고 부당하게 과다한 경우에는 감액할 수도 있다.(대법원 1996. 5. 14. 선고 95다24975 판결) 수급인은 유책사유가 없이 지체되었다고 항변하거나(대법원 1995. 9. 5. 선고 95다18376 판결) 이례적인 천재지변으로 불가항력 항변을 하거나(대법원 2002. 9. 4. 선고 2001다1386 판결) 수급인이 공사를 중단하는 등 해제사유가 있어 도급인이 이를 해제할 수 있었던 때로부터 다른 업자를 선정하여 일을 완성할 수 있었던 기간을 주장·증명하여 항변(소위 '종기'의 항변)할 수 있다.(대법원 2001. 1. 30. 선고 2000다56112 판결) 재화(goods)에는 매매계약이 있듯이 용역(service)에도 유상거래계약이 있는데, 그 유상거래계약이 이행지체됨으로 인해 손해배상책임이 발생한다. 그 손해배상액의 예정이 지체상금이라고 이해하기만 하면 위와 같은 항변사유들의 구조를 잘 이해할 수 있다. 이행지체에 대한 항변사유로 채무자의 고의·과실이 없다는 것을 학습한 바가 있고, 아예 천재지변과 같은 위험(risk)은 위험부담의 문제일 뿐 채무불이행이 되지 않는다는 것은 이미 수차례 설명한 바가 있고, 손해배상액의 예정은 민법 제398조 제2항에 의해 감경할 수 있다. 오직 용역에 관해 종기의 항변이 특별하게 있음을 알 수 있다. 만약 거래되는 물품이 종류물이었다면 채권자가 종류물 인도청구와 동시에 대상청구를 해 두는 데 그치고 있다는 점은 이미 학습한 바가 있다. 이때도 채권자가 채무자를 상대로 이행지체에 대한 손해배상청구를 하게 되면 종기의 항변이 발달되었을 것이 거의 확실하다. 거래의 당사자들(privy)은 거래의 목적을 달성하기 위해 협력할 의무가 있기 때문이다.

3. 선급금 반환청구

선급금 반환청구	①선급금반환청구권의 발생 　ⓐ공사도급계약 　ⓑ선급금(계약금 포함)의 지급 　ⓒ(공사 중단·완성된 일의 하자 등 사유로 인한) 공사도급계약 해제 등으로 인해 선급금반 환사유(지급한 선급금이 기성고와 공제·상계하고 남음)의 발생 ②선급반환금의 산정 [기성고에 따른 공사대금의 공제하는 방식으로 산정 즉 (지급 총 선급금 － 총공사대금 × 기성고율)]

---

499) 1997년 IMF 구제금융 신청으로 인한 경제위기로 인한 자재 수급차질 등도 불가항력으로 인한 것으로 인정되지 않고, 비가 와서 작업을 못한 사정 등도 천재지변이라 할 수 없다. (대법원 2002. 9. 4. 선고 2001다1386 판결)

도급인은 특히 도급계약을 해제한 후에는 이미 지급한 선급금은 특별한 사정이 없는 한 '별도의 상계의 의사표시 없이도' 그때까지의 기성고에 해당되는 공사대금 중 미지급액에 당연히 '충당' 되고 나머지 선급금이 있는 경우 그 선급금의 반환을 청구할 수 있다. 물론 수급인은 선급금으로 기성 공사대금을 충당하고도 오히려 나머지 공사대금이 있는 경우에는 그 나머지 공사대금의 지급을 청구할 수 있다. (대법원 2010. 7. 8. 선고 2010다9597 판결, 기성고 공사대금 청구로 앞선 표에 잘 정리되어 있음) 하지만 수급인이 다른 공사대금채권으로 미정산 선급금 반환채권과 상계하고자 하면 이는 당연히 공제되지 않기 때문에 이를 주장하는 수급인측에서 상계적상의 요건사실을 충분히 주장·증명하여야 한다.(대법원 2010. 7. 8. 선고 2010다9597 판결)

Ⅳ. 도급계약에서의 건물 소유권 귀속 법리 (건물 원시취득의 법리)

건물공사도급계약에 기해 건물의 소유권 귀속은 다음과 같은 법리에 따라 해결한다. 원칙적으로 재료의 전부 또는 주요부분을 제공한 자가 건물의 소유권을 원시적으로 취득한다.(자본주의 경제원리가 적용된 결과) 이러한 법리는 임의규정이므로 도급계약상 달리 약정할 수 있다. 따라서 만약 도급인이 공사대금의 전부 또는 대부분을 부담하게 되는 경우에는 도급인에게 소유권이 귀속된다는 특약이 추정되어 도급인이 원시취득한다. 만약 미완성인 채 공사가 중단되고 난 이후 이를 이어받은 제3자가 완성시킨 경우에는 가공에 관한 법리(민법 제259조)가 적용된다. 따라서 제3자가 제공한 재료의 가치와 공사의 가치의 합계가 당초 미완성된 채 있었던 건물의 재료비와 공사비의 합계액에 비해 더 많은 경우에는 그 제3자가 소유권을 원시취득하나 그 반대의 경우에는 미완성된 건물 소유권 취득자가 원시취득한다.(민법 제259조 제1항) 또 아파트, 빌라, 다가구주택, 구분소유된 상가와 같은 집합건물일 때 구분소유의 대상이 된 일부 건물부분은 기둥, 주벽, 지붕 등이 완성되어 독립된 부동산으로서의 건물이 되어 있었으나 나머지 건물부분은 미완성된 채 공사가 중단되고 이후 이를 이어받은 제3자가 완성시킨 경우에는 원칙적으로 설계도상 계획된 모든 건물들에 대한 기둥, 주벽, 지붕 등이 완성되어 구분행위가 가능하게 되기 전까지는 비록 수급인에게 공사대금의 전부 또는 일부를 분양금으로 납부하고 있는 수분양자들이라고 하더라도 비록 완성된 건물부분 수분양자들조차 그 소유권을 원시취득하지 못하고 부도난 수급인(공사업체)에 대한 도급계약상의 청구권만을 취득할 뿐이다. 이 경우 양수받아 완공한 제3자가 집합건물 전체에 대한 소유권을 원시취득한다. 물론 이에 반하는 일부 대법원 판례들이 존재하기도 한다. 더 자세한 논의는 본서 앞부분 건물에 대한 원시취득 설명부분을 참조하기 바란다.

제6강 위임계약 · 조합계약 · 예금계약

I. 위임계약과 이사의 회사에 대한 책임

1. 개설

위임계약은 고용 · 도급 · 현상광고과 함께 용역(service)의 이용에 관한 전형계약이다. 로마법시대부터 중세에 이르기까지는 생산에 필요한 대부분의 용역은 노예를 통해 공급하였고, 따라서 고용계약은 존재하지 않았으며, 다만 자유인들끼리의 용역이용에 관한 위임계약은 존재하였는데 무상계약이었다. 현행 민법도 로마법이래의 전통에 따라 위임계약을 원칙적으로 무상계약으로 규정하고 있고, 보수지급의 특약이 있을 때 한하여 유상계약이 된다.(민법 제696조) 특히 본인과 대리인간, 회사와 이사간, 회사와 대표이사간에는 특별한 사정이 없는 한 위임계약에 기해서 업무처리할 의무를 부담하는 관계에 있다.

2. 수임인의 위임인에 대한 보수지급청구 및 필요비 지급청구

위임계약은 원칙적으로 무상계약이므로 보수지급의 특약이 없는 한 보수지급청구를 할 수 없다.(민법 제686조 제1항) 다만 변호사 수임 약정에는 무보수로 한다는 특별한 사정이 없는 한 응분의 보수를 지급한다는 묵시적 약정이 있다고 봄이 상당하다.(대법원 1995. 12. 5. 선고 94다50229 판결) 또 상인이 그 영업범위내에서 타인을 위하여 행위를 한 때에는 상당한 보수를 청구할 수 있다.(상법 제61조) 나아가 수임인은 위임사무의 처리에 관하여 필요비를 지출한 때는 위임인에 대하여 그 필요비와 지출한 날 이후의 (법정)이자의 지급을 구할 수 있다.(민법 제688조) 따라서 수임인이 위임인에 대하여 보수지급청구를 할 때 요건사실은 다음과 같다.

보수 및 필요비 지급청구	청구원인	① 위임계약체결 사실 ②ⓐ 보수지급의 (명시적 · 묵시적) 특약사실 or 　ⓑ 필요비의 지출사실 ③[보수청구의 경우] 　ⓐ위임사무의 완료 or 　ⓑ[기간으로 보수를 정한 때] 　　그 기간이 경과된 사실 or 　ⓒ[수임인의 책임 없는 사유로 위임이 종료된 때] 　　이미 처리한 사무의 비율에 따른 보수청구 [필요비 지급청구의 경우] 　ⓐ즉시 　ⓑ지출일로부터의 (법정)이자 가산하여 청구
	항변	Ⓐ신의성실의 원칙이나 형평의 원칙에 반하여 약정보수액이 부당하게 과다함 Ⓑ반사회질서 위반 무효(민법 제103조)[500]

---

500) 대법원 2015. 7. 23. 선고 2015다200111 전원합의체 판결 (변호사의 형사 성공보수금 약정은 민법 제103조 위반으로 무효라는 취지의 판결) 이미 지급한 형사 성공보수금은 불법원인급여로 원칙적으로 그 반환을 청구하지는 못한다.

3. 위임인의 수임인에 대한 선급비용 사용 잔액반환청구 및 소비한 금전지급청구

위임인은 수임인에게 위임사무 처리를 위하여 선급금 등을 지급할 수 있고, 또 위임인에게 인도한 금전 등을 보관할 수 있다. 이때 수임인은 위임사무를 처리하고 남은 선급금을 반환할 의무가 있을 뿐만 아니라(민법 제684조) 위임취지에 반하여 자기를 위하여 소비한 경우에는 그 소비한 원본은 물론 (법정)이자까지 반환하여야 하며 때로는 손해배상도 해야 한다.(민법 제685조) 민법 제685조의 존재이유는 수임인의 선의·악의를 묻지 않고 원본과 법정이자의 지급을 구할 수 있다는 측면에서 부당이득반환에 관한 민법 제748조, 제749조의 예외규정이라는 점이다.

선급비용 잔액 반환청구	청구원인	① 위임계약체결 사실 ②ⓐ 위임인이 수임인에게 업무처리비용을 선급한 사실 ⓑ 수임인이 사용하고 남은 잔액의 존재 ③ 위임사무가 종료
	항변	그 지출 및 용도의 정당성

소비한 금전 (원본·법정이자)반환청구	청구원인	[원본 및 소비한 날 이후의 법정이자 지급청구]
		① 위임계약 체결사실
		②ⓐ수임인이 위임인에게 인도한 금전 또는 위임인의 이익을 위하여 사용할 금전을
		  ⓑ자기의 이익을 위하여 지출(소비)한 사실
		[＋손해배상도 청구]
		③ⓐ손해의 발생사실
		  ⓑ손해배상의 범위

4. 수임인의 선관주의 의무

수임인은 위임의 본지에 따라 위임사무를 처리해야 한다. 수임인이 이러한 채무를 고의·과실 (그 주장·증명책임은 물론 채무자인 수임인에게 있다. 따라서 채무자인 수임인은 채무불이행에 고의·과실 없었다고 주장하여 그 책임을 면할 수 있을 뿐이다. 결국 다른 이행지체, 이행불능의 경우와 주장·증명책임이 같다.)로 불이행한 때에는 채무불이행의 책임을 부담하게 된다. 여기까지는 일반 채무불이행 이론과 같다. 그런데 위임사무는 수임인이 어느 정도 재량을 가지고 독립적으로 처리해야 할 업무이다. 그 결과 과실로 채무불이행하였다는 점을 판단하는 기준에 관한 논란이 있다. 과실은 예견가능성 또는 회피가능성이 있는 데도 그 주의의무를 다하지 못하면 인정되는 책임요소이다. 인간사에서 예견가능과 회피가능은 구체적인 사람의 능력이나 자질에 따라 달라질 수 있다. 예를 들면 귀하(법학전문대학원 학생)에게 법률사무의 처리를 위임했을 때 귀하가 예견가능하고 회피가능한 정도가 장기간 고도로 훈련받고 경험이 풍부한 변호사의 그것과 같을 수가 없다. 그래서 수임인은 "위임의 본지에 따라 선량한 관리자의 주의"로써 위임사무를 처리할 의무를 부과하였다.(민법 제681조) 만약 수임인이 선량한 관리자의 주의로 위임사무를 처리하지 않았다면 채무불이행으로 손해배상을 할 책임을 부담하게 된다. 다시 말하자면 수임인은 선량한 관리자의 주의를 기울였다면 예견가능하거나 회피가능한 경우에 그 주의를 다하지 않아 위임사무의 처리가 지체되었거나, 불가능하였거나, 불완전하게 처리되었을 때에는 위임인에 대하여 채무불이행 책임을 부담하게 된다.

이때 선량한 관리자의 주의의무를 간단하게 줄여 선관주의의무라고 한다. 선관주의의무는 '자기재산과 동일한 주의'(민법 제695조)와 구분되고 대체로 그보다 더 높은 수준의 주의의무를 의미한다. 구체적인 기준은 대법원 판례의 판지들을 살펴보면서 익혀야 할 것이다.

5. 이사의 회사에 대한 책임과 주주대표소송[501]

가. 원고측의 이사가 위임의 본지에 반하여 위임사무를 처리했다는 주장

특히 회사와 이사의 관계는 민법의 위임에 관한 규정이 준용(상법 제382조 제2항)되기 때문에 이사, 대표이사는 "위임의 본지에 따라 선량한 관리자의 주의로써 위임사무를 처리할" 의무를 부담하게 된다. 위임계약에서 수임인의 선관주의의무 규정이 이사의 회사에 대한 채무불이행 여부를 판단하는 기준으로 작용한다. 만약 이사(대표이사 포함)가 회사 업무를 처리함에 있어 '선관주의의무를 다하지 않았다'("그 임무를 게을리 한 경우")면 그 이사는 회사에 대하여 채무불이행으로 인한 손해배상책임을 부담하게 된다.(상법 제399조) 실제로는 이러한 이사를 상대로 채무불이행에 의한 손해배상 청구를 하게 되는 자들이 이사 및 대표이사들이어서 그동안 스스로 적극적으로 그 책임을 추궁하는 소제기는 없다고 해도 과언이 아니었다. 그럼에도 불구하고 소수주주들이 회사를 대표하여 이사를 상대로 채무불이행을 원인으로 한 대표소송(상법 제403조)을 제기하는 것이 가능하기 때문에 상법 제399조는 널리 활용되게 되었다.

위임의 본지에 반하는지의 판단은 이사의 직무수행이 적법하고, 규범적으로 타당해야 함은 물론 회사의 영리실현을 위해 합목적적이고 효율적이어야 한다.

나. 주주대표소송

주주대표소송이란 회사가 이사(대표이사, 감사 등)에 대한 책임추궁을 게을리할 경우 주주가 회사를 위하여 이사의 책임을 추궁하기 위해 제기하는 소이다.(상법 제403조) 발행주식 총수의 1/100 이상 주식을 소유한 주주들(소수주주)은 그 이유를 기재한 서면으로 회사에 대하여 이사에게 책임을 추궁하는 소의 제기를 청구할 수 있다. 만약 회사가 위 청구를 받은 날로부터 30일이 경과하도록 소를 제기하지 않으면 위 주주들은 즉시 회사를 위하여 이사를 피고로 정한 채무불이행으로 인한 손해배상청구의 소를 제기할 수 있다. 소를 제기한 후에 소수주주들의 보유주식이 1/100이하로 되어도 제소에는 아무런 영향이 없다. 다만 이 경우 그 소수주주들의 보유주식수가 0가 되면 원고적격 흠결로 부적법하여 소각하된다.

---

501) 제6회 변호사 시험 민사기록형 문제로 출제된 바가 있다.

다. 피고(이사·대표이사)측의 경영판단의 원칙의 항변

물론 상법 제399조 위반의 책임은 채무불이행 책임으로 피고측은 채무불이행에 고의·과실이 없었다고 항변할 수 있다. 이때 이사가 '고의'로 위임의 본지에 반하게 위임사무를 처리했다면 당연히 채무불이행 책임을 부담해야 한다. 그러나 실무상 이사가 고의로 채무불이행했다고 문제되는 경우란 흔치 않다. 그런데 수임인측은 선관주의의무를 다하였다(즉 '과실'이 없었다)고 주장·증명하면 채무불이행 책임을 부담하지 않는다. 하지만 그 선관주의의무를 다하였다고 주장·증명하기 어려울 때는 경영판단의 법칙(business judgement rule)에 따라 주의의무를 다하였다고 주장·증명하여 항변할 수 있다. 이야기만 들어도 선관주의의무를 다하였다는 것보다 경영판단의 법칙을 따랐다고 주장·증명하는 것이 더 쉽다는 것은 충분히 짐작할 수 있을 것이다. 그래서 널리 활용되고 있다. 대법원(대법원 2002. 6. 14. 선고 2001다52407 판결)도 "통상의 합리적인 ... 임원으로서 (a)그 상황에 합당한 정보를 가지고 (b)적법한 절차에 따라 (c)회사의 최대이익을 위하여 신의성실에 따라... 것이라면 (d)그 의사결정과정에 현저한 불합리가 없는 한" 회사에 대한 선량한 관리자의 주의의무 내지 충실의무를 다한 것으로 볼 것이라며 경영판단의 법칙을 적용하여 손해배상청구를 기각하였다.

Ⅱ. 조합계약

1. 개설

2인 이상이 상호출자하여 공동사업을 경영할 것을 약정함으로써 조합이 성립한다.(민법 제703조) "상호출자하여 공동사업을 경영"한다는 것은 한마디로 partnership이 된다는 것이다. 합유의 영어번역어가 partnership[502) ownership인 것만 보아도 "상호출자하여 공동사업을 경영"한다는 조어의 유래를 짐작할 수 있게 한다. 민법 채권각칙상의 조합도 partnership이고, 상법상의 합명회사도 partnership company가 대응하는 영어번역어이다.[503) 위와 같이 자세하게 설명하는 이유는 민법 제703조상의 공동사업의 경영을 "동업(同業)"이라고 이해하면 안된다는 것을 강조하기 위한 것이다. partnership의 중심에는 조합원의 무한책임(無限責任)이 있다. 구성원이 무한책임을 질 때는 ① 지분이 있다고 하더라도 1인 1표(1 person 1 vote)의 동등한 의결권을 부여{이를 두수주의(頭數主義)라고 하는 학자들도 있다.}하고, ②일정한 의제에 대해 전원 합의(unanimous voting)의결방법을 도입하여 그러한 의제에 대한 구성원의 비토권의 인정하고, ③원칙적으로 모든 구성원에게 ⓐ업무집행권 및 ⓑ대표권을 인정하고, ④조합원(구성원) 지위의 제명, 승계 또는 지분의 처분, 상속등에 관한 나머지 조합원들의 전원 동의를 요건[504)으로 하게 된다. ④원칙을 적용할 때 업무집행자가 선

---

502) 네이버 사전에서의 partnership은 '사업의 동업자' 또는 '동반자 관계' 또는 '두 사람 이상이 같이 하는 동업'이라는 의미라고 한다. 정확하게 상호출자하여 공동사업을 경영한다는 것과 그 뜻을 같이 하고 있다 할 수 있다. 문제는 대한민국에서 세간에서 실제로 사용하는 '동업'관계가 꼭 조합 또는 합유적 관계인 것이 아니라는 데 있다. 즉 조합, 합유는 동업관계에 있지만 동업관계는 조합, 합유이상의 관계속에도 성립할 수 있다. 대한민국 민법상의 조합, 합유는 기본적으로 구성원간의 무한책임에 기초해 있기 때문이다.

503) 법제처 홈페이지에서 다운로드받은 대한민국 민법, 상법의 영어번역본상의 표현들이다. 확인해 보기 바란다.

임되어 있다 하더라도 업무집행자들이 결정할 것은 아니고 나머지 구성원들의 전원동의가 필요하다는 원칙이 유지된다. 이때 ②, ③의 원칙은 서로 충돌하게 되는데, 무한책임을 인정하는 것을 전제로 이를 조정하는 원리로 Ⓐ조합원들이 일정한 인원수505)를 넘지 않으면 보존행위를 제외한 나머지 처분, 변경행위에 대하여 전원합의 의결방법에 의한 비토권을 인정하는 방향으로 조직한다. 민법상의 합유관련 규정이 이런 원칙을 채택하고 있다. 만약 Ⓑ조합원들이 일정한 인원수를 넘거나 영업에 종사하여 빈번하게 의사결정을 하여야 할 경우에는 무한책임을 지는 ⓐ조합원들이라면 조합원 각자가 업무집행 및 대표를 하게 하고, 다른 조합원들이 이의를 하면 총조합원 과반수506)의 결의로 의사결정을 하고 대표를 하게 한다.(상법 제200조, 제207조) 결국 위 ②원칙보다 ③원칙을 우선하는 것이다. ⓑ조합원의 인원수는 초과하였으나 빈번하게 의사결정을 할 필요가 없는 경우에는 통상사무는 조합원 각자가 처리하게 하나 나머지 업무집행이나 대표행위는 총조합원 과반수의 결정으로 하게 하는 방법이 있다.(민법 제706조 제2항, 제709조) 합명회사에서 업무집행 또는 대표하는 무한책임사원이 다른 사원의 이의를 받은 경우 총사원의 과반수 결정으로 업무집행이나 대표행위를 하는 방법은 위 ⓐ방식에 따라 이의 후 업무처리하는 방법을 원칙으로 삼은 경우에 해당된다. 반면 조합이 성립하였다고 판단되면 위 ②의 원칙을 후퇴하여 ③ 원칙을 실현하기 위해 Ⓑⓑ방식으로 채택하고 있다. 현행 조합의 업무집행 및 대표방법이다. 물론 이때도 ④원칙은 유지되고 있다. 조합운동의 역사를 보면 이용자조합507)의 추진과 성공사례가 없었던 것도 아니다. 그렇지만 현행 민법상의 합유, 조합 관련 규정들과 상법상의 합명회사 관련 규정들을 면밀히 분석해 보면 이용자조합 운

---

504) 조합원의 제명은 나머지 조합원의 전원 동의로 하여야 한다.(민법 제718조) 특히 조합원 2명을 동시에 제명할 때도 조합원 1인마다 나머지 조합원들의 동의로 제명결의를 해야 하므로 불가능하게 되는 경우가 대부분이 된다.(대법원 2012. 2. 9. 선고 2010다93806 판결)

505) 대체로 토론을 활성화하여 토론을 거친 끝에 의결을 할 수 있는 가장 이상적인 구성원수인 7인이하로 구성된 단체의 경우에 전원합의에 의한 비토권을 인정하더라도 결정권이 deadlock되는 경우가 없게 된다. 그래서 합수적인 합유는 합유자들이 7인이하로 구성되는 것이 가장 바람직하다.

506) 단체의 의결방법 중 가장 기본적인 의결방법이다. 구성원의 인원수가 100명을 초과하는 경우 의사결정의 어려움을 겪고 분열하는 경우가 많다고 알려져 있다.(교회, 사찰의 분열 등) 만약 구성원 100명 이하일 경우에는 가장 기본적인 의결방법은 총구성원의 과반수 의결로 의사결정을 하게 된다. 이때도 중요 사항에 관해 결의를 할 때는 특별결의를 하게 되고, 특별결의의 대표적인 형태는 총구성원의 2/3 찬성(super majority)으로 하는 결의이다. 하지만 구성원의 인원이 많아지게 되면 결의방법이 변화를 겪게 되는데 가장 보편적으로는 출석 과반수의 결의로 결의요건을 완화하는 것이다. 때로는 단순 다수결(plurality voting)을 채택하는 수도 있다. 단순 다수결도 안건이 2개뿐이라면 과반수 의결(majority rule)과 차이가 없으나 3안 이상일 때는 차이를 보인다. 만약 단순 다수에 결선투표(runoff voting)를 도입하면 결과적으로 과반수 결의와 같은 효과를 달성하게 된다. 그 외 투표방법에는 별점투표와 같이 선택의 강도도 측정할 수 있는 투표방법도 있다.

507) 이용자조합은 조합이 생산하여 제공하는 재화나 용역의 소비자(이용자)들이 그 조합의 구성원이 되는 단체를 일컫는다. 대한민국에서는 각종 공제조합이나 지역농축협조합 등이 있었고, 최근에는 사회적협동조합 등이 이러한 이용자조합의 논리에 기반하고 있다. 각종 공제조합, 지역농축협조합, 사회적협동조합 등은 「협동조합 기본법」 제4조 등에서 법인격을 가진 영리법인, 비영리법인으로 규정하고 있다. 특히 지역주택조합, 직장주택조합의 경우 대법원 판례에 의하여 법인격 없는 사단법인으로 보아 조합원의 무한책임을 부인하고 있다. 만약 대한민국 합유, 조합, 합명회사 관련 규정들이 이용자조합 운동과정에서 입법화되었다면 관련 규정들이 많이 달라져야 했을 것이다. 즉 이용자조합은 법인격을 인정하여 구성원들의 무한책임을 부인해야 했을 것이다.

동의 역사적 경험을 수용한 것이라기보다는 구성원의 무한책임에 기초하여 합유, 조합, 합명회사 규정들이 입법화된 측면이 강하다.

그래서 2인이상 출자하여 공동사업을 경영하기로 합의하였다고 하더라도 그 공동사업이 계속적 사업인 관계로 장래 부담하게 될 채무 등에 무한책임을 부담할 의사로 합의하였다거나(이는 조합계약을 하였다는 의미임) 설사 사업의 목적이 1회성인 등 공동사업으로 인한 추가적인 채무의 부담위험이 없어 무한책임부담여부가 불분명한 경우(예를 들면 수인이 부동산을 공동으로 매수하여 타에 전매처분하여 그 차익획득 목적의 공동사업, 만약 유한책임을 부담해야 한다면 비법인사단이라도 인정해야 한다. 이런 이유로 지역주택조합 관련 판례에서 비법인사단이 성립되었다고 한 대법원 판례의 태도가 이해된다.)라면 "적어도 공동매수인들 사이에서 그 매수한 토지를 공유가 아닌 동업체의 재산으로 귀속시키고, <u>공동매수인 전원의 의사에 기해 전원의 재산으로 처분</u>508)한 후 그 이익을 분배하기로 하는 명시적 또는 묵시적 의사의 합치가 있"509)어야 된다. 따라서 무한책임 부담여부가 불분명한 상태에서 지분을 자유롭게 처분할 수 있도록 허용하는 경우에는 합유에 해당되지 않고, 기저 공동소유관계인 공유를 인정해야 한다.510) 이처럼 조합, 합명회사는 구성원들의 무한책임 부담에 기초하고 있지만, 합유, 조합, 합명회사의 성립은 주로 위 ④원칙(구성원의 지위의 제명, 승계 또는 지분의 처분, 상속등에 구성원 전원의 동의)이 있는 지를 중심으로 판단하면 된다.

조합재산은 합유로 한다.(민법 제704조) 조합재산은 다 합유가 되지만 합유는 모두 조합계약에 의한 소유권 보유가 아니다.511) 그래서 합유 중 조합계약에 의한 합유가 성립한 경우에는 민법 제

---

508) 밑줄 친 부분의 의미는 목적물의 처분 및 변경에 있어 전원 합의 의결방법에 의해 의사결정을 함으로써 구성원의 비토권을 부여하고 있는 합의가 존재하는지를 주장·증명해야 한다는 것이다. 이를 교과서 등에서는 '합수적(合手的)으로 소유한다'고 표현하는 것이다. 만약에 조합원의 무한책임을 인정하여 조합계약이 성립한 경우에는 위와 같은 전원 합의의 비토권 인정도 조합원의 제명(민법 제718조)을 제외하고는 인정되지 않고, 업무집행자를 선임할 경우에는 조합원의 2/3이상 의결로 선임하고, 나머지 경우는 조합원의 과반수 의결로 의사를 결정한다. 민법 제706조 제2항 과반수 의결로 의사결정을 한다는 원리가 민법 제272조에 의한 합유물의 처분과 변경에 관한 합수적 의사결정(전원합의)과 충돌하는 것처럼 여겨질 수 있으나 구성권들이 무한책임을 부담한다는 결의로 조합계약을 이미 한 마당에는 전원합의에 의한 비토권의 원칙을 후퇴시켜 과반수 의사결정의 원칙을 적용하고 있는 것이다. 따라서 조합계약, 합수적 법률관계는 먼저 구성원들의 무한책임 부담여부에 의해 판정하고, 그 여부가 불투명하다면(구성원들의 유한책임이 분명하다면 비법인사단이라도 인정하여야 한다.) 전원합의에 의한 비토권의 인정과 같은 합수적 소유관계가 존재하는지 여부를 따져 보아야 한다.

509) 대법원 2004. 4. 9. 선고 2003다60778 판결(피고는 시설물 설치공사비용 일체를 부담하고, 주식회사 C는 인허가 등 행정적 지원행위를 한 경우에는 조합이 아니다.), 대법원 2007. 6. 14. 선고 2005다5140 판결(부동산을 취득하여 전매차익을 얻을 목적으로 취득하였으나 합수적 소유관계가 성립하지 않는다.), 대법원 2010. 2. 11. 선고 2009다79729 판결(재개발사업에서 시공사가 아무리 시행준비 단계부터 입주 단계까지 주도적으로 재개발사업의 시행에 관여하여 공사대금을 지분도급제 방식으로 받는다 하더라도 시공사와 재개발조합 사이에는 조합관계가 성립하지 않는다.), 대법원 2012. 8. 30. 선고 2010다39918 판결(부동산을 취득하여 전매차익을 얻기 위한 경우 각자의 매수지분에 상응하는 대내적 소유지분을 서로 인정하고 개별적 권리행사를 해 온 점에 비추어 조합관계가 성립하지 않는다.), 제3회 변호사시험 민사기록형 문제로 출제되었으니 확인해 보기 바란다.

510) 제3회 변호사 시험 기록형 문제로 출제된 바가 있으니 확인해 보기 바란다.

511) 합유는 조합계약에 의해서도 성립하지만, 전통적인 순번계(契)관계에서도 성립하고, 신탁법 제50조에 의하여 '수탁자가 여럿인 경우 신탁재산은 수탁자들의 합유로 한다.' 또 광업법 제 17조 제5항, 제30조에 의하여 공동광업자

272조 규정에 의한 합유재산 처분, 변경에 대한 합수적 의사결정 원칙을 후퇴하여 과반수 조합원에
의한 업무집행과 대표행위 원칙이 적용된다.(민법 제706조 제2항, 제709조) 물론 조합원의 제명과
같은 사안에 대해서는 나머지 조합원 전원에 의한 제명이 이루어져야 하고(민법 제718조), 또 업무
집행자를 선임할 때는 2/3이상의 조합원에 의해 선임되어야 한다.(민법 제706조 제1항) 이처럼 조합
의 업무집행자는 (a)조합계약으로 정하거나 조합계약에서 정하지 못한 경우에는 (b)조합원의 3분의
2 이상의 찬성으로 선출할 수 있다.(민법 제706조 제1항) 조합에서 조합원의 과반수에 의한 업무집
행, 대표행위라고 표현하는 이유는 사단법인의 사원총회와 같이 통상총회·임시총회의 구분, 소집권
자, 통지절차, 의장, 의사정족수·의결정족수 등 단체적 의사결정원리의 적용이 없이 조합원들에 의
한 의사결정과 그 집행이나 대표행위가 있다면 족하다는 것을 나타내기 위한 것이다. 합유, 조합의
의사결정에 관한 원리를 다음 표로 정리하여 제시한다.

	합유(민법 제272조)	조합(민법 제706조)	
		업무집행자 無	업무집행자[512] 有
보존	합유자 각자 (any share)	[보존행위 중 통상사무] 조합원 각자 (다른 조합원의 이의 있으면 중단)	[보존행위 중 통상사무] 업무집행자 각자 (다른 업무집행자의 이의 있으면 중단) ※업무집행자가 선임되어 있으면 조합원은 통상사무라도 할 수 없고, 오직 업무집행자만이 할 수 있다.
관리	합유자 전원 (unanimity)(?)[513]	조합원 과반수[514]	[조합재산의 처분] ①ⓐ조합대리 즉, 업무집행자 1인 : 단독 업무집행자 수인 : 과반수 ⓑ조합원의 의사결정은 불필요함에 주의요함 ②다만, 조합의 업무집행에 관해 조합원의 전원 동의로 처리한다는 특약이 있는 경우 위반하여 업무집행하면 무효임[515]
처분	[합유물 전체] 합유자 전원 ───── [합유자의 지분[516]] 합유자 전원	[조합재산의 처분] 조합원 과반수 합의[517] ───── [조합원의 지분] 조합원의 자격과 함께 전원 합의[518]	[조합원의 지분] 업무집행자가 선임되어 있다 하더라도 조합원의 지분 처분은 조합원들의 전원 합의로 처리함

들 사이에 조합계약이 성립한 것으로 보아 합유를 인정하고 있다. (민법주해, 제4판 104면 참조)
512) 조합의 업무집행자는 ①우선 조합계약으로 정할 수 있고, ②조합계약으로 정하지 않았으면 조합원 2/3의 결의로 선임할 수 있다.(민법 제706조 제1항)
513) 민법 제272조에는 합유물의 처분, 변경에는 전원 합의, 합유물의 보존에는 각자가 할 수 있다고 규정되어 있을 뿐 관리에는 아무런 정함이 없다. 관리행위는 대체로 사용, 수익이외에도 개량행위가 포함되는 것으로 이해되고 있다. 합유자들이 직접 사용하거나 수익하는 것은 민법 제276조 제2항과 같이 사원들이 정관 기타 규약을 좇아 총유물을 사용, 수익할 수 있듯이 조합계약, 순번계약 등에 정해진 바에 따라 사용, 수익할 수 있는 것으로 보아야 할 것이다. 이에 더 나아가 다른 사람들에게 사용, 수익하게 하는 것은 일종의 처분행위에 해당되고, 대부분의 개량행위들은 합유물의 변경행위에 해당될 것이어서 전원합의의 대상이 된다. 만약 합유자의 1인이 합유물을 독점적으로 사용하고 있거나, 단독으로 등기하고 있는 경우에는 공유의 법리처럼 보존행위로 보아 합유자 각자가 합유물을 독점적으로 사용하는 합유자를 상대로 합유물의 인도를 구할 수 있고, 또 단독 등기가 일종의 명의신탁으로 보아 명의신탁을 해지하고 합유자 전원에게 합유등기를 해 달라고 청구할 수 있다고 보아야 할 것이다. 합유

2. 조합채권자가 조합원에게 청구

조합원들은 조합채무를 준합유하고 있고, 무한책임[519]을 진다고 하였다. 그래서 원칙적으로 조합채권자는 조합원 전원에게 조합채무 전체를 청구할 수 있고, 조합원들은 조합재산으로 그 조합채무를 이행할 책임이 있다. 이를 조합채무의 준합유라고 할 수 있다. 나아가 조합채권자는 조합원 각자에게 전체 채무를 그 지분비율에 따라 (분할하여) 그 이행을 청구할 수 있다. 이렇게 조합원이 조합자체의 채무를 각자의 지분비율에 따라 분할하여 부담하는 현상은 (공동)보증과 유사하다.[520] 그

등기는 지분을 표시하지 않고 합유자 전원을 합유자로 표기하여 하는 등기를 일컫는다.

514) 합유물의 관리에 관해서는 민법 제272조에 따라 합유자 전원의 동의가 있어야 할 수 있으나, 조합재산의 관리에 관해서는 민법 제706조 제2항에 의하여 조합원의 관반수의 동의로 할 수 있다. 따라서 양 조항이 상충하는 듯하나 판례에 의하면 민법 제706조 제2항이 우선적용되어 조합원 과반수의 결의로 조합재산의 관리행위를 할 수 있다. (대법원 2010. 4. 29. 선고 2007다18911 판결) 따라서 합유물 중 조합재산에 관해서는 관리행위는 조합원 과반수의 결의로 할 수 있다.

515) 업무집행자가 조합의 대리하여 조합재산을 처분하면 될 것이다. 다만 조합계약으로 조합재산의 처분에 관해서 조합원 전원의 동의를 요한다고 특약한 경우에는 일종의 대리권 제한을 위반한 경우에 해당된다. 원래 주식회사의 대표권 제한위반의 경우에는 ①대표권을 제한하는 법령, 정관, 특약의 존재, ②대표자가 위반하여 대표행위를 한 경우, ③상대방의 악의, (중)과실을 주장·증명하여 그 대표행위의 무효를 주장할 수 있으나, 조합의 경우는 이를 완화하여 ①조합재산 처분에 관해 조합원 전원의 동의가 필요하다는 법령, 정관, 특약의 존재, ②대표자가 조합원 전원의 동의 없이 조합재산을 처분하는 대표행위를 한 경우만 주장·증명하면 되는 것으로 대법원 판례가 판시하고 있다. 따라서 상대방의 악의, 과실여부에 상관없이 그 효력이 없게 된다. (대법원 2002. 1. 25. 선고 99다62838 판결)

516) 민법 제273조 제1항에 의하면 조합원의 지분은 조합원 전원의 동의를 받으면 이를 처분할 수 있는 것으로 규정되어 있다. 하지만 조합원의 지위와 분리된 조합원 지분만의 양도는 합유의 성질에 반한다면 인정하지 않는 것이 학설의 대체적인 태도이다. 따라서 조합원의 지위와 함께 합유의 지분을 양도하는 것은 가능하다고 본다.(대법원 1960. 11. 10. 선고 4292민상837 판결, 대법원 2009. 3. 12. 선고 2006다28454 판결) 다른 조합원 전원의 동의가 있으면 그 지분을 처분할 수 있으나 조합원으로서의 자격과 분리하여 그 지분권만을 처분할 수는 없다.(대법원 2009. 3. 12. 선고 2006다28454 판결)

517) 대법원 1998. 3. 13. 선고 95다30345 판결 (조합원 4인 중 3인이 공사대금 증액의 합의를 한 경우 총조합원의 과반수 결의로 의사결정한 것으로 그 효력이 있다고 판시하였다.) (민법 제706조 제2항도 임의규정이므로 당사자 사이의 약정에 의하여 조합원 전원의 동의를 요하도록 하는 등으로 달리 정할 수 있다고 판시하였다.) (평석: 민법 제272조는 합유 일반에 관한 일반규정이고, 민법 제706조 제2항은 조합에만 국한된 특별규정이라는 전제하에 조합에 관해서는 민법 제706조 제2항이 우선 적용된다는 논리이다.)

518) 대법원 2009. 4. 23. 선고 2008다4247 판결

519) 조합이 부담하는 채무에 대해 무한책임을 지는 조합원의 채무의 법률적 성격이 궁금하다. 법률적으로는 조합원들이 채권, 채무를 준합유한다고 설명한다. 조합채권자는 먼저 조합원 전원을 상대로 조합채무에 대한 이행을 구할 수 있다. 조합재산을 조합원과는 독립된 하나의 통합된 별도 재산으로 관념하는 이상 조합채권자는 우선 위와 같은 청구를 해야 한다. 그럼에도 불구하고 조합원이 무한책임을 부담한다. 따라서 조합원이 부담하는 조합채권자에 대한 무한책임은 연대채무인지 보증채무인지를 법률적으로 평가해 볼 수 있다. 민법 조합, 상법 합명회사 관련 규정들은 종합해 보면 조합이 조합채권자에 부담하는 채무는 주채무이고, 조합원이 조합채권자에 부담하는 채무는 주채무에 대한 보증채무적 성격을 갖는다. 조합원들이 수인이라면 공동보증인적 관계에 있고, 상인이 합명회사의 경우에는 상행위로 인하여 부담한 주채무이기 때문에 보증연대적 성격을 갖는다. 상법 합명회사 관련규정을 검토해 보면 합명회사의 채권자들이 무한책임사원을 상대로 한 청구는 주채무를 보증연대한 보증연대인에 대한 청구와 거의 같다.

래서 합명회사의 경우 회사채권자는 합명회사의 사원에게 회사의 채무를 직접, 연대[521]하여 변제할 책임이 있는 것이다.[522] 그 결과 합명회사의 채권자는 (합명회사에게 먼저 채무이행을 구하지 않고도) 사원에게 직접 회사채무의 이행을 청구할 수 있고, 다만 사원은 회사에 변제의 자력이 있으며 집행이 용이하다며 최고, 검색의 항변을 할 수 있고,(상법 제212조 제3항), 합명회사가 주장할 수 있는 항변으로 대항할 수 있고,(상법 제214조 제1항) 회사가 상계, 취소, 해제할 권리가 있는 경우에는 그 이행을 거절할 수 있다.(상법 제214조 제2항) 이처럼 합명회사의 '무한책임'사원들은 합명회사가 부담한 채무에 대하여 보증연대인적 책임(사원들 사이에는 보증연대의 관계에 있다. 상법 제212조 제1항)을 부담하는 셈이다. 한편 민법상의 조합규정에 따르면 상법 제212조, 제214조에 대응하는 규정은 없고 다만 조합채권자는 조합원에게 원칙적으로 균분하여 권리를 행사할 수 있고,(민법 제712조) 무자력 조합원이 있는 경우에는 나머지 조합원들이 균분하여 변제할 책임이 있다(민법 제713조)고 규정하고 있을 뿐이다. 그래도 조합원들이 무한책임을 부담하는 이상 합명회사의 입법례와 같이 보증채무 유사하게 법리를 구성할 수 있을 것이다. 다만 합명회사는 당연상인이어서 수인의 사원들 사이에는 보증연대적 효력이 있으나, 민법상의 조합원들 사이에는 단순히 공동보증인적 보증책임을 부담하는 것으로 이론 구성하면 될 것이다. 그래서 공동보증인들 사이에는 분별의 이익이 있기 때문에 조합의 주채무를 지분으로 분할하여 보증책임을 부담하게 된다. 다만 조합채무가 상행위인 경우에는 보증연대인적 책임을 부담한다.(대법원 2018. 4. 12. 선고 2016다39897 판결) 구체적으로는 조합채권자가 조합원에게 민법 제712조에 의하여 균분하여 채무의 이행을 청구하면 조합원은 ①자기는 손실부담비율이 전혀 없거나 균분보다 적다는 사실, ②그 사실을 원고인 조합채권자가 그 채권 발생 당시 알고 있었다는 사실을 주장·증명하여 항변할 수 있다. 또 조합원은 최고, 검색의 항변을 하거나 조합의 항변으로 항변할 수 있고, 조합이 상계, 취소, 해지할 권리를 갖고 있는 동안에는 그 이행을 거절할 수도 있다고 보아야 한다. 또 조합채권자는 무자력인 조합원이 있는 경우에는 무자력 조합원의 존재를 주장·증명하여 균분된 부담부분에다가 그 무자력 조합원의 부담부분을 다시 균분하여 가산한 금액을 청구할 수도 있다.(민법 제713조)

---

520) 공동보증인들 사이에는 분별의 이익이 있다. 그래서 주채무자 甲의 100만원 채무를 乙, 丙이 공동하여 보증한 경우에는 乙은 甲과 100만원 중 50만원(乙, 丙은 특약이 없으면 주채무를 1/2의 지분으로 분할하여 책임을 지는 분별의 이익이 있다. 그래서 100만원의 주채무 중 각 50만원씩 보증한 셈이 된다. 丙도 같다.)에 대해 주채무자에 보증한 것이 된다. 보증인은 최고, 검색의 항변권이 있고(민법 제437조), 주채무자의 항변으로 항변할 수 있을 뿐만 아니라(민법 제433조) 주채무자가 취소권, 해제권을 갖고 있는 동안에는 보증채무의 이행을 거절할 수 있다.(민법 제435조)

521) 회사는 당연상인이고, 회사가 한 행위는 준상행위로 추정된다. 따라서 회사가 부담한 주채무에 대한 보증은 연대보증이 된다.(상법 제57조 제2항)

522) 이철송, 『회사법강의(제31판)』, 박영사, 2023, 176면

Ⅲ. 예금계약

1. 개설

예금계약은 금전 임치계약으로 이해되기도 하고, 금전소비대차계약으로 이해되기도 한다. 수수료를 받는 것이 아니라 이자를 지급하기 때문에 금전소비대차계약에 더 가깝다고 보아야 할 것이다. 대출계약은 대주가 은행 등 금융기관, 차주가 대출자이지만 예금계약은 대주는 예금주, 차주는 은행 등 금융기관이란 점에서 다를 뿐이다. 대출계약은 대체로 민법상의 소비대차계약을 적용하고 있지만 예금계약은 금융거래의 안전성, 자본축적과 산업적 활용이란 측면이 매우 중요하기 때문에 많은 행정적 규제가 따라 금융법이 따로 있기까지 하다. 민사법 실무 교육차원에서는 소비대차관련 법리가 예금계약에 많이 적용된다는 것쯤만 알고 있으면 된다.

2. 명의신탁 해지를 원인으로 한 예금채권 양도의 청구

가. 예금명의자의 예금주 추정

『금융실명거래 및 비밀보장에 관한 법률』(이하 '금융실명법'이라고 함) 제3조 제5항에 의하면 실명이 확인된 계좌의 명의자는 그 예금계좌의 금융자산을 보유한 것으로 법률상 추정된다. 따라서 금융기관은 예금명의자와 출연자 사이에 예금반환청구권의 귀속을 둘러싸고 분쟁이 발생한 경우 그 내부적 관계를 알았는지 상관없이 예금명의자를 예금주로 전제하여 출금해 주는 등 처리하면 특별한 사정이 없는 한 보호된다.(대법원 2013. 9. 26. 선고 2013다2504 판결) 다만 실명확인 절차를 거쳐 작성된 예금계약이어서 그 예금명의자가 예금주라도 예외적으로 '실명확인 절차를 거쳐 서면으로 이루어진 예금명의자와의 예금계약을 부정하여 예금명의자의 예금반환청구권을 배제하고,' '금융기관과 제3자(出捐者) 사이에서 그 제3자(출연자)와 예금계약을 체결하여 그 사람에게 예금반환청구권을 귀속시키겠다는 <u>명확한 의사의 합치</u>가 있음'을 구체적이고 객관적인 증거에 의하여 주장·증명해야 비로소 그 제3자(출연자)가 예금주가 된다.(대법원 2009. 3. 19. 선고 2008다45828 전원합의체 판결) 이러한 예외적 상황하에서는 금융기관은 제3자를 예금주로 보아 예금관계를 처리해 주어야 한다. 이런 예외적인 상황을 주장·증명하기란 매우 어렵다.523)

나. 명의신탁의 성립과 명의신탁 해지를 원인으로 한 예금채권 양도청구

위와 같이 예금명의자가 예금주로 추정된다 하더라도 출연자와 예금명의자 사이에 예금명의신탁이 이루어졌다고 볼 사정이 있으면 금융실명제 하에서도 관련규정들을 단속규정(대법원 2001. 12. 28. 선고 2001다17565 판결)으로 보아 여전히 예금명의신탁의 유효성이 인정된다.524) 이렇듯 예금명

---

523) 위 대법원 판결은 甲이 배우자인 乙을 대리하여 금융기관과 乙의 실명확인 절차를 거쳐 乙 명의의 예금계약을 체결한 사안에서, 甲과 乙의 내부적 법률관계에 불과한 자금 출연경위, 거래인감 및 비밀번호의 등록·관리, 예금의 인출 상황 등의 사정만으로, 금융기관과 甲 사이에 예금명의자 乙이 아닌 출연자 甲을 예금계약의 당사자로 하기로 하는 묵시적 약정이 체결되었다고 보아 甲을 예금계약의 당사자라고 판단한 원심판결을 파기한 사례이다

524) 예금계약의 명의신탁을 인정하는 법리에 대하여 반대의 목소리가 매우 높기 때문에 향후 대법원 판례의 태도가

의신탁이 이루어졌을 때 신탁자는 수탁자를 상대로 명의신탁을 해지하고 그 예금채권을 양도(정확하게는 '예금채권양도의 의사표시의 진술을 명하는 청구')하고, 그 양도사실을 금융기관에 통지할 것을 청구할 수 있다.(대법원 2001. 1. 5. 선고 2000다49091 판결)

3. 예금주 명의신탁계약이 사해행위에 해당되어 취소하고, 원상회복 청구[525]

가. 사해행위인 예금명의신탁의 취소

예금계약의 명의신탁을 인정하면 예금명의신탁자(출연자)의 채권자가 그 예금명의신탁이 사해행위임(①피보전채권의 존재, ②사해행위, ③사해의사)을 주장·증명하여 예금주(예금명의자, 수익자)를 상대로 사해행위 취소의 소를 제기할 수 있다.

나. 원상회복 혹은 가액반환

이때 그 취소에 따른 원상회복은 수탁자인 예금명의인이 금융기관에 대한 예금채권을 출연자(명의신탁자)에게 양도하고 아울러 그 양도사실을 통지하는 방법으로 이루어져야 한다. 만약 예금계좌에서 예금이 인출되어 사용된 경우에는 그만큼 원상회복이 불가능하게 되어 가액반환이 문제되는데, 신탁자가 통장, 인장, 접근매체 등을 교부받아 사용하는 등 사실상 예금을 지배하여 인출하여 사용한 경우에는 가액반환을 구할 수 없지만, 수탁자가 예금을 지배·관리하고 있었거나, 적어도 신탁자가 사실상 수탁자의 계좌를 지배·관리하고 있음이 명확하지 않은 경우에는 현행 금융실명제법 하에서는 예금을 인출·이체하는 데 명의자 본인 확인이나 본인 인증 등을 거쳐야 한다는 점에 비추어 명의수탁자가 그 예금을 인출하여 사용하였다고 보아 가액반환을 구할 수 있다.(대법원 2018. 12. 27. 선고 2017다290057 판결)

4. 공동예금주의 "공동반환 특약"의 추정

예금주 명의를 2인이상 공동으로 해 두는 경우가 있다. 일반적으로는 '공동명의 예금채권자들 중 1인이 전부를 출연하거나 또는 각자가 분담하여 출연한 돈을 동업 이외의 특정목적을 위하여 공동명의로 예치해 둠으로써 그 목적이 달성되기 전에는 공동명의 예금채권자가 자신의 예금에 대하여도 혼자서는 인출할 수 없도록 방지, 감시하고자 하는 목적으로 공동명의로 예금을 개설한 경우'로 보아 '공동반환의 특약'을 한 것으로 추정하였다.(대법원 2005. 9. 9. 선고 2003다7319 판결) 원래 대법원 1989. 1. 17. 선고 87다카8 판결에서는 '은행에 공동명의로 예금을 하고 은행에 대하여 그 권리를 함께 행사하기 위하여 양인이 통장과 도장을 나누어 갖는 경우에 공동명의의 예금채권자들은 공동으로 이행의 청구나 변제의 수령을 하고 채무자의 이행도 예금채권자 전원에 대하여 하여야 하며 채권의 양도 등 처분행위도 예금주들이 공동으로만 하여야 한다.'고 판시하여 마치 예금채권의 준합유로 본 듯하였으나, 최근에는 위 2003다7319 판결과 같이 "공동반환의 특약"을 추정하는 것

주목된다.

525) 대법원 2015. 7. 23. 선고 2014다212438 판결

으로 완화하여 인정하고 있다. 물론 금융기관과 예금주 사이의 구체적인 예금계약 체결경위를 보아 준합유로 인정되는 경우도 있을 것이다. 앞서 든 판결은 이와 같은 구체적인 사정이 증명되지 않을 때는 "공동반환의 특약"이 있었음을 추정한다는 판시인 것이다. 만약 "공동반환의 특약"을 한 것으로 추정이 된다면 공동예금주간의 약정일 뿐이어서 공동예금주 중 1인의 채권자가 그 공동예금주 지분상당 예금에 대해 압류 및 전부명령을 받아 전부금 청구를 한다면 예금은행은 그 청구에 응해야 한다. 또 공동예금주 중 일부가 예금반환신청을 거부한다면 나머지 공동예금주들이 그 예금주를 상대로 금융기관을 상대로 한 예금반환청구에 관하여 승낙의 의사표시를 하라는 취지의 청구를 할 수 있고, 그 확정판결을 받아 예금채권의 반환을 신청할 수 있다. 물론 예금인출신청을 반대하는 공동예금주와 은행을 공동피고로 하여 공동예금주를 상대로는 예금반환청구에 승낙의 의사표시를 하라고 청구하고, 은행을 상대로는 예금반환청구를 병합하여 청구할 수도 있다.(대법원 1994. 4. 26. 선고 93다31825 판결)

5. 착오송금으로 인한 예금반환청구

예금거래기본약관에 따르면 송금의뢰인이 수취인의 예금계좌로 자금이체를 하여 예금원장에 입금의 기록이 된 때에는 특별한 사정이 없는 한 수취은행과 수취인 사이에 예금계약이 성립되고, 수취인은 수취은행에 대하여 그 예금의 인출을 할 수 있다. 송금의뢰인이 착오로 수취인에게 송금한 때는 수취인은 계좌이체금액상당의 예금채권을 취득하게 되는 까닭에 송금의뢰인은 수취인에 대하여 부당이득반환청구권을 갖게 된다. 이때는 수취은행은 아무런 이득을 취한 바가 없으므로 송금의뢰인에 대하여 부당이득반환의무가 없다.(대법원 2007. 11. 29. 선고 2007다51239 판결) 이때 수취은행은 수취인에게 그 예금을 반환하였다 하여도 특별한 사정이 없는 한 아무런 책임도 부담하지 않고, 수취인에 대한 자동채권으로 그 예금채권을 상계할 수도 있다. 다만 송금의뢰인이 거래은행 또는 수취은행에 착오송금사실을 알리고 그 반환을 구하고 있으며, 수취인도 그 사실을 인정하고 반환에 동의하고 있을 때는 수취인에 대한 자동채권으로 상계하는 것은 신의칙에 반하거나 권리남용에 해당되어 허용되지 않는다.(대법원 2010. 5. 27. 선고 2007다66088 판결)

드물게는 은행의 착오로 자금이체가 되는 경우가 있다. 송금의뢰인은 해당 금액만큼 거래은행에 대하여 송금사실을 부인하고 예금채권 등을 여전히 행사할 수 있음은 당연하다. 다만 수취인은 그 예금채권을 취득함과 동시에 입금액 상당의 부당이득반환채무도 부담하게 되어 은행은 수취인의 예금계좌에 대한 입금기록을 정정하여 자금이체를 취소시키는 방법으로 은행의 수취인에 대한 부당이득반환청구권과 수취인의 은행에 대한 예금채권을 모두 소멸시키는 것이 가능하다.(대법원 2012. 10. 25. 선고 2010다47117 판결) 마치 상계와 같은 법률효과를 가지나 간단하게 처리하는 편리함이 있다.

제7강 약속어음금 청구

I. 발행인에 대한 약속어음금 청구의 요건사실

1. 약속어음금 원본만의 지급을 청구할 경우(거의 사례가 없다.)

① 피고가 발행한 어음요건을 모두 갖춘 약속어음을 ② 연속된 배서를 거쳐 ③ 원고가 소지하고 있는 사실을 주장·증명하여야 한다.

어음법에 정해진 ① 어음요건은 약속어음은 9가지, 환어음은 10가지이다. 약속어음은 (a) <u>약속어음</u>, (b) **어음금액**, (c) <u>지급약속문구</u>, (d) **수취인**,526) (e) *만기*, (f) 지급지, (g) *발행지*, (h) **발행일**, (i) **발행인의 기명날인 또는 서명**을 기재하여야 하고(어음법 제75조), 환어음의 경우는 (a) 환어음, (b) 어음금액, (c) 지급위탁문구, (d) 지급인 (e) 수취인, (f) 만기, (g) 지급지, (h) 발행지, (i) 발행일, (j) 발행인의 기명날인 또는 서명을 기재하여야 한다.(어음법 제1조) 약속어음의 경우 위 어음요건 중 (a)(c){환어음의 경우는 (a)(c)}는 부동문자로 인쇄되어 있기 때문에 누락되어 발행되는 경우란 상상할 수 없다. 그리고 (e)만기는 확정일출급·발행일자후 정기출급·일람후출급·일람후 정기출급으로 기재할 수 있고, 만약 그 기재가 없다면 일람출급식 어음으로 보고(어음법 제2조 제1호), 국내어음인 경우에는 (g)발행지{환어음 (h)}를 기재하지 않아도 되고,(대법원 1998. 4. 23. 선고 95다36466 전원합의체판결) 또 발행지가 기재되어 있지 않으면 발행인의 명칭에 부기된 지역을 발행지로 보고, 나아가 발행지의 기재가 있으면 (f)지급지{환어음 (g)}의 기재가 없다고 하더라도 그 발행지를 지급지로 본다.(어음법 제76조 제2호, 제3호) 그래서 약속어음의 위 어음요건 중 주로 (b)어음금액, (d)수취인, (h)발행일{환어음의 경우 (b)(d)(e)(i)}를 중심으로 그 어음요건의 충족여부를 살펴보아야 할 것이다. 물론 (b)어음금액, (d)수취인, (h)발행일의 기재 없이 약속어음을 발행하였다고 하더라도 불완전 어음으로 그 효력이 없는 것이 아니라 백지어음으로 보충권이 수여된 것으로 보기 때문에 권한있는 자가 보충하여 완성할 수 있다. 그래서 (i) **발행인의 기명날인 또는 서명**이 가장 중요하여 (i)의 기재가 없다면 불완전 어음으로 무효가 된다.

수표법에 정해진 수표요건은 (a) 수표, (b) 수표금액, (c) 지급위탁문구, (d) 지급인, (e) 지급지 (f) 발행지, (g) 발행일, (h) 발행인의 기명날인 또는 서명 등 8가지이다.

2. 발행인에 대하여도 어음원금은 물론 이자 및 지연손해금의 지급까지 청구하는 경우

앞서 수차례 설명한 바와 같이 금전지급청구를 할 때 원본은 물론, 할 수 있다면 반드시 이자 또는 지연손해금의 지급 청구도 병합하여 소를 제기하여야 한다. 그래서 발행인에 대하여도 약속어음금 지급청구할 때 되도록 원본은 물론 이자 또는 지연손해금 지급청구도 함께 해야 한다. 이때는 위 1.항에서 설명한 요건사실이외에도 이자지급을 구하려면 ④ 이자·이율의 약정사실을 주장·증

---

526) 지급증권인 수표와는 달리 신용증권인 어음의 경우에는 반드시 수취인을 기재하여야 한다.(학설적 대립은 있다.)

명해야 하고, 지연손해금 지급청구를 하려면 ⑤ 지급제시하였다는 사실을 추가로 주장·증명하여야 만 한다.

발행인에 대한 어음원금, 이자 및 지연손해금 청구원인사실	① 어음요건을 모두 갖춘 약속어음을 발행한 사실 　(어음요건 중 일부는 다른 어음요건으로 대체할 수 있거나, 생략할 수 있다.) ② 연속된 배서 ③ 원고가 소지하고 있는 사실 - - - - - - - - - - - - - - - - - - - (이자지급 청구를 할 수 있다면) ④ ⓐ이자·이율의 약정과 약속어음면에의 기재 　ⓑ일람출급형 약속어음이거나 일람후 정기출급형 약속어음인 사실 - (지연손해금 지급청구를 위한 추가적인 요건사실) ⑤ 지급제시한 사실 　ⓐ지급제시기간 내 지급제시인 경우에는 만기부터의 지연손해금 청구가능 or 　ⓑ지급제시기간 후 지급제시인 경우에는 지급제시 다음날부터 지연손해금 청구가능
항변	Ⓐ각종 인적 항변 Ⓑ각종 물적 항변

④ 이자지급에 관해서는 일람출급[527] 약속어음이나 일람후 정기출급[528] 약속어음[529] 중 그 약속어음면에 이자 및 이율[530]의 문구가 기재되어 있는 경우에만 그 청구를 할 수 있다. 또한 ⑤ 지급제시는 (a)지급제시기간 내에 지급제시 했을 수도 있고, (b)지급제시기간 경과후에 지급제시 했을 수도 있다. 기록상 실제 사실을 확인하여 그에 따라 청구해야 한다. 지급제시기간은 앞에서 설명한 바와 같이 만기 포함 3영업일이다.(어음법 제38조 제1항, 제77조 제1항 제3호) 예를 들면 월요일이 만기이면 월요일, 화요일 포함하여 수요일까지 지급제시하면 된다. 만약 지급제시기간 내에 지급제

---

527) Ⓐ일람출급 약속어음은 만기란에 "제시 즉시 지급함"이라고 기재된 약속어음을 지칭한다. 이때 제시는 일종의 지급제시로서 발행인에게 요청하여 약속어음면에 그 일자를 기재함으로써 증명할 수 있고, 만약 발행인이 그 기재를 거절하는 경우에는 거절증서 작성의 방식에 따라 지급제시사실을 증명할 수 있다.

528) Ⓑ일람후 정기출급 약속어음은 만기란에 "제시 후 2월이 경과한 후에 지급함"이라고 기재된 약속어음을 지칭한다. 이때 2월 경과는 제시일 초일을 산입하여(어음법 제78조 제2항) 월 계산법에 따라 계산한다. 일람을 위한 지급제시는 1년이내에 하여야 한다.(어음법 제23조 제1항)

529) 약속어음은 위 Ⓐ일람출급 약속어음, Ⓑ일람후 정기출급 약속어음이외에도 Ⓒ확정일출급 약속어음(만기가 2019. 5. 1.이라고 기재되어 있는 약속어음), Ⓓ발행일자후 정기출급 약속어음(만기가 "10일 후" 또는 "2개월 후"라고 기재되어 있는 약속어음)이 있다. 일람출급 약속어음 및 일람후 정기출급 약속어음의 경우에는 이자·이율의 약정이 있으면 이자의 지급을 청구할 수 있지만, 확정일출급 약속어음 또는 발행일자후 정기출급 약속어음의 경우에는 이자·이율의 지급문구가 약속어음면에 기재되어 있다고 하더라도 그 효력이 없다.(어음법 제5조 제1항 후문) 그래서 무이자부 약속어음이 된다.

530) 약속어음 이자청구의 경우에는 이자지급약정은 물론 이율에 관한 약정도 반드시 해야 한다. 만약 이자지급의 약정만 있고, 이율에 관한 약정은 없을 경우에는 이자지급약정의 효력이 없이 무이자부 약속어음이 된다.(어음법 제5조 제2항) 이자지급의 약정이 있으면 이율은 법정이율의 적용을 받게 하는 일반 민사·상사 소비대차계약과 차이가 있는 대목이니 주의를 요한다. 이자 기산시점의 기재가 없는 경우에는 발행일부터 이자지급을 청구할 수 있는 것으로 본다.(어음법 제5조 제3항)

시 하였다면 발행인에 대하여 지급일(만기) 이후의 지연손해금을 청구할 수 있고,531) 지급제시기간이 경과한 후 지급제시한 경우에는 실제 지급제시한 다음날부터 지연손해금의 지급을 청구할 수 있다.532) 이처럼 어음소지인은 발행인에 대해서 원금은 물론 지연손해금의 지급을 청구할 수 있다. 그러나 뒤에서 설명하는 바와 같이 어음소지인이 배서인에 대한 어음금 및 그 지연손해금 지급청구는 지급제시기간 내의 적법한 지급제시가 있었는가에 달렸다.

Ⅱ. 배서인에 대한 담보(소구)책임을 구하는 경우

배서인에 대하여 담보책임을 추궁할 때는 발행인에 대한 위 요건사실{①어음요건, ②배서의 연속, ③소지, ④(있다면) 이자·이율 약정}이외에도 ⑤ 지급제시기간내에 지급지 또는 지급장소에서 지급제시한 사실 및 ⑥ 거절증서가 작성면제되었다거나 거절증서가 작성된 사실 등을 추가로 주장·증명하여야 한다. ⑥은 통상 어음의 이면(裏面)이나 수표의 이면에 '거절증서 작성면제'의 문구가 부동문자(不動文字)로 인쇄되어 있기 때문에 "지급거절증서 작성의무를 면제하여 배서하였다"라는 전형적인 기술이 보편화되어 있어 크게 중요하지 않으나 ⑤ 지급제시기간내에 지급제시한 사실은 실천적으로 매우 중요하다. 만약 ⑤ 지급제시기간내에 지급제시한 사실이 없을 경우에는 배서인에 대한 담보책임은 소멸하고, 그 결과 어음소지인의 배서인에 대한 어음금지급청구는 기각될 것이다. 물론 그럼에도 불구하고 어음소지인은 발행인에 대해서는 어음금 지급청구를 할 수 있다는 점은 앞서 설명하였다.

약속어음금 (배서인에 대한 청구)	① 어음요건을 모두 갖춘 어음을 발행한 사실 (어음요건 중 일부는 생략할 수 있거나 다른 요건으로 대체할 수 있다.) ② 연속된 배서 ③ 원고가 소지하고 있는 사실 - - - - - - - - - - - - - - - - - - - (이자지급 청구를 할 수 있다면) ④ ⓐ이자·이율의 약정과 약속어음면에의 기재

531) 위 설명의 의미는 예를 들면 만기가 2019. 5. 3.(금)이라면 지급제시는 2019. 5. 3. 해도 되고, 2019. 5. 4.(토), 5. 5.(일), 5. 6.(대체휴일)은 휴일이므로 그 후 영업일인 5. 7.(화), 5. 8.(수)일까지 3영업일 중 어느 날짜에 해도 된다. 만약 어음소지인이 2019. 5. 8. 지급제시를 했다면 이는 정당한 지급제시로 그 어음소지인은 발행인을 상대로 어음금 청구를 할 때는 비록 이자지급의 약정이 없다고 하더라도(opt-in 방식) 원금은 물론 지연손해금(opt-out 방식)은 만기인 2019. 5. 3.부터 완제일까지 어음법 소정의 연 6%의 비율에 의한 지연손해금의 지급을 구할 수 있다.

532) 그렇지만 만기가 2019. 5. 1.(수)인 경우 3영업일은 2019. 5. 3.(금)에 끝나므로 만약 어음소지인이 2019. 5. 7. 지급제시를 하였다면 지급제시기간 이후에 지급제시한 것으로 결국 지급제시한 날 최고한 셈이어서 이에 따른 이행기가 도래한 것이고, 이어 지급제시일 다음날부터 지체책임을 지게 되기 때문에 어음소지인은 발행인을 상대로 2019. 5. 8.부터 완제일까지의 지연손해금 지급을 구할 수 있을 뿐이다. 지급제시일 이후에 지급제시한 경우에는 어음소지인은 발행인을 상대로 위와 같은 원금은 물론 지급제시일 다음날부터의 지연손해금 지급을 구할 수 있으나, 뒤에서 설명하는 바와 같이 어음소지인은 배서인을 상대로는 아무런 원금이나 지연손해금 지급청구를 할 수 없다. 그래서 지급제시일 이내에 지급제시하는 것이 매우 중요하다.

	ⓑ일람출급형 약속어음이거나 일람후 정기출급형 약속어음인 사실
	⑤ 지급제시 기간내에 지급지 또는 지급장소에서 지급제시한 사실 (만기일부터의 지연손해금 청구 가능) ⑥ 거절증서가 작성되었다거나 **작성면제된 사실**
항변	Ⓐ각종 인적 항변 Ⓑ각종 물적 항변

Ⅲ. 백지어음의 보충권 행사

1. 백지어음

어음요건이 다 충족되지 않은 채 장래 보충할 것을 예정하고 발행된 어음을 백지어음이라고 한다. 어음요건이 결여되어 발행된 경우 백지어음으로 추정된다. 따라서 어음요건의 결여로 무효라고 주장하는 자가 불완전어음이라는 사실을 주장·증명해야 한다.

백지어음으로 발행된 어음은 사후에 보충한 후 완성어음으로 어음금청구를 해야 한다. 백지어음의 보충권은 사실심변론종결시까지 행사할 수 있다. 이때의 사실심변론종결시란 항소된 경우 항소심변론종결시까지를 의미한다. 따라서 항소심변론종결시까지 백지어음을 보충하지 않고 어음금청구를 하고 있어 그 청구가 기각되는 경우란 대리인이나 판사가 정말 게으르지 않고서는 잘 일어나지 않는다. 그래도 백지어음인 채로 청구하였다가 기각당하여 그 판결이 확정되고 나서 비로소 다시 보충하여 어음금청구를 함으로써 기판력의 저촉으로 기각당한 판결들이 종종 발견되는 것으로 보아 그 사례가 아주 없는 것은 아니다. 즉 사실심변론종결시까지 백지어음을 보충하지 않으면 그 어음금청구는 기각된다. 이러한 기각판결을 받은 후에는 보충하여 다시 어음금 청구 소송을 하면 기판력에 저촉되어 기각[533]되게 된다.(대법원 2008. 11. 27. 선고 2008다59230 판결)

2. 백지어음의 부당보충

백지어음을 부당보충한 경우 첫째 부당 보충된 백지어음을 수취한 선의의 수취인은 보충된 대로 그 권리를 취득한다.(어음법 제10조) 둘째 수취인이 백지인 채로 양도하면서 취득자에게 보충권의 범위를 확대하여 고지하여 그 취득자가 부당보충하여 청구하는 경우(일종의 부진정한 보충권의 선의취득)에는 원칙적으로 첫째와 같이 보충된 대로 그 권리를 취득한다고 할 수 있으나 발행인에게 전화 등으로 보충한도 등을 확인한 다음 보충하지 않으면 중대한 과실이 있어 보충권이 수여된 한도내에서 그 효력이 있고,(대법원 1978. 3. 14. 선고 77다2020 판결) 초과하는 부분은 그 효력이 없다.

---

533) 승소의 확정판결과 같은 소송물을 대상으로 후소를 제기하여 기판력에 저촉되면 권리보호의 이익이 없다며 각하되어야 하나 패소의 확정판결과 같은 소송물을 대상으로 후소를 제기하여 기판력에 저촉되면 기각되어야 한다.

3. 백지보충권의 소멸시효완성

만기의 기재 있는 백지어음일 경우에는 만기로부터 3년간 행사하지 않으면 소멸시효가 완성되고, 만기마저 백지인 백지어음의 경우에는 원인관계에 비추어 어음상의 권리를 행사할 수 있는 때로부터 3년이 경과하면 소멸한다.(대법원 1997. 5. 28. 선고 96다25050 판결) 예를 들면 2018. 1. 1.부터 1년간 계속적 거래로 발생한 채무를 담보하기 위하여 백지어음을 발행했을 경우 2018. 12. 31. 거래가 종료되어 그때 보충할 수 있는 것으로 보아 그로부터 3년이 경과하면 소멸한다는 것이다.(대법원 2003. 5. 30. 선고 2003다16214 판결)

Ⅳ. 어음항변

1. 개설

통상 항변사실은 권리장애사유, 권리소멸사유, 권리행사저지사유 등으로 구성되어 있다고 설명했다. 어음관계에 있어서도 당사자들간에는 위와 같은 사유로 항변할 수 있음은 당연하다. 다만 어음은 신용증권으로 증권화되어 간단한 방법으로 양도(배서양도)가 가능하다. 원래 채권양도의 경우 채무자는 채권양도통지 전(승낙의 경우는 유보부 승낙 전)까지 양도인에게 가진 항변사유로 양수인에게 대항할 수 있는 것이 원칙이다.(민법 제450조 제1항, 제451조 제1항) 하지만 어음이나 수표는 유통성을 높이기 위하여 매우 간단한 방식으로 양도될 수 있도록 했는데 그에 따른 거래의 안전성을 높이기 위하여 위와 같은 성격의 항변은 일정한 정도로 제한하고 있다. 특히 이러한 항변들은 인적항변이라고 하고 어음채무자는 원칙적으로 그 인적항변으로 어음소지자에게 대항하지 못하도록 하고 있다.(어음법 제17조)

2. 인적항변과 물적항변

가. 일반론

어음법 제17조(인적항변의 절단)에는 "환어음에 의하여 청구를 받은 자는 발행인 또는 종전의 소지인에 대한 인적 관계로 인한 항변으로써 소지인에게 대항하지 못한다. 그러나 소지인이 그 채무자를 해할 것을 알고 어음을 취득한 경우에는 그러하지 아니하다."라고 규정되어 있고, 어음법 제77조 제1항 제1호에 의하여 약속어음에도 이 규정이 준용되고, 수표법 제22조에도 같은 취지의 규정이 있다. 이 규정에 따르면 "인적관계로 인한 항변"은 인적항변이 되고, 위 조문의 취지는 그 인적항변이 절단된다는 것이다. 원래 권리장애사유, 권리소멸사유, 권리행사저지사유 등은 당사자 관계에서 생겨난 항변으로 인적관계로 인한 소위 인적항변이 된다. 다만 특별한 사정이 없는 한 (지명)채권이 양도가 되었다 하더라도 채무자는 원칙적으로 채권양도의 통지가 도달하기 전에 발생한 항변사유들을 양수인에게도 주장할 수 있다는 것이 원칙이다. 이런 원칙은 지명채권의 양도에 있어서는 각종 인적항변이 소위 어음법상의 물적항변534)과 같은 성격을 가졌다고 표현해도 과언이 아니다. 그렇지만 어음법 제17조에 의하여 어음의 유통성을 위해 특별한 사정이 없는 한 그런 성격을 덜어내고 당사자 간(어음금 청구받은 자와 발행인 또는 이전 소지인 사이)에만 주장할 수 있다는 의미를 함축하고 있는 인적항변으로 개념지우고 있는 것이다. 증권화된 채권의 유통성을 강화하기 위한 부득이한 법적 선택이라 할 것이다.

나. 인적 항변

인적항변은 ❶직접 거래당사자(privy) 사이에 인적관계로 인한 항변이어서 그들 사이에서만 주장할 수 있는 항변이다. 반면 ❷ⓐ어음 외관상 명백하거나 ❷ⓑ어음행위의 실질적 효력요건에 관한 일부 항변은 모든 어음채무자에게 다 주장할 수 있다며 물적항변이라고 한다.535) 물적 항변은 다시 절대적 물적 항변과 상대적 물적 항변으로 구분된다. Ⓐ절대적 물적 항변은 어음요건의 흠결과 같이 어음의 외관상 권리의 장애가 뚜렷하여 어음상의 채무자 누구나 어음상의 채권자 누구에게도 주장할 수 있는 항변이고, Ⓑ상대적 물적 항변은 무능력자의 어음행위를 취소한 경우 그 무능력자만이 어음상의 채권자 누구에게라도 주장할 수 있는 물적 항변을 지칭한다. 원인관계의 성립상의 하자나 사후 소멸사유들은 전부 인적 항변으로 보는 데는 학설의 견해가 일치하고 있다. 그런데 어음행위의 부존재, 무효, 취소, 해제(해지), 무권대리(대리권남용), 대표권 제한 사유들은 이를 인적 항변이라고 보는 견해와 상대적 물적 항변으로 보는 견해가 있다.536) Ⓐ절대적 물적 항변사유로는 ① 어음의 요식성에 반하는 것(어음요건을 흠결한 경우, 배서 등 어음행위의 방식에 흠이 있는 것 등), ②소멸시효 완성, 상환청구권의 상실, 어음면에 어음금 지급필 기재가 있는 경우 등 권리 소멸사유들, ③무담보배서, 지시금지어음, 배서의 불연속, 만기 전 지급청구 등은 전부 어음면 기재로 명백한 사유여서 절대적 물적 항변사유가 된다. Ⓑ상대적 물적 항변은 어음행위 자체에 권리장애사유, 권리소멸사유, 권리행사저지사유가 존재하는 경우이다. 인적항변과 상대적 물적 항변의 차이는 Ⓒ 항변자가 상대방의 해의(害意)만 주장·증명해야 하는지(인적 항변), 아니면 Ⓑ상대방의 악의 또는 과실로도 주장·증명(상대적 물적 항변)하여 항변할 수 있는지 여부와 Ⓑ 인적항변은 해의(害意)가 없는 한 어음법적으로 권리를 이전받은 자에게는 대항할 수 없다는 데에 있다. 해의(害意)의 주장·증명책임이 악의의 주장·증명책임보다 더 강화되어 있고, 또 악의의 주장·증명책임이 악의 또는 과실의 주장·증명책임보다 강화되어 있으므로[해의 > 악의 > 악의 or 과실] 거래의 상대방(제3자)

---

534) 물적항변에서 물적이라는 표현은 물권의 대세적 효력과 같이 물권을 침해하는 모든 제3자에게 다 주장할 수 있다는 의미에서 물적이라는 표현을 차용하고 있는 것이다. 우리나라 어음법의 입법에 영향을 미친 「Convention Providing a Uniform Law for Bills of Exchange and Promissory Notes」 중 Article 17 "Persons sued on a bill of exchange cannot set up against the holder defences founded on their personal relations with the drawer or with previous holders, unless the holder, in acquiring the bill, has knowingly acted to the detriment of the debtor."라고 규정되어 있어 해석에 참조할 수 있다.

535) 이철송, 『어음·수표법(제14판)』, 박영사, 2017, 163면 참조

536) 어음행위의 부존재, 무효, 취소, 해제(해지), 무권대리(대리권남용), 대표권 제한 등으로 무효로 된다는 주장은 상대적 물적 항변의 대표적인 예이다라고 설명하고 있다.(이철송, 전게서, 164면 참조)

은 더 보호받게 되는 것이다. 민법상으로는 비진의의사표시, 통모허위표시, 착오로 인한 의사표시, 사기·기망으로 인한 의사표시, 해제통지 후의 제3자의 경우는 모두 악의의 주장·증명책임으로 족하다고 하여 거래의 제3자를 더 보호하고 있는 것이다. 이러한 민법의 태도는 당사자 보호보다 거래의 안전을 더 중시하는 입법태도라고 설명하고 있다. 그런 점에서 상대적 물적항변에 대하여 악의는 물론 과실까지 포함할 수 있다는 태도는 민법의 태도보다 더 당사자 보호에 치중한 나머지 거래의 안전을 도외시하고 있다는 비난을 피하기 어렵다. 그래서 판례는 착오, 사기·강박으로 인한 의사표시에 관해 인적항변임을 인정하고 상대방의 해의(害意)임을 주장·증명해야 항변할 수 있다고 판단하고 있다.(대법원 1997. 5. 16. 선고 96다49513 판결) 따라서 판례상으로는 상대적 물적항변과 같은 개념이 인정되지 않고 있으며 모두 인적항변으로 보아야 할 것이고, 따라서 어음상의 채무자는 인적항변사유에 관해 소지인이 해의를 가지고 있었다는 점을 추가적으로 주장·증명해야 항변에 성공할 수 있다.

다. 소멸시효 완성과 중단

1) 소멸시효완성 항변

약속어음의 발행인에 대한 어음상의 청구권은 만기일로부터 3년간 행사하지 않으면 소멸한다.(어음법 제77조 제1항 제8호, 제70조 제1항, 제78조 제1항) 만기가 기재되어 있으면 백지어음이라도 만기일로부터 3년간 행사하지 않으면 소멸한다.

2) 소멸시효 중단

가) 재판상 청구

어음금 지급청구의 소를 제기하면 시효중단의 효력이 있다. 담보조로 발행된 약속어음으로 약속어음금 청구의 소를 제기하면 원인채권에 대해서도 시효중단의 효력이 있다. 반면 원인채권 청구의 소 제기는 어음금채무에 관한 시효중단의 효력이 없다.(대법원 1999. 6. 11. 선고 99다6378 판결) 이미 시효로 소멸한 어음채권을 피보전권리로 한 가압류 결정이 내려져도 그 가압류결정이 무효이기 때문에 그 원인채권의 소멸시효 중단효과가 없다.(대법원 2007. 9. 20. 선고 2006다68902 판결)

나) 승인

승인은 시효이익을 받을 자가 그 권리가 존재함을 인식하고 있다는 뜻을 표시하는 방법으로 할 수 있다. 승인이 있으면 시효가 중단된다.

Ⅴ. 기재례

청 구 원 인

1. 피고 甲은 2019. 12. 1. 액면금 5,000만원, 수취인 소외 乙, 지급기일 2020. 7. 1., 발행지 및 지급지 각 백지, 지급장소 주식회사 하나은행 충무로지점으로 된 약속어음 1매를 소외 乙에게 발행하였습니다.

   피고 丁은 소외 乙, 피고 丙의 배서가 연속하여 기재된 위 약속어음을 피고 丙으로부터 교부받아 2020. 6. 25. 위 약속어음에 지급거절증서 작성의무를 면제하는 배서를 하여 원고에게 교부하였습니다.

   원고는 위 약속어음의 발행지 및 지급지를 각 서울특별시로 보충하여 같은 해 7. 2. 위 지급장소에 지급제시하였으나, 예금부족으로 지급거절되었습니다.

2. 이 사건 약속어음의 발행인 란에 기재된 피고 甲의 기명날인은 피고 甲이 거래은행에 신고한 인감에 의한 것이므로 위 약속어음은 피고 甲에 의하여 발행된 것으로 추정된다 할 것이고, 원고는 형식상 배서의 연속에 아무런 흠이 없는 이 사건 약속어음을 최종 배서인인 피고 丁으로부터 배서 양도받은 것이므로 이 사건 약속어음상의 권리를 유효하게 취득하였습니다.

3. 그렇다면, 피고들은 **합동하여** 원고에게 위 **약속어음**금 50,000,000원 및 이에 대하여 **위 약속어음의 만기(지급기일)인** 2020. 7. 1.부터 이 사건 소장 부본 송달일까지는 **어음법 소정의** 연 6%의, 그 다음 날부터 다 갚는 날까지는 **소송촉진 등에 관한 특례법 소정의** 연 12%의 각 비율에 의한 **지연손해금**을 지급할 의무가 있습니다.

제5관 연결고리, 확인의 소, 형성의 소

제1강 양수금청구(채권양도), 전부금·추심금 청구, 채권자대위 및 채권자취소

I. 개설(연결고리와 'α'문제)

　　민사법 관련 서적들에서는 양수금(or 채무인수금) 청구를 채권양도, 채무인수 부분에서 별도로 설명하고, 이와 별도로 채권에 관한 집행으로서의 추심금 청구, 전부금 청구를 따로 묶어 설명하고, 또 책임재산의 보전 부분에서 채권자 대위와 채권자 취소를 묶어 설명하고 있다. 기능적 분류 측면에서 일견 타당해 보인다. 오로지 약정당사자(privy)인 약정의 상대방(promisee)이 약정자(promisor)에게만 약정에 따른 청구를 할 수 있다.537) 특별한 사정이 게재되는 경우에 한하여 약정의 당사자 이외의 자(者)도 약정의 당사자이외의 자에게 청구할 수 있다. 그 특별한 사정을 묶어서 본서에서는 '연결고리'라는 용어를 창조하여 이 부분에서 모아 설명하고자 한다. 의뢰인을 원고(소장 작성의 경우)538)로 하여 피고(또는 답변서에서는 원고)를 향해 청구(또는 방어)를 해야 하는 변호사로서는 원고가 피고로부터 권리 침해를 당한 피해자(victim)(=물권자)가 아니거나 '약정의 상대방'(promisee)이 아니라면 그 피고를 상대로 청구를 포기하거나 아니면 특별한 사정을 찾아 간극을 메우면서 청구를 해야 할 필요성이 있다. 그래서 비록 실체법에서는 관련 법리들을 기능적으로 접근하여 별도로 산발적으로 학습하였지만 민사법실무 측면에서는 원고와 피고의 관계라는 측면에서 접근하여 특별한 사정(즉 연결고리)이라고 파악해 학습할 필요도 있다. 그러한 특별한 사정(연결고리)의 예로서는 Ⓐ물권의 대세적 효력, Ⓑⓐ채권자 대위권, ⓑ채권자 취소권(이상 책임재산의 보전), Ⓒⓐ채권양도, ⓑ채무인수, Ⓓⓐ전부명령, ⓑ추심명령, Ⓔ(임대차·주택임대차·상가건물임대차의) 대항력, Ⓕⓐ교사·방조한 2중양수인의 책임(제3자의 채권침해), ⓑ상호속용하는 영업양수인의 책임, ⓒ피해자의 보험자에 대한 직접 청구권, ⓓ제3자를 위한 계약, ⓔ대리인의 예외적인 책임(민법 제135조) 등이 있다. 그래서 이러한 특별한 사정(연결고리)의 요건사실 및 그 항변 사유들을 추가적으로 학습해야 한다.

　　이처럼 '연결고리'라는 관점으로 학습할 때 명심해야 할 것은 원래 약정당사자 사이에 발생한 청구권의 요건사실과 항변사유들을 새롭게 관계를 맺게 된 자에게도 그대로 주장·증명할 수 있는지에 관한 쟁점(본서에서는 이를 특히 'α'의 문제라는 표현을 사용하고자 함)이 또 있다는 점을 명심해야 한다. 대체로 'α'의 문제는 종래 약정당사자 사이에서 주장할 수 있었던 항변 등을 연결고리를 통해 새롭게 등장한 자에게도 주장할 수 있는가라는 소위 시적한계(時的限界)로 논의되나 때로는 물적한계도 문제될 수 있다. 아무튼 '연결고리'와 'α'의 문제라는 관점으로 권리분석을 할 수 있어야 한다.

---

537) 오로지 피해자(victim, 물권자)만이 가해자(injurer)를 상대로 물권 침해에 따른 청구를 해야 한다.

538) 답변서를 작성할 때는 의뢰인을 피고로 하여 작성해야 한다.

Ⅱ. 양수금청구(채권양도)

1. 개설

채권양도계약으로 채권은 동일성을 유지한 채 이전된다. 따라서 종전의 채권자(양도인)는 청구권을 상실하고, 양수인이 채권자가 되어 해당 채권을 청구할 수 있게 된다. 이렇듯 채권양도로 인한 양수금청구는 지명채권(指名債權)을 중심으로 이루어진다. 지명채권은 채권자가 특정(指名)되어 있는 채권으로 "증권에 의해 표시된 특정인이나 그가 지시한 자"가 채권자가 되는 지시채권(指示債權)에 대응하는 개념이다. 지명채권은 채권양도계약과 채무자에 대한 통지 또는 (채무자의) 승낙을 통한 채무자에 대한 대항력의 취득으로 완결되는 반면 지시채권은 주로 증권상에 배서와 교부를 통해 양도를 하고, 그런 과정에서 인적항변은 절단되고 물적항변만으로 소지인에게 대항할 수 있게 된다. 아무튼 약정의 당사자(privy)가 기명으로 특정된 지명채권에 관해 채권양도를 통한 양수금청구는 민법 제449조 내지 제452조에 따라 성질상 양도할 수 있는 지명채권을 대상으로 한 양도계약이어야 하고, 채무자에 대한 대항요건을 갖추어야 하고, 제3자와 경합할 경우에는 <u>열위가 아닌</u> 확정일자부 통지 등 요건을 충족해야 비로소 양수금청구가 가능함을 알 수 있다. 특히 채무자가 종전의 채권자(양도인)와 자신 사이에 체결된 약정(소위 'α'문제)상의 원인무효 사유(권리장애사유), 소멸사유(권리소멸사유), 행사저지사유 등을 새로운 채권자(양수인)에게도 행사할 수 있는 지를 중심으로 정밀한 법리가 발달되어 있다. 또한 다른 연결고리(즉 2중 채권양도, 전부명령, 추심명령, 채권가압류 등)가 있다는 제3자가 채무자에게 통지하는 등으로 대항력을 갖추어 중첩될 때는 그들 사이에 우열관계가 '채권양도의 제3자에 대한 대항력'으로 문제된다. 소송상 주장되는 구조를 분석해 보면 우선 채무자가 제3자로부터 확정일자부 통지(송달) 등을 받아 중첩된다는 항변을 하면 양수인측에서는 자신도 확정일자부 통지(승낙)을 하였고, 그 통지가 앞서거나 적어도 동시에 도달하였다는 사실을 주장하여 재항변할 수 있다. 이와 같이 항변 – 재항변으로 나누는 이유는 재항변 사유상의 정보가 양수인측에서 보유하고 있으므로 채무자로서는 그 정보까지 입수하여 주장·증명하게 하는 것이 부당하기 때문이다. 이러한 관련 법리를 잘 살펴 중심을 잡고 실수하지 말기 바란다.

2. 양수금청구의 요건사실

양수금 청구 **(채권양도)**	청구원인	① 양도대상채권의 성립 {주로 대여금채권, 외상 물품대금 또는 (임차목적물 반환된) 임차보증금반환 등} ② 채권양도계약 ③ⓐ<u>양도인</u>에 의한 채권양도통지·도달 or 　ⓑ채무자의 ((a)유보하거나 (b)유보 없는 단순) 승낙
	항변	Ⓐ③ⓐ의 경우 채권양도통지 수령전까지 발생한 양도인에 대한 항변 　③ⓑ의 경우 승낙전까지 발생한 양도인에 대한 항변 　(이 단계에서는 ⓑ중 (a)인지 (b)인지를 밝힐 필요가 없음) or - Ⓑ①양도금지의 특약 **and**

	②양수인의 악의 · 중과실 or	
	©①양도인이 제3자에게 피고에 대한 채권을 양도한 사실 　　(또는 제3자가 양도인의 피고에 대한 채권을 압류 및 전부(or 추심)명령받은 사실) 　　**and** 　②그 양도에 관한 확정일자 있는 통지나 승낙의 도달사실 　　{압류 및 전부(or 추심)명령이 도달한 사실}	
재항변	Ⓐ[③ⓑ의 경우] 피고가 단순승낙한 사실(즉 ⓑ(b)인 사실)[539] or Ⓑ채무자가 채권양도를 승낙한 사실　　　　or ©①양수인(원고)에 대한 채권양도 양도인에 의한 <u>확정일자 있는 증서로 한 통지이거</u> 　　나 채무자에 의한 확정일자 있는 승낙으로 이루어졌고, & 　②확정일자부 통지나 승낙이 제3자에 대한 그것(확정일자 있는 채권양도 or 압류 및 　　전부명령 or 압류 및 추심명령)보다 **먼저 또는 동시에** 도달한 사실[540]	
재재항변	Ⓐ[③ⓑ(b)의 경우] ⓑ(b)의 경우라 해도 <u>양수인(원고)이 악의 또는 중과실</u>	

가. 요건사실 요약

① 양도대상 채권(소위 'α'문제)의 성립

　주로 소비대차계약이나 외상 물품대금, (임차목적물을 반환한) 임차보증금반환채권 등이 되고, 그 성립의 요건사실(소위 'α'문제)을 주장·증명해야 한다. 간혹 수험생들 중에서는 ②채권양도계약, ③양도인에 의한 양도통지에 치중한 나머지 정작 중요한 양도대상 채권의 성립요건의 주장·증명에는 소홀히 해 아주 간략하게 기술하거나 생략하는 경우도 많다. 그러나 양도대상 채권의 발생원인사실을 주장·증명할 책임이 있으니 특히 주의할 필요가 있다.[541] 본서에서 이를 'α'의 문제라는 신조어(新造語)된 용어까지 수차례 반복하여 사용하면서 설명하는 이유는 소송당사자들의 주된 싸움이 'α'의 문제에 집중(따라서 청구원인이나 항변사유들을 기술하는 부분에서 충분히 이를 기술해야 한다.)되기 때문에 관련 법리들을 잘 숙지하여 빠짐없이 기재해야 한다는 점을 강조하기 위한 것이다. 특히 이를 명심해야 할 것이다.

② 채권양도계약

③ ⓐ 양도인에 의한 양도통지 및 그 도달 혹은

　 ⓑ 채무자의 (유보부 또는 유보 없는 단순) 승낙 등이다.

---

539) 이를 재항변사유로 삼은 이유는 다음 재재항변사유가 존재하기 때문이다. 재재항변사유는 거래의 안전을 보호하기 위해 양수인측의 주장·증명책임을 경감할 필요가 있어 채무자측에 재재항변사유의 주장·증명책임을 부담시킨 것이다.

540) 대법원 1994. 4. 26. 선고 93다24223 전원합의체 판결

541) 실제로 채점기준표에 따르면 채권양도계약사실, 채권양도의 통지 또는 승낙사실에 대한 배점보다 양도대상 채권의 성립사실에 관한 배점이 더 높은 경우가 많다. 만약 수험생들이 양도대상 채권의 성립사실에 관한 기술을 소홀히 했을 경우 해당 점수를 획득하지 못하게 된다. 시험을 치르고 난 후 자신은 답안을 완벽하게 작성했다고 생각했지만 채점결과를 확인해 볼 때 획득점수가 낮은 경우는 이러한 잘못들이 누적되었기 때문이다.

나. 채권양도의 통지 · 도달 또는 채무자의 (유보부 또는 유보 없는 단순)승낙

1) 채권은 원래 채권자와 채무자 사이에만 그 효력이 있다. 그럼에도 불구하고 양수인이 채권양도사실을 채무자에게 주장하기 위해서는 양수인은 위 ③ 채권양도의 통지 · 도달 또는 채무자의 (유보부 또는 유보 없는 단순)승낙 사실을 주장 · 증명하여야 하고, (청구원인설, 대법원 1990. 11. 27. 선고 90다카27622 판결, 대법원 2009. 7. 9. 선고 2009다23696 판결) 그러면 채무자는 그 때(채권양도통지의 도달시 또는 유보부 승낙시)까지 양도인에게 대항할 수 있었던 사유들로 양수인에게 대항할 수 있다.(소위 'α'문제) 물론 유보 없는 승낙을 한 채무자는 비록 승낙전에 발생한 항변사유라 하더라도 양수인에게 대항할 수 없다. 그런데 이때 항변 · 재항변 · 재재항변의 법리가 복잡하니 잘 이해해 두어야 한다. 즉 채무자가 유보 없는 승낙을 하였다고 하더라도 양수인이 악의 또는 중과실로 알지 못한 때에는 그 사유로 양수인에게 대항할 수 있다.(대법원 2002. 3. 29. 선고 2000다13887 판결) 거래의 안전을 보호하기 위해 이 사유를 재재항변으로 삼아 채무자가 양수인의 악의 또는 중과실을 주장 · 증명해야 한다면 유보 없는 승낙(단순 승낙)사실은 양수인의 재항변사유가 된다. 구체적으로 조금 뒷부분에서 상세하게 설명하기로 한다.

2) 채권양도통지 · 도달

채권양도통지는 원칙적으로 '양도인'이 해야 한다. 하지만 양도인의 위임을 받아 양수인이 이를 할 수도 있다. 양도통지는 채무자에게 도달하여야 그 효력이 발생한다. 도달은 사회관념상 채무자가 통지의 내용을 알 수 있는 객관적 상태에 놓였다고 인정되는 상태를 지칭한다.(대법원 1997. 11. 25. 선고 97다31281 판결) 양도인은 직접 통지할 필요 없이 대리인을 통해 통지할 수도 있다. 그래서 양수인이 양도인의 대리인으로 위임받아 (대리인임을 현명하여) 채권양도의 통지를 할 수도 있다. (대법원 1994. 12. 27. 선고 94다19242 판결) 만약 채권양도의 통지를 위임받은 양수인이 현명하지 않은 채 양수인 명의로 채권양도의 통지를 한 경우라도 상대방(채무자)이 대리인으로 통지한 것임을 알았거나 알 수 있었을 때에는 민법 제115조 단서의 규정에 의하여 그 채권양도의 통지는 유효하다.(대법원 2004. 2. 13. 선고 2003다43490 판결)542)

3) 채무자의 승낙

채무자는 유보부 승낙을 하거나 '유보하지 않고 승낙'(이를 '단순승낙'이라 함)할 수도 있다. 유보부 승낙이냐 단순승낙이냐에 따라 채무자가 양수인에게 항변할 수 있는 범위가 달라진다. 앞서 설명한 바와 같이 유보한 승낙일 경우에는 승낙전에 발생한 유보된 사유로 항변할 수 있다. 그러나 단순승낙일 경우에는 원칙적으로 항변할 수 없으나 양수인이 알았거나 중대한 과실로 알지 못한 사유에 한하여 항변할 수 있다. 부동산 매매로 인한 소유권이전등기청구권을 양도할 때는 통상의 채권양도와 달리 반드시 채무자의 동의나 승낙을 받아야 된다.(대법원 2005. 3. 10. 선고 2004다67653,67660 판결)

542) 법학전문대학원협의회 제공 모의문제 (9)에서 출제된 바가 있다.

4) (연대)보증부 채권에 관한 채권양도의 통지

(연대)보증부 채권양도의 경우 주채무자에 대한 양도통지는 (연대)보증인에게도 효력이 있다. 그래서 양수인은 그 (연대)보증인에게 보증양수금 청구를 할 수 있다.

5) (근)저당권부 채권의 양도

(근)저당권부 채권의 양도는 Ⓐ채권양도의 요건을 갖추어야 함은 물론 Ⓑ(근)저당권양도를 위한 ⓐ계약과 그에 따른 ⓑ등기도 경료(민법 제186조)해야 한다. 이때 하는 등기는 부기등기가 된다. 다만 (근)저당권설정등기 말소 청구를 할 때는 부기등기가 말소대상이 아니라 (근)저당권설정등기가 말소대상등기가 된다. 이런 소송의 승소판결이 확정되면 (근)저당권설정등기가 말소되면서 부기등기도 말소된다. 또한 (근)저당권의 양도 없는 채권양도는 피담보채무의 소멸[543]로 인해 (근)저당권이 소멸되게 된다.

다. 채권양도통지 받은 다음 채무를 이행하라는 청구

채권양도 통지는 양수금청구를 하기 전에 미리 하여야 한다. 만약 '채권양도통지 받은 다음 채무를 이행하라'는 청구를 하게 되면 이는 일종의 장래이행 청구로서 대체로 미리 청구할 필요를 증명하기 어려워 부적법 각하한다.{대법원 1992. 8. 18. 선고 90다9452,9469(참가) 판결}

3. 담보목적의 채권양도

담보목적으로 채권이 양도되어도 채권은 양수인에게 완전히 이전되고, 다만 양수인(양도담보권자)은 양도담보설정자(양도인)에게 정산의무를 부담할 뿐이다. 이는 마치 피담보채무 담보를 목적으로 부동산의 소유권을 이전하는 양도담보가 성립된 때 양도담보권자는 담보 부동산의 소유권을 완전히 취득하지만 양도담보설정자에 대하여 정산의무를 부담하게 되는 것과 같다. 따라서 양도담보설정자는 양도담보권자가 정산의무를 다하기 전까지 피담보채무를 변제하고 해당 부동산에 관한 말소등기를 청구하여 그 소유권을 되찾아 올 수 있는 것처럼 담보목적 채권양도의 양도인(채권양도담보설정자)은 정산이 끝나기 전까지는 양수인에게 피담보채무를 변제하고 양도된 채권을 되찾아 올 수 있을 뿐이다. 그래서 채권양도담보설정자는 그 채권의 처분권한을 상실한다고 할 것이다.(대법원 2016. 7. 24. 선고 2015다46119 판결)

---

543) 이를 상대적 소멸이라고 한다. 즉 종전의 '양도인 겸 채권자 겸 근저당권자'가 피담보채권을 양도하여 채권자적 지위를 상실하기 때문에 비록 양수인이 피담보채권을 보유하고 있다 하더라도 근저당권은 소멸된다.

4. 주요 항변사유 (다음 3가지 종류가 있다.)

가. 첫째 : 대항력 갖추기 전에 채무자가 양도인에 대하여 보유하고 있던 항변사유들 (소위 'α'문제로부터 유래한 항변사유들)

1) 양도통지의 경우

채무자는 양도통지를 받은 때까지 양도인에게 생긴 사유로 양수인에게 대항할 수 있다.(민법 제451조 제2항)

2) 채무승낙의 경우

채무자는 이의를 유보하고 승낙한 경우에 한하여 채권양도 승낙 전까지 양도인에 생긴 사유로 채권양수인에게 대항할 수 있다.

반면 이의를 유보하지 않고 승낙(단순승낙)한 경우에는 채권양도 승낙 전후를 막론하고 대항하지 못한다.(민법 제451조 제1항 전문) 다만 양수인의 악의 또는 중과실이 있는 경우에는 그러하지 아니하다. (대법원 1999. 8. 20.선고 99다18039 판결)

3) 예외

예외적으로, Ⓐ 임대차보증금 반환채권의 경우는 이의를 유보하지 않고 승낙하였다고 하더라도 미지급임료·원상복구비용·부당이득금·손해배상금 등 임차보증금에서 당연히 공제할 비용은 공제할 수 있고, Ⓑ 또 보험금청구권의 양도에 대하여 보험자가 이의를 유보하지 않고 승낙하였다 하더라도 보험계약상의 면책사유로 양수인 또는 질권자에게 대항할 수 있다.(대법원 2002. 3. 29. 선고 2000다13887 판결)

4) 양수금 청구에서 소위 'α'문제로 유래하는 항변 관련 실제 주장·증명책임의 분배

원고(양수인)가 양수금 청구를 할 때 ①양도대상채권의 성립요건사실, ②채권양도계약 체결사실, ③양도인에 의한 채권양도 통지사실이나 채무자의 승낙사실을 주장·증명하면, 피고(채무자)는 채권양도 통지의 수령(또는 승낙)전에 발생한 권리장애사실, 소멸사실, 권리행사저지사실을 들어 항변을 할 수 있다. 그러면 원고(양수인)는 단순 승낙한 사실(채권양도 통지나 이의를 유보한 승낙의 경우에는 항변사유들이 이유 있으면 이와 같은 재항변 사유는 없다.)을 들어 재항변을 하면, 피고(채무자)측은 단순승낙했다고 하더라도 원고(양수인)가 이미 그 항변사유들의 존재를 알았거나 중대한 과실로 몰랐다는 사실을 들어 재재항변할 수 있다.

나. 둘째 : 양도금지의 특약(항변사유)

양도대상채권의 발생원인이 되는 약정을 하면서 동시에 그 약정으로 발생하는 채권(청구권)의 양도금지의 특약을 하는 경우가 종종 있다. 채무자는 ① 양도금지 특약, ② 양수인의 악의 또는 중과실을 주장·증명하여(민법 제449조 제2항) 항변할 수 있다.(대법원 2003. 1. 24. 선고 2000다5336·

5343 판결, 대법원 2015. 4. 9. 선고 2012다118020 판결) 위와 같은 주장·증명책임의 분배는 민법 제449조 제2항의 문언과 배치되는 해석이나 거래의 안전을 위해 주장·증명책임을 전환해 둔 것이니 잘 명심하고 있어야 한다. 그러면 원고(양수인)는 그 후에 채무자가 채권양도를 (사후) 승낙한 사실을 들어 재항변할 수 있다.

다. 셋째: 제3자 대항요건(양수인의 채권상실)

1) 요약

채권이 2중양도되거나, 압류되거나 질권설정되는 등 양수인의 지위와 양립하지 않는 법률상 지위를 가진 제3자가 존재하는 경우에는 피고(채무자)는 원고(양수인)를 상대로 ①양도인이 제3자에게 채무자(피고)에 대한 채권을 양도한 사실{양도인의 채권자(제3자)의 신청으로 채권압류결정[544]이 내려진 사실 또는 질권설정 사실}, ② 그 양도에 관한 확정일자 있는 통지나 승낙이 도달한 사실{양도인의 채권자(제3자)가 채권압류신청을 하여 그 채권압류결정문이 송달된 경우, 질권설정된 경우 질권설정 사실의 통지 등도 포함됨}을 주장·증명하여 항변할 수 있다.

그러면 양수인(원고)은 '①원고에 대한 채권양도에 관한 양도인에 의한 확정일자 있는 증서로 한 통지나 승낙이 ②제3자에 대한 그것보다 먼저 또는 동시에[545] 도달한 사실'을 들어 재항변할 수 있다. (대법원 2011. 7. 14. 선고 2009다49469 판결)

이때 확정일자 있는 증서에 의한 통지나 승낙은 통지나 승낙행위 자체를 확정일자 있는 증서로 하여야 한다. 그러한 경우 그 선후관계는 채무자에 대한 도달의 선후관계에 의해 결정한다.(대법원 1994. 4. 26. 선고 93다24223 전원합의체 판결) 다만 확정일자 없는 증서로 통지하거나 승낙한 다음 사후에 그 증서에 확정일자를 받은 경우에도 대항력을 취득하게 되나, 다만 증서에 확정일자를 받은 날짜를 다른 2중채권양수인에 대한 확정일자부 통지일자와 비교대상으로 삼아 선후관계를 정해야 한다.(대법원 1988. 4. 12. 선고 87다카2429 판결)[546] 확정일자는 민법 부칙 제3조에 의해 결정된다. 즉 ⓐ공증인(공증인가 합동법률사무소 포함) 또는 ⓑ법원서기가 날인한 확정일자인(確定日字印)은 물론 ⓒ**내용증명우편**, ⓓ확정판결서, ⓔ한국토지공사가 작성한 권리의무 승계계약서상의 일자, ⓕ한국토지공사 전북지사장이 작성한 승낙서상의 승낙일자 등도 확정일자에 해당된다.

---

544) 채권압류결정은 주로 '채권압류 및 전부명령' 또는 '채권압류 및 추심명령'의 형태로 이루어진다.

545) 동시에 송달된 경우에는 그들 상호간에 우열이 없게 되고, 이들은 또 다른 제3자에게는 완전한 대항력을 갖게 된다. 그래서 피고(채무자, 제3채무자)가 양수인, 채권(가)압류채권자에게 그 전액을 변제하면 다른 채권자에 대한 관계에서도 유효하게 면책된다. 만약 양수인, 채권(가)압류채권자 사이에 어느 한 사람이 먼저 채무자(제3채무자)로부터 변제를 받고, 잔존 채무액이 나머지 양수인 또는 채권(가)압류채권자의 채무액을 변제하기 부족할 때는 먼저 변제받은 자는 안분비례하여 정산할 의무를 부담하게 된다.(대법원 1994. 4. 26. 선고 93다24223 전원합의체판결)

546) 중요한 점은 채권이 이중으로 양도된 경우 양수인 상호간의 우열은 통지 또는 승낙에 붙여진 확정일자의 선후에 의하여 결정될 것이 아니라 채권양도에 대한 채무자의 인식, 즉 확정일자 있는 양도통지가 채무자에게 도달한 일시 또는 확정일자 있는 승낙일시의 선후에 의하여 결정되어야 한다. 이러한 법리는 채권양수인과 동일 채권에 대하여 가압류명령을 집행한 자 사이의 우열을 결정하는 경우에도 같은 법리가 적용되어야 한다.(대법원 1994. 4. 26. 선고 93다24223 전원합의체 판결)

2) 제3자에 의해 이미 가압류된 금전채권의 양수인이 양수금 청구를 한 경우

채권 가압류와 채권양도의 우열관계는 채무자에 대한 가압류결정문의 송달일시와 확정일자 있는 양도통지 도달일시의 선후(先後)로 결정된다는 점은 앞서 설명한 바와 같다. 채권양도의 확정일자부 통지가 가압류결정문의 송달보다 먼저 도달했다면 양수인이 그 채권을 행사할 수 있다. 만약 가압류결정문이 채권양도의 확정일자부 통지보다 먼저 송달되어 채권양도에 우선하게 된다고 하더라도 양수인은 가압류에 의하여 제한된 상태에서 채권을 양수받은 것에 불과할 뿐 양수인이 채무자에 대하여 양수금청구를 할 수는 있다.(대법원 2002. 4. 26. 선고 2001다59033 판결) 다만 그 양수금 청구에서 승소하여 확정되었다 하더라도 금전지급청구의 확정판결만으로는 바로 집행이 되는 것은 아니고 이를 집행권원으로 하여 채무자(양수금 청구 소송의 피고)측의 재산(부동산, 동산, 채권)에 대해 강제집행에 착수하여 집행절차가 진행되기 때문에 채무자측은 이러한 집행단계에서 가압류된 사실을 들어 강제집행 정지 결정문을 받아 집행법원에 제출함으로써 그 강제집행을 저지시킬 수 있기 때문이다.(민사집행법 제49조 참조) 그런데다가 채권이 가압류되어 있다 하더라도 채권양수인은 집행권원을 취득할 필요가 있고, 또 시효중단을 하기 위해 재판상 청구를 할 필요도 있기 때문에 양수인이 양수금청구를 하도록 허용하고 있는 것이다. 이때 채권가압류는 그 피보전채권을 청구하는 본안소송에서 가압류채권자가 승소, 확정되어 집행권원을 획득하는 등 피보전채권의 존재가 확정되는 것을 조건으로 처분금지적 효력이 발생하는 것이다. 따라서 가압류채권자가 그 피보전채권의 이행을 구하는 본안소송에서 승소하여 집행권원을 획득한 다음 (제3)채무자를 상대로 가압류된 채권에 대해 강제집행 신청을 하게 되면 비로소 이와 열위의 관계에 있는 양수인에 대한 채권양도가 무효로 되고,(대법원 2002. 4. 26. 선고 2001다59033 판결) 그 양수금청구에 따른 확정판결에 기한 강제집행도 효력이 없어 결국 집행법원에 의해 강제집행개시결정도 취소될 것이다.

요약하자면 채무자가 ① 채권가압류, ② (제3)채무자에 대한 가압류 결정문 송달이 확정일자부 채권양도의 통지보다 앞서 이루어진 사실만 주장·증명해서는 안되고 이에 더하여, ③ 가압류채권자가 집행권원을 획득하여 채권압류 및 **전부**(또는 추심)**명령**을 받은 사실까지 주장·증명하여야 유효한 항변이 될 수 있다. ③ 사실까지 주장·증명할 수 없을 때는 가압류결정문의 통지가 확정일자부 채권양도의 통지보다 빨랐다고 하더라도 채무자는 양수금청구 소송에서 채권가압류되었다는 항변을 할 수 없다.

이때 소장작성단계에서는 필요한 지식은 아니나 수소법원의 판결작성시에 필요한 법리로서 다음과 같은 법리가 있다. ③ 사실에서 전부명령을 받았는가, 추심명령을 받았는가에 따라 다음과 같이 판결의 주문(主文)내용이 달라지므로 주의하여야 한다. 즉 채무자가 ① 채권가압류, ② (제3)채무자에 대한 가압류 결정문 송달이 확정일자부 채권양도의 통지보다 앞서 이루어진 사실에다가 ③ 가압류채권자가 집행권원을 획득하여 채권압류 및 **전부명령**을 받은 사실을 들어 항변한 경우 채권이 전부된 상태에서 무권리자가 된 양도인으로부터 채권양도를 받았기 때문에 그 채권양수인의 양수금청구는 **기각**되어야 한다. 이에 반하여 만약 채무자가 ① 채권가압류, ② (제3)채무자에 대한 가

압류 결정문 송달이 확정일자부 채권양도의 통지보다 앞서 이루어졌거나 동시에 이루어진 사실, ③ 가압류채권자가 집행권원을 획득하여 채권압류 및 **추심명령**을 받은 사실을 주장·증명하면 추심명령의 성격상 채권자(양도인)는 채권을 추심할 당사자적격을 상실하게 되므로 그 추심할 권한을 상실한 채권자로부터 채권양수받은 양수인의 양수금청구는 <u>부적법하여 각하</u>되어야 한다.

또 알고 있으면 좋을 지식으로 한가지만 더 언급해 둔다. 채권가압류결정의 통지를 받고 난 이후에 확정일자 있는 채권양도의 통지를 받은 채무자는 위와 같이 채권양수인에 의한 양수금 청구를 받을 수 있고, 또 채권이 가압류 되어 있다고 하더라도 변제기가 경과되면 지체책임까지 부담하게 되므로 집행공탁과 변제공탁을 결합한 <u>혼합공탁</u>을 하면 그 책임으로부터 벗어날 수 있다.

5. '채권양도 통지를 하라'는 청구

채권양도계약을 체결하고도 양도인이 채권양도의 통지를 하지 않는 경우에는 양수인은 양도인을 상대로 채권양도의 통지라는 의사표시를 구하는 청구(정확하게는 '관념의 통지를 하라'는 청구)를 할 수 있다. 이때 요건사실은 ①양도대상 채권의 성립, ②채권양도계약체결 사실 뿐이다. 채권양도 통지는 일종의 의사의 진술을 명하는 청구로 그 청구취지는 "피고는 소외 박갑동(650215 – 1032600, 주소 : 서울 서초구 방배로 12)에게, 별지목록 기재 채권을 2019. 9. 1. 원고에게 양도하였다는 취지의 통지를 하라."라는 형식이 된다.

6. 채무인수금 청구

채무인수가 이루어진 경우에는 채권자는 인수인을 상대로 인수금 지급청구를 할 수 있다. 채무인수가 면책적 채무인수인지 병존적(중첩적) 채무인수인지는 계약의 해석에 의해 결정될 것이나(대법원 1998. 11. 24. 선고 98다33765 판결), 불분명한 때에는 병존적 채무인수로 해석해야 한다. (대법원 2013. 9. 13. 선고 2011다56033 판결) 중첩적 채무인수의 경우 채무자와 인수인은 원칙적으로 주관적 공동관계가 있는 연대채무관계에 있고, 인수인이 채무자의 부탁을 받지 아니하여 주관적 공동관계가 없는 경우에는 부진정연대관계에 있다. (대법원 2009. 8. 20. 선고 2009다32409 판결)

채무인수금	청구원인	①인수대상 채무의 발생 ②채무인수계약 {(a)**채권자와 인수인간 계약(원칙적 형태)** or (b)채권자, 채무자, 인수인 3자간의 계약 or (c)인수인과 채무자간의 계약 & 채권자의 승낙(민법 제454조 제1항)}
	항변	Ⓐ[②(a)의 경우] 이해관계 없는 제3자(인수인)가 채무자의 의사에 반해 인수 - Ⓑ[모두에게] 채무자가 채권자에게 주장할 수 있었던 항변들

Ⅲ. 추심금 · 전부금 청구

1. 강제집행(특히 부동산 경매)에 관한 일반적 설명[547]

가. 경매의 종류

경매에는 강제경매와 임의경매가 있다. 강제경매는 집행권원에 기하여 진행되고, 임의경매는 저당권, 질권, 전세권, 가등기담보권 등 담보물권 등의 경매청구권에 기해 진행된다.

나. 경매의 절차와 경락인의 소유권취득시점

경매는 대체로 ① 집행채권자가 요건을 갖추어 <u>경매신청</u>을 하면 ② 집행법원에서 <u>경매개시결정</u>을 하고, ③ (만약 집행대상재산이 부동산이라면) 부동산 등기부에 경매개시결정사실이 등기된다. 그 후 ④ⓐ감정평가[548]를 거쳐 ⓑ매각기일을 지정하여 진행한다. 매각기일에서 최고가 응찰자가 최저매각가격 이상의 응찰가격을 제출한 것으로 확인되면 최고가 응찰자로 지정되고, 이어 ④ 매각결정기일에서 최고가 응찰자에게 최고가매각허가결정[549]을 내린다. 이어 ⑤ 1개월 이내의 기간내에 ⓐ매각대금을 납입하면 법원사무관 등의 촉탁으로 ⓑ경락으로 인한 소유권이전등기가 경료된다.

이때 경매에 의한 소유권취득은 특정승계취득{그래서 매매 중 하자담보책임을 제외한 나머지 (권리) 담보책임이 인정된다.}이나 경락인은 매각대금을 완납한 때(⑤ⓐ시점) 바로 소유권을 취득하고(즉 민법 제187조의 소유권취득이라는 의미), 이은 소유권이전등기는 소유권 취득에는 영향이 없고, 나중에 경락 부동산을 처분할 때 필요한 요건이 된다.(민법 제187조 단서의 적용)

---

547) 경락인이 매각대금을 완납한 경우에는 법원사무관등이 촉탁하여 부동산 등기부상 등기원인은 "강제경매(임의경매)로 인한 매각"으로, 등기원인일자는 매각대금을 완납한 날짜로 소유권이전등기가 기입된다.(재판예규 제1514호 제4조) 만약 경매 절차상의 무효사유나 집행권원의 부존재·무효·취소·해제/해지·무권대리(대리권남용)·대표권제한위반 등의 사유로 원인무효가 되거나 경락대금 완납전까지 변제·대물변제·공탁///경상면혼소와 같은 소멸사유가 발생하였다면서 집행권원이 무효여서 경매가 효력이 없다며 경락을 원인으로 한 소유권이전등기 말소청구의 소제기를 하는 경우가 있다.(물론 이 부분은 물권적 청구권 중 방해배제청구권 설명부분에서 설명해야 하나 민사집행법과 관련이 높기 때문에 이 부분에서 설명한다.) 경매절차는 집행법원의 감독과 주도하에 이루어지는 부동산의 매각절차로서 절차적 안정성이 중요하여 위와 같은 실체법상의 원인무효사유, 소멸사유들은 절차상 마련된 이의신청, 청구이의의 소, 제3자이의의 소와 같은 불복방법으로 주장하면서 다투어야 하고, 공적절차를 통해 적법하게 소유권을 취득한 경락인을 보호할 필요가 있는 관계로 원칙적으로 절차가 종료된 후에는 경매절차상의 위법(무효)사유를 제외한 위와 같은 실체법상의 원인무효사유, 소멸사유로는 경매를 무효로 돌리고 소유권이전등기의 말소를 구할 수는 없는 것이 원칙이다. 물론 소유권이전등기 말소는 구할 수는 없어도 부당이득반환의 법리나 불법행위로 인한 손해배상청구권의 법리에 따라 책임있는 자를 상대로 부당이득반환청구나 손해배상청구를 할 수 있다. 이런 지식하에 보다 상세하게는 해당되는 부분에서 설명하기로 한다.

548) 감정평가를 거쳐 최저매각가격을 정하고, 유찰이 되면 1회 유찰시에는 30% 감액(수도권 소재 법원의 경우)하여 종전 최저매각가격의 70%로 감액하여 최저매각가격을 정해 2회 매각기일을 진행하고, 2회 유찰시에는 50% 감액하여 최초 최저매각가격의 50%로 감액하여 최저매각가격을 정하여 3회 매각기일을 진행하고, 3회 유찰시에는 70% 감액하여 최초 최저매각가격의 30%로 최저매각가격을 정하여 4회 매각기일을 진행한다.

549) 물론 심사하여 요건을 충족하지 못한 경우에는 매각불허가결정을 하고, 보증금을 몰취한 다음 다시 매각기일을 정해 경매를 속행한다.

다. 피담보채무(임의경매)나 집행권원(강제경매)의 성립상 하자(권리장애사유, 원인무효사유)나
  소멸사유(권리소멸사유)를 원인으로 한 집행채무자의 경락무효를 이유로 한 소유권이전등
  기말소청구의 가부

그 가능여부는 강제경매이냐 임의경매이냐에 따라 약간의 차이가 있으니 잘 구분하여 적용함
에 틀림이 없어야 한다. 즉 ❶강제경매는 확정판결이나 그와 동일한 효력을 가진 집행권원에 의해
실시되기 때문에 확정판결의 기판력에 의한 강력한 차단효가 발생한다. 그래서 강제경매 중 확정판
결이나 그와 동일한 효력을 가진 집행권원(청구인낙조서, 재판상 화해조서, 조정조서 등)에 기한 강
제경매의 경우에는 집행권원의 성립상 하자를 원인으로 한 부존재·무효·취소·무권대리(대리권남
용)·대표권제한위반 주장이나 사실심 변론종결일이전에 발생한 소멸사유550) 등은 기판력의 차단효
때문에 주장할 수 없고, 다만 사실심 변론종결일이후 발생한 해제/해지사유나 소멸사유 등은 최고
가응찰자가 경락대금을 완납하기 전에 집행채무자가 그 집행권원이 사실심 변론종결일 이후에 해제
되었다거나 소멸하였다고 주장하면서 이의신청을 하거나 이와 같은 집행절차에서의 이의신청하는
방법이 아니라 별도로 청구이의의 소, 제3자이의의 소 등을 제기하여 집행정지결정을 받아 집행법
원에 제출하는 방식으로 집행절차를 정지시킬 수는 있다.(민사집행법 제46조) 그렇지 않고 경매절차
가 진행되어 경락대금을 완납한 경락인은 경매 목적물인 부동산의 소유권을 유효하게 취득한다.(대
법원 1996. 12. 20. 선고 96다42628 판결) 다만 이렇게 된 경우 집행채무자는 배당받은 자 등을 상대
로 한 부당이득반환 등의 구제가 가능하면 그러한 구제를 받을 수 있을 뿐이다.

그러나 강제경매 중에도 '집행력 있는 공정증서(집행증서, 민사집행법 제56조 제4호)에 의한 강
제경매'나 임의경매의 경우에는 집행채권이나 피담보채무의 원인무효사유와 같은 하자나 소멸사유
등의 주장은 기판력의 시적한계 법리의 적용을 받지 않기 때문에 경락대금 완납전까지는 모든 주장
을 하는 것이 가능하다. 그래서 이의신청이나 청구이의의 소, 제3자이의의 소 등을 통해 위 사유들
을 주장하면서 집행을 저지시킬 수 있다. 만약 이러한 불복절차를 거치지 않아 집행절차를 저지시
키지 못한채 경매절차가 진행되어 경락이 되었으면 ❷①'집행력 있는 공정증서(집행증서)에 기한 강
제집행절차에서는 특별한 사정이 없는 한 실체법상의 원인무효사유나 소멸사유로서 부동산의 소유
권취득효과를 뒤집을 수 없다.(대법원 2005. 4. 15. 선고 2004다70024 판결) ❷②반면 임의경매의 경
우에는 피담보채무의 부존재·무효·취소·해제/해지·무권대리(대리권남용)·대표권제한위반 등의
사유가 있으면 경락인이 매각대금을 완납하였다 하여도 목적물의 소유권을 취득하지 못하지만(대법
원 1975. 12. 9. 선고 75다1994 판결, 대법원 1999. 2. 9. 선고 98다51855 판결) 민사집행법 제267조의
존재로 말미암아 피담보채권이 소멸한 경우(담보권이 소멸한 것 포함)에만은 경락인이 매각대금을
완납하였으면 목적물의 소유권을 취득하게 된다.(대법원 1992. 11. 11.자 92마719 결정)551) 따라서

---

550) 상계주장만은 사실심 변론종결 이전에 상계의 의사표시를 한 바가 없다면 사실심 변론종결일 이후에 상계요건을
  갖추어 상계의 의사표시를 하면서 집행채권의 소멸주장은 가능하다. 즉 기판력의 시적한계 법리의 적용이 없다.
551) 채무자가 경락인의 대금완납 이전에 채무를 변제하여 담보권을 소멸시켰다 하더라도 이를 근거로 이의신청을 하
  고 나아가 경매절차를 정지시키지 아니하여 경락인이 경락대금을 납부하기에 이르렀다면 이로써 경락인은 경매목

담보권실행의 임의경매절차에 부분적 공신력을 인정한 것으로 평가된다.552) ❷①과 관련하여 주의할 점은 집행증서가 형식적 무효(집행증서의 요건 일부 흠결이나 성립절차상의 흠결)가 있음에도 강제경매가 진행되어 발생한 경락인의 소유권취득은 그 효력이 없다.(대법원 1991. 4. 26. 선고 90다 20473 판결)553)

만약 경락인이 그 소유권이전등기를 말소당하게 되면 민법 제578조(경매와 매도인의 담보책임)에 따라 권리의 하자에 따른 담보책임을 1차적으로는 집행채무자를 상대로, 집행채무자가 무자력일 경우에는 2차적으로 배당받은 채권자들을 상대로 배당금액 한도내에서 권리 담보책임을 추궁하는 청구를 할 수 있게 된다.

2. 채권에 대한 강제집행과 그 환가방법

앞서 설명한 바와 같이 금전채권을 가진 집행채권자가 집행채무자를 상대로 강제경매나 임의 경매의 방법으로 집행채무자의 재산에 관하여 강제집행을 실시할 수 있다. 집행채무자의 재산은 동산, 부동산은 물론 채권이 될 수도 있다. 민사집행법은 부동산에 대한 강제집행이 대부분을 차지하고,(민사집행법 제78조부터 제171조까지 94개 조문) 동산(민사집행법 제189조부터 제222조까지 34개 조문)이 뒤따르나 채권(민사집행법 제223조부터 제251조까지 29개 조문)에 대한 강제집행 관련 규정은 소수에 불과하다. 특히 동산에 대한 강제집행은 경매비용에 비해 동산의 경락가가 매우 작기 때문에 실익이 없어 그 사례가 많지 않는 반면 우리 사회에서는 전세금 등 임차보증금이 거액이고, 신용카드거래로 인한 매출채권, 임금채권 등 상당한 액수의 채권이 존재하거나 발생하고 있기 때문에 채권에 대한 강제집행이 비교적 널리 활용되고 있다. 채권에 대한 강제집행은 집행채권자가 경매신청을 하고, 집행법원에서 '채권압류 및 추심명령' 또는 '채권압류 및 전부명령'이란 결정을 하고, 이후 채무자(집행채무자) 및 제3채무자에게 그 채권압류 및 추심명령 또는 전부명령 결정문을 송달하는 방식으로 진행된다. 즉 부동산 경매절차에서의 경락기일을 통한 입찰방식으로의 환가절차가 채권강제집행에서는 추심명령이나 전부명령에 의해 대체되고 존재하지 않는다. 그 이유는 채권 강제집행의 대상이 되는 채권이 대체로 지명채권인 상태에서 그 거래시장이 형성되어 있지 않기 때문이다. 반면 지시채권(주식, 국공채, 회사채 등)과 같이 거래시장이 충분히 존재하는 경우에는 추심명령, 전부명령 대신 기타 환가명령(민사집행법 제241조)에 의한 환가도 이루어진다. 이처럼 환가명령은 부동산집행상의 경락기일처럼 집행절차에서 처리될 사안이나 추심명령, 전부명령을 받은 다음 추심금·전부금 청구와 같은 또 다른 소 제기가 필요하므로 민사법실무의 학습범위내에 속한다. 특

적물의 소유권을 유효하게 취득한다.
552) 이시윤, 『신민사집행법(제7개정판)』, 박영사, 2016, 523면 참조
553) 위조된 약속어음을 대상으로 하여 무권대리인의 촉탁에 따라 작성된 실체적으로 무효인 집행증서를 바탕으로 강제집행절차가 진행되어 경락을 원인으로 한 소유권이전등기가 경료되었다면 그 소유권이전등기가 말소되어야 한다. (해당 대법원 판결에서는 무권대리에 의한 집행인낙에 대한 추인의 의사표시 또한 당해 공정증서를 작성한 공증인에 대하여 그 의사표시를 공증하는 방식으로 하여야 한다고 판시하였다.)

히 추심금·전부금 청구의 소에서는 추심명령·전부명령이 '연결고리'가 되는 반면 소위 'α'문제도
존재한다. 'α'문제는 집행채무자와 제3채무자 사이에 집행대상 채권의 발생원인을 중심으로 전개되
는 성립요건과 그 항변이란 구조를 갖게 된다. 특히 추심명령, 전부명령을 송달받기 전에 집행채무
자와 제3채무자 사이에 발생한 원인무효사유, 소멸사유, 저지사유 등으로 원칙적으로 제3채무자는
집행채권자에게 대항할 수 있다. 이 점은 채권양도, 채무인수에서 학습한 내용과 거의 차이가 없다.
다만 전부금·추심금 청구소송에서는 집행채권자가 집행채무자에 대해 갖는 집행채권(즉 집행권원)
은 앞서 1. 다.항부분에서 설명한 법리의 적용을 받게 된다. 다만 채권이 담보의 대상이 되는 경우
(채권질 제외)가 거의 없으므로 임의경매의 법리는 그 적용이 없고, 강제경매에 관한 ❶과 ❷①의
법리만이 적용될 뿐이란 점에 주의하여야 한다. 이러한 집행채권 문제는 양수금·인수금 청구소송
에서는 없는 쟁점이기 때문에 주의해서 학습해 두어야 한다. 이러한 점을 분명히 구분할 수 있어야
추심금·전부금 청구의 소송구조를 제대로 이해할 수 있는 것이다.

3. 추심금 청구의 요건사실

추심금 청구에서 추심명령과 제3채무자에 대한 송달사실은 원고적격에 관련된 소송요건으로
미비시에는 각하하여야 한다. 따라서 이 요건들은 직권조사사항이 된다. 추심금 청구에 대하여 (제
3)채무자인 피고는 원칙적으로 압류 및 추심명령 송달전에 추심대상채권상의 원인무효사유, 소멸사
유들을 들어 항변할 수 있다. 먼저 채권가압류가 선행하였고, 이어 집행권원을 획득하여 본압류 및
추심명령을 받은 경우에는 가압류결정문의 송달전에 발생한 사실이어야만 한다. 특히 상계에 관해
서는 제한설적 입장을 취하고 있는 관계로 자동채권의 변제기가 적어도 수동채권의 변제기 보다 먼
저 도래해야만 상계를 할 수 있다. 민사집행법 제248조 제1항에 의하면 (제3)채무자는 압류와 관련
된 금전채권의 전액을 공탁할 수 있고, 공탁하면 (제3)채무자는 채무를 면하게 된다.

추심금	청구원인554)	①피추심(압류)채권의 발생 (소위 'α문제', 특히 소비대차, 외상 동산매매, 임대차 등 요건사실) ②[원고적격요건; 미비시 각하, 직권조사사항]555) ⓐ(압류 및) 추심명령 ⓑ제3채무자에 대한 송달
	항변	Ⓐ추심명령 송달 전에 (집행)채무자(위 ① 법률관계로부터 유래)에게 할 수 있었던 모든 항변 사유들 (원인무효사실 & 소멸사실들 & 행사저지사실)(※상계는 제한설 적용) Ⓑ확정판결이나 그와 유사한 효력이 있는 집행권원이 아니라 집행증서상의 집행채권(위 ② 추심명령을 받기 위한 집행채권)의 형식적 무효(집행증서의 요건 일부 흠결이나 성립절차상의 흠결)의 존재556)

---

554) 압류 및 추심명령은 종된 권리에도 영향을 미치지만 압류의 효력이 발생한 뒤에 생기는 이자나 지연손해금에만
미치고, 그 효력 발생전에 발생한 이자나 지연손해금에는 미치지 아니한다. (대법원 2015. 5. 28. 선고 2013다
1587 판결) 송달된 날 발생한 이자는 기발생이자로 청구하면 안 된다. 종합하면 추심대상채권으로 이미 발생한
이자 및 지연손해금이 표시되어 있지 않았다면 압류 및 추심명령 송달 다음날부터의 이자 또는 지연손해금의 지
급을 병합하여 청구하여야만 한다.

4. 전부금 청구의 요건사실

추심명령 및 전부명령은 집행법원의 명령이므로 원칙적으로 즉시 집행력이 있다. 그런 이유로 추심명령의 경우에는 즉시항고 기간도과로 인한 추심명령의 확정 없이도 추심금 청구를 할 수 있다. 반면 전부명령은 민사집행법 제229조 제7항의 특칙이 있는 관계로 확정되어야 그 효력이 있다. 따라서 전부금 청구를 할 때는 채무자에 대한 송달 및 그로부터 항고기간인 7일이 경과한 사실을 주장·증명해야 한다. 실무적으로는 채무자에 대한 송달과 송달일자를 특정하여 기재하면 7일이 경과한 사실은 수소법원에 현저한 사실로 취급된다. 압류 및 전부명령이 발령되기 이전에 전부대상채권에 대한 가압류결정이 있고, 제3채무자에 송달까지 되었다면 전부명령은 무효(민사집행법 제229조 제5항)이나 압류는 경합이 허용되므로 압류 및 전부명령 중 압류결정의 효력은 유지된다. 압류 및 전부명령(추심명령)은 종된 권리에도 효력을 미치므로 전부금(추심금)청구를 하면서 전부금에 압류 및 전부명령 송달 다음날부터의 이자 또는 지연손해금의 지급을 병합하여 청구할 수 있다. (대법원 2015. 5. 28. 선고 2013다1587 판결)

전부금	청구원인	①피전부(압류)채권의 발생 (소위 'α문제', 특히 외상 동산매매, 소비대차, 임대차 등 요건사실) ②(압류 및)전부명령 ③ⓐ제3채무자에 대한 송달 & ⓑ(1)전부명령의 확정사실[557] or (2)(a)채무자에 대한 송달＋(b)7일 경과 (보통 (b)는 역수상 명백하여 침묵함)
	항변	Ⓐ①전부명령 송달 전[558]에 (집행)채무자(위 ① 법률관계로부터 유래)에게 할 수 있었던 모든 항변사유들(원인무효사유 & 소멸사유들) (※상계는 제한설 적용) ②ⓐ집행채무자가 제3자에게 피전부채권을 양도한 사실, ⓑ집행채무자가 제3채무자에게 확정일자 있는 증서에 의한 채권양도 통지를 한 사실, ⓒ그 양도통지가 압류 및 전부명령 송달 전[559]에 제3채무자에게 도달한 사실 주장·증명하여 채권양도의 항변 가능 Ⓑ집행증서상의 집행채권(위 ② 추심명령을 받기 위한 집행채권)의 형식적 무효(집행증서의 요건 일부 흠결이나 성립절차상의 흠결)의 존재

---

555) 대법원 2016. 11. 10. 선고 2014다54366 판결
556) 만약 집행채권이 확정판결(or 동일효력을 가진 집행권원)이라면 그 소송의 사실심 변론종결일을 기점으로 기판력의 시적한계 법리에 의해 집행채권의 원인무효 사유, 소멸사유들의 주장이 차단된다. 만약 사실심 변론종결일 이후 전부(추심)명령 송달전에 발생한 소멸사유 등이나 집행력 있는 공정증서 등 집행력만 있는 집행권원에 의한 강제집행이라면 청구이의의 소 또는 제3자이의의 소 등을 제기하고, 이어 강제집행정지결정을 받아 그 결정문을 집행법원에 제출함으로써 소송의 진행을 정지시킬 수는 있다. 이는 모두 강제집행절차상의 취급에 관한 법리이고, 강제집행절차가 종료된 이후에는 마치 공신력이 있듯이 집행채권의 원인무효사유나 소멸사유의 주장을 할 수 없게 된다.
557) 전부명령의 확정사실은 결국 채무자에게 송달된 후 7일의 이의신청기간이 도과한 사실을 일컫는다. 따라서 (1)＝(2)이나 최근 출제되는 문제에서는 전부명령이 "2022. 3. 1.자 확정되었다."라는 사실제시만 하는 경우가 종종 있어서 위와 같이 구분해 둔 것이다.
558) 만약 전부대상채권이 임차보증금반환채권이라면 ①전부명령이 송달된 이후라도 임대차계약이 종료되어 임차목적물이 반환되기까지 발생한 미지급임료, 부당이득금, 손해배상금을 공제한 잔액에 한하여 전부명령이 그 효력이 있다. (대법원 1998. 10. 20. 선고 98다31905 판결) ②임차보증금반환채권을 전부받았다 하더라도 임차목적물 인도

Ⅳ. 채권자 대위권

민사기록형 수험준비를 위하여 채권자대위권에 대한 철저한 학습이 필요하다. 실무상으로는 채권자대위권의 활용도가 기록형 문제에서의 출제빈도만큼은 높지 않다. 하지만 평가를 위하여 억지로 다양한 쟁점을 포함시켜야 하는 민사기록형 출제목적상 채권자대위권을 꼭 포함시켜 출제할 수밖에 없다. 그러므로 이에 대한 철저한 학습이 필요하다. 다만 각종 대위요건은 제대로 한번만 학습해 두면 그 적용이 그리 어렵지는 않다. 채권자대위권을 행사해야 할 상황인지를 판단하는 것이 더 어렵다. 반복해 설명하는 바와 같이 귀하가 변호사이고 소장을 작성해야 하면 의뢰인을 원고로 삼아야 한다. 그 다음 그 의뢰인의 희망사항을 달성하기 위해 가해자(infringer), 약정자(promisor)를 찾아 피고로 삼았는데, 그 피고와 사이에 의뢰인이 물권자(피해자, victim) 또는 약정의 상대방(promisee)이란 관계가 없을 때 반드시 연결고리를 찾아야 한다고 일갈(一喝)했다. 이런 입장에서 채권자대위권의 적용여부를 검토해 보면 놓칠래야 놓칠 수 없어 전혀 문제될 것이 없다.

채권자대위권의 요건사실은 ①피보전채권, ②보전의 필요성(무자력), ③(피보전채권의) 변제기 도래, ④채무자에 의한 대상채권의 미행사이다. 특히 '②보전의 필요성(무자력)'은 피보전채권이 특정물채권으로 대상채권과 공통될 경우에는 불필요하다.

다만 실제 답안을 작성함에 있어 그 청구원인에서 대위요건을 너무 상세하게 설시할 필요가 없다. '①피보전채권'과 같은 대위요건은 대개 다른 청구의 요건사실일 수 있으니 그 청구원인의 기술 부분에서 그 청구의 요건사실들을 빠뜨리지 말고 상세하게 설시한 다음 대위요건 부분에서는 "앞서 ...항에서 설명하였듯이 ....청구권이 있고, ..."라는 식으로 원용하여 설시하면 된다.

Ⅴ. 채권자 취소권(항을 바꾸어 형성소송 부분에서 상세하게 설명한다.)

같은 이유로 채권자취소권도 심심치 않게 출제될 수 있으니 이에 대한 학습을 철저히 할 필요가 있다. 그러나 실무상으로는 생각만큼 널리 활용되지 않으니 무조건 채권자대위권, 채권자취소권을 행사해야 한다는 마음가짐은 버려야 한다.

의무와 동시이행관계에 있음에는 변함이 없다. 따라서 임대인을 상대로 전부금 청구를 할 때는 그 전부금을 피보전권리로 하여 임대인을 대위하여 임차인에게 임차목적물반환청구의 소도 병합하여 제기하여야 한다. 그렇지 않으면 전부금청구의 승소판결이 확정되어도 동시이행항변 문제로 강제집행이 불가능하게 된다. ③임차보증금반환채권이 전부된 이후 임대인이 주택을 제3자에게 처분하고 등기까지 경료해 준 경우에는 주택임대차보호법 제3조 제2항에 따라 전부채권자에 대한 보증금지급의무를 면하게 되므로(대법원 2005. 9. 9. 선고 2005다23773 판결) 임대인은 주택의 양도사실을 내세워 전부금지급의무의 면책적 소멸을 주장할 수 있다. 물론 이 경우 주택소유권을 취득한 제3자(양수인)를 상대로 전부금 청구를 할 수 있다.

559) 채권양도 통지와 채권 압류 및 전부명령 결정 정본이 같은 날 도달하였는데 그 선후관계에 대하여 달리 증명할 방법이 없으면 동시에 도달한 것으로 추정한다. 동시에 도달하였으면 채권양도도 유효하고, 전부명령도 효력이 있어 모두 청구를 할 수 있을 뿐만 아니라 그 합계액이 제3채무자에 대한 채권액을 초과할 경우에는 그들 상호간에 법률상의 지위가 대등하므로 채권액에 안분하여 이를 내부적으로 다시 정산할 의무가 있다. (대법원 1994. 4. 26. 선고 93다24223 전원합의체 판결)

※ 행정처분 등의 당연무효를 원인으로 한 급부 부당이득반환청구권

급부의 원인[560]	구제수단	소송유형	요건사실	항변
당연무효인 행정처분에 기한 부당이득반환청구	부당이득반환청구	부당이득반환청구	① 행정처분의 당연무효 ② 이득 ③ 손실 ④ 인과관계	

제2강 확인청구

Ⅰ. 확인의 소의 보충성과 수단의 유효 적절성

확인의 소는 확인의 이익이 있어야 제기할 수 있고, 확인의 이익은 소송요건으로 수소법원의 직권조사사항[561]이며 확인의 이익이 없는 경우에는 소를 각하하여야 한다.(대법원 2020. 1. 16. 선고 2019다247385 판결) 이행의 소를 제기할 수 있는데도 그 이행청구권 자체의 존재확인청구를 허용하는 것은 불안제거에 실효성이 없고 소송경제에 비추어도 허용할 것이 못된다.(대법원 1995. 12. 22. 선고 95다5622 판결) 이를 '확인의 소의 보충성'이라고 한다. 다만 목적물이 압류된 경우나 보상청구권이 존재함에도 현재 보상금액이 확정되지 않은 상태라면 예외적으로 보상청구권의 확인을 구할 확인의 이익이 인정된다.(대법원 1969. 3. 25. 선고 66다1298 판결)

그래서 소극적 확인의 소를 제기할 때는 더욱 조심해서 확인의 이익의 존재를 따져 보아야 한다. 채권자가 채무인수자를 상대로 이행청구소송을 제기하였음에도 채무인수자가 별소로 그 채무의 부존재확인을 구하는 소를 제기하면 확인의 이익을 인정하기 어려워 각하된다.(대법원 2001. 7. 24. 선고 2001다22246 판결) 이에 반하여 채무부존재확인의 소를 제기한 상태에서 피고가 적극적으로 이행청구의 소를 제기하는 경우에는 '소송요건을 구비하여 적법하게 제기된 본소가 그 후에 상대방이 제기한 반소로 인하여 소송요건에 흠결이 생겨 다시 부적법하게 되는 것은 아니'며 또 후소가 집행력을 만들어 낼 수 있기 때문에 중복제소가 아니어서 둘 다 모두 허용된다.(대법원 1999. 6. 8. 선고 99다17401 판결) 다만 이때 확정된 전소의 기판력 있는 법률관계가 후소의 소송물 자체가 되지는 아니하여도 후소의 선결문제가 되기 때문에 소유권의 존부에 관한 판단에는 구속된다.(대법원 2000. 6. 9. 선고 98다18155 판결) 근저당권설정자가 근저당권설정계약상의 피담보채무의 부존재 확인소송과 함께 그 근저당권설정등기 말소청구를 할 때는 피담보채무가 부존재하여 근저당권설정등기 말소를 구하는 것이 분쟁을 유효적절하게 해결하는 직접적인 수단이 될 것이므로 피담보채무 부

---

560) 약정에 의한 급부 부당이득반환청구는 급부의 원인이 약정이었으나 당연무효인 행정처분에 의한 급부 부당이득반환청구의 경우는 행정처분이 급부의 원인이었다.

561) 확인의 이익이 소송요건이고 직권조사사항이란 표현의 실천적 의미는 확인의 이익이 없이 확인의 소가 제기된 상태에서 사실심 변론종결일 이후에 상고심에서 비록 확인의 이익이 새로 생겼을 경우(반대로 확인의 이익이 있는 확인의 소가 제기되었다가 사실심 변론종결일 이후에 확인의 이익이 없어진 경우 포함)라도 상고심에서 직권조사하여 이를 반영하여 재판을 하여야 한다는 의미가 포함되어 있음에 주의하여야 한다.

존재확인의 소는 그 확인의 이익이 없다.(대법원 2000. 4. 11. 선고 2000다5640 판결) 또 甲이 A에 대하여 채권을 갖고 있는데, 乙도 A에 대하여 같은 내용의 채권자임을 주장하고 있는 경우에 우선 甲은 A에 대하여 이행청구를 하면 되고, 나아가 甲이 乙(이때 을은 '참칭채권자'적 지위에 있게 된다.)에 대하여 그 채권의 귀속에 관한 확인을 구하는 확인의 소를 제기할 수 있지만, 甲이 乙과 A사이에 채무(혹은 채권)부존재확인의 소[562]를 제기하는 것은 승소판결을 받는다고 하더라도 그 판결로 인하여 상대방에 대한 관계에서 자기의 권리가 확정되는 것도 아니고 그 판결의 효력이 제3자(A)에게 미치는 것도 아니어서 확인의 이익이 없어 각하되어야 한다.(대법원 2004. 3. 12. 선고 2003다 49092 판결)

II. 소유권 존재확인의 소[563] 및 유치권부존재 확인의 소

1. 소유권 존재확인의 소 (요건사실 및 항변)

소유권(존재) 확인 소	청구원인	① 소유권자 　ⓐ원시취득(등기부취득시효완성 포함), 　ⓑ포괄적 승계취득(주로 상속, 합병), 　ⓒ특정 승계취득(경락받아 경락대금 완납 포함)} ② 확인의 이익
	항변	[본안전 항변] ② 중 '확인의 이익'이 없는 사유들 [항변] 특히, ①ⓒ 특정 승계취득에서 약정＋등기 중 약정의 부존재·무효·취소·해제/해지·무권대리(대리권남용)·대표권제한 위반 등

2. 유치권 부존재확인의 소[564]

물권 부존재 확인의 소도 제기할 수가 있다. 특히 유치권부존재확인의 소는 확인의 이익과 관련하여 복잡한 법리가 있으니 잘 학습해 두어야 한다. 집행채권자(강제경매의 경우는 승소의 확정판결을 받은 집행채권자, 임의경매의 경우는 근저당권자 등)가 채무자 소유 목적물에 대하여 강제집행을 하는데 유치권을 주장하는 자가 등장하게 되면 관련자가 근저당권자, 소유자, 유치권자 등이 있게 된다. 이들이 유치권부존재확인소송의 원고적격이 있는가라는 쟁점이 대두된다. ①경매절차에서 유치권을 주장하는 유치권자에 대하여 근저당권자, 소유자는 ⓐ경매절차가 진행되는 동안에는 유치

---

562) 이 소송의 청구취지는 乙만을 피고로 표시하였기 때문에 "소외 A의 피고에 대한 별지목록 기재 채무는 존재하지 않음을 확인한다."라고 기재할 것이다.

563) 제3회 변호사 시험 기록형 (소유권 확인), 제5회 변호사 시험 기록형 (소유권 확인, 철거청구권 부존재확인 등), 법학전문대학원협의회 2014년 제2회 연도별 모의고사, 2021년도 제2회 연도별 모의고사 등으로 출제된 바가 있으니 연습해 보기 바란다.

564) 제9회 변호사시험 기록형 문제로 출제된 바가 있다.

권이 주장됨으로써 낮은 가격에 입찰이 이루어져 배당액이나 반환액이 줄어들 가능성이 있기 때문에 확인의 이익이 있으나 ⓑ경락목적물이 매각되어 그 소유권이 이전되어 소유권을 상실하거나 근저당권이 소멸하였다면 소유자와 근저당권자는 더 이상 유치권의 부존재를 구할 법률상의 이익이 없게 된다. 또 ②경매절차에 유치권이 주장되지 않았다면 담보목적물이 매각되어 소유권이 이전됨으로써 근저당권이 소멸하였더라도 채권자는 유치권의 존재를 알지 못한 경락인으로부터 민법 제575조, 제578조 제1항, 제2항에 의한 담보책임을 추급당할 우려가 있으므로 채권자 겸 근저당권자는 유치권 부존재확인을 구할 확인의 이익이 있다.(대법원 2020. 1. 16. 선고 2019다247385 판결)

Ⅲ. 채무부존재 확인의 소 및 채권존재 확인의 소

1. 채무부존재 확인의 소[565]

가. 증명책임은 여전히 채무의 존재를 주장하는 쪽에서 부담하게 된다. 다만 권리의 소멸사유 또는 발생장애사유 등은 원고측에서 주장·증명하여야 한다.

채무(일부)부존재 확인 소	① 채무발생원인 ②ⓐ (일부) 권리장애사유{부존재·무효·취소·해제/해지·무권대리(대리권남용)·대표권제한 위반 등}, 　ⓑ (일부) 권리소멸사유{변제·대물변제·공탁///경(개)·상(계)·면(제)·혼(동)·소(멸시효완성)} ③ 확인의 이익

나. 기재례

청 구 원 인

1. 원고는 2019. 12. 1. 피고甲 의 피상속인인 소외 망 乙에게서 금 10,000,000원을 차용한 사실이 있습니다.

2. 소외 망인은 2020. 3. 1. 사망하고, 피고 甲이 단독으로 소외망인을 상속하였는데, 피고 甲은 위 차용금 증서 사본을 제시하면서 원고에게 위 대여금의 지급을 요구하고 있습니다. 그러나, 소외 망인은 2020. 1. 30. 원고에게 위 차용금채무를 면제하여 주었습니다.

3. 따라서 원고의 피고 甲에 대한 위 차용금 채무는 위 면제로 소멸하였고, 원고는 이를 다투는 피고 甲에 대한 관계에서 이를 확인할 필요가 있습니다.

---

565) 제7회 변호사 시험 기록형 (채무부존재 확인, 채무일부부존재 확인) 등 다수가 있다.

2. 채권존재확인 청구[566]

가. 채권이 존재하면 그에 기해 이행청구를 하면 될 것이다. 본서에서 거듭 설명하고 있듯이 채권은 청구권 중 물권적 청구권을 제외한 나머지 청구권을 지칭하는 것이고, 이행청구소송은 청구권을 실현하는 소송형태이므로 채권을 보유하고 있는 자는 그 채권에 기해 이행청구소송을 제기하는 것이 가장 간단하고 확실한 분쟁해결방법이 된다. 그런데 간혹 임차권과 같이 현재 임차목적물을 인도받아 점유·사용하고 있음에도 불구하고 임대인이 임대차계약의 종료 등을 주장하면서 그 임차목적물의 반환을 구할 때는 임차인으로서는 임차권존재확인의 소를 제기하는 것도 한 방편이 될 수 있다. 이처럼 채권존재확인의 소는 확인소송의 보충성을 극복할 수 있는 특수한 상황하에서 제기될 수 있다.

나. 요건사실

채권(임차권)존재확인 소	① 채권발생원인(예를 들면 임차권일 경우에는 다음과 같다.)
	  ⓐ임대차계약의 체결,
	  ⓑ임차권의 존속사실 (묵시의 갱신 등)
	② 확인의 이익

Ⅳ. 시효중단을 위한 재판상 청구 확인소송

1. 개설

확정판결을 받으면 그 채권발생원인이 무엇인지 상관없이 단기의 소멸시효기간은 소멸시효기간이 10년으로 연장된다.(민법 제165조 제1항) 그 판결확정일로부터 다시 10년이 경과되면 소멸시효가 완성되어 소멸하게 되는데(민법 제178조 제2항, 제165조) 이를 피하기 위하여 10년이 다 되어 갈 때쯤 전소와 같은 취지로 소(이행청구소송 등)를 다시 제기하여야만 했다. 따라서 이러한 소송에서도 원고는 종전과 같이 고액의 인지를 첨부하여야 하고, 청구권의 발생원인을 똑같이 주장·증명하는 노력을 기울여야만 했다. 그런데 최근 선고된 대법원 판례(대법원 2018. 10. 18. 선고 2015다232316 전원합의체 판결)에서는 종전과 같이 이행청구의 소를 제기할 수 있는 외에 좀 더 간편한 방식으로 소를 제기할 수 있는 길도 열어 두었다. 이를 "시효중단을 위한 재판상 청구 확인소송"이라고 한다. 최근에 개정된 '민사소송 등 인지규칙' 등에서는 시효중단을 위한 재판상 청구 확인소송에서는 그 소송목적의 가격을 전소의 30분의 1로 하고, 3억 원을 초과하는 경우에는 소가를 3억 원으로 한다.(민사소송 등 인지규칙 제18조의 3)고 규정하고 있다. 따라서 인지 등 각종 소송비용의 부담이 현저히 낮아지고, 수소법원의 심리범위가 좁아져 판결이 빨리 선고되는 등 장점이 있다. 향후 널리 활용될 가능성이 높다.

---

566) 제5회 변호사 시험 기록형 (임차권존재확인 청구)가 있다.

2. 청구취지

> 1. 서울중앙지방법원 2011. 7. 1. 선고 2011가합12345 손해배상사건의 판결에 기한 원고의 피고에 대한 채권의 소멸시효 중단을 위하여 이 사건 소가 제기되었음을 확인한다.
> 라는 판결을 구합니다.

3. 요건사실

시효중단을 위한 재판상 청구 확인소송	① 확정판결의 존재 ② 시효중단을 위한 재판상 청구라는 확인의 이익

V. 해고무효확인 청구

1. 일반론

해고무효확인은 일응 과거의 '사실'에 관한 확인처럼 보여 원래는 현재의 근로관계존재확인의 소로서 제기하여야 했었다. 그래서 실무상으로도 근로관계존재확인의 소로 제기하는 사례도 있다. 그러나 압도적 다수는 해고가 무효라는 과거 사실의 확인을 구하는 방식으로 확인의 소를 제기하는 방식이 더 일반화되어 있다. 독특한 현상이라 아니할 수 없다. 해고무효확인의 소는 해고무효의 확인을 구함은 물론 근로관계가 지속됨으로 인해 해고된 근로자의 근로제공 의무는 사용자가 해고함으로써 수령지체에 빠졌지만 근로자의 근로의사는 있기 때문에 임금지급의무는 이행지체에 빠져 있다고 본다. 그래서 해고무효확인소송에서는 미지급 임료의 지급을 구하는 이행청구소송도 (객관적으로) 병합되어 청구되고 있다.

2. 요건사실

해고무효확인 및 임금지급청구의 소	① 해고통지 ② 무효사유의 존재 　ⓐ(법령상, 정관상, 약정상 등) 해고사유의 부존재 　ⓑ해고절차 위반 　ⓒ재량권 위반 ③ 임금 　ⓐ 임금액 　ⓑ 해고일부터 복직시까지

원고는 위 ②항 해고사유의 부존재를 주장만 하면 되고, 피고가 원고에 대한 ⓐ해고사유의 존재와 ⓑ해고절차의 준수여부, ⓒ재량권 범위내 해고라는 (주장·) 증명책임이 있다.

3. 기재례

청 구 원 인

1. 원고는 2012. 3. 1. 피고 회사에 입사하여 영업부를 거쳐 2023. 3. 1.부터는 경리부에서 근무하고 있었습니다.

2. 피고는 원고가 3일간 무단결근을 하고 업무실적이 저조하다는 사유를 내세워 2023. 12. 1. 원고를 해고하고, 원고는 같은 달 24. 그 통지를 수령하였습니다. 하지만 원고는 위와 같은 무단결근을 한 사실이 없으며, 가사 그런 사실이 있다 하더라도 단 3일간의 무단결근으로 가장 무거운 해고를 한 것은 재량권을 일탈하였고, 또한 그 해고절차가 피고 회사의 관련규정에 정한 절차에 위반되게 처리된 것입니다.

3. 따라서 피고의 원고에 대한 위 해고는 정당한 사유가 없거나, 재량권을 일탈하였으며, 해고절차를 위반한 무효의 것입니다. 원고는 그 무효확인을 구하기 위하여 이 사건 청구에 이르렀습니다.

VI. 주주총회결의 무효확인의 소(상법 제380조)

1. 일반론

주주총회결의 무효확인의 소는 확인소송이다.(통설, 판례의 태도) 주주총회(합명회사 또는 합자회사는 사원총회)결의 무효확인의 소는 주식회사(합명회사 or 합자회사)를 피고로 하여 제기하여야 한다. 주식회사가 아닌 그 결의로 선임된 이사 등을 상대로 주주총회결의 무효확인의 소를 제기하면 주식회사에 그 판결의 효력이 미치지 아니하므로 부적법하다.(대법원 1991. 6. 25. 선고 90다14058 판결) 위와 같은 법리가 대단히 쉬워 보이고, 독자들이 적용도 잘할 것처럼 착각하기 쉬우나 비슷한 법리가 적용되는 다음 사안을 보면 실제로 그 법리를 적용하여 소를 제기하는 것이 얼마나 어려운지를 잘 알 수 있을 것이다. 주의를 요한다. 즉 노동조합과 같은 단체의 임원선거에 따른 당선자 결정의 무효 여부에 대한 확인을 구하는 소에 있어서 당선자를 결정한 그 노동조합을 상대로 결의무효확인의 소를 제기하지 않고 당선자를 상대로 한 조합장 당선무효확인의 소는 확인의 이익이 없어 부적법하다.(대법원 1992. 5. 12. 선고 91다37683 판결)

2. 요건사실[567]

주주총회결의 무효확인의 소	①ⓐ원고 적격 (소익이 있는 자) 　ⓑ피고 적격 (피고는 '회사') ②주주총회의 결의 **③내용상의 하자** [결의내용이 ⓐ 법령, ⓑ 사회질서, ⓒ 주식회사의 본질에 위반] ④소제기 절차 준수 　전속관할(※주식회사의 본점(주된 영업소)을 관할하는 법원의 전속관할임)

제3강 형성청구

Ⅰ. 형성의 소와 그 요건사실 – 법정된 요건사실

1. 개설

　형성소송은 '**재판상 행사해야 하는 형성권**'에 기초한 소송유형이다. 형성권은 ①재판상·재판외 행사가 가능한 형성권과 ②재판상 행사해야 하는 형성권으로 대별할 수 있다. 형성소송은 재판상 행사해야 하는 형성권으로 제기할 수 있는 소송형태이다. 재판상은 물론 재판 외에도 행사가 가능한 형성권은 형성소송의 대상이 되지 않고, 재판상 또는 재판외에서 그 형성권을 행사하고 그 효과에 해당되는 법률관계를 중심으로 이행청구나 확인소송을 제기할 수 있을 뿐이다. 그래서 형성소송을 제기할 수 있는 형성권은 그 종류가 매우 적다. 채권자취소권, 이혼소송, 공유물분할청구권 등이 있으며 또 주주총회결의 취소와 같은 상법상의 소 등이 있다.

2. 형성권의 본질

　W. N. Hohfeld는 "Fundamental Legal Conceptions as Applied in Judicial Reasoning" (New Haven, 1919)에서 권리('권능')를 청구권, 자유권, 형성권, 면제권으로 구분하였다. 형성권은 "타인의 법률관계나 지위를 나의 의사 또는 행위를 통해서 변경할 수 있는 힘"을 형성권(legal power, Gestaltungsrecht)이라고 정의하였다. Emil Seckel의 "Die Gestaltungsrecht des Burgerlichen Rechts(1903)"에서는 형성권을 "일방적인 법률행위(단독행위) 또는 소송을 통해 자신 또는 타인의 구체적인 법률관계를 직접적으로 변동시키는 힘을 내용으로 하는 권리"(곽윤직, 『민법총칙』, 박영사, 2007, 53면)라고 정의하고 있다. 형성권은 최근 주택임대차보호법 제6조의 3 갱신요구권(재판상·재판외 행사할 수 있는 제한적 형성권)을 도입하는 과정을 통해 어떻게 도입되는지를 확인할 수 있다. 특히 예약완결권을 편무예약으로 보지 않고 일방예약으로 보아 재판상·재판외 행사할 수 있는 형성권으로 추정하는 법리를 잘 이해하면 왜 형성권이 도입되어 활용되는지를 제대로

---

567) 주주총회결의 취소의 소 부분에서 소개하고 있는 다음 표에서 구체적인 내용을 공부하기 바란다.

이해할 수 있을 것이다.

3. 형성권의 종류

가. 형성권은 그 행사방법에 따라 재판상 행사해야 하는 형성권과 재판상·재판외 행사할 수 있는 형성권으로 나눌 수 있다. 재판상 행사해야 하는 형성권은 반드시 소를 제기하여 행사하여야 하지만 재판상·재판외 행사할 수 있는 형성권을 재판외에서 행사하고 그 결과에 따라 이행청구 또는 확인청구를 할 수 있다. 만약 재판상·재판외 행사할 수 있는 형성권을 재판상 행사하게 되더라도 소장에 형성권 행사의 의사를 기재하고, 그 소장부본이 송달됨으로서 행사의 효과가 발생하게 되고, 결국 그에 따른 이행청구 또는 확인소송을 제기하게 된다. 재판상·재판외 행사할 수 있는 형성권으로는 Ⓐ 각종 취소권, 철회권, 해제권, 해지권, 상계권, Ⓑ 지상물매수청구권, 부속물매수청구권 등이 있다.

나. 재판상 행사해야 하는 형성권은 형성소송의 청구원인이 되니 각종 법령을 통하여 그 요건과 절차를 확인하여 철저하게 학습해 두어야 한다. 재판상 행사해야 할 형성권으로 특히 중요한 것으로 Ⓐ 사해행위취소, Ⓑ 이혼소송, ⓒ공유물분할, ⓓ주주총회결의 취소의 소와 같은 회사법상의 소 등이 있다.

4. 형성권의 행사방법

재판상·재판외에서 행사할 수 있는 형성권의 행사방법으로는 일방행사와 쌍방행사가 있다. 일방행사는 권리자의 일방만이 행사할 수 있고 그 권리자의 일방적인 의사표시와 그 도달로서 법률관계 형성의 효과가 발생하는 방식이다. 쌍방행사는 관련 양쪽에서 모두 상대방에 대하여 형성권을 행사할 수 있고, 그 도달로서 소정의 법률관계가 형성된다. 특별한 규정이 없는 한 일방행사로 추정한다.

Ⅱ. 주주총회결의취소의 소(상법 제376조)

1. 일반론568)

	취소소송	무효확인소송	부존재확인소송	부당결의취소 · 변경의 소
청구원인	**Ⓐ 절차상의 하자 or** ⓐ 소집절차, ⓑ 결의방법이 법령·정관에 위반되거나 현저히 불공정 **Ⓑ 결의내용의 정관위반**	**결의내용상의 하자** 결의내용이 ⓐ 법령, ⓑ 사회질서, ⓒ 주식회사의 본질에 위반	**절차상의 하자** [취소원인이 지나쳐 결의가 존재한다고 볼 수 없을 때]	**내용상의 하자** [특별한 이해관계 있는 주주를 배제하고 한 결의의 내용이 현저히 부당]
소의 성질	형성소송	확인소송 (대법원 91다5365 판결)	확인소송(대법원 91다39924 판결)	형성소송

---

568) 다음 표는 이철송, 『회사법강의(제31판)』, 박영사, 2023, 616면에서 재인용

제소권자	주주[569] · 이사 · 감사	소익이 있는 자	소익이 있는 자	의결권을 행사하지 못한 특별한 이해관계가 있는 주주
제소기간	결의일로부터 2개월[570]	없음	없음	결의일로부터 2개월
절차	피고, **전속관할**, 소제기공고, 병합심리, 패소원고의 책임, 주주의 담보제공의무, 등기 등에서 같음			
법원의 재량기각	가능	불가능		
기판력의 범위	인용판결만 대세적 효력 있음 (기각판결은 대세적 효력 없음)			
소급효	소급효 있음			

2. 주주총회결의 취소의 소

가. 요건사실

주주총회 결의 취소의 소	①ⓐ원고 적격 (주주, 이사, 감사) 　ⓑ피고 적격(피고는 '회사') ②주주총회의 결의 ③ⓐ**절차상의 하자** or ⓑ**결의내용이 정관위반** ④소제기 절차 준수 　ⓐ전속관할(※주식회사의 본점(주된 영업소)을 관할하는 법원의 전속관할임) 　ⓑ결의일로부터 2개월 이내 제기 (직권조사사항임)

1) 제소권자

주주, 이사, 감사가 소를 제기할 수 있다.(상법 제376조 제1항) 주주는 주주명부에 명의개서한 자여야 하고, 제소당시 주주이면 되고 결의 당시 주주일 필요는 없으며 1인이라도 제기할 수 있고, 개별적으로 불이익을 입지 않아도 제기할 수 있으며(대법원 1998. 5. 12. 선고 98다4569 판결) 설령 주주총회에 참석하여 찬성한 주주라도 주주총회결의 취소의 소를 제기할 수 있다.(대법원 1977. 4. 26. 선고 76다1440 · 1441 판결, 주주총회결의 무효확인의 소에 관한 판시이지만 결의 취소의 소에도 적용이 있다고 보아야 한다.)

이사와 감사는 제소 당시 이사, 감사여야 한다. 제소당시 퇴임하거나 사임한 이사, 감사는 제소할 수 없다. 다만 후임이사나 후임감사가 취임할 때까지 이사, 감사로서의 권리의무가 있는 경우에

---

569) 주주총회결의 취소의 소는 단독주주권이므로 개별적으로 불이익을 입지 않은 주주라도 또 1명이라도 나아가 심지어 결의에 찬성한 주주라도 주주총회결의 취소의 소를 제기할 수 있다.(대법원 1998. 5. 12. 선고 98다4569 판결, 대법원 2003. 7. 11. 선고 2001다45584 판결)

570) 주주총회결의 부존재(무효)확인의 소는 제소기간의 정함이 없다. 그래서 먼저 주주총회결의 부존재(무효)확인의 소를 결의 후 2개월 이내에 제기하고 그 소송계속 중 2개월이 경과한 시점에서 동일한 하자를 원인으로 하여 주주총회결의 취소의 소로 소변경하거나 추가한 경우에도 상법 제376조 소정의 기간준수한 것으로 보아야 한다. (대법원 2003. 7. 11. 선고 2001다45584 판결) 만약 같은 주주총회에서 2개 이상의 안건에 관하여 결의를 하였다면 결의별로 주주총회결의 취소의 소를 제기하여야 하고, 또 결의별로 제소기간을 준수하여야 한다. (대법원 2010. 3. 11. 선고 2007다51505 판결)

는 제소할 수 있다.(대법원 1992. 8. 14. 선고 91다45141 판결)

주주, 이사, 감사는 소제기 후 사실심 변론종결시까지 그 지위를 유지하고 있어야 한다. 그래서 주주의 경우에는 사망하면 상속인이 소송을 수계할 수는 있지만 이사, 감사의 경우에는 사망으로 인하여 소송이 종료된다.(대법원 2019. 2. 14. 선고 2015다255258 판결)

2) 절차상의 하자

가) 소집절차상의 하자 (소집절차의 법령위반, 정관위반, 현저한 불공정)

주주총회의 소집절차는 ⓐ 이사회의 소집결의와 ⓑ 소집권자에 의한 주주에 대한 통지로 소집된다. 이 과정에서 법령위반, 정관위반, 현저히 불공정한 경우에는 절차위반이 된다. 구체적으로는 ⓐ－(a)이사회의 소집결의 자체가 아예 부존재[571]하거나 ⓐ－(b)그 결의에 하자가 있는 경우가 있고, ⓑ－(a)소집권한이 없는 자(원칙적으로 대표이사, 또는 정관상의 소집권자, 소수주주나 감사의 청구에 의한 소집)에 의한 소집, ⓑ－(b)일부 주주에게 소집통지를 하지 않은 경우, ⓑ－(c)통지기간(총회일 2주전)을 준수하지 않은 경우, ⓑ－(d)통지방법을 그르친 경우 등이다.

나) 결의방법의 하자 (결의방법의 법령위반, 정관위반, 현저한 불공정)

주주총회의 결의는 보통결의와 특별결의가 있다. 주주총회의 보통결의는 출석한 주주의 의결권의 과반수와 발행주식총수의 4분의 1이상으로 수로써 한다.(상법 제368조 제1항) 그런데 특별결의는 출석한 주주의 의결권의 3분의 2이상의 수와 발행주식총수의 3분의 1 이상의 수로써 하는 결의이다. 주요영업양도 및 영업용 주요재산의 처분은 특별결의가 필요하다.(상법 제374조, 제434조) 이와 같은 결의방법에 위반하여 의결된 경우가 주주총회 취소의 원인이 된다.

또 통지된 목적사항이외의 결의, 주주 아닌 자가 결의에 참가하여 의결한 경우, 의결권이 제한되는 주주가 의결권을 행사한 경우(예를 들면 상법 제403조 제2항에 의하면 감사선임에 관하여 대주주의 의결권은 100분의 3을 초과하여서는 결의할 수 없는데 이를 위반하여 의결한 경우), 결의요건을 위반한 경우, 불공정한 의사진행 등이다.

3) 결의내용의 정관위반

1995년 회사법 개정으로 결의내용이 정관에 위반한 경우도 주주총회결의 취소의 원인으로 삼았다.[572] 그래서 구체적인 정관의 규정에 위반한 경우에는 주주총회 결의 취소의 대상이 된다. 다만 결의내용이 정관에 위반되면서도 법령에 위반되는 경우에는 주주총회결의 무효확인의 소를 제기하여야 한다. 그 결과 결의내용이 법령위반은 아니면서 정관위반이 되는 경우가 협소해져 그 적용범위가 축소된다. 결의내용의 법령위반은 아니지만 정관위반의 대표적인 사례로는 정관에서 이사의 자격을 정해 두었는데, 그 자격에 미달하는 자를 이사로 선임하는 결의, 정관에 정한 이사수(주로

---

571) 주주총회 소집의 이사회 결의가 아예 부존재하는데도 소집권자가 주주총회를 소집한 경우에는 주주총회결의 취소의 이유가 되는 절차상의 위반에 해당된다.(대법원 1987. 4. 28. 선고 86다카553 판결)

572) 개정 전에는 정관위반의 주주총회 결의는 주주총회 결의 무효확인의 대상이었다.

정관에서 5인에서 11인까지 제한하는 경우가 많음)를 초과하여 이사를 선임하는 결의 등이 있다.

나. 주주총회결의 취소 후의 법률관계

주주총회 결의취소의 소에서 원고 승소의 판결이 선고되어 주주총회의 결의가 취소되면 당사자는 물론 제3자에게도 그 효력이 미친다.(상법 제376조 제2항, 제380조, 제190조) 이를 대세적 효력이라 한다. 반면 원고패소판결은 대세효가 없다. 또 결의취소의 경우 소급적으로 무효가 되는 소급효가 있다.(상법 제190조 단서의 적용을 받지 않도록 1995년 법개정한 결과 소급효가 있는 것으로 해석되고 있다.) 따라서 주주총회 결의에 따라 이사가 선임되고, 그 이사들이 대표이사를 선임해서 그 대표이사의 대표로 회사가 거래를 하고 난 다음 주주총회 결의가 취소되어 소급적으로 무효가 되었을 때 그 거래의 상대방을 어떻게 보호할 것인가의 문제가 제기된다. 주로 부실등기의 효력(상법 제39조)[573] 또는 표현대표이사의 법리에 따라 처리하면 된다. 그래서 상대방이 알았으면 무효주장을 할 수 있거나(부실등기의 효력, 대법원 2004. 2. 27. 선고 2002다19797 판결) 상대방이 알았거나 중과실로 알지 못한 것을 회사측이 주장·증명하여 후속거래의 무효를 주장·증명할 수 있다.(표현대표이사, 대법원 2005. 7. 28. 선고 2005다3649 판결) 결론적으로 위와 같은 판례의 태도를 감안하면 주주·이사·감사 등이 주주총회의 결의 후 주주총회결의취소의 소 제기 등을 검토하면서 그 결의에 의해 선임된 이사나 그 이사회결의에 의해 선임된 대표이사의 대표행위로 회사가 제3자와 거래를 하고자 할 때 선제적으로 예상되는 거래의 상대방에게 주주총회 결의에 하자가 있다는 사실을 적극적으로 알려 그 거래의 상대방이 악의·중과실에 빠지게 만든 상태에서 주주총회결의 취소의 소를 제기하는 것이 좋다. 실무에서 유능한 변호사가 되려면 이처럼 분쟁의 급소를 잘 찾아 의뢰인에게 그에 맞는 법적 대응을 조언하는 것이 중요하다.

3. 기재례

청 구 원 인

1. 원고는 피고 회사의 주식 10,000주를 소유한 주주입니다.

2. 피고 회사는 2023 7. 1. 각 주주에 대하여 같은 달 7. 10:00경 피고 회사 대강당에서 임시주주총회를 개최한다는 취지의 서면 통지를 발송하였습니다.

3. 그리하여 피고 회사 임시주주총회는 2023 7. 7. 10:00 피고 회사 대강당에서 개최되어 이사로 甲, 乙, 감사로 丙을 선임하는 청구취지 기재와 같은 결의를 하였습니다.

---

573) 특히 이사 또는 대표이사 선임의 주주총회 결의가 취소된 경우에는 상법 제39조의 부실등기의 효력에 의해 선의의 거래상대방이 보호될 수도 있다.

4. 그러나 서면으로 주주총회 소집통지를 하여 주주총회를 개최하려면 주주총회일로부터 2주전에 각 주주에게 그 통지를 발송하여야 하는데(상법 제363조 제1항), 위 주주총회 소집통지는 2023. 7. 7.자 주주총회 불과 6일 전인 같은 달 1.에 발송한 것이므로 적법한 통지라 볼 수 없습니다.

5. 그렇다면, 위 주주총회는 소집절차가 법령과 정관에 위배된 것이므로 위 주주총회에서 한 결의는 취소되어야 합니다.

Ⅲ. 사해행위취소 및 원상회복으로서의 원물반환 또는 가액반환청구(형성청구ㆍ원상회복청구의 결합형)[574]

1. 개설

통상 사해행위취소 관련소송은 사해행위의 취소라는 형성의 소에 원상회복이라는 이행청구소송을 병합한 형태로 제기된다. 그러나 가끔 사해행위의 취소만을 먼저 청구한 후 나중에 일탈된 책임재산의 반환을 구하는 이행청구의 소를 제기하는 경우도 있다.(대법원 2001. 9. 4. 선고 2001다14108 판결) 분리하여 이행청구의 소를 제기하는 경우에는 사해행위취소의 소를 제척기간내에 제기하였다면 이행청구의 소를 제척기간 경과후에도 제기할 수 있다.

소의 종류		요건사실	항변
사해행위 취소		① 피보전채권의 존재 ② 사해행위 ③ (채무자의) 사해의사	①본안전 항변 ⓐ피보전채권의 시효소멸 ⓑ제척기간의 도과 (민법 제406조 제2항, 안날로부터 1년, 사해행위로부터 5년) ⓒ채무자의 자력회복[575] **②수익자ㆍ전득자의 선의**
원상회복	원물반환		
	가액반환	①원물반환이 불가능하거나 현저히 곤란한 사유 ②반환의 범위 ⓐ피보전채권액 or ⓑ목적물의 공동담보가액 or ⓒ수익자ㆍ전득자가 취득한 이익 중 적은 금액으로 반환 (그 결과 전액반환이 될 수도 있고, 일부 반환이 될 수도 있음)	

---

574) 제3회 변호사시험 기록형 모범답안 및 제8회 변호사시험 기록형 등 다수가 있다.
575) ①②③은 각하를 주장하는 본안전 항변에 해당된다.

2. 채권자취소권의 발생

가. 채권자취소 소송의 원고, 피고

1) 원고

여러 명의 채권자가 동시에 또는 시기를 달리하여 사해행위취소 및 원상회복청구를 할 수는 있다. 일부가 이미 승소판결을 받았다고 하더라도 그 후에 제기하는 다른 채권자의 동일한 청구가 권리보호의 이익이 없게 되는 것은 아니다. 다만 재산이나 가액의 회복을 마친 부분에 대해서는 중첩되어 권리보호의 이익이 없게 되어 각하되어야 한다.

2) 피고

피고는 <u>수익자 또는 전득자</u>이다. 원칙적으로 채무자는 피고가 될 수 없다.576)

나. 청구원인의 요건사실

채권자취소 요건사실	① 피보전채권의 발생 ② (채무자의) 사해행위 ③ (채무자의) 사해의사

1) 피보전채권의 발생

가) 피보전채권은 금전채권 또는 종류물채권만 될 수 있고, 특정물채권은 될 수 없다.

피보전채권은 금전채권이나 종류물채권이어야 하고, 소유권이전등기청구권과 같은 특정물채권에 대한 구제수단이 강제이행청구권에 머물러 있을 때까지는 피보전채권으로 삼을 수 없다.(대법원 1996. 9. 20. 선고 95다1965 판결) 이를 인정한다면 사해행위 취소로 회복된 해당 부동산에 관하여 다시 피보전채권의 이행을 구하여 다른 채권자에 우선하여 만족을 얻을 수 있기 때문에 특정물채권의 피보전채권 해당성을 부인하여 채권자 취소권이 일반 채권자 전부를 위하여 책임재산을 보전하기 위한 제도라는 원래의 취지에 충실하도록 하기 위한 것이다. 다만, 특정물채권이라 하여도 이행지체, 이행불능, 불완전이행과 같은 추가요건을 갖추어 채무불이행 등으로 손해배상채권으로 변환되어 금전채권화 된다면 피보전채권 적격성을 갖추게 된다. 실무상으로 이행지체, 이행불능 등 요건 충족이 다반사인 점에 비추어 볼 때 이행기 도래까지 기다린 상태라면 특정물채권이라고 하더라도 채무불이행에 의한 손해배상청구권이 손쉽게 성립되기 때문에 거의 언제나 피보전채권의 적격을 갖추었다고 보는 것이 보편적일 것이다.

나) 피보전채권의 성립시기

피보전채권은 사해행위가 있기 이전에 발생해 있어야 한다.(대법원 1995. 2. 10. 선고 94다2534

---

576) 제8회 변호사시험 민사기록형 문제를 풀이해 보면 피고가 수익자, 전득자일 뿐 채무자가 아니라는 법리의 소송상 취급을 잘 알 수 있다.

판결)577) 그래서 가등기의 원인이 되는 법률관계가 피보전채권에 앞서 성립된 사안에서 채권자 취소권을 인정하지 않았다.(대법원 2002. 4. 12. 선고 2000다43352 판결) 다만 다음과 같은 엄격한 조건 하에서는 예외가 있다. ⓐ 사해행위 이전에 피보전채권의 기초적 법률관계의 존재(즉, 그 사해행위 당시 이미 피보전채권 성립의 기초가 되는 법률관계가 발생되어 있고), ⓑ 고도의 개연성의 존재(즉, 가까운 장래에 그 법률관계에 터잡아 피보전채권이 성립되리라는 점에 대한 고도의 개연성이 있으며), ⓒ 개연성이 현실화(즉, 실제로 가까운 장래에 그 개연성이 현실화되어 피보전채권이 성립된 경우를 들 수 있다.)(대법원 2004. 11. 12. 선고 2004다40955 판결)되는 경우에는 피보전채권의 적격성이 인정된다.

다) 담보권부 피보전채권 등

담보권부 채권 등 우선변제권이 확보되어 있는 채권은 원칙적으로 피보전채권의 적격성이 없다. 다만, 우선변제 받을 액을 초과한 나머지 채권액에 대하여는 피보전채권 적격성이 인정된다. 이 때 원고는 나머지 채권부분을 특정하여야 할 의무가 있다.(대법원 2002. 11. 8. 선고 2002다41589 판결) 또 피보전채권에 보증인, 연대채무자 등 인적 담보가 붙어 있더라도 채권자가 인적담보로부터 반드시 우선변제가 보장되는 것이 아니므로 이들을 고려하여 채무초과상태를 판단할 필요가 없다. (대법원 2003. 7. 8. 선고 2003다13246 판결)

2) 채무자의 사해행위

가) 일반론

사해행위는 "채권자를 해하는, 채무자의 재산권을 목적으로 한 법률행위"이어야 한다. 즉 ⓐ 채무자의 **법률행위**, ⓑ **재산권**을 목적으로 한 법률행위, ⓒ 채권자를 **해하는** 법률행위가 그 구성요소들이다. ⓐ요건과 관련하여서는 다음 점을 주의하여야 한다. 채권자취소권의 대상이 되는 사해행위는 채무자가 수익자와 사이에 한 법률행위이어야 하고, 수익자와 전득자 사이에 한 법률행위는 채권자취소권의 대상이 되지 아니한다. 그래서 수익자와 전득자 사이의 법률행위의 취소를 구하는 소는 **소의 이익**이 없어 부적법하다. 사해행위취소소송을 수익자나 전득자를 상대로 하여야 하는 것이므로(대법원 1991. 8. 13. 선고 91다13717 판결), 채무자를 상대로 한 소는 **당사자 적격**이 없어 부적법하다. 무효의 법률행위는 원칙적으로 그 무효를 원인으로 원상회복을 구하면 되므로 사해행위 취소의 대상이 되지 않는다. 다만 가장매매와 같이 법률행위로서의 외형을 띠고 있는 경우에는 사해행위 해당성이 있는 것으로 본다.(대법원 1961. 11. 9. 선고 4293민상263 판결) ⓑ점과 관련하여서는 다음 점을 주의하여야 한다. 어업허가 양도는 사해행위가 될 수 없고(대법원 2010. 4. 29. 선고 2009다105734 판결), 혼인, 입양, 이혼 등도 사해행위 해당성이 없으며, 상속포기, 한정승인도 사해행위에 해당되지 않는다. 다만 채무초과의 상태에 있는 채무자가 상속재산분할시 상속분을 포기하는 경우에 사해행위에 해당될 수 있으며, 이혼에 따른 재산분할의 경우는 "상당한 정도를 벗어나는

---

577) 제3회 변호사 시험 기록형 문제로 출제되었으므로 살펴보기 바란다.

초과부분에 관한 한 적법한 재산분할이라 할 수 없기 때문에 그 취소의 대상이 될 수 있다."(대법원 2000. 7. 28. 선고 2000다14101 판결) ⓒ의 점은 소극재산이 적극재산을 초과하게 되어 "변제자력이 부족하게 하는 것"을 지칭하는데 구체적으로는 항을 달리하여 설명하기로 한다.

나) 사해행위 해당성
(1) 사해행위의 판단시점
채무자의 총 재산의 감소가 초래되어 채권의 공동담보에 부족이 생기게 되었는지 여부는 <u>처분행위 당시</u>를 기준으로 판단하여야 한다.(대법원 2002. 11. 8. 선고 2002다41589 판결) 따라서 채무자의 총 재산이나 채권의 담보로 제공된 담보물의 가액은 가액의 하락이 예상되는 등 특별한 사정이 없는 한 재산처분행위 당시의 시가를 기준으로 한다.(대법원 2001. 4. 27. 선고 2000다69026 판결) 즉 부동산에 대한 평가는 처분행위(사해의심행위) 당시를 기준으로 한다. 사해행위에 해당하는 법률행위가 언제 있었는가를 기준으로 판정할 것이되 등기부상 <u>등기원인일자</u>를 중심으로 주장하면 된다. 가등기에 기하여 본등기가 경료된 경우에는 가등기의 원인인 법률행위와 본등기의 원인인 법률행위가 명백히 다른 것이 아닌 한 가등기의 원인인 법률행위 당시가 기준이 된다.(대법원 2002. 4. 12. 선고 2000다43352 판결) 다만 소극재산은 사해행위이전에 성립되어 있어야 한다. 그런데 앞서 피보전채권에서 살펴본 바와 같이 사해행위 이전에 기초적 법률관계가 존재하였고, 고도의 개연성 및 개연성의 현실화가 있었던 경우에는 비록 사해행위 이후에 소극재산이 확정되었다고 하더라도 사해행위 여부를 판단함에 있어 그 소극재산에 편입할 수 있다.(대법원 2011. 1. 13. 선고 2010다68084 판결)

다만 취소의 범위를 정하는 데 있어 기준이 되는 취소채권액은 사해행위 이후 사실심 변론종결시까지 발생한 이자나 지연손해금도 포함된다.

채무자가 한 각 재산감소행위마다 사해행위 해당성을 별도로 판단하여야 한다. 행위유형별 사해행위 해당성은 다음과 같다.

(2) 매각의 경우
매각의 경우는 원칙적으로 사해행위에 해당되지 않는다. 매매대상 목적물의 소유권이전이 있지만 그 대가로 현금이 유입되기 때문이다. 다만 ⓐ <u>염가의 매각</u>은 사해행위가 된다. 또 ⓑ 채무자가 **채권자 중 한 사람**과 통모하여 그 채권자만 **우선적으로 채권의 만족을 얻도록 할 의도로 매각**하였거나(대법원 1995. 6. 30. 선고 94다14582 판결, 본 사안에서는 매매대금의 일부와 기존채권을 상계하는 등 실제로 매매대금을 한 푼도 지급받지 않았다.) 채무자의 ⓒ **유일한 재산인 부동산을 매각**한 경우(대법원 1998. 4. 14. 선고 97다54420 판결 등 다수)에는 사해행위로 인정된다.

(3) 채무의 이행
채무자는 채무를 이행할 의무를 부담하고 있으며 다른 채권자가 있다고 하더라도 특정채권자에게 채무이행을 거절할 이유가 되지 못하므로 그 특정채권자에게 채무내용에 따른 이행을 하여 공동담보의 부족을 초래하더라도 사해행위에 해당되지 않는다.(대법원 2001. 4. 10. 선고 2000다66034 판결) 그러나 ⓐ 특정채권자와 통모하여 다른 채권자를 해할 의사로 변제하였거나(대법원 2001. 4. 10. 선고 2000다66034 판결, 대법원 2003. 6. 24. 선고 2003다1205 판결) ⓑ 변제기 미도래의 채권을 변제한 경우에는 사해행위에 해당된다. ⓒ 채무초과 상태에서 대물변제하는 경우에는 원칙적으로 사해행위에 해당된다.(대법원 1990. 11. 23. 선고 90다카27198 판결)

(4) 특정채권자에 대한 담보제공

먼저 기존채무에 대하여 새로 담보를 제공한 행위는 어느 특정채권자를 다른 채권자에 비하여 우선변제를 받을 수 있도록 함과 동시에 다른 일반채권자의 공동담보를 감소시키는 결과를 초래하게 됨으로써 원칙적으로 사해행위에 해당한다.(대법원 2008. 2. 14. 선고 2005다47106 판결) 유일한 재산여부와는 상관없이 위와 같은 이유로 사해행위로 된다. 다음으로 새로 대출 또는 물품공급을 받기 위해 담보를 제공하는 행위는 채무변제력을 높이기 위해 부득이 한 것이라면 사해행위가 아니다.(대법원 2002. 3. 29. 선고 2000다25842 판결) 물론 이때도 기존채무를 포함시켰다면 그 기존채무 부분에 대한 담보제공행위는 사해행위에 해당된다.

채무자가 양도한 목적물에 이미 담보권이 설정되어 있었던 경우라면 그 목적물가액에서 피담보채무액을 공제한 나머지 부분만이 사해행위가 될 뿐이다. 그래서 이미 담보되는 채권액이 목적물의 가액을 초과하는 타인의 담보권이 설정되어 있는 물건을 매도하였다면 그 매도행위는 사해행위에 해당되지 아니한다.(대법원 1997. 9. 9. 선고 97다10864 판결)

3) 사해의사

사해의사란 채무자의 재산처분행위에 의하여 채권의 공동담보에 부족이 생기거나 이미 부족상태에 있는 공동담보가 더욱 부족하게 됨으로써 채권자의 채권을 완전하게 만족시킬 수 없게 된다는 사실을 인식하는 것을 의미한다. 그 판단기준시는 행위당시이다.(대법원 2003. 12. 12. 선고 2001다57884 판결)

4) 유일한 재산의 처분으로 인한 사해행위 및 사해의사

사해행위는 채권자를 해함을 알고 채무자가 재산권에 관한 법률행위를 했을 때 인정되고, 사해의사는 채무자가 채권자를 해함을 알고 약정을 하였을 때 인정된다. 사해행위는 물론 사해의사는 피보전채권, 사해행위와 함께 사해행위 취소를 주장하는 자가 주장·증명해야 한다.(대법원 2000. 2. 25. 선고 99다42384 판결) 채무자가 자신의 유일한 부동산을 매도하여 소비하기 쉬운 금전으로 바꾸는 행위는 매각대금이 시가에 상당한 금액인지 여부, 채무자가 채무초과상태에 있었는지 여부와 상관없이 사해행위에 해당되고,(대법원 2000. 11. 24. 선고 2000다41523 판결) 또 채무자에게 사해의사가 있는 것으로 사실상 추정된다.(대법원 2005. 10. 14. 선고 2003다60891 판결)

다. 사해행위 취소의 범위와 효력

1) 사해행위 취소의 범위

사해행위의 목적물이 가분인 경우에는 취소는 피보전채권액 범위 내에서만 할 수 있다.

가) 취소의 범위는 책임재산을 보전하기 위해 필요하고도 충분한 범위 내로 한정된다. 따라서 원칙적으로 취소채권자의 피보전채권액을 초과하여 취소권을 행사할 수 없다.

나) 다만 다음과 같은 두 가지 경우에 피보전채권액을 넘어 사해행위의 취소를 구할 수 있다.

첫째 사해행위의 목적물이 불가분인 경우에는 피보전채권액을 넘어 불가분인 목적물 전체에 대하여 취소권을 행사할 수 있다. 목적물의 불가분성 판단은 물리적, 법률적 사정, 사회경제적 단일성, 거래의 실정을 고려하여 판단한다. 그 결과 채무자가 동일한 대지와 그 지상건물을 소유하고 있을 때는 대지와 건물이 불가분으로 보아(대법원 1975. 2. 25. 선고 74다2114 판결) 대지와 건물에 대한 매매계약을 모두를 사해행위로 취소할 수 있다.

둘째 다른 채권자가 배당요구할 것이 명백하다면 다른 채권자의 채권액까지 포함하여 취소를 구할 수 있다.(대법원 1997. 9. 9. 선고 97다10864 판결)

2) 사해행위 취소의 효력: 상대적 무효설(판례의 태도)[578]

가) 사해행위 취소판결의 효력은 원·피고 사이에만 생긴다. 따라서 채권자 취소는 원고(채권자)와 수익자 또는 전득자 사이에서만 그 효력이 있고, 채무자에게는 그 효력이 없다. 채무자와 수익자 사이의 법률관계나 수익자와 전득자 사이의 법률관계에 효력을 미치지 않는다.(대법원 2004. 8. 30. 선고 2004다21923 판결)

나) 이와 같은 원칙을 관철하다가 보면 사해행위가 채권양도계약인 경우에 다소 상식적이지 않는 결과가 되므로 사해행위 취소의 상대효를 잘 이해하고 있어야 한다. 즉 甲이 乙에 대하여 피보전채권을 보유하고 있는데, 乙이 A에 대한 채권을 丙에게 채권양도계약을 체결하고 乙이 A에게 채권양도의 통지까지 마쳤고, 그 채권양도계약이 사해행위성이 인정되고, 사해의사 또한 있다고 가정해 보자. 甲이 원고가 되어 수익자인 丙(피고)을 상대로 그 채권양도계약을 사해행위로 취소를 청구하였는데 그 청구가 인용되면 원고(甲)와 수익자(丙) 사이에서는 채권양도계약이 취소되어 채무자(乙)의 책임재산으로 귀속되지만 채무자(乙)에게는 사해행위 취소의 효력이 미치지 않으므로 채무자(乙)는 제3채무자(A)를 상대로 그 채권의 이행을 청구하지 못한다. 따라서 원고(채권자, 甲)는 채무자(乙)를 대위하여 제3채무자(A)를 상대로 채무이행을 구하지도 못한다.(대법원 2015. 11. 17. 선고 2012다2743 판결)

위 대법원 판결에 따르면 일응 원고(채권자, 甲)는 애써 채권양도계약을 사해행위로 하여 취소하여도 달리 제3채무자(A)를 상대로 채무이행을 강제할 방법이 없어 소제기의 실익이 없는 듯하다. 그러나 위 대법원 판결을 찬찬히 읽어보면 이 점의 해결에 관한 중요한 단서를 발견할 수 있다. 즉

---

578) 법학전문대학원 협의회 실시 2020년도 제3회 모의시험 기록형 문제로 출제된 바가 있다.

"채권자와 수익자의 관계에서 그 채권이 채무자의 책임재산으로 취급될 뿐"이라고 했다. 따라서 원고(채권자, 甲)는 집행권원을 획득하여 채무자(乙)의 제3채무자(A)에 대한 채권에 대한 강제집행의 방법으로 채권압류 및 추심명령, 전부명령을 받아 제3채무자를 피고로 하여 추심금 청구, 전부금 청구의 소를 제기하는 방식으로 처리하면 될 것이다.

3) 사해행위 취소와 원상회복과의 관계(사해행위 취소 없는 원상회복청구 소의 가능성)

사해행위의 취소만을 구할 수도 있다. 때로는 사해행위 취소를 먼저 청구하여 취소의 확정판결을 받은 다음 원상회복청구의 소를 제기하기도 한다. 하지만 원상회복의 전제가 되는 사해행위의 취소가 없는 이상 원상회복만을 청구할 수는 없다. 그래서 사해행위 취소의 별소의 확정판결 없는 상태에서 사해행위 취소와 병합 청구하지 않은 원상회복청구의 소는 이를 기각하여야 할 것이다. 물론 각하사유가 아니기 때문에 각하하여서는 아니 된다. 사해행위 취소의 별소를 제기한 다음 원상회복의 청구의 소를 따로 제기한 경우에는 소송을 병합하면 된다. 만약 사해행위 취소의 별소가 항소심 계속 중 원상회복의 소를 제기한 경우에는 원상회복 청구가 항소되도록 기다려 이를 병합하면 될 것이나, 부득이 한 사유로 판결을 선고하여야 한다면 아직 사해행위가 확정적으로 취소되지 않았기 때문에 원고 청구를 기각하여야 할 것이다.

라. 가능한 공격방어방법

1) 본안전 항변

가) 제척기간의 도과

채권자가 취소원인을 안 날로부터 1년간, 법률행위를 한 날로부터 5년내에 채권자취소권을 재판상 행사하여야 한다.(민법 제406조 제2항) 취소원인을 안 날이란 채무자가 채권자를 해함을 알고 사해행위를 한 사실을 안 날을 의미한다.(대법원 2000. 9. 29. 선고 2000다3262 판결) 제척기간 준수 여부를 판단할 때는 사해행위 취소의 소를 중심으로 판단하면 된다.

나) 채무자의 자력회복

처분행위 당시에는 채권자를 해하는 것이었다 하더라도 그 후 채무자가 자력을 회복한 경우에는 그 사유를 들어 본안전 항변할 수 있다.(대법원 2007. 11. 29. 선고 2007다54849 판결)

다) 피보전채권의 시효소멸 여부

수익자 또는 전득자는 피보전채권이 시효소멸하였다는 (본안전) 항변을 주장할 수 있다.(대법원 2007. 11. 29. 선고 2007다54849 판결)

2) 특유한 항변 (수익자·전득자의 선의)

수익자 또는 전득자는 자신이 선의인 사실을 들어 항변할 수 있다. 선의 여부 판단시기는 수익자에 있어서는 채무자와의 법률행위 당시이고, 전득자에 있어서는 전득 당시이다. 피보전채권자는 채무자의 사해의사를 주장·증명해야 하는 반면 수익자, 전득자는 자신들의 선의임을 주장·증명하도록 책임이 분배되어 있다. 무과실까지 요구하지 않는 면에서 수익자, 전득자의 증명책임이 다소 완화되어 있음에 주의하여야 한다.

3. 원상회복

가. 원물반환의 원칙

사해행위 취소에 따른 원상회복은 원칙적으로 그 목적물 자체의 반환에 의하여야 한다. 때로는 채무면제와 같이 출연행위가 없었던 경우에는 이를 취소하여 무효화하면 되고 따로 원상회복을 구할 필요가 없다. 부동산인 경우 원상회복 방법으로 그 이전등기의 말소를 구하면 된다.(대법원 1962. 1. 25. 선고 61다529 판결) 물론 채무자 앞으로 진정명의회복을 원인으로 한 소유권이전등기를 구하는 형태로 원상회복청구를 할 수 있다.(대법원 2000. 2. 25. 선고 99다53704 판결) 하지만 앞서 수차례 설명한 바와 같이 진정명의회복 형태의 원상회복은 예비법조인으로서는 그 청구 가능성이 있다는 정도만 알고 실제로는 가급적 그 활용을 자제하는 것이 좋다. 동산인 경우 원상회복 방법으로 수익자 또는 전득자를 상대로 인도청구를 할 수 있다. 이때 취소채권자는 채무자에게나 본인에게 직접 인도해 줄 것을 선택할 수 있다.

사해행위 후 제3자가 수익자로부터 목적물에 대한 유효한 저당권 등 권리를 취득한 경우에는 그 제3자(전득자)는 선의임을 증명하면 유효한 저당권을 취득하게 된다. 이때 채권자는 그 선택에 따라 수익자를 상대로 가액반환을 구할 수 있지만 원물반환도 청구할 수 있다. 만약 원물반환을 선택하여 수익자 명의 등기의 말소를 청구하게 되면 채권자 스스로 저당권의 부담이 있는 소유권회복의 위험이나 불이익을 감수한 셈이 된다.(대법원 2001. 2. 9. 선고 2000다57139 판결)

소유권이전등기청구권보전을 위한 가등기가 사해행위로 이루어진 경우에는 그 매매예약을 취소하고, 그 원상회복으로서 가등기의 말소를 청구하면 족하고, 위 가등기 후 저당권이 말소되었다거나 그 피담보채무가 일부 변제되어 채권자 등에게 유리하게 변경되었다는 사정은 원상회복 방법에 아무런 영향을 미치지 아니한다.(대법원 2001. 6. 12. 선고 99다20612 판결)

나. 예외적 가액반환의 허용

1) 가액반환 사유

원물반환이 불가능하거나 현저히 곤란한 경우 사해행위의 목적물의 가액상당의 반환을 구하는 것이 가능하다. 그 불가능여부를 판단할 때 상대방인 수익자 등의 고의나 과실이 요하는 것은 아니다. 가액반환은 공동담보의 보전에 필요하고 충분한 범위내에서 일부반환의 형태로 할 수 있다. 가액반환이 다음과 같은 경우에 허용된다.

첫째 목적물의 멸실, 일반재산에 혼입되어 특수성을 상실하는 것과 같이 사실상 불가능한 경우,
둘째 수익자가 선의의 전득자에게 양도해 버린 경우와 같이 법률상 불가능한 경우,

셋째 저당권 소멸로 인하여 공평의 관점에서 원상회복이 불가능한 경우(그렇지 않으면 사해행위에 해당하지 아니하는 부분까지 원상회복되는 결과가 발생하기 때문이다. 대법원 1996. 10. 29. 선고 96다23207 판결)

그러나 가압류가 사해행위 후 해제되었거나 그 집행이 취소된 경우는 예외적 가액배상 사유가되지 않는다. 따라서 원물반환을 명하여야 한다.(대법원 2003. 2. 11. 선고 2002다37474 판결) 또 앞서 설명한 바와 같이 가등기 후 저당권이 말소되었다거나 피담보채무의 일부가 변제되었다는 사정은 가액배상의 사유가 되지 못한다. 잘 생각해 보면 위 96다23207 사안은 <u>수익자의 출연</u>으로 저당권이 소멸하였다는 점에서 원물반환을 명하는 것이 공평의 원칙에 반하는 한편 99다20612 사안은 <u>채무자가 출연</u>하여 저당권을 소멸시킨 것이므로 일반책임재산의 범주에 속해 원물반환을 시켜도 공평의 이념에 반하지 않기 때문이란 것을 알 수 있다.

위와 같은 사정은 채권자가 추가적으로 주장·증명하여야 한다. 예를 들면, 위 96다23207 사안과 같은 경우를 주장, 증명하여야 하는 경우에는 ⓐ 당해 부동산에 저당권이 설정되어 있었던 사실, ⓑ 저당권이 설정된 상태에서 사해행위로 부동산의 권리가 이전된 사실, ⓒ 그 이후 그 저당권설정등기가 말소된 사실을 주장·증명하여야 한다.

원고가 사해행위 전부의 취소와 원물반환을 구하고 있더라도 그 청구취지 중에는 사해행위의 일부취소와 가액배상을 구하는 취지도 포함되어 있으므로 법원으로서는 청구취지의 변경이 없더라도 바로 가액배상을 명할 수 있다.(대법원 2002. 11. 8. 선고 2002다51489 판결) 예비법조인으로서는 위와 같은 구제취지의 판결에 기대어 마냥 원물반환으로 원상회복청구를 할 것이 아니라 법리를 정확하게 적용하여 가액반환 청구를 해야 할 때는 반드시 가액반환청구의 형태로 소를 제기해야 한다.

2) 가액반환의 범위

가액반환은 ① 채권자의 피보전채권액, ② 목적물의 공동담보가액, ③ 수익자, 전득자가 취득한 이익 중 가장 적은 금액을 한도로 이루어진다. 원고가 사해행위 취소와 가액반환을 병합하여 동시에 구한 경우에는 법원은 사해행위의 취소범위를 정함에 앞서 원상회복방법에 관하여 살펴보아 가액반환이 필요하다면 위 ①②③의 기준아래 사해행위취소범위와 가액배상범위를 일치시켜야 한다.

가) 채권자의 피보전채권액

앞서 본 채권자취소권의 행사범위에서 설명한 바와 같다. 즉 피보전채권 일부에 대하여 물적담보 등 우선변제권이 확보되어 있는 경우에는 그 부분만큼은 공제되어야 하고, 이자나 지연손해금이 발생하는 경우에는 사실심 변론종결시까지의 발생분은 포함되어야 한다. 그 외 비록 피보전채권의 목적물이 불가분적 성격을 띠고 있어도 취소범위를 확장할 필요가 없다. 다만, 채권자가 원고가 되어 자신에게 가액반환금의 지급을 구하는 때에는 원고의 피보전채권액은 자신의 채권액을 초과할 수 없다. 왜냐하면 지급받은 가액배상금을 분배하는 방법이나 절차 등에 관한 아무런 규정이 없기 때문이다.

나) 목적물의 공동담보가액

사해행위는 목적물의 공동담보가액 내에서만 성립된다. 만약 사해행위 전에 목적물에 저당권이 설정되어 있던 경우 저당권이 붙어 있는 상태대로 부동산 자체를 회복하도록 명하는 원물반환의 경우에는 아무런 문제가 없으나 사해행위 후 저당권설정등기 등이 말소된 경우와 같이 가액반환의 방식으로 원상회복해야 할 경우에는 **부동산의 가액 중에서 저당권에 의해 담보된 가치는 이미 일반 채권자의 공동담보에 제공되지 아니한 부분이므로 이를 공제한 나머지로 가액반환해야 한다.** 이때 피담보채권이 소멸된 이상 저당권설정등기의 현실적인 말소 여부는 따지지 아니한다. 따라서 우선 변제권이 있는 주택임대차보호법 제3조의 2 소정의 우선변제권이나 같은 법 제8조 소정의 최우선 변제권이 있는 임차권의 경우는 위 저당권과 같이 처리하고, 주택임대차보호법 상의 대항력만 갖추었을 뿐 우선변제권이 없는 임차인의 경우에는 일반채권자보다 우선변제권이 있는 경우는 아니므로 그 보증금은 공제될 금액에 포함되지 아니한다.(대법원 2001. 6. 12. 선고 99다51197, 51293 판결)

역으로 사해행위 후 그 목적물에 관하여 선의의 제3자가 저당권을 취득하였음을 이유로 가액 배상을 명하는 경우에는 사해행위 당시 일반채권자들의 공동담보로 되어 있었던 가액 전부의 배상을 명하여야 한다.(대법원 2003. 12. 12. 선고 2003다40286 판결) 그래서 가액배상액의 범위 = 목적물의 가액 − (말소된 저당권의 피담보채권액 + 말소되지 아니한 저당권의 피담보채권액)(산정기준 시점은 사실심 변론종결당시)로 산정해야 한다. 이때 근저당권일 경우에는 채권최고액이 아니라 사실심 변론종결 당시 실제 피담보채권액을 확정하여 이를 공제하여야 할 것이다. 피담보채권액이 밝혀져 있지 않을 경우에는 채권최고액을 공제할 수밖에 없을 것이다. 그러므로 원고는 본인에게 유리하도록 실제 피담보채권액을 밝히도록 노력하여야 할 것이다.

이때 주의할 점은 사해행위의 성립여부는 사해행위 당시를 기준으로, 가액배상의 범위는 사실심 변론종결시를 기준으로 한다는 것이다. 그래서 소송에서는 시가감정인에게 감정을 명할 경우 원칙적으로 사해행위 당시의 시가와 변론종결시에 근접한 시점의 시가 두 가지를 함께 감정하도록 요청하여야 할 것이다.

다) 수익자, 전득자의 이익

수익자, 전득자는 자신들이 받은 이익의 범위 내에서 반환할 의무가 있다. 전득자가 목적물의 소유권을 취득한 경우라면 목적물의 공동담보가액과 받은 이익이 일치한다. 그러나 근저당권을 설정받은 경우라면 그 가액은 피담보채권액이 된다.(대법원 2001. 9. 4. 선고 2000다66416 판결)

3) 반환의 상대방

가) 원물반환을 구할 때 부동산에 대하여 등기말소를 구할 경우에는 취소채권자 또는 채무자에게 이행할 것을 구할 수 있고 예외적으로 진정명의회복을 원인으로 한 소유권이전등기를 구할 때는

채무자에게 이행할 것을 요구하여야 한다. 동산 또는 금전의 원물반환 청구일 경우에는 취소채권자 또는 채무자에게 그 이행을 구할 수 있다.

나) 가액반환을 구할 경우에는 취소채권자 자신 또는 채무자에게 이행할 것을 요구할 수 있다. 만약 취소채권자 자신에게 이행할 것을 청구하면 승소하여 그 변제를 수령한 경우 취소채권자는 이를 다른 채권자와 안분비례하여 분배할 필요 없이 본인의 채권액으로 상계하여 전부 변제에 충당할 수 있다. 그래서 취소채권자는 사실상 우선변제를 받는 효과가 있다.

제6절 부수적 기재사항

1. 증명방법[579]

적시제출주의를 채택하고 있다. 소장에 첨부된 증명서류는 피고의 수에 따른 사본도 함께 제출하여야 한다. 증거설명서를 작성하여 제출할 수 있다. 증거번호의 부여방법도 날짜순, 부동산의 번지순 등 일응 상당한 기준에 따라 일관되게 하는 것이 좋다.

2. 첨부서류

가. 소장부본

피고의 수에 상응하는 소장 부본을 첨부하여 제출하여야 한다. 소장부본은 피고에게 송달된다.

나. 소가산출자료

부동산에 관한 소송에서는 인지액을 특정하기 위해 소가를 산출할 수 있는 공시지가확인원, 토지대장등본이나 건축물관리대장등본 등을 제출하여야 한다. 동산이나 기타 공시가격이 없는 부동산의 경우에는 이를 인정할 자료로 계약서, 감정서 등을 제출하여야 한다.

다. 법인 또는 법인격이 없는 당사자인 경우

법인등기부, 당사자능력을 판단할 자료를 제출하여야 한다.

라. 소송위임장

마. 송달료납부서

3. 작성일자, 원고 및 대리인의 표시 및 기명날인(또는 서명) 등을 한다.

4. 관할법원의 표시

가. 보통재판적 v. 특별재판적

원고가 주도권을 갖고 소를 제기하므로 피고의 권리를 보호할 필요가 있다. 그래서 원칙적으로 "피고의 주소지를 관할하는 법원"에 보통재판적이 있는 것으로 규정하고 이를 관할법원으로 삼고 있다. 하지만, 이러한 피고 보호와의 균형상 각종 특별재판적을 인정하여 원고의 이익도 동시에 보호하고 있다. 원고는 보통재판적이나 특별재판적이 있는 법원 중 자신에게 편리한 법원을 선택하여 그 관할법원에 소를 제기할 수 있다.

나. 관할의 합의

당사자는 약정하면서 그 약정에 따른 분쟁에 관하여 관할의 합의를 할 수 있다. 특히 각종 약관에 관할에 관한 합의조항이 포함되어 있다. 약관규제에 관한 법률 제14조에 따라 고객에게 부당

---

579) 과거에는 이를 입증방법이라고 하였다. 그 후 민사소송법의 개정으로 증명방법으로 개칭하여 사용되고 있다. 변호사 시험 기록형의 경우에는 이를 생략해도 좋다고 하고 있어 수험생들이 이에 대한 훈련이 되지 않고 있다.

하게 불리한 재판관할합의에 관한 약관은 무효가 될 수 있다.(대법원 1998. 6. 29.자 98마863 결정) 관할합의를 할 때 재판적이 있는 법원 중 하나를 골라 관할법원으로 하기로 합의한 경우에는 그 관할합의는 <u>전속적 관할합의</u>에 해당되고,580) 재판적이 없는 법원을 선택하여 관할법원으로 하기로 합의한 경우에는 임의적 관할합의가 된다. 예를 들면 대전에 주소를 둔 계약자와 서울 서초구에 주영업소를 둔 건설회사 사이에 대전에서 건축하고 있는 아파트를 대상으로 체결된 아파트 공급계약에서 "서울중앙지방법원을 관할법원으로 한다."라고 관할법원의 합의를 하면 이는 전속적 관할합의에 해당된다.

---

580) 제9회 변호사 시험 기록형 문제로 출제된 바가 있다.

제7절 소장 제출이후의 절차

소장을 작성하여 관할법원의 종합민원실에 접수하면 접수공무원은 해당 사건에 접수일자를 날인한 다음 접수순서에 따라 사건번호를 부여한다. 최근에는 전자소송이 도입됨에 따라 소장도 전자문서의 형태로 접수할 수 있게 되었다.[581] 또 접수공무원이 이를 취합하여 해당법원의 수석부장에 보고하면 수석부장이 사건 배당을 실시하여 재판부가 배정된다. 담당재판부는 응소안내서를 첨부하여 소장부본을 피고에게 송달하게 된다.

송달과정에서 송달이 불능되는 경우가 있다. 그 송달불능사유와 처리방법은 다음과 같다. 이러한 절차를 걸쳐 소장부본이 적법하게 송달되면 마침내 '소송계속(訴訟繫屬)'이란 법률효과가 발생하게 된다. 피고는 30일이내에 답변서를 제출하여야 하고 미제출시에는 다소간의 불이익을 받게 된다.

송달불능 사유	불능의 원인		주소보정방법	
			최초 송달불능	일단 송달된 후 송달불능
수취인 부재	송달받을 본인이 주소지에 근거를 가지고 있으나 장기여행중이거나 군입대, 교도소 수감 등으로 송달을 받을 수 없는 경우	현 소재지 확인 가능한 경우	원고는 여행지나 군부대, 교도소의 주소를 알아내어 주소보정신고하고 법원은 이에 따라 송달, 재송달함(보충송달 가능함)	원고는 여행지나 군부대, 교도소의 주소를 알아내어 주소보정신고하고 법원은 이에 따라 송달, 재송달함(보충송달 가능함)
		현 소재지 확인 불가능한 경우	원고에게 주소보정명령	재송달(집행관송달 등) 발송송달
폐문 부재	문을 잠그고 아무도 집에 없는 경우	수취인의 주소지인 사실이 확인 가능한 경우	1. 같은 장소로 재송달을 신청하거나 집행관에 의한 주간 또는 야간 특별송달을 신청 2. 또 폐문부재이면 발송송달	발송송달
		수취인의 주소지인 사실이 확인 불가능한 경우	원고에게 주소보정명령	발송송달(다만 종전 송달의 적법여부 검토 필요)
수취인 불명	송달장소에서 송달받을 사람을 전혀 찾을 수 없는 경우		새로운 송달장소를 알아내 주소보정→불가능시 공시송달 신청	발송송달(다만 종전 송달의 적법여부 검토 필요)
주소 불명	번지 기재가 누락되거나 아파트의 동·호수를 기재하지 않는 등으로 송달장소를 찾을 수 없는 경우		원고에게 주소보정을 명하고, 원고는 정확한 주소를 알아내 보정신고	종전 송달장소로 재송달 또 주소불명이면 원고에게 보정명령
이사 불명	송달받을 사람이 이사하였으나 그 이사한 곳을 알 수 없는 경우		원고에게 주소보정을 명하고, 원고는 정확한 주소를 알아내 주소보정신고, 불가능시 공시송달 신청	발송송달

---

[581] 전자소송에 관해서는 대한민국 법원 전자소송 홈페이지(https://ecfs.scourt.go.kr)에 접속하여 그 절차를 확인할 수 있다.

제 3 장

답 변 서

(학습에 관한 제언)

※ 지금까지의 변호사 시험 기록형 문제에서는 제3회 변호사시험에서 아주 간단한 답변서 작성문제가 부수적으로 출제된 사례를 제외하고는 주로 소장 작성 문제가 출제되었다. 하지만 가까운 장래에 전면적인 답변서 작성문제가 출제될 수도 있다. 답변서 작성 문제를 출제하게 될 때 출제자들의 의도는 ① 쟁점이 권리발생근거사실보다는 권리장애사실, 권리소멸사실, 권리행사저지사실에 집중되게 되는 결과 예비법조인들에 대한 채권각론적 지식보다는 민법총칙이나 채권총론에 관한 지식을 평가해 보고 싶어 하는데 있고, ② 본안전 항변을 제대로 할 수 있는 능력을 갖추고 있는지 여부를 평가해 보고 싶어 하는데 있다. 더구나 답변취지가 비교적 간단하기 때문에 답변원인의 채점상 배점이 높아지는 관계로 ③ 법문서 작성 원칙에 따라 법문서를 작성하고 있는지에 관한 능력을 평가하는 효과가 있다.

※ 따라서 답변서 작성문제가 출제되면 반드시 본안전 항변 사유를 찾아내도록 노력하여야 하고, 민법총칙, 채권총론적 지식을 동원하여 각종 항변사유들을 빠짐없이 발굴해 내도록 노력하여야 한다. 특히 법문서 작성의 일반적 원리를 잘 익혀 맛깔스러운 내용으로 답변서를 잘 작성하도록 하여야 한다.

※ 특히, 재판연구원(law clerk) 시험을 준비하는 학생들은 판결서, 검토보고서 등 문건 작성 과제에 본안전 항변에 관련된 문제가 꼭 포함되어 출제되고, 다양한 권리장애사유·권리소멸사유들이 출제되니 본란에서 학습하는 내용을 잘 숙지해 둘 필요가 있다.

---

1. 답변서의 의의

답변서란 원고가 소를 제기하여 주장한 내용에 대하여 피고의 신청(답변취지) 및 답변과 항변을 밝히는 최초의 준비서면이다. 그래서 준비서면의 형식을 그대로 사용하나 그래도 다음의 점에서 준비서면과 차이가 있다.

첫째, 청구취지에 대하여 답변하는 부분인 답변취지가 별도로 마련되어 있다.

둘째, 피고 소송대리인의 표시에서 피고 소송대리인의 주소, 전화번호, 팩스, 이메일 주소 등을 기재하여 소송과정에서 처음으로 피고 소송대리인이 등장하게 되며 후일 피고측에 대한 송달의 편의를 꾀하게 된다.

피고는 소장부본의 송달일로부터 30일 이내에 답변서를 제출할 의무가 있다.(민사소송법 제256조 제1항) 물론 이 의무는 훈시규정이나, 답변서를 제출하지 않으면 청구원인 사실을 자백한 것으로 보아 무변론판결을 당할 수 있다. 그 외에도 법원은 피고의 답변에 실제로 의미 있는 주장이 없을 때는 무변론판결하거나 제1회 변론기일을 조기 지정할 수 있다.

답변서를 제출하면 다음과 같은 효과가 있다.

첫째, 불출석하더라도 답변서를 진술간주하고 수소법원은 원고에게 변론을 명할 수 있고,(민사소송법 제148조)

둘째, 답변서 또는 준비서면이 제출된 후에는 원고는 피고의 동의를 받아야만 소를 취하할 수 있다.(민사소송법 제266조 제2항)

답변서를 제출하지 않은 경우에는 다음과 같은 효과가 있다.

첫째, 소장부본을 송달받고도 답변서를 제출하지 않고 또 변론기일에 출석하지 아니한 경우에는 자백한 것으로 간주되어 패소판결을 받게 된다.(민사소송법 제257조)

둘째, 합의사건에서는 답변서나 준비서면에 기재하지 아니한 사항은 상대방이 출석하지 않은 변론기일에서 진술할 수 없다.(민사소송법 제276조, 제272조 제2항)

라. 답변서 제출 후에는 법원은 다음과 같은 두 가지 중 하나의 조치를 한다.

첫째 제1회 변론기일을 지정한다. 또는

둘째 변론준비절차에 회부한다.

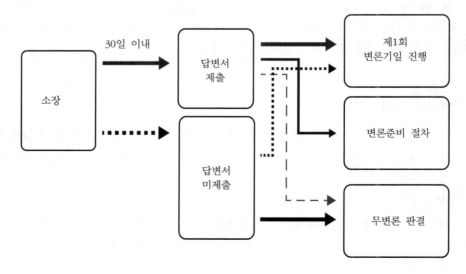

	원고	피고	법원
답변서 제출의 경우		①답변서 진술간주(불출석한 경우라도) ②원고의 소취하시 피고의 동의를 받아야 함	① 제1회 변론기일 지정 or ② 변론준비절차에 회부
답변서 미제출의 경우	무변론 판결, 의제자백판결	①의제자백에 의한 무변론 판결 ②상대방이 불출석하면 주장을 할 수 없음	무변론 판결, 의제자백판결

2. 답변서의 내용

가. 청구취지에 대한 답변(답변취지)

(1) 본안전 항변

⑺ 소송의 이송신청

1) 관할위반에 의한 이송신청

관할위반으로 인한 이송신청은 전속관할위반으로 인한 이송신청과 임의관할위반으로 인한 이송신청이 있다. 수소법원은 전속관할을 위반하였으면 반드시 관할법원으로 이송하여야 한다. 만약 이를 간과한 채 판결한 경우에는 해당 판결은 위법하여 절대적 상고이유가 된다.(민사소송법 제424조 제1항 제3호) 전속관할위반의 주장이 없더라도 법원은 직권조사하여 그 결과에 따라 판결 또는 결정하여야 한다.

임의관할을 위반하여 소를 제기한 경우에는 변론관할(민사소송법 제30조)의 발생 가능성이 있기 때문에 수소법원은 피고의 주장을 기다려 판단하여야 한다. 피고가 관할위반의 주장을 하면 법원은 피고 주장의 사유는 물론 관할위반에 관련된 모든 사유들을 직권조사하여 그 결과를 확인 후 변론관할의 발생여부를 판단하여 이에 따라 판결 또는 결정하여야 한다. 관할위반의 주장이 있으면, 변론관할은 성립하지 않고 또 보통재판적 또는 각종 특별재판적에 따른 관할도 없다면 관할법원으로 이송하여야 한다. 간혹 법원이 관할위반 주장을 무시한 채 판결이나 결정을 하게 되면 그 판결이나 결정 전체에 관하여 항소(항고)하면서 항소이유의 하나로서 관할위반의 주장은 할 수 있으나, 관할위반만을 따로 떼어 항소할 수는 없다. 이런 설명은 관할위반여부를 간과한 채 판결이 내려진 경우의 처리방법에 관한 설명이고 법률전문가를 지향하는 예비법조인인 귀하는 소를 제기함에 있어 항상 관할위반 되지 않도록 주의하여 정확하게 관할표시를 하여 소를 제기하여야 하고, 상대방이 관할위반된 관할법원으로 제소한 경우에는 답변서 등에서 반드시 관할위반의 본안전 항변을 하면서 이송신청까지 하여야 한다.

> (답변취지에서의 기재례)
> 이 사건을 서울중앙지방법원으로 이송한다.[1]

---

1) 채점을 하다보면 수험생들 중에는 "이 사건을 서울중앙지방법으로 이송하라."라고 기재한 경우를 발견하곤 한다. 원고의 이행청구를 인용할 때 수소법원은 재판을 통해 피고에게 그 이행을 명하기 위해 "…… 이행하라."는 형태로

2) 손해 또는 지연을 피하기 위한 이송신청

원고는 보통재판적, 특별재판적이 있는 법원들 중 특정한 법원을 선택하여 소를 제기하는 등 소제기상의 주도권을 쥐고 있다. 원고가 이렇게 보통재판적 또는 특별재판적이 있는 법원 중 어느 한 법원을 선택하여 소를 제기하였다고 하더라도 구체적인 사정에 비추어 피고에게 심한 불이익이 있을 경우 피고는 이 사유를 적시하여 관할이 있는 다른 법원에 이송하여 줄 것을 신청할 수 있다. 이를 '손해 또는 지연을 피하기 위한 이송' 신청이라 한다.(민사소송법 제35조) 예를 들면, 불법행위로 인한 손해배상청구는 피고의 보통재판적 소재지 법원은 물론 불법행위지 또는 피해결과발생지라는 특별재판적(민사소송법 제18조)이 있는 지역을 관할하는 법원에도 소를 제기할 수 있다. 따라서 원고는 피고의 주소지 또는 불법행위지, 피해결과발생지 등을 관할하는 법원 중 하나를 선택하여 소를 제기할 수 있다. 그런데 원고 또는 원고의 소송대리인이 손해배상청구도 재산권에 관한 소로서 손해배상채무가 지참채무임을 들어 그 이행지인 원고의 주소지를 관할하는 법원에도 특별재판적(민사소송법 제8조)이 있다며 원고의 주소지를 관할하는 법원을 관할법원으로 표시하여 소를 제기한 경우 피고로서는 비록 관할이 있지만[2] 불법행위지(또는 피해결과발생지)로부터 원격지라서 증인신문이나 기타 증거조사 등에 큰 비용이 들 수 있고, 또 피고 자신의 주소지로부터도 멀다는 점을 지적하여 '손해 또는 지연을 피하기 위한 이송 신청'을 할 수 있다.

3) 그 외 지적재산권 관련 분쟁, 국제거래 관련 분쟁에 관하여 관할 고등법원이 있는 지방법원으로 이송을 신청할 수 있다.(민사소송법 제36조) 지방법원 단독판사는 자기의 관할이라고 하더라도 전속관할에 속하지 아니하면 직권 또는 당사자의 신청으로 사건을 동일 지방법원 합의부로 이송할 수 있다.(민사소송법 제34조 제2항) 이에 대비되는 제도로 '재정합의'란 제도가 있다. 재정합의란 지방법원 합의부가 법원조직법에 근거하여 단독판사의 관할 사건을 동일 지방법원의 합의부에서 재판하기로 결정하여 회부하는 것을 지칭한다.(법원조직법 제32조 제1항 제1호)

(ᄂ) 소각하의 답변

소송요건이 흠결되면 소 각하의 신청을 할 수 있다. 이를 본안전 항변이라고 한다. 소각하 사유는 대부분 직권조사사항이다. 다만 피고의 본안전 항변이 없으면 치유될 수 있는 소송요건(중재법 제9조 제2항 소정의 중재합의의 존재항변)도 드물게나마 있다. 시험목적상 소송요건 불비가 있는 경우 반드시 본안전 항변을 꼭 해야 한다.

1) 법원에 관련된 소각하 사유

법원에 관련된 소각하 사유로는 ① 재판권이 없는 법원에 소를 제기하였거나, ② 관할권이 없는 법원에 소를 제기한 경우를 들 수 있다. ① 재판권이 없는 법원에 소를 제기한 경우에는 바로 각하를 하여야 하지만, ②ⓐ토지관할위반의 경우 이송신청에 관해서는 이미 설명한 바와 같지만 ⓑ

명령형 어미를 사용한다. 그 외 형성판결, 확인판결, 청구기각, 소각하 등에서는 모두 "…… 한다."라는 어미를 사용한다. 주의를 요한다.

2) 견해에 따라서는 민사소송법 제8조상의 "재산권에 관한 소를 제기하는 경우에는 … 의무이행지의 법원에 제기할 수 있다."라는 규정을 재산권에 관해 전면적으로 확대적용할 것은 아니라는 주장도 있다.

행정사건을 민사법원에 제기하거나 가사사건을 민사법원에 제기하는 등 직분관할(=전속관할)에 위반하여 소를 제기하면 피고로서는 관할권이 존재하는 법원으로 이송신청을 하여야 한다.

2) 당사자에 관련된 소각하 사유

당사자에 관련된 소각하 사유로는 ①ⓐ 당사자가 실재해야 하고, ⓑ당사자능력을 갖고 있어야 한다. ② 당사자적격을 갖고 있어야 한다. 실재하지 않은 당사자를 상대로 소를 제기하는 경우란 매우 희귀하고, 자연인은 웬만하면 당사자능력을 갖고 있으며, 등기된 법인, 회사 등은 당사자능력을 대체로 갖고 있다. 아마 권리능력 없는 사단, 재단 등을 상대로 소를 제기할 때 당사자능력이 있는지 문제될 것이나 정관을 갖고 있는지, 대표자 및 업무집행 조직을 갖추고 있는지 등을 살펴보면 금방 당사자능력의 보유 여부는 확인할 수 있으므로 실무상으로 그리 큰 문제가 되지 않는다. 실무상으로는 당사자적격을 갖추고 있는지 여부가 가장 중요하다.

3) 소송목적에 관련된 소각하 사유들

이처럼 실무상으로 소각하 사유는 주로 소송목적에 관련된 소각하 사유들에 집중된다. 그러므로 아래 소각하 사유들을 정확하게 이해하여 원고의 소 제기가 위와 같은 내용에 위반하여 제기되었는지를 철저하게 확인하는 능력을 길러야 한다.

① **중재계약의 존재**(중재법 제2조, 매우 중요)

② **부제소의 특약의 존재**(대법원 1996. 6. 14. 선고 95다3350 판결[3], 매우 중요)

③ **권리보호의 이익**(매우 중요)(다른 소송에서 재판상 화해를 하면서 당해 소송을 취하하기로 재판상 화해한 경우 권리보호의 이익이 없어 각하하여야 한다. 대법원 2005. 6. 10. 선고 2005다14861 판결)

④ **확인의 이익, 장래이행청구의 필요성**(민사소송법 제251조)

⑤ **중복제소금지**(민사소송법 제259조, 매우 중요)

⑥ **기판력의 존재**(매우 중요)

⑦ 본안에 관하여 종국판결 후 소취하(제소금지위반, 민사소송법 제267조 제2항)

⑧ 소송중의 소에서 그 요건을 갖추지 못한 경우(ex) 채권자대위권에서의 대위요건흠결 등)

4) **제척기간 및 출소기간의 도과**(매우 중요)

(청구취지 전부에 대한 소각하신청)

① 이 사건 소를 각하한다.

(청구취지 중 일부에 대한 소각하신청)

② 이 사건 청구 중 임차보증금반환청구에 관한 소를 각하한다.

---

3) 퇴직금 산정 및 지급에 관하여 민·형사상의 일체의 청구를 하지 아니하기로 한 약정을 부제소의 특약으로 인정하여 추가 퇴직금 청구의 소를 부적법하다고 한 사례이다.

(2) 청구취지(본안)에 관한 답변

⑺ 청구기각의 신청

원고의 청구가 이유 없을 때에는 청구기각의 신청을 한다. 하지만 다음 설명을 잘 이해해야 한다. 즉 하나의 청구 중 일부만 이유 있을 때는 나머지 부분만의 기각을 구할 것이 아니라 그 청구 전부에 대한 기각을 구하여야 한다. 반면 청구들 중 하나 또는 수개 청구의 기각을 구할 때는 그 청구 또는 수개 청구의 기각을 구하여야 한다.

(원고가 1인이고, 청구취지가 하나이고, 이에 대한 기각을 구할 때)
① 원고의 청구를 기각한다.

(원고가 1인이고, 청구취지가 복수이고, 그 청구취지들 전부의 기각을 구할 때)
② 원고의 청구를 모두 기각한다.

(원고가 1인이고, 청구취지는 복수이고, 그 중 하나 또는 수개 청구만의 기각을 구할 때)
③ 이 사건 소 중 000청구부분(또는 000청구 및 000청구)을 기각한다.

(원고가 1인이고, 피고들이 복수인데 그 전부 기각을 구할 때)
④ 원고의 피고들에 대한 청구를 모두 기각한다.

(원고가 수인이고, 전부 기각을 구할 때)
⑤ 원고들의 청구를 모두 기각한다.

(피고가 복수이고, 청구취지는 하나이고, 피고 중 1인에게 청구의 기각을 구할 때)
⑥ 원고의 피고 000에 대한 청구를 기각한다.

⑷ 청구인낙

청구인낙은 피고가 원고의 청구를 전부 받아들이는 소송행위이다. 청구 인낙은 피고가 변론기일 또는 준비절차기일에 출석하여 원고의 청구를 인낙한다는 진술로서 하는 것이 원칙이다.(대법원 1993. 7. 13. 선고 92다23230 판결) 하지만 답변서 또는 준비서면에 청구의 포기 또는 인낙의 의사표시가 적혀 있고, 공증사무소의 인증을 받은 때에는 그 당사자가 기일에 출석하지 아니하더라도 법원은 위 사항을 진술한 것으로 간주하면 그 취지에 따라 청구의 포기 또는 인낙이 성립한다.(민사소송법 제148조 제2항) 피고가 인낙하면 인낙조서가 작성된다. 인낙조서는 확정판결과 동일한 효력을 갖는다(민사소송법 제220조).

⒟ 부수적 신청

1) 소송비용 부담의 신청

(원고 1인일 때)
① 소송비용은 원고의 부담으로 한다.

(원고가 복수일 때)
② 소송비용은 원고들의 부담으로 한다.

(피고가 복수인데 그 중 1인만을 수임한 때)
③ 원고와 피고 甲 사이에 생긴 소송비용은 원고의 부담으로 한다.

---

2) 소송비용의 담보제공 신청

일정한 요건하에서 소송비용의 담보제공을 신청할 수 있다. 소송비용의 담보제공 신청은 실무상으로 매우 드문 신청으로 재판부도 그 처리경험이 일천하다.

3) 가집행면제의 신청(민사소송법 제213조 제2항)

가집행 면제 신청을 할 수도 있다. 그러나 판결문 상의 채권 전액을 담보로 제공하여야 가집행 면제 신청을 할 수 있기 때문에 실무상으로는 잘 이용되지 않고 있다. 대신에 판결선고 후 전부 또는 일부 패소한 피고가 민사소송법 제501조에 규정된 강제집행정지신청을 하고 법원으로부터 강제집행정지결정을 받아 동일한 목적을 달성하는 경우가 많다. 피고가 강제집행정지 결정을 받게 되면 그 결정문을 집행법원에 제출하면 민사집행법 제49조 제2호 규정에 따라 가집행에 기한 강제집행 절차가 필수적으로 정지된다. 피고는 이런 절차를 더 자주 이용하고 있다.

4) 아무튼 소송비용 담보제공신청이나 가집행면제의 신청은 민사소송법에 규정되어 있다고 하더라도 여러 가지 이유로 실무상 그 활용도가 매우 낮다.

나. 청구원인에 대한 답변(답변원인)

청구원인에 대한 답변은 ① 원고 주장에 대한 답변(인부,認否)과 ② 별도의 주장인 항변으로 나누어진다. 먼저 원고 주장에 대한 인부를 하고, 다음으로 피고 자신의 항변을 하는 것이 좋다.

(1) 원고 주장에 대한 답변(인부)

⑺ 원고가 주장하는 요건사실(주요사실)이나 중요한 간접사실에 관하여 피고가 어떠한 점을 다투고 어떠한 점을 인정하는가를 밝히는 것이 청구원인에 대한 답변이다. 원고가 주장하는 사실에 대하여 부인하면 원고가 증명책임을 부담하게 된다.

⑻ 답변(인부)의 방식

원고의 청구원인에 대한 답변은 구체적, 개별적으로 기재하여야 한다. "원고의 청구를 일응 부인한다."라는 형식적 답변서가 그 동안 만연했었다. 그래서 법원은 이런 형식적인 답변서를 제출한 경우 참여사무관등이 전화, 팩스 등으로 실질적인 내용이 기재된 답변서의 제출을 촉구하고, 재판장은 일정한 기한내에 실질적인 답변서를 제출할 것을 명하는 준비명령을 내리게 되어 있다. 청구원인에 대한 피고의 답변 방식은 다음과 같은 네 가지로 구분될 수 있다. 개념구분을 정확히 알고 있을 필요가 있으나, 실제로는 이러한 개념구분은 중요하지 않고 피고에게 유리한 모든 주장을 다 해야 한다는 것이 더 중요하다.

1) 자백

가) 자백의 성립

자백은 피고가 원고의 주장 사실을 다투지 않고 시인하는 진술이다. 다만, 변론기일이나 변론준비기일에서 구두로 진술을 해야 자백이 성립하므로 단순히 답변서 또는 준비서면에만 기재해 두었을 뿐 아직 변론기일 또는 준비절차에서 진술하지 않았을 때에는 자백한 것이 아니므로 자유로이 철회, 변경할 수 있다. 따라서 자백의 철회나 취소에 관한 법률상의 엄격한 통제를 받지 않고 철회, 변경할 수 있다. 선행자백은 자백으로서의 효력이 없으나 상대방이 원용하면 자백이 된다. 따라서 상대방이 선행자백을 하면 빨리 원용하여 자백으로서의 효력을 발생시켜야 한다. 권리자백은 자백이 아니다. 그러므로 자백으로서의 효력이 없다. 다만 권리자백인지 사실에 관한 자백인지 불명확한 때가 있다. 가끔 권리로 대표되는 사실에 관한 자백으로 인정될 수 있다며 자백 성립을 인정하는 때가 있으니 주의할 필요가 있다. 다음 대법원 판례를 잘 읽고 자백의 의의와 그 성립에 관해 잘 생각해 보자.

"원고는 최초 원인무효를 원인으로 한 말소등기청구의 소를 제기하였고, 피고는 원고의 주장사실을 인정하여 자백하였다. 그 후 원고는 소변경신청서의 제출을 통하여 명의신탁해지를 원인으로 한 소유권이전등기 청구를 하는 내용으로 청구취지와 청구원인을 교환적으로 변경하였다. 이에 대하여 피고는 다투면서 종전의 자백에 배치되는 주장을 하게 되었다. 이러한 경우 종전의 피고의 자백은 그 대상이 없어져 소멸하였고, 선행자백성 진술도 그에 배치되는 주장을 하게 됨으로써 묵시적으로 철회되었다 할 것이다. 그 후 원고가 다시 원인무효에 의한 말소등기청구를 예비적으로 추가하였다고 하더라도 이미 무효로 된 자백의 효력이 되살아나지 않는다."는 취지로 판시하였다.(대법원 1997. 4. 22. 선고 95다10204 판결)

나) 자백의 효과

변론주의가 적용되는 사안에서 자백의 효과는 ① 자백한 사실을 증거로 증명할 필요가 없고, **② 법원으로서도 이에 반하여 사실을 인정할 수 없다.**

다) 자백의 취소

자백한 후 취소할 때는 매우 엄격한 요건이 필요하다. 즉, 자백의 취소는 ⓐ **상대방의 동의**가 있거나 ⓑ **그 자백이 (a)진실에 반하고 (b)착오로 인한 것임을 증명**한 때(민사소송법 제288조 단서)에 한하여 할 수 있다.

2) 부인·부지

상대방이 주장하는 사실에 대하여 그런 사실이 존재하지 않았다거나 진실에 반하는 것이라고 주장하는 것이다. 통상 자기가 관여한 사실에 관하여는 자백 또는 **부인**(否認), 둘 중 하나의 태도를 취하여야 한다. 한편 자기가 관여하지 아니한 사실에 관하여는 **부지**(不知)라고 답변하여야 한다. 이 때 법률전문가인 변호사로서는 가급적 상대방의 주장이 "허위이다." "새빨간 거짓말이다."라는 등의 자극적인 표현을 삼가고, 단순히 "사실과 다르다."거나 "사실은 부인(부지)합니다."는 정도로 기재하여 상대방을 존중한다는 입장에서 법문서를 작성하는 것이 좋다. 필자도 변호사로서 활동할 때 사용해 본 가장 자극적인 표현으로는 "...라는 주장은 지나가는 소도 웃을 일입니다."라는 정도였다. 지금 돌이켜 보면 구태여 위와 같이 너무 자극적인 표현을 사용할 필요가 있었을까 후회가 되고 그 때 자제했어야 하였는데...라는 감상에 젖는다.

> (실무상으로 다음과 같은 정도의 표현을 사용하여 부인한다.)
> ① 원고의 000 주장은 **사실과 다릅니다.**
> ② 원고의 000 사실에 관한 주장을 부인합니다.

부인에는 직접부인과 간접부인이 있는데 그 구분은 다음과 같다. 직접부인은 상대방이 주장하는 사실이 "사실과 다르다"라고 말하는 데 그치는 경우이고, 간접부인은 상대방이 주장하는 사실과 양립할 수 없는 사실을 적극적으로 주장하여 간접적으로 상대방의 주장사실을 부인하는 경우를 일컫는다. 그래서 간접부인은 "오히려"라는 말로 시작하며 정황증거, 간접사실 등 사실을 들고 이를 증거를 통해 증명해야 하며 나아가 관련된 법리에 따른 법률적 효과도 설명해야 하는 피고의 주장방법으로 실무상 매우 중요한 피고측의 사실 주장방법이 된다. 직접부인이든 간접부인이든 모두 최초 주장한 사람이 증명책임을 진다는 점에는 변함이 없다.

3) 부지

부지는 부인으로 추정된다.(민사소송법 제150조 제2항)

> (실무상으로는 부지를 할 때 다음과 같이 표현한다.)
> "원고의 000 주장사실에 대하여 **알지 못합니다.**"

4) 침묵

변론에서 상대방이 주장하는 사실에 대하여 ⓐ명백하게 다투지 아니하거나 ⓑ변론의 전취지에 의하여 이를 다투지 않는다고 판단되는 경우에는 그 사실을 자백한 것으로 본다.(의제자백, 민사소송법 제150조 제1항) 피고는 의도와는 다르게 의제자백이 성립되는 일은 피해야 한다. 그래서 "...라는 사실은 인정하나 나머지 사실은 전부 부인합니다."라고 답변하는 관행이 발달되어 있다. 만약 상대방의 주장이 담긴 준비서면 등을 너무 촉박하게 송달받았거나 법정에서 교부받았을 경우 실무상으로는 일단 종전 주장에 반하는 부분은 부인한다는 형식적 답변을 하여 의제자백의 성립가능성을 차단한 채 빠른 시일내에 자세한 답변을 기재한 서면을 제출하고 있다.

　(다) 구체적인 답변(인부)기재의 방법

　1) **당사자가 수인인 경우 가급적 각 당사자별로 답변을 하는 것이 좋다.**

　2) **인부의 대상은 원칙적으로 요건사실이다.** 피고는 원고의 주장사실이 불명확한 경우에는 먼저 구석명(求釋明)하여 사실주장을 분명하게 한 다음 인부를 하는 것이 좋다. 요건사실과 관련된 사실, 간접사실, 보조사실에 대하여는 반드시 인부하여야 하는 것은 아니나 변론 전체의 취지로 심증이 형성되므로 실무상 위와 같은 간접사실 등에도 인부를 한다. 그러나 요건사실의 경우와는 달리 간접사실 등에 관한 인부는 주장 사실마다 인부를 기재할 필요는 없고 일괄하여 부인하고 자기의 주장을 기재하는 방식으로 해도 된다.

　원고가 소장에서 청구원인의 요건사실을 주장하는 외에 예상되는 항변에 대한 적극부인이나 항변사실을 선행자백하고 재항변을 하는 경우가 있는데 피고로서는 이러한 사실에 관하여도 인부를 하여야 하고, 이때 선행자백을 원용하는 취지를 명백히 해 두어 자백이 성립하도록 조치를 취해야 한다.

　3) 일부 부인의 경우

　실무상으로는 일부 부인하는 경우가 가장 많다. 일부 부인의 기재방법은 ① "...의 사실은 인정하고 그 나머지 사실은 모두 부인합니다."라는 기재 방식과 ② "... 사실은 부인하고, 나머지 사실은 전부 인정합니다."라는 기재 방식으로 나눌 수 있는데, ① 기재 방식이 의제자백의 소지를 없앨 수 있어 가장 무난하다. 어느 경우나 원고의 청구원인 중 어느 부분과 관련하여 부인하고 인정하는지를 알 수 있도록 답변하면 되고, 구태여 원고의 주장을 구체적으로 되풀이 하여 장황하게 기재할 필요는 없다.

　4) 간접부인의 경우 원고의 주장을 부인한 다음 간접부인을 하는 것이 오해를 피할 수 있다. 그래서 "원고의 ... 주장은 사실과 다릅니다. 오히려..."라고 기술하는 방식으로 간접부인한다.

　(라) 답변(인부)에 관하여 유의할 사항

　변호사는 사건을 수임함과 동시에 사실확인에 최대한 많은 노력을 경주하여 사실을 정확하게 파악한 다음 고객에게 유리한 방법으로 인부를 하는 등 답변에 매우 신중하여야 한다. 자백한 후 이를 취소하여 부인하면 법관의 심증형성에 막대한 악영향을 끼칠 수 있으므로 가급적 자백을 취소하는 상황을 피하는 것이 좋다. 단순히 고객이나 그 주변인물들의 기억에 의존해 과거의 사실을 발굴하는 것은 대단히 위험하다. 대체로 당사자가 변호사 면담시 주요사실(직접사실)과 주변사실(간접사실, 정황사실)을 잘 구분하지 못하고 장황하게 설명하기 때문에 변호사로서는 핵심적인 사실발굴과 이에 관한 증명자료 수집에 끊임없이 노력하여야 한다. 이때 요건사실을 철저하게 학습해 두어야 제대로 된 시각이 형성될 수 있으니 본서의 학습을 게을리 말아야 한다.

답변서, 기타 준비서면을 작성 제출하지 않고 출석하여 구두로 사실에 관해 진술하는 것은 가급적 피하는 것이 좋다. 왜냐하면, 깊이 생각하지 않고 겉핥기식으로 사실관계를 파악하여 소송에 대응하는 것은 소송의 진행과정에서 불쑥 새로운 사실이나 증거가 나오는 경우가 흔하기 때문에 불측의 손실을 초래하는 경우가 종종 있다. 과거 유능한 원로 변호사들 중에는 사건을 수임하면 즉시 당사자와 밤새 상담하고, 증거자료들을 수집하여 처음부터 사안의 사실관계를 정확히 장악한 후 소송을 진행함으로써 승소율이 높아 그 명성이 인구(人口)에 회자(膾炙)된 분들이 많았다. 이처럼 변호사는 고객의 권익을 보호하기 위하여 사실파악과 증거자료 수집에 성실하여야 치열한 경쟁에서 살아남아 훌륭한 변호사로 길이 이름을 남길 수 있다.

(2) 피고의 항변 등
⑺ 항변

원고의 청구원인사실로부터 발생하는 법률효과를 배척하기 위해 권리장애사실(청구권 발생장애사유, 원인무효사유), 권리소멸사실, 권리저지사유 등을 주장하여 항변할 수 있다. 이때 원고의 청구원인을 인정한 다음 항변할 수도 있고, 원고의 청구원인을 부인하지만 가사 법원이 다른 견해를 취하여 인정하는 경우라 하더라도 위 사실들을 들어 가정항변하기도 한다.

항변사유에 관하여는 원고의 청구원인에 대한 부인(부지)과는 달리 피고가 증명책임을 부담한다. 어느 사실이 항변사실이고 어느 사실이 간접부인인지는 원칙적으로 실체법의 해석을 통하여 결정된다.(법률요건분류설) 대체로 다음과 같다.

첫째, 법률효과의 발생에 장애가 되는 예외적 사유(행위능력의 흠결, 의사표시의 하자 등)(권리발생장애사유) 민법 총칙에서 배운 내용들이 많다.

둘째, 발생한 법률효과를 소멸시키는 사유(변제·대물변제·공탁///경상면혼소)(권리소멸사유) 채권 총칙 등에서 배운 내용들이 많다.

셋째, 발생한 법률효과의 행사를 저지하는 사유(동시이행의 항변, 조건 미성취·기한 미도래의 항변, 최고·검색의 항변)(권리행사저지사유) 몇 가지 안 되니 잘 암기하고 있으면 된다.

⑷ 항변의 기재방법

원칙적으로 소장의 청구원인 기재와 같은 방식으로 기재한다. 즉 청구원인 부분에서 설명한 바와 같이 피고의 주장은 항변의 법률요건사실에 해당되는 구체적인 역사적·자연적 사실을 주일상목행의 순서로 기술하고, 그 사실의 법률적 효과를 기재한 다음 소결론으로 마무리하는 방식으로 기술하면 된다. 항변사실에 대한 증거방법과 증명취지도 (   )안에 명시하기도 하고, 중요한 경우에는 이를 풀어쓰기도 한다.

항변이 여러 개인 경우인 경우에는 다음과 같이 배치하면 된다.

첫째, 고객에 유리한 것을 먼저 기술하고,

둘째, 다음으로 강력한 것을 기술하고,

셋째, 위 두 가지 조건이 같으면 시간흐름이나 사건의 경과에 따라 기술한다.

항변이 여러 개인 경우 항을 달리하고 요약된 제목을 붙여 정리하는 것이 **일목요연**하여 읽기 쉽다.

(다) 유의사항

권리의 존재뿐만 아니라 그 행사까지 요하는 항변이 있고(권리항변), 사실의 존재만으로 법률효과가 생기는 주장이 있다. 전자의 경우에는 권리의 발생요건사실을 주장·증명하는 이외에도 반드시 그 권리의 행사하는 의사표시까지도 진술하여야 한다. 후자의 경우는 그 항변에 해당되는 사실의 단순한 진술만으로 족하다. 예를 들면, 전자는 동시이행의 항변4), 상계의 항변, 해지·해제의 항변, 철회·취소의 항변 등이 있고, 후자는 소멸시효완성, 변제, 대물변제, 공탁 등 대부분의 항변사유가 이에 해당된다.

(3) 결론 부분

결론부분에서는 청구취지에 대하여 이송신청, 소각하, 청구기각 등의 최종적인 답변을 기재하여야 한다. 이를 무색투명한 용어로 바꾸면 "청구취지에 대한 답변"에 기재된 내용과 똑같아 질 정도로 결론적 내용이 되어야 한다.

(소각하신청시 결론)
이 사건 소는 부적법하므로 각하되어야 합니다.

(청구가 하나일 때 청구기각신청시 결론)
원고의 청구는 이유 없으므로 기각되어야 합니다.

(원고의 청구가 복수일 경우 전부에 대한 청구기각신청시 결론)
그러므로, 원고의 청구는 모두 이유 없으므로 전부 기각하여 주시기 바랍니다.

다. 기타 관련사항

(1) 서증의 인부

소장에 첨부되어 있는 서증에 관한 인부를 답변서에 기재하는 경우가 종종 있다. 이때 유의할 점은 소장에 서증이 첨부되어 있다고 하더라도 아직 서증이 증거로 제출된 것은 아니고 서증조사를 거쳐 서증으로 채택된 것이 아니라는 점에 유의하여야 한다. 원래 서증조사는 서증의 원본, 정본 또는 인증이 있는 등본을 수소법원에 직접 제출하여야 하고, 상대방이 그 원본 등에 대한 의견(서증인부라고 함)을 진술하는 방식으로 한다. 만약 상대방이 그 서증의 성립인정을 부인(부지포함)한 경우

---

4) 동시이행항변권은 단순이행을 청구하는 원고에 대하여 피고측에 제기할 권리항변이지만 이행지체를 원인으로 한 손해배상을 청구할 때는 동시이행의 항변권의 존재로 인하여 이해지체의 책임을 지지 않기 때문(존재효과설)에 원고측에서 반대급부의 이행 또는 이행제공을 추가적으로 주장·증명해야 하는 성격을 갖고 있다.

에는 그 진정성립을 증명해야 비로소 서증으로서 효력을 갖는다. 따라서 아직 소장에 첨부된 단계에서는 서증이 제출되었다고 할 수 없다.

실무상으로는 공문서인 경우에는 성립인정을 하면서도 사문서인 경우에는 부인(부지)으로 인부하는 경우가 대단히 많다. 그러면 서증의 제출자는 증인신문을 통해 사문서를 제시하면서 그 증언을 통해 그 진정성립을 증명하는 경우가 많다.

서증의 인부를 실수 없이 하려면 서증의 원본을 직접 보고 필적, 인영, 지질 기타의 정황을 충분히 검토하고 또 사본이 원본을 정확하게 복사하여 작성된 것인지 여부를 확인한 다음 서증인부를 하는 것이 좋다. 하지만, 실무상으로 변호사들은 상대방을 믿고 서증의 원본 등을 제대로 확인하지 않고 소장 등에 첨부된 사본에 대해 인부를 하는 경향이 있다. 이런 관행은 변호사들의 수가 적었던 시대에 서로 상대방을 믿고 소송을 수행하였던 데다가 상대방 제출의 서증을 의뢰인에게 교부하고 의뢰인으로부터 확인을 받아 원본의 존재를 확신하고 있었기 때문에 형성되었던 것으로 보인다. 하지만 때론 의뢰인의 기억에만 지나치게 의존하지 말고 의심하여 상대방에게 원본 등의 제시를 요구하여 확인해 보는 것이 의외의 소득을 올릴 수 있다. 실무에 종사할 때 반드시 명심하여 적극적으로 서증의 원본 등을 확인해 보기 바란다.

(2) 증명방법의 제출

피고는 항변사실의 증명책임을 진다. 그래서 항변사실을 증명하기 위해 증거방법을 답변서 말미에 첨부하여 제출하기도 한다. 피고측이 제출하는 서증을 을호증이라고 한다. 제출의 순서에 따라 그 번호를 매기고, 이를 답변서에 첨부하여 제출할 수 있다.

(3) 첨부서류 등

답변서 부본은 원고의 수만큼 제출하여야 한다. 원고가 복수라도 소송대리인이 1인이라면 답변서 부본을 1부만 제출하여도 된다. 피고 소송대리인이 선임된 경우에는 소송위임장도 첨부하여야 한다. 을호증을 제출하는 경우에는 그 사본도 첨부하여 제출한다.

라. 답변서 기재례

(1) 다음은 ① 피고가 1인일 때, ② 피고가 복수인데 그 일부 피고만 수임하여 그 피고들에 대한 답변서를 작성하는 기재례이다.

㈎ 피고가 1인일 때

답 변 서

사　건　2023가합1123　　대여금
원　고　김 갑 동
피　고　이 건 모
　　　　　소송대리인 변호사 한양인
　　　　　서울 서초구 서초대로 23길 12(서초동 120)
　　　　　전화 (02) 515－2345, 팩스 (02) 515－2347
　　　　　전자우편 susulaw@gmail.com

위 사건에 관하여 피고 소송대리인은 다음과 같이 답변합니다.

청구취지에 대한 답변(답변취지)

1. 원고의 청구를 기각한다.
2. 소송비용은 원고의 부담으로 한다.
라는 판결을 구합니다.

청구원인에 대한 답변(답변원인)

1. 피고가 2022. 7. 1. 원고로부터 200,000,000원을 변제기 2023. 6. 30.로 정하여 차용한 사실은 인정하고 나머지 사실은 전부 부인합니다.
2. 그러나 피고는 2023. 7. 20. 원고와 변제할 금액을 180,000,000원으로 합의하고(을제1호증), 같은 달 30. 원고에게 위 금액을 전액 변제하였습니다.(을제2호증) 따라서 피고의 원고에 대한 위 차용금채무는 그 추가합의와 이에 따른 변제로 모두 소멸하였습니다.
3. 그러므로 원고의 이 사건 청구는 이유 없으므로 기각되어야 합니다.

증 명 방 법

1. 을제1호증(합의서)
2. 을제2호증(영수증)

첨 부 서 류

1. 위 증명방법　　　　　　각 2통
2. 소송위임장　　　　　　　1통
3. 답변서 부본　　　　　　　1통

　　　　　　　　　　　　2023.　8.　23.

　　　　　　　　　　　피고 소송대리인 변호사 한양인　　인

서울중앙지방법원 제21민사부 귀중

(나) 피고가 복수인데 그 중 일부 피고를 수임하여 답변서를 작성할 때

답 변 서

사 건 2023가합1123 대여금
원 고 주식회사 에스씨(SC)은행
피 고 이 건 모외 3인
　　　피고 이건모의 소송대리인 변호사 한양인
　　　서울 서초구 서초대로 23길 12(서초동 120)
　　　전화 (02) 515-2345, 팩스 (02) 515-2347
　　　전자우편 susulaw@gmail.com

위 사건에 관하여 피고 이건모의 소송대리인은 다음과 같이 답변합니다.

청구취지에 대한 답변

1. 원고의 피고 이건모에 대한 청구를 기각한다.
2. 소송비용 중 원고와 피고 이건모 사이에 생긴 부분은 원고의 부담으로 한다.
라는 판결을 구합니다.

청구원인에 대한 답변

1. 피고 이건모는 원고 은행으로부터 원고 주장의 일자에 원고 주장 금원을 차용한 사실이 없습니다.
2. 피고 이건모는 2022. 8. 9. 원고 은행 성동지점에서 지점장인 소외 김정수가 원고 은행의 돈 50,000,000원을 대출하여 준다고 하여 피고 심인숙, 피고 한동훈 등과 함께 위 김정수가 시키는 대로 어음거래약정서, 약속어음 등 금원 대출에 필요한 서류들을 작성하여 제출한 사실은 있었습니다. 그러나 원고 은행이 위 대출금을 피고 이건모에게 지급하지 아니하여 피고 이건모가 위 지점장을 만나 따져 보았는데, 위 지점장은 피해 없도록 할 터이니 염려 말라는 대답만 하고 다른 이야기는 없었습니다.
3. 그러므로 원고의 피고 이건모에 대한 청구는 이유 없으므로 기각되어야 합니다.

첨 부 서 류

1. 소송위임장　　　　　　　　1통
2. 답변서 부본　　　　　　　　1통

2023. 8. 23.

피고 이건모의 소송대리인 변호사 한양인　　인

서울중앙지방법원 제21민사부 귀중

(2) 손해배상(산) 사건에 대한 답변서 작성 기재례

답 변 서

사 건   2023가합1123   손해배상(산)
원 고   김갑동 외 2
피 고   최성수
          소송대리인 법무법인 동인
          담당변호사 한양인
          서울 서초구 서초대로 23길 12(서초동 120)
          전화 (02) 515－2345, 팩스 (02) 515－2347
          전자우편 susulaw@gmail.com

 위 사건에 관하여 피고 소송대리인은 다음과 같이 답변합니다.

청구취지에 대한 답변

1. 원고들의 청구를 모두 기각한다.
2. 소송비용은 원고들의 부담으로 한다.
라는 판결을 구합니다.

청구원인에 대한 답변

1. 원고들의 신분관계 및 원고 김갑동이 피고 경영의 공작기계 제작, 판매업체에서 운전기사로 근무하던 중 그 주장 일시, 장소에서 부상을 당한 사실은 인정합니다. 그러나 원고들의 나머지 주장사실은 전부 부인합니다.

2. 원고 김갑동의 부상에 대하여 피고 측의 과실은 전혀 없습니다.
   가. 이 사건 사고는 원고 김갑동이 거래처에 유리를 배달하러 가서 트럭에서 공작기계를 하역하던 도중에 발생하였습니다. 트럭의 적재함에는 좌우에 고정용 쩩(Jag)이 설치되어 있었고, 적재된 공작기계는 그 쩩으로 튼튼하게 고정되어 있었습니다. 이러한 경우에는 운전자로서는 우선 트럭을 평평한 도로상에 주차하고, 적재함 고정용 쩩 중 후방 좌측부터, 후방 우측, 이어 전방 우측, 전방 좌측으로 서서히 풀어 공작기계의 고정시키는 힘을 유지시킨 채 하역하여야 하고, 트럭의 좌우 균형이 흐트러진 경우에는 기울어 진 쪽의 바퀴에 고임목을 받쳐서 균형을 잡아주어야 합니다.
   그러나 위 원고는 우선 트럭을 5% 기울기의 도로상에 주차해 둔 상태에서도 고임목을 받치지 않았을 뿐만 아니라 공작기계 고정용 쩩 해제방법을 지키지 않은 채 전방 좌측 쩩부터 풀기 시작하여 그 트럭 안에 있던 공작기계가 원고 김갑동 쪽으로 넘어지면서 위 원고를 덮치게 되어 위 원고가 12주 상당의 치료를 요하는 대퇴부 복합골절상을 입게 된 것입니다.

나. 원고들은 무거운 공작기계를 하역하는 데에서는 지게차나 그와 유사한 장비를 동원하여 작업을 하게 했어야 한다고 주장하나, 이 사건에서 문제된 정도의 공작기계를 배달하는 경우에는 고정용 쩩 해제방법을 준수하여 하역하는 방법으로도 충분히 안전하게 작업하는 것이 가능하기 때문에 그런 경우까지 지게차 등을 딸려 보내어 하역작업을 하게 한다는 것은 있을 수 없는 일입니다. 이러한 경우에는 고정용 쩩 해제방법을 지켜 좌우의 균형을 염두에 두고 공작기계를 하역한다는 지극히 초보적인 주의만 하였다면 안전에 아무런 문제도 생기지 않습니다.

다. 원고들은 피고가 충분한 안전교육을 시키지 않았다고 주장하나, 피고는 종업원들에 대하여 안전교육을 반복 실시해 오고 있으며 특히 운전기사인 위 원고에 대하여는 절대로 조급하게 작업하지 말고 안전에 만전을 기하라고 항상 당부해 왔습니다.(을제1호증 참조)

3. 따라서 이 사건 사고는 산업재해에 해당할 수는 있어도 피고 측의 불법행위에 의한 사고로는 인정될 수 없습니다. 그러므로 원고들의 이 사건 청구는 이유없으므로 모두 기각하여 주시기 바랍니다.

증 명 방 법

1. 을제1호증(사고경위서)

첨 부 서 류

1. 위 증명방법   4통
2. 소송위임장   1통
3. 답변서 부본   3통

2023. 8. 23.

피고 소송대리인 법무법인 동인
담당변호사 한양인   인

수원지방법원 성남지원 제1민사부 귀중

제 4 장

준비서면

1. 준비서면

가. 준비서면의 의의

1) 개념

준비서면은 당사자가 변론에서 진술하고자 하는 사항을 미리 기재하여 법원에 제출하는 서면이다. 준비서면에는 ① 공격방어방법[1]에 해당하는 주장은 물론 ② 증거의 탄핵이나 설명, ③ 법률적 견해의 설명 등 법원에 대하여 주장하고자 하는 모든 사실을 기재하여 제출한다. 원래 "당사자는 사실의 주장을, 법원은 법률의 해석·적용을" 담당하고 있다는 설명처럼 원칙적으로 ③ 법률적 견해의 설명은 가급적 자제하는 것이 좋다. 그러나 앞서 청구원인 부분에서 설명한 바와 같이 예외적인 경우에 법리론을 전개할 수도 있다. 특히, 변론주의의 원칙상 법률요건을 충족하기 위한 주요사실에 관한 주장을 누락하여서는 안 된다.

2) 필요성, 유용성

구두변론이 원칙이고, 근래에 들어 법원은 구두변론을 강화하는 추세다. 그래도 여러 가지 이유로 준비서면을 작성하여 제출할 필요가 있다. 왜냐하면 법원으로서도 같은 기일에 수많은 사건을 진행하고 있으므로 당사자로 하여금 모든 주장을 구두로 진술하게 할 시간적 여유가 없고, 또 그 여유가 있다고 하더라도 당사자가 구두로 얘기한 사실을 전부 기록한다는 것도 변론조서 작성자인 법원사무관의 능력 밖이다. 물론 근래 속기사의 도움을 받아 구두변론사항의 조서화가 크게 진척되고 있으나 이 역시 철저하다고 말할 수는 없다. 당사자로서도 상대방이 기일에 갑자기 새로운 사실을 주장하면 즉석에서 인부하거나 항변할 수 없게 된다. 특히 재판 계속 중 법원의 구성이 변경되거나 항소되어 새로운 재판부에서 사건을 심리하게 될 경우에 새로 사건을 담당하게 된 판사들은 종전 소송의 진행에 관여한 사실이 없어 변론진행을 잘 기록해 둔 서면들이 없다면 그동안 진행상

---

[1] 이제까지는 청구원인·항변사실에 관하여 논의를 하다가, 갑자기 공격방어방법이란 용어를 사용하니 다소 혼란스러웠을 수 있다. 이제 청구(신청)와 청구원인·항변은 구분이 가능할 것이다. 소송을 청구를 중심으로 한 다툼이라고 보는 입장에서는 자신의 주장을 이유 있게 하는 것을 공격방법이라 하고, 상대방의 주장을 이유 없게 만드는 것을 방어방법이라고 한다. 따라서 청구원인·항변과 공격방어방법은 관점을 달리 한 것으로 때론 서로 겹치는 부분이 있다.

황을 제대로 파악할 수 없다. 물론 변론갱신이란 제도가 따로 마련되어 있으나 변론갱신은 종전에 진행한 모든 변론행위를 반복하여 다시 하지 않고 다만 종전 변론진행 사항을 요약하여 설명할 뿐이다. 심지어는 재판장이 '변론갱신'이라는 말만 하고 종전 변론진행의 요지도 설명하지 않고 지나가는 형식적인 변론갱신의 경우도 많다. 이럴 때 새로 사건을 담당하게 된 판사들도 결국 변론조서, 증거조사조서, 준비서면 등에 의존하여 사안을 파악하여 판단을 할 수밖에 없다. 그래서 관련주장을 기록해 둔 준비서면이 중요해지는 것이다.

3) 준비서면과 구술변론과의 관계

구술변론주의의 원칙상 준비서면에 기재된 사항은 변론기일에 구술로 진술되어야만 소송자료가 된다. 그러므로 준비서면에 기재된 주장이라고 하더라도 변론기일에서 철회, 정정할 수 있다. 실무상으로는 "00월 xx자 준비서면을 진술한다."고 간략하게 말함으로써 준비서면에 포함된 모든 내용을 법정에서 진술한 것으로 간주하고 있다. 최근에는 구술변론주의의 강화로 법원은 위와 같은 형식적인 진술보다는 준비서면상의 주장을 간략하게나마 요약하여 변호인이 법정에서 실제로 진술해 주도록 요청하기도 한다. 그래서 변호사가 구술변론할 사항을 철저하게 준비하지 않고 법정에 출석하면 법원으로부터 갑자기 주장을 요약하여 진술해 달라는 요청에 응하여 구술변론하게 되고 때론 당황하여 더듬게 되고, 두서없이 진술을 하게 된다. 이때 뒤에서 소송과정을 지켜보고 있던 고객은 실망하게 되고 마침내 해당 변호사를 신뢰할 수 없게 되는 경우가 종종 있다. 따라서 변론기일의 준비에 만전을 기할 필요가 있다.

나. 준비서면의 기재사항

1) 기재할 사항

준비서면에 기재할 사항은 민사소송법 제274조 제1항에 정해져 있다. 이 규정은 훈시규정이므로 기재사항 중 일부를 누락하거나 잘못된 기재가 있다고 하더라도 준비서면으로서 실체를 인정할 수 있다면 그 효력에는 영향이 없다. 과거에는 당사자 본인소송의 경우 절차진행을 잘 모르는 당사자가 재판부에 대한 편지의 형태로 말하고자 하는 바를 적어 법원에 우송하여 제출하였고, 법원은 종종 그 편지를 준비서면으로 취급하여 변론기일에 진술하게 한 적도 있었다. 예비법조인으로서는 이런 식으로 준비서면을 작성하여 법원에 제출할 수 없으니 민사소송법 제274조 제1항에 정해진 사항을 잘 지켜 제대로 된 준비서면을 작성하여 법원에 제출하여야 한다.

2) 기재순서 등

형식적인 기재 순서는 실무관행상 잘 정립되어 있다. 공격방법이나 상대방의 공격방법에 대한 방어방법 등은 법관의 심증을 움직이는 데 초점을 맞추어 논리에 맞도록 작성하여야 하고, 그 기재 순서는 잘 정립된 관행을 따라야 하며 가급적 간단·명료하게 분량을 최소화하여 작성하여 제출함으로써 읽는 재판부의 부담을 줄여주어야 한다.

다. 준비서면의 실질적 요소

1) 공격방어방법의 기재

공격방법이란 원고가 그 청구를 유지하기 위하여 제출하는 일체의 사실상, 법률상 소송자료를 말한다. 방어방법이란 피고가 그 방어적 신청을 유지하기 위하여 제출하는 일체의 사실상, 법률상 소송자료를 지칭한다.

가) 사실에 관한 주장

(1) 요건사실과 간접사실(주변사정)은 다음과 같이 다르다.

요건사실, 주요사실은 주장자에게 **주장·증명책임**이 있고, 변론주의의 적용을 받는다. 그래서 법원으로서는 주장하지 아니한 사실은 비록 증거에 현출되어 있더라도 인정할 수 없다.(소송자료 — 증거자료 엄격 분리의 원칙) 예를 들면 소멸시효의 '기산일'은 주요사실, 표현대리의 '정당한 이유' 등은 주요사실이다.

간접사실, 정황사실, 주변사정은 원칙적으로 주장·증명책임이 문제될 수 없고, 주장이 없더라도 증거에 의하여 인정할 수 있으며 상대방의 자백이 있더라도 자백의 구속력은 없다. 예를 들면 취득시효의 경우 '점유의 권원', '취득시효의 기산점', 이전등기의 '경위', 계약의 성립'경위', 변제'기일', 등기원인'일자' 등은 간접사실이다.

(2) 사실주장의 방법

요건사실은 빠짐없이(필요하고도 충분하게) 주장하여야 한다. 이때 요건사실에 해당되는 구체적인 자연적·역사적 사실을 주일상목행의 형태로 주장하여야 한다. 사실에 관한 주장은 앞서 '1문장을 작성하는 방식'에서 설명한 것처럼 행위자, 일시, 상대방, 방법, 행위내용(主日相目行)의 순서로 설시하면 된다. 장소와 이유 그리고 경위 등은 특별한 사정이 없는 한 진술할 필요가 없다. 사실에 관한 주장에는 증거를 인용해 주는 것이 좋다. 주로 주장뒤에 ( )를 사용하여 증명가능한 증거를 적시하여 두는 방식으로 한다. 복잡한 경우에는 증거의 주요부분을 설명하고 그 증거로부터 증명될 수 있는 사실을 설득력 있게 기술하기도 한다.

(3) 예비적 주장

예비적 주장은 주위적 주장과 양립되지 않는 주장을 일컫는다. 예를 들면, ① 주택인도청구사건에서 원고가 임차인에게 무단전대 사실을 이유로 계약해지를 주장하고, 예비적으로 차임의 2회 이상 연체를 이유로 계약해지를 주장하거나, ② 소유권이전등기청구사건에서 소유권 취득의 원인으로 증여를 주장하고, 예비적으로 취득시효의 완성을 주장하는 것이다. 예비적 주장을 하는 경우에는 예비적 주장이란 취지를 분명하게 명시하여 주장하여야 한다.

나) 법률에 관한 주장(법률상의 소송자료)

(1) 법률상 주장과 변론주의

원칙적으로 법률적용은 법원의 직권사항이어서 당사자는 주장할 필요가 없다. 아무리 반복적으로 설명하여도 예비법조인들은 사례형 문제풀이 연습의 영향으로 법리론만을 장황하게 기술하고 정작 중요한 사실에 관한 주장을 생략하거나 빠뜨리고 있는 경우가 많다. 그러나 법률상 주장이라도 청구를 특정시킴에 필요한 경우에는 이를 기술할 필요가 있다. 또한 소의 요건으로서는 요건사실을 적용한 결과, 즉 법률효과로서의 일정한 권리의 발생에 관한 주장은 필요하다. 또 때로는 법률상 진술 같으나 실제로는 사실에 관한 주장인 경우가 있다. 예를 들면, 매매, 임대차라는 진술은 매매, 임대차라는 법률용어를 사용한 법률적 주장인 것처럼 보이지만 청약과 승낙에 의한 약정의 성립이라는 사실에 관한 주장인 경우가 더 많다.

(2) 법률의 특정방법

법률상 주장을 하면서 성문법을 원용할 때가 있다. 이때는 다음과 같은 방식으로 해당 법률을 특정한다. ① 현재 효력이 있는 법령을 특정할 땐 "2021. 5. 17. 법률 제8438호로 개정된 것"라고 표현하거나 ② 개정으로 인하여 실효된 법령을 특정할 땐 "2021. 7. 13. 법률 제8499호로 개정되기 전의 것"라고 표현하기도 한다.

다) 증거에 관한 주장

(1) 증거설명

실무상으론 사실에 관한 주장 뒤에 ( )를 두어 그 안에 관련증거를 적시하는 방식으로 증거설명을 하는 외에 따로 증거설명을 하는 경우란 매우 드물다. 간혹, 친절하고 열성적인 변호사는 준비서면의 적절한 곳에서 증거설명을 덧붙여 제출하거나 따로 증거설명서를 작성하여 제출하기도 한다. 하지만 담당 판사가 해당 증거를 통해 그 내용의 파악하기 어렵거나 제출된 증거의 양이 방대하여 증명취지에 부합하는 부분을 찾기 어려울 때는 증거와 사실과의 관계를 구체적으로 설명하는 증거설명을 하는 것이 좋다. 이때 준비서면 중 적당한 부분에서 증거설명부분을 두거나 별도의 증거설명서를 작성하여 제출하는 방식으로 증거에 관한 설명을 한다.

서증은 서증번호, 서증명칭, 작성일자, 작성자, 증명취지, 기타 필요한 사항을 기재하여 신청한다. 문서의 진정성립 근거를 따로 설명하기도 한다. 서증의 내용을 간략하게나마 구체적으로 설명하기도 한다. 제출상대방일 경우에는 상대방 제출 서증에 대한 의견진술로서 서증에 관한 인부를 하여야 한다. 실무상으로는 별도의 서증인부서를 따로 작성하여 제출하거나 준비서면에 포함시켜 제출하면 법원사무관등이 변론을 거쳐 이에 따라 조서정리를 한다.

증인신청을 할 때 보통 증인을 통하여 증명할 내용을 '증명취지'라면서 간략하게 밝힌다. 증언의 증언내용을 별도의 증거설명서를 통하여 설명하는 경우는 매우 드물고, 준비서면 내용 중 유리한 증언취지를 언급하면서 본인 주장의 정당성을 밝히는 근거로 삼으면서 언급하는 것이 보통이다.

(2) 증거항변

증거항변[2]은 다음과 같은 두 가지 방향으로 진행된다. 먼저, 마치 부인(부지)과 같이 상대방 제출의 증거와 그 증명취지에 관하여 탄핵하는 내용의 주장을 함으로써 상대방으로 하여금 그 진정성립의 증명책임을 부담시키고, 나아가 그 증명력을 공격하고자 한다. 이러한 활동을 통하여 법원

---

2) 재판연구원 시험이나 기타 변호사 시험 등에서 종종 출제되니 잘 이해하고 있어야 한다.

의 자유심증 형성에 영향을 미쳐 소송을 자신에게 유리하도록 이끌기 위한 것이다. 하지만 법원이 이를 배척한 경우에는 판결문에서 인정사실을 기술하면 될 뿐 따로 증거항변을 배척한 이유에 관해 일일이 언급하지 않는다. 다음으로, 서증이 위조되었다든지, 자백을 취소한다든지와 같은 주장을 할 수 있다. 법원은 당사자가 이러한 증거항변을 한 경우에는 이를 배척하고 다른 사실인정을 한 경우에는 그 배척한 사유를 판결문에 기재하여야 한다. 따라서 이러한 유형의 증거항변은 소송상으로 그 의미가 크다.

라. 인용문서의 첨부 및 별지의 첨부

준비서면의 말미에 '증명방법'이란 란을 마련하여 인용문서를 정리하여 서증으로 제출할 수 있다. 원고측이 제출할 경우에는 갑호증으로, 피고측이 제출할 경우에는 을호증으로 정리하여 제출하여야 한다. 도면, 상속관계표, 지분표 등을 별지의 형태로 첨부하고, 본문에서는 "별지 도면과 같이"라면서 이를 인용할 수 있다. 준비서면에 인용된 문서가 외국어로 된 문서인 경우에는 국어로 된 번역문을 첨부하여야 한다.(민사소송법 제277조) 보통 외국 판결들을 인용할 때는 그 판결문도 참고자료로 제출할 수 있는데, 전체 번역에 큰 비용이 들기 때문에 준비서면에서 인용할 부분만 번역하여 설명해 두고, 전체 영문 판결문 등은 단지 참고자료의 형태로 첨부하여 제출하기도 한다.

마. 기재례

준 비 서 면

사　　건　　2023가합53673 대여금
원　　고　　박한수
피　　고　　이혜경

　위 사건에 관하여 원고 소송대리인은 다음과 같이 변론을 준비합니다.

다　음

1. 본안전 항변에 대한 반박
　가. 본안전 항변의 요지

　　피고는 피담보채무가 부존재한다며 그 근저당권의 말소청구를 인용한 2022가합45808 사건이 이미 확정되었으므로 그 기판력이 그 피담보채무의 이행을 구하는 이 사건 대여금반환청구에도 미치므로 원고의 청구는 각하되어야 한다고 본안전 항변을 합니다.

　나. 하지만 확정판결의 기판력은 그 판결의 주문에 포함된 소송물로 주장된 법률관계의 존부에 관한 판단의 결론 그 자체에만 미치는 것이고 판결이유에서 설시된 그 전제가 되는 법률관계의 존부에까지 미치는 것은 아니므로(대법원 2000. 2. 25. 선고 99다55472 판결), 근저당권말소등기청구소송의 기판력은 소송물로 주장된 법률관계인 말소등기청구권의 존부에만 미칠 뿐, 그 전제가 된 법률관계인 근저당

권설정계약 자체의 유효여부, 또는 설정계약과 일체로서 행해진 소비대차계약의 유효여부에는 미치지 않게 됩니다(대법원 1994. 9. 9. 선고 93다31191판결).

　다. 소결론

　　　따라서 2022가합45808 사건에서 근저당권설정등기 말소청구의 확정판결이 있었다 하더라도 그 기판력은 그 피담보채무에는 미치지 않으므로 그 피담보채무의 이행을 구하는 이 사건 대여금반환 청구에도 미치지 않는다 할 것이어서 피고의 위 본안전 항변은 이유 없으므로 받아 들여서는 안됩니다.

2. 표현대리 성립 부인에 대한 반박

　가. 피고 표현대리 성립 부인 주장의 요지

　　　피고는 소외 장재익이 이 사건 소비대차계약 당시 신분증 사본, 위조한 피고의 인감증명서, 인감도장 등만을 소지하고 있었던 점으로 보아 민법 제126조 상의 정당한 이유가 있다고 보기 어렵다는 이유로 표현대리의 성립을 부인합니다.

　나. 정당한 이유의 존재

　　　현행 인감증명법 시행령 제13조 제2항에서는 인감증명발급기관은 인감증명의 발급을 대리하여 신청하는 자가 제출한 위임장의 기재내용을 확인하기 위하여 위임한 사람의 주민등록증 등 신분증 원본을 요구하고 제출받아 그 신원을 확인하여야 하고, 동 시행령 제13조 제6항에서는 대리인에게 인감증명을 발급한 경우 우편이나 휴대폰에 의한 문자전송 등의 방법으로 본인에게 그 사실을 통보할 수 있다고 규정하고 있습니다. 이런 규정 하에서는 피고가 소외 장재익이 자신을 대리하여 인감증명서를 발급받았다는 사실을 충분히 알고 있었을 것입니다. 그런데도 아무런 조치를 취하지 않고 상당한 시간이 흘러 마침내 원고가 소외 장재익의 대리로 위와 같은 소비대차계약을 체결하게 되었습니다. 나아가 이 사건 소비대차계약 체결당시 소외 장재익은 피고의 신분증 원본을 소지하고 있었고, 위와 같은 사정을 종합해 보면 원고가 소외 장재익의 대리권을 믿은데 정당한 이유가 있다 할 것입니다.

3. 예비적 주장: 추인의 성립

　가사 피고 주장과 같이 소외 장재익의 표현대리가 성립하지 않는다 하더라도, 피고는 소외 장재익으로부터 위와 같은 소비대차계약 체결사실을 전해 듣고도 자신 명의로 개설된 예금계좌의 비밀번호까지 소외 장재익에게 알려주어 소외 장재익이 이를 인출하여 사용하게 하도록 함으로써 이 사건 소비대차계약을 추인한 것입니다.

4. 결론

　따라서 피고의 위 본안전 항변은 이유 없어 배척하고, 소외 장재익의 표현대리를 인정해 주시며, 가사 표현대리가 불성립하더라도 위 사정과 같은 추인이 있었으므로 결국 원고의 이 사건 대여금반환청구를 인용하여 주시기를 바랍니다.

2023. 8. 23.

원고의 소송대리인 변호사 한양인　　인

서울서부지방법원 제3민사부 귀중

2. 특수한 준비서면

가. 최종준비서면 또는 요약준비서면

변론의 최종단계에서 마지막으로 주장을 종합·요약하여 제출하는 준비서면을 최종(요약)준비서면이라고 지칭한다. 법원은 최종준비서면을 제출받은 후 "최종준비서면과 상충되거나 최종준비서면에 기재가 없는 주장은 모두 철회한다."라는 취지의 진술을 요구하여 마지막 변론조서에 기재하게 하는 사례가 많다. 따라서 최종준비서면 또는 요약준비서면을 제출할 때는 반드시 모든 주장들이 포함되도록 요약하여 작성해야 한다.

나. 석명에 관한 준비서면

법원이나 상대방의 석명요구에 대한 답변을 기재하였거나 또는 상대방에 대하여 요구하는 석명사항을 기재한 준비서면을 일컫는다.

다. 상소이유에 관한 준비서면

상소이유를 기재한 준비서면이다.

민/사/법/실/무

제 5 장

변론 및 증거조사

제 1 절 변   론

1. 변론

변론이란 기일에 수소법원의 공개법정에서 당사자 양쪽이 말로 판결의 기초가 될 소송자료를 제출하는 방법으로 소송을 심리하는 절차이다. 그동안 준비서면 등에 의한 준비를 철저히 한 후 정작 변론기일에서는 "2023. 8. 23.자 준비서면 진술"이라는 식으로 매우 형해화된 변론을 해 왔다. 소송대리인이 변론기일에서 제대로 된 변론활동을 하는 것은 증인신문 정도에 불과하였고, 그 외는 사전에 잘 정리된 서면을 사전에 제출하여 변론을 준비하고 실제 변론기일에서는 매우 형해화된 진행을 하였다. 하지만, 최근 변론기일에서 파워포인트까지 사용하면서 직접 구술로 변론하는 등 구술변론이 강화되는 추세이므로 위와 같은 형식적 변론이 더 이상 지속되지는 않을 것이다. 그러므로 예비법조인으로서는 변론기일 법정에서 효과적인 구술변론을 할 수 있는 능력을 키워 놓지 않으면 안 된다.[1]

2. 변호사 윤리와 법정예절

법학전문대학원에서는 "변호사 윤리"라는 과목을 두어 학생들에게 변호사 법정윤리도 가르치고 있다. 그래서 예비법조인들은 이를 잘 익혀 변호사가 되고 나서 법정에서는 물론 법정밖에서도 변호사의 품위를 지키는 데 소홀함이 없어야 된다. 변호사가 법정을 출입할 때는 가벼운 목례로 법정의 권위에 대한 존중의 뜻을 표하고, 개정중에는 정숙한 분위기를 유지해야 한다. 변론기일에는 많은 사건들이 심리되고 있으므로 상대방 변호사와 시간약속을 엄수하는 등 자신의 사건을 진행함에 있어 관행화되어 있는 법정예절을 잘 익혀 이에 어긋나지 않도록 사건을 진행하여야 한다.

---

[1] 필자는 제자들에게 졸업 후 변호사시험을 치르고 난 후 결과발표를 기다리는 동안에 '스피치 학원(아나운서 훈련 학원)' 등에 등록하여 말하기 연습을 하도록 권유하고 있다. 장래 구술변론에 뛰어난 변호사들이 사회적으로 큰 성공을 이루고 각광을 받는 시대가 도래할 것이므로 그 준비를 할 필요가 있다.

3. 변론기일의 진행

통상 같은 재판부의 동일 변론기일에 많은 사건이 진행되고 있으므로, 변호사는 법정에 도착하여 법정내에 마련되어 있는 변호사석에 착석하여 자신의 순서를 기다려야 한다. 변호사들간 사건진행의 순서에 관하여는 지역에 맞는 관행이 잘 발달되어 있으므로 사전에 이를 잘 숙지하여 동료 변호사들에게 불편을 끼치면 안 된다. 법원의 사건호명으로 당해 사건의 변론기일이 진행되는데, 따라서 자신의 사건이 호명되면 법정에 마련된 원고, 피고 대리인석으로 나아가 일단 기립하여 자신의 출석여부를 재판부에 알린다. 재판부가 착석을 권유하면 좌석에 앉아 변론을 진행하면 된다. 먼저 원고 대리인측에서 변론을 진행하고, 다음으로 피고 대리인측에서 변론을 진행하게 된다. 과거에는 "소장 진술", "답변서 진술", "2023. 8. 23.자 준비서면 진술"과 같이 매우 형해화된 방식으로 변론을 진행하였으나, 최근에는 재판부에 따라 대리인들에게 "변론을 하시죠"라며 구술변론을 유도하고 있다. 이런 경우 각 대리인들은 이미 자신의 주장을 소장, 답변서, 준비서면에 잘 기재하여 법원에 제출하였다고 하더라도 다시 자신의 청구의 요지, 주장의 요지를 간략하게 구술로 진술할 수밖에 없다. 더구나 최근에는 각종 전자장비를 동원하여 파워포인트 파일을 활용하여 구술변론을 하는 경우도 늘고 있다. 이와 같은 구술변론은 사전에 많은 준비와 연습을 하지 않으면 맛깔나게 할 수 없다. 제대로 준비되지 않은 경우에는 구술진술 중 말을 더듬게 되고 횡설수설하게 되는 등 낭패를 보게 되는 경우가 있고, 방청석에 앉아 이러한 변론장면을 보고 있던 고객들이 이런 대리인의 모습을 보면서 못내 불안해하는 등 의뢰인의 신뢰에 큰 영향을 미치게 되니 평소 구술변론 능력을 잘 키워 둘 필요가 있다.

변론이 어느 정도 진행되면 증명을 위한 증거조사를 하게 된다. 증거조사는 대체로 먼저 증거신청을 하고, 상대방의 의견을 들어 재판부가 채부(採否)를 결정하고, 증거조사기일을 지정하여 채택된 증거에 대한 증거조사를 하는 방식으로 진행된다.

변론과 증거조사가 모두 끝나면 변론종결한다. 민사소송법상 문제되는 소위 "사실심 변론종결일"이 되는 시점이다. 이때 재판부는 판결선고기일을 지정하여 고지한다. 재판부는 판결선고기일에 판결문원본에 의하여 판결을 선고하게 된다.

제 2 절 증거신청 및 증거조사

1. 증거신청과 증거조사

가. 증거

자유심증주의하에서도 법원은 ① 다툼이 있고 ② 현저하지 않는 ③ 요증사실이라면 증거에 의하여 사실을 인정하여야 한다. 따라서 당사자는 요증사실에 관한 증거를 발굴하고 제출하여 자신이 주장하는 사실에 관한 증명을 게을리 말아야 한다. 특히 다른 여러 증거방법 중 서증이 매우 중요하다. 처분문서는 소송의 승패를 좌우할 정도로 강한 증명력을 갖고 있다. 증언은 당사자가 상당히 관심을 갖고 변호사에게 증인신청이란 증거신청을 요구하고 있음에도 불구하고 실무상으로는 소송결과에 큰 영향을 끼치지 않는 것으로 알려져 있다. 그러므로 증인신청과 그 채부 및 증인신문에 목숨을 걸 것은 아니다. 다만, 증인 중 목격증인은 그 증명력이 높으므로 소송상 잘 활용하면 의외의 결과를 얻을 수 있다.

나. 증거조사

1) 일반론

청구와 주장을 진술하는 변론절차가 끝나거나 상당한 정도로 변론절차가 진행되면 그 증명을 위하여 증거조사절차를 진행한다. 증거조사절차는 우선 ① 증거신청으로 개시되고, ② 그 증거신청에 대한 법원의 채택결정으로 증거조사절차가 본격적으로 진행되게 되고, 불채택결정으로 증거조사가 거부될 수 있다. ③ 법원은 증거신청에 대한 채부결정시나 기타 증거조사절차에서 상대방의 의견을 요청하고 그 진술할 기회를 부여하여야 한다. ④ 증거조사절차가 개시되면 증거조사기일에서 증거조사를 하게 된다. 증거조사는 증거방법에 따라 차이가 있으므로 증거방법별 증거조사절차를 잘 익혀 두어야 한다.

2) 서증

서증은 대개 소장, 답변서, 준비서면 등에 사본을 정리하여 첨부해 두는 방식으로 이를 제출한 다음 법정에서는 관련 문서를 서증으로 제출한다고 진술하는 방식으로 서증신청을 한다. 그러면 상대방은 그 서증에 대하여 인부를 하게 된다. 상대방이 서증의 성립인정을 하게 되면 서증으로 채택되나, 만약 상대방이 부지나 부인한 경우에는 제출자는 그 문서의 진정성립을 다른 증거에 의하여 증명하여야만 서증으로 채택되어 사실인정의 증거로 사용될 수 있다. 실무상으로는 주로 증인신문을 통해 그 진정성립을 증명하고 있다. 서증으로 채택된 문서에 대한 증거조사는 원본의 상태를 확인하고 그 기재내용을 확인하는 등으로 진행해야 하나 당사자들의 특별한 요청이 없는 한 별도로 그와 같은 진행을 하지 않고 재판부에서 해당 서증의 기재내용을 읽어보고 자유심증에 따라 그 증명력을 인정하게 된다.

3) 증인신문

당사자는 증인신청을 한다. 그러면 법원은 상대방의 의견을 들은 후 이에 대한 채부결정을 하게 된다. 신청된 증인이 채택되면 신청자는 증인신문사항을 제출하고, 증인여비를 납부하여야 한다. 그 후 법원은 정식으로 증인을 소환하고, 증거조사기일에 그 증인에 대하여 증인신문을 하게 된다. 실무상 증인여비의 납부 없이 출석시키겠다고 밝힌 다음 대리인과 함께 출석하여 증언케 하는 경우 (이를 '재정증인 신청'이라고 함)가 종종 있는데 이는 증인이 너무 그 대리인측과 밀착되어 있다는 인상을 줄 위험이 있기 때문에 가급적 삼가는 것이 좋다. 증인신문은 교호신문방식으로 진행된다. 먼저 증인신청자가 주신문을 하게 되고, 상대방이 반대신문을 하며 법원은 보충신문을 하게 된다. 주신문에서는 유도신문이 허용되지 않으나 반대신문에서는 유도신문이 인정된다.

4) 검증 및 감정

검증과 감정은 부동산 인도청구 소송과 같은 일정한 종류의 소송에 자주 이용되는 증거방법이다. 재판부가 현장에 임하여 목적물을 직접 보면서 하는 검증이나 전문가의 감정은 재판에 큰 영향을 미친다. 따라서 사전에 사안을 면밀하게 검토하고 증명계획을 충실히 세운 다음 검증사항과 감정사항을 잘 작성하여 실시하여야 한다. 하지만 감정은 비용이 많이 드는 증거방법이므로 그 신청 여부를 의뢰인과 잘 상의하여 진행해야 한다.

5) 문서송부의 촉탁신청

문서송부 촉탁신청도 실무상 매우 자주 이용되는 증거방법이다. 민사사안이라도 일단 형사고소부터 하고 보는 세태에 비추어 그 활용도가 매우 높다. 송부된 문서는 복사하여 다시 서증형태로 정리하여 서증의 형태로 법원에 제출하여 서증증거조사를 거쳐야만 최종적인 증거로 사용된다.

6) 당사자본인신문

당사자 본인신문신청은 부득이 한 경우를 제외하고는 하지 않는 것이 좋다.

7) 기타

자기디스크 등에 기억된 문자정보 등에 대한 증거조사나 음성·영상자료 등에 대한 증거조사 등이 있다. 최근 IT기술의 발전으로 관련기기가 널리 활용되고 있으므로 증거로서의 중요성이 점차 커지고 있다. 민사소송규칙 등에 그 증거조사방법이 자세하게 규정되어 있으므로 이를 참조하여 적극적으로 활용할 필요가 있다.

제 6 장

반소 및 소의 변경

제 1 절 반   소

1. 반소의 의의

반소는 피고가 원고로부터 소송을 당하는 기회를 이용하여 피고가 가지는 원고에 대한 청구를 동일 소송절차에서 심판받게 함으로써 서로 관련이 있는 사건을 병합하여 심리할 수 있도록 하여 재판의 저촉, 심리의 중복을 피할 수 있게 하고, 소송경제도 도모할 수 있도록 마련된 소송형태이다. 반소는 피고가 원고에 대하여 공격적 주장을 하면서 별도로 청구까지 하는 것이므로 본소의 방어방법의 형식으로 항변하는 것과는 다르다.

공동소송의 원고들 중 1인에 대하여도 할 수 있고, 피고들 중 1인이 제기할 수도 있다. 반소를 조건부로 제기하는 것도 가능하다. 즉 본소청구가 인용되거나 기각될 것을 조건부로 하여 반소를 제기할 수 있다.(예비적 반소 또는 조건부 반소라고 한다.) 예를 들면 원고가 매매로 인한 소유권이전등기청구를 함에 대하여 피고가 본소청구가 인용됨을 조건으로 잔대금의 지급을 구하는 반소를 제기하는 경우가 예비적 반소의 일례라고 할 수 있다.

	단순 반소	예비적 반소
정의		본소청구가 인용되거나 기각될 경우를 대비하여 조건부로 반소하는 경우
본소청구가 각하 또는 취하된 경우	단순 반소는 여전히 소 계속 중에 있게 된다. 다만 반소원고는 본소원고의 동의 없이 반소를 취하할 수 있다.	반소청구는 소멸된다.
본소청구의 기각 또는 인용된 경우	본소 청구에 대한 판단에 상관없이 판단하여야 한다.	인용조건부 : 본소 청구가 기각되면 반소청구에 대하여 아무런 판단을 요하지 않는다. 기각조건부 : 본소 청구가 인용되면 반소청구에 대하여 아무런 판단을 요하지 않는다.
본소, 반소 모두 각하한 경우 피고는 항소하지 않고 본소만 항소되었을 때	반소는 심판대상이 아니다.	반소청구도 심판대상이 된다.(대법원 1996. 5. 10. 선고 96다5001 판결)

2. 반소의 요건

가. 요건일반

① 본소가 사실심에 계속 중에 있어야 한다. 이 요건은 반소 제기요건일 뿐 존속요건의 성격은 아니다. 그래서 반소제기 후 본소가 각하, 기각되었다 하더라도 반소는 소멸되지 않는다. 다만 예비적 반소는 그 성격상 소멸된다. 변론종결된 후 반소제기는 부적법하다. 하지만 변론이 재개된다면 그 위법이 치유된다. 따라서 피고는 변론종결 후 반소를 제기하려면 변론재개신청도 동시에 하여야 한다. 항소심에서도 반소를 제기할 수 있는데, 다만 상대방의 심급의 이익을 해할 우려가 없는 경우 또는 상대방의 동의를 받은 경우에 한해서 허용된다.(민사소송법 제412조 제1항) 만약 상대방이 반소제기 후 본안에 관하여 변론하면 반소제기에 동의한 것으로 본다.(동조 제2항)

② 소송절차를 현저하게 지연시키지 아니한 것이어야 한다.

③ 소송절차와 관할의 동일성이 있어야 한다.

특히 반소가 다른 법원의 전속관할에 속하는 경우에는 반소를 제기할 수 없다.

④ 본소와의 관련성(상호관련성)

반소는 그 목적된 청구가 본소의 목적된 청구 또는 방어방법과 관련되는 것이어야 한다.

⑤ 소송요건

반소가 확인소송이라면 확인의 이익과 같이 별도의 소송요건을 갖추어야 한다.

나. 본소와의 관련성

1) 본소청구와의 상호관련성

본소청구와 관련된다는 것은 권리관계의 내용 또는 그 발생원인의 점에서 법률상 또는 사실상 공통되는 경우를 일컫는다. 예를 들면, 이혼 소송에 반소로 이혼청구를 구하는 경우에는 동일한 법률관계 형성을 목적으로 하는 경우이어서 반소가 허용된다. 또 원고가 매매로 인한 소유권이전등기를 구함에 대하여 피고가 매매대금을 청구하는 등 청구원인이 동일한 경우에도 허용된다. 원고의 토지인도 청구에 대하여 피고가 반소로 그 부동산에 대한 임차권의 확인을 구하는 경우에는 소송목적물인 법률관계의 대상이나, 발생원인의 주된 부분이 공통되는 경우이므로 허용된다.

2) 본소의 방어방법과 상호관련성

본소의 방어방법과 관련된다는 것은 항변사유와 그 내용 또는 발생원인에 있어서 법률상 또는 사실상 관련이 있는 경우이다. 예를 들면, 피고가 상계의 항변을 하면서 반소로 자동채권의 잔액의 지급을 구하는 경우라든가 원고의 물건 반환청구에 대하여 유치권을 주장하고 유치권의 피담보채권 지급을 반소로 청구하는 경우가 해당된다.

3) 이의권상실의 대상

관련성은 직권조사사항이 아니다. 따라서 원고가 동의하거나 이의 없이 응소한 경우에는 관련성이 없어도 반소는 적법한 것으로 된다. 그래서 판례도 이의권상실의 대상이 된다고 한다.(대법원 1968. 11. 26. 선고 68다1886,1887 판결)

3. 반소제기의 절차

가. 반소장(반소의 소장)

반소장은 소장과 달리 다음 사항을 추가로 기재하여야 한다. ① 본소의 사건번호를 기재한다. ② 반소를 제기한다는 취지의 문언을 기재하여야 한다. ③ 당사자의 칭호를 "원고(반소피고)" "피고(반소원고)"라고 표기한다. ④ 또 반소의 사건명을 따로 표기해야 한다. ⑤ 별도로 인지를 첩용한다. 하지만 목적이 동일하거나 계쟁 물건이 같은 경우에는 그것을 공제한 차액의 인지만 붙인다.

나. 사물관할에 있어 본소는 단독사건이더라도 반소가 합의사건이면 합의부로 이송하여야 한다(민사소송법 제269조 제2항). 실무상으론 재정단독결정을 받아 그대로 소송을 진행하기도 한다.

4. 기재례

가. 원고의 소유권이전등기 청구에 대하여 위약금을 구한 사례

반 소 장

사   건 2023가합1123   소유권이전등기
피고(반소원고) 이인재(991012-1345678)
　　　　　　　서울 서초구 남부순환로 34길 41
　　　　　　　소송대리인 변호사 한양인
　　　　　　　서울 서초구 서초대로 12길 (서초동 56)
원고(반소피고) 이회창(980203-1902345)
　　　　　　　서울 광진구 아차산길 74

위 사건에 관하여 피고(반소원고) 소송대리인은 다음과 같이 반소를 제기합니다.

손해배상금 청구의 소

반소 청구취지

1. 원고(반소피고)는 피고(반소원고)에게 50,000,000원 및 이에 대한 이 사건 반소장 부본 송달 다음날부터 다 갚는 날까지 연 12%의 비율에 의한 금원을 지급하라.

2. 반소로 인한 소송비용은 원고(반소피고)의 부담으로 한다.
3. 제1항은 가집행할 수 있다.
라는 판결을 구합니다.

반소 청구원인

1. 채무불이행으로 인한 매매계약의 해제

   가. 매매계약의 체결

   원고(반소피고, 이하 원고라고 한다.)가 2022. 9. 15. 피고(반소원고, 이하 피고라고 한다.)로부터 이 사건 토지를 대금 300,000,000원에 매수하며, 계약금 30,000,000원은 계약당일 지급하고, 중도금 150,000,000원은 같은 해 10. 15. 지급하고, 잔금 120,000,000원은 같은 해 11. 15.까지 소유권이전등기 관련 서류의 교부와 상환으로 지급하기로 약정하였습니다. 원고는 계약당일 피고에게 위 계약금 30,000,000원을 지급하였습니다.

   나. 원고의 채무불이행과 피고의 계약해제

   원고가 중도금 지급을 차일피일 미루고 있던 중 피고는 2022. 11. 15. 소유권이전등기 관련 서류들을 완비하여 이행의 제공을 하며 원고에게 중도금, 잔금의 지급을 요청하였으나, 원고는 그 중도금, 잔금 합계 270,000,000원을 지급하지 아니하였습니다. 이에 피고는 2023. 1. 20. 원고에게 내용증명우편을 보내 피고는 지금도 소유권이전등기 관련 서류들을 전부 소지하고 있으므로 그 수령과 동시에 같은 달 31.까지 위 270,000,000원을 지급하라. 만약 그때까지 이를 지급하지 않는다면 2023. 1. 31.의 경과로 위 매매계약을 해제한다고 통지를 하였고, 그 내용증명우편이 같은 해 1. 24. 원고에게 도달하였습니다.

   다. 소결론

   그렇다면, 위 매매계약은 원고의 채무불이행으로 피고의 위 내용증명우편상의 2023. 1. 31.이 경과함으로써 적법하게 해제되었다 할 것입니다.

2. 손해배상의 범위

   피고는 원고의 위 채무불이행으로 이 사건 부동산을 취득할 수 없었고, 그 부동산의 피고에 대한 가치는 350,000,000원인데 이 사건 계약의 해제로 그 매매대금 300,000,000원의 지출을 면하였으므로 결국 50,000,000원의 손해를 입게 되었습니다. 참고로 원고는 2023. 2. 5. 피고에게 위 계약금과 당시까지 발생하였던 연 5%의 비율에 의한 이자를 합산하여 지급하여 그 부분 청구는 생략하였음을 밝히는 바입니다.

3. 결론

   그렇다면 원고는 피고에게 위 손해배상금 50,000,000원 및 이에 대한 반소장 부본 송달 다음날부터 다 갚는 날까지 소송촉진 등에 관한 특례법이 정한 연 12%의 비율에 의한 지연손해금을 지급할 의무가 있습니다.

첨 부 서 류

1. 영수필확인서 및 영수필통지서 　　　각 1통
2. 송달료납무서 　　　　　　　　　　　1통
3. 소송위임장 　　　　　　　　　　　　1통
4. 반소장 부본 　　　　　　　　　　　 1통

2023. 10. 23.

피고 소송대리인 변호사 한양인　　인

서울중앙지방법원 제15민사부 귀중

나. 원고의 건물철거 청구에 대하여 대지 소유권이전등기를 구한 사례

반 소 장

사　　　건　2023가합12345　건물철거 등
피고(반소원고)　김갑동(801012 – 1345678)
　　　　　　　　서울 서초구 남부순환로 34길 41
　　　　　　　　소송대리인 변호사 한양인
　　　　　　　　서울 서초구 서초대로 12길 (서초동 56)
원고(반소피고)　1. 오연수(681201 – 2235467)
　　　　　　　　　　대구 수성구 파동 445
　　　　　　　　2. 박진영(800430 – 123467)
　　　　　　　　　　인천 북구 계산동 45 천명아파트 101동 1145호
　　　　　　　　3. 박규영(821102 – 1245781)
　　　　　　　　　　대구 서구 본리동 서대구아파트 108동 1022호
　　　　　　　　4. 박지예(850220 – 2235489)
　　　　　　　　　　일본국 동경시 미나토구 미따 223

위 사건에 관하여 피고(반소원고) 소송대리인은 다음과 같이 반소를 제기합니다.

소유권이전등기 청구의 소

반소 청구취지

1. 원고(반소피고)들은 피고(반소원고)에게 서울 강남구 신사동 123 대 430㎡ 중 별지목록 기재 각 지

분에 관하여 진정명의회복을 원인으로 한 소유권이전등기 절차를 이행하라.

2. 반소로 인한 소송비용은 원고(반소피고)들의 부담으로 한다.

라는 판결을 구합니다.

반소 청구원인

1. 서울 강남구 신사동 123 대 430㎡(이하 '이 사건 대지'라고 함)은 원래 피고(반소원고, 이하 피고라고만 함)가 매수하여 2017. 10. 2. 서울중앙지방법원 등기국 접수 제16236호로 소유권이전등기를 마쳤던 피고 소유 부동산이었습니다.

2. 그런데 소외 김정은은 피고의 인감도장 등을 절취하여 이 사건 대지의 소유권이전등기에 필요한 일체의 서류들을 위조 행사하여 소외 신인숙 명의로 같은 법원 등기국 2021. 2. 22. 접수 제19234호로 같은 달 20. 매매를 원인으로 한 소유권이전등기를 마쳤다가, 이를 뒤늦게 발견한 피고로부터 사문서위조, 동행사죄 등으로 고소를 당하여 같은 해 6. 19. 서울중앙지방법원에서 징역 1년6월의 실형을 선고받아 확정되었습니다.

3. 위 신인숙은 위 부동산에 관하여 2021. 6. 19. 위 유죄판결이 선고되던 날 같은 법원 접수 제20013호로 소외 최우영에게 소유권이전등기를 마쳐 주었고, 위 최우영은 같은 법원 같은 해 12. 13. 접수 22234호로 원고(반소피고, 이하 원고라고 함)들의 피상속인인 소외 망 박순성에게 소유권이전등기를 마쳐주었으며, 위 박순성이 사망함에 따라 원고들은 같은 법원 2022. 5. 13. 접수 제47785호로 상속을 원인으로 한 소유권이전등기를 마쳤습니다.

4. 그렇다면 위 신인숙 명의의 소유권이전등기는 원인 없이 경료된 무효의 등기이고 이에 터잡아 이루어진 원고들 명의의 소유권이전등기 역시 모두 원인 무효로 각 말소되어야 할 것이므로, 원고들은 위 부동산의 소유권자인 피고에게 위 부동산 중 각 상속지분에 관하여 원상회복으로 진정명의회복을 원인으로 한 소유권이전등기 절차를 이행할 의무가 있습니다.

증 명 방 법

1. 을 제1호증(폐쇄등기부 등본)
2. 을 제2호증(판결)
3. 을 제3호증(확정증명원)

첨 부 서 류

1. 위 증명방법   각 5통
2. 영수필확인서 및 영수필통지서   각 1통

3. 송달료납무서   1통
4. 소송위임장   1통
5. 반소장 부본   5통

2023. 9. 20.

피고 소송대리인 변호사 한양인   인

서울중앙지방법원 제15민사부 귀중

지분 목록

원고(반소피고)	지분
1. 오연수	3/9
2. 박진영	2/9
3. 박규영	2/9
4. 박지예	2/9

제 2 절 소의 변경

1. 청구의 변경

가. 청구의 변경

청구의 변경은 소송의 계속 후에 원고가 동일 피고에 대한 본래의 청구(소송목적)를 변경하는 것을 말하며, 소의 변경이라 하면 법원의 변경(이송), 당사자의 변경, 청구의 변경이 있지만 일반적으로는 청구의 변경을 의미한다. 법원의 변경이나 당사자의 변경은 별도의 제도와 결합하여 논의되고 있기 때문에 본 장에서는 청구의 변경에 제한하여 설명해 보기로 한다.

나. 청구의 변경의 종류

1) 교환적 변경

교환적 변경은 구청구에 갈음하여 신청구를 제기하는 형태의 청구의 변경이다. 신청구의 추가와 구청구의 취하가 결합된 형태이다. 따라서 종전의 청구를 취하하는 효과가 있으니 주의하여야 한다. 그래서 소취하의 효과를 잘 공부하여 불이익을 피하도록 하여야 한다.(예를 들면 종국판결 후의 소취하는 동일한 소송물에 대해 나중에 소 제기 못하는 효과가 있다. 앞서 자백의 취소 부분에서 설명한 바와 같이 자백의 효력이 없는 등 불이익을 당할 수 있으므로 구체적인 내용을 잘 살펴 신중하게 교환적 변경을 할 것인지를 결정하여야 한다.)

2) 추가적 변경

추가적 변경은 구청구를 유지하면서 신청구를 추가 제기하는 형태로 하는 청구의 변경이다. 추가적 변경의 형태로는 ⓐ 단순병합, ⓑ 선택적 병합, ⓒ 예비적 병합이 있고, 청구의 각 병합요건을 갖추어야 한다.(민사소송법 제253조)

3) 변경형태가 불명한 경우

소의 변경은 당사자의 의사에 기초하여 판단하여야 한다. 법원으로서는 석명권을 행사하여 이를 명백하게 정리할 필요가 있다.

2. 청구변경의 요건

① 청구의 기초에 변경이 없을 것

판례는 기본적으로 "기초적 사실관계 동일성" 설을 취하고 있다. 다만 이익설적 접근에 따른 표현도 가끔 발견된다.(대법원 1990. 1. 12. 선고 88다카24622 판결, 대법원 1997. 4. 25. 선고 96다32133 판결 등)

– 청구의 원인은 동일한데 청구의 취지만을 변경한 경우

같은 지상의 방해물철거를 구하면서 그 대상만을 달리하여 구하는 경우(대법원 1962. 4. 18. 선

고 4294민상1145 판결), 이전등기말소청구 구하다가 인도청구를 추가하는 경우(대법원 1960. 5. 26. 선고 4292민상279 판결, 대법원 1992. 10. 23. 선고 92다29662 판결), 같은 청구원인을 유지하면서 청구취지를 확장한 경우(대법원 1984. 2. 14. 선고 83다카514 판결) 등을 들 수 있다.

− 신 · 구청구 중 일방이 다른 쪽의 변형물 또는 부수물인 경우

목적물인도를 청구하다가 그 이행불능을 원인으로 한 전보배상청구를 하는 경우(대법원 1965. 1. 26. 선고 64다1391 판결), 가옥명도청구를 구하다가 임대료 상당의 손해배상금 청구를 추가하는 경우(대법원 1964. 5. 26. 선고 63다973 판결) 등을 들 수 있다.

− 같은 목적의 청구인데, 법률적 구성을 달리하는 경우

기차충돌사고로 부상을 입은 승객이 불법행위를 원인으로 손해배상금조로 100,000,000원의 지급을 구하였다가 다시 채무불이행을 원인으로 한 같은 금원의 손해배상청구를 추가하는 경우(대법원 1991. 3. 27. 선고 91다650,667 판결) 등을 들 수 있다.

− 같은 생활사실, 경제이익에 관한 것인데 분쟁의 해결방법을 달리하는 경우

매매계약에 의한 이전등기청구에서 계약해제로 인한 계약금반환청구로 변경하는 경우(대법원 1972. 6. 27. 선고 72다546 판결), 원인무효로 인한 소유권이전등기 말소청구에서 명의신탁해지를 원인으로 한 소유권이전등기청구로 변경하는 경우(대법원 2001. 3. 13. 선고 99다11328 판결, 대법원 1987. 10. 13. 선고 87다카1093 판결), 어음 · 수표금 청구에서 어음 · 수표의 위조 작성을 들어 손해배상청구로 변경하는 경우(대법원 1966. 10. 21. 선고 64다1102 판결), 직접 매수하였다고 주장하면서 소유권이전등기를 청구하다가 채권자대위권에 기하여 대위청구로 소유권이전등기를 청구하는 경우(대법원 1971. 10. 11. 선고 71다1805 판결) 등을 들 수 있다.

− 본 요건은 사익적 요건으로 피고가 소의 변경에 동의하거나 이의 없이 응소하는 때에는 이 요건을 갖추지 아니하여도 소의 변경을 허용하여야 한다.(대법원 2003. 11. 28. 선고 2003다6248 판결)

② 소송절차를 현저하게 지연시키지 아니할 것
③ 사실심에 계속 중이고 변론종결 전일 것
④ 소의 병합에 관한 일반적인 요건을 갖추어야 한다.

3. 방식과 절차

가. 방식

청구취지와 청구원인 중 하나를 변경하거나 모두를 변경할 수 있다. 하지만 공격방법의 변경은 소의 변경에 해당되지 않는다. 따라서 법조경합인지 청구권경합인지가 매우 중요하다. 전자는 공격방법의 변경과 그 맥을 같이 하고, 후자는 청구의 변경과 그 맥을 같이 하고 있다.

청구취지를 변경하면 원칙적으로 소의 변경이 된다. 따라서 소의 변경요건을 모두 갖추어야 한

다. 청구취지를 변경할 때 청구취지를 확장하거나 축소하거나 보충 또는 정정하는 경우가 있다.

청구원인의 법률적 관점을 변경하는 것이나 청구원인의 사실관계를 바꾸는 경우는 소의 변경이 된다. 이때도 소의 변경요건을 갖추어야 한다.

나. 절차

서면에 의하여야 한다.(민사소송법 제262조 제2항) 다만 일부 감축은 일부 취하에 해당되기 때문에 반드시 서면에 의할 필요는 없다. 인지를 첩용하여야 한다. 청구취지 및 청구원인 변경신청서는 상대방에 송달하여야 한다.

4. 기재례

청구취지 및 원인 변경(추가)신청서

사　　건　2023가합1123　　소유권이전등기
원　　고　김갑동[1]
피　　고　오연수

위 사건에 관하여 원고 소송대리인은 아래와 같이 청구취지 및 원인을 변경(추가)합니다.

변경된 청구취지

주위적으로,

1. 피고는 원고로부터 150,000,000원을 지급받음과 동시에 원고에게 별지 목록 기재 부동산에 관하여 2022. 7. 24. 매매를 원인으로 한 소유권이전등기 절차를 이행하라.
2. 소송비용은 피고의 부담으로 한다.

라는 판결을 구하고,

예비적으로,

1. 피고는 원고에게 180,000,000원 및 위 금원 중 150,000,000원에 대하여는 2022. 7. 31.부터 이 사건 청구취지 및 청구원인 변경신청서 부본 송달일까지 연 5%의, 180,000,000원에 대하여는 위 부본 송달 다음날부터 다 갚는 날까지 연 12%의 각 비율에 의한 금원을 지급하라.
2. 소송비용은 피고의 부담으로 한다.
3. 위 제1항은 가집행할 수 있다.

라는 판결을 구합니다.

---

[1] 원고 대리인 표시를 하지 않는 이유는 이미 제출한 소장상에 원고 대리인 표시가 되어 있기 때문이다.

변경된 청구원인

1. 주위적 청구원인

원고는 2022. 7. 24. 피고로부터 별지 목록 기재 부동산을 대금 300,000,000원에 매수하며, 같은 날 계약금으로 30,000,000원을 지급하고, 중도금 120,000,000원은 같은 달 31.에, 잔금 150,000,000원은 같은 해 8. 30.까지 위 토지에 설정된 근저당권설정등기를 말소한 완전한 소유권이전등기가 가능한 관련 서류의 교부와 상환으로 각 지급하기로 약정하였고, 2022. 7. 24. 위 계약금을, 2022. 7. 31. 위 중도금을 각 지급하였습니다.

따라서 피고는 원고로부터 금 150,000,000원을 지급받음과 동시에 원고에게 위 부동산에 관하여 2022. 7. 24. 매매를 원인으로 한 소유권이전등기절차를 이행할 의무가 있습니다.

2. 예비적 청구원인

원고가 주위적 청구와 같은 소유권이전등기를 구하는 이 사건 소를 제기하자 피고는 답변서를 제출하면서 위 매매계약 당시 계약금의 배액을 배상함으로써 동 계약을 해제할 수 있도록 약정하였고, 자신은 위 중도금 지급전에 이미 원고에게 그 계약금의 배액을 이행제공하여 매매계약을 해제하였다고 주장하면서 원고의 위 소유권이전등기청구의 기각을 구하고 있습니다.

하지만 피고가 위 매매계약을 해제한다는 통지서를 원고는 수령한 사실이 없습니다. 그 상태에서 원고가 앞서 설명한 바와 같이 중도금을 지급함으로써 이행에 착수하여 피고는 이제 더 이상 계약금의 배액을 이행제공하면서 이 사건 매매계약의 해제를 할 수 없었습니다.

가사 백보를 양보하여 피고의 위 주장이 인정된다고 하더라도, 피고는 피고가 이미 지급받은 위 매매대금 중 계약금, 중도금을 부당이득으로 반환하고 나아가 위 약정에 따른 계약금의 배액도 배상을 하여야 할 것입니다.

그렇다면, 피고는 원고에게 계약금 및 중도금의 합계액인 원상회복금 150,000,000원과 계약금의 배액인 30,000,000원을 합한 180,000,000원 및 그 중 150,000,000원에 대하여는 중도금지급일인 2022. 7. 31.부터 이 사건 청구취지 및 청구원인 변경신청서 부본 송달일까지 민법이 정한 연 5%의 지연손해금을, 위 합계 180,000,000원에 대하여는 그 부본 송달 다음날부터 다 갚는 날까지 소송촉진 등에 관한 특례법이 정한 연 12%의 비율에 의한 지연손해금을 각 지급할 의무가 있습니다.

3. 결론

그러므로, 원고는 종래의 소유권이전등기청구를 주위적으로 구하고, 위 부당이득금 등 반환청구를 예비적으로 구하는 것으로 청구취지 및 청구원인을 변경(추가)합니다.

증 명 방 법

1. 갑제8호증(통지서)

첨 부 서 류

1. 위 증명방법   2통
2. 청구취지 및 청구원인 변경신청서 부본   1통

2023. 10. 23.

원고 소송대리인 변호사 한양인   인

서울중앙지방법원 제33민사부 귀중

목 록(부동산의 표시)

경기 양주군 남면 입암리 120 − 1 잡종지 23,358㎡ 끝.

제 7 장

항소 및 상고

1. 상소 일반론

제1심 법원판단의 종류	항소법원	대법원
판결	항소	상고
결정, 명령	항고	재항고

2. 항소

가. 항소사건의 수임

항소는 제1심판결의 취소나 변경을 구하면서 항소법원에 제기하는 상소이다. 법령위반이나 사실오인 양자 모두가 항소이유가 된다. 우리나라 민사 항소심은 속심(續審)적 성격을 갖는다. 형사 항소심이 사후심(事後審)적 성격을 갖는 것과는 대조적이다. 복심(覆審)이 아닌 것은 확실하다. 따라서 항소심에서는 제1심 소송자료를 활용할 수 있을 뿐만 아니라(이런 점에서 복심(覆審)이 아니다.), 또한 항소심에서 새로운 자료와 주장을 제출할 수 있다(이런 의미에서 사후심이 아니다.). 항소심 재판부는 제1심 소송자료와 항소심에서 제출된 소송자료를 모두 검토하여 결론을 내려야 한다.

항소는 판결서를 송달받은 날로부터 2주일내(이를 '항소기간'이라 함)에 원심법원에 항소장을 제출하는 방식으로 항소하여야 한다.(민사소송법 제396조 제1항, 제397조 제1항) 판결선고 후 판결서 정본이 송달되는 데 상당한 시간이 필요하고, 또 그 이후로도 2주일이 지나야 하기 때문에 항소제기기간이 충분한 듯이 보이나 실제로는 당사자가 1심에서 패소한 대리인을 그대로 선임하지 않고 바꾸는 경우가 많고 그 과정에서 여러 변호사 사무실을 전전하다가 사건의 수임을 의뢰하기 때문에 항소사건을 수임하였을 때는 대개 항소제기 기간이 얼마 남지 않은 경우가 많다. 항소기간은 실천적으로 매우 중요한 기간이므로 꼭 준수하여야 한다. 그래서 변호사 사무실에서는 붉은색 부전지(附箋紙)를 첨부하여 경각심을 돋우는 방식으로 사건을 관리하여 실기하지 않으려고 노력하고 있다.

나. 항소장 기재사항

형식적 기재사항(민사소송법 제397조 제2항)으로는 ① 당사자와 법정대리인, ② 제1심 판결의 표시, ③ 제1심 판결에 대하여 불복하고 항소를 제기한다는 취지가 규정되어 있다. ③은 항소의 취지라고 한다. 원래 항소취지는 불복의 범위와 그 불복이유와는 다른 개념이고 그저 대상판결에 대하여 항소를 제기한다는 의미의 기재였다. 불복의 범위와 그 불복이유는 임의적 기재사항으로 항소장에 이를 기재할 필요가 없다. 나중에 준비서면 등을 통하여 항소심 변론종결시까지 불복신청의 한도, 범위를 특정하면 된다. 그러나 실무상으로는 항소장 ③ 항소취지 부분에서 항소심에서 불복신청의 한도와 그 범위를 특정하여 기재하는 관행이 있다.

다. 항소취지
(1) 취소 항소취지례
[취소 항소취지례]

---

1. 원고측이 항소인인 경우의 취소 항소취지 기재례
    가. 원고측이 전부패소한 후 그 전부에 관하여 항소한 경우
        1. 제1심판결을 취소한다.
            피고는 원고에게 금 50,000,000원 및 이에 대한 이 사건 소장부본 송달 다음날부터 다 갚는 날까지 연 12%의 비율에 의한 금원을 지급하라.

    나. 원고측이 일부 패소한 후 그 패소부분에 대하여 항소한 경우
      [사례 1]
        1. 제1심 판결 중 아래에서 지급을 명하는 원고 패소 부분을 취소한다.
            피고는 원고에게 금 5,000,000원 및 이에 대한 2022. 6. 25.부터 다 갚는 날까지 연 5%의 비율에 의한 금원을 지급하라.
      [사례 2]
        1. 제1심 판결 중 아래에서 지급을 명하는 금원에 해당하는 원고들의 패소부분을 각 취소한다.
            피고는 원고 甲에게 130,000,000원, 원고 乙에게 120,000.000원 및 위 각 금원에 대하여 2022. 12. 11.부터 2023. 3. 8.까지는 연 5%의, 그 다음날부터 다 갚는 날까지는 연 12%의 각 비율에 의한 금원을 각 지급하라.
      [사례 3]
        1. 제1심 판결 중 아래에서 추가로 지급을 명하는 부분에 해당하는 원고 패소부분을 취소한다.
            피고들은 공동하여 원고에게 30,000,000원 및 이에 대한 2023. 3. 7.부터 2023. 5. 9.까지는 연 5%의, 그 다음날부터 다 갚는 날까지는 연 12%의 각 비율에 의한 금원을 지급하라.

2. 피고측이 항소인인 경우의 취소 항소취지 기재례
    가. 피고가 전부 패소한 후 항소하는 경우

1. 제1심 판결을 취소한다.

　　원고의 청구를 기각한다.

나. 피고가 일부 패소한 후 항소하여 항소부분에 관한 전부 기각을 구하는 경우

1. 제1심 판결 중 피고 패소부분을 취소한다.

　　취소부분에 대한 원고의 청구를 기각한다.

다. 피고가 제1심판결의 피고 패소부분 중 일부에 관하여만 항소하는 경우

[사례 1]

1. 제1심 판결 중 피고는 원고에게 30,000,000원 및 이에 대한 2022. 5. 1.부터 2023. 4. 30. 까지는 연 10%의, 그 다음날부터 다 갚는 날까지는 연 12%의 각 비율에 의한 금원을 지급하라는 범위를 넘는 피고 패소 부분을 취소하고, 위 부분에 대한 원고의 청구를 기각한다.

[사례 2]

1. 제1심 판결의 피고 패소 부분 중 원고 甲에게 10,000,000원, 원고 乙, 丙, 丁에게 각 5,000,000원을 초과하여 지급을 명한 부분을 취소하고, 그 부분에 대한 원고들의 청구를 모두 기각한다.

(2) 변경 항소취지례

1. 원고나 피고 중 어느 누가 항소인이 되어 변경항소취지 기재형식으로 항소하는 경우라도 다음과 같다.

1. 제1심 판결을 아래와 같이 변경한다.

　　피고는 원고 甲에게 10,000,000원을, 원고 乙, 丙, 丁에게 각 5,000,000원 및 위 각 금원에 대한 이 사건 소장 부본 송달 다음날부터 다 갚는 날까지 연 12%의 비율에 의한 금원을 각 지급하라.

2. 피고들의 항소로, 피고 甲은 변경항소취지례로, 나머지 피고들은 취소 항소취지례로 항소한 경우

1. 가. 제1심 판결 중 피고 甲 부분을 아래와 같이 변경한다.

　　피고 甲은 원고에게 10,000,000원 및 그 중 7,000,000원에 대한 2023. 3. 2.부터 2023. 8. 9.까지는 연 5%의, 3,000,000원에 대한 2023. 3. 2.부터 2023. 6. 7.까지는 연 5%의, 각 그 다음날부터 다 갚는 날까지는 연 12%의 각 비율에 의한 금원을 지급하라.

나. 제1심 판결 중 피고 제일생명 주식회사 및 피고 주식회사 삼성의 패소 부분을 취소하고, 이 부분에 해당하는 원고의 위 피고들에 대한 청구를 모두 기각한다.

다. 기재례

(1) 1심 피고와 피항소인이 같은 경우

항 소 장

사　건　2022가합1234 소유권이전등기

원고(항소인)　김갑동(990207 − 1042827)

　　　　　　　　서울 성북구 미아로 13길 123

피고(피항소인)　오연수(981102 − 2023411)

　　　　　　　　서울 서초구 서초대로 22, 101동 303호(서초동 2, 자이아파트)

위 사건에 관하여 서울중앙지방법원은 2023. 5. 28. 원고 패소판결을 선고하였는 바, 원고는 이에 불복이므로 다음과 같이 항소를 제기합니다. (판결정본은 2023. 6. 19.에 송달받았음)

제1심 판결의 표시

1. 원고의 청구를 기각한다.

2. 소송비용은 원고의 부담으로 한다.

항소취지

1. 제1심 판결을 취소한다.

2. 피고는 원고에게 서울 강남구 신사동 123 대 333㎡에 관하여 2022. 3. 3. 매매를 원인으로 한 소유권이전등기 절차를 이행하라.

3. 소송총비용은 피고가 부담한다.

라는 판결을 구합니다.

항소이유

추후 준비서면으로 제출하겠습니다.

첨 부 서 류

1. 영수필확인서 및 영수필통지서　　　　　　각 1통

2. 송달료 납부서　　　　　　　　　　　　　　1통

3. 항소장 부본　　　　　　　　　　　　　　　1통

2023.　6.　23.

원고(항소인) 소송대리인 변호사 한양인　　인

서울고등법원 귀중

(2) 제1심 피고 중 일부에 대하여만 항소하는 경우

항 소 장

사　건　2022가합1234 소유권이전등기
원고(항소인)　　김갑동(610207－1042827)
　　　　　　　　　서울 성북구 미아로 13길 123
　　　　　　　　　소송대리인 변호사 이임수
　　　　　　　　　서울 서초구 서초대로 123, 302호(양재동 13)
피고(피항소인)　손지창(541102－1023411)
　　　　　　　　　서울 서초구 서초대로 22, 101동 303호(서초동 2, 자이아파트)

　위 사건에 관하여 서울중앙지방법원은 2023. 11. 28. 원고 일부패소판결을 선고하였는 바, 원고는 이에 불복이므로 다음과 같이 피고 손지창에 대하여 항소를 제기합니다. (판결정본은 2023. 12. 9.에 송달받았음)

제1심 판결의 표시

1. 피고 오연수는 원고에게 서울 종로구 내자동 345 대 330㎡에 관하여 2022. 4. 30. 매매를 원인으로 한 소유권이전등기 절차를 이행하라.
2. 원고의 피고 손지창에 대한 청구를 기각한다.
3. 소송비용 중 원고와 오연수 사이에 생긴 부분은 위 피고가, 원고와 피고 손지창 사이에 생긴 부분은 원고가 각 부담한다.

항소취지

1. 제1심 판결 중 피고 손지창에 대한 부분을 취소한다.
2. 피고 손지창은 원고에게 50,000,000원 및 이에 대한 2022. 6. 30.부터 2022. 11. 20.까지 연 5%의, 그 다음날부터 다 갚는 날까지 연 12%의 각 비율에 의한 금원을 지급하라.
3. 원고 피고 손지창 사이의 소송총비용은 피고 손지창이 부담한다.
라는 판결을 구합니다.

항소이유

추후 준비서면으로 제출하겠습니다.

첨 부 서 류

1. 영수필확인서 및 영수필통지서　　　　　　　각 1통

2. 송달료 납부서   1통

3. 소송위임장   1통

4. 항소장 부본   1통

2023. 12. 13.

원고(항소인) 소송대리인 변호사 한양인   인

서울고등법원 귀중

라. 강제집행정지신청 및 가지급물반환신청

제1심 판결에 가집행선고가 붙은 경우 가집행 선고가 붙은 패소한 피고가 항소하는 경우에는 항소심 판결이 선고되기도 전에 가집행됨에 따른 위험을 피하기 위하여 강제집행정지신청을 하여야 하고 법원의 판단에 따라야 한다. 강제집행정지 결정은 주로 원심법원의 대응 재판부에서 하게 되는데, 부동산인도 판결의 경우에는 받아들이지 않는 경우가 많다. 그러므로 부동산인도 소송의 경우 제1심에서 최선을 다해 소송을 수행함으로써 고객의 억울함이 없도록 해야 한다. 만약 강제집행정지신청이 기각되어 결국 가집행이 된 경우에는 항소장 변경신청 등을 통해 가지급물반환신청을 포함시켜 두어야 한다.

3. 상고

상고는 항소심에서 패소한 당사자가 미확정된 종국 항소심판결에 대하여 법령위반을 이유로 상고법원에 그 취소변경을 구하는 불복신청이다. 상고절차는 항소심 판결을 송달받은 후 2주일 내에 상고장을 원심법원에 제출하는 방식으로 제기한다. 상고장 제출시에 보통 상고이유를 기재할 여유가 없으므로 상고장을 먼저 제출하고, 기록접수통지서를 받은 날로부터 20일이내에 상고이유서를 제출한다(민사소송법 제421조). 상고이유서를 받은 상대방은 10일이내에 답변서를 제출할 수 있다(민사소송법 제428조 제2항).

상고이유는 상고심이 법률심인 특성상 사실오인은 그 대상이 되지 못하고, 원칙적으로 법령위반만이 상고이유가 된다. 하지만, ① 채증법칙 위반, ② 석명권 불행사, ③ 심리미진과 같은 이유로 사실상 사실오인의 경우도 간접적으로 상고이유가 될 수 있다. 그러나 사실의 존부 자체는 상고이유가 되지 못함이 분명하니 상고이유서 작성시 주의하여야 한다.

별지 1

요건사실 총정리

1. 민사법의 체계적인 이해

항목	체계적인 내용	
법규범의 규율대상	부족자원(상품과 용역)의 효율적인 활용	부(否)의 외부효과의 최적 관리
법규범의 지도원리	배분적 효율성(allocative efficiency)	
근대법상의 인간상	**자유로운 사인(私人)의 합리적인 의사결정**	
	합법영역(자문변호사, corporate lawyer)	위법영역(송무변호사, litigation lawyer)
	집단을 이루어 하는 '의사결정'	개체적 차원에서의 '의사결정'
	사단법인·재단법인, 각종 회사 등	자연인(individual)
위법영역 — 타인의 권익(entitlement)을 침해해서는 안된다.	민사법 금지	❶ 물권적 청구권(금지청구권, 유지청구권)
	민사법 제재	❷ 불법행위로 인한 손해배상청구권 ❸ 침해 부당이득반환청구권
위법영역 — 약속(promise)은 지켜야 한다.	민사법 금지	❶ (약속) 강제이행청구권
	민사법 제재	❷ 채무불이행으로 인한 손해배상청구권 ❸ (급부) 부당이득반환청구권
소송의 종류	**이행(청구)소송, 확인소송, 형성소송**	
청구의 다른 이름	청구(claim)·청구권(claim right)/최고(催告)/소 제기·신청	
청구권 발생원인	①물권(or 권리 or 권익) 침해	
	②약정 (불이행)	
	③기타 청구권 발생원인 ①점유취득시효 완성을 원인으로 한 소유권이전등기청구권 ②사무관리로 인한 비용(필요비·유익비)상환청구권(때로는 보수지급 청구권) ③비용부당이득반환청구권 ④무효인 행정처분으로 인한 부당이득반환청구권	
법학적 글쓰기	**청구취지는 주상목행(主相目行), 청구원인은 주일상목행(主日相目行)** ※일반인은 육하원칙(5W1H)	
원고 및 피고	**원고 : 물권자 or 약정의 상대방(promisee)**	
	피고 : 침해자 or 약정자(promisor)	
	연결고리 : 의뢰인인 원고가 침해자가 한 침해대상인 물권의 보유자가 아니거나 약정의 상대방이 아닌 경우에는 그 간극을 채워야 한다. (물권의 대세효, 채권자 대위권·채권자 취소권, 채권양도·채무인수, 전부명령·추심명령, 제3자를 위한 계약, 상호속용하는 영업양수인 등)	

소송요건 (소각하 사유)[1]	관할위반, 당사자적격 결여, **기판력 저촉,** 중복제소, 재소금지 위반, 부제소 합의, 중재합의위반, 확인의 이익 결여, 미리 청구할 필요 결여, 제척기간의 준수 등
원인무효사유	**부존재·무효·취소·해제/해지·무권대리(대리권 남용)·대표권 제한 위반**
이행 및 소멸사유	**변제·대물변제·공탁//경(개)·상(계)·면(제)·혼(동)·소(멸시효완성)**
소장 작성시 원인무효사유 및 이행과 소멸사유의 취급	[이유 있어 청구취지에 반영될 경우] ※**조정된 청구원인사실** ⓐ청구원인 사실 + 이유 있는 항변사실 ⓑ청구원인 사실 + 이유 있는 재재항변사실을 반영한 항변사실 [이유 없어 배척하는 경우] ⓐ항변 요건사실에 대한 원고측의 답변(부인, 부지 등)으로 배척 ⓑ항변에 대해 재항변사실로서 배척 ⓒ심지어는 항변이 아닌 이유 없는 법률상 주장으로서의 배척

2. 상속에 의한 소유권 취득의 요건사실

상속	①피상속인의 재산소유사실[2] ②피상속인의 사망 ③유족 (상속인) ④상속분 [주의할 것은 상응하는 등기 없이도 소유권을 취득한다는 사실이다. 만약 타에 처분하려면 민법 제187조에 의하여 등기를 경료하고 처분해야 한다.]

3. 물권의 특정승계 취득

물권의 특정승계취득	① 약정 (채권행위: 매매·교환·증여·대물변제 계약 등) (② 전 소유자(前者)의 물권 or 처분할 수 있는 법률상·사실상 처분권) ③ 등기(부동산) or 인도(동산) ※②는 숨은 요건이어서 실무적으로 상대방(피고)측이 항변사유로 주장·증명하고 있다.	
동산 선의취득 (※**원시취득임**)	① 약정 　(채권행위: 매매·증여·교환·대물변제계약·경매·질권설정 등) ② 무과실(약정부터 인도까지 줄곧 선의에 무과실인 점) ③ 인도(점유) (점유개정[3]은 제외)	[항변] ①악의점유 ②폭력 or 은비 ③도품 or 유실물

---

1) 소송요건(소 각하사유)인 관할위반은 본서 제6절 부수적 기재사항 부분과 제3장 답변서 중 소송의 이송신청부분에서 다루고 있고, 기판력 저촉부분은 제4관 약정의 강제이행 총론 부분에서 다루고 있으며, 나머지 사유들은 제3장 답변서 중 소각하의 답변 부분에서 상세하게 다루고 있다.

2) 실제 답안을 작성할 때 이 부분을 누락한 수험생들이 너무 많았다. 왜 필요한지 잘 생각해 보기 바란다.

3) 대법원 1964. 5. 5. 선고 63다775 판결, 대법원 1978. 1. 17. 선고 77다1872 판결 등

4. 소유물반환청구(대지·건물의 인도청구)의 요건사실 및 항변

소유물반환청구	청구원인		① **원고의 현재 소유사실** ② **피고의 현재 점유사실 (직접점유자만 포함)**
	항변	공통	[원인무효사유] Ⓐⓐ부존재·무효·취소·해제/해지·무권대리(대리권남용)·대표권제한 위반 　ⓑ전자(前者)의 무권리 또는 사실상·법률상 처분권 결여
		특유	Ⓑ**"점유할 정당한 권원"** 　 물권; 지상권(특히 법정지상권),지역권,전세권,유치권 　매수하여 인도받은 목적물4) 　점유취득시효완성 후 점유하고 있는 목적물5) ⓐ임대인: 임차권 ⓑ임대목적물의 양수인: 임차권+대항력 필요
			동시이행항변권

5. 부존재·무효·취소·해제(해지)·무권대리(대리권남용)·대표권제한 위반

사유			요건	효과	제3자보호
부존재	위조·변조		작성명의 거짓 작출(作出)	무효 (원인무효)	제3자 보호규정 없음 (등기부취득시효완성 시까지)
	(판결편취)		판결을 통해 등기원인을 거짓으로 만듦		
	미확정		의사표시가 없음		
무효	의사무능력			무효 (원인무효)	제3자 보호규정 없음 (등기부취득시효완성 시까지)
	목적	확정불가능			
		원시적 (전부) 불능			
		효력규정위반	강행규정 중 효력규정 위반		
		반사회질서위반 (이중양도)	① 배임 　ⓐ 계약 　ⓑ 이행에 착수 　ⓒ 배임행위 ② 적극 가담(교사·방조)		
		(동기의 불법)	① 동기 　ⓐ 표시되거나 　ⓑ 인식(판례상으로는 **"알려진"** : 알았거나 알 수 있었을 때6)) ② 반사회질서위반		

---

4) 대법원 1977. 3. 8. 선고 76다2461 판결; 이에 대하여 매매계약이 적법하게 해제되면 매수인은 그 목적물을 점유할 권원을 상실하므로 이 경우 매매계약의 해제사실은 원고의 재항변 사유가 된다.

5) 대법원 1988. 5. 10. 선고 87다카1979 판결 (점유취득시효 완성 후에는 소유명의자는 소유물반환청구를 할 수 없다.); 대법원 1993. 5. 25. 선고 92다51280 판결 (점유취득시효 완성 후에는 소유명의자는 점유자에 대하여 부당이득반환청구를 할 수 없다.); 이때 원고는 점유취득시효 완성을 저지할 수 있는 시효중단사유나 시효이익 포기사실을 주장하여 재항변할 수 있다.

	통모허위표시		① 통모 ② 허위표시			③ 제3자 악의
	비진의표시		① 표시와 진의의 불일치 ② 상대방이 악의 or 과실			③ 제3자 악의
취소	주체	미성년자	19세 미만(18세 이하)			제3자보호규정 없음 (등기부취득시효완성 시까지)
		제한능력자	피성년후견인, 피한정성년후견인			
	사기·강박		① 기망행위, 강박행위 ② 의사표시 ③ 인과관계		소급적 무효 (유동적 유효)	④ 제3자 악의
	착오		① 착오 ② 중요부분 ③ 의사표시	항변:표의 자의 중대 한 과실		④ 제3자 악의
		동기의 착오	① ② ③	④동기 ⑤ⓐ표시되었거나, or ⓑ상대방이 알았거나 알 수 있었을 때		
해제 (해지)	Ⓐ이행지체		① 이행지체 ⓐ확정기한: 도과는 역수상 명백 ⓑ불확정기한: (a)객관적 도래 (b)채무자가 안 다음날 ⓒ기한의 정함이 없음: 최고 다음날 ② 상당한 기간 정해 이행최고 ③ 미이행 ④ 해제의 의사표시와 도달		소급적 무효	[물권적 이해관계자] [해제전] 무조건 보호 [해제후 원상회복전] ⑤ 악의 제3자
	Ⓑ이행불능		①(후발적)이행불능 ②해제의 의사표시와 도달			
	Ⓒ불완전이행		①불완전이행 ②이행된 부분만으로 목적달성불능 ③해제의 의사표시 및 도달			

---

6) 대법원 1984. 12. 11. 선고 84다카1402 판결 이후로 "표시되거나 상대방에게 **알려진** 법률행위의 동기가 반사회질 서적인 경우"도 사회질서 위반이라고 판시한 바가 있다. 이때 "알려진"을 인식이라고 이해하는 견해가 있다.(송덕 수, 『신민법강의(제16판)』, 박영사, 2023, 103면 이하 참조, 인식설과 유사한 태도라고 설명하고 있다.) 하지만 의 사표시의 상대방(promisee, privy)에 생긴 사유이기 때문에 privy 관계에 있으면 민법의 전체계상 악의 또는 과실 로 관철하고 있으므로 해석론적으로 인식가능성(즉 악의·과실)로 보는 것이 더 타당하다. 동기의 착오는 같은 이 유로 인식가능성으로 되어 있음을 상기할 필요도 있다.(동기의 착오에서 판례는 인식가능성을 적용하고 있다.)

무권대리		① 현명
		② 대리권 없음
		  (ⓐ 수권행위 없음, or
		   ⓑ 대리권 범위 초과)
			무효
			(유동적
			무효)
				[Ⓐ상대방보호]
				①유권대리, or
				②3가지 표현대리or
				③(명시적·**묵시적**)
				  추인
				– – – – – – – – – –
				[Ⓑ제3자보호]
				악의 제3자[7]
				
				※위조·변조성립가능
				성에 주의해야 함

(대리권 남용)		① 현명대리행위 ② 실제로는 자기, 제3자의 이익 ③ 상대방의 악의 or 과실		
주식 회사	대표권 제한 위반[8]	① 대표행위 ② 대표권 법령상 또는 정관상 제한[9] ③ 상대방이 악의 or 중과실[10]	무효	[제3자보호] **①대표권 남용**에 관해 서는 악의 제3자임을 주장·증명하여 무효 주장가능하나, **②대표권제한위반** 일 반에 관해서는 아직 제3자 보호하는 판례 가 없음 ※위조·변조성립가능 성에 주의해야 함
	(대표권 남용)	① 대표행위 ② 실제로는 자기, 제3자의 이익 ③ 상대방의 악의 or 과실[11]		

---

7) 대법원 2018. 4. 26. 선고 2016다3201 판결

8) 대리의 경우는 무권대리, 대리권남용이 항변사유이고, ① 유권대리, ② 표현대리, ③ 추인이 재항변사유이지만 대표의 경우에는 Ⓐ 법인은 성격·법률·정관상의 목적에 따라 권리능력이 인정되지 않는 경우가 있어 당연히 대표자의 대표행위가 불가능한 경우가 있고, Ⓑ① 표현대리 중 대표권 수여의 의사표시에 의한 표현대리 법리와 유사한 표현대표이사의 대표행위 중 무효가 되는 부분도 있고, Ⓑ② 그 외 무권대리에 유사한 대표권제한위반이 있다. 또, Ⓑ③ 대표권남용법리도 있다. 이 부분에서는 Ⓑ②, ③ 대표권제한위반법리 등만 언급하고 있으나 나머지 Ⓐ, Ⓑ①의 법리도 정확하게 알고 있어야 한다. 나아가 대표권제한위반의 성격을 떠나 법령상의 주주총회결의사항임에도 이를 거치지 않고 대표행위를 한 경우에는 상대방의 선의·악의를 묻지 않고 무효이다(대법원 2012. 4. 12. 선고 2011다106143 판결).

9) 대법원 2021. 2. 18. 선고 2015다45451 전원합의체 판결에 의하여는 <u>법령 등에 대표권 제한 규정이 있는 경우와 정관 등 내부규정에 대표권 제한 규정이 있는 경우</u>를 구분하지 않게 되었다.

10) 또 대법원 2021. 2. 18. 선고 2015다45451 전원합의체 판결에 의하여는 나아가 종래 상대방의 악의·과실이 <u>상대방의 악의·**중과실**</u>로 변경되었다.

11) 대법원 2004. 3. 26. 선고 2003다34045 판결 (앞선 대법원 전원합의체 판결에 불구하고 아직 대표권 남용에 관한 주류적인 판례는 변경되지 않은 것으로 판단된다. 그래서 종전처럼 상대방의 악의·과실을 주장·증명하면 된다.) (이에 반하여 대법원 1987. 10. 13. 선고 86다카1522 판결, 대법원 2016. 8. 24. 선고 2016다222453 판결 등에서는 대표권 남용행위를 상대방의 악의임을 전제로 신의칙위반이나 권리남용금지원칙 위반으로 무효화한 판례들이 있었다.)

[법인 등의 대표권 제한 위반]

분류	대표행위 국면(局面)	주장 · 증명책임	
		①대표권 제한 방법	②등기 등 (악의 · 과실 or 선의 · 무과실 포함)
사단법인	①ⓐ**정관에 의한 대표권 제한**(민법 제41조) or ①ⓑ**사원총회의 결의**(민법 제59조 제1항 단서)[12]에 의한 대표권 제한		②**등기**해야 제3자에게 효력이 있음 (민법 제60조) [효과] ②ⓐ 등기하지 않았으면 상대방이 악의여도 주장할 수 없고,[13]
재단법인	**채무부담행위**[15] 등	①**정관에 의한 대표권 제한** (민법 제41조)	②ⓑ 등기되었으면 선의의 제3자에게도 무효 주장할 수 있음[14]
	①**기본재산**, ②**처분**		③관할관청의 허가 (③ 없으면 무효)
권리능력 없는 사단	[총유물] Ⓐ법률상 · 사실상처분행위 Ⓑ사용 · 수익 · 개량행위 Ⓒ보존행위 (소제기[16])	Ⓐ,Ⓑ,Ⓒ는 정관 · 규약에 정함이 있으면 그에 따르고, 없으면 사원총회의 결의(민법 제276조 제1항)[17]를 거쳐 대표행위를 해야 함	정관 · 규약에 정한 바를 준수하지 않았거나 또는 사원총회 결의를 준수하지 않은 ⒶⒷⒸ의 경우는 **무효**
	Ⓓ 그 외 채무부담행위	[Ⓓ에 관해] ①정관 or 사원총회 결의에 의한 대표권 제한	②상대방이 알았거나 알 수 있었을 경우(악의 또는 과실)[18]
권리능력 없는 재단	①기본재산 ②처분		③관할관청의 허가 (③ 없으면 무효)
	채무부담행위 등	①정관 · 규약에 대표권 제한	②위반하여 대표권 행사라도 유효[19]

---

12) 사원총회의 결의에 의해 대표권제한이 가능한가에 관해 견해의 대립이 있다. 즉 사원총회의 결의로 대표권 제한을 하면서 이에 상응하는 정관개정은 이루어지지 않아 정관에는 그 규정이 없는 경우에도 대표권제한이 있다고 할 수 있는가?라는 쟁점이다. 민법 제59조 제1항 단서의 규정에 따라 대표권 제한으로 유효하다고 보는 것이 통설적 견해이다. 그러나 유력한 반대설도 있다.

13) 대법원 1992. 2. 14. 선고 91다24564 판결, 대법원 2014. 9. 4. 선고 2011다51540 판결

14) 이설이 없다.(송덕수, 『신민법강의(제16판)』, 박영사, 2023, 311면 참조)

15) 주로 금전차용행위나 보증행위 등이 해당된다.

16) 대법원 2010. 2. 11. 선고 2009다83650 판결 (종중 총유재산에 대한 보존행위로 소송을 하는 경우에도 특별한 사정이 없는 한 종중총회의 결의를 거쳐야 한다.)

17) 대법원 2005. 9. 15. 선고 2004다44971 판결, 대법원 2007. 7. 26. 선고 2006다64573 판결

18) 대법원 2003. 7. 22. 선고 2002다64780 판결, 대법원 2007. 4. 19. 선고 2004다60072 · 60089 전원합의체 판결, 대법원 2008. 10. 23. 선고 2006다2476 판결

19) 대법원 1992. 2. 11. 선고 91다11049 판결 (사찰 재산의 관리처분권은 그 사찰을 대표하는 주지에게 일임되어 있는 것이므로 사찰의 주지가 소속 종단의 결의나 승인 등 내부적인 절차를 거치지 않았다고 하더라도 그 처분행위는 유효한 것이다.)

6. 건물철거 · 퇴거의 요건사실과 항변사실

건물철거 (건물소유자) · 건물퇴거 (건물점유자)	청구원인		① 원고의 현재 대지 소유사실 ②ⓐ 그 대지상 피고(乙)의 현재 건물의 소유사실 (건물철거) or 　ⓑ 그 대지상 피고(丙)의 현재 건물의 점유사실 (건물퇴거)
	항변	공통	[원인무효사유] Ⓐⓐ부존재 · 무효 · 취소 · 해제/해지 · 무권대리(대리권남용) · 대표권제한 위반 　ⓑ전자(前者)의 무권리 또는 사실상 · 법률상 처분권 결여
		특유	Ⓑ①"점유할 정당한 권원" or ②"ⓐ권리남용", "ⓑ신의칙위반"

7. 소유권이전(보존)등기 말소청구의 요건사실과 항변사실

가. 요약

등기말소	청구원인		[소유권이전등기 말소청구] ① 원고의 현재 소유사실 ② 피고 명의로 현재 소유권이전등기된 사실 [등기 특정방법] ③ 등기의 원인무효사실 [소유권보존등기 말소청구] ① 원고의 현재 소유사실 ② 피고 명의로 현재 소유권보존등기된 사실
	항변	공통	[소유권이전등기 말소청구] [원인무효사유] Ⓐⓐ부존재 · 무효 · 취소 · 해제/해지 · 무권대리(대리권남용) · 대표권제한 위반 　ⓑ전자(前者)의 무권리 또는 사실상 · 법률상 처분권 결여 [소유권보존등기 말소청구] 각종 원시취득 상실사유
		특유	[소유권이전(보존)등기 말소청구] Ⓑ① "실체관계에 부합하는 등기" or ② "무효등기의 유용"

나. 해제로 인한 (매수인 및 제3자에 대한) 소유권이전등기말소청구

등기말소	청구원인	[소유권이전등기 말소청구] ① 원고의 현재 소유사실 ② 피고 명의로 현재 소유권이전등기된 사실 [등기 특정방법] ③ 등기의 원인무효사실 　(약정의 상대방) 　ⓐ 이행지체(확정기한, 불확정기한, 기한의 정함이 없음) 　ⓑ 반대채무의 이행 또는 이행의 제공사실 　ⓒ 상당한 기한을 정하여 최고

			ⓓ 그 기간내 이행이 없음 ⓔ 해제의 의사표시와 도달 (제3자: 수익자·전득자) ⓐⓑⓒⓓⓔ + ⓕ 해제 후 제3자이며 악의
항변	공통		[원인무효사유] Ⓐⓐ부존재·무효·취소·해제/해지·무권대리(대리권남용)·대표권제한 위반 　ⓑ전자(前者)의 무권리 또는 사실상·법률상 처분권 결여
	특유		Ⓑ① "실체관계에 부합하는 등기" or 　② "무효등기의 유용" [해제 특유] Ⓒ 해제가 신의성실 위반

8. 무권대리(대리권남용)·대표권제한위반의 청구원인, 항변

무권대리 (유동적 무효)	Ⓐ상대방이 본인을 상대로 청구할 때	청구원인 (상대방)	① 매매·소비대차·임대차 등 요건사실 ② 현명대리행위 　[원칙적으로 현명대리행위해야 하나 　　ⓐ상대방이 대리인임을 악의 or 과실 　　ⓑ상행위여도 됨]
		부인 (본인)	"무권대리(대리권 수여의 의사표시가 없음)"라고 주장 (부인)
		청구원인의 선택적 추가 (상대방)	[①유권대리임을 증명라는 것은 청구원인을 보강 하는 의미임] ②아래 4종의 표현대리 주장 or ③명시적·묵시적 추인 [경우에 따라서는 소장상의 청구원인사실기술단계 부터 ①유권대리를 주위적으로, ②, ③사유를 예비 적으로 구성하여 청구원인으로 삼을 수 있다.]
	Ⓑ본인이 무권대리를 원인으로 (소유권 이전등기 말소 등) 청구할 때	청구원인 (본인)	① 매매·소비대차·임대차 등 요건사실 ② 현명대리행위 ③ "무권대리"라고 주장
		항변 (상대방)	①유권대리임을 증명 or ②아래 4종의 표현대리 주장 ③명시적·묵시적 추인
대리권남용	Ⓐ상대방이 본인을 상대로 청구할 때	청구원인 (상대방)	① 매매·소비대차·임대차 등 요건사실 ② 현명대리행위
		항변 (본인)	① 대내적으로는 대리인 본인, 제3자의 이익 ② 상대방(원고측)의 악의 or 과실
	Ⓑ본인이 대리권남용을 원인으로 (소유 권이전등기 말소 등) 청구할 때	청구원인 (본인)	① 매매·소비대차·임대차 등 요건사실 ② 현명대리행위 ③ 대내적으로는 대리인 본인, 제3자의 이익 ④ 상대방(피고측)의 악의 or 과실
		항변 (상대방)	

대표권 제한위반 [주식회사 대표이사]	Ⓐ상대방이 본인을 상대로 청구할 때	청구원인 (상대방)	① 매매 · 소비대차 · 임대차 등 요건사실 ② 대표행위
		항변 (본인)	① 법령 및 정관상의 대표권제한 위반 ② 상대방(원고측)의 악의 or 중과실
	Ⓑ본인이 대표권제한위반으로 (소유권 이전등기 말소 등) 청구할 때	청구원인 (본인)	① 매매 · 소비대차 · 임대차 등 요건사실 ② 대표행위 ③ 법령 및 정관상의 대표권제한 위반 ④ 상대방(피고측)의 악의 or 중과실
		항변 (상대방)	

9. (대리의 상대방이 하는) 표현대리 항변 및 재항변

[표현대리 1] 대리권 수여의 표시	Ⓑ[20]	항변 (피고)	① (본인이 상대방에게) 대리권 수여의 의사표시 ② 표현대리인의 (현명)대리행위
		재항변	③ 상대방(표현대리 주장하는 상대방, 피고)의 악의 or 과실[21]
	Ⓐ	청구원인 or재항변 (원고)	① (본인이 상대방에게) 대리권 수여의 의사표시 ② 표현대리인의 (현명)대리행위
		항변 or 제재항변	③ 상대방(표현대리 주장하는 측의 상대방, 원고)의 악의, 과실[22]

[표현대리 2] 월권표현대리	Ⓑ	항변 (피고)	① 기본대리권의 존재 ② 표현대리인의 월권 (현명)대리행위 ③ 상대방(주로 피고 자신)의 정당한 사유(주로 선의 & 무과실)[23]
		재항변	
	Ⓐ	청구원인, 재항변 (원고)	① 기본대리권의 존재 ② 표현대리인의 월권 (현명)대리행위 ③ 상대방(주로 원고 자신)의 정당한 사유(주로 선의 & 무과실)
		항변, 제재항변	

[표현대리 3] 대리권수여의 표시에 의한 월권 표현대리	Ⓑ	항변 (피고)	① 대리권 수여의 의사표시 ② 표현대리인의 월권 (현명)대리행위 ③ 상대방(주로 피고 자신)의 선의 & 무과실
		재항변	

---

20) 앞서 무권대리(대리권남용) · 대표권제한위반 요약표에 "Ⓑ본인이 무권대리를 원인으로 (소유권이전등기 말소 등) 청구할 때"에서의 주장구조를 설명한 것이고, 아래 Ⓐ는 "Ⓐ상대방이 본인을 상대로 청구할 때"의 경우를 지칭한다.
21) 대법원 1996. 7. 12. 선고 95다49554 판결, 본인(피고)이 상대방(원고)의 악의, 과실을 주장 · 증명함으로써 책임을 면할 수 있다.
22) 대법원 1996. 7. 12. 선고 95다49554 판결, 본인(피고)이 상대방(원고)의 악의, 과실을 주장 · 증명함으로써 책임을 면할 수 있다.
23) 대법원 1968. 6. 18. 선고 68다694 판결.

		청구원인, 재항변 (원고)	① 대리권 수여의 의사표시 ② 표현대리인의 월권 (현명)대리행위 ③ 상대방(주로 원고 자신)의 선의 & 무과실
	Ⓐ	항변, 제재항변	

[표현대리 4] 대리권 소멸 후	Ⓑ	항변 (피고)	①ⓐ종전 대리권의 수여 및 ⓑ소멸 ② 표현대리인의 (현명)대리행위 ③ 상대방(피고 자신)의 정당한 사유(주로 선의, 무과실)[24]
		재항변	
	Ⓐ	청구원인, 재항변 (원고)	①ⓐ종전 대리권의 수여 및 ⓑ소멸 ② 표현대리인의 (현명)대리행위 ③ 상대방(원고 자신)의 정당한 사유(주로 선의, 무과실)
		항변, 제재항변	

10. 불법행위로 인한 손해배상청구의 요건사실 및 주요항변사실

손해배상	청구원인	① 손해배상청구권의 발생 ⓐ 고의·과실 ⓑ 위법성 (침해) ⓒ 손해 ('물권 or 권리와 이익'에 발생한 손해) ⓓ 인과관계 ② 손해배상의 범위 [통상손해 with '악의 or 과실의 특별손해']
	항변	① 단기 소멸시효(알았을 경우 3년, 발생한 날로부터 10년) ② ⓐ과실상계, ⓑ손익상계, ⓒ책임제한

11. 부당이득반환청구의 요건사실

가. (침해) 부당이득반환청구권의 요건사실과 항변

침해 부당이득 반환 청구	청구원인	(법률상 원인 없음은 상대방이 "법률상 원인 있음"으로 항변사유가 됨) ① 부당이득반환청구권의 발생 ⓐ 피고의 이익 ⓑ 원고의 손해 (물권 or 권리와 이익에 발생한 손해) ⓒ 인과관계의 존재 ② 부당이득액 **Ⓐ점유자-회복자 사이 (민법 제201조)** **ⓐ악의 : 받은 이득, (법정)이자, 손해** **ⓑ선의 : 일체의 반환의무 없음** Ⓑ그 외 일반적인 경우 (민법 제748조)

---

24) 대법원 1983. 12. 13. 선고 83다카1489 판결.

		ⓐ악의: 받은 이익, (법정)이자, 손해 ⓑ선의: 현존하는 이익 [※ⓒ선의가 악의로 되는 사유 [민법 제749조] 　　ⓐ증거에 의한 증명의 문제 　　ⓑ불가능이면, 승소한 때는 소를 제기한 때(판례는 '소장부본 송달일')]
	항변	"법률상 원인 **있음**"

나. (급부) 부당이득반환청구권의 요건사실과 항변

급부 부당이득 반환청구	청구원인	① 부당이득반환청구권의 발생 　ⓐ 피고의 이익 　ⓑ 원고의 손해 (물권 or 권리와 이익에 발생한 손해) 　ⓒ 인과관계의 존재 　ⓓ 법률상 원인 흠결 ② 부당이득액 (민법 제748조) 　ⓐ악의: 받은 이익, (법정)이자, 손해 　ⓑ선의: 현존하는 이익 [※선의가 악의로 되는 사유 [민법 제749조] 　　ⓐ증거에 의한 증명의 문제 　　ⓑ불가능이면, 승소한 때는 소를 제기한 때(판례는 '소장부본 송달일')]
	항변	① 비채변제 (민법 제742조) ② 기한전 변제 (민법 제743조) ③ 도의관념에 적합한 비채변제 (민법 제744조) ④ 타인의 채무의 변제 (민법 제745조) ⑤ **불법원인급여 (민법 제746조)** 　**ⓐ 피해자(물권자)의 불법 &** 　**ⓑ if 부당이득자의 불법이 있다고 하더라도,** 　　**부당이득자의 불법 ≤ 피해자(물권자)의 불법**

12. 물권존재확인 및 물권(유치권)부존재확인의 소의 요건사실

물권(소유권)존재 확인의 소	청구 원인	① 원고는 물권자(소유권자) ② 확인의 이익
	항변	[본안전 항변] ①확인의 이익 없음 ②대상적격이 없음 　(사실관계 확인, 또는 과거 및 장래 법률관계 확인) [본안 항변(특정승계취득의 경우)] Ⓐⓐ부존재 · 무효 · 취소 · 해제/해지 · 무권대리(대리권남용) · 대표권제한위반 　ⓑ변제 · 대물변제 · 공탁///경개 · 상계 · 면제 · 혼동 · 소멸시효완성
물권(소유권)부존재 확인의 소	청구 원인	① 피고는 물권자(소유권자)가 아님 ※주로 Ⓐⓐ부존재 · 무효 · 취소 · 해제/해지 · 무권대리(대리권남용) · 대표 　권제한위반 　　　ⓑ변제 · 대물변제 · 공탁///경개 · 상계 · 면제 · 혼동 · 소멸시효완성 ② 확인의 이익

항변	[본안전 항변] ①확인의 이익 없음 ②대상적격이 없음 　(사실관계 확인, 또는 과거 및 장래 법률관계 확인) [본안 항변] 다양함

= =

13. 매매대금지급 청구의 요건사실

가. 부동산 매매(잔)대금 지급청구

	잔대금 지급청구
[부동산 매매계약에 의한] **매매(잔)대금청구**	① (부동산) 매매계약의 체결사실 [※매매예약의 경우 ①을 ①ⓐ매매예약체결 　　　ⓑ예약완결권(일방예약 추정, 형성권)의 행사 (예약완결의 의사표시와 그 도달)] (②계약금·중도금의 수령) [매매잔대금지급의무가 소유권이전등기의무 및 인도의무와 동시이행관계에 있는 사실을 해결하기 위하여 채택가능한 2가지 방식] ③ⓐ(상환이행청구방식) 소유권이전등기 및 인도와 동시이행관계[25]를 설시하여 청구취지에서 　소유권이전등기 및 인도와 상환하여 잔대금의 지급을 구함 or 　ⓑ(이행 or 이행제공 주장·증명방식) 　(1)소유권이전등기의 이행 or 이행제공 & 　(2)인도의무의 이행 or 이행제공
	잔대금 + 지연손해금 지급청구
	[아주 예외적으로 잔대금 및 그 지연손해금 청구를 하려는 경우] [상환이행청구방식은 불가능하고, 이행 or 이행제공 주장·증명해야 함] ① (부동산) 매매계약의 체결사실 [※매매예약의 경우 ①을 ①ⓐ매매예약체결 　　　ⓑ예약완결권(일방예약 추정, 형성권)의 행사 (예약완결의 의사표시와 그 도달)] (②계약금·중도금의 수령)[26]

---

25) "청구기각 부분이 발생하지 않도록" 청구하시오라는 변호사 시험 기록형 문제 작성요령에 따라 매매계약과 같은 쌍무계약에서는 반드시 반대채무와의 동시이행을 구하는 방식으로 청구취지를 작성하여야 한다. 다만 실무상으로는 특별한 사정이 없는 한 단순이행청구를 하고 상대방에서 답변서 등을 통하여 동시이행항변권을 행사하고 재판부에서 판결을 선고할 때 상환이행의 판결을 하고 있다.

26) 계약금·중도금을 지급받은 후 잔대금지급청구를 할 때, 계약금·중도금지급은 매매대금의 일부 변제사실로서 권리소멸사유이기 때문에 피고측이 주장·증명할 사유이다. 그렇다 하더라도 원고측이 매매대금 전부를 청구하고, 피고측에서 계약금·중도금지급의 항변(일부변제항변)을 하여 판결함에 있어 매매대금에서 계약금·중도금을 공제한 나머지 잔대금지급을 명하는 식으로 판결하지 않고, 관행상 원고는 계약금·중도금수령사실을 진술한 다음 잔대금지급청구를 하고 있다. 그래서 잔대금지급청구에서 ②사실이 청구원인사실이 된다.

③(1)소유권이전등기의 이행 or 이행제공 &   ②인도의무의 이행   [다만, **인도의무의 "이행"사실로 주장·증명해야 하고, 민법 제587조 후문 때문에 인도   의무의 이행제공만의 주장만으로는 지연손해금 지급청구를 할 수 없다.**]   ④잔대금지급 시기의 도과사실   ⓐ잔대금지급기한의 약정   ⓑ이행기의 도과(이행지체)   ⑤손해의 범위 (주로 법정이율)

나. 동산 (외상) 매매대금 지급청구

	동산매매대금 지급청구
[동산 매매계약에 의한] 매매(외상)대금 및 지연손해금 청구	① (동산)매매계약의 체결 ② 목적물의 인도 ③ 대금지급기한(시기)의 도래
	동산 매매대금 + 지연손해금 지급청구(외상거래, 동산매매의 원칙적 형태)
	① (동산) 매매계약의 체결 ② 목적물의 인도 ③ 대금지급기한(始期)의 도과27) ⓐ대금지급기한의 약정 ⓑ이행기의 도과(이행지체) [ⓒ반대채무의 이행 또는 이행의 제공(동산의 경우 반대채무의 이행은 위 ②의 목적물의 인 도이기 때문에 이 요건이 충족되어 있을 때 지연손해금 청구가능)] ④ 손해의 범위 (주로 법정이율)

14. 이행지체·이행불능 및 계약금 수수로 인한 계약해제의 항변

가. 이행지체로 인한 계약해제의 항변

이행지체로 인한 (법정)해제 의 항변	항변	① 원고가 (주된)28)채무의 이행을 지체한 사실 ⓐ이행기와 그 도과 ⓑ동시이행관계에 있는 반대채무의 이행 또는 이행의 제공29) (ⓒ특히 부동산 매매계약에서는 매매목적물 인도의 이행 또는 이행제공도 필요)

---

27) 만약 동산매매대금만 지급 청구할 때는 ③ 대금지급기한의 특약이 있다면 항변사유가 되고, 그 도래는 재항변사유 가 된다.

28) 채무불이행을 이유로 계약을 해제하려면 채무불이행의 대상 채무가 주된 채무여야 하고 부수적 채무에 지나지 않 는 경우에는 계약을 해제할 수 없다. 주된 채무와 부수적 채무를 구분하는 기준은 계약을 체결할 때 표명되었거나 그 당시 상황으로 보아 분명하게 객관적으로 나타난 당사자의 합리적 의사에 의하여 결정하되, 계약의 내용·목적 ·불이행의 결과 등의 여러 사정을 고려하여야 한다.(대법원 2005. 11. 25. 선고 2005다53705·53712 판결) 부수적 채무로는 계약당시 명시적으로 교부하기로 약정한 바가 없는 등 사유가 있는 때에는 대기환경보전법상의 배출시설 설치신고에 필요한 사양서 등 서류의 교부의무는 배출시설설치계약에 있어서 그 설치업자의 주된 채무라 볼 수 없 으므로, 그 의무의 불이행을 사유로 한 계약해제는 효력이 없다.(대법원 2005. 11. 25. 선고 2005다53705·53712

	단순 최고 후 해제의 의사표시(보통)	정지조건부 해제(=해제조건부 최고)
	②ⓐ원고에게 상당한 기간을 정하여 이행을 최고한 사실, ⓑ원고가 상당한 기간내에 이행 또는 이행의 제공을 하지 않은 사실, ⓒ해제의 의사표시를 한 사실 및 그 도달 사실	②ⓐ원고에게 상당한 기간을 정하여 이행을 최고한 사실 및 최고 당시 최고기간 내에 원고의 채무가 이행되지 않을 것을 정지조건으로 하는 해제의 의사표시를 한 사실 ⓑ원고가 상당한 기간내에 이행 또는 이행의 제공을 하지 않은 사실
재항변	① 채무불이행(이행지체)에 고의·과실이 없었음 ② 해제하기 전에 채무의 이행을 한 사실 ③ 이행(후발적)불능 [이 경우에는 다시 이행불능을 이유로 해제할 수 있음]	

나. 이행불능으로 인한 계약해제의 항변

이행불능으로 인한 법정해제의 항변	항변	① 매도인인 원고의 채무이행이 (후발적) 불가능한 사실 ② 해제의 의사표시를 한 사실 및 그 도달사실
	재항변	채무자인 원고가 이행불능에 고의·과실 등 귀책사유가 없음

다. 계약금 수수로 인한 계약해제의 항변

계약금 수수에 따른 해제	항변	① 매매계약 체결시 계약금을 교부한 사실 ②ⓐ[매도인의 경우]계약 해제의 목적으로 계약금 배액을 현실제공한 사실 or 　ⓑ[매수인의 경우]계약금 반환청구권 포기의 의사표시를 한 사실 　＊ 학설상으로는 매수인의 경우 ②ⓑ요건이 불필요하다는 견해가 있다. 이 요건이 필요하다는 입장에서도 계약금의 수수를 통한 계약해제를 주장하는 경우 이 요건이 묵시적으로 주장된 것으로 보기 때문에 양자사이에는 구분의 실익이 없다. ③ 매매계약 해제의 의사표시를 하고, 그 의사표시가 도달한 사실
	재항변	① 계약금을 해약금으로 하지 않기로 약정한 사실 또는 ② 당사자 일방이 **해제의 의사표시가 있기 전에 이행에 착수**한 사실

판결) 전대차계약을 체결한 후 중도금 수수 시에 비로소 전차보증금의 반환을 담보하기 위하여 전대인이 그 소유 부동산에 근저당권을 설정하여 주기로 약정한 경우, 전대인의 근저당권설정등기의무는 부수적 채무에 불과하여 전차인은 그 채무불이행을 이유로 전대차계약을 해지할 수 없다.(대법원 2001. 11. 13. 선고 2001다20394·20400 판결) 검인계약서상의 매매대금을 실제 대금과는 달리 매매대상 부동산의 과세표준액으로 작성하기로 한 약정은 조세회피 등의 의도에서 매도인의 편의를 보아 준다는 것일 뿐 매매계약의 주된 목적을 달성하는 데 필수불가결한 것은 아니라 할 것이므로 위 매매계약에 부수되는 의무를 규정한 것에 불과한 것이어서 그 불이행에 의하여 매매계약의 목적을 달성할 수 없게 되는 등의 특별한 사정이 없는 한 그 불이행만을 들어 매도인이 매매계약을 해제할 수는 없다.(대법원 1992. 6. 23. 선고 92다7795 판결) 등의 판례가 있다.
29) 동시이행항변권의 "존재효과설" 결과로 필요한 추가적인 요건사실이다.

15. 변제의 항변, 재항변, 재재항변

가. 변제의 항변의 기본적인 구조

변제 (항변)	항변		① 채무의 내용에 좇은 급부가 현실 제공되고, ② 급부가 당해 채무에 관하여 행하여 질 것 [변제의사] [만약 **채권의 준점유자에 대한 변제**였다면] ③ 변제자의 선의·무과실
	재항변 1 (변제충당)		① 별개 채권의 존재 ② 변제충당 상의 우위로 별개 채권에 우선충당된 사실 　(1)합의충당, if not 　(2)지정충당(비용 – 이자 – 원본은 적용 있음), if not 　(3)법정충당 ⓐ비용 – 이자 – 원본, 　　　　　　　ⓑ변제기 도래 > 변제기 미도래, 　　　　　　　ⓒ변제이익 많음(철저하게 '변제자' 위주로 판단) 　　　　　　　ⓓ변제기 모두 도래했으면 먼저 도래 　　　　　　　ⓔ안분비례
		재재항변	① 별개 채권에 발생하는 무효사유, 소멸사유, 행사저지사유 등
	재항변 2 (제3자변제 무효)		[만약 제3자가 변제하였으면] ①채무의 성질이 제3자 변제를 허용하지 않음 or ②당사자의 의사표시로 제3자 변제가 허용되지 않음 or ③ⓐ이해관계 없는 제3자 & ⓑ채무자의 의사에 반해 변제
	재항변 3 (**영수증소지자**에 대한 변제)		① 변제자의 악의, 과실

나. 변제충당의 구체적인 법리

1단계: (합의충당)	채무자와 채권자가 충당에 관한 합의를 한 사실 재항변 사유 : 「약관의 규제에 관한 법률」 제6조 제1항, 제2항 제1호에 따라 무효
2단계: (지정충당)	1순위 : 변제자(채무자)가 지정권을 행사하여 지정한 사실, 그런 사실이 없다면 2순위 : 변제수령자(채권자)가 지정권을 행사하여 지정한 사실, 이 경우 상대방(변제자)이 즉시 이의를 하면 지정충당의 효력이 없어지고 다음 법정충당으로 이행하게 된다. 지정충당의 경우라도 민법 제479조 제1항에 정한 **비용-이자-원본의 순서**를 변경할 수 없다.
3단계: (법정충당)	① 민법 제479조 제1항에 정한 **비용-이자-원본의 순서**로 충당된다. ②ⓐ변제기 도래 > 변제기 미도래(**이행기의 도래**) 　ⓑ변제의 이익이 많은 채무에 먼저 충당(**변제이익多少**) 　　(구체적·종합적으로 판단) 　(a)이자부채무 > 무이자부채무 　(b)고율의 이자부 채무 > 저율의 이자부 채무 　[이하는 변제자 중심으로 변제이익의 다과를 판단할 뿐 제3자의 이해관계는 전혀 고려하지 않음] 　(c)단순채무 > 보증채무 또는 연대채무 　(d)담보부 채무(＝저당권의 피담보채무) > 담보 없는 채무 　　그러나 물상보증부 피담보채무 및 (연대)보증부 주채무와 단순채무는 변제이익이 같다. 　(e)약속어음채무 > 단순채무 & 채무자가 약속어음 발행 및 배서한 원인채무 > 단순채무 　　그러나 타인이 발행하고 타인이 배서한 약속어음을 담보로 제공한 채무는 단순채무와 변제이익이 차이가 없다. 　(f)위약벌의 약정이 있는 채무 > 단순채무 　(g)[종합적으로 고려하여 판단]

	즉 이자부 단순채무 > 약속어음 담보부 무이자부 원인채무이다.
	ⓒ(ⓐ)모두 변제기 도과했으면 변제기 먼저 도래한 채무에 충당
	(ⓑ)모두 변제기가 도래하지 않았으면 먼저 도래할 채무에 충당(이행기의 선도래)
	ⓐ→ⓑ→ⓒ의 순으로 변제에 법정충당된다.
	③ 이러한 사정이 모두 동일한 경우에는 각 채무액에 **안분비례**하여 변제에 충당된다.

16. 공탁의 항변, 재항변

	① 공탁원인 사실 (3가지 중 어느 한 가지를 주장·증명해야 함)
	ⓐ 수령거절
	ⓑ 수령불능
	ⓒ 채무자의 과실 없는 상대적 불확지(토지수용법의 경우만 채권자 절대적 불확지도 공탁 가능)
	② 공탁한 사실
공탁	(특히 **채무 전부**에 대한 공탁이어야 한다는 점에 주의 요)
	[if 부족공탁일 경우, 위 ②를 다음과 같이 변경하여 주장·증명해야 채무일부 소멸을 주장·증명함.
	그 외에는 공탁한 일부 포함하여 채무전부가 전혀 소멸하지 않음]
	②ⓐ 부족 공탁한 사실 &
	ⓑ 변제수령자(채권자)가 부족 공탁원인을 수락하고 공탁금을 수령한 사실, or
	ⓒ 부족부분이 아주 근소한 사실(0.35% 이하)

17. 매매계약에 기한 소유권이전등기 청구의 요건사실

	매매계약	대물변제계약	지상물매수청구권의 행사
매매계약 등에 기한 소유권이전등기 청구	① 매매계약의 체결사실 [①ⓐ매매예약의 체결 　ⓑ예약완결권의 행사] (② 계약금·중도금의 수령) ③ 잔대금지급의무와 동시이행30)	①채권(청구권)의 발생 ②대물변제계약	①지상물매수청구권의 발생 　ⓐ건물 소유 목적의 대지 임대차계약 　ⓑ건물의 축조와 현존 　ⓒ임대차계약의 만료 　ⓓ갱신청구와 거절 ②지상물매수청구권의 행사 　ⓐ매수청구권의 의사표시 　ⓑ그 도달 ③건물의 시가 ④매매대금지급과 동시이행

18. 하자담보를 원인으로 한 해제의 항변 및 재항변

가. 민사상 하자담보를 원인으로 한 해제 및 재항변

하자담보로 인한 해제항변	항변	① 매매계약 당시 목적물에 하자가 있는 사실 　다만, 매매목적물이 불특정물일 경우 민법 제581조가 적용되는데, 목적물의 하자 존재 여부가 매매목적물이 특정된 시점을 기준으로 판단하여야 한다.

---

30) ②ⓐⓑ요건은 "패소하는 부분이 없도록 하라"는 요청에 의해 동시이행의 형태로 청구취지를 작성하게 될 때 추가적으로 필요한 요건이다. 다만 실무상으로는 특별한 사정이 없는 한 단순이행청구를 하고 상대방에서 답변서 등을 통하여 동시이행항변권을 행사하고 재판부에서 판결을 선고할 때 상환이행의 판결을 하고 있다.

		② 그 하자로 인하여 계약의 목적을 달성할 수 없는 사실 ③ 해제의 의사표시를 한 사실(도달사실 포함)
	재항변	첫째, 매수인인 피고가 하자 있는 것을 알았거나 과실로 인하여 이를 알지 못한 사실 (피고의 악의 or 과실) or 둘째, 제척기간[31](안 날로부터 6개월)의 도과 사실

나. 상인간 매매에서의 수량부족, 하자담보를 원인으로 한 해제 및 재항변

상인간의 매매에 의한 수량부족, 하자담보책임에 기초한 대금감액청구, 손해배상청구, 해제후 원상회복 및 손해배상청구 (상법 제69조)	항변	① 상인들간 매매계약을 체결한 사실, ② 하자 또는 수량부족이 있는 사실, ③ⓐ수령 후 지체 없이 검사하여 즉시 통지한 사실 or ⓑ즉시 발견할 수 없는 하자인 경우 6개월이내[32]에 발견하여 통지한 사실 등이다.
	재항변	① 포기의 특약을 한 사실(대법원 2008. 5. 15. 선고 2008다3671 판결)이나 ②ⓐ하자(민법 제580조)에 대한 원고(매수인)의 악의 또는 과실 or ⓑ수량부족의 경우(민법 제574조)에는 원고의 악의[33] ③ 원고(매수인)가 하자를 안 날로부터 6개월(수령부족의 경우는 1년)이 경과하여 제척기간이 도과한 사실(민법 제574조, 제573조, 제582조) [다만 이 항변사유는 위 청구원인의 요건사실 중 ③사유 때문에 실제로 행사될 수 있는 경우란 거의 없을 것이다.]

---

31) 기간이 경과한 사실에 의해 권리의 변동을 초래하는 제도로 취득시효와 소멸시효 그리고 제척기간 및 출소기간제도가 있다. 물건 등 객체를 배타적 지배하는 권리는 모든 사람들이 침해하지 않을 의무를 지기 때문에 권리중심 사고를 하게 된다. 그래서 주로 취득시효제도의 적용을 받게 된다. 유일한 예외로 지상권, 지역권 등은 취득시효의 적용도 받음과 동시에 물권임에도 20년의 소멸시효의 적용을 받는다. 이 두 권리에 소멸시효를 인정한 이유는 물권이지만 지상권자와 지상권설정자, 지역권과 지역권설정자 사이의 양자간 구조가 성립되어 있기 때문이다. 하지만 채권과 같이 채권자와 채무자 사이 양자간의 관계가 쟁점이고, 채무자측에서 이행에 초점이 맞추어져 있는 제도에는 이행기란 관념이 존재하고 이러한 의무이행 없이 상당한 기한이 경과하였을 때 이로부터 해방시켜 줄 시간적 한계를 설정할 필요가 있다. 그래서 영미법에서는 이러한 제도를 입법적으로 해결하고 그 법률의 명칭을 statute of limitation이라고 했다. 소멸에 초점이 맞추어진 것이 아니라 의무이행의 시간적 한계(limitation)에 방점이 찍혀 있는 것이다. 그래서 영미법에서는 소멸시효와 제척기간을 구분하지 않고 시간의 경과에 의해 권리의 행사를 못하도록 하거나 의무의 이행을 행할 필요가 없게 하는 제도가 발달되었다. 그런데 개념법학의 세계인 시민법계 국가에서는 채무의 이행에 초점이 맞추어진 경우에는 소멸시효라고 하지만 물권이나 형성권과 같이 의무자측보다는 권리자측에 초점이 맞추어진 각종 권리에 관해서는 이를 제척기간이라고 구분하는 것이다. 제척기간의 대상이 되는 권리는 전부 의무자측 보다는 권리자측에 초점이 맞추어진 것이다. 형성권이 대표적인 것이고, 민법 제204조, 205조, 206조에 규정된 각종 점유회복의 소에 규정된 기간제한도 점유권은 물건의 대상으로 한 권리로 침해되기 전까지 의무자가 특정되지 않는 특징을 가진 권리여서 역시 권리자 측면에 초점이 맞추어져 있는 것이다. 제척기간이 적용되는 주요 권리중 하나인 형성권은 재판상 또는 재판외 행사 가능한 형성권으로 환매권, 재산분할청구권, 법률행위 취소권, 매매예약완결권 등이 있고, 재판상 행사만 가능한 형성권으로 사해행위취소권 등이 있다. 후자의 경우를 특히 출소기간이라고 한다.

32) 통상 요구되는 객관적인 주의의무를 다하더라도 6개월이내에 발견할 수 없는 하자라고 하더라도 6개월이내에 통지하지 못하면 매도인에게 담보책임을 물을 수 없다.(대법원 1999. 1. 29. 선고 98다1584 판결)

33) 이와 같이 민법상의 각종 항변사유들을 들어 항변할 수 있는 이유는 상법 제69조 규정이 검사·통지의무를 이행하지 않았을 때 매수인이 받을 불이익을 정해 둔 것이고, 이행하였으면 가질 권리는 일반원칙에 따라 결정되기 때문에 민법의 관련규정들이 적용되게 된다.(이철송, 『상법총칙·상행위(제15판)』, 박영사, 2018, 400면 참조)

다. 민사상 권리담보책임 및 하자담보책임 요약

종류	발생원인	매수인 (원고)	(매도인의 매수인에 대한) 담보책임내용	매도인 (피고) 항변사유	
				항변	제척기간 [소멸시효]
권리 하자	권리전부가 타인에게 속함	악의	①계약해제 후 원상회복청구권(548 ②) [선의의 매도인도 계약해제할 수 있음]	[특유항변] ①매수인의 귀책사유로 인한 이행불능[34] ②(선의②청구에 대해) 매수인의 과실상계[35] [②손해배상청구] ③매수인의 악의	[10년간 소멸시효]
		선의	①계약해제 후 원상회복청구권(548 ②) ②손해배상청구권(판례[36])는 이행이익) [선의의 매도인은 ②하면서 계약해제 가능]		
	권리일부[37]가 타인에게 속함	악의	①대금감액청구권	[공통되는 항변] **담보책임 면제의 특약** **(임의규정임)** [공통항변에 대한 재항변] ①매도인이 알고 고지하지 않은 사실 ②매도인이 제3자에게 권리를 설정하고 양도한 행위 (약관이라면) ③약관규제에 관한 법률 제7조 제3호 위반	계약 날 1년
		선의	①대금감액청구권, ②계약전부해제 (잔존부분이면 매수하지 않았을 때) ③손해배상(이행이익)		안 날 1년
	권리일부가 전혀 존재하지 않음[38]	악의			
		선의	①대금감액청구권, ②계약전부해제 (잔존부분이면 매수하지 않았을 때) ③손해배상(이행이익)		안 날 1년
	용익물권 등에 의한 제한	악의			
		선의	①계약전부해제 (잔존부분이면 매수하지 않았을 때) ②손해배상(신뢰이익)		안 날 1년
	담보물권 등에 의한 제한	악의	Ⓐ저당권·전세권·가등기담보[39] 행사로 취득불능 or 상실 ①계약해제 ②손해배상 Ⓑ출재하여 보존 ①출재금 상환청구 ②손해배상		
		선의			

---

34) 대법원 1979. 6. 26. 선고 79다564 판결
35) 대법원 1971. 12. 21. 선고 71다218 판결 (매수인이 선의임에도 불구하고 과실이 있을 때는 그 과실상계를 할 수 있다는 취지임)
36) 대법원 1967. 5. 18. 선고 66다2618 전원합의체판결
37) 대법원 1989. 11. 14. 선고 88다카13547 판결 (권리의 일부가 타인에 속하는 경우에만 한정하여 적용되는 것이 아니라 수개의 권리를 일괄하여 매매의 목적으로 정한 경우에도 그 가운데 이전할 수 없게 된 권리부분이 차지하는 비율에 따른 대금산출이 불가능한 경우 등 특별한 사정이 없는 한 역시 적용된다.)
38) 수량을 지정한 매매인데도 수량이 부족하거나 일부가 멸실된 경우에 적용된다. 부동산매매계약은 대체로 수량지정매매가 아니다. 다만 "매매계약당사자가 목적 토지의 면적인 공부상의 표시와 같은 것을 전제로 하여 면적을 가격을 정하는 여러 요소 중 가장 중요한 요소로 파악하여 가격을 정하였고, 만약 그 면적이 공부상의 표시와 다르다는 것을 사전에 알았더라면 당연히 그 실제 평수를 기준으로 가격을 정하였으리라는 점이 인정된다면 그 매매는 '수량을 지정한 매매'에 해당) 그래서 아파트 분양계약은 '수량을 지정한 매매'가 된다.(대법원 2002. 11. 8. 선고 99다58136 판결)
39) 대법원 1992. 10. 27. 선고 92다21784 판결

물건 하자	Ⓐ특정물 (계약시) Ⓑ불특정물 (특정시)	악의 · 과실		①매수인의 악의 · 과실 ②매수인의 과실상계	안 날 6월
		선의 · 무과실40)	①계약전부해제 (잔존부분이면 매수하지 않았을 때) ②손해배상(신뢰이익) [불특정물] ②대신에 완전물급부청구 가능		
채권매매		악의	[채무자의 자력을 담보하는 특약을 했을 경우] ①변제기가 도래한 채권매매: 매매계약(채권 양도통지) 당시 자력 담보 ②변제기가 도래하지 않은 채권매매: 변제기 자력담보		
		선의			
경매(강제경매 · 임의경 매 · 공매 포함)		악의	[제1차적으로 "채무자"가, 제2차적으로는 "대 금을 배당받은 채권자"가 배당받은 금원의 범 위내에서 권리에 관한 담보책임만 부담]		
		선의			

19. 매매계약 해제 후 채무자 및 제3자를 상대로 한 원상회복청구의 요건사실

원상회복청구 등 (매매계약 해제 후)	청 구 원 인	채무자	①매매계약 체결사실	
			②채무불이행 (이행지체)	②채무불이행 (이행불능)
			③ⓐ상당한 기간을 정하여 최고 ⓑ상당한 기간내 미이행 ⓒ해제의 의사표시, 도달 ④원상회복 또는 손해배상 범위	③해제의 의사표시, 도달 ④손해배상의 범위
		제3자 (수익자 · 전득자)	⑤ⓐ수익자 · 전득자인 제3자(이해관계를 맺은 제3자) [if 물권적 이해관계 없는 제3자, 즉 채권적 이해관계 맺은 제3자라면 해제 · 해지 전후와 악의 · 선의 상관없이 청구가 가능] or ⓑ(if 다음과 같은 물권적 이해관계를 가졌다면) ㉮임차권 등기(민법 제621조) ㉯건물등기 있는 차지권(민법 제622조) ㉰상가건물임대차보호법(인도+사업자등록신청) ㉱주택임대차보호법(인도+전입신고) ㉲매매목적물을 가압류등기 경료한 자 등이 있다면, (a)해제의 의사표시 도달 후 (b)악의의 제3자 채권적 · 물권적 이해관계를 맺은 자인지 여부는 수익자 · 전득자임을 설명하 는 과정에서 자연스럽게 주장될 것이다. 즉 원고가 주장 · 증명해야 한다는 의미이다.	

20. 명의신탁 관련 청구의 청구원인 등

부동산 실명법이 적용되어 명의신 탁 무효와 명의	진정명의신탁	
	양자간 명의신탁	[소유권에 기한 원인무효인 소유권이전등기말소청구] ①명의신탁자의 소유권취득사실

---

40) 항변사항이다. 따라서 상대방(매도인)이 악의 · 과실로 주장 · 증명해야 한다.

신탁자의 청구	제3자간 명의신탁		②명의신탁약정 ③소유권이전등기 경료		
		매도인	[매매계약에 기한 소유권이전등기청구] ①매매계약의 체결 ②매매대금(계약금·중도금·잔금) 전부 지급		
		명의수탁자	[매도인의 명의수탁자에 대한 소유권이전등기 말소청구의 대위행사]		
			[대위요건] ①ⓐ위 소유권이전등기청구권 　ⓑ이행기 도래 　ⓒ미행사	②(제3자간)명의신탁계약 ③ⓐ명의신탁자(매수인)의 요청에 의해 명의수탁자 명의로 소유권이전등기 경료 　ⓑ매도인의 **악의**로 소유권이전등기 원인무효	

계약명의신탁 [명의신탁자는 명의수탁자를 상대로 부당이득반환청구할 수 있음]

①부당이득반환청구권의 발생
 ⓐ명의신탁계약사실
 ⓑ(a)매도인과 명의수탁자 사이의 매매계약체결사실
　(b)매매대금의 전부 지급사실(명의신탁자로부터 받아서 지출)
　(c)명의수탁자 명의로 소유권이전등기 경료사실 &

ⓒ**매도인의 선의**(명의수탁자의 소유권 취득) [출제가능성 있음] or	②부당이득액 [명의수탁자는 <u>악의의 부당이득반환책임</u>을 부담][41] [부동산실명제법 실시 이후] 　ⓐ명의수탁자에게 부당이득반환청구 　(a)매매대금 및 필수 필요비 　(b)지출이후의 (법정)이자 　(c)추가적인 손해가 있다면 그 손해(아마 없을 것임) or [부동산실명제법 실시전에 명의신탁] 　ⓑ(a)부동산 자체가 부당이득으로 소유권이전등기 청구 가능 　(b)점유하기 시작한 후의 임료상당도 청구가능할 수 있음 　　[(b)는 대체로 명의신탁자가 목적물을 점유하면서 활용하고 있을 가능성이 높아 실제로는 청구할 가능성이 거의 없음]
ⓒ**매도인의 악의**(명의수탁자는 소유권을 취득 못하고 오히려 소유권이전등기 말소의무 부담하고, 매매대금 상당 부당이득반환청구권만 취득)	②부당이득액 [명의수탁자는 <u>악의의 부당이득반환책임</u>을 부담] 　ⓐ명의수탁자에게 부당이득반환청구 　(a)매매대금 및 필수 필요비 　(b)지출이후의 (법정)이자 　(c)추가적인 손해가 있다면 그 손해(아마 없을 것임) or 　ⓑ매도인을 상대로 부당이득반환청구권을 처분금지가처분한 다음 명의수탁자를 대위하여 매도인에게 부당이득반환청구권(채권)의 양도의 의사표시와 그 양도사실의 통지를 하라는 청구가능 or [위 ⓑ와 같은 청구 대신에 매도인을 피고로 하여 매도인에게 명의수탁자가 가진 아래 금액상당의 부당이득반환청구권을 대위행사할 수도 있음] 　(a)매도인이 수령한 매매대금 　(b)매도인이 악의로 되었거나 소장부본송달일 이후의 이자

---

41) 명의수탁자가 선의인 경우에는 민법 제748조, 제749조에 따라 현존이익의 반환의무가 있다.(대법원 2010. 1. 28. 선고 2009다24187, 24194 판결 참조)

유효한 명의신탁 해지를 원인으로 한 청구	유효한 명의신탁의 사례 (배우자[42]·종중·종교단체의 명의신탁 등)	[명의신탁자는 명의수탁자를 상대로 명의신탁해지를 원인으로 한 소유권이전등기 청구를 할 수 있음] ①명의신탁약정의 체결사실 ②명의수탁자 명의로 소유권이전등기 경료사실 ③명의신탁 해지의 의사표시와 도달사실

21. (점유 및 등기부)취득시효 완성을 원인으로 한 소유권이전등기 청구의 요건사실 및 항변사실

점유자의 청구유형	청구원인사실	항변	재항변
점유취득시효 완성을 원인으로 한 소유권이전등기 청구	①20년간 ②점유	①타주(또는 폭력, 은비)점유 ⓐ(a)점유취득시 타주점유 or (b)점유취득시 **악의의 무단점유** (악의, 무단여부는 점유도중의 정황적 간접적 사유들[43]도 포함하여 판단) or ⓑ점유도중에 (a)소유자라면 했을 조치를 하지 않았거나 (b)소유자라면 하지 않았을 행위를 했음 ②점유중단(점유의 불계속) ③시효중단 ⓐ청구(최고)+6월내 추가조치 ⓑ재판상청구(응소포함) ⓒ(처분금지 or 점유이전금지)가처분 ⓓ(특히 묵시적) 승인 ④시효이익의 포기 [③ⓓ와 ④는 대체로 비슷한 사실이나 시효기간경과 전, 후의 차이로 평가가 다른 것임] ⑤소멸시효완성[44] (시효취득자가 점유를 상실한 날로부터 10년경과)	①ⓐ자주점유로의 재전환하여 ⓑ그때부터 20년간 점유

---

42) 제5회 변호사시험 민사기록형 문제로 출제된 적이 있다.

43) 점유취득 당시의 점유권원의 성질을 중심으로 무단여부를 판단해야 한다는 추상적 객관설이 있고, 점유권원의 성질 이외에도 정황적간접적 사정들도 함께 고려해서 판단해야 한다는 구체적 객관설도 있으나, 후자가 대법원 전원합의체 판결의 태도라고 본다.

44) 대법원 1996. 3. 8. 선고 95다23866·34873 판결 (을이 소유하고 있던 토지를 A가 점유하고 있던 중 20년 경과로 점유취득시효가 완성되었고, 갑에게 점유가 특정승계되었는데 갑의 점유기간만으로는 20년이 되지 않아 A의 점유기간을 포함하여 주장해야 하면 A의 점유개시시점으로부터 점유취득시효가 완성되었기 때문에 결국 A가 취득한 소유권이전등기청구권을 대위행사할 수밖에 없게 된다. 이때 을은 A가 소유권이전등기청구권(채권적 청구권)을 취득한 다음 점유를 지속하는 한 소멸시효기간은 경과하지 않지만 A가 갑에게 점유를 특정승계시켜 점유를 상실하면 그 때부터 10년간 경과로 위 소유권이전등기청구권이 소멸시효 완성으로 소멸하게 된다. 소멸시효기간은 10년이고, 점유취득시효기간은 20년인 관계로 이와 같은 경우가 발생할 수 있다.(대법원 1996. 3. 8. 선고 95다34866·34873 판결)

등기취득시효 관련 청구	Ⓐ소유권이전등기 말소청구에 대한 **등기부취득시효 완성으로 소유권자라는 항변**		
	①원고의 소유 ②피고 명의의 등기 ③등기의 원인무효 사실	①**10년간 &** ②**등기부상 등기** ③**무과실 점유**	점유취득시효 완성을 원인으로 한 소유권이 전등기청구에서의 항변사실과 동일
	Ⓑ등기부취득시효 완성을 원인으로 소유권 확인의 소 (제5회 변호사시험 출제)		
	①**10년간 &** ②**등기부상 등기** ③**무과실 점유** ④**확인의 이익**	점유취득시효 완성을 원인으로 한 소유권이전등기 청구에서의 항변사실과 동일	

22. 대여금 청구의 요건사실

대여원본만 반환청구	① (금전)소비대차계약의 체결사실, ② 원본의 지급, ③ 금전소비대차계약의 종료(변제기 도래사실) 　ⓐ㉮확정기한 　　㉯불확정기한[(a)불확정기한사실이 객관적으로 발생, ※지체책임을 위해서 (b)채무자의 악의와 그 다음날] 　　㉰기한의 정함이 없는 경우(민법 제603조 제2항, 상당한 기간을 정하여 최고) or 　ⓑ기한이익의 상실 　　㉮기한이익 상실의 특약, 　　㉯특약상의 사실이 발생
<u>원본반환+지연손해금만</u> <u>병합</u>	[이자지급약정이 없을 때 청구하는 형태이다. 종종 발견되는 사례이다.] ① (금전)소비대차계약의 체결사실, ② 원본의 지급, ③ 변제기 도과(금전소비대차계약의 종료) 　(a)(1) 변제기의 합의(확정기한, 불확정기한, 기한의 정함이 없음) 　　(2) 변제기의 도과사실 　(b) 손해의 범위(구체적으로는 아래 ④ⓑ)
<u>원본반환 + 이자 + 지연</u> <u>손해금도 병합</u> <u>(원칙적인 청구형태)</u>	[대여금지급청구의 가장 보편적인 소송형태이다.] ① 금전소비대차계약의 체결사실, ② 원본의 지급(원본의 지급일자 포함) 　(실무상으로는 ②사실을 주일상목행으로 기술할 때 원본의 지급일자를 자동적으로 기재함) 　(이자는 초일산입하여 청구할 수 있음), ③ [이자지급청구] 　[민사사안과 아래 예외 제외한 상사사안] 　ⓐ이자·이율의 약정 　(a) 이자약정 사실 (이자약정만 한 경우에는 법정이율로 청구) 　　　　　　(민사사안 연 5%, 상행위 연 6%) 　(b) 또는 이자약정 및 이율약정 사실 　　(이자제한법 제한이율 내의 약정이율로 청구 even if 약정이율 < 법정이율) or [상인이 영업에 관하여 금전대여, 상인이 영업범위내에서 금전체당행위]

	ⓑ이자약정조차 없어도 상사법정이율 6%로 이자청구가능 　(이자는 초일산입하여 청구할 수 있음) ④ [지연손해금지급청구] ⓐ변제기도과(금전소비대차계약의 종료일 다음날) 　(a) 변제기의 합의(확정기한, 불확정기한, 기한의 정함이 없음) 　(b) 변제기의 도과사실 ⓑ 손해의 범위(지연손해금률)(앞서 수차례 설명한 바 있음) ⓐ지연손해금률의 합의 　(약정이율 또는 법정이율보다 낮아도 적용) 　(지연손해금률이 이자제한법상의 제한이율을 초과한 경우에도 약정 지연손해금률 적용) **or** ⓑ지연손해금률의 합의가 없는 경우 　**(if 법정이율 > 약정이율)** 법정이율 **or** 　**(if 법정이율 < 약정이율 <이자제한법상 제한이율)** 약정이율 　**(if 이자제한법상 제한이율 < 약정이율)** 이자제한법상 제한이율

23. 준소비대차에 기한 대여금 청구의 요건사실

준소비대차에 기한 원본·이 자·지연손해 금 지급청구	청구 원인	【준소비대차계약에 의한 원본과 지연손해금만 청구하는 경우】
		①금전 기타 대체물의 급부를 목적으로 하는 채무의 존재(구채무의 발생원인 사실) ②준소비대차계약 (종전 채무를 소비대차의 목적으로 하는 합의) ③ⓐ변제기의 도과사실 　(a)변제기의 합의 (확정기한, 불확정기한, 기한의 정함이 없음) 　(b)변제기의 도과사실 ⓑ 손해의 범위(지연손해금률) 　(a)지연손해금률의 합의 　　(이자·이율의 합의도 없어 지연손해금률의 합의가능성 낮음) 　　(법정이율보다 낮아도 적용) 　(지연손해금률이 이자제한법상의 제한이율을 초과한 경우에도 약정 지연손해금률 적용) **or** 　(b)법정이율 (지연손해금의 합의가 없는 경우) 　　(민사사안 연 **5%**, 상행위 연 **6%**)
		【준소비대차계약에 의한 원본 및 (이자) 지연손해금 청구】
		①금전 기타 대체물의 급부를 목적으로 하는 채무의 존재(구채무의 발생원인 사실) ②준소비대차계약 (종전 채무를 소비대차의 목적으로 하는 합의) 　(원본은 이미 지급된 상태임) ③ [이자지급청구]이자·이율[45]의 약정 ⓐ 이자약정 사실 (이자약정만 한 경우에는 법정이율로 청구) 　　　　(민사사안 연 5%, 상행위 연 6%) **or** ⓑ 이자약정 및 이율약정 사실 　(이자제한법 제한이율 내의 약정이율로 청구 **even if** 약정이율 **<** 법정이율)

---

45) 준비소대차계약, 경개계약상의 이율약정도 이자제한법의 적용대상이다. 그래서 제한이율을 초과한 부분은 무효이
고, 초과하는 이자를 임의로 지급한 경우에는 초과 지급된 이자상당액이 원본에 충당된다.(대법원 2015. 1. 15. 선
고 2014다223506 판결) 제9회 변호사시험 기록형 문제로 그 쟁점이 출제된 바가 있다. 다만 잘 알다시피 지연손해
금률은 이자제한법의 적용대상이 아니다.

	(이자는 초일산입[46]하여 청구할 수 있음)
	④ [지연손해금지급청구]
	ⓐ변제기도과(준소비대차계약의 종료일 다음날)
	  (a) 변제기의 합의(확정기한, 불확정기한, 기한의 정함이 없음)
	  (b) 변제기의 도과사실
	ⓑ 손해의 범위(지연손해금률)(앞서 수차례 설명한 바 있음)
	  (a)지연손해금률의 합의
	   (약정이율 또는 법정이율보다 낮아도 적용)
	  (지연손해금률이 이자제한법상의 제한이율을 초과한 경우에도 약정 지연손해금률 적용) or
	  (b)(if 법정이율 > 약정이율) 법정이율 or
	   (if 법정이율 < 약정이율 <이자제한법상 제한이율) 약정이율
	   (if 이자제한법상 제한이율 < 약정이율) 이자제한법상 제한이율

항변	[구채무에 대한] ①부존재 · 무효 · 취소 · 해제/해지 · 무권대리(대리권남용) · 대표권제한위반 or ②변제 · 대물변제 · 공탁///경(개) · 상(계) · 면(제) · 혼(동) · 소(멸시효완성) ③동시이행항변 ＊구채무에 대한 위와 같은 사유들을 항변사유로 삼는 것을 "피고설 또는 항변설"이라고 함

24. 상계 항변의 요건사실과 재항변사실

상계항변	[변론 외에서 벌써 상계항변을 하여 수동채무가 이미 소멸한 경우] ① 자동채권의 발생원인사실 ② 상계의 의사표시 및 그 도달 [상계의 의사표시 없이도 상계된다는 상계약정이 사전에 존재하는 경우에는 그 '상계약정사실'] [수동채권이 일부 채권양도되었거나, 일부 지급금지명령을 받은 후 양수인 또는 전부 · 추심명령 받은 자가 그 양수금청구, 전부금 · 추심금 청구의 경우에 하는 상계] ⓐ양수금, 전부금 · 추심금을 수동채권으로 하여 자동채권을 전부 상계할 수 있다는 학설[47] or ⓑ먼저 자동채권으로 종전 채권자의 채권에 상계한 다음 나머지만을 양수금, 전부금 · 추심금에 상계할 수 있다는 학설 (특히 수동채권이 임차보증금반환채권일 때 ⓑ태도를 취하는 견해가 유력)[48]

---

46) 강의를 해 보면 의외로 많은 학생들이 이자계산시 초일산입하여 계산한다는 평범한 원칙을 모르는 경우가 많았다. 민법 제157조에 따른 초일불산입의 원칙만 공부한 나머지 그 대표적 예외사유인 이자계산시 초일 산입하여 계산한다는 원칙을 몰각하고 있었던 것이다.

47) 법학전문대학원 협의회 2019년도 실시 제3회 모의시험 민사기록형 문제 및 제10회 변호사 시험 민사기록형 참조

48) 제10회 변호사시험 민사기록형 문제 및 답안 참조, 법학전문대학원 협의회 실시 2019년도 제3회 민사기록형 문제는 대법원판례의 태도에 따라 구성되었다. 즉 제3채무자의 선택권을 존중하여 양수금청구에 전액 상계할 수 있도록 하였다.(ⓐ학설을 채택) 반면 사법연수원 민사담당 교수들을 중심으로 임차보증금반환채권에 관하여 그 특수성을 존중하자며 제3채무자는 채무자의 손해배상채권 등 수동채권에 먼저 공제된 다음 나머지만을 전부금청구에 상계할 수 있다는 태도를 취하고 있다. 관련 대법원 판례도 없고, 따라서 이에 관한 대법원의 명시적 견해표명도 없었다. 그런데도 사법연수원 민사담당 교수들의 의견에 따라 그리 정해지고, 민사재판실무 등에서 전국적으로 교육되고 있다. 이러한 현상에 대한 필자의 견해는 2019년도 제2회 모의시험의 기초가 된 대법원 판례의 태도가 제3채무자의 선택권을 중시한 나머지 다른 편익을 야기시키지도 못하면서 그러한 법원칙을 선언함으로써 관련 당사자들이 불필요하게 후속절차들을 취해야 하는 부담을 지게 되어 분쟁을 비효율적으로 해결하게 하고 있다는 생각 하에 향후 폐기되어야 한다는 견해를 취하고 있다. 이런 의미에서는 필자는 사법연수원 민사담당 교수들의 견해가

(아래 ③, ④사실은 위 ①, ②인정된 사실의 법률효과에 해당된다.)

③ 자동채권과 수동채권이 **상계적상**이 있는 사실(민법 제492조)

    ⓐ 자동채권, 수동채권 모두 동종목적의 채권

    ⓑ 자동채권, 수동채권 모두 이행기 도래

        (a) 자동채권·수동채권 모두 이행기 도래 or

        (b) 자동채권은 이행기 도래, 수동채권은 이행기 미도래

          (∵수동채권 기한의 이익 포기 가능)

        <u>(c) **양채권 모두 이행기 미도래이면 자동채권이 먼저 이행기 도래하면 가능(제한설)**</u>

            ●지급금지명령을 송달받기 (a)<u>**전**</u>에 성립한 자동채권이 (b)적어도 <u>**먼저**</u> 이행기 도래하면 상계가능(제한설)[49]

            ●채권양도통지를 송달받기 전에 성립한 자동채권이 적어도 먼저 이행기 도래하면 상계가능(제한설)[50] or

            채권양도통지를 송달받기 전에 성립한 자동채권은 꼭 먼저 이행기 도래할 필요 없이도 상계가능(무제한설)

④ **상계충당** (변제충당 법리와 동일)

    [**상계적상 발생시 기준**으로 상계충당됨]

임차보증금반환채권 뿐만 아니라 다른 채권에도 두루 적용되어야 한다는 견해를 취하고 있는 셈이다.(ⓑ학설 지지) 아무튼 수험생들은 관련 법리들을 잘 숙지하고 대법원 판례의 취지에 따라 ⓐ학설에 따른 법리를 적용할 수 있어야 한다.

49) 지급금지명령은 주로 '채권압류 및 추심명령', '채권압류 및 전부명령' 등에 발령된다. ⓐ(a)지급금지명령을 받기 전에 상계적상이 갖추어졌으면 당연히 상계가 가능하다. 위 표에서는 ⓐ(b)지급금지명령을 받기 전에 성립한 자동채권이 변제기가 도래하지 않아 상계적상을 갖추지 못한 경우에 어떤 조건하에 상계가 가능한지에 관한 설명이다. 적어도 수동채권보다 먼저 이행기가 도래할 때만 상계할 수 있다는 제한설을 취하고 있는 것이다.(대법원 2012. 2. 16. 선고 2011다45521 전원합의체판결 등 다수) 다만 제3채무자의 압류채무자에 대한 자동채권이 수동채권인 피압류채권과 동시이행의 관계에 있는 경우에는 압류명령이 제3채무자에게 송달되어 압류의 효력이 생긴 후에 자동채권이 발생하였다고 하더라도 제3채무자는 동시이행의 항변권을 주장할 수 있고, 따라서 그 채권에 의한 상계로 압류채권자에게 대항할 수 있다. (대법원 2010. 3. 25. 선고 2007다35152 판결 등) ⓑ지급금지명령을 송달받은 후 성립한 자동채권은 무조건 상계할 수 없다.(민법 제498조) 다만 자동채권이 발생할 기초가 되는 원인이 수동채권이 압류되기 전에 이미 성립하여 존재하고 있었던 경우에는 지급금지명령 송달받기 전의 자동채권에 해당되어 민법 제498조가 적용되지 않는다.

50) 채권양도도 같은 문제가 있다. ⓐ(a)채권양도통지를 받기 전에 성립한 자동채권이 이미 상계적상도 갖추어졌으면 당연히 상계할 수 있는 것도 같다. ⓐ(b)채권양도통지를 받기 전에 성립한 자동채권이 변제기가 도래하지 않아 상계적상을 갖추지 못한 경우에 어떤 조건하에 상계가 가능한지에 관해 제한설과 무제한설이 대립되고 있다. 대법원 판례는 아직까지 이 쟁점에 관해 견해를 밝힌 판결이 선고된 바가 없다. 다만 법학전문대학원 협의회 실시 2018년도 제1회 민사기록형 모의시험에서 채권양도에도 제한설이 적용된다는 입장에서 출제된 바가 있다. 필자의 견해로도 대법원 판례가 지급금지명령을 받은 경우에 제한설적 입장을 지지하는 등으로 제한설적 견해를 취하고 있는 것으로 보아 채권양도의 통지를 받은 후에도 향후 제한설적 입장으로 판례가 정리되지 않을까 예측하고 있다. 참고로 법학전문대학원 협의회 실시 2016년도 제3회 민사기록형 모의시험 문제에서는 정답이 무제한설적 입장에서 구성되고 제시된 적이 있었다. 당시 모범답안 작성자들은 대법원 1999. 8. 20. 선고 99다18039 판결, 대법원 2019. 6. 27. 선고 2017다222962 판결들을 근거로 대법원이 무제한설을 취하고 있는 것처럼 설명했으나 독자들도 위 대법원 판례들을 자세하게 읽어 보기를 권한다. 아무리 읽어 보아도 대법원이 반드시 무제한설을 취한다고 보기 어렵다. 보다 더 자세한 내용은 민사법실무 Ⅱ 중 2016년도 제2회 모의시험 강평안을 참조해 보기 바란다. 어쨌든 수험생으로서는 채권양도에 관해서도 제한설적 입장에서 상계가능성을 검토해 보기 바란다. ⓑ채권양도통지를 받은 후에 성립한 자동채권으로는 상계가 절대 불가능하다.

	[변론에서 비로소 상계항변을 하는 경우]
	① **자동채권의 발생원인사실**
	② 자동채권과 수동채권이 **상계적상**이 있는 사실(민법 제492조)
	③ **(법문서에) 상계의 의사표시를 기재**
	④ **상계충당** (변제충당 법리와 동일)
재항변	① 자동채권 발생원인에 다음과 같은 일반적인 항변사유가 있다.
	ⓐ권리장애사실: 부존재 · 무효 · 취소 · 해제/해지 · 무권대리(대리권남용) · 대표권제한 위반
	ⓑ권리소멸사실: 변제 · 대물변제 · 공탁, 경(개) · 상(계) · 면(제) · 혼(동) · 소(멸시효완성)
	ⓒ권리행사저지사유: <u>(자동채권의) 동시이행항변</u>, 조건 · 기한 등 부관의 존재, 최고 · 검색의 항변
	②[상계의 의사표시에 특유한 항변사유]
	ⓐ 상계의 의사표시에 조건과 기한이 붙어 있다는 사실
	ⓑ 소송외 체결된 상계를 금지하는 약정 (민법 제492조 제2항 본문)
	if 원고가 채권양수인 등이면 ⓑ요건이 다음과 같이 변경된다.
	ⓑ(a)소송외 체결된 상계를 금지하는 약정 (민법 제492조 제2항 본문) &
	(b)채권양수인(원고)의 선의
	③ⓐ수동채권이 고의에 의한 불법행위로 인한 손해배상채권
	ⓑ수동채권이 압류금지채권

25. 소멸시효완성 항변의 요건사실과 재항변, 재재항변

소멸 시효 완성	소멸시효완성 (항변)	① 대주가 특정시점에서 당해 **권리를 행사할 수 있었던 사실**
		ⓐ 확정기한의 경우는 확정기한이 도래한 때부터 진행된다.
		ⓑ 불확정기한이 있는 경우에는 그 기한이 객관적으로 도래한 때로부터 진행한다.
		ⓒ 기한의 정함이 없는 경우에는 채권이 성립된 때로부터 진행한다.
		② 그때로부터 **소멸시효기간(채권은 10년)이 도과한 사실**
	중단 · 중지 혹은 시효이익의 포기, 권리남용 · 신의칙 위반 (재항변)	A. 중단
		a. 청구
		ⓐ(a)단순최고(＋(b)6개월 이내 재판상청구, 압류, 가압류, 가처분 등 추가조치 필요)
		ⓑ재판상청구 {'응소'(소송계속 중 답변서 제출을 통한 응소)도 포함}
		b. 압류, 가압류, 가처분
		c. 승인
		B. 중지 or
		C. 시효이익의 포기
		ⓐ명시적 포기
		ⓑ묵시적 포기 (중요)
		D.ⓐ권리남용
		ⓑ신의칙위반 (채무자가 시효를 원용하지 아니할 것 같은 태도를 보여 신뢰케 함)
	(재재항변)	A. 중단에 대한 재재항변사유
		a. 재판상청구
		(a)소의 취하,
		(b)소의 각하
		b. 압류, 가압류, 가처분
		(a)압류취하,
		(b)가압류 이의신청에 의한 가압류취소

		(절차위반이나 요건불비의 가압류여서 가압류취소된 경우만), (사정변경 또는 제소기간 경과로 인한 가압류취소는 제외) ⓒ가처분 이의신청에 의한 가처분취소 (절차위반이나 요건불비의 가처분이어서 가처분취소된 경우만), (사정변경 또는 제소기간 경과로 인한 가처분취소는 제외) c. 승인 ⓐ관리의 능력이나 권한이 없음 B. 중지

26. 기한과 관련된 소멸시효 기산점과 이행지체의 시기

구 분	이행기		소멸시효의 기산점
	이행기 도래	이행기 도과	
확정기한	ⓐ확정기한의 약정 ⓑ확정기한의 도래 (역수상 명백)	ⓒ그 다음날(역수상 명백)	확정기 도래일
불확정기한	ⓐ불확정기한의 약정 ⓑ불확정기한에 정한 사유가 객관적으로 발생한 사실	ⓒ채무자가 이를 알 것 (그 다음날)	불확정기한에 정한 사유가 객관적으로 발생한 사실
기한의 정함이 없는 경우	ⓐ청구(최고)한 때	ⓑ그 다음날	성립된 때

27. 조건과 기한 (연기적 항변 및 재항변)

기한의 종류	기 한		조건의 종류	조 건		
	항변	재항변		항변	재항변	재재항변
시기 (始期)	시기의 존재		정지조건	정지조건의 존재		조건의 성 취가 신의 칙 위반
		시기의 도래			정지조건의 성취	
종기 (終期)	①종기의 존재 ②종기의 도래		해제조건	①해제조건의 존재 ②해제조건의 성취	조건의 성취가 신의 칙 위반	

28. 보증채무금 청구의 요건사실

(연대)보증 채무금 청구	청 구 원 인	(연대) 보증금	① 주채무의 발생원인 사실 ②ⓐ기명날인 또는 서명이 있는 서면으로 (요식계약) 　ⓑ(연대)보증계약의 체결사실 [청구원인을 기술함에 있어 "…의 (연대)보증하에… (주채무계약 체결사실)"이라 고 기재함] 【ⓐ2008. 9. 21.이후에 체결되거나 갱신된 보증계약은 「보증인 보호를 위한 특별 법」 제4조에 의하여, ⓑ2016. 2. 3.부터 체결되거나 갱신된 보증계약은 민법 제 428조의 2 제1항에 의해서 각 기명날인 또는 서명이 있는 서면으로 보증계약을 체결해야 함】

	(연대) 근보증금	① 주채무의 발생원인 사실 ②ⓐ기명날인 또는 서명이 있는 서면으로 (요식계약) 　ⓑ채무최고액을 정하여 　ⓒ(연대)근보증계약의 체결사실 [민법 제428조의 3] 【(a)2008. 9. 21.이후에 체결되거나 갱신된 근보증계약은 「보증인 보호를 위한 특별법」 제6조에 의하여, (b)2016. 2. 3.부터 체결되거나 갱신된 근보증계약은 민법 제428조의 3 제1항에 의해서 각 **최고액을 특정**하여 기명날인 또는 서명이 있는 서면으로 근보증계약을 체결해야 함】
	항변	[약정에 공통되는 항변] Ⓐⓐ부존재 · 무효 · 취소 · 해제/해지 · 무권대리(대리권남용) · 대표권제한 위반 Ⓐⓑ변제 · 대물변제 · 공탁//경(개) · 상(계) · 면(제) · 혼(동) · 소(멸시효완성) [(연대)보증계약에 특유한 항변] Ⓑⓐ최고 · 검색의 항변(연대보증에는 그 적용이 없다.) Ⓑⓑ(이자 · 지연손해금 등) 보증범위에서 제외하기로 한 특약 등 다수

29. 채권적 청구권으로서의 (근)저당권설정등기 말소청구의 요건사실

(근)저당권설정등기 말소청구 (채권적 청구권)	①피담보채무의 발생원인 (주로 소비대차계약) 　ⓐ소비대차계약의 체결 　ⓑ이자 · 이율의 약정 　ⓒ원본의 인도 　ⓓ변제기의 도래 ②ⓐ(근)저당권설정계약 　ⓑ(근)저당권설정등기 ③피담보채무의 원인무효 또는 소멸(특히 변제, 소멸시효완성 등) 　ⓐ(근)저당권설정계약 또는 피담보채무의 발생원인 계약상의 부존재 · 무효 · 취소 · 해제/해지 · 무권대리(대리권남용) · 대표권제한위반 　ⓑ피담보채무의 변제 · 대물변제 · 공탁///경(개) · 상(계) · 면(제) · 혼(동) · 소(멸시효완성)	
	③변제로 인한 소멸	③소멸시효 완성을 원인으로 한 소멸
	ⓐ[근저당권의 경우] 　(a)피담보채무의 확정 　(b)피담보채무의 변제 　(c)변제충당 or ⓑ[저당권] 　(a)피담보채무의 변제 　(b)변제충당	[피담보채무] ⓐ행사할 수 있는 때로부터 ⓑ소멸시효기간 　(a)이자(지연손해금 제외), 상인 외상물품대금 　: 3년 　(b)상행위 : 5년 　(c)민사채권 일반 : 10년

30. 양도담보 청산을 원인으로 소유권이전등기말소 청구 및 가등기담보 청산을 원인으로 한 가등기말소청구의 요건사실

채권적 청구권으로서의 양도담보(가등기담보)	①피담보채무의 발생원인 (주로 소비대차계약 · 외상물품대금) 　ⓐ소비대차계약의 체결 　ⓑ이자 · 이율의 약정

청산을 원인으로 한 소유권이전등기(가등기) 말소청구	ⓒ원본의 인도 ②ⓐ양도담보의 경우 　　ⓐ양도담보계약 　　ⓑ소유권이전등기 or 　Ⓑ가등기담보의 경우 　　ⓐ가등기 담보계약[㉮소비대차·준소비대차에 대한 ㉯대물변제·대물변제예약 ㉰민법 제607조, 제608조에 위반하여 대물변제의 효력이 없음.] 　　ⓑ가등기 경료 or 소유권이전등기 경료 ③ⓐ[변제 등으로 피담보채무가 모두 소멸한 경우] 　　피담보채무의 소멸(특히 변제, 소멸시효완성 등) or 　ⓑ[피담보채무가 미변제 또는 일부변제된 경우][청산금을 지급하기 전까지는] 　　피담보채무(지연손해금 포함)을 변제받은 후(선이행) 소유권이전등기(또는 가등기) 　　말소청구

31. 임차보증금반환청구 및 임차목적물반환청구 의 요건사실 및 항변사유

가. 임차보증금반환청구

임차보증금 반환 청구	청구원인	① 임대차계약의 체결 ② 임차보증금의 지급 ③ 임대차의 종료 {④ 동시이행항변권을 무력화시키기 위한 사실들 　　(즉, ⓐ임차목적물의 반환; Or if not, 　　　　ⓑ임차목적물의 반환과 **상환이행)(의 청구취지 작성)**}
	항변	[공통] Ⓐⓐ부존재·무효·취소·해제/해지·무권대리(대리권남용)·대표권제한위반 　ⓑ변제·대물변제·공탁///경상면혼소 [특유] Ⓑ①공제 ((a)미지급임료, (b)임대차관련 손해배상 등) 　②묵시적 갱신 등

나. 임차목적물반환청구

Ⓐ임차목적물반환청구	① 임대차계약의 체결 ② 임차목적물의 인도 ③ 임대차의 종료 ④ 동시이행항변권을 무력화시키기 위한 사실들 　　(즉, 각종 공제 등 후 나머지 　　　　ⓐ임차보증금 지급완료; Or if not, 　　　　ⓑ임차보증금 지급과 상환으로)
Ⓑ임료지급청구	[①②] + ⑤사용·수익한 사실 　　　　⑥임료지급시기가 도래(민법 제633조)
Ⓐ+Ⓑ 동시 청구	①②③④⑤⑥

32. 적법하게 전대차 된 경우 전차인을 상대로 한 임차목적물반환청구의 요건사실

전차인을 상대로 한 직접 임차목적물 반환청구	① 임대차계약의 체결 ② 임차목적물의 인도 ③ 임차인이 임대인의 동의를 얻거나 승낙을 얻어 전차인과 임대차 또는 사용대차계약을 체결한 사실 ④ 임차인이 전차인에게 임차목적물을 인도한 사실 ⑤ 임대차의 종료 [※전대차(또는 사용대차)계약의 종료는 요건사실이 아님에 주의]

33. 지상물매수청구권의 행사로 인한 매매대금지급청구의 요건사실 및 항변

지상물 매수청구권 행사 후 **매매대금지급청구**	청구원인	① 지상물 소유의 목적으로 토지임대차계약을 체결한 사실, ② 임차인이 지상물을 건축하여 현존하고 있는 사실, ③ 계약갱신을 청구하였으나 임대인이 이를 거절하여 임대차계약이 종료한 사실, ④ 매수청구권을 행사한 사실 (형성권 행사의 의사표시 및 그 도달사실) ※(소장부본 등의 송달로서)소송상 행사가능 ⑤ **지상물의 시가**
	포기 특약의 항변	[민법 제652조 편면적 강행규정인 관계로] ① 지상물 매수청구권의 포기 특약사실 & ② 임대차계약의 임료 및 존속기간 등 그 과정을 전체적으로 살펴볼 때 그 특약이 임차인 등에게 일방적으로 불리한 것이 아니라는 사정
원고의 건물철거 및 토지인도청구에 대한 **지상물 매수청구권에 기한 항변**	지상물 매수청구권 행사의 항변	① 지상물 소유의 목적으로 토지임대차계약을 체결한 사실, ② 임차인이 지상물을 건축하여 현존하고 있는 사실, ③ 계약갱신을 청구하였으나 임대인이 이를 거절한 사실, ④ 매수청구권을 행사한 사실 (형성권 행사의 의사표시 및 그 도달사실) ※(답변서부본 등의 송달로서)소송상 행사가능
	포기특약의 재항변	[민법 제652조 편면적 강행규정인 관계로] ① 지상물 매수청구권의 포기 특약사실 & ② 임대차계약의 임료 및 존속기간 등 그 과정을 전체적으로 살펴볼 때 그 특약이 임차인 등에게 일방적으로 불리한 것이 아니라는 사정

34. 부속물매수청구권의 행사로 인한 매매대금지급청구의 요건사실 및 항변

부속물 매수청구권 행사 후 **매매대금지급청구**	청구원인	① 임대인의 동의를 얻어 부속물을 설치하였거나 그 부속물이 임대인으로부터 매수한 것인 사실, ② 그 부속물이 현존하는 사실, ③ 매수청구권을 행사한 사실 (형성권 행사의 의사표시와 그 도달) ※(소장부본 등의 송달로서)소송상 행사가능 ④ 부속물의 시가
	포기 특약의 항변	[민법 제652조 편면적 강행규정인 관계로] ① 부속물 매수청구권의 포기 특약사실 &

		② 임대차계약의 임료 및 존속기간 등 그 과정을 전체적으로 살펴볼 때 그 특약 이 임차인 등에게 일방적으로 불리한 것이 아니라는 사정
원고의 임차목 적반환청구에 대하여, 피고의 부속물 매수청구권 행 사로 인한 **동** **시이행**의 항변	부속물매수청구 권 행사로 인한 부속물대금과의 상환이행의 항변	[동시이행의 항변] ① 임대인의 동의를 얻어 부속물을 설치하였거나 그 부속물이 임대인으로부터 매수한 것인 사실, ② 그 부속물이 현존하는 사실, ③ 매수청구권을 행사한 사실 (형성권 행사의 의사표시와 그 도달) ※(답변서부본 등의 송달로서)소송상 행사가능 ④ 부속물의 시가
	포기특약의 재항변	[민법 제652조 편면적 강행규정인 관계로] ① 부속물 매수청구권의 포기 특약사실 & ② 임대차계약의 임료 및 존속기간 등 그 과정을 전체적으로 살펴볼 때 그 특약 이 임차인 등에게 일방적으로 불리한 것이 아니라는 사정

35. 필요비 · 유익비상환청구권에 의한 유치권행사의 항변과 필요비 · 유익비상환청구의 요건사실 및 항변사유

필요비 · 유익 비 지급청구	청구원인 (임차인)	① 피고는 목적물에 관하여 필요비 · 유익비 등 일정 비용을 지출한 사실 ② 그 비용이 목적물의 필요비(보존 · 관리에 필요한 사실) · 유익비(객관적 가치를 증가 시킴)인 사실 ③ 필요는 즉시, 유익비는 종료된 때 ④ 필요비는 전액, 유익비는 지출액 or 현존액 중 소액
	항변	Ⓐ필요비 · 유익비 포기의 특약
필요비 · 유익 비지급청구에 기한 유치권 의 행사 (항변)	청구원인 (임대인)	① 임대차계약의 체결사실 ② 임차목적물의 인도 ③ 임대차계약의 종료
	항변 (임차인)	① 피고는 목적물에 관하여 필요비 · 유익비 등 일정 비용을 지출한 사실 ② 그 비용이 목적물의 필요비(보존 · 관리에 필요한 사실) · 유익비(가치를 증가시킴)인 사실 ③ 필요는 즉시, 유익비는 종료된 때 ④ 필요비는 전액, 유익비는 지출액 or 현존액 중 소액 ⑤ **유치권의 행사**
	재항변	Ⓐ필요비 · 유익비 포기의 특약

36. 도급인에 대한 공사대금(공임 · 수리비 · 용역비) 지급청구의 청구원인 및 항변

공사대금(공임 · 수리비 · 용역비) 지급 청구	청구원인	"**일**"의 **전부** 완 성 후 or	① **공사도급**(제조도급 · 수리도급 · 용역도급)계약 ② 일의 완성 [③ 완성물의 인도 (인도까지 마쳤으면 지연손해금 지급청구도 가능[51]) or 완성물을 인도하지 않았다면 완성물의 인도와 상환하여 보수의 지급 청구가 가능하되 지연손해금 청구는 불가능] [④ 계약금, 1차 중도금 등 지급받은 금액의 공제]

	"일"의 일부 완성(공사 중단)	① **공사도급**(제조도급·수리도급·용역도급)계약 [② 공사중단 　계약해제[52] 등] ③ **완성된 부분이라도 인도** ④ 기성고 금액[53] [기성고에 따른 공사대금을 산정하는 방식 즉 (**총공사대금 × 기성고율**[54]), 기성고율은 주로 감정을 통해 확정함] [⑤ 계약금, 1차 중도금 등 지급받은 금액의 공제]
Ⓐ 동 시 이 행 **Ⓑ상 계 및 Ⓒ 해제의 항변**		Ⓐ【완성된 일의 하자[55]로 인한 하자보수의 동시이행항변】 ① 완성된 일에 하자의 존재 ② 하자보수의무와의 동시이행항변 (권리항변) – Ⓑ①【**하자보수금 등으로 상계**하여 상계액만큼 소멸 or 　　　　　　　　　　(if 잔액 있으면,) 별도 청구해야 함】 　　ⓐ자동채권(**하자보수금or/&손해배상금**)의 발생[56] 　　(a)하자의 존재 　　(b)손해의 범위

51) 인도까지 마쳤다면 보수(공사대금 등)의 이행기가 도과하였다는 것이다. 일의 완성과 동시이행관계에 있기 때문에 일을 완성하여 인도하면 보수의 지급기가 경과하였다고 할 수 있다. 물론 이와 다른 변제기의 특약이 있는 경우에는 그 특약에 따른다.

52) 건축공사 도급계약에 있어서는 공사도중에 계약이 해제되어 미완성된 부분이 있는 경우라도 그 공사가 상당한 정도로 진척되어 원상회복이 중대한 사회적·경제적 손실을 초래하게 되고 완성된 부분이 도급인에게 이익이 되는 때에는 도급계약은 미완성 부분에 대해서만 실효되고 수급인은 해제된 상태 그대로 그 건물을 도급인에게 인도하고 도급인은 그 건물의 기성고 등을 참작하여 인도받은 건물에 대하여 상당한 보수를 지급하여야 할 의무가 있게 되는 것이다. (대법원 1997. 2. 25. 선고 96다43454 판결)

53) 기성고 청구에서의 지연손해금 산정은 다음과 같이 한다.
　　첫째, 계약이 해제된 경우에는 비록 수급인의 유책사유로 계약이 해제되어 그 당시까지의 기성고에 대한 공사금 상당액을 지급하여야 할 경우라도, 이에 대한 지연손해금은 계약이 해제된 다음 날부터 발생한다. (대법원 1991. 7. 9. 선고 91다11490 판결) 대체로 미완성된 건물이 아직 독립된 건물성을 갖추지 못한 상태에서 토지의 부착물적 성격을 갖게 될 뿐이고, 따라서 도급인의 토지소유권에 기한 토지 점유로 말미암아 수급인에 의한 완성된 일의 일부라도 인도함이 없이 도급인이 그 부착물을 점유하고 있다는 전제하에 이런 판결이 선고된 것으로 보인다.
　　둘째, 소위 분할급으로 공사대금정산의 약정이 있는 경우에는 이미 완성되어 발생한 중도금의 경우에는 그 중도금 지급시기 다음날부터 지연손해금을 청구할 수 있다. (대법원 1985. 5. 28. 선고 84다카856 판결)

54) 기성고 비율은 이미 완성된 부분에 소요된 공사비에다가 미시공 부분을 시공하는데 소요될 공사비를 합친 전체 공사비 가운데 이미 완성된 부분에 소요된 비용이 차지하는 비율이다. (대법원 1995. 6. 9. 선고 94다29300·29317 판결

55) 도급계약에서 '완성된 일'에 하자가 있는 경우 너무 중대하여 계약의 목적 자체를 달성할 수 없는 경우에는 계약을 해제하고 원상회복의무의 이행문제로 해결하고(위 표 중 Ⓒ), 그렇지 아니한 경우에는 일단 일은 완성된 것으로 보아 도급인이 인수하고 도급인은 수급인에게 ①하자보수를 하라는 '하는 채무'의 이행을 청구(Ⓐ)(이때도 지체에 대한 손해배상청구는 같이 할 수 있다. 만약 이행지체에 관하여 지체상금의 약정이 있다면 이는 손해배상의 예정에 상응하므로 그 법리의 적용을 받는다.)하거나, ②하자보수와는 별도로 하자보수금 or/& 손해배상금의 지급을 청구할 수 있다.(Ⓑ①) 이때 하자보수금 & 손해배상금청구를 하면 후자의 경우는 지체책임이 주를 이루고, 하자보수금 청구 없이 손해배상금청구만 할 때 손해배상은 전보배상의 성격을 갖게 된다.

56) 도급계약에서 완성된 "일(용역)"의 하자 관련 법리는 매매계약의 하자담보책임내용과 비교하면서 학습하면 좋고, 지체상금의 약정은 손해배상액의 예정(위약금) 법리와 비교하면서 학습하면 좋다. 결국 재화와 용역 중 재화부분은 매매계약이나 손해배상액의 예정 법리가 적용되고, 용역부분은 도급계약의 법리가 적용된다는 특성을 잘 이해하는 것이 관건이다. 거래의 대상인 재화와 용역이 그 특성 때문에 적용되는 법리가 약간 변형되어 있는 것이다.

		ⓑ(1)ⓐ상계적상, ⓑ상계의 의사표시와 도달, ⓒ상계충당
		(2)(if 잔액 있으면,) 반소 등으로 별도 청구해야 함 or
		②【**지체상금으로 상계**하여 상계액만큼 소멸】
		 ⓐ자동채권 (지체상금57))
		  (a)지체상금의 약정
		  (b)지체일수
		  (c)지체상금의 산정(지체상금율X지체일수) &
		 ⓑ ⓐ상계적상, ⓑ상계의 의사표시와 도달, ⓒ상계충당 or
		─────────────────
		ⓒ【완성된 일의 하자로 인한 도급계약 해제】
		➡ **＊**원상회복의 문제는 남음
		① [도급계약 목적이 <u>건물, 기타 토지의 공작물인 경우</u>]
		 일의 완성 **전에만 해제 가능**
		 ⓐ'일'에 하자가 있고, ⓑ그것에 의해 계약의 목적을 달성할 수 없음 or
		[그 외]
		 일의 완성 **전** 혹은 일의 완성 **후에도 해제 가능**
		 ⓐ'일'에 하자가 있고, ⓑ그것에 의해 계약의 목적을 달성할 수 없음
		②해제의 의사표시·도달

재항변		[ⓑ 중 ②을 제외한, 결국 **완성된 일의 하자**로 인한 Ⓐ동시이행항변, Ⓑ①하자보수금·손해배상금을 자동채권으로 한 상계 및 ⓒ이를 이유로 한 해제에 대한 재항변 사유]58) ①ⓐ도급인이 제공한 재료의 성질로 하자가 발생한 것 or ⓑ도급인의 지시에 의해 하자가 발생한 것 or ②목적물의 인도받은 날로부터 1년 후 or 인도가 필요 없는 경우에는 일의 종료일로부터 1년 후 행사 (제척기간 도과) ③담보책임 면제(감경) 특약 ───────────────────────── [ⓑ 중 ②**지체상금**에 의한 상계 주장에 대한 재항변 사유] ①유책사실(고의·과실) 없음 or ②이례적인 천재지변59) or ③**종기의 도래(or 해제할 수 있었던 때로부터 다른 업자를 선정하여 일을 완성할 수 있었던 때의 도래)** or ④지나치게 과다하여 감액(민법 제398조 제2항)
재재항변		[재항변 사유 중 ⓑ①ⓐⓑ&③에 대하여] **수급인**이 그 재료 또는 지시의 부적당을 알고도 고지하지 않음

---

57) 공사도급계약상의 도급인의 지체상금채권과 수급인의 공사대금채권은 특별한 사정이 없는 한 동시이행의 관계에 있지 않다. (대법원 2015. 8. 27. 선고 2013다81224·81231 판결)

58) 일의 하자로 인한 담보책임(민법 제667조)은 무과실책임이다.(대법원 1980. 11. 11. 선고 80다923·924 판결) 매매계약상의 하자담보책임과 같은 법리이다. 따라서 재항변사유로 수급인이 고의·과실이 없다며 면책을 주장할 수 없다. 다만 수급인의 유책사유로 하자가 발생한 경우에는 일종의 불완전이행으로 채무불이행이 되고, 그 결과 도급인은 민법 제667조에 따른 담보책임을 물을 수도 있고, 채무불이행에 의한 손해배상도 청구할 수 있다.(청구권 경합, 대법원 2004. 8. 20. 선고 2001다70337 판결, 대법원 2005. 11. 10. 선고 2004다37676 판결) 이와 같이 청구권 경합을 인정하는 논리도 매매계약상의 하자담보책임 법리와 같다.

59) 1997년 IMF 구제금융 신청으로 인한 경제위기로 인한 자재 수급차질 등도 불가항력으로 인한 것으로 인정되지 않고, 비가 와서 작업을 못한 사정 등도 천재지변이라 할 수 없다. (대법원 2002. 9. 4. 선고 2001다1386 판결)

37. 도급인의 수급인에 대한 하자보수금·손해배상금 또는 해제로 인한 원상회복

'완성된 일'의 '하자'로 인한 하자보수금[60] or/& 손해배상금 청구	청구원인	**하자보수금 or 하자보수금+손해배상금** 지급청구		도급계약 해제로 인한 **원상회복 or/& 손해배상 청구**	
		①도급계약		①도급계약	
				[건물 기타 공작물]	**[기타]**
				②일의 완성 전	**②일의 완성전 또는 일의 완성후**
		②(완성된 일의) 하자 ③(ⓐ하자보수 청구) or 　ⓑ하자보수금 or 　ⓒ(a)하자보수금 + 　　(b)(1)손해배상, 　　　(2)손해의 범위		③ⓐ(완성된 일의) 하자 　ⓑ하자로 인하여 계약목적을 달성할 수 없음 ④계약해제의 의사표시 및 도달 ⑤ⓐ(1)원상회복(현물) or/and 　　(2)(a)손해배상+(b)손해배상의 범위 or 　ⓑ선급금 반환청구(뒤에서 구체적으로 살핌)	
	항변	①ⓐ도급인이 제공한 재료의 성질로 하자가 발생한 것 or 　ⓑ도급인의 지시에 의해 하자가 발생한 것 /// ②목적물의 인도받은 날로부터 1년 후 or 인도가 필요 없는 경우에는 일의 종료일로부터 1년 후 행사 (제척기간 도과) ③담보책임 면제(감경) 특약			
	재항변	[항변 사유 중 ①ⓐⓑ&③에 대하여] **수급인**이 그 재료 또는 지시의 부적당을 알고도 고지하지 않음			

38. 수임인의 위임인에 대한 보수지급청구

보수 및 필요비지급청구	청구원인	① 위임계약체결 사실 ②ⓐ 보수지급의 (명시적·묵시적) 특약사실 or 　ⓑ 필요비의 지출사실 ③[보수청구의 경우] 　ⓐ위임사무의 완료 or 　ⓑ[기간으로 보수를 정한 때] 　　그 기간이 경과된 사실 or 　ⓒ[수임인의 책임 없는 사유로 위임이 종료된 때] 　　이미 처리한 사무의 비율에 따른 보수청구 [필요비 지급청구의 경우] 　ⓐ즉시 　ⓑ지출일로부터의 (법정)이자 가산하여 청구
	항변	Ⓐ신의성실의 원칙이나 형평의 원칙에 반하여 약정보수액이 부당하게 과다함 Ⓑ반사회질서 위반 무효(민법 제103조)[61]

---

60) 도급인의 하자보수청구권의 변제기는 도급인이 그 권리를 행사한 때이다.(대법원 1989. 12. 12. 선고 88다카18788 판결)

61) 대법원 2015. 7. 23. 선고 2015다200111 전원합의체 판결 (변호사의 형사 성공보수금 약정은 민법 제103조 위반으로 무효라는 취지의 판결) 이미 지급한 형사 성공보수금은 불법원인급여로 원칙적으로 그 반환을 청구하지는 못한다.

39. 약속어음금(지연손해금 포함) 청구의 요건사실 및 항변

가. 발행인에 대한 약속어음금 청구

발행인에 대한 어음원금, 이자, 지연손해금 청구 원인사실	① 어음요건을 모두 갖춘 약속어음을 발행한 사실 　(어음요건 중 일부는 다른 어음요건으로 대체할 수 있거나, 생략할 수 있다.) ② 연속된 배서 ③ 원고가 소지하고 있는 사실 - - - - - - - - - - - - - - - - - - - (이자지급 청구를 할 수 있다면) ④ ⓐ이자·이율의 약정과 약속어음면에의 기재 　ⓑ일람출급형 약속어음이거나 일람후 정기출급형 약속어음인 사실 - (지연손해금 지급청구를 위한 추가적인 요건사실) ⑤ 지급제시한 사실 　ⓐ지급제시기간 내 지급제시인 경우에는 만기부터의 지연손해금 청구가능 or 　ⓑ지급제시기간 후 지급제시인 경우에는 지급제시 다음날부터 지연손해금 청구가능
항변	Ⓐ각종 인적 항변 Ⓑ각종 물적 항변

나. 배서인에 대한 약속어음금 청구

약속 어음금 (배 서 인 에 대한 청구)	① 어음요건을 모두 갖춘 어음을 발행한 사실 　(어음요건 중 일부는 생략할 수 있거나 다른 요건으로 대체할 수 있다.) ② 연속된 배서 ③ 원고가 소지하고 있는 사실 - - - - - - - - - - - - - - - - - - (이자지급 청구를 할 수 있다면) ④ ⓐ이자·이율의 약정과 약속어음면에의 기재 　ⓑ일람출급형 약속어음이거나 일람후 정기출급형 약속어음인 사실 - - - - - - - - - - - - - - - - - - ⑤ 지급제시 기간내에 지급지 또는 지급장소에서 지급제시한 사실 (만기일부터의 지연손해금 청구 가능) ⑥ 거절증서가 작성되었다거나 **작성면제된 사실**
항변	Ⓐ각종 인적 항변 Ⓑ각종 물적 항변

40. 양수금 청구의 요건사실 및 항변

양수금 청구 (채권양도)	청구원인	① 양도대상채권의 성립 {주로 대여금채권, 외상 물품대금 또는 (임차목적물 반환된) 임차보증금반환 등} ② 채권양도계약 ③ⓐ**양도인**에 의한 채권양도통지·도달 or 　ⓑ채무자의 ((a)유보하거나 (b)유보 없는 단순) 승낙
	항변	Ⓐ③ⓐ의 경우 채권양도통지 수령전까지 발생한 양도인에 대한 항변 　③ⓑ의 경우 승낙전까지 발생한 양도인에 대한 항변 　　(이 단계에서는 ⓑ중 (a)인지 (b)인지를 밝힐 필요가 없음) or -

		⑧①양도금지의 특약 **and** ②양수인의 악의·중과실 or - ⓒ①양도인이 제3자에게 피고에 대한 채권을 양도한 사실 (또는 제3자가 양도인의 피고에 대한 채권을 압류 및 전부(or 추심)명령받은 사실) **and** ②그 양도에 관한 확정일자 있는 통지나 승낙의 도달사실 {압류 및 전부(or 추심)명령이 도달한 사실}
	재항변	Ⓐ[③ⓑ의 경우] 피고가 단순승낙한 사실(즉 ⓑ(b)인 사실)[62] or - ⑧채무자가 채권양도를 승낙한 사실 or - ⓒ①양수인(원고)에 대한 채권양도도 양도인에 의한 확정일자 있는 증서로 한 통지이거 나 채무자에 의한 확정일자 있는 승낙으로 이루어졌고, & ②확정일자부 통지나 승낙이 제3자에 대한 그것(확정일자 있는 채권양도 or 압류 및 전부명령 or 압류 및 추심명령)보다 **먼저 또는 동시에** 도달한 사실[63]
	재재항변	Ⓐ[③ⓑ(b)의 경우] ⓑ(b)의 경우라 해도 양수인(원고)이 악의 또는 중과실

41. 채무인수금 청구의 요건사실 및 항변

채무인수금	청구원인	①인수대상 채무의 발생
		②채무인수계약
		{(a)**채권자와 인수인간 계약(원칙적 형태)** or
		  (b)채권자, 채무자, 인수인 3자간의 계약 or
		  (c)인수인과 채무자간의 계약 & 채권자의 승낙(민법 제454조 제1항)}

	항변	Ⓐ[②(a)의 경우] 이해관계 없는 제3자(인수인)가 채무자의 의사에 반해 인수 - ⑧[모두에게] 채무자가 채권자에게 주장할 수 있었던 항변들

42. 추심금 청구의 요건사실 및 항변

추심금	청구원인[64]	①피추심(압류)채권의 발생 (소위 'α문제', 특히 외상 동산매매, 소비대차, 임대차 등 요건사실)
		②[원고적격요건; 미비시 각하, 직권조사사항][65]
		  ⓐ(압류 및) 추심명령
		  ⓑ제3채무자에 대한 송달

---

62) 이를 재항변사유한 이유는 다음 재재항변사유가 존재하기 때문이다. 재재항변사유는 거래의 안전을 보호하기 위하여 양수인측의 주장·증명책임을 경감하여 채무자측이 재재항변사유로 주장·증명할 책임을 부담시킨 것이다.

63) 대법원 1994. 4. 26. 선고 93다24223 전원합의체 판결

64) 압류 및 추심명령은 종된 권리에도 영향을 미치지만 압류의 효력이 발생한 뒤에 생기는 이자나 지연손해금에만 미치고, 그 효력 발생전에 발생한 이자나 지연손해금에는 미치지 아니한다. (대법원 2015. 5. 28. 선고 2013다1587 판결) 송달된 날 발생한 이자는 기발생이자로 청구하면 안 된다. 종합하면 추심대상채권으로 이미 발생한 이자 및 지연손해금이 표시되어 있지 않았다면 압류 및 추심명령 송달 다음날부터의 이자 또는 지연손해금의 지급을 병합하여 청구하여야만 한다.

65) 대법원 2016. 11. 10. 선고 2014다54366 판결

		Ⓐ추심명령 송달 전에 (집행)채무자(위 ① 법률관계로부터 유래)에게 할 수 있었던 모든 항변사유들 (원인무효사실 & 소멸사실들 & 행사저지사실)(※상계는 제한설 적용)
	항변	Ⓑ확정판결이나 그와 유사한 효력이 있는 집행권원이 아니라 집행증서상의 집행채권(위 ② 추심명령을 받기 위한 집행채권)의 형식적 무효(집행증서의 요건 일부 흠결이나 성립절차상의 흠결)의 존재[66]

43. 전부금 청구의 요건사실 및 항변

전부금	청구원인	①피전부(압류)채권의 발생 (소위 'α문제', 특히 소비대차, 외상 동산매매, 임대차 등 요건사실) ②(압류 및)전부명령 ③ⓐ제3채무자에 대한 송달 & ⓑ(1)전부명령의 확정사실[67] or (2)ⓐ채무자에 대한 송달+ⓑ7일 경과 (보통 ⓑ는 역수상 명백하여 침묵함)
	항변	Ⓐ①전부명령 송달 전[68]에 (집행)채무자(위 ① 법률관계로부터 유래)에게 할 수 있었던 모든 항변사유들(원인무효사유 & 소멸사유들) (※상계는 제한설 적용) ②ⓐ집행채무자가 제3자에게 피전부채권을 양도한 사실, ⓑ집행채무자가 제3채무자에게 확정일자 있는 증서에 의한 채권양도 통지를 한 사실, ⓒ그 양도통지가 압류 및 전부명령 송달 전[69]에 제3채무자에게 도달한 사실 주장·증명하여 채권양도의 항변 가능 Ⓑ집행증서상의 집행채권(위 ② 추심명령을 받기 위한 집행채권)의 형식적 무효(집행증서의 요건 일부 흠결이나 성립절차상의 흠결)의 존재

---

66) 만약 집행채권이 확정판결(or 동일효력을 가진 집행권원)이라면 그 소송의 사실심 변론종결일을 기점으로 기판력의 시적한계 법리에 의해 집행채권의 원인무효 사유, 소멸사유들의 주장이 차단된다. 만약 사실심 변론종결일 이후 전부(추심)명령 송달전에 발생한 소멸사유 등이나 집행력 있는 공정증서 등 집행력만 있는 집행권원에 의한 강제집행이라면 청구이의의 소 또는 제3자이의의 소 등을 제기하고, 이어 강제집행정지결정을 받아 그 결정문을 집행법원에 제출함으로써 소송의 진행을 정지시킬 수는 있다. 이는 모두 강제집행절차상의 취급에 관한 법리이고, 강제집행절차가 종료된 이후에는 마치 공신력이 있듯이 집행채권의 원인무효사유나 소멸사유의 주장을 할 수 없게 된다.

67) 전부명령의 확정사실은 결국 채무자에게 송달된 후 7일의 이의신청기간이 도과한 사실을 일컫는다. 따라서 (1)=(2)이나 최근 출제되는 문제에서는 전부명령이 "2022. 3. 1.자 확정되었다."라는 사실제시만 하는 경우가 종종 있어서 위와 같이 구분해 둔 것이다.

68) 만약 전부대상채권이 임차보증금반환채권이라면 ①전부명령이 송달된 이후라도 임대차계약이 종료되어 임차목적물이 반환되기까지 발생한 미지급임료, 부당이득금, 손해배상금을 공제한 잔액에 한하여 전부명령이 그 효력이 있다. (대법원 1998. 10. 20. 선고 98다31905 판결) ②임차보증금반환채권을 전부받았다 하더라도 임차목적물 인도의무와 동시이행관계에 있음에는 변함이 없다. 따라서 임대인을 상대로 전부금 청구를 할 때는 그 전부금을 피보전권리로 하여 임대인을 대위하여 임차인에게 임차목적물반환청구의 소도 병합하여 제기하여야 한다. 그렇지 않으면 전부금청구의 승소판결이 확정되어도 동시이행항변 문제로 강제집행이 불가능하게 된다. ③임차보증금반환채권이 전부된 이후 임대인이 주택을 제3자에게 처분하고 등기까지 경료해 준 경우에는 주택임대차보호법 제3조 제2항에 따라 전부채권자에 대한 보증금지급의무를 면하게 되므로(대법원 2005. 9. 9. 선고 2005다23773 판결) 임대인은 주택의 양도사실을 내세워 전부금지급의무의 면책적 소멸을 주장할 수 있다. 물론 이 경우 주택소유권을 취득한 제3자(양수인)을 상대로 전부금 청구를 할 수 있다.

69) 채권양도 통지와 채권 압류 및 전부명령 결정 정본이 같은 날 도달하였는데 그 선후관계에 대하여 달리 증명할 방법이 없으면 동시에 도달한 것으로 추정한다. 동시에 도달하였으면 채권양도도 유효하고, 전부명령도 효력이 있어 모두 청구를 할 수 있을 뿐만 아니라 그 합계액이 제3채무자에 대한 채권액을 초과할 경우에는 그들 상호간에 법률상의 지위가 대등하므로 채권액에 안분하여 이를 내부적으로 다시 정산할 의무가 있다. (대법원 1994. 4. 26. 선고 93다24223 전원합의체 판결)

44. 채무(일부)부존재확인의 소

채무(일부)부존재 확인 소	① 채무발생원인 ②ⓐ (일부) 권리장애사유{부존재·무효·취소·해제/해지·무권대리(대리권남용)·대표권제한 위반 등}, 　ⓑ (일부) 권리소멸사유(변제·대물변제·공탁///경(개)·상(계)·면(제)·혼(동)·소(멸시효완성) ③ 확인의 이익

45. 해고무효확인의 소 및 임금지급청구

해고무효확인 및 임금지급청구의 소	① 해고통지 ② 무효사유의 존재 　ⓐ(법령상, 정관상, 약정상 등) 해고사유의 부존재 　ⓑ해고절차 위반 　ⓒ재량권 위반 ③ 임금 　ⓐ 임금액 　ⓑ 해고일부터 복직시까지

46. 채권자취소(사해행위취소) 및 원상회복 청구의 요건사실 및 항변사유

소의 종류		요건사실	항변
사해행위 취소		① 피보전채권의 존재 ② 사해행위 ③ (채무자의) 사해의사	①본안전 항변 　ⓐ피보전채권의 시효소멸 　ⓑ제척기간의 도과 (민법 제406조 제2항, 안날로부터 1년, 사해행위로부터 5년) 　ⓒ채무자의 자력회복[70] **②수익자·전득자의 선의**
원 상 회 복	원물반환		
	가액반환	①원물반환이 불가능하거나 현저히 곤란한 사유 ②반환의 범위 　ⓐ피보전채권액 or 　ⓑ목적물의 공동담보가액 or 　ⓒ수익자·전득자가 취득한 이익 중 적은 금액으로 반환 (그 결과 전액반환이 될 수도 있고, 일부 반환이 될 수도 있음)	

---

70) ①②③은 각하를 주장하는 본안전 항변에 해당된다.

47. 채권자대위권의 요건사실

채권자대위권	①채권자대위요건 (각하사유임) 　　ⓐ피보전채권 　　ⓑ이행기 　　ⓒ무자력(보전의 필요성)(특정채권일 경우에는 불필요) 　　ⓓ미행사 ②피대위채권의 발생 (소위 'α'문제임; 이부분을 중점적으로 기술해야 함)

48. 주주총회결의 무효확인 및 취소의 소

가. 주주총회결의 무효확인의 소

주주총회결의 무효확인의 소	①ⓐ원고 적격 (소익이 있는 자) 　　ⓑ피고 적격 (피고는 '회사') ②주주총회의 결의 **③내용상의 하자** [결의내용이 ⓐ 법령, ⓑ 사회질서, ⓒ 주식회사의 본질에 위반] ④소제기 절차 준수 　전속관할(※주식회사의 본점(주된 영업소)을 관할하는 법원의 전속관할임)

나. 주주총회결의 취소의 소

주주총회 결의 취소의 소	①ⓐ원고 적격 (주주, 이사, 감사) 　　ⓑ피고 적격(피고는 '회사') ②주주총회의 결의 **③ⓐ절차상의 하자 or ⓑ결의내용이 정관위반** ④소제기 절차 준수 　ⓐ전속관할(※주식회사의 본점(주된 영업소)을 관할하는 법원의 전속관할임) 　ⓑ결의일로부터 2개월 이내 제기 (직권조사사항임)

별지 2

제1회, 제8회 변호사 시험 민사기록형[1]

Ⅰ. 2012년 실시 제1회 변호사시험 기록형

1. 7단계 권리분석법에 의한 사건 전체의 분석

가. 의뢰인의 희망사항 분석결과

의뢰인 =원고	희망사항[2]	물권 침해? 약정?[3]	침해자 또는 약정자는 누구(=피고)[4]	원고의 자격, ∴소송명[5]
박대원	Ⓐ2필지가 박진수 명의로 등기되어 있고, 근저당권 설정되어 있어 빌라 신축이 지연되고 있으니 그 문제해결, (신한은행은 5,000만원 변제받으면 근저당권 말소	① 물권(공동상속) 침해(등기) ∴방해배제청구(등기말소)	∴침해자 (소유권이전등기) (박진수[6]) 침해자 (근저당권자) (신한은행)	물권자 (상속으로 1/2지분 취득) ∴소유권이전등기말소 물권자 (상속으로 1/2지분 취득)

---

1) 제1회 변호사시험 민사기록형 문제는 물권적 청구권에 관한 주요 쟁점이 거의 모두 포함되어 있다. 제8회 변호사시험 민사기록형 문제는 약정 관련 청구권의 주요쟁점이 거의 모두 포함되어 있으면서도 가장 쉽게 출제되어 있다.

2) 권리분석의 첫 단계로 의뢰인의 희망사항을 파악해 보아야 한다. 최근 출제가 거듭되면서 의뢰인의 희망사항에서 사용하는 문구가 거의 통일되어 가는 경향이 있다. 따라서 희망사항에서 사용되고 있는 용어들을 보면 소송형태가 충분히 예측될 수 있다. 그래서 본서(민사법 실무 연습 포함)에 수록되어 있는 50여 개의 모의기록의 희망사항만 읽고 그 청구형태를 예측해 보는 식으로 학습하면 큰 도움이 될 것이다. 물론 여러분들이 예측한 내용과 본서에서 이를 정리한 표들과 서로 비교하여 여러분들의 실력을 향상시켜야 한다.

3) 2단계와 3단계에서 의뢰인의 희망사항이 약정에 기한 것인지, 물권자로서 침해를 당하였다고 주장하는지를 살펴보라고 하였다. 그래서 약정과 관련된 강제이행청구, 채무불이행에 의한 손해배상청구, 급부 부당이득반환청구를 해야 하는지, 아니면 물권침해로 말미암은 물권적 청구, 불법행위에 의한 손해배상청구, 침해 부당이득반환 청구를 해야하는지를 확인해야 한다고 하였다.

4) 우선 피고는 침해자 또는 약정자가 된다. 의뢰인으로 원고를 삼으면 되지만 나중에 지목된 원고가 물권자, 또는 약정의 상대방이 되는지는 확인해야 한다.

5) 소송명을 구체화하여 다음표로 연결시키는 부분이다. 이 부분에서 다음 표와 서로 연결되어 있으므로 2개의 표를 동일선상에서 파악해야 한다.

6) 박진수는 근저당권설정자이다. 근저당권설정등기의 말소청구는 근저당권자를 상대로 제기해야 한다. 이는 매우 쉽고 기본적인 법리이지만 많은 학생들이 잘못 생각하기 쉬운 부분이니 이러한 법리를 반드시 정확하게 파악하고 있어야 한다.

응하겠다고 답변하고 있어 갚아야 한다면 갚고라도 말소 원함)			∴근저당권설정등기 말소
ⓑ김영철로부터 임대료(?) 지급받고 싶다. (다만 숙부인 박진수는 무자력이어서 청구하고 싶지 않다.)	① 물권 침해(점유 및 손해) ∴소유물반환청구, 불법행위에 의한 손해배상청구	① 침해자 (점유자) (김영철) ② 침해자 (불법행위자) (김영철)	물권자 (상속으로 1/2지분 취득) ∴인도청구 (이상 보존행위여서 전체에 대한 청구 가능) 물권자 (상속으로 1/2지분 취득) ∴손해배상청구 (주의:자신의 지분에 해당하는 부분만 청구가능)
(박점숙은 연락되지 않아 박대원 혼자서라도 해결하고 싶다.)	[좌측 희망사항의 의미] 박점숙은 의뢰인이 아니고, 장기 여행중이라 위임장을 받을 수 없어 원고가 될 수 없다는 의미임		
김영철은 양수금도 가압류되어 있다며 지급하지 않고 있는데 받고 싶다.	② 소비대차계약, 양도계약 ∴불이행 있어 강제이행청구	약정자 (차주) (김영철)	약정의 상대방 (대주의 양수인) ∴양수금청구

나. 원고의 청구원인 분석결과

소송명	청구원인		항변 (법률상 주장 포함)	재항변 등
소유권이전 등기말소청구	① 소유권 ⓐ피상속인의 소유 ⓑ상속 ⓒ유족 ⓓ상속지분 (1/2)[7]	② 등기 ③ 원인무효 (위조[8])	Ⓐ 실체관계에 부합하는 등기 1 (계약 or 제3자간 명의신탁) ⓐ 부친 소외 박석곤 소유 ⓑ 박석곤이 박진수에게 증여 ⓒ 등기명의만 박정수로 함 ⓓ 명의신탁명의 회복 Ⓑ 실체관계에 부합하는 등기 2 (등기부취득시효완성) ⓐ 등기와 점유가 10년 경과 ⓑ 무과실	Ⓐ ⓐ 부인 ⓒ 부인 Ⓑ 무과실을 부인하고, 타주점유라는 재항변

---

7) 상속에 의한 소유권취득은 포괄승계취득으로 민법 제187조의 적용을 받아 피상속인의 사망으로 소유권을 취득한다. 상응하는 등기가 없어도 그 소유권을 취득한다. 다만 타에 처분하기 위해서는 등기를 해야만 한다. 상속으로 지분만 취득한 자를 원고로 삼게 출제하는 이유는 물권적 청구권 중 보존행위에 해당되는 청구가 많기 때문이다. 특히 보존행위에 해당되는 건물철거, 등기말소청구, 인도청구와 함께 처분행위인 부당이득반환청구, 손해배상청구를 결합시켜 두면 공유의 법리에 관한 지식을 측정할 수 있기 때문에 널리 활용되는 출제기법이 된다.

8) 형사판결문에 의해 증명되었다. 피고 박진수는 사문서위조, 동행사, 공정증서원본불실기재, 불실기재공정증서행사로 유죄 확정판결을 받았다. (기록 14면 참조)

근저당권설정 등기말소청구		② 근저당권 설정등기 ③ 원인무효 (위조로 전 자의 무권리)	Ⓐ 피담보채무의 변제 후 말소가능	Ⓐ 무권리자와 근저당권설 정계약을 체결하고 등기를 하여서는 보호받을 수 없음 (물권의 대세효)
대지인도 및 손해배상청구		②(불법)점유 ⓐ임대차계약 ⓑ임차목적물 인도받아 점유 ③임료상당 손해배상9) (소제기전 3년 분만 청구)	[대지인도] Ⓐ점유할 정당한 권원 (임차권의 선의 취득) ⓐ등기 확인 ⓑ박진수와 임대차계약, 인도 [손해배상청구] Ⓑ기판력저촉 각하의 본안전항변 ⓐ부당이득반환청구 소제기 ⓑ확정판결 Ⓒ단기소멸시효 완성 안 날로부터 3년, 발생한 날로부터 10년 경과	Ⓐ 임차권(권리)의 선의취득 은 없음 선의의 임차인도 무권리 자와 계약했을 경우에는 보 호받지 못함 Ⓑ 부당이득반환청구는 후 속 손해배상청구 소송 기판 력이 없음(기판력의 객관적 범위) Ⓒ 이미 축소하여 청구취지 를 작성하였음
양수금청구	① 양도대상채권 ⓐ 소비대차계약 ⓑ 이자·이율의 약정10) ⓒ 원본의 인도 ⓓ 변제기의 도래11) ⓔ 상행위 ② 채권양도 ⓐ 채권양도계약 ⓑ 양도인에 의한 통지		Ⓐ 채권가압류 ⓐ 채권가압류결정 ⓑ 송달 Ⓑ 소멸시효완성 ⓐ 상행위 ⓑ 행사할 수 있는 때부터 5년 경과	Ⓐ ⓐ 채권가압류된 상태에 서는 추상적 채무권원을 만 드는 판결절차에서 청구는 할 수 있고, 나중에 집행절 차에서 정지시킬 수 있음. Ⓑ ⓑ에서 소멸시효의 기산 점은 성립한 때가 아니라 행 사할 수 있는 때인 변제기이 다. 그로부터 5년 미경과

2. 물권적 청구권의 법리

가. 일반론

물권적 청구권은 물권별로 그 근거규정을 별도로 규정하고 있다. 즉 물권의 대표인 소유권에 대하여 Ⓐ 소유물반환(제213조), Ⓑ 소유물방해제거청구(제214조 전문)[12], Ⓒ 소유물방해예방청구(제214조 후문)를 규정해 두고, 담보물권이나 용익물권에서 이를 준용하는 근거규정을 두는 방식을 취하고 있다. 물권적 청구권은 ① 물권자가 ② 침해당했을 때 청구할 수 있는 것이다. 소유권의 경우 침해의 형태에 따라 침해가 점유인 경우에는 소유물반환청구로, 침해가 방해일 때는 소유물방해

---

9) 불법행위로 인한 손해배상청구의 요건사실은 원칙적으로 ①위법성, ②고의·과실, ③손해, ④인과관계이나, 본 사안과 같이 물권자＋(불법)점유로 손해배상청구를 할 때는 물권자에 대한 침해로 ③손해가 주장·증명되었고, (불법)점유의 위법행위성은 인정되고, 고의·과실은 타인 소유 토지를 불법점유하는 것만으로 추정되며, 인과관계 또한 별도로 설명하지 않아도 당연히 주장·증명된 것이다. 특히 임대차계약 종료 후에도 임차인이 임차목적물을 계속 불법점유하고 있다면 위와 같은 논리구조로 불법행위로 인한 임료상당의 손해배상청구를 인정하고 있다.
10) 이자의 약정이 없어도 상행위이기 때문에 상법 제55조에 의하여 연 6%의 이자가 발생한다.
11) 이상 4가지 요건은 대여금 및 그 이자청구를 위한 전형적인 요건사실이다.
12) 민법전에는 소유물방해제거청구라고 표현하고 있으나, 일반적으로 소유물방해배제청구 또는 간략하게 방해배제청구라고 상용하고 있으므로 본서에서는 방해배제청구라는 용어를 사용하기로 한다.

배제청구의 형태로, 방해할 우려가 있는 때에는 방해예방청구로 분류하고 있고, 특히 소유물방해배제청구의 경우 방해 태양이 Ⓐ 타인의 대지 위에 건물을 소유하고 있는 경우에는 건물철거로, Ⓑ 타인의 부동산 위에 원인무효 등기명의를 보유하고 있는 경우에는 등기말소라는 형태로 더 세분화되어 있다.

나. 소유물반환청구(민법 제213조)

(1) 물권자

소유권은 원시취득으로부터 시작되어 포괄적승계취득 또는 특정승계취득으로 방식으로 이전된다. 그래서 원시취득 법리를 잘 학습하고 있을 필요가 있다. 원시취득은 대개 민법 제187조에 의한 소유권취득으로 원시취득사유가 존재하면 등기 없이도 그 소유권을 취득한다. 포괄적 승계취득 중 상속은 피상속인의 사망으로 민법 제187조에 의해 그 소유권을 취득한다. 명의신탁관계에서는 대외적으로는 명의수탁자만이 물권자이다.

(2) 점유자(상대방)

사실심 변론종결 당시 점유자이다. 그렇다면 사실심 변론종결 직전에 다른 자에게 점유를 이전해 버리면 인도청구를 기각당하게 된다.(대법원 1999. 7. 9. 선고 98다9045 판결) 그래서 점유이전금지가처분을 해 둘 필요가 있다. ⓐ 점유보조자는 상대방이 될 수 없다. ⓑ 판례에 따르면 물권적 청구권의 행사로서 인도청구를 구할 때 간접점유자는 상대방이 될 수 없다.(대법원 1999. 7. 9. 선고 98다9045 판결 등)

다만 전대차가 있은 후 임대차 계약 종료에 의한 원상회복청구로서 채권적 청구권인 인도청구를 할 때는 간접점유자에 불과한 임차인을 상대로 인도청구를 할 수 있다. 이는 물권적 청구권의 행사가 아니라 채권적 청구권의 행사이기 때문에 약정의 당사자를 상대로 청구할 수 있다.

다. 방해배제청구

(1) 물권자

소유물반환청구의 청구권자와 같다.

(2) 방해사실

앞서 수차례 설명한 바와 같이 방해의 태양에 따라 건물철거, 등기말소 등의 구체적인 청구권이 발생한다. 방해자는 현재[13] 물권의 실현에 대한 방해원인을 자기의 **사회적 지배범위 안에 둔 자**이다. 사회적 지배범위 안에 두었다는 것을 달리 표현하면 **법률상·사실상 처분할 수 있는 자**라고도 할 수 있다.(대법원 2003. 1. 24. 선고 2002다61521 판결 참조)[14] 소송과정에서 '현재'의 판단시점은 사실심변론종결시이다. 관련된 유명 판례로는 소유자가 동의하지 않은 쓰레기를 매립한 자에 대

---

13) 방해는 현재도 지속되어야 한다. 방해가 과거에 있었으나 현재 종료되어 '손해'로만 남아 있는 경우에는 손해배상을 청구할 수는 있어도 방해배제청구권을 행사할 수는 없다.(대법원 2003. 3. 28. 선고 2003다5917 판결)
14) 2012년도 제3차 법학전문대학원 협의회 모의시험 문제 참조

하여 방해는 종료되었다고 보아 방해배제는 청구할 수 없고 다만 과거의 쓰레기 매립행위란 침해에 관해 손해배상청구만 할 수 있고, 매립된 쓰레기를 수거하라는 방해배제청구는 할 수 없다는 판례가 있다.(대법원 2003. 3. 28. 선고 2003다5917 판결) 상대방의 **고의·과실 등 귀책사유**[15]는 요구되지 않는다. 방해원인이 자기의 사회적 지배범위 안에 둔 자란 요건이 필요한 이유는 첫째 "방해" 또는 "권리침해"란 고의·과실과 같은 귀책사유의 존재를 요구하지 않고 권리침해의 객관적 상태만이 존재하는 것을 일컫기 때문이다. 만약 모든 권리에 대한 방해사실에 대하여 다 물권적 청구권을 인정하면 권리방해사실과는 아무런 관련이 없는 자도 그 책임을 부담할 가능성이 높아져 불합리한 경우가 생긴다. 둘째 통상 아무에게도 책임이 없는 위험은 위험이 발생한 곳에 그 부담을 시키는 것이 좋다.(민법 제537조 채무자위험부담주의도 이런 원칙을 선언한 것임) 따라서 권리침해 또는 방해에 일정한 관련이 있는 자를 상대로 물권적 청구권이 인정될 뿐이다. 이런 일정한 관련성을 "사회적 지배범위 안에 둔 자"란 용어로 그 범주를 구분 짓게 하는 역할을 수행하는 것이다.

(3) 방해사실 중에는 타인 소유 부동산에 **원인무효 등기명의**를 보유하는 것도 포함된다. 이런 원인무효 등기의 존재로 인한 소유권 방해를 제거하기 위해 인정된 소유권이전등기 말소청구의 경우에는 등기의 추정력 때문에 등기원인의 무효사실도 원고측에서 주장·증명하여야 한다. 주의할 것은 소유권보존등기의 경우에는 "등기사항전부증명서"[16]에는 그 등기원인의 기재도 없을 뿐만 아니라, 따라서 등기의 추정력이 적용되지 않으므로 말소를 청구하는 자가 특별히 등기원인의 무효사실까지 주장·증명할 필요가 없다.

라. 특수문제(비용부담의 문제): 반환청구권과 방해배제청구권의 충돌문제

판례(대법원 1997. 9. 5. 선고 95다51182 판결 등)는 상대방의 비용과 노력으로 반환하는 등 **방해를 제거하여야 한다는 입장**이다.(행위청구권설의 입장)[17] 기타 소유자책임설, 책임설, 인용청구권설 등이 있으니 행위청구권설의 진정한 의미가 무엇인지를 알기 위해 아래 사례들을 참고로 알아두기 바란다.

[사례] 흔히 소유자 甲의 집에 절도범 乙이 침입하여 금괴 5kg을 상자에 넣어 훔쳐 달아나다가 골목길에서 경찰관과 마주치자 위 금괴가 든 상자를 丙의 마당으로 던져 넣고 도망친 경우 甲이 丙의 마당에서 금괴가 든 상자를 회수할 수 있는가를 중심으로 논의가 되고 있다.

---

15) 민법개정안 중에 민법 제752조 전후에 금지청구권의 근거규정을 두어 물권적청구권의 일반조항을 민법 손해배상 장에 두려고 하는 개정안이 마련되었던 적이 있었다. 잘 아는 바와 같이 손해배상은 반드시 고의, 과실이란 귀책사유가 있어야 한다. 따라서 이와 같은 시도는 성격이 전혀 다른 두 가지 제도를 같은 장에 두는 잘못으로 재고되어야 한다.

16) 과거에는 등기부등본이라고 했다. 본서에서는 간혹 등기부등본이라고 지칭하더라도 "등기사항전부증명서"로 이해하기 바란다.

17) 한국사법행정학회, 『민법주해 물권(1)』, 539면 이하 참조

[검토의견] 위 사안에서 물권적청구권을 행위청구권으로 이해할 때 甲은 丙에게 상자인도청구를 할 수 있고 그 확정판결을 받은 다음 강제로 丙의 마당에서 상자를 수거해 오면서 그 집행비용을 丙에게 부담시킬 수 있다.(민사집행법 제53조 제1항) 이와 같은 해결책은 행위청구권설 입장에서 설명한 것이다. 하지만 이와 같은 결론은 丙의 입장에서는 아무런 잘못 없이 반환의무를 부담케 할 뿐만 아니라 나중에 그 비용까지 부담하게 된다는 점에서 대단히 불공정하다. 그래서 이를 보완하는 다양한 견해가 제시된 것이다. 결론적으로 말하자면 행위청구권설을 주장하는 입장에서도 위와 같은 부정의를 피하기 위해 방해개념을 방해원인을 자신의 사회적 지배범위에 두어야 비로소 인정된다고 해석하는 등 丙의 점유사실을 부인하는 방법으로 물권적청구권을 부인하고 오히려 丙이 甲에 대하여 방해배제청구를 할 수 있다고 해석하여 해결하고 있다. 그렇다고 해서 물권적청구권을 행위청구권이 아니라고 이해할 것은 아니고 위와 같은 아주 예외적인 경우에는 점유사실을 부인하는 등으로 합리적인 해결책을 찾아 문제를 해결할 일이다.

마. 소유물반환청구와 반환대상 소유물에 대한 훼손, 과실, 비용 등 부수적 이해관계의 조정

소유물반환청구를 하면 점유 중이던 상대방은 소유물의 반환은 피할 수 없겠지만 소유물에 지출한 비용을 상환받고 싶어 할 것이다. 또 소유물에서 취득한 과실을 보유하고 싶고, 소유물에 입힌 훼손 등 배상책임을 면하고 싶을 것이다. 그래서 이와 같은 이해관계를 중심으로 법원리가 발달되었다. 이 문제를 민법 제201조 내지 203조에 의해 해결하도록 입법화되어 있다. 민법 제201조 내지 203조에 의한 위 문제의 해결책은 한마디로 요약하면 '선의의 점유자'에 대한 우대정책이다. 민법 제201조 제1항에 의하면 선의의 점유자는 수취한 과실을 반환할 의무가 없다. 이때 과실에는 천연과실은 물론 법정과실도 포함되고 따라서 목적물의 사용이익도 포함되어 이자, 임료 등 각종 사용이익도 반환할 필요가 없다. 민법 제748조 제1항에 따르면 선의자는 그 이익이 현존하는 범위내에서 반환해야만 하는데 민법 제201조에 의거 전혀 반환하지 않아도 되는 것이다. 따라서 민법 제201조는 실천적으로 매우 중요한 의미를 갖는다. 민법 제202조에 의하면 멸실·훼손의 경우에도 선의의 자주점유자는 자신이 그 멸실·훼손의 과정에서 받은 이익 중 현존하는 것만 배상할 의무를 진다. 또 민법 제203조에 의하면 지출한 필요비는 전액을, 유익비는 소유자의 선택에 따라 지출한 금액과 증가된 가액 중 어느 하나를 소유자로부터 상환받을 수 있다.

문제는 가끔 소유물반환청구가 원상회복의무와 경합하여 존재하게 된다는 데 있다. 예를 들면 임대차계약 종료로 인하여 원상회복의무[18]로서 임차목적물반환의무도 존재하고, 또 소유자겸 임대

---

18) 원상회복청구는 민사법에서 많은 영역에서 사용되고 있다. 그 성격은 위 임대차계약의 사례와 같이 채권적 청구권인 경우도 있고, 계약 해제 후 원상회복의무와 같이 물권적 청구권인 경우도 있다. 그래서 원상회복청구권을 일의적으로 물권적 청구권이다 또는 채권적 청구권이다라고 단정할 필요는 없고, 그 발생원인으로부터 추론되는 법적성격에 따라 적절하게 나누면 된다. 영미법에서는 원상회복을 restitution이라고 하면서 부당이득반환청구(unjust enrichment)와 구분하여 물권적청구권에 가깝게 취급하고 있다. 최근에 대한민국 학계에서 마련한 금지청구권 도입근거 규정은 민법 제752조 전후에서 원상회복청구라는 형태로 성안되었는데, 이때 개정안은 결국 원상회복청구권을 물권적 청구권적 성격이 강하다고 보아 사용된 용어라고 할 수 있다.

인이 그 소유권에 기해 점유하고 있는 임차인을 상대로 소유물반환청구를 할 수 있다.[19] 임대차계약 종료 후 원상회복의무로서의 반환청구는 주로 채권적 청구권 성격을 갖고 있고, 이와 결합하여 부당이득반환청구를 하게 되면 원상회복에 따른 과실수취, 비용상환, 훼손 등의 손해배상 등도 민법 제747조, 제748조에 의해 해결되어야 한다.(대법원 2003. 7. 25. 선고 2001다64752 판결, 대법원 2009. 3. 26. 선고 2008다34828 판결)

한편 악의의 점유자는 민법 제201조 제2항에 의하여 천연과실은 물론 법정과실인 사용이익도 반환하여야 한다. 이때 민법 제201조 제2항은 물론 제748조 제2항도 적용되어 받은 이익에 이자를 붙여 반환하여야 한다.(대법원 2003. 11. 14. 선고 2001다61869 판결)[20]

바. 항변들

(1) 물권자임을 부정하는 항변

원시취득, 포괄적 승계취득, 특정승계취득으로 물권자가 된다. 그 중 압도적 다수를 차지하는 특정승계취득에서 민법 제186조에 의하면 약정＋등기가 있어야 물권을 취득하게 된다. 등기는 등기사항전부증명서를 통하여 증명할 수 있지만 약정은 여러 가지 하자가 숨어 있을 수 있다. 이러한 약정의 성립상 하자가 전부 물권적 청구권관련 소송의 숨은 항변사유들이 된다. 주요한 항변으로 ① 부존재, ② 무효, ③ 취소, ④ 해제(해지), ⑤ 무권대리(대리권남용), ⑥ (회사 또는 법인·단체의 경우)대표권제한 위반 등이 있다. ① 부존재는 다시 ⓐ 위조·변조, ⓑ 판결편취에 의한 등기 등이 있고, ② 무효사유로는 ⓐ 의사능력 없는 자의 행위, ⓑ 원시적 불능, ⓒ 반사회질서위반(동기의 불법, 배임적 이중양도에 적극 가담 등), ⓓ 강행규정 중 효력규정 위반, ⓔ 비진의 의사표시, ⓕ 통모허위표시 등이 있고, ③ 취소사유로는 ⓐ 미성년자(피성년후견인 등 제한행위능력자), ⓑ 사기·강박, ⓒ 착오 등이 있고, ④ 해제(해지)사유, ⑤ 무권대리(대리권남용), ⑥ 대표권 제한 위반 등이 있다. 특히 위조·변조, 의사무능력, 미성년자 등은 제3자 보호규정이 없고, 등기의 공신력도 없어 수익자는 물론 전득자, 제2전득자 등도 등기부취득시효가 완성될 때까지 물권자의 물권적 청구권의 행사에 속수무책으로 당할 수 있다. 부동산이 고액인 상태에서 이와 같은 거래상의 위험은 한 인간의 재정적 상태를 일거에 파탄시킬 만한 것이어서 종종 사회적 문제가 되고 있다.

---

19) 모든 물권적청구권에 대응하여 원상회복의무로서 채권적청구권이 인정되는 것은 아니다. 하지만 상당히 많은 경우에 경합되고 있다. 이때 판례는 양 청구권 사이에 청구권경합을 인정하고 있다. (구소송물이론) (대법원 1993. 5. 14. 선고 92다45025 판결)

20) 다만 제201조 내지 제203조가 선의의 점유자 모두를 두텁게 보호하는데 입법론적으로 의문을 제기하는 견해도 있다. 입법론은 향후 법률의 개정을 통해 해결할 일이고 제201조 내지 제203조에 의한 보호와 제747조, 제748조로 의한 이해관계 조정이 동시에 존재하는 상황에서 원고의 선택에 따라 선의의 점유자에 대한 보호가 달라지는 불합리는 막아야 한다. 그래서 물권적청구권은 물론 원상회복의 일환으로 청구되는 소유물인도청구 등에 부수되어 훼손, 비용, 과실 등 관련청구는 원칙적으로 민법 제201조 내지 제203조의 법리에 따라 선의의 점유자를 보호하는 방식으로 법률이 적용되고 있는 것이다.

(2) 침해에 고유한 항변들

가) 인도청구의 경우

점유할 정당한 권원이 있다고 항변할 수 있다.

나) 등기말소청구의 경우

실체관계에 부합하는 등기, 또는 무효등기의 유용으로 항변할 수 있다.

다) 건물철거청구의 경우

권리남용이나 신의칙 위반이란 항변을 할 수 있다.

아래에서는 다음과 같은 7단계 권리분석의 방법에 따라 구체적으로 분석해 본다.(다음 순서로 논의해 보자)[21]

가. 1단계 : 분쟁의 내용 확인
　상담일지 중 의뢰인의 희망사항란 참조

나. 2단계 : 약정 불이행 또는 권리 침해
　3단계 : 구제수단의 선택 (약정 불이행의 경우는 강제이행 청구, 채무불이행에 의한 손해배상청구,
　　　　　급부 부당이득반환청구 중 선택하고, 권리 침해의 경우는 물권적 청구권, 불법행위에 의한
　　　　　손해배상 청구, 침해 부당이득반환청구 중 선택함)
　4단계 : 구체적인 소송명의 선택
　5단계 : 요건사실의 확정 (표준적 약정을 고려하고, 청구취지에 맞게 요건사실의 재조정)
　6단계 : 예상가능한 답변, 항변 등에 대한 반박
　7단계 : 재검토 단계. 재검토는 ① 목적달성에 필요·충분한 청구를 하는가? ② 결론이 상식에 부합
　　　　　하는가? 라는 두가지 관점으로 한다.

　　　　　　　　　　　　(1) 희망사항을 정독

　(2) 약정 (불이행)　　　　　　　　(2) 권리 침해
　(3) 강제이행청구 등　　　　　　　(3) 물권적 청구권(소유물반환, 방해배제) 등
　(4) 구체적인 소송명　　　　　　　(4) 구체적인 소송명
　(5) 요건사실 (채권각칙, 표준적 약정)　(5) 요건사실 (잘 정형화되어 있음)
　　　　　　　　　　　　(6) 피고측의 답변, 항변 등과 원고의 반박
　　　　　　　　　　　　(7) 재검토
　　　　　　　　　　　　　　(가) 필요·충분한가?
　　　　　　　　　　　　　　(나) 상식에 부합하는가?

---

21) 위와 같은 방법에 의한 구체적인 권리분석은 지면관계상 제1회 변호사시험 기록형 문제풀이에서만 집중적으로 소
　개한다. 다른 기록에서는 생략하니 스스로 작성해 보기 바란다.

3. 피고 박진수에 대한 청구유형-물권적 청구권(방해배제청구)

가. 제1단계 : 분쟁의 유형
권리침해사안이다.

나. 소송유형
(1) 제2단계 : 권리침해의 경우 그 구제수단으로 물권적 청구권, 손해배상청구권, 침해부당이득반환청구권이 있다. 본 사안에서는 피고 박진수에 대하여 물권적 청구권 중 방해배제청구권을 행사하여야 의뢰인의 희망사항을 달성할 수 있다.

(2) 제3단계 및 제4단계 : <u>물권적 청구권 중 방해배제의 형태로서 소유권이전등기 말소청구</u>

물권적 청구권 중에도 방해배제청구권(민법 제214조)을 적용해야 의뢰인의 희망사항을 달성할 수 있는 사안이다. 등기 관련하여 방해배제청구는 대체로 소유권이전등기 말소청구의 소송형태로 이루어진다. 민법 제214조에 의하면 방해배제청구권의 법률요건은 ① 소유, ② 방해이다. 방해가 등기인 경우에는 등기의 추정력에 의하여 ③ 등기의 원인이 무효인 사실을 추가적으로 주장·증명해야 한다. 그래서 소유권이전등기 말소청구 사건의 법률요건은 ① 원고의 소유사실, ② 피고 명의의 소유권이전등기의 경료, ③ 등기원인의 무효사실이 된다. 나중에 살펴보듯이 원고에게 대지 및 잡종지의 (공동)소유권이 있는데 피고 박진수가 각종 서류를 위조하여 원인무효의 소유권이전등기를 경료하면 (등기)**원인무효**가 된다. 그래서 소유권이전등기 말소청구를 할 수 있게 된다.

다. 제5단계 : 청구원인사실
(1) 원고의 소유권
㈎ 법률의 규정에 의한 소유권취득(민법 제187조)

계쟁 부동산들은 부친소유인데, 피상속인인 부친이 사망함으로써 상속인인 원고 등은 부친소유 재산을 상속받아 그 소유권을 취득하게 된다. 물권의 원시취득사유나 상속·합병 등에 의한 포괄적 승계취득, 경매와 같은 특정승계취득사유는 민법 제187조에 따른 법률의 규정에 의한 소유권 취득이다. 그래서 원고 등 명의로 등기를 경료하지 않아도 그 소유권을 취득하게 된다. 따라서 원고는 부친이 해당 부동산을 소유하고 있다가 사망하였다는 구체적인 역사적·자연적 사실을 주장·증명하면 되고, 상속에 따른 상속등기를 경료하였다는 사실은 기재할 필요가 없다. 본 사안에서는 상속등기가 경료되어 있지 않으니 이를 주장·증명할 수도 없다. 다만 타에 처분할 때는 등기를 해야만 처분할 수 있다.(민법 제187조)
㈏ 공유자의 보존행위로서의 소유권이전등기 말소청구

공유자의 경우 처분행위는 자신의 지분만을 독자적으로 처분할 수 있고, 관리행위는 지분다수결로 관리사항을 결정할 수 있다. 하지만 보존행위의 경우 공유자 중 1인이라도 보존행위를 할 수 있다.(민법 제263조 내지 제265조) 따라서 소유권이전등기 말소청구가 처분행위, 관리행위, 보존행위 중 어디에 해당되는 지가 매우 중요하다. 전통적으로 소유권이전등기 말소청구는 공유자 전원에게 이익이 되는 행위이기 때문에 보존행위로 보아 왔다. 때문에 공유자 중 1인이라도 전부에 관하여 말소청구를 할 수 있다. 그래서 공유자 중 1인이라도 자신의 지분을 특정함이 없이 전부에 관한 말소청구를 할 수 있다. 공유물의 처분행위인 매매를 청구원인으로 하여 소유권이전등기를 청구한 때에는 그 지분을 명시하여 청구하여야 한다는 차이점을 명심하여야 한다.

(2) 방해사실로서의 원인무효등기

방해사실은 원인무효의 등기를 경료하고, 이를 유지하고 있는 사실이다. 다만 원인무효 등기의 등기경료사실만 주장·증명하면 현재도 유지하고 있는 사실은 추정되기 때문에 특별한 사정이 없는 한 별도로 현재도 등기하고 있는 사실을 주장·증명할 필요는 없다. 등기명의인 표시변경 또는 경정의 부기등기도 등기명의인의 동일성을 해치면 방해로 인정된다.(대법원 2008. 12. 11. 선고 2008다1859 판결)

(3) 등기원인의 무효사실

등기공무원은 등기부에 등기원인을 기입한다. 등기원인의 무효여부는 등기부에 기재되어 있는 등기원인의 무효여부를 중심으로 검토되어야 한다. '등기사항전부증명서'를 발급받아 보면 그 등기원인을 정확하게 알 수 있다. 확정판결을 통하여 등기가 이루어진 경우라도 등기원인은 확정판결이 아니라 판결상의 소송물이었던 매매계약이나 증여와 같은 약정이 그 등기원인이 된다. 따라서 등기원인 무효여부는 이 매매나 증여의 무효여부를 중심으로 검토하여야지 확정판결의 기판력, 재심이나 항소의 추후보완 가능성 등을 중심으로 그 원인무효여부를 판단하여서는 안 된다.[22]

라. 제6단계 : 예상가능한 항변 등에 대한 반박들

예상가능한 항변 등은 기록상으로는 내용증명우편 등에서 나와 있는 당사자들의 주장을 중심으로 구성해 보는 것이 좋다.

(1) 먼저 원고의 청구원인 요건사실 별로 답변내용을 구상해 본다.

(2) 다음으로 본 건에서 가능한 항변들을 구상하고, 그 항변의 요건사실을 챙겨보아 이에 대한 답변 및 재항변으로 반박의 논점을 정리한다. 주로 ① 이전등기시에 원인무효이지만 실체관계에 부합하는 등기라는 주장과 ② 이전등기후 발생한 소유권취득사유를 이유로 한 무효등기의 유용에 관련된 주장이다. 본 건에서는 전자의 사유로는 명의신탁사실 및 등기부 취득시효 완성을 주장하고 있다.

(3) 명의신탁

부동산에 관한 명의신탁의 경우 진정명의신탁(양자간 명의신탁 및 제3자명의신탁)과 계약명의

---

22) 구체적인 사례는 제4회 변호사시험 기록형을 참조하기 바란다.

신탁에 따라 적용되는 법리가 다르다. 본 사안에서는 이 중 어디에 해당되는지는 명확하지 않다. 사실관계가 명확하지 않기 때문이다. 실제 사건에서는 사실관계가 명확하지 않다면 의뢰인 등을 통하여 사실관계를 확인하여 특정하려는 노력을 기울여야 할 것이다. 다만 본 사안에서는 진정명의신탁이나 계약명의신탁이나 그 적용결과가 결론에 영향을 미치지 못할 것이라고 판단하여 출제자는 이를 분명히 할 수 있는 자료들을 제시하지 않았다.[23] 그런데도 학문적 호기심의 만족을 위하여 양자를 비교하고 과연 차이가 없는 지만을 간략하게 검토해 보자.

만약 제3자 명의신탁이라면 소외 망 박정수는 그 소유권을 취득할 수 없어 원고의 상속에 의한 소유권 취득은 불가능하게 된다. 하지만 위 박정수 명의의 소유권이전등기가 1970. 3. 5.경 이루어진 것으로 소위 부동산실명제법이 입법되기 이전의 것이다. 그래서 종전 명의신탁 이론의 적용을 받아 수탁자는 적법하게 그 소유권을 취득한다. 어쨌든 증거가 존재하지 않는 상태에서 그 사실을 부인하여 상대방의 주장을 배척하여야 한다.

(4) 취득시효

취득시효는 점유취득시효와 등기부취득시효로 나누어지고 현실세계에서는 점유취득시효가 더 많이 발생한다. 등기부취득시효는 소송상으로는 본건과 같이 보통 항변의 형태로 주장된다. 부동산에 대한 등기부취득시효의 경우 ① 등기와 ② 점유가 모두 10년 이상이 되고, 점유가 자주, 평온, 공연, 선의, ③ **무과실**임이 요건사실로서 주장·증명되어야 한다. 물론 민법 제197조에 의하여 자주, 평온, 공연, 선의점유가 추정된다. 그래서 ⓐ 10년간의 등기 및 점유, ⓑ 무과실점유만의 주장·증명책임이 피고에게 있다.

본 건에서는 피고 박진수의 점유개시의 시기가 꼭 분명한 것은 아니다. 추측컨대 박정수의 사망 후부터 줄곧 점유하고 있다고 주장할 것으로 보인다. 실제 소송을 수행하는 경우라면 이 부분은 증거를 통하여 분명하게 밝혀낼 필요가 있다. 그 점유를 개시할 시점에서 피고 박진수가 소유의 의사로 점유개시하였는지 여부가 쟁점이 되고(자주점유의 문제), 나아가 점유가 선의이며 무과실인지가 문제가 된다. 위와 같이 선의점유는 추정되지만 선의·무과실인 사실은 추정되지 않는다. 따라서 상대방이 무과실인지 여부를 충분히 주장·증명하여야 할 책임이 있다. 제시된 작성요령에 따르면, 피고의 제기가능한 주장에 대하여 반박을 포함하라고 하였기 때문에 피고가 이 부분을 주장하여 증명하려고 함을 전제로 원고로서는 무과실이 아닌 점에 관하여 위조 사실 등을 들면서 통렬하게 비난할 수 있도록 사실을 기술할 줄 알아야 한다.

---

23) 실제 모의문제를 푸는 수험생의 입장에서는 이처럼 추가적인 자료의 제시가 없는 출제자의 의도를 잘 유추해 보면 결론을 어느 정도 얻을 수 있다.

마. 무단점유로 인한 임료상당의 부당이득반환청구 또는 불법점유를 원인으로 한 임료상당의
　　손해배상청구 가능성

(1) 일반론

본건과 같은 물권적 청구권에서는 계쟁물에 대한 무단점유로 인한 부당이득반환청구와 불법점
유를 원인으로 한 손해배상청구권이 청구권의 경합관계로서 존재하여 소송상 관계가 문제된다. 이
런 점에서 물권적 청구권은 현재 및 미래에 대한 권리침해에 대한 배제를 위한 권리일 뿐 과거에
발생한 손해 또는 부당이득을 구제하는 제도가 아니라는 점을 알 수 있다.

(2) 무단점유로 인한 임료상당의 부당이득반환청구

일반적으로 부당이득반환청구(민법 제741조)는 ① 법률상 원인 없이 ② 이익을 얻고 ③ 손해를
입혔고, ④ 이익과 손실사이에 인과관계가 존재한다는 사실을 주장·증명하여야 한다.

① 법률상 원인의 결여

통일설과 비통일설이 있다. 비통일설의 경우 ① 급부이득 ② 침해이득 ③ 비용이득 ④ 기타 이
득으로 구분하여 설명하고 있다. 비통일설에 의하면 Ⓐ 급부부당이득의 경우는 법률상 원인의 결여
를 부당이득청구권자가 주장·증명해야 하고, 반면 Ⓑ 침해부당이득의 경우는 상대방이 법률상 원
인 있음을 주장·증명해야 한다고 한다.

② 이득

선의의 점유자는 민법 제201조에 의하여 점유물의 과실을 취득할 수 있고, 토지를 사용함으로
써 얻는 이득은 그 토지로부터 취득하는 과실에 해당되므로 반환할 의무가 없다.(대법원 1987. 9.
22. 선고 86다카1966,1997 판결) 본 건에서는 나대지의 경우는 채권양도와 원고의 권리포기 등으로
문제가 되지 않지만 잡종지에 대하여는 박진수는 간접점유자, 김영철은 직접점유자로서 각 무단점
유 성립여부와 악의점유 여부가 문제될 수 있다. 우선 박진수의 악의점유는 충분히 성립한다. 하지
만 김영철의 악의점유는 나누어 생각해야 한다. 김영철은 원래 점유를 취득할 때 박진수가 소유자
로 등기되어 있었기 때문에 특별한 사정이 없는 한 선의점유로 점유를 시작하였다고 판단된다. 그
렇다면 언제 악의점유로 전환되었을까 하는 관점에서 수많은 모의기록에서 출제되고 있다. **민법 제
197조 제1항에 의하면 선의점유는 추정되기 때문에 유력한 증거에 의해 번복될 수 있다.** 원고가 귀
국 후 2005. 7. 1. 김영철에게 잡종지의 반환을 요구한 바 있었고, 나아가 2008. 11. 1. 박진수에
대한 형사판결문까지 보여 주면서 잡종지의 인도를 요구하였다. 결국 증명력의 문제이긴 하겠지만
형사판결문을 보여 주며 인도를 구했을 때쯤은 박진수의 소유가 아니라는 점이 명백해 졌다고 보아
그 다음날부터 악의가 되었다고 해야 할 것이다.[24] 간혹 모의시험의 답안에 따라서는[25] 이러한 유
력한 증거들이 존재함에도 불구하고, 민법 제749조 제2항을 적용하여 "소장부본송달일"부터 악의로

---

24) 비슷한 입장에서 모범답안이 작성된 사례로는 제6회 변호사시험이 있다.
25) 법학전문대학원 협의회 2017년 제2차 모의시험, 2018년 제2차 모의기록 및 그 모범답안을 참조 바람

보아 그 반환을 인정한 사례들이 있다.

기타 ③ 손해, ④ 인과관계를 주장·증명하여야 한다.

(3) 불법점유를 원인으로 한 손해배상청구

불법점유를 원인으로 하여 임료상당의 손해배상을 청구할 수 있다. ① 고의·과실, ② 위법성 ③ 손해 ④ 인과관계의 주장·증명을 통하여 불법점유를 원인으로 한 손해배상을 청구할 수 있다. (민법 제750조) 우선 불법점유로 인한 손해배상청구와 무단점유로 인한 부당이득반환청구는 청구권 경합으로 서로 기판력의 저촉을 받지 않는다. 같은 소송에서는 선택적 병합의 형태로 객관적 병합 청구를 할 수도 있다.

바. 피고 박진수를 상대로 근저당권설정등기의 말소를 청구할 수 없다.

피고 박진수는 피고 주식회사 신한은행으로부터 금전을 차용하고 근저당권설정등기를 경료해 주었다. 즉 피고 박진수는 근저당권설정자, 주식회사 신한은행은 근저당권자이다. 근저당권의 말소 청구는 방해배제청구적 성격을 가지므로 근저당권자 또는 그 근저당권을 법률상·사실상 처분할 수 있는 자를 상대로 청구해야 하고 근저당권설정자를 상대로 청구할 수는 없다.

4. 피고 주식회사 신한은행에 대한 청구

가. 제1단계 : 분쟁내용 파악하여야 한다.

나. 제2단계 : 권리 침해 혹은 약정 불이행인가?

본 사안에서 신한은행은 박진수로부터 근저당권설정계약을 체결하고 그 등기를 경료하였으므 로 마치 약정 불이행 상황인 것처럼 보일 수 있다. 만약 박진수가 신한은행을 상대로 근저당권설정 등기 말소청구를 하는 상황이라면 이는 약정관련 분쟁이다. 하지만 근저당권설정계약의 당사자가 아닌 원고가 신한은행을 상대로 청구하는 본 사안은 전형적인 권리 침해를 원인으로 한 방해배제청 구권의 행사 사안이다.

다. 제3, 4단계 : 물권적 청구권이고, 근저당권설정등기 말소청구라는 소이다.

라. 제5단계 : 방해배제청구로서의 근저당권설정등기 말소청구는 ① 소유사실과 ② 방해사실이 청구원인의 요건사실이 된다. 소유사실은 원용을 하면 되고, ② 방해사실은 다시 ⓐ 등기사실과 ⓑ 원인무효사실로 나눌 수 있는데, 소유자가 아닌 다른 자와 금전소비대차계약을 체결하고 그 담보조 로 근저당권설정계약을 체결한 후 근저당권을 경료하였다는 사실은 원인무효사실을 포함한 것이다.

마. 제6단계 : 예상 가능한 주장에 대한 반박(변제의무가 선이행관계에 있다는 주장에 대한 반박)
근저당설정자가 피담보채무가 변제 등으로 소멸하고 그와 부종성이 있는 근저당권이 소멸되었다는 사실을 근거로 근저당권설정등기 말소를 청구할 때는 피담보채권의 변제가 말소청구에 선이행관계에 있다. 하지만 본 사안은 근저당권이 소유권에 대한 방해가 된다며 물권적 청구권의 행사로서 근저당권의 말소를 구하는 것이므로 위와 같은 주장은 물권적 청구권에 대한 유효한 항변으로서 기능할 수 없다. 특히 계약(금전소비대차계약)에 따른 이행(변제)의무는 계약당사자 사이에만 효력이 있을 뿐 타인을 구속할 법률효과는 없다. 채권의 상대적 효력이라는 것이다. 본 건에서는 계약당사자가 피고 신한은행과 피고 박진수이다. 그러므로 원고는 타인으로 그 효력에 구속되지 않는다.

바. 승낙의 의사표시와 말소청구

피고 신한은행의 근저당권설정등기는 피고 박진수의 소유권이전등기를 기초로 이루어졌기 때문에 근저당권설정등기의 말소청구가 아니라 피고 박진수에 대한 소유권이전등기말소청구에 대한 승낙의 의사표시를 하라는 식으로 제기할 수도 있다.[26] 다만 말소청구를 하는 것이 더 일반적이기 때문에 말소청구의 형태로 청구취지를 작성함이 좋다. 소유권이전등기청구권 가등기가 경료되어 있을 때도 동일한 문제가 되나 가등기 말소청구의 형태로 청구하는 것이 더 일반적이다. 이에 반하여 가압류, 가처분은 법원의 촉탁에 의해 이루어지는 것이기 때문에 의사의 진술을 명하는 말소청구에는 적합하지 않은 등기처리방식이다. 따라서 가압류 등기, 가처분 등기의 경우에는 그 등기의 말소를 청구할 수 없고,[27] 기초가 된 등기의 말소청구에 승낙의 의사표시를 하라는 식으로 청구취지를 작성해야 한다.

5. 피고 김영철에 대한 청구

가. 제1단계 : 분쟁의 내용
나. 제2, 3, 4단계
(1) 물권 침해상황으로 물권적 청구권의 행사로 대지인도청구의 소를 제기할 수 있고, 부당이득반환청구권이 병합되어 있다.
(2) 양수금 청구를 할 수 있다.

다. 제5단계 : 요건사실
(1) 잡종지 인도청구
물권적 청구권은 ① 소유사실과 ② 점유사실이 된다.
(2) 부당이득 또는 손해배상을 부수적으로 구할 경우에는 무단점유 또는 불법점유사실이 충분히 주장·증명되어야 한다.

---

26) 실제로 같은 형태의 청구취지로 출제된 적이 있다. 법학전문대학원 협의회 제공 모의기록 제9회 모범답안 참조
27) 실제로는 가압류 등기, 가처분 등기의 말소청구를 구하는 소에 대하여 각하를 한 원심판단에 대해 대법원은 승낙의 의사표시를 구하는 청구로 선해할 수 있다며 심리미진을 이유로 파기환송한 사실이 있다.

(3) 채권양수금 및 이자청구

⑦ 채권양도

채권양도의 경우 양도인과 양수인 사이의 ① 채권양도계약사실과 채무자에게 청구할 때는 ② 양도인에 의한 ⓐ 양도사실통지와 ⓑ 그 도달이 요건이 된다.

제3자에 대한 대항요건이 문제된다. 본 사안과 같이 채권가압류되어 있을 경우 채권양수인과 가압류권자 중 우선순위가 문제되는데 이를 채권양도의 제3자에 대한 대항요건이라고 한다. 제3자에 대한 대항요건은 확정일자 있는 '양도인의 통지이거나 채무자가 승낙'하였을 경우이다. 내용증명우편에 날인된 소인은 "공무소에서 사문서에 어느 사항을 증명하고 기입한 일자"에 해당되어 확정일자로서 효력이 있다.(민법 부칙 제3조 제4항) 본 사안에서는 확정일자(내용증명우편) 있는 통지가 가압류송달일자보다 시간적으로 앞선다. 또한 가압류가 앞선다고 하더라도 채권가압류의 일반적인 경우와 같이 채무자는 제3채무자에게 청구는 할 수 있고, 집행절차에서 집행정지의 방법으로 대응할 수 있을 뿐이다. 따라서 채권가압류결정이 있었다는 사실은 어느 모로 보나 의미가 없는 주장이다.

⑷ 소비대차의 원금청구

소비대차의 원리금청구는 ① 소비대차계약의 체결사실, ② 원본의 지급사실, ③ 변제기의 도래사실, ④ 이자·이율의 약정사실을 주장·증명하여 할 수 있다.

⑸ 상인이 금전소비대차에 대한 이자

상인이 영업에 관하여 금전소비대차계약을 체결한 경우에는 명시적 약정이 없어도 이자를 청구할 수 있고(표준적 약정), 따라서 <u>대주가 상인이어야 한다.</u> 상인이면 기본적 상행위, 준상행위, 보조적 상행위라도 무방하다.

또 상행위에는 연 6%의 법정이율을 적용한다.(상법 제55조 제1항) 이때는 <u>채권자가 상인인 경우는 물론 채무자가 상인이어도 되고,</u> 기본적 상행위, 준상행위, 보조적 상행위 모두에 그 적용이 있다. 따라서 상인이라거나 상행위에 해당된다는 것을 알 수 있도록 사실관계를 기술해 주어야 한다.

라. 제6단계 : 상대방의 주장에 대한 반박

(1) 기판력

⑦ 기판력의 시적 범위

1) 표준시

표준시 당시의 현재의 권리관계의 존부에 관한 판단에 기판력이 발생한다. 표준시는 민사소송법 제218조, 민사집행법 제44조 제2항 등에 의하여 사실심 변론종결시가 기준이 되고, 예외적으로 무변론판결의 경우에는 판결시가 표준시가 되고, 화해권고결정은 그 확정시(대법원 2012. 5. 10. 선고 2010다2558 판결)가 표준시가 된다.

2) 표준시전의 권리관계

표준시전에 존재한 사유는 차단되어 실권되는 효과가 있다.(실권효, 차단효) 즉 전소의 표준시 이전에 존재하였으나 그때까지 제출하지 않았던 공격방어방법은 제출할 수 없다. 그래서 해제권, 취소권은 실권된다. 논란이 많았던 백지어음의 보충권에 관해서도 백지어음의 소지인이 백지부분을 보충하지 아니하여 패소확정판결을 받은 후 다시 동일한 어음에 백지보충하여 어음금 지급 청구의 소를 제기한 경우에는 전소의 기판력 적용을 받아 허용되지 않는다고 판단하였다.(대법원 2008. 11. 27. 선고 2008다59230 판결) 예외적으로 상계권, 지상물매수청구권 등이 있다. 상계권은 변론종결 전에 상계권이 있다 하여도 변론종결 후에 행사하였으면 상계권의 존부를 알았든 몰랐든 실권되지 않는다.(대법원 1998. 11. 24. 선고 98다25344 판결) 지상물매수청구권은 상계권과 같이 취급하자는 견해(강현중)와 변론종결전에 알았는지 몰랐는지를 기준으로 하자는 견해(이시윤)가 나누어져 있었으나 판례(대법원 1995. 12. 26. 선고 95다42195 판결)에 의해 변론종결전에 이를 알았다고 하더라도 확정판결 후 이를 행사할 수 있다고 정리되었다.(제2회 변호사시험 문제로 출제되었으니 참조)

3) 표준시후의 관리관계

표전시후에 발생한 권리관계에 대해여는 기판력이 미치지 않는다. 그래서 표준시 이후에 발생한 새로운 사유(사정변경)는 실권효의 제재를 받지 않는다.

(나) 기판력의 객관적 범위

청구권 경합의 관계에 있는 경우에는 기판력의 객관적 범위에 속하지 않아 별도로 소를 제기하여도 기판력에 저촉되지 않는다. 법조경합의 관계에 있는 경우에는 기판력의 저촉을 받는다. 본건의 경우는 전소의 청구취지를 보면 2004. 9. 1.부터 인도완료일까지 임료상당의 부당이득금반환을 청구하고 있었으므로, 만약 본 소송에서도 무단점유를 원인으로 한 부당이득반환청구를 하게 되면 객관적 범위가 중복된다. 그러므로 부당이득으로 구성할 것이 아니라 불법점유를 원인으로 한 손해배상으로 구성하여 청구하여야만 한다.(대법원 1991. 3. 27. 선고 91다650·667 판결) 그렇게 청구했다면 기판력에 저촉된다는 반박을 피할 수 있다.

(다) 기판력의 인적 범위

1) 당사자간

기판력은 원칙적으로 당사자간에 생기고 제3자에게는 미치지 않는다.(민사소송법 제218조 제1항) 사해행위 취소의 판결은 채무자는 피고가 될 수 없으며, 그 취소의 효과는 채권자와 수익자, 전득자 사이에만 미치고, 채권자와 채무자, 채무자와 수익자 사이에 영향이 없다.(대법원 2014. 6. 12. 선고 2012다47548 판결, 대법원 2015. 11. 17. 선고 2012다2743 판결[28])

---

28) 甲(원고), 乙(채무자)(소외인), 丙(수익자)(피고 1), 丁(제3채무자)(피고 2)이 있다. 乙이 丁에 대하여 채권을 갖고 있는데, 그 채권을 丙에게 채권양도를 했다. 그런데, 甲은 이를 사해행위로 보아 丙, 丁을 상대로 채권자취소의 소를 제기하면서 그 원상회복으로 丙이 제3채무자(丁)에게 채권양도가 취소되었다는 통지를 하도록 청구하였고, 또 乙을 대위하여 丁을 상대로 채무이행의 소를 제기하였다. 대법원은 채권자취소와 채권양도가 취소되었다는 통지를

2) 포괄승계인

3) 변론종결한 뒤의 승계인(민사소송법 제218조 제1항)

변론종결한 뒤 소송물인 권리관계를 승계한 제3자에게 판결의 효력이 미친다. 무변론판결의 경우는 판결선고한 뒤의 승계인에게 판결의 효력이 미친다. 등기·등록이 필요한 권리인 경우에는 등기·등록시를 기준으로 판단한다.

소송물이 물권적 청구권일 경우에는 피고의 지위를 승계한 자는 제218조 제1항의 승계인으로 보아 기판력이 미친다. 그러나 채권적 청구권일 경우에는 승계인으로 보지 않는다. 전자의 예로는 소유권에 기해 소유권이전등기말소 청구를 한 사안에서 원고 승소판결이 있으면 피고로부터 변론종결 후 소유권이전등기(담보물권을 설정한 자 포함)를 경료받은 자는 제218조 제1항이 정한 승계인으로 본다.(대법원 1972. 7. 25. 선고 72다935 판결) 후자의 예로는 매매에 기한 소유권이전등기청구에서 승소의 확정판결 후 변론종결 후 피고로부터 소유권이전등기를 경료받은 제3자는 제218조 제1항의 승계인이 아니다.(대법원 1993. 2. 12. 선고 92다25151 판결) 토지소유자가 무단점유자에게 부당이득반환청구의 소를 제기하여 판결을 받아 확정된 경우 그 변론종결 후 토지소유권을 취득한 사람은 기판력이 미치는 변론종결 후 승계인에 해당되지 않는다고 판단하고 있다.(대법원 2016. 6. 28. 선고 2014다31721 판결)

㈐ 기판력 저촉의 결과

Ⓐ 승소판결인 전소가 있음에도 다시 기판력의 저촉을 받는 소를 제기한 경우에는 소의 이익이 없는 것으로 보아 각하되어야 한다. 이 점을 지적하여 항변하면 본안전 항변이 된다.

Ⓑ 패소판결인 전소가 있음에도 다시 기판력의 저촉을 받는 소를 제기한 경우에는 기각한다. 그러므로 청구기각의 주장이 된다.

(2) 소멸시효완성[29]의 항변

채권을 시간이 경과함에 따라 시효완성하여 소멸하는 소멸시효제도가 법정되어 있다. 그래서 형성권, 물권적 청구권(상속회복청구권) 등에 주로 인정되고 있는 제척기간과 다르다. 또 물권에 집중되어 있는 취득시효제도와도 다르다. 다만 실천적으로는 소멸시효와 제척기간의 구분이 어렵다. 그래서 소멸시효는 원칙적으로 소위 채권을 중심으로 적용되는 것으로 채권의 소멸시효기간은 원칙적으로 10년이다.(민법 제162조 제1항) 하지만 채권의 종류에 따라 다양한 단기소멸시효기간이 법정되어 있다. 중요한 단기소멸시효로는 상사 일반소멸시효는 5년이고,(상법 제64조) 불법행위에 의한

하라는 청구는 모두 인용하면서 채권자취소는 甲과 丙사이에 효력이 생길 뿐 乙과 丙사이의 법률관계에는 아무런 효력이 없다며 甲과 丙사이에만 그 채권이 채무자의 책임재산으로 취급될 뿐 채무자가 직접 그 채권을 취득하여 권리자가 되는 것은 아니므로, 甲은 乙을 대위하여 丁에게 그 채권에 관한 지급을 구할 수 없다며 기각한다고 판시하였다.

29) 그동안 출제된 경향을 보면 Ⓐ 상대방이 적극적으로 소멸시효완성의 주장을 하면 여러 가지 이유로 소멸시효완성의 장애요인이 있어 기각될 주장이고, Ⓑ 오히려 상대방이 조용히 있고, 3년, 5년, 10년전의 채권을 설명하고 있으면 소멸시효완성하여 소멸하였는지를 반드시 확인해 보아야 한다.

손해배상청구의 경우 발생일로부터는 10년이지만 안 날로부터는 3년이다.(민법 제766조)

(3) 예상가능한 항변(채권가압류와 이행청구) 등에 대한 반박

채권이 가압류되었다고 하더라도 실제 이행을 받을 수 없다거나 채무권원에 의하여 실제 강제집행을 할 수 없음에 그칠 뿐 채무권원을 만들기 위한 이행청구에는 그 영향을 미치지 못한다.

6. 채점강평[30]

가. 형식적인 사항들

등록기준지를 기재하는 경우에 대한 이해가 부족하였다.

나. 청구취지

(1) 청구취지의 목차에 사용되는 1, 2, 3과 가. 나. 다.의 간결한 사용례를 잘 익혀 사용하여야 한다. 본 사안에서는 1, 2, 3으로 점철될 경우 너무 지나치게 번호 목차가 길어지므로 가급적 1.에는 실체적 청구취지를 2와 3에는 소송비용 및 가집행으로 할당하고, 1.항 밑에 가, 나, 다라는 항목을 만들어 피고들별로 가, 나, 다를 할당하여 작성하는 것이 일목요연하여 보기 좋다.

(2) 부동산 표시는 앞서 언급한 것을 "위"라는 용어로 인용하면서 축약하는 것이 좋으나, 등기소 이름은 전체를 다 써 주는 것이 좋다.

(3) 잡종지도 "대"라고 표시하면 지목표시가 달라져 전혀 다른 부동산이 된다. 이처럼 사소해 보이는 것도 정확하게 기재하여 특정에 문제가 없도록 해야 한다.

(4) 소송비용의 경우 "피고들" 중 "들"을 누락한 경우가 많았다.

(5) 피고 박진수에 대하여 소유권이전등기 말소청구와 더불어 소유권이전등기 청구를 다시 하는 것은 넌센스다. 피고 박진수 명의로 된 이전등기가 말소되면 그 이전의 등기명의자(박정수) 소유가 된다. 그래서 이를 바탕으로 바로 상속등기를 하면 된다.

(6) 일부는 신한은행에 50,000,000원을 지급한 후 말소청구를 하도록 청구취지를 구성하였는데, 원고가 신한은행에 대하여 위 금원을 지급할 의무는 없다.

(7) 원상회복하여 청구할 필요가 있는지에 관하여 검토하여야 된다. 원상회복이 필요한 경우에는 원상회복하라는 일반적 표현을 사용하지 않고 매우 구체적으로 쓴다. 예를 들면 건물을 적시하여 철거하라든지, 아니면 부착물을 특정가능하게 설명하면서 수거 또는 철거 등의 구체적인 청구취지를 기재하여야 한다. 그래야 집행이 된다.

(8) 여전히 청구취지에 무색·투명한 문구가 아닌 수식어를 사용하여 청구하고 있다. 일반인들이 시장에서 물건 사듯이 청구하는 것이 아니라 소장은 전문가가 정해진 rule에 따라 청구취지를

---

30) 학생들이 모의시험을 통해 작성하여 제출한 답안을 두고 채점을 해 본 결과 나타난 문제점을 정리한 것이다. 각 학교의 사정에 따라 다를 수 있다. 그래서 본서에서는 몇 개의 채점강평만 게재하여 수험생들로 하여금 다른 수험생들이 일반적으로 자주 저지르는 실수가 무엇인지를 알 수 있도록 한다.

구성하여야 하고, 예비법조인으로서는 이런 것을 잘 배워야 훌륭한 법조인이 될 수 있다.

(9) 청구취지에서는 약칭 문구를 절대로 사용하면 안 된다. 그렇게 하면 난삽해 보이고, 청구취지가 나중에 주문에 대응되는 것인데 특정상의 문제도 있어 집행에 어려움이 생긴다.

다. 청구원인

(1) 사실기술의 방식으로 하여야지 증거 제시하듯이 기술해서는 안 된다.

(2) 청구원인의 첫머리에 "사실의 개요"를 설정하여 각종 청구의 공통적인 사실을 간략하게 기술할 수 있다. 이때도 오로지 사실을 기술하여야지 청구 등을 요약하여 기술하면 전체적인 구조상 불균형이 온다.

(3) 사실을 증거상에 나타나는 사실로 기재하는 것이 설득력이 더 높다. 상상하여 기술하는 것은 가급적 피해야 한다. 사실을 추상적으로 기술하는 것이 아니라 구체적으로 기술하여야 한다.

(4) 상속의 경우에는 지분 등을 표시하고, 상속지분 분배에 의문이 있는 妻의 사망에 관한 설시도 곁들여 주는 것이 깔끔하다.

(5) 부당이득으로 구성하면 당장 선의의 부당이득자인 경우 현존하는 이득의 범위내에서 반환하여야 하고, 악의인 시점이 문제된다. 그런데 본 사안에서 이에 대한 증거가 없다. 그리고 전 소송의 청구취지를 보면 분명히 2004. 9. 1.부터 인도완료일까지 월차임상당의 부당이득을 청구하였다. 그러므로 금번 소송에서 부당이득으로 구성하면 전소의 청구범위를 벗어나 청구하기가 대단히 곤란하다. 기록상 보이는 사실심 변론종결일이란 언급은 주장일 뿐 실제 청구의 동일성을 판단할 때는 소장에 나타난 청구취지를 중심으로 판단하여야 한다.

(6) 상인이라고 기술하기보다는 각자의 직업을 구체적으로 기술함으로써 자연스럽게 상인성을 드러내도록 하여야 한다.

(7) 청구원인 기술에서 "...이 판례의 입장이다" 또는 "...이 판례의 입장이 아니다"라고 기술하는 사례가 너무 많이 발견된다. 법리론을 전개할 때도 그 판례가 담고 있는 법리를 중심으로 기술하여야 할 뿐 위와 같이 표현하여서는 아니 된다. 만약 판례를 구체적으로 꼭 지적하고 싶다면 법리론을 전개한 다음 ( )를 마련하여 판례번호를 입력하여 자신의 주장이 판례상의 근거도 있다는 점을 밝혀 주면 된다. 즉 가압류된 채권이라도 이행청구를 할 수 있으나 다만 현실적으로 집행하는 것은 금지되어 있다는 법리론을 그대로 기술하면서 본 건은 이행청구를 하는 것이기 때문에 가압류 결정에 반하지 않는다는 정도로 기술하는 것으로 족하다. 이것이 판례의 취지이니 뭐니 할 필요는 없다는 것이다.

(8) 토지 1 또는 토지 2라고 정리하기보다는 "위 나대지" 또는 "이 사건 나대지" 또는 "위 잡종지" 또는 "이 사건 잡종지" 등으로 표현하여 읽어보면 무엇을 지칭하는지 금방 잘 알 수 있게 약어를 만들어 사용하는 것이 더 좋다. 법관이 서면을 읽으면서 어렵지 않게 무엇에 관하여 논의를 하는지를 알 수 있도록 하는 것이 바람직하기 때문이다.

(9) 엉터리 법리에 조심해야 한다. 갑자기 "원고와 소외 박점숙이 각 2분의 1 지분에 따른 공유로 추정된다"라고 하였는데, 이때 "추정"이란 법률용어가 왜 갑자기 등장하였는지 알 수 없다. 법률가는 법률용어 하나를 사용할 때도 정확하게 사용하여야 한다. 등기부취득시효 부분에서 자주점유 여부, 선의·무과실 점유여부는 전부 점유를 중심으로 점유개시시부터 사정을 살펴야 한다. 그런데, 기록상으로는 박진수가 점유를 개시한 시점이 불분명하고, 다만 1년 정도 이후인 2001년경에 위조하여 소유권이전등기를 경료한 것이다는 사실만 나타나 있다. 그러므로 이런 부분에 관하여 차이점을 잘 알면서 어떻게 효과적으로 기술할지 주의를 요한다. 그리고 등기부취득시효 주장에는 쟁점이 소유의 의사로 점유하는지를 중심으로 하는 자주점유여부에 관한 쟁점과 점유의 선의와 무과실에 관한 쟁점이 동시에 포함되어 있다. 이 두 가지를 중심으로 충분히 설시하여야 한다.

기록상 불분명한 주장을 함부로 하여서는 아니 된다. 실무상으로도 자신의 주장에 충분한 증거가 확보되어 있다고 판단되었을 때 해당 주장이나 사실의 기술을 하여야 한다. 이 부분은 매우 중요하다. 예를 들면 점유개시의 시점이 위조하여 이전등기한 후인지는 분명하지 않고 더구나 그 이전일 가능성이 더 크다.

(10) 위조행위를 증거에 기하여 구체적으로 기술할 줄 알아야 한다. 본 사안에서는 형사판결문이 제시되어 있기 때문에 이를 기초로 위조행위를 구체적으로 기술할 줄 알아야 한다. 위조사실은 원인무효의 중요한 이유가 되기 때문에 구체적인 기술이 꼭 필요하다.

(11) 인도청구(물권적 청구권)의 요건사실은 소유사실과 점유사실일 뿐 무단점유나 불법점유사실은 아니다.

(12) 기록을 찾아 일자 등을 특정하여 사실을 정확하게 기술하려는 노력을 기울여야 한다.

(13) "피고 박진수에 관하여"라고만 제목을 붙인 경우가 있다. 청구원인은 피고에 대한 기술을 하는 것이 아니라 청구의 원인을 기술하는 것이다. 그러므로 가급적 "피고 박진수에 대한 청구"라는 식으로 "청구"까지 넣어서 제목을 다는 것이 좋다.

(14) 공통되는 부분은 앞에서 한번 완벽하게 정리하고 뒤에서는 이를 원용하는 방식으로 기술하도록 노력하여야 한다. 본 사안에서는 상속사실이 공통되는 사실이다.

(15) 통지서에는 분명히 채권 전부를 대상으로 통지하였다. 그러므로 채권양도통지사실을 기술할 때는 3000만원 전부에 관하여 양도통지를 하였다는 식으로 사실에 맞게 기술하여야 한다. 원고 지분에 관하여만 채권양도통지를 한 사실은 없다. 따라서 나중에 지분에 따라 원고는 자신의 지분만을 청구한다고 정리하여야 한다.

소 장

원 고　　박 대 원(600824-1234567)
　　　　　서울 종로구 내자동 12

　　　　소송대리인 변호사 신영수

　　　　서울 종로구 종로 1가 교보빌딩 1203호

　　　　전화번호 (02) 732 – 1000, 팩스번호 (02) 732 – 1001

　　　　이메일 : sys@hanmail.com

피　고　1. 박 진 수(250308 – 1234600)

　　　　　서울 종로구 신교동 500

　　　　2. 주식회사 신한은행

　　　　　서울 중구 을지로 1가 18

　　　　　송달장소 서울 종로구 신교동 826 신한은행 종로 제2지점

　　　　　대표이사 라응식

　　　　3. 김 영 철(750417 – 1316400)

　　　　　서울 종로구 효자동 32

소유권이전등기 말소 등 청구의 소

청 구 취 지

1. 원고에게,

　가. 피고 박진수는,

　　　서울 종로구 관철동 50 – 1 대 500㎡와 같은 동 50 – 2 잡종지 330㎡에 대하여 서울중앙지방법원
　　　중부등기소 2001. 3. 5. 접수 제1500호로 마쳐진 각 소유권이전등기의 말소등기절차를 이행하고,

　나. 피고 주식회사 신한은행은,

　　　위 가.항의 50 – 1 대지에 대하여 같은 등기소 2001. 7. 3. 접수 제5950호로 마쳐진 근저당권 설
　　　정등기의 말소등기 절차를 이행하고,

　다. 피고 김영철은,

　　　1) 15,000,000원 및 이에 대한 2008. 10. 5.부터 이 사건 소장부본 송달일까지는 연 6%의, 그 다
　　　　음날부터 다 갚는 날까지 연 20%의 각 비율에 의한 금원을 지급하고,[31]

　　　2) 위 가.항의 50 – 2 잡종지를 인도하고,

　　　3) 2009. 2. 1.부터 위 50 – 2 잡종지의 인도완료일까지 월 1,500,000원의 비율에 의한 금원을 지
　　　　급하라.

2. 소송비용은 피고들의 부담으로 한다.

3. 위 제1의 다.항은 가집행할 수 있다.

라는 판결을 구합니다.

---

31) 문제 작성요령 상으로는 지연손해금청구를 하지 말라고 되어 있어 정답은 "15,000,000원 및 이에 대한 2008. 10.
　5.부터 2010. 4. 5.까지 연 6%의 비율에 의한 금원을 지급하라."로 되어있다. 하지만 금전지급청구에서 이행기 이후
　지연손해금을 청구하는 것은 당연하고, 실무상 거의 빠짐없이 이루어진다. 지연손해금 산정이율이 연 20%로 고율
　이므로 고객을 위하여 반드시 청구해야 한다. 따라서 본 모범답안에서는 지연손해금의 청구를 하는 것으로 작성해
　보았다.

청 구 원 인

1. 소외 망 박정수의 이 사건 나대지 및 잡종지 소유 및 그 상속[32]

가. 소외 망 박정수(이하 '소외 망인'이라 함)는 가구 제조·판매업에 종사하면서 1970. 3. 15.경 타인으로부터 서울 종로구 관철동 50−1 대 500㎡(이하 '이 사건 나대지'라고 함)와 같은 동 50−2 잡종지 330㎡(이하 '이 사건 잡종지'라고 함)을 매수하여 같은 해 4. 16. 소유권이전등기를 경료하여 소유하고 있었습니다.

나. 소외 망인에게는 처인 소외 망 김수연이 있었으나 1999. 5. 18. 사망하였고, 자녀로는 아들인 원고와 딸인 원고의 여동생 소외 박점숙(이하 원고와 소외 박점숙을 '원고 등'이라고 함)이 있었는데, 소외 망인은 2000. 8. 1. 급성폐렴으로 사망하였습니다.

다. 따라서, 소외 망인의 소유였던 이 사건 나대지 및 잡종지는 그 자녀들인 원고 등이 각 1/2의 지분으로 상속하여 상응하는 소유권을 취득하였습니다.

2. 피고 박진수에 대한 (소유권이전등기 말소) 청구

가. 사실관계

1) 위조에 의한 원인무효 등기

피고 박진수는 형인 소외 망인 집 가까이 거주하면서 평소 소외 망인의 가구점 일을 도와주곤 하였는데, 소외 망인 사망한 후 원고와 소외 박점숙이 상속등기를 하지 않고 그 재산을 제대로 관리하지 못하고 있는 사정을 이용하여 2001. 3. 3.경 소외 망인이 같은 일자 피고 박진수에게 이 사건 나대지 및 잡종지를 매도하였다는 내용의 매도증서를 위조하여 같은 달 5.경 서울중앙지방법원 중부등기소에 제출하여 같은 등기소 2001. 3. 5. 접수 제1500호로 된 피고 박진수 명의로 각 소유권이전등기를 마쳤습니다.

2) 소결론

그렇다면, 피고 박진수는 이 사건 나대지와 잡종지의 공동소유자인 원고에게 보존행위로 원인무효인 위 소유권이전등기를 전부 말소해 줄 의무가 있다 할 것입니다.

나. 피고 박진수의 주장에 대한 반박

1) 명의신탁하여 실체관계에 부합하는 등기라는 주장

가) 이 사건 나대지 및 잡종지는 원래 원고의 조부이자 피고 박진수의 부친인 소외 망 박석곤의 소유였는데, 위 박석곤이 생전에 피고 박진수에게 증여하였으나 다만 그 등기 명의만은 소외 망인으로 해 두었던 데 불과하였다면서 피고 박진수 명의의 위 소유권이전등기는 명의신탁 해지를 통하여 그 소유권을 회복하는 실체관계에 부합하는 등기로서 그 효력이 있다고 주장하고 있습니다.

나) 그러나, 소외 망 박석곤이 이 사건 나대지와 잡종지를 소유한 사실도 명의신탁을 한 사실도 전혀 없습니다. 오히려 소외 망인이 1970. 3. 15. 타로부터 이 사건 나대지 및 잡종지를 매수하여 같은 해 4. 16. 소유권이전등기를 경료하여 이를 소유하고 있을 뿐입니다.[33]

---

[32] "공통된 요건사실"인 상속에 의한 (1/2지분) 소유권취득을 "기초적 사실관계"로 묶어 앞에서 기술한 부분이다.

[33] 타인의 주장·증명책임이 있는 사실에 대하여 반박을 할 때는 "...에 관한 증명을 하지 못하고 있습니다."라고 기재하거나 "...란 증거가 없습니다."라고 주장할 것이 아니라 "...라는 사실이 없습니다." 또는 "...는 사실과 다릅니다."

다) 그러므로, 피고 박진수의 위 주장은 이유 없습니다.

2) 등기부취득시효완성되어 실체관계에 부합하는 등기라는 주장

가) 피고 박진수는 2000. 8. 1.경 소외 망인의 사망이래 이 사건 나대지 및 잡종지를 고물수집 장소나 임대목적물로 점유[34] 사용하면서 2001. 3. 5.경 그 명의로 부동산소유권 이전등기를 경료하여 등기와 점유가 10년을 초과하였음이 역수상 명백하므로 이를 시효취득하였고, 그 래서 무효등기가 유효로 되었다고 주장하고 있습니다.

나) 피고 박진수는 앞서 살펴 본 바와 같이 평소 소외 망인의 집 가까이 거주하면서 소외 망인 의 가구점 일을 도와주곤 하였습니다. 소외 망인이 2000. 8. 1.경 사망하고, 그 유가족인 이미 원고가 1995년경 캐나다로 떠난 후 그곳에서 거주하고 있었고, 딸인 소외 박점숙은 1992.경 결혼하여 부산에서 거주하는 등으로 생활에 바빠 이 사건 나대지 및 잡종지에 대 한 상속등기도 하지 못하는 등 그 재산관리에 소홀한 틈을 타서 점유를 개시하였으며, 특히 2001. 3. 5.경 심지어 매도증서 및 인감도장까지 위조하면서 자신 앞으로 소유권이전등기를 한 후 이 사건 나대지는 자신의 고물수집장소로 이용하고, 이 사건 잡종지는 피고 김영철에 게 임대하였던 것입니다.

다) 그렇다면, 피고 박진수의 이 사건 나대지 및 잡종지에 대한 점유는 그 점유개시 무렵부터 소유의 의사 없이(타주) 악의, 과실 있는 점유로 일관하였다 할 것이므로 등기부 시효취득 할 수 없었습니다. 따라서 피고 박진수의 위 주장은 이유가 없습니다.

3. 피고 주식회사 신한은행(이하 피고 신한은행이라 함)에 대한 청구

가. 원인무효등기에 터잡은 후속등기의 말소

1) 피고 박진수 명의의 이 사건 나대지 및 잡종지에 대한 위 소유권이전등기가 원인무효의 등기 임은 위와 같습니다.

2) 피고 박진수는 피고 신한은행 종로 제2지점에서 2001. 7. 3.경 금 350,000,000원을 대출받으 면서 이 사건 나대지를 담보로 제공하여 같은 일자 근저당권설정계약을 원인으로 한 같은 등 기소 2001. 7. 3. 접수 제5950호로 된 채권최고액 500,000,000원, 채무자 박진수로 된 근저당 권 설정등기를 경료해 주었습니다.

3) 그렇다면, 위 근저당권설정등기는 원인무효인 위 이전등기 상의 무권리자인 피고 박진수와 사 이에 체결된 근저당권설정계약을 근거로 경료된 것으로 무효라 할 것이고, 그 외 원고 및 소 외 박점숙과 피고 신한은행 사이에는 그 어떤 근저당권설정의 원인행위도 없었습니다.

나. 소결론

따라서, 피고 신한은행은 이 사건 나대지의 공동소유자인 원고에게 보존행위로 원인무효인 위 근 저당권설정등기를 말소해 줄 의무가 있다 할 것입니다.

다. 피고 신한은행의 피담보채무 변제받은 후 말소에 응하겠다는 주장에 대한 반박

1) 피고 신한은행은 위 박진수는 위 대출금 350,000,000원 중 대부분을 상환하고 현재 5,000만원

라고 기재하여 부인하는 것이 좋다.

[34] 실제로는 점유개시시기까지 특정하여야 하지만 본 사안에서는 이를 알 수 없어 두리뭉실하게 설시할 수밖에 없 음을 이해하기 바란다. 원래 소유자의 변동이 없는 동안 취득시효기간이 경과되고 달리 이해관계 없는 제3자가 없으면 점유개시시점을 특정함이 없이 소제기시로부터 취득시효기간이 경과하였음을 증명해도 된다.

이 남아 있다며 그 5,000만원을 갚아 주어야 근저당권을 말소하겠다고 주장합니다.

2) 그러나 피고 신한은행 주장의 위와 같은 사유는 물권적 청구권에 기한 원고의 말소청구를 막을 수 없으며[35] 또한 원고 등은 위 채무발생 원인행위의 당사자도 아니며, 피고 박진수에게 위 원인행위 등에 대한 아무런 대리권도 수여하지 않았을 뿐만 아니라 기타 일체의 채무부담 원인행위를 하지 않았으므로 피고 신한은행의 위 주장은 이유 없다 할 것입니다.

4. 피고 김영철에 대한 청구
가. 이 사건 잡종지의 인도청구 및 그 불법점유에 따른 손해배상청구
1) 인도 및 손해배상청구
가) 피고 박진수가 이 사건 잡종지에 대하여 위와 같이 원인무효의 소유권이전등기를 경료한 사실은 앞서 설명한 바와 같습니다.
나) 피고 박진수는 2004. 7. 15. 피고 김영철과 사이에 이 사건 잡종지를 보증금 없이 월임료 3,000,000원, 임대기간은 2004. 9. 1.부터 10년간으로 정하여 임대하고, 2004. 9. 1.경 인도하여 피고 김영철은 현재 위 잡종지 상에서 '승리지게차'란 상호로 지게차 임대업을 운영하고 있습니다.
다) 2004. 9. 1.부터 현재까지 위 잡종지에 대한 월임료는 보증금없이 월 3,000,000원입니다.(공인중개사 김후남, 박명철 작성의 토지임대료 확인서 참조)[36]
라) 원고는 2005년 봄경 귀국한 후 같은 해 7. 1.경 비로소 위와 같은 사실을 알고 피고 박진수에게 이전등기의 환원을 요구하고, 피고 김영철에게도 이 사건 잡종지의 반환을 요구하였으나 피고 김영철은 자신은 등기부를 보고 피고 박진수가 소유자인 것으로 알고 임차한 것뿐이라며 박진수와 해결하라며 인도를 거절하였습니다. 나아가 원고 등은 2008. 11. 1.경 피고 김영철에게 위 박진수가 매도증서 등을 위조하여 위 이전등기를 경료하였다는 범죄사실로 형사처벌까지 받은 형사판결문까지 제시하면서 이 사건 잡종지의 반환을 요구하였습니다. 그럼에도 불구하고 피고 김영철은 정리할 시간을 좀 달라고 하면서 지금까지 이 사건 잡종지를 점유하고 있었습니다.
2) 소결론
그렇다면, 피고 김영철은 원고에게 위 잡종지를 인도할 의무가 있고, 또 피고 김영철은 위 잡종지를 인도받아 점유하면서 원고로부터 위 형사판결문을 받아 보아 위 잡종지가 원고 등의 소유인 사실을 확실하게 안 날인 2008. 11. 1. 이후로는 자신의 점유가 불법이라는 점을 알았다고 할 것입니다. 그래서 피고 김영철은 원고에게 그날 이후로서 3년의 단기소멸시효가 경과되기 전의 최초일인 2009. 2. 1.부터 인도완료일까지 임료상당의 손해배상액 중 원고의 지분상당액인 월 금 1,500,000원의 비율에 의한 손해배상금을 지급할 의무가 있다 할 것입니다.
3) 피고 김영철의 주장에 대한 반박

---

35) 위와 같은 주장은 너무 요건사실, 항변의 구분과 그에 기초한 주장·증명책임에 근거한 것으로 형식적인 감이 없지 않다. 실무상으로는 위와 같은 정도의 기초적인 법리는 법원도 충분히 인지하고 있음을 전제로 생략하여 후술된 내용만을 포함시켜 부드럽게 문서를 작성하고 있다.

36) 소장 등은 주장을 기재하는 서면이기 때문에 사실진술의 형태로 기재해야 한다. 간혹 증거를 언급해 주고 싶다면 위와 같이 사실을 진술한 후 (   )안에 증거를 인용하는 방식으로 기재하여야 한다.

가) 점유에 정당한 이유가 있다는 주장
  (1) 피고 김영철은 자신은 위 임대차계약 당시 등기부상 피고 박진수 명의로 등기되어 있음을 확인하고 그 사실을 믿고 계약한 다음 인도받아 점유하기 시작한 선의의 임차인으로서 그 임차권을 선의취득하여 그 점유함에 정당한 이유가 있다고 주장하고 있습니다.
  (2) 그러나, 부동산 등기에 공신력이 인정되지 않는 이상 그 등기내용의 진정성을 믿고 거래한 선의의 임차인이라고 하더라도 보호받지 못하고, 그 임차권도 선의취득의 대상이 되지 못합니다. 이에 터잡은 정당한 이유 주장은 이유 없다 할 것입니다.
나) 기판력에 저촉된다는 주장
  (1) 피고 김영철은, 원고 등은 피고 김영철을 상대로 위 잡종지를 무단점유하여 부당이득하고 있다며 임료상당인 월 3,000,000원의 비율에 의한 금원을 지급하라는 취지의 소송을 제기하였다가 2005. 10. 1. 원고 등이 이 사건 잡종지의 소유자임을 알 수 있는 증거가 없다는 이유로 패소판결이 선고되고 그 판결이 원고 등의 항소포기로 같은 달 25. 확정되었다며 동일 목적물을 대상으로 한 이 사건 청구는 위 확정판결의 기판력에 저촉되어 기각되어야 한다고 주장하고 있습니다.
  (2) 원고 등은 이 사건 잡종지가 원고 등의 소유인데 피고 김영철이 아무런 권원없이 점유·사용하여 매월 임대료 상당액인 3,000,000원의 부당이득을 얻고 원고 등에게 동액 상당의 손해를 입히고 있다며 그 부당이득의 반환을 구하는 소를 제기하였으나 2005. 10. 1. 원고 등의 패소판결이 선고되고, 같은 달 25. 원고 등의 항소포기로 확정된 사실은 주장과 같습니다. 그러나 이 사건 손해배상 청구는 이 사건 잡종지는 원고 등의 소유인데 피고 김영철이 2004. 7. 15.경 그 소유자라고 주장하는 피고 박진수 명의의 부동산등기를 경솔하게 믿고 임대차계약을 체결한 다음 같은 해 9. 1. 인도받아 점유하면서 더구나 2008. 11. 1.경 피고 박진수 명의의 위 이전등기가 서류들을 위조하여 경료된 것이라는 명백한 증거인 형사판결문까지 제시하였음에도 불구하고 계속 점유하였음을 근거로 불법점유로 인한 손해배상청구이므로 부당이득을 청구원인으로 한 전소와는 청구원인(소송물)에서 같지 않아 기판력의 범위 내에 속하지 않고, 따라서 본 청구는 전소 기판력의 저촉을 받지 않습니다. 그러므로 피고 김영철의 위 주장은 이유 없습니다.
다) 소멸시효가 완성되었다는 주장
  (1) 피고 김영철은 위 잡종지의 인도청구 및 임료 상당의 손해배상청구는 소멸시효가 완성되었으므로 응할 수 없다고 주장합니다.
  (2) 먼저 이 사건 잡종지에 대한 인도청구는 그 침해상태가 계속되는 한 시효로 소멸하지 않으므로 주장 자체로 이유 없고, 임료상당의 손해배상청구는 원고 등이 이미 이 사건 소제기일로부터 3년 이전에 발생한 손해배상금의 지급을 배제하고 그 이후의 손해배상금 지급을 구하고 있으므로 더 이상 단기소멸시효의 적용을 받을 수 없다 할 것이어서 이유 없다 할 것입니다.

나. 양수금청구
  1) 소비대차계약, 이자·이율의 약정, 원본의 인도, 변제기의 도래, 채권양도계약, 양도인에 의한

채권양도사실의 통지와 도달

가) 피고 박진수는 고물수집업을 하던 중 2008. 10. 5. 지게차 임대업을 하고 있던 피고 김영철에게 지게차의 신규 구입비 명목으로 금 30,000,000원을 1년 6개월 후에 변제하기로 약정하여 대여하였습니다. 피고 박진수와 김영철은 모두 상인으로 이자의 약정이 없더라도 상법 제55조 제1항에 따라 연 6%의 법정이자로 이자지급의무가 발생합니다.

나) 피고 박진수는 2009. 5. 10.경 원고 등을 찾아와 화해를 요청하고 이 사건 나대지상에 무단으로 고물상 영업을 한 데 대한 보상조로 위 대여금 채권을 원고 등에게 양도하고, 같은 달 11.경 피고 김영철에게 채권 양도사실을 통지하고, 피고 김영철은 같은 달 13.경 위 양도통지서를 수령하였습니다.

2) 소결론

그렇다면, 피고 김영철은 위 채권의 양수인인 원고에게 그 지분 1/2에 상응하는 채무금 15,000,000원 및 이에 대하여 상인간의 법정이자 발생일인 2008. 10. 5.부터 이 사건 소장 부본 송달일까지 상사법정이율인 연 6%의 비율에 의한, 그 다음날부터 다 갚는 날까지는 소송촉진 등에 관한 특례법 제3조 소정의 연 20%의 비율에 의한 각 이자 및 지연손해금을 지급할 의무가 있다 할 것입니다.

3) 피고 김영철의 주장에 대한 반박

가) 채권가압류 되었다는 주장

(1) 피고 김영철은 원고의 채권자인 소외 정태수가 2009. 5. 20.경 위 양수금 채권을 가압류 대상채권으로 하여 가압류(서울중앙지방법원 2009카단3516 채권가압류결정)하여 같은 달 23.경 피고 김영철에게 그 결정문이 송달되었으므로 원고에 청구에 응할 수 없다고 주장합니다.

(2) 가압류된 채권이라도 추상적 채무권원을 창출하는 판결절차에서 이행청구를 할 수 있습니다. 그러면 가압류채권자는 그 판결이 확정되어 강제집행에 착수되었을 때 가압류결정사실을 증명하여 그 강제집행을 정지시킬 수 있습니다. 따라서 피고 김영철의 주장은 주장 자체로서 이유 없다 할 것입니다.

나) 소멸시효항변

(1) 피고 김영철은 위 양수금 청구는 상사채권으로 상법 제64조 상의 5년(이자부분은 3년)의 단기소멸시효가 완성되어 원고의 청구에 응할 수 없다고 주장합니다.

(2) 본 양수금의 변제기는 2010. 4. 5.인바 그로부터 5년(이자부분 3년도)이 경과되기 이전인 2012. 2. 1.자로 이 사건 소제기를 하고 있기 때문에 피고 김영철의 위 주장은 이유 없습니다.

5. 결론

그렇다면, 원고에게, 피고 박진수는 이 사건 나대지 및 잡종지에 대하여 경료된 원인무효 등기인 서울중앙지방법원 중부등기소 2001. 3. 5. 접수 제1500호로 경료된 각 소유권이전등기를 말소하고, 피고 신한은행은 이 사건 나대지에 대하여 서울중앙지방법원 중부등기소 2001. 7. 3. 접수 제5950호로 경료된 근저당권설정등기를 말소하고, 피고 김영철은 이 사건 잡종지를 인도하고,

불법점유개시일 이후로 3년의 소멸시효기간이 경과되기 전인 2009. 2. 1.부터 인도완료일까지 원고의 지분범위내로서 임료상당인 월 1,5000,000원의 비율에 의한 손해배상금을 지급하고, 양수금 중 자신 지분범위내인 15,000,000원 및 이에 대하여 2008. 10. 5.부터 이 사건 소장부본 송달일까지는 상법 제54조 소정의 법정이율인 연 6%의, 그 다음날부터 다 갚는 날까지 소송촉진 등에 관한 특례법 제3조 소정의 연 20%의 각 비율에 의한 지연손해금을 지급할 의무가 있다 할 것입니다.[37] 따라서 원고의 이 사건 청구는 모두 이유 있어 이를 인용하고, 소송비용은 패소자인 피고들의 부담으로 하고, 피고 김영철에 대한 청구에 한하여 가집행을 선고하여 주시기 바랍니다.[38]

증 명 방 법(생략)

첨 부 서 류(생략)

2012.   2.   1.

원고 소송대리인 변호사 신 영 수   인

서울중앙지방법원 귀중

---

[37] 판결문 등에서는 주로 위와 같은 결론작성방법에 따라 결론부분을 기술하고 있다. 수험생으로서 바쁜 답안작성시간을 감안하면 간단하게 "따라서 원고의 피고들에 대한 모든 청구는 이유있으므로 이를 전부 인용하여 주고, 소송비용은 패소자의 부담으로 하고, 일부 청구에 대해서 가집행선고를 해 주시기 바랍니다."라거나 더 간단하게는 "이상의 이유로 원고는 청구취지와 같은 재판을 구합니다."라는 식으로 간단하게 마무리하기도 한다. 어쨌든 결론부분에 관한 배점(주로 2점)이 있으므로 간단하게라도 빠짐없이 기재해야 한다.

[38] 위와 같은 결론 작성을 소개한 것은 판결문 작성방법 등을 소개하기 위한 의도이다. 향후 다른 모범답안에서는 아주 간략하게 결론부분을 작성할 것이다.

Ⅱ. 2019년 실시 제8회 변호사시험 기록형

1. 가. 의뢰인의 희망사항 분석결과

의뢰인 =원고	희망사항	물권 침해? 약정?	침해자 또는 약정자는 누구	원고의 자격, ∴소송명
김갑동	사직동 **토지에 빌라를 신축함에 있어서 아무런 장애가 없는 상태**[39]로 만들어 달라. (다만 상속인들을 상대로 금전 청구는 하고 싶지 않다.[40])	① 매매계약 ② 근저당권설정계약 ∴**불이행하여 강제이행청구**	∴약정자 (매도인) (망 이을수) (근저당권자) (최권자)	약정의 상대방 (매수인) ∴소유권이전등기, 인도, 지상건물 철거[41] 및 대위 청구인에 의한 근저당권설정등기 말소 청구
	이중양, 정철수 중 누구로부터든지 대여금채권을 지급받고 싶다.[42] 그 채무자의 책임재산을 확보해 달라. (정선수는 빈털터리니 그를 상대로 소 제기는 하지 말라.[43])	① 소비대차계약 ② 전부명령 ③ 채권자 취소 ∴**불이행하여 강제이행청구 및 채권자 취소**	∴약정자 [차주의 채무자] (정철수) [수익자] (소외 정선수) [전득자] (윤미영)	약정의 상대방 (대주) (전부채권자) (책임재산의 보전) ∴전부금 청구, 사해행위 취소 및 원상회복청구
	임차희로부터 돈암동 아파트를 인도받고 싶다. 만약 임차보증금을 반환해야 한다면 미지급차임은 모두 공제한 다음 반환하고 싶다.	① 임대차계약 ∴**불이행하여 강제이행청구**	약정자 (임차인) (임차희)	약정의 상대방 (임대인) ∴**임차목적물 반환청구**

---

39) 대지에 건물을 신축하는데 장애가 없도록 만들어 달라는 희망사항은 수차례 출제된 바가 있다. 위와 같은 희망사항은 대지 상에 건물이 있으면 이를 철거하고, 대지를 인도받아 달라는 취지로 활용되고 있다. 그런데 본 기록의 나머지 부분을 읽어보면 의뢰인은 소위 "완전한 소유권을 취득하게 해 달라"는 취지도 포함하여 이러한 표현을 사용하고 있다. 이는 조금 이례적인 것으로 향후 의뢰인의 희망사항을 파악함에 위와 같은 희망사항이 "완전한 소유권을 취득하게 해 달라"는 취지도 포함하여 사용될 수도 있다는 것을 명심하고 수험준비를 해야 하겠다. 완전한 소유권을 취득하게 해 달라는 희망사항은 저당권, 대항력 있는 임차권 등의 물권제한 사유들이 있으면 이를 해소한 후 소유권이전등기를 경료하게 함으로써 완전한 소유권을 취득할 수 있게 해 달라는 취지이다.

40) 건물철거와 대지인도와 관련된 금전적 청구는 통상 대지의 무단점유로 인한 부당이득반환청구이다. 희망사항에 따르면 부당이득반환청구를 하지 말라는 취지이다.

41) 지상건물 철거는 그동안 대지 소유권자가 그 지상건물 소유자에게 물권 침해로 인한 방해배제청구권으로써 건물철거를 구하는 문제들이 출제되어 왔다.(물권적 청구권의 형태) 본 사안처럼 건물철거 약정(매매계약의 특약)을 원인으로 그 강제이행청구권으로서의 건물철거를 청구할 수 있다. 약정상 작위의무의 이행을 청구하는 것이다. 작위의무를 명하는 강제이행청구권적 성격을 갖고 있어 채권적 청구권이다.

42) 위와 같은 희망사항이 출제되었을 때 기록을 읽고도 2중 채권양도를 둘러싼 유효성에 관하여 판단이 안 설 때가 있다. 그래도 출제상에 힌트가 많이 숨겨져 있으니 결론을 잘 내릴 수 있다. 즉 2중 채권양도에 관한 피고측 주장이 타당하다면 소외 양수영에게 채권이 양도되어 전부금청구는 물론 그에 기초한 채권자 취소 청구도 할 수 없게 된다. 그렇다면 청구취지와 청구원인에서 쓸 내용이 거의 없어진다. 평가요소가 대폭 줄어든다는 것이다. 그래서 소외 양수영에 관한 채권양도가 어떤 이유로라도 우선권이 없어 원고에 대항할 수 없다고 추측해 볼 수 있다. 그렇게 합리화하여 문제를 살펴 답안을 구상하면 정답에 가까워진다. 물론 정확한 이유를 알고 청구원인을 작성하면 훨씬 우수한 답안이 되겠지만 잘 모를 때는 그렇게 추측하여 답안을 작성해도 된다.

43) 피고 정철수는 전부금 청구의 피고이다. 만약 사해행위 취소 및 원상회복청구만 독립하여 소 제기되었다고 가정해 보자. 피고 정철수는 채무자이기 때문에 채권자 취소소송의 피고가 될 수 없다. 오직 수익자인 소외 정선수 또는 전득자인 피고 윤미영만이 피고가 될 수 있다. 그런 상태에서 소외 정선수를 상대로 소를 제기하지 말라고 했기 때문에 오직 전득자인 피고 윤미영만 피고로 표시하고 사해행위 취소 청구를 하여야 한다. 사해행위 취소는 재판상

나. 원고의 청구원인 분석결과

소송명	청구원인	항변 (법률상 주장 포함)	재항변 등
소유권이전등기, 인도청구 및 지상건물철거	① 매매계약 　ⓐ 매매계약 　ⓑ 계약금, 중도금, 잔금 지급 　ⓒ 지상건물철거의 특약 ② 지상건물의 소유권 　ⓐ 매매계약 　ⓑ 소유권이전등기 ③ 상속 　ⓐ 피상속인 　ⓑ 유족 　ⓒ 상속분	Ⓐ 매매계약 해제 　ⓐ 이행지체 　ⓑ 상당한 기간을 정하여 최고 　ⓒ 미이행 　ⓓ 계약해제의 의사표시 및 도달	Ⓐ ⓐ 이행지체 사실이 없다.(부인) 　ⓑ 상당한 기간 정한 최고 없이 한 해제44)로 절차 위반하여 효력 없음
근저당권설정등기 말소 청구	①대위요건45) 　ⓐ 소유권이전등기청구권 　ⓑ 이행기 　ⓒ 미행사	② 피담보채무 　ⓐ소비대차계약 　ⓑ이자·이율의 약정 　ⓒ원본의 지급 ③ 근저당권의 취득 　ⓐ근저당권설정계약 　ⓑ근저당권설정등기 ④ 피담보채무의 변제 　ⓐ 변제 　ⓑ 변제충당 　　(법정충당) 　비용-이자-원금 2016.4.1.까지 이자는 지급 ~2017.3.31.까지의 지연손해금은 미지급. 지연손해금은 이자로 우선충당권 있음	Ⓐ ① 별개채무 2013.4.2. 3억 원 이율 연 5%, 변제기 2016.4.1. 　ⓐ 지연손해금에 대한 충당(청구원인에서 기술) 　ⓑ 원본에 우선충당 　변제기는 모두 도래했고, 변제이익의 다소	Ⓐ ① ⓑ 변제이익이 많아 우선충당됨(부인)

행사하여야 하는 형성권이다. 따라서 사해행위의 당사자인 채무자나 수익자 없이도 오직 전득자만을 상대로 소외인 사이의 사해행위를 취소하라는 청구를 할 수 있다고 하니 참으로 이상할 수 있다. 그래도 사해행위 취소의 효과는 원고와 피고로 적시된 전득자인 피고 윤미영 사이에서만 상대적으로 발생하기 때문에 가능한 청구방법이 된다. 사실 기록 38면에 첨부된 내용증명을 읽어 보면 이 기록을 제조한 출제자들은 오직 피고 윤미영만을 상대로 한 사해행위 취소 및 원상회복 청구를 염두에 두고 출제한 흔적이 보인다. 그러나 실제 거래계에서는 이러한 내용증명우편이 법률 비전문가들에 의해 작성되기 때문에 그와 같이 정치하게 작성되어 있지는 않다.

44) 이행지체의 경우 상당한 기간을 정하여 최고한 다음 그 기간이 경과하도록 이행하지 않았을 경우 해제의 의사표시를 함으로써 비로소 계약이 해제된다. 최고는 반드시 상당한 기간을 정하여 최고하여야 하는 것은 아니고, 상당한 기간 보다 짧은 기간을 정해 최고하여도 상당한 기간이 경과한 후에는 그 효력이 생기고(대법원 1979. 9. 25. 선고 79다1135, 1136 판결) 심지어 상당한 기간을 정함이 없이 최고하여도 상당한 기간이 경과하면 그 효력이 발생한다.(대법원 1994. 11. 25. 선고 94다35930 판결) 그래도 최고 없이 한 해제는 원칙적으로 그 효력이 없다. 다만 채무자가 미리 이행하지 않을 의사를 (확정적·종국적으로) 표시한 경우(이행거절)에는 최고 없이도 계약을 해제할 수 있다.(민법 제544조 단서)(대법원 2005. 10. 13. 선고 2005다37949 판결) 이때는 반대채무의 이행제공도 없이, 또 이행기의 도래도 필요 없고, 또 상당한 기간을 정하여 최고할 필요도 없이 계약을 해제할 수 있다. 이행거절은 계약이행에 관한 당사자의 행동과 계약 전후의 구체적 사정 등을 종합하여 판단하여야 한다.(대법원 2005. 8. 19. 선고 2004다53173 판결) 본 사안에서는 그러한 사정이 엿보이지 않는다.

전부금 청구	① 전부명령 ⓐ 전부명령 ⓑ 제3채무자에 송달 ⓒ 채무자에 송달(7일 경과) ② 대여금 ⓐ 소비대차계약 ⓑ 이자·이율의 약정 ⓒ 원본의 인도 ⓓ 변제기 도래	Ⓐ ① 2중 채권양도로 소외 양수영이 유효하게 채권양도 받아 채권자가 되었음 첫째, 채무의 변제에 갈음한 채권양도가 담보를 목적으로 한 채권양도에 우선하여 효력이 있음 둘째, 가사 그렇지 않더라도 원고와 소외 이중양사이에 채권양도를 합의해제하였으므로 소급하여 무효로 돌아가 소외 양수영 채권양도만이 효력이 있음 ② 이상의 이유로 이중양의 정철수에 대한 채권이 이미 소외 양수영에게 채권양도된 상태에서 이중양의 정철수에 대한 채권을 피전부채권으로 하여 전부명령을 받았으므로 민사집행법 제231조 단서에 의해 전부명령이 효력이 없음 Ⓑ 전득자 선의(악의 아님)46)	Ⓐ ①담보목적으로도 채권은 양도되어 채권의 양도담보가 성립되어 담보권설정자인 이중양은 청산청구권을 보유할 뿐이다. 이런 상태에서 소외 양수영에게 2중으로 양도하였다고 하더라도 확정일자 있는 통지가 앞서는 이상 대항하지 못한다. 또 이러한 채권양도가 사후에 합의해제되었다고 하더라도 소외 양수영의 채권양도가 다시 되살아 나는 것은 아니다. Ⓐ ② 위 반박한 이유로 피전부채권이 여전히 존재한다.(부인) Ⓑ전득자는 악의(부인)
사 해 행 위 취 소 및 원 상 회 복 청구	① 사해행위 취소 ⓐ 피보전채권(위 전부금채권) ⓑ 사해행위 ⓒ 사해의사 ② 원상회복 ⓐ 수익자(소외 정선수) ⓑ 전득자(피고 윤미영)		
임 차 목 적 물인도 청 구	① 임대차계약 ⓐ 임대차계약 ⓑ 임차목적물인도 ⓒ 임차보증금수령 ⓓ 임대차계약 종료(2기이상 차임연체로 해지통지로 종료) ② (미지급임료 및 부당이득금 공제)	Ⓐ 미지급임료는 소멸시효 완성 ⓐ 행사할 수 있는 날 ⓑ 3년 경과	Ⓐ 임차보증금은 미지급차임에 대한 보증금이므로 언제든지 공제할 수 있음47)

---

45) 반복해서 말하지만, 매도인이 완전한 소유권을 이전할 의무가 있더라도 그는 저당권설정자이기 때문에 현존하는 저당권설정등기를 말소해 줄 처지에 있지 않다. 저당권설정등기를 말소하기 위해서는 소위 쌍방신청주의의 원칙에 따라 저당권설정자는 물론 저당권자가 같이 신청해야 한다. 저당권설정자는 당연히 저당권을 말소하고 싶을 것이다. 저당권자가 그 설정등기가 말소됨으로써 피해를 입게 되는 것이다. 그래서 그 저당권자가 저당권설정등기의 말소를 거부하고 있는 것이다. 저당권설정자가 저당권자를 상대로 저당권설정등기 말소의 소라는 소위 의사의 진술을 명하는 이행청구소송을 제기하여 그 확정판결로 저당권자의 등기신청의 의사표시를 갈음하여 저당권설정자가 저당권설정등기의 말소를 신청하여 말소하게 되는 것이다. 따라서 매수인이 저당권자를 상대로 저당권말소청구를 해야 하는데 매수인이 현재 소유권자가 아닌 상태에서 저당권자를 상대로 그 설정등기의 말소를 구할 때는 결국 약정에 기한 말소청구(채권적 청구권)을 행사하게 될 수밖에 없다. 약정의 당사자는 저당권설정자와 저당권자 사이에 저당권설정계약을 체결할 때 비로소 형성된 관계이다. 피담보채무가 변제 등으로 소멸하면 그 부종성으로 효력을 잃은 저당권설정등기를 말소해 주겠다는 약속이 저당권설정 계약에 명시적으로 합의되어 있든 아니면 표준적 약정 (default rule)의 형태로 저당권설정계약의 내용을 이룬다고 보든 저당권설정자는 저당권이 무효로 되면 저당권자를 상대로 저당권설정등기 말소를 청구할 수 있는 채권적 청구권(약정을 강제이행청구할 수 있고, 이렇게 하는 청구를 채권적 청구권이라 한다.)을 갖고 있다. 따라서 매수인은 매도인(저당권설정자)를 대위하여 매도인이 갖는 저당권자에 대한 그 설정등기 말소청구권을 행사할 수 있는 것이다. 기록형 문제로 매수인이 저당권설정등기 말소청구를 하는 사안을 반복하여 출제하는 이유는 이와 같이 물권적 청구권, 채권적 청구권의 구분, 대위요건의 구비여부를 판단하는 능력 등을 측정해 보기 위한 것이다. 정확하게 이해하여 잘못이 없기를 바란다.

46) 실제로 이 주장은 없다. 그래서 주장·증명책임이 수익자에게 있으므로 주장으로 적시하여 반박할 필요가 없다.

2. 채권양도의 대항력

가. 채권양도의 제3자에 대한 대항력

1) 담보목적의 채권양도

담보목적으로 채권이 양도된 경우에는 채권이 양수인에게 완전히 이전되지만 양수인은 정산의무를 부담하게 된다. 이는 마치 피담보채무 담보를 목적으로 부동산의 소유권을 이전하는 양도담보가 성립된 때 양도담보권자는 담보 부동산의 소유권을 완전히 취득하지만 양도담보설정자에 대하여 정산의무를 부담하는 것과 같다. 따라서 양도담보설정자는 양도담보권자가 정산의무를 다하기 전까지 피담보채무를 변제하고 해당 부동산에 관한 말소등기를 청구하여 그 소유권을 되찾아 올 수 있을 뿐이다. 그래서 담보목적으로 한 채권양도인(본 사안의 경우는 이중양)도 그 처분권한을 상실한다고 할 것이다.(대법원 2016. 7. 14. 선고 2015다46119 판결)

2) 채권양도의 제3자에 대한 대항력

따라서 이런 상태에서 양도담보권자는 양도인(채권양도담보설정자)이 확정일자 있는 채권양도 통지를 한 이상 그 후 이해관계를 맺은 제3자에 대하여 채권양도의 효력을 주장하여 대항할 수 있다.(민법 제450조 제2항) 그 결과 채권의 이중양도가 되고, 만약 제1채권양도는 물론 제2채권양도도 모두 확정일자 있는 채권양도의 통지를 한 경우에는 그 우열관계는 확정일자의 선후관계가 아니라 제3채무자에 대한 채권양도 통지의 도달의 선후로 그 우열이 결정된다.

본 사안에서는 원고는 소외 이중양으로부터 채권양도담보목적으로 채권양도를 받고서 그 양도인인 소외 이중양이 2016. 2. 16. 채무자인 피고 정철수에게 확정일자 있는 내용증명우편을 통지하여 같은 달 18. 도달하였다. 그러나 소외 이중양이 소외 양수영에게 같은 채권을 대상으로 채권양도를 하고, 소외 이중양이 2016. 3. 16. 채무자인 피고 정철수에게 양도통지를 하여 같은 달 18. 도달하였다. 따라서 원고에게 한 채권양도가 확정일자 있는 채권양도통지의 도달이 소외 양수영에 대한 채권양도의 그것에 앞서기 때문에 우선한다.

나. 채권양도의 합의해제의 효력

그 후 원고, 소외 이중양, 피고 정철수는 2016. 4. 22. 그 채권양도를 합의해제하였다. 채권양도는 준물권계약적 성격을 띠고 있다. 합의해제는 채권계약인 채권양도계약에만 인정되고 물권계약은 물론 준물권계약[48]에는 인정되지 않는다. 따라서 제1채권양도가 우선하는 이상 그 후 그 채권양도계약이라는 채권계약이 해제되었다고 하더라도 준물권계약의 후속효력인 채권양도의 효과가 소급하여 사라지는 것은 아니다. 따라서 이미 취득한 대항력까지 사라지는 것은 아니다.

---

47) 그래서 미지급 차임이 소멸시효완성으로 소멸하는 경우란 미지급 차임이 임차보증금을 초과한 경우에 한하여 소멸시효완성으로 소멸할 수 있다.

48) 본서와 필자는 물권계약이나 준물권계약의 존재 자체를 인정하지 않는다. 다만 판례, 통설이 인정하고 있기 때문에 그 용어는 사용한다.

3. 사해행위 취소

가. 수익자를 피고로 하지 않고 오직 전득자만을 상대로 사해행위 취소 및 원상회복을 청구할 수 있는지 여부

채권자취소의 소에 있어 상대방은 채무자가 아니라 그 수익자나 전득자가 되어야 한다.(대법원 1988. 2. 23. 선고 87다카1586 판결) 따라서 수익자 외에 전득자가 있고 모두가 악의라면 수익자·전득자 모두를 상대로 사해행위를 취소하고 그 반환을 구할 수 있을 뿐만 아니라, 전득자만을 상대로도 사해행위를 취소하고 그 재산의 반환을 청구할 수 있다.[49] 또한 사해행위 취소는 절대적인 취소가 아니라 악의의 수익자 또는 악의 전득자에게 대한 관계에 있어서만 상대적으로 취소되는 것이다.(대법원 1967. 12. 26. 선고 67다1839 판결) 취소의 대상이 되는 사해행위는 채무자와 수익자 사이에서 행하여진 법률행위에 국한되고, 수익자와 전득자 사이의 법률행위는 취소의 대상이 되지 않는다.(대법원 2004. 8. 30. 선고 2004다21923 판결)

나. 원상회복의 범위

사해행위가 가분적이라면 채권보전이 필요한 범위내에서 일부취소를 하여야 한다. 다른 채권자가 배당참가 신청할 것이 분명한 경우에는 이를 주장·증명하여 그 채권액을 넘어서도 취소권을 행사할 수는 있다. 만약 목적물이 불가분이거나 분할취소가 부적당한 특별한 사유가 있으면 그 채권액을 넘어서도 취소권을 행사할 수 있다.{대법원 1975. 2. 25. 선고 74다2114 판결(대지의 가격만으로도 채권자의 채권액을 초과하는 경우에도 대지와 건물 중 일방만을 취소하게 되면 건물의 소유자와 대지의 소유자가 다르게 되어 가격과 효용을 현저히 감소시킬 것이 분명하므로 그 지상건물의 처분행위도 아울러 취소할 수 있다.)}

소　장

원　고　　김 갑 동 (570930 – 1534112)[50]
　　　　　　서울 서초구 서초대로 10(서초동)
　　　　　　소송대리인 변호사 강주원
　　　　　　서울 서초구 서초대로 200, 607호 (서초동, 법조빌딩)
　　　　　　전화번호 (02) 515 – 3000, 팩스번호 (02) 515 – 3001
　　　　　　전자우편 jwonkang@naver.com

---

49) 송덕수, 『신민법강의(제10판)』, 박영사, 2017, 1072면 참조

50) 등기, 등록 등이 필요한 당사자를 제외하고는 주민등록번호를 기재하지 않아도 된다. 따라서 본 사건에서의 소장작성시점까지는 원고, 피고들의 주민등록번호는 반드시 기재하여야 한다. 다만 "재판서 작성에 관한 예규"가 개정되어 2019. 2. 9.부터는 등록이 필요한 경우를 제외하고는 당사자의 주민등록번호를 기재하지 않아도 된다; 제9회 변호사시험부터는 주민등록번호를 기재하는 경우가 거의 없을 것이다.

피 고   1. 박 영 희 (580319 – 2404312)

         2. 이 정 숙 (821123 – 2403152)

         위 피고들 주소 서울 종로구 사직로 30(사직동)

         3. 최 권 자 (740827 – 1276924)

           서울 성동구 독서당로 23, 가동 110호(옥수동, 한남빌라)

         4. 정 철 수 (780715 – 1350614)

           서울 영등포구 당산대로 13, 203동 704호(당산동, 삼성아파트)

         5. 윤 미 영 (860821 – 2069467)

           서울 서대문구 연희로 20, 나동 303호 (연희동, 연남빌라)

         6. 임 차 희 (881227 – 2749160)

           서울 성북구 돈암로 15, 101동 102호(돈암동, 한신아파트)

소유권이전등기 등 청구의 소

청 구 취 지

1. 원고에게,

가. 피고 박영희는 별지목록 제1기재 부동산 중 3/5에 관하여, 피고 이정숙은 같은 부동산 중 2/5에 관하여, 각

   1) 2016. 12. 1. 매매를 원인으로 한 소유권이전등기 절차를 이행하고,

   2) 이를 인도하고,

나. 피고 박영희는 별지목록 제2기재 건물 중 3/5을, 피고 이정숙은 같은 건물 중 2/5를 각 철거하라.

2. 피고 최권자는 피고 박영희로부터 9,000,000원, 피고 이정숙으로부터 6,000,000원 및 각 이에 대한 2017. 4. 2.부터 다 갚는 날까지 연 6%의 비율에 의한 돈을 지급받은 후 원고에게[51] 별지목록 제1기재 부동산에 관한 서울중앙지방법원 중부등기소 2012. 4. 3. 접수 제1927호로 경료된 근저당권설정등기의 말소절차를 이행하라.

3. 피고 정철수는 원고에게 100,000,000원 및 이에 대한 이 사건 소장부본 송달 다음날부터 다 갚는 날까지 연 15%[52]의 비율에 의한 돈을 지급하라.

4. 가. 원고와 피고 윤미영 사이에,[53] 피고 정철수와 소외 정선수 사이에 체결된 별지 제3기재 부동산에 관한 2018. 3. 14.자 매매예약을 취소한다.[54]

---

51) "피고 박영희에게 3/5지분에 관하여, 피고 이정숙에게 2/5지분에 관하여"이라고 해도 된다.

52) 소송촉진 등에 관한 특례법 및 관련시행령의 개정으로 인해 2019. 6. 1.부터는 12%로 하향 조정되었다.

53) 사해행위 취소는 채무자를 상대로 제기할 수 없고, 수익자나 전득자를 상대로 제기하여야 한다. 그리고 채권자와 수익자 또는 채권자와 전득자 사이에 상대적으로 취소의 효력이 있을 뿐이다. 만약 채무자를 상대로 사해행위취소 청구를 하면 피고적격이 없는 자를 상대로 한 소송으로 각하되어야 한다. (대법원 1967. 12. 26. 선고 67다1839 판결) 따라서 피고 정철수에 대한 전부금 청구 소송이 병합되어 마치 피고 정철수가 사해행위 취소의 상대방이 된 것처럼 보인다. 그래서 상대적으로 취소의 효력이 있다는 점을 보여 주기 위하여 그 기판력의 주관적 범위를 명확히 하기 위하여 "원고와 피고 윤미영 사이에"라는 수식문구를 삽입하는 것이 좋다.

나. 피고 윤미영은 원고에게 별지목록 제3기재 부동산에 관하여 서울중앙지방법원 중부등기소 2018. 3. 14. 접수 제1034호로 경료된 소유권이전등기청구권 가등기의 말소등기 절차를 이행하라.

5. 피고 임차희는 원고로부터 295,000,000원에서 2018. 8. 1.부터 별지목록 제4기재 아파트의 인도완료일까지 월 1,000,000원의 비율로 계산한 돈을 공제한 나머지 돈을 지급받음과 동시에 원고에게 위 아파트를 인도하라.

6. 소송비용은 피고들의 부담으로 한다.

7. 위 제1 가. 2)항, 제1 나.항, 3.항 5.항은 가집행 할 수 있다.

라는 판결을 구합니다.

청 구 원 인

1. 피고 박영희, 이정숙에 대한 (소유권이전등기, 인도, 건물철거)[55] 청구

  가. 사실관계

  1) 매매계약의 체결, 계약금 · 중도금 · 잔금의 지급,[56] 지상건물 철거의 특약

    원고는 2016. 12. 1. 소외 망 이을수(이하 '소외망인'이라 함)로부터 별지 목록 제1기재 부동산(이하 '사직동 대지'라고 함)을 대금 920,000,000원으로 정하고, 계약금 100,000,000원은 계약당일 지급하고, 중도금 400,000,000원은 2017. 2. 1. 지급하고, 잔금 420,000,000원은 2017. 4. 1. 지급하기로 하는 매매계약을 체결하였습니다. 당시 소외망인은 피고 최권자로부터 420,000,000원을 차용하면서 사직동 대지를 담보로 제공하여 채권최고액 500,000,000원의 근저당권설정등기가 경료되어 있었는데, 위 매매계약을 체결할 때 매수인은 잔금지급일인 2017. 4. 1.에 근저당권자인 피고 최권자에게 잔금인 420,000,000원을 송금하는 방식으로 지급하고, 매도인은 위와 같은 방식으로 잔금을 지급받음과 동시에 사직동 대지에 설정되어 있는 근저당권설정등기를 말소해 주고, 그 지상에 있는 별지목록 제2기재 건물(이하 '사직동 건물'이라 함)을 철거해 주기로 특약하였습니다. 원고는 위 매매계약의 취지에 따라 소외망인에게 계약당일 계약금 100,000,000원을 지급하고, 2017. 2. 1. 중도금 400,000,000원도 지급한 다음 2017. 4. 1. 피고 최권자에게 잔금 420,000,000원을 송금하는 방식으로 매매대금을 전부 지급하였습니다.

  2) 사직동 대지상에 별지목록 제2기재 건물의 소유

    소외망인은 1990. 3. 15. 소외 김주인으로부터 사직동 대지상에 축조되어 있는 사직동 건물을 매수한 다음 같은 해 4. 16. 그 명의로 소유권이전등기를 경료한 채 위 매매계약 당시 이를 소유하고 있었습니다.

---

54) 원래 가.항, 1)항 등은 "...하고," 끝내나 사해행위 취소는 선언적 의미가 충실하게 나타나도록 하기 위해 위와 같이 "...한다."라고 종결짓는다.

55) 실무상으로는 (   )은 잘 사용하지 않으나 채점자의 채점의 편의를 제공하기 위하여 제목을 달기 위해 위와 같이 표현해 보았다.

56) 필자의 채점경험으로는 청구원인사실의 배점이 매우 높으므로 이를 충실하게 작성하는 것이 고득점의 비결이 된다. 또 청구원인의 사실관계 아래 세부목차로 청구원인의 요건사실을 빠짐없이 잘 정리해 두면 가독성이 매우 높아 고득점을 하게 된다.

3) 상속

소외 망인은 2017. 7. 10. 사망하였고, 그 당시 유족으로는 처인 피고 박영희, 딸인 피고 이정숙이 있었습니다. 따라서 피고 박영희는 소외망인의 상속재산을 3/5지분으로, 피고 이정숙은 2/5지분으로 각 상속하였습니다.

나. 소결론(사직동 대지에 관한 소유권이전등기 및 인도의무, 그 지상건물의 철거의무[57])

그렇다면 원고에게, 피고 박영희는 사직동 대지 중 3/5지분에 관하여, 피고 이정숙은 그 중 2/5지분에 관하여 각 2016. 12. 1. 매매를 원인으로 한 소유권이전등기 절차를 이행하고, 이를 인도할 의무가 있습니다. 나아가 원고에게, 위 매매계약의 취지에 따라 피고 박영희는 그 지상건물인 사직동 건물 중 3/5, 피고 이정숙은 그 중 2/5를 각 철거할 의무가 있습니다.

다. 피고 박영희, 이정숙의 (매매계약 해제)[58] 주장에 대한 반박

피고 박영희, 이정숙은 소외망인이 2017. 5. 24. 원고에게 내용증명우편을 보내 소외망인은 위 매매계약의 취지에 따른 매매대금을 전부 지급받았으나 소외망인이 2017. 5. 3. 사직동 대지의 소유권이전등기에 필요한 모든 서류들을 구비하여 중개사에게 맡겨 두었고, 언제든지 이를 가져가라고 연락을 했으나 그 때까지 해당 서류들을 수령해 가지 않아 채권자 수령지체에 빠졌으므로 그 계약을 해제한다고 통지하여 2017. 5. 25. 도달하여 그 매매계약을 해제하였으므로 원고의 위 청구에 응할 수 없다고 항변합니다.

그러나 먼저 원고는 위 피고들 주장과 같은 채권자 수령지체에 빠지지 않았습니다. 소외망인은 잔금 지급과 동시에 소유권이전등기를 경료해 주는 것은 물론 위 근저당권설정등기를 말소하고, 그 지상건물인 사직동 건물을 철거하기로 특약하였습니다. 그런데 소외망인이 위 해제통지를 할 때는 물론 지금까지 근저당권설정등기를 말소하지도, 그 지상건물을 철거하지도 않았습니다. 그런 상태에서 소유권이전등기에 필요한 서류들을 수령하지 않았다는 사정만으로 원고의 책임으로 돌려 해제권이 발생할만한 채권자 지체상태에 빠졌다고 보기 어렵습니다.

다음으로 백보를 양보하여 가사 채권자 지체에 빠졌다고 하더라도 소외망인이 매매계약을 해제하기 위해서는 원고에게 상당한 기간을 정하여 그 수령을 최고하고 그래도 원고가 수령하지 않았을 때에 비로소 해제의 의사표시를 할 수 있습니다. 그런데 소외망인은 위와 같은 최고를 한 바 없이 바로 매매계약 해제의 의사표시를 하였을 뿐입니다. 따라서 매매계약 해제의 절차를 거치지 않아 아무런 효력이 없습니다.

이상과 같은 이유로 위 피고들의 위 주장은 이유 없습니다.

2. 피고 최권자에 대한 청구
가. 사실관계
1) 대위요건
원고가 위 1. 나.항에서 설명한 바와 같이 피고 박영희, 이정숙을 상대로 사직동 대지에 관한

---

57) 원래 실무상으로는 "소결론"이란 제목으로 법문서를 작성하고 있다. 그러나 수험생의 경우에는 채점자의 가독성을 높이기 위하여 소결론 부분에서 요건사실을 충족한 결과인 법률효과로 그 제목에 ( )안에 부기해 두는 것이 고득점의 비결이 된다.

58) ( )안도 가독성을 높이기 위하여 피고 주장을 정리해 둔 것이다. 실무상으로는 그저 피고의 주장에 대한 반박 정도의 제목으로 글쓰기를 시작한다.

소유권이전등기청구권을 보유하고 있고, 그 이행기에 있습니다. 나아가 위 피고들은 아래 청구권을 행사하고 있지 않습니다.

2) 피담보채무, 근저당권설정계약, 근저당권설정등기, 이자변제

피고 최권자는 2012. 4. 2. 소외망인에게 420,000,000원을 이율 연 6%, 변제기 2016. 4. 1.로 정하여 대여하였습니다. 소외망인은 2012. 4. 2. 그 담보조로 피고 최권자에게 사직동 대지에 관한 근저당권설정계약을 체결하고, 서울중앙지방법원 중부등기소 2012. 4. 3. 접수 1927호로 채권최고액 500,000,000원의 근저당권설정등기를 경료해 주었습니다. 소외망인은 피고 최권자에게 2017. 4. 1.까지의 이자를 모두 지급하였습니다.

3) 피담보채무의 변제, 변제충당

가) 피담보채무의 변제

원고는 위 1.가.항의 매매계약의 취지에 따라 2017. 4. 1. 피고 최권자에게 420,000,000원을 송금하였습니다.

나) 변제충당

피고 최권자는 피담보채무인 위 대여금채무이외에도 2013. 4. 2. 소외망인에게 300,000,000원을 이율 연 5%, 변제기 2016. 4. 1.로 정하여 대여해 주었고, 소외망인으로부터 2016. 4. 1.까지의 이자만을 지급받았습니다.

소외망인이 원고를 통하여 위와 같이 송금하여 피담보채무를 변제할 때 충당의 합의를 한 바도 없고 지정충당한 사실도 없습니다.

따라서 위 송금을 통한 변제는 먼저 비용, 이자, 원금의 순서로 충당되어야 합니다. 그런데 아무런 비용이 발생하지 않았습니다. 다음으로 피담보채무의 경우에는 변제일 당시까지의 이자를 전부 지급하였으나 위 300,000,000원은 2016. 4. 2.부터 2017. 4. 1.까지 1년간 이자 15,000,000원 (300,000,000원 × 1년 × 0.05)이 발생하였습니다. 따라서 위 변제금 420,000,000원은 먼저 이자 15,000,000원에 충당되어야 합니다. 따라서 405,000,000원(변제금 420,000,000원 −이자 15,000,000원)이 남게 됩니다.

변제 당시인 2017. 4. 1.경에는 피담보채무 및 300,000,000원 채무는 전부 변제기가 도래하였습니다. 나아가 피담보채무는 담보부 채무인데다가 이율도 연 6%로 무담보인데다가 이율도 연 5%인 300,000,000원 대여금 채무보다 변제이익이 더 많습니다. 따라서 나머지 변제금 405,000,000원은 피담보채무의 변제에 충당되어야 합니다. 그러므로 피담보채무는 나머지 원금 15,000,000원(420,000,000 원 − 405,000,000원)이 남게 됩니다.

4) 피고 박영희, 이정숙의 피담보채무의 상속

소외망인의 사망으로 피고 박영희는 이 중 3/5인 9,000,000원(15,000,000원 × 3/5)을, 피고 이정숙은 그 중 2/5인 6,000,000원(15,000,000원 × 2/5)를 각 상속하였습니다.

나. 소결론 (피담보채무의 일부 변제, 상속으로 인한 근저당권설정등기 말소청구권의 대위행사)

따라서 피고 최권자는 피고 박영희로부터 9,000,000원, 피고 이정숙으로부터 6,000,000원 및 각 이에 대한 변제 다음날인 2017. 4. 2.부터 다 갚는 날까지 약정상의 연 6%의 비율에 의한 지연손해금을 지급받은 후, 대위청구하는 원고에게 사직동 대지에 대한 서울중앙지방법원 중부등기소 2012. 4. 3. 접수 제1927호로 경료된 근저당권설정등기의 말소절차를 이행할 의무가 있습니다.

다. 피고 최권자의 300,000,000원 원금에 우선 변제충당에 관한 주장에 대한 반박

　　피고 최권자는 위 2. 가. 3) 나)항과 같은 300,000,000원 지연손해금에 대한 우선 변제충당이외에도 위 변제금은 300,000,000원 원금에도 우선충당되어야 한다며 결국 잔존 피담보채무는 315,000,000원이라는 전제하여 그 피담보채무의 원리금을 변제받은 후 위 근저당권설정등기 말소에 응할 수 있다고 주장합니다.

　　그러나 앞에서 살펴본 바와 같이 소외망인이 원고를 통하여 위 변제를 할 당시 이자는 변제에 우선충당되어야 하나 300,000,000원 대여원금은 무담보인 점, 이율이 5%이어서 피담보채무의 연 6%에 비해 낮은 점 등에서 변제이익에 있어 피담보채무에 비하여 열위인 상태에 있었습니다. 따라서 우선변제이익이 있었음을 전제로 한 피고 최권자의 위 주장은 이유 없습니다.

3. 피고 정철수, 윤미영에 대한 청구
 가. 피고 정철수에 대한 전부금 청구
　1) 사실관계
　가) 피전부명령 대상채권(피전부채권)의 발생
　　소외 이중양은 2015. 10. 1. 피고 정철수에게 1억 원을 이율 연 5%, 변제기 2016. 9. 30.로 정하여 대여해 주었습니다.(이하 '피전부채권'이라 함)
　나) 전부명령, 제3채무자에 대한 송달, 채무자에 대한 송달로 인한 전부명령의 확정
　　원고는 2014. 8. 1. 소외 이중양에 대하여 1억 원을 무이자로 변제기 2015. 7. 31.로 정하여 대여해 주었으나 받지 못하자 2016. 6. 28.경 소외 이중양을 상대로 지급명령 신청을 하여, 1억 원을 지급하라는 내용의 지급명령(서울중앙지방법원 2016차50172호)이 발령되어 그 무렵 확정되었습니다. 원고는 이에 기하여 소외 이중양이 피고 정철수에 대하여 보유하고 있던 피전부채권 중 원금채권에 대한 채권압류 및 전부명령을 신청하여, 2017. 4. 20. 그 전부명령이 발령되고, 같은 달 30. 채무자인 소외 이중양은 물론 제3채무자인 피고 정철수에게 위 채권압류 및 전부명령이 송달되어 2017. 5. 15. 확정되었습니다.[59]
　2) 소결론 (전부금 청구)
　　그렇다면 피고 정철수는 원고에게 위 전부금 1억 원 및 이에 대한 이 사건 소장부본 송달 다음 날부터 다 갚는 날까지는 소송촉진 등에 관한 특례법 제3조 소정의 연 15%의 비율에 의한 지연손해금을 지급할 의무가 있습니다.

 나. 피고 윤미영에 대한 사해행위 취소 및 원상회복 청구
　1) 사실관계
　가) 피보전채권
　　원고는 피고 정철수에 대하여 위 가.항과 같은 전부금채권을 보유하고 있습니다.
　나) 사해행위, 사해의사
　　피고 정철수는 2018. 3. 14. 소외 정선수와 사이에 유일한 재산인 별지목록 제3기재 부동산

---

59) 원래 채무자인 소외 이중양의 즉시항고가 없으면 고지받은 날로부터 7일이 경과됨으로써 위 채권압류 및 전부명령이 확정된다. 다만 본 기록 28면에서 확정일이 2017. 5. 15.로 기재되어 있어 그대로 원용하기로 한다.

에 관하여 대금 300,000,000원으로 하는 매매예약을 한 다음 소외 정선수에게 서울중앙지방법원 중부등기소 2018. 3. 14. 접수 제1034호로 소유권이전등기청구권 가등기를 경료해 주었습니다.

다) 소유권이전등기청구권 가등기의 이전

소외 정선수는 2018. 5. 14. 처제인 피고 윤미영와 사이에 별지목록 제3기재 부동산에 관한 가등기이전의 계약을 체결하고, 같은 날 위 가등기 이전의 부기등기를 경료해 주었습니다.

2) 소결론 (전득자를 상대로 한 사해행위 취소 및 원상회복청구로서의 가등기 말소청구)

타인에게 다액의 채무를 부담한 상태에서 자신의 유일한 부동산을 처분하는 것은 사해행위에 해당되는 것으로 추정될 뿐만 아니라 사해의사 또한 추정됩니다. 따라서 원고와 피고 윤미영 사이에, 사해행위인 피고 정철수와 소외 정선수 사이에 체결된 별지 제3기재 부동산에 관한 2018. 3. 14.자 매매예약을 취소하고, 그 원상회복청구로서 피고 윤미영은 원고에게 별지목록 제3기재 부동산에 관하여 서울중앙지방법원 중부등기소 2018. 3. 14. 접수 제1034호로 경료된 소유권이전등기청구권 가등기의 말소등기 절차를 이행할 의무가 있습니다.

다. 피고 정철수, 윤미영의 주장에 대한 반박

1) 소외 양수영이 채권자여서 원고에의 채권양도는 효력이 없다는 주장

위 피고들은 소외 이중양이 원고에게 담보조로 피전부채권을 양도하여 소외 이중양이 여전히 피전부채권의 채권자인 상태에서 다시 2016. 3.경 소외 양수영에게 채무변제의 목적으로 피전부채권을 양도하고, 같은 달 16. 피고 정철수에게 같은 일자 확정일자 있는 내용증명우편으로 채권양도의 통지하고 같은 달 18. 도달하여 소외 양수영이 피전부채권을 양수받았는데도 원고가 그 후 위와 같이 피전부채권을 전부받았다며 이 사건 전부금을 청구하고 있으니 그 청구에 응할 수 없다고 주장하고 있습니다.

소외 양수영이 소외 이중양으로부터 주장과 같은 채권양도를 받고 확정일자 있는 통지를 한 사실은 있습니다. 그러나 소외 이중양은 주장과 같은 채권양도에 앞서 2016. 2.경 원고에게도 위 가. 2)항 기재와 같은 원고의 소외 이중양에 대한 대여금채권에 대한 담보조로 피전부채권을 양도하고, 같은 달 16. 피고 정철수에게 같은 일자 확정일자 있는 내용증명우편에 의한 채권양도의 통지를 하여 같은 달 18. 피고 정철수에게 도달하였습니다. 따라서 원고는 피전부채권을 양도받아 채권양수인이 되어 채권양도담보권자가 되었습니다. 이런 양도담보목적 채권양도라도 채권이 완전히 이전되어 소외 이중양은 더 이상 채권자적 지위에 없었으며, 더구나 통지의 확정일자도 앞서 대항력까지 취득한 상태였습니다. 이런 상태에서 위 피고들 주장과 같은 소외 양수영에 대한 채권양도가 2중으로 이루어졌다고 하더라도 후행 채권양도는 그 효력이 없을 뿐만 아니라, 가사 효력이 있다고 하더라도 원고의 확정일자 있는 채권양도가 앞서는 이상 채권양도담보권자인 원고에게 대항할 수 없었습니다. 따라서 위 피고들의 위 주장은 이유 없습니다.

나아가 위 피고들은 원고가 피전부채권을 먼저 양도받은 후 소외 양수영에 앞서는 확정일자 있는 채권양도 통지를 마쳤다고 하더라도 원고와 소외 이중양은 2016. 4. 22. 피고 정철수와 함께 원고에의 피전부채권의 양도를 합의해제하였으므로 소외 양수영의 채권양도 다시 소급적으로 유효하게 되었다고 주장합니다.

그러나 한번 대항력 잃은 소외 양수영의 채권양도가 그 후 우선하는 채권양도가 합의해제되었

다고 하여 소급적으로 그 효력을 가지게 되는 것은 아니므로 위 피고들의 위 주장은 이유 없습니다.

2) 피전부채권이 부존재하여 전부명령이 무효라는 주장에 대한 반박

위 피고들은 위 1)항에서 설명한 바와 같은 소외 양수영에게 변제에 갈음하여 피전부채권을 양도하였는데, 첫째 비록 소외 양수영에의 채권양도 전에 소외 이중양이 원고에게 담보목적으로 채권양도를 하였다고 하더라도 소외 이중양이 여전히 피전부채권의 채권자인 상태에서 소외 양수영에게 채권양도하여 소외 양수영만이 피전부채권의 양수인이 되었다, 둘째 가사 원고에의 채권양도가 우선한다 하더라도 그 후 원고와 소외 이중양이 위와 같이 채권양도를 합의해제하였으므로 소외 양수영에의 채권양도가 소급적으로 효력을 가져 소외 양수영이 피전부채권의 양수인이 되었다며 더 이상 채권자가 아닌 소외 이중양을 상대로 위와 같이 전부명령을 받아 확정되었으므로 민사집행법 제231조 단서에 의해 그 효력이 없다고 주장합니다.

위와 같은 주장은 전부 소외 양수영이 피전부채권의 양수인으로 채권자적 지위에 있었음을 전제로 한 주장으로 위 1)항에서 설명한 바와 같이 소외 양수영에 대한 피전부채권의 양도는 원고의 대항력 있는 채권양도에 의해 그 효력을 잃었고, 그 후 원고와 소외 이중양 사이에 그 채권양도를 합의해제하였다고 하더라도 소외 양수영의 채권양도가 소급적으로 그 효력을 갖는 것은 아니라 할 것이므로 위 피고들의 위 주장은 이유 없습니다.

4. 피고 임차희에 대한 임차목적물 반환청구

가. 사실관계

1) 임대차계약의 체결, 임차목적물의 인도, 임차보증금 수령, 미지급임료

피고 임차희는 2014. 8. 1. 원고로부터 별지목록 제4기재 아파트(이하 '한신아파트'라고 함)를 임차보증금 300,000,0000원, 월 차임은 1,000,000원, 임대기간은 2014. 9. 1.부터 2018. 8. 31.까지 4년간으로 하는 내용의 임대차계약을 체결하고, 원고에게 임차보증금 중 계약금 30,000,000원은 계약 당일 지급하였고, 나머지 270,000,000원은 2014. 9. 1. 지급한 다음 같은 일자 임차목적물인 한신아파트를 인도받았습니다. 피고 임차희는 2014. 12.분, 2015. 4.분 임료를 지급하지 않았습니다.

2) 2기 이상 차임지급지체로 인한 임대차계약 해지

피고 임차희는 원고에게 2018. 5.부터 월 차임을 지급하지 아니하였습니다. 그래서 원고는 2018. 7. 23. 피고 임차희에게 2기 이상 차임지급지체를 원인으로 한 해지통지를 하여 같은 달 31. 도달하였습니다.

3) 미지급 차임 등의 공제

피고 임차희는 2014. 12., 2015. 4. 등 2개월분 차임은 물론 2018. 5. 1.부터 2기 이상 차임지급지체로 인한 해지통지로 임대차계약이 해지된 2018. 7. 31.까지 3개월분 차임을 지급하지 않았고, 그 이후로도 임료 상당 부당이득금을 지급하지 않고 있습니다. 따라서 원고는 위 미지급 임료 및 그 이후의 부당이득금을 모두 임차보증금에서 공제하고 난 나머지를 지급할 의무가 있을 뿐입니다. 그러므로 원고는 295,000,000원(임차보증금 300,000,000원 − 5개월분 미지급 임료 5,000,000원)에서 위 해지된 다음날인 2018. 8. 1.부터 한신아파트의 인도완료일까지 매월 1,000,000원의 비율에 의한 부당이득금을 공제한 나머지 임차보증금을 반환하여야 합니다.

나. 소결론

그렇다면 피고 임차희는 원고로부터 미지급임료를 공제한 나머지 임차보증금 295,000,000원에서 2018. 8. 1.부터 한신아파트의 인도완료일까지 매월 1,000,000원의 비율로 산정한 부당이득금을 공제한 나머지 임차보증금을 지급받음과 동시에 원고에게 한신아파트를 인도할 의무가 있습니다.

다. 피고 임차희의 주장에 미지급 임료 2개월분 시효소멸 주장에 대한 반박

피고 임차희는 미지급한 2014. 12.분, 2015. 4.분 임료는 각 지급일인 2014. 12. 31. 및 2015. 4. 30.로부터 3년의 소멸시효기간이 경과한 후 이 사건 소가 제기되었으므로 시효소멸하였다고 주장합니다.

그러나 임차보증금은 미지급 차임 및 그 부당이득금 등을 공제할 목적으로 교부된 보증금으로 임차보증금 잔액이 남아 있는 한 3년이 경과하였다고 하더라도 여전히 임차보증금에서 공제할 수 있는 것이므로 피고 임차희의 위 주장은 이유 없습니다.

5. 결론

따라서 원고의 이 사건 청구는 모두 이유 있으므로 인용하여 주시고, 소송비용은 패소자들의 부담으로 하고, 일부 청구에 대하여 가집행 선고를 해 주시기 바랍니다.[60]

증 명 방 법(생략)

첨 부 서 류(생략)

2019.   1.   11.

원고 소송대리인 변호사 강주원   (인)

서울중앙지방법원   귀중

별지

부동산 목록(이하 생략)

---

60) 청구원인의 결론 부분은 항상 위와 같은 정형적인 문구로 끝내 시간을 줄이도록 하는 것이 좋다.

저자 약력

김 차 동(金 次 東), 이메일 주소 : kjd1206@hanyang.ac.kr
서울대학교 법과대학 졸업
미국 캘리포니아 주 UC Berkeley 대학교 로스쿨(Boalt Hall) LLM과정 졸업
일본 케이오 대학교 법과대학 방문연구원
사법시험 제30회 합격
창원지방법원, 서울지방법원(의정부 지원), 대구지방법원 판사 근무
미국 뉴욕주 변호사 자격 시험 합격(등록번호, 640125)
김앤장 법률사무소 소속 변호사
경북대학교 법과대학 법학부 부교수
현 한양대학교 법학전문대학원 교수
　　사법시험 제2차 출제위원, 제3차 시험위원
　　변호사시험 민사기록형 출제위원

제3판
민사법실무

초판발행	2020년 8월 20일
제3판발행	2023년 8월 30일
지은이	김차동
펴낸이	안종만 · 안상준
편 집	한두희
기획/마케팅	최동인
표지디자인	이수빈
제 작	고철민 · 조영환
펴낸곳	(주) **박영사**
	서울특별시 금천구 가산디지털2로 53, 210호(가산동, 한라시그마밸리)
	등록 1959. 3. 11. 제300-1959-1호(倫)
전 화	02)733-6771
f a x	02)736-4818
e-mail	pys@pybook.co.kr
homepage	www.pybook.co.kr
ISBN	979-11-303-4509-3　93360

copyright©김차동, 2023, Printed in Korea

정 가　　　45,000원